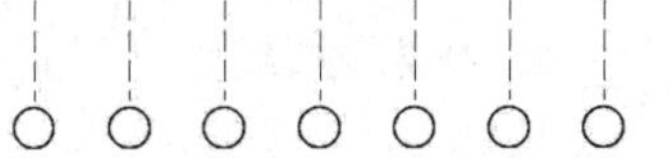

2017

# 中国第三产业统计年鉴

# CHINA STATISTICAL YEARBOOK OF THE TERTIARY INDUSTRY

中华人民共和国国家统计局 编
Compiled by National Bureau of Statistics of the People's Republic of China

中国统计出版社
China Statistics Press

图书在版编目（CIP）数据

中国第三产业统计年鉴 . 2017 / 中华人民共和国国家统计局编 . -- 北京 : 中国统计出版社 , 2017.11
ISBN 978-7-5037-8416-3

Ⅰ . ①中 … Ⅱ . ①中 … Ⅲ . ①第三产业－经济统计－统计资料－中国－ 2017 －年鉴 Ⅳ . ① F264.1-66

中国版本图书馆 CIP 数据核字 (2017) 第 277466 号

中国第三产业统计年鉴 -2017

作　　者 / 中华人民共和国国家统计局
责任编辑 / 佘竞雄
封面设计 / 李雪燕
出版发行 / 中国统计出版社
通信地址 / 北京市丰台区西三环南路甲 6 号　邮政编码 /100073
电　　话 / 邮购（010）63376909　书店（010）68783171
网　　址 /http://www.zgtjcbs.com
印　　刷 / 河北鑫兆源印刷有限公司
经　　销 / 新华书店
开　　本 /880×1230 毫米　1/16
字　　数 /1360 千字
印　　张 /44.25
版　　别 /2017 年 12 月第 1 版
版　　次 /2017 年 12 月第 1 次印刷
定　　价 /320.00 元

本书附同版本 CD-ROM 一张，光盘内容以书面文字为准。
如有印装差错，由本社发行部调换。

# 《中国第三产业统计年鉴—2017》

## 编委会和编辑出版人员

# 编者说明

一、《中国第三产业统计年鉴—2017》收录了全国和各省、自治区、直辖市 2016年第三产业的统计数据以及部分历史数据，是一部反映中华人民共和国第三产业发展全面情况的资料性年刊。

二、本年鉴正文内容分为9个篇章：1.第三产业单位数；2.第三产业就业人员数；3.第三产业增加值；4.第三产业固定资产投资；5.第三产业双向投资与服务贸易进出口情况；6.第三产业能源消费情况；7.第三产业分行业主要指标；8.派生产业情况；9.港澳台第三产业情况。附录部分包括2个篇章：1.世界及主要国家第三产业统计资料摘要；2.中国服务业采购经理指数及世界主要经济体的相关情况。各篇章前设有《简要说明》，对本篇章的主要内容、资料来源、统计范围、统计方法以及历史变动情况予以简要概述，篇末附有《主要统计指标解释》。

三、本年鉴所涉及的全国性统计数据，除森林面积和森林覆盖率外，均未包括香港、澳门特别行政区和台湾省数据。

四、香港、澳门特别行政区的统计是构成国家统计总体的一部分。但根据《中华人民共和国香港特别行政区基本法》和《中华人民共和国澳门特别行政区基本法》的有关原则，香港、澳门与内地是相对独立的统计区域，根据各自不同的统计制度和法律规定，独立进行统计工作。本年鉴中香港、澳门特别行政区统计资料分别由香港特别行政区政府统计处、澳门特别行政区政府统计暨普查局提供，国家统计局国际统计信息中心负责整理、编辑。

五、台湾省数据来自台湾省行政院主计处统计资料，国家统计局国际统计信息中心负责整理、编辑。

六、与 2016年版《中国第三产业统计年鉴》相比较，本年鉴内容主要做了如下修订：

1.为充分反映第三产业行业情况，将原《第三产业部分行业主要财务指标》和《第三产业部分行业主要业务指标》合并为《第三产业分行业主要指标》。

2．随着五大幸福产业和新兴服务业等业态不断涌现，将原《第三产业复合性相关行业情况》改为《派生产业情况》。文化及相关产业、国家体育产业中包含有部分第二产业数据。

3．按照《国民经济行业分类》（GB/T 4754-2011），在第七部分《第三产业分行业主要指标》中增加“开采辅助活动和金属制品、机械和设备修理业”主要经济指标。

4．国际劳工统计标准中“经济活动人口”指标更改为“劳动力”指标，故在“第三产业就业人员数及比重”表中做了相应的变动。

5．将原“邮政业营业网点”表中的“邮政业营业网点”和“信筒信箱”指标合并到现表“分地区邮政营业网点及邮路”中，取消“邮政业营业网点”表。

6．附录一《世界及主要国家第三产业统计资料摘要》中增加“公共卫生支出占政府财政支出比重”和“教育支出占政府财政支出比重”两张表。由于世界银行数据库中取消了“国际互联网用户”指标，现以“互联网网民占总人口比重”指标替换。

七、本年鉴中凡未注明年份的数据，均指2016年的数据。

八、本年鉴中涉及财务指标的解释，在首次出现后不再重复解释。

九、本年鉴所使用的度量衡单位，均采用国际统一标准计量单位。

十、本年鉴中部分数据合计数或相对数由于计量单位取舍不同而产生的计算误差，均未做机械调整。

十一、符号使用说明：年鉴各表中的“空格”表示该项统计指标数据不足本表最小单位数、数据不详或无该项数据；“#”表示其中的主要项。港澳台部分的符号使用方法具体见其篇章说明。

# 目 录

## 一、第三产业单位数

## 二、第三产业就业人员数



## 三、第三产业增加值

## 四、第三产业固定资产投资



## 五、第三产业双向投资与服务贸易进出口情况



## 六、第三产业能源消费情况

## 七、第三产业分行业主要指标

## 八、派生产业情况

### 8-1 旅游及相关产业

## 九、港澳台第三产业情况

## 附录一、世界及主要国家第三产业统计资料摘要



## 附录二、中国服务业采购经理指数及世界主要经济体的相关情况

# 1 第三产业单位数

# 简要说明

**一、主要内容**

本篇资料通过对一定时期第三产业法人单位数量上的描述，反映报告期内第三产业法人单位的数量变化。

**二、统计范围与统计口径**

第三产业基本单位统计范围包括：我国境内从事社会经济第三产业活动的法人单位，未包括香港、澳门特别行政区和台湾省。

**三、资料来源**

第三产业基本单位统计2004年、2008年和2013年的数据，来源于第一次、第二次和第三次全国经济普查数据，其余年份来源于基本单位统计年报数据，普查年份没有年报数据。

社会组织和自治组织单位数由民政部提供。

# 1-1 第三产业法人单位数及所占比重

单位：个

| 年 份 | 全部法人单位数 | 第一产业 | 第二产业 | 第三产业 | |
|---|---|---|---|---|---|
| | | | | | 比重(%) |
| 1997 | 4344278 | 65307 | 1492302 | 2786669 | 64.1 |
| 1998 | 4417508 | 59692 | 1567816 | 2790000 | 63.2 |
| 1999 | 4221995 | 57177 | 1442405 | 2722413 | 64.5 |
| 2000 | 4366141 | 57542 | 1500106 | 2808493 | 64.3 |
| 2001 | 5107015 | 59104 | 1467937 | 3579974 | 70.1 |
| 2002 | 5170852 | 59522 | 1492241 | 3619089 | 70.0 |
| 2003 | 5214144 | 156033 | 1537037 | 3521074 | 67.5 |
| 2004 | 5168303 | 1835 | 1579340 | 3587128 | 69.4 |
| 2005 | 5647823 | 68800 | 1733605 | 3845418 | 68.1 |
| 2006 | 6068912 | 78205 | 1889475 | 4101232 | 67.6 |
| 2007 | 6495064 | 98546 | 2039702 | 4356816 | 67.1 |
| 2008 | 7098765 | 2023 | 2200376 | 4896366 | 69.0 |
| 2009 | 8003868 | 184764 | 2386389 | 5432715 | 67.9 |
| 2010 | 8754588 | 242429 | 2568818 | 5943341 | 67.9 |
| 2011 | 9593729 | 321086 | 2758483 | 6514160 | 67.9 |
| 2012 | 10616530 | 440853 | 2949694 | 7225983 | 68.1 |
| 2013 | 10856586 | 1815 | 2743796 | 8110957 | 74.7 |
| 2014 | 13701440 | 773414 | 3244154 | 9683872 | 70.7 |
| 2015 | 15729199 | 1005230 | 3544975 | 11178994 | 71.1 |
| 2016 | 18191382 | 1262764 | 3953940 | 12974678 | 71.3 |

注：2004年、2008年和2013年第一产业法人单位数仅包括兼营第二、三产业的第一产业法人单位。

# 1-2 第三产业按行业、东中西部以及东北地区分组的法人单位数

单位：个

| 行　　业 | 法人单位数 | | | | |
| --- | --- | --- | --- | --- | --- |
| | | 东部地区 | 中部地区 | 西部地区 | 东北地区 |
| **合　　计** | **12974678** | **6892705** | **2736296** | **2586043** | **759634** |
| 农、林、牧、渔服务业 | 218709 | 70255 | 66030 | 50852 | 31572 |
| 开采辅助活动 | 3955 | 391 | 639 | 2546 | 379 |
| 金属制品、机械和设备修理业 | 19429 | 12060 | 3031 | 2492 | 1846 |
| **批发和零售业** | **5041698** | **2952817** | **949800** | **868592** | **270489** |
| 批发业 | 3010293 | 1950254 | 468683 | 419616 | 171740 |
| 零售业 | 2031405 | 1002563 | 481117 | 448976 | 98749 |
| **交通运输、仓储和邮政业** | **443325** | **243808** | **92459** | **77215** | **29843** |
| 铁路运输业 | 3777 | 1393 | 952 | 955 | 477 |
| 道路运输业 | 247449 | 124270 | 60295 | 46542 | 16342 |
| 水上运输业 | 13930 | 8645 | 3060 | 1641 | 584 |
| 航空运输业 | 2254 | 1056 | 341 | 654 | 203 |
| 管道运输业 | 452 | 164 | 100 | 159 | 29 |
| 装卸搬运和运输代理业 | 114877 | 79675 | 14200 | 14685 | 6317 |
| 仓储业 | 38032 | 19736 | 7501 | 6595 | 4200 |
| 邮政业 | 22554 | 8869 | 6010 | 5984 | 1691 |
| **住宿和餐饮业** | **317619** | **150796** | **63270** | **89362** | **14191** |
| 住宿业 | 100050 | 45772 | 20324 | 28290 | 5664 |
| 餐饮业 | 217569 | 105024 | 42946 | 61072 | 8527 |
| **信息传输、软件和信息技术服务业** | **507674** | **302971** | **100695** | **75928** | **28080** |
| 电信、广播电视和卫星传输服务 | 20582 | 7756 | 5440 | 5311 | 2075 |
| 互联网和相关服务 | 69984 | 36772 | 16762 | 13374 | 3076 |
| 软件和信息技术服务业 | 417108 | 258443 | 78493 | 57243 | 22929 |
| **金融业** | **122516** | **59495** | **24292** | **30214** | **8515** |
| 货币金融服务 | 40733 | 15404 | 8814 | 12647 | 3868 |
| 资本市场服务 | 41735 | 24155 | 7018 | 8555 | 2007 |
| 保险业 | 20754 | 9352 | 4744 | 4915 | 1743 |
| 其他金融业 | 19294 | 10584 | 3716 | 4097 | 897 |
| **房地产业** | **533557** | **278327** | **114327** | **106410** | **34493** |
| 房地产业 | 533557 | 278327 | 114327 | 106410 | 34493 |
| **租赁和商务服务业** | **1768005** | **1067873** | **333096** | **280147** | **86889** |
| 租赁业 | 122245 | 59726 | 28549 | 26153 | 7817 |
| 商务服务业 | 1645760 | 1008147 | 304547 | 253994 | 79072 |
| **科学研究和技术服务业** | **813251** | **510971** | **144631** | **113192** | **44457** |
| 研究和试验发展 | 111180 | 78897 | 15505 | 8493 | 8285 |
| 专业技术服务业 | 338862 | 194795 | 64438 | 61284 | 18345 |
| 科技推广和应用服务业 | 363209 | 237279 | 64688 | 43415 | 17827 |
| **水利、环境和公共设施管理业** | **122367** | **53853** | **31073** | **29011** | **8430** |
| 水利管理业 | 28082 | 8576 | 8406 | 8492 | 2608 |
| 生态保护和环境治理业 | 14790 | 6432 | 3697 | 3760 | 901 |
| 公共设施管理业 | 79495 | 38845 | 18970 | 16759 | 4921 |
| **居民服务、修理和其他服务业** | **359932** | **180499** | **81833** | **78196** | **19404** |
| 居民服务业 | 137239 | 69591 | 28406 | 30136 | 9106 |
| 机动车、电子产品和日用产品修理业 | 117207 | 60451 | 22105 | 28216 | 6435 |
| 其他服务业 | 105486 | 50457 | 31322 | 19844 | 3863 |
| **教育** | **486026** | **187773** | **134550** | **133900** | **29803** |
| 教育 | 486026 | 187773 | 134550 | 133900 | 29803 |
| **卫生和社会工作** | **275554** | **88548** | **92385** | **71368** | **23253** |
| 卫生 | 218068 | 61635 | 78866 | 59546 | 18021 |
| 社会工作 | 57486 | 26913 | 13519 | 11822 | 5232 |
| **文化、体育和娱乐业** | **341182** | **167005** | **77380** | **78281** | **18516** |
| 新闻和出版业 | 9395 | 4582 | 2190 | 1910 | 713 |
| 广播、电视、电影和影视录音制作业 | 32779 | 17639 | 6442 | 7003 | 1695 |
| 文化艺术业 | 119027 | 63808 | 27330 | 22483 | 5406 |
| 体育 | 30594 | 18905 | 5002 | 4882 | 1805 |
| 娱乐业 | 149387 | 62071 | 36416 | 42003 | 8897 |
| **公共管理、社会保障和社会组织** | **1599879** | **565263** | **426805** | **498337** | **109474** |
| 中国共产党机关 | 35636 | 9299 | 9229 | 13731 | 3377 |
| 国家机构 | 461613 | 135322 | 130552 | 152620 | 43119 |
| 人民政协、民主党派 | 6812 | 2245 | 1721 | 2168 | 678 |
| 社会保障 | 16992 | 4772 | 4822 | 5970 | 1428 |
| 群众团体、社会团体和其他成员组织 | 379555 | 155466 | 79018 | 123899 | 21172 |
| 基层群众自治组织 | 699271 | 258159 | 201463 | 199949 | 39700 |

# 1-3 各地区第三产业法人单位数

单位：个

| 地 区 | 2006 | 2007 | 2008 | 2009 | 2010 | 2011 | 2012 | 2013 | 2014 | 2015 | 2016 |
|---|---|---|---|---|---|---|---|---|---|---|---|
| **全 国** | **4101232** | **4356816** | **4896366** | **5432715** | **5943341** | **6514160** | **7225983** | **8110957** | **9683872** | **11178994** | **12974678** |
| 北 京 | 263513 | 269987 | 229389 | 326070 | 333119 | 339930 | 352507 | 576634 | 598321 | 641029 | 646874 |
| 天 津 | 64945 | 73215 | 98185 | 99464 | 115642 | 129983 | 146761 | 158130 | 196037 | 243372 | 303998 |
| 河 北 | 157775 | 164897 | 186396 | 214124 | 226856 | 238171 | 253885 | 320694 | 360865 | 425143 | 524464 |
| 山 西 | 115662 | 123459 | 125381 | 136363 | 142929 | 152719 | 167686 | 171812 | 204219 | 261897 | 349239 |
| 内蒙古 | 66923 | 72388 | 89959 | 98756 | 105566 | 111756 | 117284 | 133085 | 156062 | 170668 | 197767 |
| 辽 宁 | 165102 | 178286 | 210793 | 227113 | 242397 | 255177 | 315733 | 308077 | 360057 | 399774 | 435068 |
| 吉 林 | 66135 | 68672 | 92475 | 95522 | 85508 | 89507 | 94269 | 104444 | 125444 | 132071 | 141384 |
| 黑龙江 | 86166 | 89162 | 111957 | 121344 | 130178 | 136219 | 140072 | 140554 | 153845 | 165123 | 183182 |
| 上 海 | 265885 | 269674 | 260136 | 259954 | 289813 | 308687 | 336372 | 315200 | 330431 | 343605 | 357385 |
| 江 苏 | 267939 | 292981 | 336147 | 386037 | 479293 | 556722 | 636540 | 657050 | 852005 | 1009469 | 1279916 |
| 浙 江 | 239312 | 265194 | 298851 | 328369 | 364092 | 417817 | 472890 | 570774 | 723735 | 821291 | 951472 |
| 安 徽 | 130233 | 135710 | 138043 | 150844 | 162753 | 193694 | 217851 | 259496 | 321755 | 388957 | 452152 |
| 福 建 | 127690 | 140569 | 156314 | 178045 | 201768 | 232899 | 259971 | 270572 | 388842 | 461980 | 532297 |
| 江 西 | 85933 | 88429 | 102964 | 113261 | 124181 | 133364 | 166966 | 183671 | 227755 | 266812 | 318382 |
| 山 东 | 284328 | 304705 | 397970 | 441614 | 505592 | 547125 | 600099 | 607597 | 750280 | 917722 | 1189066 |
| 河 南 | 190390 | 198698 | 227803 | 241904 | 249744 | 256627 | 267180 | 391220 | 449315 | 559206 | 620138 |
| 湖 北 | 139130 | 153270 | 218863 | 241083 | 253804 | 279162 | 317929 | 342473 | 424391 | 507983 | 576338 |
| 湖 南 | 137102 | 139855 | 184994 | 194537 | 209186 | 224218 | 245616 | 323743 | 327002 | 356272 | 420047 |
| 广 东 | 337402 | 373128 | 401828 | 459624 | 522154 | 596147 | 667820 | 738021 | 877443 | 955114 | 1043763 |
| 广 西 | 110849 | 118180 | 127997 | 147604 | 166446 | 189951 | 211760 | 203069 | 247266 | 297964 | 348074 |
| 海 南 | 22308 | 23796 | 24778 | 25822 | 30322 | 34123 | 38842 | 39498 | 46701 | 56616 | 63470 |
| 重 庆 | 75490 | 82382 | 99975 | 108699 | 121050 | 149740 | 181851 | 201560 | 257403 | 306389 | 359017 |
| 四 川 | 227621 | 235118 | 242396 | 256626 | 267267 | 275697 | 302400 | 306688 | 353117 | 373418 | 407564 |
| 贵 州 | 72624 | 75697 | 78319 | 83325 | 88095 | 91544 | 98388 | 114743 | 138414 | 169309 | 207802 |
| 云 南 | 79024 | 84756 | 98542 | 114897 | 130783 | 149743 | 160897 | 158749 | 207876 | 271033 | 323837 |
| 西 藏 | 12912 | 13053 | 14582 | 14940 | 15244 | 15428 | 15553 | 17929 | 21882 | 22197 | 22271 |
| 陕 西 | 128793 | 132944 | 141049 | 156630 | 160258 | 178409 | 193674 | 201219 | 237044 | 268960 | 291702 |
| 甘 肃 | 73158 | 75899 | 79055 | 83061 | 87505 | 91216 | 97644 | 112374 | 128036 | 141071 | 150573 |
| 青 海 | 18924 | 19533 | 20686 | 21533 | 22915 | 23900 | 25467 | 29035 | 35818 | 39667 | 43567 |
| 宁 夏 | 23466 | 25353 | 23903 | 26354 | 28000 | 30801 | 33250 | 36076 | 39976 | 47279 | 57410 |
| 新 疆 | 64498 | 67826 | 76636 | 79196 | 80881 | 83684 | 88826 | 116770 | 142535 | 157603 | 176459 |

# 1-4 各地区第三产业法人单位数及所占比重

单位：个

| 地区 | 全部法人单位数 | 第一产业 | 第二产业 | 第三产业 | |
|---|---|---|---|---|---|
| | | | | | 比重(%) |
| **全国** | **18191382** | **1262764** | **3953940** | **12974678** | **71.3** |
| 北京 | 711166 | 9042 | 55250 | 646874 | 91.0 |
| 天津 | 391323 | 9789 | 77536 | 303998 | 77.7 |
| 河北 | 785259 | 62411 | 198384 | 524464 | 66.8 |
| 山西 | 498902 | 87165 | 62498 | 349239 | 70.0 |
| 内蒙古 | 272236 | 36601 | 37868 | 197767 | 72.6 |
| 辽宁 | 596474 | 24894 | 136512 | 435068 | 72.9 |
| 吉林 | 193453 | 14254 | 37815 | 141384 | 73.1 |
| 黑龙江 | 251727 | 26644 | 41901 | 183182 | 72.8 |
| 上海 | 463990 | 6412 | 100193 | 357385 | 77.0 |
| 江苏 | 1907732 | 38894 | 588922 | 1279916 | 67.1 |
| 浙江 | 1497165 | 62212 | 483481 | 951472 | 63.6 |
| 安徽 | 651253 | 57486 | 141615 | 452152 | 69.4 |
| 福建 | 751748 | 43405 | 176046 | 532297 | 70.8 |
| 江西 | 464652 | 48568 | 97702 | 318382 | 68.5 |
| 山东 | 1652065 | 86617 | 376382 | 1189066 | 72.0 |
| 河南 | 816779 | 46778 | 149863 | 620138 | 75.9 |
| 湖北 | 783356 | 64868 | 142150 | 576338 | 73.6 |
| 湖南 | 552659 | 33665 | 98947 | 420047 | 76.0 |
| 广东 | 1521420 | 31784 | 445873 | 1043763 | 68.6 |
| 广西 | 474480 | 69902 | 56504 | 348074 | 73.4 |
| 海南 | 84923 | 10899 | 10554 | 63470 | 74.7 |
| 重庆 | 533104 | 93974 | 80113 | 359017 | 67.3 |
| 四川 | 542897 | 47437 | 87896 | 407564 | 75.1 |
| 贵州 | 339564 | 69148 | 62614 | 207802 | 61.2 |
| 云南 | 451891 | 72197 | 55857 | 323837 | 71.7 |
| 西藏 | 26660 | 575 | 3814 | 22271 | 83.5 |
| 陕西 | 395374 | 34114 | 69558 | 291702 | 73.8 |
| 甘肃 | 210747 | 33488 | 26686 | 150573 | 71.4 |
| 青海 | 65364 | 12481 | 9316 | 43567 | 66.7 |
| 宁夏 | 80937 | 11695 | 11832 | 57410 | 70.9 |
| 新疆 | 222082 | 15365 | 30258 | 176459 | 79.5 |

# 1–5 第三产业按行业、控股情况分组的企业法人单位数

单位：个

| 行业 | 企业法人单位数 | 国有控股 | 集体控股 | 私人控股 | 港澳台商控股 | 外商控股 | 其他 |
|---|---|---|---|---|---|---|---|
| **合计** | **10060028** | **232685** | **158527** | **8608933** | **46951** | **49622** | **963310** |
| 农、林、牧、渔服务业 | 61196 | 1544 | 2056 | 45160 | 78 | 44 | 12314 |
| 开采辅助活动 | 3921 | 228 | 65 | 3279 | 7 | 8 | 334 |
| 金属制品、机械和设备修理业 | 19338 | 443 | 723 | 16334 | 95 | 110 | 1633 |
| **批发和零售业** | **4981263** | **67694** | **59721** | **4365286** | **16879** | **21522** | **450161** |
| 批发业 | 2958876 | 40453 | 30684 | 2604875 | 13364 | 18501 | 250999 |
| 零售业 | 2022387 | 27241 | 29037 | 1760411 | 3515 | 3021 | 199162 |
| **交通运输、仓储和邮政业** | **433099** | **20009** | **9322** | **359560** | **2456** | **1658** | **40094** |
| 铁路运输业 | 3577 | 732 | 194 | 2210 | 8 | 5 | 428 |
| 道路运输业 | 240597 | 7716 | 4937 | 204943 | 557 | 319 | 22125 |
| 水上运输业 | 13397 | 1110 | 769 | 10083 | 100 | 59 | 1276 |
| 航空运输业 | 2144 | 394 | 38 | 1387 | 19 | 31 | 275 |
| 管道运输业 | 446 | 105 | 11 | 266 | 5 | 8 | 51 |
| 装卸搬运和运输代理业 | 114554 | 2656 | 2057 | 98091 | 1064 | 625 | 10061 |
| 仓储业 | 36290 | 5668 | 1114 | 24805 | 682 | 592 | 3429 |
| 邮政业 | 22094 | 1628 | 202 | 17775 | 21 | 19 | 2449 |
| **住宿和餐饮业** | **313412** | **9792** | **6481** | **264012** | **2330** | **2195** | **28602** |
| 住宿业 | 98300 | 6970 | 3838 | 77503 | 723 | 511 | 8755 |
| 餐饮业 | 215112 | 2822 | 2643 | 186509 | 1607 | 1684 | 19847 |
| **信息传输、软件和信息技术服务业** | **499749** | **8980** | **2677** | **430751** | **3952** | **4951** | **48438** |
| 电信、广播电视和卫星传输服务 | 16558 | 3863 | 443 | 9998 | 267 | 233 | 1754 |
| 互联网和相关服务 | 68702 | 861 | 306 | 60008 | 178 | 165 | 7184 |
| 软件和信息技术服务业 | 414489 | 4256 | 1928 | 360745 | 3507 | 4553 | 39500 |
| **金融业** | **117173** | **14776** | **5042** | **78828** | **911** | **1126** | **16490** |
| 货币金融服务 | 37077 | 6732 | 2954 | 20462 | 588 | 486 | 5855 |
| 资本市场服务 | 41263 | 2045 | 495 | 33944 | 150 | 117 | 4512 |
| 保险业 | 20351 | 5087 | 1352 | 9761 | 81 | 461 | 3609 |
| 其他金融业 | 18482 | 912 | 241 | 14661 | 92 | 62 | 2514 |
| **房地产业** | **527149** | **24616** | **16878** | **422045** | **6842** | **3279** | **53489** |
| 房地产业 | 527149 | 24616 | 16878 | 422045 | 6842 | 3279 | 53489 |
| **租赁和商务服务业** | **1641160** | **41950** | **33090** | **1385042** | **8203** | **8789** | **164086** |
| 租赁业 | 118994 | 1623 | 939 | 102720 | 532 | 291 | 12889 |
| 商务服务业 | 1522166 | 40327 | 32151 | 1282322 | 7671 | 8498 | 151197 |
| **科学研究和技术服务业** | **658760** | **18991** | **8727** | **557492** | **3313** | **4369** | **65868** |
| 研究和试验发展 | 100958 | 1919 | 921 | 86309 | 685 | 1066 | 10058 |
| 专业技术服务业 | 295499 | 13120 | 4805 | 246152 | 1514 | 1806 | 28102 |
| 科技推广和应用服务业 | 262303 | 3952 | 3001 | 225031 | 1114 | 1497 | 27708 |
| **水利、环境和公共设施管理业** | **79747** | **7262** | **2635** | **60921** | **365** | **217** | **8347** |
| 水利管理业 | 6343 | 1364 | 406 | 3700 | 10 | 13 | 850 |
| 生态保护和环境治理业 | 10918 | 743 | 182 | 8606 | 89 | 89 | 1209 |
| 公共设施管理业 | 62486 | 5155 | 2047 | 48615 | 266 | 115 | 6288 |
| **居民服务、修理和其他服务业** | **337057** | **4768** | **5859** | **291220** | **616** | **630** | **33964** |
| 居民服务业 | 120412 | 1636 | 2167 | 103674 | 277 | 295 | 12363 |
| 机动车、电子产品和日用产品修理业 | 115919 | 1555 | 2371 | 101655 | 190 | 168 | 9980 |
| 其他服务业 | 100726 | 1577 | 1321 | 85891 | 149 | 167 | 11621 |
| **教育** | **77510** | **2010** | **1422** | **63541** | **145** | **181** | **10211** |
| 教育 | 77510 | 2010 | 1422 | 63541 | 145 | 181 | 10211 |
| **卫生和社会工作** | **37917** | **1475** | **1153** | **29849** | **94** | **87** | **5259** |
| 卫生 | 32067 | 1261 | 956 | 25452 | 60 | 83 | 4255 |
| 社会工作 | 5850 | 214 | 197 | 4397 | 34 | 4 | 1004 |
| **文化、体育和娱乐业** | **271218** | **8048** | **2656** | **235465** | **665** | **456** | **23928** |
| 新闻和出版业 | 5346 | 2241 | 248 | 2299 | 10 | 10 | 538 |
| 广播、电视、电影和影视录音制作业 | 26515 | 2625 | 516 | 20725 | 140 | 49 | 2460 |
| 文化艺术业 | 76361 | 1927 | 826 | 65548 | 125 | 90 | 7845 |
| 体育 | 20852 | 447 | 285 | 17706 | 192 | 174 | 2048 |
| 娱乐业 | 142144 | 808 | 781 | 129187 | 198 | 133 | 11037 |
| **公共管理、社会保障和社会组织** | **359** | **99** | **20** | **148** | | | **92** |
| 社会保障 | 359 | 99 | 20 | 148 | | | 92 |

# 1-6 第三产业按地区、控股情况分组的企业法人单位数

单位：个

| 地　区 | 企业法人单位数 | 国有控股 | 集体控股 | 私人控股 | 港澳台商控股 | 外商控股 | 其他 |
|---|---|---|---|---|---|---|---|
| **全　国** | **10060028** | **232685** | **158527** | **8608933** | **46951** | **49622** | **963310** |
| 北　京 | 608223 | 15163 | 14398 | 548289 | 5554 | 7737 | 17082 |
| 天　津 | 282498 | 6732 | 3766 | 225110 | 1363 | 2211 | 43316 |
| 河　北 | 391353 | 7522 | 5036 | 330671 | 250 | 236 | 47638 |
| 山　西 | 257715 | 6744 | 3777 | 238256 | 70 | 83 | 8785 |
| 内蒙古 | 133851 | 3886 | 1475 | 111696 | 60 | 73 | 16661 |
| 辽　宁 | 338313 | 9646 | 7663 | 283976 | 1020 | 1965 | 34043 |
| 吉　林 | 87838 | 3682 | 1725 | 72099 | 103 | 157 | 10072 |
| 黑龙江 | 113343 | 5536 | 2690 | 86033 | 172 | 192 | 18720 |
| 上　海 | 330934 | 9654 | 7337 | 275497 | 9893 | 14921 | 13632 |
| 江　苏 | 1109843 | 16572 | 11483 | 997633 | 3802 | 4414 | 75939 |
| 浙　江 | 803741 | 10124 | 13126 | 766914 | 2781 | 4073 | 6723 |
| 安　徽 | 353085 | 9009 | 4271 | 305085 | 387 | 355 | 33978 |
| 福　建 | 431445 | 9400 | 5255 | 371376 | 3069 | 1662 | 40683 |
| 江　西 | 222816 | 6520 | 4327 | 186495 | 272 | 162 | 25040 |
| 山　东 | 934059 | 15460 | 9012 | 787313 | 1059 | 1975 | 119240 |
| 河　南 | 403342 | 12045 | 6846 | 305672 | 343 | 232 | 78204 |
| 湖　北 | 440821 | 9571 | 5165 | 376362 | 799 | 712 | 48212 |
| 湖　南 | 274279 | 7942 | 3775 | 223857 | 387 | 271 | 38047 |
| 广　东 | 860181 | 16936 | 19564 | 711528 | 13145 | 5774 | 93234 |
| 广　西 | 251656 | 5046 | 3404 | 224123 | 345 | 275 | 18463 |
| 海　南 | 48825 | 1740 | 962 | 39604 | 249 | 152 | 6118 |
| 重　庆 | 304226 | 5378 | 2572 | 257395 | 509 | 390 | 37982 |
| 四　川 | 220143 | 7231 | 4713 | 177834 | 471 | 530 | 29364 |
| 贵　州 | 146331 | 5603 | 2684 | 124386 | 128 | 106 | 13424 |
| 云　南 | 246439 | 6853 | 3822 | 192819 | 262 | 329 | 42354 |
| 西　藏 | 5703 | 677 | 295 | 4245 | 17 | 14 | 455 |
| 陕　西 | 196832 | 6980 | 4709 | 167405 | 244 | 382 | 17112 |
| 甘　肃 | 81500 | 3324 | 2169 | 64516 | 70 | 54 | 11367 |
| 青　海 | 25269 | 1211 | 566 | 20602 | 34 | 33 | 2823 |
| 宁　夏 | 39872 | 826 | 362 | 35441 | 25 | 19 | 3199 |
| 新　疆 | 115552 | 5672 | 1578 | 96701 | 68 | 133 | 11400 |

# 1-7 第三产业按行业、登记注册类型分组的企业法人单位数

单位：个

| 行业 | 企业法人单位数 | 内资 | | | | | | |
|---|---|---|---|---|---|---|---|---|
| | | | 国有 | 集体 | 股份合作 | 国有联营 | 集体联营 | 国有与集体联营 |
| **合计** | **10060028** | **9949675** | **101574** | **90137** | **42819** | **1643** | **4176** | **1074** |
| 农、林、牧、渔服务业 | 61196 | 61044 | 956 | 772 | 270 | 11 | 66 | 5 |
| 开采辅助活动 | 3921 | 3899 | 106 | 25 | 18 | 6 | 3 | |
| 金属制品、机械和设备修理业 | 19338 | 19072 | 203 | 559 | 165 | 1 | 16 | 5 |
| **批发和零售业** | **4981263** | **4938465** | **29691** | **38024** | **16944** | **682** | **2052** | **435** |
| 批发业 | 2958876 | 2923928 | 18056 | 18501 | 8221 | 337 | 934 | 195 |
| 零售业 | 2022387 | 2014537 | 11635 | 19523 | 8723 | 345 | 1118 | 240 |
| **交通运输、仓储和邮政业** | **433099** | **427906** | **10112** | **5640** | **1827** | **155** | **282** | **82** |
| 铁路运输业 | 3577 | 3560 | 366 | 155 | 11 | 6 | 3 | 5 |
| 道路运输业 | 240597 | 239407 | 3123 | 2678 | 1087 | 57 | 155 | 28 |
| 水上运输业 | 13397 | 13071 | 325 | 584 | 73 | 7 | 15 | 3 |
| 航空运输业 | 2144 | 2062 | 111 | 7 | 8 | 1 | | |
| 管道运输业 | 446 | 423 | 30 | 7 | 1 | 1 | | |
| 装卸搬运和运输代理业 | 114554 | 112532 | 817 | 1439 | 403 | 31 | 55 | 16 |
| 仓储业 | 36290 | 34804 | 4047 | 711 | 146 | 43 | 44 | 24 |
| 邮政业 | 22094 | 22047 | 1293 | 59 | 98 | 9 | 10 | 6 |
| **住宿和餐饮业** | **313412** | **308090** | **5965** | **4205** | **2197** | **71** | **219** | **46** |
| 住宿业 | 98300 | 96746 | 4634 | 2665 | 945 | 55 | 129 | 32 |
| 餐饮业 | 215112 | 211344 | 1331 | 1540 | 1252 | 16 | 90 | 14 |
| **信息传输、软件和信息技术服务业** | **499749** | **489853** | **2572** | **711** | **1103** | **51** | **57** | **39** |
| 电信、广播电视和卫星传输服务 | 16558 | 15923 | 1598 | 179 | 88 | 29 | 17 | 17 |
| 互联网和相关服务 | 68702 | 68326 | 205 | 55 | 146 | 3 | 5 | 6 |
| 软件和信息技术服务业 | 414489 | 405604 | 769 | 477 | 869 | 19 | 35 | 16 |
| **金融业** | **117173** | **113782** | **4585** | **1151** | **2310** | **80** | **48** | **28** |
| 货币金融服务 | 37077 | 35406 | 2688 | 937 | 1688 | 41 | 28 | 13 |
| 资本市场服务 | 41263 | 40890 | 550 | 82 | 167 | 7 | 8 | 6 |
| 保险业 | 20351 | 19333 | 1048 | 69 | 354 | 27 | 4 | 6 |
| 其他金融业 | 18482 | 18153 | 299 | 63 | 101 | 5 | 8 | 3 |
| **房地产业** | **527149** | **516147** | **8609** | **8001** | **2742** | **117** | **234** | **77** |
| 房地产业 | 527149 | 516147 | 8609 | 8001 | 2742 | 117 | 234 | 77 |
| **租赁和商务服务业** | **1641160** | **1622068** | **16248** | **18604** | **6685** | **189** | **547** | **165** |
| 租赁业 | 118994 | 117715 | 440 | 406 | 407 | 10 | 20 | 4 |
| 商务服务业 | 1522166 | 1504353 | 15808 | 18198 | 6278 | 179 | 527 | 161 |
| **科学研究和技术服务业** | **658760** | **649798** | **9833** | **4160** | **3275** | **113** | **207** | **68** |
| 研究和试验发展 | 100958 | 98817 | 818 | 394 | 605 | 10 | 31 | 10 |
| 专业技术服务业 | 295499 | 291678 | 7390 | 2457 | 1565 | 73 | 113 | 43 |
| 科技推广和应用服务业 | 262303 | 259303 | 1625 | 1309 | 1105 | 30 | 63 | 15 |
| **水利、环境和公共设施管理业** | **79747** | **79025** | **3395** | **1420** | **305** | **30** | **62** | **22** |
| 水利管理业 | 6343 | 6308 | 884 | 269 | 22 | 8 | 20 | 4 |
| 生态保护和环境治理业 | 10918 | 10700 | 366 | 90 | 39 | 9 | 7 | 3 |
| 公共设施管理业 | 62486 | 62017 | 2145 | 1061 | 244 | 13 | 35 | 15 |
| **居民服务、修理和其他服务业** | **337057** | **335574** | **2331** | **3886** | **2408** | **52** | **191** | **50** |
| 居民服务业 | 120412 | 119752 | 812 | 1454 | 948 | 24 | 80 | 23 |
| 机动车、电子产品和日用产品修理业 | 115919 | 115483 | 841 | 1663 | 1127 | 17 | 64 | 19 |
| 其他服务业 | 100726 | 100339 | 678 | 769 | 333 | 11 | 47 | 8 |
| **教育** | **77510** | **77096** | **1377** | **843** | **689** | **22** | **56** | **17** |
| 教育 | 77510 | 77096 | 1377 | 843 | 689 | 22 | 56 | 17 |
| **卫生和社会工作** | **37917** | **37700** | **1144** | **770** | **529** | **13** | **36** | **12** |
| 卫生 | 32067 | 31900 | 981 | 604 | 504 | 11 | 32 | 9 |
| 社会工作 | 5850 | 5800 | 163 | 166 | 25 | 2 | 4 | 3 |
| **文化、体育和娱乐业** | **271218** | **269798** | **4337** | **1349** | **1351** | **50** | **99** | **21** |
| 新闻和出版业 | 5346 | 5317 | 1277 | 163 | 39 | 9 | 7 | 3 |
| 广播、电视、电影和影视录音制作业 | 26515 | 26276 | 1804 | 285 | 122 | 19 | 16 | 4 |
| 文化艺术业 | 76361 | 76106 | 824 | 429 | 440 | 11 | 24 | 3 |
| 体育 | 20852 | 20420 | 162 | 115 | 164 | | 13 | 4 |
| 娱乐业 | 142144 | 141679 | 270 | 357 | 586 | 11 | 39 | 7 |
| **公共管理、社会保障和社会组织** | **359** | **358** | **110** | **17** | **1** | | **1** | **2** |
| 社会保障 | 359 | 358 | 110 | 17 | 1 | | 1 | 2 |

1-7 续表 1

单位：个

| 行业 | 其他联营 | 国有独资公司 | 其他有限责任公司 | 股份有限公司 | 私营独资 | 私营合伙 | 私营有限责任公司 |
|---|---|---|---|---|---|---|---|
| **合　计** | **7050** | **27940** | **1847428** | **122736** | **1358923** | **182532** | **5501968** |
| 农、林、牧、渔服务业 | 47 | 123 | 6919 | 631 | 11219 | 1336 | 18035 |
| 开采辅助活动 | 3 | 23 | 1356 | 75 | 499 | 110 | 1363 |
| 金属制品、机械和设备修理业 | 23 | 26 | 3108 | 200 | 3298 | 375 | 9954 |
| **批发和零售业** | **3487** | **4985** | **831795** | **45428** | **746934** | **64015** | **2832573** |
| 批发业 | 2092 | 3225 | 482504 | 25055 | 327616 | 32970 | 1824924 |
| 零售业 | 1395 | 1760 | 349291 | 20373 | 419318 | 31045 | 1007649 |
| **交通运输、仓储和邮政业** | **401** | **2369** | **85337** | **6195** | **46775** | **7053** | **235785** |
| 铁路运输业 | 3 | 50 | 926 | 85 | 295 | 49 | 1333 |
| 道路运输业 | 173 | 1083 | 48669 | 3700 | 28208 | 4149 | 131435 |
| 水上运输业 | 14 | 165 | 3085 | 323 | 890 | 279 | 6594 |
| 航空运输业 | 2 | 104 | 615 | 73 | 94 | 16 | 916 |
| 管道运输业 | 1 | 8 | 145 | 21 | 40 | 2 | 138 |
| 装卸搬运和运输代理业 | 145 | 300 | 20583 | 1136 | 10250 | 1745 | 69787 |
| 仓储业 | 20 | 562 | 7082 | 474 | 4311 | 488 | 14558 |
| 邮政业 | 43 | 97 | 4232 | 383 | 2687 | 325 | 11024 |
| **住宿和餐饮业** | **195** | **755** | **50982** | **3747** | **84338** | **8321** | **126531** |
| 住宿业 | 68 | 519 | 18546 | 1705 | 23857 | 3215 | 34453 |
| 餐饮业 | 127 | 236 | 32436 | 2042 | 60481 | 5106 | 92078 |
| **信息传输、软件和信息技术服务业** | **291** | **794** | **99781** | **6303** | **39475** | **6089** | **307197** |
| 电信、广播电视和卫星传输服务 | 30 | 463 | 3565 | 1149 | 1540 | 184 | 5815 |
| 互联网和相关服务 | 46 | 56 | 12216 | 850 | 11757 | 1395 | 36522 |
| 软件和信息技术服务业 | 215 | 275 | 84000 | 4304 | 26178 | 4510 | 264860 |
| **金融业** | **99** | **874** | **25186** | **15562** | **6381** | **7269** | **42363** |
| 货币金融服务 | 40 | 174 | 8063 | 6732 | 1829 | 440 | 10069 |
| 资本市场服务 | 29 | 393 | 9518 | 1073 | 2305 | 5625 | 18699 |
| 保险业 | 18 | 120 | 3473 | 7305 | 997 | 102 | 4317 |
| 其他金融业 | 12 | 187 | 4132 | 452 | 1250 | 1102 | 9278 |
| **房地产业** | **345** | **4128** | **155180** | **10978** | **36883** | **5712** | **256350** |
| 房地产业 | 345 | 4128 | 155180 | 10978 | 36883 | 5712 | 256350 |
| **租赁和商务服务业** | **1112** | **8634** | **330692** | **18072** | **138313** | **53646** | **931854** |
| 租赁业 | 75 | 151 | 23530 | 1216 | 16180 | 2082 | 65122 |
| 商务服务业 | 1037 | 8483 | 307162 | 16856 | 122133 | 51564 | 866732 |
| **科学研究和技术服务业** | **416** | **1753** | **131263** | **7082** | **47396** | **6904** | **391992** |
| 研究和试验发展 | 51 | 150 | 17378 | 986 | 7676 | 986 | 64270 |
| 专业技术服务业 | 264 | 1301 | 62570 | 3825 | 23289 | 3762 | 169370 |
| 科技推广和应用服务业 | 101 | 302 | 51315 | 2271 | 16431 | 2156 | 158352 |
| **水利、环境和公共设施管理业** | **61** | **1750** | **18630** | **1415** | **7902** | **1096** | **37290** |
| 水利管理业 | 5 | 242 | 1346 | 117 | 664 | 91 | 2023 |
| 生态保护和环境治理业 | 10 | 137 | 2408 | 189 | 1058 | 166 | 5381 |
| 公共设施管理业 | 46 | 1371 | 14876 | 1109 | 6180 | 839 | 29886 |
| **居民服务、修理和其他服务业** | **250** | **392** | **54086** | **3258** | **72413** | **7132** | **164242** |
| 居民服务业 | 98 | 140 | 18687 | 1107 | 28233 | 2823 | 55997 |
| 机动车、电子产品和日用产品修理业 | 99 | 92 | 17757 | 1184 | 29299 | 2795 | 52969 |
| 其他服务业 | 53 | 160 | 17642 | 967 | 14881 | 1514 | 55276 |
| **教育** | **91** | **122** | **12359** | **959** | **13973** | **2550** | **33387** |
| 教育 | 91 | 122 | 12359 | 959 | 13973 | 2550 | 33387 |
| **卫生和社会工作** | **41** | **56** | **4554** | **447** | **10715** | **2216** | **11616** |
| 卫生 | 35 | 38 | 3643 | 374 | 9758 | 2101 | 9238 |
| 社会工作 | 6 | 18 | 911 | 73 | 957 | 115 | 2378 |
| **文化、体育和娱乐业** | **186** | **1152** | **36161** | **2376** | **92380** | **8705** | **101370** |
| 新闻和出版业 | 10 | 345 | 1429 | 118 | 351 | 48 | 1229 |
| 广播、电视、电影和影视录音制作业 | 15 | 252 | 5816 | 463 | 2497 | 301 | 13230 |
| 文化艺术业 | 45 | 413 | 14987 | 716 | 9264 | 1450 | 42532 |
| 体育 | 10 | 66 | 3606 | 227 | 3222 | 447 | 10979 |
| 娱乐业 | 106 | 76 | 10323 | 852 | 77046 | 6459 | 33400 |
| **公共管理、社会保障和社会组织** | **2** | **4** | **39** | **8** | **29** | **3** | **66** |
| 社会保障 | 2 | 4 | 39 | 8 | 29 | 3 | 66 |

1-7 续表 2

单位：个

| 行业 | | | | | | | |
|---|---|---|---|---|---|---|---|
| | 私营股份有限公司 | 其他内资企业 | 港澳台商投资 | 合资经营 | 合作经营 | 独资 | 股份有限 |
| **合　计** | **142275** | **517400** | **51849** | **10610** | **1780** | **36586** | **1277** |
| 农、林、牧、渔服务业 | 935 | 19719 | 87 | 15 | 5 | 58 | 7 |
| 开采辅助活动 | 79 | 233 | 11 | 3 | 1 | 6 | |
| 金属制品、机械和设备修理业 | 224 | 915 | 112 | 31 | 6 | 67 | 1 |
| **批发和零售业** | **66680** | **254740** | **18283** | **2541** | **243** | **14357** | **474** |
| 批发业 | 38123 | 141175 | 14405 | 1793 | 142 | 11662 | 306 |
| 零售业 | 28557 | 113565 | 3878 | 748 | 101 | 2695 | 168 |
| **交通运输、仓储和邮政业** | **7068** | **18825** | **2909** | **769** | **342** | **1622** | **89** |
| 铁路运输业 | 51 | 222 | 9 | 3 | 1 | 5 | |
| 道路运输业 | 4299 | 10563 | 694 | 157 | 274 | 189 | 27 |
| 水上运输业 | 240 | 474 | 171 | 109 | 11 | 43 | 7 |
| 航空运输业 | 33 | 82 | 32 | 16 | | 11 | 4 |
| 管道运输业 | 4 | 25 | 9 | 7 | | 1 | |
| 装卸搬运和运输代理业 | 1609 | 4216 | 1199 | 269 | 33 | 835 | 33 |
| 仓储业 | 432 | 1862 | 772 | 203 | 22 | 524 | 15 |
| 邮政业 | 400 | 1381 | 23 | 5 | 1 | 14 | 3 |
| **住宿和餐饮业** | **4676** | **15842** | **2625** | **672** | **142** | **1659** | **86** |
| 住宿业 | 1641 | 4282 | 894 | 337 | 75 | 425 | 37 |
| 餐饮业 | 3035 | 11560 | 1731 | 335 | 67 | 1234 | 49 |
| **信息传输、软件和信息技术服务业** | **6845** | **18545** | **4208** | **574** | **50** | **3316** | **162** |
| 电信、广播电视和卫星传输服务 | 216 | 1033 | 343 | 55 | 3 | 189 | 76 |
| 互联网和相关服务 | 1150 | 3914 | 177 | 28 | 4 | 136 | 3 |
| 软件和信息技术服务业 | 5479 | 13598 | 3688 | 491 | 43 | 2991 | 83 |
| **金融业** | **2485** | **5361** | **1458** | **681** | **17** | **703** | **33** |
| 货币金融服务 | 973 | 1691 | 933 | 435 | 6 | 468 | 16 |
| 资本市场服务 | 740 | 1688 | 183 | 67 | 4 | 93 | 7 |
| 保险业 | 399 | 1094 | 102 | 56 | 5 | 35 | 5 |
| 其他金融业 | 373 | 888 | 240 | 123 | 2 | 107 | 5 |
| **房地产业** | **10273** | **16518** | **7346** | **2313** | **568** | **4210** | **144** |
| 房地产业 | 10273 | 16518 | 7346 | 2313 | 568 | 4210 | 144 |
| **租赁和商务服务业** | **23134** | **74173** | **9053** | **1677** | **155** | **6779** | **146** |
| 租赁业 | 1868 | 6204 | 879 | 497 | 7 | 356 | 10 |
| 商务服务业 | 21266 | 67969 | 8174 | 1180 | 148 | 6423 | 136 |
| **科学研究和技术服务业** | **8853** | **36483** | **3618** | **683** | **65** | **2654** | **72** |
| 研究和试验发展 | 1358 | 4094 | 759 | 180 | 13 | 539 | 21 |
| 专业技术服务业 | 4379 | 11277 | 1623 | 280 | 28 | 1191 | 29 |
| 科技推广和应用服务业 | 3116 | 21112 | 1236 | 223 | 24 | 924 | 22 |
| **水利、环境和公共设施管理业** | **1339** | **4308** | **407** | **121** | **34** | **228** | **12** |
| 水利管理业 | 90 | 523 | 13 | 5 | | 8 | |
| 生态保护和环境治理业 | 194 | 643 | 100 | 37 | 5 | 54 | 1 |
| 公共设施管理业 | 1055 | 3142 | 294 | 79 | 29 | 166 | 11 |
| **居民服务、修理和其他服务业** | **5009** | **19874** | **652** | **149** | **38** | **418** | **20** |
| 居民服务业 | 1737 | 7589 | 296 | 66 | 21 | 187 | 11 |
| 机动车、电子产品和日用产品修理业 | 1722 | 5835 | 196 | 53 | 14 | 117 | 6 |
| 其他服务业 | 1550 | 6450 | 160 | 30 | 3 | 114 | 3 |
| **教育** | **1198** | **9453** | **169** | **38** | **19** | **99** | **5** |
| 教育 | 1198 | 9453 | 169 | 38 | 19 | 99 | 5 |
| **卫生和社会工作** | **487** | **5064** | **106** | **46** | **11** | **46** | |
| 卫生 | 410 | 4162 | 67 | 31 | 11 | 22 | |
| 社会工作 | 77 | 902 | 39 | 15 | | 24 | |
| **文化、体育和娱乐业** | **2989** | **17272** | **805** | **297** | **84** | **364** | **26** |
| 新闻和出版业 | 60 | 229 | 15 | 5 | 3 | 5 | 1 |
| 广播、电视、电影和影视录音制作业 | 517 | 935 | 166 | 66 | 6 | 77 | 8 |
| 文化艺术业 | 975 | 3993 | 135 | 27 | 5 | 92 | 4 |
| 体育 | 328 | 1077 | 221 | 65 | 47 | 99 | 5 |
| 娱乐业 | 1109 | 11038 | 268 | 134 | 23 | 91 | 8 |
| **公共管理、社会保障和社会组织** | **1** | **75** | | | | | |
| 社会保障 | 1 | 75 | | | | | |

1-7 续表 3

单位：个

| 行业 | | | | | | | |
|---|---|---|---|---|---|---|---|
| | 其他 | 外商投资 | 合资经营 | 合作经营 | 独资 | 股份有限 | 其他 |
| **合　计** | **1596** | **58504** | **12248** | **1380** | **39637** | **2067** | **3172** |
| 农、林、牧、渔服务业 | 2 | 65 | 23 | 1 | 29 | 4 | 8 |
| 开采辅助活动 | 1 | 11 | 4 | | 6 | 1 | |
| 金属制品、机械和设备修理业 | 7 | 154 | 68 | 8 | 73 | 2 | 3 |
| **批发和零售业** | **668** | **24515** | **3791** | **284** | **18193** | **719** | **1528** |
| 批发业 | 502 | 20543 | 2891 | 197 | 16000 | 526 | 929 |
| 零售业 | 166 | 3972 | 900 | 87 | 2193 | 193 | 599 |
| **交通运输、仓储和邮政业** | **87** | **2284** | **759** | **217** | **1152** | **61** | **95** |
| 铁路运输业 | | 8 | 3 | | 4 | | 1 |
| 道路运输业 | 47 | 496 | 159 | 165 | 128 | 17 | 27 |
| 水上运输业 | 1 | 155 | 112 | 6 | 33 | 2 | 2 |
| 航空运输业 | 1 | 50 | 17 | 1 | 22 | 5 | 5 |
| 管道运输业 | 1 | 14 | 9 | | 5 | | |
| 装卸搬运和运输代理业 | 29 | 823 | 244 | 29 | 489 | 24 | 37 |
| 仓储业 | 8 | 714 | 203 | 16 | 466 | 11 | 18 |
| 邮政业 | | 24 | 12 | | 5 | 2 | 5 |
| **住宿和餐饮业** | **66** | **2697** | **665** | **117** | **1610** | **155** | **150** |
| 住宿业 | 20 | 660 | 233 | 66 | 291 | 36 | 34 |
| 餐饮业 | 46 | 2037 | 432 | 51 | 1319 | 119 | 116 |
| **信息传输、软件和信息技术服务业** | **106** | **5688** | **1140** | **51** | **4127** | **204** | **166** |
| 电信、广播电视和卫星传输服务 | 20 | 292 | 29 | 1 | 151 | 77 | 34 |
| 互联网和相关服务 | 6 | 199 | 45 | 4 | 126 | 11 | 13 |
| 软件和信息技术服务业 | 80 | 5197 | 1066 | 46 | 3850 | 116 | 119 |
| **金融业** | **24** | **1933** | **825** | **28** | **755** | **267** | **58** |
| 货币金融服务 | 8 | 738 | 215 | 8 | 427 | 70 | 18 |
| 资本市场服务 | 12 | 190 | 80 | 10 | 73 | 13 | 14 |
| 保险业 | 1 | 916 | 503 | 9 | 201 | 179 | 24 |
| 其他金融业 | 3 | 89 | 27 | 1 | 54 | 5 | 2 |
| **房地产业** | **111** | **3656** | **1251** | **264** | **1859** | **137** | **145** |
| 房地产业 | 111 | 3656 | 1251 | 264 | 1859 | 137 | 145 |
| **租赁和商务服务业** | **296** | **10039** | **1474** | **152** | **7472** | **281** | **660** |
| 租赁业 | 9 | 400 | 117 | 7 | 224 | 14 | 38 |
| 商务服务业 | 287 | 9639 | 1357 | 145 | 7248 | 267 | 622 |
| **科学研究和技术服务业** | **144** | **5344** | **1647** | **106** | **3305** | **130** | **156** |
| 研究和试验发展 | 6 | 1382 | 507 | 23 | 794 | 30 | 28 |
| 专业技术服务业 | 95 | 2198 | 554 | 52 | 1468 | 52 | 72 |
| 科技推广和应用服务业 | 43 | 1764 | 586 | 31 | 1043 | 48 | 56 |
| **水利、环境和公共设施管理业** | **12** | **315** | **115** | **27** | **134** | **16** | **23** |
| 水利管理业 | | 22 | 10 | | 9 | | 3 |
| 生态保护和环境治理业 | 3 | 118 | 47 | 6 | 53 | 5 | 7 |
| 公共设施管理业 | 9 | 175 | 58 | 21 | 72 | 11 | 13 |
| **居民服务、修理和其他服务业** | **27** | **831** | **193** | **33** | **493** | **38** | **74** |
| 居民服务业 | 11 | 364 | 81 | 10 | 221 | 23 | 29 |
| 机动车、电子产品和日用产品修理业 | 6 | 240 | 72 | 14 | 132 | 7 | 15 |
| 其他服务业 | 10 | 227 | 40 | 9 | 140 | 8 | 30 |
| **教育** | **8** | **245** | **57** | **13** | **122** | **13** | **40** |
| 教育 | 8 | 245 | 57 | 13 | 122 | 13 | 40 |
| **卫生和社会工作** | **3** | **111** | **48** | **23** | **25** | **5** | **10** |
| 卫生 | 3 | 100 | 45 | 22 | 21 | 4 | 8 |
| 社会工作 | | 11 | 3 | 1 | 4 | 1 | 2 |
| **文化、体育和娱乐业** | **34** | **615** | **188** | **56** | **282** | **33** | **56** |
| 新闻和出版业 | 1 | 14 | 4 | 2 | 5 | | 3 |
| 广播、电视、电影和影视录音制作业 | 9 | 73 | 28 | 1 | 29 | 7 | 8 |
| 文化艺术业 | 7 | 120 | 27 | 3 | 69 | 6 | 15 |
| 体育 | 5 | 211 | 53 | 28 | 106 | 13 | 11 |
| 娱乐业 | 12 | 197 | 76 | 22 | 73 | 7 | 19 |
| **公共管理、社会保障和社会组织** | | **1** | | | | **1** | |
| 社会保障 | | 1 | | | | 1 | |

# 1-8 第三产业按地区、登记注册类型分组的企业法人单位数

单位：个

| 地区 | 企业法人单位数 | 内资 | 国有 | 集体 | 股份合作 | 国有联营 | 集体联营 | 国有与集体联营 |
|---|---|---|---|---|---|---|---|---|
| **全国** | **10060028** | **9949675** | **101574** | **90137** | **42819** | **1643** | **4176** | **1074** |
| 北京 | 608223 | 594347 | 5301 | 7313 | 11124 | 49 | 228 | 70 |
| 天津 | 282498 | 277275 | 2634 | 2664 | 520 | 49 | 145 | 26 |
| 河北 | 391353 | 390757 | 3140 | 3089 | 1649 | 26 | 103 | 20 |
| 山西 | 257715 | 257526 | 3766 | 2765 | 270 | 57 | 75 | 17 |
| 内蒙古 | 133851 | 133670 | 1840 | 564 | 459 | 22 | 39 | 8 |
| 辽宁 | 338313 | 334699 | 5001 | 5215 | 1339 | 44 | 150 | 32 |
| 吉林 | 87838 | 87417 | 2215 | 977 | 415 | 27 | 78 | 6 |
| 黑龙江 | 113343 | 112864 | 3083 | 1488 | 941 | 54 | 86 | 17 |
| 上海 | 330934 | 304782 | 2413 | 4243 | 1043 | 68 | 139 | 139 |
| 江苏 | 1109843 | 1100397 | 5882 | 6899 | 1680 | 109 | 259 | 84 |
| 浙江 | 803741 | 795627 | 2623 | 7551 | 1768 | 24 | 81 | 29 |
| 安徽 | 353085 | 352179 | 4307 | 2231 | 1414 | 64 | 110 | 36 |
| 福建 | 431445 | 425946 | 4795 | 3497 | 1371 | 105 | 162 | 47 |
| 江西 | 222816 | 222292 | 3569 | 1319 | 1193 | 61 | 196 | 28 |
| 山东 | 934059 | 930420 | 5842 | 4909 | 1754 | 71 | 209 | 59 |
| 河南 | 403342 | 402637 | 5269 | 3331 | 1625 | 148 | 308 | 60 |
| 湖北 | 440821 | 438292 | 4732 | 2999 | 845 | 53 | 156 | 38 |
| 湖南 | 274279 | 273445 | 2698 | 1605 | 632 | 40 | 141 | 31 |
| 广东 | 860181 | 838615 | 8076 | 12222 | 6192 | 171 | 425 | 107 |
| 广西 | 251656 | 250889 | 2604 | 2427 | 508 | 25 | 97 | 9 |
| 海南 | 48825 | 48335 | 1017 | 520 | 345 | 14 | 40 | 9 |
| 重庆 | 304226 | 303174 | 1800 | 1167 | 900 | 37 | 103 | 17 |
| 四川 | 220143 | 218947 | 3066 | 2376 | 1450 | 35 | 182 | 59 |
| 贵州 | 146331 | 146049 | 2724 | 1472 | 715 | 57 | 135 | 33 |
| 云南 | 246439 | 245710 | 3365 | 2109 | 789 | 64 | 141 | 23 |
| 西藏 | 5703 | 5656 | 489 | 165 | 60 | 16 | 25 | |
| 陕西 | 196832 | 196116 | 4031 | 2675 | 649 | 60 | 196 | 26 |
| 甘肃 | 81500 | 81357 | 1721 | 1275 | 573 | 29 | 55 | 10 |
| 青海 | 25269 | 25175 | 736 | 299 | 142 | 8 | 15 | 6 |
| 宁夏 | 39872 | 39793 | 270 | 82 | 132 | 19 | 21 | 13 |
| 新疆 | 115552 | 115287 | 2565 | 689 | 322 | 37 | 76 | 15 |

1-8 续表 1

单位：个

| 地　区 | 其他联营 | 国有独资公　司 | 其他有限责任公司 | 股份有限公　司 | 私营独资 | 私营合伙 | 私营有限责任公司 |
|---|---|---|---|---|---|---|---|
| **全　国** | **7050** | **27940** | **1847428** | **122736** | **1358923** | **182532** | **5501968** |
| 北　京 | 139 | 1438 | 142397 | 5114 | 24110 | 7385 | 381510 |
| 天　津 | 480 | 565 | 58358 | 2199 | 17543 | 3493 | 172191 |
| 河　北 | 87 | 857 | 95694 | 6084 | 61079 | 7526 | 180470 |
| 山　西 | 18 | 594 | 22746 | 1761 | 21332 | 3754 | 189959 |
| 内蒙古 | 58 | 462 | 37198 | 2441 | 15536 | 1676 | 59730 |
| 辽　宁 | 178 | 751 | 69055 | 5367 | 50155 | 2322 | 171106 |
| 吉　林 | 49 | 382 | 23179 | 2256 | 14247 | 976 | 34245 |
| 黑龙江 | 123 | 365 | 33467 | 2962 | 16198 | 1485 | 41000 |
| 上　海 | 100 | 1276 | 27861 | 1808 | 26611 | 5472 | 229570 |
| 江　苏 | 661 | 1619 | 99618 | 8552 | 141496 | 13857 | 764594 |
| 浙　江 | 92 | 2990 | 42538 | 3230 | 93536 | 21668 | 613740 |
| 安　徽 | 501 | 1059 | 63334 | 5132 | 47413 | 8250 | 189812 |
| 福　建 | 133 | 1251 | 98665 | 5268 | 36426 | 10163 | 240155 |
| 江　西 | 115 | 643 | 61243 | 6662 | 37086 | 10250 | 75445 |
| 山　东 | 126 | 1042 | 121812 | 10071 | 141677 | 9067 | 533850 |
| 河　南 | 510 | 842 | 163792 | 7108 | 65450 | 6107 | 94365 |
| 湖　北 | 96 | 1217 | 87249 | 3460 | 54931 | 6465 | 252292 |
| 湖　南 | 104 | 1252 | 48930 | 5492 | 53488 | 9204 | 117484 |
| 广　东 | 2706 | 1962 | 198071 | 11473 | 89739 | 17909 | 439583 |
| 广　西 | 43 | 879 | 33390 | 3865 | 40398 | 3843 | 147051 |
| 海　南 | 29 | 166 | 21889 | 1058 | 2830 | 1165 | 16619 |
| 重　庆 | 130 | 938 | 38635 | 3404 | 107372 | 7840 | 118966 |
| 四　川 | 135 | 1184 | 59120 | 4798 | 40639 | 6446 | 81614 |
| 贵　州 | 81 | 1158 | 30525 | 1897 | 40750 | 3510 | 54518 |
| 云　南 | 107 | 837 | 44956 | 3916 | 53220 | 4593 | 104265 |
| 西　藏 | 7 | 56 | 969 | 213 | 1087 | 247 | 1888 |
| 陕　西 | 119 | 719 | 75334 | 2984 | 30332 | 2865 | 59997 |
| 甘　肃 | 52 | 303 | 18280 | 1980 | 14243 | 1576 | 29964 |
| 青　海 | 13 | 134 | 3373 | 413 | 3730 | 712 | 12981 |
| 宁　夏 | 8 | 243 | 5888 | 537 | 4897 | 577 | 23424 |
| 新　疆 | 50 | 756 | 19862 | 1231 | 11372 | 2129 | 69580 |

1-8 续表 2

单位：个

| 地区 | 私营股份有限公司 | 其他内资企业 | 港澳台商投资 | 合资经营 | 合作经营 | 独资 | 股份有限 |
|---|---|---|---|---|---|---|---|
| **全国** | **142275** | **517400** | **51849** | **10610** | **1780** | **36586** | **1277** |
| 北京 | 7174 | 995 | 5740 | 980 | 178 | 4464 | 76 |
| 天津 | 2091 | 14317 | 2227 | 888 | 34 | 1214 | 48 |
| 河北 | 7368 | 23565 | 277 | 93 | 24 | 137 | 9 |
| 山西 | 4109 | 6303 | 80 | 34 | 2 | 37 | 5 |
| 内蒙古 | 3406 | 10231 | 81 | 30 | 1 | 37 | 7 |
| 辽宁 | 5004 | 18980 | 1145 | 395 | 37 | 659 | 35 |
| 吉林 | 1709 | 6656 | 129 | 41 | 6 | 67 | 5 |
| 黑龙江 | 1489 | 10106 | 209 | 65 | 12 | 104 | 15 |
| 上海 | 2315 | 1724 | 10440 | 1441 | 164 | 8716 | 86 |
| 江苏 | 17478 | 37609 | 4143 | 971 | 73 | 2903 | 125 |
| 浙江 | 2660 | 3097 | 3324 | 913 | 62 | 2081 | 75 |
| 安徽 | 6324 | 22192 | 406 | 128 | 11 | 233 | 23 |
| 福建 | 5987 | 17921 | 3424 | 841 | 91 | 2286 | 119 |
| 江西 | 6542 | 17940 | 313 | 105 | 9 | 168 | 14 |
| 山东 | 10673 | 89258 | 1206 | 380 | 52 | 702 | 33 |
| 河南 | 4315 | 49407 | 393 | 145 | 21 | 187 | 19 |
| 湖北 | 3163 | 20596 | 942 | 240 | 33 | 598 | 47 |
| 湖南 | 6609 | 25735 | 476 | 221 | 27 | 184 | 27 |
| 广东 | 9292 | 40687 | 14207 | 1874 | 838 | 10336 | 341 |
| 广西 | 5641 | 10109 | 399 | 146 | 33 | 198 | 11 |
| 海南 | 971 | 1663 | 281 | 70 | 14 | 167 | 22 |
| 重庆 | 6057 | 15808 | 546 | 139 | 10 | 344 | 30 |
| 四川 | 4808 | 13035 | 514 | 136 | 20 | 314 | 25 |
| 贵州 | 2158 | 6316 | 137 | 60 | 2 | 62 | 6 |
| 云南 | 5590 | 21735 | 307 | 104 | 7 | 147 | 27 |
| 西藏 | 95 | 339 | 20 | 2 | 2 | 10 | 5 |
| 陕西 | 4339 | 11790 | 266 | 84 | 10 | 140 | 20 |
| 甘肃 | 1757 | 9539 | 64 | 20 | 1 | 38 | 4 |
| 青海 | 848 | 1765 | 44 | 16 | 3 | 16 | 6 |
| 宁夏 | 797 | 2885 | 27 | 10 |  | 9 | 4 |
| 新疆 | 1506 | 5097 | 82 | 38 | 3 | 28 | 8 |

1-8 续表 3

单位：个

| 地区 | 其他 | 外商投资 | 合资经营 | 合作经营 | 独资 | 股份有限 | 其他 |
|---|---|---|---|---|---|---|---|
| **全国** | **1596** | **58504** | **12248** | **1380** | **39637** | **2067** | **3172** |
| 北京 | 42 | 8136 | 1698 | 168 | 5988 | 147 | 135 |
| 天津 | 43 | 2996 | 778 | 70 | 1885 | 123 | 140 |
| 河北 | 14 | 319 | 102 | 29 | 111 | 34 | 43 |
| 山西 | 2 | 109 | 36 | 14 | 36 | 11 | 12 |
| 内蒙古 | 6 | 100 | 30 | 4 | 45 | 10 | 11 |
| 辽宁 | 19 | 2469 | 705 | 59 | 1513 | 98 | 94 |
| 吉林 | 10 | 292 | 75 | 13 | 170 | 13 | 21 |
| 黑龙江 | 13 | 270 | 70 | 11 | 139 | 33 | 17 |
| 上海 | 33 | 15712 | 1795 | 143 | 13572 | 91 | 111 |
| 江苏 | 71 | 5303 | 1355 | 87 | 3441 | 233 | 187 |
| 浙江 | 193 | 4790 | 1430 | 102 | 2708 | 227 | 323 |
| 安徽 | 11 | 500 | 130 | 15 | 248 | 40 | 67 |
| 福建 | 87 | 2075 | 512 | 48 | 1258 | 131 | 126 |
| 江西 | 17 | 211 | 58 | 7 | 90 | 22 | 34 |
| 山东 | 39 | 2433 | 687 | 66 | 1455 | 94 | 131 |
| 河南 | 21 | 312 | 123 | 14 | 118 | 27 | 30 |
| 湖北 | 24 | 1587 | 252 | 19 | 587 | 109 | 620 |
| 湖南 | 17 | 358 | 122 | 18 | 159 | 32 | 27 |
| 广东 | 818 | 7359 | 1404 | 376 | 4528 | 313 | 738 |
| 广西 | 11 | 368 | 100 | 24 | 149 | 52 | 43 |
| 海南 | 8 | 209 | 63 | 14 | 109 | 12 | 11 |
| 重庆 | 23 | 506 | 143 | 12 | 288 | 30 | 33 |
| 四川 | 19 | 682 | 201 | 18 | 372 | 46 | 45 |
| 贵州 | 7 | 145 | 38 | 11 | 67 | 18 | 11 |
| 云南 | 22 | 422 | 67 | 5 | 209 | 45 | 96 |
| 西藏 | 1 | 27 | 12 | 2 | 6 | 4 | 3 |
| 陕西 | 12 | 450 | 133 | 9 | 241 | 42 | 25 |
| 甘肃 | 1 | 79 | 26 | 5 | 35 | 8 | 5 |
| 青海 | 3 | 50 | 17 | 2 | 19 | 10 | 2 |
| 宁夏 | 4 | 52 | 35 | 1 | 10 | 2 | 4 |
| 新疆 | 5 | 183 | 51 | 14 | 81 | 10 | 27 |

# 1-9 批发和零售业按地区分组的法人单位数

单位：个

| 地区 | 法人单位数（2015年） | #多产业法人单位 | 法人单位数（2016年） | #多产业法人单位 |
|---|---|---|---|---|
| **全国** | **4199026** | **102520** | **5041698** | **109682** |
| 北京 | 206521 | 7517 | 208813 | 7430 |
| 天津 | 98551 | 1352 | 119826 | 1654 |
| 河北 | 165475 | 3663 | 219536 | 4556 |
| 山西 | 94250 | 3115 | 139240 | 3788 |
| 内蒙古 | 55958 | 1300 | 68237 | 1475 |
| 辽宁 | 155775 | 2478 | 169643 | 2677 |
| 吉林 | 40125 | 642 | 43730 | 651 |
| 黑龙江 | 49972 | 1200 | 57116 | 1253 |
| 上海 | 153401 | 10183 | 159464 | 10808 |
| 江苏 | 466828 | 8057 | 587718 | 8523 |
| 浙江 | 374162 | 8325 | 430888 | 8653 |
| 安徽 | 136555 | 3213 | 166351 | 3453 |
| 福建 | 193733 | 4664 | 230843 | 4883 |
| 江西 | 80263 | 1208 | 104265 | 1518 |
| 山东 | 403965 | 5051 | 543508 | 5780 |
| 河南 | 172392 | 2289 | 206121 | 2367 |
| 湖北 | 183287 | 3095 | 207587 | 3377 |
| 湖南 | 97477 | 1293 | 126236 | 1477 |
| 广东 | 391401 | 11690 | 434221 | 11741 |
| 广西 | 106962 | 4643 | 131838 | 4958 |
| 海南 | 15881 | 717 | 18000 | 767 |
| 重庆 | 125316 | 3230 | 148631 | 3512 |
| 四川 | 80348 | 3474 | 93544 | 3639 |
| 贵州 | 47828 | 1321 | 65613 | 1530 |
| 云南 | 99551 | 3123 | 127986 | 3250 |
| 西藏 | 2471 | 109 | 2488 | 111 |
| 陕西 | 87319 | 1576 | 98536 | 1665 |
| 甘肃 | 36704 | 1124 | 40691 | 1151 |
| 青海 | 9654 | 449 | 11215 | 473 |
| 宁夏 | 16248 | 484 | 20956 | 520 |
| 新疆 | 50653 | 1935 | 58857 | 2042 |

# 1-10 交通运输、仓储和邮政业按地区分组的法人单位数

单位：个

| 地 区 | 法人单位数（2015年） | #多产业法人单位 | 法人单位数（2016年） | #多产业法人单位 |
|---|---|---|---|---|
| **全 国** | **378705** | **16652** | **443325** | **18374** |
| 北 京 | 14754 | 712 | 14864 | 729 |
| 天 津 | 15560 | 323 | 17852 | 366 |
| 河 北 | 14280 | 415 | 18661 | 516 |
| 山 西 | 8635 | 428 | 11375 | 515 |
| 内蒙古 | 6403 | 324 | 7968 | 358 |
| 辽 宁 | 16442 | 482 | 17900 | 513 |
| 吉 林 | 4643 | 155 | 5225 | 161 |
| 黑龙江 | 5782 | 253 | 6718 | 271 |
| 上 海 | 15963 | 1491 | 16475 | 1513 |
| 江 苏 | 40424 | 994 | 50401 | 1061 |
| 浙 江 | 22591 | 1229 | 25963 | 1555 |
| 安 徽 | 15307 | 655 | 18049 | 722 |
| 福 建 | 15702 | 676 | 16912 | 758 |
| 江 西 | 12533 | 375 | 14501 | 439 |
| 山 东 | 33779 | 691 | 42742 | 838 |
| 河 南 | 14402 | 286 | 16364 | 308 |
| 湖 北 | 18409 | 773 | 21776 | 939 |
| 湖 南 | 7907 | 287 | 10394 | 314 |
| 广 东 | 35068 | 2324 | 38161 | 2393 |
| 广 西 | 8512 | 684 | 10650 | 754 |
| 海 南 | 1631 | 129 | 1777 | 138 |
| 重 庆 | 7840 | 560 | 9316 | 615 |
| 四 川 | 10788 | 585 | 12020 | 627 |
| 贵 州 | 4392 | 233 | 5619 | 301 |
| 云 南 | 6720 | 467 | 8685 | 484 |
| 西 藏 | 335 | 43 | 341 | 43 |
| 陕 西 | 7908 | 245 | 9044 | 266 |
| 甘 肃 | 3361 | 226 | 3652 | 231 |
| 青 海 | 1033 | 96 | 1177 | 102 |
| 宁 夏 | 1455 | 87 | 1907 | 97 |
| 新 疆 | 6146 | 424 | 6836 | 447 |

# 1-11 住宿和餐饮业按地区分组的法人单位数

单位：个

| 地 区 | 法人单位数（2015年） | #多产业法人单位 | 法人单位数（2016年） | #多产业法人单位 |
|---|---|---|---|---|
| **全 国** | **274283** | **11953** | **317619** | **13317** |
| 北 京 | 17141 | 1343 | 17134 | 1320 |
| 天 津 | 4658 | 238 | 5652 | 325 |
| 河 北 | 6000 | 379 | 8229 | 541 |
| 山 西 | 5056 | 250 | 7109 | 345 |
| 内蒙古 | 3428 | 167 | 3999 | 180 |
| 辽 宁 | 8333 | 268 | 8935 | 292 |
| 吉 林 | 2109 | 44 | 2326 | 44 |
| 黑龙江 | 2661 | 84 | 2930 | 84 |
| 上 海 | 13238 | 1233 | 13787 | 1355 |
| 江 苏 | 16420 | 761 | 20393 | 862 |
| 浙 江 | 19122 | 1281 | 20961 | 1413 |
| 安 徽 | 9009 | 437 | 11076 | 500 |
| 福 建 | 10556 | 416 | 11574 | 434 |
| 江 西 | 4920 | 95 | 5988 | 125 |
| 山 东 | 17774 | 465 | 23469 | 617 |
| 河 南 | 14547 | 207 | 12911 | 215 |
| 湖 北 | 13308 | 398 | 14747 | 437 |
| 湖 南 | 9786 | 162 | 11439 | 192 |
| 广 东 | 24390 | 1462 | 27458 | 1543 |
| 广 西 | 5172 | 330 | 6264 | 368 |
| 海 南 | 1908 | 121 | 2139 | 133 |
| 重 庆 | 21802 | 445 | 26385 | 527 |
| 四 川 | 10241 | 396 | 11368 | 435 |
| 贵 州 | 8149 | 65 | 11495 | 79 |
| 云 南 | 8134 | 308 | 11186 | 320 |
| 西 藏 | 602 | 17 | 609 | 18 |
| 陕 西 | 8371 | 237 | 9337 | 250 |
| 甘 肃 | 3544 | 148 | 4040 | 148 |
| 青 海 | 1179 | 49 | 1381 | 55 |
| 宁 夏 | 979 | 39 | 1288 | 46 |
| 新 疆 | 1746 | 108 | 2010 | 114 |

# 1-12 信息传输、软件和信息技术服务业按地区分组的法人单位数

单位：个

| 地区 | 法人单位数（2015年） | #多产业法人单位 | 法人单位数（2016年） | #多产业法人单位 |
|---|---|---|---|---|
| **全国** | **387842** | **8480** | **507674** | **9575** |
| 北京 | 47988 | 1082 | 36026 | 1152 |
| 天津 | 12589 | 143 | 15818 | 169 |
| 河北 | 8114 | 165 | 13944 | 233 |
| 山西 | 5915 | 159 | 11529 | 228 |
| 内蒙古 | 3208 | 96 | 5057 | 111 |
| 辽宁 | 14937 | 211 | 18826 | 237 |
| 吉林 | 3214 | 87 | 3808 | 91 |
| 黑龙江 | 4164 | 109 | 5446 | 112 |
| 上海 | 15863 | 990 | 16460 | 1026 |
| 江苏 | 41381 | 621 | 61674 | 746 |
| 浙江 | 36445 | 609 | 51124 | 778 |
| 安徽 | 13734 | 221 | 19282 | 265 |
| 福建 | 16932 | 260 | 22801 | 295 |
| 江西 | 6905 | 112 | 11354 | 143 |
| 山东 | 25610 | 278 | 39025 | 353 |
| 河南 | 11964 | 134 | 18203 | 145 |
| 湖北 | 19146 | 237 | 25832 | 282 |
| 湖南 | 8401 | 170 | 14495 | 193 |
| 广东 | 38168 | 1335 | 44114 | 1400 |
| 广西 | 6486 | 191 | 9612 | 219 |
| 海南 | 1541 | 38 | 1985 | 46 |
| 重庆 | 11706 | 247 | 15673 | 280 |
| 四川 | 7850 | 251 | 11309 | 267 |
| 贵州 | 3042 | 77 | 4851 | 92 |
| 云南 | 9055 | 212 | 11683 | 235 |
| 西藏 | 175 | 33 | 181 | 36 |
| 陕西 | 7021 | 122 | 8662 | 132 |
| 甘肃 | 1756 | 84 | 2329 | 87 |
| 青海 | 767 | 46 | 982 | 47 |
| 宁夏 | 869 | 36 | 1465 | 42 |
| 新疆 | 2896 | 124 | 4124 | 133 |

# 1-13 金融业按地区分组的法人单位数

单位：个

| 地区 | 法人单位数(2015年) | #多产业法人单位 | 法人单位数(2016年) | #多产业法人单位 |
|---|---|---|---|---|
| **全国** | **109711** | **15964** | **122516** | **16660** |
| 北京 | 5117 | 386 | 4972 | 450 |
| 天津 | 4218 | 307 | 4897 | 324 |
| 河北 | 4687 | 732 | 4847 | 837 |
| 山西 | 2375 | 498 | 2883 | 567 |
| 内蒙古 | 2488 | 487 | 2885 | 519 |
| 辽宁 | 4078 | 650 | 4440 | 668 |
| 吉林 | 1524 | 351 | 1669 | 353 |
| 黑龙江 | 2215 | 448 | 2406 | 458 |
| 上海 | 2258 | 379 | 2482 | 397 |
| 江苏 | 6908 | 900 | 7550 | 919 |
| 浙江 | 8005 | 958 | 8853 | 989 |
| 安徽 | 4478 | 639 | 5099 | 654 |
| 福建 | 4432 | 478 | 4938 | 487 |
| 江西 | 3467 | 454 | 3238 | 463 |
| 山东 | 6952 | 1080 | 10033 | 1202 |
| 河南 | 4159 | 724 | 4891 | 724 |
| 湖北 | 4114 | 599 | 4750 | 633 |
| 湖南 | 2996 | 535 | 3431 | 542 |
| 广东 | 9547 | 1181 | 10272 | 1207 |
| 广西 | 2972 | 488 | 2509 | 483 |
| 海南 | 562 | 100 | 651 | 105 |
| 重庆 | 3478 | 461 | 3565 | 479 |
| 四川 | 3338 | 748 | 3600 | 759 |
| 贵州 | 2163 | 321 | 2417 | 340 |
| 云南 | 3516 | 587 | 4080 | 593 |
| 西藏 | 106 | 34 | 109 | 38 |
| 陕西 | 2810 | 429 | 3119 | 448 |
| 甘肃 | 2221 | 375 | 2211 | 380 |
| 青海 | 414 | 102 | 439 | 103 |
| 宁夏 | 1798 | 123 | 1983 | 124 |
| 新疆 | 2315 | 410 | 3297 | 415 |

# 1-14 房地产业按地区分组的法人单位数

单位：个

| 地 区 | 法人单位数 (2015年) | #多产业法人单位 | 法人单位数 (2016年) | #多产业法人单位 |
|---|---|---|---|---|
| **全 国** | **466100** | **24804** | **533557** | **27449** |
| 北 京 | 18833 | 1661 | 19040 | 1646 |
| 天 津 | 8472 | 325 | 10443 | 391 |
| 河 北 | 18376 | 929 | 25580 | 1367 |
| 山 西 | 9678 | 605 | 12856 | 766 |
| 内蒙古 | 7150 | 315 | 7946 | 385 |
| 辽 宁 | 19375 | 549 | 20642 | 614 |
| 吉 林 | 5623 | 99 | 6047 | 105 |
| 黑龙江 | 7108 | 195 | 7804 | 204 |
| 上 海 | 16553 | 1387 | 17282 | 1458 |
| 江 苏 | 40553 | 1909 | 48989 | 2160 |
| 浙 江 | 29342 | 1695 | 32749 | 1818 |
| 安 徽 | 17223 | 1137 | 19504 | 1292 |
| 福 建 | 16047 | 975 | 17417 | 1023 |
| 江 西 | 10783 | 422 | 12404 | 606 |
| 山 东 | 32596 | 1087 | 40442 | 1348 |
| 河 南 | 22377 | 327 | 27501 | 343 |
| 湖 北 | 22570 | 1064 | 26387 | 1202 |
| 湖 南 | 13880 | 281 | 15675 | 354 |
| 广 东 | 54716 | 3878 | 58807 | 3964 |
| 广 西 | 13475 | 1200 | 16006 | 1281 |
| 海 南 | 6642 | 301 | 7578 | 316 |
| 重 庆 | 12134 | 1145 | 13609 | 1245 |
| 四 川 | 14505 | 867 | 15896 | 934 |
| 贵 州 | 8751 | 286 | 9930 | 362 |
| 云 南 | 10950 | 785 | 12215 | 811 |
| 西 藏 | 229 | 12 | 234 | 12 |
| 陕 西 | 12816 | 301 | 13811 | 329 |
| 甘 肃 | 4978 | 203 | 5313 | 209 |
| 青 海 | 1634 | 115 | 1781 | 122 |
| 宁 夏 | 1707 | 152 | 1984 | 161 |
| 新 疆 | 7024 | 597 | 7685 | 621 |

# 1-15 租赁和商务服务业按地区分组的法人单位数

单位：个

| 地 区 | 法人单位数（2015年） | #多产业法人单位 | 法人单位数（2016年） | #多产业法人单位 |
|---|---|---|---|---|
| **全 国** | **1440572** | **29970** | **1768005** | **34403** |
| 北 京 | 150385 | 2606 | 151316 | 2875 |
| 天 津 | 36907 | 564 | 47918 | 714 |
| 河 北 | 40060 | 835 | 56208 | 1191 |
| 山 西 | 24183 | 675 | 36562 | 861 |
| 内蒙古 | 16216 | 330 | 20979 | 389 |
| 辽 宁 | 48462 | 833 | 55359 | 984 |
| 吉 林 | 11703 | 209 | 13262 | 219 |
| 黑龙江 | 14050 | 209 | 18268 | 235 |
| 上 海 | 59133 | 2949 | 62017 | 3123 |
| 江 苏 | 142838 | 2772 | 190016 | 3255 |
| 浙 江 | 120967 | 2741 | 152078 | 3426 |
| 安 徽 | 52265 | 1022 | 64747 | 1160 |
| 福 建 | 62383 | 1086 | 76540 | 1208 |
| 江 西 | 33561 | 421 | 44630 | 634 |
| 山 东 | 101010 | 1307 | 141897 | 1694 |
| 河 南 | 45465 | 346 | 57916 | 390 |
| 湖 北 | 68232 | 903 | 85194 | 1095 |
| 湖 南 | 30928 | 504 | 44047 | 595 |
| 广 东 | 165240 | 4510 | 180052 | 4611 |
| 广 西 | 35285 | 1253 | 46247 | 1375 |
| 海 南 | 8321 | 237 | 9831 | 252 |
| 重 庆 | 36399 | 661 | 44328 | 756 |
| 四 川 | 33398 | 733 | 40743 | 810 |
| 贵 州 | 17043 | 281 | 23830 | 368 |
| 云 南 | 31253 | 806 | 39115 | 901 |
| 西 藏 | 1160 | 13 | 1161 | 13 |
| 陕 西 | 21989 | 300 | 24939 | 334 |
| 甘 肃 | 9350 | 204 | 11004 | 221 |
| 青 海 | 3685 | 122 | 4514 | 125 |
| 宁 夏 | 4206 | 104 | 6022 | 109 |
| 新 疆 | 14495 | 434 | 17265 | 480 |

# 1-16 科学研究和技术服务业按地区分组的法人单位数

单位：个

| 地 区 | 法人单位数 (2015年) | #多产业法人单位 | 法人单位数 (2016年) | #多产业法人单位 |
| --- | --- | --- | --- | --- |
| **全 国** | **661022** | **15143** | **813251** | **17321** |
| 北 京 | 92262 | 1395 | 107916 | 1830 |
| 天 津 | 28149 | 283 | 42071 | 368 |
| 河 北 | 19522 | 381 | 26097 | 560 |
| 山 西 | 9640 | 351 | 13141 | 429 |
| 内蒙古 | 6910 | 147 | 8029 | 167 |
| 辽 宁 | 23503 | 359 | 26317 | 398 |
| 吉 林 | 6006 | 98 | 7149 | 103 |
| 黑龙江 | 8349 | 142 | 10991 | 156 |
| 上 海 | 21533 | 942 | 23051 | 985 |
| 江 苏 | 65696 | 1243 | 98989 | 1468 |
| 浙 江 | 43731 | 1287 | 53401 | 1525 |
| 安 徽 | 20225 | 546 | 23937 | 611 |
| 福 建 | 21860 | 696 | 27025 | 745 |
| 江 西 | 9574 | 219 | 11727 | 299 |
| 山 东 | 59213 | 582 | 78175 | 737 |
| 河 南 | 36961 | 221 | 39894 | 259 |
| 湖 北 | 30688 | 694 | 34873 | 758 |
| 湖 南 | 16851 | 351 | 21059 | 420 |
| 广 东 | 46376 | 1853 | 51475 | 1906 |
| 广 西 | 15433 | 777 | 18547 | 809 |
| 海 南 | 2342 | 97 | 2771 | 104 |
| 重 庆 | 10497 | 330 | 12658 | 356 |
| 四 川 | 19315 | 448 | 22179 | 515 |
| 贵 州 | 5710 | 189 | 6650 | 220 |
| 云 南 | 12532 | 574 | 14057 | 592 |
| 西 藏 | 539 | 24 | 540 | 24 |
| 陕 西 | 12392 | 225 | 13169 | 248 |
| 甘 肃 | 4874 | 183 | 5268 | 192 |
| 青 海 | 1775 | 103 | 1940 | 103 |
| 宁 夏 | 1529 | 58 | 1880 | 58 |
| 新 疆 | 7035 | 345 | 8275 | 376 |

# 1-17 水利、环境和公共设施管理业按地区分组的法人单位数

单位：个

| 地区 | 法人单位数(2015年) | #多产业法人单位 | 法人单位数(2016年) | #多产业法人单位 |
|---|---|---|---|---|
| **全国** | **108069** | **3358** | **122367** | **3569** |
| 北京 | 4170 | 121 | 4119 | 117 |
| 天津 | 1904 | 39 | 2124 | 43 |
| 河北 | 4269 | 88 | 5535 | 136 |
| 山西 | 3072 | 92 | 3848 | 104 |
| 内蒙古 | 2502 | 84 | 2928 | 88 |
| 辽宁 | 4430 | 81 | 4681 | 87 |
| 吉林 | 1675 | 22 | 1771 | 24 |
| 黑龙江 | 1860 | 66 | 1978 | 69 |
| 上海 | 2068 | 67 | 2102 | 68 |
| 江苏 | 9159 | 198 | 10268 | 206 |
| 浙江 | 7155 | 249 | 8191 | 279 |
| 安徽 | 4301 | 177 | 5013 | 198 |
| 福建 | 4419 | 163 | 4834 | 170 |
| 江西 | 3018 | 71 | 3416 | 79 |
| 山东 | 6534 | 127 | 8272 | 153 |
| 河南 | 6094 | 94 | 7072 | 98 |
| 湖北 | 6110 | 267 | 6823 | 259 |
| 湖南 | 4441 | 125 | 4901 | 129 |
| 广东 | 7237 | 283 | 7746 | 292 |
| 广西 | 3496 | 121 | 3887 | 112 |
| 海南 | 568 | 28 | 662 | 28 |
| 重庆 | 2552 | 98 | 3058 | 107 |
| 四川 | 4290 | 135 | 4605 | 148 |
| 贵州 | 1904 | 49 | 2311 | 45 |
| 云南 | 2965 | 140 | 3220 | 147 |
| 西藏 | 82 | 3 | 84 | 4 |
| 陕西 | 3668 | 76 | 4202 | 81 |
| 甘肃 | 1507 | 114 | 1629 | 114 |
| 青海 | 595 | 18 | 665 | 18 |
| 宁夏 | 494 | 33 | 628 | 33 |
| 新疆 | 1530 | 129 | 1794 | 133 |

# 1-18 居民服务、修理和其他服务业按地区分组的法人单位数

单位：个

| 地区 | 法人单位数(2015年) | #多产业法人单位 | 法人单位数(2016年) | #多产业法人单位 |
|---|---|---|---|---|
| **全国** | **298958** | **6408** | **359932** | **7214** |
| 北京 | 19774 | 773 | 19510 | 769 |
| 天津 | 9070 | 151 | 10889 | 174 |
| 河北 | 10454 | 205 | 14019 | 271 |
| 山西 | 9963 | 139 | 15397 | 200 |
| 内蒙古 | 4661 | 74 | 6425 | 83 |
| 辽宁 | 10606 | 155 | 11760 | 165 |
| 吉林 | 3622 | 28 | 3935 | 28 |
| 黑龙江 | 3199 | 48 | 3709 | 48 |
| 上海 | 12568 | 741 | 12855 | 820 |
| 江苏 | 26282 | 438 | 33190 | 560 |
| 浙江 | 17458 | 476 | 18739 | 530 |
| 安徽 | 10042 | 197 | 12809 | 237 |
| 福建 | 11346 | 285 | 13098 | 312 |
| 江西 | 7082 | 85 | 8882 | 113 |
| 山东 | 22923 | 210 | 30633 | 263 |
| 河南 | 11089 | 75 | 13368 | 78 |
| 湖北 | 15665 | 192 | 18537 | 247 |
| 湖南 | 10065 | 78 | 12840 | 99 |
| 广东 | 23892 | 886 | 25957 | 915 |
| 广西 | 6487 | 223 | 7572 | 238 |
| 海南 | 1381 | 36 | 1609 | 39 |
| 重庆 | 12848 | 182 | 15427 | 224 |
| 四川 | 7714 | 180 | 9165 | 185 |
| 贵州 | 6403 | 66 | 9197 | 90 |
| 云南 | 9186 | 174 | 12280 | 210 |
| 西藏 | 210 | 7 | 214 | 7 |
| 陕西 | 6999 | 101 | 8169 | 96 |
| 甘肃 | 2723 | 56 | 3136 | 57 |
| 青海 | 947 | 21 | 1221 | 24 |
| 宁夏 | 1131 | 34 | 1603 | 33 |
| 新疆 | 3168 | 92 | 3787 | 99 |

# 1-19 教育按地区分组的法人单位数

单位：个

| 地区 | 法人单位数(2015年) | #多产业法人单位 | 法人单位数(2016年) | #多产业法人单位 |
|---|---|---|---|---|
| **全国** | **461451** | **31927** | **486026** | **31373** |
| 北京 | 11339 | 307 | 11398 | 313 |
| 天津 | 4307 | 278 | 4499 | 289 |
| 河北 | 20754 | 978 | 21537 | 981 |
| 山西 | 10826 | 1151 | 11769 | 1149 |
| 内蒙古 | 7189 | 285 | 7802 | 291 |
| 辽宁 | 14632 | 922 | 15061 | 925 |
| 吉林 | 6392 | 596 | 6455 | 596 |
| 黑龙江 | 8067 | 499 | 8287 | 496 |
| 上海 | 5945 | 151 | 5988 | 165 |
| 江苏 | 21802 | 1140 | 24846 | 1180 |
| 浙江 | 23549 | 958 | 24772 | 1011 |
| 安徽 | 16224 | 1762 | 16972 | 1772 |
| 福建 | 16785 | 1115 | 17130 | 1122 |
| 江西 | 14760 | 1304 | 15676 | 1309 |
| 山东 | 25908 | 2133 | 31676 | 2099 |
| 河南 | 44940 | 1595 | 45623 | 1594 |
| 湖北 | 20637 | 2369 | 21728 | 2385 |
| 湖南 | 21891 | 2056 | 22782 | 2053 |
| 广东 | 40628 | 1418 | 42108 | 1448 |
| 广西 | 21541 | 1069 | 22010 | 374 |
| 海南 | 3653 | 255 | 3819 | 256 |
| 重庆 | 11938 | 1421 | 13339 | 1430 |
| 四川 | 26097 | 2415 | 27020 | 2384 |
| 贵州 | 12180 | 1409 | 12807 | 1415 |
| 云南 | 10956 | 1536 | 11604 | 1530 |
| 西藏 | 1042 | 236 | 1041 | 236 |
| 陕西 | 16022 | 698 | 16191 | 695 |
| 甘肃 | 10503 | 983 | 10694 | 985 |
| 青海 | 1929 | 217 | 1963 | 215 |
| 宁夏 | 1900 | 142 | 2088 | 142 |
| 新疆 | 7115 | 529 | 7341 | 533 |

# 1-20 卫生和社会工作按地区分组的法人单位数

单位：个

| 地区 | 法人单位数（2015年） | #多产业法人单位 | 法人单位数（2016年） | #多产业法人单位 |
|---|---|---|---|---|
| **全国** | **271571** | **16285** | **275554** | **16098** |
| 北京 | 4002 | 245 | 4061 | 236 |
| 天津 | 1758 | 174 | 1969 | 176 |
| 河北 | 9919 | 363 | 7042 | 413 |
| 山西 | 5760 | 732 | 6400 | 743 |
| 内蒙古 | 5063 | 230 | 5178 | 228 |
| 辽宁 | 12871 | 308 | 13225 | 315 |
| 吉林 | 3923 | 111 | 4013 | 112 |
| 黑龙江 | 5866 | 560 | 6015 | 558 |
| 上海 | 3325 | 113 | 3338 | 112 |
| 江苏 | 17487 | 1160 | 20120 | 1163 |
| 浙江 | 8873 | 966 | 9787 | 1003 |
| 安徽 | 9301 | 1226 | 9484 | 1228 |
| 福建 | 8362 | 352 | 8162 | 354 |
| 江西 | 10167 | 355 | 10410 | 357 |
| 山东 | 18964 | 1357 | 21068 | 1361 |
| 河南 | 38881 | 311 | 36862 | 309 |
| 湖北 | 12415 | 1160 | 12794 | 1162 |
| 湖南 | 16082 | 797 | 16435 | 783 |
| 广东 | 11399 | 927 | 11746 | 924 |
| 广西 | 6059 | 439 | 5021 | 148 |
| 海南 | 1194 | 92 | 1255 | 95 |
| 重庆 | 5972 | 563 | 6395 | 569 |
| 四川 | 18357 | 897 | 18697 | 896 |
| 贵州 | 4955 | 685 | 5225 | 688 |
| 云南 | 5575 | 1019 | 5713 | 1017 |
| 西藏 | 457 | 31 | 468 | 31 |
| 陕西 | 14703 | 285 | 14649 | 289 |
| 甘肃 | 4241 | 450 | 4232 | 451 |
| 青海 | 1155 | 118 | 1179 | 118 |
| 宁夏 | 955 | 50 | 1014 | 50 |
| 新疆 | 3530 | 209 | 3597 | 209 |

# 1-21 文化、体育和娱乐业按地区分组的法人单位数

单位：个

| 地区 | 法人单位数（2015年） | #多产业法人单位 | 法人单位数（2016年） | #多产业法人单位 |
|---|---|---|---|---|
| **全国** | **297274** | **4224** | **341182** | **4673** |
| 北京 | 30574 | 408 | 29447 | 434 |
| 天津 | 4821 | 66 | 7533 | 88 |
| 河北 | 8614 | 121 | 10845 | 149 |
| 山西 | 7360 | 121 | 10128 | 139 |
| 内蒙古 | 3722 | 60 | 4575 | 64 |
| 辽宁 | 9416 | 90 | 10218 | 100 |
| 吉林 | 3186 | 43 | 3378 | 43 |
| 黑龙江 | 4464 | 64 | 4920 | 67 |
| 上海 | 7315 | 254 | 7621 | 283 |
| 江苏 | 20741 | 264 | 28933 | 311 |
| 浙江 | 21070 | 341 | 25203 | 418 |
| 安徽 | 13372 | 120 | 14519 | 125 |
| 福建 | 11493 | 169 | 12883 | 184 |
| 江西 | 6586 | 68 | 7479 | 82 |
| 山东 | 15590 | 157 | 21732 | 188 |
| 河南 | 17609 | 120 | 15552 | 118 |
| 湖北 | 12279 | 193 | 13358 | 213 |
| 湖南 | 14899 | 129 | 16344 | 139 |
| 广东 | 18220 | 506 | 20781 | 530 |
| 广西 | 7962 | 106 | 8818 | 112 |
| 海南 | 1798 | 38 | 2027 | 42 |
| 重庆 | 9173 | 114 | 11155 | 134 |
| 四川 | 15893 | 148 | 17190 | 162 |
| 贵州 | 4616 | 62 | 5829 | 73 |
| 云南 | 7768 | 153 | 9216 | 157 |
| 西藏 | 512 | 18 | 515 | 18 |
| 陕西 | 7052 | 78 | 7690 | 84 |
| 甘肃 | 4818 | 90 | 5495 | 91 |
| 青海 | 1183 | 37 | 1301 | 39 |
| 宁夏 | 1268 | 14 | 1520 | 14 |
| 新疆 | 3900 | 72 | 4977 | 72 |

# 1-22 公共管理、社会保障和社会组织按地区分组的法人单位数

单位：个

| 地区 | 法人单位数(2015年) | #多产业法人单位 | 法人单位数(2016年) | #多产业法人单位 |
|---|---|---|---|---|
| **全国** | **1603708** | **162221** | **1599879** | **159607** |
| 北京 | 17204 | 1370 | 17225 | 1309 |
| 天津 | 10903 | 581 | 10843 | 579 |
| 河北 | 81789 | 4796 | 80061 | 6945 |
| 山西 | 58238 | 14901 | 58919 | 14884 |
| 内蒙古 | 36823 | 3401 | 35865 | 3403 |
| 辽宁 | 44583 | 3019 | 44623 | 2982 |
| 吉林 | 30090 | 1456 | 29995 | 1452 |
| 黑龙江 | 35958 | 3816 | 34856 | 3814 |
| 上海 | 13189 | 387 | 13195 | 397 |
| 江苏 | 74907 | 2564 | 77054 | 2535 |
| 浙江 | 82224 | 2487 | 82151 | 2503 |
| 安徽 | 49844 | 6093 | 47486 | 6083 |
| 福建 | 63603 | 12640 | 62931 | 12390 |
| 江西 | 57443 | 3883 | 57474 | 3888 |
| 山东 | 128391 | 12365 | 133819 | 12240 |
| 河南 | 105245 | 6140 | 105134 | 6117 |
| 湖北 | 70607 | 11862 | 70234 | 11777 |
| 湖南 | 89936 | 11247 | 87558 | 11079 |
| 广东 | 77563 | 9591 | 79667 | 9589 |
| 广西 | 53089 | 5552 | 52212 | 1830 |
| 海南 | 8255 | 847 | 8317 | 846 |
| 重庆 | 29525 | 2591 | 29473 | 2577 |
| 四川 | 115384 | 7187 | 113387 | 7051 |
| 贵州 | 40430 | 5155 | 39793 | 5139 |
| 云南 | 47114 | 5572 | 46668 | 5544 |
| 西藏 | 14202 | 1056 | 14206 | 1064 |
| 陕西 | 54874 | 10090 | 54292 | 10042 |
| 甘肃 | 47450 | 5808 | 47447 | 5805 |
| 青海 | 13115 | 1911 | 13131 | 1904 |
| 宁夏 | 11126 | 650 | 11173 | 646 |
| 新疆 | 40604 | 3203 | 40690 | 3193 |

# 1-23 社会组织、自治组织情况

单位：个

| 年份<br>地区 | 社会组织 | | | | 自治组织 | | |
|---|---|---|---|---|---|---|---|
| | 单位数 | 社会团体 | 民办非企业单位 | 基金会 | 单位数 | 村民委员会 | 社区居委会 |
| 2000 | 153322 | 130668 | 22654 | | 840083 | 731659 | 108424 |
| 2005 | 319762 | 171150 | 147637 | 975 | 709026 | 629079 | 79947 |
| 2006 | 354393 | 191946 | 161303 | 1144 | 704386 | 623669 | 80717 |
| 2007 | 386916 | 211661 | 173915 | 1340 | 694715 | 612709 | 82006 |
| 2008 | 413660 | 229681 | 182382 | 1597 | 687698 | 604285 | 83413 |
| 2009 | 431069 | 238747 | 190479 | 1843 | 683767 | 599078 | 84689 |
| 2010 | 445631 | 245256 | 198175 | 2202 | 681715 | 594658 | 87057 |
| 2011 | 461971 | 254969 | 204388 | 2614 | 679133 | 589653 | 89480 |
| 2012 | 499268 | 271131 | 225108 | 3029 | 679628 | 588475 | 91153 |
| 2013 | 547245 | 289026 | 254670 | 3549 | 683167 | 588547 | 94620 |
| 2014 | 606048 | 309736 | 292195 | 4117 | 682144 | 585451 | 96693 |
| 2015 | 662425 | 328500 | 329141 | 4784 | 680535 | 580856 | 99679 |
| 2016 | 702405 | 335932 | 360914 | 5559 | 662478 | 559186 | 103292 |
| 中央级 | 2339 | 1985 | 109 | 245 | | | |
| 北京 | 10754 | 4267 | 5972 | 515 | 6995 | 3941 | 3054 |
| 天津 | 5062 | 2153 | 2840 | 69 | 5371 | 3681 | 1690 |
| 河北 | 20916 | 10181 | 10650 | 85 | 53054 | 48860 | 4194 |
| 山西 | 13004 | 6520 | 6411 | 73 | 30459 | 28106 | 2353 |
| 内蒙古 | 13664 | 7362 | 6180 | 122 | 13412 | 11078 | 2334 |
| 辽宁 | 21039 | 7851 | 13096 | 92 | 15767 | 11555 | 4212 |
| 吉林 | 10669 | 5448 | 5140 | 81 | 11202 | 9327 | 1875 |
| 黑龙江 | 14401 | 5959 | 8346 | 96 | 12820 | 9050 | 3770 |
| 上海 | 14181 | 4007 | 9839 | 335 | 5843 | 1590 | 4253 |
| 江苏 | 84094 | 34952 | 48534 | 608 | 21556 | 14477 | 7079 |
| 浙江 | 47536 | 22266 | 24759 | 511 | 31987 | 27568 | 4419 |
| 安徽 | 25708 | 12504 | 13092 | 112 | 17978 | 14586 | 3392 |
| 福建 | 26154 | 16380 | 9518 | 256 | 16739 | 14407 | 2332 |
| 江西 | 15813 | 8180 | 7569 | 64 | 20484 | 17046 | 3438 |
| 山东 | 45963 | 17380 | 28448 | 135 | 80948 | 74217 | 6731 |
| 河南 | 29328 | 9587 | 19616 | 125 | 51574 | 46831 | 4743 |
| 湖北 | 28498 | 12272 | 16094 | 132 | 29454 | 25064 | 4390 |
| 湖南 | 30361 | 13973 | 16139 | 249 | 29193 | 23955 | 5238 |
| 广东 | 59455 | 27077 | 31574 | 804 | 26436 | 19734 | 6702 |
| 广西 | 23928 | 12999 | 10858 | 71 | 16207 | 14276 | 1931 |
| 海南 | 6293 | 2693 | 3520 | 80 | 3061 | 2552 | 509 |
| 重庆 | 16199 | 7472 | 8651 | 76 | 11123 | 8064 | 3059 |
| 四川 | 39448 | 19355 | 19940 | 153 | 53068 | 45945 | 7123 |
| 贵州 | 11848 | 6785 | 5012 | 51 | 18388 | 14619 | 3769 |
| 云南 | 22552 | 14973 | 7481 | 98 | 14299 | 11971 | 2328 |
| 西藏 | 627 | 571 | 42 | 14 | 5467 | 5259 | 208 |
| 陕西 | 20758 | 11200 | 9457 | 101 | 22884 | 20277 | 2607 |
| 甘肃 | 22763 | 17827 | 4868 | 68 | 17386 | 16027 | 1359 |
| 青海 | 3658 | 2156 | 1473 | 29 | 4622 | 4146 | 476 |
| 宁夏 | 5751 | 3792 | 1892 | 67 | 2789 | 2275 | 514 |
| 新疆 | 9641 | 5805 | 3794 | 42 | 11912 | 8702 | 3210 |

## 【主要统计指标解释】

**法人单位** 指有权拥有资产、承担负债，并独立从事社会经济活动（或与其他单位进行交易）的组织。法人单位应同时具备以下条件：（1）依法成立，有自己的名称、组织机构和场所，能够独立承担民事责任；（2）独立拥有（或授权使用）资产或者经费，承担负债，有权与其他单位签订合同；（3）具有包括资产负债表在内的账户，或者能够根据需要编制账户。法人单位包括五种类型：企业法人、事业单位法人、机关法人、社会团体法人和其他法人。

**多产业法人单位** 法人单位从事多种经济活动，或者位于多个地点，称为多产业法人。多产业法人由两个或两个以上产业活动单位组成。

（1）企业法人：包括①领取《企业法人营业执照》（或新版《营业执照》）的各类企业；②个人独资企业、合伙企业；③经各级工商行政管理部门核准登记，领取《营业执照》的各类企业产业活动单位或经营单位；④未经有关部门批准但实际从事生产经营活动、且符合产业活动单位条件的企业法人的本部及分支机构。

（2）事业单位法人：包括①经机构编制部门批准成立和登记或备案，领取《事业单位法人证书》，取得法人资格的单位；②事业法人单位的本部及分支机构或派出机构。

（3）机关法人：包括国家权力机关、国家行政机关、国家司法机关、政党机关、政协组织、人民解放军、武警部队和其他机关；还包括机关法人单位的本部，以及国家权力机关分支机构、国家行政机关分支或派出机构、人民法院分支机构、人民检察院分支机构等。

（4）社会团体法人：指中国公民自愿组成，为实现会员共同意愿，按照其章程开展活动的非营利性社会组织。包括①经各级民政部门核准登记，领取《社会团体法人证书》的各类社会团体；②由各级机构编制管理部门直接管理其机关机构编制的群众团体；③经国务院批准可以免于登记的社会团体；④社团法人单位的本部，以及经各级民政部门核准登记，领取《社会团体分支机构登记证书》或《社会团体代表机构登记证书》的社会团体分支机构或代表机构。

**其他法人** 指除上述类型以外的法人。包括：1. 民办非企业单位；2. 基金会；3. 居委会；4. 村委会； 5. 宗教组织和活动场所；5. 其他组织机构。

**国有企业** 指企业全部资产归国家所有，并按《中华人民共和国企业法人登记管理条例》规定登记注册的非公司制的经济组织。不包括有限责任公司中的国有独资公司。

**集体企业** 指企业资产归集体所有，并按《中华人民共和国企业法人登记管理条例》规定登记注册的经济组织。

**股份合作企业** 指以合作制为基础，由企业职工共同出资入股，吸收一定比例的社会资产投资组建，实行自主经营，自负盈亏，共同劳动，民主管理，按劳分配与按股分红相结合的一种集体经济组织。

**联营企业** 指两个及两个以上相同或不同所有制性质的企业法人或事业单位法人，按自愿、平等、互利的原则，共同投资组成的经济组织。

**国有独资公司** 指国家授权的投资机构或者国家授权的部门单独投资设立的有限责任公司。

**其他有限责任公司** 指国有独资公司以外的其他有限责任公司。

**股份有限公司** 指根据《中华人民共和国公司登记管理条例》规定登记注册，其全部注册资本由等额股份构成并通过发行股票筹集资本，股东以其认购的股份对公司承担有限责任，公司以其全部资产对其债务承担责任的经济组织。

**私营企业** 指由自然人投资设立或由自然人控股，以雇佣劳动为基础的营利性经济组织。包括按照《公司法》、《合伙企业法》、《私营企业暂行条例》规定登记注册的私营有限责任公司、私营股份有限公司、私营合伙企业和私营独资企业。

**私营独资企业** 指按《私营企业暂行条例》的规定，由一名自然人投资经营，以雇佣劳动为基础，投资者对企业债务承担无限责任的企业。

**私营合伙企业** 指按《合伙企业法》或《私营企业暂行条例》的规定，由两个以上自然人按照协议共同投资、共同经营、共负盈亏，以雇佣劳动为基础，对债务承担无限责任的企业。

**私营有限责任公司** 指按《公司法》、《私营企业暂行条例》的规定，由两个以上自然人投资或由单个自然人控股的有限责任公司。

**私营股份有限公司** 指按《公司法》的规定，由五个以上自然人投资，或由单个自然人控股的股份有限公司。

**其他内资企业** 指上述企业之外的其他内资经济组织。

**与港澳台商合资经营企业** 指港澳台地区投资者与内地企业依照《中华人民共和国中外合资经营企业法》及有关法律的规定，按合同规定的比例投资设立、分享利润和分担风险的企业。

**与港澳台商合作经营企业** 指港澳台地区投资者与内地企业依照《中华人民共和国中外合作经营企业法》及有关法律的规定，依照合作合同的约定进行投资或提供条件设立、分配利润和分担风险的企业。

**港澳台商独资经营企业** 指依照《中华人民共和国外资企业法》及有关法律的规定，在内地由港澳台地区投资者全额投资设立的企业。

**港澳台商投资股份有限公司** 指根据国家有关规定，经商务部（原外经贸部）依法批准设立，其中港澳台商的股本占公司注册资本的比例达25%以上的股份有限公司。凡其中港澳台商的股本占公司注册资本的比例小于25%的，属于内资企业中的股份有限公司。

**其他港澳台商投资企业** 指在中国境内参照《外国企业或个人在中国境内设立合伙企业管理办法》和《外商投资合伙企业登记管理规定》，依法设立的港澳台商投资合伙企业等。

**中外合资经营企业** 指外国企业或外国人与中国内地企业依照《中华人民共和国中外合资经营企业法》及有关法律的规定，按合同规定的比例投资设立、分享利润和分担风险的企业。

**中外合作经营企业** 指外国企业或外国人与中国内地企业依照《中华人民共和国中外合作经营企业法》及有关法律的规定，依照合作合同的约定进行投资或提供条件设立、分配利润和分担风险的企业。

**外资企业** 指依照《中华人民共和国外资企业法》及有关法律的规定，在中国内地由外国投资者全额投资设立的企业。

**外商投资股份有限公司** 指根据国家有关规定，经商务部（原外经贸部）依法批准设立，其中外资的股本占公司注册资本的比例达25% 以上的股份有限公司。凡其中外资股本占公司注册资本的比例小于25%的，属于内资企业中的股份有限公司。

**其他外商投资企业** 指在中国境内依照《外国企业或个人在中国境内设立合伙企业管理办法》和《外商投资合伙企业登记管理规定》，依法设立的外商投资合伙企业等。

# 2 第三产业就业人员数

# 简要说明

**一、主要内容**

本篇资料主要包括劳动力、就业人员、私营企业和个体就业人数等。

**二、统计范围与统计口径**

《劳动统计报表制度》的调查范围为城镇地区全部法人单位；《全国月度劳动力调查制度》的调查范围为我国大陆地区的城镇和乡村地域上居住的人口；私营企业及个体工商户统计范围为全社会。1990年及以后的劳动力、就业人员数据根据劳动力调查、人口普查推算，2001年及以后数据根据第六次人口普查数据重新修订，相应年份的分地区、分类型、分行业的资料相加不等于总计。1998年及以后城镇单位就业人员等指标中不再包括离开本单位仍保留劳动关系的职工。

本篇“城镇单位”均指“城镇非私营单位”。

**三、资料来源**

1. 就业基本情况资料，是国家统计局人口和就业统计司根据《劳动统计报表制度》、《人口变动情况抽样调查方案》及《全国月度劳动力调查制度》搜集资料，加工整理。

2. 私营企业及个体工商业就业人员资料，由国家工商行政管理总局提供。

# 2-1 第三产业就业人员数及比重

单位：万人

| 年 份 | 劳动力 | 就业人员合计 | 第一产业 | 第二产业 | 第三产业 | |
|---|---|---|---|---|---|---|
| | | | | | | 比重(%) |
| 1952 | 21106 | 20729 | 17317 | 1531 | 1881 | 9.1 |
| 1957 | 23971 | 23771 | 19309 | 2142 | 2320 | 9.8 |
| 1962 | | 25910 | 21276 | 2059 | 2575 | 9.9 |
| 1965 | | 28670 | 23396 | 2408 | 2866 | 10.0 |
| 1970 | | 34432 | 27811 | 3518 | 3103 | 9.0 |
| 1975 | | 38168 | 29456 | 5152 | 3560 | 9.3 |
| 1978 | 40682 | 40152 | 28318 | 6945 | 4890 | 12.2 |
| 1979 | 41592 | 41024 | 28634 | 7214 | 5177 | 12.6 |
| 1980 | 42903 | 42361 | 29122 | 7707 | 5532 | 13.1 |
| 1981 | 44165 | 43725 | 29777 | 8003 | 5945 | 13.6 |
| 1982 | 45674 | 45295 | 30859 | 8346 | 6090 | 13.5 |
| 1983 | 46707 | 46436 | 31151 | 8679 | 6606 | 14.2 |
| 1984 | 48433 | 48197 | 30868 | 9590 | 7739 | 16.1 |
| 1985 | 50112 | 49873 | 31130 | 10384 | 8359 | 16.8 |
| 1986 | 51546 | 51282 | 31254 | 11216 | 8811 | 17.2 |
| 1987 | 53060 | 52783 | 31663 | 11726 | 9395 | 17.8 |
| 1988 | 54630 | 54334 | 32249 | 12152 | 9933 | 18.3 |
| 1989 | 55707 | 55329 | 33225 | 11976 | 10129 | 18.3 |
| 1990 | 65323 | 64749 | 38914 | 13856 | 11979 | 18.5 |
| 1991 | 66091 | 65491 | 39098 | 14015 | 12378 | 18.9 |
| 1992 | 66782 | 66152 | 38699 | 14355 | 13098 | 19.8 |
| 1993 | 67468 | 66808 | 37680 | 14965 | 14163 | 21.2 |
| 1994 | 68135 | 67455 | 36628 | 15312 | 15515 | 23.0 |
| 1995 | 68855 | 68065 | 35530 | 15655 | 16880 | 24.8 |
| 1996 | 69765 | 68950 | 34820 | 16203 | 17927 | 26.0 |
| 1997 | 70800 | 69820 | 34840 | 16547 | 18432 | 26.4 |
| 1998 | 72087 | 70637 | 35177 | 16600 | 18860 | 26.7 |
| 1999 | 72791 | 71394 | 35768 | 16421 | 19205 | 26.9 |
| 2000 | 73992 | 72085 | 36043 | 16219 | 19823 | 27.5 |
| 2001 | 73884 | 72797 | 36399 | 16234 | 20165 | 27.7 |
| 2002 | 74492 | 73280 | 36640 | 15682 | 20958 | 28.6 |
| 2003 | 74911 | 73736 | 36204 | 15927 | 21605 | 29.3 |
| 2004 | 75290 | 74264 | 34830 | 16709 | 22725 | 30.6 |
| 2005 | 76120 | 74647 | 33442 | 17766 | 23439 | 31.4 |
| 2006 | 76315 | 74978 | 31941 | 18894 | 24143 | 32.2 |
| 2007 | 76531 | 75321 | 30731 | 20186 | 24404 | 32.4 |
| 2008 | 77046 | 75564 | 29923 | 20553 | 25087 | 33.2 |
| 2009 | 77510 | 75828 | 28890 | 21080 | 25857 | 34.1 |
| 2010 | 78388 | 76105 | 27931 | 21842 | 26332 | 34.6 |
| 2011 | 78579 | 76420 | 26594 | 22544 | 27282 | 35.7 |
| 2012 | 78894 | 76704 | 25773 | 23241 | 27690 | 36.1 |
| 2013 | 79300 | 76977 | 24171 | 23170 | 29636 | 38.5 |
| 2014 | 79690 | 77253 | 22790 | 23099 | 31364 | 40.6 |
| 2015 | 80091 | 77451 | 21919 | 22693 | 32839 | 42.4 |
| 2016 | 80694 | 77603 | 21496 | 22350 | 33757 | 43.5 |

# 2-2 按登记注册类型分第三产业城镇单位就业人员数(2016年底)

单位：万人

| 行 业 | 合 计 | 国有单位 | 城镇集体单位 | 其他单位 |
|---|---|---|---|---|
| **合 计** | **9127.8** | **5363.1** | **222.9** | **3541.7** |
| **批发和零售业** | **875.0** | **82.0** | **28.0** | **765.1** |
| 批发业 | 384.6 | 60.3 | 11.3 | 313.1 |
| 零售业 | 490.4 | 21.7 | 16.7 | 451.9 |
| **交通运输、仓储和邮政业** | **849.5** | **366.0** | **13.7** | **469.8** |
| 铁路运输业 | 187.4 | 169.0 | 0.9 | 17.6 |
| 道路运输业 | 385.6 | 97.7 | 7.8 | 280.1 |
| 水上运输业 | 46.0 | 6.6 | 1.7 | 37.8 |
| 航空运输业 | 59.5 | 7.1 |  | 52.5 |
| 管道运输业 | 3.6 | 0.7 |  | 3.0 |
| 装卸搬运和运输代理业 | 43.2 | 4.2 | 2.4 | 36.6 |
| 仓储业 | 31.0 | 12.3 | 0.5 | 18.2 |
| 邮政业 | 93.1 | 68.5 | 0.4 | 24.2 |
| **住宿和餐饮业** | **269.7** | **35.2** | **4.9** | **229.6** |
| 住宿业 | 140.2 | 30.1 | 3.5 | 106.6 |
| 餐饮业 | 129.5 | 5.1 | 1.4 | 123.0 |
| **信息传输、软件和信息技术服务业** | **364.1** | **33.5** | **0.6** | **330.0** |
| 电信、广播电视和卫星传输服务 | 171.8 | 29.2 | 0.4 | 142.1 |
| 互联网和相关服务 | 30.4 | 1.3 |  | 29.1 |
| 软件和信息技术服务业 | 161.9 | 3.0 | 0.2 | 158.7 |
| **金融业** | **665.2** | **148.7** | **44.9** | **471.5** |
| 货币金融服务 | 360.5 | 111.3 | 43.8 | 205.5 |
| 资本市场服务 | 24.4 | 2.8 | 0.1 | 21.5 |
| 保险业 | 267.2 | 33.7 | 0.9 | 232.6 |
| 其他金融业 | 13.0 | 1.0 | 0.1 | 12.0 |
| **房地产业** | **431.7** | **32.1** | **8.0** | **391.6** |
| **租赁和商务服务业** | **488.4** | **118.1** | **29.1** | **341.2** |
| 租赁业 | **12.2** | 0.9 | 0.4 | 10.9 |
| 商务服务业 | 476.2 | 117.2 | 28.7 | 330.3 |
| **科学研究和技术服务业** | **419.6** | **215.1** | **4.6** | **199.9** |
| 研究和试验发展 | 83.7 | 64.0 | 0.5 | 19.2 |
| 专业技术服务业 | 267.7 | 122.1 | 3.2 | 142.3 |
| 科技推广和应用服务业 | 68.2 | 29.0 | 0.9 | 38.3 |
| **水利、环境和公共设施管理业** | **269.6** | **203.9** | **10.6** | **55.0** |
| 水利管理业 | 46.7 | 43.2 | 0.9 | 2.6 |
| 生态保护和环境治理业 | 13.3 | 8.8 | 0.2 | 4.2 |
| 公共设施管理业 | 209.7 | 151.9 | 9.5 | 48.2 |
| **居民服务、修理和其他服务业** | **75.4** | **21.4** | **4.2** | **49.8** |
| 居民服务业 | 30.9 | 12.5 | 1.6 | 16.7 |
| 机动车 、电子产品和日用产品修理业 | 12.2 | 1.9 | 0.9 | 9.3 |
| 其他服务业 | 32.3 | 6.9 | 1.7 | 23.7 |
| **教育** | **1729.2** | **1593.9** | **19.0** | **116.4** |
| **卫生和社会工作** | **867.0** | **752.5** | **51.2** | **63.3** |
| 卫生 | 846.8 | 736.6 | 50.3 | 59.9 |
| 社会工作 | 20.2 | 15.9 | 0.9 | 3.4 |
| **文化、体育和娱乐业** | **150.8** | **102.6** | **1.8** | **46.3** |
| 新闻和出版业 | 32.5 | 22.4 | 0.3 | 9.9 |
| 广播、电视、电影和影视录音制作业 | 46.6 | 34.2 | 0.5 | 11.9 |
| 文化艺术业 | 46.8 | 37.4 | 0.9 | 8.5 |
| 体育 | 13.1 | 6.3 | 0.1 | 6.8 |
| 娱乐业 | 11.7 | 2.4 | 0.1 | 9.2 |
| **公共管理、社会保障和社会组织** | **1672.6** | **1658.1** | **2.3** | **12.2** |
| #中国共产党机关 | 59.3 | 59.3 |  |  |
| 国家机构 | 1538.3 | 1535.7 |  |  |
| 人民政协、民主党派 | 10.6 | 10.6 |  |  |
| 社会保障 | 18.5 | 18.1 |  |  |
| 群众团体、社会团体和其他成员组织 | 39.4 | 33.8 | 0.7 | 4.9 |

# 2–3 按第三产业行业门类分城镇单位就业人员数

单位：万人

| 行业门类 | 2003 | 2004 | 2005 | 2006 | 2007 | 2008 | 2009 |
|---|---|---|---|---|---|---|---|
| **合　计** | **5885.1** | **5939.7** | **6011.1** | **6105.4** | **6243.5** | **6428.7** | **6668.6** |
| 批发和零售业 | 628.1 | 586.7 | 544.0 | 515.7 | 506.9 | 514.4 | 520.8 |
| 交通运输、仓储和邮政业 | 636.5 | 631.8 | 613.9 | 612.7 | 623.1 | 627.3 | 634.4 |
| 住宿和餐饮业 | 172.1 | 177.1 | 181.2 | 183.9 | 185.8 | 193.2 | 202.1 |
| 信息传输、软件和信息技术服务业 | 116.8 | 123.7 | 130.1 | 138.2 | 150.2 | 159.5 | 173.8 |
| 金融业 | 353.3 | 356.0 | 359.3 | 367.4 | 389.7 | 417.6 | 449.0 |
| 房地产业 | 120.2 | 133.4 | 146.5 | 153.9 | 166.5 | 172.7 | 190.9 |
| 租赁和商务服务业 | 183.5 | 194.4 | 218.5 | 236.7 | 247.2 | 274.7 | 290.5 |
| 科学研究和技术服务业 | 221.9 | 222.1 | 227.7 | 235.5 | 243.4 | 257.0 | 272.6 |
| 水利、环境和公共设施管理业 | 172.5 | 176.1 | 180.4 | 187.0 | 193.5 | 197.3 | 205.7 |
| 居民服务、修理和其他服务业 | 52.8 | 54.2 | 53.9 | 56.6 | 57.4 | 56.5 | 58.8 |
| 教育 | 1442.8 | 1466.8 | 1483.2 | 1504.4 | 1520.9 | 1534.0 | 1550.4 |
| 卫生和社会工作 | 485.8 | 494.7 | 508.9 | 525.4 | 542.8 | 563.6 | 595.8 |
| 文化、体育和娱乐业 | 127.8 | 123.4 | 122.5 | 122.4 | 125.0 | 126.0 | 129.5 |
| 公共管理、社会保障和社会组织 | 1171.0 | 1199.0 | 1240.8 | 1265.6 | 1291.2 | 1335.0 | 1394.3 |

2–3 续表

单位：万人

| 行业门类 | 2010 | 2011 | 2012 | 2013 | 2014 | 2015 | 2016 |
|---|---|---|---|---|---|---|---|
| **合　计** | **6898.6** | **7294.4** | **7649.5** | **8592.8** | **8828.7** | **8986.0** | **9127.8** |
| 批发和零售业 | 535.1 | 647.5 | 711.8 | 890.8 | 888.6 | 883.3 | 875.0 |
| 交通运输、仓储和邮政业 | 631.1 | 662.8 | 667.5 | 846.2 | 861.4 | 854.4 | 849.5 |
| 住宿和餐饮业 | 209.2 | 242.7 | 265.1 | 304.4 | 289.3 | 276.1 | 269.7 |
| 信息传输、软件和信息技术服务业 | 185.8 | 212.8 | 222.8 | 327.3 | 336.3 | 349.9 | 364.1 |
| 金融业 | 470.1 | 505.3 | 527.8 | 537.9 | 566.3 | 606.8 | 665.2 |
| 房地产业 | 211.6 | 248.6 | 273.7 | 373.7 | 402.2 | 417.3 | 431.7 |
| 租赁和商务服务业 | 310.1 | 286.6 | 292.3 | 421.9 | 449.4 | 474.0 | 488.4 |
| 科学研究和技术服务业 | 292.3 | 298.5 | 330.7 | 387.8 | 408.0 | 410.6 | 419.6 |
| 水利、环境和公共设施管理业 | 218.9 | 230.3 | 243.8 | 259.2 | 269.1 | 273.3 | 269.6 |
| 居民服务、修理和其他服务业 | 60.2 | 59.9 | 62.1 | 72.3 | 75.4 | 75.2 | 75.4 |
| 教育 | 1581.8 | 1617.8 | 1653.4 | 1687.2 | 1727.3 | 1736.5 | 1729.2 |
| 卫生和社会工作 | 632.5 | 679.1 | 719.3 | 770.0 | 810.4 | 841.6 | 867.0 |
| 文化、体育和娱乐业 | 131.4 | 135.0 | 137.7 | 147.0 | 145.5 | 149.1 | 150.8 |
| 公共管理、社会保障和社会组织 | 1428.5 | 1467.6 | 1541.5 | 1567.0 | 1599.3 | 1637.8 | 1672.6 |

# 2-4 按第三产业行业门类分国有单位就业人员数

单位：万人

| 行业门类 | 2003 | 2004 | 2005 | 2006 | 2007 | 2008 | 2009 |
|---|---|---|---|---|---|---|---|
| **合　计** | **4759.4** | **4754.8** | **4727.4** | **4748.9** | **4792.6** | **4855.7** | **4921.3** |
| 批发和零售业 | 301.0 | 259.6 | 214.7 | 186.7 | 174.1 | 160.7 | 144.2 |
| 交通运输、仓储和邮政业 | 492.8 | 473.4 | 443.3 | 433.0 | 432.0 | 424.5 | 413.9 |
| 住宿和餐饮业 | 73.4 | 70.5 | 67.5 | 63.8 | 58.6 | 56.6 | 55.2 |
| 信息传输、软件和信息技术服务业 | 72.0 | 74.1 | 65.8 | 65.6 | 62.5 | 63.0 | 64.6 |
| 金融业 | 208.1 | 196.4 | 177.5 | 165.1 | 161.4 | 155.4 | 146.0 |
| 房地产业 | 52.2 | 50.9 | 47.5 | 45.0 | 45.2 | 43.5 | 43.5 |
| 租赁和商务服务业 | 106.0 | 107.9 | 114.6 | 121.0 | 120.5 | 125.9 | 125.4 |
| 科学研究和技术服务业 | 185.1 | 188.6 | 188.5 | 193.0 | 197.5 | 201.6 | 209.4 |
| 水利、环境和公共设施管理业 | 155.3 | 158.0 | 161.0 | 165.4 | 169.8 | 172.8 | 178.3 |
| 居民服务、修理和其他服务业 | 22.1 | 24.2 | 24.9 | 27.7 | 28.7 | 28.8 | 28.3 |
| 教育 | 1378.3 | 1409.7 | 1424.9 | 1448.0 | 1462.9 | 1481.9 | 1490.6 |
| 卫生和社会工作 | 430.9 | 437.9 | 452.4 | 466.8 | 483.2 | 501.2 | 529.9 |
| 文化、体育和娱乐业 | 117.0 | 111.9 | 110.5 | 110.1 | 111.3 | 110.9 | 111.9 |
| 公共管理、社会保障和社会组织 | 1165.1 | 1191.8 | 1234.3 | 1257.5 | 1285.0 | 1328.8 | 1380.0 |

2-4 续表

单位：万人

| 行业门类 | 2010 | 2011 | 2012 | 2013 | 2014 | 2015 | 2016 |
|---|---|---|---|---|---|---|---|
| **合　计** | **5025.8** | **5167.1** | **5328.8** | **5288.5** | **5340.1** | **5352.6** | **5363.1** |
| 批发和零售业 | 137.3 | 145.7 | 148.5 | 110.1 | 99.9 | 90.8 | 82.0 |
| 交通运输、仓储和邮政业 | 403.3 | 415.9 | 419.5 | 410.3 | 395.2 | 373.4 | 366.0 |
| 住宿和餐饮业 | 54.6 | 56.3 | 57.6 | 45.7 | 41.8 | 37.4 | 35.2 |
| 信息传输、软件和信息技术服务业 | 62.5 | 67.0 | 65.8 | 49.5 | 37.5 | 35.5 | 33.5 |
| 金融业 | 144.3 | 146.3 | 151.9 | 147.9 | 146.1 | 146.6 | 148.7 |
| 房地产业 | 45.4 | 47.6 | 46.7 | 37.1 | 36.5 | 33.1 | 32.1 |
| 租赁和商务服务业 | 131.5 | 127.9 | 116.7 | 123.6 | 126.0 | 120.6 | 118.1 |
| 科学研究和技术服务业 | 219.6 | 218.2 | 232.5 | 223.7 | 224.8 | 213.2 | 215.1 |
| 水利、环境和公共设施管理业 | 189.9 | 198.0 | 208.9 | 207.7 | 211.9 | 210.7 | 203.9 |
| 居民服务、修理和其他服务业 | 28.9 | 30.7 | 30.4 | 22.9 | 22.5 | 22.0 | 21.4 |
| 教育 | 1517.4 | 1540.9 | 1567.2 | 1573.8 | 1602.7 | 1607.3 | 1593.9 |
| 卫生和社会工作 | 562.6 | 606.0 | 639.5 | 672.7 | 703.9 | 733.1 | 752.5 |
| 文化、体育和娱乐业 | 113.1 | 113.8 | 115.0 | 109.9 | 106.3 | 104.4 | 102.6 |
| 公共管理、社会保障和社会组织 | 1415.6 | 1452.7 | 1528.6 | 1553.6 | 1585.1 | 1624.4 | 1658.1 |

# 2–5 按第三产业行业门类分城镇集体单位就业人员数

单位：万人

| 行业门类 | 2003 | 2004 | 2005 | 2006 | 2007 | 2008 | 2009 |
|---|---|---|---|---|---|---|---|
| **合　计** | **437.1** | **393.2** | **361.1** | **336.7** | **320.2** | **295.4** | **278.3** |
| 批发和零售业 | 128.6 | 108.9 | 89.9 | 77.4 | 69.0 | 58.6 | 52.5 |
| 交通运输、仓储和邮政业 | 38.7 | 34.1 | 30.6 | 27.2 | 24.6 | 22.2 | 20.6 |
| 住宿和餐饮业 | 16.2 | 15.0 | 13.7 | 12.7 | 11.6 | 11.0 | 10.4 |
| 信息传输、软件和信息技术服务业 | 1.8 | 1.3 | 1.4 | 1.1 | 0.9 | 0.8 | 1.1 |
| 金融业 | 67.0 | 66.6 | 63.8 | 62.1 | 61.3 | 60.1 | 53.1 |
| 房地产业 | 7.4 | 7.8 | 8.2 | 8.0 | 7.7 | 7.4 | 8.7 |
| 租赁和商务服务业 | 30.2 | 30.7 | 35.2 | 34.1 | 34.4 | 33.1 | 36.7 |
| 科学研究和技术服务业 | 4.8 | 4.5 | 3.8 | 3.5 | 3.4 | 3.4 | 4.2 |
| 水利、环境和公共设施管理业 | 10.7 | 10.2 | 9.6 | 10.0 | 10.2 | 10.8 | 10.5 |
| 居民服务、修理和其他服务业 | 15.2 | 13.5 | 10.3 | 9.8 | 8.9 | 8.8 | 8.2 |
| 教育 | 57.1 | 43.1 | 40.2 | 36.0 | 34.3 | 24.6 | 17.4 |
| 卫生和社会工作 | 51.2 | 50.0 | 48.3 | 48.8 | 48.7 | 49.8 | 49.9 |
| 文化、体育和娱乐业 | 3.2 | 2.8 | 2.5 | 2.3 | 2.3 | 2.3 | 2.2 |
| 公共管理、社会保障和社会组织 | 5.0 | 4.8 | 3.5 | 3.6 | 2.9 | 2.4 | 2.7 |

2–5 续表

单位：万人

| 行业门类 | 2010 | 2011 | 2012 | 2013 | 2014 | 2015 | 2016 |
|---|---|---|---|---|---|---|---|
| **合　计** | **272.9** | **261.6** | **260.2** | **264.7** | **255.2** | **235.8** | **222.9** |
| 批发和零售业 | 48.0 | 46.8 | 40.9 | 38.3 | 35.0 | 31.7 | 28.0 |
| 交通运输、仓储和邮政业 | 19.8 | 17.5 | 17.7 | 19.0 | 17.4 | 14.8 | 13.7 |
| 住宿和餐饮业 | 9.6 | 10.0 | 9.3 | 10.0 | 6.7 | 5.4 | 4.9 |
| 信息传输、软件和信息技术服务业 | 1.0 | 1.3 | 1.3 | 0.9 | 0.8 | 0.7 | 0.6 |
| 金融业 | 52.1 | 50.2 | 50.1 | 48.7 | 47.0 | 46.5 | 44.9 |
| 房地产业 | 9.2 | 8.6 | 8.7 | 8.3 | 8.9 | 8.0 | 8.0 |
| 租赁和商务服务业 | 37.6 | 31.8 | 33.7 | 38.1 | 36.0 | 31.8 | 29.1 |
| 科学研究和技术服务业 | 4.2 | 3.7 | 5.4 | 5.5 | 5.4 | 4.8 | 4.6 |
| 水利、环境和公共设施管理业 | 10.5 | 10.8 | 10.6 | 10.7 | 11.2 | 10.9 | 10.6 |
| 居民服务、修理和其他服务业 | 7.8 | 6.0 | 6.1 | 5.4 | 5.7 | 4.9 | 4.2 |
| 教育 | 17.5 | 19.1 | 19.0 | 21.8 | 22.2 | 20.9 | 19.0 |
| 卫生和社会工作 | 51.4 | 51.5 | 52.6 | 54.0 | 54.9 | 51.5 | 51.2 |
| 文化、体育和娱乐业 | 2.2 | 2.0 | 2.5 | 2.0 | 1.9 | 1.8 | 1.8 |
| 公共管理、社会保障和社会组织 | 2.2 | 2.4 | 2.3 | 2.1 | 2.1 | 2.0 | 2.3 |

# 2-6 按第三产业行业门类分其他单位就业人员数

单位：万人

| 行业门类 | 2003 | 2004 | 2005 | 2006 | 2007 | 2008 | 2009 |
|---|---|---|---|---|---|---|---|
| **合　计** | **688.6** | **791.6** | **922.6** | **1019.8** | **1130.8** | **1277.6** | **1469.0** |
| 批发和零售业 | 198.6 | 218.3 | 239.4 | 251.6 | 263.8 | 295.0 | 324.2 |
| 交通运输、仓储和邮政业 | 105.0 | 124.4 | 140.0 | 152.6 | 166.4 | 180.6 | 199.9 |
| 住宿和餐饮业 | 82.5 | 91.6 | 100.1 | 107.3 | 115.7 | 125.6 | 136.5 |
| 信息传输、软件和信息技术服务业 | 43.0 | 48.3 | 62.8 | 71.5 | 86.8 | 95.7 | 108.1 |
| 金融业 | 78.3 | 93.1 | 117.9 | 140.2 | 167.0 | 202.0 | 249.9 |
| 房地产业 | 60.6 | 74.7 | 90.9 | 101.0 | 113.6 | 121.8 | 138.7 |
| 租赁和商务服务业 | 47.3 | 55.8 | 68.7 | 81.6 | 92.3 | 115.7 | 128.4 |
| 科学研究和技术服务业 | 32.0 | 29.0 | 35.5 | 38.9 | 42.5 | 52.0 | 59.0 |
| 水利、环境和公共设施管理业 | 6.5 | 7.9 | 9.8 | 11.6 | 13.5 | 13.7 | 16.8 |
| 居民服务、修理和其他服务业 | 15.6 | 16.5 | 18.7 | 19.0 | 19.8 | 19.0 | 22.3 |
| 教育 | 7.4 | 14.0 | 18.1 | 20.4 | 23.7 | 27.5 | 42.3 |
| 卫生和社会工作 | 3.6 | 6.8 | 8.2 | 9.8 | 11.0 | 12.6 | 16.0 |
| 文化、体育和娱乐业 | 7.5 | 8.7 | 9.6 | 10.0 | 11.5 | 12.7 | 15.4 |
| 公共管理、社会保障和社会组织 | 0.8 | 2.5 | 3.0 | 4.4 | 3.3 | 3.8 | 11.6 |

2-6 续表

单位：万人

| 行业门类 | 2010 | 2011 | 2012 | 2013 | 2014 | 2015 | 2016 |
|---|---|---|---|---|---|---|---|
| **合　计** | **1599.8** | **1865.7** | **2060.4** | **3039.6** | **3233.4** | **3397.6** | **3541.7** |
| 批发和零售业 | 349.9 | 455.0 | 522.4 | 742.4 | 753.6 | 760.9 | 765.1 |
| 交通运输、仓储和邮政业 | 208.0 | 229.4 | 230.3 | 417.0 | 448.9 | 466.2 | 469.8 |
| 住宿和餐饮业 | 145.1 | 176.5 | 198.1 | 248.7 | 240.8 | 233.3 | 229.6 |
| 信息传输、软件和信息技术服务业 | 122.3 | 144.5 | 155.7 | 276.9 | 298.0 | 313.6 | 330.0 |
| 金融业 | 273.7 | 308.9 | 325.7 | 341.3 | 373.3 | 413.7 | 471.5 |
| 房地产业 | 157.1 | 192.4 | 218.3 | 328.3 | 356.8 | 376.2 | 391.6 |
| 租赁和商务服务业 | 140.9 | 126.9 | 141.8 | 260.2 | 287.4 | 321.7 | 341.2 |
| 科学研究和技术服务业 | 68.6 | 76.5 | 92.8 | 158.5 | 177.8 | 192.6 | 199.9 |
| 水利、环境和公共设施管理业 | 18.5 | 21.5 | 24.3 | 40.8 | 46.1 | 51.7 | 55.0 |
| 居民服务、修理和其他服务业 | 23.5 | 23.1 | 25.7 | 44.1 | 47.3 | 48.3 | 49.8 |
| 教育 | 46.8 | 57.7 | 67.2 | 91.6 | 102.4 | 108.3 | 116.4 |
| 卫生和社会工作 | 18.6 | 21.6 | 27.3 | 43.3 | 51.6 | 57.0 | 63.3 |
| 文化、体育和娱乐业 | 16.2 | 19.2 | 20.2 | 35.0 | 37.3 | 42.8 | 46.3 |
| 公共管理、社会保障和社会组织 | 10.7 | 12.5 | 10.6 | 11.3 | 12.1 | 11.4 | 12.2 |

# 2-7 各地区按第三产业行业门类分城镇单位就业人员数(2016年底)

单位：万人

| 地 区 | 批发和零售业 | 交通运输、仓储和邮政业 | 住宿和餐饮业 | 信息传输、软件和信息技术服务业 | 金融业 | 房地产业 | 租赁和商务服务业 |
|---|---|---|---|---|---|---|---|
| **全 国** | **875.0** | **849.5** | **269.7** | **364.1** | **665.2** | **431.7** | **488.4** |
| 北 京 | 78.4 | 58.2 | 29.4 | 69.2 | 51.4 | 43.9 | 80.1 |
| 天 津 | 18.2 | 14.7 | 5.1 | 4.8 | 16.0 | 8.0 | 9.3 |
| 河 北 | 26.9 | 28.7 | 5.4 | 8.4 | 32.2 | 12.1 | 12.6 |
| 山 西 | 17.1 | 23.4 | 3.9 | 5.0 | 17.9 | 3.5 | 9.1 |
| 内蒙古 | 8.9 | 22.8 | 3.7 | 4.8 | 11.8 | 5.5 | 4.2 |
| 辽 宁 | 22.6 | 35.2 | 6.2 | 12.6 | 27.0 | 12.0 | 11.9 |
| 吉 林 | 11.6 | 16.1 | 2.8 | 6.4 | 12.1 | 6.8 | 5.8 |
| 黑龙江 | 18.6 | 27.1 | 4.0 | 7.3 | 21.3 | 6.1 | 6.9 |
| 上 海 | 78.4 | 51.1 | 24.3 | 26.8 | 35.5 | 25.4 | 52.2 |
| 江 苏 | 56.1 | 49.6 | 16.9 | 27.3 | 38.1 | 22.2 | 29.4 |
| 浙 江 | 37.6 | 31.5 | 13.5 | 18.6 | 46.4 | 20.9 | 29.0 |
| 安 徽 | 23.2 | 22.9 | 5.9 | 8.0 | 22.3 | 10.5 | 6.6 |
| 福 建 | 27.8 | 23.4 | 9.8 | 9.1 | 19.6 | 15.6 | 14.5 |
| 江 西 | 17.3 | 20.3 | 4.3 | 5.6 | 13.0 | 6.7 | 5.4 |
| 山 东 | 57.1 | 49.4 | 14.2 | 18.2 | 45.4 | 26.8 | 20.7 |
| 河 南 | 56.1 | 45.8 | 11.0 | 12.2 | 30.0 | 23.1 | 18.1 |
| 湖 北 | 39.7 | 35.0 | 9.4 | 12.3 | 21.0 | 14.9 | 10.5 |
| 湖 南 | 20.2 | 24.0 | 7.4 | 7.4 | 25.3 | 12.2 | 9.9 |
| 广 东 | 102.8 | 81.1 | 37.0 | 43.5 | 51.8 | 61.8 | 71.2 |
| 广 西 | 13.5 | 19.4 | 4.6 | 4.2 | 14.3 | 8.0 | 10.0 |
| 海 南 | 5.8 | 7.0 | 6.0 | 1.6 | 4.3 | 8.4 | 1.9 |
| 重 庆 | 20.7 | 26.5 | 6.4 | 4.6 | 14.0 | 13.0 | 12.6 |
| 四 川 | 30.5 | 40.4 | 9.7 | 18.4 | 30.4 | 19.8 | 15.6 |
| 贵 州 | 12.4 | 12.0 | 2.8 | 3.6 | 9.0 | 8.8 | 5.0 |
| 云 南 | 24.8 | 17.3 | 8.2 | 5.0 | 10.4 | 11.2 | 10.4 |
| 西 藏 | 1.0 | 0.9 | 0.5 | 0.5 | 0.9 | 0.2 | 0.4 |
| 陕 西 | 25.8 | 28.3 | 10.6 | 11.2 | 20.3 | 11.5 | 10.9 |
| 甘 肃 | 8.1 | 12.8 | 3.2 | 2.7 | 7.6 | 5.2 | 3.6 |
| 青 海 | 2.3 | 4.3 | 0.6 | 0.9 | 2.4 | 0.9 | 0.9 |
| 宁 夏 | 2.4 | 3.7 | 0.6 | 0.8 | 4.0 | 1.5 | 1.8 |
| 新 疆 | 8.9 | 16.6 | 2.3 | 2.9 | 9.4 | 5.4 | 8.0 |

注：城镇单位就业人员数不含私营企业和个体。

2-7 续表

单位：万人

| 地 区 | 科学研究和技术服务业 | 水利、环境和公共设施管理业 | 居民服务、修理和其他服务业 | 教 育 | 卫生和社会工作 | 文化、体育和娱乐业 | 公共管理、社会保障和社会组织 |
|---|---|---|---|---|---|---|---|
| **全 国** | **419.6** | **269.6** | **75.4** | **1729.2** | **867.0** | **150.8** | **1672.6** |
| 北 京 | 69.0 | 10.3 | 8.6 | 48.6 | 28.6 | 18.7 | 47.0 |
| 天 津 | 11.5 | 4.4 | 9.4 | 18.0 | 10.1 | 2.1 | 17.4 |
| 河 北 | 16.4 | 11.9 | 2.5 | 88.1 | 37.7 | 5.5 | 87.6 |
| 山 西 | 7.2 | 9.8 | 0.6 | 51.3 | 20.5 | 4.6 | 58.2 |
| 内蒙古 | 5.9 | 8.3 | 0.8 | 35.1 | 15.7 | 3.5 | 45.4 |
| 辽 宁 | 13.8 | 14.4 | 2.4 | 53.7 | 31.3 | 5.0 | 53.8 |
| 吉 林 | 7.6 | 8.5 | 2.5 | 36.2 | 18.7 | 3.5 | 36.3 |
| 黑龙江 | 11.1 | 11.1 | 4.0 | 43.0 | 22.9 | 3.9 | 44.6 |
| 上 海 | 23.2 | 8.6 | 6.3 | 29.7 | 18.9 | 6.0 | 20.5 |
| 江 苏 | 21.8 | 15.4 | 3.2 | 95.0 | 49.5 | 7.9 | 72.0 |
| 浙 江 | 18.6 | 10.6 | 2.3 | 71.4 | 44.3 | 6.8 | 70.5 |
| 安 徽 | 9.1 | 7.8 | 1.0 | 64.6 | 30.5 | 3.4 | 49.4 |
| 福 建 | 8.7 | 5.6 | 2.7 | 52.1 | 22.8 | 4.2 | 40.5 |
| 江 西 | 6.2 | 7.1 | 1.0 | 52.0 | 24.8 | 4.2 | 52.0 |
| 山 东 | 17.8 | 17.6 | 3.2 | 117.2 | 62.5 | 7.0 | 112.8 |
| 河 南 | 17.8 | 13.0 | 3.1 | 124.6 | 58.4 | 7.8 | 113.8 |
| 湖 北 | 15.8 | 11.4 | 1.4 | 72.9 | 43.5 | 6.5 | 65.4 |
| 湖 南 | 11.7 | 8.2 | 1.7 | 67.7 | 39.4 | 5.7 | 82.7 |
| 广 东 | 32.3 | 16.9 | 7.7 | 125.6 | 63.5 | 11.8 | 108.7 |
| 广 西 | 8.9 | 8.5 | 0.7 | 61.8 | 31.7 | 3.2 | 50.5 |
| 海 南 | 2.1 | 3.1 | 0.4 | 13.1 | 6.3 | 1.3 | 14.3 |
| 重 庆 | 8.1 | 6.5 | 1.5 | 41.8 | 19.7 | 2.9 | 32.0 |
| 四 川 | 21.1 | 13.0 | 2.2 | 94.4 | 48.5 | 6.1 | 93.1 |
| 贵 州 | 7.3 | 5.2 | 1.4 | 54.3 | 20.5 | 2.3 | 53.3 |
| 云 南 | 10.1 | 7.5 | 1.6 | 59.8 | 26.3 | 3.6 | 54.3 |
| 西 藏 | 1.2 | 0.2 | 0.2 | 4.9 | 1.9 | 0.7 | 14.0 |
| 陕 西 | 18.2 | 9.6 | 1.6 | 58.1 | 26.7 | 5.0 | 59.6 |
| 甘 肃 | 6.9 | 5.9 | 0.3 | 38.7 | 14.5 | 2.7 | 43.5 |
| 青 海 | 2.2 | 1.1 | 0.1 | 7.7 | 4.1 | 0.8 | 10.6 |
| 宁 夏 | 1.6 | 2.3 | 0.1 | 8.9 | 4.6 | 1.0 | 10.8 |
| 新 疆 | 6.4 | 5.7 | 0.7 | 39.1 | 18.6 | 3.0 | 58.1 |

# 2-8 各地区按第三产业行业门类分国有单位就业人员数(2016年底)

单位：万人

| 地 区 | 批发和零售业 | 交通运输、仓储和邮政业 | 住宿和餐饮业 | 信息传输、软件和信息技术服务业 | 金融业 | 房地产业 | 租赁和商务服务业 |
|---|---|---|---|---|---|---|---|
| **全 国** | **82.0** | **366.0** | **35.2** | **33.5** | **148.7** | **32.1** | **118.1** |
| 北 京 | 2.7 | 9.9 | 3.7 | 1.3 | 1.0 | 2.7 | 17.3 |
| 天 津 | 1.0 | 4.2 | 0.5 | 0.1 | 1.3 | 1.0 | 0.8 |
| 河 北 | 3.1 | 15.9 | 1.7 | 1.0 | 2.6 | 0.8 | 3.7 |
| 山 西 | 4.2 | 17.4 | 1.4 | 0.9 | 6.3 | 0.8 | 5.1 |
| 内蒙古 | 1.7 | 16.6 | 0.5 | 1.5 | 4.3 | 0.5 | 1.6 |
| 辽 宁 | 3.0 | 18.9 | 1.8 | 1.4 | 8.3 | 1.7 | 5.4 |
| 吉 林 | 2.1 | 10.9 | 0.9 | 2.1 | 4.5 | 1.3 | 2.0 |
| 黑龙江 | 4.3 | 24.2 | 2.1 | 1.9 | 6.2 | 1.2 | 3.1 |
| 上 海 | 1.3 | 9.0 | 1.4 | 0.3 | 2.1 | 1.4 | 5.9 |
| 江 苏 | 4.1 | 14.6 | 1.7 | 4.3 | 10.5 | 1.2 | 8.2 |
| 浙 江 | 1.4 | 6.3 | 1.0 | 0.9 | 4.2 | 0.9 | 8.1 |
| 安 徽 | 2.9 | 9.4 | 0.6 | 1.3 | 7.3 | 0.9 | 2.0 |
| 福 建 | 3.0 | 9.0 | 0.9 | 1.2 | 7.1 | 1.5 | 4.1 |
| 江 西 | 2.4 | 11.8 | 0.8 | 0.4 | 5.5 | 0.9 | 2.6 |
| 山 东 | 4.3 | 21.1 | 3.2 | 1.9 | 11.2 | 1.8 | 8.0 |
| 河 南 | 7.7 | 21.8 | 1.8 | 1.7 | 5.2 | 0.8 | 3.7 |
| 湖 北 | 3.9 | 19.4 | 0.8 | 1.5 | 7.7 | 1.0 | 3.2 |
| 湖 南 | 3.2 | 14.2 | 1.0 | 0.8 | 1.6 | 0.6 | 2.0 |
| 广 东 | 5.0 | 12.7 | 2.2 | 3.0 | 10.8 | 4.1 | 13.6 |
| 广 西 | 2.3 | 9.6 | 0.8 | 0.6 | 5.3 | 0.8 | 3.6 |
| 海 南 | 0.3 | 1.3 | 0.4 | 0.2 | 0.9 | 0.4 | 0.5 |
| 重 庆 | 1.5 | 6.8 | 0.2 | 0.2 | 3.8 | 0.4 | 1.5 |
| 四 川 | 3.5 | 20.0 | 0.8 | 1.7 | 11.4 | 0.8 | 3.7 |
| 贵 州 | 2.6 | 6.2 | 0.3 | 0.3 | 1.9 | 0.5 | 1.0 |
| 云 南 | 3.7 | 7.7 | 0.9 | 0.5 | 4.7 | 0.4 | 1.1 |
| 西 藏 | 0.3 | 0.7 | 0.3 | 0.3 | 0.8 | 0.1 | |
| 陕 西 | 3.6 | 18.3 | 1.1 | 0.5 | 3.7 | 2.0 | 2.0 |
| 甘 肃 | 1.3 | 9.1 | 0.9 | 0.7 | 2.9 | 0.8 | 2.0 |
| 青 海 | 0.3 | 3.2 | 0.2 | | 1.6 | 0.1 | 0.1 |
| 宁 夏 | 0.3 | 2.5 | 0.2 | 0.1 | 0.9 | 0.2 | 0.3 |
| 新 疆 | 1.2 | 12.9 | 1.0 | 0.7 | 3.1 | 0.4 | 2.0 |

2-8 续表

单位：万人

| 地 区 | 科学研究和技术服务业 | 水利、环境和公共设施管理业 | 居民服务、修理和其他服务业 | 教 育 | 卫生和社会工作 | 文化、体育和娱乐业 | 公共管理、社会保障和社会组织 |
|---|---|---|---|---|---|---|---|
| **全 国** | **215.1** | **203.9** | **21.4** | **1593.9** | **752.5** | **102.6** | **1658.1** |
| 北 京 | 21.6 | 6.2 | 1.2 | 36.2 | 22.3 | 10.4 | 43.2 |
| 天 津 | 4.3 | 3.6 | 3.4 | 16.7 | 8.9 | 1.3 | 16.8 |
| 河 北 | 8.6 | 10.3 | 0.5 | 86.7 | 34.4 | 4.5 | 87.5 |
| 山 西 | 5.7 | 8.4 | 0.3 | 49.5 | 18.0 | 4.0 | 58.1 |
| 内蒙古 | 4.0 | 7.2 | 0.5 | 34.4 | 14.3 | 3.3 | 45.4 |
| 辽 宁 | 9.6 | 12.7 | 1.6 | 51.0 | 28.0 | 3.9 | 53.3 |
| 吉 林 | 5.4 | 6.7 | 0.8 | 35.1 | 17.0 | 2.8 | 36.3 |
| 黑龙江 | 9.8 | 10.1 | 3.3 | 42.2 | 21.6 | 3.3 | 43.5 |
| 上 海 | 6.8 | 2.3 | 0.9 | 25.2 | 15.6 | 2.4 | 19.5 |
| 江 苏 | 8.6 | 9.1 | 0.5 | 87.8 | 36.7 | 4.2 | 71.8 |
| 浙 江 | 6.4 | 6.2 | 0.6 | 61.6 | 39.4 | 4.8 | 67.7 |
| 安 徽 | 5.5 | 6.7 | 0.3 | 59.6 | 22.1 | 2.5 | 49.2 |
| 福 建 | 4.4 | 4.4 | 0.8 | 47.5 | 17.7 | 2.9 | 40.5 |
| 江 西 | 4.7 | 5.8 | 0.2 | 50.0 | 22.6 | 2.9 | 52.0 |
| 山 东 | 8.8 | 11.6 | 0.6 | 107.4 | 52.9 | 5.2 | 112.2 |
| 河 南 | 8.5 | 9.7 | 0.5 | 106.7 | 49.7 | 5.6 | 112.0 |
| 湖 北 | 8.7 | 9.3 | 0.5 | 68.9 | 39.7 | 4.9 | 65.3 |
| 湖 南 | 5.1 | 7.2 | 0.3 | 61.2 | 34.4 | 3.4 | 82.1 |
| 广 东 | 9.7 | 11.0 | 1.3 | 108.5 | 56.0 | 6.6 | 108.3 |
| 广 西 | 7.2 | 7.8 | 0.2 | 59.5 | 30.6 | 2.5 | 50.5 |
| 海 南 | 1.2 | 1.6 |  | 11.0 | 5.2 | 0.6 | 14.3 |
| 重 庆 | 4.1 | 4.6 | 0.2 | 37.7 | 16.0 | 1.8 | 31.8 |
| 四 川 | 15.2 | 10.1 | 0.7 | 88.3 | 40.5 | 4.5 | 93.1 |
| 贵 州 | 5.8 | 4.0 | 0.4 | 52.7 | 19.2 | 1.5 | 53.2 |
| 云 南 | 7.4 | 5.3 | 0.2 | 55.7 | 23.5 | 2.3 | 54.2 |
| 西 藏 | 1.2 | 0.2 |  | 4.9 | 1.9 | 0.7 | 14.0 |
| 陕 西 | 13.7 | 7.9 | 0.6 | 54.8 | 24.2 | 3.3 | 59.5 |
| 甘 肃 | 5.6 | 5.7 | 0.2 | 38.4 | 13.9 | 2.3 | 43.5 |
| 青 海 | 1.9 | 1.0 |  | 7.4 | 3.9 | 0.7 | 10.6 |
| 宁 夏 | 1.0 | 2.1 |  | 8.3 | 4.3 | 0.7 | 10.7 |
| 新 疆 | 4.7 | 5.1 | 0.4 | 38.8 | 18.1 | 2.8 | 58.1 |

# 2-9 各地区按第三产业行业门类分城镇集体单位就业人员数(2016年底)

单位：人

| 地 区 | 批发和零售业 | 交通运输、仓储和邮政业 | 住宿和餐饮业 | 信息传输、软件和信息技术服务业 | 金融业 | 房地产业 | 租赁和商务服务业 |
|---|---|---|---|---|---|---|---|
| **全 国** | **279712** | **137356** | **48591** | **5970** | **449178** | **79795** | **290628** |
| 北 京 | 8251 | 5196 | 7135 | 501 | 35 | 17838 | 25858 |
| 天 津 | 4736 | 5275 | 1170 | 116 | 37 | 910 | 5366 |
| 河 北 | 17642 | 4791 | 1051 | 240 | 25746 | 899 | 10887 |
| 山 西 | 24201 | 2498 | 1528 | 159 | 40136 | 1016 | 3982 |
| 内蒙古 | 1426 | 5351 | 472 | 25 | 23692 | 59 | 720 |
| 辽 宁 | 9211 | 10127 | 2006 | 219 | 28025 | 1740 | 17371 |
| 吉 林 | 1807 | 1112 | 716 | 2 | 15613 | 384 | 1446 |
| 黑龙江 | 11414 | 1025 | 2401 | 43 | 19159 | 563 | 6928 |
| 上 海 | 6434 | 6380 | 2751 | 18 | 89 | 5907 | 27427 |
| 江 苏 | 10836 | 15629 | 2564 | 225 | 21397 | 2951 | 24216 |
| 浙 江 | 4387 | 3158 | 1613 | 784 | 3838 | 3164 | 12707 |
| 安 徽 | 3855 | 6692 | 638 | 242 | 16810 | 1147 | 6002 |
| 福 建 | 7740 | 2192 | 1013 | 138 | 9552 | 3016 | 5368 |
| 江 西 | 2691 | 3801 | 120 | 26 | 11066 | 722 | 2887 |
| 山 东 | 33843 | 7803 | 4191 | 188 | 32744 | 11855 | 13643 |
| 河 南 | 35526 | 14142 | 4334 | 1758 | 27024 | 2378 | 5381 |
| 湖 北 | 17171 | 3792 | 1083 | 101 | 11850 | 1056 | 3557 |
| 湖 南 | 5631 | 5226 | 930 | 72 | 5579 | 527 | 4525 |
| 广 东 | 27629 | 7950 | 4923 | 704 | 41138 | 14456 | 63771 |
| 广 西 | 7201 | 5032 | 894 | 2 | 14130 | 1863 | 8266 |
| 海 南 | 465 | 282 | 89 | 28 | 750 | 819 | 100 |
| 重 庆 | 3552 | 1729 | 1546 | 49 | 11 | 1291 | 1167 |
| 四 川 | 7581 | 8363 | 1035 | 117 | 24148 | 304 | 10939 |
| 贵 州 | 3764 | 1442 | 452 | 17 | 11745 | 1551 | 2959 |
| 云 南 | 6223 | 1498 | 1543 | 73 | 20063 | 615 | 3760 |
| 西 藏 | 40 | 8 | 45 | | | | 5 |
| 陕 西 | 9158 | 4112 | 983 | 56 | 17369 | 1273 | 11531 |
| 甘 肃 | 4024 | 1931 | 622 | 60 | 13236 | 917 | 3370 |
| 青 海 | 418 | 285 | 390 | | 3166 | | 364 |
| 宁 夏 | 336 | | 54 | | 1470 | 66 | 763 |
| 新 疆 | 2519 | 534 | 299 | 7 | 9560 | 508 | 5362 |

2-9 续表 单位：人

| 地 区 | 科学研究和技术服务业 | 水利、环境和公共设施管理业 | 居民服务、修理和其他服务业 | 教 育 | 卫生和社会工作 | 文化、体育和娱乐业 | 公共管理、社会保障和社会组织 |
|---|---|---|---|---|---|---|---|
| **全 国** | **45532** | **106440** | **42036** | **189840** | **512202** | **18455** | **23174** |
| 北 京 | 6641 | 2834 | 6201 | 10011 | 13562 | 1443 | 1085 |
| 天 津 | 1269 | 1674 | 2673 | 746 | 4008 | 312 | 34 |
| 河 北 | 760 | 2009 | 869 | 1384 | 25458 | 892 | 900 |
| 山 西 | 563 | 7028 | 1325 | 2560 | 18383 | 1293 | 348 |
| 内蒙古 | 604 | 2518 | 981 | 381 | 9537 | 29 | |
| 辽 宁 | 3902 | 2887 | 1866 | 2972 | 13900 | 667 | 777 |
| 吉 林 | 226 | 10418 | 1563 | 91 | 6842 | 83 | 200 |
| 黑龙江 | 767 | 3638 | 2695 | 433 | 4983 | 732 | 103 |
| 上 海 | 1495 | 3969 | 4490 | 3725 | 21103 | 1392 | 8201 |
| 江 苏 | 3801 | 25469 | 4196 | 17303 | 75269 | 2122 | 255 |
| 浙 江 | 2036 | 1980 | 1468 | 12339 | 13017 | 581 | 465 |
| 安 徽 | 863 | 1298 | 527 | 2551 | 51371 | 748 | 2405 |
| 福 建 | 1215 | 2017 | 374 | 3596 | 36459 | 236 | 20 |
| 江 西 | 67 | 2782 | 219 | 760 | 4808 | 17 | 79 |
| 山 东 | 3412 | 4620 | 2302 | 30759 | 53052 | 684 | 2379 |
| 河 南 | 2534 | 2507 | 1762 | 49931 | 23817 | 1150 | 2549 |
| 湖 北 | 2361 | 6674 | 389 | 5492 | 14614 | 562 | 101 |
| 湖 南 | 746 | 1407 | 588 | 7643 | 17431 | 389 | 159 |
| 广 东 | 2988 | 9754 | 2634 | 19548 | 20419 | 2660 | 647 |
| 广 西 | 689 | 940 | 1366 | 1718 | 593 | 11 | 267 |
| 海 南 | 465 | 303 | 44 | 565 | 3881 | 142 | 39 |
| 重 庆 | 707 | 3026 | 646 | 1021 | 12435 | 232 | 1548 |
| 四 川 | 1815 | 4493 | 418 | 7961 | 51687 | 806 | 51 |
| 贵 州 | 271 | 230 | 224 | 294 | 766 | 35 | 116 |
| 云 南 | 2737 | 765 | 800 | 2367 | 1691 | 56 | 252 |
| 西 藏 | | | 20 | | | | |
| 陕 西 | 1572 | 543 | 916 | 2664 | 8208 | 422 | 129 |
| 甘 肃 | 332 | | 213 | 415 | 2200 | 466 | 18 |
| 青 海 | 147 | 43 | 108 | | 233 | 207 | |
| 宁 夏 | 21 | 614 | | 494 | 704 | 82 | 44 |
| 新 疆 | 526 | | 159 | 116 | 1771 | 4 | 3 |

# 2–10 各地区按第三产业行业门类分其他单位就业人员数(2016年底)

单位：万人

| 地 区 | 批发和零售业 | 交通运输、仓储和邮政业 | 住宿和餐饮业 | 信息传输、软件和信息技术服务业 | 金融业 | 房地产业 | 租赁和商务服务业 |
|---|---|---|---|---|---|---|---|
| **全 国** | **765.1** | **469.8** | **229.6** | **330.0** | **471.5** | **391.6** | **341.2** |
| 北 京 | 74.9 | 47.8 | 25.0 | 67.9 | 50.4 | 39.4 | 60.3 |
| 天 津 | 16.7 | 9.9 | 4.5 | 4.7 | 14.7 | 6.8 | 7.9 |
| 河 北 | 22.0 | 12.2 | 3.6 | 7.4 | 27.0 | 11.2 | 7.8 |
| 山 西 | 10.5 | 5.8 | 2.4 | 4.1 | 7.6 | 2.6 | 3.6 |
| 内蒙古 | 7.1 | 5.7 | 3.1 | 3.3 | 5.1 | 5.0 | 2.5 |
| 辽 宁 | 18.7 | 15.2 | 4.2 | 11.1 | 15.9 | 10.1 | 4.8 |
| 吉 林 | 9.3 | 5.0 | 1.9 | 4.3 | 6.0 | 5.4 | 3.6 |
| 黑龙江 | 13.2 | 2.8 | 1.8 | 5.4 | 13.2 | 4.9 | 3.1 |
| 上 海 | 76.4 | 41.5 | 22.6 | 26.5 | 33.4 | 23.4 | 43.6 |
| 江 苏 | 51.0 | 33.5 | 14.9 | 23.0 | 25.4 | 20.8 | 18.8 |
| 浙 江 | 35.8 | 24.9 | 12.3 | 17.6 | 41.8 | 19.6 | 19.5 |
| 安 徽 | 19.9 | 12.9 | 5.3 | 6.6 | 13.3 | 9.5 | 4.1 |
| 福 建 | 24.1 | 14.2 | 8.7 | 7.9 | 11.6 | 13.8 | 9.8 |
| 江 西 | 14.7 | 8.1 | 3.4 | 5.2 | 6.4 | 5.8 | 2.5 |
| 山 东 | 49.4 | 27.5 | 10.6 | 16.4 | 31.0 | 23.7 | 11.3 |
| 河 南 | 44.9 | 22.6 | 8.8 | 10.3 | 22.1 | 22.1 | 13.8 |
| 湖 北 | 34.1 | 15.2 | 8.5 | 10.8 | 12.0 | 13.8 | 7.0 |
| 湖 南 | 16.5 | 9.3 | 6.4 | 6.6 | 23.1 | 11.5 | 7.5 |
| 广 东 | 95.0 | 67.7 | 34.3 | 40.4 | 36.9 | 56.2 | 51.2 |
| 广 西 | 10.5 | 9.3 | 3.7 | 3.6 | 7.6 | 7.0 | 5.6 |
| 海 南 | 5.5 | 5.6 | 5.6 | 1.4 | 3.3 | 7.9 | 1.5 |
| 重 庆 | 18.8 | 19.5 | 6.0 | 4.3 | 10.2 | 12.5 | 10.9 |
| 四 川 | 26.3 | 19.6 | 8.7 | 16.7 | 16.6 | 19.0 | 10.8 |
| 贵 州 | 9.5 | 5.6 | 2.4 | 3.3 | 5.9 | 8.2 | 3.8 |
| 云 南 | 20.5 | 9.4 | 7.1 | 4.4 | 3.7 | 10.8 | 8.9 |
| 西 藏 | 0.7 | 0.2 | 0.2 | 0.2 | 0.1 | 0.2 | 0.3 |
| 陕 西 | 21.3 | 9.6 | 9.4 | 10.6 | 14.9 | 9.3 | 7.7 |
| 甘 肃 | 6.4 | 3.5 | 2.2 | 2.1 | 3.4 | 4.3 | 1.2 |
| 青 海 | 2.0 | 1.0 | 0.4 | 0.8 | 0.5 | 0.9 | 0.7 |
| 宁 夏 | 2.1 | 1.2 | 0.5 | 0.7 | 3.0 | 1.3 | 1.4 |
| 新 疆 | 7.5 | 3.7 | 1.2 | 2.2 | 5.4 | 4.9 | 5.6 |

2-10 续表 单位：万人

| 地区 | 科学研究和技术服务业 | 水利、环境和公共设施管理业 | 居民服务、修理和其他服务业 | 教育 | 卫生和社会工作 | 文化、体育和娱乐业 | 公共管理、社会保障和社会组织 |
|---|---|---|---|---|---|---|---|
| **全国** | **199.9** | **55.0** | **49.8** | **116.4** | **63.3** | **46.3** | **12.2** |
| 北京 | 46.7 | 3.8 | 6.7 | 11.4 | 4.9 | 8.1 | 3.7 |
| 天津 | 7.0 | 0.7 | 5.7 | 1.2 | 0.8 | 0.8 | 0.5 |
| 河北 | 7.7 | 1.4 | 1.9 | 1.3 | 0.8 | 0.9 | |
| 山西 | 1.5 | 0.7 | 0.2 | 1.5 | 0.6 | 0.5 | |
| 内蒙古 | 1.8 | 0.8 | 0.2 | 0.7 | 0.4 | 0.2 | |
| 辽宁 | 3.9 | 1.4 | 0.6 | 2.4 | 1.9 | 1.0 | 0.5 |
| 吉林 | 2.2 | 0.8 | 1.6 | 1.0 | 1.0 | 0.7 | |
| 黑龙江 | 1.3 | 0.7 | 0.4 | 0.8 | 0.8 | 0.5 | 1.0 |
| 上海 | 16.2 | 5.9 | 4.9 | 4.1 | 1.2 | 3.5 | 0.2 |
| 江苏 | 12.8 | 3.8 | 2.3 | 5.5 | 5.2 | 3.5 | 0.1 |
| 浙江 | 12.0 | 4.2 | 1.5 | 8.5 | 3.6 | 1.9 | 2.7 |
| 安徽 | 3.5 | 1.0 | 0.6 | 4.7 | 3.3 | 0.8 | |
| 福建 | 4.2 | 1.0 | 1.9 | 4.3 | 1.5 | 1.3 | |
| 江西 | 1.4 | 1.0 | 0.8 | 1.8 | 1.7 | 1.3 | |
| 山东 | 8.6 | 5.5 | 2.4 | 6.7 | 4.2 | 1.8 | 0.4 |
| 河南 | 9.0 | 3.1 | 2.4 | 12.8 | 6.4 | 2.1 | 1.5 |
| 湖北 | 6.9 | 1.4 | 0.9 | 3.5 | 2.4 | 1.5 | 0.1 |
| 湖南 | 6.6 | 0.8 | 1.3 | 5.8 | 3.2 | 2.3 | 0.6 |
| 广东 | 22.3 | 4.9 | 6.1 | 15.2 | 5.5 | 5.0 | 0.3 |
| 广西 | 1.6 | 0.6 | 0.4 | 2.1 | 1.1 | 0.8 | 0.1 |
| 海南 | 0.9 | 1.5 | 0.4 | 2.0 | 0.6 | 0.6 | |
| 重庆 | 4.0 | 1.6 | 1.3 | 4.0 | 2.5 | 1.1 | |
| 四川 | 5.7 | 2.4 | 1.5 | 5.2 | 2.8 | 1.5 | |
| 贵州 | 1.5 | 1.1 | 1.0 | 1.5 | 1.2 | 0.8 | 0.1 |
| 云南 | 2.4 | 2.1 | 1.3 | 3.9 | 2.7 | 1.3 | |
| 西藏 | | | 0.2 | | 0.1 | | |
| 陕西 | 4.4 | 1.6 | 0.9 | 3.0 | 1.6 | 1.6 | 0.1 |
| 甘肃 | 1.3 | 0.2 | 0.1 | 0.2 | 0.4 | 0.4 | |
| 青海 | 0.3 | 0.1 | | 0.4 | 0.1 | 0.1 | |
| 宁夏 | 0.5 | 0.1 | 0.1 | 0.5 | 0.2 | 0.3 | |
| 新疆 | 1.6 | 0.6 | 0.3 | 0.3 | 0.3 | 0.2 | |

# 2-11 各地区按第三产业行业门类分私营企业就业人员数(2016年底)

单位：万人

| 地 区 | 第三产业合 计 | 批发和零售业 | 交通运输、仓储和邮政业 | 住宿和餐饮业 | 信息传输、软件和信息技术服务业 | 金融业 | 房地产业 | 租赁和商务服务业 |
|---|---|---|---|---|---|---|---|---|
| **全 国** | **11595.06** | **5269.64** | **438.19** | **384.77** | **649.99** | **154.34** | **558.31** | **2144.09** |
| 北 京 | 827.05 | 190.53 | 22.74 | 30.74 | 21.69 | 2.18 | 30.72 | 166.84 |
| 天 津 | 93.07 | 5.92 | 2.15 | 31.65 | 1.56 | 4.23 | 2.86 | 15.64 |
| 河 北 | 168.79 | 88.89 | 7.57 | 4.02 | 9.06 | 2.36 | 8.61 | 20.49 |
| 山 西 | 151.07 | 82.62 | 7.08 | 5.20 | 8.64 | 3.35 | 7.18 | 17.99 |
| 内蒙古 | 156.97 | 80.05 | 7.56 | 4.53 | 6.35 | 3.83 | 7.97 | 26.16 |
| 辽 宁 | 197.84 | 90.96 | 20.72 | 6.00 | 10.12 | 1.86 | 11.33 | 30.00 |
| 吉 林 | 143.43 | 64.26 | 8.02 | 3.42 | 6.97 | 4.32 | 9.47 | 23.85 |
| 黑龙江 | 43.88 | 18.37 | 2.07 | 0.59 | 2.46 | 0.71 | 2.50 | 8.05 |
| 上 海 | 928.28 | 381.78 | 38.51 | 15.32 | 34.14 | 6.43 | 22.20 | 238.02 |
| 江 苏 | 1108.62 | 441.48 | 50.67 | 26.99 | 45.03 | 6.67 | 55.77 | 267.02 |
| 浙 江 | 866.54 | 379.44 | 25.39 | 20.99 | 45.46 | 12.63 | 55.52 | 199.15 |
| 安 徽 | 281.10 | 129.79 | 15.02 | 8.00 | 12.69 | 6.74 | 16.77 | 51.28 |
| 福 建 | 455.48 | 220.72 | 15.64 | 10.64 | 29.21 | 3.51 | 14.44 | 89.16 |
| 江 西 | 297.86 | 144.47 | 20.52 | 8.37 | 15.60 | 2.24 | 17.33 | 60.81 |
| 山 东 | 805.14 | 444.59 | 32.88 | 24.25 | 40.39 | 16.38 | 40.70 | 111.64 |
| 河 南 | 320.00 | 168.01 | 12.88 | 9.04 | 15.89 | 2.43 | 22.78 | 49.72 |
| 湖 北 | 410.26 | 167.38 | 19.79 | 31.77 | 21.60 | 4.43 | 24.71 | 64.87 |
| 湖 南 | 214.99 | 70.95 | 5.46 | 4.34 | 23.67 | 6.80 | 30.53 | 36.99 |
| 广 东 | 1816.20 | 960.71 | 48.85 | 43.48 | 154.56 | 39.67 | 61.96 | 257.49 |
| 广 西 | 262.06 | 136.30 | 9.70 | 6.02 | 9.79 | 2.42 | 12.98 | 50.41 |
| 海 南 | 77.42 | 28.37 | 2.25 | 2.30 | 4.84 | 0.36 | 10.05 | 18.65 |
| 重 庆 | 544.24 | 247.01 | 16.01 | 34.73 | 55.57 | 7.21 | 20.28 | 93.80 |
| 四 川 | 560.91 | 310.15 | 13.40 | 14.58 | 26.47 | 2.39 | 21.93 | 103.36 |
| 贵 州 | 155.22 | 71.70 | 5.33 | 8.21 | 9.33 | 1.39 | 7.05 | 29.99 |
| 云 南 | 219.19 | 102.62 | 9.08 | 10.94 | 12.35 | 2.35 | 15.29 | 33.78 |
| 西 藏 | 29.99 | 10.20 | 0.82 | 1.76 | 1.20 | 0.19 | 0.61 | 7.69 |
| 陕 西 | 129.81 | 62.40 | 4.28 | 5.88 | 10.62 | 2.02 | 7.32 | 18.27 |
| 甘 肃 | 131.11 | 68.88 | 5.38 | 6.36 | 6.49 | 1.55 | 8.61 | 15.34 |
| 青 海 | 17.59 | 7.81 | 0.72 | 0.92 | 0.57 | 0.23 | 1.03 | 3.06 |
| 宁 夏 | 66.68 | 40.51 | 2.08 | 1.64 | 2.79 | 1.60 | 2.03 | 10.33 |
| 新 疆 | 114.27 | 52.78 | 5.63 | 2.11 | 4.88 | 1.87 | 7.79 | 24.26 |

2-11 续表 单位：万人

| 地 区 | 科学研究和技术服务业 | 水利、环境和公共设施管理业 | 居民服务、修理和其他服务业 | 教育 | 卫生和社会工作 | 文化、体育和娱乐业 | 其他 |
|---|---|---|---|---|---|---|---|
| **全 国** | **1095.43** | **73.01** | **424.29** | **41.83** | **44.46** | **283.45** | **33.28** |
| 北 京 | 265.13 | 7.34 | 14.39 | 0.87 | 3.76 | 70.08 | 0.02 |
| 天 津 | 22.24 | 0.52 | 2.67 | 0.04 | 0.74 | 2.65 | 0.19 |
| 河 北 | 14.59 | 1.49 | 5.85 | 0.94 | 0.80 | 4.12 | |
| 山 西 | 5.32 | 1.45 | 6.93 | 0.60 | 0.89 | 3.38 | 0.44 |
| 内蒙古 | 6.16 | 1.46 | 8.54 | 1.08 | 0.54 | 2.48 | 0.27 |
| 辽 宁 | 14.08 | 1.15 | 6.95 | 0.35 | 1.43 | 2.90 | 0.01 |
| 吉 林 | 12.85 | 1.34 | 5.47 | 0.64 | 1.03 | 1.78 | 0.02 |
| 黑龙江 | 5.11 | 0.50 | 1.17 | 0.18 | 0.21 | 1.05 | 0.92 |
| 上 海 | 149.57 | 4.46 | 15.30 | 0.62 | 1.32 | 20.61 | |
| 江 苏 | 143.63 | 7.69 | 40.75 | 3.72 | 4.07 | 15.10 | 0.03 |
| 浙 江 | 65.04 | 4.63 | 33.50 | 2.58 | 2.68 | 19.42 | 0.11 |
| 安 徽 | 15.85 | 2.62 | 14.25 | 1.31 | 0.51 | 6.12 | 0.15 |
| 福 建 | 38.75 | 2.79 | 15.75 | 1.25 | 1.73 | 11.89 | 0.02 |
| 江 西 | 8.24 | 1.96 | 11.61 | 1.19 | 0.49 | 5.00 | 0.05 |
| 山 东 | 45.16 | 5.12 | 27.09 | 2.39 | 2.74 | 11.82 | |
| 河 南 | 15.69 | 1.83 | 14.15 | 1.13 | 1.13 | 4.97 | 0.35 |
| 湖 北 | 22.64 | 5.23 | 14.41 | 2.46 | 1.59 | 6.96 | 22.43 |
| 湖 南 | 16.42 | 1.27 | 6.28 | 1.91 | 1.46 | 8.89 | 0.01 |
| 广 东 | 114.86 | 6.12 | 81.54 | 8.77 | 2.70 | 34.15 | 1.35 |
| 广 西 | 18.64 | 1.18 | 8.18 | 0.75 | 0.54 | 3.34 | 1.82 |
| 海 南 | 3.18 | 0.66 | 3.59 | 0.51 | 0.29 | 2.09 | 0.27 |
| 重 庆 | 18.83 | 3.45 | 27.75 | 2.77 | 1.65 | 15.20 | |
| 四 川 | 36.47 | 2.24 | 12.93 | 1.15 | 4.91 | 10.81 | 0.13 |
| 贵 州 | 5.93 | 1.18 | 9.09 | 1.09 | 1.84 | 2.82 | 0.26 |
| 云 南 | 11.17 | 1.92 | 11.38 | 0.99 | 2.47 | 4.83 | 0.02 |
| 西 藏 | 1.20 | 0.19 | 1.61 | 0.15 | 0.20 | 0.94 | 3.25 |
| 陕 西 | 5.91 | 0.97 | 7.51 | 0.44 | 0.83 | 2.73 | 0.63 |
| 甘 肃 | 3.01 | 0.84 | 8.29 | 1.13 | 0.60 | 4.47 | 0.16 |
| 青 海 | 0.81 | 0.18 | 1.39 | 0.06 | 0.09 | 0.39 | 0.33 |
| 宁 夏 | 1.81 | 0.35 | 2.18 | 0.19 | 0.30 | 0.85 | 0.02 |
| 新 疆 | 7.15 | 0.89 | 3.78 | 0.55 | 0.93 | 1.64 | 0.02 |

# 2-12 各地区按第三产业行业门类分个体就业人员数(2016年底)

单位：万人

| 地区 | 第三产业合计 | 批发和零售业 | 交通运输、仓储和邮政业 | 住宿和餐饮业 | 信息传输、软件和信息技术服务业 | 金融业 | 房地产业 | 租赁和商务服务业 |
|---|---|---|---|---|---|---|---|---|
| **全国** | **10913.44** | **6982.61** | **265.61** | **1833.69** | **60.50** | **1.06** | **18.34** | **185.09** |
| 北京 | 86.35 | 59.31 | 3.31 | 9.08 | 0.10 | | 0.02 | 4.90 |
| 天津 | 59.82 | 35.08 | 2.14 | 9.19 | 0.06 | 0.01 | 0.37 | 4.02 |
| 河北 | 532.96 | 363.72 | 22.64 | 70.11 | 1.75 | 0.04 | 1.14 | 9.00 |
| 山西 | 284.61 | 172.56 | 9.99 | 45.98 | 7.81 | 0.05 | 0.10 | 2.24 |
| 内蒙古 | 282.55 | 169.44 | 9.96 | 49.72 | 1.91 | | 0.26 | 2.52 |
| 辽宁 | 399.40 | 226.67 | 42.12 | 53.35 | 1.28 | 0.08 | 0.96 | 6.15 |
| 吉林 | 326.36 | 188.57 | 14.43 | 65.75 | 1.06 | 0.01 | 0.26 | 3.92 |
| 黑龙江 | 268.41 | 145.40 | 6.38 | 54.50 | 2.59 | 0.51 | 0.45 | 3.66 |
| 上海 | 52.79 | 39.04 | 0.38 | 6.52 | 0.01 | | 0.03 | 0.41 |
| 江苏 | 658.94 | 421.26 | 15.24 | 105.27 | 2.33 | 0.04 | 2.19 | 15.85 |
| 浙江 | 557.05 | 335.23 | 16.26 | 97.91 | 1.06 | 0.03 | 2.69 | 12.90 |
| 安徽 | 473.21 | 321.84 | 4.60 | 68.82 | 4.90 | 0.02 | 0.56 | 5.12 |
| 福建 | 372.32 | 259.84 | 3.32 | 57.15 | 1.52 | 0.02 | 1.54 | 5.99 |
| 江西 | 335.52 | 231.55 | 5.86 | 47.16 | 2.46 | 0.01 | 0.32 | 4.02 |
| 山东 | 908.42 | 616.86 | 25.00 | 122.28 | 2.62 | 0.02 | 2.12 | 16.73 |
| 河南 | 566.76 | 381.62 | 5.05 | 94.27 | 1.13 | 0.02 | 0.14 | 4.83 |
| 湖北 | 801.00 | 496.37 | 23.11 | 127.76 | 5.42 | 0.05 | 0.82 | 19.91 |
| 湖南 | 384.20 | 249.76 | 7.57 | 67.05 | 3.33 | | 0.37 | 6.51 |
| 广东 | 1035.09 | 725.76 | 8.98 | 164.74 | 3.95 | 0.03 | 1.45 | 11.36 |
| 广西 | 308.43 | 202.40 | 8.78 | 49.73 | 0.77 | 0.02 | 0.13 | 4.54 |
| 海南 | 69.35 | 38.09 | 2.31 | 16.90 | 0.36 | | 0.03 | 0.72 |
| 重庆 | 248.02 | 156.25 | 4.01 | 47.44 | 1.57 | 0.01 | 0.13 | 5.68 |
| 四川 | 541.73 | 339.45 | 8.04 | 100.53 | 2.28 | 0.03 | 1.18 | 16.48 |
| 贵州 | 260.38 | 161.21 | 4.22 | 51.81 | 1.43 | 0.03 | 0.10 | 3.54 |
| 云南 | 311.15 | 195.42 | 3.86 | 64.08 | 1.97 | | 0.08 | 4.35 |
| 西藏 | 38.82 | 20.13 | 0.18 | 11.39 | 0.20 | | 0.05 | 0.26 |
| 陕西 | 301.91 | 171.52 | 3.39 | 71.26 | 3.59 | 0.02 | 0.51 | 3.33 |
| 甘肃 | 182.68 | 112.05 | 1.14 | 41.05 | 1.23 | | 0.05 | 2.11 |
| 青海 | 46.70 | 25.10 | 0.52 | 12.31 | 0.12 | | 0.01 | 0.40 |
| 宁夏 | 61.31 | 35.28 | 0.48 | 12.97 | 0.25 | 0.01 | 0.12 | 1.05 |
| 新疆 | 157.17 | 85.81 | 2.30 | 37.63 | 1.44 | | 0.18 | 2.58 |

2-12 续表 单位：万人

| 地 区 | 科学研究和技术服务业 | 水利、环境和公共设施管理业 | 居民服务、修理和其他服务业 | 教育 | 卫生和社会工作 | 文化、体育和娱乐业 | 其他 |
|---|---|---|---|---|---|---|---|
| **全 国** | **36.66** | **7.45** | **1337.29** | **12.03** | **39.77** | **98.30** | **35.04** |
| 北 京 | 1.24 | 0.09 | 6.61 | 0.16 | 0.15 | 1.38 | |
| 天 津 | 0.75 | 0.11 | 6.93 | | 0.28 | 0.88 | |
| 河 北 | 2.11 | 0.28 | 56.81 | 0.33 | 1.27 | 3.55 | 0.21 |
| 山 西 | 0.51 | 1.55 | 39.62 | 0.15 | 1.46 | 2.56 | 0.03 |
| 内蒙古 | 0.72 | 0.06 | 43.35 | 0.69 | 1.28 | 2.16 | 0.48 |
| 辽 宁 | 1.51 | 0.13 | 54.06 | 0.14 | 7.21 | 5.71 | 0.02 |
| 吉 林 | 1.07 | 0.06 | 44.32 | 0.61 | 2.03 | 1.58 | 2.68 |
| 黑龙江 | 0.86 | 0.09 | 43.77 | 0.65 | 1.37 | 2.23 | 5.95 |
| 上 海 | 0.27 | 0.01 | 5.90 | | 0.06 | 0.15 | |
| 江 苏 | 3.86 | 0.31 | 81.55 | 1.69 | 1.05 | 8.26 | 0.02 |
| 浙 江 | 2.26 | 0.23 | 80.63 | 0.89 | 1.11 | 5.82 | 0.04 |
| 安 徽 | 1.59 | 0.06 | 59.98 | 0.18 | 0.53 | 4.96 | 0.05 |
| 福 建 | 1.11 | 0.07 | 37.35 | 0.15 | 0.68 | 3.57 | |
| 江 西 | 0.70 | 0.05 | 40.23 | 0.19 | 0.80 | 2.18 | |
| 山 东 | 2.97 | 0.24 | 112.24 | 0.49 | 2.14 | 4.70 | |
| 河 南 | 1.66 | 0.06 | 73.22 | 0.39 | 0.72 | 3.59 | 0.08 |
| 湖 北 | 0.85 | 3.45 | 97.34 | 0.61 | 1.71 | 5.36 | 18.24 |
| 湖 南 | 1.17 | 0.10 | 41.57 | 0.57 | 1.70 | 4.51 | |
| 广 东 | 4.92 | 0.18 | 102.87 | 1.81 | 1.73 | 5.65 | 1.66 |
| 广 西 | 0.72 | 0.03 | 35.34 | 0.14 | 1.09 | 3.11 | 1.64 |
| 海 南 | 0.17 | 0.01 | 9.54 | 0.08 | 0.40 | 0.66 | 0.09 |
| 重 庆 | 0.71 | 0.02 | 28.23 | 0.29 | 0.96 | 2.72 | |
| 四 川 | 1.85 | 0.06 | 64.19 | 0.69 | 2.83 | 4.07 | 0.04 |
| 贵 州 | 0.21 | 0.05 | 31.41 | 0.28 | 1.12 | 3.32 | 1.65 |
| 云 南 | 0.80 | 0.03 | 33.79 | 0.31 | 1.74 | 4.31 | 0.41 |
| 西 藏 | 0.03 | | 4.48 | 0.02 | 0.19 | 1.01 | 0.88 |
| 陕 西 | 0.99 | 0.07 | 43.39 | 0.29 | 0.82 | 2.63 | 0.11 |
| 甘 肃 | 0.38 | 0.01 | 20.99 | 0.10 | 1.35 | 2.04 | 0.16 |
| 青 海 | 0.06 | | 5.70 | 0.03 | 0.24 | 1.80 | 0.42 |
| 宁 夏 | 0.13 | | 9.67 | 0.02 | 0.32 | 0.99 | |
| 新 疆 | 0.49 | 0.03 | 22.19 | 0.08 | 1.42 | 2.84 | 0.17 |

# 2-13 各地区按第三产业行业门类分城镇私营企业就业人员数(2016年底)

单位：万人

| 地区 | 第三产业合计 | 批发和零售业 | 交通运输、仓储和邮政业 | 住宿和餐饮业 | 信息传输、软件和信息技术服务业 | 金融业 | 房地产业 | 租赁和商务服务业 |
|---|---|---|---|---|---|---|---|---|
| **全国** | **8656.76** | **3899.78** | **294.17** | **293.02** | **522.37** | **108.56** | **377.02** | **1682.27** |
| 北京 | 577.31 | 118.75 | 11.35 | 22.97 | 18.27 | 1.75 | 19.61 | 124.89 |
| 天津 | 85.00 | 4.51 | 2.15 | 29.62 | 1.37 | 3.31 | 2.72 | 13.77 |
| 河北 | 127.49 | 64.09 | 4.59 | 3.32 | 7.80 | 2.12 | 7.68 | 17.46 |
| 山西 | 92.10 | 49.32 | 3.86 | 3.78 | 5.59 | 2.40 | 5.04 | 11.00 |
| 内蒙古 | 131.73 | 66.39 | 5.81 | 3.73 | 5.70 | 2.51 | 7.00 | 22.73 |
| 辽宁 | 134.08 | 61.78 | 16.83 | 4.44 | 6.33 | 1.53 | 8.60 | 17.19 |
| 吉林 | 104.99 | 46.66 | 5.92 | 2.40 | 5.01 | 3.24 | 7.94 | 17.06 |
| 黑龙江 | 38.18 | 15.73 | 1.78 | 0.52 | 2.27 | 0.58 | 2.15 | 7.26 |
| 上海 | 512.19 | 195.55 | 20.11 | 12.96 | 19.23 | 4.44 | 14.58 | 138.09 |
| 江苏 | 947.29 | 357.50 | 38.75 | 24.27 | 41.82 | 5.77 | 47.19 | 249.90 |
| 浙江 | 685.24 | 305.13 | 16.82 | 16.46 | 40.02 | 6.11 | 18.79 | 179.96 |
| 安徽 | 226.53 | 102.63 | 11.49 | 6.31 | 10.73 | 3.48 | 12.76 | 44.65 |
| 福建 | 396.41 | 189.42 | 13.04 | 8.78 | 27.02 | 3.23 | 12.93 | 79.37 |
| 江西 | 186.28 | 85.75 | 8.75 | 4.98 | 10.63 | 2.03 | 12.65 | 43.42 |
| 山东 | 337.51 | 184.08 | 13.53 | 8.11 | 17.46 | 5.13 | 18.13 | 54.23 |
| 河南 | 245.42 | 126.95 | 8.72 | 6.82 | 13.21 | 1.80 | 15.42 | 41.05 |
| 湖北 | 221.01 | 79.21 | 8.57 | 24.86 | 14.30 | 1.58 | 13.95 | 43.18 |
| 湖南 | 83.16 | 29.64 | 2.56 | 1.44 | 5.93 | 2.41 | 4.58 | 19.93 |
| 广东 | 1696.12 | 900.99 | 43.67 | 38.54 | 150.39 | 37.68 | 55.63 | 237.52 |
| 广西 | 195.05 | 99.43 | 7.46 | 3.62 | 7.19 | 1.57 | 9.88 | 39.98 |
| 海南 | 62.28 | 22.49 | 1.71 | 1.61 | 3.81 | 0.27 | 8.45 | 15.49 |
| 重庆 | 490.50 | 219.50 | 14.49 | 24.12 | 53.43 | 6.56 | 19.36 | 89.56 |
| 四川 | 519.97 | 298.43 | 12.27 | 13.48 | 25.07 | 2.20 | 21.42 | 83.36 |
| 贵州 | 57.98 | 31.74 | 1.79 | 5.01 | 1.78 | 0.53 | 3.35 | 6.15 |
| 云南 | 114.14 | 50.33 | 4.44 | 6.64 | 7.09 | 1.13 | 7.84 | 18.66 |
| 西藏 | 29.02 | 10.08 | 0.81 | 1.74 | 1.03 | 0.16 | 0.60 | 7.26 |
| 陕西 | 104.33 | 49.04 | 3.39 | 4.95 | 7.99 | 1.59 | 5.76 | 15.44 |
| 甘肃 | 79.81 | 44.70 | 2.22 | 3.63 | 4.43 | 0.82 | 3.57 | 9.79 |
| 青海 | 12.08 | 5.12 | 0.47 | 0.62 | 0.47 | 0.19 | 0.51 | 2.47 |
| 宁夏 | 55.40 | 34.68 | 1.57 | 1.33 | 2.35 | 0.80 | 1.37 | 8.80 |
| 新疆 | 108.15 | 50.17 | 5.25 | 1.94 | 4.69 | 1.65 | 7.54 | 22.65 |

2-13 续表 单位：万人

| 地区 | 科学研究和技术服务业 | 水利、环境和公共设施管理业 | 居民服务、修理和其他服务业 | 教育 | 卫生和社会工作 | 文化、体育和娱乐业 | 其他 |
|---|---|---|---|---|---|---|---|
| **全 国** | **821.36** | **49.47** | **320.90** | **30.97** | **32.88** | **213.17** | **10.83** |
| 北 京 | 190.96 | 3.93 | 9.64 | 0.54 | 2.62 | 52.02 | 0.02 |
| 天 津 | 21.29 | 0.44 | 2.48 | 0.03 | 0.69 | 2.44 | 0.18 |
| 河 北 | 10.78 | 0.81 | 4.49 | 0.50 | 0.65 | 3.21 | |
| 山 西 | 2.96 | 0.84 | 4.01 | 0.33 | 0.62 | 2.07 | 0.26 |
| 内蒙古 | 5.43 | 1.20 | 7.33 | 0.97 | 0.48 | 2.20 | 0.27 |
| 辽 宁 | 8.84 | 0.68 | 4.69 | 0.23 | 0.90 | 2.04 | 0.01 |
| 吉 林 | 9.29 | 1.03 | 4.16 | 0.48 | 0.66 | 1.12 | 0.02 |
| 黑龙江 | 4.54 | 0.45 | 1.02 | 0.14 | 0.16 | 0.91 | 0.69 |
| 上 海 | 80.52 | 2.18 | 10.20 | 0.42 | 1.18 | 12.72 | |
| 江 苏 | 123.52 | 5.67 | 32.13 | 3.19 | 3.75 | 13.82 | 0.02 |
| 浙 江 | 51.23 | 3.24 | 27.07 | 2.08 | 2.09 | 16.21 | 0.04 |
| 安 徽 | 14.03 | 2.06 | 11.39 | 1.07 | 0.47 | 5.35 | 0.11 |
| 福 建 | 34.45 | 2.26 | 13.75 | 1.08 | 1.39 | 9.66 | 0.02 |
| 江 西 | 5.30 | 1.10 | 7.20 | 0.90 | 0.38 | 3.16 | 0.03 |
| 山 东 | 18.21 | 2.09 | 10.51 | 0.69 | 0.90 | 4.44 | |
| 河 南 | 12.81 | 1.20 | 11.26 | 0.89 | 1.04 | 4.12 | 0.12 |
| 湖 北 | 16.01 | 4.16 | 6.62 | 1.69 | 1.06 | 3.50 | 2.33 |
| 湖 南 | 10.21 | 0.55 | 2.56 | 0.50 | 0.37 | 2.50 | |
| 广 东 | 107.55 | 5.16 | 75.89 | 8.14 | 2.47 | 31.62 | 0.87 |
| 广 西 | 14.12 | 0.86 | 6.23 | 0.48 | 0.38 | 2.45 | 1.40 |
| 海 南 | 2.53 | 0.53 | 2.86 | 0.38 | 0.20 | 1.73 | 0.23 |
| 重 庆 | 17.37 | 3.00 | 24.97 | 2.63 | 1.57 | 13.96 | |
| 四 川 | 35.00 | 2.06 | 11.71 | 0.96 | 4.34 | 9.55 | 0.13 |
| 贵 州 | 1.38 | 0.41 | 3.76 | 0.39 | 0.62 | 0.95 | 0.12 |
| 云 南 | 5.81 | 0.91 | 6.35 | 0.53 | 1.47 | 2.94 | 0.01 |
| 西 藏 | 1.17 | 0.19 | 1.60 | 0.07 | 0.17 | 0.90 | 3.24 |
| 陕 西 | 4.93 | 0.80 | 6.43 | 0.39 | 0.75 | 2.31 | 0.57 |
| 甘 肃 | 2.09 | 0.45 | 4.56 | 0.58 | 0.33 | 2.56 | 0.08 |
| 青 海 | 0.61 | 0.14 | 0.94 | 0.06 | 0.08 | 0.36 | 0.04 |
| 宁 夏 | 1.50 | 0.25 | 1.65 | 0.15 | 0.19 | 0.75 | 0.01 |
| 新 疆 | 6.92 | 0.86 | 3.47 | 0.50 | 0.90 | 1.60 | 0.02 |

# 2-14 各地区按第三产业行业门类分城镇个体就业人员数(2016年底)

单位：万人

| 地 区 | 第三产业合 计 | 批发和零售业 | 交通运输、仓储和邮政业 | 住宿和餐饮业 | 信息传输、软件和信息技术服务业 | 金融业 | 房地产业 | 租赁和商务服务业 |
|---|---|---|---|---|---|---|---|---|
| **全 国** | **7719.68** | **4826.06** | **169.98** | **1380.43** | **38.75** | **0.42** | **15.67** | **133.39** |
| 北 京 | 49.12 | 34.09 | 1.01 | 5.08 | 0.06 |  | 0.01 | 3.10 |
| 天 津 | 48.84 | 28.59 | 1.86 | 7.21 | 0.04 | 0.01 | 0.32 | 3.43 |
| 河 北 | 294.94 | 187.56 | 11.09 | 47.93 | 0.75 | 0.02 | 0.99 | 5.49 |
| 山 西 | 177.62 | 104.31 | 6.61 | 31.56 | 3.85 | 0.04 | 0.06 | 1.32 |
| 内蒙古 | 237.77 | 139.50 | 7.92 | 43.26 | 1.61 |  | 0.25 | 1.84 |
| 辽 宁 | 274.98 | 155.22 | 29.82 | 36.67 | 0.74 | 0.05 | 0.63 | 4.23 |
| 吉 林 | 233.90 | 135.64 | 10.82 | 47.06 | 0.76 | 0.01 | 0.17 | 2.38 |
| 黑龙江 | 235.04 | 122.72 | 5.68 | 51.96 | 1.26 | 0.03 | 0.43 | 3.26 |
| 上 海 | 36.34 | 26.86 | 0.29 | 4.48 | 0.01 |  |  | 0.29 |
| 江 苏 | 535.44 | 328.34 | 12.14 | 95.16 | 1.87 | 0.04 | 2.10 | 13.13 |
| 浙 江 | 406.27 | 239.42 | 11.50 | 73.84 | 0.79 | 0.02 | 2.53 | 10.20 |
| 安 徽 | 425.29 | 284.30 | 3.71 | 64.87 | 4.07 | 0.02 | 0.55 | 4.91 |
| 福 建 | 263.68 | 181.19 | 2.23 | 43.79 | 0.98 | 0.02 | 1.38 | 4.31 |
| 江 西 | 239.13 | 155.88 | 4.75 | 39.14 | 1.20 | 0.01 | 0.30 | 3.05 |
| 山 东 | 396.07 | 259.66 | 7.47 | 57.98 | 1.17 |  | 1.27 | 8.39 |
| 河 南 | 469.63 | 307.71 | 4.03 | 83.97 | 0.90 | 0.02 | 0.13 | 4.26 |
| 湖 北 | 452.08 | 286.03 | 10.76 | 71.09 | 2.66 | 0.04 | 0.68 | 8.04 |
| 湖 南 | 332.56 | 211.75 | 5.25 | 61.21 | 2.42 |  | 0.36 | 6.09 |
| 广 东 | 844.15 | 586.26 | 6.91 | 136.22 | 3.38 | 0.02 | 1.31 | 9.97 |
| 广 西 | 230.37 | 155.61 | 5.97 | 34.91 | 0.59 | 0.01 | 0.11 | 3.68 |
| 海 南 | 53.55 | 29.12 | 1.85 | 13.03 | 0.27 |  | 0.03 | 0.58 |
| 重 庆 | 209.83 | 129.14 | 2.46 | 42.34 | 1.27 | 0.01 | 0.12 | 5.12 |
| 四 川 | 390.58 | 233.90 | 5.29 | 77.42 | 1.60 | 0.03 | 1.03 | 14.72 |
| 贵 州 | 104.62 | 67.05 | 2.01 | 19.86 | 0.59 | 0.01 | 0.03 | 1.27 |
| 云 南 | 137.88 | 79.70 | 1.52 | 32.95 | 0.80 |  | 0.05 | 2.11 |
| 西 藏 | 36.81 | 18.99 | 0.18 | 10.74 | 0.18 |  | 0.05 | 0.25 |
| 陕 西 | 272.40 | 151.63 | 3.17 | 66.59 | 3.04 | 0.01 | 0.49 | 2.96 |
| 甘 肃 | 108.73 | 65.44 | 0.71 | 25.52 | 0.59 |  | 0.03 | 1.48 |
| 青 海 | 44.73 | 23.85 | 0.49 | 11.84 | 0.11 |  | 0.01 | 0.38 |
| 宁 夏 | 39.03 | 21.39 | 0.22 | 9.45 | 0.16 | 0.01 | 0.09 | 0.68 |
| 新 疆 | 138.31 | 75.22 | 2.23 | 33.32 | 1.02 |  | 0.17 | 2.49 |

2-14 续表

单位：万人

| 地 区 | 科学研究和技术服务业 | 水利、环境和公共设施管理业 | 居民服务、修理和其他服务业 | 教育 | 卫生和社会工作 | 文化、体育和娱乐业 | 其他 |
|---|---|---|---|---|---|---|---|
| **全 国** | **28.01** | **5.71** | **985.13** | **8.92** | **32.07** | **76.47** | **18.65** |
| 北 京 | 0.88 | 0.03 | 3.77 | 0.11 | 0.11 | 0.88 | |
| 天 津 | 0.65 | 0.08 | 5.64 | | 0.25 | 0.74 | |
| 河 北 | 1.49 | 0.11 | 35.61 | 0.17 | 1.01 | 2.59 | 0.12 |
| 山 西 | 0.32 | 0.91 | 25.81 | 0.11 | 0.97 | 1.74 | 0.03 |
| 内蒙古 | 0.66 | 0.04 | 38.44 | 0.63 | 1.19 | 1.95 | 0.48 |
| 辽 宁 | 1.13 | 0.07 | 34.75 | 0.09 | 6.75 | 4.81 | 0.01 |
| 吉 林 | 0.79 | 0.02 | 32.85 | 0.40 | 1.50 | 1.08 | 0.42 |
| 黑龙江 | 0.71 | 0.08 | 40.44 | 0.15 | 0.99 | 2.12 | 5.21 |
| 上 海 | 0.19 | 0.01 | 4.07 | | 0.04 | 0.11 | |
| 江 苏 | 3.35 | 0.24 | 69.12 | 1.56 | 0.96 | 7.43 | 0.01 |
| 浙 江 | 1.74 | 0.12 | 60.27 | 0.70 | 0.90 | 4.21 | 0.03 |
| 安 徽 | 1.36 | 0.04 | 56.18 | 0.16 | 0.51 | 4.57 | 0.04 |
| 福 建 | 0.82 | 0.04 | 25.97 | 0.11 | 0.54 | 2.30 | |
| 江 西 | 0.48 | 0.03 | 31.70 | 0.17 | 0.61 | 1.83 | |
| 山 东 | 1.52 | 0.08 | 54.77 | 0.17 | 1.35 | 2.24 | |
| 河 南 | 1.17 | 0.04 | 63.20 | 0.35 | 0.65 | 3.14 | 0.06 |
| 湖 北 | 0.57 | 3.40 | 56.39 | 0.29 | 1.28 | 3.42 | 7.43 |
| 湖 南 | 1.04 | 0.08 | 37.89 | 0.52 | 1.62 | 4.33 | |
| 广 东 | 4.14 | 0.13 | 86.32 | 1.56 | 1.59 | 4.92 | 1.42 |
| 广 西 | 0.59 | 0.02 | 24.64 | 0.12 | 0.68 | 2.30 | 1.15 |
| 海 南 | 0.15 | | 7.51 | 0.05 | 0.34 | 0.55 | 0.07 |
| 重 庆 | 0.65 | 0.02 | 24.97 | 0.28 | 0.91 | 2.54 | |
| 四 川 | 1.49 | 0.04 | 48.67 | 0.55 | 2.41 | 3.39 | 0.03 |
| 贵 州 | 0.05 | | 11.51 | 0.07 | 0.48 | 1.22 | 0.46 |
| 云 南 | 0.43 | 0.01 | 16.86 | 0.15 | 0.93 | 2.26 | 0.11 |
| 西 藏 | 0.03 | | 4.36 | 0.02 | 0.18 | 0.98 | 0.85 |
| 陕 西 | 0.88 | 0.06 | 40.07 | 0.28 | 0.78 | 2.38 | 0.09 |
| 甘 肃 | 0.20 | 0.01 | 12.50 | 0.05 | 0.81 | 1.34 | 0.05 |
| 青 海 | 0.06 | | 5.54 | 0.03 | 0.23 | 1.78 | 0.41 |
| 宁 夏 | 0.07 | | 5.99 | 0.01 | 0.22 | 0.73 | |
| 新 疆 | 0.42 | 0.02 | 19.32 | 0.08 | 1.28 | 2.58 | 0.15 |

## 【主要统计指标解释】

**劳动力** 指在16周岁及以上，有劳动能力，参加或要求参加社会经济活动的人口。包括就业人员和失业人员。

**就业人员** 指在一定年龄以上，有劳动能力，为取得劳动报酬或经营收入而从事一定社会劳动的人员。具体指年满16周岁，为取得报酬或经营利润，在调查周内从事1小时（含1小时）以上劳动的人员；或由于学习、休假等原因在调查周内暂时处于未工作状态，但有工作单位或场所的人员；或由于临时停工放假、单位不景气放假等原因在调查周内暂时处于未工作状态，但不满三个月的人员。

**单位就业人员** 指报告期末最后一日24时在本单位中工作，并取得工资或其他形式劳动报酬的人员数。该指标为时点指标，不包括最后一日当天及以前已经与单位解除劳动合同关系的人员，是在岗职工、劳务派遣人员及其他就业人员之和。就业人员不包括：

(1) 离开本单位仍保留劳动关系，并定期领取生活费的人员；

(2) 利用课余时间打工的学生及在本单位实习的各类在校学生；

(3) 本单位因劳务外包而使用的人员。

**城镇私营和个体就业人员** 城镇私营就业人员指在工商管理部门注册登记，其经营地址设在县城关镇(含县城关镇)以上的私营企业就业人员，包括私营企业投资者和雇工。城镇个体就业人员指在工商管理部门注册登记，并持有城镇户口或在城镇长期居住，经批准从事个体工商经营的就业人员，包括个体经营者和在个体工商户劳动的家庭帮工和雇工。

# 3 第三产业增加值

# 简要说明

国内生产总值数据是由国家统计局国民经济核算司根据不同产业部门、不同支出构成的特点和资料来源情况计算的。

本年鉴公布的国内生产总值以及与之有关的指标数据，最后一年数据不是最终数，还会在获得更多的财务和行政记录等资料后发生变动。如果遇到普查，在能够获得更详细的基础资料的情况下，国内生产总值的历史数据还会发生变动。2016 年，国家统计局改革研发支出的核算方法，将能够为所有者带来经济利益的研发支出不再作为中间消耗，而是作为固定资本形成处理。根据新的核算方法，国家统计局修订了 1952-2015 年国内生产总值数据。本年鉴中的数据是修订后的数据。

国内生产总值是一个价值量指标，其价值的变化受价格变化和物量变化两大因素影响。不变价国内生产总值是把按当期价格计算的国内生产总值换算成按某个固定期（基期）价格计算的价值，从而使两个不同时期的价值进行比较时，能够剔除价格变化的影响，以反映物量变化，反映生产活动成果的实际变动。国内生产总值指数就是根据两个时期不变价国内生产总值计算得到的。随着经济的不断发展，各行业的价格结构也会不断发生变化，为了更好地反映这种变化对于经济的影响，计算不变价国内生产总值需要每隔若干年调整一次基期。我国自开始核算国内生产总值以来，共有 1952 年、1957 年、1970 年、1980 年、1990 年、2000 年、2005 年、2010 年、2015 年 9 个不变价基期，目前的基期是 2015 年。也就是说，2016 年的不变价国内生产总值是按照 2015 年价格计算的。由于计算不变价国内生产总值采用按不同基期分段计算，因此本年鉴中的不变价国内生产总值数据也按分段方式公布。

本篇中的数据分类基于《国民经济行业分类》（GB/T 4754—2011）和 2012 年制定的《三次产业划分规定》。第一产业是指农、林、牧、渔业（不含农、林、牧、渔服务业）。第二产业是指采矿业（不含开采辅助活动），制造业（不含金属制品、机械和设备修理业），电力、热力、燃气及水生产和供应业，建筑业。第三产业即服务业，是指除第一产业、第二产业以外的其他行业。

本篇所列分地区的数据来自各省、自治区、直辖市统计局的国民经济核算资料。由于采取分级核算，各地区数据相加不等于全国总计。

# 3-1 第三产业增加值及所占比重

单位：亿元

| 年份 | 国内生产总值 | 第一产业 | 第二产业 | 第三产业 | |
|---|---|---|---|---|---|
| | | | | | 比重(%) |
| 1978 | 3678.7 | 1018.5 | 1755.2 | 905.1 | 24.6 |
| 1979 | 4100.5 | 1259.0 | 1925.4 | 916.1 | 22.3 |
| 1980 | 4587.6 | 1359.5 | 2204.7 | 1023.4 | 22.3 |
| 1981 | 4935.8 | 1545.7 | 2269.1 | 1121.1 | 22.7 |
| 1982 | 5373.4 | 1761.7 | 2397.7 | 1214.0 | 22.6 |
| 1983 | 6020.9 | 1960.9 | 2663.0 | 1397.0 | 23.2 |
| 1984 | 7278.5 | 2295.6 | 3124.8 | 1858.1 | 25.5 |
| 1985 | 9098.9 | 2541.7 | 3886.5 | 2670.7 | 29.4 |
| 1986 | 10376.2 | 2764.1 | 4515.2 | 3096.9 | 29.8 |
| 1987 | 12174.6 | 3204.5 | 5274.0 | 3696.2 | 30.4 |
| 1988 | 15180.4 | 3831.2 | 6607.4 | 4741.8 | 31.2 |
| 1989 | 17179.7 | 4228.2 | 7300.9 | 5650.6 | 32.9 |
| 1990 | 18872.9 | 5017.2 | 7744.3 | 6111.4 | 32.4 |
| 1991 | 22005.6 | 5288.8 | 9129.8 | 7587.0 | 34.5 |
| 1992 | 27194.5 | 5800.3 | 11725.3 | 9668.9 | 35.6 |
| 1993 | 35673.2 | 6887.6 | 16473.1 | 12312.6 | 34.5 |
| 1994 | 48637.5 | 9471.8 | 22453.1 | 16712.5 | 34.4 |
| 1995 | 61339.9 | 12020.5 | 28677.5 | 20641.9 | 33.7 |
| 1996 | 71813.6 | 13878.3 | 33828.1 | 24107.2 | 33.6 |
| 1997 | 79715.0 | 14265.2 | 37546.0 | 27903.8 | 35.0 |
| 1998 | 85195.5 | 14618.7 | 39018.5 | 31558.3 | 37.0 |
| 1999 | 90564.4 | 14549.0 | 41080.9 | 34934.5 | 38.6 |
| 2000 | 100280.1 | 14717.4 | 45664.8 | 39897.9 | 39.8 |
| 2001 | 110863.1 | 15502.5 | 49660.7 | 45700.0 | 41.2 |
| 2002 | 121717.4 | 16190.2 | 54105.5 | 51421.7 | 42.2 |
| 2003 | 137422.0 | 16970.2 | 62697.4 | 57754.4 | 42.0 |
| 2004 | 161840.2 | 20904.3 | 74286.9 | 66648.9 | 41.2 |
| 2005 | 187318.9 | 21806.7 | 88084.4 | 77427.8 | 41.3 |
| 2006 | 219438.5 | 23317.0 | 104361.8 | 91759.7 | 41.8 |
| 2007 | 270232.3 | 27788.0 | 126633.6 | 115810.7 | 42.9 |
| 2008 | 319515.5 | 32753.2 | 149956.6 | 136805.8 | 42.8 |
| 2009 | 349081.4 | 34161.8 | 160171.7 | 154747.9 | 44.3 |
| 2010 | 413030.3 | 39362.6 | 191629.8 | 182038.0 | 44.1 |
| 2011 | 489300.6 | 46163.1 | 227038.8 | 216098.6 | 44.2 |
| 2012 | 540367.4 | 50902.3 | 244643.3 | 244821.9 | 45.3 |
| 2013 | 595244.4 | 55329.1 | 261956.1 | 277959.3 | 46.7 |
| 2014 | 643974.0 | 58343.5 | 277571.8 | 308058.6 | 47.8 |
| 2015 | 689052.1 | 60862.1 | 282040.3 | 346149.7 | 50.2 |
| 2016 | 744127.2 | 63670.7 | 296236.0 | 384220.5 | 51.6 |

注：1.本表按当年价格计算。
　　2.实施研发支出核算方法改革后，对各年度GDP数据进行了系统修订(以下相关表同)。

# 3-2 第三产业分行业增加值

单位：亿元

| 年 份 | 第三产业 | #批发和零售业 | #交通运输、仓储和邮政业 | #住宿和餐饮业 | #金融业 | #房地产业 | #其他 |
|---|---|---|---|---|---|---|---|
| 1978 | 905.1 | 242.3 | 182.0 | 44.6 | 76.5 | 79.9 | 265.5 |
| 1979 | 916.1 | 200.9 | 193.7 | 44.0 | 75.9 | 86.3 | 298.4 |
| 1980 | 1023.4 | 193.8 | 213.4 | 47.4 | 85.8 | 96.4 | 368.1 |
| 1981 | 1121.1 | 231.1 | 220.8 | 54.1 | 91.6 | 99.9 | 403.2 |
| 1982 | 1214.0 | 171.4 | 246.9 | 62.3 | 130.6 | 110.8 | 469.3 |
| 1983 | 1397.0 | 198.7 | 275.0 | 72.5 | 168.9 | 121.8 | 535.0 |
| 1984 | 1858.1 | 363.5 | 338.6 | 96.8 | 230.5 | 162.3 | 637.0 |
| 1985 | 2670.7 | 802.4 | 421.8 | 138.3 | 293.8 | 215.2 | 765.5 |
| 1986 | 3096.9 | 852.6 | 499.0 | 163.2 | 401.0 | 298.1 | 845.6 |
| 1987 | 3696.2 | 1059.6 | 568.5 | 187.1 | 506.0 | 382.6 | 949.2 |
| 1988 | 4741.8 | 1483.4 | 685.9 | 241.4 | 658.6 | 473.8 | 1146.1 |
| 1989 | 5650.6 | 1536.2 | 812.9 | 277.4 | 1079.6 | 566.2 | 1319.9 |
| 1990 | 6111.4 | 1268.9 | 1167.2 | 301.9 | 1143.7 | 662.2 | 1500.7 |
| 1991 | 7587.0 | 1834.6 | 1420.5 | 442.3 | 1194.7 | 763.7 | 1852.1 |
| 1992 | 9668.9 | 2405.0 | 1689.2 | 584.6 | 1481.5 | 1101.3 | 2308.3 |
| 1993 | 12312.6 | 2816.6 | 2174.3 | 712.1 | 1902.6 | 1379.6 | 3206.0 |
| 1994 | 16712.5 | 3773.4 | 2788.2 | 1008.5 | 2556.5 | 1909.3 | 4513.7 |
| 1995 | 20641.9 | 4778.6 | 3244.7 | 1200.1 | 3209.7 | 2354.0 | 5660.0 |
| 1996 | 24107.2 | 5599.7 | 3782.6 | 1336.8 | 3698.3 | 2617.6 | 6841.3 |
| 1997 | 27903.8 | 6327.4 | 4149.1 | 1561.3 | 4176.1 | 2921.1 | 8487.4 |
| 1998 | 31558.3 | 6913.2 | 4661.5 | 1786.9 | 4314.3 | 3434.5 | 10140.9 |
| 1999 | 34934.5 | 7491.1 | 5175.9 | 1941.2 | 4484.9 | 3681.8 | 11824.5 |
| 2000 | 39897.9 | 8158.6 | 6161.9 | 2146.3 | 4836.2 | 4149.1 | 14090.8 |
| 2001 | 45700.0 | 9119.4 | 6871.3 | 2400.1 | 5195.3 | 4715.1 | 16980.9 |
| 2002 | 51421.7 | 9995.4 | 7494.3 | 2724.8 | 5546.6 | 5346.4 | 19816.0 |
| 2003 | 57754.4 | 11169.5 | 7914.8 | 3126.1 | 6034.7 | 6172.7 | 22749.2 |
| 2004 | 66648.9 | 12453.8 | 9306.5 | 3664.8 | 6586.8 | 7174.1 | 26746.1 |
| 2005 | 77427.8 | 13966.2 | 10668.8 | 4195.7 | 7469.5 | 8516.4 | 31725.0 |
| 2006 | 91759.7 | 16530.7 | 12186.3 | 4792.6 | 9951.7 | 10370.5 | 36881.9 |
| 2007 | 115810.7 | 20937.8 | 14605.1 | 5548.1 | 15173.7 | 13809.7 | 44492.1 |
| 2008 | 136805.8 | 26182.3 | 16367.6 | 6616.1 | 18313.4 | 14738.7 | 53063.2 |
| 2009 | 154747.9 | 29001.5 | 16522.4 | 6957.0 | 21798.1 | 18966.9 | 59835.2 |
| 2010 | 182038.0 | 35904.4 | 18783.6 | 7712.0 | 25680.4 | 23569.9 | 68464.3 |
| 2011 | 216098.6 | 43730.5 | 21842.0 | 8565.4 | 30678.9 | 28167.6 | 80763.9 |
| 2012 | 244821.9 | 49831.0 | 23763.2 | 9536.9 | 35188.4 | 31248.3 | 92629.2 |
| 2013 | 277959.3 | 56284.1 | 26042.7 | 10228.3 | 41191.0 | 35987.6 | 105302.8 |
| 2014 | 308058.6 | 62423.5 | 28500.9 | 11158.5 | 46665.2 | 38000.8 | 118322.7 |
| 2015 | 346149.7 | 66186.7 | 30487.8 | 12153.7 | 57872.6 | 41701.0 | 134605.5 |
| 2016 | 384220.5 | 71113.4 | 33355.3 | 13280.8 | 62132.4 | 48132.8 | 152765.8 |

注：本表按当年价格计算。

# 3-3 第三产业分行业增加值构成

单位：%

| 年 份 | 第三产业 | #批发和零售业 | #交通运输、仓储和邮政业 | #住宿和餐饮业 | #金融业 | #房地产业 | #其他 |
|---|---|---|---|---|---|---|---|
| 1978 | 100.0 | 26.8 | 20.1 | 4.9 | 8.5 | 8.8 | 29.3 |
| 1979 | 100.0 | 21.9 | 21.1 | 4.8 | 8.3 | 9.4 | 32.6 |
| 1980 | 100.0 | 18.9 | 20.9 | 4.6 | 8.4 | 9.4 | 36.0 |
| 1981 | 100.0 | 20.6 | 19.7 | 4.8 | 8.2 | 8.9 | 36.0 |
| 1982 | 100.0 | 14.1 | 20.3 | 5.1 | 10.8 | 9.1 | 38.7 |
| 1983 | 100.0 | 14.2 | 19.7 | 5.2 | 12.1 | 8.7 | 38.3 |
| 1984 | 100.0 | 19.6 | 18.2 | 5.2 | 12.4 | 8.7 | 34.3 |
| 1985 | 100.0 | 30.0 | 15.8 | 5.2 | 11.0 | 8.1 | 28.7 |
| 1986 | 100.0 | 27.5 | 16.1 | 5.3 | 13.0 | 9.6 | 27.3 |
| 1987 | 100.0 | 28.7 | 15.4 | 5.1 | 13.7 | 10.4 | 25.7 |
| 1988 | 100.0 | 31.3 | 14.5 | 5.1 | 13.9 | 10.0 | 24.2 |
| 1989 | 100.0 | 27.2 | 14.4 | 4.9 | 19.1 | 10.0 | 23.4 |
| 1990 | 100.0 | 20.8 | 19.1 | 4.9 | 18.7 | 10.8 | 24.6 |
| 1991 | 100.0 | 24.2 | 18.7 | 5.8 | 15.7 | 10.1 | 24.4 |
| 1992 | 100.0 | 24.9 | 17.5 | 6.0 | 15.3 | 11.4 | 23.9 |
| 1993 | 100.0 | 22.9 | 17.7 | 5.8 | 15.5 | 11.2 | 26.0 |
| 1994 | 100.0 | 22.6 | 16.7 | 6.0 | 15.3 | 11.4 | 27.0 |
| 1995 | 100.0 | 23.2 | 15.7 | 5.8 | 15.5 | 11.4 | 27.4 |
| 1996 | 100.0 | 23.2 | 15.7 | 5.5 | 15.3 | 10.9 | 28.4 |
| 1997 | 100.0 | 22.7 | 14.9 | 5.6 | 15.0 | 10.5 | 30.4 |
| 1998 | 100.0 | 21.9 | 14.8 | 5.7 | 13.7 | 10.9 | 32.1 |
| 1999 | 100.0 | 21.4 | 14.8 | 5.6 | 12.8 | 10.5 | 33.8 |
| 2000 | 100.0 | 20.4 | 15.4 | 5.4 | 12.1 | 10.4 | 35.3 |
| 2001 | 100.0 | 20.0 | 15.0 | 5.3 | 11.4 | 10.3 | 37.2 |
| 2002 | 100.0 | 19.4 | 14.6 | 5.3 | 10.8 | 10.4 | 38.5 |
| 2003 | 100.0 | 19.3 | 13.7 | 5.4 | 10.4 | 10.7 | 39.4 |
| 2004 | 100.0 | 18.7 | 14.0 | 5.5 | 9.9 | 10.8 | 40.1 |
| 2005 | 100.0 | 18.0 | 13.8 | 5.4 | 9.6 | 11.0 | 41.0 |
| 2006 | 100.0 | 18.0 | 13.3 | 5.2 | 10.8 | 11.3 | 40.2 |
| 2007 | 100.0 | 18.1 | 12.6 | 4.8 | 13.1 | 11.9 | 38.4 |
| 2008 | 100.0 | 19.1 | 12.0 | 4.8 | 13.4 | 10.8 | 38.8 |
| 2009 | 100.0 | 18.7 | 10.7 | 4.5 | 14.1 | 12.3 | 38.7 |
| 2010 | 100.0 | 19.7 | 10.3 | 4.2 | 14.1 | 12.9 | 37.6 |
| 2011 | 100.0 | 20.2 | 10.1 | 4.0 | 14.2 | 13.0 | 37.4 |
| 2012 | 100.0 | 20.4 | 9.7 | 3.9 | 14.4 | 12.8 | 37.8 |
| 2013 | 100.0 | 20.2 | 9.4 | 3.7 | 14.8 | 12.9 | 37.9 |
| 2014 | 100.0 | 20.3 | 9.3 | 3.6 | 15.1 | 12.3 | 38.4 |
| 2015 | 100.0 | 19.1 | 8.8 | 3.5 | 16.7 | 12.0 | 38.9 |
| 2016 | 100.0 | 18.5 | 8.7 | 3.5 | 16.2 | 12.5 | 39.8 |

注：本表按当年价格计算。

# 3-4 第三产业不变价增加值

单位：亿元

| 年 份 | 第三产业 | #批发和零售业 | #交通运输、仓储和邮政业 | #住宿和餐饮业 | #金融业 | #房地产业 | #其他 |
|---|---|---|---|---|---|---|---|
| | 按1970年价格计算 | | | | | | |
| 1978 | 888.8 | 253.3 | 179.7 | 44.8 | 77.0 | 65.0 | 255.5 |
| 1979 | 958.5 | 275.4 | 194.6 | 49.8 | 75.5 | 67.6 | 281.2 |
| 1980 | 1016.6 | 270.3 | 202.9 | 51.7 | 81.0 | 73.0 | 322.8 |
| | 按1980年价格计算 | | | | | | |
| 1980 | 1023.4 | 193.8 | 213.4 | 47.4 | 85.8 | 96.4 | 368.1 |
| 1981 | 1121.5 | 251.0 | 217.4 | 55.7 | 89.8 | 93.0 | 395.3 |
| 1982 | 1263.4 | 249.1 | 242.1 | 73.3 | 128.5 | 101.5 | 447.7 |
| 1983 | 1448.2 | 302.0 | 265.1 | 87.5 | 162.6 | 106.7 | 501.3 |
| 1984 | 1729.0 | 376.7 | 304.6 | 94.6 | 212.6 | 136.3 | 578.2 |
| 1985 | 2042.1 | 503.0 | 346.6 | 100.6 | 249.0 | 170.4 | 644.7 |
| 1986 | 2293.7 | 550.5 | 394.6 | 116.3 | 324.3 | 214.4 | 664.1 |
| 1987 | 2630.4 | 631.6 | 432.6 | 127.5 | 397.5 | 277.2 | 732.3 |
| 1988 | 2976.9 | 705.9 | 486.7 | 159.5 | 477.8 | 312.4 | 799.3 |
| 1989 | 3150.7 | 630.3 | 507.2 | 175.4 | 601.1 | 362.2 | 837.9 |
| 1990 | 3234.8 | 597.1 | 549.5 | 181.5 | 614.1 | 384.8 | 869.1 |
| | 按1990年价格计算 | | | | | | |
| 1990 | 6111.4 | 1268.9 | 1167.2 | 301.9 | 1143.7 | 662.2 | 1500.7 |
| 1991 | 6673.8 | 1334.6 | 1290.4 | 326.5 | 1176.1 | 741.4 | 1732.6 |
| 1992 | 7514.8 | 1474.9 | 1420.2 | 414.7 | 1252.1 | 938.7 | 1932.0 |
| 1993 | 8429.3 | 1601.5 | 1598.2 | 448.9 | 1393.2 | 1039.7 | 2254.4 |
| 1994 | 9387.5 | 1732.6 | 1734.4 | 570.7 | 1528.8 | 1164.1 | 2538.6 |
| 1995 | 10334.0 | 1875.2 | 1924.8 | 629.1 | 1663.7 | 1308.9 | 2799.7 |
| 1996 | 11286.4 | 2018.4 | 2137.3 | 672.1 | 1795.2 | 1361.7 | 3154.0 |
| 1997 | 12463.7 | 2195.4 | 2333.9 | 745.7 | 1957.3 | 1418.0 | 3651.1 |
| 1998 | 13510.9 | 2338.3 | 2581.0 | 828.2 | 2057.4 | 1526.9 | 4002.5 |
| 1999 | 14760.5 | 2541.9 | 2895.2 | 892.1 | 2167.5 | 1617.6 | 4460.1 |
| 2000 | 16203.5 | 2781.3 | 3143.7 | 975.4 | 2318.5 | 1732.6 | 5044.4 |
| | 按2000年价格计算 | | | | | | |
| 2000 | 39897.9 | 8158.6 | 6161.9 | 2146.3 | 4836.2 | 4149.1 | 14090.8 |
| 2001 | 43991.2 | 8900.6 | 6704.6 | 2310.4 | 5175.1 | 4605.1 | 15902.0 |
| 2002 | 48604.0 | 9684.7 | 7182.5 | 2590.9 | 5563.7 | 5061.4 | 18075.7 |
| 2003 | 53240.7 | 10647.2 | 7622.6 | 2911.0 | 5977.0 | 5557.6 | 20031.0 |
| 2004 | 58628.6 | 11346.4 | 8726.1 | 3270.2 | 6256.0 | 5885.5 | 22574.2 |
| 2005 | 65873.9 | 12824.4 | 9703.9 | 3671.2 | 7140.0 | 6605.7 | 25278.2 |
| | 按2005年价格计算 | | | | | | |
| 2005 | 77427.8 | 13966.2 | 10668.8 | 4195.7 | 7469.5 | 8516.4 | 31725.0 |
| 2006 | 88371.6 | 16684.6 | 11732.4 | 4723.0 | 9243.1 | 9834.8 | 35160.5 |
| 2007 | 102574.3 | 20057.5 | 13117.2 | 5177.3 | 11630.2 | 12230.1 | 39199.2 |
| 2008 | 113319.7 | 23236.6 | 14078.2 | 5674.3 | 13037.6 | 12347.3 | 43561.0 |
| 2009 | 124184.2 | 26002.9 | 14552.9 | 5887.4 | 15170.1 | 13806.0 | 47242.8 |
| 2010 | 136191.5 | 29798.8 | 15930.6 | 6371.4 | 16525.3 | 14842.9 | 50999.8 |
| | 按2010年价格计算 | | | | | | |
| 2010 | 182038.0 | 35904.4 | 18783.6 | 7712.0 | 25680.4 | 23569.9 | 68464.3 |
| 2011 | 199310.5 | 40379.7 | 20598.3 | 8106.2 | 27647.9 | 25312.3 | 75024.7 |
| 2012 | 215283.7 | 44538.3 | 21852.4 | 8629.3 | 30258.8 | 26499.3 | 81114.5 |
| 2013 | 233150.5 | 49221.6 | 23294.2 | 8966.1 | 33455.3 | 28409.0 | 87159.2 |
| 2014 | 251352.9 | 54015.4 | 24807.0 | 9485.8 | 36776.7 | 28990.9 | 94568.7 |
| 2015 | 271954.1 | 57318.2 | 25812.8 | 10071.6 | 42675.0 | 29915.7 | 103379.1 |
| | 按2015年价格计算 | | | | | | |
| 2015 | 346149.7 | 66186.7 | 30487.8 | 12153.7 | 57872.6 | 41701.0 | 134605.5 |
| 2016 | 372996.7 | 70602.7 | 32465.0 | 12995.9 | 61162.8 | 45281.1 | 147113.6 |

注：1.更换基期的年份有两个不变价数据，一个按上一基期价格计算，一个按新基期价格计算。
2.有关不变价国内生产总值的解释见简要说明。

# 3-5 第三产业分行业增加值及占GDP的比重

| 行业 | 2014 | | 2015 | |
|---|---|---|---|---|
| | 增加值(亿元) | 占GDP的比重(%) | 增加值(亿元) | 占GDP的比重(%) |
| **第三产业** | **308058.6** | **47.8** | **346149.7** | **50.2** |
| 批发和零售业 | 62423.5 | 9.7 | 66186.7 | 9.6 |
| 交通运输、仓储和邮政业 | 28500.9 | 4.4 | 30487.8 | 4.4 |
| 住宿和餐饮业 | 11158.5 | 1.7 | 12153.7 | 1.8 |
| 信息传输、软件和信息技术服务业 | 15939.6 | 2.5 | 18546.1 | 2.7 |
| 金融业 | 46665.2 | 7.2 | 57872.6 | 8.4 |
| 房地产业 | 38000.8 | 5.9 | 41701.0 | 6.1 |
| 租赁和商务服务业 | 15276.2 | 2.4 | 17111.5 | 2.5 |
| 科学研究和技术服务业 | 12250.7 | 1.9 | 13479.6 | 2.0 |
| 水利、环境和公共设施管理业 | 3472.7 | 0.5 | 3851.9 | 0.6 |
| 居民服务、修理和其他服务业 | 9706.3 | 1.5 | 10854.5 | 1.6 |
| 教育 | 21159.9 | 3.3 | 24253.1 | 3.5 |
| 卫生和社会工作 | 12734.0 | 2.0 | 14955.1 | 2.2 |
| 文化、体育和娱乐业 | 4274.5 | 0.7 | 4931.2 | 0.7 |
| 公共管理、社会保障和社会组织 | 23508.7 | 3.7 | 26622.6 | 3.9 |

注：1.本表按当年价格计算。
2.本表中的分行业增加值之和不等于第三产业增加值。

# 3-6 第三产业分行业增加值指数

(上年=100)

| 年 份 | 第三产业 | #批发和零售业 | #交通运输、仓储和邮政业 | #住宿和餐饮业 | #金融业 | #房地产业 | #其他 |
|---|---|---|---|---|---|---|---|
| 1978 | 113.6 | 123.1 | 108.9 | 118.1 | 110.1 | 105.7 | 111.2 |
| 1979 | 107.8 | 108.7 | 108.3 | 111.1 | 98.0 | 104.1 | 110.1 |
| 1980 | 106.1 | 98.1 | 104.3 | 103.9 | 107.3 | 107.9 | 114.8 |
| 1981 | 109.6 | 129.5 | 101.9 | 117.5 | 104.7 | 96.5 | 107.4 |
| 1982 | 112.7 | 99.3 | 111.4 | 131.6 | 143.1 | 109.1 | 113.3 |
| 1983 | 114.6 | 121.2 | 109.5 | 119.4 | 126.5 | 105.2 | 112.0 |
| 1984 | 119.4 | 124.7 | 114.9 | 108.1 | 130.7 | 127.7 | 115.3 |
| 1985 | 118.1 | 133.5 | 113.8 | 106.3 | 117.1 | 125.0 | 111.5 |
| 1986 | 112.3 | 109.4 | 113.9 | 115.6 | 130.2 | 125.9 | 103.0 |
| 1987 | 114.7 | 114.7 | 109.6 | 109.7 | 122.6 | 129.3 | 110.3 |
| 1988 | 113.2 | 111.8 | 112.5 | 125.1 | 120.2 | 112.7 | 109.1 |
| 1989 | 105.8 | 89.3 | 104.2 | 109.9 | 125.8 | 115.9 | 104.8 |
| 1990 | 102.7 | 94.7 | 108.3 | 103.5 | 102.2 | 106.2 | 103.7 |
| 1991 | 109.2 | 105.2 | 110.6 | 108.2 | 102.8 | 112.0 | 115.4 |
| 1992 | 112.6 | 110.5 | 110.1 | 127.0 | 106.5 | 126.6 | 111.5 |
| 1993 | 112.2 | 108.6 | 112.5 | 108.2 | 111.3 | 110.8 | 116.7 |
| 1994 | 111.4 | 108.2 | 108.5 | 127.1 | 109.7 | 112.0 | 112.6 |
| 1995 | 110.1 | 108.2 | 111.0 | 110.2 | 108.8 | 112.4 | 110.3 |
| 1996 | 109.2 | 107.6 | 111.0 | 106.8 | 107.9 | 104.0 | 112.7 |
| 1997 | 110.4 | 108.8 | 109.2 | 110.9 | 109.0 | 104.1 | 115.8 |
| 1998 | 108.4 | 106.5 | 110.6 | 111.1 | 105.1 | 107.7 | 109.6 |
| 1999 | 109.2 | 108.7 | 112.2 | 107.7 | 105.4 | 105.9 | 111.4 |
| 2000 | 109.8 | 109.4 | 108.6 | 109.3 | 107.0 | 107.1 | 113.1 |
| 2001 | 110.3 | 109.1 | 108.8 | 107.6 | 107.0 | 111.0 | 112.9 |
| 2002 | 110.5 | 108.8 | 107.1 | 112.1 | 107.5 | 109.9 | 113.7 |
| 2003 | 109.5 | 109.9 | 106.1 | 112.4 | 107.4 | 109.8 | 110.8 |
| 2004 | 110.1 | 106.6 | 114.5 | 112.3 | 104.7 | 105.9 | 112.7 |
| 2005 | 112.4 | 113.0 | 111.2 | 112.3 | 114.1 | 112.2 | 112.0 |
| 2006 | 114.1 | 119.5 | 110.0 | 112.6 | 123.7 | 115.5 | 110.8 |
| 2007 | 116.1 | 120.2 | 111.8 | 109.6 | 125.8 | 124.4 | 111.5 |
| 2008 | 110.5 | 115.9 | 107.3 | 109.6 | 112.1 | 101.0 | 111.1 |
| 2009 | 109.6 | 111.9 | 103.4 | 103.8 | 116.4 | 111.8 | 108.5 |
| 2010 | 109.7 | 114.6 | 109.5 | 108.2 | 108.9 | 107.5 | 108.0 |
| 2011 | 109.5 | 112.5 | 109.7 | 105.1 | 107.7 | 107.4 | 109.6 |
| 2012 | 108.0 | 110.3 | 106.1 | 106.5 | 109.4 | 104.7 | 108.1 |
| 2013 | 108.3 | 110.5 | 106.6 | 103.9 | 110.6 | 107.2 | 107.5 |
| 2014 | 107.8 | 109.7 | 106.5 | 105.8 | 109.9 | 102.0 | 108.5 |
| 2015 | 108.2 | 106.1 | 104.1 | 106.2 | 116.0 | 103.2 | 109.3 |
| 2016 | 107.8 | 106.7 | 106.5 | 106.9 | 105.7 | 108.6 | 109.3 |

注：本表按不变价格计算。

# 3-7 第三产业分行业增加值指数

(1978年=100)

| 年 份 | 第三产业 | #批发和零售业 | #交通运输、仓储和邮政业 | #住宿和餐饮业 | #金融业 | #房地产业 | #其他 |
|---|---|---|---|---|---|---|---|
| 1978 | 100.0 | 100.0 | 100.0 | 100.0 | 100.0 | 100.0 | 100.0 |
| 1979 | 107.8 | 108.7 | 108.3 | 111.1 | 98.0 | 104.1 | 110.1 |
| 1980 | 114.4 | 106.7 | 112.9 | 115.5 | 105.2 | 112.3 | 126.3 |
| 1981 | 125.3 | 138.2 | 115.0 | 135.6 | 110.2 | 108.4 | 135.6 |
| 1982 | 141.2 | 137.2 | 128.1 | 178.5 | 157.6 | 118.2 | 153.7 |
| 1983 | 161.9 | 166.3 | 140.2 | 213.1 | 199.5 | 124.3 | 172.0 |
| 1984 | 193.3 | 207.4 | 161.1 | 230.3 | 260.8 | 158.7 | 198.4 |
| 1985 | 228.3 | 277.0 | 183.3 | 244.8 | 305.4 | 198.4 | 221.3 |
| 1986 | 256.4 | 303.2 | 208.8 | 283.1 | 397.8 | 249.7 | 227.9 |
| 1987 | 294.0 | 347.8 | 228.8 | 310.5 | 487.6 | 322.9 | 251.3 |
| 1988 | 332.7 | 388.7 | 257.5 | 388.5 | 586.1 | 363.8 | 274.3 |
| 1989 | 352.2 | 347.1 | 268.3 | 426.9 | 737.4 | 421.8 | 287.5 |
| 1990 | 361.6 | 328.8 | 290.7 | 441.8 | 753.3 | 448.2 | 298.2 |
| 1991 | 394.8 | 345.8 | 321.4 | 477.9 | 774.6 | 501.7 | 344.3 |
| 1992 | 444.6 | 382.2 | 353.7 | 607.0 | 824.7 | 635.3 | 383.9 |
| 1993 | 498.7 | 414.9 | 398.0 | 657.0 | 917.6 | 703.6 | 448.0 |
| 1994 | 555.4 | 448.9 | 432.0 | 835.3 | 1006.9 | 787.8 | 504.5 |
| 1995 | 611.4 | 485.9 | 479.4 | 920.8 | 1095.8 | 885.8 | 556.4 |
| 1996 | 667.7 | 523.0 | 532.3 | 983.8 | 1182.4 | 921.6 | 626.8 |
| 1997 | 737.4 | 568.8 | 581.3 | 1091.4 | 1289.2 | 959.6 | 725.6 |
| 1998 | 799.3 | 605.9 | 642.8 | 1212.2 | 1355.1 | 1033.3 | 795.4 |
| 1999 | 873.3 | 658.6 | 721.1 | 1305.7 | 1427.6 | 1094.7 | 886.4 |
| 2000 | 958.6 | 720.7 | 782.9 | 1427.7 | 1527.0 | 1172.5 | 1002.5 |
| 2001 | 1057.0 | 786.2 | 851.9 | 1536.8 | 1634.0 | 1301.4 | 1131.3 |
| 2002 | 1167.8 | 855.5 | 912.6 | 1723.4 | 1756.7 | 1430.3 | 1286.0 |
| 2003 | 1279.2 | 940.5 | 968.5 | 1936.4 | 1887.2 | 1570.5 | 1425.1 |
| 2004 | 1408.7 | 1002.2 | 1108.8 | 2175.3 | 1975.3 | 1663.2 | 1606.0 |
| 2005 | 1582.8 | 1132.8 | 1233.0 | 2442.0 | 2254.4 | 1866.7 | 1798.4 |
| 2006 | 1806.5 | 1353.3 | 1355.9 | 2748.9 | 2789.7 | 2155.7 | 1993.1 |
| 2007 | 2096.8 | 1626.9 | 1516.0 | 3013.3 | 3510.2 | 2680.7 | 2222.1 |
| 2008 | 2316.5 | 1884.7 | 1627.0 | 3302.6 | 3935.0 | 2706.4 | 2469.3 |
| 2009 | 2538.6 | 2109.1 | 1681.9 | 3426.6 | 4578.6 | 3026.2 | 2678.0 |
| 2010 | 2784.0 | 2417.0 | 1841.1 | 3708.3 | 4987.6 | 3253.4 | 2891.0 |
| 2011 | 3048.2 | 2718.2 | 2019.0 | 3897.9 | 5369.8 | 3493.9 | 3168.0 |
| 2012 | 3292.4 | 2998.2 | 2141.9 | 4149.4 | 5876.9 | 3657.8 | 3425.2 |
| 2013 | 3565.7 | 3313.4 | 2283.2 | 4311.4 | 6497.7 | 3921.4 | 3680.4 |
| 2014 | 3844.1 | 3636.1 | 2431.5 | 4561.3 | 7142.7 | 4001.7 | 3993.3 |
| 2015 | 4159.1 | 3858.5 | 2530.1 | 4843.0 | 8288.3 | 4129.4 | 4365.4 |
| 2016 | 4481.7 | 4115.9 | 2694.2 | 5178.6 | 8759.5 | 4483.9 | 4771.0 |

注：本表按不变价格计算。

# 3-8 三次产业贡献率和对国内生产总值增长的拉动

单位：%，百分点

| 年 份 | 贡献率 | | | | 对国内生产总值增长的拉动 | | | |
|---|---|---|---|---|---|---|---|---|
| | 国内生产总值 | 第一产业 | 第二产业 | 第三产业 | 国内生产总值 | 第一产业 | 第二产业 | 第三产业 |
| 1978 | 100.0 | 9.8 | 61.8 | 28.4 | 11.7 | 1.1 | 7.2 | 3.3 |
| 1979 | 100.0 | 20.9 | 53.6 | 25.6 | 7.6 | 1.6 | 4.1 | 1.9 |
| 1980 | 100.0 | -4.8 | 85.6 | 19.2 | 7.8 | -0.4 | 6.7 | 1.5 |
| 1981 | 100.0 | 40.5 | 17.7 | 41.8 | 5.1 | 2.1 | 0.9 | 2.1 |
| 1982 | 100.0 | 38.6 | 28.8 | 32.6 | 9.0 | 3.5 | 2.6 | 2.9 |
| 1983 | 100.0 | 23.9 | 43.5 | 32.7 | 10.8 | 2.6 | 4.7 | 3.5 |
| 1984 | 100.0 | 25.6 | 42.7 | 31.7 | 15.2 | 3.9 | 6.5 | 4.8 |
| 1985 | 100.0 | 4.1 | 61.2 | 34.8 | 13.4 | 0.5 | 8.2 | 4.7 |
| 1986 | 100.0 | 9.8 | 53.2 | 36.9 | 8.9 | 0.9 | 4.8 | 3.3 |
| 1987 | 100.0 | 10.2 | 55.0 | 34.8 | 11.7 | 1.2 | 6.4 | 4.1 |
| 1988 | 100.0 | 5.4 | 61.3 | 33.4 | 11.2 | 0.6 | 6.9 | 3.7 |
| 1989 | 100.0 | 15.9 | 44.0 | 40.1 | 4.2 | 0.7 | 1.8 | 1.7 |
| 1990 | 100.0 | 40.2 | 39.8 | 20.0 | 3.9 | 1.6 | 1.6 | 0.8 |
| 1991 | 100.0 | 6.8 | 61.1 | 32.2 | 9.3 | 0.6 | 5.7 | 3.0 |
| 1992 | 100.0 | 8.1 | 63.2 | 28.7 | 14.2 | 1.2 | 9.0 | 4.1 |
| 1993 | 100.0 | 7.6 | 64.4 | 28.0 | 13.9 | 1.1 | 8.9 | 3.9 |
| 1994 | 100.0 | 6.3 | 66.3 | 27.4 | 13.0 | 0.8 | 8.6 | 3.6 |
| 1995 | 100.0 | 8.7 | 62.8 | 28.5 | 11.0 | 1.0 | 6.9 | 3.1 |
| 1996 | 100.0 | 9.3 | 62.2 | 28.5 | 9.9 | 0.9 | 6.2 | 2.8 |
| 1997 | 100.0 | 6.5 | 59.1 | 34.5 | 9.2 | 0.6 | 5.5 | 3.2 |
| 1998 | 100.0 | 7.2 | 59.7 | 33.0 | 7.8 | 0.6 | 4.7 | 2.6 |
| 1999 | 100.0 | 5.6 | 56.9 | 37.4 | 7.7 | 0.4 | 4.4 | 2.9 |
| 2000 | 100.0 | 4.1 | 59.6 | 36.2 | 8.5 | 0.4 | 5.1 | 3.1 |
| 2001 | 100.0 | 4.6 | 46.4 | 49.0 | 8.3 | 0.4 | 3.9 | 4.1 |
| 2002 | 100.0 | 4.1 | 49.4 | 46.5 | 9.1 | 0.4 | 4.5 | 4.2 |
| 2003 | 100.0 | 3.1 | 57.9 | 39.0 | 10.0 | 0.3 | 5.8 | 3.9 |
| 2004 | 100.0 | 7.3 | 51.8 | 40.8 | 10.1 | 0.7 | 5.2 | 4.1 |
| 2005 | 100.0 | 5.2 | 50.5 | 44.3 | 11.4 | 0.6 | 5.8 | 5.0 |
| 2006 | 100.0 | 4.4 | 49.7 | 45.9 | 12.7 | 0.6 | 6.3 | 5.8 |
| 2007 | 100.0 | 2.7 | 50.1 | 47.3 | 14.2 | 0.4 | 7.1 | 6.7 |
| 2008 | 100.0 | 5.2 | 48.6 | 46.2 | 9.7 | 0.5 | 4.7 | 4.5 |
| 2009 | 100.0 | 4.0 | 52.3 | 43.7 | 9.4 | 0.4 | 4.9 | 4.1 |
| 2010 | 100.0 | 3.6 | 57.4 | 39.0 | 10.6 | 0.4 | 6.1 | 4.2 |
| 2011 | 100.0 | 4.2 | 52.0 | 43.8 | 9.5 | 0.4 | 5.0 | 4.2 |
| 2012 | 100.0 | 5.2 | 49.9 | 44.9 | 7.9 | 0.4 | 3.9 | 3.5 |
| 2013 | 100.0 | 4.3 | 48.5 | 47.2 | 7.8 | 0.3 | 3.8 | 3.7 |
| 2014 | 100.0 | 4.7 | 47.8 | 47.5 | 7.3 | 0.3 | 3.5 | 3.5 |
| 2015 | 100.0 | 4.6 | 42.4 | 52.9 | 6.9 | 0.3 | 2.9 | 3.7 |
| 2016 | 100.0 | 4.4 | 37.4 | 58.2 | 6.7 | 0.3 | 2.5 | 3.9 |

注：1.产业贡献率指各产业增加值增量与GDP增量之比。
2.产业拉动指GDP增长速度与各产业贡献率之乘积。
3.本表按不变价格计算。

# 3-9 各地区第三产业分行业增加值

单位：亿元

| 地区 | 第三产业 | 批发和零售业 | 交通运输、仓储和邮政业 | 住宿和餐饮业 | 金融业 | 房地产业 | 其他 |
|---|---|---|---|---|---|---|---|
| 北京 | 20594.90 | 2372.89 | 1060.97 | 399.35 | 4270.82 | 1672.68 | 10818.19 |
| 天津 | 10093.82 | 2256.54 | 725.31 | 292.11 | 1793.57 | 805.92 | 4220.37 |
| 河北 | 13320.71 | 2536.85 | 2369.27 | 440.39 | 1731.23 | 1488.42 | 4754.55 |
| 山西 | 7236.64 | 1058.12 | 930.75 | 375.75 | 1207.35 | 698.53 | 2966.14 |
| 内蒙古 | 7937.08 | 1841.71 | 1141.97 | 682.12 | 992.14 | 453.80 | 2825.34 |
| 辽宁 | 11467.30 | 2822.87 | 1245.27 | 457.00 | 1829.22 | 1037.33 | 4075.61 |
| 吉林 | 6273.33 | 1203.14 | 558.38 | 368.76 | 659.55 | 476.58 | 3006.92 |
| 黑龙江 | 8314.94 | 1795.83 | 758.01 | 522.56 | 900.84 | 616.90 | 3720.80 |
| 上海 | 19662.90 | 4119.59 | 1237.32 | 388.98 | 4765.83 | 2125.62 | 7025.56 |
| 江苏 | 38691.60 | 7470.27 | 2837.16 | 1291.32 | 6011.13 | 4292.79 | 16788.94 |
| 浙江 | 24091.57 | 5754.19 | 1774.37 | 1119.00 | 3050.61 | 2607.00 | 9786.40 |
| 安徽 | 10018.32 | 1775.87 | 826.90 | 458.02 | 1447.02 | 1124.07 | 4386.45 |
| 福建 | 12353.89 | 2204.60 | 1689.82 | 421.51 | 1866.17 | 1269.67 | 4902.12 |
| 江西 | 7764.93 | 1264.66 | 796.47 | 425.34 | 1056.30 | 745.89 | 3476.27 |
| 山东 | 31751.69 | 9044.95 | 2725.41 | 1440.16 | 3364.56 | 2773.29 | 12403.32 |
| 河南 | 16909.76 | 2987.25 | 1938.06 | 1110.87 | 2256.61 | 1890.01 | 6726.96 |
| 湖北 | 14351.67 | 2485.05 | 1297.48 | 748.61 | 2318.87 | 1291.35 | 6210.30 |
| 湖南 | 14631.83 | 2487.80 | 1356.56 | 666.12 | 1272.71 | 879.62 | 7969.02 |
| 广东 | 42050.88 | 8382.48 | 3209.72 | 1569.37 | 6127.05 | 6229.50 | 16532.76 |
| 广西 | 7247.18 | 1215.06 | 855.67 | 398.17 | 1136.85 | 749.04 | 2892.39 |
| 海南 | 2198.90 | 467.80 | 199.89 | 191.96 | 281.90 | 349.95 | 707.40 |
| 重庆 | 8538.43 | 1470.85 | 848.22 | 391.19 | 1642.59 | 926.19 | 3259.39 |
| 四川 | 15556.29 | 2138.45 | 1472.57 | 941.28 | 2729.45 | 1516.61 | 6757.93 |
| 贵州 | 5261.01 | 732.71 | 987.47 | 400.93 | 689.40 | 249.20 | 2201.30 |
| 云南 | 6903.15 | 1441.95 | 328.41 | 478.34 | 1092.60 | 303.96 | 3257.89 |
| 西藏 | 606.46 | 70.35 | 31.26 | 33.07 | 93.05 | 33.47 | 345.26 |
| 陕西 | 8215.02 | 1604.40 | 771.77 | 457.63 | 1181.54 | 747.17 | 3452.51 |
| 甘肃 | 3701.42 | 536.70 | 271.25 | 213.70 | 507.02 | 259.89 | 1912.86 |
| 青海 | 1101.32 | 163.04 | 94.99 | 46.17 | 245.81 | 56.13 | 495.18 |
| 宁夏 | 1438.55 | 145.41 | 205.75 | 54.98 | 284.11 | 102.57 | 645.73 |
| 新疆 | 4353.72 | 586.32 | 567.54 | 160.40 | 573.70 | 298.62 | 2167.14 |

注：本表按当年价格计算。

# 3-10 各地区第三产业分行业增加值构成

(第三产业增加值=100)

| 地区 | 批发和零售业 | 交通运输、仓储和邮政业 | 住宿和餐饮业 | 金融业 | 房地产业 | 其他 |
|---|---|---|---|---|---|---|
| 北京 | 11.5 | 5.2 | 1.9 | 20.7 | 8.1 | 52.5 |
| 天津 | 22.4 | 7.2 | 2.9 | 17.8 | 8.0 | 41.8 |
| 河北 | 19.0 | 17.8 | 3.3 | 13.0 | 11.2 | 35.7 |
| 山西 | 14.6 | 12.9 | 5.2 | 16.7 | 9.7 | 41.0 |
| 内蒙古 | 23.2 | 14.4 | 8.6 | 12.5 | 5.7 | 35.6 |
| 辽宁 | 24.6 | 10.9 | 4.0 | 16.0 | 9.0 | 35.5 |
| 吉林 | 19.2 | 8.9 | 5.9 | 10.5 | 7.6 | 47.9 |
| 黑龙江 | 21.6 | 9.1 | 6.3 | 10.8 | 7.4 | 44.7 |
| 上海 | 21.0 | 6.3 | 2.0 | 24.2 | 10.8 | 35.7 |
| 江苏 | 19.3 | 7.3 | 3.3 | 15.5 | 11.1 | 43.4 |
| 浙江 | 23.9 | 7.4 | 4.6 | 12.7 | 10.8 | 40.6 |
| 安徽 | 17.7 | 8.3 | 4.6 | 14.4 | 11.2 | 43.8 |
| 福建 | 17.8 | 13.7 | 3.4 | 15.1 | 10.3 | 39.7 |
| 江西 | 16.3 | 10.3 | 5.5 | 13.6 | 9.6 | 44.8 |
| 山东 | 28.5 | 8.6 | 4.5 | 10.6 | 8.7 | 39.1 |
| 河南 | 17.7 | 11.5 | 6.6 | 13.3 | 11.2 | 39.8 |
| 湖北 | 17.3 | 9.0 | 5.2 | 16.2 | 9.0 | 43.3 |
| 湖南 | 17.0 | 9.3 | 4.6 | 8.7 | 6.0 | 54.5 |
| 广东 | 19.9 | 7.6 | 3.7 | 14.6 | 14.8 | 39.3 |
| 广西 | 16.8 | 11.8 | 5.5 | 15.7 | 10.3 | 39.9 |
| 海南 | 21.3 | 9.1 | 8.7 | 12.8 | 15.9 | 32.2 |
| 重庆 | 17.2 | 9.9 | 4.6 | 19.2 | 10.8 | 38.2 |
| 四川 | 13.7 | 9.5 | 6.1 | 17.5 | 9.7 | 43.4 |
| 贵州 | 13.9 | 18.8 | 7.6 | 13.1 | 4.7 | 41.8 |
| 云南 | 20.9 | 4.8 | 6.9 | 15.8 | 4.4 | 47.2 |
| 西藏 | 11.6 | 5.2 | 5.5 | 15.3 | 5.5 | 56.9 |
| 陕西 | 19.5 | 9.4 | 5.6 | 14.4 | 9.1 | 42.0 |
| 甘肃 | 14.5 | 7.3 | 5.8 | 13.7 | 7.0 | 51.7 |
| 青海 | 14.8 | 8.6 | 4.2 | 22.3 | 5.1 | 45.0 |
| 宁夏 | 10.1 | 14.3 | 3.8 | 19.7 | 7.1 | 44.9 |
| 新疆 | 13.5 | 13.0 | 3.7 | 13.2 | 6.9 | 49.8 |

注：本表按当年价格计算。

# 3-11 各地区第三产业分行业增加值指数

(上年=100)

| 地区 | 第三产业 | 批发和零售业 | 交通运输、仓储和邮政业 | 住宿和餐饮业 | 金融业 | 房地产业 | 其他 |
|---|---|---|---|---|---|---|---|
| 北京 | 107.0 | 102.7 | 106.6 | 100.1 | 109.1 | 105.5 | 107.8 |
| 天津 | 110.0 | 105.1 | 105.1 | 105.0 | 109.1 | 117.5 | 113.3 |
| 河北 | 109.9 | 105.7 | 103.0 | 109.5 | 115.4 | 108.1 | 115.1 |
| 山西 | 106.9 | 102.0 | 108.7 | 107.9 | 107.3 | 108.7 | 107.6 |
| 内蒙古 | 108.3 | 106.3 | 105.0 | 107.1 | 116.8 | 103.7 | 109.5 |
| 辽宁 | 102.5 | 102.8 | 101.9 | 102.3 | 105.6 | 101.5 | 101.3 |
| 吉林 | 108.8 | 106.1 | 103.7 | 107.3 | 110.0 | 108.1 | 111.1 |
| 黑龙江 | 108.5 | 107.2 | 102.0 | 108.4 | 109.4 | 103.4 | 111.2 |
| 上海 | 109.6 | 104.6 | 106.3 | 100.6 | 112.8 | 104.5 | 113.2 |
| 江苏 | 109.8 | 106.2 | 104.1 | 106.3 | 112.7 | 105.7 | 112.9 |
| 浙江 | 109.7 | 108.0 | 107.0 | 107.9 | 103.9 | 107.8 | 114.2 |
| 安徽 | 111.1 | 106.8 | 103.8 | 107.2 | 114.9 | 112.0 | 113.6 |
| 福建 | 111.4 | 107.0 | 107.3 | 103.4 | 110.1 | 108.5 | 117.3 |
| 江西 | 111.1 | 105.9 | 104.7 | 106.2 | 116.5 | 109.7 | 114.1 |
| 山东 | 109.3 | 109.2 | 106.7 | 108.5 | 109.1 | 106.7 | 110.6 |
| 河南 | 110.3 | 114.0 | 104.8 | 105.5 | 112.7 | 104.7 | 112.0 |
| 湖北 | 109.5 | 105.7 | 103.5 | 106.9 | 123.6 | 107.7 | 108.4 |
| 湖南 | 110.6 | 106.0 | 102.9 | 106.6 | 107.6 | 109.0 | 114.8 |
| 广东 | 109.2 | 107.0 | 109.5 | 105.4 | 106.3 | 110.2 | 111.5 |
| 广西 | 108.6 | 106.6 | 104.7 | 104.6 | 111.1 | 112.5 | 109.2 |
| 海南 | 110.2 | 106.5 | 106.1 | 108.3 | 115.7 | 115.0 | 110.2 |
| 重庆 | 111.0 | 107.9 | 105.8 | 107.7 | 110.3 | 107.5 | 115.8 |
| 四川 | 109.2 | 105.4 | 106.1 | 106.6 | 110.6 | 108.7 | 111.0 |
| 贵州 | 111.4 | 110.4 | 110.1 | 110.9 | 113.5 | 107.2 | 112.4 |
| 云南 | 109.5 | 107.3 | 105.7 | 106.9 | 110.4 | 105.9 | 111.3 |
| 西藏 | 109.6 | 102.1 | 98.0 | 103.3 | 134.6 | 113.0 | 107.4 |
| 陕西 | 108.8 | 106.4 | 106.8 | 104.3 | 111.3 | 106.0 | 111.0 |
| 甘肃 | 108.9 | 104.7 | 99.3 | 107.0 | 114.4 | 106.4 | 110.8 |
| 青海 | 108.0 | 104.9 | 104.5 | 106.8 | 110.5 | 105.0 | 108.9 |
| 宁夏 | 109.0 | 104.9 | 101.3 | 106.7 | 110.4 | 106.0 | 113.0 |
| 新疆 | 109.4 | 111.8 | 114.2 | 101.8 | 106.0 | 104.6 | 109.8 |

注：本表按不变价格计算。

# 【主要统计指标解释】

**国内生产总值（GDP）** 指一个国家所有常住单位在一定时期内生产活动的最终成果。国内生产总值有三种表现形态，即价值形态、收入形态和产品形态。从价值形态看，它是所有常住单位在一定时期内生产的全部货物和服务价值与同期投入的全部非固定资产货物和服务价值的差额，即所有常住单位的增加值之和；从收入形态看，它是所有常住单位在一定时期内创造的各项收入之和，包括劳动者报酬、生产税净额、固定资产折旧和营业盈余；从产品形态看，它是所有常住单位在一定时期内最终使用的货物和服务价值与货物和服务净出口价值之和。在实际核算中，国内生产总值有三种计算方法，即生产法、收入法和支出法。三种方法分别从不同的方面反映国内生产总值及其构成。

对于一个地区来说，称为地区生产总值或地区GDP。

# 4 第三产业固定资产投资

# 简要说明

**一、主要内容**

固定资产投资资料通过对一定时期第三产业建造和购置固定资产活动的数量方面的描述，反映报告期内第三产业固定资产投资的规模和速度、结构和比例关系、资金来源及投资效果等。

**二、统计范围**

第三产业固定资产投资统计的范围包括：城乡建设项目投资、房地产开发投资，国防、人防建设项目投资及农户投资。

**三、资料来源**

跨省、自治区、直辖市项目资料来自国务院各部门；农户固定资产投资资料来自国家统计局住户调查办公室的住户调查；除此以外的固定资产投资统计资料均来自国家统计局固定资产投资统计司统计调查。

**四、统计调查方法**

除农户固定资产投资统计采用抽样调查方法外，其他均为全面调查。

**五、统计口径变化**

自 1997 年起，除房地产开发投资、非农户投资、农户投资及城镇和工矿区私人建房投资外，固定资产投资的统计起点由 5 万元提高到 50 万元。

自 2006 年起，非农户固定资产投资统计改为按项目统计，调查方法由抽样调查改为全面统计报表，起点提高到 50 万元。

自 2006 年起，城镇和工矿区私人建房投资改为按项目统计，起点为 50 万元。

自 2011 年起，除房地产开发投资、农村农户投资外，固定资产投资项目统计起点由 50 万元提高到 500 万元。

2011 年起，城镇固定资产投资数据发布口径改为固定资产投资（不含农户），等于原口径的城镇固定资产投资加上农村企事业组织项目投资。

# 4-1 按行业门类分第三产业全社会固定资产投资

单位：亿元

| 行业门类 | 2006 | 2007 | 2008 | 2009 | 2010 | 2011 |
|---|---|---|---|---|---|---|
| **第三产业合计** | **58769.2** | **72766.7** | **90802.7** | **121453.1** | **152096.7** | **170250.6** |
| 农、林、牧、渔服务业 | | | | | | |
| 开采辅助活动 | | | | | | |
| 金属制品、机械和设备修理业 | | | | | | |
| 批发和零售业 | 2265.3 | 2880.3 | 3741.8 | 5132.8 | 6032.2 | 7439.4 |
| 交通运输、仓储和邮政业 | 12138.1 | 14154.0 | 17024.4 | 24974.7 | 30074.5 | 28291.7 |
| 住宿和餐饮业 | 1095.7 | 1519.4 | 1959.2 | 2625.4 | 3366.8 | 3956.6 |
| 信息传输、软件和信息技术服务业 | 1875.9 | 1848.1 | 2162.6 | 2589.0 | 2454.5 | 2174.4 |
| 金融业 | 121.4 | 157.6 | 260.6 | 360.2 | 489.4 | 638.7 |
| 房地产业 | 24524.4 | 32438.9 | 40441.8 | 49358.5 | 64877.3 | 81686.1 |
| 租赁和商务服务业 | 725.6 | 949.3 | 1355.9 | 2036.2 | 2692.6 | 3382.8 |
| 科学研究和技术服务业 | 495.3 | 560.0 | 782.0 | 1200.8 | 1379.3 | 1679.8 |
| 水利、环境和公共设施管理业 | 8152.7 | 10154.3 | 13534.3 | 19874.4 | 24827.6 | 24523.1 |
| 居民服务、修理和其他服务业 | 389.5 | 434.7 | 522.0 | 801.9 | 1114.1 | 1443.3 |
| 教育 | 2270.2 | 2375.6 | 2523.8 | 3521.2 | 4033.6 | 3894.6 |
| 卫生和社会工作 | 769.0 | 885.0 | 1155.6 | 1858.6 | 2119.0 | 2330.3 |
| 文化、体育和娱乐业 | 955.4 | 1243.4 | 1589.9 | 2383.4 | 2959.4 | 3162.0 |
| 公共管理、社会保障和社会组织 | 2990.5 | 3166.1 | 3748.5 | 4735.9 | 5676.6 | 5647.8 |
| 国际组织 | 0.1 | | 0.3 | 0.2 | | |

注：自2013年起，三产划分按《国家统计局关于印发<三次产业划分规定>的通知》(国统字[2012]108号)执行，农林牧渔业、采矿业和制造业仅包括该门类下的第三产业投资。

4-1 续表

单位：亿元

| 行业门类 | 2012 | 2013 | 2014 | 2015 | 2016 |
|---|---|---|---|---|---|
| **第三产业合计** | **205435.8** | **250293.1** | **290533.7** | **320199.1** | **353546.2** |
| 农、林、牧、渔服务业 | | 2292.2 | 2771.1 | 3500.5 | 3935.6 |
| 开采辅助活动 | | 517.6 | 508.3 | 424.5 | 342.8 |
| 金属制品、机械和设备修理业 | | 328.3 | 327.1 | 337.5 | 300.5 |
| 批发和零售业 | 9810.7 | 12720.5 | 15800.2 | 18924.9 | 18166.9 |
| 交通运输、仓储和邮政业 | 31444.9 | 36790.1 | 43215.7 | 49200.0 | 53890.4 |
| 住宿和餐饮业 | 5153.5 | 6041.1 | 6230.1 | 6546.7 | 5976.2 |
| 信息传输、软件和信息技术服务业 | 2692.0 | 3084.9 | 4110.0 | 5521.9 | 6325.5 |
| 金融业 | 923.9 | 1242.0 | 1363.0 | 1367.2 | 1310.2 |
| 房地产业 | 99159.3 | 118809.4 | 131348.2 | 134284.3 | 142359.4 |
| 租赁和商务服务业 | 4700.4 | 5893.2 | 7965.2 | 9447.9 | 12341.9 |
| 科学研究和技术服务业 | 2475.8 | 3133.2 | 4219.1 | 4752.0 | 5567.8 |
| 水利、环境和公共设施管理业 | 29621.6 | 37663.9 | 46225.0 | 55679.6 | 68647.6 |
| 居民服务、修理和其他服务业 | 1905.0 | 2099.3 | 2371.7 | 2730.3 | 2750.9 |
| 教育 | 4613.0 | 5433.0 | 6708.7 | 7726.8 | 9326.7 |
| 卫生和社会工作 | 2617.1 | 3139.3 | 3991.5 | 5175.6 | 6282.1 |
| 文化、体育和娱乐业 | 4271.3 | 5231.1 | 6178.4 | 6728.3 | 7834.2 |
| 公共管理、社会保障和社会组织 | 6047.4 | 5874.1 | 7200.5 | 7851.1 | 8187.7 |
| 国际组织 | | | | | |

# 4–2 按行业门类分第三产业投资占全社会投资比重

单位：%

| 行业门类 | 2006 | 2007 | 2008 | 2009 | 2010 | 2011 | 2012 | 2013 | 2014 | 2015 | 2016 |
|---|---|---|---|---|---|---|---|---|---|---|---|
| **第三产业合计** | **53.4** | **53.0** | **52.5** | **54.1** | **54.7** | **54.7** | **54.8** | **56.1** | **56.7** | **57.0** | **58.3** |
| 农、林、牧、渔服务业 | | | | | | | | 0.5 | 0.5 | 0.6 | 0.6 |
| 开采辅助活动 | | | | | | | | 0.1 | 0.1 | 0.1 | 0.1 |
| 金属制品、机械和设备修理业 | | | | | | | | 0.1 | 0.1 | 0.1 | |
| 批发和零售业 | 2.1 | 2.1 | 2.2 | 2.3 | 2.2 | 2.4 | 2.6 | 2.9 | 3.1 | 3.4 | 3.0 |
| 交通运输、仓储和邮政业 | 11.0 | 10.3 | 9.9 | 11.1 | 10.8 | 9.1 | 8.4 | 8.2 | 8.4 | 8.8 | 8.9 |
| 住宿和餐饮业 | 1.0 | 1.1 | 1.1 | 1.2 | 1.2 | 1.3 | 1.4 | 1.4 | 1.2 | 1.2 | 1.0 |
| 信息传输、软件和信息技术服务业 | 1.7 | 1.3 | 1.3 | 1.2 | 0.9 | 0.7 | 0.7 | 0.7 | 0.8 | 1.0 | 1.0 |
| 金融业 | 0.1 | 0.1 | 0.2 | 0.2 | 0.2 | 0.2 | 0.2 | 0.3 | 0.3 | 0.2 | 0.2 |
| 房地产业 | 22.3 | 23.6 | 23.4 | 22.0 | 23.3 | 26.2 | 26.5 | 26.6 | 25.7 | 23.9 | 23.5 |
| 租赁和商务服务业 | 0.7 | 0.7 | 0.8 | 0.9 | 1.0 | 1.1 | 1.3 | 1.3 | 1.6 | 1.7 | 2.0 |
| 科学研究和技术服务业 | 0.5 | 0.4 | 0.5 | 0.5 | 0.5 | 0.5 | 0.7 | 0.7 | 0.8 | 0.8 | 0.9 |
| 水利、环境和公共设施管理业 | 7.4 | 7.4 | 7.8 | 8.8 | 8.9 | 7.9 | 7.9 | 8.4 | 9.0 | 9.9 | 11.3 |
| 居民服务、修理和其他服务业 | 0.4 | 0.3 | 0.3 | 0.4 | 0.4 | 0.5 | 0.5 | 0.5 | 0.5 | 0.5 | 0.5 |
| 教育 | 2.1 | 1.7 | 1.5 | 1.6 | 1.5 | 1.3 | 1.2 | 1.2 | 1.3 | 1.4 | 1.5 |
| 卫生和社会工作 | 0.7 | 0.6 | 0.7 | 0.8 | 0.8 | 0.7 | 0.7 | 0.7 | 0.8 | 0.9 | 1.0 |
| 文化、体育和娱乐业 | 0.9 | 0.9 | 0.9 | 1.1 | 1.1 | 1.0 | 1.1 | 1.2 | 1.2 | 1.2 | 1.3 |
| 公共管理、社会保障和社会组织 | 2.7 | 2.3 | 2.2 | 2.1 | 2.0 | 1.8 | 1.6 | 1.3 | 1.4 | 1.4 | 1.4 |
| 国际组织 | | | | | | | | | | | |

# 4-3　各地区按登记注册类型分第三产业全社会固定资产投资

单位：亿元

| 地　区 | 总　计 | 内　资 | | | | | |
|---|---|---|---|---|---|---|---|
| | | | 国　有 | 集　体 | 股份合作 | 联　营 | 有限责任公司 |
| **全　国** | **353546.2** | **342416.8** | **107261.2** | **7117.7** | **500.2** | **547.9** | **127645.9** |
| 北　京 | 7129.7 | 6728.8 | 1131.2 | 60.3 | 1.2 | 0.1 | 4936.4 |
| 天　津 | 8746.0 | 8321.2 | 1220.5 | 411.0 | 5.9 | 27.8 | 4352.6 |
| 河　北 | 14358.3 | 14112.3 | 3302.4 | 119.5 | 33.5 | 3.4 | 5476.4 |
| 山　西 | 7418.0 | 7347.1 | 2092.9 | 337.9 | 2.1 | 3.1 | 1436.4 |
| 内蒙古 | 7863.5 | 7860.7 | 4691.4 | 103.6 | 0.8 | 7.1 | 1736.4 |
| 辽　宁 | 4264.5 | 3805.1 | 781.8 | 14.1 | 5.4 | 6.3 | 1556.7 |
| 吉　林 | 6143.1 | 6086.6 | 1884.1 | 45.9 | 2.1 | 12.5 | 1924.3 |
| 黑龙江 | 5761.3 | 5719.1 | 2072.1 | 39.2 | 17.1 | 2.1 | 1523.3 |
| 上　海 | 5779.2 | 4917.4 | 994.0 | 18.7 | 4.1 | 1.0 | 2844.4 |
| 江　苏 | 24610.8 | 23210.1 | 5733.0 | 688.5 | 16.8 | 118.4 | 8151.7 |
| 浙　江 | 20833.3 | 19765.4 | 4669.4 | 556.4 | 23.0 | 28.8 | 8701.0 |
| 安　徽 | 14454.7 | 14250.3 | 4561.1 | 155.0 | 8.9 | 14.4 | 4756.0 |
| 福　建 | 14563.4 | 13979.3 | 3668.9 | 796.5 | 1.3 | 29.7 | 6000.9 |
| 江　西 | 8882.7 | 8769.9 | 2683.5 | 50.5 | 12.6 | 27.0 | 3285.0 |
| 山　东 | 24568.2 | 23880.6 | 4971.4 | 1110.6 | 43.8 | 14.2 | 7547.6 |
| 河　南 | 19865.0 | 19723.9 | 4075.8 | 276.4 | 26.7 | 12.5 | 9186.8 |
| 湖　北 | 16821.2 | 16575.3 | 5574.7 | 279.9 | 146.6 | 68.8 | 5742.6 |
| 湖　南 | 16678.7 | 16511.3 | 5458.9 | 213.3 | 18.7 | 20.6 | 6014.5 |
| 广　东 | 21749.0 | 19768.0 | 3979.5 | 785.1 | 40.4 | 34.6 | 8941.0 |
| 广　西 | 10752.3 | 10474.7 | 3240.0 | 104.8 | 22.1 | 25.5 | 3364.1 |
| 海　南 | 3554.4 | 3280.4 | 458.4 | 1.8 | 4.2 | 2.3 | 1919.7 |
| 重　庆 | 10275.1 | 9659.8 | 2220.9 | 71.5 | 16.3 | 4.8 | 4447.1 |
| 四　川 | 19704.9 | 19349.8 | 7339.1 | 77.4 | 19.2 | 13.2 | 7614.4 |
| 贵　州 | 10039.0 | 9948.6 | 2976.4 | 39.4 | 0.7 | 8.9 | 5088.3 |
| 云　南 | 12561.1 | 12477.6 | 6475.2 | 398.8 | 2.0 | 2.1 | 3504.0 |
| 西　藏 | 1256.1 | 1254.7 | 1042.1 | 1.7 | 1.8 | 4.5 | 88.3 |
| 陕　西 | 14051.1 | 13827.1 | 6763.8 | 254.5 | 18.5 | 6.0 | 3959.5 |
| 甘　肃 | 5904.6 | 5891.4 | 2880.7 | 92.8 | 1.5 | 16.1 | 1435.7 |
| 青　海 | 2168.3 | 2168.3 | 1340.9 | 2.8 | 0.2 | 0.4 | 409.6 |
| 宁　夏 | 2004.9 | 1987.0 | 706.7 | 0.1 | | 29.4 | 463.5 |
| 新　疆 | 6107.3 | 6088.6 | 3673.8 | 9.6 | 2.6 | 2.5 | 1157.5 |
| 不分地区 | 4676.5 | 4676.5 | 4596.5 | | | | 80.0 |

4-3 续表

单位：亿元

| 地区 | | | | | 港澳台商投资 | 外商投资 |
| --- | --- | --- | --- | --- | --- | --- |
| | 股份有限公司 | 私营 | 个体 | 其他 | | |
| **全国** | **8178.3** | **69544.7** | **8634.6** | **12986.1** | **7849.6** | **3279.8** |
| 北京 | 206.9 | 321.5 | 52.0 | 19.2 | 303.8 | 97.0 |
| 天津 | 314.0 | 1647.0 | 32.8 | 309.7 | 286.8 | 138.0 |
| 河北 | 427.2 | 4022.7 | 336.5 | 390.8 | 123.9 | 122.1 |
| 山西 | 68.8 | 2227.8 | 282.4 | 895.6 | 35.6 | 35.3 |
| 内蒙古 | 61.9 | 993.0 | 133.3 | 133.1 | 0.5 | 2.3 |
| 辽宁 | 76.8 | 1185.5 | 144.1 | 34.4 | 265.4 | 194.0 |
| 吉林 | 265.1 | 1650.8 | 101.9 | 199.8 | 38.2 | 18.3 |
| 黑龙江 | 107.4 | 1311.9 | 114.2 | 531.8 | 36.7 | 5.5 |
| 上海 | 164.6 | 883.3 | 4.1 | 3.3 | 599.3 | 262.5 |
| 江苏 | 535.2 | 7449.2 | 246.8 | 270.5 | 976.6 | 424.1 |
| 浙江 | 307.4 | 4150.1 | 654.9 | 674.6 | 881.7 | 186.2 |
| 安徽 | 300.9 | 3669.6 | 342.8 | 441.6 | 144.3 | 60.1 |
| 福建 | 257.0 | 2304.7 | 246.6 | 673.7 | 454.1 | 130.1 |
| 江西 | 305.4 | 1911.0 | 277.1 | 217.8 | 97.5 | 15.2 |
| 山东 | 581.0 | 6462.4 | 626.6 | 2523.0 | 415.2 | 272.3 |
| 河南 | 539.5 | 3453.5 | 602.1 | 1550.7 | 105.0 | 36.1 |
| 湖北 | 507.4 | 3164.5 | 442.9 | 647.8 | 187.7 | 58.2 |
| 湖南 | 350.2 | 3346.0 | 596.2 | 492.9 | 132.2 | 35.2 |
| 广东 | 633.0 | 3995.6 | 581.3 | 777.6 | 1430.0 | 551.0 |
| 广西 | 242.4 | 2546.3 | 506.1 | 423.3 | 180.4 | 97.2 |
| 海南 | 272.1 | 467.5 | 127.5 | 26.7 | 193.7 | 80.4 |
| 重庆 | 285.5 | 2037.4 | 102.7 | 473.7 | 476.5 | 138.7 |
| 四川 | 546.5 | 2822.5 | 513.6 | 403.9 | 220.9 | 134.1 |
| 贵州 | 77.2 | 1424.9 | 226.9 | 105.8 | 79.4 | 11.0 |
| 云南 | 229.0 | 1349.7 | 437.5 | 79.5 | 47.7 | 35.9 |
| 西藏 | 3.3 | 68.5 | 19.3 | 25.1 | | 1.5 |
| 陕西 | 267.7 | 1865.2 | 336.7 | 355.1 | 100.5 | 123.5 |
| 甘肃 | 115.3 | 1081.2 | 111.3 | 156.6 | 6.3 | 7.0 |
| 青海 | 36.1 | 229.7 | 107.7 | 40.9 | | |
| 宁夏 | 29.5 | 668.9 | 67.9 | 21.1 | 14.7 | 3.3 |
| 新疆 | 64.0 | 832.9 | 259.1 | 86.5 | 14.9 | 3.8 |
| 不分地区 | | | | | | |

# 4–4 各地区按行业门类分第三产业全社会固定资产投资

单位：亿元

| 地 区 | 第三产业合计 | 农、林、牧、渔服务业 | 开采辅助活动 | 金属制品、机械和设备修理业 | 批发和零售业 | 交通运输、仓储和邮政业 | 住宿和餐饮业 | 信息传输、软件和信息技术服务业 | 金融业 | 房地产业 |
|---|---|---|---|---|---|---|---|---|---|---|
| **全 国** | **353546.2** | **3935.6** | **342.8** | **300.5** | **18166.9** | **53890.4** | **5976.2** | **6325.5** | **1310.2** | **142359.4** |
| 北 京 | 7129.7 | 4.9 | | 3.1 | 30.0 | 761.6 | 45.8 | 198.9 | 50.6 | 4726.7 |
| 天 津 | 8746.0 | 39.5 | 4.6 | 13.2 | 847.0 | 735.1 | 66.8 | 165.3 | 20.4 | 3290.6 |
| 河 北 | 14358.3 | 146.8 | 2.9 | 26.4 | 857.8 | 2095.3 | 186.1 | 239.1 | 93.1 | 5764.9 |
| 山 西 | 7418.0 | 108.5 | 54.3 | 12.2 | 369.8 | 912.6 | 75.6 | 100.9 | 9.2 | 2940.8 |
| 内蒙古 | 7863.5 | 234.9 | 64.4 | 16.6 | 387.0 | 1427.7 | 68.2 | 126.8 | 16.8 | 1829.4 |
| 辽 宁 | 4264.5 | 16.0 | 0.8 | 1.9 | 217.1 | 661.2 | 74.2 | 63.1 | 12.9 | 2255.7 |
| 吉 林 | 6143.1 | 180.6 | 23.4 | 10.7 | 748.1 | 1170.0 | 154.3 | 226.2 | 68.5 | 1251.2 |
| 黑龙江 | 5761.3 | 238.9 | 12.7 | 9.6 | 638.1 | 1134.6 | 232.5 | 229.2 | 64.8 | 1190.1 |
| 上 海 | 5779.2 | 2.6 | 0.3 | 7.2 | 37.2 | 944.9 | 20.6 | 136.9 | 18.5 | 3720.7 |
| 江 苏 | 24610.8 | 117.3 | 0.6 | 17.3 | 1648.5 | 2551.0 | 455.9 | 635.5 | 141.6 | 10467.4 |
| 浙 江 | 20833.3 | 122.6 | 0.3 | 15.4 | 374.7 | 2581.9 | 296.8 | 318.8 | 88.9 | 10281.5 |
| 安 徽 | 14454.7 | 115.1 | 2.9 | 12.8 | 935.9 | 1628.5 | 275.9 | 301.7 | 92.4 | 6068.3 |
| 福 建 | 14563.4 | 97.7 | 4.0 | 17.4 | 416.6 | 2505.4 | 192.5 | 311.1 | 50.6 | 5682.5 |
| 江 西 | 8882.7 | 55.0 | 2.7 | 6.6 | 941.5 | 965.4 | 275.5 | 171.2 | 48.9 | 2775.6 |
| 山 东 | 24568.2 | 295.0 | 21.1 | 21.8 | 2361.7 | 2982.2 | 375.2 | 294.4 | 101.8 | 9405.0 |
| 河 南 | 19865.0 | 227.6 | 11.0 | 6.0 | 1236.1 | 1954.5 | 358.0 | 238.9 | 30.8 | 9484.1 |
| 湖 北 | 16821.2 | 196.6 | 8.2 | 29.2 | 726.6 | 2833.0 | 292.1 | 150.7 | 33.0 | 6446.4 |
| 湖 南 | 16678.7 | 230.9 | 9.5 | 16.1 | 1118.4 | 1944.4 | 296.6 | 298.3 | 78.6 | 4906.0 |
| 广 东 | 21749.0 | 74.5 | 2.5 | 9.7 | 795.3 | 3032.3 | 352.4 | 506.7 | 94.1 | 12087.4 |
| 广 西 | 10752.3 | 153.0 | 2.2 | 6.8 | 759.0 | 1849.8 | 201.8 | 223.2 | 72.1 | 3400.5 |
| 海 南 | 3554.4 | 8.8 | | 1.5 | 53.2 | 467.1 | 135.5 | 88.4 | | 2118.0 |
| 重 庆 | 10275.1 | 68.9 | 13.3 | 5.8 | 224.2 | 1630.7 | 160.3 | 90.9 | 12.2 | 4346.1 |
| 四 川 | 19704.9 | 190.7 | 12.2 | 7.8 | 508.2 | 3738.0 | 354.5 | 292.9 | 21.3 | 8543.1 |
| 贵 州 | 10039.0 | 32.5 | 7.4 | 3.0 | 273.8 | 1779.9 | 227.8 | 67.0 | 13.6 | 3479.4 |
| 云 南 | 12561.1 | 245.5 | | | 274.5 | 2577.5 | 232.4 | 228.5 | 10.2 | 5484.1 |
| 西 藏 | 1256.1 | 39.5 | | | 14.0 | 542.3 | 22.0 | 11.4 | 4.9 | 176.6 |
| 陕 西 | 14051.1 | 242.7 | 10.6 | 9.7 | 643.5 | 1584.6 | 250.0 | 225.5 | 22.9 | 5127.4 |
| 甘 肃 | 5904.6 | 125.4 | 32.7 | 9.1 | 488.6 | 1100.0 | 195.6 | 105.3 | 22.5 | 1433.7 |
| 青 海 | 2168.3 | 68.6 | 7.5 | 0.2 | 32.2 | 589.9 | 30.1 | 76.0 | 4.8 | 638.8 |
| 宁 夏 | 2004.9 | 37.5 | | 0.2 | 47.3 | 367.7 | 20.5 | 66.5 | 1.0 | 874.3 |
| 新 疆 | 6107.3 | 217.3 | 30.9 | 3.3 | 161.3 | 836.1 | 50.5 | 136.2 | 9.2 | 2163.4 |
| 不分地区 | 4676.5 | | | | | 4005.1 | | | | |

4-4 续表 单位：亿元

| 地区 | 租赁和商务服务业 | 科学研究和技术服务业 | 水利、环境和公共设施管理业 | 居民服务、修理和其他服务业 | 教育 | 卫生和社会工作 | 文化、体育和娱乐业 | 公共管理、社会保障和社会组织 | 国际组织 |
|---|---|---|---|---|---|---|---|---|---|
| **全国** | **12341.9** | **5567.8** | **68647.6** | **2750.9** | **9326.7** | **6282.1** | **7834.2** | **8187.7** | |
| 北京 | 129.2 | 70.6 | 722.2 | 16.3 | 139.9 | 56.9 | 153.2 | 19.7 | |
| 天津 | 1122.4 | 301.4 | 1629.1 | 167.4 | 140.4 | 55.7 | 119.7 | 27.6 | |
| 河北 | 501.1 | 351.8 | 2705.9 | 95.0 | 325.3 | 316.4 | 461.7 | 188.9 | |
| 山西 | 164.8 | 104.6 | 1873.6 | 45.2 | 188.5 | 167.3 | 192.9 | 97.1 | |
| 内蒙古 | 141.6 | 87.8 | 2645.3 | 35.2 | 149.2 | 127.6 | 210.5 | 294.5 | |
| 辽宁 | 93.1 | 44.0 | 505.2 | 49.0 | 57.9 | 66.0 | 83.6 | 62.8 | |
| 吉林 | 266.9 | 150.8 | 1161.3 | 106.0 | 123.9 | 145.4 | 107.8 | 248.1 | |
| 黑龙江 | 258.7 | 194.3 | 864.5 | 102.4 | 164.2 | 156.9 | 146.7 | 122.9 | |
| 上海 | 119.9 | 40.4 | 474.4 | 2.6 | 79.1 | 52.8 | 107.1 | 14.1 | |
| 江苏 | 1545.7 | 639.2 | 3965.4 | 260.9 | 590.1 | 446.4 | 642.2 | 485.8 | |
| 浙江 | 645.9 | 141.3 | 4361.4 | 130.7 | 506.8 | 273.1 | 390.2 | 302.9 | |
| 安徽 | 655.5 | 345.3 | 2597.1 | 109.8 | 375.4 | 231.4 | 242.7 | 464.2 | |
| 福建 | 337.2 | 116.0 | 3588.5 | 51.7 | 328.2 | 198.7 | 324.0 | 341.5 | |
| 江西 | 494.7 | 153.3 | 2004.4 | 120.4 | 218.3 | 145.6 | 176.0 | 327.6 | |
| 山东 | 1184.0 | 1055.7 | 2959.7 | 315.4 | 745.4 | 545.9 | 829.0 | 1074.9 | |
| 河南 | 455.4 | 252.2 | 3698.3 | 153.8 | 533.7 | 555.9 | 547.7 | 121.0 | |
| 湖北 | 806.4 | 151.9 | 3735.2 | 142.0 | 366.7 | 269.5 | 324.1 | 309.8 | |
| 湖南 | 723.5 | 358.2 | 4526.2 | 137.0 | 568.1 | 414.3 | 512.8 | 539.9 | |
| 广东 | 437.2 | 223.5 | 2843.2 | 40.1 | 514.7 | 215.3 | 319.2 | 201.1 | |
| 广西 | 560.5 | 152.5 | 2076.5 | 112.3 | 478.4 | 218.5 | 223.0 | 261.9 | |
| 海南 | 33.0 | 38.3 | 399.3 | 10.1 | 62.5 | 57.3 | 63.0 | 18.6 | |
| 重庆 | 244.8 | 30.8 | 2839.8 | 44.7 | 243.5 | 131.7 | 112.7 | 74.7 | |
| 四川 | 401.2 | 96.2 | 3977.1 | 60.9 | 579.3 | 402.1 | 234.7 | 284.9 | |
| 贵州 | 324.0 | 32.4 | 2960.4 | 49.2 | 326.2 | 171.7 | 262.0 | 28.6 | |
| 云南 | 60.0 | 18.1 | 2022.1 | 59.2 | 438.8 | 215.5 | 186.1 | 508.6 | |
| 西藏 | 17.3 | 7.3 | 193.5 | 8.0 | 39.5 | 17.4 | 26.2 | 136.4 | |
| 陕西 | 259.4 | 215.5 | 4026.5 | 125.8 | 424.7 | 307.3 | 348.8 | 226.2 | |
| 甘肃 | 145.0 | 79.0 | 1073.6 | 147.5 | 294.3 | 155.1 | 292.1 | 205.2 | |
| 青海 | 42.5 | 39.5 | 327.4 | 6.1 | 64.4 | 26.1 | 44.7 | 169.3 | |
| 宁夏 | 22.7 | 17.2 | 348.3 | 20.2 | 56.9 | 45.6 | 45.3 | 33.9 | |
| 新疆 | 148.3 | 58.8 | 1539.8 | 26.6 | 202.4 | 92.6 | 104.4 | 326.0 | |
| 不分地区 | | | 2.4 | | | | | 669.0 | |

# 4-5 按行业分第三产业固定资产投资(不含农户)

单位：亿元

| 行业 | 投资额 | 新建 | 扩建 | 改建和技术改造 | 建筑安装工程投资 | 设备工器具购置 | 其他费用 |
|---|---|---|---|---|---|---|---|
| **第三产业合计** | **345836.5** | **286502.6** | **26517.0** | **22340.5** | **267674.9** | **26041.9** | **52119.7** |
| 农、林、牧、渔服务业 | 3935.6 | 2943.1 | 517.2 | 380.3 | 3084.4 | 509.2 | 342.0 |
| 开采辅助活动 | 342.8 | 186.2 | 30.2 | 113.7 | 234.5 | 97.4 | 10.8 |
| 金属制品、机械和设备修理业 | 300.5 | 145.8 | 48.9 | 81.3 | 183.4 | 97.0 | 20.1 |
| 批发和零售业 | 17939.1 | 12114.9 | 2547.2 | 2475.6 | 13267.1 | 3339.2 | 1332.8 |
| 批发业 | 9220.7 | 5873.2 | 1415.7 | 1387.9 | 6624.0 | 2001.7 | 595.0 |
| 零售业 | 8718.3 | 6241.7 | 1131.5 | 1087.7 | 6643.2 | 1337.4 | 737.8 |
| 交通运输、仓储和邮政业 | 53628.5 | 39971.3 | 5825.5 | 4821.7 | 40302.7 | 5919.8 | 7405.9 |
| 铁路运输业 | 7748.1 | 6081.5 | 439.9 | 321.4 | 5086.3 | 1048.6 | 1613.2 |
| 道路运输业 | 32937.3 | 24543.0 | 3855.2 | 3827.4 | 26492.3 | 1834.8 | 4610.3 |
| 水上运输业 | 2163.3 | 1517.4 | 205.0 | 126.8 | 1367.1 | 560.4 | 235.8 |
| 航空运输业 | 2219.6 | 909.8 | 339.0 | 48.9 | 809.7 | 1197.0 | 212.9 |
| 管道运输业 | 262.7 | 196.0 | 31.3 | 32.8 | 174.2 | 61.5 | 27.0 |
| 装卸搬运和运输代理业 | 1089.4 | 829.9 | 139.3 | 77.9 | 783.6 | 206.8 | 99.1 |
| 仓储业 | 6983.5 | 5742.1 | 775.9 | 373.6 | 5429.4 | 961.0 | 593.1 |
| 邮政业 | 224.4 | 151.8 | 39.9 | 12.8 | 160.2 | 49.7 | 14.5 |
| 住宿和餐饮业 | 5947.4 | 4361.5 | 783.9 | 703.5 | 4826.0 | 623.9 | 497.4 |
| 住宿业 | 4137.8 | 3211.7 | 500.6 | 375.9 | 3392.1 | 366.6 | 379.0 |
| 餐饮业 | 1809.6 | 1149.9 | 283.3 | 327.6 | 1433.9 | 257.3 | 118.4 |
| 信息传输、软件和信息技术服务业 | 6318.7 | 3878.1 | 675.6 | 1214.6 | 3561.2 | 2359.0 | 398.5 |
| 电信、广播电视和卫星传输服务 | 2647.0 | 1349.1 | 394.9 | 773.3 | 1313.9 | 1181.6 | 151.6 |
| 互联网和相关服务 | 938.4 | 606.6 | 72.5 | 116.1 | 530.5 | 345.8 | 62.1 |
| 软件和信息技术服务业 | 2733.2 | 1922.3 | 208.2 | 325.2 | 1716.8 | 831.6 | 184.8 |
| 金融业 | 1310.2 | 923.1 | 92.5 | 165.6 | 955.6 | 247.7 | 107.0 |
| 货币金融服务 | 560.0 | 368.4 | 42.9 | 75.6 | 373.5 | 129.2 | 57.3 |
| 资本市场服务 | 430.7 | 315.8 | 35.3 | 58.5 | 346.6 | 58.7 | 25.4 |
| 保险业 | 118.1 | 95.7 | 6.6 | 10.5 | 98.2 | 13.8 | 6.1 |
| 其他金融业 | 201.4 | 143.3 | 7.7 | 21.0 | 137.2 | 45.9 | 18.2 |
| 房地产业 | 135283.7 | 129494.2 | 2513.4 | 1798.8 | 103884.3 | 2385.7 | 29013.7 |
| 租赁和商务服务业 | 12315.7 | 8942.7 | 1162.5 | 863.0 | 8932.1 | 2246.0 | 1137.7 |
| 租赁业 | 1594.5 | 392.9 | 56.8 | 64.4 | 345.3 | 1219.8 | 29.4 |
| 商务服务业 | 10721.2 | 8549.8 | 1105.6 | 798.6 | 8586.7 | 1026.1 | 1108.3 |
| 科学研究和技术服务业 | 5567.8 | 3906.0 | 633.7 | 676.5 | 3866.5 | 1204.9 | 496.5 |
| 研究和试验发展 | 1359.2 | 1027.9 | 141.6 | 133.8 | 914.6 | 264.7 | 179.8 |
| 专业技术服务业 | 1950.7 | 1283.4 | 232.0 | 258.0 | 1384.4 | 412.4 | 153.9 |
| 科技推广和应用服务业 | 2257.9 | 1594.6 | 260.1 | 284.8 | 1567.4 | 527.7 | 162.7 |
| 水利、环境和公共设施管理业 | 68647.2 | 53827.4 | 7486.5 | 6475.5 | 57092.1 | 3373.0 | 8182.1 |
| 水利管理业 | 8725.4 | 6651.2 | 1010.2 | 988.7 | 7379.3 | 359.1 | 986.9 |
| 生态保护和环境治理业 | 3145.6 | 2236.8 | 302.8 | 526.7 | 2309.2 | 361.0 | 475.4 |
| 公共设施管理业 | 56776.3 | 44939.4 | 6173.5 | 4960.1 | 47403.6 | 2652.9 | 6719.8 |
| 居民服务、修理和其他服务业 | 2676.6 | 1906.0 | 329.2 | 329.3 | 2058.2 | 415.8 | 202.7 |
| 居民服务业 | 1490.7 | 1119.4 | 177.3 | 153.6 | 1197.5 | 166.7 | 126.5 |
| 机动车、电子产品和日用产品修理业 | 577.6 | 342.1 | 95.4 | 99.0 | 403.5 | 140.8 | 33.2 |
| 其他服务业 | 608.3 | 444.5 | 56.5 | 76.7 | 457.2 | 108.2 | 42.9 |
| 教育 | 9323.7 | 6779.4 | 1425.7 | 653.7 | 7744.4 | 746.0 | 833.2 |
| 卫生和社会工作 | 6281.6 | 4412.8 | 811.9 | 410.0 | 4852.9 | 963.6 | 465.1 |
| 卫生 | 4601.4 | 3015.7 | 633.5 | 327.2 | 3461.5 | 818.5 | 321.5 |
| 社会工作 | 1680.1 | 1397.1 | 178.3 | 82.9 | 1391.4 | 145.1 | 143.6 |
| 文化、体育和娱乐业 | 7830.1 | 6448.9 | 701.8 | 504.1 | 6009.7 | 824.8 | 995.7 |
| 新闻和出版业 | 99.8 | 70.5 | 9.4 | 10.5 | 69.0 | 18.4 | 12.5 |
| 广播、电视、电影和影视录音制作业 | 619.1 | 494.5 | 27.4 | 55.9 | 388.5 | 125.4 | 105.3 |
| 文化艺术业 | 3407.9 | 2724.6 | 359.0 | 248.5 | 2676.0 | 264.5 | 467.4 |
| 体育 | 1421.3 | 1215.2 | 113.4 | 72.7 | 1174.9 | 125.5 | 120.9 |
| 娱乐业 | 2282.0 | 1944.0 | 192.6 | 116.5 | 1701.3 | 291.0 | 289.7 |
| 公共管理、社会保障和社会组织 | 8187.5 | 6261.1 | 931.7 | 673.4 | 6819.9 | 689.0 | 678.6 |
| 中国共产党机关 | 31.8 | 25.7 | 1.5 | 3.3 | 28.6 | 2.1 | 1.1 |
| 国家机构 | 5770.7 | 4587.7 | 500.7 | 436.4 | 4690.6 | 562.9 | 517.2 |
| 人民政协、民主党派 | 3.9 | 2.6 | 0.3 | 0.5 | 3.1 | 0.8 | 0.0 |
| 社会保障 | 261.3 | 215.5 | 30.9 | 11.0 | 226.3 | 9.7 | 25.4 |
| 群众团体、社会团体和其他成员组织 | 476.5 | 299.1 | 110.5 | 47.6 | 408.1 | 34.6 | 33.8 |
| 基层群众自治组织 | 1643.3 | 1130.6 | 287.9 | 174.6 | 1463.2 | 79.0 | 101.2 |
| 国际组织 | | | | | | | |

# 4-6 按行业门类分第三产业固定资产投资(不含农户)

单位：亿元

| 行业门类 | 2006 | 2007 | 2008 | 2009 | 2010 | 2011 |
|---|---|---|---|---|---|---|
| **第三产业合计** | **52705.6** | **65190.2** | **81588.0** | **108572.5** | **136491.7** | **163364.6** |
| 农、林、牧、渔服务业 | | | | | | |
| 开采辅助活动 | | | | | | |
| 金属制品、机械和设备修理业 | | | | | | |
| 批发和零售业 | 1896.5 | 2450.6 | 3193.0 | 4491.0 | 5233.4 | 7379.7 |
| 交通运输、仓储和邮政业 | 11224.5 | 12997.1 | 15700.5 | 23271.3 | 27883.1 | 27765.9 |
| 住宿和餐饮业 | 938.7 | 1329.9 | 1735.0 | 2328.6 | 2980.2 | 3918.8 |
| 信息传输、软件和信息技术服务业 | 1772.0 | 1819.4 | 2131.3 | 2543.5 | 2392.9 | 2174.2 |
| 金融业 | 118.7 | 151.9 | 252.8 | 348.5 | 477.7 | 638.7 |
| 房地产业 | 21586.2 | 28619.2 | 35914.2 | 43127.6 | 57633.1 | 75663.7 |
| 租赁和商务服务业 | 662.6 | 860.7 | 1255.1 | 1880.4 | 2486.4 | 3379.9 |
| 科学研究和技术服务业 | 465.1 | 521.2 | 717.6 | 1084.0 | 1269.2 | 1679.8 |
| 水利、环境和公共设施管理业 | 7506.7 | 9276.0 | 12279.1 | 17878.9 | 22333.7 | 24520.7 |
| 居民服务、修理和其他服务业 | 183.6 | 235.8 | 312.7 | 518.6 | 757.1 | 1219.1 |
| 教育 | 2128.8 | 2220.9 | 2355.4 | 3242.5 | 3718.1 | 3890.4 |
| 卫生和社会工作 | 708.0 | 809.4 | 1065.9 | 1698.0 | 1959.5 | 2330.2 |
| 文化、体育和娱乐业 | 858.2 | 1129.8 | 1436.5 | 2125.4 | 2605.9 | 3155.6 |
| 公共管理、社会保障和社会组织 | 2655.8 | 2768.4 | 3239.0 | 4034.2 | 4761.6 | 5647.8 |
| 国际组织 | 0.1 | | | | | |

4-6 续表

单位：亿元

| 行业门类 | 2012 | 2013 | 2014 | 2015 | 2016 |
|---|---|---|---|---|---|
| **第三产业合计** | **198021.8** | **242089.8** | **282003.4** | **311980.2** | **345836.5** |
| 农、林、牧、渔服务业 | | 2292.2 | 2771.1 | 3500.5 | 3935.6 |
| 开采辅助活动 | | 517.6 | 508.3 | 424.5 | 342.8 |
| 金属制品、机械和设备修理业 | | 328.3 | 327.1 | 337.5 | 300.5 |
| 批发和零售业 | 9762.9 | 12601.1 | 15552.5 | 18681.4 | 17939.1 |
| 交通运输、仓储和邮政业 | 30881.4 | 36329.4 | 42889.5 | 48974.8 | 53628.5 |
| 住宿和餐饮业 | 5107.6 | 6012.4 | 6188.7 | 6504.2 | 5947.4 |
| 信息传输、软件和信息技术服务业 | 2691.3 | 3084.9 | 4103.0 | 5516.4 | 6318.7 |
| 金融业 | 923.9 | 1242.0 | 1363.0 | 1367.2 | 1310.2 |
| 房地产业 | 92639.4 | 111379.6 | 123558.2 | 126706.2 | 135283.7 |
| 租赁和商务服务业 | 4694.7 | 5874.6 | 7953.5 | 9435.8 | 12315.7 |
| 科学研究和技术服务业 | 2475.8 | 3133.2 | 4219.1 | 4751.5 | 5567.8 |
| 水利、环境和公共设施管理业 | 29618.4 | 37662.7 | 46224.4 | 55679.0 | 68647.2 |
| 居民服务、修理和其他服务业 | 1685.8 | 1994.4 | 2275.6 | 2628.2 | 2676.6 |
| 教育 | 4608.2 | 5399.9 | 6705.6 | 7723.2 | 9323.7 |
| 卫生和社会工作 | 2617.0 | 3138.3 | 3991.0 | 5174.7 | 6281.6 |
| 文化、体育和娱乐业 | 4268.1 | 5225.5 | 6174.1 | 6724.1 | 7830.1 |
| 公共管理、社会保障和社会组织 | 6047.4 | 5873.7 | 7198.6 | 7850.9 | 8187.5 |
| 国际组织 | | | | | |

# 4-7 按行业、登记注册类型和控股情况分第三产业固定资产投资(不含农户)

单位：亿元

| 行业 | 投资额 | 内资 | 港澳台商投资 | 外商投资 | 国有控股 | 集体控股 | 私人控股 |
|---|---|---|---|---|---|---|---|
| **第三产业合计** | **345836.5** | **334707.1** | **7849.6** | **3279.8** | **170797.4** | **14051.3** | **120712.3** |
| **农、林、牧、渔服务业** | **3935.6** | **3929.0** | **1.9** | **4.6** | **2134.7** | **227.7** | **1241.6** |
| **开采辅助活动** | **342.8** | **341.3** | **1.4** | | **148.2** | **7.7** | **154.0** |
| **金属制品、机械和设备修理业** | **300.5** | **289.0** | **2.8** | **8.7** | **69.2** | **9.9** | **196.5** |
| **批发和零售业** | **17939.1** | **17647.6** | **161.5** | **130.0** | **2013.5** | **781.7** | **13140.9** |
| 批发业 | 9220.7 | 9069.1 | 92.7 | 58.9 | 758.3 | 316.9 | 7087.5 |
| 零售业 | 8718.3 | 8578.5 | 68.8 | 71.0 | 1255.2 | 464.8 | 6053.4 |
| **交通运输、仓储和邮政业** | **53628.5** | **52606.8** | **675.9** | **345.7** | **41137.3** | **945.6** | **8704.0** |
| 铁路运输业 | 7748.1 | 7747.4 | | 0.6 | 7552.9 | 21.0 | 136.8 |
| 道路运输业 | 32937.3 | 32865.2 | 44.0 | 28.1 | 28604.6 | 599.7 | 2733.3 |
| 水上运输业 | 2163.3 | 2038.6 | 75.1 | 49.6 | 1407.0 | 79.3 | 511.5 |
| 航空运输业 | 2219.6 | 2031.2 | 188.4 | | 1729.3 | 20.1 | 221.4 |
| 管道运输业 | 262.7 | 244.5 | 15.1 | 3.1 | 188.4 | 8.7 | 49.0 |
| 装卸搬运和运输代理业 | 1089.4 | 1043.8 | 35.9 | 9.7 | 187.2 | 21.1 | 745.0 |
| 仓储业 | 6983.5 | 6414.5 | 316.2 | 252.7 | 1416.3 | 194.8 | 4152.6 |
| 邮政业 | 224.4 | 221.5 | 1.1 | 1.8 | 51.7 | 1.1 | 154.3 |
| **住宿和餐饮业** | **5947.4** | **5784.3** | **91.0** | **72.1** | **848.8** | **271.1** | **4222.5** |
| 住宿业 | 4137.8 | 3994.4 | 79.3 | 64.2 | 666.5 | 208.7 | 2822.7 |
| 餐饮业 | 1809.6 | 1789.9 | 11.7 | 8.0 | 182.3 | 62.3 | 1399.9 |
| **信息传输、软件和信息技术服务业** | **6318.7** | **5658.4** | **395.4** | **264.9** | **2827.7** | **102.9** | **2422.5** |
| 电信、广播电视和卫星传输服务 | 2647.0 | 2289.8 | 229.7 | 127.5 | 2064.9 | 53.6 | 96.1 |
| 互联网和相关服务 | 938.4 | 785.8 | 90.7 | 61.9 | 208.7 | 15.3 | 510.5 |
| 软件和信息技术服务业 | 2733.2 | 2582.8 | 75.0 | 75.5 | 554.1 | 34.0 | 1815.9 |
| **金融业** | **1310.2** | **1286.0** | **22.8** | **1.5** | **549.9** | **92.8** | **445.0** |
| 货币金融服务 | 560.0 | 542.4 | 17.0 | 0.6 | 290.3 | 83.3 | 103.3 |
| 资本市场服务 | 430.7 | 425.9 | 4.2 | 0.5 | 130.1 | 3.1 | 233.4 |
| 保险业 | 118.1 | 117.8 | | 0.3 | 57.5 | 4.0 | 21.0 |
| 其他金融业 | 201.4 | 199.8 | 1.5 | 0.1 | 72.1 | 2.4 | 87.3 |
| **房地产业** | **135283.7** | **127315.6** | **5955.8** | **2012.3** | **39018.2** | **5502.1** | **65634.5** |
| **租赁和商务服务业** | **12315.7** | **11905.9** | **288.2** | **121.6** | **4562.3** | **679.9** | **5638.6** |
| 租赁业 | 1594.5 | 1333.2 | 170.6 | 90.7 | 671.9 | 4.7 | 519.8 |
| 商务服务业 | 10721.2 | 10572.7 | 117.6 | 30.9 | 3890.4 | 675.2 | 5118.8 |
| **科学研究和技术服务业** | **5567.8** | **5426.1** | **65.5** | **76.2** | **1743.5** | **214.3** | **2944.4** |
| 研究和试验发展 | 1359.2 | 1268.2 | 48.8 | 42.2 | 478.5 | 28.4 | 652.9 |
| 专业技术服务业 | 1950.7 | 1929.1 | 6.4 | 15.1 | 773.4 | 114.7 | 903.7 |
| 科技推广和应用服务业 | 2257.9 | 2228.8 | 10.3 | 18.9 | 491.6 | 71.3 | 1387.8 |
| **水利、环境和公共设施管理业** | **68647.2** | **68473.7** | **87.5** | **86.0** | **53625.4** | **3263.4** | **8295.5** |
| 水利管理业 | 8725.4 | 8718.2 | 4.4 | 2.8 | 7625.5 | 405.3 | 355.1 |
| 生态保护和环境治理业 | 3145.6 | 3102.3 | 15.7 | 27.6 | 2211.5 | 125.5 | 616.6 |
| 公共设施管理业 | 56776.3 | 56653.3 | 67.3 | 55.6 | 43788.4 | 2732.6 | 7323.9 |
| **居民服务、修理和其他服务业** | **2676.6** | **2653.4** | **13.9** | **9.3** | **943.4** | **206.4** | **1284.3** |
| 居民服务业 | 1490.7 | 1473.7 | 10.1 | 6.9 | 709.6 | 141.7 | 473.1 |
| 机动车、电子产品和日用产品修理业 | 577.6 | 577.1 | | 0.5 | 48.2 | 10.3 | 485.1 |
| 其他服务业 | 608.3 | 602.6 | 3.8 | 2.0 | 185.6 | 54.4 | 326.1 |
| **教育** | **9323.7** | **9312.5** | **3.3** | **7.9** | **6941.3** | **338.1** | **1445.2** |
| **卫生和社会工作** | **6281.6** | **6250.1** | **12.6** | **18.9** | **3847.4** | **282.3** | **1676.8** |
| 卫生 | 4601.4 | 4573.0 | 10.2 | 18.3 | 3112.5 | 182.3 | 1002.8 |
| 社会工作 | 1680.1 | 1677.1 | 2.4 | 0.6 | 734.9 | 99.9 | 674.0 |
| **文化、体育和娱乐业** | **7830.1** | **7641.8** | **69.5** | **118.9** | **3741.0** | **402.8** | **3025.6** |
| 新闻和出版业 | 99.8 | 99.3 | 0.3 | 0.3 | 59.5 | 0.1 | 36.3 |
| 广播、电视、电影和影视录音制作业 | 619.1 | 616.4 | 2.5 | 0.2 | 188.3 | 4.5 | 394.6 |
| 文化艺术业 | 3407.9 | 3384.9 | 20.5 | 2.4 | 2099.4 | 227.3 | 767.4 |
| 体育 | 1421.3 | 1390.8 | 23.8 | 6.7 | 784.3 | 63.3 | 474.7 |
| 娱乐业 | 2282.0 | 2150.3 | 22.4 | 109.2 | 609.5 | 107.7 | 1352.5 |
| **公共管理、社会保障和社会组织** | **8187.5** | **8185.7** | **0.6** | **1.3** | **6645.7** | **722.6** | **240.6** |
| 中国共产党机关 | 31.8 | 31.8 | | | 30.2 | 0.2 | 0.4 |
| 国家机构 | 5770.7 | 5770.3 | | 0.5 | 5378.1 | 151.8 | 79.2 |
| 人民政协、民主党派 | 3.9 | 3.9 | | | 2.9 | | 0.9 |
| 社会保障 | 261.3 | 260.9 | | 0.5 | 172.3 | 30.8 | 25.1 |
| 群众团体、社会团体和其他成员组织 | 476.5 | 475.6 | 0.6 | 0.3 | 229.0 | 47.4 | 61.1 |
| 基层群众自治组织 | 1643.3 | 1643.3 | | | 833.2 | 492.4 | 74.0 |
| 国际组织 | | | | | | | |

# 4-8 按行业分第三产业固定资产投资(不含农户)资金来源和新增固定资产

单位：亿元

| 行业 | 本年资金来源合计 | 国家预算资金 | 国内贷款 | 利用外资 | 自筹资金 | 其他资金 | 投资额 | 新增固定资产 |
|---|---|---|---|---|---|---|---|---|
| **第三产业合计** | **367340.7** | **31948.3** | **46633.2** | **555.5** | **197572.6** | **90631.0** | **345836.5** | **182573.9** |
| **农、林、牧、渔服务业** | **3750.4** | **843.1** | **133.9** | **5.1** | **2484.1** | **284.2** | **3935.6** | **3092.9** |
| **开采辅助活动** | **294.6** | **17.9** | **13.4** | | **256.7** | **6.6** | **342.8** | **271.4** |
| **金属制品、机械和设备修理业** | **280.2** | **15.8** | **20.4** | | **236.8** | **7.3** | **300.5** | **219.0** |
| **批发和零售业** | **17347.6** | **170.9** | **963.3** | **48.1** | **15551.4** | **613.9** | **17939.1** | **12986.2** |
| 批发业 | 8963.4 | 62.1 | 468.9 | 19.9 | 8078.4 | 334.1 | 9220.7 | 6802.0 |
| 零售业 | 8384.2 | 108.8 | 494.4 | 28.2 | 7473.0 | 279.8 | 8718.3 | 6184.2 |
| **交通运输、仓储和邮政业** | **47732.3** | **8234.2** | **9855.3** | **116.9** | **24165.1** | **5360.8** | **53628.5** | **25037.8** |
| 铁路运输业 | 7020.7 | 1062.8 | 1863.8 | 13.7 | 2293.2 | 1787.2 | 7748.1 | 836.0 |
| 道路运输业 | 28515.3 | 6468.0 | 6248.0 | 49.1 | 12684.7 | 3065.5 | 32937.3 | 16882.5 |
| 水上运输业 | 1967.4 | 205.5 | 354.6 | 3.7 | 1291.5 | 112.1 | 2163.3 | 987.5 |
| 航空运输业 | 2156.7 | 300.2 | 740.2 | | 949.9 | 166.3 | 2219.6 | 1294.4 |
| 管道运输业 | 287.5 | 22.9 | 27.7 | 0.6 | 227.5 | 8.8 | 262.7 | 142.9 |
| 装卸搬运和运输代理业 | 1024.7 | 26.3 | 79.1 | 2.9 | 887.5 | 28.9 | 1089.4 | 633.0 |
| 仓储业 | 6545.2 | 146.3 | 535.2 | 46.7 | 5632.5 | 184.5 | 6983.5 | 4150.1 |
| 邮政业 | 214.9 | 2.2 | 6.7 | 0.3 | 198.2 | 7.5 | 224.4 | 111.4 |
| **住宿和餐饮业** | **5654.6** | **72.0** | **373.4** | **18.1** | **4967.6** | **223.6** | **5947.4** | **3976.5** |
| 住宿业 | 3905.8 | 59.2 | 308.7 | 14.5 | 3346.9 | 176.5 | 4137.8 | 2573.5 |
| 餐饮业 | 1748.8 | 12.7 | 64.7 | 3.6 | 1620.7 | 47.1 | 1809.6 | 1403.0 |
| **信息传输、软件和信息技术服务业** | **6103.8** | **130.5** | **307.2** | **9.5** | **5500.8** | **155.7** | **6318.7** | **3789.1** |
| 电信、广播电视和卫星传输服务 | 2579.5 | 80.6 | 53.4 | 0.7 | 2382.2 | 62.6 | 2647.0 | 1549.6 |
| 互联网和相关服务 | 907.7 | 20.1 | 29.1 | 1.5 | 824.8 | 32.2 | 938.4 | 609.0 |
| 软件和信息技术服务业 | 2616.6 | 29.8 | 224.7 | 7.3 | 2293.9 | 60.9 | 2733.2 | 1630.5 |
| **金融业** | **1285.2** | **26.9** | **85.6** | **0.1** | **1137.4** | **35.2** | **1310.2** | **721.8** |
| 货币金融服务 | 544.3 | 16.0 | 16.4 | | 492.7 | 19.2 | 560.0 | 351.0 |
| 资本市场服务 | 425.0 | 8.1 | 57.1 | | 345.5 | 14.3 | 430.7 | 215.8 |
| 保险业 | 124.3 | 0.6 | 0.6 | | 122.8 | 0.2 | 118.1 | 42.1 |
| 其他金融业 | 191.6 | 2.2 | 11.5 | 0.1 | 176.4 | 1.4 | 201.4 | 113.0 |
| **房地产业** | **174212.0** | **3637.5** | **25383.6** | **171.3** | **69057.0** | **75962.6** | **135283.7** | **59020.2** |
| **租赁和商务服务业** | **11643.0** | **403.2** | **1349.6** | **25.2** | **9326.7** | **538.3** | **12315.7** | **7322.1** |
| 租赁业 | 1442.6 | 15.2 | 323.8 | 8.4 | 1079.1 | 16.2 | 1594.5 | 1328.8 |
| 商务服务业 | 10200.4 | 388.0 | 1025.8 | 16.9 | 8247.6 | 522.1 | 10721.2 | 5993.3 |
| **科学研究和技术服务业** | **5516.6** | **337.4** | **475.6** | **30.3** | **4485.0** | **188.3** | **5567.8** | **3636.9** |
| 研究和试验发展 | 1262.5 | 63.5 | 88.9 | 5.6 | 1064.5 | 39.9 | 1359.2 | 749.4 |
| 专业技术服务业 | 2075.8 | 213.9 | 233.6 | 14.8 | 1516.7 | 96.8 | 1950.7 | 1336.5 |
| 科技推广和应用服务业 | 2178.3 | 60.0 | 153.1 | 9.8 | 1903.8 | 51.5 | 2257.9 | 1551.0 |
| **水利、环境和公共设施管理业** | **61505.0** | **11460.0** | **5729.5** | **85.4** | **39317.5** | **4912.6** | **68647.2** | **41096.9** |
| 水利管理业 | 7851.6 | 2816.1 | 588.9 | 6.1 | 3528.5 | 912.0 | 8725.4 | 5371.0 |
| 生态保护和环境治理业 | 2828.3 | 618.8 | 155.5 | 10.2 | 1813.4 | 230.3 | 3145.6 | 1909.8 |
| 公共设施管理业 | 50825.1 | 8025.1 | 4985.1 | 69.1 | 33975.6 | 3770.2 | 56776.3 | 33816.1 |
| **居民服务、修理和其他服务业** | **2529.5** | **179.2** | **139.6** | **5.0** | **2100.4** | **105.4** | **2676.6** | **1958.5** |
| 居民服务业 | 1389.5 | 144.5 | 85.4 | 4.0 | 1090.7 | 65.0 | 1490.7 | 989.3 |
| 机动车、电子产品和日用产品修理业 | 562.4 | 5.0 | 22.6 | 0.3 | 518.7 | 15.8 | 577.6 | 486.3 |
| 其他服务业 | 577.7 | 29.7 | 31.6 | 0.7 | 491.1 | 24.5 | 608.3 | 482.9 |
| **教育** | **8750.4** | **2505.7** | **501.8** | **9.7** | **5069.0** | **664.2** | **9323.7** | **6025.4** |
| **卫生和社会工作** | **5842.6** | **906.4** | **387.6** | **10.7** | **4169.6** | **368.4** | **6281.6** | **3649.4** |
| 卫生 | 4268.7 | 719.1 | 291.7 | 9.1 | 2974.2 | 274.6 | 4601.4 | 2646.7 |
| 社会工作 | 1573.9 | 187.3 | 95.9 | 1.6 | 1195.3 | 93.8 | 1680.1 | 1002.7 |
| **文化、体育和娱乐业** | **7338.5** | **753.3** | **656.8** | **17.9** | **5419.4** | **491.1** | **7830.1** | **4308.6** |
| 新闻和出版业 | 101.8 | 3.5 | 13.3 | | 82.8 | 2.2 | 99.8 | 49.5 |
| 广播、电视、电影和影视录音制作业 | 558.5 | 27.0 | 22.9 | | 479.5 | 29.1 | 619.1 | 364.3 |
| 文化艺术业 | 3211.7 | 466.2 | 294.8 | 1.8 | 2174.9 | 274.0 | 3407.9 | 1950.3 |
| 体育 | 1304.0 | 175.2 | 102.5 | 12.7 | 914.1 | 99.5 | 1421.3 | 808.5 |
| 娱乐业 | 2162.5 | 81.4 | 223.3 | 3.3 | 1768.2 | 86.3 | 2282.0 | 1136.0 |
| **公共管理、社会保障和社会组织** | **7554.4** | **2254.3** | **256.8** | **2.3** | **4328.2** | **712.8** | **8187.5** | **5461.2** |
| 中国共产党机关 | 30.9 | 10.7 | 1.6 | | 17.1 | 1.6 | 31.8 | 24.1 |
| 国家机构 | 5294.2 | 1900.9 | 188.7 | 1.9 | 2778.3 | 424.4 | 5770.7 | 3631.9 |
| 人民政协、民主党派 | 3.5 | 0.6 | | | 2.9 | | 3.9 | 2.9 |
| 社会保障 | 260.1 | 64.8 | 6.8 | | 125.5 | 63.0 | 261.3 | 172.5 |
| 群众团体、社会团体和其他成员组织 | 454.7 | 44.9 | 8.1 | 0.3 | 358.4 | 42.9 | 476.5 | 347.4 |
| 基层群众自治组织 | 1510.9 | 232.4 | 51.6 | | 1046.0 | 180.9 | 1643.3 | 1282.3 |
| 国际组织 | | | | | | | | |

# 4-9 各地区按行业门类分第三产业固定资产投资(不含农户)

单位：亿元

| 地区 | 第三产业合计 | 农、林、牧、渔服务业 | 开采辅助活动 | 金属制品、机械和设备修理业 | 批发和零售业 | 交通运输、仓储和邮政业 | 住宿和餐饮业 | 信息传输、软件和信息技术服务业 | 金融业 | 房地产业 |
|---|---|---|---|---|---|---|---|---|---|---|
| **全国** | **345836.5** | **3935.6** | **342.8** | **300.5** | **17939.1** | **53628.5** | **5947.4** | **6318.7** | **1310.2** | **135283.7** |
| 北京 | 7077.7 | 4.9 | | 3.1 | 29.6 | 761.4 | 45.7 | 198.9 | 50.6 | 4675.7 |
| 天津 | 8728.0 | 39.5 | 4.6 | 13.2 | 846.6 | 727.5 | 66.8 | 165.3 | 20.4 | 3280.9 |
| 河北 | 14041.5 | 146.8 | 2.9 | 26.4 | 851.7 | 2081.3 | 185.6 | 239.1 | 93.1 | 5469.7 |
| 山西 | 7153.4 | 108.5 | 54.3 | 12.2 | 363.7 | 881.7 | 73.3 | 100.9 | 9.2 | 2723.5 |
| 内蒙古 | 7757.3 | 234.9 | 64.4 | 16.6 | 385.3 | 1427.7 | 67.3 | 126.0 | 16.8 | 1727.9 |
| 辽宁 | 4122.5 | 16.0 | 0.8 | 1.9 | 196.6 | 652.7 | 73.9 | 63.1 | 12.9 | 2143.0 |
| 吉林 | 6092.9 | 180.6 | 23.4 | 10.7 | 746.8 | 1162.7 | 154.3 | 226.2 | 68.5 | 1210.3 |
| 黑龙江 | 5715.1 | 238.9 | 12.7 | 9.6 | 637.9 | 1127.9 | 232.5 | 229.2 | 64.8 | 1150.9 |
| 上海 | 5775.1 | 2.6 | 0.3 | 7.2 | 37.2 | 944.9 | 20.6 | 136.9 | 18.5 | 3716.6 |
| 江苏 | 24403.9 | 117.3 | 0.6 | 17.3 | 1640.5 | 2542.3 | 455.9 | 635.5 | 141.6 | 10277.1 |
| 浙江 | 20213.9 | 122.6 | 0.3 | 15.4 | 370.3 | 2577.4 | 295.1 | 318.8 | 88.9 | 9683.8 |
| 安徽 | 14127.0 | 115.1 | 2.9 | 12.8 | 930.9 | 1614.2 | 275.7 | 301.7 | 92.4 | 5764.1 |
| 福建 | 14330.2 | 97.7 | 4.0 | 17.4 | 413.8 | 2498.6 | 191.5 | 311.1 | 50.6 | 5462.4 |
| 江西 | 8620.5 | 55.0 | 2.7 | 6.6 | 940.1 | 958.3 | 275.4 | 171.2 | 48.9 | 2522.2 |
| 山东 | 23965.1 | 295.0 | 21.1 | 21.8 | 2276.0 | 2982.2 | 369.9 | 290.7 | 101.8 | 8910.0 |
| 河南 | 19298.7 | 227.6 | 11.0 | 6.0 | 1221.8 | 1944.6 | 358.0 | 238.9 | 30.8 | 8949.1 |
| 湖北 | 16389.4 | 196.6 | 8.2 | 29.2 | 725.3 | 2794.2 | 286.0 | 150.7 | 33.0 | 6063.7 |
| 湖南 | 16119.9 | 230.9 | 9.5 | 16.1 | 1104.8 | 1944.4 | 293.9 | 298.3 | 78.6 | 4369.5 |
| 广东 | 21417.9 | 74.5 | 2.5 | 9.7 | 795.1 | 3032.3 | 350.6 | 506.5 | 94.1 | 11762.1 |
| 广西 | 10288.1 | 153.0 | 2.2 | 6.8 | 756.2 | 1824.0 | 201.6 | 223.2 | 72.1 | 2984.2 |
| 海南 | 3427.2 | 8.8 | | 1.5 | 49.0 | 467.1 | 135.3 | 88.4 | | 1995.2 |
| 重庆 | 10179.8 | 68.9 | 13.3 | 5.8 | 219.0 | 1628.9 | 159.7 | 90.9 | 12.2 | 4259.3 |
| 四川 | 19232.8 | 190.7 | 12.2 | 7.8 | 507.4 | 3704.3 | 354.3 | 292.9 | 21.3 | 8108.8 |
| 贵州 | 9814.7 | 32.5 | 7.4 | 3.0 | 254.1 | 1779.9 | 225.7 | 66.4 | 13.6 | 3289.0 |
| 云南 | 12182.5 | 245.5 | | | 273.9 | 2560.5 | 232.0 | 228.5 | 10.2 | 5127.7 |
| 西藏 | 1256.1 | 39.5 | | | 14.0 | 542.3 | 22.0 | 11.4 | 4.9 | 176.6 |
| 陕西 | 13730.4 | 242.7 | 10.6 | 9.7 | 633.8 | 1576.6 | 249.9 | 225.5 | 22.9 | 4824.5 |
| 甘肃 | 5802.0 | 125.4 | 32.7 | 9.1 | 481.1 | 1100.0 | 195.6 | 105.0 | 22.5 | 1344.7 |
| 青海 | 2101.2 | 68.6 | 7.5 | 0.2 | 28.8 | 589.9 | 30.0 | 75.3 | 4.8 | 576.3 |
| 宁夏 | 1937.7 | 37.5 | | 0.2 | 46.7 | 357.4 | 20.5 | 66.5 | 1.0 | 817.9 |
| 新疆 | 5857.6 | 217.3 | 30.9 | 3.3 | 161.2 | 836.1 | 48.6 | 135.9 | 9.2 | 1917.1 |
| 不分地区 | 4676.5 | | | | | 4005.1 | | | | |

4-9 续表 单位：亿元

| 地　　区 | 租赁和商务服务业 | 科学研究和技术服务业 | 水利、环境和公共设施管理业 | 居民服务、修理和其他服务业 | 教　育 | 卫生和社会工作 | 文化、体育和娱乐业 | 公共管理、社会保障和社会组织 | 国际组织 |
|---|---|---|---|---|---|---|---|---|---|
| **全　　国** | **12315.7** | **5567.8** | **68647.2** | **2676.6** | **9323.7** | **6281.6** | **7830.1** | **8187.5** | |
| 北　　京 | 129.2 | 70.6 | 722.2 | 16.1 | 139.9 | 56.9 | 153.2 | 19.7 | |
| 天　　津 | 1122.4 | 301.4 | 1629.1 | 167.1 | 140.4 | 55.7 | 119.7 | 27.6 | |
| 河　　北 | 501.0 | 351.8 | 2705.9 | 93.9 | 325.3 | 316.4 | 461.7 | 188.9 | |
| 山　　西 | 162.6 | 104.6 | 1873.6 | 42.1 | 186.8 | 166.8 | 192.8 | 96.9 | |
| 内 蒙 古 | 141.6 | 87.8 | 2645.3 | 33.9 | 149.2 | 127.6 | 210.5 | 294.5 | |
| 辽　　宁 | 93.1 | 44.0 | 505.2 | 48.9 | 57.9 | 66.0 | 83.6 | 62.8 | |
| 吉　　林 | 266.7 | 150.8 | 1161.3 | 105.4 | 123.9 | 145.4 | 107.8 | 248.1 | |
| 黑 龙 江 | 258.7 | 194.3 | 864.5 | 102.4 | 164.2 | 156.9 | 146.7 | 122.9 | |
| 上　　海 | 119.9 | 40.4 | 474.4 | 2.6 | 79.1 | 52.8 | 107.1 | 14.1 | |
| 江　　苏 | 1545.7 | 639.2 | 3965.4 | 260.9 | 590.1 | 446.4 | 642.2 | 485.8 | |
| 浙　　江 | 645.9 | 141.3 | 4361.4 | 119.8 | 506.8 | 273.1 | 390.0 | 302.9 | |
| 安　　徽 | 655.5 | 345.3 | 2597.1 | 105.7 | 375.4 | 231.4 | 242.7 | 464.2 | |
| 福　　建 | 336.0 | 116.0 | 3588.5 | 50.4 | 328.2 | 198.7 | 324.0 | 341.5 | |
| 江　　西 | 494.7 | 153.3 | 2004.4 | 120.2 | 218.3 | 145.6 | 176.0 | 327.6 | |
| 山　　东 | 1183.1 | 1055.7 | 2959.7 | 305.7 | 744.2 | 545.9 | 827.4 | 1074.9 | |
| 河　　南 | 450.2 | 252.2 | 3697.9 | 152.2 | 533.7 | 555.9 | 547.7 | 121.0 | |
| 湖　　北 | 806.4 | 151.9 | 3735.2 | 139.2 | 366.7 | 269.5 | 323.9 | 309.8 | |
| 湖　　南 | 723.4 | 358.2 | 4526.2 | 131.0 | 568.1 | 414.3 | 512.8 | 539.9 | |
| 广　　东 | 433.7 | 223.5 | 2843.2 | 39.9 | 514.7 | 215.3 | 319.2 | 201.1 | |
| 广　　西 | 560.1 | 152.5 | 2076.5 | 93.8 | 478.4 | 218.5 | 223.0 | 261.9 | |
| 海　　南 | 33.0 | 38.3 | 399.3 | 10.0 | 62.5 | 57.3 | 63.0 | 18.6 | |
| 重　　庆 | 244.6 | 30.8 | 2839.8 | 44.3 | 243.4 | 131.7 | 112.7 | 74.6 | |
| 四　　川 | 400.4 | 96.2 | 3977.1 | 59.9 | 579.3 | 402.1 | 233.3 | 284.9 | |
| 贵　　州 | 313.3 | 32.4 | 2960.4 | 48.5 | 326.2 | 171.7 | 262.0 | 28.6 | |
| 云　　南 | 59.4 | 18.1 | 2022.1 | 55.5 | 438.8 | 215.5 | 186.1 | 508.6 | |
| 西　　藏 | 17.3 | 7.3 | 193.5 | 8.0 | 39.5 | 17.4 | 26.2 | 136.4 | |
| 陕　　西 | 259.4 | 215.5 | 4026.5 | 125.8 | 424.7 | 307.3 | 348.8 | 226.2 | |
| 甘　　肃 | 145.0 | 79.0 | 1073.6 | 142.0 | 294.3 | 155.1 | 291.7 | 205.2 | |
| 青　　海 | 42.4 | 39.5 | 327.4 | 5.9 | 64.4 | 26.1 | 44.7 | 169.3 | |
| 宁　　夏 | 22.7 | 17.2 | 348.3 | 20.1 | 56.9 | 45.6 | 45.3 | 33.9 | |
| 新　　疆 | 148.3 | 58.8 | 1539.8 | 25.6 | 202.4 | 92.6 | 104.4 | 326.0 | |
| 不分地区 | | | 2.4 | | | | | 669.0 | |

## 【主要统计指标解释】

**全社会固定资产投资** 以货币形式表现的在一定时期内全社会建造和购置固定资产的工作量以及与此有关的费用的总称。该指标是反映固定资产投资规模、结构和发展速度的综合性指标，又是观察工程进度和考核投资效果的重要依据。全社会固定资产投资按登记注册类型可分为国有、集体、个体、联营、股份制、私营和个体、港澳台商、外商、其他等。

**固定资产投资（不含农户）** 指城镇和农村各种登记注册类型的企业、事业、行政单位，以及城镇个体户进行的计划总投资500万元及以上的建设项目投资和房地产开发投资。包含原口径的城镇固定资产投资加上农村企事业组织项目投资，该口径自2011年起开始使用。之前年份统计数据为城镇固定资产投资口径。

**固定资产投资的资金来源** 根据固定资产投资的资金来源不同，分为国家预算资金、国内贷款、利用外资、自筹资金和其他资金。

（1）国家预算资金：国家预算包括一般预算、政府性基金预算、国有资本经营预算和社保基金预算。各类预算中用于固定资产投资的资金全部作为国家预算资金填报，其中一般预算中用于固定资产投资的部分包括基建投资、车购税、灾后恢复重建基金和其他财政投资。各级政府债券也应归入国家预算资金。

（2）国内贷款：指报告期内向银行及非银行金融机构借入的各种国内借款，包括银行利用自有资金及吸收的存款发放的贷款、上级主管部门拨入的国内贷款、国家专项贷款（包括煤代油贷款、劳改煤矿专项贷款等），地方财政专项资金安排的贷款、国内储备贷款、周转贷款等。

（3）利用外资：指报告期收到的用于固定资产建造和购置的境外资金（包括设备、材料、技术在内）。包括对外借款（外国政府贷款、国际金融组织贷款、出口信贷、外国银行商业贷款、对外发行债券和股票）、外商直接投资及外商其他投资（包括利用外商投资收益在国内进行固定资产再投资活动的资金）。不包括我国自有外汇资金（国家外汇、地方外汇、留成外汇、调剂外汇和国内银行自有资金发放的外汇贷款等）。计算利用外资时，需要折算成人民币，折算时所使用的外汇汇率按现汇计算，即按报告期末的汇率计算。

（4）自筹资金：指固定资产投资单位在报告期收到的，由各企、事业单位筹集用于固定资产投资的资金，包括各类企事业单位的自有资金和从其他单位筹集的用于固定资产投资的资金，但不包括各类财政性资金、从各类金融机构借入资金和国外资金。

（5）其他资金：在报告期收到的除以上各种资金之外的用于固定资产投资的资金，包括社会集资、个人资金、无偿捐赠的资金及其他单位拨入的资金等。

**固定资产投资按国民经济行业分** 根据建设项目建成投产后的主要产品种类或主要用途及社会经济活动中类来划分，不能根据项目单位本身的行业类别来划分。如果项目投产后有几种产品，应根据主要产品来确定行业类别。一般情况下，一个建设项目只能属于一种国民经济行业。

**新增固定资产** 指已经完成建造和购置过程，并已交付生产或使用单位的固定资产的价值，包括已经建成投入生产或交付使用的工程投资和达到固定资产标准的设备、工具、器具的投资及有关应摊入的费用。该指标是表示固定资产投资成果的价值指标，也是反映建设进度，计算固定资产投资效果的重要指标。

# 5 第三产业双向投资与服务贸易进出口情况

# 简要说明

**一、主要内容**

本篇资料主要包括服务贸易、外商直接投资、对外直接投资的分行业统计。其中，服务贸易按国际收支口径统计，不包含政府服务。

**二、资料来源**

本篇资料由国家统计局贸易外经统计司负责整理、编辑，资料来源于商务部。

# 5-1 按行业分对外直接投资

单位：万美元

| 行　业 | 对外直接投资净额 | | | 截至2016年对外直接投资存量 |
|---|---|---|---|---|
| | 2014 | 2015 | 2016 | |
| **总　计** | **12311986** | **14566715** | **19614943** | **135739045** |
| 其中：批发和零售业 | 1829071 | 1921785 | 2089417 | 16916820 |
| 交通运输、仓储和邮政业 | 417472 | 272682 | 167881 | 4142202 |
| 住宿和餐饮业 | 24474 | 72319 | 162549 | 419407 |
| 信息传输、软件和信息技术服务业 | 316965 | 682037 | 1866022 | 6480151 |
| 金融业 | 1591782 | 2424553 | 1491809 | 17734245 |
| 房地产业 | 660457 | 778656 | 1524674 | 4610471 |
| 租赁和商务服务业 | 3683059 | 3625788 | 6578157 | 47399432 |
| 科学研究和技术服务业 | 166879 | 334540 | 423806 | 1972019 |
| 水利、环境和公共设施管理业 | 55139 | 136773 | 84705 | 357469 |
| 居民服务、修理和其他服务业 | 165175 | 159948 | 542429 | 1690188 |
| 教育 | 1355 | 6229 | 28452 | 72372 |
| 卫生和社会工作 | 15338 | 8387 | 48719 | 92137 |
| 文化、体育和娱乐业 | 51915 | 174751 | 386869 | 791284 |
| 公共管理、社会保障和社会组织 | | 160 | | |

# 5-2 按行业分外商直接投资

| 行　业 | 2015 | | 2016 | |
|---|---|---|---|---|
| | 合同项目（个） | 实际使用金额（万美元） | 合同项目（个） | 实际使用金额（万美元） |
| **总　计** | **26575** | **12626660** | **27900** | **12600142** |
| 其中：交通运输、仓储和邮政业 | 449 | 418607 | 425 | 508944 |
| 信息传输、计算机服务和软件业 | 1311 | 383556 | 1463 | 844249 |
| 批发和零售业 | 9156 | 1202313 | 9399 | 1587016 |
| 住宿和餐饮业 | 611 | 43398 | 620 | 36512 |
| 金融业 | 2003 | 1496889 | 2476 | 1028901 |
| 房地产业 | 387 | 2899484 | 378 | 1965528 |
| 租赁和商务服务业 | 4465 | 1004973 | 4631 | 1613171 |
| 科学研究、技术服务和地质勘查业 | 1970 | 452936 | 2444 | 651989 |
| 水利、环境和公共设施管理业 | 84 | 43334 | 97 | 42159 |
| 居民服务和其他服务业 | 217 | 72131 | 245 | 49038 |
| 教育 | 38 | 2894 | 96 | 9437 |
| 卫生、社会保障和社会福利业 | 51 | 14338 | 77 | 25411 |
| 文化、体育和娱乐业 | 238 | 78941 | 371 | 26732 |
| 公共管理和社会组织 | 5 | | 2 | |

注：本表中的行业分类仍执行2002年版的国民经济行业分类标准。

# 5-3 服务进出口分类金额

单位：亿美元

| 类别 | 进出口 | | 出口 | | 进口 | |
|---|---|---|---|---|---|---|
| | 金额 | 同比(%) | 金额 | 同比(%) | 金额 | 同比(%) |
| **总额** | **6575.4** | **1.1** | **2083.2** | **-4.2** | **4492.2** | **3.8** |
| 运输 | 1144.1 | -7.7 | 338.3 | -12.4 | 805.8 | -5.6 |
| 旅行 | 3055.6 | 3.7 | 444.3 | -1.2 | 2611.3 | 4.5 |
| 建筑 | 212.0 | -21.0 | 127.0 | -23.7 | 85.0 | -16.6 |
| 保险服务 | 169.8 | 23.3 | 40.6 | -18.3 | 129.1 | 46.8 |
| 金融服务 | 52.1 | 4.6 | 31.7 | 36.0 | 20.3 | -23.1 |
| 电信、计算机和信息服务 | 391.0 | 5.7 | 265.2 | 2.9 | 125.8 | 12.0 |
| 电信服务 | 29.3 | -1.0 | 15.1 | -8.7 | 14.2 | 8.7 |
| 计算机服务 | 343.3 | 4.3 | 242.5 | 2.9 | 100.8 | 8.0 |
| 信息服务 | 18.4 | 62.9 | 7.6 | 40.4 | 10.8 | 83.6 |
| 技术 | 233.7 | -2.0 | 116.6 | -6.1 | 117.2 | 2.5 |
| 专业和管理咨询服务 | 456.0 | 5.8 | 303.2 | 4.0 | 152.8 | 9.6 |
| 其中：法律 | 24.7 | -4.1 | 14.9 | -10.4 | 9.9 | 7.1 |
| 会计 | 16.3 | -5.5 | 12.2 | -9.1 | 4.1 | 7.3 |
| 管理咨询和公共关系 | 311.0 | 3.6 | 212.4 | 1.2 | 98.6 | 9.3 |
| 广告 | 68.7 | 29.0 | 46.8 | 38.1 | 21.8 | 12.9 |
| 展会 | 20.3 | 8.6 | 5.1 | -4.4 | 15.2 | 13.9 |
| 知识产权使用费 | 251.4 | 8.8 | 11.6 | 7.1 | 239.8 | 8.9 |
| 个人、文化和娱乐服务 | 28.8 | 9.8 | 7.4 | 1.5 | 21.4 | 13.0 |
| 维护和维修服务 | 71.6 | 45.5 | 52.0 | 44.3 | 19.6 | 48.8 |
| 其他服务 | 509.2 | -1.3 | 345.2 | -7.4 | 164.1 | 14.5 |
| 加工服务 | 187.0 | -9.2 | 185.4 | -9.3 | 1.6 | -1.7 |

注：1.2015年起，本表数据按《国际收支手册(第六版)》(BPM6)标准统计，不含政府服务。
2.增幅按可比口径计算。

## 【主要统计指标解释】

**服务进出口** 指常住单位与非常住单位之间相互提供的服务。包括旅行服务，运输服务，专业管理和咨询服务，电信、计算机和信息服务，文化服务，建筑服务，技术服务，知识产权使用费，保险服务，金融服务，其他服务。不包括政府服务。

**外商直接投资** 是指外国投资者在我国境内通过设立外商投资企业、合伙企业、与中方投资者共同进行石油资源的合作勘探开发以及设立外国公司分支机构等方式进行投资。外国投资者可以用现金、实物、无形资产、股权等投资，还可以用从外商投资企业获得的利润进行再投资。

**对外直接投资** 指我国企业、团体等(简称境内投资主体) 在国外及港澳台地区以现金、实物、无形资产等方式投资，并以控制国(境)外企业的经营管理权为核心的经济活动。对外直接投资的内涵主要体现在一经济体通过投资于另一经济体而实现其持久利益的目标。

# 6 第三产业能源消费情况

# 简要说明

**一、主要内容**

本篇包括的主要内容有分行业、分主要能源品种的消费量，生活用能源消费量等。

**二、统计范围**

本篇资料的统计范围为全社会。

**三、资料来源**

数据均来自历年能源平衡表。

**四、计算说明**

电力折算标准煤系数按平均发电煤耗计算。

# 6-1 综合能源平衡表

单位：万吨标准煤

| 项　　目 | 1980 | 1985 | 1990 | 1995 | 2000 | 2005 |
|---|---|---|---|---|---|---|
| **能源消费总量** | **60275** | **76682** | **98703** | **131176** | **146964** | **261369** |
| 在总量中： | | | | | | |
| 1.农、林、牧、渔业 | 4692 | 4045 | 4852 | 5505 | 4233 | 6860 |
| 2.工业 | 38986 | 51068 | 67578 | 96191 | 103014 | 187914 |
| 3.建筑业 | 957 | 1302 | 1213 | 1335 | 2207 | 3486 |
| 4.交通运输、仓储和邮政业 | 2902 | 3713 | 4541 | 5863 | 11447 | 19136 |
| 5.批发、零售业和住宿、餐饮业 | 518 | 766 | 1247 | 2018 | 3251 | 5917 |
| 6.其他 | 1205 | 2470 | 3473 | 4519 | 6118 | 10484 |
| 7.生活消费 | 11015 | 13318 | 15799 | 15745 | 16695 | 27573 |

6-1 续表

单位：万吨标准煤

| 项　　目 | 2010 | 2011 | 2012 | 2013 | 2014 | 2015 |
|---|---|---|---|---|---|---|
| **能源消费总量** | **360648** | **387043** | **402138** | **416913** | **425806** | **429905** |
| 在总量中： | | | | | | |
| 1.农、林、牧、渔业 | 7266 | 7675 | 7804 | 8055 | 8094 | 8232 |
| 2.工业 | 261377 | 278048 | 284712 | 291131 | 295686 | 292276 |
| 3.建筑业 | 5533 | 6052 | 6337 | 7017 | 7520 | 7696 |
| 4.交通运输、仓储和邮政业 | 27102 | 29694 | 32561 | 34819 | 36336 | 38318 |
| 5.批发、零售业和住宿、餐饮业 | 7847 | 9147 | 10012 | 10598 | 10873 | 11404 |
| 6.其他 | 15052 | 16843 | 18407 | 19763 | 20084 | 21881 |
| 7.生活消费 | 36470 | 39584 | 42306 | 45531 | 47212 | 50099 |

# 6-2 煤炭平衡表

单位：万吨

| 项　　目 | 1980 | 1985 | 1990 | 1995 | 2000 | 2005 |
|---|---|---|---|---|---|---|
| **消费量** | **61010** | **81603** | **105523** | **137677** | **135690** | **243375** |
| 在消费量中： | | | | | | |
| 1.农、林、牧、渔业 | 1550 | 2209 | 2095 | 1857 | 1051 | 1802 |
| 2.工业 | 43848 | 58613 | 81091 | 117571 | 121807 | 224766 |
| 3.建筑业 | 556 | 532 | 438 | 440 | 537 | 604 |
| 4.交通运输、仓储和邮政业 | 1934 | 2307 | 2161 | 1315 | 882 | 811 |
| 5.批发、零售业和住宿、餐饮业 | 455 | 738 | 1058 | 977 | 1461 | 2627 |
| 6.其他 | 1091 | 1580 | 1980 | 1987 | 1495 | 2727 |
| 7.生活消费 | 11574 | 15624 | 16700 | 13530 | 8457 | 10039 |

6-2 续表

单位：万吨

| 项　　目 | 2010 | 2011 | 2012 | 2013 | 2014 | 2015 |
|---|---|---|---|---|---|---|
| **消费量** | **349008** | **388961** | **411727** | **424426** | **411613** | **397014** |
| 在消费量中： | | | | | | |
| 1.农、林、牧、渔业 | 2147 | 2207 | 2266 | 2451 | 2579 | 2625 |
| 2.工业 | 329728 | 368916 | 391191 | 403157 | 390497 | 375650 |
| 3.建筑业 | 731 | 797 | 767 | 811 | 914 | 878 |
| 4.交通运输、仓储和邮政业 | 639 | 646 | 614 | 615 | 558 | 492 |
| 5.批发、零售业和住宿、餐饮业 | 3192 | 3572 | 3752 | 3966 | 3767 | 3864 |
| 6.其他 | 3412 | 3612 | 3883 | 4136 | 4046 | 4159 |
| 7.生活消费 | 9159 | 9212 | 9253 | 9290 | 9253 | 9347 |

# 6-3 焦炭平衡表

单位：万吨

| 项　　目 | 1980 | 1985 | 1990 | 1995 | 2000 | 2005 |
|---|---|---|---|---|---|---|
| **消费量** | **4303.0** | **4689.7** | **6914.7** | **10725.3** | **10840.8** | **25105.8** |
| 在消费量中： | | | | | | |
| 1.农、林、牧、渔业 | 10.6 | 20.8 | 60.1 | 128.6 | 70.9 | 63.5 |
| 2.工业 | 4266.7 | 4627.7 | 6808.8 | 10412.0 | 10554.6 | 24860.9 |
| 3.建筑业 | 11.9 | 7.8 | 5.2 | 10.8 | 19.0 | 18.4 |
| 4.交通运输、仓储和邮政业 | 8.2 | 5.7 | 4.1 | 10.1 | 11.2 | 1.1 |
| 5.批发、零售业和住宿、餐饮业 | 0.9 | 2.7 | 7.7 | 25.7 | 35.7 | 64.1 |
| 6.其他 | 4.7 | 2.0 | 1.9 | 6.4 | 12.2 | 7.6 |
| 7.生活消费 | | 23.0 | 26.9 | 131.6 | 137.2 | 90.3 |

6-3　续表　　　　单位：万吨

| 项　　目 | 2010 | 2011 | 2012 | 2013 | 2014 | 2015 |
|---|---|---|---|---|---|---|
| **消费量** | **38702.8** | **42063.3** | **44805.2** | **45851.9** | **46884.9** | **44058.7** |
| 在消费量中： | | | | | | |
| 1.农、林、牧、渔业 | 46.8 | 54.1 | 57.5 | 69.2 | 34.9 | 49.5 |
| 2.工业 | 38598.7 | 41952.1 | 44694.8 | 45694.0 | 46749.6 | 43923.0 |
| 3.建筑业 | 5.8 | 4.8 | 6.3 | 7.7 | 9.7 | 6.7 |
| 4.交通运输、仓储和邮政业 | 0.1 | 0.1 | 0.1 | 2.2 | 2.7 | 3.0 |
| 5.批发、零售业和住宿、餐饮业 | 5.1 | 9.2 | 6.7 | 35.8 | 46.6 | 40.1 |
| 6.其他 | 2.8 | 1.9 | 1.9 | 5.0 | 5.1 | 5.4 |
| 7.生活消费 | 43.5 | 41.1 | 37.9 | 38.0 | 36.4 | 31.2 |

# 6-4 石油平衡表

单位：万吨

| 项目 | 1980 | 1985 | 1990 | 1995 | 2000 | 2005 |
|---|---|---|---|---|---|---|
| **消费量** | **8757** | **9169** | **11486** | **16065** | **22496** | **32547** |
| 在消费量中： | | | | | | |
| 1.农、林、牧、渔业 | 815 | 759 | 1034 | 1203 | 789 | 1452 |
| 2.工业 | 6203 | 6171 | 7322 | 9349 | 11249 | 14030 |
| 3.建筑业 | 175 | 292 | 327 | 243 | 841 | 1502 |
| 4.交通运输、仓储和邮政业 | 912 | 1176 | 1683 | 2864 | 6399 | 10928 |
| 5.批发、零售业和住宿、餐饮业 | 29 | 38 | 78 | 334 | 247 | 376 |
| 6.其他 | 482 | 506 | 758 | 1390 | 1636 | 1974 |
| 7.生活消费 | 142 | 226 | 285 | 682 | 1336 | 2284 |

6-4 续表

单位：万吨

| 项目 | 2010 | 2011 | 2012 | 2013 | 2014 | 2015 |
|---|---|---|---|---|---|---|
| **消费量** | **44101** | **45620** | **47797** | **49971** | **51814** | **55160** |
| 在消费量中： | | | | | | |
| 1.农、林、牧、渔业 | 1383 | 1466 | 1538 | 1650 | 1718 | 1733 |
| 2.工业 | 18555 | 17986 | 17753 | 17595 | 18217 | 18908 |
| 3.建筑业 | 2483 | 2582 | 2741 | 3091 | 3312 | 3507 |
| 4.交通运输、仓储和邮政业 | 15079 | 16221 | 17864 | 18968 | 19547 | 20550 |
| 5.批发、零售业和住宿、餐饮业 | 481 | 500 | 542 | 565 | 563 | 616 |
| 6.其他 | 2578 | 2880 | 3068 | 3350 | 3152 | 3683 |
| 7.生活消费 | 3542 | 3984 | 4292 | 4752 | 5305 | 6162 |

# 6-5 原油平衡表

单位：万吨

| 项　　目 | 1980 | 1985 | 1990 | 1995 | 2000 | 2005 |
|---|---|---|---|---|---|---|
| **消费量** | **9205.0** | **9509.5** | **11762.2** | **14886.4** | **21232.0** | **30088.9** |
| 在消费量中： | | | | | | |
| 1.农、林、牧、渔业 | 8.0 | 0.8 | 0.2 | 10.1 | | |
| 2.工业 | 9112.0 | 9389.9 | 11653.8 | 14716.3 | 21052.1 | 29962.1 |
| 3.建筑业 | 28.8 | 74.0 | 55.2 | 2.7 | 3.3 | |
| 4.交通运输、仓储和邮政业 | 50.1 | 44.3 | 52.1 | 156.8 | 175.1 | 126.9 |
| 5.批发、零售业和住宿、餐饮业 | | 0.1 | 0.3 | 0.5 | 0.2 | |
| 6.其他 | 6.1 | 0.4 | 0.6 | 1390.3 | 1.4 | |
| 7.生活消费 | | | | | | |

6-5 续表

单位：万吨

| 项　　目 | 2010 | 2011 | 2012 | 2013 | 2014 | 2015 |
|---|---|---|---|---|---|---|
| **消费量** | **42874.6** | **43965.8** | **46678.9** | **48652.2** | **51547.0** | **54088.3** |
| 在消费量中： | | | | | | |
| 1.农、林、牧、渔业 | | | | | | |
| 2.工业 | 42716.6 | 43860.4 | 46559.5 | 48503.4 | 51502.1 | 54052.4 |
| 3.建筑业 | | | | | | |
| 4.交通运输、仓储和邮政业 | 158.0 | 105.4 | 119.4 | 148.7 | 44.9 | 35.9 |
| 5.批发、零售业和住宿、餐饮业 | | | | | | |
| 6.其他 | | | | | | |
| 7.生活消费 | | | | | | |

# 6–6 燃料油平衡表

单位：万吨

| 项　　目 | 1980 | 1985 | 1990 | 1995 | 2000 | 2005 |
|---|---|---|---|---|---|---|
| **消费量** | **3073.7** | **2837.4** | **3367.8** | **3693.7** | **3872.8** | **4244.2** |
| 在消费量中： | | | | | | |
| 1.农、林、牧、渔业 | 2.3 | 3.1 | 2.9 | 8.4 | 0.4 | 0.7 |
| 2.工业 | 2937.4 | 2662.2 | 3091.7 | 3406.2 | 2975.1 | 2986.9 |
| 3.建筑业 | 15.0 | 18.9 | 47.3 | 14.2 | 16.7 | 14.2 |
| 4.交通运输、仓储和邮政业 | 109.0 | 144.1 | 208.2 | 227.5 | 850.0 | 1201.0 |
| 5.批发、零售业和住宿、餐饮业 | 2.9 | 3.1 | 1.6 | 6.6 | 11.6 | 27.5 |
| 6.其他 | 7.1 | 6.0 | 16.1 | 30.8 | 19.0 | 13.9 |
| 7.生活消费 | | | | | | |

6–6　续表

单位：万吨

| 项　　目 | 2010 | 2011 | 2012 | 2013 | 2014 | 2015 |
|---|---|---|---|---|---|---|
| **消费量** | **3758.0** | **3662.8** | **3683.3** | **3954.0** | **4400.5** | **4662.0** |
| 在消费量中： | | | | | | |
| 1.农、林、牧、渔业 | 1.1 | 1.3 | 2.0 | 2.0 | 1.3 | 0.9 |
| 2.工业 | 2377.3 | 2260.2 | 2241.7 | 2421.1 | 2835.7 | 3133.0 |
| 3.建筑业 | 30.8 | 30.6 | 27.1 | 59.5 | 44.6 | 53.5 |
| 4.交通运输、仓储和邮政业 | 1326.7 | 1345.2 | 1383.9 | 1429.0 | 1486.4 | 1439.5 |
| 5.批发、零售业和住宿、餐饮业 | 8.6 | 9.3 | 8.7 | 19.1 | 17.4 | 19.0 |
| 6.其他 | 13.5 | 16.2 | 19.9 | 23.4 | 15.1 | 16.1 |
| 7.生活消费 | | | | | | |

# 6-7 汽油平衡表

单位：万吨

| 项　　目 | 1980 | 1985 | 1990 | 1995 | 2000 | 2005 |
|---|---|---|---|---|---|---|
| **消费量** | **999** | **1396** | **1900** | **2910** | **3505** | **4855** |
| 在消费量中： | | | | | | |
| 1.农、林、牧、渔业 | 53 | 122 | 146 | 180 | 89 | 160 |
| 2.工业 | 273 | 451 | 589 | 812 | 682 | 442 |
| 3.建筑业 | 54 | 73 | 90 | 104 | 116 | 172 |
| 4.交通运输、仓储和邮政业 | 405 | 477 | 620 | 982 | 1528 | 2430 |
| 5.批发、零售业和住宿、餐饮业 | 19 | 23 | 46 | 197 | 70 | 129 |
| 6.其他 | 194 | 238 | 391 | 571 | 793 | 998 |
| 7.生活消费 | | 11 | 18 | 64 | 228 | 524 |

6-7 续表

单位：万吨

| 项　　目 | 2010 | 2011 | 2012 | 2013 | 2014 | 2015 |
|---|---|---|---|---|---|---|
| **消费量** | **6956** | **7596** | **8166** | **9366** | **9776** | **11368** |
| 在消费量中： | | | | | | |
| 1.农、林、牧、渔业 | 169 | 186 | 193 | 199 | 217 | 231 |
| 2.工业 | 689 | 605 | 581 | 523 | 489 | 477 |
| 3.建筑业 | 275 | 283 | 287 | 326 | 331 | 409 |
| 4.交通运输、仓储和邮政业 | 3275 | 3574 | 3778 | 4382 | 4665 | 5307 |
| 5.批发、零售业和住宿、餐饮业 | 168 | 177 | 200 | 221 | 218 | 243 |
| 6.其他 | 1166 | 1313 | 1461 | 1819 | 1738 | 2108 |
| 7.生活消费 | 1214 | 1459 | 1667 | 1896 | 2119 | 2593 |

# 6-8 煤油平衡表

单位：万吨

| 项目 | 1980 | 1985 | 1990 | 1995 | 2000 | 2005 |
|---|---|---|---|---|---|---|
| **消费量** | **365.9** | **385.5** | **350.9** | **512.1** | **871.6** | **1076.8** |
| 在消费量中： | | | | | | |
| 1.农、林、牧、渔业 | 2.3 | 3.3 | 3.1 | 3.6 | 1.5 | 1.6 |
| 2.工业 | 15.7 | 20.1 | 20.6 | 44.9 | 84.0 | 57.5 |
| 3.建筑业 | 0.8 | 1.3 | 1.3 | 3.5 | 4.0 | |
| 4.交通运输、仓储和邮政业 | 31.4 | 56.2 | 93.4 | 250.0 | 535.9 | 952.4 |
| 5.批发、零售业和住宿、餐饮业 | 0.2 | 0.1 | 0.6 | 8.5 | 14.0 | 3.7 |
| 6.其他 | 216.7 | 182.9 | 127.3 | 137.3 | 160.1 | 36.2 |
| 7.生活消费 | 98.8 | 121.6 | 104.6 | 64.3 | 72.2 | 25.5 |

6-8 续表

单位：万吨

| 项目 | 2010 | 2011 | 2012 | 2013 | 2014 | 2015 |
|---|---|---|---|---|---|---|
| **消费量** | **1765.2** | **1816.7** | **1956.6** | **2164.1** | **2335.4** | **2663.7** |
| 在消费量中： | | | | | | |
| 1.农、林、牧、渔业 | 0.9 | 1.5 | 1.2 | 1.2 | 0.8 | 1.1 |
| 2.工业 | 40.2 | 34.2 | 32.0 | 27.4 | 17.4 | 21.2 |
| 3.建筑业 | 8.8 | 10.8 | 7.9 | 11.4 | 10.4 | 12.5 |
| 4.交通运输、仓储和邮政业 | 1601.1 | 1646.4 | 1787.1 | 1998.2 | 2216.0 | 2504.9 |
| 5.批发、零售业和住宿、餐饮业 | 35.0 | 32.2 | 28.6 | 13.4 | 11.3 | 11.7 |
| 6.其他 | 58.7 | 68.2 | 74.2 | 84.6 | 50.7 | 83.3 |
| 7.生活消费 | 20.5 | 23.5 | 25.6 | 27.9 | 28.9 | 29.1 |

# 6–9　柴油平衡表

单位：万吨

| 项　　目 | 1980 | 1985 | 1990 | 1995 | 2000 | 2005 |
|---|---|---|---|---|---|---|
| **消费量** | **1663** | **1939** | **2692** | **4321** | **6806** | **10975** |
| 在消费量中： | | | | | | |
| 1.农、林、牧、渔业 | 749 | 629 | 882 | 1001 | 697 | 1286 |
| 2.工业 | 457 | 644 | 728 | 1190 | 1696 | 1710 |
| 3.建筑业 | 77 | 125 | 133 | 118 | 206 | 387 |
| 4.交通运输、仓储和邮政业 | 316 | 454 | 709 | 1247 | 3294 | 6169 |
| 5.批发、零售业和住宿、餐饮业 | 7 | 11 | 23 | 104 | 96 | 116 |
| 6.其他 | 58 | 74 | 217 | 646 | 639 | 900 |
| 7.生活消费 | | | | 16 | 178 | 406 |

6–9　续表

单位：万吨

| 项　　目 | 2010 | 2011 | 2012 | 2013 | 2014 | 2015 |
|---|---|---|---|---|---|---|
| **消费量** | **14699** | **15635** | **16966** | **17151** | **17165** | **17360** |
| 在消费量中： | | | | | | |
| 1.农、林、牧、渔业 | 1207 | 1272 | 1335 | 1442 | 1492 | 1493 |
| 2.工业 | 2090 | 1824 | 1748 | 1676 | 1595 | 1516 |
| 3.建筑业 | 490 | 519 | 518 | 557 | 552 | 556 |
| 4.交通运输、仓储和邮政业 | 8658 | 9485 | 10727 | 10921 | 11043 | 11163 |
| 5.批发、零售业和住宿、餐饮业 | 197 | 212 | 229 | 234 | 230 | 258 |
| 6.其他 | 1287 | 1428 | 1445 | 1340 | 1269 | 1384 |
| 7.生活消费 | 771 | 895 | 964 | 982 | 984 | 991 |

# 6-10 液化石油气平衡表

单位：万吨

| 项　　目 | 1980 | 1985 | 1990 | 1995 | 2000 | 2005 |
|---|---|---|---|---|---|---|
| **消费量** | **119.6** | **155.7** | **254.2** | **750.6** | **1389.7** | **2046.5** |
| 在消费量中： | | | | | | |
| 1.农、林、牧、渔业 | | | | 0.1 | 0.4 | 3.5 |
| 2.工业 | 76.1 | 59.9 | 82.0 | 192.5 | 426.1 | 534.4 |
| 3.建筑业 | | | 1.0 | 0.5 | 8.9 | 6.3 |
| 4.交通运输、仓储和邮政业 | | | | 0.5 | 16.5 | 48.7 |
| 5.批发、零售业和住宿、餐饮业 | | 0.5 | 6.6 | 17.4 | 55.5 | 99.0 |
| 6.其他 | 0.4 | 4.5 | 6.1 | 5.7 | 24.0 | 25.8 |
| 7.生活消费 | 43.1 | 90.8 | 158.5 | 534.0 | 858.3 | 1328.7 |

6-10 续表

单位：万吨

| 项　　目 | 2010 | 2011 | 2012 | 2013 | 2014 | 2015 |
|---|---|---|---|---|---|---|
| **消费量** | **2321.9** | **2470.2** | **2482.2** | **2823.4** | **3289.8** | **3961.2** |
| 在消费量中： | | | | | | |
| 1.农、林、牧、渔业 | 4.7 | 5.6 | 6.4 | 6.8 | 7.1 | 7.2 |
| 2.工业 | 586.8 | 661.1 | 621.0 | 705.1 | 835.0 | 1113.9 |
| 3.建筑业 | 7.2 | 7.2 | 6.8 | 14.7 | 16.8 | 15.1 |
| 4.交通运输、仓储和邮政业 | 61.0 | 65.5 | 68.1 | 89.4 | 91.8 | 100.3 |
| 5.批发、零售业和住宿、餐饮业 | 72.6 | 69.0 | 76.0 | 78.5 | 86.6 | 84.0 |
| 6.其他 | 52.6 | 54.8 | 68.5 | 83.4 | 79.4 | 91.4 |
| 7.生活消费 | 1537.0 | 1607.2 | 1635.4 | 1845.6 | 2173.1 | 2549.3 |

# 6-11 天然气平衡表

单位：亿立方米

| 项　　目 | 1980 | 1985 | 1990 | 1995 | 2000 | 2005 |
|---|---|---|---|---|---|---|
| **消费量** | **140.6** | **129.3** | **152.5** | **177.4** | **245.0** | **466.1** |
| 在消费量中： | | | | | | |
| 1.农、林、牧、渔业 | | | | | | |
| 2.工业 | 131.4 | 109.6 | 120.2 | 154.4 | 199.0 | 327.2 |
| 3.建筑业 | 6.0 | 14.1 | 10.6 | 0.3 | 0.8 | 1.5 |
| 4.交通运输、仓储和邮政业 | 0.7 | 0.8 | 1.9 | 1.6 | 8.8 | 38.0 |
| 5.批发、零售业和住宿、餐饮业 | | | | 0.6 | 3.4 | 10.8 |
| 6.其他 | 0.5 | 0.5 | 1.2 | 1.2 | 0.6 | 9.1 |
| 7.生活消费 | 2.0 | 4.3 | 18.6 | 19.4 | 32.3 | 79.4 |

6-11 续表

单位：亿立方米

| 项　　目 | 2010 | 2011 | 2012 | 2013 | 2014 | 2015 |
|---|---|---|---|---|---|---|
| **消费量** | **1080.2** | **1341.1** | **1497.0** | **1705.4** | **1868.9** | **1931.7** |
| 在消费量中： | | | | | | |
| 1.农、林、牧、渔业 | 0.5 | 0.6 | 0.6 | 0.7 | 0.8 | 0.9 |
| 2.工业 | 691.8 | 875.7 | 980.7 | 1129.1 | 1221.3 | 1234.5 |
| 3.建筑业 | 1.2 | 1.3 | 1.3 | 2.0 | 1.9 | 2.2 |
| 4.交通运输、仓储和邮政业 | 106.7 | 138.3 | 154.5 | 175.8 | 214.4 | 237.6 |
| 5.批发、零售业和住宿、餐饮业 | 27.2 | 33.6 | 38.7 | 39.3 | 46.6 | 51.3 |
| 6.其他 | 26.0 | 27.1 | 32.9 | 35.6 | 41.3 | 45.4 |
| 7.生活消费 | 226.9 | 264.4 | 288.3 | 322.9 | 342.6 | 359.8 |

注：从2010年起包括液化天然气数据。

# 6-12 电力平衡表

单位：亿千瓦小时

| 项　　目 | 1980 | 1985 | 1990 | 1995 | 2000 | 2005 |
|---|---|---|---|---|---|---|
| **消费量** | **3006** | **4118** | **6230** | **10023** | **13472** | **24940** |
| 在消费量中： | | | | | | |
| 1.农、林、牧、渔业 | 270 | 317 | 427 | 582 | 533 | 776 |
| 2.工业 | 2472 | 3283 | 4873 | 7660 | 10005 | 18522 |
| 3.建筑业 | 47 | 71 | 65 | 160 | 160 | 234 |
| 4.交通运输、仓储和邮政业 | 27 | 63 | 106 | 182 | 281 | 430 |
| 5.批发、零售业和住宿、餐饮业 | 17 | 38 | 76 | 200 | 419 | 752 |
| 6.其他 | 69 | 122 | 202 | 234 | 623 | 1341 |
| 7.生活消费 | 105 | 223 | 481 | 1006 | 1452 | 2885 |

6-12　续表

单位：亿千瓦小时

| 项　　目 | 2010 | 2011 | 2012 | 2013 | 2014 | 2015 |
|---|---|---|---|---|---|---|
| **消费量** | **41934** | **47001** | **49763** | **54203** | **56384** | **58020** |
| 在消费量中： | | | | | | |
| 1.农、林、牧、渔业 | 976 | 1013 | 1013 | 1027 | 1013 | 1040 |
| 2.工业 | 30872 | 34692 | 36232 | 39237 | 40803 | 41550 |
| 3.建筑业 | 483 | 572 | 608 | 675 | 722 | 699 |
| 4.交通运输、仓储和邮政业 | 735 | 848 | 915 | 1001 | 1059 | 1126 |
| 5.批发、零售业和住宿、餐饮业 | 1292 | 1503 | 1691 | 1877 | 1996 | 2122 |
| 6.其他 | 2452 | 2753 | 3084 | 3398 | 3615 | 3919 |
| 7.生活消费 | 5125 | 5620 | 6219 | 6989 | 7176 | 7565 |

# 【主要统计指标解释】

**能源消费总量** 是指一定地域内，国民经济各行业和居民家庭在一定时间消费的各种能源的总和。包括：原煤、原油、天然气、水能、核能、风能、太阳能、地热能、生物质能等一次能源；一次能源通过加工转换产生的洗煤、焦炭、煤气、电力、热力、成品油等二次能源和同时产生的其他产品；其他化石能源、可再生能源和新能源。其中水能、风能、太阳能、地热能、生物质能等可再生能源，是指人们通过一定技术手段获得的，并作为商品能源使用的部分。在核算过程中，一次能源、二次能源消费不能重复计算。能源消费总量分为终端能源消费量、能源加工转换损失量和能源损失量三部分。

(1) 终端能源消费量：指一定时期内，全国生产和生活消费的各种能源在扣除了用于加工转换二次能源消费量和损失量以后的数量。

(2) 能源加工转换损失量：指一定时期内，全国投入加工转换的各种能源数量之和与产出各种能源产品之和的差额。该指标是观察能源在加工转换过程中损失量变化的指标。

(3) 能源损失量：指一定时期内，能源在输送、分配、储存过程中发生的损失和由客观原因造成的各种损失量，不包括各种气体能源放空、放散量。

# 7 第三产业分行业主要指标

7–1　服务业企业

## 简要说明

**一、主要内容**

本篇资料主要内容是2016年服务业企业法人单位主要指标，包括规模以上服务业和规模以下服务业，主要分组包括按行业、地区等。

**二、统计范围**

规模以上服务业：年营业收入1000万元及以上，或年末从业人员50人及以上服务业法人单位，包括：交通运输、仓储和邮政业，信息传输、软件和信息技术服务业，租赁和商务服务业，科学研究和技术服务业，水利、环境和公共设施管理业，教育，卫生和社会工作；以及物业管理、房地产中介服务、自有房地产经营活动和其他房地产业等行业；年营业收入500万元及以上，或年末从业人员50人及以上服务业法人单位，包括：居民服务业、修理和其他服务业，文化、体育和娱乐业。

规模以下服务业：年营业收入1000万元以下且年末从业人员50人以下的服务业法人单位，包括：交通运输、仓储和邮政业，信息传输、软件和信息技术服务业，租赁和商务服务业，科学研究和技术服务业，水利、环境和公共设施管理业，教育，卫生和社会工作；以及物业管理、房地产中介服务、自有房地产经营活动和其他房地产业等行业；年营业收入500万元以下且年末从业人员50人以下的服务业法人单位，包括：居民服务业、修理和其他服务业，文化、体育和娱乐业。

**三、统计调查方法**

规模以上服务业企业法人单位为全面调查，规模以下服务业企业法人单位为抽样调查。

**四、资料来源**

规模以上服务业数据来自《规模以上服务业统计报表制度》调查结果，规模以下服务业数据来自《规模以下服务业抽样调查统计报表制度》调查结果。

**五、其他**

由于数据四舍五入影响，合计数与各分项之和可能存在细微偏差。

# 7-1-1 服务业企业法人单位分地区主要指标

| 地 区 | 单位数<br>(个) | 营业收入<br>(亿元) | 资产总计<br>(亿元) | 从业人员<br>(万人) |
|---|---|---|---|---|
| **全 国** | **3226332** | **248869.7** | **1480264.9** | **6102.7** |
| 北 京 | 416628 | 36720.7 | 247408.4 | 555.9 |
| 天 津 | 87494 | 8395.0 | 54356.6 | 146.6 |
| 河 北 | 120464 | 5745.1 | 37533.5 | 165.3 |
| 山 西 | 60922 | 2249.0 | 30674.0 | 110.5 |
| 内蒙古 | 41733 | 2734.8 | 20883.8 | 90.6 |
| 辽 宁 | 102326 | 4754.8 | 25338.4 | 172.5 |
| 吉 林 | 40044 | 1683.9 | 12877.6 | 66.0 |
| 黑龙江 | 45945 | 2023.6 | 13819.6 | 96.9 |
| 上 海 | 132418 | 26737.0 | 100206.3 | 369.0 |
| 江 苏 | 275786 | 24718.8 | 112807.0 | 484.6 |
| 浙 江 | 248711 | 16392.6 | 158517.3 | 372.9 |
| 安 徽 | 112696 | 7319.2 | 34251.3 | 178.0 |
| 福 建 | 109379 | 6826.2 | 36890.6 | 189.3 |
| 江 西 | 61194 | 4734.4 | 19926.1 | 140.7 |
| 山 东 | 180359 | 16729.1 | 56296.4 | 425.7 |
| 河 南 | 114437 | 7207.9 | 39271.2 | 276.2 |
| 湖 北 | 106078 | 7314.4 | 46691.5 | 200.4 |
| 湖 南 | 111274 | 5642.1 | 27485.1 | 198.7 |
| 广 东 | 324380 | 26857.7 | 131618.1 | 750.4 |
| 广 西 | 79090 | 2424.8 | 24380.2 | 107.2 |
| 海 南 | 17750 | 1391.1 | 14463.8 | 34.2 |
| 重 庆 | 71296 | 6437.2 | 33753.6 | 182.7 |
| 四 川 | 116593 | 7669.2 | 62605.6 | 261.4 |
| 贵 州 | 36462 | 2023.0 | 26336.1 | 74.7 |
| 云 南 | 52431 | 4686.2 | 35208.5 | 124.3 |
| 西 藏 | 2703 | 301.2 | 6353.5 | 7.2 |
| 陕 西 | 62738 | 4117.0 | 25609.1 | 138.9 |
| 甘 肃 | 27184 | 1820.8 | 17814.5 | 63.1 |
| 青 海 | 9868 | 477.9 | 5133.9 | 24.1 |
| 宁 夏 | 10244 | 406.7 | 3083.3 | 21.5 |
| 新 疆 | 47703 | 2328.4 | 18669.8 | 73.2 |

# 7-1-2 服务业企业法人单位分行业主要指标

| 行业名称 | 单位数（个） | 营业收入（亿元） | 资产总计（亿元） | 从业人员（万人） |
|---|---|---|---|---|
| **总　计** | **3226332** | **248869.7** | **1480264.9** | **6102.7** |
| 铁路运输业 | 2361 | 6131.9 | 49874.7 | 105.9 |
| 道路运输业 | 180195 | 23096.7 | 105637.4 | 755.8 |
| 水上运输业 | 11045 | 6769.3 | 30191.7 | 77.8 |
| 航空运输业 | 1720 | 7120.4 | 23856.0 | 65.0 |
| 管道运输业 | 280 | 1374.0 | 5271.5 | 3.8 |
| 装卸搬运和运输代理业 | 91410 | 11214.8 | 12939.4 | 163.1 |
| 仓储业 | 31391 | 6805.5 | 26671.2 | 76.5 |
| 邮政业 | 17618 | 4588.3 | 3987.3 | 143.3 |
| 电信、广播电视和卫星传输服务 | 15064 | 17682.9 | 56753.6 | 167.1 |
| 互联网和相关服务 | 47266 | 6657.4 | 16034.0 | 76.0 |
| 软件和信息技术服务业 | 286283 | 22494.0 | 44150.7 | 417.1 |
| 物业管理业 | 124491 | 5447.6 | 12857.2 | 492.0 |
| 房地产中介服务业 | 84843 | 1635.7 | 4839.5 | 96.7 |
| 自有房地产经营活动 | 20507 | 1224.1 | 16230.1 | 27.1 |
| 其他房地产业 | 11965 | 272.8 | 9438.2 | 15.9 |
| 租赁业 | 85437 | 3752.6 | 34638.7 | 84.3 |
| 商务服务业 | 1064830 | 71070.6 | 827122.2 | 1469.0 |
| 研究和试验发展 | 52617 | 2865.8 | 14161.5 | 71.7 |
| 专业技术服务业 | 206252 | 19876.1 | 62905.0 | 475.4 |
| 科技推广和应用服务业 | 212424 | 6095.3 | 25986.6 | 214.9 |
| 水利管理业 | 7714 | 321.9 | 5889.7 | 13.1 |
| 生态保护和环境治理业 | 8125 | 776.9 | 5206.5 | 16.8 |
| 公共设施管理业 | 48044 | 4023.6 | 39753.0 | 147.8 |
| 居民服务业 | 94442 | 1863.7 | 3915.4 | 124.7 |
| 机动车、电子产品和日用产品修理业 | 92035 | 2305.4 | 3740.9 | 100.9 |
| 其他服务业 | 67160 | 1494.5 | 3839.4 | 132.1 |
| 教育 | 70020 | 2082.6 | 4602.6 | 157.5 |
| 卫生 | 32998 | 2902.1 | 4622.2 | 136.4 |
| 社会工作 | 8335 | 184.2 | 1033.5 | 23.0 |
| 新闻和出版业 | 5687 | 1715.3 | 5665.0 | 29.8 |
| 广播、电视、电影和影视录音制作业 | 19045 | 2362.7 | 7667.3 | 38.3 |
| 文化艺术业 | 68433 | 896.7 | 3421.5 | 64.7 |
| 体育 | 17770 | 438.5 | 3264.4 | 23.1 |
| 娱乐业 | 138527 | 1325.8 | 4097.2 | 96.0 |

# 7-1-3 规模以上服务业企业法人单位分地区主要指标

| 地 区 | 单位数(个) | 年初存货(亿元) | 流动资产合计(亿元) | 应收账款(亿元) | 存货(亿元) | 固定资产原价(亿元) | 累计折旧(亿元) | 本年折旧(亿元) | 资产总计(亿元) |
|---|---|---|---|---|---|---|---|---|---|
| **全 国** | **154262** | **38907.4** | **293773.2** | **34640.1** | **41795.8** | **187621.8** | **58732.3** | **9267.2** | **746194.5** |
| 北 京 | 14424 | 3667.5 | 62713.2 | 7075.0 | 2610.0 | 21144.6 | 6685.8 | 996.9 | 179989.0 |
| 天 津 | 4207 | 1818.0 | 13038.3 | 1639.9 | 2021.8 | 6397.2 | 1746.0 | 311.7 | 30004.8 |
| 河 北 | 4220 | 806.6 | 5202.8 | 923.6 | 852.0 | 4553.5 | 1789.2 | 322.6 | 12429.2 |
| 山 西 | 1430 | 140.8 | 1725.4 | 376.6 | 106.9 | 2616.2 | 829.4 | 103.7 | 6166.4 |
| 内 蒙 | 1728 | 432.9 | 2656.7 | 328.9 | 502.8 | 4109.2 | 1144.7 | 145.1 | 8354.4 |
| 辽 宁 | 3365 | 680.3 | 4362.9 | 514.8 | 718.4 | 4991.7 | 1784.0 | 258.8 | 11184.8 |
| 吉 林 | 2740 | 846.8 | 3026.3 | 444.5 | 1053.4 | 3118.6 | 1070.2 | 287.5 | 6814.1 |
| 黑龙江 | 1035 | 1768.2 | 3859.1 | 742.2 | 2122.7 | 1635.7 | 684.3 | 104.4 | 5623.5 |
| 上 海 | 9860 | 2497.4 | 28537.5 | 3898.6 | 2775.8 | 13229.8 | 4529.2 | 724.7 | 70111.4 |
| 江 苏 | 17557 | 4329.6 | 24764.5 | 3663.5 | 4681.2 | 12142.7 | 3700.6 | 630.6 | 53228.9 |
| 浙 江 | 9828 | 1740.4 | 16235.9 | 1572.7 | 1889.3 | 8854.0 | 3229.1 | 525.7 | 33802.3 |
| 安 徽 | 4173 | 1861.7 | 6114.4 | 571.8 | 1906.4 | 4544.6 | 1236.2 | 207.3 | 15862.0 |
| 福 建 | 4923 | 641.2 | 7378.4 | 498.6 | 728.4 | 4809.7 | 1562.2 | 233.7 | 15404.8 |
| 江 西 | 3602 | 877.8 | 3177.3 | 387.4 | 891.9 | 4131.8 | 929.7 | 210.7 | 9810.2 |
| 山 东 | 12472 | 661.7 | 7503.3 | 1150.7 | 826.9 | 9601.8 | 3920.2 | 535.4 | 20762.7 |
| 河 南 | 9043 | 1261.8 | 7763.5 | 1077.6 | 1731.2 | 10848.9 | 2287.7 | 366.7 | 25293.0 |
| 湖 北 | 4495 | 1558.9 | 8407.0 | 1411.9 | 1667.3 | 6477.6 | 1822.4 | 263.3 | 22092.0 |
| 湖 南 | 4723 | 2870.8 | 8804.5 | 760.2 | 3383.8 | 3028.1 | 1010.1 | 189.7 | 15505.8 |
| 广 东 | 17280 | 2477.5 | 36898.6 | 3584.9 | 2631.4 | 25848.2 | 8905.2 | 1245.3 | 90517.3 |
| 广 西 | 2256 | 884.7 | 5948.3 | 214.2 | 1167.6 | 2684.4 | 881.2 | 128.8 | 12876.1 |
| 海 南 | 592 | 58.2 | 1219.8 | 116.0 | 64.5 | 1394.6 | 461.8 | 75.9 | 5015.9 |
| 重 庆 | 4221 | 2815.1 | 8760.3 | 829.9 | 3004.6 | 5416.9 | 1296.7 | 242.4 | 22168.1 |
| 四 川 | 6195 | 1366.6 | 8947.1 | 1018.8 | 1434.3 | 5240.6 | 1835.0 | 319.7 | 21059.5 |
| 贵 州 | 1974 | 1192.8 | 3789.8 | 232.8 | 1289.6 | 2319.4 | 551.1 | 97.4 | 8846.3 |
| 云 南 | 1709 | 680.9 | 4699.8 | 464.6 | 767.5 | 5348.2 | 1290.3 | 190.8 | 14774.1 |
| 西 藏 | 99 | 1.9 | 46.7 | 9.4 | 2.6 | 207.1 | 89.3 | 19.6 | 232.3 |
| 陕 西 | 2678 | 426.1 | 3506.3 | 646.2 | 410.5 | 6232.0 | 1820.0 | 235.8 | 11162.9 |
| 甘 肃 | 1115 | 127.2 | 1200.2 | 88.2 | 83.6 | 2393.2 | 337.6 | 68.8 | 5495.6 |
| 青 海 | 291 | 134.9 | 721.6 | 88.5 | 155.5 | 1305.3 | 310.5 | 51.7 | 2349.9 |
| 宁 夏 | 442 | 44.2 | 327.8 | 44.5 | 48.4 | 384.1 | 159.5 | 28.2 | 834.7 |
| 新 疆 | 1585 | 234.9 | 2436.1 | 263.3 | 265.6 | 2611.9 | 833.2 | 144.2 | 8422.5 |

7-1-3 续表 1

| 地 区 | 应付账款(亿元) | 负债合计(亿元) | 所有者权益合计(亿元) | 营业收入(亿元) | 主营业务收入(亿元) | 营业成本(亿元) | 主营业务成本(亿元) | 营业税金及附加(亿元) | 主营业务税金及附加(亿元) |
|---|---|---|---|---|---|---|---|---|---|
| **全 国** | **28898.8** | **387685.9** | **358491.6** | **155937.3** | **151868.3** | **115639.9** | **111888.9** | **1332.7** | **1238.6** |
| 北 京 | 6484.3 | 79660.0 | 100329.1 | 29922.5 | 29275.3 | 21804.6 | 21584.2 | 214.5 | 202.7 |
| 天 津 | 958.7 | 19421.4 | 10583.3 | 5194.5 | 5071.7 | 4147.6 | 3952.8 | 51.7 | 48.4 |
| 河 北 | 723.4 | 7685.5 | 4747.9 | 3298.5 | 3228.7 | 2691.0 | 2604.7 | 19.9 | 17.1 |
| 山 西 | 455.0 | 3170.1 | 2996.3 | 1100.0 | 1076.3 | 930.6 | 907.8 | 6.0 | 5.4 |
| 内 蒙 | 483.3 | 4955.3 | 3398.5 | 1143.6 | 1118.2 | 929.8 | 908.6 | 7.5 | 6.8 |
| 辽 宁 | 367.9 | 6573.0 | 4612.2 | 2818.9 | 2727.3 | 2203.9 | 2107.9 | 17.9 | 15.7 |
| 吉 林 | 244.4 | 3832.5 | 2979.7 | 996.4 | 967.1 | 766.7 | 731.3 | 8.5 | 8.0 |
| 黑龙江 | 208.9 | 4068.7 | 1554.9 | 803.7 | 768.7 | 647.4 | 616.7 | 4.8 | 4.6 |
| 上 海 | 2941.7 | 33629.9 | 36481.5 | 21490.9 | 21070.9 | 16405.4 | 15958.4 | 122.9 | 108.7 |
| 江 苏 | 1633.2 | 30379.3 | 22850.7 | 13129.6 | 12727.9 | 10044.9 | 9564.6 | 135.3 | 123.6 |
| 浙 江 | 1484.5 | 17448.6 | 16353.6 | 10883.3 | 10656.4 | 7340.2 | 7224.8 | 85.2 | 81.7 |
| 安 徽 | 432.0 | 7749.7 | 8112.3 | 2737.5 | 2645.3 | 2020.5 | 1926.7 | 27.0 | 23.2 |
| 福 建 | 598.1 | 8275.1 | 7111.3 | 3359.6 | 3295.1 | 2578.5 | 2502.6 | 24.5 | 22.9 |
| 江 西 | 525.9 | 5293.1 | 4517.3 | 2030.1 | 1971.1 | 1542.7 | 1486.5 | 28.3 | 26.9 |
| 山 东 | 1291.4 | 11513.3 | 9247.3 | 7376.4 | 7209.3 | 5359.7 | 5223.9 | 85.3 | 81.8 |
| 河 南 | 1169.2 | 14444.5 | 10845.3 | 4814.0 | 4668.0 | 3425.7 | 3311.7 | 61.7 | 58.9 |
| 湖 北 | 925.9 | 12090.7 | 10001.6 | 4119.8 | 4010.3 | 3192.1 | 3066.3 | 40.1 | 38.4 |
| 湖 南 | 714.0 | 8651.7 | 6854.7 | 2731.6 | 2600.6 | 2041.1 | 1914.1 | 29.3 | 27.6 |
| 广 东 | 2478.3 | 45800.4 | 44716.9 | 19726.9 | 19109.5 | 13751.8 | 13081.1 | 199.9 | 188.2 |
| 广 西 | 277.6 | 7709.3 | 5167.2 | 1483.8 | 1447.7 | 1124.8 | 1073.1 | 16.0 | 14.3 |
| 海 南 | 187.6 | 2914.6 | 2101.2 | 899.3 | 875.1 | 660.1 | 634.0 | 5.8 | 5.1 |
| 重 庆 | 694.7 | 12153.4 | 10015.0 | 3079.9 | 2957.1 | 2226.2 | 2099.3 | 30.5 | 28.8 |
| 四 川 | 1017.5 | 12202.5 | 8857.1 | 4147.8 | 4050.5 | 3157.4 | 3050.4 | 40.7 | 36.4 |
| 贵 州 | 462.7 | 5081.3 | 3765.6 | 1058.9 | 1014.6 | 794.9 | 767.0 | 9.6 | 8.5 |
| 云 南 | 571.8 | 7876.5 | 6897.6 | 2231.7 | 2115.9 | 1777.6 | 1658.2 | 17.5 | 15.7 |
| 西 藏 | 35.0 | 164.8 | 67.5 | 50.8 | 49.9 | 53.9 | 50.2 | 0.6 | 0.4 |
| 陕 西 | 825.0 | 5978.5 | 5184.6 | 2708.4 | 2635.1 | 2062.2 | 1985.9 | 19.9 | 18.4 |
| 甘 肃 | 180.2 | 3172.6 | 2324.3 | 678.2 | 653.7 | 480.0 | 460.3 | 7.1 | 6.8 |
| 青 海 | 120.2 | 1034.4 | 1315.6 | 293.7 | 285.2 | 294.3 | 286.4 | 1.1 | 0.9 |
| 宁 夏 | 61.0 | 508.9 | 325.8 | 231.1 | 223.8 | 170.1 | 160.5 | 1.9 | 1.7 |
| 新 疆 | 345.3 | 4246.6 | 4175.9 | 1396.1 | 1362.3 | 1013.9 | 989.0 | 12.0 | 10.9 |

7-1-3 续表 2

| 地 区 | 销售费用(亿元) | 管理费用(亿元) | 税金(亿元) | 财务费用(亿元) | 利息收入(亿元) | 利息支出(亿元) | 投资收益(亿元) | 营业利润(亿元) |
|---|---|---|---|---|---|---|---|---|
| **全 国** | **8906.8** | **17571.4** | **390.1** | **5072.6** | **1666.9** | **5723.5** | **11895.6** | **19364.0** |
| 北 京 | 2357.7 | 4013.2 | 58.6 | 968.1 | 604.2 | 1444.7 | 6484.7 | 6949.7 |
| 天 津 | 196.0 | 506.5 | 11.4 | 190.0 | 26.0 | 181.4 | 89.1 | 159.3 |
| 河 北 | 158.0 | 302.7 | 8.1 | 105.3 | 24.5 | 114.4 | 43.5 | 97.5 |
| 山 西 | 50.7 | 115.5 | 2.9 | 64.7 | 7.6 | 74.1 | 73.5 | 4.9 |
| 内 蒙 | 53.0 | 124.2 | 4.2 | 111.7 | 13.0 | 107.6 | 30.6 | -43.4 |
| 辽 宁 | 128.0 | 316.7 | 12.9 | 117.7 | 23.5 | 125.0 | 50.1 | 100.7 |
| 吉 林 | 80.1 | 131.8 | 3.5 | 79.8 | 10.1 | 72.6 | 8.1 | -52.2 |
| 黑龙江 | 64.5 | 91.4 | 3.9 | 93.9 | 11.1 | 86.6 | 13.8 | -73.9 |
| 上 海 | 1106.8 | 2706.5 | 28.4 | 335.7 | 133.3 | 350.4 | 1575.0 | 2448.3 |
| 江 苏 | 595.8 | 1237.5 | 35.0 | 352.4 | 45.8 | 284.8 | 303.3 | 1098.7 |
| 浙 江 | 566.2 | 1360.3 | 22.2 | 143.8 | 118.1 | 246.2 | 341.0 | 1683.4 |
| 安 徽 | 131.1 | 239.1 | 9.3 | 146.2 | 22.3 | 131.9 | 136.4 | 310.6 |
| 福 建 | 245.3 | 325.4 | 6.4 | 115.3 | 27.8 | 122.7 | 210.9 | 298.9 |
| 江 西 | 92.8 | 164.3 | 4.9 | 94.7 | 9.6 | 93.2 | 24.2 | 133.1 |
| 山 东 | 347.0 | 621.1 | 42.9 | 157.8 | 49.4 | 165.8 | 110.8 | 900.6 |
| 河 南 | 189.8 | 393.0 | 18.2 | 286.3 | 45.7 | 266.1 | 51.2 | 502.2 |
| 湖 北 | 174.5 | 364.9 | 10.6 | 138.7 | 20.9 | 131.1 | 53.9 | 262.1 |
| 湖 南 | 148.2 | 289.6 | 7.2 | 81.2 | 20.8 | 84.7 | 41.0 | 188.9 |
| 广 东 | 1219.1 | 2472.8 | 41.3 | 613.3 | 214.9 | 635.9 | 1619.6 | 3104.4 |
| 广 西 | 81.1 | 158.4 | 5.7 | 86.8 | 19.8 | 102.1 | 96.0 | 124.7 |
| 海 南 | 53.1 | 85.6 | 2.7 | 72.6 | 8.8 | 69.5 | 52.2 | 76.1 |
| 重 庆 | 129.5 | 329.2 | 16.2 | 121.8 | 31.8 | 133.3 | 78.5 | 336.9 |
| 四 川 | 265.3 | 445.5 | 10.3 | 139.1 | 97.5 | 213.7 | 143.7 | 243.2 |
| 贵 州 | 57.9 | 119.7 | 3.6 | 81.1 | 7.0 | 78.3 | 23.1 | 17.0 |
| 云 南 | 103.5 | 155.0 | 5.7 | 118.8 | 28.7 | 129.0 | 138.4 | 210.7 |
| 西 藏 | 7.9 | 14.9 | 0.1 | 0.3 | 0.4 | 0.6 | -0.8 | -27.0 |
| 陕 西 | 139.0 | 251.8 | 7.3 | 113.8 | 12.2 | 115.8 | 46.4 | 177.3 |
| 甘 肃 | 37.6 | 65.3 | 1.5 | 60.2 | 6.0 | 59.6 | 11.8 | 36.9 |
| 青 海 | 13.3 | 27.0 | 0.3 | 1.0 | 0.9 | 4.5 | 7.3 | -36.2 |
| 宁 夏 | 26.1 | 29.2 | 0.9 | 6.3 | 1.0 | 6.4 | 1.6 | 3.5 |
| 新 疆 | 88.0 | 113.0 | 3.8 | 74.2 | 24.3 | 91.5 | 36.6 | 127.0 |

7-1-3 续表 3

| 地 区 | 营业外收入(亿元) | 政府补助(亿元) | 营业外支出(亿元) | 利润总额(亿元) | 应交所得税(亿元) | 应付职工薪酬(亿元) | 应交增值税(亿元) | 从业人员(万人) |
|---|---|---|---|---|---|---|---|---|
| **全 国** | **4682.4** | **3026.2** | **759.1** | **23310.4** | **3175.3** | **25943.1** | **3629.3** | **2717.2** |
| 北 京 | 632.4 | 422.5 | 127.8 | 7464.0 | 652.5 | 5484.5 | 654.1 | 340.5 |
| 天 津 | 159.6 | 75.9 | 32.8 | 287.4 | 107.5 | 647.3 | 117.6 | 59.8 |
| 河 北 | 129.4 | 98.5 | 18.0 | 210.6 | 50.6 | 526.5 | 59.8 | 73.7 |
| 山 西 | 39.7 | 33.5 | 5.8 | 38.7 | 22.4 | 171.9 | 34.4 | 31.1 |
| 内 蒙 | 56.9 | 47.2 | 14.8 | -2.1 | 12.3 | 267.3 | 38.3 | 35.8 |
| 辽 宁 | 107.3 | 80.6 | 17.3 | 191.0 | 33.9 | 493.6 | 47.2 | 64.8 |
| 吉 林 | 108.2 | 97.4 | 7.7 | 48.6 | 12.5 | 164.3 | 19.8 | 28.1 |
| 黑龙江 | 161.4 | 149.0 | 7.6 | 79.5 | 8.7 | 143.4 | 19.3 | 20.3 |
| 上 海 | 518.4 | 251.1 | 84.1 | 2884.7 | 433.2 | 3266.7 | 506.4 | 221.3 |
| 江 苏 | 368.5 | 217.2 | 52.2 | 1419.6 | 234.9 | 1815.6 | 230.5 | 227.1 |
| 浙 江 | 258.5 | 158.2 | 56.4 | 1886.2 | 249.8 | 1727.7 | 244.4 | 178.5 |
| 安 徽 | 101.8 | 48.4 | 10.0 | 402.1 | 53.4 | 364.1 | 60.0 | 58.2 |
| 福 建 | 106.9 | 77.2 | 13.0 | 393.7 | 63.5 | 546.1 | 74.8 | 71.9 |
| 江 西 | 70.8 | 42.8 | 18.9 | 185.2 | 37.6 | 255.0 | 79.3 | 44.1 |
| 山 东 | 133.8 | 84.1 | 23.4 | 1010.8 | 169.4 | 1059.7 | 178.1 | 148.9 |
| 河 南 | 118.3 | 83.4 | 20.6 | 600.0 | 90.6 | 728.7 | 116.2 | 130.3 |
| 湖 北 | 144.1 | 105.9 | 16.7 | 390.0 | 67.1 | 715.4 | 94.7 | 84.0 |
| 湖 南 | 106.8 | 81.5 | 24.1 | 271.6 | 57.0 | 399.4 | 56.8 | 62.7 |
| 广 东 | 594.9 | 364.8 | 92.9 | 3607.0 | 502.0 | 3810.8 | 518.7 | 393.8 |
| 广 西 | 73.8 | 53.9 | 7.4 | 191.2 | 31.5 | 269.4 | 43.6 | 41.1 |
| 海 南 | 22.6 | 15.2 | 4.2 | 94.6 | 22.2 | 120.6 | 14.7 | 13.3 |
| 重 庆 | 105.2 | 81.0 | 21.8 | 421.3 | 48.1 | 599.7 | 57.5 | 85.9 |
| 四 川 | 223.0 | 124.5 | 23.3 | 443.7 | 72.6 | 790.8 | 97.0 | 103.7 |
| 贵 州 | 56.2 | 37.9 | 8.8 | 65.7 | 17.4 | 192.4 | 27.9 | 29.4 |
| 云 南 | 63.0 | 49.9 | 14.2 | 260.2 | 42.5 | 338.2 | 67.5 | 40.5 |
| 西 藏 | 6.3 | 4.9 | 1.0 | -21.8 | -0.1 | 13.4 | 1.1 | 1.7 |
| 陕 西 | 52.2 | 37.2 | 15.0 | 212.8 | 37.8 | 560.9 | 81.3 | 63.9 |
| 甘 肃 | 31.3 | 23.1 | 3.2 | 64.7 | 8.6 | 107.5 | 24.0 | 18.3 |
| 青 海 | 32.1 | 28.7 | 7.2 | -11.2 | 2.3 | 68.5 | 3.7 | 6.9 |
| 宁 夏 | 9.0 | 4.6 | 2.9 | 9.5 | 2.8 | 51.0 | 6.2 | 7.7 |
| 新 疆 | 90.1 | 46.1 | 6.0 | 211.2 | 30.6 | 242.8 | 54.3 | 29.8 |

# 7-1-4 规模以上服务业企业法人单位分行业主要指标

| 地　　区 | 单位数(个) | 年初存货(亿元) | 流动资产合计(亿元) | 应收账款(亿元) | 存货(亿元) | 固定资产原价(亿元) | 累计折旧(亿元) | 本年折旧(亿元) | 资产总计(亿元) |
|---|---|---|---|---|---|---|---|---|---|
| **全　　国** | **154262** | **38907.4** | **293773.2** | **34640.1** | **41795.8** | **187621.8** | **58732.3** | **9267.2** | **746194.5** |
| 铁路运输业 | 238 | 186.2 | 4216.6 | 1263.6 | 181.1 | 25378.1 | 4687.3 | 580.3 | 36820.3 |
| 道路运输业 | 23103 | 1372.7 | 16562.7 | 2197.5 | 1586.9 | 35880.7 | 7334.9 | 1204.5 | 72229.6 |
| 水上运输业 | 2526 | 297.7 | 5508.5 | 672.1 | 319.4 | 10680.3 | 3115.9 | 455.5 | 21567.4 |
| 航空运输业 | 340 | 62.2 | 3333.4 | 410.7 | 77.6 | 12039.7 | 3652.1 | 590.9 | 17434.7 |
| 管道运输业 | 77 | 21.5 | 471.2 | 80.4 | 23.1 | 3400.2 | 884.0 | 166.7 | 3896.7 |
| 装卸搬运和运输代理业 | 6977 | 90.4 | 3817.0 | 1079.3 | 86.3 | 2262.2 | 728.9 | 119.0 | 6908.0 |
| 仓储业 | 4400 | 8432.3 | 11308.2 | 555.8 | 7896.5 | 3112.3 | 890.9 | 156.4 | 17095.7 |
| 邮政业 | 1261 | 44.3 | 1490.4 | 339.5 | 52.2 | 1368.6 | 673.6 | 90.1 | 2750.4 |
| 电信、广播电视和卫星传输服务 | 2406 | 227.2 | 9980.4 | 1646.7 | 200.9 | 38131.5 | 21719.4 | 2986.9 | 48737.7 |
| 互联网和相关服务 | 1607 | 45.2 | 9951.9 | 561.3 | 44.4 | 1093.8 | 522.7 | 128.8 | 12916.9 |
| 软件和信息技术服务业 | 12404 | 1017.5 | 18781.9 | 4979.9 | 1194.2 | 2652.5 | 1081.8 | 243.9 | 27768.0 |
| 物业管理业 | 12640 | 292.7 | 4774.7 | 448.2 | 243.4 | 1902.0 | 508.1 | 82.5 | 7933.9 |
| 房地产中介服务业 | 1037 | 15.4 | 1357.1 | 87.9 | 20.5 | 149.9 | 57.6 | 9.9 | 1752.0 |
| 自有房地产经营活动 | 1182 | 185.4 | 4218.7 | 107.5 | 187.6 | 1794.5 | 524.9 | 77.6 | 10632.0 |
| 其他房地产业 | 97 | 239.8 | 1168.7 | 19.6 | 275.0 | 80.9 | 29.9 | 2.4 | 3740.3 |
| 租赁业 | 1724 | 58.6 | 3827.7 | 472.3 | 52.0 | 2314.8 | 455.2 | 145.9 | 12930.3 |
| 商务服务业 | 31550 | 19406.7 | 143304.2 | 11153.2 | 21923.0 | 24145.8 | 5331.2 | 918.5 | 350870.0 |
| 研究和试验发展 | 1812 | 350.4 | 3314.4 | 564.3 | 377.5 | 1093.8 | 387.1 | 76.5 | 5589.4 |
| 专业技术服务业 | 13454 | 2156.1 | 17875.9 | 4138.9 | 2226.4 | 6206.1 | 2082.4 | 342.1 | 29449.2 |
| 科技推广和应用服务业 | 5338 | 295.8 | 4122.9 | 794.3 | 348.1 | 1040.8 | 289.2 | 72.4 | 7432.5 |
| 水利管理业 | 279 | 45.3 | 699.8 | 38.7 | 161.1 | 552.5 | 154.9 | 18.1 | 1981.0 |
| 生态保护和环境治理业 | 561 | 46.9 | 847.6 | 205.1 | 67.2 | 557.2 | 164.9 | 27.9 | 2117.4 |
| 公共设施管理业 | 4533 | 2847.9 | 11942.6 | 1198.1 | 3051.8 | 3916.3 | 809.6 | 153.8 | 20341.7 |
| 居民服务业 | 2486 | 73.9 | 500.1 | 42.5 | 79.2 | 325.8 | 108.8 | 20.4 | 931.6 |
| 机动车、电子产品和日用产品修理业 | 2319 | 55.1 | 489.9 | 65.1 | 57.7 | 137.3 | 51.0 | 8.5 | 861.2 |
| 其他服务业 | 1738 | 60.3 | 584.9 | 65.0 | 57.7 | 218.8 | 58.1 | 11.4 | 1117.8 |
| 教育 | 5140 | 21.2 | 963.1 | 122.1 | 17.5 | 1234.7 | 381.4 | 78.6 | 2355.3 |
| 卫生 | 4976 | 87.1 | 1305.4 | 327.4 | 95.1 | 1726.4 | 574.1 | 119.7 | 2938.7 |
| 社会工作 | 205 | 0.8 | 26.6 | 3.5 | 1.7 | 39.0 | 7.2 | 1.2 | 80.4 |
| 新闻和出版业 | 1245 | 345.6 | 2376.2 | 223.2 | 361.3 | 730.7 | 315.0 | 35.1 | 4346.2 |
| 广播、电视、电影和影视录音制作业 | 2482 | 235.6 | 2630.6 | 369.2 | 242.5 | 722.1 | 332.8 | 81.3 | 4960.7 |
| 文化艺术业 | 1379 | 81.2 | 514.4 | 46.7 | 72.2 | 260.6 | 65.0 | 13.9 | 1201.5 |
| 体育 | 795 | 108.9 | 777.5 | 322.6 | 101.8 | 1314.4 | 514.8 | 185.7 | 2296.1 |
| 娱乐业 | 1951 | 99.3 | 728.1 | 37.9 | 112.8 | 1157.5 | 237.6 | 60.6 | 2210.2 |

7-1-4 续表 1

| 地　区 | 应付账款(亿元) | 负债合计(亿元) | 所有者权益合计(亿元) | 营业收入(亿元) | 主营业务收入(亿元) | 营业成本(亿元) | 主营业务成本(亿元) | 营业税金及附加(亿元) | 主营业务税金及附加(亿元) |
|---|---|---|---|---|---|---|---|---|---|
| **全　国** | **28898.8** | **387685.9** | **358491.6** | **155937.3** | **151868.3** | **115639.9** | **111888.9** | **1332.7** | **1238.6** |
| 铁路运输业 | 2036.9 | 13412.8 | 23407.5 | 4721.2 | 4490.7 | 4268.3 | 4062.7 | 12.5 | 10.7 |
| 道路运输业 | 2839.7 | 43232.6 | 28996.7 | 15305.9 | 14829.4 | 12863.9 | 12486.2 | 158.8 | 147.8 |
| 水上运输业 | 636.5 | 11198.9 | 10368.5 | 5069.5 | 4804.7 | 4141.9 | 3909.0 | 28.7 | 25.2 |
| 航空运输业 | 558.4 | 9622.6 | 7812.1 | 5519.0 | 5344.6 | 4511.1 | 4382.3 | 20.8 | 19.5 |
| 管道运输业 | 110.1 | 1237.8 | 2658.8 | 1064.0 | 1055.0 | 613.6 | 607.9 | 8.1 | 7.4 |
| 装卸搬运和运输代理业 | 703.9 | 3956.3 | 2953.1 | 7382.7 | 7310.2 | 6553.6 | 6414.5 | 16.3 | 14.3 |
| 仓储业 | 336.8 | 13932.6 | 3163.7 | 4702.1 | 4535.5 | 4301.8 | 4196.2 | 19.8 | 18.2 |
| 邮政业 | 257.8 | 1556.0 | 1194.4 | 3340.8 | 3253.9 | 2783.2 | 2697.5 | 11.9 | 11.1 |
| 电信、广播电视和卫星传输服务 | 4655.8 | 18709.0 | 30028.7 | 15283.2 | 14899.8 | 10288.4 | 9764.3 | 53.1 | 42.2 |
| 互联网和相关服务 | 913.7 | 7623.7 | 5293.2 | 5366.6 | 5314.8 | 2596.7 | 2531.2 | 47.1 | 46.5 |
| 软件和信息技术服务业 | 2638.9 | 13544.0 | 14223.8 | 16843.8 | 16639.3 | 10769.5 | 10570.9 | 97.2 | 94.3 |
| 物业管理业 | 225.1 | 5305.2 | 2627.9 | 3456.3 | 3303.2 | 2375.1 | 2262.6 | 87.0 | 82.8 |
| 房地产中介服务业 | 77.7 | 1397.6 | 354.4 | 840.3 | 825.4 | 443.4 | 436.7 | 18.0 | 17.7 |
| 自有房地产经营活动 | 169.3 | 5881.9 | 4750.1 | 697.5 | 663.5 | 281.1 | 260.3 | 33.8 | 31.7 |
| 其他房地产业 | 55.2 | 2488.3 | 1251.9 | 102.3 | 96.1 | 59.2 | 57.5 | 6.0 | 5.8 |
| 租赁业 | 196.6 | 9906.6 | 3022.8 | 1414.6 | 1381.2 | 911.9 | 866.1 | 14.8 | 14.0 |
| 商务服务业 | 5946.9 | 175365.7 | 175491.2 | 34396.0 | 33244.8 | 25602.9 | 24703.2 | 396.4 | 363.3 |
| 研究和试验发展 | 559.6 | 2987.9 | 2601.5 | 1817.4 | 1768.5 | 1273.9 | 1237.5 | 10.6 | 9.8 |
| 专业技术服务业 | 3298.8 | 16330.0 | 13118.8 | 13691.3 | 13544.9 | 10618.0 | 10401.9 | 112.0 | 106.2 |
| 科技推广和应用服务业 | 590.2 | 4393.1 | 3038.5 | 2931.0 | 2883.9 | 2162.9 | 2121.9 | 23.8 | 22.3 |
| 水利管理业 | 17.1 | 942.1 | 1038.7 | 140.0 | 133.0 | 102.1 | 97.2 | 1.6 | 1.4 |
| 生态保护和环境治理业 | 133.0 | 1125.1 | 992.3 | 445.7 | 440.9 | 306.9 | 302.6 | 3.4 | 3.2 |
| 公共设施管理业 | 627.7 | 11795.6 | 8545.2 | 2451.0 | 2395.4 | 1743.9 | 1703.6 | 54.3 | 52.7 |
| 居民服务业 | 47.1 | 627.1 | 304.8 | 517.6 | 506.6 | 293.0 | 280.5 | 8.9 | 8.5 |
| 机动车、电子产品和日用产品修理业 | 51.8 | 483.7 | 377.1 | 560.9 | 547.3 | 430.3 | 413.8 | 5.1 | 4.8 |
| 其他服务业 | 40.0 | 519.8 | 598.0 | 448.3 | 441.3 | 316.1 | 306.0 | 9.6 | 8.9 |
| 教育 | 117.8 | 1271.8 | 1083.7 | 1168.9 | 1142.6 | 676.3 | 643.2 | 17.0 | 16.3 |
| 卫生 | 357.8 | 1804.7 | 1135.3 | 2220.2 | 2194.3 | 1615.6 | 1556.5 | 3.9 | 3.6 |
| 社会工作 | 4.4 | 48.0 | 30.6 | 20.7 | 20.4 | 14.7 | 14.4 | 0.2 | 0.2 |
| 新闻和出版业 | 221.3 | 1636.2 | 2709.9 | 1291.6 | 1205.4 | 855.8 | 786.1 | 13.1 | 12.3 |
| 广播、电视、电影和影视录音制作业 | 288.4 | 2066.6 | 2893.9 | 1683.9 | 1639.1 | 1223.1 | 1198.1 | 18.4 | 17.0 |
| 文化艺术业 | 40.6 | 644.8 | 556.5 | 328.5 | 317.2 | 210.1 | 200.8 | 5.0 | 4.8 |
| 体育 | 45.0 | 1232.1 | 1063.9 | 254.9 | 248.1 | 188.3 | 181.2 | 6.4 | 5.5 |
| 娱乐业 | 98.9 | 1405.6 | 804.3 | 459.8 | 447.3 | 243.0 | 234.7 | 9.2 | 8.7 |

7-1-4 续表 2

| 地　区 | 销售费用(亿元) | 管理费用(亿元) | 税金(亿元) | 财务费用(亿元) | 利息收入(亿元) | 利息支出(亿元) | 投资收益(亿元) | 营业利润(亿元) |
|---|---|---|---|---|---|---|---|---|
| **全　国** | **8906.8** | **17571.4** | **390.1** | **5072.6** | **1666.9** | **5723.5** | **11895.6** | **19364.0** |
| 铁路运输业 | 10.4 | 181.1 | 2.7 | 304.7 | 16.1 | 263.3 | 36.0 | -7.6 |
| 道路运输业 | 333.6 | 1118.2 | 38.0 | 1005.1 | 72.6 | 959.6 | 190.6 | 13.8 |
| 水上运输业 | 66.4 | 361.5 | 14.0 | 253.3 | 44.2 | 257.2 | 195.6 | 438.3 |
| 航空运输业 | 263.6 | 229.7 | 9.6 | 345.5 | 31.2 | 202.0 | 80.2 | 242.7 |
| 管道运输业 | 11.9 | 38.4 | 1.1 | 15.9 | 13.4 | 26.1 | 1.0 | 379.4 |
| 装卸搬运和运输代理业 | 168.5 | 446.3 | 7.9 | 40.6 | 10.1 | 45.8 | 71.0 | 253.6 |
| 仓储业 | 201.9 | 258.0 | 12.8 | 333.7 | 23.7 | 295.8 | 7.0 | -369.2 |
| 邮政业 | 74.3 | 339.6 | 7.5 | 7.2 | 2.3 | 4.8 | 31.2 | 183.7 |
| 电信、广播电视和卫星传输服务 | 1743.8 | 1041.4 | 35.8 | -111.7 | 181.8 | 87.6 | 1148.0 | 3474.7 |
| 互联网和相关服务 | 640.0 | 934.6 | 4.2 | -118.8 | 98.1 | 15.9 | 118.2 | 1365.2 |
| 软件和信息技术服务业 | 1558.9 | 2923.1 | 20.7 | 34.9 | 81.3 | 109.8 | 340.5 | 1774.2 |
| 物业管理业 | 170.7 | 597.4 | 16.8 | 55.9 | 27.3 | 52.2 | 53.3 | 234.4 |
| 房地产中介服务业 | 185.4 | 145.1 | 1.5 | 7.8 | 1.9 | 5.8 | 22.6 | 65.4 |
| 自有房地产经营活动 | 37.8 | 175.1 | 16.2 | 86.5 | 18.9 | 89.8 | 140.3 | 231.5 |
| 其他房地产业 | 6.1 | 15.0 | 0.4 | 9.9 | 59.7 | 65.7 | 8.6 | 18.3 |
| 租赁业 | 61.2 | 131.4 | 3.0 | 85.6 | 5.4 | 55.6 | 19.0 | 197.7 |
| 商务服务业 | 1769.8 | 4471.8 | 121.0 | 2366.6 | 782.1 | 2713.2 | 8759.0 | 8527.7 |
| 研究和试验发展 | 71.1 | 351.5 | 4.8 | 9.1 | 29.9 | 36.4 | 120.3 | 217.4 |
| 专业技术服务业 | 359.1 | 1597.1 | 22.9 | 66.6 | 90.5 | 160.5 | 226.0 | 1084.1 |
| 科技推广和应用服务业 | 183.1 | 371.9 | 7.1 | 32.9 | 20.5 | 44.5 | 77.6 | 211.1 |
| 水利管理业 | 2.0 | 22.9 | 0.5 | 16.7 | 2.7 | 20.4 | 8.7 | 5.4 |
| 生态保护和环境治理业 | 13.1 | 45.9 | 1.1 | 12.0 | 2.8 | 11.2 | 3.8 | 67.6 |
| 公共设施管理业 | 127.1 | 285.2 | 11.0 | 101.5 | 8.7 | 92.9 | 35.2 | 183.9 |
| 居民服务业 | 77.5 | 87.5 | 2.1 | 7.5 | 1.1 | 5.6 | 2.0 | 47.1 |
| 机动车、电子产品和日用产品修理业 | 46.7 | 51.0 | 1.6 | 4.3 | 0.4 | 2.5 | 7.5 | 32.7 |
| 其他服务业 | 33.3 | 68.2 | 2.0 | 4.7 | 0.7 | 4.7 | 10.1 | 28.8 |
| 教育 | 110.0 | 260.2 | 3.9 | 16.2 | 4.1 | 13.5 | 6.2 | 104.5 |
| 卫生 | 156.4 | 365.2 | 3.0 | 26.9 | 1.4 | 18.6 | 3.0 | 73.1 |
| 社会工作 | 1.6 | 5.0 | 0.1 | 0.5 |  | 0.4 |  | -0.9 |
| 新闻和出版业 | 128.0 | 254.8 | 4.3 | -2.3 | 12.4 | 10.4 | 70.7 | 106.0 |
| 广播、电视、电影和影视录音制作业 | 143.1 | 180.9 | 2.6 | 11.5 | 16.5 | 23.1 | 93.5 | 195.5 |
| 文化艺术业 | 31.4 | 56.5 | 1.6 | 8.4 | 2.4 | 8.0 | 3.5 | 24.0 |
| 体育 | 41.4 | 69.7 | 4.5 | 9.2 | 0.9 | 7.1 | 1.6 | -57.2 |
| 娱乐业 | 77.5 | 90.3 | 3.8 | 24.2 | 1.8 | 13.1 | 3.9 | 17.2 |

7-1-4 续表 3

| 地　　区 | 营业外收入(亿元) | 政府补助(亿元) | 营业外支出(亿元) | 利润总额(亿元) | 应交所得税(亿元) | 应付职工薪酬(亿元) | 应交增值税(亿元) | 从业人员(万人) |
|---|---|---|---|---|---|---|---|---|
| **全　国** | **4682.4** | **3026.2** | **759.1** | **23310.4** | **3175.3** | **25943.1** | **3629.3** | **2717.2** |
| 铁路运输业 | 60.2 | 37.4 | 37.0 | 15.6 | 60.7 | 1056.8 | 148.1 | 81.1 |
| 道路运输业 | 1174.4 | 1000.8 | 65.2 | 1127.6 | 258.5 | 2799.9 | 386.0 | 428.0 |
| 水上运输业 | 147.6 | 86.1 | 41.3 | 545.8 | 119.7 | 602.1 | 82.3 | 50.5 |
| 航空运输业 | 239.6 | 143.6 | 26.7 | 455.8 | 103.1 | 962.6 | 83.8 | 49.7 |
| 管道运输业 | 31.3 | 27.8 | 0.9 | 409.9 | 87.5 | 44.7 | 56.4 | 2.8 |
| 装卸搬运和运输代理业 | 58.8 | 34.7 | 29.6 | 282.2 | 62.1 | 509.7 | 50.9 | 62.7 |
| 仓储业 | 633.3 | 566.4 | 26.5 | 239.2 | 41.0 | 239.2 | 42.0 | 32.2 |
| 邮政业 | 20.9 | 6.9 | 5.5 | 199.1 | 33.2 | 920.2 | 38.5 | 94.0 |
| 电信、广播电视和卫星传输服务 | 140.3 | 25.8 | 99.0 | 3517.9 | 461.3 | 1960.6 | 580.9 | 148.2 |
| 互联网和相关服务 | 65.6 | 17.8 | 12.6 | 1418.3 | 176.4 | 775.6 | 112.2 | 39.1 |
| 软件和信息技术服务业 | 361.1 | 167.1 | 35.7 | 2100.0 | 289.0 | 3352.7 | 568.7 | 204.2 |
| 物业管理业 | 68.8 | 23.8 | 10.0 | 293.1 | 67.4 | 1288.6 | 83.5 | 268.3 |
| 房地产中介服务业 | 5.5 | 0.9 | 1.7 | 69.2 | 17.2 | 406.6 | 28.1 | 35.1 |
| 自有房地产经营活动 | 23.6 | 7.6 | 6.7 | 248.2 | 41.7 | 88.5 | 18.7 | 8.0 |
| 其他房地产业 | 1.7 | 0.7 | 0.5 | 19.6 | 3.9 | 14.2 | 3.0 | 1.1 |
| 租赁业 | 42.3 | 23.1 | 4.8 | 235.6 | 55.1 | 123.6 | 66.3 | 14.9 |
| 商务服务业 | 1019.8 | 506.0 | 225.1 | 9327.2 | 803.6 | 4845.7 | 597.5 | 540.7 |
| 研究和试验发展 | 53.0 | 34.0 | 6.0 | 264.5 | 30.4 | 385.3 | 40.7 | 23.6 |
| 专业技术服务业 | 122.6 | 62.9 | 28.6 | 1178.6 | 218.8 | 2595.2 | 349.7 | 204.3 |
| 科技推广和应用服务业 | 40.8 | 17.3 | 14.7 | 237.9 | 44.8 | 431.6 | 62.5 | 42.2 |
| 水利管理业 | 19.1 | 17.8 | 0.9 | 23.6 | 2.3 | 24.5 | 3.3 | 2.9 |
| 生态保护和环境治理业 | 12.0 | 6.1 | 1.8 | 77.8 | 10.9 | 48.9 | 18.6 | 5.0 |
| 公共设施管理业 | 75.4 | 49.0 | 15.3 | 244.3 | 49.5 | 376.6 | 45.0 | 69.8 |
| 居民服务业 | 6.4 | 3.0 | 1.6 | 51.9 | 11.8 | 135.5 | 7.3 | 29.3 |
| 机动车、电子产品和日用产品修理业 | 2.2 | 0.6 | 1.0 | 33.9 | 6.4 | 78.2 | 16.8 | 13.3 |
| 其他服务业 | 8.2 | 4.8 | 1.5 | 35.5 | 7.0 | 187.5 | 10.8 | 46.6 |
| 教育 | 13.6 | 8.7 | 6.4 | 113.1 | 18.5 | 384.7 | 15.7 | 61.6 |
| 卫生 | 25.7 | 8.5 | 13.3 | 86.4 | 21.2 | 569.2 | 2.9 | 80.4 |
| 社会工作 | 1.1 | 1.0 | 0.8 | -0.5 | 0.2 | 6.6 | 0.4 | 1.5 |
| 新闻和出版业 | 96.3 | 68.2 | 10.8 | 196.0 | 15.3 | 288.9 | 46.7 | 21.7 |
| 广播、电视、电影和影视录音制作业 | 44.0 | 29.1 | 16.6 | 223.2 | 33.6 | 195.9 | 39.1 | 18.2 |
| 文化艺术业 | 31.6 | 27.8 | 3.4 | 52.3 | 9.3 | 65.0 | 7.0 | 10.3 |
| 体育 | 21.4 | 5.9 | 5.7 | -41.6 | 2.5 | 88.4 | 7.3 | 8.9 |
| 娱乐业 | 13.9 | 5.0 | 2.0 | 29.1 | 11.6 | 89.8 | 8.4 | 16.9 |

## 【主要统计指标解释】

**存货** 指企业在日常活动中持有以备出售的产成品或商品、处在生产过程中的在产品、在生产过程或提供劳务过程中耗用的材料或物料等，通常包括原材料、在产品、半成品、产成品、商品以及周转材料等。根据会计“资产负债表”中“存货”项目的期末余额数填报。其中：“年初存货”根据会计“资产负债表”中“存货”项目的年初余额数填报。

**流动资产合计** 资产满足以下条件之一应归为流动资产：（1）预计在一个正常营业周期中变现、出售或耗用，主要包括存货、应收账款等；（2）主要为交易目的而持有；（3）预计在资产负债表日起一年内（含一年）变现；（4）自资产负债日起一年内，交换其他资产或清偿负债的能力不受限制的现金或现金等价物。包括货币资金、应收票据、应收账款、存货等项目。根据会计“资产负债表”中“流动资产合计”项目的期末余额数填报。

**应收账款** 指企业因销售商品、提供劳务等经营活动所形成的债权，包括应向客户收取的货款、增值税款和为客户代垫的运杂费等。根据会计“资产负债表”中“应收账款”项目的期末余额数填报。

**固定资产原价** 指固定资产的成本，包括企业在购置、自行建造、安装、改建、扩建、技术改造某项固定资产时所发生的全部支出总额。根据会计“固定资产”科目的期末借方余额填报。

**本年折旧** 指企业在报告期内提取的固定资产折旧合计数。可以根据会计“财务状况变动表”中“固定资产折旧”项的数值填报。若企业执行2001年《企业会计制度》，可以根据会计核算中《资产减值准备、投资及固定资产情况表》内“当年计提的固定资产折旧总额”项本年增加数填报。

**资产总计** 指企业过去的交易或者事项形成的、由企业拥有或者控制的、预期会给企业带来经济利益的资源。资产一般按流动性（资产的变现或耗用时间长短）分为流动资产和非流动资产。其中流动资产可分为货币资金、交易性金融资产、应收票据、应收账款、预付款项、其他应收款、存货等；非流动资产可分为长期股权投资、固定资产、无形资产及其他非流动资产等。根据会计“资产负债表”中“资产总计”项目的期末余额数填报。

执行《企业会计准则》或《小企业会计准则》的企业：资产总计=流动资产合计+非流动资产合计；执行其他企业会计制度的企业资产包括流动资产、长期投资、固定资产、无形资产和其他资产等。

**负债合计** 指企业过去的交易或者事项形成的，预期会导致经济利益流出企业的现时义务。负债一般按偿还期长短分为流动负债和非流动负债。根据会计“资产负债表”中“负债合计”项目的期末余额数填报。

执行《企业会计准则》或《小企业会计准则》的企业：负债合计=流动负债合计+非流动负债合计；执行其他企业会计制度的企业负债包括流动负债和长期负债。

**所有者权益合计** 指企业资产扣除负债后由所有者享有的剩余权益。公司的所有者权益又称股东权益。包括实收资本、资本公积、盈余公积、未分配利润等。根据会计“资产负债表”中“所有者权益合计”项目的期末余额数填报。

**营业收入** 指企业经营主要业务和其他业务所确认的收入总额。营业收入合计包括“主营业务收入”和“其他业务收入”。根据会计“利润表”中“营业收入”项目的本期金额数填报。

**主营业务收入** 指企业确认的销售商品、提供劳务等主营业务的收入。根据会计“主营业务收入”科目的期末贷方余额（结转前）填报。执行《企业会计准则》或《小企业会计准则》的企业，如未设置该科目，以“营业收入”代替填报。

**营业成本** 指企业经营主要业务和其他业务所发生的成本总额。包括企业（单位）在报告期内从事销售商品、提供劳务等日常活动发生的各种耗费。包括“主营业务成本”和“其他业务成本”。根据会计“利润表”中“营业成本”项目的本期金额数填报。

**主营业务成本** 指企业经营主要业务所发生的成本总额。根据会计“主营业务成本”科目的期末借方余额（结转前）填报。执行《企业会计准则》或《小企业会计准则》的企业，如未设置该科目，以“营业成本”代替填报。

**营业税金及附加** 指企业因从事生产经营活动按税法规定缴纳的应从经营收入中抵扣的税金和附加，包括营业税、消费税、城市维护建设税、教育费附加等。根据会计“利润表”中“营业税金及附加”项目的本期金额数填报。

**主营业务税金及附加** 指企业经营主要业务应负担的营业税、消费税、城市维护建设税、教育费附加等。根据会计“主营业务税金及附加”科目的期末借方余额（结转前）填报。执行《企业会计准则》或《小企业会计准则》的企业，如未设置该科目，以“营业税金及附加”代替填报。

**销售费用** 指企业在销售商品和材料、提供劳务的过程中发生的各种费用，包括保险费、包装费、展览费和广告费、商品维修费、预计产品质量保证损失、运输费、装卸费等以及为销售本企业商品而专设的销售机构（含销售网点、售后服务网点等）的职工薪酬、业务费、折旧费等经营费用。建筑业企业销售费用指企业从事施工生产活动过程中发生的各项费用，包括应由企业负担的运输费、装卸费、包装费、保险费、维修费、展览费、差旅费、广告费和其他经费。房地产企业销售费用指企业在从事主要经营业务过程中所发生的各项销售费用，包括转让、销售、结算和出租开发产品等。执行《企业会计准则》或《小企业会计准则》的企业,根据会计“利润表”中“销售费用”项目的本期金额数填报。执行其他企业会计制度的企业，根据会计“利润表”中“营业费用（或经营费用）”项目的本期金额数填报。

**管理费用** 指企业为组织和管理企业生产经营所发生的费用，包括企业在筹建期间内发生的开办费、董事会和行政管理部门在企业经营管理中发生的，或者应当由企业统一负担的公司经费等。根据会计“利润表”中“管理费用”项目的本期金额数填报。

**税金** 指企业按照规定从管理费用中支付的房产税、印花税、车船使用税和土地使用税。根据“管理费用明细账”中“管理费用——税金”科目的期末借方余额（结转前）分析填报。

**财务费用** 指企业为筹集生产经营所需资金等而发生的筹资费用，包括企业生产经营期间发生的利息支出（减利息收入）、汇兑损失（减汇兑收益）以及相关的手续费等。根据会计“利润表”中“财务费用”项目的本期金额数填报。

**利息收入** 指非金融企业存款业务所确认的利息金额。根据企业“财务费用明细帐”中“财务费用——利息收入”科目的本期发生额填报。如果企业没有设置该科目，此处可填“0”。

**利息支出** 指企业短期借款利息、长期借款利息、应付票据利息、票据贴现利息、应付债券利息、长期应付引进国外设备款利息等利息支出。根据企业“财务费用明细帐”中“财务费用——利息支出”科目的本期发生额填报。如果企业没有单独设立“利息收入”科目，应填报利息支出减去银行存款等的利息收入后的净额。

**投资收益** 指企业确认的投资收益或投资损失，反映企业以各种方式对外投资所取得的收益。根据会计“利润表”中“投资收益”项目的本期金额数填报。如为投资损失以“-”号记。

**营业利润** 指企业从事生产经营活动所取得的利润。执行《企业会计准则》的企业，营业利润为营业收入减去营业成本、营业税金及附加、销售费用、管理费用、财务费用、资产减值损失，再加上公允价值变动收益和投资收益。执行《小企业会计准则》的企业，营业利润为营业收入减去营业成本、营业税金及附加、销售费用、管理费用、财务费用，再加上投资收益后的金额；执行其他企业会计制度的企业，营业利润为主营业务收入减去主营业务成本、主营业务税金及附加，加上其他业务利润后，再减去销售费用、管理费用、财务费用后的金额。根据会计“利润表”中“营业利润”项目的本期金额数填报。

**营业外收入** 指企业发生的与经营业务无直接关系的各项收入，包括非流动资产处置利得、非货币性资产交换利得、债务重组利得、政府补助、盘盈利得、捐赠利得等。执行《企业会计准则》或《小企业会计准则》的企业，根据会计“利润表”中“营业外收入”项目的本期金额数填报；执行其他企业会计制度的企业，“营业外收入”中不含“补贴收入”。

**政府补助** 指企业从政府无偿取得货币性资产或非货币性资产，但不包括政府作为企业所有者投入的资本。

（1）执行《企业会计准则》或《小企业会计准则》的企业，如果会计“损益表”（利润表）列示“营业外收入——政府补助”项目，则填报该项目本年累计数；或者，可根据会计“营业外收入——政府补助”科目填报，一般为年初至期末贷方累计发生额，反映企业自年初到本期末收到的政府补助合计数；（2）执行其他企业会计制度的企业，填报会计“损益表”（利润表）“补贴收入”项目本年累计数；或者，可根据会计“补贴收入”科目填报，一般为年初至期末贷方累计发生额，反映企业自年初到本期末收到的补贴收入合计数。

**营业外支出** 指企业发生的与经营业务无直接关系的各项支出，包括非流动资产处置损失、非货币性资产交换损失、债务重组损失、公益性捐赠支出、非常损失、盘亏损失等。根据会计“利润表”中“营业外支出”项目的本期金额数填报。

**利润总额** 指企业在一定会计期间的经营成果，是生产经营过程中各种收入扣除各种耗费后的盈余，反映企业在报告期内实现的盈亏总额。根据会计“利润表”中“利润总额”项目的本期金额数填报。执行《企业会计准则》或《小企业会计准则》的企业，利润总额为营业利润加上营业外收入，减去营业外支出后的金额；执行其他企业会计制度的企业，利润总额为营业利润加上投资收益、政府补助、营业外收入，再减去营业外支出后的金额。

**应交所得税** 指企业按税法规定，应从生产经营等活动的所得中缴纳的税金。执行《企业会计准则》或《小企业会计准则》的企业，根据会计“利润表”中“所得税费用”项目的本期金额数填报；执行其他企业会计制度的企业，根据会计“利润表”中“所得税”项目的本期金额数填报。

**应付职工薪酬** 指企业为获得职工提供的服务而给予各种形式的报酬以及其他相关支出。包括职工工资、奖金、津贴和补贴，职工福利费，医疗保险费、养老保险费、失业保险费、工伤保险费和生育保险费等社会保险费，住房公积金，工会经费和职工教育经费，非货币性福利，因解除与职工的劳动关系给予的补偿，其他与获得职工提供的服务相关的支出。执行《企业会计准则》或《小企业会计准则》的企业，根据会计科目“应付职工薪酬”的本年贷方累计发生额填报；执行其他企业会计制度的企业，应将本年上述职工薪酬包含的科目归并填报。

**应交增值税** 指按照税法规定，以销售货物、服务、无形资产、不动产或提供加工、修理修配劳务的增值额和货物进口金额为计税依据而课征的一种流转税。填报本指标时，应按权责发生制核算企业本期应负担的增值税，有两种计算方法，可选其一，一旦确定，原则上不得更改。

**计算方法一**：

根据本期会计科目（1）“销项税额”、“进项税额转出”、“出口退税”年初至期末贷方累计发生额（一般与期末贷方余额相等，因为年初贷方余额为零），（2）“进项税额”年初至期末借方累计发生额，即期末借方余额 － 年初借方余额，（3）“出口抵减内销产品应纳税额”、“减免税款”年初至期末借方累计发生额（一般与期末借方余额相等，因为年初借方余额为零），取值后按照下述公式计算填报：

应交增值税 = 销项税额 － （进项税额 － 进项税额转出） － 出口抵减内销产品应纳税额 － 减免税款 + 出口退税

**计算方法二**：

根据本期《增值税纳税申报表（一般纳税人适用）》（以“国家税务总局公告2013年32号”版式为例）“销项税额”（第11栏）、“进项税额”（第12栏）、“进项税额转出”（第14栏）、“免、抵、退应退税额”（第15栏）、“简易计税办法计算的应纳税额”（第21栏）、“按简易计税办法计算的纳税检查应补缴税额”（第22栏）、“应纳税额减征额”（第23栏）栏目“一般货物、劳务和应税服务”列中“本年累计”列，按照下述公式计算填报：

应交增值税 = 销项税额－（进项税额－进项税额转出－免、抵、退应退税额） + 简易计税办法计算的应纳税额 + 按简易计税办法计算的纳税检查应补缴税额 － 应纳税额减征额

**计算方法说明及填报要求**：

（1）计算公式均体现权责发生制，本期发生的进项税额全部参与计算，相当于不设置留抵，同时也不抵扣会计账簿或增值税纳税申报表中上年年末留抵的进项税额，公式计算结果可以为负数。

（2）按照公式计算本指标后，不应再加增值税减免税额，因为这部分价值不再形成企业缴纳义务。

从业人员 指报告期内(年度、月度)平均拥有的从事服务业活动的人员数。按“谁用工，谁统计”的原则实施统计，包括参加企业服务业活动的正式人员，劳务派遣人员和临时聘用人员。不包括在本企业领取工资、股息、红利未参加服务业活动的人员。

# 7 第三产业分行业主要指标

## 7–2　农林牧渔服务业

# 简要说明

**一、主要内容**

2010年以来各地区农林牧渔服务业产值和增加值。

**二、资料来源**

资料来源于《中国农村统计年鉴》。

# 7-2-1 各地区农林牧渔服务业产值

(按当年价格计算)　　单位：亿元

| 地 区 | 2010年 | 2011年 | 2012年 | 2013年 | 2014年 | 2015年 | 2016年 |
|---|---|---|---|---|---|---|---|
| **全 国** | **2535.1** | **2856.0** | **3170.1** | **3525.4** | **3908.0** | **4323.2** | **4865.9** |
| 北 京 | 5.9 | 6.6 | 7.5 | 8.0 | 8.4 | 8.7 | 8.7 |
| 天 津 | 9.0 | 10.0 | 10.2 | 10.3 | 10.7 | 11.1 | 12.0 |
| 河 北 | 201.8 | 224.2 | 241.5 | 266.5 | 290.2 | 313.2 | 342.0 |
| 山 西 | 56.9 | 63.8 | 70.5 | 76.5 | 83.6 | 86.7 | 89.5 |
| 内蒙古 | 28.3 | 31.7 | 34.7 | 37.8 | 40.2 | 42.2 | 44.6 |
| 辽 宁 | 122.1 | 138.0 | 154.1 | 174.7 | 194.5 | 200.8 | 203.1 |
| 吉 林 | 58.2 | 67.2 | 72.8 | 75.5 | 80.9 | 85.6 | 89.8 |
| 黑龙江 | 52.0 | 62.6 | 73.6 | 83.6 | 94.6 | 106.5 | 120.1 |
| 上 海 | 8.7 | 9.7 | 10.7 | 11.7 | 11.5 | 11.0 | 10.6 |
| 江 苏 | 221.0 | 252.7 | 280.8 | 309.6 | 352.9 | 400.0 | 437.7 |
| 浙 江 | 41.6 | 46.7 | 51.1 | 54.9 | 60.0 | 65.1 | 70.4 |
| 安 徽 | 116.0 | 133.0 | 147.0 | 162.5 | 179.7 | 192.0 | 241.5 |
| 福 建 | 86.7 | 95.2 | 102.6 | 111.8 | 121.4 | 131.4 | 141.4 |
| 江 西 | 72.8 | 76.8 | 81.4 | 86.3 | 92.7 | 98.7 | 111.3 |
| 山 东 | 272.5 | 295.1 | 325.1 | 363.4 | 400.9 | 431.9 | 510.7 |
| 河 南 | 201.0 | 220.5 | 237.2 | 263.6 | 294.5 | 327.4 | 361.6 |
| 湖 北 | 131.3 | 152.9 | 183.7 | 216.7 | 262.3 | 341.5 | 408.5 |
| 湖 南 | 169.6 | 196.8 | 223.9 | 251.9 | 273.2 | 301.2 | 345.9 |
| 广 东 | 129.7 | 144.2 | 156.7 | 170.5 | 183.5 | 195.2 | 211.9 |
| 广 西 | 90.1 | 103.8 | 116.9 | 131.4 | 150.2 | 166.7 | 189.3 |
| 海 南 | 23.7 | 28.2 | 33.2 | 37.3 | 42.5 | 47.5 | 53.9 |
| 重 庆 | 13.6 | 15.7 | 17.9 | 19.9 | 22.2 | 26.2 | 30.3 |
| 四 川 | 64.6 | 74.0 | 83.1 | 92.3 | 102.3 | 110.4 | 125.4 |
| 贵 州 | 51.5 | 61.6 | 67.8 | 75.0 | 80.7 | 107.3 | 147.6 |
| 云 南 | 63.9 | 72.0 | 80.1 | 90.4 | 100.0 | 111.8 | 123.0 |
| 西 藏 | 3.1 | 3.0 | 3.1 | 3.1 | 3.3 | 3.8 | 4.3 |
| 陕 西 | 80.4 | 91.6 | 105.2 | 118.7 | 129.3 | 137.9 | 150.5 |
| 甘 肃 | 97.9 | 109.9 | 120.3 | 135.3 | 147.7 | 159.3 | 170.5 |
| 青 海 | 3.9 | 4.2 | 4.6 | 4.9 | 5.3 | 5.7 | 6.0 |
| 宁 夏 | 11.9 | 13.9 | 15.8 | 17.9 | 19.8 | 21.7 | 22.9 |
| 新 疆 | 45.6 | 50.3 | 57.0 | 63.3 | 68.7 | 74.6 | 81.0 |

# 7-2-2 各地区农林牧渔服务业增加值

(按当年价格计算) 单位：亿元

| 地 区 | 2010年 | 2011年 | 2012年 | 2013年 | 2014年 | 2015年 | 2016年 |
|---|---|---|---|---|---|---|---|
| **全 国** | **1179.0** | **1332.9** | **1481.0** | **1644.3** | **1821.9** | **2049.5** | **2302.7** |
| 北 京 | 1.7 | 1.9 | 2.1 | 2.2 | 2.3 | 2.4 | 2.4 |
| 天 津 | 1.4 | 1.5 | 1.6 | 1.6 | 1.6 | 1.7 | 1.8 |
| 河 北 | 89.7 | 99.7 | 107.4 | 118.4 | 129.0 | 139.2 | 152.0 |
| 山 西 | 26.3 | 29.6 | 32.7 | 35.6 | 39.3 | 40.9 | 42.5 |
| 内蒙古 | 16.8 | 18.8 | 20.6 | 22.4 | 23.9 | 25.1 | 26.5 |
| 辽 宁 | 73.7 | 83.3 | 93.0 | 105.5 | 117.4 | 121.1 | 123.5 |
| 吉 林 | 33.0 | 37.9 | 41.1 | 42.6 | 45.6 | 48.3 | 50.7 |
| 黑龙江 | 26.5 | 31.9 | 37.5 | 42.7 | 48.3 | 54.3 | 61.2 |
| 上 海 | 3.3 | 3.7 | 3.9 | 4.4 | 4.4 | 4.2 | 4.0 |
| 江 苏 | 121.7 | 142.6 | 158.9 | 176.2 | 200.8 | 223.5 | 246.3 |
| 浙 江 | 20.4 | 22.9 | 25.0 | 26.9 | 29.4 | 32.4 | 35.1 |
| 安 徽 | 57.7 | 66.2 | 73.2 | 80.9 | 89.5 | 93.6 | 125.5 |
| 福 建 | 50.4 | 55.3 | 59.5 | 64.8 | 70.2 | 76.0 | 81.6 |
| 江 西 | 40.7 | 42.8 | 45.3 | 48.0 | 51.6 | 54.8 | 57.8 |
| 山 东 | 132.5 | 143.4 | 158.4 | 176.7 | 194.5 | 203.8 | 242.0 |
| 河 南 | 65.7 | 71.8 | 77.1 | 86.3 | 101.7 | 138.9 | 153.8 |
| 湖 北 | 41.2 | 49.5 | 58.1 | 67.9 | 79.0 | 107.5 | 121.5 |
| 湖 南 | 73.3 | 85.1 | 96.8 | 108.9 | 118.1 | 130.4 | 147.5 |
| 广 东 | 53.5 | 59.5 | 64.7 | 70.4 | 75.8 | 80.6 | 87.5 |
| 广 西 | 35.4 | 40.8 | 47.9 | 52.9 | 60.5 | 67.5 | 76.7 |
| 海 南 | 12.9 | 15.4 | 18.0 | 20.3 | 23.1 | 25.8 | 29.3 |
| 重 庆 | 9.6 | 11.1 | 12.6 | 14.1 | 15.7 | 18.5 | 21.4 |
| 四 川 | 39.7 | 45.8 | 51.3 | 56.9 | 63.1 | 68.0 | 76.1 |
| 贵 州 | 22.9 | 27.4 | 30.0 | 33.2 | 35.6 | 72.0 | 98.1 |
| 云 南 | 24.3 | 27.4 | 30.5 | 34.4 | 38.0 | 42.5 | 47.1 |
| 西 藏 | 2.2 | 1.9 | 2.0 | 2.2 | 2.3 | 2.7 | 3.0 |
| 陕 西 | 42.8 | 49.0 | 57.7 | 65.1 | 70.9 | 75.6 | 82.4 |
| 甘 肃 | 25.5 | 28.6 | 31.3 | 35.2 | 38.4 | 41.4 | 44.3 |
| 青 海 | 2.3 | 2.5 | 2.7 | 2.9 | 3.1 | 3.3 | 3.5 |
| 宁 夏 | 7.6 | 8.9 | 10.1 | 11.5 | 12.7 | 13.9 | 14.7 |
| 新 疆 | 24.2 | 26.6 | 30.2 | 33.5 | 36.0 | 39.6 | 42.8 |

## 【主要统计指标解释】

**农林牧渔服务业** 指对农、林、牧、渔业生产活动进行的各种支持性服务活动，不包括各种科学技术和专业技术服务活动。具体包括灌溉服务、农产品初级加工服务、其他农业服务、林业服务、兽医服务、其他畜牧服务、渔业服务等。

**农林牧渔服务业产值** 指对农林牧渔业生产活动进行的各种支持性服务活动的价值，等于农林牧渔服务业营业收入。

**农林牧渔服务业增加值** 指农、林、牧、渔及农林牧渔服务业生产货物或提供服务活动而增加的价值，为农林牧渔服务业现价产值扣除农林牧渔服务业现价中间消耗后的余额。

# 7 第三产业分行业主要指标

## 7–3　开采辅助活动和金属制品、机械和设备修理业

# 简要说明

**一、主要内容**

本篇资料是反映开采辅助活动和金属制品、机械和设备修理业两个行业的主要经济指标。

**二、统计范围与统计口径**

本篇所涉及的全国统计数据，均未包括香港特别行政区、澳门特别行政区和台湾省的数据，数据统计口径为年主营业务收入在2000万元及以上的开采辅助活动和金属制品、机械和设备修理企业。

**三、资料来源**

本篇资料来自工业统计年报数据。

# 7-3-1　开采辅助活动业主要经济指标

单位：亿元

| 年份 | 资产总计 | 营业收入 | 平均用工人数（万人） |
| --- | --- | --- | --- |
| 2012 | 2543.02 | 1893.67 | |
| 2013 | 2821.94 | 2215.33 | 32.35 |
| 2014 | 2262.36 | 2118.74 | 30.97 |
| 2015 | 2760.84 | 1755.93 | 29.18 |
| 2016 | 2825.78 | 1574.66 | 29.27 |

# 7-3-2　金属制品、机械和设备修理业主要经济指标

单位：亿元

| 年份 | 资产总计 | 营业收入 | 平均用工人数（万人） |
| --- | --- | --- | --- |
| 2012 | 1170.75 | 896.44 | |
| 2013 | 1184.10 | 929.91 | 16.90 |
| 2014 | 1096.17 | 853.60 | 15.35 |
| 2015 | 1303.91 | 977.77 | 16.69 |
| 2016 | 2198.00 | 1194.85 | 17.04 |

# 7–3–3 按地区分组开采辅助活动业主要经济指标

单位：亿元

| 地 区 | 资产总计 | 营业收入 | 平均用工人数（万人） |
|---|---|---|---|
| **全 国** | **2825.78** | **1574.66** | **29.27** |
| 北 京 | 439.15 | 123.41 | 1.91 |
| 天 津 | 374.60 | 216.68 | 4.15 |
| 河 北 | | | |
| 山 西 | | | |
| 内蒙古 | | | |
| 辽 宁 | 319.50 | 202.68 | 5.03 |
| 吉 林 | 181.86 | 109.66 | 2.11 |
| 黑龙江 | 213.57 | 155.94 | 1.02 |
| 上 海 | | | |
| 江 苏 | 4.38 | 3.61 | 0.03 |
| 浙 江 | | | |
| 安 徽 | 4.44 | 4.80 | 0.20 |
| 福 建 | | | |
| 江 西 | | | |
| 山 东 | 134.45 | 82.05 | 2.77 |
| 河 南 | 141.62 | 83.43 | 2.25 |
| 湖 北 | 94.34 | 62.56 | 0.71 |
| 湖 南 | | | |
| 广 东 | 53.24 | 20.59 | 0.21 |
| 广 西 | 0.40 | 4.49 | 0.01 |
| 海 南 | | | |
| 重 庆 | | | |
| 四 川 | 419.50 | 240.24 | 3.98 |
| 贵 州 | | | |
| 云 南 | | | |
| 西 藏 | | | |
| 陕 西 | 134.12 | 80.66 | 1.12 |
| 甘 肃 | 28.82 | 30.88 | 0.47 |
| 青 海 | | | |
| 宁 夏 | | | |
| 新 疆 | 281.78 | 152.99 | 3.32 |

# 7–3–4 按地区分组金属制品、机械和设备修理业主要经济指标

单位：亿元

| 地 区 | 资产总计 | 营业收入 | 平均用工人数（万人） |
|---|---|---|---|
| **全 国** | **2198.00** | **1194.85** | **17.04** |
| 北 京 | 336.49 | 92.25 | 1.38 |
| 天 津 | 34.36 | 28.49 | 0.39 |
| 河 北 | 28.96 | 15.27 | 0.79 |
| 山 西 | 10.85 | 9.61 | 0.24 |
| 内蒙古 | 4.27 | 1.74 | 0.08 |
| 辽 宁 | 637.65 | 193.65 | 2.05 |
| 吉 林 | 5.86 | 5.14 | 0.14 |
| 黑龙江 | 9.21 | 3.86 | 0.09 |
| 上 海 | 413.67 | 171.84 | 2.55 |
| 江 苏 | 23.47 | 36.36 | 0.32 |
| 浙 江 | 127.70 | 70.86 | 1.93 |
| 安 徽 | 78.53 | 31.29 | 0.34 |
| 福 建 | 94.67 | 179.76 | 0.81 |
| 江 西 | 0.83 | 0.96 | 0.03 |
| 山 东 | 22.09 | 43.08 | 0.42 |
| 河 南 | 36.22 | 33.13 | 0.68 |
| 湖 北 | 31.12 | 45.97 | 0.80 |
| 湖 南 | 9.01 | 6.44 | 0.23 |
| 广 东 | 173.20 | 142.00 | 2.25 |
| 广 西 | 1.34 | 3.90 | 0.06 |
| 海 南 | 8.41 | 2.99 | 0.09 |
| 重 庆 | 10.82 | 19.16 | 0.35 |
| 四 川 | 48.72 | 36.63 | 0.50 |
| 贵 州 | 3.24 | 3.05 | 0.03 |
| 云 南 | 0.40 | 0.37 | 0.01 |
| 西 藏 | | | |
| 陕 西 | 6.75 | 4.45 | 0.09 |
| 甘 肃 | 37.40 | 9.91 | 0.30 |
| 青 海 | 0.10 | 0.63 | |
| 宁 夏 | | | |
| 新 疆 | 2.67 | 2.06 | 0.08 |

## 【主要统计指标解释】

**资产总计** 指企业过去的交易或者事项形成的、由企业拥有或者控制的、预期会给企业带来经济利益的资源。资产一般按流动性分为流动资产和非流动资产。其中流动资产可分为货币资金、交易性金融资产、应收票据、应收账款、预付款项、其他应收款、存货等；非流动资产可分为长期股权投资、固定资产、无形资产及其他非流动资产等。来源于会计“资产负债表”中“资产总计”项目的期末余额数。

**营业收入** 指企业经营主要业务和其他业务所确认的收入总额。营业收入合计包括“主营业务收入”和“其他业务收入”。来源于会计“利润表”中“营业收入”项目的本期金额数。

**平均用工人数** 指报告期企业平均实际拥有的、参与本企业生产经营活动的人员数。

# 7 第三产业分行业主要指标

## 7-4　批发和零售业

# 简要说明

**一、主要内容**

批发和零售业企业主要财务状况和企业商品购销存情况。

**二、统计范围**

限额以上批发和零售业企业。

**三、统计调查方法**

对限额以上批发和零售业企业采用全面调查的方法。

**四、限额标准**

批发业企业，年主营业务收入2000万元及以上。

零售业企业，年主营业务收入500万元及以上。

**五、资料来源**

本部分统计资料由国家统计局贸易外经统计司根据《批发和零售业统计报表制度》搜集的资料加工整理而得。

# 7-4-1 限额以上批发和零售业企业年末资产负债

单位：亿元

| 项 目 | 资产总计 | #流动资产合计 | #固定资产合计 | 负债合计 | 所有者权益合计 |
|---|---|---|---|---|---|
| **总 计** | **261758.9** | **196290.4** | **17057.0** | **187138.1** | **74561.6** |
| **一、批发业** | **201322.9** | **155789.0** | **8672.4** | **145044.3** | **56254.0** |
| #国有控股 | 77100.9 | 54464.1 | 3841.4 | 51760.3 | 25324.1 |
| **(一)按登记注册类型分** | | | | | |
| **内资企业** | **171674.1** | **131617.3** | **7947.6** | **124627.7** | **47021.7** |
| 国有企业 | 12421.3 | 9991.5 | 842.4 | 6715.8 | 5705.5 |
| 集体企业 | 464.6 | 324.3 | 50.5 | 335.3 | 129.3 |
| 股份合作企业 | 72.4 | 57.3 | 7.4 | 56.9 | 15.6 |
| 联营企业 | 28.4 | 25.2 | 1.8 | 22.4 | 6.0 |
| 国有联营企业 | 4.0 | 3.7 | 0.4 | 2.3 | 1.8 |
| 集体联营企业 | 5.6 | 3.1 | 1.4 | 5.0 | 0.7 |
| 国有与集体联营企业 | 16.1 | 16.1 | | 14.5 | 1.6 |
| 其他联营企业 | 2.6 | 2.4 | 0.1 | 0.6 | 1.9 |
| 有限责任公司 | 87252.7 | 66830.1 | 3413.0 | 65104.4 | 22147.3 |
| 国有独资公司 | 16088.0 | 11082.3 | 932.8 | 11422.2 | 4663.8 |
| 其他有限责任公司 | 71164.7 | 55747.7 | 2480.2 | 53682.2 | 17483.5 |
| 股份有限公司 | 22177.2 | 13739.2 | 1342.2 | 13967.0 | 8186.4 |
| 私营企业 | 49019.6 | 40502.8 | 2234.2 | 38301.5 | 10718.3 |
| 私营独资企业 | 168.3 | 125.1 | 29.6 | 108.1 | 60.2 |
| 私营合伙企业 | 14.7 | 12.0 | 1.4 | 9.0 | 5.7 |
| 私营有限责任公司 | 47125.9 | 39219.2 | 2102.4 | 37238.9 | 9887.0 |
| 私营股份有限公司 | 1710.7 | 1146.5 | 100.8 | 945.5 | 765.3 |
| 其他企业 | 238.0 | 146.8 | 56.2 | 124.5 | 113.4 |
| **港、澳、台商投资企业** | **11519.6** | **9303.0** | **352.6** | **8098.1** | **3421.6** |
| 合资经营企业 | 2007.7 | 1548.7 | 47.0 | 1411.8 | 595.9 |
| 合作经营企业 | 99.7 | 80.2 | 5.4 | 69.1 | 30.5 |
| 独资经营企业 | 9114.5 | 7429.8 | 286.7 | 6382.4 | 2732.3 |
| 投资股份有限公司 | 234.1 | 190.5 | 10.2 | 188.5 | 45.7 |
| 其他港澳台商投资企业 | 63.5 | 53.8 | 3.3 | 46.4 | 17.1 |
| **外商投资企业** | **18129.2** | **14868.7** | **372.1** | **12318.5** | **5810.8** |
| 中外合资经营企业 | 3605.6 | 3064.7 | 75.0 | 3024.6 | 581.0 |
| 中外合作经营企业 | 22.8 | 20.9 | 1.1 | 20.4 | 2.4 |
| 外资企业 | 14123.5 | 11459.7 | 280.1 | 9040.4 | 5083.1 |
| 外商投资股份有限公司 | 126.0 | 87.3 | 10.5 | 77.9 | 48.1 |
| 其他外商投资企业 | 251.3 | 236.1 | 5.4 | 155.1 | 96.2 |
| **(二)按国民经济行业分** | | | | | |
| 农、林、牧产品批发 | 8389.0 | 5879.2 | 668.1 | 5874.4 | 2514.6 |
| 食品、饮料及烟草制品批发 | 21418.9 | 16651.5 | 1659.1 | 11749.6 | 9669.3 |
| #米、面制品及食用油批发 | 4015.1 | 3062.5 | 260.4 | 3335.0 | 680.1 |
| 肉、禽、蛋、奶及水产品批发 | 1132.1 | 789.3 | 160.3 | 757.3 | 374.9 |
| 酒、饮料及茶叶批发 | 4894.1 | 4175.3 | 186.5 | 2914.0 | 1980.1 |
| 烟草制品批发 | 6499.1 | 5303.5 | 594.2 | 1489.9 | 5009.2 |
| 纺织、服装及家庭用品批发 | 17591.5 | 14431.4 | 549.1 | 12830.6 | 4760.9 |
| #服装批发 | 4981.0 | 3772.2 | 168.5 | 3271.2 | 1709.8 |

7-4-1 续表 1

单位：亿元

| 项　　目 | 资产总计 | #流动资产合计 | #固定资产合计 | 负债合计 | 所有者权益合计 |
|---|---|---|---|---|---|
| 鞋帽批发 | 947.7 | 795.1 | 46.2 | 607.3 | 340.4 |
| 家用电器批发 | 5083.5 | 4480.6 | 78.9 | 4180.8 | 902.6 |
| 文化、体育用品及器材批发 | 5385.0 | 4211.2 | 181.8 | 3658.6 | 1726.5 |
| #文具用品批发 | 958.2 | 831.7 | 30.4 | 749.1 | 209.1 |
| 体育用品及器材批发 | 324.9 | 285.8 | 9.6 | 247.4 | 77.5 |
| 图书批发 | 1167.2 | 737.2 | 71.2 | 680.4 | 486.8 |
| 医药及医疗器材批发 | 12326.1 | 10427.4 | 475.7 | 9104.2 | 3221.8 |
| #西药批发 | 7259.3 | 6161.6 | 253.3 | 5412.2 | 1847.1 |
| 中药批发 | 2576.1 | 2199.8 | 97.1 | 1999.7 | 576.5 |
| 矿产品、建材及化工产品批发 | 94454.4 | 69794.5 | 4074.8 | 70270.4 | 24159.4 |
| #煤炭及制品批发 | 15058.4 | 10814.0 | 738.9 | 11458.4 | 3599.9 |
| 石油及制品批发 | 18457.2 | 12601.9 | 1967.3 | 13115.7 | 5317.9 |
| 金属及金属矿批发 | 35030.1 | 28154.6 | 599.8 | 28029.4 | 6999.4 |
| 建材批发 | 7752.7 | 5598.6 | 249.3 | 5673.1 | 2079.7 |
| 化肥批发 | 3206.3 | 2225.1 | 127.4 | 2437.6 | 768.7 |
| 农药批发 | 296.5 | 217.9 | 6.8 | 203.2 | 93.2 |
| 机械设备、五金产品及电子产品批发 | 32626.3 | 26992.6 | 823.1 | 24117.5 | 8508.9 |
| #汽车批发 | 8563.3 | 7148.1 | 139.2 | 6706.5 | 1856.7 |
| 计算机、软件及辅助设备批发 | 2298.8 | 2090.6 | 47.3 | 1774.4 | 524.4 |
| 通讯及广播电视设备批发 | 4882.7 | 4398.3 | 66.7 | 4068.5 | 814.2 |
| 贸易经纪与代理 | 4402.2 | 3774.8 | 63.8 | 3678.7 | 723.4 |
| 其他批发业 | 4729.6 | 3626.4 | 176.9 | 3760.3 | 969.3 |
| **二、零售业** | **60436.0** | **40501.4** | **8384.6** | **42093.8** | **18307.5** |
| #国有控股 | 12588.9 | 7682.6 | 2035.3 | 7806.5 | 4737.0 |
| **(一)按登记注册类型分** | | | | | |
| **内资企业** | **52790.6** | **35344.9** | **7316.6** | **36852.8** | **15903.2** |
| 国有企业 | 759.8 | 397.6 | 195.7 | 456.3 | 303.4 |
| 集体企业 | 304.1 | 164.2 | 86.8 | 182.5 | 121.5 |
| 股份合作企业 | 54.2 | 30.5 | 16.2 | 36.5 | 17.8 |
| 联营企业 | 29.5 | 23.0 | 5.1 | 14.2 | 15.3 |
| 国有联营企业 | 1.9 | 1.4 | 0.5 | 1.2 | 0.7 |
| 集体联营企业 | 13.4 | 11.7 | 1.4 | 7.9 | 5.5 |
| 国有与集体联营企业 | 7.4 | 4.6 | 2.2 | 1.2 | 6.2 |
| 其他联营企业 | 6.7 | 5.2 | 1.0 | 4.0 | 2.7 |
| 有限责任公司 | 23135.8 | 16055.3 | 3026.8 | 17042.0 | 6093.9 |
| 国有独资公司 | 1212.0 | 657.4 | 201.0 | 735.0 | 477.0 |
| 其他有限责任公司 | 21923.8 | 15397.9 | 2825.7 | 16307.0 | 5616.8 |
| 股份有限公司 | 11259.6 | 6547.3 | 1615.0 | 6723.3 | 4490.9 |
| 私营企业 | 17126.0 | 12071.9 | 2327.8 | 12350.4 | 4786.3 |
| 私营独资企业 | 340.0 | 178.4 | 116.0 | 136.7 | 203.3 |
| 私营合伙企业 | 41.6 | 22.6 | 11.0 | 21.2 | 20.4 |
| 私营有限责任公司 | 15882.9 | 11273.8 | 2092.7 | 11637.7 | 4255.8 |
| 私营股份有限公司 | 861.5 | 597.2 | 108.1 | 554.7 | 306.7 |
| 其他企业 | 121.6 | 55.2 | 43.3 | 47.6 | 74.1 |

7-4-1 续表 2

单位：亿元

| 项　　目 | 资产总计 | | | 负债合计 | 所有者权益合计 |
|---|---|---|---|---|---|
| | | #流动资产合计 | #固定资产合计 | | |
| **港、澳、台商投资企业** | **3980.4** | **2629.8** | **592.6** | **2603.2** | **1377.2** |
| 合资经营企业 | 1262.1 | 842.0 | 182.6 | 706.4 | 555.7 |
| 合作经营企业 | 42.2 | 18.8 | 9.2 | 20.3 | 22.0 |
| 独资经营企业 | 2467.9 | 1653.1 | 373.6 | 1756.3 | 711.7 |
| 投资股份有限公司 | 179.3 | 102.6 | 18.0 | 95.8 | 83.5 |
| 其他港澳台商投资企业 | 28.8 | 13.4 | 9.2 | 24.5 | 4.3 |
| **外商投资企业** | **3665.0** | **2526.7** | **475.4** | **2637.8** | **1027.2** |
| 中外合资经营企业 | 986.6 | 632.1 | 170.9 | 635.7 | 350.9 |
| 中外合作经营企业 | 98.0 | 60.5 | 7.0 | 59.1 | 38.9 |
| 外资企业 | 2329.4 | 1687.8 | 253.2 | 1750.7 | 578.8 |
| 外商投资股份有限公司 | 156.6 | 70.4 | 33.9 | 114.5 | 42.0 |
| 其他外商投资企业 | 94.4 | 75.9 | 10.3 | 77.8 | 16.6 |
| **(二)按国民经济行业分** | | | | | |
| 综合零售 | 15774.0 | 8802.8 | 3206.7 | 11078.0 | 4696.1 |
| #百货零售 | 10322.0 | 5408.5 | 2178.6 | 6745.5 | 3576.5 |
| 超级市场零售 | 5080.2 | 3167.0 | 952.4 | 4046.2 | 1034.0 |
| 食品、饮料及烟草制品专门零售 | 2007.8 | 1227.4 | 380.0 | 1051.6 | 956.2 |
| #粮油零售 | 271.3 | 164.6 | 54.8 | 169.5 | 101.8 |
| 肉、禽、蛋、奶及水产品零售 | 278.9 | 148.4 | 80.8 | 149.0 | 129.9 |
| 酒、饮料及茶叶零售 | 592.0 | 382.7 | 75.1 | 295.6 | 296.4 |
| 烟草制品零售 | 143.2 | 99.7 | 10.5 | 50.9 | 92.3 |
| 纺织、服装及日用品专门零售 | 3547.2 | 2334.4 | 379.4 | 2284.8 | 1262.4 |
| #服装零售 | 2473.7 | 1536.5 | 262.0 | 1576.1 | 897.6 |
| 文化、体育用品及器材专门零售 | 2552.2 | 1735.6 | 296.4 | 1474.8 | 1077.3 |
| #体育用品及器材零售 | 120.1 | 84.4 | 18.7 | 75.7 | 44.4 |
| 图书、报刊零售 | 1238.3 | 801.8 | 171.9 | 666.9 | 571.4 |
| 医药及医疗器材专门零售 | 3835.2 | 3100.1 | 213.3 | 2832.9 | 1002.3 |
| #药品零售 | 3595.9 | 2921.8 | 198.5 | 2681.8 | 914.0 |
| 汽车、摩托车、燃料及零配件专门零售 | 22362.6 | 15960.9 | 2783.0 | 16239.1 | 6078.1 |
| #汽车零售 | 15690.2 | 12047.3 | 1638.2 | 12321.3 | 3368.9 |
| 机动车燃料零售 | 6137.0 | 3514.1 | 1092.0 | 3498.1 | 2593.7 |
| 家用电器及电子产品专门零售 | 5618.5 | 4273.4 | 380.5 | 3724.9 | 1904.3 |
| #日用家电设备零售 | 3526.3 | 2693.6 | 219.4 | 2399.5 | 1126.8 |
| 计算机、软件及辅助设备零售 | 629.5 | 494.2 | 40.2 | 331.8 | 297.7 |
| 通信设备零售 | 441.7 | 352.9 | 23.7 | 331.9 | 109.8 |
| 五金、家具及室内装饰材料专门零售 | 1934.7 | 1070.8 | 352.9 | 1197.8 | 737.0 |
| 货摊、无店铺及其他零售业 | 2803.8 | 1996.0 | 392.5 | 2209.9 | 593.9 |
| #互联网零售 | 1532.1 | 1290.2 | 86.9 | 1377.6 | 154.4 |
| **(三)按零售业态分** | | | | | |
| 有店铺零售 | 55734.9 | 37054.9 | 7967.6 | 38556.5 | 17143.7 |
| #超市 | 1920.8 | 959.5 | 307.0 | 1127.5 | 793.3 |
| 大型超市 | 4849.7 | 2989.5 | 971.0 | 3913.8 | 935.9 |
| 百货店 | 9564.9 | 5096.5 | 1952.7 | 6206.2 | 3358.7 |
| 专业店 | 21098.8 | 14852.8 | 2484.4 | 14113.5 | 6941.2 |
| 专卖店 | 15640.9 | 11568.2 | 1761.3 | 11259.4 | 4381.5 |
| 无店铺零售 | 4701.1 | 3446.5 | 417.0 | 3537.3 | 1163.8 |

# 7-4-2 各地区限额以上批发和零售业企业年末资产负债

单位：亿元

| 地 区 | 资产总计 | #流动资产合计 | #固定资产合计 | 负债合计 | 所有者权益合计 |
|---|---|---|---|---|---|
| **全 国** | **261758.9** | **196290.4** | **17057.0** | **187138.1** | **74561.6** |
| 北 京 | 39729.3 | 27420.1 | 968.3 | 26627.8 | 13101.5 |
| 天 津 | 14363.3 | 11553.1 | 453.1 | 11508.1 | 2856.2 |
| 河 北 | 5321.0 | 4058.8 | 514.5 | 4110.8 | 1210.2 |
| 山 西 | 4936.8 | 3319.9 | 569.7 | 3719.7 | 1217.1 |
| 内蒙古 | 2599.9 | 1785.7 | 339.8 | 1978.9 | 621.0 |
| 辽 宁 | 5671.7 | 4349.7 | 529.7 | 4575.7 | 1077.1 |
| 吉 林 | 2301.0 | 1722.1 | 334.1 | 1786.3 | 510.8 |
| 黑龙江 | 3244.8 | 2547.3 | 319.9 | 2675.5 | 561.5 |
| 上 海 | 27124.1 | 21030.4 | 919.2 | 19301.0 | 7823.1 |
| 江 苏 | 19990.7 | 15273.9 | 1521.6 | 13997.6 | 5993.1 |
| 浙 江 | 20827.3 | 15960.0 | 1018.9 | 15833.6 | 4993.7 |
| 安 徽 | 5474.0 | 3863.2 | 453.3 | 3664.2 | 1809.8 |
| 福 建 | 10703.2 | 8052.0 | 538.9 | 6915.2 | 3788.1 |
| 江 西 | 2423.3 | 1805.6 | 324.4 | 1701.6 | 720.6 |
| 山 东 | 12649.0 | 9051.2 | 1622.2 | 9197.7 | 3461.3 |
| 河 南 | 6143.9 | 4395.7 | 837.0 | 3969.5 | 2174.4 |
| 湖 北 | 6819.2 | 4823.6 | 968.8 | 4883.3 | 1935.9 |
| 湖 南 | 3981.3 | 2608.0 | 590.4 | 2540.9 | 1440.4 |
| 广 东 | 32784.4 | 27092.0 | 1439.7 | 24830.7 | 7954.0 |
| 广 西 | 3080.7 | 2275.5 | 216.8 | 2176.9 | 903.8 |
| 海 南 | 1201.3 | 931.5 | 79.8 | 774.7 | 426.6 |
| 重 庆 | 4206.6 | 3206.0 | 360.7 | 2910.7 | 1295.9 |
| 四 川 | 5515.6 | 4138.1 | 510.8 | 3792.1 | 1723.5 |
| 贵 州 | 3713.8 | 3018.7 | 194.7 | 2259.4 | 1465.2 |
| 云 南 | 4834.9 | 3185.9 | 385.3 | 2941.9 | 1893.0 |
| 西 藏 | 133.3 | 93.3 | 19.3 | 77.9 | 55.5 |
| 陕 西 | 3675.6 | 2416.8 | 384.3 | 2348.4 | 1329.1 |
| 甘 肃 | 1613.4 | 1126.8 | 181.8 | 968.4 | 643.2 |
| 青 海 | 1880.4 | 1688.6 | 75.2 | 1485.2 | 395.2 |
| 宁 夏 | 792.2 | 634.5 | 63.2 | 648.8 | 143.3 |
| 新 疆 | 4022.7 | 2862.0 | 321.5 | 2935.7 | 1037.6 |

# 7—4—3 各地区限额以上批发业企业年末资产负债

单位：亿元

| 地 区 | 资产总计 | #流动资产合计 | #固定资产合计 | 负债合计 | 所有者权益合计 |
|---|---|---|---|---|---|
| **全 国** | **201322.9** | **155789.0** | **8672.4** | **145044.3** | **56254.0** |
| 北 京 | 35212.4 | 24040.1 | 659.8 | 23185.2 | 12027.2 |
| 天 津 | 13006.5 | 10729.8 | 277.9 | 10506.3 | 2501.2 |
| 河 北 | 3653.4 | 2921.0 | 226.5 | 2837.0 | 816.4 |
| 山 西 | 3779.3 | 2568.2 | 341.3 | 2832.9 | 946.3 |
| 内蒙古 | 1755.0 | 1245.5 | 178.4 | 1311.9 | 443.1 |
| 辽 宁 | 3913.4 | 3255.0 | 205.3 | 3212.7 | 685.6 |
| 吉 林 | 1330.2 | 1146.2 | 87.9 | 1064.6 | 265.6 |
| 黑龙江 | 2427.2 | 2019.4 | 139.6 | 2055.0 | 364.3 |
| 上 海 | 23761.7 | 18650.8 | 517.4 | 16879.6 | 6882.2 |
| 江 苏 | 13112.2 | 10799.3 | 665.1 | 9327.9 | 3784.3 |
| 浙 江 | 16966.8 | 13345.8 | 499.9 | 12903.3 | 4063.5 |
| 安 徽 | 3275.2 | 2558.1 | 169.0 | 2372.7 | 902.4 |
| 福 建 | 9003.9 | 6870.0 | 341.2 | 5928.1 | 3075.8 |
| 江 西 | 1253.0 | 958.3 | 137.2 | 855.5 | 396.4 |
| 山 东 | 8260.8 | 6187.8 | 862.8 | 6020.7 | 2239.3 |
| 河 南 | 3842.7 | 2866.0 | 433.7 | 2434.9 | 1407.7 |
| 湖 北 | 3959.2 | 3056.8 | 441.2 | 2844.6 | 1114.6 |
| 湖 南 | 1993.0 | 1447.4 | 179.4 | 1317.1 | 675.9 |
| 广 东 | 26785.8 | 22330.1 | 964.5 | 20768.2 | 6018.0 |
| 广 西 | 2153.6 | 1564.6 | 132.9 | 1534.3 | 619.3 |
| 海 南 | 941.6 | 767.8 | 33.6 | 604.2 | 337.4 |
| 重 庆 | 2721.8 | 2285.5 | 147.1 | 1912.5 | 809.3 |
| 四 川 | 3268.0 | 2688.9 | 180.0 | 2332.6 | 935.4 |
| 贵 州 | 2751.0 | 2424.3 | 94.5 | 1552.5 | 1198.5 |
| 云 南 | 3619.9 | 2416.0 | 218.8 | 2149.8 | 1470.1 |
| 西 藏 | 76.5 | 61.0 | 6.8 | 41.7 | 34.9 |
| 陕 西 | 1938.8 | 1450.3 | 128.6 | 1364.1 | 576.6 |
| 甘 肃 | 904.2 | 640.0 | 98.7 | 528.0 | 376.1 |
| 青 海 | 1759.5 | 1608.6 | 47.0 | 1400.2 | 359.3 |
| 宁 夏 | 590.8 | 495.4 | 38.0 | 508.0 | 82.8 |
| 新 疆 | 3305.7 | 2391.2 | 218.0 | 2458.2 | 844.5 |

# 7-4-4 各地区限额以上零售业企业年末资产负债

单位：亿元

| 地 区 | 资产总计 | #流动资产合计 | #固定资产合计 | 负债合计 | 所有者权益合计 |
|---|---|---|---|---|---|
| **全 国** | **60436.0** | **40501.4** | **8384.6** | **42093.8** | **18307.5** |
| 北 京 | 4516.9 | 3380.0 | 308.5 | 3442.6 | 1074.3 |
| 天 津 | 1356.8 | 823.3 | 175.3 | 1001.9 | 355.0 |
| 河 北 | 1667.6 | 1137.8 | 288.0 | 1273.8 | 393.9 |
| 山 西 | 1157.5 | 751.8 | 228.4 | 886.8 | 270.7 |
| 内蒙古 | 844.9 | 540.3 | 161.3 | 667.0 | 177.9 |
| 辽 宁 | 1758.3 | 1094.7 | 324.3 | 1363.0 | 391.4 |
| 吉 林 | 970.8 | 575.9 | 246.2 | 721.7 | 245.1 |
| 黑龙江 | 817.6 | 527.9 | 180.3 | 620.5 | 197.1 |
| 上 海 | 3362.4 | 2379.6 | 401.8 | 2421.4 | 941.0 |
| 江 苏 | 6878.5 | 4474.6 | 856.5 | 4669.7 | 2208.8 |
| 浙 江 | 3860.5 | 2614.3 | 519.0 | 2930.3 | 930.2 |
| 安 徽 | 2198.8 | 1305.1 | 284.3 | 1291.5 | 907.4 |
| 福 建 | 1699.3 | 1182.1 | 197.7 | 987.1 | 712.2 |
| 江 西 | 1170.3 | 847.3 | 187.2 | 846.1 | 324.2 |
| 山 东 | 4388.3 | 2863.4 | 759.3 | 3176.9 | 1222.0 |
| 河 南 | 2301.3 | 1529.7 | 403.3 | 1534.5 | 766.7 |
| 湖 北 | 2860.0 | 1766.8 | 527.5 | 2038.7 | 821.3 |
| 湖 南 | 1988.4 | 1160.7 | 411.0 | 1223.9 | 764.5 |
| 广 东 | 5998.6 | 4761.9 | 475.2 | 4062.6 | 1936.1 |
| 广 西 | 927.1 | 710.9 | 83.9 | 642.6 | 284.5 |
| 海 南 | 259.7 | 163.7 | 46.1 | 170.5 | 89.2 |
| 重 庆 | 1484.9 | 920.5 | 213.6 | 998.3 | 486.6 |
| 四 川 | 2247.6 | 1449.2 | 330.8 | 1459.4 | 788.1 |
| 贵 州 | 962.8 | 594.4 | 100.2 | 706.9 | 266.7 |
| 云 南 | 1215.0 | 769.9 | 166.6 | 792.1 | 422.9 |
| 西 藏 | 56.8 | 32.3 | 12.4 | 36.2 | 20.6 |
| 陕 西 | 1736.8 | 966.5 | 255.8 | 984.3 | 752.5 |
| 甘 肃 | 709.2 | 486.9 | 83.0 | 440.4 | 267.1 |
| 青 海 | 120.9 | 79.9 | 28.3 | 85.0 | 35.9 |
| 宁 夏 | 201.4 | 139.1 | 25.2 | 140.8 | 60.6 |
| 新 疆 | 717.0 | 470.8 | 103.5 | 477.5 | 193.1 |

# 7-4-5 限额以上批发和零售业企业损益及分配

单位：亿元

| 项　　目 | 主营业务收入 | 主营业务成本 | 销售费用 | 管理费用 | 财务费用 | 利润总额 |
|---|---|---|---|---|---|---|
| **总　　计** | **495009.1** | **454702.5** | **17390.8** | **8845.0** | **2474.1** | **12842.6** |
| **一、批发业** | **384581.0** | **357285.4** | **10627.9** | **5492.3** | **1727.9** | **9446.4** |
| #国有控股 | 141429.5 | 132148.0 | 2663.5 | 1514.9 | 522.5 | 3699.1 |
| **(一)按登记注册类型分** | | | | | | |
| **内资企业** | **328798.2** | **308236.8** | **6776.6** | **4016.8** | **1546.2** | **7788.4** |
| 国有企业 | 19796.5 | 16032.2 | 478.3 | 582.5 | 13.3 | 1551.0 |
| 集体企业 | 1014.0 | 933.9 | 25.8 | 19.7 | 6.3 | 25.1 |
| 股份合作企业 | 200.6 | 189.5 | 4.1 | 2.1 | 1.0 | 4.1 |
| 联营企业 | 34.7 | 30.9 | 1.9 | 0.5 | 0.2 | 0.8 |
| 国有联营企业 | 5.8 | 4.9 | 0.1 | 0.2 | | 0.5 |
| 集体联营企业 | 6.7 | 6.1 | 0.1 | 0.2 | 0.1 | -0.1 |
| 国有与集体联营企业 | 19.4 | 17.6 | 1.5 | 0.1 | 0.1 | 0.1 |
| 其他联营企业 | 2.8 | 2.3 | 0.2 | 0.1 | | 0.3 |
| 有限责任公司 | 170243.9 | 161481.0 | 3214.9 | 1592.1 | 810.4 | 3259.4 |
| 国有独资公司 | 32609.3 | 31075.9 | 422.0 | 274.9 | 123.4 | 737.7 |
| 其他有限责任公司 | 137634.6 | 130405.2 | 2792.9 | 1317.2 | 686.9 | 2521.7 |
| 股份有限公司 | 33056.2 | 31226.1 | 858.2 | 370.4 | 183.4 | 667.6 |
| 私营企业 | 103620.6 | 97633.7 | 2172.2 | 1429.9 | 526.9 | 2219.0 |
| 私营独资企业 | 512.8 | 438.9 | 11.4 | 10.6 | 3.1 | 40.6 |
| 私营合伙企业 | 68.5 | 60.5 | 10.1 | 1.3 | 0.6 | 13.5 |
| 私营有限责任公司 | 100228.9 | 94587.7 | 2063.8 | 1363.6 | 505.3 | 2061.8 |
| 私营股份有限公司 | 2810.4 | 2546.6 | 86.9 | 54.3 | 17.9 | 103.1 |
| 其他企业 | 831.6 | 709.5 | 21.1 | 19.5 | 4.8 | 61.4 |
| **港、澳、台商投资企业** | **19141.8** | **16998.2** | **1133.7** | **569.5** | **79.6** | **503.4** |
| 合资经营企业 | 3410.7 | 3237.3 | 60.4 | 52.2 | 20.8 | 72.5 |
| 合作经营企业 | 180.7 | 159.9 | 9.2 | 5.0 | -0.1 | 8.4 |
| 独资经营企业 | 14973.1 | 13055.0 | 1048.0 | 503.7 | 57.9 | 410.6 |
| 投资股份有限公司 | 445.6 | 426.5 | 10.3 | 5.3 | 0.5 | 8.5 |
| 其他港澳台商投资企业 | 131.6 | 119.6 | 5.8 | 3.3 | 0.5 | 3.3 |
| **外商投资企业** | **36640.9** | **32050.4** | **2717.6** | **906.0** | **102.1** | **1154.7** |
| 中外合资经营企业 | 10816.7 | 9937.7 | 589.7 | 74.1 | 30.6 | 174.2 |
| 中外合作经营企业 | 39.3 | 36.3 | 1.3 | 0.6 | 0.6 | -0.5 |
| 外资企业 | 24864.1 | 21271.1 | 2058.0 | 811.0 | 71.0 | 952.7 |
| 外商投资股份有限公司 | 325.0 | 278.8 | 35.8 | 8.8 | 0.1 | 2.1 |
| 其他外商投资企业 | 595.7 | 526.5 | 32.8 | 11.5 | -0.1 | 26.3 |
| **(二)按国民经济行业分** | | | | | | |
| 农、林、牧产品批发 | 8346.7 | 7800.7 | 176.1 | 156.5 | 127.0 | 314.0 |
| 食品、饮料及烟草制品批发 | 39614.2 | 31879.2 | 1893.5 | 1147.4 | 45.2 | 3146.2 |
| #米、面制品及食用油批发 | 5538.7 | 5146.6 | 242.7 | 88.8 | 63.4 | 46.7 |
| 肉、禽、蛋、奶及水产品批发 | 2988.2 | 2564.6 | 122.2 | 70.1 | 11.8 | 214.0 |
| 酒、饮料及茶叶批发 | 6228.3 | 4675.2 | 620.1 | 160.7 | 18.7 | 782.0 |
| 烟草制品批发 | 14806.8 | 10714.3 | 376.5 | 567.2 | -98.1 | 1671.9 |
| 纺织、服装及家庭用品批发 | 32257.8 | 28413.2 | 2057.1 | 923.3 | 102.2 | 911.4 |
| #服装批发 | 7062.5 | 5953.7 | 499.7 | 311.5 | 28.2 | 307.1 |
| 鞋帽批发 | 1782.5 | 1484.9 | 103.6 | 101.2 | 1.5 | 109.0 |
| 家用电器批发 | 9540.3 | 8820.2 | 486.3 | 169.3 | 13.4 | 97.8 |

7-4-5 续表 1

单位：亿元

| 项　　目 | 主营业务收入 | 主营业务成本 | 销售费用 | 管理费用 | 财务费用 | 利润总额 |
|---|---|---|---|---|---|---|
| 文化、体育用品及器材批发 | 7824.0 | 7106.1 | 318.3 | 171.3 | 36.4 | 238.5 |
| #文具用品批发 | 1754.5 | 1667.1 | 39.2 | 26.7 | 6.9 | 15.1 |
| 体育用品及器材批发 | 692.2 | 619.6 | 53.8 | 20.6 | 0.8 | 24.5 |
| 图书批发 | 789.1 | 655.8 | 45.5 | 46.8 | -0.8 | 56.9 |
| 医药及医疗器材批发 | 20595.7 | 18261.8 | 1209.1 | 528.6 | 111.2 | 594.6 |
| #西药批发 | 12491.6 | 11351.3 | 581.8 | 255.4 | 69.6 | 316.7 |
| 中药批发 | 4515.6 | 4007.4 | 274.7 | 98.0 | 21.1 | 109.5 |
| 矿产品、建材及化工产品批发 | 202760.4 | 196244.7 | 2378.5 | 1328.0 | 1057.3 | 2498.9 |
| #煤炭及制品批发 | 23044.5 | 22084.6 | 370.0 | 173.6 | 176.2 | 276.6 |
| 石油及制品批发 | 50757.6 | 49007.6 | 763.5 | 275.5 | 152.0 | 599.2 |
| 金属及金属矿批发 | 80948.3 | 79361.4 | 484.0 | 350.7 | 456.1 | 910.1 |
| 建材批发 | 11588.4 | 10936.1 | 175.8 | 152.4 | 93.6 | 255.5 |
| 化肥批发 | 4349.4 | 4153.2 | 75.6 | 46.3 | 40.4 | 22.6 |
| 农药批发 | 377.9 | 337.2 | 21.4 | 9.4 | 2.1 | 7.9 |
| 机械设备、五金产品及电子产品批发 | 60119.2 | 55274.6 | 2355.7 | 1041.7 | 153.5 | 1511.4 |
| #汽车批发 | 21998.2 | 20119.1 | 1107.8 | 146.8 | 23.2 | 589.9 |
| 计算机、软件及辅助设备批发 | 4686.0 | 4449.8 | 90.2 | 85.3 | 11.0 | 83.2 |
| 通讯及广播电视设备批发 | 9024.8 | 8503.7 | 274.5 | 152.2 | 35.0 | 103.2 |
| 贸易经纪与代理 | 5436.6 | 5179.3 | 96.4 | 70.6 | 49.1 | 71.2 |
| 其他批发业 | 7626.4 | 7125.8 | 143.3 | 124.7 | 46.0 | 160.2 |
| **二、零售业** | **110428.1** | **97417.1** | **6762.9** | **3352.7** | **746.1** | **3396.2** |
| #国有控股 | 20426.6 | 18322.3 | 1156.9 | 485.8 | 68.1 | 618.7 |
| **(一)按登记注册类型分** | | | | | | |
| **内资企业** | **98022.8** | **87273.5** | **5186.9** | **2797.0** | **682.3** | **3027.4** |
| 国有企业 | 1386.7 | 1202.7 | 69.7 | 53.8 | 5.5 | 55.5 |
| 集体企业 | 1346.6 | 1185.2 | 41.6 | 39.4 | 6.8 | 58.1 |
| 股份合作企业 | 158.2 | 138.8 | 5.8 | 6.6 | 1.6 | 5.2 |
| 联营企业 | 103.0 | 88.3 | 4.4 | 2.3 | 0.3 | 7.0 |
| 国有联营企业 | 9.5 | 7.7 | 0.4 | 0.3 | | 1.0 |
| 集体联营企业 | 37.9 | 33.5 | 1.3 | 0.9 | 0.2 | 1.8 |
| 国有与集体联营企业 | 30.5 | 27.0 | 1.2 | 0.2 | | 2.1 |
| 其他联营企业 | 25.0 | 20.0 | 1.5 | 0.9 | 0.1 | 2.1 |
| 有限责任公司 | 44921.3 | 40168.3 | 2565.7 | 1240.2 | 303.3 | 1008.6 |
| 国有独资公司 | 2066.3 | 1872.4 | 85.7 | 50.5 | 5.3 | 64.5 |
| 其他有限责任公司 | 42854.9 | 38295.9 | 2479.9 | 1189.6 | 298.0 | 944.2 |
| 股份有限公司 | 13595.5 | 12205.0 | 827.8 | 347.2 | 58.2 | 397.7 |
| 私营企业 | 36170.7 | 32011.1 | 1656.6 | 1095.4 | 303.8 | 1466.3 |
| 私营独资企业 | 1332.4 | 1101.9 | 46.1 | 38.9 | 10.6 | 107.5 |
| 私营合伙企业 | 133.1 | 111.1 | 5.9 | 5.0 | 1.0 | 8.8 |
| 私营有限责任公司 | 33161.0 | 29467.1 | 1520.5 | 1006.7 | 278.6 | 1275.2 |
| 私营股份有限公司 | 1544.2 | 1331.1 | 84.1 | 44.7 | 13.6 | 74.7 |
| 其他企业 | 340.7 | 274.2 | 15.3 | 12.1 | 2.7 | 29.0 |
| **港、澳、台商投资企业** | **6082.7** | **4951.5** | **796.9** | **291.0** | **31.8** | **185.0** |
| 合资经营企业 | 1696.3 | 1404.0 | 173.3 | 66.0 | 10.0 | 83.3 |

7-4-5 续表 2

单位：亿元

| 项目 | 主营业务收入 | 主营业务成本 | 销售费用 | 管理费用 | 财务费用 | 利润总额 |
|---|---|---|---|---|---|---|
| 合作经营企业 | 75.5 | 63.6 | 7.8 | 3.8 | 0.2 | 2.3 |
| 独资经营企业 | 4142.3 | 3347.5 | 591.6 | 212.5 | 20.2 | 97.3 |
| 投资股份有限公司 | 107.3 | 85.6 | 18.6 | 5.1 | 0.7 | 0.5 |
| 其他港澳台商投资企业 | 61.2 | 50.8 | 5.6 | 3.6 | 0.6 | 1.7 |
| **外商投资企业** | **6322.7** | **5192.1** | **779.1** | **264.7** | **32.1** | **183.8** |
| 中外合资经营企业 | 2353.9 | 2006.3 | 239.6 | 69.3 | 6.2 | 72.6 |
| 中外合作经营企业 | 137.3 | 117.8 | 17.2 | 5.1 | 0.2 | 2.9 |
| 外资企业 | 3059.4 | 2390.0 | 456.5 | 169.0 | 22.6 | 96.8 |
| 外商投资股份有限公司 | 229.5 | 187.0 | 23.8 | 15.3 | 2.2 | 7.9 |
| 其他外商投资企业 | 542.6 | 491.0 | 42.1 | 6.1 | 0.8 | 3.5 |
| **(二)按国民经济行业分** | | | | | | |
| 综合零售 | 22648.5 | 19314.0 | 2180.8 | 1003.6 | 175.1 | 677.7 |
| #百货零售 | 11946.4 | 10128.7 | 929.7 | 637.6 | 121.2 | 492.1 |
| 超级市场零售 | 9474.7 | 8140.5 | 1145.9 | 312.5 | 47.5 | 166.9 |
| 食品、饮料及烟草制品专门零售 | 3892.3 | 3208.2 | 253.3 | 146.1 | 25.3 | 230.4 |
| #粮油零售 | 474.3 | 417.8 | 21.1 | 13.1 | 4.5 | 23.2 |
| 肉、禽、蛋、奶及水产品零售 | 746.4 | 636.8 | 33.5 | 23.5 | 5.0 | 40.9 |
| 酒、饮料及茶叶零售 | 928.3 | 739.4 | 65.8 | 36.3 | 6.7 | 61.9 |
| 烟草制品零售 | 215.1 | 179.1 | 13.4 | 9.8 | -0.3 | 16.0 |
| 纺织、服装及日用品专门零售 | 5014.1 | 3647.1 | 799.9 | 329.7 | 41.8 | 205.2 |
| #服装零售 | 3077.8 | 2166.7 | 549.4 | 218.9 | 29.3 | 117.4 |
| 文化、体育用品及器材专门零售 | 3081.3 | 2506.1 | 234.6 | 165.0 | 21.3 | 173.4 |
| #体育用品及器材零售 | 185.8 | 138.8 | 28.4 | 11.4 | 1.1 | 5.8 |
| 图书、报刊零售 | 1088.9 | 833.3 | 100.7 | 83.4 | -0.2 | 90.4 |
| 医药及医疗器材专门零售 | 6291.8 | 5489.1 | 384.0 | 195.1 | 46.2 | 189.9 |
| #药品零售 | 5993.0 | 5253.2 | 361.9 | 176.6 | 44.2 | 172.2 |
| 汽车、摩托车、燃料及零配件专门零售 | 50123.7 | 46459.6 | 1622.2 | 928.8 | 335.1 | 1306.3 |
| #汽车零售 | 37175.7 | 34785.3 | 1040.6 | 740.1 | 302.4 | 872.7 |
| 机动车燃料零售 | 11901.4 | 10749.4 | 545.3 | 155.9 | 26.5 | 388.9 |
| 家用电器及电子产品专门零售 | 9064.7 | 8065.4 | 517.9 | 230.6 | 41.3 | 244.9 |
| #日用家电设备零售 | 3537.3 | 3126.2 | 230.0 | 94.8 | 18.2 | 105.5 |
| 计算机、软件及辅助设备零售 | 2145.4 | 1932.4 | 99.1 | 46.2 | 5.3 | 55.2 |
| 通信设备零售 | 1116.3 | 1000.8 | 68.6 | 30.8 | 6.1 | 26.2 |
| 五金、家具及室内装饰材料专门零售 | 3524.1 | 2858.4 | 176.2 | 146.6 | 34.6 | 247.7 |
| 货摊、无店铺及其他零售业 | 6787.6 | 5869.1 | 594.1 | 207.1 | 25.5 | 120.7 |
| #互联网零售 | 5199.2 | 4575.5 | 498.5 | 131.9 | 12.4 | 4.8 |
| **(三)按零售业态分** | | | | | | |
| 有店铺零售 | 98447.7 | 86903.6 | 5844.8 | 3121.7 | 703.0 | 3178.6 |
| #超市 | 3458.5 | 2948.8 | 243.8 | 129.3 | 27.5 | 123.7 |
| 大型超市 | 8681.6 | 7474.7 | 1084.9 | 297.2 | 40.3 | 112.7 |
| 百货店 | 10627.8 | 8932.5 | 824.5 | 614.7 | 116.2 | 494.1 |
| 专业店 | 38287.4 | 34212.4 | 1789.6 | 966.4 | 235.7 | 1140.4 |
| 专卖店 | 33479.9 | 30062.5 | 1626.9 | 865.8 | 247.6 | 1161.9 |
| 无店铺零售 | 11980.4 | 10513.5 | 918.1 | 231.0 | 43.1 | 217.6 |

# 7-4-6 各地区限额以上批发和零售业企业损益及分配

单位：亿元

| 地　区 | 主营业务收入 | 主营业务成本 | 销售费用 | 管理费用 | 财务费用 | 利润总额 |
|---|---|---|---|---|---|---|
| **全　国** | **495009.1** | **454702.5** | **17390.8** | **8845.0** | **2474.1** | **12842.6** |
| 北　京 | 45516.4 | 42052.6 | 1962.1 | 949.4 | 273.3 | 1080.0 |
| 天　津 | 29954.0 | 28570.4 | 485.2 | 243.1 | 183.0 | 304.4 |
| 河　北 | 9850.6 | 9219.6 | 259.7 | 151.2 | 55.9 | 131.4 |
| 山　西 | 7743.5 | 7334.8 | 188.2 | 122.7 | 53.0 | 33.8 |
| 内蒙古 | 3763.1 | 3439.9 | 129.1 | 81.8 | 36.2 | 82.2 |
| 辽　宁 | 12366.1 | 11732.1 | 284.6 | 203.4 | 66.0 | 96.1 |
| 吉　林 | 3328.2 | 2983.1 | 140.5 | 101.0 | 43.8 | 104.6 |
| 黑龙江 | 4507.2 | 4088.5 | 141.2 | 94.1 | 49.3 | 155.2 |
| 上　海 | 66568.5 | 61002.5 | 3284.5 | 1206.8 | 210.5 | 1289.1 |
| 江　苏 | 40240.2 | 36801.2 | 1371.5 | 745.9 | 195.4 | 1149.8 |
| 浙　江 | 39951.4 | 37552.6 | 1103.5 | 582.5 | 201.3 | 699.1 |
| 安　徽 | 9349.3 | 8464.9 | 396.7 | 177.5 | 43.5 | 236.4 |
| 福　建 | 20346.4 | 18956.3 | 542.0 | 309.8 | 109.0 | 426.7 |
| 江　西 | 4228.1 | 3726.7 | 184.3 | 106.7 | 19.3 | 147.0 |
| 山　东 | 29950.8 | 27097.3 | 853.3 | 537.1 | 172.7 | 1111.7 |
| 河　南 | 14338.6 | 12656.3 | 440.7 | 308.8 | 94.1 | 1128.7 |
| 湖　北 | 15274.5 | 13671.6 | 688.6 | 335.1 | 75.5 | 394.5 |
| 湖　南 | 8433.4 | 7369.0 | 386.8 | 218.9 | 49.8 | 277.7 |
| 广　东 | 64763.3 | 59729.9 | 2305.3 | 1234.4 | 234.7 | 1405.5 |
| 广　西 | 5637.3 | 5222.4 | 163.7 | 94.4 | 32.4 | 92.8 |
| 海　南 | 2087.5 | 1883.9 | 83.7 | 29.6 | 14.3 | 53.8 |
| 重　庆 | 11002.6 | 9907.1 | 358.6 | 208.0 | 42.7 | 798.8 |
| 四　川 | 12012.4 | 10780.4 | 526.2 | 246.5 | 61.3 | 318.8 |
| 贵　州 | 4655.0 | 3759.2 | 164.5 | 97.8 | 20.4 | 541.2 |
| 云　南 | 7931.3 | 7119.6 | 273.7 | 121.4 | 34.6 | 354.6 |
| 西　藏 | 210.5 | 168.5 | 19.2 | 8.2 | -0.1 | 7.9 |
| 陕　西 | 8274.6 | 7503.8 | 311.0 | 145.1 | 36.8 | 221.1 |
| 甘　肃 | 4497.1 | 4216.2 | 114.3 | 63.6 | 16.9 | 73.4 |
| 青　海 | 1087.3 | 982.0 | 32.2 | 16.3 | 2.6 | 26.5 |
| 宁　夏 | 1048.1 | 983.0 | 34.8 | 15.8 | 8.0 | 8.2 |
| 新　疆 | 6091.8 | 5727.1 | 161.0 | 88.2 | 37.7 | 91.8 |

# 7-4-7 各地区限额以上批发业企业损益及分配

单位：亿元

| 地 区 | 主营业务收入 | 主营业务成本 | 销售费用 | 管理费用 | 财务费用 | 利润总额 |
|---|---|---|---|---|---|---|
| **全 国** | **384581.0** | **357285.4** | **10627.9** | **5492.3** | **1727.9** | **9446.4** |
| 北 京 | 38717.9 | 36019.4 | 1373.2 | 723.1 | 225.2 | 933.4 |
| 天 津 | 27739.3 | 26582.8 | 338.5 | 178.0 | 167.3 | 286.6 |
| 河 北 | 7047.4 | 6671.5 | 118.4 | 65.6 | 31.6 | 86.9 |
| 山 西 | 5967.2 | 5705.6 | 95.1 | 68.9 | 37.6 | 30.6 |
| 内蒙古 | 2169.9 | 1996.4 | 53.7 | 43.5 | 26.4 | 63.1 |
| 辽 宁 | 9437.6 | 9089.9 | 130.6 | 89.9 | 37.8 | 58.4 |
| 吉 林 | 1737.0 | 1570.3 | 72.4 | 29.8 | 25.0 | 70.7 |
| 黑龙江 | 3054.0 | 2793.8 | 78.4 | 46.3 | 36.6 | 112.3 |
| 上 海 | 60358.5 | 55900.3 | 2494.2 | 884.4 | 185.3 | 1195.4 |
| 江 苏 | 30204.6 | 27923.2 | 821.9 | 451.3 | 121.7 | 827.3 |
| 浙 江 | 32872.2 | 31209.6 | 668.9 | 371.5 | 151.2 | 567.8 |
| 安 徽 | 5778.2 | 5261.9 | 217.8 | 88.2 | 23.2 | 150.7 |
| 福 建 | 16346.6 | 15422.9 | 308.0 | 196.7 | 86.6 | 324.4 |
| 江 西 | 2294.3 | 2002.3 | 100.4 | 53.6 | 5.2 | 92.2 |
| 山 东 | 20352.1 | 18672.2 | 447.1 | 286.5 | 100.9 | 702.4 |
| 河 南 | 9313.5 | 8265.6 | 227.1 | 161.3 | 51.6 | 471.3 |
| 湖 北 | 9384.0 | 8500.1 | 353.8 | 157.4 | 27.6 | 250.4 |
| 湖 南 | 4208.3 | 3646.7 | 150.8 | 104.0 | 24.5 | 170.6 |
| 广 东 | 53591.4 | 49999.8 | 1462.1 | 895.8 | 182.0 | 1059.2 |
| 广 西 | 4086.6 | 3818.4 | 80.4 | 53.6 | 25.1 | 60.4 |
| 海 南 | 1632.1 | 1495.4 | 52.4 | 13.8 | 9.2 | 36.1 |
| 重 庆 | 7393.0 | 6762.4 | 165.6 | 108.3 | 21.9 | 652.1 |
| 四 川 | 6677.6 | 6039.5 | 197.4 | 114.7 | 30.2 | 197.2 |
| 贵 州 | 3053.2 | 2313.9 | 92.2 | 63.6 | 9.6 | 508.3 |
| 云 南 | 5659.3 | 5081.1 | 158.8 | 73.9 | 22.7 | 274.0 |
| 西 藏 | 96.6 | 65.5 | 14.0 | 4.6 | -0.3 | 6.1 |
| 陕 西 | 5167.7 | 4788.6 | 149.1 | 53.5 | 18.2 | 113.8 |
| 甘 肃 | 3433.9 | 3255.8 | 68.0 | 43.5 | 8.7 | 44.4 |
| 青 海 | 881.2 | 797.2 | 19.8 | 8.3 | 1.0 | 23.6 |
| 宁 夏 | 763.9 | 729.7 | 14.0 | 7.0 | 4.9 | 4.5 |
| 新 疆 | 5162.2 | 4903.7 | 103.8 | 51.9 | 29.4 | 72.1 |

# 7-4-8 各地区限额以上零售业企业损益及分配

单位：亿元

| 地 区 | 主营业务收入 | 主营业务成本 | 销售费用 | 管理费用 | 财务费用 | 利润总额 |
|---|---|---|---|---|---|---|
| **全 国** | **110428.1** | **97417.1** | **6762.9** | **3352.7** | **746.1** | **3396.2** |
| 北 京 | 6798.5 | 6033.2 | 588.9 | 226.3 | 48.1 | 146.5 |
| 天 津 | 2214.8 | 1987.6 | 146.6 | 65.1 | 15.8 | 17.8 |
| 河 北 | 2803.2 | 2548.1 | 141.3 | 85.6 | 24.4 | 44.5 |
| 山 西 | 1776.3 | 1629.2 | 93.2 | 53.9 | 15.4 | 3.2 |
| 内蒙古 | 1593.2 | 1443.5 | 75.4 | 38.3 | 9.7 | 19.0 |
| 辽 宁 | 2928.5 | 2642.2 | 154.1 | 113.5 | 28.2 | 37.7 |
| 吉 林 | 1591.2 | 1412.8 | 68.0 | 71.2 | 18.8 | 33.9 |
| 黑龙江 | 1453.3 | 1294.7 | 62.7 | 47.9 | 12.7 | 42.9 |
| 上 海 | 6210.0 | 5102.3 | 790.2 | 322.4 | 25.2 | 93.7 |
| 江 苏 | 10035.6 | 8878.0 | 549.6 | 294.6 | 73.7 | 322.6 |
| 浙 江 | 7079.2 | 6343.1 | 434.6 | 211.1 | 50.2 | 131.2 |
| 安 徽 | 3571.1 | 3203.0 | 179.0 | 89.2 | 20.3 | 85.7 |
| 福 建 | 3999.7 | 3533.4 | 234.1 | 113.1 | 22.4 | 102.3 |
| 江 西 | 1933.8 | 1724.4 | 83.9 | 53.1 | 14.0 | 54.8 |
| 山 东 | 9598.7 | 8425.1 | 406.2 | 250.6 | 71.8 | 409.3 |
| 河 南 | 5025.1 | 4390.6 | 213.6 | 147.4 | 42.5 | 657.5 |
| 湖 北 | 5890.5 | 5171.5 | 334.8 | 177.7 | 47.9 | 144.1 |
| 湖 南 | 4225.0 | 3722.4 | 236.1 | 115.0 | 25.4 | 107.0 |
| 广 东 | 11171.9 | 9730.1 | 843.2 | 338.6 | 52.6 | 346.3 |
| 广 西 | 1550.7 | 1404.0 | 83.2 | 40.8 | 7.3 | 32.4 |
| 海 南 | 455.4 | 388.5 | 31.3 | 15.9 | 5.1 | 17.7 |
| 重 庆 | 3609.6 | 3144.7 | 192.9 | 99.7 | 20.7 | 146.7 |
| 四 川 | 5334.8 | 4740.9 | 328.8 | 131.8 | 31.1 | 121.7 |
| 贵 州 | 1601.8 | 1445.3 | 72.3 | 34.2 | 10.8 | 32.8 |
| 云 南 | 2272.1 | 2038.4 | 114.9 | 47.5 | 11.9 | 80.6 |
| 西 藏 | 114.0 | 103.0 | 5.3 | 3.7 | 0.2 | 1.8 |
| 陕 西 | 3106.9 | 2715.2 | 161.8 | 91.6 | 18.5 | 107.3 |
| 甘 肃 | 1063.2 | 960.4 | 46.3 | 20.0 | 8.2 | 29.0 |
| 青 海 | 206.1 | 184.8 | 12.4 | 8.0 | 1.6 | 2.8 |
| 宁 夏 | 284.1 | 253.3 | 20.8 | 8.8 | 3.1 | 3.7 |
| 新 疆 | 929.6 | 823.4 | 57.2 | 36.3 | 8.3 | 19.7 |

# 7–4–9 限额以上批发和零售业企业商品购、销、存情况(按登记注册类型分)

单位：亿元

| 项　目 | 商品购进额 | #进口 | 商品销售额 | #出口 | 期末商品库存额 |
|---|---|---|---|---|---|
| **总　计** | **506309.4** | **35355.7** | **558877.6** | **21924.7** | **38388.6** |
| **一、批发业** | **397418.9** | **32106.0** | **432265.3** | **21808.8** | **27295.7** |
| #国有控股 | 148916.7 | 9713.7 | 160771.2 | 5581.7 | 10691.3 |
| **内资企业** | **342363.9** | **17436.3** | **368020.5** | **18160.7** | **21965.5** |
| 国有企业 | 17982.4 | 1082.2 | 22426.0 | 714.6 | 3201.0 |
| 集体企业 | 1038.6 | 55.9 | 1103.1 | 45.5 | 52.3 |
| 股份合作企业 | 209.1 | 7.1 | 222.2 | 5.2 | 8.3 |
| 联营企业 | 33.9 | 2.4 | 35.9 | 0.8 | 7.8 |
| 国有联营企业 | 5.2 | 0.7 | 6.4 | | 0.6 |
| 集体联营企业 | 6.4 | | 7.1 | | 1.8 |
| 国有与集体联营企业 | 19.8 | 0.3 | 19.7 | 0.8 | 4.7 |
| 其他联营企业 | 2.4 | 1.4 | 2.8 | | 0.7 |
| 有限责任公司 | 179935.3 | 10606.9 | 192199.6 | 8222.3 | 10274.0 |
| 国有独资公司 | 34274.1 | 1339.8 | 36379.6 | 907.6 | 1684.6 |
| 其他有限责任公司 | 145661.2 | 9267.1 | 155819.9 | 7314.7 | 8589.4 |
| 股份有限公司 | 35333.7 | 1621.7 | 36300.1 | 1615.6 | 1946.5 |
| 私营企业 | 107050.6 | 4059.2 | 114844.9 | 7555.8 | 6447.1 |
| 私营独资企业 | 509.0 | 0.9 | 560.8 | 1.3 | 22.0 |
| 私营合伙企业 | 64.8 | 0.5 | 71.5 | | 1.8 |
| 私营有限责任公司 | 103724.0 | 3999.1 | 111109.9 | 7416.1 | 6238.4 |
| 私营股份有限公司 | 2752.9 | 58.8 | 3102.7 | 138.4 | 184.9 |
| 其他企业 | 780.3 | 0.8 | 888.8 | 0.8 | 28.4 |
| **港、澳、台商投资企业** | **18877.4** | **2515.9** | **21556.2** | **657.4** | **2467.2** |
| 合资经营企业 | 3824.3 | 125.1 | 3921.9 | 48.0 | 240.6 |
| 合作经营企业 | 177.7 | 4.4 | 209.0 | 1.9 | 4.5 |
| 独资经营企业 | 14265.6 | 2366.8 | 16769.1 | 597.7 | 2199.9 |
| 投资股份有限公司 | 494.1 | 4.4 | 514.4 | 3.0 | 12.0 |
| 其他港澳台商投资企业 | 115.7 | 15.2 | 141.9 | 6.9 | 10.2 |
| **外商投资企业** | **36177.7** | **12153.8** | **42688.6** | **2990.7** | **2863.0** |
| 中外合资经营企业 | 11343.7 | 871.7 | 12538.0 | 596.5 | 449.9 |
| 中外合作经营企业 | 37.9 | 7.1 | 41.3 | | 3.8 |
| 外资企业 | 23993.8 | 10994.5 | 29100.1 | 2274.2 | 2349.7 |
| 外商投资股份有限公司 | 327.4 | 23.4 | 378.1 | 6.7 | 16.5 |
| 其他外商投资企业 | 474.9 | 257.0 | 631.2 | 113.3 | 43.2 |

7-4-9 续表

单位：亿元

| 项　目 | 商品购进额 | #进口 | 商品销售额 | #出口 | 期末商品库存额 |
|---|---|---|---|---|---|
| **二、零售业** | **108890.5** | **3249.7** | **126612.3** | **115.9** | **11092.9** |
| #国有控股 | 19700.8 | 203.5 | 24877.9 | 12.2 | 1557.3 |
| **内资企业** | **97142.5** | **2538.7** | **111853.6** | **111.6** | **9564.6** |
| 国有企业 | 1309.1 | 22.4 | 1520.6 | 0.9 | 151.4 |
| 集体企业 | 1379.8 | 0.2 | 1518.0 | 0.1 | 63.5 |
| 股份合作企业 | 158.0 | 0.5 | 173.5 | | 12.1 |
| 联营企业 | 102.8 | | 112.5 | | 5.0 |
| 国有联营企业 | 8.4 | | 10.4 | | 1.2 |
| 集体联营企业 | 39.3 | | 40.6 | | 1.6 |
| 国有与集体联营企业 | 31.7 | | 35.3 | | 0.7 |
| 其他联营企业 | 23.5 | | 26.1 | | 1.5 |
| 有限责任公司 | 45124.7 | 1646.1 | 51367.5 | 76.3 | 4145.2 |
| 国有独资公司 | 2007.3 | 55.2 | 2414.5 | 5.1 | 117.8 |
| 其他有限责任公司 | 43117.4 | 1590.9 | 48953.0 | 71.2 | 4027.4 |
| 股份有限公司 | 12706.1 | 50.6 | 16409.9 | 9.2 | 1033.0 |
| 私营企业 | 36061.4 | 818.8 | 40389.1 | 25.1 | 4139.6 |
| 私营独资企业 | 1269.8 | 12.8 | 1415.0 | 0.1 | 90.4 |
| 私营合伙企业 | 126.9 | | 143.6 | | 8.3 |
| 私营有限责任公司 | 32799.2 | 783.5 | 36705.9 | 25.0 | 3895.7 |
| 私营股份有限公司 | 1865.5 | 22.5 | 2124.5 | | 145.2 |
| 其他企业 | 300.7 | 0.2 | 362.6 | 0.1 | 14.9 |
| **港、澳、台商投资企业** | **5435.5** | **490.7** | **6999.6** | **1.5** | **959.5** |
| 合资经营企业 | 1495.9 | 82.0 | 1968.8 | 0.1 | 252.7 |
| 合作经营企业 | 60.5 | | 81.5 | | 3.8 |
| 独资经营企业 | 3730.8 | 379.8 | 4762.8 | 1.3 | 685.4 |
| 投资股份有限公司 | 90.6 | 14.2 | 123.0 | | 14.0 |
| 其他港澳台商投资企业 | 57.7 | 14.6 | 63.6 | | 3.6 |
| **外商投资企业** | **6312.4** | **220.3** | **7759.0** | **2.8** | **568.8** |
| 中外合资经营企业 | 2572.2 | 58.2 | 3117.0 | 0.1 | 170.7 |
| 中外合作经营企业 | 135.7 | 0.3 | 155.2 | | 10.2 |
| 外资企业 | 2791.0 | 158.0 | 3545.5 | 2.4 | 348.0 |
| 外商投资股份有限公司 | 211.5 | 0.4 | 319.7 | | 19.7 |
| 其他外商投资企业 | 602.0 | 3.4 | 621.5 | 0.2 | 20.1 |

# 7-4-10 限额以上批发和零售业企业商品购、销、存情况(按国民经济行业分)

单位：亿元

| 项　　目 | 商品购进额 | #进口 | 商品销售额 | #出口 | 期末商品库存额 |
|---|---|---|---|---|---|
| **总　　计** | **506309.4** | **35355.7** | **558877.6** | **21924.7** | **38388.6** |
| **一、批发业** | **397418.9** | **32106.0** | **432265.3** | **21808.8** | **27295.7** |
| 农、林、牧产品批发 | 8713.5 | 770.1 | 8947.1 | 135.7 | 2142.0 |
| 食品、饮料及烟草制品批发 | 35972.6 | 1395.3 | 44720.6 | 815.5 | 4367.2 |
| #米、面制品及食用油批发 | 5790.5 | 702.9 | 6118.7 | 226.1 | 1048.8 |
| 肉、禽、蛋、奶及水产品批发 | 2886.8 | 190.0 | 3262.8 | 172.7 | 132.5 |
| 酒、饮料及茶叶批发 | 5474.9 | 99.4 | 7123.8 | 57.5 | 1151.1 |
| 烟草制品批发 | 12064.6 | 68.7 | 17111.5 | 60.3 | 1460.6 |
| 纺织、服装及家庭用品批发 | 32875.3 | 1614.3 | 36579.0 | 6684.5 | 3274.9 |
| #服装批发 | 6211.4 | 347.7 | 7850.9 | 2515.4 | 706.8 |
| 鞋帽批发 | 1671.7 | 93.2 | 1947.1 | 657.9 | 161.9 |
| 家用电器批发 | 11423.6 | 294.0 | 10862.1 | 387.8 | 1289.7 |
| 文化、体育用品及器材批发 | 7769.3 | 516.8 | 8709.2 | 601.6 | 1139.2 |
| #文具用品批发 | 1842.7 | 162.4 | 2003.6 | 110.1 | 114.1 |
| 体育用品及器材批发 | 641.6 | 10.7 | 785.1 | 63.6 | 71.6 |
| 图书批发 | 720.8 | 24.3 | 840.6 | 4.8 | 146.2 |
| 医药及医疗器材批发 | 20172.4 | 1424.1 | 23204.5 | 285.6 | 2211.1 |
| #西药批发 | 12570.2 | 437.2 | 14118.5 | 134.0 | 1294.4 |
| 中药批发 | 4452.5 | 124.1 | 5067.8 | 45.8 | 431.8 |
| 矿产品、建材及化工产品批发 | 217315.6 | 12221.0 | 226843.4 | 5026.4 | 9309.8 |
| #煤炭及制品批发 | 23939.6 | 528.1 | 25622.8 | 122.1 | 909.5 |
| 石油及制品批发 | 54206.1 | 3687.5 | 56406.4 | 941.9 | 2519.5 |
| 金属及金属矿批发 | 88376.9 | 4110.7 | 91419.5 | 1722.9 | 3679.2 |
| 建材批发 | 11907.6 | 776.2 | 12713.3 | 431.2 | 491.8 |
| 化肥批发 | 4172.8 | 157.7 | 4471.4 | 84.3 | 383.5 |
| 农药批发 | 352.4 | 7.7 | 387.6 | 84.2 | 43.0 |
| 机械设备、五金产品及电子产品批发 | 61551.3 | 12196.3 | 68869.3 | 5708.9 | 4159.6 |
| #汽车批发 | 22248.8 | 3986.5 | 25619.2 | 365.2 | 1328.4 |
| 计算机、软件及辅助设备批发 | 4853.4 | 542.2 | 5357.6 | 373.3 | 347.1 |
| 通讯及广播电视设备批发 | 10972.8 | 3141.2 | 11248.0 | 606.7 | 585.9 |
| 贸易经纪与代理 | 5446.4 | 940.1 | 6055.4 | 1509.9 | 205.5 |
| 其他批发业 | 7602.5 | 1028.0 | 8336.8 | 1040.7 | 486.4 |

7-4-10 续表

单位：亿元

| 项　　目 | 商品购进额 | #进口 | 商品销售额 | #出口 | 期末商品库存额 |
|---|---|---|---|---|---|
| **二、零售业** | **108890.5** | **3249.7** | **126612.3** | **115.9** | **11092.9** |
| **(一)按国民经济行业分** | | | | | |
| 综合零售 | 22193.7 | 151.2 | 27392.6 | 7.0 | 2269.1 |
| #百货零售 | 11302.2 | 127.6 | 15060.0 | 4.5 | 1095.7 |
| 超级市场零售 | 9717.9 | 11.8 | 10957.3 | 2.4 | 1080.6 |
| 食品、饮料及烟草制品专门零售 | 3523.3 | 29.3 | 4213.2 | 2.4 | 325.9 |
| #粮油零售 | 454.7 | 0.2 | 502.2 | 0.1 | 58.2 |
| 肉、禽、蛋、奶及水产品零售 | 681.5 | 6.1 | 795.6 | 0.3 | 32.5 |
| 酒、饮料及茶叶零售 | 843.3 | 4.8 | 1020.7 | 0.6 | 101.4 |
| 烟草制品零售 | 189.2 | 9.9 | 236.6 | | 44.8 |
| 纺织、服装及日用品专门零售 | 4046.6 | 255.3 | 5670.0 | 11.3 | 886.7 |
| #服装零售 | 2468.7 | 199.8 | 3537.9 | 4.2 | 548.5 |
| 文化、体育用品及器材专门零售 | 2933.6 | 52.6 | 3386.7 | 6.1 | 578.2 |
| #体育用品及器材零售 | 153.3 | 0.5 | 209.8 | 0.4 | 30.3 |
| 图书、报刊零售 | 1051.9 | 39.0 | 1113.3 | 1.0 | 211.7 |
| 医药及医疗器材专门零售 | 6315.6 | 19.1 | 7102.0 | 1.0 | 720.5 |
| #药品零售 | 6047.4 | 5.9 | 6772.3 | 1.0 | 691.3 |
| 汽车、摩托车、燃料及零配件专门零售 | 49335.3 | 2587.0 | 56030.4 | 8.8 | 4495.4 |
| #汽车零售 | 37682.2 | 2557.7 | 40692.2 | 6.1 | 4016.2 |
| 机动车燃料零售 | 10611.1 | 2.9 | 14196.2 | 1.5 | 390.8 |
| 家用电器及电子产品专门零售 | 10133.2 | 29.9 | 10644.8 | 8.9 | 839.6 |
| #日用家电设备零售 | 4298.9 | 4.6 | 4580.6 | 0.4 | 460.5 |
| 计算机、软件及辅助设备零售 | 2592.3 | 0.5 | 2413.4 | 0.3 | 107.1 |
| 通信设备零售 | 1098.2 | 7.8 | 1234.1 | 0.3 | 107.3 |
| 五金、家具及室内装饰材料专门零售 | 3368.9 | 14.8 | 3989.4 | 6.6 | 535.3 |
| 货摊、无店铺及其他零售业 | 7040.2 | 110.5 | 8183.3 | 63.8 | 442.1 |
| #互联网零售 | 5604.1 | 84.4 | 6482.8 | 55.3 | 352.7 |
| **(二)按零售业态分** | | | | | |
| 有店铺零售 | 99735.8 | 3119.8 | 116573.0 | 43.9 | 10486.6 |
| #超市 | 4056.6 | 15.8 | 4472.4 | 0.7 | 381.5 |
| 大型超市 | 9159.6 | 15.7 | 10539.1 | 2.2 | 1015.7 |
| 百货店 | 10242.5 | 135.6 | 13923.7 | 4.7 | 1007.0 |
| 专业店 | 37985.3 | 1286.4 | 44149.9 | 14.4 | 3722.8 |
| 专卖店 | 32169.8 | 1596.1 | 36277.0 | 12.9 | 3743.9 |
| 无店铺零售 | 9154.7 | 130.0 | 10039.2 | 71.9 | 606.3 |

# 7-4-11 各地区限额以上批发和零售业企业商品购、销、存情况

单位：亿元

| 地 区 | 商品购进额 | #进口 | 商品销售额 | #出口 | 期末商品库存额 |
|---|---|---|---|---|---|
| **全 国** | **506309.4** | **35355.7** | **558877.6** | **21924.7** | **38388.6** |
| 北 京 | 50144.7 | 7974.1 | 53396.8 | 2261.8 | 5412.7 |
| 天 津 | 32440.1 | 1648.5 | 34970.4 | 564.1 | 1528.6 |
| 河 北 | 9521.9 | 182.7 | 10362.0 | 85.9 | 673.5 |
| 山 西 | 8256.9 | 46.2 | 8987.9 | 8.2 | 481.7 |
| 内蒙古 | 3629.5 | 80.2 | 4145.6 | 16.1 | 570.9 |
| 辽 宁 | 12538.9 | 278.0 | 13640.6 | 285.8 | 799.1 |
| 吉 林 | 3578.9 | 52.1 | 3840.8 | 20.8 | 616.5 |
| 黑龙江 | 4262.3 | 437.5 | 4893.8 | 27.7 | 507.6 |
| 上 海 | 68220.0 | 10954.6 | 76031.6 | 3342.2 | 4666.8 |
| 江 苏 | 42937.0 | 1029.9 | 46807.1 | 2081.4 | 2892.2 |
| 浙 江 | 40668.7 | 2186.1 | 44594.7 | 4289.4 | 2399.5 |
| 安 徽 | 9385.4 | 187.4 | 10682.4 | 157.3 | 811.5 |
| 福 建 | 20947.9 | 1146.7 | 23004.0 | 1330.0 | 1177.2 |
| 江 西 | 3739.5 | 46.2 | 4522.0 | 65.4 | 555.8 |
| 山 东 | 29289.7 | 765.7 | 32129.2 | 895.5 | 1686.3 |
| 河 南 | 14301.2 | 201.4 | 16121.6 | 85.8 | 983.2 |
| 湖 北 | 16566.1 | 717.5 | 18358.7 | 262.9 | 1281.6 |
| 湖 南 | 8311.4 | 100.8 | 9271.1 | 54.6 | 1113.2 |
| 广 东 | 65871.3 | 5122.1 | 71691.0 | 4964.1 | 5350.4 |
| 广 西 | 5640.0 | 99.4 | 6403.2 | 234.0 | 470.8 |
| 海 南 | 2063.1 | 58.6 | 2294.5 | 30.1 | 109.0 |
| 重 庆 | 10245.1 | 326.9 | 11911.5 | 247.1 | 598.0 |
| 四 川 | 11883.4 | 304.1 | 13313.8 | 144.7 | 851.8 |
| 贵 州 | 3771.8 | 33.0 | 5027.2 | 63.2 | 416.0 |
| 云 南 | 7468.0 | 230.4 | 8886.0 | 217.0 | 765.6 |
| 西 藏 | 175.2 | 0.4 | 227.2 |  | 76.3 |
| 陕 西 | 7687.1 | 88.5 | 9288.5 | 107.6 | 530.2 |
| 甘 肃 | 4223.8 | 41.6 | 4802.3 | 24.3 | 260.0 |
| 青 海 | 883.9 | 5.4 | 1136.7 | 5.4 | 59.9 |
| 宁 夏 | 1107.6 | 15.7 | 1201.6 | 0.6 | 83.8 |
| 新 疆 | 6549.0 | 994.4 | 6933.6 | 51.6 | 659.1 |

# 7-4-12 各地区限额以上批发业企业商品购、销、存情况

单位：亿元

| 地 区 | 商品购进额 | #进口 | 商品销售额 | #出口 | 期末商品库存额 |
|---|---|---|---|---|---|
| **全 国** | **397418.9** | **32106.0** | **432265.3** | **21808.8** | **27295.7** |
| 北 京 | 42653.6 | 7773.6 | 45512.2 | 2260.7 | 4785.6 |
| 天 津 | 29881.7 | 1589.4 | 31904.8 | 561.9 | 1367.1 |
| 河 北 | 6570.5 | 117.3 | 7064.5 | 82.7 | 367.8 |
| 山 西 | 6532.6 | 26.6 | 6984.2 | 8.0 | 240.0 |
| 内蒙古 | 2178.4 | 60.6 | 2373.6 | 15.6 | 439.9 |
| 辽 宁 | 9736.3 | 207.7 | 10277.3 | 282.5 | 523.0 |
| 吉 林 | 1962.0 | 29.2 | 1844.8 | 19.2 | 471.6 |
| 黑龙江 | 2841.9 | 414.3 | 3202.5 | 27.7 | 367.2 |
| 上 海 | 62472.6 | 10562.2 | 68936.7 | 3339.5 | 3711.0 |
| 江 苏 | 32907.1 | 846.8 | 35212.9 | 2079.2 | 1874.8 |
| 浙 江 | 33685.3 | 1935.8 | 36346.2 | 4279.3 | 1628.8 |
| 安 徽 | 5840.2 | 152.3 | 6562.7 | 157.0 | 471.5 |
| 福 建 | 17030.7 | 1019.4 | 18253.8 | 1326.1 | 844.1 |
| 江 西 | 1956.6 | 18.4 | 2475.1 | 63.9 | 181.2 |
| 山 东 | 19803.3 | 680.2 | 21625.3 | 892.2 | 1001.3 |
| 河 南 | 9370.9 | 123.9 | 10428.3 | 82.7 | 558.8 |
| 湖 北 | 9829.3 | 50.4 | 10881.6 | 259.8 | 636.9 |
| 湖 南 | 4404.8 | 31.4 | 4609.2 | 51.5 | 587.3 |
| 广 东 | 55476.0 | 4727.2 | 59164.3 | 4906.4 | 4181.7 |
| 广 西 | 4143.7 | 59.0 | 4670.5 | 233.0 | 258.4 |
| 海 南 | 1618.8 | 31.5 | 1771.9 | 30.1 | 57.2 |
| 重 庆 | 7050.7 | 263.6 | 7999.2 | 246.9 | 366.9 |
| 四 川 | 6694.2 | 150.4 | 7437.9 | 139.7 | 458.4 |
| 贵 州 | 2347.6 | 11.3 | 3243.1 | 61.7 | 270.9 |
| 云 南 | 5315.9 | 194.3 | 6331.6 | 214.7 | 566.0 |
| 西 藏 | 69.8 | | 107.8 | | 59.9 |
| 陕 西 | 4684.5 | 16.1 | 5754.8 | 105.1 | 228.0 |
| 甘 肃 | 3186.6 | 27.6 | 3614.0 | 24.3 | 169.1 |
| 青 海 | 695.5 | 2.6 | 915.9 | 5.4 | 39.0 |
| 宁 夏 | 806.0 | 2.9 | 871.5 | 0.6 | 45.3 |
| 新 疆 | 5671.8 | 980.1 | 5887.2 | 51.5 | 537.1 |

# 7-4-13 各地区限额以上零售业企业商品购、销、存情况

单位：亿元

| 地区 | 商品购进额 | #进口 | 商品销售额 | #出口 | 期末商品库存额 |
|---|---|---|---|---|---|
| **全国** | **108890.5** | **3249.7** | **126612.3** | **115.9** | **11092.9** |
| 北京 | 7491.1 | 200.6 | 7884.6 | 1.2 | 627.1 |
| 天津 | 2558.3 | 59.2 | 3065.6 | 2.1 | 161.4 |
| 河北 | 2951.3 | 65.3 | 3297.5 | 3.2 | 305.7 |
| 山西 | 1724.3 | 19.6 | 2003.8 | 0.1 | 241.7 |
| 内蒙古 | 1451.2 | 19.6 | 1772.0 | 0.5 | 131.0 |
| 辽宁 | 2802.6 | 70.3 | 3363.4 | 3.3 | 276.1 |
| 吉林 | 1616.9 | 22.9 | 1996.0 | 1.6 | 144.9 |
| 黑龙江 | 1420.4 | 23.1 | 1691.3 | | 140.5 |
| 上海 | 5747.4 | 392.4 | 7094.9 | 2.7 | 955.8 |
| 江苏 | 10029.9 | 183.1 | 11594.2 | 2.2 | 1017.4 |
| 浙江 | 6983.4 | 250.4 | 8248.4 | 10.1 | 770.7 |
| 安徽 | 3545.2 | 35.0 | 4119.7 | 0.3 | 340.0 |
| 福建 | 3917.2 | 127.3 | 4750.2 | 3.9 | 333.1 |
| 江西 | 1782.9 | 27.8 | 2046.9 | 1.6 | 374.6 |
| 山东 | 9486.4 | 85.5 | 10503.9 | 3.3 | 684.9 |
| 河南 | 4930.2 | 77.5 | 5693.2 | 3.1 | 424.4 |
| 湖北 | 6736.8 | 667.1 | 7477.1 | 3.1 | 644.6 |
| 湖南 | 3906.6 | 69.4 | 4661.9 | 3.1 | 526.0 |
| 广东 | 10395.3 | 394.8 | 12526.7 | 57.7 | 1168.7 |
| 广西 | 1496.3 | 40.4 | 1732.7 | 1.0 | 212.4 |
| 海南 | 444.3 | 27.1 | 522.7 | | 51.8 |
| 重庆 | 3194.4 | 63.3 | 3912.3 | 0.2 | 231.1 |
| 四川 | 5189.3 | 153.7 | 5875.9 | 5.0 | 393.3 |
| 贵州 | 1424.2 | 21.7 | 1784.2 | 1.5 | 145.2 |
| 云南 | 2152.2 | 36.1 | 2554.4 | 2.3 | 199.5 |
| 西藏 | 105.4 | 0.4 | 119.4 | | 16.4 |
| 陕西 | 3002.6 | 72.5 | 3533.7 | 2.5 | 302.2 |
| 甘肃 | 1037.2 | 14.0 | 1188.3 | | 90.9 |
| 青海 | 188.3 | 2.8 | 220.8 | | 20.9 |
| 宁夏 | 301.6 | 12.8 | 330.0 | | 38.6 |
| 新疆 | 877.3 | 14.3 | 1046.3 | 0.1 | 121.9 |

# 【主要统计指标解释】

**流动资产合计** 资产满足以下条件之一应归为流动资产：（1）预计在一个正常营业周期中变现、出售或耗用，主要包括存货、应收账款等；（2）主要为交易目的而持有；（3）预计在资产负债表日起一年内（含一年）变现；（4）自资产负债日起一年内，交换其他资产或清偿负债的能力不受限制的现金或现金等价物。包括货币资金、应收票据、应收账款、存货等项目。

**固定资产合计** 指企业为生产商品、提供劳务、出租或经营管理而持有的，使用寿命超过一个会计年度的有形资产。包括使用期限超过一年的房屋、建筑物、机器、机械、运输工具以及其他与生产、经营有关的设备、器具、工具等。固定资产合计是时点指标，表示固定资产经过扣减折旧、减值准备等后的期末余额。

**负债合计** 指企业过去的交易或者事项形成的，预期会导致经济利益流出企业的现时义务。负债一般按偿还期长短分为流动负债和非流动负债。

**所有者权益合计** 指企业资产扣除负债后由所有者享有的剩余权益。公司的所有者权益又称股东权益。包括实收资本、资本公积、盈余公积、未分配利润等。

**主营业务收入** 指企业确认的销售商品、提供劳务等主营业务的收入。

**主营业务成本** 指企业经营主要业务所发生的成本总额。

**销售费用** 指企业在销售商品和材料、提供劳务的过程中发生的各种费用，包括保险费、包装费、展览费和广告费、商品维修费、预计产品质量保证损失、运输费、装卸费等以及为销售本企业商品而专设的销售机构（含销售网点、售后服务网点等）的职工薪酬、业务费、折旧费等经营费用。

**管理费用** 指企业为组织和管理企业生产经营所发生的费用，包括企业在筹建期间内发生的开办费、董事会和行政管理部门在企业经营管理中发生的，或者应当由企业统一负担的公司经费等。

**财务费用** 指企业为筹集生产经营所需资金等而发生的筹资费用，包括企业生产经营期间发生的利息支出（减利息收入）、汇兑损失（减汇兑收益）以及相关的手续费等。

**利润总额** 指企业在一定会计期间的经营成果，是生产经营过程中各种收入扣除各种耗费后的盈余，反映企业在报告期内实现的盈亏总额。

**商品购进额** 指从本企业以外的单位和个人购进（包括从国外直接进口）作为转卖或加工后转卖的商品金额（含增值税）。本指标反映批发和零售业从国内外市场上购进商品的总价。

**进口** 指直接从国外进口或委托外贸企业代理进口的商品金额，不包括从国内有关单位购进的进口商品。对外贸易企业只统计自主经营进口的商品，不统计受托代理进口的商品。

**商品销售额** 指对本单位以外的单位和个人出售的商品金额（包括售给本单位消费用的商品，含增值税），在批发和零售业中，本指标反映在国内市场上销售商品以及出口商品的总价。

**出口** 指直接向国（境）外出口商品和委托外贸企业代理出口的商品金额，商品出口不包括售给外贸企业出口或加工后出口的商品，以及在国内市场以外币销售的商品。外贸企业只统计自主经营出口的商品，不包括受托代理出口的商品。

**零售额** 指售给城乡居民用于生活消费和社会集团用于公共消费的商品金额。

**期末商品库存额** 对于批发和零售业法人单位和个体经营户，是指报告期末取得所有权的全部商品金额（含增值税）；对于批发和零售业产业活动单位，是指报告期末实际在库且归属法人具有所有权的全部商品金额（含增值税）。这个指标反映批发和零售业的商品库存情况，以及对市场商品供应的保证程度。

# 7 第三产业分行业主要指标

## 7–5　交通运输、仓储和邮政业

# 简要说明

**一、主要内容**

1.交通运输、仓储和邮政业企业法人单位分地区主要指标。

2.交通运输业资料主要包括：主要运输方式的线路里程、运输设备拥有量、技术质量情况，各种运输方式完成的货物运输量和旅客运输量，规模以上港口码头长度、泊位数量及货物吞吐量，城市公共交通运营线路网长度、运营车（船）数量及客运量等资料。

3.邮政业资料主要包括：全国邮政主要业务量、营业网点及邮政邮路情况、邮政通信服务水平等。

**二、调查范围及统计单位**

1.铁路资料：包括国家铁路（含控股合资）、地方铁路和非控股合资铁路运营情况，不含军用铁路及由厂矿企事业单位自建的铁路专用线和专用铁路。国家铁路（含控股合资）和非控股合资铁路运营资料来源于各铁路局及所属运输企业（公司）。地方铁路运营资料来源于各省地方铁路管理部门。

2.公路、水路、港口资料：（1）公路和水路线路里程为年末通车和通航里程数，不含未正式投入使用的公路和航道里程；（2）民用汽车拥有量及机动车和汽车驾驶员人数，根据公安部交通管理局所属各省（自治区、直辖市）车管部门登记注册的车辆资料和驾驶员资料整理，不含军用车辆；（3）公路营运汽车拥有量，根据各省（自治区、直辖市）道路运输主管部门登记注册的从事公路运输的营业性运输车辆资料整理，属于民用汽车的一部分；（4）营业性民用运输船舶拥有量，根据各省（自治区、直辖市）交通运输主管部门登记注册的从事水上客、货运输的营业性船舶资料整理，不含非运输船舶及农业、渔业生产船舶；（5）公路、水路客货运输量资料，由交通运输部负责收集整理；（6）公路、水路运输量统计包括全面调查和非全面调查两种方式，统计范围是在各省交通运输主管部门登记注册的从事公路、水路客、货运输的营业性的车辆和船舶所完成的运输量；（7）规模以上港口的统计范围为年通过能力在1000万吨以上的沿海港口和200万吨以上的内河港口，以及从事外贸、集装箱装卸的港口，具体范围由交通运输部划定。

3.管道运输资料：包括输原油、输成品油、输天然气及输其他气体的管道长度和完成的运输量。统计范围包括：油气田企业直接通向炼油厂、化工厂、电站等用户及装车站、油码头的管道，炼油厂通向用户（包括商业石油公司油库）的成品油管道，独立核算的管道运输企业通向用户及装车（站）栈桥、油码头的管道。管道运输资料主要来源于中国石油天然气集团公司、中国石油化工集团公司和中国海洋石油总公司所属的管道运输企业，由三家集团公司分别负责收集审核本部门资料。

4.民航运输资料：统计对象为在我国境内注册从事民用航空运输飞行和通用航空飞行的航空运输企业和民用航空机场，不包括在我国境内运输飞行的外国航空公司。统计内容为各航空公司从事国内运输、港澳台运输、国际运输的定期航班航线条数及里程、运输量及飞机构成和运营情况、通用航空飞行完成情况等。

5.城市公共交通资料：统计范围为全国所有设市城市的城市公共交通情况。

6.邮政业资料：包括全国邮政企业和获得快递业务经营许可的快递企业，为社会公众提供的各类邮政及快递服务。

**三、资料来源**

本篇资料由国家统计局服务业统计司负责整理、编辑。有关交通运输、仓储和邮政业企业法人单位分地区主要指标来源于《规模以上服务业统计报表制度》和《规模以下服务业抽样调查统计报表制度》调查结果。有关交通运输业资料分别来源于公安部交通管理局所属各省车管部门、交通运输部、中国民用航空局、中国铁路总公司、中国石油天然气集团公司、中国石油化工集团公司和中国海洋石油总公司。有关邮政业资料来源于国家邮政局。

# 7-5-1 交通运输、仓储和邮政业企业法人单位分地区主要指标

| 地区 | 单位数(个) | 营业收入(亿元) | 资产总计(亿元) | 从业人员(万人) |
|---|---|---|---|---|
| **全国** | **336019** | **67100.9** | **258429.1** | **1391.2** |
| 北京 | 16449 | 5038.4 | 17992.8 | 79.5 |
| 天津 | 12112 | 2360.9 | 10070.9 | 24.8 |
| 河北 | 14483 | 2012.8 | 5448.9 | 32.9 |
| 山西 | 8166 | 996.6 | 5087.0 | 32.3 |
| 内蒙古 | 6610 | 1096.5 | 6389.4 | 27.3 |
| 辽宁 | 13136 | 2190.6 | 10437.3 | 60.2 |
| 吉林 | 4676 | 635.1 | 4611.5 | 16.9 |
| 黑龙江 | 5276 | 806.9 | 6727.7 | 36.0 |
| 上海 | 16250 | 7389.4 | 18914.9 | 83.4 |
| 江苏 | 32521 | 5459.8 | 13668.9 | 98.3 |
| 浙江 | 21367 | 3361.8 | 10452.6 | 62.3 |
| 安徽 | 12811 | 2589.2 | 7044.8 | 49.0 |
| 福建 | 12679 | 2548.4 | 8218.1 | 41.4 |
| 江西 | 10970 | 2135.0 | 7801.5 | 52.4 |
| 山东 | 27357 | 6045.8 | 11325.7 | 118.1 |
| 河南 | 13780 | 2366.7 | 11792.9 | 77.1 |
| 湖北 | 10981 | 1830.0 | 12154.9 | 50.7 |
| 湖南 | 8897 | 1036.7 | 3618.7 | 33.4 |
| 广东 | 33417 | 7069.0 | 26426.3 | 143.4 |
| 广西 | 8382 | 783.7 | 4922.4 | 29.9 |
| 海南 | 1465 | 742.9 | 3143.9 | 8.0 |
| 重庆 | 5673 | 1838.5 | 5562.9 | 49.6 |
| 四川 | 10887 | 1780.6 | 17578.9 | 58.4 |
| 贵州 | 3383 | 553.7 | 4631.4 | 13.9 |
| 云南 | 5293 | 1468.8 | 8574.3 | 25.8 |
| 西藏 | 211 | 54.4 | 149.1 | 1.3 |
| 陕西 | 7050 | 1127.7 | 6222.0 | 36.1 |
| 甘肃 | 2962 | 489.6 | 3070.8 | 19.2 |
| 青海 | 919 | 160.9 | 1616.7 | 5.4 |
| 宁夏 | 1340 | 110.1 | 430.9 | 2.9 |
| 新疆 | 6514 | 1020.1 | 4341.1 | 21.2 |

# 7-5-2 交通运输业基本情况

| 指　　标 | 2005 | 2009 | 2010 | 2011 | 2012 | 2013 | 2014 | 2015 | 2016 |
|---|---|---|---|---|---|---|---|---|---|
| **运输线路长度　　（万公里）** | | | | | | | | | |
| 铁路营业里程 | 7.54 | 8.55 | 9.12 | 9.32 | 9.76 | 10.31 | 11.18 | 12.10 | 12.40 |
| #高速铁路 | | 0.27 | 0.51 | 0.66 | 0.94 | 1.10 | 1.65 | 1.98 | 2.30 |
| 公路里程 | 334.52 | 386.08 | 400.82 | 410.64 | 423.75 | 435.62 | 446.39 | 457.73 | 469.63 |
| #高速公路 | 4.10 | 6.51 | 7.41 | 8.49 | 9.62 | 10.44 | 11.19 | 12.35 | 13.10 |
| 内河航道里程 | 12.33 | 12.37 | 12.42 | 12.46 | 12.50 | 12.59 | 12.63 | 12.70 | 12.71 |
| #等级航道 | 6.10 | 6.15 | 6.23 | 6.26 | 6.37 | 6.49 | 6.54 | 6.63 | 6.64 |
| 定期航班航线里程 | 199.85 | 234.51 | 276.51 | 349.06 | 328.01 | 410.60 | 463.72 | 531.72 | 634.81 |
| 国际航线 | 85.59 | 91.99 | 107.02 | 149.44 | 128.47 | 150.32 | 176.72 | 239.44 | 282.80 |
| 国内航线 | 114.26 | 142.52 | 169.50 | 199.62 | 199.54 | 260.29 | 287.00 | 292.28 | 352.01 |
| 管道输油(气)里程 | 4.40 | 6.91 | 7.85 | 8.33 | 9.01 | 9.85 | 10.57 | 10.87 | 11.34 |
| 输油管 | 2.10 | 3.55 | 3.85 | 3.95 | 4.13 | 4.32 | 4.52 | 4.66 | 4.99 |
| 输气管 | 2.30 | 3.35 | 4.00 | 4.38 | 4.88 | 5.52 | 6.05 | 6.21 | 6.34 |
| **客运量总计　　（万人）** | **1847018** | **2976898** | **3269508** | **3526319** | **3804035** | **2122992** | **2032218** | **1943271** | **1900194** |
| 铁路 | 115583 | 152451 | 167609 | 186226 | 189337 | 210597 | 230460 | 253484 | 281405 |
| 公路 | 1697381 | 2779081 | 3052738 | 3286220 | 3557010 | 1853463 | 1736270 | 1619097 | 1542759 |
| 水运 | 20227 | 22314 | 22392 | 24556 | 25752 | 23535 | 26293 | 27072 | 27234 |
| 民航 | 13827 | 23052 | 26769 | 29317 | 31936 | 35397 | 39195 | 43618 | 48796 |
| **旅客周转量总计　（亿人公里）** | **17466.7** | **24834.9** | **27894.3** | **30984.0** | **33383.1** | **27571.7** | **28647.1** | **30058.9** | **31258.5** |
| 铁路 | 6062.0 | 7878.9 | 8762.2 | 9612.3 | 9812.3 | 10595.6 | 11241.9 | 11960.6 | 12579.3 |
| 公路 | 9292.1 | 13511.4 | 15020.8 | 16760.2 | 18467.5 | 11250.9 | 10996.8 | 10742.7 | 10228.7 |
| 水运 | 67.8 | 69.4 | 72.3 | 74.5 | 77.5 | 68.3 | 74.3 | 73.1 | 72.3 |
| 民航 | 2044.9 | 3375.2 | 4039.0 | 4537.0 | 5025.7 | 5656.8 | 6334.2 | 7282.6 | 8378.1 |
| **货运量总计　　（万吨）** | **1862066** | **2825222** | **3241807** | **3696961** | **4099400** | **4098900** | **4167296** | **4175886** | **4386763** |
| 铁路 | 269296 | 333348 | 364271 | 393263 | 390438 | 396697 | 381334 | 335801 | 333186 |
| 公路 | 1341778 | 2127834 | 2448052 | 2820100 | 3188475 | 3076648 | 3113334 | 3150019 | 3341259 |
| 水运 | 219648 | 318996 | 378949 | 425968 | 458705 | 559785 | 598283 | 613567 | 638238 |
| 民航 | 306.7 | 445.5 | 563.0 | 557.5 | 545.0 | 561.3 | 594.1 | 629.3 | 668 |
| 管道 | 31037 | 44598 | 49972 | 57073 | 61238 | 65209 | 73752 | 75870 | 73411 |

注：1.从2005年起，公路里程包括村道，与以前年度数据不可比(以下相关表同)。
2.2008年，公路、水路客货运输量和周转量统计口径发生变化，不宜进行历史对比(以下相关表同)。
3.2011年起民航航线里程改为定期航班航线里程(以下相关表同)。
4.2013年公路水路客货运输数据，源自2013年交通运输业经济统计专项调查，统计范围口径有所调整(下同)。
5.从2013年起，管道运输由中国石油天然气集团公司、中国石油化工集团公司和中国海洋石油总公司提供(下同)。

7-5-2 续表

| 指　标 | 2005 | 2009 | 2010 | 2011 | 2012 | 2013 | 2014 | 2015 | 2016 |
|---|---|---|---|---|---|---|---|---|---|
| **货物周转量总计　（亿吨公里）** | **80258.1** | **122133.3** | **141837.4** | **159323.6** | **173770.7** | **168013.8** | **181667.7** | **178355.9** | **186629.5** |
| 铁路 | 20726.0 | 25239.2 | 27644.1 | 29465.8 | 29187.1 | 29173.9 | 27530.2 | 23754.3 | 23792.3 |
| 公路 | 8693.2 | 37188.8 | 43389.7 | 51374.7 | 59534.9 | 55738.1 | 56846.9 | 57955.7 | 61080.1 |
| 水运 | 49672.3 | 57556.7 | 68427.5 | 75423.8 | 81707.6 | 79435.7 | 92774.6 | 91772.5 | 97338.8 |
| 民航 | 78.9 | 126.2 | 178.9 | 173.9 | 163.9 | 170.3 | 187.8 | 208.1 | 222.4 |
| 管道 | 1087.7 | 2022.4 | 2197.2 | 2885.4 | 3177.3 | 3495.9 | 4328.3 | 4665.4 | 4195.9 |
| **规模以上港口货物吞吐量（万吨）** | **394196** | **697159** | **810180** | **911814** | **977473** | **1064891** | **1118803** | **1146382** | **1188872** |
| 沿海规模以上港口 | 292777 | 475480.6 | 548358 | 616292 | 665245 | 728098 | 769557 | 784578 | 810933 |
| #外贸 | 124166 | 197921.5 | 226938 | 252318 | 276221 | 302431 | 320839 | 325326 | 339026 |
| 内河规模以上港口 | 101418 | 221678.5 | 261822 | 295522 | 312228 | 336793 | 349246 | 361804 | 377939 |
| #外贸 | 10063 | 18296 | 21025 | 23967 | 26831 | 29961 | 32091 | 36046 | 39558 |
| **民用汽车拥有量　（万辆）** | **3159.66** | **6280.61** | **7801.83** | **9356.32** | **10933.09** | **12670.14** | **14598.11** | **16284.45** | **18574.54** |
| #载客汽车 | 2132.46 | 4845.09 | 6124.13 | 7478.37 | 8943.01 | 10561.78 | 12326.70 | 14095.88 | 16278.24 |
| 载货汽车 | 955.55 | 1368.60 | 1597.55 | 1787.99 | 1894.75 | 2010.62 | 2125.46 | 2065.62 | 2171.89 |
| #私人汽车拥有量 | 1848.07 | 4574.91 | 5938.71 | 7326.79 | 8838.60 | 10501.68 | 12339.36 | 14099.10 | 16330.22 |
| #载客汽车 | 1383.93 | 3808.33 | 4989.50 | 6237.46 | 7637.87 | 9198.23 | 10945.39 | 12737.23 | 14896.27 |
| 载货汽车 | 452.11 | 753.40 | 931.52 | 1067.43 | 1175.63 | 1275.49 | 1352.78 | 1330.65 | 1401.16 |
| **民用运输船舶拥有量　（艘）** | **207294** | **176932** | **178407** | **179242** | **178591** | **172554** | **171977** | **165905** | **160144** |
| 机动船 | 165900 | 149367 | 155624 | 157950 | 158309 | 155340 | 154974 | 149659 | 144568 |
| 驳船 | 41394 | 27565 | 22783 | 21292 | 20282 | 17214 | 17003 | 16246 | 15576 |
| **规模以上港口码头泊位　（个）** | **10652** | **20091** | **20333** | **20524** | **20450** | **20379** | **20516** | **20363** | **19712** |
| 沿海规模以上港口 | 3641 | 5372 | 5529 | 5612 | 5715 | 5761 | 5923 | 6115 | 6096 |
| #万吨级 | 769 | 1214 | 1293 | 1366 | 1453 | 1524 | 1633 | 1750 | 1814 |
| 内河规模以上港口 | 7011 | 14719 | 14804 | 14912 | 14735 | 14618 | 14593 | 14248 | 13616 |
| #万吨级 | 186 | 293 | 318 | 340 | 369 | 394 | 406 | 416 | 423 |
| **民用飞机　（架）** | **1386** | **2181** | **2405** | **3191** | **3589** | **4004** | **4168** | **4554** | **5046** |
| #运输飞机 | 863 | 1417 | 1597 | 1764 | 1941 | 2145 | 2370 | 2650 | 2950 |
| 通用航空飞机 | 383 | 555 | 606 | 1124 | 1320 | 1519 | 1798 | 1904 | 2096 |

# 7-5-3 各地区交通运输业职工人数(2016年底)

单位：人

| 地区 | 铁路运输业 | 道路运输业 | 水上运输业 | 航空运输业 | 管道运输业 |
|---|---|---|---|---|---|
| **全国** | **1874131** | **3855896** | **460259** | **595301** | **36444** |
| 北京 | 110033 | 279180 | 248 | 75996 | 2465 |
| 天津 | 14834 | 57471 | 18034 | 8836 | 517 |
| 河北 | 55748 | 148054 | 23851 | 4766 | 1186 |
| 山西 | 114877 | 83031 | 70 | 5994 | 291 |
| 内蒙古 | 123971 | 69790 | 26 | 4486 | 90 |
| 辽宁 | 109380 | 122195 | 48621 | 19450 | 3148 |
| 吉林 | 63592 | 52935 | 159 | 6212 | 1079 |
| 黑龙江 | 132249 | 72898 | 3617 | 8445 | 606 |
| 上海 | 40590 | 196395 | 53610 | 83947 | 4383 |
| 江苏 | 23204 | 259038 | 77294 | 15805 | 10626 |
| 浙江 | 27957 | 165609 | 25711 | 15276 | 124 |
| 安徽 | 40208 | 128272 | 12734 | 4386 | |
| 福建 | 39513 | 104685 | 16310 | 18111 | 20 |
| 江西 | 60672 | 103024 | 7363 | 2917 | 116 |
| 山东 | 83083 | 224205 | 62645 | 17820 | 3442 |
| 河南 | 113594 | 254487 | 4219 | 11194 | 220 |
| 湖北 | 86669 | 166210 | 16154 | 7067 | 818 |
| 湖南 | 78233 | 102405 | 2857 | 8517 | 209 |
| 广东 | 61613 | 393904 | 50296 | 129470 | 250 |
| 广西 | 64134 | 75405 | 7179 | 7757 | |
| 海南 | 6224 | 21705 | 6257 | 22461 | 28 |
| 重庆 | 29767 | 172431 | 11446 | 13173 | 39 |
| 四川 | 67132 | 191317 | 10341 | 36664 | 670 |
| 贵州 | 35094 | 55171 | 626 | 9635 | 176 |
| 云南 | 39099 | 79584 | 264 | 23817 | 328 |
| 西藏 | 69 | 5255 | | 844 | |
| 陕西 | 103082 | 115492 | 137 | 10763 | 1862 |
| 甘肃 | 57970 | 48593 | 95 | 2850 | 95 |
| 青海 | 20256 | 16308 | | 2129 | |
| 宁夏 | 17333 | 11387 | 95 | 2942 | |
| 新疆 | 53951 | 79460 | | 13571 | 3656 |

# 7-5-4 运输线路长度

单位：万公里

| 年份 | 铁路营业里程 | #国家铁路电气化里程 | 公路里程 | #高速公路 | 内河航道里程 | 定期航班航线里程 | #国际航线 | 管道输油(气)里程 |
|---|---|---|---|---|---|---|---|---|
| 1978 | 5.17 | 0.10 | 89.02 | | 13.60 | 14.89 | 5.53 | 0.83 |
| 1980 | 5.33 | 0.17 | 88.83 | | 10.85 | 19.53 | 8.12 | 0.87 |
| 1981 | 5.39 | 0.17 | 89.75 | | 10.87 | 21.83 | 8.28 | 0.97 |
| 1982 | 5.33 | 0.18 | 90.70 | | 10.86 | 23.27 | 9.99 | 1.04 |
| 1983 | 5.46 | 0.23 | 91.51 | | 10.89 | 22.91 | 9.99 | 1.08 |
| 1984 | 5.48 | 0.30 | 92.67 | | 10.93 | 26.02 | 10.74 | 1.10 |
| 1985 | 5.52 | 0.41 | 94.24 | | 10.91 | 27.72 | 10.60 | 1.17 |
| 1986 | 5.58 | 0.44 | 96.28 | | 10.94 | 32.43 | 10.76 | 1.30 |
| 1987 | 5.60 | 0.46 | 98.22 | | 10.98 | 38.91 | 14.89 | 1.38 |
| 1988 | 5.62 | 0.57 | 99.96 | 0.01 | 10.94 | 37.38 | 12.83 | 1.43 |
| 1989 | 5.70 | 0.64 | 101.43 | 0.03 | 10.90 | 47.19 | 16.64 | 1.51 |
| 1990 | 5.79 | 0.69 | 102.83 | 0.05 | 10.92 | 50.68 | 16.64 | 1.59 |
| 1991 | 5.78 | 0.78 | 104.11 | 0.06 | 10.97 | 55.91 | 17.74 | 1.62 |
| 1992 | 5.81 | 0.84 | 105.67 | 0.07 | 10.97 | 83.66 | 30.30 | 1.59 |
| 1993 | 5.86 | 0.89 | 108.35 | 0.11 | 11.02 | 96.08 | 27.87 | 1.64 |
| 1994 | 5.90 | 0.90 | 111.78 | 0.16 | 11.02 | 104.56 | 35.19 | 1.68 |
| 1995 | 6.24 | 0.97 | 115.70 | 0.21 | 11.06 | 112.90 | 34.82 | 1.72 |
| 1996 | 6.49 | 1.01 | 118.58 | 0.34 | 11.08 | 116.65 | 38.63 | 1.93 |
| 1997 | 6.60 | 1.20 | 122.64 | 0.48 | 10.98 | 142.50 | 50.44 | 2.04 |
| 1998 | 6.64 | 1.30 | 127.85 | 0.87 | 11.03 | 150.58 | 50.44 | 2.31 |
| 1999 | 6.74 | 1.40 | 135.17 | 1.16 | 11.65 | 152.22 | 52.33 | 2.49 |
| 2000 | 6.87 | 1.49 | 167.98 | 1.63 | 11.93 | 150.29 | 50.84 | 2.47 |
| 2001 | 7.01 | 1.69 | 169.80 | 1.94 | 12.15 | 155.36 | 51.69 | 2.76 |
| 2002 | 7.19 | 1.74 | 176.52 | 2.51 | 12.16 | 163.77 | 57.45 | 2.98 |
| 2003 | 7.30 | 1.81 | 180.98 | 2.97 | 12.40 | 174.95 | 71.53 | 3.26 |
| 2004 | 7.44 | 1.86 | 187.07 | 3.43 | 12.33 | 204.94 | 89.42 | 3.82 |
| 2005 | 7.54 | 1.94 | 334.52 | 4.10 | 12.33 | 199.85 | 85.59 | 4.40 |
| 2006 | 7.71 | 2.34 | 345.70 | 4.53 | 12.34 | 211.35 | 96.62 | 4.81 |
| 2007 | 7.80 | 2.40 | 358.37 | 5.39 | 12.35 | 234.30 | 104.74 | 5.45 |
| 2008 | 7.97 | 2.50 | 373.02 | 6.03 | 12.28 | 246.18 | 112.02 | 5.83 |
| 2009 | 8.55 | 3.02 | 386.08 | 6.51 | 12.37 | 234.51 | 91.99 | 6.91 |
| 2010 | 9.12 | 3.27 | 400.82 | 7.41 | 12.42 | 276.51 | 107.02 | 7.85 |
| 2011 | 9.32 | 3.43 | 410.64 | 8.49 | 12.46 | 349.06 | 149.44 | 8.33 |
| 2012 | 9.76 | 3.55 | 423.75 | 9.62 | 12.50 | 328.01 | 128.47 | 9.01 |
| 2013 | 10.31 | 3.60 | 435.62 | 10.44 | 12.59 | 410.60 | 150.32 | 9.85 |
| 2014 | 11.18 | 3.69 | 446.39 | 11.19 | 12.63 | 463.72 | 176.72 | 10.57 |
| 2015 | 12.10 | 7.47 | 457.73 | 12.35 | 12.70 | 531.72 | 239.44 | 10.87 |
| 2016 | 12.40 | 8.03 | 469.63 | 13.10 | 12.71 | 634.81 | 282.80 | 11.34 |

# 7-5-5 客运量

单位：万人

| 年 份 | 总计 | 铁路 | 公路 | 水运 | 民航 |
|---|---|---|---|---|---|
| 1952 | 24518 | 16352 | 4559 | 3605 | 2 |
| 1957 | 63821 | 31262 | 23772 | 8780 | 7 |
| 1962 | 122154 | 75003 | 30737 | 16397 | 17 |
| 1965 | 96334 | 41245 | 43693 | 11369 | 27 |
| 1970 | 130056 | 52455 | 61812 | 15767 | 22 |
| 1975 | 192969 | 70465 | 101350 | 21015 | 139 |
| 1978 | 253993 | 81491 | 149229 | 23042 | 231 |
| 1980 | 341785 | 92204 | 222799 | 26439 | 343 |
| 1985 | 620206 | 112110 | 476486 | 30863 | 747 |
| 1986 | 688211 | 108579 | 544259 | 34377 | 996 |
| 1987 | 746422 | 112479 | 593682 | 38951 | 1310 |
| 1988 | 809592 | 122645 | 650473 | 35032 | 1442 |
| 1989 | 791374 | 113805 | 644508 | 31778 | 1283 |
| 1990 | 772682 | 95712 | 648085 | 27225 | 1660 |
| 1991 | 806048 | 95080 | 682681 | 26109 | 2178 |
| 1992 | 860855 | 99693 | 731774 | 26502 | 2886 |
| 1993 | 996634 | 105458 | 860719 | 27074 | 3383 |
| 1994 | 1092882 | 108738 | 953940 | 26165 | 4039 |
| 1995 | 1172596 | 102745 | 1040810 | 23924 | 5117 |
| 1996 | 1245357 | 94797 | 1122110 | 22895 | 5555 |
| 1997 | 1326094 | 93308 | 1204583 | 22573 | 5630 |
| 1998 | 1378717 | 95085 | 1257332 | 20545 | 5755 |
| 1999 | 1394413 | 100164 | 1269004 | 19151 | 6094 |
| 2000 | 1478573 | 105073 | 1347392 | 19386 | 6722 |
| 2001 | 1534122 | 105155 | 1402798 | 18645 | 7524 |
| 2002 | 1608150 | 105606 | 1475257 | 18693 | 8594 |
| 2003 | 1587497 | 97260 | 1464335 | 17142 | 8759 |
| 2004 | 1767453 | 111764 | 1624526 | 19040 | 12123 |
| 2005 | 1847018 | 115583 | 1697381 | 20227 | 13827 |
| 2006 | 2024158 | 125656 | 1860487 | 22047 | 15968 |
| 2007 | 2227761 | 135670 | 2050680 | 22835 | 18576 |
| 2008 | 2867892 | 146193 | 2682114 | 20334 | 19251 |
| 2009 | 2976898 | 152451 | 2779081 | 22314 | 23052 |
| 2010 | 3269508 | 167609 | 3052738 | 22392 | 26769 |
| 2011 | 3526319 | 186226 | 3286220 | 24556 | 29317 |
| 2012 | 3804035 | 189337 | 3557010 | 25752 | 31936 |
| 2013 | 2122992 | 210597 | 1853463 | 23535 | 35397 |
| 2014 | 2032218 | 230460 | 1736270 | 26293 | 39195 |
| 2015 | 1943271 | 253484 | 1619097 | 27072 | 43618 |
| 2016 | 1900194 | 281405 | 1542759 | 27234 | 48796 |

# 7-5-6 客运量构成

单位：%

| 年 份 | 总计 | 铁路 | 公路 | 水运 | 民航 |
|---|---|---|---|---|---|
| 1952 | 100.0 | 66.7 | 18.6 | 14.7 | 0.01 |
| 1957 | 100.0 | 49.0 | 37.2 | 13.8 | 0.01 |
| 1962 | 100.0 | 61.4 | 25.2 | 13.4 | 0.01 |
| 1965 | 100.0 | 42.8 | 45.4 | 11.8 | 0.03 |
| 1970 | 100.0 | 40.3 | 47.5 | 12.1 | 0.02 |
| 1975 | 100.0 | 36.5 | 52.5 | 10.9 | 0.07 |
| 1978 | 100.0 | 32.1 | 58.8 | 9.1 | 0.09 |
| 1980 | 100.0 | 27.0 | 65.2 | 7.7 | 0.10 |
| 1985 | 100.0 | 18.1 | 76.8 | 5.0 | 0.12 |
| 1986 | 100.0 | 15.8 | 79.1 | 5.0 | 0.14 |
| 1987 | 100.0 | 15.1 | 79.5 | 5.2 | 0.18 |
| 1988 | 100.0 | 15.1 | 80.3 | 4.3 | 0.18 |
| 1989 | 100.0 | 14.4 | 81.4 | 4.0 | 0.16 |
| 1990 | 100.0 | 12.4 | 83.9 | 3.5 | 0.21 |
| 1991 | 100.0 | 11.8 | 84.7 | 3.2 | 0.27 |
| 1992 | 100.0 | 11.6 | 85.0 | 3.1 | 0.34 |
| 1993 | 100.0 | 10.6 | 86.4 | 2.7 | 0.34 |
| 1994 | 100.0 | 9.9 | 87.3 | 2.4 | 0.37 |
| 1995 | 100.0 | 8.8 | 88.8 | 2.0 | 0.44 |
| 1996 | 100.0 | 7.6 | 90.1 | 1.8 | 0.45 |
| 1997 | 100.0 | 7.0 | 90.8 | 1.7 | 0.42 |
| 1998 | 100.0 | 6.9 | 91.2 | 1.5 | 0.42 |
| 1999 | 100.0 | 7.2 | 91.0 | 1.4 | 0.44 |
| 2000 | 100.0 | 7.1 | 91.1 | 1.3 | 0.45 |
| 2001 | 100.0 | 6.9 | 91.4 | 1.2 | 0.49 |
| 2002 | 100.0 | 6.6 | 91.7 | 1.2 | 0.53 |
| 2003 | 100.0 | 6.1 | 92.2 | 1.1 | 0.55 |
| 2004 | 100.0 | 6.3 | 91.9 | 1.1 | 0.69 |
| 2005 | 100.0 | 6.3 | 91.9 | 1.1 | 0.75 |
| 2006 | 100.0 | 6.2 | 91.9 | 1.1 | 0.79 |
| 2007 | 100.0 | 6.1 | 92.1 | 1.0 | 0.83 |
| 2008 | 100.0 | 5.1 | 93.5 | 0.7 | 0.67 |
| 2009 | 100.0 | 5.1 | 93.4 | 0.7 | 0.77 |
| 2010 | 100.0 | 5.1 | 93.4 | 0.7 | 0.82 |
| 2011 | 100.0 | 5.3 | 93.2 | 0.7 | 0.83 |
| 2012 | 100.0 | 5.0 | 93.5 | 0.7 | 0.84 |
| 2013 | 100.0 | 9.9 | 87.3 | 1.1 | 1.67 |
| 2014 | 100.0 | 11.3 | 85.4 | 1.3 | 1.90 |
| 2015 | 100.0 | 13.0 | 83.3 | 1.4 | 2.24 |
| 2016 | 100.0 | 14.8 | 81.2 | 1.4 | 2.57 |

# 7-5-7 旅客周转量

单位：亿人公里

| 年 份 | 总计 | 铁路 | 公路 | 水运 | 民航 |
|---|---|---|---|---|---|
| 1952 | 248.02 | 200.64 | 22.64 | 24.50 | 0.24 |
| 1957 | 496.55 | 361.30 | 88.07 | 46.38 | 0.80 |
| 1962 | 1085.56 | 859.01 | 141.46 | 83.92 | 1.17 |
| 1965 | 697.04 | 478.99 | 168.20 | 47.37 | 2.48 |
| 1970 | 1031.05 | 718.19 | 240.06 | 71.01 | 1.79 |
| 1975 | 1434.55 | 954.09 | 374.48 | 90.59 | 15.39 |
| 1978 | 1743.07 | 1093.22 | 521.30 | 100.63 | 27.92 |
| 1980 | 2281.34 | 1383.16 | 729.50 | 129.12 | 39.56 |
| 1985 | 4436.39 | 2416.14 | 1724.88 | 178.65 | 116.72 |
| 1986 | 4896.51 | 2586.71 | 1981.74 | 182.06 | 146.00 |
| 1987 | 5418.18 | 2843.06 | 2190.43 | 195.92 | 188.77 |
| 1988 | 6208.91 | 3260.31 | 2528.24 | 203.92 | 216.44 |
| 1989 | 6074.56 | 3037.41 | 2662.11 | 188.27 | 186.77 |
| 1990 | 5628.35 | 2612.64 | 2620.32 | 164.91 | 230.48 |
| 1991 | 6178.32 | 2828.05 | 2871.74 | 177.21 | 301.32 |
| 1992 | 6949.38 | 3152.24 | 3192.64 | 198.38 | 406.12 |
| 1993 | 7858.00 | 3483.30 | 3700.70 | 196.40 | 477.60 |
| 1994 | 8591.42 | 3636.04 | 4220.30 | 183.50 | 551.58 |
| 1995 | 9001.90 | 3545.70 | 4603.10 | 171.80 | 681.30 |
| 1996 | 9164.80 | 3347.60 | 4908.79 | 160.57 | 747.84 |
| 1997 | 10055.48 | 3584.86 | 5541.40 | 155.70 | 773.52 |
| 1998 | 10636.74 | 3773.42 | 5942.81 | 120.27 | 800.24 |
| 1999 | 11299.74 | 4135.94 | 6199.20 | 107.30 | 857.30 |
| 2000 | 12261.05 | 4532.59 | 6657.42 | 100.50 | 970.54 |
| 2001 | 13155.13 | 4766.82 | 7207.08 | 89.88 | 1091.35 |
| 2002 | 14125.63 | 4969.38 | 7805.77 | 81.78 | 1268.70 |
| 2003 | 13810.50 | 4788.61 | 7695.60 | 63.10 | 1263.19 |
| 2004 | 16309.08 | 5712.17 | 8748.38 | 66.25 | 1782.28 |
| 2005 | 17466.74 | 6061.96 | 9292.08 | 67.77 | 2044.93 |
| 2006 | 19197.21 | 6622.12 | 10130.85 | 73.58 | 2370.66 |
| 2007 | 21592.58 | 7216.31 | 11506.77 | 77.78 | 2791.73 |
| 2008 | 23196.70 | 7778.60 | 12476.11 | 59.18 | 2882.80 |
| 2009 | 24834.94 | 7878.89 | 13511.44 | 69.38 | 3375.24 |
| 2010 | 27894.26 | 8762.18 | 15020.81 | 72.27 | 4039.00 |
| 2011 | 30984.03 | 9612.29 | 16760.25 | 74.53 | 4536.96 |
| 2012 | 33383.09 | 9812.33 | 18467.55 | 77.48 | 5025.74 |
| 2013 | 27571.65 | 10595.62 | 11250.94 | 68.33 | 5656.76 |
| 2014 | 28647.13 | 11241.85 | 10996.75 | 74.34 | 6334.19 |
| 2015 | 30058.90 | 11960.60 | 10742.66 | 73.08 | 7282.55 |
| 2016 | 31258.46 | 12579.29 | 10228.71 | 72.33 | 8378.13 |

# 7-5-8 旅客周转量构成

单位：%

| 年 份 | 总计 | 铁路 | 公路 | 水运 | 民航 |
|---|---|---|---|---|---|
| 1952 | 100.0 | 80.9 | 9.1 | 9.9 | 0.1 |
| 1957 | 100.0 | 72.8 | 17.7 | 9.3 | 0.2 |
| 1962 | 100.0 | 79.1 | 13.0 | 7.7 | 0.1 |
| 1965 | 100.0 | 68.7 | 24.1 | 6.8 | 0.4 |
| 1970 | 100.0 | 69.7 | 23.3 | 6.9 | 0.2 |
| 1975 | 100.0 | 66.5 | 26.1 | 6.3 | 1.1 |
| 1978 | 100.0 | 62.7 | 29.9 | 5.8 | 1.6 |
| 1980 | 100.0 | 60.6 | 32.0 | 5.7 | 1.7 |
| 1985 | 100.0 | 54.5 | 38.9 | 4.0 | 2.6 |
| 1986 | 100.0 | 52.8 | 40.5 | 3.7 | 3.0 |
| 1987 | 100.0 | 52.5 | 40.4 | 3.6 | 3.5 |
| 1988 | 100.0 | 52.5 | 40.7 | 3.3 | 3.5 |
| 1989 | 100.0 | 50.0 | 43.8 | 3.1 | 3.1 |
| 1990 | 100.0 | 46.4 | 46.6 | 2.9 | 4.1 |
| 1991 | 100.0 | 45.8 | 46.5 | 2.9 | 4.9 |
| 1992 | 100.0 | 45.4 | 45.9 | 2.9 | 5.8 |
| 1993 | 100.0 | 44.3 | 47.1 | 2.5 | 6.1 |
| 1994 | 100.0 | 42.3 | 49.1 | 2.1 | 6.4 |
| 1995 | 100.0 | 39.4 | 51.1 | 1.9 | 7.6 |
| 1996 | 100.0 | 36.5 | 53.6 | 1.8 | 8.2 |
| 1997 | 100.0 | 35.7 | 55.1 | 1.5 | 7.7 |
| 1998 | 100.0 | 35.5 | 55.9 | 1.1 | 7.5 |
| 1999 | 100.0 | 36.6 | 54.9 | 0.9 | 7.6 |
| 2000 | 100.0 | 37.0 | 54.3 | 0.8 | 7.9 |
| 2001 | 100.0 | 36.2 | 54.8 | 0.7 | 8.3 |
| 2002 | 100.0 | 35.2 | 55.3 | 0.6 | 9.0 |
| 2003 | 100.0 | 34.7 | 55.7 | 0.5 | 9.1 |
| 2004 | 100.0 | 35.0 | 53.6 | 0.4 | 10.9 |
| 2005 | 100.0 | 34.7 | 53.2 | 0.4 | 11.7 |
| 2006 | 100.0 | 34.5 | 52.8 | 0.4 | 12.3 |
| 2007 | 100.0 | 33.4 | 53.3 | 0.4 | 12.9 |
| 2008 | 100.0 | 33.5 | 53.8 | 0.3 | 12.4 |
| 2009 | 100.0 | 31.7 | 54.4 | 0.3 | 13.6 |
| 2010 | 100.0 | 31.4 | 53.8 | 0.3 | 14.5 |
| 2011 | 100.0 | 31.0 | 54.1 | 0.2 | 14.6 |
| 2012 | 100.0 | 29.4 | 55.3 | 0.2 | 15.1 |
| 2013 | 100.0 | 38.4 | 40.8 | 0.2 | 20.5 |
| 2014 | 100.0 | 39.2 | 38.4 | 0.3 | 22.1 |
| 2015 | 100.0 | 39.8 | 35.7 | 0.2 | 24.2 |
| 2016 | 100.0 | 40.2 | 32.7 | 0.2 | 26.8 |

# 7-5-9 旅客运输平均运距

单位：公里

| 年 份 | 总计 | 铁路 | 公路 | 水运 | 民航 |
|---|---|---|---|---|---|
| 1952 | 101 | 123 | 50 | 68 | 1200 |
| 1957 | 78 | 116 | 37 | 53 | 1143 |
| 1962 | 89 | 115 | 46 | 51 | 688 |
| 1965 | 72 | 116 | 38 | 42 | 919 |
| 1970 | 79 | 137 | 39 | 45 | 814 |
| 1975 | 74 | 135 | 37 | 43 | 1107 |
| 1978 | 69 | 134 | 35 | 44 | 1208 |
| 1980 | 67 | 150 | 33 | 49 | 1153 |
| 1985 | 72 | 216 | 36 | 58 | 1563 |
| 1986 | 71 | 238 | 36 | 53 | 1466 |
| 1987 | 73 | 253 | 37 | 50 | 1441 |
| 1988 | 77 | 266 | 39 | 58 | 1501 |
| 1989 | 77 | 267 | 41 | 59 | 1456 |
| 1990 | 73 | 273 | 40 | 61 | 1388 |
| 1991 | 77 | 297 | 42 | 68 | 1383 |
| 1992 | 81 | 316 | 44 | 75 | 1407 |
| 1993 | 79 | 330 | 43 | 73 | 1412 |
| 1994 | 79 | 334 | 44 | 70 | 1366 |
| 1995 | 77 | 345 | 44 | 72 | 1331 |
| 1996 | 74 | 353 | 44 | 70 | 1346 |
| 1997 | 76 | 384 | 46 | 69 | 1374 |
| 1998 | 77 | 397 | 47 | 59 | 1391 |
| 1999 | 81 | 413 | 49 | 56 | 1407 |
| 2000 | 83 | 431 | 49 | 52 | 1444 |
| 2001 | 86 | 453 | 51 | 48 | 1450 |
| 2002 | 88 | 471 | 53 | 44 | 1476 |
| 2003 | 87 | 492 | 53 | 37 | 1442 |
| 2004 | 92 | 511 | 54 | 35 | 1470 |
| 2005 | 95 | 524 | 55 | 34 | 1479 |
| 2006 | 95 | 527 | 54 | 33 | 1485 |
| 2007 | 97 | 532 | 56 | 34 | 1503 |
| 2008 | 81 | 532 | 47 | 29 | 1497 |
| 2009 | 83 | 517 | 49 | 31 | 1464 |
| 2010 | 85 | 523 | 49 | 32 | 1509 |
| 2011 | 88 | 516 | 51 | 30 | 1548 |
| 2012 | 88 | 518 | 52 | 30 | 1574 |
| 2013 | 130 | 503 | 61 | 29 | 1598 |
| 2014 | 141 | 488 | 63 | 28 | 1616 |
| 2015 | 155 | 472 | 66 | 27 | 1670 |
| 2016 | 165 | 447 | 66 | 27 | 1717 |

# 7-5-10 货运量

单位：万吨

| 年份 | 总计 | 铁路 | 公路 | 水运 | 民航 | 管道 |
|---|---|---|---|---|---|---|
| 1952 | 31516 | 13217 | 13158 | 5141 | 0.2 | |
| 1957 | 80365 | 27421 | 37505 | 15438 | 0.8 | |
| 1962 | 85521 | 35261 | 32794 | 17464 | 1.8 | |
| 1965 | 121083 | 49100 | 48987 | 22993 | 2.7 | |
| 1970 | 150359 | 68132 | 56779 | 25444 | 3.7 | |
| 1975 | 202478 | 88955 | 72499 | 34987 | 4.7 | 6032 |
| 1978 | 248946 | 110119 | 85182 | 43292 | 6.4 | 10347 |
| 1980 | 546537 | 111279 | 382048 | 42676 | 8.9 | 10525 |
| 1985 | 745763 | 130709 | 538062 | 63322 | 19.5 | 13650 |
| 1986 | 853557 | 135635 | 620113 | 82962 | 22.4 | 14825 |
| 1987 | 948229 | 140653 | 711424 | 80979 | 29.9 | 15143 |
| 1988 | 982195 | 144948 | 732315 | 89281 | 32.8 | 15618 |
| 1989 | 988435 | 151489 | 733781 | 87493 | 31.0 | 15641 |
| 1990 | 970602 | 150681 | 724040 | 80094 | 37.0 | 15750 |
| 1991 | 985793 | 152893 | 733907 | 83370 | 45.2 | 15578 |
| 1992 | 1045899 | 157627 | 780941 | 92490 | 57.5 | 14783 |
| 1993 | 1115902 | 162794 | 840256 | 97938 | 69.4 | 14845 |
| 1994 | 1180396 | 163216 | 894914 | 107091 | 82.9 | 15092 |
| 1995 | 1234938 | 165982 | 940387 | 113194 | 101.1 | 15274 |
| 1996 | 1298421 | 171024 | 983860 | 127430 | 115.0 | 15992 |
| 1997 | 1278218 | 172149 | 976536 | 113406 | 124.7 | 16002 |
| 1998 | 1267427 | 164309 | 976004 | 109555 | 140.1 | 17419 |
| 1999 | 1293008 | 167554 | 990444 | 114608 | 170.4 | 20232 |
| 2000 | 1358682 | 178581 | 1038813 | 122391 | 196.7 | 18700 |
| 2001 | 1401786 | 193189 | 1056312 | 132675 | 171.0 | 19439 |
| 2002 | 1483447 | 204956 | 1116324 | 141832 | 202.1 | 20133 |
| 2003 | 1564492 | 224248 | 1159957 | 158070 | 219.0 | 21998 |
| 2004 | 1706412 | 249017 | 1244990 | 187394 | 276.7 | 24734 |
| 2005 | 1862066 | 269296 | 1341778 | 219648 | 306.7 | 31037 |
| 2006 | 2037060 | 288224 | 1466347 | 248703 | 349.4 | 33436 |
| 2007 | 2275822 | 314237 | 1639432 | 281199 | 401.8 | 40552 |
| 2008 | 2585937 | 330354 | 1916759 | 294510 | 407.6 | 43906 |
| 2009 | 2825222 | 333348 | 2127834 | 318996 | 445.5 | 44598 |
| 2010 | 3241807 | 364271 | 2448052 | 378949 | 563.0 | 49972 |
| 2011 | 3696961 | 393263 | 2820100 | 425968 | 557.5 | 57073 |
| 2012 | 4099400 | 390438 | 3188475 | 458705 | 545.0 | 61238 |
| 2013 | 4098900 | 396697 | 3076648 | 559785 | 561.3 | 65209 |
| 2014 | 4167296 | 381334 | 3113334 | 598283 | 594.1 | 73752 |
| 2015 | 4175886 | 335801 | 3150019 | 613567 | 629.3 | 75870 |
| 2016 | 4386763 | 333186 | 3341259 | 638238 | 668 | 73411 |

注：1.从1979年起，公路运输包括社会车辆完成数量；从1984年起，还包括私营运输完成的数量(后相同)，从2008年起公路运输量统计原则上为营运车辆。水路运输量统计范围为在交通运输主管部门审批、备案、从事营业性货物运输生产的船舶。
2.1993年及以后年份，铁路货物运输指标口径有调整，增加了行包运量(后相同)。
3.本资料从2012年开始，将1980年以前的公路、水路货运历史数据按部门口径进行了调整(以下各表同)。

# 7-5-11 货运量构成

单位：%

| 年 份 | 总计 | 铁路 | 公路 | 水运 | 民航 | 管道 |
|---|---|---|---|---|---|---|
| 1952 | 100.0 | 41.9 | 41.7 | 16.3 | | |
| 1957 | 100.0 | 34.1 | 46.7 | 19.2 | | |
| 1962 | 100.0 | 41.3 | 38.3 | 20.4 | | |
| 1965 | 100.0 | 40.5 | 40.5 | 19.0 | | |
| 1970 | 100.0 | 45.4 | 37.8 | 16.9 | | |
| 1975 | 100.0 | 43.9 | 35.8 | 17.3 | | 3.0 |
| 1978 | 100.0 | 44.3 | 34.2 | 17.4 | | 4.2 |
| 1980 | 100.0 | 20.4 | 69.9 | 7.8 | | 1.9 |
| 1985 | 100.0 | 17.5 | 72.1 | 8.5 | | 1.6 |
| 1986 | 100.0 | 15.9 | 72.7 | 9.7 | | 1.7 |
| 1987 | 100.0 | 14.8 | 75.0 | 8.5 | | 1.6 |
| 1988 | 100.0 | 14.7 | 74.6 | 9.1 | | 1.6 |
| 1989 | 100.0 | 15.4 | 74.2 | 8.9 | | 1.6 |
| 1990 | 100.0 | 15.6 | 74.6 | 8.3 | | 1.6 |
| 1991 | 100.0 | 15.5 | 74.4 | 8.5 | | 1.6 |
| 1992 | 100.0 | 15.1 | 74.7 | 8.8 | | 1.4 |
| 1993 | 100.0 | 14.6 | 75.3 | 8.8 | 0.01 | 1.3 |
| 1994 | 100.0 | 13.8 | 75.8 | 9.1 | 0.01 | 1.3 |
| 1995 | 100.0 | 13.4 | 76.1 | 9.2 | 0.01 | 1.2 |
| 1996 | 100.0 | 13.2 | 75.8 | 9.8 | 0.01 | 1.2 |
| 1997 | 100.0 | 13.5 | 76.4 | 8.9 | 0.01 | 1.3 |
| 1998 | 100.0 | 13.0 | 77.0 | 8.6 | 0.01 | 1.4 |
| 1999 | 100.0 | 13.0 | 76.6 | 8.9 | 0.01 | 1.6 |
| 2000 | 100.0 | 13.1 | 76.5 | 9.0 | 0.01 | 1.4 |
| 2001 | 100.0 | 13.8 | 75.4 | 9.5 | 0.01 | 1.4 |
| 2002 | 100.0 | 13.8 | 75.3 | 9.6 | 0.01 | 1.4 |
| 2003 | 100.0 | 14.3 | 74.1 | 10.1 | 0.01 | 1.4 |
| 2004 | 100.0 | 14.6 | 73.0 | 11.0 | 0.02 | 1.4 |
| 2005 | 100.0 | 14.5 | 72.1 | 11.8 | 0.02 | 1.7 |
| 2006 | 100.0 | 14.1 | 72.0 | 12.2 | 0.02 | 1.6 |
| 2007 | 100.0 | 13.8 | 72.0 | 12.4 | 0.02 | 1.8 |
| 2008 | 100.0 | 12.8 | 74.1 | 11.4 | 0.02 | 1.7 |
| 2009 | 100.0 | 11.8 | 75.3 | 11.3 | 0.02 | 1.6 |
| 2010 | 100.0 | 11.2 | 75.5 | 11.7 | 0.02 | 1.5 |
| 2011 | 100.0 | 10.6 | 76.3 | 11.5 | 0.02 | 1.5 |
| 2012 | 100.0 | 9.5 | 77.8 | 11.2 | 0.01 | 1.5 |
| 2013 | 100.0 | 9.7 | 75.1 | 13.7 | 0.01 | 1.6 |
| 2014 | 100.0 | 9.2 | 74.7 | 14.4 | 0.01 | 1.8 |
| 2015 | 100.0 | 8.0 | 75.4 | 14.7 | 0.02 | 1.8 |
| 2016 | 100.0 | 7.6 | 76.2 | 14.5 | 0.02 | 1.7 |

# 7−5−12 货物周转量

单位：亿吨公里

| 年 份 | 总计 | 铁路 | 公路 | 水运 | 民航 | 管道 |
|---|---|---|---|---|---|---|
| 1952 | 762 | 601.6 | 14.5 | 145.8 | | |
| 1957 | 1810 | 1345.9 | 48.0 | 415.6 | 0.08 | |
| 1962 | 2236 | 1721.1 | 62.1 | 452.6 | 0.15 | |
| 1965 | 3464 | 2698.7 | 95.1 | 670.2 | 0.25 | |
| 1970 | 4566 | 3496.0 | 138.1 | 931.3 | 0.35 | |
| 1975 | 7296 | 4255.6 | 202.7 | 2574.7 | 0.60 | 262 |
| 1978 | 9829 | 5345.2 | 274.1 | 3779.2 | 0.97 | 430 |
| 1980 | 12027 | 5717.5 | 764.0 | 5052.8 | 1.41 | 491 |
| 1985 | 18365 | 8125.7 | 1903.2 | 7729.3 | 4.15 | 603 |
| 1986 | 20147 | 8764.8 | 2118.0 | 8647.9 | 4.81 | 612 |
| 1987 | 22229 | 9471.5 | 2660.4 | 9465.1 | 6.52 | 625 |
| 1988 | 23826 | 9877.6 | 3220.4 | 10070.4 | 7.32 | 650 |
| 1989 | 25592 | 10394.2 | 3374.8 | 11186.8 | 6.93 | 629 |
| 1990 | 26208 | 10622.4 | 3358.1 | 11591.9 | 8.18 | 627 |
| 1991 | 27987 | 10972.0 | 3428.0 | 12955.5 | 10.10 | 621 |
| 1992 | 29218 | 11575.6 | 3755.4 | 13256.2 | 13.42 | 617 |
| 1993 | 30647 | 12090.9 | 4070.5 | 13860.8 | 16.61 | 608 |
| 1994 | 33435 | 12632.0 | 4486.3 | 15686.6 | 18.58 | 612 |
| 1995 | 35909 | 13049.5 | 4694.9 | 17552.2 | 22.30 | 590 |
| 1996 | 36590 | 13106.2 | 5011.2 | 17862.5 | 24.93 | 585 |
| 1997 | 38385 | 13269.9 | 5271.5 | 19235.0 | 29.10 | 579 |
| 1998 | 38089 | 12560.1 | 5483.4 | 19405.8 | 33.45 | 606 |
| 1999 | 40568 | 12910.3 | 5724.3 | 21263.0 | 42.34 | 628 |
| 2000 | 44321 | 13770.5 | 6129.4 | 23734.2 | 50.27 | 636 |
| 2001 | 47710 | 14694.1 | 6330.4 | 25988.9 | 43.72 | 653 |
| 2002 | 50686 | 15658.4 | 6782.5 | 27510.6 | 51.55 | 683 |
| 2003 | 53859 | 17246.7 | 7099.5 | 28715.8 | 57.90 | 739 |
| 2004 | 69445 | 19288.8 | 7840.9 | 41428.7 | 71.80 | 815 |
| 2005 | 80258 | 20726.0 | 8693.2 | 49672.3 | 78.90 | 1088 |
| 2006 | 88840 | 21954.4 | 9754.2 | 55485.7 | 94.28 | 1551 |
| 2007 | 101419 | 23797.0 | 11354.7 | 64284.8 | 116.39 | 1866 |
| 2008 | 110300 | 25106.3 | 32868.2 | 50262.7 | 119.60 | 1944 |
| 2009 | 122133 | 25239.2 | 37188.8 | 57556.7 | 126.23 | 2022 |
| 2010 | 141837 | 27644.1 | 43389.7 | 68427.5 | 178.90 | 2197 |
| 2011 | 159324 | 29465.8 | 51374.7 | 75423.8 | 173.91 | 2885 |
| 2012 | 173771 | 29187.1 | 59534.9 | 81707.6 | 163.89 | 3177 |
| 2013 | 168014 | 29173.9 | 55738.1 | 79435.7 | 170.29 | 3496 |
| 2014 | 181668 | 27530.2 | 56846.9 | 92774.6 | 187.77 | 4328 |
| 2015 | 178356 | 23754.3 | 57955.7 | 91772.5 | 208.07 | 4665 |
| 2016 | 186629 | 23792.3 | 61080.1 | 97338.8 | 222.4 | 4195.9 |

# 7-5-13 货物周转量构成

单位：%

| 年 份 | 总计 | 铁路 | 公路 | 水运 | 民航 | 管道 |
|---|---|---|---|---|---|---|
| 1952 | 100.0 | 79.0 | 1.9 | 19.1 | | |
| 1957 | 100.0 | 74.4 | 2.7 | 23.0 | | |
| 1962 | 100.0 | 77.0 | 2.8 | 20.2 | 0.01 | |
| 1965 | 100.0 | 77.9 | 2.7 | 19.3 | 0.01 | |
| 1970 | 100.0 | 76.6 | 3.0 | 20.4 | 0.01 | |
| 1975 | 100.0 | 58.3 | 2.8 | 35.3 | 0.01 | 3.6 |
| 1978 | 100.0 | 54.4 | 2.8 | 38.4 | 0.01 | 4.4 |
| 1980 | 100.0 | 47.5 | 6.4 | 42.0 | 0.01 | 4.1 |
| 1985 | 100.0 | 44.2 | 10.4 | 42.1 | 0.02 | 3.3 |
| 1986 | 100.0 | 43.5 | 10.5 | 42.9 | 0.02 | 3.0 |
| 1987 | 100.0 | 42.6 | 12.0 | 42.6 | 0.03 | 2.8 |
| 1988 | 100.0 | 41.5 | 13.5 | 42.3 | 0.03 | 2.7 |
| 1989 | 100.0 | 40.6 | 13.2 | 43.7 | 0.03 | 2.5 |
| 1990 | 100.0 | 40.5 | 12.8 | 44.2 | 0.03 | 2.4 |
| 1991 | 100.0 | 39.2 | 12.2 | 46.3 | 0.04 | 2.2 |
| 1992 | 100.0 | 39.6 | 12.9 | 45.4 | 0.05 | 2.1 |
| 1993 | 100.0 | 39.5 | 13.3 | 45.2 | 0.05 | 2.0 |
| 1994 | 100.0 | 37.8 | 13.4 | 46.9 | 0.06 | 1.8 |
| 1995 | 100.0 | 36.3 | 13.1 | 48.9 | 0.06 | 1.6 |
| 1996 | 100.0 | 35.8 | 13.7 | 48.8 | 0.07 | 1.6 |
| 1997 | 100.0 | 34.6 | 13.7 | 50.1 | 0.08 | 1.5 |
| 1998 | 100.0 | 33.0 | 14.4 | 50.9 | 0.09 | 1.6 |
| 1999 | 100.0 | 31.8 | 14.1 | 52.4 | 0.10 | 1.5 |
| 2000 | 100.0 | 31.1 | 13.8 | 53.6 | 0.11 | 1.4 |
| 2001 | 100.0 | 30.8 | 13.3 | 54.5 | 0.09 | 1.4 |
| 2002 | 100.0 | 30.9 | 13.4 | 54.3 | 0.10 | 1.3 |
| 2003 | 100.0 | 32.0 | 13.2 | 53.3 | 0.11 | 1.4 |
| 2004 | 100.0 | 27.8 | 11.3 | 59.7 | 0.10 | 1.2 |
| 2005 | 100.0 | 25.8 | 10.8 | 61.9 | 0.10 | 1.4 |
| 2006 | 100.0 | 24.7 | 11.0 | 62.5 | 0.11 | 1.7 |
| 2007 | 100.0 | 23.5 | 11.2 | 63.4 | 0.11 | 1.8 |
| 2008 | 100.0 | 22.8 | 29.8 | 45.6 | 0.11 | 1.8 |
| 2009 | 100.0 | 20.7 | 30.4 | 47.1 | 0.10 | 1.7 |
| 2010 | 100.0 | 19.5 | 30.6 | 48.2 | 0.13 | 1.5 |
| 2011 | 100.0 | 18.5 | 32.2 | 47.3 | 0.11 | 1.8 |
| 2012 | 100.0 | 16.8 | 34.3 | 47.0 | 0.09 | 1.8 |
| 2013 | 100.0 | 17.4 | 33.2 | 47.3 | 0.10 | 2.1 |
| 2014 | 100.0 | 15.2 | 31.3 | 51.1 | 0.10 | 2.4 |
| 2015 | 100.0 | 13.3 | 32.5 | 51.5 | 0.12 | 2.6 |
| 2015 | 100.0 | 12.7 | 32.7 | 52.2 | 0.12 | 2.2 |

# 7-5-14 货物运输平均运距

单位：公里

| 年 份 | 总计 | 铁路 | 公路 | 水运 | 民航 | 管道 |
|---|---|---|---|---|---|---|
| 1952 | 242 | 455 | 11 | 284 | | |
| 1957 | 225 | 491 | 13 | 269 | 1000 | |
| 1962 | 261 | 488 | 19 | 259 | 833 | |
| 1965 | 286 | 550 | 19 | 291 | 930 | |
| 1970 | 304 | 513 | 24 | 366 | 951 | |
| 1975 | 360 | 478 | 28 | 736 | 1280 | 434 |
| 1978 | 395 | 485 | 32 | 873 | 1516 | 416 |
| 1980 | 220 | 514 | 20 | 1184 | 1580 | 467 |
| 1985 | 246 | 622 | 35 | 1221 | 2129 | 442 |
| 1986 | 236 | 646 | 34 | 1042 | 2146 | 413 |
| 1987 | 234 | 673 | 37 | 1169 | 2182 | 413 |
| 1988 | 243 | 681 | 44 | 1128 | 2231 | 416 |
| 1989 | 259 | 686 | 46 | 1279 | 2237 | 402 |
| 1990 | 270 | 705 | 46 | 1447 | 2211 | 398 |
| 1991 | 284 | 718 | 47 | 1554 | 2234 | 399 |
| 1992 | 279 | 734 | 48 | 1433 | 2335 | 417 |
| 1993 | 275 | 743 | 48 | 1415 | 2394 | 410 |
| 1994 | 283 | 774 | 50 | 1465 | 2241 | 406 |
| 1995 | 291 | 786 | 50 | 1551 | 2206 | 386 |
| 1996 | 282 | 766 | 51 | 1402 | 2168 | 366 |
| 1997 | 300 | 771 | 54 | 1696 | 2334 | 362 |
| 1998 | 301 | 764 | 56 | 1771 | 2388 | 348 |
| 1999 | 314 | 771 | 58 | 1855 | 2485 | 310 |
| 2000 | 326 | 771 | 59 | 1939 | 2555 | 340 |
| 2001 | 340 | 761 | 60 | 1959 | 2556 | 336 |
| 2002 | 342 | 764 | 61 | 1940 | 2551 | 339 |
| 2003 | 344 | 769 | 61 | 1817 | 2643 | 336 |
| 2004 | 407 | 775 | 63 | 2211 | 2595 | 329 |
| 2005 | 431 | 770 | 65 | 2261 | 2572 | 350 |
| 2006 | 436 | 762 | 67 | 2231 | 2698 | 464 |
| 2007 | 446 | 757 | 69 | 2286 | 2896 | 460 |
| 2008 | 427 | 760 | 171 | 1707 | 2934 | 443 |
| 2009 | 432 | 757 | 175 | 1804 | 2833 | 453 |
| 2010 | 438 | 759 | 177 | 1806 | 3177 | 440 |
| 2011 | 431 | 749 | 182 | 1771 | 3120 | 506 |
| 2012 | 424 | 748 | 187 | 1781 | 3007 | 519 |
| 2013 | 410 | 735 | 181 | 1419 | 3034 | 536 |
| 2014 | 436 | 722 | 183 | 1551 | 3161 | 587 |
| 2015 | 427 | 707 | 184 | 1496 | 3306 | 615 |
| 2016 | 425 | 714 | 183 | 1525 | 3330 | 572 |

# 7-5-15 各地区客运量

单位：万人

| 地 区 | 总计 | 铁路 | 公路 | 水运 |
|---|---|---|---|---|
| **全 国** | **1900194** | **281405** | **1542759** | **27234** |
| 北 京 | 61519 | 13479 | 48040 | |
| 天 津 | 18377 | 4543 | 13741 | 93 |
| 河 北 | 50701 | 10771 | 39925 | 5 |
| 山 西 | 26374 | 7530 | 18702 | 142 |
| 内蒙古 | 15735 | 5388 | 10347 | |
| 辽 宁 | 73632 | 14040 | 59054 | 538 |
| 吉 林 | 34910 | 7567 | 27186 | 156 |
| 黑龙江 | 39386 | 10480 | 28550 | 355 |
| 上 海 | 14416 | 10609 | 3402 | 404 |
| 江 苏 | 133580 | 17814 | 113494 | 2272 |
| 浙 江 | 105018 | 18035 | 83033 | 3950 |
| 安 徽 | 81106 | 10370 | 70523 | 213 |
| 福 建 | 51649 | 10496 | 39137 | 2016 |
| 江 西 | 62876 | 9249 | 53366 | 261 |
| 山 东 | 63463 | 12639 | 48823 | 2000 |
| 河 南 | 120528 | 13825 | 106415 | 289 |
| 湖 北 | 102990 | 14197 | 88221 | 572 |
| 湖 南 | 121760 | 11518 | 108627 | 1615 |
| 广 东 | 130345 | 25603 | 102094 | 2648 |
| 广 西 | 48699 | 8388 | 39750 | 561 |
| 海 南 | 13912 | 2292 | 9920 | 1699 |
| 重 庆 | 61255 | 4911 | 55594 | 750 |
| 四 川 | 123746 | 11456 | 109716 | 2573 |
| 贵 州 | 89464 | 5169 | 82199 | 2096 |
| 云 南 | 46519 | 4056 | 41208 | 1255 |
| 西 藏 | 1155 | 265 | 889 | |
| 陕 西 | 69820 | 8302 | 61093 | 425 |
| 甘 肃 | 41626 | 3604 | 37932 | 90 |
| 青 海 | 5934 | 994 | 4873 | 66 |
| 宁 夏 | 8757 | 659 | 7910 | 188 |
| 新 疆 | 32148 | 3155 | 28993 | |
| 不分地区 | 48796 | | | |

注：不分地区合计数为民航完成客运量。

# 7-5-16 各地区旅客周转量

单位：亿人公里

| 地区 | 总计 | 铁路 | 公路 | 水运 |
|---|---|---|---|---|
| **全国** | **31258.46** | **12579.29** | **10228.71** | **72.33** |
| 北京 | 268.49 | 150.82 | 117.67 | |
| 天津 | 262.05 | 183.51 | 78.39 | 0.15 |
| 河北 | 1238.12 | 993.55 | 244.18 | 0.39 |
| 山西 | 360.56 | 219.31 | 141.14 | 0.10 |
| 内蒙古 | 374.97 | 222.22 | 152.75 | |
| 辽宁 | 936.09 | 623.38 | 306.70 | 6.01 |
| 吉林 | 431.27 | 262.33 | 168.72 | 0.21 |
| 黑龙江 | 471.08 | 270.59 | 200.10 | 0.39 |
| 上海 | 214.42 | 98.73 | 114.98 | 0.71 |
| 江苏 | 1468.48 | 686.11 | 779.98 | 2.39 |
| 浙江 | 1074.99 | 604.03 | 465.12 | 5.84 |
| 安徽 | 1187.36 | 695.69 | 491.27 | 0.41 |
| 福建 | 593.27 | 338.61 | 251.95 | 2.72 |
| 江西 | 970.67 | 687.99 | 282.34 | 0.34 |
| 山东 | 1188.92 | 704.52 | 472.40 | 12.00 |
| 河南 | 1684.27 | 923.13 | 760.57 | 0.57 |
| 湖北 | 1232.32 | 741.65 | 487.33 | 3.35 |
| 湖南 | 1500.85 | 920.60 | 577.03 | 3.22 |
| 广东 | 1887.45 | 797.30 | 1079.80 | 10.34 |
| 广西 | 743.83 | 351.08 | 390.05 | 2.70 |
| 海南 | 120.36 | 41.54 | 75.36 | 3.46 |
| 重庆 | 506.29 | 164.45 | 336.75 | 5.10 |
| 四川 | 941.60 | 341.32 | 597.84 | 2.43 |
| 贵州 | 674.86 | 226.01 | 443.10 | 5.76 |
| 云南 | 446.06 | 123.36 | 319.99 | 2.70 |
| 西藏 | 39.78 | 16.04 | 23.74 | |
| 陕西 | 755.67 | 464.17 | 290.80 | 0.70 |
| 甘肃 | 613.39 | 359.96 | 253.26 | 0.17 |
| 青海 | 125.11 | 77.53 | 47.50 | 0.08 |
| 宁夏 | 109.72 | 45.20 | 64.42 | 0.10 |
| 新疆 | 458.06 | 244.58 | 213.47 | |
| 不分地区 | 8378.13 | | | |

注：不分地区合计数为民航完成旅客周转量。

# 7-5-17 各地区货运量

单位：万吨

| 地　区 | 总计 | 铁路 | 公路 | 水运 |
|---|---|---|---|---|
| **全　国** | **4386763** | **333186** | **3341259** | **638238** |
| 北　京 | 20734 | 762 | 19972 | |
| 天　津 | 50506 | 8150 | 32841 | 9515 |
| 河　北 | 210586 | 16313 | 189822 | 4451 |
| 山　西 | 167076 | 64861 | 102200 | 16 |
| 内蒙古 | 186726 | 56113 | 130613 | |
| 辽　宁 | 207064 | 16230 | 177371 | 13464 |
| 吉　林 | 45060 | 3944 | 40777 | 339 |
| 黑龙江 | 53569 | 9542 | 42897 | 1130 |
| 上　海 | 88324 | 482 | 39055 | 48787 |
| 江　苏 | 202070 | 5590 | 117166 | 79314 |
| 浙　江 | 215558 | 3913 | 133999 | 77646 |
| 安　徽 | 364567 | 9265 | 244526 | 110776 |
| 福　建 | 120352 | 2918 | 85770 | 31664 |
| 江　西 | 138118 | 4357 | 122872 | 10889 |
| 山　东 | 285386 | 20574 | 249752 | 15060 |
| 河　南 | 206087 | 10287 | 184255 | 11544 |
| 湖　北 | 162460 | 4088 | 122656 | 35716 |
| 湖　南 | 206527 | 4114 | 178968 | 23445 |
| 广　东 | 366839 | 8380 | 272826 | 85633 |
| 广　西 | 160761 | 5898 | 128247 | 26615 |
| 海　南 | 21786 | 793 | 10879 | 10114 |
| 重　庆 | 107966 | 1928 | 89390 | 16648 |
| 四　川 | 160970 | 6794 | 146046 | 8131 |
| 贵　州 | 89526 | 5635 | 82237 | 1654 |
| 云　南 | 115505 | 5372 | 109487 | 646 |
| 西　藏 | 1971 | 65 | 1906 | |
| 陕　西 | 149046 | 35459 | 113363 | 224 |
| 甘　肃 | 60661 | 5866 | 54761 | 34 |
| 青　海 | 16881 | 2834 | 14047 | |
| 宁　夏 | 43260 | 5839 | 37421 | |
| 新　疆 | 71961 | 6822 | 65139 | |
| 不分地区 | 88864 | | | 14785 |

注：不分地区合计数中包括民航、管道及中国远洋运输集团总公司海外公司完成货运量。

# 7-5-18 各地区货物周转量

单位：亿吨公里

| 地 区 | 总计 | 铁路 | 公路 | 水运 |
|---|---|---|---|---|
| **全 国** | **186629** | **23792** | **61080** | **97339** |
| 北 京 | 825 | 664 | 161 | |
| 天 津 | 2302 | 400 | 372 | 1530 |
| 河 北 | 12333 | 3704 | 7295 | 1334 |
| 山 西 | 3565 | 2113 | 1452 | |
| 内蒙古 | 4342 | 1918 | 2424 | |
| 辽 宁 | 12113 | 901 | 2937 | 8276 |
| 吉 林 | 1479 | 393 | 1085 | 1 |
| 黑龙江 | 1533 | 620 | 905 | 7 |
| 上 海 | 19318 | 10 | 282 | 19026 |
| 江 苏 | 7654 | 289 | 2140 | 5225 |
| 浙 江 | 9789 | 212 | 1627 | 7951 |
| 安 徽 | 10896 | 720 | 4916 | 5261 |
| 福 建 | 6071 | 129 | 1095 | 4846 |
| 江 西 | 3898 | 515 | 3147 | 235 |
| 山 东 | 8884 | 1225 | 6071 | 1587 |
| 河 南 | 7384 | 1736 | 4839 | 809 |
| 湖 北 | 5923 | 736 | 2507 | 2680 |
| 湖 南 | 4057 | 751 | 2687 | 619 |
| 广 东 | 21802 | 259 | 3382 | 18160 |
| 广 西 | 4260 | 679 | 2248 | 1333 |
| 海 南 | 1061 | 12 | 76 | 973 |
| 重 庆 | 2968 | 157 | 935 | 1876 |
| 四 川 | 2504 | 716 | 1565 | 223 |
| 贵 州 | 1482 | 567 | 873 | 42 |
| 云 南 | 1600 | 412 | 1173 | 15 |
| 西 藏 | 125 | 30 | 94 | |
| 陕 西 | 3445 | 1518 | 1926 | 1 |
| 甘 肃 | 2170 | 1220 | 950 | |
| 青 海 | 476 | 240 | 236 | |
| 宁 夏 | 820 | 242 | 578 | |
| 新 疆 | 1804 | 702 | 1102 | |
| 不分地区 | 19747 | | | 15329 |

注：不分地区合计数中包括民航、管道及中国远洋运输集团总公司海外公司完成货物周转量。

# 7-5-19 全国铁路基本情况

| 指　　标 | 2005 | 2009 | 2010 | 2011 | 2012 | 2013 | 2014 | 2015 | 2016 |
|---|---|---|---|---|---|---|---|---|---|
| **运输线路里程　（公里）** | | | | | | | | | |
| 营业里程 | 75437.6 | 85517.9 | 91178.5 | 93249.6 | 97625.5 | 103144.6 | 111821.1 | 120970.4 | 123991.9 |
| #高速铁路 | | 2698.7 | 5133.4 | 6601.0 | 9356.0 | 11028.0 | 16456.0 | 19838.0 | 22980.0 |
| 复线里程 | 25566.0 | 33194.7 | 37487.2 | 39499.7 | 43654.6 | 48192.3 | 56725.0 | 64687.1 | 68072.6 |
| 电气化铁路里程 | 20150.6 | 35653.0 | 42464.4 | 46064.0 | 50867.2 | 55649.1 | 65055.5 | 74746.6 | 80310.0 |
| 正线延展里程 | 102924.5 | 119661.5 | 129438.8 | 133839.0 | 142338.3 | 152320.8 | 169806.7 | 186521.9 | 193443.6 |
| **运输设备** | | | | | | | | | |
| 机车拥有量　（台） | 17473 | 18922 | 19431 | 20721 | 20797 | 20835 | 21096 | 21366 | 21453 |
| 客车拥有量　（辆） | 41974 | 49354 | 52275 | 54731 | 57721 | 58965 | 60629 | 67706 | 70872 |
| 货车拥有量　（辆） | 548368 | 601412 | 625110 | 651175 | 670801 | 721850 | 716578 | 768516 | 764783 |
| **客货运输** | | | | | | | | | |
| 客运量　（万人） | 115583 | 152451 | 167609 | 186226 | 189337 | 210597 | 230460 | 253484 | 281405 |
| 旅客周转量　（亿人公里） | 6061.96 | 7878.89 | 8762.18 | 9612.29 | 9812.33 | 10595.62 | 11241.85 | 11960.60 | 12579.29 |
| 货运量　（万吨） | 269296 | 333348 | 364271 | 393263 | 390438 | 396697 | 381334 | 335801 | 333186 |
| 货物周转量　（亿吨公里） | 20726.02 | 25239.17 | 27644.13 | 29465.79 | 29187.09 | 29173.89 | 27530.19 | 23754.31 | 23792.26 |

# 7-5-20 各地区铁路线路年末里程

(按地区分) 单位：公里

| 地区 | 正线延展里程 | 营业里程 | 正式营业里程 |
|---|---|---|---|
| **总计** | **193443.6** | **123991.9** | **123991.9** |
| 北京 | 2125.0 | 1264.3 | 1264.3 |
| 天津 | 2017.7 | 1060.9 | 1060.9 |
| 河北 | 12023.8 | 6956.0 | 6956.0 |
| 山西 | 8814.8 | 5293.4 | 5293.4 |
| 内蒙古 | 16242.1 | 12338.8 | 12338.8 |
| 辽宁 | 9333.8 | 5558.9 | 5558.9 |
| 吉林 | 6678.5 | 5052.7 | 5052.7 |
| 黑龙江 | 8620.9 | 6233.8 | 6233.8 |
| 上海 | 836.9 | 465.1 | 465.1 |
| 江苏 | 4754.4 | 2767.4 | 2767.4 |
| 浙江 | 4590.3 | 2576.9 | 2576.9 |
| 安徽 | 7117.1 | 4242.6 | 4242.6 |
| 福建 | 4890.1 | 3201.0 | 3201.0 |
| 江西 | 6678.3 | 4010.5 | 4010.5 |
| 山东 | 9063.0 | 5452.3 | 5452.3 |
| 河南 | 9896.6 | 5570.8 | 5570.8 |
| 湖北 | 7200.4 | 4138.2 | 4138.2 |
| 湖南 | 7627.6 | 4719.8 | 4719.8 |
| 广东 | 7036.9 | 4157.9 | 4157.9 |
| 广西 | 7667.3 | 5192.1 | 5192.1 |
| 海南 | 1695.9 | 1033.4 | 1033.4 |
| 重庆 | 3170.1 | 2102.1 | 2102.1 |
| 四川 | 6638.0 | 4622.7 | 4622.7 |
| 贵州 | 4922.5 | 3269.5 | 3269.5 |
| 云南 | 4867.4 | 3651.5 | 3651.5 |
| 西藏 | 780.3 | 786.3 | 786.3 |
| 陕西 | 7511.8 | 4632.6 | 4632.6 |
| 甘肃 | 7026.0 | 4102.1 | 4102.1 |
| 青海 | 3425.2 | 2349.2 | 2349.2 |
| 宁夏 | 1552.1 | 1320.1 | 1320.1 |
| 新疆 | 8639.1 | 5869.0 | 5869.0 |

# 7-5-21 国家铁路货物发送量及到达量

(按地区分)

单位：万吨

| 地 区 | 2016年 | | 2015年 | | 2016年比2015年增减 | |
|---|---|---|---|---|---|---|
| | 发送量 | 到达量 | 发送量 | 到达量 | 发送量 | 到达量 |
| **总 计** | **265086** | **265086** | **270824** | **270824** | **-5738** | **-5738** |
| 北 京 | 725 | 1280 | 977 | 1414 | -252 | -134 |
| 天 津 | 8149 | 10249 | 8369 | 10069 | -220 | 180 |
| 河 北 | 13805 | 51490 | 15517 | 59210 | -1712 | -7720 |
| 山 西 | 62410 | 7216 | 67915 | 6570 | -5505 | 646 |
| 内蒙古 | 32338 | 12786 | 31939 | 12313 | 399 | 473 |
| 辽 宁 | 14712 | 21741 | 14521 | 22224 | 191 | -483 |
| 吉 林 | 3669 | 7804 | 4037 | 8324 | -368 | -520 |
| 黑龙江 | 8976 | 10183 | 8455 | 10417 | 521 | -234 |
| 上 海 | 461 | 750 | 457 | 910 | 4 | -160 |
| 江 苏 | 5335 | 7372 | 5066 | 7631 | 269 | -259 |
| 浙 江 | 3308 | 3885 | 3233 | 4327 | 75 | -442 |
| 安 徽 | 9263 | 8624 | 10156 | 8533 | -893 | 91 |
| 福 建 | 2917 | 3462 | 2807 | 3470 | 110 | -8 |
| 江 西 | 4294 | 7024 | 3938 | 7015 | 356 | 9 |
| 山 东 | 17001 | 21145 | 16061 | 20245 | 940 | 900 |
| 河 南 | 9454 | 11697 | 9468 | 11069 | -14 | 628 |
| 湖 北 | 3682 | 8197 | 3728 | 8463 | -46 | -266 |
| 湖 南 | 3954 | 7655 | 4193 | 8136 | -239 | -481 |
| 广 东 | 7138 | 5961 | 7037 | 5833 | 101 | 128 |
| 广 西 | 5896 | 6742 | 5777 | 6799 | 119 | -57 |
| 海 南 | 793 | 860 | 779 | 854 | 14 | 6 |
| 重 庆 | 1789 | 4403 | 1756 | 4420 | 33 | -17 |
| 四 川 | 5742 | 10740 | 6185 | 10838 | -443 | -98 |
| 贵 州 | 5634 | 5921 | 5734 | 5930 | -100 | -9 |
| 云 南 | 4156 | 7199 | 4070 | 6635 | 86 | 564 |
| 西 藏 | 65 | 576 | 42 | 452 | 23 | 124 |
| 陕 西 | 10954 | 5249 | 10979 | 4330 | -25 | 919 |
| 甘 肃 | 5859 | 6064 | 5926 | 6470 | -67 | -406 |
| 青 海 | 2833 | 1953 | 2725 | 2109 | 108 | -156 |
| 宁 夏 | 2955 | 1257 | 2849 | 1389 | 106 | -132 |
| 新 疆 | 6820 | 5600 | 6128 | 4425 | 692 | 1175 |

# 7-5-22 全国铁路机、客、货车拥有量

| 车类名称 | 1995 | 2000 | 2005 | 2008 | 2009 | 2010 | 2011 | 2012 | 2013 | 2014 | 2015 | 2016 |
|---|---|---|---|---|---|---|---|---|---|---|---|---|
| **机　　车　　（台）** | **15554** | **15253** | **17473** | **18437** | **18922** | **19431** | **20721** | **20797** | **20835** | **21096** | **21366** | **21453** |
| 内燃机车 | 8411 | 10826 | 12114 | 12021 | 11805 | 10990 | 11081 | 10602 | 9961 | 9485 | 9132 | 8974 |
| 电力机车 | 2517 | 3516 | 5166 | 6298 | 7010 | 8369 | 9625 | 10180 | 10859 | 11596 | 12219 | 12464 |
| **客　　车　　（辆）** | **32663** | **37249** | **41974** | **45076** | **49354** | **52275** | **54731** | **57721** | **58965** | **60629** | **67706** | **70872** |
| **货　　车　　（辆）** | **436414** | **443902** | **548368** | **591793** | **601412** | **625110** | **651175** | **670801** | **721850** | **716578** | **768516** | **764783** |

# 7-5-23 国家铁路主要工农业产品运输量

| 指　标 | 单位 | 2016年 | 2015年 | 2016年比2015年 | |
|---|---|---|---|---|---|
| | | | | 增减数 | 增减(%) |
| 煤运量 | 亿吨 | 13.18 | 14.32 | -1.14 | -7.98 |
| 石油运量 | 万吨 | 12478 | 12553 | -75 | -0.60 |
| 钢铁运量 | 万吨 | 15276 | 16063 | -787 | -4.90 |
| 木材运量 | 万立方米 | 2409 | 1883 | 526 | 27.94 |
| 粮食运量 | 万吨 | 5981 | 5590 | 391 | 7.00 |

# 7-5-24 全国铁路客货运输量

(按地区分)

| 地 区 | 客 运 量 (万人) | 旅客周转量 (万人公里) | 货 运 量 (万吨) | 货物周转量 (万吨公里) |
|---|---|---|---|---|
| **总 计** | **281405** | **125792933** | **333186** | **237922620** |
| 北 京 | 13479 | 1508200 | 762 | 6641156 |
| 天 津 | 4543 | 1835081 | 8150 | 3997798 |
| 河 北 | 10771 | 9935530 | 16313 | 37044714 |
| 山 西 | 7530 | 2193137 | 64861 | 21133151 |
| 内蒙古 | 5388 | 2222235 | 56113 | 19181016 |
| 辽 宁 | 14040 | 6233772 | 16230 | 9009149 |
| 吉 林 | 7567 | 2623334 | 3944 | 3931270 |
| 黑龙江 | 10480 | 2705886 | 9542 | 6204805 |
| 上 海 | 10609 | 987338 | 482 | 102054 |
| 江 苏 | 17814 | 6861061 | 5590 | 2888564 |
| 浙 江 | 18035 | 6040345 | 3913 | 2119655 |
| 安 徽 | 10370 | 6956909 | 9265 | 7196906 |
| 福 建 | 10496 | 3386074 | 2918 | 1294476 |
| 江 西 | 9249 | 6879899 | 4357 | 5149758 |
| 山 东 | 12639 | 7045177 | 20574 | 12254956 |
| 河 南 | 13825 | 9231275 | 10287 | 17364276 |
| 湖 北 | 14197 | 7416476 | 4088 | 7356708 |
| 湖 南 | 11518 | 9205979 | 4114 | 7508221 |
| 广 东 | 25603 | 7973027 | 8380 | 2593804 |
| 广 西 | 8388 | 3510786 | 5898 | 6790303 |
| 海 南 | 2292 | 415383 | 793 | 121131 |
| 重 庆 | 4911 | 1644463 | 1928 | 1567421 |
| 四 川 | 11456 | 3413199 | 6794 | 7160913 |
| 贵 州 | 5169 | 2260079 | 5635 | 5666756 |
| 云 南 | 4056 | 1233589 | 5372 | 4118155 |
| 西 藏 | 265 | 160352 | 65 | 301361 |
| 陕 西 | 8302 | 4641670 | 35459 | 15182673 |
| 甘 肃 | 3604 | 3599572 | 5866 | 12203467 |
| 青 海 | 994 | 775252 | 2834 | 2397614 |
| 宁 夏 | 659 | 452007 | 5839 | 2423766 |
| 新 疆 | 3155 | 2445848 | 6822 | 7016624 |

# 7-5-25 国家铁路分货类货物运输量

| 货类品名 | 2016年 | | | 2015年 | | |
|---|---|---|---|---|---|---|
| | 货物发送量（万吨） | 货物周转量（百万吨公里） | 平均运程（公里） | 货物发送量（万吨） | 货物周转量（百万吨公里） | 平均运程（公里） |
| **总　计** | **265086** | **2125340** | **802** | **270824** | **2146254** | **792** |
| 煤 | 131791 | 825267 | 626 | 143221 | 886754 | 619 |
| 石　油 | 12478 | 101085 | 810 | 12553 | 105667 | 842 |
| 焦　碳 | 7659 | 78539 | 1025 | 7553 | 76028 | 1007 |
| 金属矿石 | 36188 | 191244 | 528 | 32841 | 175184 | 533 |
| 钢铁及有色金属 | 15276 | 150840 | 987 | 16063 | 166688 | 1038 |
| 非金属矿石 | 5071 | 26837 | 529 | 5670 | 31957 | 564 |
| 磷矿石 | 1298 | 12950 | 998 | 1494 | 16359 | 1095 |
| 矿物性建筑材料 | 9471 | 37824 | 399 | 10438 | 35649 | 342 |
| 水　泥 | 2131 | 7974 | 374 | 2477 | 9083 | 367 |
| 木　材 | 2409 | 18794 | 780 | 1883 | 15911 | 845 |
| 粮　食 | 5981 | 107086 | 1790 | 5590 | 101254 | 1811 |
| 零　担 | 3709 | 41350 | 1115 | 2410 | 26711 | 1108 |
| 集装箱 | 11990 | 189088 | 1577 | 9464 | 169203 | 1788 |

# 7-5-26 公路线路年末里程

单位：万公里

| 指 标 | 2005 | 2006 | 2007 | 2008 | 2009 | 2010 | 2011 | 2012 | 2013 | 2014 | 2015 | 2016 |
|---|---|---|---|---|---|---|---|---|---|---|---|---|
| **公路线路里程** | **334.52** | **345.70** | **358.37** | **373.02** | **386.08** | **400.82** | **410.64** | **423.75** | **435.62** | **446.39** | **457.73** | **469.63** |
| 按技术等级分 | | | | | | | | | | | | |
| 等级公路 | 213.99 | 228.29 | 253.54 | 277.85 | 305.63 | 330.47 | 345.36 | 360.96 | 375.56 | 390.08 | 404.63 | 422.65 |
| 高速公路 | 4.10 | 4.53 | 5.39 | 6.03 | 6.51 | 7.41 | 8.49 | 9.62 | 10.44 | 11.19 | 12.35 | 13.10 |
| 一级公路 | 4.17 | 4.53 | 5.01 | 5.42 | 5.95 | 6.44 | 6.81 | 7.43 | 7.95 | 8.54 | 9.10 | 9.92 |
| 二级公路 | 24.82 | 26.27 | 27.64 | 28.52 | 30.07 | 30.87 | 32.05 | 33.15 | 34.05 | 34.84 | 36.04 | 37.11 |
| 三级公路 | 34.72 | 35.47 | 36.39 | 37.42 | 37.90 | 38.80 | 39.36 | 40.19 | 40.70 | 41.42 | 41.82 | 42.44 |
| 四级公路 | 146.18 | 157.48 | 179.10 | 200.46 | 225.20 | 246.95 | 258.64 | 270.58 | 282.41 | 294.10 | 305.32 | 320.09 |
| 等外公路 | 120.53 | 117.41 | 104.83 | 95.16 | 80.46 | 70.35 | 65.28 | 62.79 | 60.07 | 56.31 | 53.10 | 46.97 |
| 按路面类型分 | | | | | | | | | | | | |
| 有铺装路面里程 | 83.99 | 99.65 | 125.03 | 146.48 | 172.00 | 191.80 | 210.34 | 229.51 | 246.54 | 263.62 | 283.64 | 313.74 |
| 简易铺装路面里程 | 52.35 | 52.86 | 52.62 | 53.08 | 53.25 | 52.42 | 51.23 | 50.35 | 49.22 | 48.13 | 46.55 | 42.70 |
| 未铺装路面里程 | 198.17 | 193.19 | 180.72 | 173.45 | 160.83 | 156.60 | 149.07 | 143.89 | 139.87 | 134.64 | 127.53 | 113.19 |
| 按行政等级分 | | | | | | | | | | | | |
| 国道 | 13.27 | 13.34 | 13.71 | 15.53 | 15.85 | 16.40 | 16.94 | 17.34 | 17.68 | 17.92 | 18.53 | 35.48 |
| 省道 | 23.38 | 23.96 | 25.52 | 26.32 | 26.60 | 26.98 | 30.40 | 31.21 | 31.79 | 32.28 | 32.97 | 31.33 |
| 县道 | 50.75 | 50.65 | 51.44 | 51.23 | 51.95 | 55.40 | 53.36 | 53.95 | 54.68 | 55.20 | 55.43 | 56.21 |
| 乡道 | 98.79 | 98.76 | 99.84 | 101.11 | 101.96 | 105.48 | 106.60 | 107.67 | 109.05 | 110.51 | 111.32 | 114.72 |
| 专用公路 | 6.34 | 5.80 | 5.71 | 6.72 | 6.72 | 6.77 | 6.90 | 7.37 | 7.68 | 8.03 | 8.17 | 6.83 |
| 村道 | 141.99 | 153.20 | 162.15 | 172.10 | 183.00 | 189.77 | 196.44 | 206.22 | 214.74 | 222.45 | 231.31 | 225.05 |
| **公路晴雨通车里程** | **172.08** | **265.30** | **282.74** | **304.52** | **329.64** | **353.24** | | | | | | |
| **公路养护里程** | **184.01** | **268.21** | **304.00** | **350.59** | **368.83** | **387.59** | **398.04** | **411.68** | **425.14** | **435.38** | **446.56** | **459.00** |
| **公路绿化里程** | **102.63** | **123.58** | **142.39** | **167.69** | **177.29** | **194.34** | **204.45** | **220.21** | **230.75** | **238.78** | **248.96** | **259.45** |

注：统计指标“公路晴雨通车里程”、“公路养护里程”和“公路绿化里程”2005年及以前年份数据不包括村道上的该类基础设施，因统计范围不同，故2006年及以后年份数据与历史数据不可比；“公路晴雨通车里程”2011年起已不纳入统计。

# 7-5-27 各地区公路线路年末里程

单位：公里

| 年 份<br>地 区 | 总 计 | 等级公路 | | | | | | 等外公路 |
|---|---|---|---|---|---|---|---|---|
| | | | 高速 | 一级 | 二级 | 三级 | 四级 | |
| 1980 | 888250 | 521134 | | 196 | 12587 | 108291 | 400060 | 367116 |
| 1985 | 942395 | 606443 | | 422 | 21194 | 128541 | 456286 | 335952 |
| 1990 | 1028348 | 741104 | 522 | 2617 | 43376 | 169756 | 524833 | 287244 |
| 1995 | 1157009 | 910754 | 2141 | 9580 | 84910 | 207282 | 606841 | 246255 |
| 1996 | 1185789 | 946418 | 3422 | 11779 | 96990 | 216619 | 617608 | 239371 |
| 1997 | 1226405 | 997496 | 4771 | 14637 | 111564 | 230787 | 635737 | 228909 |
| 1998 | 1278474 | 1069243 | 8733 | 15277 | 125245 | 257947 | 662041 | 209231 |
| 1999 | 1351691 | 1156736 | 11605 | 17716 | 139957 | 269078 | 718380 | 194955 |
| 2000 | 1679848 | 1315931 | 16285 | 25219 | 177787 | 305435 | 791206 | 363916 |
| 2001 | 1698012 | 1336044 | 19437 | 25214 | 182102 | 308626 | 800665 | 361968 |
| 2002 | 1765222 | 1382926 | 25130 | 27468 | 197143 | 315141 | 818044 | 382296 |
| 2003 | 1809828 | 1438738 | 29745 | 29903 | 211929 | 324788 | 842373 | 371090 |
| 2004 | 1870661 | 1515826 | 34288 | 33522 | 231715 | 335347 | 880954 | 354835 |
| 2005 | 3345187 | 2139887 | 41005 | 41687 | 248199 | 347160 | 1461835 | 1205299 |
| 2006 | 3456999 | 2282872 | 45339 | 45289 | 262678 | 354734 | 1574833 | 1174128 |
| 2007 | 3583715 | 2535383 | 53913 | 50093 | 276413 | 363922 | 1791042 | 1048332 |
| 2008 | 3730164 | 2778521 | 60302 | 54216 | 285226 | 374215 | 2004563 | 951642 |
| 2009 | 3860823 | 3056265 | 65055 | 59462 | 300686 | 379023 | 2252038 | 804558 |
| 2010 | 4008229 | 3304709 | 74113 | 64430 | 308743 | 387967 | 2469456 | 703520 |
| 2011 | 4106387 | 3453590 | 84946 | 68119 | 320536 | 393613 | 2586377 | 652796 |
| 2012 | 4237508 | 3609600 | 96200 | 74271 | 331455 | 401865 | 2705809 | 627908 |
| 2013 | 4356218 | 3755567 | 104438 | 79491 | 340466 | 407033 | 2824138 | 600652 |
| 2014 | 4463913 | 3900834 | 111936 | 85362 | 348351 | 414199 | 2940986 | 563079 |
| 2015 | 4577296 | 4046290 | 123523 | 90964 | 360410 | 418237 | 3053157 | 531005 |
| 2016 | 4696263 | 4226543 | 130973 | 99152 | 371102 | 424443 | 3200874 | 469719 |

注：以《1949—2010年全国交通运输统计摘要》为准，1996年和2000年的数据有所调整。

7-5-27 续表

单位：公里

| 年份<br>地区 | 总计 | 等级公路 | | | | | | 等外公路 |
|---|---|---|---|---|---|---|---|---|
| | | | 高速 | 一级 | 二级 | 三级 | 四级 | |
| **全国** | **4696263** | **4226543** | **130973** | **99152** | **371102** | **424443** | **3200874** | **469719** |
| 北京 | 22026 | 22026 | 1013 | 1405 | 3420 | 4147 | 12040 | |
| 天津 | 16764 | 16764 | 1208 | 1214 | 3215 | 1270 | 9857 | |
| 河北 | 188431 | 182626 | 6502 | 5560 | 19902 | 19593 | 131069 | 5805 |
| 山西 | 142066 | 139110 | 5265 | 2576 | 15397 | 18891 | 96980 | 2956 |
| 内蒙古 | 196061 | 188340 | 5153 | 6682 | 16913 | 32348 | 127244 | 7721 |
| 辽宁 | 120613 | 107959 | 4195 | 4063 | 17913 | 32172 | 49617 | 12654 |
| 吉林 | 102484 | 97158 | 3113 | 2081 | 9432 | 9107 | 73425 | 5326 |
| 黑龙江 | 164502 | 138512 | 4350 | 2393 | 11552 | 34321 | 85896 | 25990 |
| 上海 | 13292 | 13292 | 825 | 483 | 3535 | 2728 | 5721 | |
| 江苏 | 157304 | 154405 | 4657 | 12955 | 23054 | 15902 | 97837 | 2899 |
| 浙江 | 119053 | 116869 | 4062 | 6359 | 10162 | 8083 | 88202 | 2184 |
| 安徽 | 197588 | 194136 | 4543 | 3833 | 10727 | 20332 | 154701 | 3453 |
| 福建 | 106757 | 89829 | 4831 | 1035 | 10051 | 8384 | 65528 | 16927 |
| 江西 | 161909 | 134025 | 5894 | 2618 | 10643 | 12723 | 102147 | 27883 |
| 山东 | 265720 | 264752 | 5710 | 10026 | 24476 | 25183 | 199357 | 968 |
| 河南 | 267441 | 230288 | 6448 | 3065 | 26180 | 21033 | 173563 | 37153 |
| 湖北 | 260179 | 249819 | 6204 | 5460 | 22005 | 10707 | 205443 | 10360 |
| 湖南 | 238273 | 215904 | 6080 | 1568 | 13567 | 5582 | 189108 | 22369 |
| 广东 | 218085 | 204614 | 7683 | 11332 | 19200 | 18838 | 147561 | 13471 |
| 广西 | 120547 | 108947 | 4603 | 1372 | 11934 | 8016 | 83021 | 11600 |
| 海南 | 28217 | 27732 | 795 | 371 | 1739 | 1585 | 23242 | 485 |
| 重庆 | 142921 | 115955 | 2817 | 713 | 7479 | 5474 | 99471 | 26966 |
| 四川 | 324138 | 279200 | 6523 | 3628 | 14509 | 13746 | 240793 | 44938 |
| 贵州 | 191626 | 132264 | 5434 | 1140 | 6681 | 7483 | 111527 | 59363 |
| 云南 | 238052 | 200898 | 4134 | 1196 | 11752 | 8618 | 175198 | 37154 |
| 西藏 | 82096 | 71356 | 38 | 266 | 1036 | 8473 | 61543 | 10741 |
| 陕西 | 172471 | 156844 | 5181 | 1580 | 8990 | 15340 | 125752 | 15627 |
| 甘肃 | 143039 | 125085 | 4827 | 405 | 9312 | 13441 | 97101 | 17954 |
| 青海 | 78585 | 69956 | 2878 | 622 | 7058 | 5133 | 54264 | 8629 |
| 宁夏 | 33940 | 33767 | 1609 | 1826 | 3595 | 6660 | 20075 | 174 |
| 新疆 | 182085 | 144113 | 4395 | 1323 | 15671 | 29130 | 93593 | 37972 |

# 7-5-28 民用汽车拥有量

| 年 份 | 民用汽车总计（万辆） | 载客汽车（万辆） | 大型 | 中型 | 小型 | 微型 | 载货汽车（万辆） |
|---|---|---|---|---|---|---|---|
| 1978 | 135.84 | 25.90 | | | | | 100.17 |
| 1980 | 178.29 | 35.08 | | | | | 129.90 |
| 1985 | 321.12 | 79.45 | | | | | 223.20 |
| 1990 | 551.36 | 162.19 | | | | | 368.48 |
| 1995 | 1040.00 | 417.90 | | | | | 585.43 |
| 2000 | 1608.91 | 853.73 | | | | | 716.32 |
| 2001 | 1802.04 | 993.96 | | | | | 765.24 |
| 2002 | 2053.17 | 1202.37 | 75.48 | 104.80 | 789.74 | 232.34 | 812.22 |
| 2003 | 2382.93 | 1478.81 | 75.76 | 115.96 | 1017.21 | 269.88 | 853.51 |
| 2004 | 2693.71 | 1735.91 | 78.06 | 124.54 | 1248.89 | 284.42 | 893.00 |
| 2005 | 3159.66 | 2132.46 | 82.13 | 131.65 | 1618.35 | 300.32 | 955.55 |
| 2006 | 3697.35 | 2619.57 | 87.34 | 137.00 | 2083.40 | 311.83 | 986.30 |
| 2007 | 4358.36 | 3195.99 | 93.82 | 140.52 | 2646.47 | 315.18 | 1054.06 |
| 2008 | 5099.61 | 3838.92 | 100.39 | 143.19 | 3271.14 | 324.19 | 1126.07 |
| 2009 | 6280.61 | 4845.09 | 107.95 | 145.80 | 4246.90 | 344.44 | 1368.60 |
| 2010 | 7801.83 | 6124.13 | 116.44 | 146.07 | 5498.36 | 363.25 | 1597.55 |
| 2011 | 9356.32 | 7478.37 | 126.54 | 147.41 | 6827.54 | 376.88 | 1787.99 |
| 2012 | 10933.09 | 8943.01 | 128.13 | 131.78 | 8302.63 | 380.47 | 1894.75 |
| 2013 | 12670.14 | 10561.78 | 131.38 | 117.06 | 9951.46 | 361.87 | 2010.62 |
| 2014 | 14598.11 | 12326.70 | 139.61 | 112.06 | 11748.19 | 326.84 | 2125.46 |
| 2015 | 16284.45 | 14095.88 | 140.07 | 89.66 | 13580.48 | 285.66 | 2065.62 |
| 2016 | 18574.54 | 16278.24 | 146.03 | 83.82 | 15813.84 | 234.55 | 2171.89 |

注：1.小轿车包括在载客汽车中（下表同）。
2.从2002年起，载客汽车和载货汽车的分项、其他汽车统计口径有调整，与以前年份不可比（下表同）。

7-5-28 续表

| 年 份 | 重型 | 中型 | 轻型 | 微型 | 其他汽车（万辆） | 机动车驾驶员（万人） | #汽车驾驶员 |
|---|---|---|---|---|---|---|---|
| 1978 | | | | | | | 192.45 |
| 1980 | | | | | | | 245.23 |
| 1985 | | | | | | | 462.44 |
| 1990 | | | | | | 1635.85 | 790.96 |
| 1995 | | | | | | 3501.52 | 1673.39 |
| 2000 | | | | | | 7655.56 | 3746.51 |
| 2001 | | | | | | 8455.04 | 4462.68 |
| 2002 | 148.28 | 218.69 | 360.58 | 84.66 | 38.58 | 9362.03 | 4827.08 |
| 2003 | 136.79 | 243.70 | 390.79 | 82.22 | 50.61 | 10611.04 | 5368.07 |
| 2004 | 153.90 | 233.94 | 425.74 | 79.43 | 64.80 | 11769.04 | 7101.64 |
| 2005 | 168.07 | 236.66 | 484.51 | 66.31 | 71.66 | 13069.52 | 8017.76 |
| 2006 | 174.01 | 235.39 | 532.13 | 44.76 | 91.49 | 14213.87 | 9317.24 |
| 2007 | 186.74 | 243.46 | 587.22 | 36.63 | 108.31 | 15363.88 | 10567.15 |
| 2008 | 200.84 | 249.73 | 644.96 | 30.54 | 134.62 | 17336.56 | 12276.80 |
| 2009 | 315.08 | 262.21 | 765.33 | 25.97 | 66.92 | 19167.58 | 13740.73 |
| 2010 | 394.80 | 269.75 | 911.88 | 21.12 | 80.14 | 20068.47 | 15129.89 |
| 2011 | 460.58 | 267.80 | 1042.07 | 17.54 | 89.96 | 22817.62 | 17416.76 |
| 2012 | 472.51 | 229.20 | 1179.65 | 13.40 | 95.33 | 25250.83 | 20028.52 |
| 2013 | 501.97 | 196.40 | 1300.02 | 12.23 | 97.75 | 26955.93 | 21742.70 |
| 2014 | 533.67 | 188.09 | 1385.77 | 17.93 | 145.95 | 29892.32 | 24812.07 |
| 2015 | 530.05 | 148.87 | 1375.79 | 10.90 | 122.95 | 32853.05 | 28012.99 |
| 2016 | 569.48 | 138.69 | 1455.29 | 8.43 | 124.41 | 35876.98 | 30328.77 |

# 7-5-29 各地区民用汽车拥有量

| 地　区 | 民用汽车总计（万辆） | 载客汽车（万辆） | | | | |
|---|---|---|---|---|---|---|
| | | | 大型 | 中型 | 小型 | 微型 |
| **全　国** | **18574.54** | **16278.24** | **146.03** | **83.82** | **15813.84** | **234.55** |
| 北　京 | 547.44 | 509.39 | 5.86 | 8.22 | 492.80 | 2.52 |
| 天　津 | 273.69 | 242.50 | 2.55 | 1.34 | 236.25 | 2.38 |
| 河　北 | 1245.89 | 1077.06 | 6.25 | 2.34 | 1029.81 | 38.68 |
| 山　西 | 526.39 | 464.57 | 3.06 | 1.33 | 445.41 | 14.78 |
| 内蒙古 | 418.53 | 364.68 | 2.66 | 1.10 | 354.66 | 6.27 |
| 辽　宁 | 659.41 | 568.46 | 7.28 | 5.28 | 549.37 | 6.54 |
| 吉　林 | 352.93 | 309.27 | 3.69 | 1.61 | 298.39 | 5.59 |
| 黑龙江 | 394.19 | 330.13 | 4.64 | 2.37 | 318.70 | 4.43 |
| 上　海 | 322.87 | 293.85 | 4.93 | 2.87 | 285.00 | 1.04 |
| 江　苏 | 1427.91 | 1326.73 | 10.76 | 5.13 | 1299.74 | 11.11 |
| 浙　江 | 1257.35 | 1140.31 | 6.64 | 3.84 | 1117.78 | 12.04 |
| 安　徽 | 600.81 | 505.88 | 4.65 | 2.53 | 494.91 | 3.79 |
| 福　建 | 493.64 | 427.11 | 3.22 | 2.69 | 416.41 | 4.80 |
| 江　西 | 399.29 | 336.39 | 2.66 | 1.57 | 329.15 | 3.01 |
| 山　东 | 1723.34 | 1529.79 | 11.62 | 4.28 | 1475.52 | 38.38 |
| 河　南 | 1104.47 | 966.58 | 7.20 | 3.84 | 939.10 | 16.45 |
| 湖　北 | 588.69 | 515.17 | 5.47 | 3.19 | 504.06 | 2.44 |
| 湖　南 | 595.80 | 524.72 | 5.12 | 4.69 | 510.93 | 3.98 |
| 广　东 | 1674.64 | 1485.65 | 16.30 | 7.44 | 1453.45 | 8.46 |
| 广　西 | 424.90 | 360.24 | 3.44 | 1.68 | 349.40 | 5.72 |
| 海　南 | 96.32 | 82.34 | 1.33 | 0.59 | 79.93 | 0.49 |
| 重　庆 | 327.47 | 286.85 | 3.04 | 1.30 | 281.65 | 0.86 |
| 四　川 | 880.80 | 785.30 | 7.28 | 2.64 | 758.17 | 17.21 |
| 贵　州 | 348.70 | 294.26 | 2.61 | 2.14 | 286.97 | 2.54 |
| 云　南 | 552.05 | 462.96 | 2.88 | 2.55 | 449.33 | 8.19 |
| 西　藏 | 37.48 | 24.03 | 0.50 | 0.36 | 22.78 | 0.39 |
| 陕　西 | 491.23 | 435.70 | 3.55 | 2.03 | 422.68 | 7.43 |
| 甘　肃 | 277.25 | 202.09 | 2.22 | 1.20 | 197.09 | 1.58 |
| 青　海 | 88.65 | 72.90 | 0.80 | 0.56 | 70.93 | 0.61 |
| 宁　夏 | 115.34 | 88.21 | 0.92 | 0.46 | 86.17 | 0.66 |
| 新　疆 | 327.06 | 265.10 | 2.92 | 2.65 | 257.32 | 2.21 |

注：1.小轿车包括在载客汽车中（下表同）。
2.从2002年起，载客汽车和载货汽车的分项、其他汽车统计口径有调整，与以前年份不可比（下表同）。

7-5-29 续表

| 地区 | 载货汽车（万辆） | 重型 | 中型 | 轻型 | 微型 | 其他汽车（万辆） | 机动车驾驶员（万人） | #汽车驾驶员 |
|---|---|---|---|---|---|---|---|---|
| **全国** | **2171.89** | **569.48** | **138.69** | **1455.29** | **8.43** | **124.41** | **35876.98** | **30328.77** |
| 北京 | 33.01 | 6.62 | 3.03 | 23.37 | | 5.03 | 1034.53 | 1030.68 |
| 天津 | 29.47 | 5.70 | 1.20 | 22.35 | 0.22 | 1.71 | 412.13 | 411.54 |
| 河北 | 163.32 | 57.17 | 4.89 | 100.68 | 0.58 | 5.51 | 1901.41 | 1843.73 |
| 山西 | 59.51 | 24.36 | 1.42 | 33.31 | 0.43 | 2.31 | 857.58 | 840.81 |
| 内蒙古 | 51.42 | 15.41 | 1.32 | 34.52 | 0.17 | 2.43 | 682.92 | 630.68 |
| 辽宁 | 87.12 | 26.07 | 4.80 | 56.13 | 0.12 | 3.83 | 1214.62 | 1138.14 |
| 吉林 | 41.91 | 13.02 | 2.64 | 26.17 | 0.09 | 1.74 | 693.04 | 629.65 |
| 黑龙江 | 61.37 | 18.31 | 5.22 | 37.70 | 0.14 | 2.69 | 788.35 | 749.91 |
| 上海 | 21.86 | 10.29 | 4.68 | 6.88 | | 7.16 | 679.12 | 663.82 |
| 江苏 | 94.17 | 37.45 | 10.89 | 45.73 | 0.10 | 7.01 | 2568.27 | 2284.68 |
| 浙江 | 112.87 | 17.26 | 4.04 | 90.40 | 1.16 | 4.18 | 1939.83 | 1814.35 |
| 安徽 | 91.86 | 31.85 | 3.18 | 56.67 | 0.16 | 3.07 | 1261.57 | 1135.52 |
| 福建 | 64.43 | 10.24 | 2.37 | 51.47 | 0.35 | 2.10 | 1102.05 | 838.86 |
| 江西 | 60.33 | 18.72 | 4.58 | 36.97 | 0.06 | 2.57 | 1238.46 | 942.91 |
| 山东 | 186.74 | 57.48 | 8.32 | 120.65 | 0.28 | 6.81 | 2645.82 | 2532.44 |
| 河南 | 132.91 | 43.27 | 5.09 | 84.26 | 0.29 | 4.98 | 2277.89 | 2114.20 |
| 湖北 | 69.71 | 16.49 | 6.36 | 46.79 | 0.07 | 3.82 | 1437.85 | 343.34 |
| 湖南 | 68.37 | 13.52 | 6.15 | 48.60 | 0.09 | 2.71 | 1377.23 | 1104.36 |
| 广东 | 183.02 | 29.09 | 12.45 | 138.58 | 2.90 | 5.96 | 3133.51 | 2656.11 |
| 广西 | 62.12 | 14.43 | 5.62 | 41.58 | 0.48 | 2.54 | 1289.22 | 872.39 |
| 海南 | 13.35 | 1.30 | 1.19 | 10.84 | 0.02 | 0.63 | 222.66 | 163.33 |
| 重庆 | 38.86 | 10.76 | 3.24 | 24.85 | | 1.76 | 742.39 | 586.04 |
| 四川 | 91.86 | 21.00 | 9.42 | 61.28 | 0.16 | 3.64 | 1965.61 | 1549.00 |
| 贵州 | 52.40 | 7.34 | 4.80 | 40.23 | 0.03 | 2.05 | 786.47 | 559.73 |
| 云南 | 86.63 | 12.28 | 7.73 | 66.56 | 0.06 | 2.47 | 1211.33 | 832.93 |
| 西藏 | 13.18 | 2.63 | 2.00 | 8.46 | 0.09 | 0.27 | 31.61 | 29.19 |
| 陕西 | 51.87 | 14.91 | 3.16 | 33.69 | 0.11 | 3.67 | 947.15 | 873.31 |
| 甘肃 | 48.65 | 9.45 | 3.34 | 35.82 | 0.04 | 26.51 | 554.08 | 439.28 |
| 青海 | 14.94 | 2.69 | 0.75 | 11.47 | 0.03 | 0.81 | 143.42 | 125.40 |
| 宁夏 | 26.09 | 5.68 | 1.01 | 19.35 | 0.05 | 1.04 | 193.62 | 170.49 |
| 新疆 | 58.55 | 14.69 | 3.79 | 39.94 | 0.13 | 3.40 | 543.23 | 421.94 |

# 7-5-30 私人汽车拥有量

单位：万辆

| 年份 | 私人汽车总计 | 载客汽车 | | | | | 载货汽车 | | | | | 其他汽车 |
|---|---|---|---|---|---|---|---|---|---|---|---|---|
| | | | 大型 | 中型 | 小型 | 微型 | | 重型 | 中型 | 轻型 | 微型 | |
| 1985 | 28.49 | 1.93 | | | | | 26.48 | | | | | |
| 1990 | 81.62 | 24.07 | | | | | 57.48 | | | | | |
| 1995 | 249.96 | 114.15 | | | | | 131.83 | | | | | |
| 2000 | 625.33 | 365.09 | | | | | 259.09 | | | | | |
| 2001 | 770.78 | 469.85 | | | | | 298.95 | | | | | |
| 2002 | 968.98 | 623.76 | 9.89 | 35.87 | 408.49 | 169.51 | 341.29 | 48.27 | 84.40 | 158.67 | 49.95 | 3.94 |
| 2003 | 1219.23 | 845.87 | 7.36 | 42.51 | 586.90 | 209.10 | 367.35 | 44.47 | 95.20 | 176.58 | 51.09 | 6.00 |
| 2004 | 1481.66 | 1069.69 | 7.20 | 46.95 | 786.63 | 228.91 | 402.82 | 53.40 | 94.69 | 203.85 | 50.87 | 9.15 |
| 2005 | 1848.07 | 1383.93 | 7.61 | 50.88 | 1079.78 | 245.66 | 452.11 | 62.50 | 100.34 | 243.29 | 45.98 | 12.04 |
| 2006 | 2333.32 | 1823.57 | 11.19 | 56.20 | 1491.18 | 265.00 | 494.91 | 64.23 | 108.64 | 288.94 | 33.09 | 14.84 |
| 2007 | 2876.22 | 2316.91 | 7.91 | 55.73 | 1984.29 | 268.98 | 539.45 | 68.89 | 110.44 | 332.69 | 27.43 | 19.86 |
| 2008 | 3501.39 | 2880.50 | 8.57 | 57.97 | 2533.28 | 280.68 | 596.39 | 73.28 | 115.68 | 384.12 | 23.31 | 24.50 |
| 2009 | 4574.91 | 3808.33 | 8.72 | 59.96 | 3436.26 | 303.39 | 753.40 | 108.73 | 129.59 | 494.97 | 20.12 | 13.17 |
| 2010 | 5938.71 | 4989.50 | 9.34 | 61.00 | 4593.46 | 325.70 | 931.52 | 141.44 | 140.52 | 632.77 | 16.78 | 17.69 |
| 2011 | 7326.79 | 6237.46 | 9.99 | 62.34 | 5823.62 | 341.52 | 1067.43 | 164.28 | 144.52 | 744.39 | 14.24 | 21.90 |
| 2012 | 8838.60 | 7637.87 | 8.26 | 55.43 | 7226.48 | 347.71 | 1175.63 | 168.13 | 128.51 | 867.64 | 11.35 | 25.09 |
| 2013 | 10501.68 | 9198.23 | 6.95 | 46.95 | 8810.51 | 333.83 | 1275.49 | 174.39 | 111.85 | 978.73 | 10.52 | 27.95 |
| 2014 | 12339.36 | 10945.39 | 7.70 | 42.10 | 10590.75 | 304.83 | 1352.78 | 182.68 | 104.90 | 1050.60 | 14.59 | 41.20 |
| 2015 | 14099.10 | 12737.23 | 8.27 | 28.89 | 12432.26 | 267.81 | 1330.65 | 173.86 | 86.62 | 1060.70 | 9.47 | 31.22 |
| 2016 | 16330.22 | 14896.27 | 4.99 | 24.84 | 14645.61 | 220.83 | 1401.16 | 184.82 | 79.77 | 1129.13 | 7.45 | 32.79 |

# 7-5-31 各地区私人汽车拥有量

单位：万辆

| 地区 | 私人汽车总计 | 载客汽车 | 大型 | 中型 | 小型 | 微型 | 载货汽车 | 重型 | 中型 | 轻型 | 微型 | 其他汽车 |
|---|---|---|---|---|---|---|---|---|---|---|---|---|
| **全国** | **16330.22** | **14896.27** | **4.99** | **24.84** | **14645.61** | **220.83** | **1401.16** | **184.82** | **79.77** | **1129.13** | **7.45** | **32.79** |
| 北京 | 452.04 | 440.95 | 0.27 | 4.56 | 433.76 | 2.36 | 10.19 | 0.85 | 0.37 | 8.97 | | 0.90 |
| 天津 | 234.39 | 214.24 | 0.11 | 0.45 | 211.45 | 2.23 | 19.62 | 1.91 | 0.57 | 17.03 | 0.12 | 0.53 |
| 河北 | 1143.78 | 1026.86 | 0.60 | 0.77 | 987.52 | 37.97 | 114.68 | 26.42 | 3.71 | 84.02 | 0.53 | 2.25 |
| 山西 | 472.94 | 431.41 | 0.06 | 0.29 | 416.97 | 14.09 | 40.64 | 11.93 | 1.00 | 27.33 | 0.38 | 0.89 |
| 内蒙古 | 379.95 | 341.79 | 0.15 | 0.37 | 335.19 | 6.07 | 37.18 | 7.12 | 0.96 | 28.95 | 0.15 | 0.99 |
| 辽宁 | 553.39 | 509.57 | 0.63 | 2.12 | 500.66 | 6.15 | 42.82 | 6.11 | 2.44 | 34.18 | 0.08 | 1.01 |
| 吉林 | 315.00 | 283.92 | 0.46 | 0.54 | 277.58 | 5.34 | 30.48 | 6.80 | 2.00 | 21.61 | 0.08 | 0.60 |
| 黑龙江 | 344.29 | 299.95 | 0.61 | 0.93 | 294.35 | 4.06 | 43.63 | 8.50 | 3.83 | 31.19 | 0.11 | 0.71 |
| 上海 | 242.66 | 242.06 | 0.12 | 0.74 | 240.21 | 1.00 | 0.40 | 0.10 | 0.13 | 0.17 | | 0.20 |
| 江苏 | 1245.83 | 1197.17 | 0.04 | 1.41 | 1185.16 | 10.55 | 46.22 | 14.32 | 4.71 | 27.11 | 0.08 | 2.44 |
| 浙江 | 1104.23 | 1032.90 | 0.07 | 0.90 | 1021.48 | 10.46 | 70.45 | 2.81 | 1.22 | 65.42 | 1.00 | 0.88 |
| 安徽 | 511.45 | 464.46 | 0.07 | 0.49 | 460.24 | 3.64 | 45.82 | 3.23 | 1.34 | 41.13 | 0.13 | 1.17 |
| 福建 | 435.31 | 388.69 | 0.05 | 0.58 | 383.48 | 4.59 | 45.91 | 2.73 | 1.39 | 41.45 | 0.34 | 0.71 |
| 江西 | 349.06 | 312.75 | 0.03 | 0.22 | 309.74 | 2.77 | 35.66 | 2.63 | 2.39 | 30.59 | 0.05 | 0.65 |
| 山东 | 1550.65 | 1429.56 | 0.57 | 1.54 | 1391.29 | 36.16 | 118.03 | 11.99 | 4.68 | 101.10 | 0.26 | 3.05 |
| 河南 | 992.37 | 903.95 | 0.08 | 0.63 | 887.64 | 15.60 | 86.12 | 9.41 | 3.62 | 72.84 | 0.25 | 2.31 |
| 湖北 | 519.69 | 470.46 | 0.07 | 0.72 | 467.35 | 2.33 | 47.84 | 6.38 | 4.27 | 37.14 | 0.05 | 1.39 |
| 湖南 | 544.16 | 485.12 | 0.11 | 0.94 | 480.42 | 3.65 | 57.63 | 8.72 | 5.21 | 43.62 | 0.08 | 1.42 |
| 广东 | 1485.17 | 1370.06 | 0.44 | 3.43 | 1358.55 | 7.64 | 112.96 | 8.52 | 6.27 | 95.48 | 2.69 | 2.16 |
| 广西 | 375.81 | 332.77 | 0.02 | 0.41 | 326.87 | 5.47 | 42.11 | 5.51 | 3.71 | 32.45 | 0.43 | 0.94 |
| 海南 | 82.87 | 71.87 | 0.04 | 0.18 | 71.19 | 0.46 | 10.79 | 0.75 | 1.03 | 8.99 | 0.02 | 0.22 |
| 重庆 | 278.64 | 257.95 | 0.02 | 0.15 | 257.05 | 0.74 | 20.23 | 0.63 | 1.08 | 18.53 | | 0.45 |
| 四川 | 786.03 | 723.03 | 0.12 | 0.49 | 706.52 | 15.90 | 61.57 | 6.06 | 5.41 | 49.96 | 0.14 | 1.42 |
| 贵州 | 310.62 | 268.75 | 0.03 | 0.18 | 266.13 | 2.42 | 41.11 | 3.24 | 3.21 | 34.63 | 0.03 | 0.76 |
| 云南 | 498.07 | 423.94 | 0.04 | 0.32 | 415.98 | 7.59 | 73.09 | 7.80 | 6.24 | 58.99 | 0.05 | 1.05 |
| 西藏 | 31.16 | 19.94 | 0.02 | 0.09 | 19.47 | 0.36 | 11.12 | 2.12 | 1.71 | 7.22 | 0.08 | 0.10 |
| 陕西 | 440.26 | 399.82 | 0.04 | 0.24 | 392.47 | 7.07 | 39.20 | 7.89 | 2.62 | 28.59 | 0.10 | 1.24 |
| 甘肃 | 207.41 | 173.15 | 0.01 | 0.18 | 171.99 | 0.96 | 33.61 | 4.20 | 2.22 | 27.16 | 0.03 | 0.65 |
| 青海 | 72.96 | 62.05 | 0.01 | 0.11 | 61.46 | 0.47 | 10.62 | 0.97 | 0.54 | 9.10 | 0.02 | 0.29 |
| 宁夏 | 103.63 | 81.30 | 0.02 | 0.13 | 80.52 | 0.62 | 21.84 | 3.81 | 0.84 | 17.15 | 0.05 | 0.49 |
| 新疆 | 266.39 | 235.85 | 0.09 | 0.74 | 232.92 | 2.11 | 29.59 | 1.38 | 1.04 | 27.06 | 0.11 | 0.95 |

# 7－5－32 进口汽车拥有量

单位：辆

| 年份 | 汽车总计 | 载客汽车 | 大型 | 中型 | 小型 | 微型 | 载货汽车 | 重型 | 中型 | 轻型 | 微型 | 其他汽车 |
|---|---|---|---|---|---|---|---|---|---|---|---|---|
| 2002 | 1361750 | 1025959 | 24798 | 69266 | 897362 | 34533 | 314172 | 87422 | 48797 | 165326 | 12627 | 21619 |
| 2003 | 1445408 | 1155590 | 21686 | 75699 | 1034475 | 23730 | 264075 | 73361 | 31510 | 150120 | 9084 | 25743 |
| 2004 | 1360832 | 1129985 | 19009 | 66065 | 1029846 | 15065 | 207798 | 49963 | 22836 | 129021 | 5978 | 23049 |
| 2005 | 1697266 | 1454215 | 18754 | 79698 | 1337564 | 18199 | 213621 | 48905 | 22078 | 139741 | 2897 | 29430 |
| 2006 | 1780998 | 1590420 | 16159 | 69930 | 1487474 | 16857 | 160552 | 33594 | 9808 | 116610 | 540 | 30026 |
| 2007 | 1964763 | 1799331 | 15628 | 67223 | 1701016 | 15464 | 134672 | 28896 | 7452 | 98032 | 292 | 30760 |
| 2008 | 2225960 | 2098630 | 14896 | 63790 | 2005820 | 14124 | 96597 | 20698 | 5318 | 70335 | 246 | 30733 |
| 2009 | 2527684 | 2449870 | 14700 | 61961 | 2357902 | 15307 | 57515 | 22788 | 3534 | 31009 | 184 | 20299 |
| 2010 | 3162537 | 3098870 | 15062 | 59691 | 3005826 | 18291 | 41073 | 19921 | 2532 | 18459 | 161 | 22594 |
| 2011 | 3982087 | 3925188 | 15799 | 57520 | 3825373 | 26496 | 34567 | 18134 | 1991 | 14329 | 113 | 22332 |
| 2012 | 4935806 | 4887568 | 15152 | 48960 | 4783708 | 39748 | 27090 | 13660 | 802 | 12543 | 85 | 21148 |
| 2013 | 5967943 | 5922756 | 13616 | 36486 | 5820386 | 52268 | 26159 | 12432 | 838 | 12858 | 31 | 19028 |
| 2014 | 7015557 | 6958216 | 12004 | 27554 | 6852228 | 66430 | 34780 | 15760 | 1177 | 17109 | 734 | 22561 |
| 2015 | 7794809 | 7752665 | 11965 | 22023 | 7643189 | 75488 | 30107 | 12277 | 512 | 17290 | 28 | 12724 |
| 2016 | 8835108 | 8788953 | 9567 | 20049 | 8670133 | 89204 | 35182 | 13988 | 523 | 20646 | 25 | 10973 |

# 7—5—33 各地区进口汽车拥有量

单位：辆

| 地 区 | 汽车总计 | 载客汽车 | | | | | 载货汽车 | | | | | 其他汽车 |
|---|---|---|---|---|---|---|---|---|---|---|---|---|
| | | | 大型 | 中型 | 小型 | 微型 | | 重型 | 中型 | 轻型 | 微型 | |
| **全 国** | **8835108** | **8788953** | **9567** | **20049** | **8670133** | **89204** | **35182** | **13988** | **523** | **20646** | **25** | **10973** |
| 北 京 | 620299 | 615475 | 847 | 1065 | 607900 | 5663 | 3590 | 1 | 40 | 3548 | 1 | 1234 |
| 天 津 | 142006 | 140697 | 164 | 365 | 138171 | 1997 | 1053 | 562 | 21 | 470 | | 256 |
| 河 北 | 260126 | 258693 | 290 | 385 | 254748 | 3270 | 1243 | 346 | 17 | 880 | | 190 |
| 山 西 | 159808 | 159178 | 372 | 422 | 155798 | 2586 | 516 | 114 | 8 | 393 | 1 | 114 |
| 内蒙古 | 212417 | 211180 | 312 | 361 | 209210 | 1297 | 1072 | 90 | 10 | 972 | | 165 |
| 辽 宁 | 377263 | 374626 | 757 | 848 | 370989 | 2032 | 2183 | 399 | 51 | 1731 | 2 | 454 |
| 吉 林 | 139147 | 138254 | 245 | 354 | 136872 | 783 | 768 | 43 | 10 | 714 | 1 | 125 |
| 黑龙江 | 168199 | 166474 | 391 | 575 | 164821 | 687 | 1470 | 456 | 39 | 975 | | 255 |
| 上 海 | 373525 | 369854 | 555 | 849 | 366288 | 2162 | 427 | 242 | 19 | 166 | | 3244 |
| 江 苏 | 724764 | 722498 | 614 | 1777 | 705421 | 14686 | 1770 | 1092 | 8 | 670 | | 496 |
| 浙 江 | 958172 | 955616 | 418 | 1450 | 940655 | 13093 | 2427 | 1517 | 14 | 892 | 4 | 129 |
| 安 徽 | 156878 | 156446 | 132 | 333 | 154481 | 1500 | 366 | 144 | 3 | 219 | | 66 |
| 福 建 | 320923 | 319582 | 228 | 957 | 313570 | 4827 | 1209 | 861 | 8 | 340 | | 132 |
| 江 西 | 109681 | 108787 | 124 | 187 | 107341 | 1135 | 733 | 554 | 2 | 177 | | 161 |
| 山 东 | 466141 | 464258 | 609 | 1383 | 455906 | 6360 | 1491 | 415 | 21 | 1052 | 3 | 392 |
| 河 南 | 289524 | 288660 | 388 | 792 | 286584 | 896 | 713 | 118 | 8 | 584 | 3 | 151 |
| 湖 北 | 222766 | 221995 | 231 | 620 | 219878 | 1266 | 633 | 220 | 7 | 406 | | 138 |
| 湖 南 | 247082 | 246140 | 223 | 465 | 243762 | 1690 | 663 | 318 | 7 | 337 | 1 | 279 |
| 广 东 | 1167989 | 1162107 | 850 | 1773 | 1150673 | 8811 | 5335 | 4220 | 47 | 1063 | 5 | 547 |
| 广 西 | 148246 | 147498 | 155 | 498 | 145133 | 1712 | 384 | 168 | 20 | 196 | | 364 |
| 海 南 | 53771 | 53564 | 148 | 260 | 52752 | 404 | 122 | 18 | | 104 | | 85 |
| 重 庆 | 187482 | 186914 | 89 | 228 | 185288 | 1309 | 480 | 137 | 1 | 342 | | 88 |
| 四 川 | 404872 | 402936 | 290 | 631 | 398211 | 3804 | 1683 | 497 | 23 | 1162 | 1 | 253 |
| 贵 州 | 110893 | 110498 | 71 | 232 | 109364 | 831 | 269 | 47 | 11 | 211 | | 126 |
| 云 南 | 224241 | 222670 | 225 | 857 | 218107 | 3481 | 1375 | 659 | 31 | 685 | | 196 |
| 西 藏 | 21899 | 21658 | 66 | 186 | 21385 | 21 | 222 | 12 | 48 | 161 | 1 | 19 |
| 陕 西 | 242660 | 241592 | 170 | 563 | 238834 | 2025 | 852 | 190 | 6 | 656 | | 216 |
| 甘 肃 | 83080 | 82622 | 133 | 403 | 81704 | 382 | 256 | 27 | 2 | 227 | | 202 |
| 青 海 | 32541 | 32171 | 100 | 253 | 31774 | 44 | 218 | 10 | 4 | 202 | 2 | 152 |
| 宁 夏 | 55814 | 55156 | 84 | 170 | 54726 | 176 | 540 | 137 | 7 | 396 | | 118 |
| 新 疆 | 152899 | 151154 | 286 | 807 | 149787 | 274 | 1119 | 374 | 30 | 715 | | 626 |

# 7-5-34 新注册民用汽车数量

单位：辆

| 年份 | 新注册民用汽车 | 载客汽车 | | | | | 载货汽车 | | | | | 其他汽车 |
|---|---|---|---|---|---|---|---|---|---|---|---|---|
| | | | 大型 | 中型 | 小型 | 微型 | | 重型 | 中型 | 轻型 | 微型 | |
| 2002 | 3371951 | 2294649 | 97200 | 145062 | 1491479 | 560908 | 993761 | 186498 | 220969 | 501985 | 84309 | 83541 |
| 2003 | 4337485 | 3160859 | 100284 | 157523 | 2421951 | 481101 | 1075692 | 168363 | 259173 | 576073 | 72083 | 100934 |
| 2004 | 4511823 | 3332297 | 96462 | 138357 | 2841668 | 255810 | 1029497 | 228523 | 194438 | 564061 | 42475 | 150029 |
| 2005 | 5286287 | 4157504 | 99489 | 105314 | 3712056 | 240645 | 1024034 | 162859 | 175576 | 639557 | 46042 | 104749 |
| 2006 | 5730432 | 4678667 | 95428 | 82758 | 4382206 | 118275 | 925294 | 139120 | 147689 | 616910 | 21575 | 126471 |
| 2007 | 6079209 | 5000042 | 91087 | 72059 | 4772468 | 64428 | 917603 | 155155 | 157867 | 591014 | 13567 | 161564 |
| 2008 | 7631839 | 6226814 | 112811 | 64024 | 5928095 | 121884 | 1168226 | 236749 | 185338 | 733343 | 12796 | 236799 |
| 2009 | 12459452 | 10248554 | 114984 | 69548 | 9794452 | 269570 | 2148355 | 500593 | 242679 | 1391249 | 13834 | 62543 |
| 2010 | 15288186 | 12546891 | 148234 | 76519 | 12086273 | 235865 | 2637605 | 769644 | 238595 | 1614803 | 14563 | 103690 |
| 2011 | 16242474 | 13694540 | 163258 | 76472 | 13244774 | 210036 | 2442601 | 726854 | 173140 | 1535590 | 7017 | 105333 |
| 2012 | 17725011 | 15248801 | 163517 | 71013 | 14875884 | 138387 | 2386173 | 560063 | 139793 | 1681908 | 4409 | 90037 |
| 2013 | 20309394 | 17522965 | 168946 | 81160 | 17173792 | 99067 | 2689898 | 739027 | 133402 | 1814385 | 3084 | 96531 |
| 2014 | 22051905 | 19366787 | 151405 | 79646 | 19050695 | 85041 | 2542287 | 630588 | 104425 | 1805471 | 1803 | 142831 |
| 2015 | 23317507 | 21202815 | 191034 | 67080 | 20862002 | 82699 | 2043257 | 454979 | 72274 | 1513773 | 2231 | 71435 |
| 2016 | 25665383 | 23209669 | 187487 | 57112 | 22914036 | 51034 | 2371909 | 627015 | 73429 | 1670295 | 1170 | 83805 |

# 7-5-35 各地区新注册民用汽车数量

单位：辆

| 地区 | 新注册民用汽车 | 载客汽车 | | | | | 载货汽车 | | | | | 其他汽车 |
|---|---|---|---|---|---|---|---|---|---|---|---|---|
| | | | 大型 | 中型 | 小型 | 微型 | | 重型 | 中型 | 轻型 | 微型 | |
| **全　国** | **25665383** | **23209669** | **187487** | **57112** | **22914036** | **51034** | **2371909** | **627015** | **73429** | **1670295** | **1170** | **83805** |
| 北　京 | 573493 | 533119 | 6849 | 4857 | 520121 | 1292 | 36350 | 4908 | 1042 | 30399 | 1 | 4024 |
| 天　津 | 303950 | 262849 | 2925 | 763 | 258204 | 957 | 39561 | 7055 | 599 | 31011 | 896 | 1540 |
| 河　北 | 1841866 | 1644579 | 10895 | 1335 | 1628062 | 4287 | 192356 | 79666 | 2569 | 110120 | 1 | 4931 |
| 山　西 | 691635 | 617665 | 5831 | 680 | 607038 | 4116 | 72588 | 37354 | 584 | 34646 | 4 | 1382 |
| 内蒙古 | 467746 | 426252 | 2427 | 616 | 422117 | 1092 | 39852 | 5914 | 625 | 33313 | | 1642 |
| 辽　宁 | 764999 | 696611 | 6988 | 1694 | 687235 | 694 | 66475 | 22078 | 2250 | 42145 | 2 | 1913 |
| 吉　林 | 428903 | 393831 | 3627 | 854 | 388765 | 585 | 33552 | 9995 | 541 | 23013 | 3 | 1520 |
| 黑龙江 | 501015 | 448751 | 3739 | 1332 | 443370 | 310 | 50337 | 11645 | 1775 | 36916 | 1 | 1927 |
| 上　海 | 547912 | 506874 | 6450 | 1822 | 498036 | 566 | 32604 | 17214 | 4667 | 10723 | | 8434 |
| 江　苏 | 2216585 | 2062362 | 17852 | 3111 | 2037300 | 4099 | 147474 | 58366 | 16296 | 72807 | 5 | 6749 |
| 浙　江 | 172100 | 161091 | 1110 | 394 | 158911 | 676 | 10606 | 2659 | 253 | 7694 | | 403 |
| 安　徽 | 1146865 | 1014305 | 6490 | 3062 | 1003887 | 866 | 129037 | 41589 | 3444 | 84003 | 1 | 3523 |
| 福　建 | 726330 | 647132 | 4099 | 1706 | 639695 | 1632 | 77447 | 12700 | 1616 | 63129 | 2 | 1751 |
| 江　西 | 722785 | 644581 | 3678 | 1566 | 638254 | 1083 | 76057 | 25169 | 1863 | 49024 | 1 | 2147 |
| 山　东 | 2235786 | 1993829 | 21904 | 2148 | 1957840 | 11937 | 236832 | 74650 | 4130 | 158052 | | 5125 |
| 河　南 | 1894888 | 1694101 | 11459 | 6505 | 1672940 | 3197 | 194140 | 56704 | 2514 | 134922 | | 6647 |
| 湖　北 | 1061481 | 974658 | 5841 | 2595 | 965637 | 585 | 82228 | 20088 | 3207 | 58877 | 56 | 4595 |
| 湖　南 | 1032874 | 961142 | 8074 | 4371 | 946851 | 1846 | 69234 | 11790 | 2489 | 54952 | 3 | 2498 |
| 广　东 | 2547792 | 2318246 | 20516 | 3107 | 2288289 | 6334 | 224425 | 38879 | 8979 | 176398 | 169 | 5121 |
| 广　西 | 629869 | 560856 | 4285 | 2124 | 554182 | 265 | 67273 | 12720 | 2152 | 52400 | 1 | 1740 |
| 海　南 | 16083 | 14417 | 376 | 31 | 14006 | 4 | 1575 | 174 | 58 | 1343 | | 91 |
| 重　庆 | 543509 | 505155 | 2490 | 794 | 501168 | 703 | 36910 | 10869 | 1421 | 24619 | 1 | 1444 |
| 四　川 | 1380125 | 1281486 | 8848 | 2084 | 1269712 | 842 | 95826 | 16958 | 3801 | 75066 | 1 | 2813 |
| 贵　州 | 649260 | 586966 | 4483 | 2349 | 579759 | 375 | 60313 | 3768 | 888 | 55657 | | 1981 |
| 云　南 | 793664 | 699771 | 3461 | 1897 | 693532 | 881 | 91464 | 9788 | 1398 | 80277 | 1 | 2429 |
| 西　藏 | 41833 | 26577 | 1391 | 223 | 24900 | 63 | 14910 | 3984 | 749 | 10161 | 16 | 346 |
| 陕　西 | 705602 | 648954 | 5612 | 2131 | 639879 | 1332 | 53953 | 13738 | 899 | 39312 | 4 | 2695 |
| 甘　肃 | 395080 | 341595 | 2338 | 903 | 338132 | 222 | 51939 | 4536 | 907 | 46496 | | 1546 |
| 青　海 | 121472 | 103748 | 1170 | 576 | 101942 | 60 | 16929 | 1858 | 344 | 14726 | 1 | 795 |
| 宁　夏 | 151503 | 122116 | 829 | 214 | 121033 | 40 | 28832 | 4070 | 306 | 24456 | | 555 |
| 新　疆 | 358378 | 316050 | 1450 | 1268 | 313239 | 93 | 40830 | 6129 | 1063 | 33638 | | 1498 |

# 7-5-36 公路营运汽车拥有量

| 年 份 | 汽车总计 (万辆) | 载客汽车 | | 载货汽车 | | | |
|---|---|---|---|---|---|---|---|
| | | 辆数 (万辆) | 客位 (万客位) | 辆数 (万辆) | #普通载货汽车 | 吨位 (万吨) | #普通载货汽车 |
| 1990 | 31.30 | 10.76 | 468.92 | 20.22 | 19.82 | 131.61 | 127.06 |
| 1995 | 27.49 | 13.73 | 480.61 | 13.75 | 13.12 | 103.13 | 94.56 |
| 2000 | 702.82 | 216.81 | 2524.45 | 486.02 | 475.24 | 1667.70 | 1573.73 |
| 2001 | 764.39 | 255.12 | 2701.68 | 509.27 | 496.65 | 1733.58 | 1621.40 |
| 2002 | 826.34 | 289.55 | 2972.32 | 536.78 | 520.27 | 1808.45 | 1674.79 |
| 2003 | 924.64 | 352.19 | 3430.64 | 572.45 | 553.23 | 1941.52 | 1788.86 |
| 2004 | 1067.18 | 439.09 | 3872.21 | 628.09 | 604.93 | 2338.61 | 2119.64 |
| 2005 | 733.22 | 128.40 | 1859.28 | 604.82 | 580.28 | 2537.75 | 2282.15 |
| 2006 | 802.58 | 161.92 | 2312.41 | 640.66 | 598.43 | 2822.69 | 2343.13 |
| 2007 | 849.22 | 164.73 | 2428.81 | 684.49 | 648.01 | 3135.69 | 2643.74 |
| 2008 | 930.61 | 169.64 | 2560.36 | 760.97 | 720.18 | 3686.20 | 3139.76 |
| 2009 | 1087.35 | 180.79 | 2799.71 | 906.56 | 859.27 | 4655.23 | 4002.80 |
| 2010 | 1133.32 | 83.13 | 2017.09 | 1050.19 | 996.43 | 5999.82 | 5223.23 |
| 2011 | 1263.75 | 84.34 | 2086.66 | 1179.41 | 1116.36 | 7261.20 | 6273.51 |
| 2012 | 1339.89 | 86.71 | 2166.55 | 1253.19 | 1184.58 | 8062.14 | 6963.29 |
| 2013 | 1504.73 | 85.26 | 2170.26 | 1419.48 | 1080.75 | 9613.91 | 5008.34 |
| 2014 | 1537.93 | 84.58 | 2189.55 | 1453.36 | 1091.32 | 10292.47 | 5241.45 |
| 2015 | 1473.12 | 83.93 | 2148.58 | 1389.19 | 1011.87 | 10366.50 | 4982.50 |
| 2016 | 1435.77 | 84.00 | 2140.26 | 1351.77 | 946.03 | 10826.78 | 4843.83 |

注：1.小轿车包括在载客汽车中。
2.1999年以前数据仅为公路部门营运汽车，1999年为全国营运汽车。2000年起为全国运输汽车(含营运和非营运汽车)。2005年起为全国营运汽车（不含非营运汽车)。
3.从2010年起，公路营运载客汽车不包括在公路运输管理部门管理并注册登记的公共汽车和出租汽车。

# 7-5-37 各地区公路营运汽车拥有量

| 地 区 | 汽车总计（万辆） | 载客汽车 | | 载货汽车 | | | |
|---|---|---|---|---|---|---|---|
| | | 辆数（万辆） | 客位（万客位） | 辆数（万辆） | #普通载货汽车 | 吨位（万吨） | #普通载货汽车 |
| **全 国** | **1435.77** | **84.00** | **2140.26** | **1351.77** | **946.03** | **10826.78** | **4843.83** |
| 北 京 | 25.09 | 6.99 | 81.50 | 18.11 | 14.82 | 102.15 | 60.25 |
| 天 津 | 19.34 | 0.82 | 33.41 | 18.51 | 12.72 | 122.19 | 35.70 |
| 河 北 | 145.18 | 2.53 | 70.23 | 142.65 | 76.32 | 1356.04 | 337.05 |
| 山 西 | 49.97 | 1.45 | 38.04 | 48.52 | 23.66 | 550.86 | 150.48 |
| 内蒙古 | 31.98 | 1.17 | 39.75 | 30.80 | 20.95 | 231.42 | 110.37 |
| 辽 宁 | 77.17 | 3.06 | 82.70 | 74.11 | 54.94 | 498.99 | 230.04 |
| 吉 林 | 34.29 | 1.42 | 46.03 | 32.87 | 25.30 | 221.66 | 123.56 |
| 黑龙江 | 51.05 | 1.62 | 52.17 | 49.43 | 38.61 | 365.31 | 211.48 |
| 上 海 | 23.88 | 3.69 | 62.75 | 20.19 | 8.47 | 231.40 | 62.93 |
| 江 苏 | 80.70 | 4.81 | 163.70 | 75.89 | 51.38 | 685.96 | 317.00 |
| 浙 江 | 36.63 | 2.40 | 82.41 | 34.23 | 23.41 | 271.59 | 113.18 |
| 安 徽 | 68.52 | 2.92 | 82.50 | 65.60 | 44.74 | 589.87 | 290.49 |
| 福 建 | 26.69 | 1.65 | 47.49 | 25.03 | 17.00 | 212.11 | 80.03 |
| 江 西 | 32.93 | 1.61 | 46.03 | 31.32 | 19.15 | 319.91 | 128.18 |
| 山 东 | 102.57 | 2.56 | 88.49 | 100.01 | 45.67 | 1188.10 | 341.07 |
| 河 南 | 101.40 | 4.50 | 138.16 | 96.91 | 64.05 | 814.32 | 333.70 |
| 湖 北 | 41.92 | 3.78 | 84.02 | 38.13 | 28.45 | 272.83 | 153.75 |
| 湖 南 | 41.53 | 4.51 | 107.86 | 37.02 | 31.63 | 224.00 | 140.47 |
| 广 东 | 73.77 | 3.93 | 163.70 | 69.84 | 50.81 | 539.05 | 245.21 |
| 广 西 | 52.21 | 3.25 | 94.01 | 48.96 | 42.20 | 306.32 | 212.14 |
| 海 南 | 6.81 | 0.63 | 18.59 | 6.19 | 5.59 | 26.53 | 17.42 |
| 重 庆 | 28.71 | 1.90 | 50.30 | 26.81 | 23.64 | 178.66 | 137.97 |
| 四 川 | 56.94 | 4.94 | 116.85 | 52.00 | 45.13 | 327.23 | 225.25 |
| 贵 州 | 28.20 | 3.00 | 65.31 | 25.20 | 23.10 | 112.38 | 98.06 |
| 云 南 | 63.80 | 4.87 | 80.45 | 58.93 | 56.25 | 249.25 | 211.28 |
| 西 藏 | 5.72 | 0.54 | 10.26 | 5.18 | 4.85 | 35.77 | 31.84 |
| 陕 西 | 43.33 | 2.89 | 59.79 | 40.45 | 32.37 | 250.58 | 145.78 |
| 甘 肃 | 31.32 | 2.05 | 46.92 | 29.26 | 26.33 | 139.72 | 102.97 |
| 青 海 | 7.81 | 0.33 | 9.34 | 7.47 | 6.32 | 42.79 | 26.96 |
| 宁 夏 | 10.90 | 0.53 | 16.09 | 10.37 | 6.60 | 95.43 | 46.25 |
| 新 疆 | 35.41 | 3.64 | 61.42 | 31.78 | 21.59 | 264.35 | 122.97 |

注：1.小轿车包括在载客汽车中。
2.1999年以前数据仅为公路部门营运汽车，1999年为全国营运汽车。2000年起为全国运输汽车(含营运和非营运汽车)。2005年起为全国营运汽车（不含非营运汽车)。
3.从2010年起，公路营运载客汽车不包括在公路运输管理部门管理并注册登记的公共汽车和出租汽车

# 7-5-38 内河航道年末里程

单位：公里

| 地区 | 2005 | #等级航道 | 2010 | #等级航道 | 2013 | #等级航道 | 2014 | #等级航道 | 2015 | #等级航道 | 2016 | #等级航道 |
|---|---|---|---|---|---|---|---|---|---|---|---|---|
| **全国** | **123263** | **61013** | **124242** | **62290** | **125853** | **64900** | **126280** | **65362** | **127001** | **66257** | **127099** | **66409** |
| 北京 | | | | | | | | | | | | |
| 天津 | 88 | 88 | 88 | 88 | 88 | 88 | 88 | 88 | 88 | 88 | 88 | 88 |
| 河北 | | | | | | | | | | | | |
| 山西 | 467 | 139 | 467 | 139 | 467 | 139 | 467 | 139 | 467 | 139 | 467 | 139 |
| 内蒙古 | 2403 | 2380 | 2403 | 2380 | 2403 | 2380 | 2403 | 2380 | 2403 | 2380 | 2403 | 2380 |
| 辽宁 | 413 | 413 | 413 | 413 | 413 | 413 | 413 | 413 | 413 | 413 | 413 | 413 |
| 吉林 | 1456 | 1381 | 1456 | 1381 | 1456 | 1381 | 1456 | 1381 | 1456 | 1381 | 1456 | 1381 |
| 黑龙江 | 5131 | 4756 | 5098 | 4723 | 5098 | 4723 | 5098 | 4723 | 5098 | 4723 | 5098 | 4723 |
| 上海 | 2223 | 842 | 2226 | 845 | 2268 | 937 | 2191 | 916 | 2176 | 983 | 2176 | 998 |
| 江苏 | 24349 | 7517 | 24228 | 7649 | 24333 | 8515 | 24360 | 8547 | 24389 | 8731 | 24383 | 8733 |
| 浙江 | 9652 | 4756 | 9703 | 4832 | 9743 | 4953 | 9765 | 4974 | 9765 | 4985 | 9765 | 4985 |
| 安徽 | 5587 | 4997 | 5596 | 5006 | 5642 | 5060 | 5642 | 5060 | 5641 | 5064 | 5641 | 5064 |
| 福建 | 3245 | 1269 | 3245 | 1269 | 3245 | 1269 | 3245 | 1269 | 3245 | 1269 | 3245 | 1269 |
| 江西 | 5638 | 2349 | 5638 | 2349 | 5638 | 2349 | 5638 | 2349 | 5638 | 2349 | 5638 | 2349 |
| 山东 | 1012 | 892 | 1150 | 1035 | 1117 | 1030 | 1117 | 1030 | 1117 | 1030 | 1117 | 1030 |
| 河南 | 1267 | 1150 | 1267 | 1150 | 1267 | 1150 | 1267 | 1150 | 1403 | 1286 | 1403 | 1286 |
| 湖北 | 8181 | 5685 | 8260 | 5792 | 8271 | 5803 | 8433 | 5980 | 8433 | 5980 | 8433 | 5980 |
| 湖南 | 11495 | 4126 | 11495 | 4126 | 11496 | 4127 | 11496 | 4127 | 11496 | 4127 | 11496 | 4127 |
| 广东 | 11844 | 4306 | 11844 | 4306 | 12097 | 4668 | 12151 | 4668 | 12151 | 4668 | 12151 | 4668 |
| 广西 | 5413 | 3331 | 5433 | 3352 | 5478 | 3352 | 5704 | 3483 | 5707 | 3487 | 5707 | 3487 |
| 海南 | 343 | 76 | 343 | 76 | 343 | 76 | 343 | 76 | 343 | 76 | 343 | 76 |
| 重庆 | 4103 | 1753 | 4331 | 1801 | 4331 | 1801 | 4331 | 1801 | 4331 | 1801 | 4352 | 1852 |
| 四川 | 10720 | 3825 | 10720 | 3825 | 10720 | 3848 | 10720 | 3848 | 10818 | 3945 | 10818 | 3945 |
| 贵州 | 3323 | 1846 | 3442 | 2094 | 3649 | 2354 | 3661 | 2399 | 3664 | 2402 | 3664 | 2402 |
| 云南 | 2539 | 1810 | 2877 | 2206 | 3551 | 2816 | 3551 | 2816 | 3939 | 3203 | 3979 | 3244 |
| 西藏 | | | | | | | | | | | | |
| 陕西 | 1066 | 558 | 1066 | 558 | 1066 | 558 | 1066 | 558 | 1146 | 558 | 1146 | 558 |
| 甘肃 | 860 | 347 | 914 | 381 | 914 | 381 | 914 | 456 | 914 | 456 | 911 | 456 |
| 青海 | 329 | 318 | 421 | 409 | 629 | 618 | 629 | 618 | 629 | 618 | 674 | 663 |
| 宁夏 | 117 | 105 | 117 | 105 | 130 | 115 | 130 | 115 | 130 | 115 | 130 | 115 |
| 新疆 | | | | | | | | | | | | |

注：1.从2003年起，长江干流通航里程由各省分别统计，不再单列。
2.从2003年起，内河航道里程为内河航道通航里程数。

# 7-5-39 民用运输船舶拥有量

| 年 份 | 机动船 | | | | | 驳 船 | | |
|---|---|---|---|---|---|---|---|---|
| | 艘数(艘) | 净载重量(吨) | 载客量(客位) | 总功率(千瓦) | #拖船功率 | 艘数(艘) | 净载重量(吨) | 载客量(客位) |
| 1995 | 299717 | 40940087 | 979985 | | 1707115 | 57998 | 9449652 | 17722 |
| 2000 | 185018 | 42640605 | 1014013 | 19354496 | 1439743 | 44658 | 8640504 | 18258 |
| 2001 | 169329 | 45526726 | 1048915 | 20884813 | 1370221 | 41457 | 8968670 | 27902 |
| 2002 | 165936 | 48372587 | 945387 | 21995838 | 1433547 | 37041 | 8683075 | 33405 |
| 2003 | 163813 | 60745234 | 971514 | 26156815 | 1269607 | 40457 | 9871079 | 30631 |
| 2004 | 166854 | 75114059 | 961562 | 30527287 | 1197191 | 43846 | 11058522 | 34666 |
| 2005 | 165900 | 90756392 | 977846 | 36399287 | 1480381 | 41394 | 11030057 | 33496 |
| 2006 | 157805 | 98241489 | 1025861 | 39068361 | 1538957 | 36555 | 12015595 | 33355 |
| 2007 | 157544 | 106441173 | 1004546 | 39366720 | 1520924 | 34227 | 12373412 | 22316 |
| 2008 | 152247 | 111047702 | 994495 | 43550959 | 1564439 | 31943 | 13121439 | 14050 |
| 2009 | 149367 | 133384848 | 979384 | 46209122 | 1120381 | 27565 | 12702991 | 2166 |
| 2010 | 155624 | 168985654 | 1001395 | 53304379 | 1410719 | 22783 | 11422911 | 2260 |
| 2011 | 157950 | 202602789 | 1004622 | 59496603 | 1600896 | 21292 | 10040453 | 3768 |
| 2012 | 158309 | 218793742 | 1021260 | 63894591 | 1531873 | 20282 | 9692502 | 3798 |
| 2013 | 155340 | 234317614 | 1031711 | 64846571 | 1235661 | 17214 | 9692720 | 1287 |
| 2014 | 154974 | 247399826 | 1030973 | 70598481 | 1424950 | 17003 | 10452402 | 1334 |
| 2015 | 149659 | 261434867 | 1015939 | 72596807 | 1424426 | 16246 | 11007996 | 1391 |
| 2016 | 144568 | 255170820 | 999008 | 67018157 | 1445786 | 15576 | 11056320 | 3124 |

# 7-5-40 各地区民用运输船舶拥有量

| 地区 | 机动船 | | | | | 驳船 | | |
|---|---|---|---|---|---|---|---|---|
| | 艘数(艘) | 净载重量(吨) | 载客量(客位) | 总功率(千瓦) | #拖船功率 | 艘数(艘) | 净载重量(吨) | 载客量(客位) |
| **全国** | **144568** | **255170820** | **999008** | **67018157** | **1445786** | **15576** | **11056320** | **3124** |
| 北京 | | | | | | | | |
| 天津 | 353 | 3304183 | 2834 | 1242754 | 117593 | 14 | 240891 | |
| 河北 | 1594 | 3695180 | 17753 | 650667 | 13850 | 1 | 1300 | |
| 山西 | 248 | 4803 | 3718 | 14711 | | | | |
| 内蒙古 | | | | | | | | |
| 辽宁 | 462 | 8460523 | 30004 | 1313277 | 23588 | 9 | 30668 | |
| 吉林 | 708 | 12064 | 15669 | 40943 | 3066 | 28 | 14850 | |
| 黑龙江 | 1208 | 107531 | 20809 | 144017 | 42065 | 335 | 203360 | |
| 上海 | 1450 | 31870977 | 39330 | 11032487 | 81379 | 22 | 46137 | |
| 江苏 | 34888 | 40314425 | 50957 | 10399938 | 394003 | 6465 | 4276496 | |
| 浙江 | 15904 | 25836993 | 85514 | 6537088 | 121464 | 67 | 16250 | |
| 安徽 | 27580 | 46362858 | 14396 | 10839169 | 40562 | 1267 | 608964 | |
| 福建 | 1936 | 9307836 | 31861 | 2675200 | 14944 | 4 | 6261 | |
| 江西 | 3284 | 2227266 | 12276 | 722631 | 764 | 9 | 5541 | |
| 山东 | 7374 | 14211491 | 69899 | 3520301 | 373190 | 5314 | 4875329 | |
| 河南 | 5296 | 9120893 | 14144 | 1997535 | 3752 | 306 | 273875 | |
| 湖北 | 3857 | 7307685 | 45012 | 2165576 | 58436 | 153 | 250300 | |
| 湖南 | 5910 | 4120699 | 68198 | 1426517 | 4072 | 257 | 33481 | 1998 |
| 广东 | 8047 | 21070409 | 80664 | 6050203 | 121418 | 18 | 26758 | |
| 广西 | 8756 | 8902086 | 117832 | 2138175 | 882 | 4 | 3250 | |
| 海南 | 478 | 1706942 | 26186 | 536342 | | 1 | 973 | |
| 重庆 | 3322 | 6341232 | 56378 | 1573014 | 12798 | 45 | 77548 | |
| 四川 | 6216 | 1159658 | 77272 | 561482 | 15785 | 1049 | 61206 | |
| 贵州 | 2109 | 133558 | 50152 | 153808 | | 7 | 1428 | |
| 云南 | 1092 | 133035 | 24381 | 115076 | 756 | 2 | 187 | |
| 西藏 | | | | | | | | |
| 陕西 | 1160 | 31864 | 20161 | 49474 | 405 | 199 | 1267 | 1126 |
| 甘肃 | 449 | 1484 | 7563 | 34414 | | | | |
| 青海 | 81 | | 2646 | 17648 | | | | |
| 宁夏 | 715 | | 13399 | 38767 | 1014 | | | |
| 新疆 | | | | | | | | |
| 不分地区 | 91 | 9425145 | | 1026943 | | | | |

注：不分地区数据为中国远洋运输集团总公司海外公司数。

# 7-5-41 沿海主要规模以上港口码头泊位数(2016年底)

| 港口 | 总计 | | | 生产用 | | | 非生产用 | |
|---|---|---|---|---|---|---|---|---|
| | 码头长度(米) | 泊位个数(个) | #万吨级 | 码头长度(米) | 泊位个数(个) | #万吨级 | 码头长度(米) | 泊位个数(个) |
| **总计** | **827193** | **6096** | **1814** | **761463** | **5152** | **1793** | **65730** | **944** |
| #大连 | 44642 | 247 | 103 | 40765 | 222 | 103 | 3877 | 25 |
| 营口 | 19709 | 93 | 61 | 18975 | 86 | 61 | 734 | 7 |
| 秦皇岛 | 17161 | 92 | 44 | 15928 | 72 | 44 | 1233 | 20 |
| 天津 | 39389 | 176 | 121 | 37133 | 160 | 116 | 2256 | 16 |
| 烟台 | 20624 | 104 | 65 | 19494 | 94 | 65 | 1130 | 10 |
| 威海 | 3992 | 15 | 13 | 3992 | 15 | 13 | | |
| 青岛 | 26762 | 100 | 78 | 25641 | 94 | 78 | 1121 | 6 |
| 日照 | 15440 | 59 | 52 | 15134 | 58 | 52 | 306 | 1 |
| 上海 | 109222 | 1152 | 182 | 74066 | 592 | 172 | 35156 | 560 |
| 连云港 | 15817 | 66 | 57 | 15520 | 64 | 57 | 297 | 2 |
| 宁波-舟山 | 91029 | 697 | 163 | 86089 | 606 | 163 | 4940 | 91 |
| 台州 | 13118 | 181 | 9 | 12918 | 179 | 9 | 200 | 2 |
| 温州 | 17257 | 214 | 20 | 17119 | 213 | 20 | 138 | 1 |
| 福州 | 25551 | 185 | 58 | 25207 | 179 | 57 | 344 | 6 |
| 厦门 | 30260 | 183 | 75 | 29236 | 164 | 75 | 1024 | 19 |
| 汕头 | 9898 | 92 | 19 | 9627 | 87 | 19 | 271 | 5 |
| 深圳 | 31922 | 152 | 71 | 30521 | 141 | 71 | 1401 | 11 |
| 广州 | 54508 | 553 | 76 | 49686 | 485 | 73 | 4822 | 68 |
| 湛江 | 18494 | 175 | 35 | 16793 | 144 | 35 | 1701 | 31 |
| 北海 | 7672 | 62 | 15 | 7612 | 61 | 15 | 60 | 1 |
| 防城 | 15587 | 125 | 36 | 15527 | 120 | 36 | 60 | 5 |
| 海口 | 8408 | 61 | 26 | 8217 | 60 | 25 | 191 | 1 |
| 八所 | 2488 | 12 | 9 | 2488 | 12 | 9 | | |

注：1.从2006年起，宁波－舟山港统计范围包括原宁波港和舟山港。
2.从2007年起，烟台港统计范围包括原烟台港和龙口港。
3.从2011年起，厦门港统计范围包括原厦门港和漳州港。

# 7-5-42 内河主要规模以上港口码头泊位数(2016年底)

| 港口 | 总计 | | | 生产用 | | | 非生产用 | |
|---|---|---|---|---|---|---|---|---|
| | 码头长度(米) | 泊位个数(个) | #万吨级 | 码头长度(米) | 泊位个数(个) | #万吨级 | 码头长度(米) | 泊位个数(个) |
| **总计** | **902835** | **13616** | **423** | **860933** | **12923** | **423** | **41902** | **693** |
| #重庆 | 92013 | 1176 | | 70837 | 813 | | 21176 | 363 |
| 宜昌 | 7412 | 47 | | 5708 | 35 | | 1704 | 12 |
| 武汉 | 22188 | 231 | | 19436 | 199 | | 2752 | 32 |
| 黄石 | 7662 | 87 | | 7232 | 81 | | 430 | 6 |
| 九江 | 18311 | 189 | | 16286 | 161 | | 2025 | 28 |
| 安庆 | 10534 | 134 | | 8962 | 111 | | 1572 | 23 |
| 池州 | 9226 | 105 | | 9226 | 105 | | | |
| 铜陵 | 8313 | 102 | 3 | 8087 | 98 | 3 | 226 | 4 |
| 芜湖 | 14808 | 148 | 13 | 14808 | 148 | 13 | | |
| 马鞍山 | 11389 | 167 | 1 | 11339 | 166 | 1 | 50 | 1 |
| 南京 | 30359 | 246 | 61 | 29604 | 234 | 61 | 755 | 12 |
| 镇江 | 22497 | 210 | 45 | 22377 | 208 | 45 | 120 | 2 |
| 泰州 | 20849 | 165 | 56 | 20849 | 165 | 56 | | |
| 扬州 | 7672 | 46 | 23 | 7672 | 46 | 23 | | |
| 江阴 | 14756 | 101 | 31 | 14606 | 99 | 31 | 150 | 2 |
| 常州 | 4134 | 32 | 9 | 4134 | 32 | 9 | | |
| 南通 | 18774 | 108 | 53 | 18219 | 102 | 53 | 555 | 6 |
| 上海(内河) | 88904 | 1786 | | 88112 | 1770 | | 792 | 16 |

注：从2009年起，重庆港统计范围发生变化，包括原重庆、涪陵、万州、重庆航管处四个港区，与历史数据不可比。

# 7−5−43 沿海主要规模以上港口货物吞吐量

单位：万吨

| 港　口 | 1985 | 1990 | 1995 | 2000 | 2005 | 2010 | 2015 | 2016 |
|---|---|---|---|---|---|---|---|---|
| **总　计** | **31154** | **48321** | **80166** | **125603** | **292777** | **548358** | **784578** | **810933** |
| #大　连 | 4381 | 4952 | 6417 | 9084 | 17085 | 31399 | 41482 | 43660 |
| 营　口 | 98 | 237 | 1156 | 2268 | 7537 | 22579 | 33849 | 35217 |
| 秦皇岛 | 4419 | 6945 | 8382 | 9743 | 16900 | 26297 | 25309 | 18682 |
| 天　津 | 1856 | 2063 | 5787 | 9566 | 24069 | 41325 | 54051 | 55056 |
| 烟　台 | 689 | 668 | 1361 | 1774 | 4506 | 15033 | 25163 | 26537 |
| 威　海 |  | 100 | 379 | 669 | 1015 | 2407 | 4213 | 4340 |
| 青　岛 | 2611 | 3034 | 5103 | 8636 | 18678 | 35012 | 48453 | 50036 |
| 日　照 |  | 925 | 1452 | 2674 | 8421 | 22597 | 33707 | 35007 |
| 上　海 | 11291 | 13959 | 16567 | 20440 | 44317 | 56320 | 64906 | 64482 |
| 连云港 | 929 | 1137 | 1716 | 2708 | 6016 | 12739 | 19756 | 20082 |
| 宁波−舟山 | 1040 | 2554 | 6853 | 11547 | 26881 | 63300 | 88929 | 92209 |
| 台　州 |  |  |  | 950 | 2067 | 4706 | 6237 | 6771 |
| 温　州 |  | 307 | 601 | 859 | 3097 | 6408 | 8490 | 8406 |
| 福　州 |  | 561 | 1032 | 2426 | 7443 | 7125 | 13967 | 14516 |
| 厦　门 |  | 529 | 1314 | 1965 | 4771 | 12728 | 21023 | 20911 |
| 汕　头 | 201 | 279 | 716 | 1284 | 1736 | 3509 | 5181 | 4985 |
| 深　圳 |  |  |  | 5697 | 15351 | 22098 | 21706 | 21410 |
| 广　州 | 1772 | 4163 | 7299 | 11128 | 25036 | 41095 | 50053 | 52254 |
| 湛　江 | 1231 | 1557 | 1885 | 2038 | 4647 | 13638 | 22036 | 25612 |
| 北　海 |  | 82 | 201 | 265 | 437 | 1251 | 2468 | 2750 |
| 防　城 |  |  |  |  |  | 7650 | 11504 | 10688 |
| 海　口 | 170 | 288 | 468 | 808 | 2118 | 5700 | 9204 | 9952 |
| 八　所 | 388 | 431 | 275 | 378 | 486 | 893 | 1767 | 1516 |

注：1.从2006年起，宁波−舟山港统计范围包括原宁波港和舟山港，以往年度数据为原宁波港数据。
2.从2007年起，烟台港统计范围包括原烟台港和龙口港，以往年度数据为原烟台港数据。
3.从2011年起，厦门港统计范围包括原厦门港和漳州港。

# 7-5-44　内河主要规模以上港口货物吞吐量

单位：万吨

| 港　口 | 2000 | 2004 | 2005 | 2006 | 2007 | 2008 | 2009 | 2010 | 2011 | 2012 | 2013 | 2014 | 2015 | 2016 |
|---|---|---|---|---|---|---|---|---|---|---|---|---|---|---|
| **总　计** | **44452** | **86414** | **101418** | **117510** | **138208** | **159481** | **221678** | **261822** | **295522** | **312228** | **336793** | **349246** | **361804** | **377939** |
| #上海(内河) | 5853 | 10575 | 10749 | 6709 | 6918 | 7362 | 9738 | 9019 | 10326 | 9819 | 9301 | 8575 | 6834 | 5695 |
| 南　京 | 6679 | 9589 | 10686 | 10091 | 10859 | 11125 | 12146 | 14719 | 17333 | 19197 | 20201 | 21001 | 21454 | 21973 |
| 江　阴 | 666 | 2683 | 4278 | 5739 | 7218 | 8740 | 10103 | 12522 | 12934 | 13248 | 12590 | 12462 | 12228 | 13197 |
| 常　州 | 379 | 540 | 805 | 2347 | 2029 | 2282 | 2724 | 3156 | 2769 | 2667 | 3067 | 3314 | 3619 | 4031 |
| 苏　州 | 364 | 9059 | 11919 | 15085 | 18377 | 20348 | 24634 | | | | | | 53990 | 57937 |
| 南　通 | 2748 | 7218 | 8327 | 10386 | 12339 | 13214 | 13641 | 15070 | 17331 | 18526 | 20494 | 21599 | 21827 | 22614 |
| 扬　州 | 419 | 889 | 1179 | 1398 | 1591 | 1938 | 2938 | 3642 | 4370 | 4841 | 6189 | 7866 | 7345 | 8163 |
| 泰　州 | 187 | 1285 | 1581 | 2787 | 2128 | 2592 | 7467 | 9890 | 12038 | 13210 | 15425 | 15822 | 16803 | 17000 |
| 镇　江 | 2153 | 4839 | 5847 | 6318 | 7824 | 8705 | 8713 | 10634 | 11806 | 13460 | 14098 | 14061 | 13010 | 13137 |
| 芜　湖 | 830 | 1831 | 1850 | 3934 | 4681 | 5514 | 5710 | 6609 | 7473 | 8260 | 9313 | 10847 | 12009 | 13101 |
| 马鞍山 | 626 | 1713 | 2011 | 2393 | 3684 | 4697 | 4191 | 4826 | 5306 | 6809 | 7489 | 8101 | 9205 | 10571 |
| 铜　陵 | 314 | 380 | 352 | 2405 | 2860 | 2872 | 3157 | 3914 | 4729 | 5507 | 5905 | 7045 | 8011 | 11004 |
| 安　庆 | 729 | 1479 | 1835 | 2839 | 2852 | 2800 | 2554 | 2813 | 3010 | 3225 | 3006 | 3137 | 4002 | 2278 |
| 池　州 | 155 | 1073 | 1752 | 1952 | 2101 | 2250 | 2244 | 2576 | 3137 | 3488 | 3914 | 4279 | 4137 | 4548 |
| 九　江 | 623 | 842 | 928 | 760 | 733 | 596 | 2852 | 3291 | 3907 | 4827 | 6030 | 8036 | 10425 | 11328 |
| 武　汉 | 1738 | 4281 | 4939 | 5034 | 5278 | 5592 | 5409 | 6620 | 7602 | 7632 | 7701 | 8150 | 8455 | 9000 |
| 黄　石 | 227 | 675 | 1003 | 1195 | 962 | 1032 | 1520 | 1605 | 1781 | 1874 | 2098 | 2454 | 3643 | 3804 |
| 宜　昌 | 217 | 305 | 226 | 518 | 734 | 715 | 653 | 818 | 770 | 682 | 554 | 639 | 719 | 763 |
| 重　庆 | 781 | 820 | 950 | 1073 | 1317 | 1470 | 8612 | 9668 | 11606 | 12502 | 13676 | 14665 | 15750 | 17372 |
| 万　州 | 252 | 446 | 490 | 641 | 713 | 822 | | | | | | | 1662 | 1766 |

注：从2009年起，重庆港统计范围发生变化，包括原重庆、涪陵、万州、重庆航管处四个港区，与历史数据不可比。

# 7-5-45 沿海规模以上港口分货类吞吐量

单位：万吨

| 货类名称 | 2014 | | | 2015 | | | 2016 | | |
|---|---|---|---|---|---|---|---|---|---|
| | 合计 | 出港 | 进港 | 合计 | 出港 | 进港 | 合计 | 出港 | 进港 |
| **总　计** | **769557** | **334653** | **434904** | **784578** | **341424** | **443154** | **810933** | **354066** | **456867** |
| 煤炭 | 148649 | 83428 | 65221 | 137870 | 78631 | 59239 | 138566 | 78469 | 60097 |
| 石油、天然气及制品 | 67207 | 20189 | 47018 | 72942 | 21240 | 51702 | 79954 | 22993 | 56961 |
| #原油 | 40468 | 7265 | 33203 | 44315 | 7888 | 36427 | 48473 | 8576 | 39898 |
| 金属矿石 | 133244 | 25283 | 107961 | 134412 | 24975 | 109437 | 140726 | 25663 | 115064 |
| 钢铁 | 28643 | 18773 | 9870 | 29421 | 20144 | 9277 | 29584 | 20184 | 9400 |
| 矿建材料 | 57082 | 21718 | 35364 | 61693 | 24555 | 37138 | 59932 | 25131 | 34801 |
| 水泥 | 6877 | 2259 | 4618 | 6913 | 2083 | 4830 | 6886 | 2138 | 4748 |
| 木材 | 5332 | 705 | 4627 | 4948 | 748 | 4200 | 5458 | 715 | 4743 |
| 非金属矿石 | 11475 | 4887 | 6589 | 13516 | 5453 | 8063 | 14007 | 6012 | 7995 |
| 化肥和农药 | 3320 | 2254 | 1066 | 3510 | 2497 | 1013 | 2551 | 1770 | 781 |
| 盐 | 933 | 53 | 879 | 885 | 108 | 777 | 857 | 149 | 708 |
| 粮食 | 16510 | 5323 | 11187 | 17336 | 4651 | 12686 | 17190 | 5016 | 12174 |
| 机械、设备、电器 | 20832 | 10443 | 10390 | 21378 | 11119 | 10259 | 21541 | 11813 | 9728 |
| 化工原料及制品 | 13478 | 5477 | 8001 | 14292 | 5652 | 8640 | 14783 | 5875 | 8908 |
| 有色金属 | 1282 | 502 | 780 | 1340 | 519 | 821 | 1157 | 567 | 590 |
| 轻工、医药产品 | 9814 | 4911 | 4902 | 9746 | 4905 | 4841 | 10366 | 5394 | 4972 |
| 农林牧渔业产品 | 3783 | 1122 | 2661 | 3938 | 1139 | 2799 | 3826 | 1172 | 2654 |
| 其他 | 241097 | 127327 | 113770 | 250437 | 133007 | 117430 | 263549 | 141007 | 122542 |

# 7-5-46 内河规模以上港口分货类吞吐量

单位：万吨

| 货类名称 | 2014 | | | 2015 | | | 2016 | | |
|---|---|---|---|---|---|---|---|---|---|
| | 合 计 | 出 港 | 进 港 | 合 计 | 出 港 | 进 港 | 合 计 | 出 港 | 进 港 |
| **总　计** | **349246** | **141787** | **207459** | **361804** | **150500** | **211304** | **377939** | **159355** | **218584** |
| 煤炭 | 70270 | 20941 | 49329 | 69350 | 22430 | 46921 | 76577 | 24478 | 52099 |
| 石油、天然气及制品 | 11344 | 4302 | 7042 | 12415 | 4585 | 7830 | 13045 | 4880 | 8165 |
| #原油 | 2475 | 652 | 1823 | 3124 | 714 | 2410 | 2920 | 695 | 2226 |
| 金属矿石 | 46495 | 13076 | 33419 | 48183 | 13616 | 34567 | 50538 | 15174 | 35364 |
| 钢铁 | 18287 | 9805 | 8482 | 18509 | 10356 | 8153 | 17796 | 10359 | 7438 |
| 矿建材料 | 108190 | 41535 | 66655 | 115995 | 46425 | 69570 | 116890 | 47719 | 69171 |
| 水泥 | 24046 | 17933 | 6114 | 23768 | 17792 | 5976 | 26214 | 19910 | 6304 |
| 木材 | 2799 | 606 | 2192 | 2976 | 659 | 2318 | 3580 | 960 | 2619 |
| 非金属矿石 | 13296 | 7650 | 5647 | 12142 | 6633 | 5509 | 12533 | 7070 | 5463 |
| 化肥和农药 | 1888 | 1027 | 860 | 2487 | 1289 | 1198 | 2471 | 1280 | 1190 |
| 盐 | 802 | 457 | 345 | 872 | 504 | 367 | 797 | 408 | 389 |
| 粮食 | 7624 | 2457 | 5166 | 7794 | 2513 | 5282 | 7762 | 2396 | 5365 |
| 机械、设备、电器 | 942 | 705 | 238 | 856 | 681 | 175 | 967 | 745 | 223 |
| 化工原料及制品 | 10113 | 4102 | 6012 | 10109 | 4010 | 6099 | 11173 | 4308 | 6865 |
| 有色金属 | 309 | 180 | 129 | 312 | 202 | 110 | 320 | 195 | 125 |
| 轻工、医药产品 | 1732 | 772 | 960 | 1882 | 851 | 1031 | 1964 | 862 | 1102 |
| 农林牧渔业产品 | 1124 | 450 | 674 | 1528 | 612 | 916 | 1444 | 628 | 816 |
| 其他 | 29984 | 15788 | 14196 | 32625 | 17343 | 15282 | 33868 | 17984 | 15884 |

# 7-5-47 民用航空航线及飞机年末数

| 指标 | 2000 | 2005 | 2010 | 2011 | 2012 | 2013 | 2014 | 2015 | 2016 |
|---|---|---|---|---|---|---|---|---|---|
| **定期航班航线条数 （条）** | **1165** | **1257** | **1880** | **2290** | **2457** | **2876** | **3142** | **3326** | **3794** |
| 国际航线 | 133 | 233 | 302 | 443 | 381 | 427 | 490 | 660 | 739 |
| 国内航线 | 1032 | 1024 | 1578 | 1847 | 2076 | 2449 | 2652 | 2666 | 3055 |
| #港澳台地区航线 | 42 | 43 | 85 | 91 | 99 | 107 | 114 | 109 | 109 |
| **定期航班航线里程（公里）** | **1502887** | **1998501** | **2765147** | **3490571** | **3280114** | **4106000** | **4637214** | **5317230** | **6348144** |
| 国际航线 | 508405 | 855932 | 1070167 | 1494387 | 1284712 | 1503150 | 1767210 | 2394434 | 2828015 |
| 国内航线 | 994482 | 1142569 | 1694980 | 1996184 | 1995402 | 2602850 | 2870004 | 2922796 | 3520129 |
| #港澳台地区航线 | 55759 | 61056 | 121437 | 135103 | 133333 | 168363 | 179320 | 171621 | 166812 |
| **定期航班通航机场 （个）** | **139** | **135** | **175** | **178** | **180** | **190** | **200** | **206** | **216** |
| **民用飞机期末架数 （架）** | **982** | **1386** | **2405** | **3191** | **3589** | **4004** | **4168** | **4554** | **5046** |
| 运输飞机 | 527 | 863 | 1597 | 1764 | 1941 | 2145 | 2370 | 2650 | 2950 |
| 大中型飞机 | 462 | 785 | 1453 | 1601 | 1769 | 1985 | 2218 | 2499 | 2789 |
| #B737 | 186 | 358 | 650 | 700 | 756 | 854 | 958 | 1104 | 1216 |
| B747 | 19 | 22 | 40 | 40 | 40 | 29 | 24 | 26 | 26 |
| B757 | 48 | 64 | 48 | 51 | 46 | 45 | 41 | 35 | 33 |
| B767 | 16 | 27 | 18 | 15 | 13 | 11 | 9 | 9 | 13 |
| A320 | 60 | 115 | 281 | 357 | 432 | 503 | 579 | 645 | 728 |
| 小型飞机 | 65 | 78 | 144 | 163 | 172 | 160 | 152 | 151 | 161 |
| 通用航空飞机 | 301 | 383 | 606 | 1124 | 1320 | 1519 | 1798 | 1904 | 2096 |

注：2011年起民用航空航线条数改为定期航班航线条数，民航通航机场改为定期航班通航机场。

# 7-5-48 民用航空运输量及通用航空飞行时间

| 指标 | 2000 | 2005 | 2010 | 2011 | 2012 | 2013 | 2014 | 2015 | 2016 |
|---|---|---|---|---|---|---|---|---|---|
| **客运量 （万人）** | **6722** | **13827** | **26769** | **29317** | **31936** | **35397** | **39195** | **43618** | **48796** |
| 国际航线 | 690 | 1225 | 1931 | 2118 | 2336 | 2655 | 3155 | 4207 | 5162 |
| 国内航线 | 6031 | 12602 | 24838 | 27199 | 29600 | 32742 | 36040 | 39411 | 43634 |
| #港澳台地区航线 | 403 | 509 | 672 | 760 | 834 | 904 | 1005 | 1020 | 985 |
| **旅客周转量 （万人公里）** | **9705437** | **20449288** | **40389960** | **45369629** | **50257366** | **56567596** | **63341903** | **72825513** | **83781348** |
| 国际航线 | 2328154 | 4524063 | 7589325 | 8780512 | 9919798 | 11457554 | 13168010 | 17168359 | 21603850 |
| 国内航线 | 7377283 | 15925225 | 32800635 | 36589118 | 40337568 | 45110042 | 50173893 | 55657154 | 62177498 |
| #港澳台地区航线 | 502405 | 709205 | 981817 | 1116167 | 1238849 | 1317488 | 1496639 | 1517768 | 1441033 |
| **货(邮)运量 （吨）** | **1967123** | **3067168** | **5630371** | **5574779** | **5450342** | **5612526** | **5940988** | **6292942** | **6680105** |
| 国际航线 | 492356 | 771551 | 1926315 | 1780427 | 1565170 | 1545310 | 1684272 | 1868444 | 1931921 |
| 国内航线 | 1474767 | 2295618 | 3704056 | 3794352 | 3885173 | 4067216 | 4256716 | 4424498 | 4748184 |
| #港澳台地区航线 | 135442 | 169247 | 216603 | 210028 | 207678 | 198561 | 223332 | 221014 | 219608 |
| **货邮周转量 （万吨公里）** | **502683** | **788954** | **1788982** | **1739131** | **1638894** | **1702918** | **1877715** | **2080683** | **2224493** |
| 国际航线 | 291550 | 452450 | 1253028 | 1187527 | 1064527 | 1091742 | 1237182 | 1411425 | 1503386 |
| 国内航线 | 211133 | 336504 | 535954 | 551604 | 574366 | 611176 | 640533 | 669258 | 721108 |
| #港澳台地区航线 | 19495 | 26263 | 28700 | 27607 | 27120 | 26156 | 29931 | 28465 | 27505 |
| **运输总周转量（万吨公里）** | **1225007** | **2612724** | **5384490** | **5774427** | **6103217** | **6717231** | **7481156** | **8516516** | **9625107** |
| 国际航线 | 465190 | 855235 | 1929689 | 1968352 | 1944881 | 2106757 | 2401117 | 2926107 | 3405834 |
| 国内航线 | 759818 | 1757488 | 3454801 | 3806075 | 4158336 | 4610474 | 5080039 | 5590410 | 6219274 |
| #港澳台地区航线 | 56878 | 89509 | 115895 | 126425 | 136648 | 142276 | 161733 | 162201 | 154316 |
| **通用航空飞行时间（小时）** | **48707** | **84859** | **391135** | **502731** | **517037** | **590890** | **674944** | **778408** | **764685** |
| #农林业航空作业 | 22922 | 25428 | 29619 | 33158 | 31873 | 34118 | 38220 | 42064 | 51028 |
| #航空护林 | 3927 | 6508 | 7748 | 9211 | 7453 | 6574 | 7026 | 10245 | 11943 |
| 播种造林 | 4060 | 1929 | 1419 | 2010 | 1315 | 1178 | 956 | 1394 | 733 |
| 工业航空作业 | 25785 | 36514 | 65430 | 56682 | 77075 | 96354 | 84259 | 85468 | 82875 |

# 7–5–49 民用航空主要机型运用情况

| 机　型 | 期末飞机架数(架) | 运输飞行小时(小时) | 运输飞行里程(万公里) | 平均每可用机年生产飞行小时(小时/架) | 平均每可用机日生产飞行小时(小时/架/日) | 正班平均载运率(%) |
|---|---|---|---|---|---|---|
| **总　计** | **5046** | **9494159** | **591618.9** | **2186** | **6.0** | **72.7** |
| #B747–500 | 4 | 3685 | 236.1 | 1275 | 3.5 | 58.7 |
| B747–500F | 12 | 31482 | 2435.7 | 3353 | 9.2 | 80.1 |
| B737–800 | 977 | 3106399 | 187212.0 | 3588 | 9.8 | 76.9 |
| B737–700 | 166 | 512549 | 29324.7 | 3239 | 8.9 | 74.5 |
| B737–300 | 4 | 14528 | 798.1 | 3033 | 8.3 | 79.7 |
| B737F | 61 | 76437 | 4239.2 | 1569 | 4.3 | 68.0 |
| B767–300 | 9 | 31506 | 2103.3 | 3791 | 10.4 | 67.6 |
| B757–200 | 10 | 34826 | 2320.6 | 3276 | 9.0 | 66.1 |
| B777–300ER | 49 | 213202 | 17716.8 | 5231 | 14.3 | 60.1 |
| B777–200 | 11 | 36323 | 2457.5 | 3523 | 9.6 | 65.6 |
| B787–9 | 16 | 24687 | 1909.6 | 4640 | 12.7 | 71.6 |
| B787–8 | 26 | 111887 | 8961.2 | 4854 | 13.3 | 65.2 |
| A321 | 273 | 849222 | 51198.6 | 3605 | 9.9 | 72.7 |
| A320 | 726 | 2477462 | 151853.2 | 3769 | 10.3 | 79.5 |
| A319 | 179 | 623462 | 37595.8 | 3566 | 9.7 | 69.7 |
| A330–300 | 85 | 324112 | 22262.3 | 4303 | 11.8 | 65.0 |
| A330–200 | 100 | 437910 | 33329.6 | 4944 | 13.5 | 60.7 |

# 7-5-50 各地区城市公共交通运营线路总长度(2016年底)

单位：公里

| 地区 | 公共汽车、无轨电车 | 公交专用车道 | 轨道交通 | | | |
|---|---|---|---|---|---|---|
| | | | | 地铁 | 轻轨 | 有轨电车 |
| **全国** | **981192** | **9778** | **3728** | **3270** | **299** | **111** |
| 北京 | 19818 | 845 | 574 | 574 | | |
| 天津 | 17757 | 65 | 175 | 115 | 52 | 8 |
| 河北 | 47367 | 27 | | | | |
| 山西 | 25529 | 391 | | | | |
| 内蒙古 | 34416 | 189 | | | | |
| 辽宁 | 33073 | 812 | 221 | 96 | 101 | 24 |
| 吉林 | 15446 | 194 | 64 | | 47 | 17 |
| 黑龙江 | 28995 | 77 | 17 | 17 | | |
| 上海 | 24169 | 325 | 618 | 588 | | |
| 江苏 | 68487 | 1035 | 393 | 347 | | 46 |
| 浙江 | 82183 | 805 | 156 | 156 | | |
| 安徽 | 28385 | 150 | 25 | 25 | | |
| 福建 | 29618 | 206 | 9 | 9 | | |
| 江西 | 22512 | 62 | 29 | 29 | | |
| 山东 | 111912 | 1023 | 33 | 25 | | 9 |
| 河南 | 27422 | 201 | 46 | 46 | | |
| 湖北 | 22542 | 424 | 180 | 180 | | |
| 湖南 | 27030 | 338 | 69 | 50 | | |
| 广东 | 106807 | 1224 | 632 | 624 | | 8 |
| 广西 | 25702 | 235 | 32 | 32 | | |
| 海南 | 7231 | 25 | | | | |
| 重庆 | 16761 | | 213 | 115 | 99 | |
| 四川 | 40226 | 526 | 106 | 106 | | |
| 贵州 | 12627 | 33 | | | | |
| 云南 | 44096 | 96 | 46 | 46 | | |
| 西藏 | 1344 | | | | | |
| 陕西 | 16815 | 262 | 89 | 89 | | |
| 甘肃 | 10178 | 9 | | | | |
| 青海 | 9432 | | | | | |
| 宁夏 | 8046 | 75 | | | | |
| 新疆 | 15266 | 126 | | | | |

注：上海市轨道交通合计中包括磁悬浮运营线路总长度29公里；含江苏(昆山)境内约6公里。

# 7-5-51 各地区城市公共交通运营车(船)拥有量(2016年底)

单位：辆

| 地 区 | 公共汽电车、轨道交通车辆合计(标台) | | | 公共汽电车 | | | | 轨道交通 | | | | 出租汽车 | 轮渡运营船数(艘) |
|---|---|---|---|---|---|---|---|---|---|---|---|---|---|
| | | 公共汽电车 | 轨道交通 | | #天然气车 | 液化石油气车 | 无轨电车 | | 地铁 | 轻轨 | 有轨电车 | | |
| **全 国** | **744883** | **687256** | **57627** | **608636** | **185512** | **5300** | **2241** | **23791** | **22072** | **1275** | **412** | **1404013** | **282** |
| 北 京 | 45695 | 32685 | 13010 | 22688 | 8130 | 50 | 950 | 5204 | 5204 | | | 68484 | |
| 天 津 | 17003 | 14649 | 2354 | 12699 | 629 | | | 956 | 780 | 152 | 24 | 31940 | |
| 河 北 | 30701 | 30701 | | 30091 | 10431 | | | | | | | 73114 | |
| 山 西 | 14419 | 14419 | | 12950 | 3595 | | 106 | | | | | 43120 | |
| 内蒙古 | 11813 | 11813 | | 11479 | 4784 | | | | | | | 73929 | |
| 辽 宁 | 30464 | 28224 | 2240 | 23627 | 5845 | 191 | 66 | 904 | 624 | 208 | 72 | 92943 | |
| 吉 林 | 12592 | 12080 | 512 | 12403 | 4932 | | | 398 | | 351 | 47 | 71170 | |
| 黑龙江 | 21896 | 21701 | 195 | 19507 | 5943 | 516 | | 78 | 78 | | | 105368 | 38 |
| 上 海 | 30722 | 20659 | 10063 | 16693 | 73 | | 286 | 4025 | 4008 | | | 47271 | 44 |
| 江 苏 | 55464 | 50738 | 4726 | 42521 | 11525 | 106 | | 1984 | 1750 | | 234 | 61154 | 15 |
| 浙 江 | 41514 | 39264 | 2250 | 35767 | 8076 | | 150 | 900 | 900 | | | 44046 | 5 |
| 安 徽 | 23593 | 23263 | 330 | 20144 | 6024 | 28 | | 132 | 132 | | | 55373 | |
| 福 建 | 20686 | 20326 | 360 | 18324 | 3471 | | | 144 | 144 | | | 24961 | 29 |
| 江 西 | 12333 | 11928 | 405 | 10792 | 1553 | | | 162 | 162 | | | 17900 | 3 |
| 山 东 | 64070 | 63732 | 338 | 58573 | 16315 | 93 | 231 | 151 | 144 | | 7 | 72081 | 2 |
| 河 南 | 30260 | 29615 | 645 | 27251 | 4319 | 80 | 67 | 258 | 258 | | | 61899 | |
| 湖 北 | 28327 | 25562 | 2765 | 21979 | 7749 | 50 | 106 | 1106 | 1106 | | | 42125 | 54 |
| 湖 南 | 28763 | 27912 | 851 | 24483 | 3577 | | | 345 | 330 | | | 36221 | 11 |
| 广 东 | 79180 | 68965 | 10215 | 61379 | 16309 | 3689 | 279 | 4086 | 4058 | | 28 | 70374 | 63 |
| 广 西 | 13972 | 13828 | 144 | 12896 | 1841 | | | 144 | 144 | | | 21221 | |
| 海 南 | 3719 | 3719 | | 3520 | 693 | 281 | | | | | | 7241 | |
| 重 庆 | 16692 | 14698 | 1994 | 13026 | 9384 | | | 978 | 414 | 564 | | 23749 | 18 |
| 四 川 | 36255 | 33840 | 2415 | 29093 | 20001 | 95 | | 966 | 966 | | | 43350 | |
| 贵 州 | 9698 | 9698 | | 8565 | 4085 | 61 | | | | | | 28713 | |
| 云 南 | 16382 | 16142 | 240 | 16016 | 1287 | | | 240 | 240 | | | 29454 | |
| 西 藏 | 814 | 814 | | 654 | 15 | | | | | | | 2616 | |
| 陕 西 | 17934 | 16359 | 1575 | 14341 | 7691 | 50 | | 630 | 630 | | | 36232 | |
| 甘 肃 | 7624 | 7624 | | 7451 | 3387 | | | | | | | 36377 | |
| 青 海 | 4073 | 4073 | | 3861 | 2483 | | | | | | | 13141 | |
| 宁 夏 | 4532 | 4532 | | 4093 | 3030 | 10 | | | | | | 16101 | |
| 新 疆 | 13695 | 13695 | | 11770 | 8335 | | | | | | | 52345 | |

注：1.轨道交通车辆中包括上海磁悬浮车辆17辆。
2.2014年起，公共汽电车、轨道交通车辆数为经过折算后的标准营运台数，与往年数据不可比，下表同。

# 7-5-52 各地区城市公共交通客运量

单位：万人次

| 地　区 | 客运总量 | 公共汽电车 | 轨道交通 | 出租汽车 | 轮渡 |
|---|---|---|---|---|---|
| **全　国** | **12851509** | **7453529** | **1615081** | **3773522** | **9377** |
| 北　京 | 782618 | 369019 | 365934 | 47665 | |
| 天　津 | 218255 | 149935 | 30855 | 37465 | |
| 河　北 | 348752 | 209596 | | 139156 | |
| 山　西 | 254325 | 151199 | | 103126 | |
| 内蒙古 | 306672 | 136933 | | 169739 | |
| 辽　宁 | 719554 | 394314 | 45193 | 280047 | |
| 吉　林 | 379176 | 172093 | 8078 | 199005 | |
| 黑龙江 | 596201 | 266009 | 6850 | 323026 | 316 |
| 上　海 | 666693 | 239112 | 340106 | 86240 | 1235 |
| 江　苏 | 718368 | 464564 | 107023 | 146362 | 419 |
| 浙　江 | 533762 | 380455 | 36845 | 116193 | 269 |
| 安　徽 | 407687 | 224882 | 70 | 182735 | |
| 福　建 | 317259 | 241201 | 179 | 73044 | 2835 |
| 江　西 | 198591 | 128619 | 7958 | 61976 | 38 |
| 山　东 | 556870 | 423776 | 1121 | 131924 | 49 |
| 河　南 | 439202 | 264703 | 12376 | 162123 | |
| 湖　北 | 565377 | 339356 | 71659 | 153036 | 1326 |
| 湖　南 | 500096 | 319743 | 16033 | 164268 | 52 |
| 广　东 | 1254222 | 698673 | 388964 | 163973 | 2612 |
| 广　西 | 179781 | 139583 | 642 | 39556 | |
| 海　南 | 65321 | 48240 | | 17081 | |
| 重　庆 | 440289 | 270831 | 69343 | 99886 | 229 |
| 四　川 | 651281 | 413367 | 56217 | 181697 | |
| 贵　州 | 325984 | 182464 | | 143520 | |
| 云　南 | 272104 | 174679 | 8821 | 88604 | |
| 西　藏 | 23776 | 9177 | | 14599 | |
| 陕　西 | 414564 | 252910 | 40816 | 120838 | |
| 甘　肃 | 216662 | 131224 | | 85438 | |
| 青　海 | 75946 | 46145 | | 29801 | |
| 宁　夏 | 88220 | 45049 | | 43171 | |
| 新　疆 | 333904 | 165675 | | 168229 | |

注：上海轨道交通客运量含江苏(昆山)境内约1713万人次。

# 7-5-53 省会城市和计划单列市公共交通运营线路总长度(2016年底)

单位：公里

| 城市 | 公共汽车、无轨电车 | 公交专用车道 | 轨道交通 | | | |
|---|---|---|---|---|---|---|
| | | | | 地铁 | 轻轨 | 有轨电车 |
| 北京 | 19818 | 845 | 574 | 574 | | |
| 天津 | 17757 | 65 | 175 | 115 | 52 | 8 |
| 石家庄 | 3715 | 18 | | | | |
| 太原 | 3250 | 295 | | | | |
| 呼和浩特 | 2154 | 107 | | | | |
| 沈阳 | 4341 | 260 | 54 | 54 | | |
| 大连 | 4541 | 261 | 167 | 42 | 101 | 24 |
| 长春 | 4618 | 161 | 64 | | 47 | 17 |
| 哈尔滨 | 5435 | 66 | 17 | 17 | | |
| 上海 | 24169 | 325 | 618 | 588 | | |
| 南京 | 9843 | 152 | 232 | 224 | | 8 |
| 杭州 | 13866 | 164 | 82 | 82 | | |
| 宁波 | 9467 | 117 | 75 | 75 | | |
| 合肥 | 3240 | 62 | 25 | 25 | | |
| 福州 | 4457 | 124 | 9 | 9 | | |
| 厦门 | 7083 | 54 | | | | |
| 南昌 | 4724 | 28 | 29 | 29 | | |
| 青岛 | 8932 | 166 | 33 | 25 | | 9 |
| 济南 | 4765 | 191 | | | | |
| 郑州 | 4600 | 121 | 46 | 46 | | |
| 武汉 | 6001 | 287 | 180 | 180 | | |
| 长沙 | 4519 | 190 | 69 | 50 | | |
| 广州 | 20831 | 458 | 309 | 301 | | 8 |
| 深圳 | 21177 | 479 | 285 | 285 | | |
| 南宁 | 3802 | 47 | 32 | 32 | | |
| 海口 | 2411 | 25 | | | | |
| 重庆 | 14352 | | 213 | 115 | 99 | |
| 成都 | 8347 | 432 | 106 | 106 | | |
| 贵阳 | 4412 | 13 | | | | |
| 昆明 | 12855 | 95 | 46 | 46 | | |
| 拉萨 | 667 | | | | | |
| 西安 | 6398 | 239 | 89 | 89 | | |
| 兰州 | 1769 | 9 | | | | |
| 西宁 | 1420 | | | | | |
| 银川 | 2230 | 75 | | | | |
| 乌鲁木齐 | 3175 | 121 | | | | |

注：上海市轨道交通合计中包括磁悬浮运营线路总长度29公里；广州轨道交通运营线路长度含佛山境内约21公里。

# 7-5-54 省会城市和计划单列市公共交通运营车(船)拥有量(2016年底)

单位：辆

| 城市 | 公共汽电车、轨道交通车辆合计(标台) | | | 公共汽电车 | | | | 轨道交通 | | | | 出租汽车 | 轮渡运营船数(艘) |
|---|---|---|---|---|---|---|---|---|---|---|---|---|---|
| | 合计 | 公共汽电车 | 轨道交通 | 公共汽电车 | #天然气车 | 液化石油气车 | 无轨电车 | 轨道交通 | 地铁 | 轻轨 | 有轨电车 | | |
| 北京 | 45695 | 32685 | 13010 | 22688 | 8130 | 50 | 950 | 5204 | 5204 | | | 68484 | |
| 天津 | 17003 | 14649 | 2354 | 12699 | 629 | | | 956 | 780 | 152 | 24 | 31940 | |
| 石家庄 | 5925 | 5925 | | 4882 | 3589 | | | | | | | 7749 | |
| 太原 | 2945 | 2945 | | 2253 | 1160 | | 106 | | | | | 8492 | |
| 呼和浩特 | 2288 | 2288 | | 1769 | 1769 | | | | | | | 6568 | |
| 沈阳 | 8334 | 7494 | 840 | 5701 | 1524 | 30 | | 336 | 336 | | | 18587 | |
| 大连 | 8012 | 6612 | 1400 | 5305 | 1433 | | 66 | 568 | 288 | 208 | 72 | 11185 | |
| 长春 | 5269 | 4757 | 512 | 4505 | 3251 | | | 398 | | 351 | 47 | 18534 | |
| 哈尔滨 | 9621 | 9426 | 195 | 7408 | 4947 | 61 | | 78 | 78 | | | 18193 | 38 |
| 上海 | 30722 | 20659 | 10063 | 16693 | 73 | | 286 | 4025 | 4008 | | | 47271 | 44 |
| 南京 | 14052 | 11139 | 2913 | 8907 | 2899 | 23 | | 1194 | 1154 | | 40 | 13790 | 15 |
| 杭州 | 12118 | 10783 | 1335 | 8770 | 2929 | | 150 | 534 | 534 | | | 12209 | |
| 宁波 | 7197 | 6282 | 915 | 5110 | 1618 | | | 366 | 366 | | | 4627 | 2 |
| 合肥 | 6635 | 6305 | 330 | 4916 | 2274 | | | 132 | 132 | | | 9402 | |
| 福州 | 5727 | 5367 | 360 | 4386 | 769 | | | 144 | 144 | | | 6345 | 2 |
| 厦门 | 6093 | 6093 | | 4819 | 723 | | | | | | | 5860 | 27 |
| 南昌 | 4488 | 4083 | 405 | 3423 | 512 | | | 162 | 162 | | | 5453 | |
| 济南 | 6912 | 6912 | | 5476 | 1683 | | 121 | | | | | 8949 | |
| 青岛 | 9596 | 9258 | 338 | 7210 | 3115 | | 110 | 151 | 144 | | 7 | 10048 | 2 |
| 郑州 | 8951 | 8306 | 645 | 6230 | 383 | | - | 258 | 258 | | | 10908 | |
| 武汉 | 14343 | 11578 | 2765 | 8970 | 2244 | | 106 | 1106 | 1106 | | | 17376 | 36 |
| 长沙 | 10151 | 9300 | 851 | 7187 | 581 | | - | 345 | 330 | | | 7816 | |
| 广州 | 22180 | 16960 | 5220 | 14074 | 3203 | 3689 | 279 | 2088 | 2060 | | 28 | 22101 | 48 |
| 深圳 | 23624 | 18899 | 4725 | 15483 | 621 | | | 1890 | 1890 | | | 17842 | |
| 南宁 | 4688 | 4544 | 144 | 3565 | 1361 | | | 144 | 144 | | | 6820 | |
| 海口 | 1836 | 1836 | | 1597 | 588 | | | | | | | 2680 | |
| 重庆 | 15551 | 13557 | 1994 | 11832 | 8951 | | | 978 | 414 | 564 | | 21100 | 5 |
| 成都 | 16314 | 13899 | 2415 | 11255 | 10488 | | | 966 | 966 | | | 13496 | |
| 贵阳 | 3812 | 3812 | | 3117 | 2965 | | | | | | | 8034 | |
| 昆明 | 8072 | 7832 | 240 | 6517 | 831 | | | 240 | 240 | | | 8187 | |
| 拉萨 | 674 | 674 | | 522 | 15 | | | | | | | 1668 | |
| 西安 | 10593 | 9018 | 1575 | 7698 | 5302 | | | 630 | 630 | | | 13812 | |
| 兰州 | 3233 | 3233 | | 2680 | 2564 | | | | | | | 9583 | |
| 西宁 | 2099 | 2099 | | 1687 | 1454 | | | | | | | 5666 | |
| 银川 | 2246 | 2246 | | 1818 | 1818 | | | | | | | 4930 | |
| 乌鲁木齐 | 6104 | 6104 | | 4668 | 4002 | | | | | | | 12338 | |

注：轨道交通车辆中包括上海磁悬浮车辆17辆。

# 7-5-55 省会城市和计划单列市公共交通客运量

单位：万人次

| 城　市 | 客运总量 | 公共汽电车 | 轨道交通 | 出租汽车 | 轮渡 |
|---|---|---|---|---|---|
| 北　京 | 782618 | 369019 | 365934 | 47665 | |
| 天　津 | 218255 | 149935 | 30855 | 37465 | |
| 石家庄 | 71785 | 54600 | | 17185 | |
| 太　原 | 61602 | 43515 | | 18087 | |
| 呼和浩特 | 51878 | 41474 | | 10404 | |
| 沈　阳 | 177774 | 98186 | 29723 | 49865 | |
| 大　连 | 137359 | 93311 | 15470 | 28578 | |
| 长　春 | 110863 | 69337 | 8078 | 33448 | |
| 哈尔滨 | 198405 | 134330 | 6850 | 56909 | 316 |
| 上　海 | 666693 | 239112 | 340106 | 86240 | 1235 |
| 南　京 | 198014 | 92723 | 83153 | 21719 | 419 |
| 杭　州 | 190826 | 141441 | 26877 | 22508 | |
| 宁　波 | 63201 | 41963 | 9968 | 11081 | 189 |
| 合　肥 | 88076 | 60270 | 70 | 27736 | |
| 福　州 | 76436 | 53316 | 179 | 22936 | 5 |
| 厦　门 | 107855 | 88492 | | 16533 | 2830 |
| 南　昌 | 69841 | 42580 | 7958 | 19303 | |
| 济　南 | 87171 | 74086 | | 13085 | |
| 青　岛 | 117933 | 99596 | 1121 | 17167 | 49 |
| 郑　州 | 129046 | 91039 | 12376 | 25631 | |
| 武　汉 | 263190 | 147388 | 71659 | 43300 | 843 |
| 长　沙 | 112719 | 68162 | 16033 | 28524 | |
| 广　州 | 557236 | 241558 | 257119 | 56301 | 2258 |
| 深　圳 | 353875 | 186799 | 129714 | 37362 | |
| 南　宁 | 55347 | 44287 | 642 | 10418 | |
| 海　口 | 38771 | 29466 | | 9305 | |
| 重　庆 | 405098 | 250283 | 69343 | 85294 | 178 |
| 成　都 | 241130 | 155108 | 56217 | 29805 | |
| 贵　阳 | 93051 | 59737 | | 33314 | |
| 昆　明 | 112067 | 88394 | 8821 | 14852 | |
| 拉　萨 | 15676 | 8208 | | 7468 | |
| 西　安 | 231409 | 147089 | 40816 | 43504 | |
| 兰　州 | 105438 | 78637 | | 26801 | |
| 西　宁 | 54574 | 35821 | | 18753 | |
| 银　川 | 44685 | 31025 | | 13660 | |
| 乌鲁木齐 | 114119 | 85920 | | 28199 | |

# 7-5-56 邮政主要业务量

| 指标 | | 2009 | 2010 | 2011 | 2012 | 2013 | 2014 | 2015 | 2016 |
|---|---|---|---|---|---|---|---|---|---|
| 邮政行业业务总量 | (亿元) | 1639.9 | 1985.3 | 1607.7 | 2036.8 | 2725.1 | 3696.1 | 5078.7 | 7397.2 |
| 函件 | (万件) | 753244.8 | 740141.0 | 737840.5 | 707405.0 | 634148.8 | 560955.7 | 458142.2 | 361948.3 |
| 包裹 | (万件) | 7229.6 | 6642.5 | 6883.0 | 6875.5 | 6924.8 | 6024.2 | 4243.4 | 2794.0 |
| 快递 | (万件) | 185784.8 | 233892.0 | 367311.1 | 568548.0 | 918674.9 | 1395925.3 | 2066636.8 | 3128315.1 |
| 汇兑 | (万笔) | 27177.4 | 28043.2 | 26474.3 | 22913.4 | 18520.6 | 12527.4 | 8241.7 | 5804.4 |
| 订销报纸累计份数 | (万份) | 1621040.2 | 1717080.6 | 1817050.7 | 1892652.5 | 1942934.7 | 1912277.3 | 1880361.3 | 1786989.7 |
| 订销杂志累计份数 | (万份) | 102073.1 | 104756.3 | 107701.6 | 112009.7 | 113720.0 | 107618.1 | 99977.1 | 84415.0 |
| 报刊期发数 | (万份) | 13909.5 | 17158.3 | 15007.7 | 15401.6 | 15140.9 | 14936.8 | 15539.5 | 13617.5 |
| 纪特邮票 | (万枚) | 110088.5 | 114622.5 | 102857.5 | 118276.0 | 118335.3 | 138990.4 | 157000.8 | 154320.6 |

注：1.邮政业务总量、快递的统计口径2006年及以前为中国邮政集团，2007年起为规模以上(年业务收入200万元以上)邮政业法人企业数据，2013年起为全国邮政企业和获得快递业务经营许可的快递服务企业(下表同)。

2.邮政业务总量2010年及以前按2000年不变价格计算；2011年按2010年不变价格计算，按可比价格比上年增长25.0%。

# 7–5–57 各地区邮政主要业务量

| 地 区 | 邮政行业业务总量（亿元） | 函 件（万件） | 包 裹（万件） | 汇 兑（万笔） | 订销报纸累计份数（万份） | 订销杂志累计份数（万份） | 报刊期发 数（万份） | 纪特邮票（万枚） |
|---|---|---|---|---|---|---|---|---|
| **全 国** | **7397.2** | **361948.3** | **2794.0** | **5804.4** | **1786989.7** | **84415.0** | **13617.5** | **154320.6** |
| 北 京 | 386.0 | 44083.8 | 260.9 | 226.5 | 67818.7 | 2849.2 | 475.1 | 14258.9 |
| 天 津 | 86.5 | 4752.0 | 72.3 | 49.6 | 18754.8 | 920.6 | 136.5 | 4014.4 |
| 河 北 | 196.8 | 7003.2 | 132.5 | 115.2 | 82409.8 | 3561.9 | 1095.0 | 4641.3 |
| 山 西 | 56.9 | 2649.8 | 46.1 | 98.4 | 51796.8 | 1701.3 | 310.1 | 3641.7 |
| 内蒙古 | 27.2 | 871.2 | 25.8 | 139.8 | 32818.6 | 1115.1 | 181.4 | 2755.0 |
| 辽 宁 | 101.4 | 4420.8 | 107.1 | 258.6 | 52228.1 | 2490.0 | 361.5 | 4573.0 |
| 吉 林 | 46.0 | 1522.7 | 62.2 | 107.9 | 28525.8 | 1147.1 | 162.3 | 3597.5 |
| 黑龙江 | 68.7 | 3659.2 | 65.6 | 92.2 | 42451.5 | 2086.6 | 255.2 | 5777.4 |
| 上 海 | 564.2 | 82598.0 | 274.9 | 325.3 | 87823.6 | 2686.1 | 706.5 | 9081.2 |
| 江 苏 | 663.7 | 33290.8 | 164.9 | 522.9 | 147455.3 | 6942.2 | 1063.0 | 10339.9 |
| 浙 江 | 1250.7 | 33785.9 | 139.8 | 342.3 | 130594.0 | 5526.7 | 974.4 | 7856.9 |
| 安 徽 | 174.9 | 6062.2 | 68.4 | 61.7 | 65198.4 | 4048.3 | 528.5 | 6102.3 |
| 福 建 | 300.7 | 10867.6 | 63.1 | 167.1 | 69728.8 | 3133.5 | 449.8 | 6222.0 |
| 江 西 | 100.3 | 3243.8 | 56.5 | 111.5 | 54995.4 | 2348.6 | 410.8 | 5935.5 |
| 山 东 | 301.6 | 10627.1 | 193.0 | 256.1 | 117786.8 | 6347.8 | 927.7 | 7570.1 |
| 河 南 | 233.2 | 9496.4 | 160.0 | 490.3 | 111156.0 | 4554.1 | 1031.9 | 7128.6 |
| 湖 北 | 192.1 | 6318.2 | 71.9 | 73.0 | 65536.1 | 3033.5 | 434.0 | 6533.1 |
| 湖 南 | 143.4 | 3040.1 | 40.5 | 135.1 | 66138.5 | 4527.2 | 559.9 | 4664.2 |
| 广 东 | 1886.3 | 70410.8 | 148.8 | 707.9 | 77811.5 | 5593.7 | 677.6 | 8702.0 |
| 广 西 | 63.7 | 2784.7 | 72.7 | 134.5 | 35236.6 | 2781.2 | 332.0 | 2297.4 |
| 海 南 | 16.9 | 489.2 | 11.1 | 28.6 | 17950.0 | 539.3 | 96.5 | 987.3 |
| 重 庆 | 79.2 | 2301.1 | 38.6 | 45.9 | 34215.7 | 2341.6 | 326.0 | 2915.9 |
| 四 川 | 199.0 | 3755.3 | 102.7 | 190.7 | 96050.3 | 4128.6 | 660.8 | 5399.9 |
| 贵 州 | 42.7 | 4385.0 | 11.4 | 244.6 | 34039.2 | 1843.1 | 226.1 | 4808.8 |
| 云 南 | 50.0 | 3647.6 | 91.6 | 354.9 | 46836.3 | 1697.8 | 264.9 | 2311.1 |
| 西 藏 | 3.1 | 322.4 | 9.2 | 39.3 | 10466.2 | 331.5 | 63.3 | 713.2 |
| 陕 西 | 92.0 | 2176.5 | 95.9 | 74.4 | 47240.0 | 2535.8 | 316.1 | 4146.5 |
| 甘 肃 | 22.2 | 1029.0 | 50.7 | 84.5 | 31012.9 | 1295.2 | 192.9 | 2216.0 |
| 青 海 | 4.8 | 321.5 | 15.9 | 30.4 | 9924.0 | 264.3 | 17.0 | 849.0 |
| 宁 夏 | 15.2 | 484.5 | 11.0 | 25.3 | 6322.3 | 340.1 | 44.5 | 1495.0 |
| 新 疆 | 27.5 | 1548.1 | 129.2 | 270.0 | 46667.9 | 1703.3 | 336.6 | 2785.4 |

# 7-5-58 邮政业营业网点及邮路

| 指　　标 | | 2008 | 2009 | 2010 | 2011 | 2012 | 2013 | 2014 | 2015 | 2016 |
|---|---|---|---|---|---|---|---|---|---|---|
| 邮政业营业网点 | (处) | 69146 | 65672 | 75739 | 78667 | 95572 | 125115 | 137562 | 188637 | 216708 |
| 信筒信箱 | (个) | 224023 | 206597 | 171043 | 148206 | 150271 | 147351 | 142330 | 129572 | 127678 |
| 邮路总长度(单程) | (公里) | 3693464 | 4027751 | 4635569 | 5140272 | 5855107 | 5897229 | 6305556 | 6376429 | 6585049 |
| #航空邮路 | (公里) | 1908316 | 2178332 | 2529232 | 2718292 | 3160292 | 3334949 | 3622873 | 3558821 | 3712222 |
| 铁路邮路 | (公里) | 236860 | 248876 | 269700 | 309027 | 320144 | 395809 | 232976 | 218014 | 203729 |
| 汽车邮路 | (公里) | 1385102 | 1450782 | 1753027 | 2017483 | 2289077 | 2070847 | 2361997 | 2486461 | 2644714 |
| 城市投递段道(单程) | (公里) | 1111749 | 1324378 | 1461321 | 1171464 | 1327674 | 1282319 | 1435111 | 1371041 | 1474841 |
| 农村投递路线(单程) | (公里) | 3656936 | 3676051 | 3690561 | 3632579 | 3731657 | 3744733 | 3775875 | 3756043 | 3767660 |

注：营业网点1998年及以前为邮电局所，1999—2006年为邮政局所，统计口径从2002年起为邮政局所和邮政代办点，2007年邮政业营业网点数据包括邮政企业和年业务收入200万元以上快递企业，2013年起为全国邮政企业和获得快递业务经营许可的快递服务企业。

# 7-5-59 分地区邮政营业网点及邮路

| 地区 | 邮政业营业网点(处) | 信筒信箱(个) | 邮路总长度(单程)(公里) | | | | 城市投递段道(单程)(公里) | 农村投递路线(单程)(公里) |
|---|---|---|---|---|---|---|---|---|
| | | | | #航空邮路 | #铁路邮路 | #汽车邮路 | | |
| **全国** | **216708** | **127678** | **6585049** | **3712222** | **203729** | **2644714** | **1474841** | **3767660** |
| 北京 | 7156 | 5403 | 597079 | 510002 | 23768 | 62366 | 51423 | 19732 |
| 天津 | 1956 | 3478 | 141418 | 116410 | 2436 | 22572 | 23832 | 19879 |
| 河北 | 6537 | 2788 | 149981 | 41384 | 1583 | 105751 | 63328 | 191529 |
| 山西 | 5972 | 1362 | 96086 | 50378 | 4153 | 41554 | 36276 | 108813 |
| 内蒙古 | 4150 | 1381 | 266580 | 163700 | 2316 | 100107 | 53522 | 114414 |
| 辽宁 | 5937 | 4002 | 278423 | 203459 | 5871 | 68978 | 62046 | 113454 |
| 吉林 | 3748 | 1205 | 126118 | 84486 | 3444 | 37743 | 31366 | 92792 |
| 黑龙江 | 4714 | 2718 | 152970 | 84721 | 12202 | 56047 | 44089 | 120742 |
| 上海 | 7629 | 3075 | 234650 | 161361 | 10921 | 61673 | 69443 | 26899 |
| 江苏 | 12951 | 9236 | 205555 | | | 205555 | 104359 | 255754 |
| 浙江 | 11948 | 26489 | 694120 | 361407 | 29735 | 299963 | 96434 | 184694 |
| 安徽 | 7528 | 2511 | 61376 | | 1109 | 60144 | 37724 | 141849 |
| 福建 | 7418 | 8368 | 227354 | 129466 | 1302 | 96088 | 37707 | 93164 |
| 江西 | 6561 | 2181 | 94041 | 20800 | | 72911 | 33436 | 89872 |
| 山东 | 10221 | 6053 | 439671 | 269749 | 3208 | 166578 | 106090 | 281238 |
| 河南 | 10827 | 4271 | 153231 | 40019 | 3508 | 109704 | 63882 | 190288 |
| 湖北 | 11812 | 2575 | 178815 | 69988 | 3209 | 105618 | 52423 | 194241 |
| 湖南 | 8004 | 2470 | 96802 | | | 96710 | 61927 | 212358 |
| 广东 | 21602 | 5965 | 448236 | 199604 | 32860 | 214952 | 144351 | 234641 |
| 广西 | 6166 | 4765 | 252893 | 186427 | | 66056 | 28156 | 107556 |
| 海南 | 1740 | 3240 | 91151 | 74575 | | 16101 | 16427 | 28861 |
| 重庆 | 4955 | 1993 | 137210 | 86402 | 5668 | 45140 | 28513 | 51129 |
| 四川 | 16532 | 11062 | 272761 | 138244 | 2121 | 124697 | 45740 | 182810 |
| 贵州 | 6074 | 2048 | 100813 | 51422 | | 49391 | 26131 | 67222 |
| 云南 | 6306 | 1904 | 278529 | 158880 | 14482 | 101133 | 33121 | 170917 |
| 西藏 | 965 | 734 | 57598 | 36600 | 1972 | 19026 | 5666 | 104031 |
| 陕西 | 6435 | 1719 | 209355 | 134173 | 3451 | 69986 | 32718 | 124306 |
| 甘肃 | 4635 | 2081 | 192557 | 112234 | 3843 | 76293 | 35920 | 144652 |
| 青海 | 986 | 351 | 95136 | 61467 | | 33669 | 7354 | 35253 |
| 宁夏 | 1297 | 328 | 52782 | 41463 | 2315 | 8439 | 10259 | 9008 |
| 新疆 | 3946 | 1922 | 201760 | 123401 | 28252 | 49770 | 31177 | 55564 |

# 7-5-60 邮政通信服务水平

| 指　　标 | | 2008 | 2009 | 2010 | 2011 | 2012 | 2013 | 2014 | 2015 | 2016 |
|---|---|---|---|---|---|---|---|---|---|---|
| 已通邮的行政村比重 | (%) | 98.5 | 98.8 | 99.0 | 98.0 | 99.1 | 99.2 | 99.4 | 99.8 | 99.4 |
| 城区每日平均投递次数 | (次) | 2.1 | 2.0 | 2.1 | 2.1 | 2.0 | 2.0 | 2.1 | 1.9 | 2.0 |
| 农村每周平均投递次数 | (次) | 5.0 | 5.0 | 4.9 | 5.0 | 5.0 | 5.0 | 4.8 | 4.9 | 5.0 |
| 平均每一营业网点服务面积 | (平方公里) | 138.8 | 146.2 | 126.8 | 122.0 | 100.4 | 76.7 | 69.8 | 50.9 | 44.3 |
| 平均每一营业网点服务人口 | (万人) | 1.9 | 2.0 | 1.8 | 1.7 | 1.4 | 1.1 | 1.0 | 0.7 | 0.6 |
| 平均每人每年发函件数 | (件) | 5.6 | 5.7 | 5.5 | 5.5 | 5.2 | 4.7 | 4.1 | 3.3 | 2.7 |
| 平均每百人每年订报刊数 | (份) | 11.9 | 10.4 | 12.8 | 11.1 | 11.4 | 11.1 | 10.9 | 11.3 | 9.9 |

# 7-5-61 各地区邮政通信服务水平

| 地 区 | 平均每一营业网点服务面积(平方公里) | 平均每一营业网点服务人口(万人) | 城区每日平均投递次数(次) | 农村每周平均投递次数(次) |
|---|---|---|---|---|
| **全 国** | **44.30** | **0.64** | **2.0** | **5.0** |
| 北 京 | 2.58 | 2.77 | 1.9 | 7.8 |
| 天 津 | 6.09 | 0.80 | 2.0 | 6.4 |
| 河 北 | 28.88 | 1.14 | 1.7 | 5.6 |
| 山 西 | 26.24 | 0.60 | 1.9 | 5.8 |
| 内蒙古 | 285.06 | 0.60 | 1.4 | 3.7 |
| 辽 宁 | 24.90 | 0.74 | 2.3 | 4.5 |
| 吉 林 | 50.00 | 0.70 | 1.7 | 4.2 |
| 黑龙江 | 100.30 | 0.80 | 1.8 | 4.6 |
| 上 海 | 0.80 | 0.30 | 2.2 | 11.1 |
| 江 苏 | 8.30 | 0.60 | 2.1 | 7.2 |
| 浙 江 | 8.50 | 0.47 | 2.0 | 7.2 |
| 安 徽 | 18.52 | 0.80 | 1.9 | 5.7 |
| 福 建 | 16.72 | 0.52 | 1.8 | 4.9 |
| 江 西 | 25.44 | 0.70 | 1.8 | 4.6 |
| 山 东 | 15.46 | 0.96 | 2.1 | 6.3 |
| 河 南 | 15.42 | 1.00 | 2.0 | 5.6 |
| 湖 北 | 15.80 | 0.50 | 2.2 | 5.2 |
| 湖 南 | 26.46 | 0.85 | 1.9 | 3.9 |
| 广 东 | 8.20 | 0.50 | 2.0 | 7.7 |
| 广 西 | 38.39 | 0.78 | 1.7 | 3.7 |
| 海 南 | 20.32 | 0.53 | 2.0 | 6.8 |
| 重 庆 | 16.60 | 0.60 | 2.1 | 4.9 |
| 四 川 | 29.40 | 0.50 | 2.2 | 4.2 |
| 贵 州 | 29.00 | 0.58 | 1.8 | 4.2 |
| 云 南 | 61.85 | 0.75 | 1.7 | 3.3 |
| 西 藏 | 1273.00 | 0.34 | 1.4 | 1.4 |
| 陕 西 | 31.98 | 0.59 | 1.8 | 4.1 |
| 甘 肃 | 110.00 | 1.78 | 1.8 | 3.9 |
| 青 海 | 731.24 | 1.30 | 1.5 | 2.2 |
| 宁 夏 | 51.20 | 0.52 | 1.7 | 5.9 |
| 新 疆 | 421.92 | 0.61 | 1.7 | 3.9 |

# 7-5-62 快递业务量

| 年 份<br>地 区 | 快 递<br>(万件) | 快递业务收入<br>(万元) |
|---|---|---|
| 1990 | 343.3 | |
| 1991 | 566.7 | |
| 1992 | 959.2 | |
| 1993 | 2156.2 | |
| 1994 | 4019.5 | |
| 1995 | 5562.7 | |
| 1996 | 7096.6 | |
| 1997 | 6878.9 | |
| 1998 | 7667.7 | |
| 1999 | 9091.3 | |
| 2000 | 11031.4 | |
| 2001 | 12652.7 | |
| 2002 | 14036.2 | |
| 2003 | 17237.8 | |
| 2004 | 19771.9 | |
| 2005 | 22880.3 | |
| 2006 | 26988.0 | |
| 2007 | 120189.6 | 3425851.6 |
| 2008 | 151329.3 | 4084274.6 |
| 2009 | 185785.8 | 4790030.7 |
| 2010 | 233892.0 | 5746029.8 |
| 2011 | 367311.1 | 7579878.2 |
| 2012 | 568548.0 | 10553324.2 |
| 2013 | 918674.9 | 14416815.3 |
| 2014 | 1395925.3 | 20453586.2 |
| 2015 | 2066636.8 | 27696465.9 |
| 2016 | 3128315.1 | 39743601.3 |
| 北 京 | 196029.0 | 2565681.3 |
| 天 津 | 41005.4 | 634879.9 |
| 河 北 | 90392.4 | 942582.7 |
| 山 西 | 18665.2 | 221412.2 |
| 内蒙古 | 8470.6 | 185011.0 |
| 辽 宁 | 39825.9 | 556909.3 |
| 吉 林 | 13894.0 | 251313.4 |
| 黑龙江 | 21769.8 | 331634.7 |
| 上 海 | 260274.4 | 7095143.5 |
| 江 苏 | 283823.2 | 3391633.5 |
| 浙 江 | 598770.0 | 5412544.6 |
| 安 徽 | 68878.3 | 705619.0 |
| 福 建 | 128985.8 | 1348336.3 |
| 江 西 | 38304.6 | 412915.5 |
| 山 东 | 120533.9 | 1389811.6 |
| 河 南 | 83875.3 | 943664.1 |
| 湖 北 | 77348.1 | 871650.5 |
| 湖 南 | 48603.5 | 515976.6 |
| 广 东 | 767241.6 | 8802789.8 |
| 广 西 | 22835.4 | 338879.1 |
| 海 南 | 4869.4 | 100338.6 |
| 重 庆 | 28382.5 | 389617.2 |
| 四 川 | 80147.8 | 963552.7 |
| 贵 州 | 11260.1 | 217919.1 |
| 云 南 | 17445.8 | 289569.0 |
| 西 藏 | 734.4 | 20713.0 |
| 陕 西 | 36901.6 | 456462.2 |
| 甘 肃 | 6065.1 | 125040.5 |
| 青 海 | 1078.6 | 30040.5 |
| 宁 夏 | 3241.5 | 58591.2 |
| 新 疆 | 8661.9 | 173369.1 |

注：快递业务量2006年及以前为邮政特快专递，2007年起为规模以上(年业务收入200万元以上)快递服务企业业务量，2013年起为获得快递业务经营许可的快递服务企业业务量。

## 【主要统计指标解释】

**铁路营业里程** 又称营业长度（包括正式营业里程和临时营业里程），指办理客货运输业务的铁路正线总长度。凡是全线或部分建成双线及以上的线路，以第一线的实际长度计算；复线、站线、段管线、岔线和特殊用途线以及不计算运费的联络线都不计算营业里程。

**电气化铁路里程** 指在全部铁路营业里程中已安装了供电线路及设备，可以供电力机车牵引列车运行的区段的总里程。

**公路里程** 指报告期末公路的实际长度。统计范围：包括城间、城乡间、乡（村）间能行驶汽车的公共道路，公路通过城镇街道的里程，公路桥梁长度、隧道长度、渡口宽度。不包括城市街道里程，断头路里程，农（林）业生产用道路里程，工（矿）企业等内部道路里程。统计原则：按已竣工验收或交付使用的实际里程计算；两条或多条公路共同经由同一路段的重复里程，只计算一次。

**内河航道里程** 指报告期末在江河、湖泊、水库、渠道和运河水域内，船舶、排筏在不同水位期可以通航的实际航道里程数。内河航道里程按主航道中心线实际长度计算。两省以河为界的航道里程，双方均按一半计算。

**定期航班航线里程** 指定期航班营运里程的总长度，以万公里为计算单位。航线里程的统计分为按重复距离计算和按不重复距离计算两种形式。“按重复距离计算”是指不同航线的相同航段距离可以重复累加；“按不重复距离计算”则不同航线相同航段只统计一次。

**输油（气）管道长度** 也称输油（气）里程，指油品（或天然气）的实际输送距离，一般按输油（气）管道的单线长度计算。若包括复线和备用线长度则称为输油（气）管道延展长度，是指管道铺设的实际长度。通常使用的是不包括复线的“输油（气）管道里程”。

**货（客）运量** 指在一定时期内，各种运输工具实际运送的货物（旅客）数量。货运按吨计算，客运按人计算。货物不论运输距离长短、货物类别，均按实际重量统计。旅客不论行程远近或票价多少，均按一人一次客运量统计；半价票、小孩票也按一人统计。

**货物（旅客）周转量** 指在一定时期内，由各种运输工具运送的货物（旅客）数量与其相应运输距离的乘积之总和。计算货物（旅客）周转量通常按发出站与到达站之间的最短距离，也就是计费距离计算。计算公式：货物（旅客）周转量=Σ（货物（旅客）运输量×运输距离）。

**货（客）运密度** 指报告期内某种运输方式在营运线路的某一区段平均每公里线路通过的货物（旅客）运输周转量。计算公式：货（客）运密度=货物（旅客）周转量/营业线路长度。

**旅客运输平均运距** 指报告期内平均每一位旅客的旅行距离。计算公式：旅客运输平均运距=旅客周转量/客运量。

**货物运输平均运距** 指报告期内平均每一吨货物的运输距离。计算公式：货物运输平均运距=货物周转量/货运量。

**铁路货车平均静载重** 指铁路货车在始发站静止状态下平均每车装载的货物重量，用以分析货车完成装车时车辆载重力的利用情况。计算公式：货车平均静载量=货物发送吨数/装车数。

静载重的多少取决于运送货物的性质、种类、车辆的类型和装载技术的高低。根据货车的平均标记载重与静载重进行对比，可以反映货车载重能力的利用程度。计算公式：货车载重力利用率（%）=货车平均静载重/货车平均标记载重×100%。

**铁路货运机车日产量** 指在一定时期内，平均每台货运机车在一昼夜内所完成的总重吨公里数，包括载运货物的重量和车辆本身的自重。该指标从时间和牵引能力两方面反映了机车运用效率。计算公式：货运机车平均日产量= 货运总重吨公里数/货运机车台日数。

**民用汽车拥有量** 指报告期末，在公安交通管理部门按照《机动车注册登记工作规范》，已注册登记领有民用车辆牌照的全部汽车数量。汽车拥有量统计的主要分类：根据汽车结构分为载客汽车、载货汽车及其他汽车；根据汽车所有者不同分为个人（私人）汽车、单位汽车；根据汽车的使用性质分为营运汽车、非营运汽车；根据汽车大小规格不同，载客汽车分为大型、中型、小型和微型，载货汽车分为重型、中型、轻型和微型。

**机动船** 又称自航船，指装有各种发动机推进装置，以机械动力行驶的船舶。

**驳船** 指本身无动力装置，或只设简易动力装置，依靠拖船或推船带动的平底船。

**拖船** 指专门拖带其它船舶、船队、木排的船舶。

**船舶净载重量** 指报告期末所拥有船舶的总载重量减去燃（物）料、淡水、粮食及供应品、人员及其行李等的重量及船舶常数后，能够装载货物的实际重量。

**沿海港口** 指位于海沿岸，具有一定设施和条件，供船舶停靠、旅客上下、货物装卸、生活物料供应等作业的港口。

**内河港口** 指位于江、河、湖沿岸，具有一定设施和条件，供船舶停靠、旅客上下、货物装卸、生活物料供应等作业的港口。

**港口货物吞吐量** 指经由水路进出港区范围，并经过装卸的货物数量。按货物流向分为进港吞吐量和出港吞吐量；按货物贸易性质分为内贸货物吞吐量和外贸货物吞吐量；按货物的类别分，可根据现行的交通行业标准《运输货物分类和代码》分类。

**定期航班航线条数** 指定期航班营运的航线条数。按国内航线（其中：港澳台航线）、国际航线分类统计。

**国际航线** 指航线中任一航段的起讫点（技术经停点除外）在外国领土上的航线。

**国内航线** 指航线中各航段的起讫点（技术经停点除外）都在国内的航线。

**地区航线** 指航线中任一航段的起讫点在香港、澳门或台湾的航线（经香港、澳门、台湾飞往外国的航线统计为国际航线）。

**飞机架数** 指报告期末实有在册飞机数量，包括停场待修、在厂检修的飞机和租借飞机。

**运输飞机** 从事公共航空运输的民用飞机。分为大中型飞机和小型飞机，大中型飞机指100座及以上的运输飞机，小型飞机指100座以下的运输飞机。

**正班平均载运率** 指报告期内正班飞行所完成的运输总周转量与可提供周转量之比。

**城市公共交通** 指城市中供公众乘用的、经济方便的各种交通方式的总称。包括公共汽车、电车、轨道交通（地铁、轻轨、有轨电车、磁悬浮、索道、缆车等）、出租汽车、公共轮渡等客运交通设施。

**运营线路网长度** 指公共交通线路所通过的运营线路净长度。计算公式：运营线路网长度=运营线路总长度－Σ重复的线路长度

**运营线路总长度** 指全部运营线路长度之和。计算公式：运营线路长度=Σ各条运营线路长度=Σ〔1/2（上行起点至终点里程+下行起点至终点里程+上下行终点掉头里程〕。

单向行驶的环行线路长度等于起点至终点里程与终点下客站至起点里程之和的一半，不包括折返、试车、联络线等非运营线路。

**公交专用车道** 指为了调整公共交通车辆与其他社会车辆的路权使用分配关系，提高公共交通车辆运营速度和道路资源利用率，而科学、合理设置的公共交通优先车道、专用车道

（路）、路口专用线（道）、专用街道、单向优先专用线（道）等。

**运营车数** 指城市中用于公共交通运营业务的全部车辆数。地铁和轻轨在统计时一自然节为一辆。出租汽车指已经领取出租汽车专用牌照的运营车辆，包括技术完好的、在修的、长期行驶的以及拟报废尚未经上级机关批准的车辆。

**轮渡运营船数** 指用于城市客渡运营业务的全部船舶数。不含旅游客轮（长途旅游、市内供游人游览江、河、湖泊的船只）。

**城市公共交通客运总量** 指报告期内城市公共交通各种运输方式运送乘客的总人次。

**邮政行业业务总量** 指以货币形式表示的邮政行业企业为社会提供各类邮政服务或其他服务的总数量，是用于观察邮政业务发展变化总趋势的综合性总量指标。邮政业务总量是以各类业务的实物量分别乘以相应的不变单价，求出各类业务的货币量加总求得。

**营业网点** 指拥有固定地址、直接对外营业，可收寄邮件和快件的营业场所和服务机构数量。

**邮政局所** 指经邮政部门审批许可，有固定的局所地址、领有上级发给的日戳或戳记，直接对外营业，至少办理出售邮票和收寄挂号信函两种业务的服务机构。按级别可分为邮政支局、自办邮政所、代办邮政所和其他局所。

**邮路** 指各邮政局所之间，邮政局所与车站、码头、机场、转运站、邮件处理中心、报刊社之间，邮区中心局与邮政局所及各邮区中心局之间由自办或委办人员按固定班期规定路线交换邮件（包括机要文件，下同）、报刊的路线。包括农村地区运邮兼投递的路线，不包括城市、农村地区纯投递路线。按运输方式可分为航空邮路、铁路邮路、汽车邮路、水路邮路和其他邮路等。

**农村投递路线** 指农村邮政支局所自办或委办人员按固定班期、规定路线至农村乡（镇）、行政村等收件单位投递邮件、报刊所走的路线。

**营业网点服务面积** 指报告期行政区域平均每一营业网点服务的面积。计算公式：

$$每一营业网点服务面积=\frac{行政区域土地面积（平方公里）}{营业网点总数（处）}$$

**营业网点服务人口** 指报告期行政区域平均每一营业网点服务的人口数。计算公式：

$$每一营业网点服务人口=\frac{行政区域总人口数（万人）}{营业网点总数（处）}$$

# 7 第三产业分行业主要指标

## 7–6 住宿和餐饮业

# 简要说明

**一、主要内容**

住宿和餐饮业企业主要财务状况和企业经营情况。

**二、统计范围**

限额以上住宿和餐饮业企业。

**三、统计调查方法**

对限额以上住宿和餐饮业企业采用全面调查的方法。

**四、限额标准**

住宿业企业，年主营业务收入200万元及以上。

餐饮业企业，年主营业务收入200万元及以上。

**五、资料来源**

本部分统计资料由国家统计局贸易外经统计司根据《住宿和餐饮业统计报表制度》搜集的资料加工整理而得。

# 7-6-1 限额以上住宿和餐饮业企业年末资产负债

单位：亿元

| 项　目 | 资产总计 | #流动资产合计 | #固定资产合计 | 负债合计 | 所有者权益合　计 |
|---|---|---|---|---|---|
| **总　计** | **17155.2** | **6496.9** | **6385.5** | **12338.1** | **4817.4** |
| **一、住宿业** | **12151.9** | **4309.3** | **4812.1** | **8794.2** | **3357.7** |
| #国有控股 | 3328.4 | 915.8 | 1622.5 | 1968.1 | 1360.3 |
| **(一)按登记注册类型分** | | | | | |
| **内资企业** | **9859.1** | **3472.0** | **3910.0** | **7157.3** | **2701.7** |
| 国有企业 | 1095.0 | 298.4 | 569.8 | 609.9 | 485.0 |
| 集体企业 | 92.0 | 30.8 | 41.8 | 63.8 | 28.1 |
| 股份合作企业 | 19.1 | 7.9 | 6.7 | 15.5 | 3.6 |
| 联营企业 | 19.9 | 4.3 | 3.6 | 15.5 | 4.3 |
| 国有联营企业 | 5.1 | 2.4 | 2.3 | 2.4 | 2.8 |
| 集体联营企业 | 1.6 | 0.3 | 1.1 | 1.5 | 0.1 |
| 国有与集体联营企业 | 13.0 | 1.6 | 0.2 | 11.6 | 1.5 |
| 其他联营企业 | | | | 0.1 | |
| 有限责任公司 | 5438.5 | 1884.5 | 2145.1 | 4043.5 | 1395.0 |
| 国有独资公司 | 572.6 | 158.9 | 247.1 | 307.4 | 265.2 |
| 其他有限责任公司 | 4866.0 | 1725.6 | 1898.0 | 3736.1 | 1129.8 |
| 股份有限公司 | 452.5 | 174.3 | 166.1 | 302.2 | 150.3 |
| 私营企业 | 2709.9 | 1058.6 | 961.6 | 2085.6 | 624.3 |
| 私营独资企业 | 120.9 | 40.4 | 59.9 | 58.6 | 62.3 |
| 私营合伙企业 | 31.9 | 9.3 | 13.2 | 14.7 | 17.3 |
| 私营有限责任公司 | 2426.2 | 955.9 | 839.3 | 1918.8 | 507.4 |
| 私营股份有限公司 | 130.9 | 53.0 | 49.1 | 93.6 | 37.3 |
| 其他企业 | 32.2 | 13.3 | 15.4 | 21.2 | 11.0 |
| **港、澳、台商投资企业** | **1547.3** | **555.7** | **589.0** | **1134.0** | **413.3** |
| 合资经营企业 | 603.4 | 226.2 | 210.9 | 487.2 | 116.2 |
| 合作经营企业 | 142.0 | 71.3 | 52.7 | 106.4 | 35.6 |
| 独资经营企业 | 762.7 | 244.9 | 303.7 | 510.8 | 251.9 |
| 投资股份有限公司 | 28.4 | 10.2 | 15.4 | 24.1 | 4.3 |
| 其他投资企业 | 10.8 | 3.1 | 6.3 | 5.6 | 5.2 |
| **外商投资企业** | **745.6** | **281.5** | **313.1** | **502.8** | **242.7** |
| 中外合资经营企业 | 303.4 | 115.7 | 100.3 | 186.3 | 117.0 |
| 中外合作经营企业 | 112.1 | 43.8 | 63.5 | 99.8 | 12.3 |
| 外资企业 | 283.0 | 113.9 | 117.8 | 173.6 | 109.5 |
| 外商投资股份有限公司 | 37.8 | 5.0 | 25.5 | 45.8 | -8.0 |
| 其他外商投资企业 | 9.3 | 3.0 | 6.0 | -2.7 | 11.9 |
| **(二)按国民经济行业分** | | | | | |
| 旅游饭店 | 10351.5 | 3588.3 | 4230.0 | 7559.3 | 2792.2 |
| 一般旅馆 | 1517.8 | 587.4 | 497.7 | 1030.0 | 487.8 |
| 其他住宿业 | 282.5 | 133.6 | 84.5 | 204.8 | 77.7 |

7-6-1 续表

单位：亿元

| 项　　目 | 资产总计 | #流动资产合计 | #固定资产合计 | 负债合计 | 所有者权益合计 |
|---|---|---|---|---|---|
| **二、餐饮业** | **5003.3** | **2187.7** | **1573.3** | **3543.9** | **1459.7** |
| #国有控股 | 400.1 | 163.1 | 144.6 | 255.5 | 144.6 |
| **(一)按登记注册类型分** | | | | | |
| **内资企业** | **4218.3** | **1858.6** | **1379.8** | **3032.5** | **1186.0** |
| 国有企业 | 104.0 | 30.3 | 49.9 | 56.8 | 47.2 |
| 集体企业 | 15.7 | 8.0 | 5.4 | 10.0 | 5.7 |
| 股份合作企业 | 12.9 | 7.7 | 3.9 | 9.1 | 3.8 |
| 联营企业 | 1.4 | 0.5 | 0.4 | 1.2 | 0.2 |
| 国有联营企业 | | | | | |
| 集体联营企业 | 1.4 | 0.5 | 0.4 | 1.2 | 0.2 |
| 国有与集体联营企业 | | | | | |
| 其他联营企业 | | | | | |
| 有限责任公司 | 1605.0 | 701.3 | 521.3 | 1244.5 | 360.5 |
| 国有独资公司 | 56.3 | 24.3 | 22.7 | 45.0 | 11.3 |
| 其他有限责任公司 | 1548.7 | 677.0 | 498.6 | 1199.5 | 349.2 |
| 股份有限公司 | 274.4 | 139.3 | 66.3 | 180.5 | 93.9 |
| 私营企业 | 2180.1 | 961.7 | 721.6 | 1518.8 | 661.5 |
| 私营独资企业 | 185.3 | 65.8 | 86.4 | 79.5 | 105.8 |
| 私营合伙企业 | 19.1 | 7.5 | 8.4 | 7.4 | 11.6 |
| 私营有限责任公司 | 1854.9 | 829.9 | 596.7 | 1359.0 | 496.1 |
| 私营股份有限公司 | 120.8 | 58.5 | 30.1 | 72.9 | 47.9 |
| 其他企业 | 24.8 | 9.8 | 11.1 | 11.6 | 13.1 |
| **港、澳、台商投资企业** | **410.3** | **205.6** | **97.8** | **261.7** | **148.6** |
| 合资经营企业 | 92.7 | 38.3 | 26.1 | 58.9 | 33.9 |
| 合作经营企业 | 10.3 | 4.8 | 2.3 | 12.8 | -2.5 |
| 独资经营企业 | 297.3 | 155.3 | 68.2 | 184.6 | 112.7 |
| 投资股份有限公司 | 9.2 | 6.6 | 1.2 | 4.8 | 4.4 |
| 其他投资企业 | 0.7 | 0.6 | | 0.7 | |
| **外商投资企业** | **374.8** | **123.4** | **95.8** | **249.7** | **125.1** |
| 中外合资经营企业 | 84.3 | 29.0 | 28.8 | 53.2 | 31.2 |
| 中外合作经营企业 | 3.5 | 2.7 | 0.3 | 2.0 | 1.4 |
| 外资企业 | 264.6 | 84.7 | 63.5 | 181.4 | 83.2 |
| 外商投资股份有限公司 | 8.3 | 1.4 | 0.7 | 3.9 | 4.4 |
| 其他外商投资企业 | 14.1 | 5.6 | 2.5 | 9.2 | 4.9 |
| **(二)按国民经济行业分** | | | | | |
| 正餐服务 | 4224.8 | 1822.6 | 1410.9 | 3063.9 | 1161.2 |
| 快餐服务 | 534.7 | 223.9 | 121.5 | 347.9 | 186.9 |
| 饮料及冷饮服务 | 111.0 | 57.5 | 16.7 | 62.3 | 48.7 |
| 其他餐饮业 | 132.8 | 83.7 | 24.2 | 69.8 | 63.0 |

# 7-6-2 各地区限额以上住宿和餐饮业企业年末资产负债

单位：亿元

| 地 区 | 资产总计 | #流动资产合计 | #固定资产合计 | 负债合计 | 所有者权益合计 |
|---|---|---|---|---|---|
| **全 国** | **17155.2** | **6496.9** | **6385.5** | **12338.1** | **4817.4** |
| 北 京 | 1773.9 | 736.5 | 567.2 | 1350.4 | 423.5 |
| 天 津 | 257.3 | 117.0 | 85.1 | 217.4 | 40.0 |
| 河 北 | 369.7 | 152.3 | 144.5 | 306.0 | 63.7 |
| 山 西 | 251.2 | 82.5 | 108.0 | 223.2 | 28.0 |
| 内蒙古 | 246.4 | 86.5 | 106.1 | 178.0 | 68.3 |
| 辽 宁 | 425.4 | 157.6 | 169.3 | 342.0 | 83.4 |
| 吉 林 | 145.3 | 49.5 | 70.7 | 94.6 | 50.7 |
| 黑龙江 | 116.5 | 37.2 | 62.0 | 77.0 | 39.5 |
| 上 海 | 1235.5 | 533.3 | 371.5 | 767.3 | 468.2 |
| 江 苏 | 1228.4 | 404.3 | 517.0 | 904.8 | 323.6 |
| 浙 江 | 1270.6 | 456.4 | 489.6 | 1001.7 | 268.9 |
| 安 徽 | 519.8 | 167.8 | 201.1 | 371.1 | 148.7 |
| 福 建 | 596.3 | 213.4 | 216.1 | 372.3 | 224.0 |
| 江 西 | 288.8 | 92.9 | 109.7 | 192.0 | 96.9 |
| 山 东 | 857.4 | 317.1 | 369.6 | 609.3 | 248.1 |
| 河 南 | 530.1 | 215.2 | 199.3 | 335.5 | 194.6 |
| 湖 北 | 565.1 | 171.5 | 241.1 | 365.4 | 199.8 |
| 湖 南 | 571.5 | 171.1 | 224.2 | 344.2 | 227.3 |
| 广 东 | 2199.3 | 940.4 | 697.1 | 1784.3 | 415.2 |
| 广 西 | 263.3 | 97.0 | 108.0 | 206.0 | 57.3 |
| 海 南 | 519.8 | 247.3 | 154.7 | 349.9 | 169.9 |
| 重 庆 | 393.4 | 153.5 | 141.1 | 274.7 | 118.7 |
| 四 川 | 797.0 | 320.8 | 274.3 | 578.8 | 218.2 |
| 贵 州 | 228.0 | 89.1 | 86.5 | 154.6 | 73.4 |
| 云 南 | 422.4 | 157.9 | 179.9 | 268.6 | 153.7 |
| 西 藏 | 43.7 | 9.7 | 28.7 | 14.9 | 28.9 |
| 陕 西 | 585.4 | 159.5 | 266.2 | 369.3 | 216.2 |
| 甘 肃 | 171.1 | 61.1 | 73.4 | 99.5 | 71.6 |
| 青 海 | 57.7 | 22.0 | 28.6 | 28.4 | 29.4 |
| 宁 夏 | 63.5 | 28.5 | 27.3 | 55.0 | 8.5 |
| 新 疆 | 161.1 | 47.9 | 67.5 | 101.9 | 59.2 |

# 7–6–3 各地区限额以上住宿业企业年末资产负债

单位：亿元

| 地区 | 资产总计 | #流动资产合计 | #固定资产合计 | 负债合计 | 所有者权益合计 |
|---|---|---|---|---|---|
| **全国** | **12151.9** | **4309.3** | **4812.1** | **8794.2** | **3357.7** |
| 北京 | 1375.0 | 489.9 | 518.5 | 1028.8 | 346.2 |
| 天津 | 151.9 | 60.6 | 59.1 | 129.6 | 22.3 |
| 河北 | 296.5 | 122.8 | 123.5 | 240.2 | 56.3 |
| 山西 | 130.3 | 41.1 | 60.7 | 113.8 | 16.5 |
| 内蒙古 | 121.4 | 37.8 | 60.0 | 83.1 | 38.3 |
| 辽宁 | 303.3 | 110.7 | 127.6 | 245.2 | 58.1 |
| 吉林 | 100.2 | 32.4 | 50.4 | 75.2 | 25.1 |
| 黑龙江 | 96.1 | 28.1 | 54.1 | 64.9 | 31.2 |
| 上海 | 825.6 | 300.4 | 297.3 | 459.6 | 366.0 |
| 江苏 | 767.3 | 222.6 | 350.2 | 568.5 | 198.9 |
| 浙江 | 916.2 | 315.7 | 367.5 | 722.9 | 193.3 |
| 安徽 | 280.4 | 77.3 | 114.4 | 205.1 | 75.3 |
| 福建 | 492.3 | 163.1 | 190.1 | 309.4 | 182.9 |
| 江西 | 229.3 | 71.3 | 89.8 | 152.6 | 76.7 |
| 山东 | 475.9 | 180.3 | 199.6 | 341.1 | 134.8 |
| 河南 | 381.1 | 155.5 | 146.6 | 259.0 | 122.2 |
| 湖北 | 325.7 | 90.5 | 141.7 | 204.2 | 121.5 |
| 湖南 | 452.2 | 130.4 | 173.1 | 280.6 | 171.6 |
| 广东 | 1662.7 | 667.0 | 569.9 | 1396.5 | 266.2 |
| 广西 | 216.4 | 76.3 | 94.0 | 168.9 | 47.5 |
| 海南 | 509.4 | 242.5 | 152.1 | 339.6 | 169.7 |
| 重庆 | 247.5 | 99.7 | 83.7 | 200.4 | 47.1 |
| 四川 | 480.1 | 192.9 | 182.0 | 366.1 | 114.0 |
| 贵州 | 187.5 | 70.1 | 73.1 | 129.7 | 57.8 |
| 云南 | 329.6 | 109.1 | 148.2 | 215.0 | 114.7 |
| 西藏 | 41.7 | 8.8 | 27.7 | 13.3 | 28.4 |
| 陕西 | 422.7 | 92.5 | 207.1 | 264.0 | 158.7 |
| 甘肃 | 124.8 | 46.3 | 53.0 | 78.1 | 46.7 |
| 青海 | 41.6 | 16.4 | 21.2 | 18.0 | 23.5 |
| 宁夏 | 44.1 | 19.1 | 21.0 | 38.2 | 5.9 |
| 新疆 | 123.0 | 38.0 | 54.9 | 82.6 | 40.4 |

# 7-6-4 各地区限额以上餐饮业企业年末资产负债

单位：亿元

| 地 区 | 资产总计 | #流动资产合计 | #固定资产合计 | 负债合计 | 所有者权益合 计 |
|---|---|---|---|---|---|
| **全 国** | **5003.3** | **2187.7** | **1573.3** | **3543.9** | **1459.7** |
| 北 京 | 398.9 | 246.6 | 48.7 | 321.6 | 77.3 |
| 天 津 | 105.5 | 56.4 | 26.0 | 87.8 | 17.6 |
| 河 北 | 73.2 | 29.6 | 21.0 | 65.8 | 7.4 |
| 山 西 | 120.8 | 41.4 | 47.3 | 109.4 | 11.4 |
| 内蒙古 | 124.9 | 48.7 | 46.1 | 94.9 | 30.0 |
| 辽 宁 | 122.1 | 46.9 | 41.6 | 96.7 | 25.4 |
| 吉 林 | 45.1 | 17.2 | 20.3 | 19.5 | 25.6 |
| 黑龙江 | 20.4 | 9.1 | 7.9 | 12.1 | 8.4 |
| 上 海 | 409.9 | 233.0 | 74.2 | 307.7 | 102.2 |
| 江 苏 | 461.1 | 181.6 | 166.8 | 336.4 | 124.7 |
| 浙 江 | 354.4 | 140.7 | 122.1 | 278.8 | 75.6 |
| 安 徽 | 239.4 | 90.5 | 86.8 | 166.0 | 73.4 |
| 福 建 | 104.0 | 50.3 | 26.0 | 62.9 | 41.1 |
| 江 西 | 59.5 | 21.5 | 19.9 | 39.4 | 20.1 |
| 山 东 | 381.5 | 136.8 | 170.0 | 268.2 | 113.3 |
| 河 南 | 149.0 | 59.8 | 52.7 | 76.6 | 72.4 |
| 湖 北 | 239.5 | 80.9 | 99.4 | 161.2 | 78.2 |
| 湖 南 | 119.4 | 40.7 | 51.1 | 63.7 | 55.7 |
| 广 东 | 536.6 | 273.4 | 127.2 | 387.8 | 149.0 |
| 广 西 | 46.9 | 20.7 | 14.0 | 37.1 | 9.9 |
| 海 南 | 10.5 | 4.8 | 2.6 | 10.3 | 0.2 |
| 重 庆 | 145.9 | 53.8 | 57.4 | 74.2 | 71.6 |
| 四 川 | 316.9 | 127.8 | 92.3 | 212.7 | 104.2 |
| 贵 州 | 40.5 | 19.1 | 13.4 | 24.9 | 15.6 |
| 云 南 | 92.7 | 48.8 | 31.7 | 53.7 | 39.1 |
| 西 藏 | 2.0 | 0.9 | 1.0 | 1.5 | 0.5 |
| 陕 西 | 162.7 | 67.0 | 59.1 | 105.3 | 57.5 |
| 甘 肃 | 46.4 | 14.7 | 20.4 | 21.5 | 24.9 |
| 青 海 | 16.1 | 5.6 | 7.4 | 10.3 | 5.8 |
| 宁 夏 | 19.4 | 9.5 | 6.3 | 16.8 | 2.6 |
| 新 疆 | 38.1 | 9.9 | 12.6 | 19.3 | 18.8 |

# 7-6-5 限额以上住宿和餐饮业企业损益及分配

单位：亿元

| 项 目 | 主营业务收入 | 主营业务成本 | 销售费用 | 管理费用 | 财务费用 | 利润总额 |
| --- | --- | --- | --- | --- | --- | --- |
| **总 计** | **8643.3** | **4054.7** | **2429.5** | **1610.4** | **251.4** | **204.9** |
| **一、住宿业** | **3693.7** | **1483.4** | **1031.4** | **1041.0** | **180.1** | **-44.5** |
| #国有控股 | 946.8 | 344.0 | 295.3 | 316.1 | 28.3 | -23.9 |
| **(一)按登记注册类型分** | | | | | | |
| **内资企业** | **3154.5** | **1306.9** | **896.6** | **859.9** | **145.0** | **-52.1** |
| 国有企业 | 379.0 | 139.8 | 126.0 | 121.6 | 5.1 | 1.3 |
| 集体企业 | 44.9 | 18.5 | 13.4 | 9.8 | 0.6 | 2.3 |
| 股份合作企业 | 9.0 | 3.4 | 2.8 | 2.1 | 0.2 | -0.1 |
| 联营企业 | 4.2 | 1.3 | 1.4 | 1.3 | 0.1 | 0.1 |
| 国有联营企业 | 2.5 | 0.6 | 1.0 | 0.8 | 0.1 | |
| 集体联营企业 | 0.6 | 0.3 | 0.1 | 0.1 | | |
| 国有与集体联营企业 | 0.7 | 0.1 | 0.2 | 0.4 | | |
| 其他联营企业 | 0.4 | 0.2 | | 0.1 | | 0.1 |
| 有限责任公司 | 1483.8 | 570.7 | 431.5 | 457.3 | 81.3 | -52.3 |
| 国有独资公司 | 133.1 | 50.2 | 37.3 | 49.4 | 3.3 | -6.1 |
| 其他有限责任公司 | 1350.7 | 520.5 | 394.2 | 407.9 | 77.9 | -46.2 |
| 股份有限公司 | 121.9 | 54.6 | 32.0 | 30.2 | 5.8 | -3.2 |
| 私营企业 | 1089.8 | 506.6 | 285.9 | 233.3 | 51.6 | -1.5 |
| 私营独资企业 | 96.3 | 59.7 | 10.6 | 10.1 | 2.1 | 9.2 |
| 私营合伙企业 | 25.4 | 14.9 | 4.0 | 3.3 | 0.6 | 1.8 |
| 私营有限责任公司 | 912.2 | 403.4 | 260.2 | 209.2 | 46.3 | -13.9 |
| 私营股份有限公司 | 55.9 | 28.6 | 11.1 | 10.7 | 2.6 | 1.4 |
| 其他企业 | 21.9 | 12.1 | 3.6 | 4.2 | 0.3 | 1.3 |
| **港、澳、台商投资企业** | **351.3** | **119.2** | **84.1** | **117.5** | **26.1** | **-2.2** |
| 合资经营企业 | 148.6 | 43.8 | 37.9 | 50.3 | 11.0 | 0.9 |
| 合作经营企业 | 42.8 | 16.1 | 9.8 | 10.5 | 0.8 | 3.6 |
| 独资经营企业 | 145.2 | 53.2 | 32.3 | 53.4 | 13.9 | -7.4 |
| 投资股份有限公司 | 10.0 | 3.5 | 3.4 | 2.4 | 0.3 | 0.3 |
| 其他投资企业 | 4.7 | 2.6 | 0.7 | 0.8 | 0.1 | 0.4 |
| **外商投资企业** | **187.9** | **57.2** | **50.7** | **63.6** | **9.0** | **9.9** |
| 中外合资经营企业 | 84.1 | 19.4 | 23.3 | 28.8 | 4.4 | 10.1 |
| 中外合作经营企业 | 27.9 | 11.1 | 7.7 | 9.1 | 1.3 | -1.4 |
| 外资企业 | 64.3 | 22.4 | 17.3 | 22.4 | 3.2 | -0.1 |
| 外商投资股份有限公司 | 4.9 | 1.0 | 1.9 | 1.6 | 0.1 | 0.3 |
| 其他外商投资企业 | 6.7 | 3.3 | 0.6 | 1.6 | 0.1 | 0.9 |
| **(二)按国民经济行业分** | | | | | | |
| 旅游饭店 | 2909.4 | 1112.3 | 842.1 | 872.0 | 157.7 | -62.6 |
| 一般旅馆 | 701.8 | 334.0 | 171.0 | 147.0 | 19.2 | 18.1 |
| 其他住宿业 | 82.5 | 37.1 | 18.4 | 22.0 | 3.3 | 0.1 |

7-6-5 续表

单位：亿元

| 项　　目 | 主营业务收入 | 主营业务成本 | 销售费用 | 管理费用 | 财务费用 | 利润总额 |
|---|---|---|---|---|---|---|
| **二、餐饮业** | **4949.6** | **2571.3** | **1398.1** | **569.4** | **71.3** | **249.4** |
| #国有控股 | 239.0 | 128.6 | 64.0 | 41.1 | 2.4 | 12.1 |
| **(一)按登记注册类型分** | | | | | | |
| **内资企业** | **3615.4** | **2019.0** | **858.0** | **438.6** | **64.0** | **174.2** |
| 国有企业 | 64.4 | 36.0 | 14.7 | 12.4 | 0.7 | 1.2 |
| 集体企业 | 23.4 | 15.5 | 3.5 | 2.2 | 0.2 | 1.2 |
| 股份合作企业 | 13.2 | 7.3 | 3.6 | 1.5 | 0.1 | 0.4 |
| 联营企业 | 0.8 | 0.5 | 0.1 | 0.1 | | 0.2 |
| 国有联营企业 | | | | | | |
| 集体联营企业 | 0.8 | 0.5 | 0.1 | 0.1 | | 0.2 |
| 国有与集体联营企业 | | | | | | |
| 其他联营企业 | | | | | | |
| 有限责任公司 | 1119.5 | 576.0 | 324.6 | 151.9 | 20.0 | 30.7 |
| 国有独资公司 | 45.0 | 27.2 | 10.2 | 6.9 | 0.3 | 0.3 |
| 其他有限责任公司 | 1074.4 | 548.7 | 314.4 | 145.0 | 19.7 | 30.4 |
| 股份有限公司 | 131.9 | 72.9 | 31.0 | 15.7 | 6.0 | 10.4 |
| 私营企业 | 2216.4 | 1280.8 | 475.1 | 251.3 | 36.3 | 126.3 |
| 私营独资企业 | 345.0 | 225.4 | 31.4 | 26.0 | 4.4 | 43.1 |
| 私营合伙企业 | 36.6 | 23.0 | 5.4 | 3.4 | 0.4 | 2.7 |
| 私营有限责任公司 | 1735.9 | 976.9 | 414.2 | 211.6 | 29.5 | 64.0 |
| 私营股份有限公司 | 98.9 | 55.4 | 24.0 | 10.3 | 2.0 | 16.5 |
| 其他企业 | 45.8 | 30.1 | 5.5 | 3.6 | 0.5 | 3.7 |
| **港、澳、台商投资企业** | **508.8** | **182.7** | **234.3** | **51.6** | **4.2** | **26.9** |
| 合资经营企业 | 102.5 | 42.6 | 43.1 | 9.8 | 1.1 | 3.5 |
| 合作经营企业 | 15.2 | 5.7 | 6.3 | 2.7 | 0.1 | 0.1 |
| 独资经营企业 | 386.2 | 132.3 | 183.3 | 38.4 | 2.9 | 22.9 |
| 投资股份有限公司 | 2.9 | 1.5 | 0.9 | 0.4 | | 0.1 |
| 其他投资企业 | 1.9 | 0.5 | 0.7 | 0.3 | | 0.3 |
| **外商投资企业** | **825.4** | **369.5** | **305.8** | **79.2** | **3.1** | **48.3** |
| 中外合资经营企业 | 175.6 | 78.4 | 62.8 | 17.0 | 0.5 | 13.3 |
| 中外合作经营企业 | 6.8 | 4.7 | 0.9 | 0.9 | | 0.2 |
| 外资企业 | 612.2 | 274.9 | 227.8 | 58.8 | 2.4 | 33.4 |
| 外商投资股份有限公司 | 4.5 | 1.9 | 1.6 | 0.4 | | 0.6 |
| 其他外商投资企业 | 26.3 | 9.7 | 12.7 | 2.1 | 0.2 | 0.8 |
| **(二)按国民经济行业分** | | | | | | |
| 正餐服务 | 3580.1 | 1949.5 | 892.7 | 448.3 | 65.5 | 144.3 |
| 快餐服务 | 1001.6 | 451.5 | 379.4 | 89.6 | 4.6 | 61.3 |
| 饮料及冷饮服务 | 168.0 | 49.0 | 83.6 | 10.2 | 0.4 | 21.7 |
| 其他餐饮业 | 199.9 | 121.2 | 42.4 | 21.3 | 0.8 | 22.0 |

# 7-6-6 各地区限额以上住宿和餐饮业企业损益及分配

单位：亿元

| 地区 | 主营业务收入 | 主营业务成本 | 销售费用 | 管理费用 | 财务费用 | 利润总额 |
|---|---|---|---|---|---|---|
| **全国** | **8643.3** | **4054.7** | **2429.5** | **1610.4** | **251.4** | **204.9** |
| 北京 | 907.0 | 321.7 | 342.6 | 191.9 | 22.7 | 31.4 |
| 天津 | 133.6 | 60.7 | 46.1 | 27.3 | 2.9 | -3.1 |
| 河北 | 100.5 | 46.2 | 35.8 | 26.2 | 5.9 | -11.8 |
| 山西 | 77.0 | 35.7 | 29.6 | 20.5 | 2.6 | -11.5 |
| 内蒙古 | 91.8 | 48.7 | 22.9 | 20.6 | 3.2 | -5.7 |
| 辽宁 | 168.7 | 73.2 | 54.8 | 39.1 | 6.7 | -11.9 |
| 吉林 | 61.1 | 30.6 | 15.5 | 14.1 | 2.1 | -2.9 |
| 黑龙江 | 47.4 | 21.5 | 13.4 | 11.2 | 1.1 | -0.6 |
| 上海 | 896.1 | 354.4 | 324.1 | 152.3 | 12.8 | 51.6 |
| 江苏 | 590.5 | 279.3 | 162.1 | 122.6 | 18.2 | -1.1 |
| 浙江 | 587.5 | 253.2 | 180.3 | 127.7 | 24.8 | 2.8 |
| 安徽 | 209.6 | 112.9 | 49.2 | 34.7 | 8.0 | 3.6 |
| 福建 | 342.2 | 181.1 | 82.9 | 58.6 | 9.0 | 7.7 |
| 江西 | 106.5 | 53.0 | 24.9 | 21.0 | 4.9 | 0.2 |
| 山东 | 555.2 | 309.4 | 104.0 | 80.5 | 15.5 | 34.9 |
| 河南 | 340.2 | 198.9 | 51.3 | 43.6 | 9.1 | 28.3 |
| 湖北 | 357.4 | 194.3 | 78.2 | 57.3 | 9.0 | 15.9 |
| 湖南 | 276.8 | 148.1 | 55.7 | 48.5 | 9.0 | 6.4 |
| 广东 | 1197.6 | 530.7 | 378.6 | 211.5 | 33.9 | 25.9 |
| 广西 | 103.7 | 42.9 | 34.1 | 23.5 | 4.8 | -2.1 |
| 海南 | 110.2 | 29.0 | 34.0 | 44.8 | 3.9 | -3.4 |
| 重庆 | 346.4 | 201.4 | 56.7 | 40.7 | 8.1 | 28.7 |
| 四川 | 385.5 | 190.4 | 97.3 | 64.1 | 12.8 | 25.0 |
| 贵州 | 88.7 | 47.5 | 15.5 | 17.5 | 4.7 | 1.9 |
| 云南 | 137.3 | 67.2 | 32.3 | 32.4 | 5.7 | -2.7 |
| 西藏 | 8.5 | 2.4 | 3.8 | 3.4 | 0.1 | -1.0 |
| 陕西 | 264.2 | 144.0 | 61.5 | 43.3 | 5.5 | 1.4 |
| 甘肃 | 76.6 | 41.6 | 16.9 | 12.4 | 1.9 | 1.9 |
| 青海 | 13.1 | 6.1 | 4.5 | 3.1 | 0.3 | -1.0 |
| 宁夏 | 14.8 | 6.6 | 5.5 | 4.1 | 0.8 | -2.4 |
| 新疆 | 47.6 | 21.9 | 15.4 | 12.0 | 1.4 | -1.7 |

# 7-6-7 各地区限额以上住宿业企业损益及分配

单位：亿元

| 地区 | 主营业务收入 | 主营业务成本 | 销售费用 | 管理费用 | 财务费用 | 利润总额 |
|---|---|---|---|---|---|---|
| **全国** | **3693.7** | **1483.4** | **1031.4** | **1041.0** | **180.1** | **-44.5** |
| 北京 | 350.4 | 96.4 | 108.8 | 126.2 | 18.2 | 11.3 |
| 天津 | 38.5 | 14.5 | 13.6 | 15.6 | 1.5 | -5.5 |
| 河北 | 64.4 | 26.6 | 24.6 | 20.3 | 4.5 | -9.3 |
| 山西 | 31.1 | 12.0 | 13.3 | 10.4 | 1.3 | -6.3 |
| 内蒙古 | 35.1 | 15.5 | 10.7 | 10.8 | 1.3 | -2.7 |
| 辽宁 | 74.4 | 28.1 | 24.9 | 26.3 | 5.1 | -14.2 |
| 吉林 | 31.6 | 14.8 | 8.7 | 9.1 | 1.6 | -3.3 |
| 黑龙江 | 33.2 | 13.6 | 9.8 | 9.7 | 0.7 | -0.6 |
| 上海 | 274.0 | 86.1 | 74.2 | 82.2 | 8.0 | 24.0 |
| 江苏 | 219.6 | 87.5 | 65.8 | 69.5 | 11.9 | -15.8 |
| 浙江 | 285.5 | 95.8 | 94.0 | 87.3 | 19.0 | -10.2 |
| 安徽 | 72.9 | 34.6 | 17.7 | 19.4 | 4.4 | -2.8 |
| 福建 | 171.8 | 75.2 | 47.2 | 42.1 | 7.6 | 0.5 |
| 江西 | 63.6 | 28.3 | 15.9 | 16.0 | 4.1 | -1.6 |
| 山东 | 222.7 | 109.1 | 51.5 | 45.2 | 7.4 | 5.8 |
| 河南 | 170.5 | 92.0 | 31.0 | 30.1 | 6.3 | 7.5 |
| 湖北 | 115.3 | 56.3 | 26.7 | 34.4 | 5.1 | -0.9 |
| 湖南 | 149.7 | 74.0 | 30.7 | 36.1 | 6.5 | -1.0 |
| 广东 | 518.6 | 202.2 | 148.3 | 136.3 | 28.2 | 1.7 |
| 广西 | 66.6 | 23.8 | 23.3 | 18.8 | 4.0 | -2.8 |
| 海南 | 102.4 | 25.5 | 31.1 | 43.1 | 3.8 | -3.0 |
| 重庆 | 97.0 | 44.9 | 22.7 | 20.2 | 5.6 | 3.6 |
| 四川 | 156.4 | 67.6 | 43.2 | 37.8 | 8.9 | -2.1 |
| 贵州 | 58.3 | 29.2 | 12.0 | 13.0 | 4.1 | -0.9 |
| 云南 | 82.7 | 34.8 | 22.1 | 26.7 | 4.7 | -6.1 |
| 西藏 | 7.7 | 2.0 | 3.7 | 3.2 | 0.1 | -1.0 |
| 陕西 | 108.6 | 49.6 | 29.8 | 28.1 | 3.2 | -5.3 |
| 甘肃 | 42.4 | 21.9 | 9.7 | 8.9 | 1.4 | 0.1 |
| 青海 | 7.9 | 3.5 | 2.8 | 2.3 | 0.2 | -0.8 |
| 宁夏 | 7.6 | 3.1 | 3.2 | 2.5 | 0.5 | -1.6 |
| 新疆 | 33.2 | 15.0 | 10.6 | 9.4 | 1.0 | -1.4 |

# 7-6-8 各地区限额以上餐饮业企业损益及分配

单位：亿元

| 地 区 | 主营业务收入 | 主营业务成本 | 销售费用 | 管理费用 | 财务费用 | 利润总额 |
|---|---|---|---|---|---|---|
| **全 国** | **4949.6** | **2571.3** | **1398.1** | **569.4** | **71.3** | **249.4** |
| 北 京 | 556.6 | 225.3 | 233.8 | 65.7 | 4.5 | 20.1 |
| 天 津 | 95.2 | 46.2 | 32.5 | 11.7 | 1.4 | 2.4 |
| 河 北 | 36.1 | 19.6 | 11.2 | 5.9 | 1.4 | -2.5 |
| 山 西 | 46.0 | 23.7 | 16.3 | 10.1 | 1.3 | -5.3 |
| 内蒙古 | 56.7 | 33.2 | 12.3 | 9.7 | 1.9 | -3.0 |
| 辽 宁 | 94.4 | 45.2 | 30.0 | 12.7 | 1.6 | 2.3 |
| 吉 林 | 29.5 | 15.8 | 6.9 | 4.9 | 0.5 | 0.3 |
| 黑龙江 | 14.1 | 7.9 | 3.6 | 1.5 | 0.3 | 0.1 |
| 上 海 | 622.1 | 268.2 | 249.9 | 70.1 | 4.7 | 27.6 |
| 江 苏 | 370.9 | 191.8 | 96.3 | 53.1 | 6.3 | 14.7 |
| 浙 江 | 302.0 | 157.4 | 86.3 | 40.4 | 5.8 | 13.0 |
| 安 徽 | 136.7 | 78.2 | 31.5 | 15.3 | 3.6 | 6.4 |
| 福 建 | 170.4 | 105.8 | 35.7 | 16.6 | 1.4 | 7.2 |
| 江 西 | 42.9 | 24.7 | 8.9 | 5.1 | 0.8 | 1.9 |
| 山 东 | 332.5 | 200.3 | 52.4 | 35.4 | 8.1 | 29.1 |
| 河 南 | 169.7 | 106.9 | 20.3 | 13.4 | 2.8 | 20.8 |
| 湖 北 | 242.1 | 138.0 | 51.5 | 23.0 | 3.9 | 16.8 |
| 湖 南 | 127.1 | 74.0 | 25.0 | 12.4 | 2.6 | 7.4 |
| 广 东 | 679.0 | 328.5 | 230.2 | 75.1 | 5.6 | 24.1 |
| 广 西 | 37.1 | 19.1 | 10.8 | 4.7 | 0.9 | 0.7 |
| 海 南 | 7.8 | 3.4 | 3.0 | 1.6 | 0.1 | -0.5 |
| 重 庆 | 249.3 | 156.5 | 34.0 | 20.5 | 2.5 | 25.1 |
| 四 川 | 229.1 | 122.9 | 54.2 | 26.3 | 4.0 | 27.1 |
| 贵 州 | 30.4 | 18.4 | 3.6 | 4.5 | 0.6 | 2.9 |
| 云 南 | 54.6 | 32.4 | 10.2 | 5.7 | 1.0 | 3.5 |
| 西 藏 | 0.8 | 0.4 | 0.2 | 0.2 | | |
| 陕 西 | 155.6 | 94.4 | 31.7 | 15.2 | 2.3 | 6.6 |
| 甘 肃 | 34.2 | 19.7 | 7.2 | 3.4 | 0.5 | 1.8 |
| 青 海 | 5.2 | 2.6 | 1.7 | 0.8 | 0.2 | -0.3 |
| 宁 夏 | 7.1 | 3.5 | 2.3 | 1.6 | 0.3 | -0.9 |
| 新 疆 | 14.4 | 6.9 | 4.9 | 2.6 | 0.4 | -0.3 |

# 7-6-9 限额以上住宿和餐饮业企业经营情况

单位：亿元

| 项　　目 | 营业额 | #客房收入 | #餐费收入 |
|---|---|---|---|
| **总　　计** | **8938.2** | **2215.5** | **5968.0** |
| **一、住宿业** | **3811.1** | **1907.2** | **1405.8** |
| #国有控股 | 980.9 | 442.0 | 361.2 |
| **(一)按登记注册类型分** | | | |
| **内资企业** | **3257.7** | **1635.6** | **1220.9** |
| 国有企业 | 391.6 | 172.9 | 156.6 |
| 集体企业 | 46.2 | 20.6 | 17.5 |
| 股份合作企业 | 9.5 | 4.0 | 3.5 |
| 联营企业 | 4.3 | 2.2 | 1.5 |
| 国有联营企业 | 2.6 | 1.4 | 0.8 |
| 集体联营企业 | 0.6 | 0.2 | 0.3 |
| 国有与集体联营企业 | 0.8 | 0.3 | 0.2 |
| 其他联营企业 | 0.4 | 0.2 | 0.2 |
| 有限责任公司 | 1531.8 | 755.3 | 561.1 |
| 国有独资公司 | 138.1 | 62.0 | 49.8 |
| 其他有限责任公司 | 1393.7 | 693.3 | 511.3 |
| 股份有限公司 | 126.1 | 58.8 | 47.3 |
| 私营企业 | 1125.7 | 609.7 | 424.6 |
| 私营独资企业 | 98.4 | 53.8 | 37.0 |
| 私营合伙企业 | 26.5 | 11.9 | 12.1 |
| 私营有限责任公司 | 943.0 | 514.9 | 351.4 |
| 私营股份有限公司 | 57.8 | 29.2 | 24.1 |
| 其他企业 | 22.5 | 12.0 | 8.7 |
| **港、澳、台商投资企业** | **364.5** | **177.7** | **121.5** |
| 合资经营企业 | 155.1 | 72.9 | 55.2 |
| 合作经营企业 | 44.0 | 21.4 | 13.5 |
| 独资经营企业 | 153.0 | 77.6 | 47.3 |
| 投资股份有限公司 | 10.3 | 4.8 | 4.6 |
| 其他投资企业 | 2.2 | 1.0 | 1.0 |
| **外商投资企业** | **188.8** | **94.0** | **63.5** |
| 中外合资经营企业 | 85.4 | 40.5 | 29.3 |
| 中外合作经营企业 | 25.0 | 12.2 | 7.9 |
| 外资企业 | 66.5 | 35.2 | 21.4 |
| 外商投资股份有限公司 | 5.0 | 2.9 | 1.6 |
| 其他外商投资企业 | 6.9 | 3.2 | 3.4 |
| **(二)按国民经济行业分** | | | |
| 旅游饭店 | 3001.2 | 1406.2 | 1173.8 |
| 一般旅馆 | 725.5 | 454.7 | 206.9 |
| 其他住宿业 | 84.4 | 46.3 | 25.1 |

7-6-9 续表

单位：亿元

| 项 目 | 营业额 | #客房收入 | #餐费收入 |
|---|---|---|---|
| **二、餐饮业** | **5127.1** | **308.2** | **4562.1** |
| #国有控股 | 249.7 | 27.6 | 184.1 |
| **(一)按登记注册类型分** | | | |
| **内资企业** | **3734.8** | **298.9** | **3215.7** |
| 国有企业 | 66.6 | 13.9 | 46.6 |
| 集体企业 | 24.7 | 3.2 | 18.9 |
| 股份合作企业 | 13.5 | 0.4 | 11.7 |
| 联营企业 | 0.8 | 0.1 | 0.7 |
| 国有联营企业 | | | |
| 集体联营企业 | 0.8 | 0.1 | 0.7 |
| 国有与集体联营企业 | | | |
| 其他联营企业 | | | |
| 有限责任公司 | 1154.3 | 107.9 | 964.6 |
| 国有独资公司 | 43.9 | 4.3 | 28.8 |
| 其他有限责任公司 | 1110.4 | 103.6 | 935.8 |
| 股份有限公司 | 143.2 | 9.3 | 119.2 |
| 私营企业 | 2285.5 | 160.8 | 2012.9 |
| 私营独资企业 | 353.8 | 18.6 | 316.3 |
| 私营合伙企业 | 38.0 | 3.2 | 33.3 |
| 私营有限责任公司 | 1792.0 | 132.3 | 1573.8 |
| 私营股份有限公司 | 101.7 | 6.6 | 89.6 |
| 其他企业 | 46.2 | 3.2 | 41.0 |
| **港、澳、台商投资企业** | **529.7** | **6.8** | **511.7** |
| 合资经营企业 | 105.0 | 1.6 | 101.2 |
| 合作经营企业 | 15.9 | 0.5 | 15.0 |
| 独资经营企业 | 403.8 | 4.1 | 391.6 |
| 投资股份有限公司 | 3.1 | | 2.8 |
| 其他投资企业 | 2.0 | 0.5 | 1.2 |
| **外商投资企业** | **862.6** | **2.5** | **834.8** |
| 中外合资经营企业 | 181.5 | 1.7 | 177.6 |
| 中外合作经营企业 | 7.0 | 0.2 | 5.1 |
| 外资企业 | 642.4 | 0.4 | 623.1 |
| 外商投资股份有限公司 | 4.6 | 0.2 | 2.7 |
| 其他外商投资企业 | 27.0 | 0.1 | 26.2 |
| **(二)按国民经济行业分** | | | |
| 正餐服务 | 3691.5 | 304.3 | 3182.4 |
| 快餐服务 | 1041.9 | 1.1 | 1016.3 |
| 饮料及冷饮服务 | 183.1 | 0.1 | 169.2 |
| 其他餐饮业 | 210.6 | 2.7 | 194.2 |

# 7-6-10 各地区限额以上住宿和餐饮业企业经营情况

单位：亿元

| 地区 | 合计 | | | 住宿业 | | | 餐饮业 | | |
|---|---|---|---|---|---|---|---|---|---|
| | 营业额 | #客房收入 | #餐费收入 | 营业额 | #客房收入 | #餐费收入 | 营业额 | #客房收入 | #餐费收入 |
| **全国** | **8938.2** | **2215.5** | **5968.0** | **3811.1** | **1907.2** | **1405.8** | **5127.1** | **308.2** | **4562.1** |
| 北京 | 945.7 | 199.1 | 645.5 | 364.3 | 195.2 | 90.6 | 581.4 | 3.9 | 554.9 |
| 天津 | 138.0 | 24.7 | 100.9 | 40.1 | 20.6 | 12.7 | 97.9 | 4.0 | 88.2 |
| 河北 | 103.0 | 33.3 | 60.1 | 65.8 | 27.4 | 31.4 | 37.3 | 5.9 | 28.7 |
| 山西 | 80.6 | 23.3 | 51.0 | 31.9 | 15.0 | 13.5 | 48.7 | 8.3 | 37.6 |
| 内蒙古 | 92.8 | 25.9 | 61.2 | 36.3 | 17.3 | 16.4 | 56.6 | 8.7 | 44.8 |
| 辽宁 | 171.7 | 41.5 | 117.6 | 75.7 | 37.3 | 29.3 | 96.0 | 4.3 | 88.3 |
| 吉林 | 61.5 | 20.5 | 37.1 | 32.0 | 15.7 | 13.4 | 29.5 | 4.8 | 23.7 |
| 黑龙江 | 48.6 | 19.8 | 23.4 | 33.9 | 18.6 | 11.3 | 14.6 | 1.3 | 12.1 |
| 上海 | 952.0 | 159.0 | 709.4 | 283.8 | 152.9 | 70.8 | 668.2 | 6.0 | 638.6 |
| 江苏 | 609.6 | 137.6 | 427.3 | 228.2 | 100.9 | 103.1 | 381.4 | 36.7 | 324.2 |
| 浙江 | 606.5 | 159.7 | 405.8 | 293.0 | 134.9 | 131.5 | 313.5 | 24.9 | 274.2 |
| 安徽 | 215.4 | 50.7 | 146.7 | 74.9 | 36.0 | 33.2 | 140.4 | 14.6 | 113.6 |
| 福建 | 352.6 | 82.6 | 239.9 | 176.3 | 75.0 | 77.5 | 176.4 | 7.6 | 162.5 |
| 江西 | 108.1 | 37.8 | 62.6 | 64.7 | 32.9 | 26.6 | 43.5 | 4.9 | 36.0 |
| 山东 | 561.5 | 137.9 | 381.2 | 227.8 | 101.7 | 105.9 | 333.7 | 36.1 | 275.3 |
| 河南 | 354.0 | 106.6 | 221.8 | 177.4 | 90.3 | 71.0 | 176.6 | 16.3 | 150.8 |
| 湖北 | 371.3 | 83.0 | 264.8 | 118.2 | 60.5 | 45.3 | 253.1 | 22.5 | 219.4 |
| 湖南 | 285.6 | 88.2 | 173.7 | 155.2 | 73.9 | 64.5 | 130.4 | 14.3 | 109.2 |
| 广东 | 1231.0 | 296.2 | 814.0 | 535.9 | 272.0 | 172.3 | 695.1 | 24.2 | 641.7 |
| 广西 | 108.4 | 42.3 | 56.4 | 69.4 | 39.4 | 22.3 | 38.9 | 2.9 | 34.1 |
| 海南 | 109.8 | 63.5 | 37.7 | 102.0 | 63.3 | 30.7 | 7.8 | 0.3 | 6.9 |
| 重庆 | 358.6 | 62.0 | 270.7 | 99.7 | 48.3 | 40.5 | 258.9 | 13.7 | 230.3 |
| 四川 | 398.5 | 97.5 | 268.7 | 162.5 | 81.9 | 63.7 | 236.0 | 15.6 | 205.1 |
| 贵州 | 92.2 | 39.9 | 45.2 | 60.6 | 37.0 | 18.2 | 31.6 | 2.9 | 27.0 |
| 云南 | 145.6 | 53.4 | 75.8 | 88.7 | 51.1 | 26.1 | 56.8 | 2.3 | 49.7 |
| 西藏 | 8.7 | 4.9 | 2.7 | 7.8 | 4.9 | 1.9 | 0.9 | | 0.8 |
| 陕西 | 271.7 | 66.3 | 180.0 | 112.3 | 52.5 | 49.0 | 159.4 | 13.8 | 131.0 |
| 甘肃 | 78.0 | 28.2 | 46.0 | 43.1 | 24.6 | 15.4 | 35.0 | 3.6 | 30.6 |
| 青海 | 13.5 | 5.8 | 6.6 | 8.1 | 4.8 | 2.4 | 5.4 | 1.0 | 4.2 |
| 宁夏 | 15.1 | 4.8 | 9.3 | 7.8 | 3.8 | 3.3 | 7.2 | 1.0 | 6.0 |
| 新疆 | 48.6 | 19.5 | 24.7 | 33.7 | 17.7 | 12.0 | 14.9 | 1.8 | 12.7 |

## 【主要统计指标解释】

**营业额** 指住宿和餐饮业单位在经营活动中因提供服务或销售商品等取得的全部收入（含增值税）。

**客房收入** 指住宿和餐饮业单位在经营活动中因提供住宿服务取得的收入（含增值税）。

**餐费收入** 指本单位为顾客提供就餐服务取得的收入（含增值税）。

# 7 第三产业分行业主要指标

## 7–7 信息传输、软件和信息技术服务业

# 简要说明

**一、主要内容**

1.信息传输、软件和信息技术服务业企业法人单位分地区主要指标。

2.电信主要财务情况，主要包括电信运营企业的资产、营业收入和利润等指标。

3.软件和信息技术服务业主要经济指标，主要包括软件业务收入等指标。

4.电信资料主要包括：电信主要电路及设备拥有量、电信主要业务量、电信主要通信能力、电信通信服务水平等。

**二、统计范围**

1.电信业包括从事电信运营的中国电信、中国移动、中国联通三家基础电信企业，不含专用网业务资料。

2.软件和信息技术服务业包括：（1）主营业务收入500万元以上的软件和信息技术服务业等企业。（2）主营业务收入1000万元以上，并有软件研发、系统集成及相关信息技术服务业务收入，且该收入占本企业主营业务30%以上的独立法人单位。（3）主要从事集成电路设计的企业或其集成电路设计和测试的收入占本企业主营业务60%以上，且主营业务收入500万元以上的独立法人单位。

**三、资料来源**

本篇资料由国家统计局服务业统计司负责整理、编辑，信息传输、软件和信息技术服务业企业法人单位分地区主要指标来源于《规模以上服务业统计报表制度》和《规模以下服务业抽样调查统计报表制度》调查结果。其他资料来源于工业和信息化部。

# 7-7-1 电信主要财务情况

单位：亿元

| 指标 | 2005 | 2008 | 2009 | 2010 | 2011 | 2012 | 2013 | 2014 | 2015 | 2016 |
|---|---|---|---|---|---|---|---|---|---|---|
| 主营业务收入 | 5840.12 | 8148.00 | 8544.09 | 9079.14 | 9880.41 | 10758.29 | 11668.67 | 11907.97 | 11665.16 | 12001.49 |
| 固定通信业务收入 | | | 2849.14 | 2795.96 | 2705.79 | 2802.46 | 2984.17 | 3314.00 | 3455.76 | 3417.95 |
| 移动通信业务收入 | | | 5694.95 | 6283.17 | 7174.62 | 7955.83 | 8684.49 | 8593.98 | 8209.39 | 8583.54 |
| 主营业务成本 | 2720.45 | 3941.61 | 4116.29 | 4361.02 | 4980.15 | 5240.34 | 5780.65 | 6554.85 | 7698.89 | 8612.91 |
| 利润总额 | 1265.07 | 1750.30 | 1730.71 | 1458.46 | 1668.26 | 1797.31 | 1774.14 | 1663.06 | 1657.46 | 1544.86 |
| 资产总额 | 16419.27 | 19857.43 | 21169.05 | 22194.60 | 23408.52 | 25177.34 | 26519.94 | 28228.35 | 30641.19 | 31803.87 |

# 7-7-2 各地区电信主要财务情况

单位：亿元

| 地区 | 主营业务收入 | 主营业务成本 | 利润总额 | 资产总额 |
|---|---|---|---|---|
| **全国** | **12001.49** | **8612.91** | **1544.86** | **31803.87** |
| 北京 | 596.59 | 404.47 | 114.62 | 1205.24 |
| 天津 | 165.25 | 122.40 | 14.64 | 349.78 |
| 河北 | 483.26 | 339.69 | 43.04 | 1028.67 |
| 山西 | 256.73 | 196.59 | 9.88 | 581.43 |
| 内蒙古 | 224.43 | 173.63 | 2.39 | 487.74 |
| 辽宁 | 391.50 | 279.70 | 29.05 | 878.99 |
| 吉林 | 186.83 | 153.78 | -10.60 | 408.09 |
| 黑龙江 | 248.84 | 190.62 | 2.33 | 568.03 |
| 上海 | 554.14 | 358.08 | 104.65 | 1182.52 |
| 江苏 | 875.92 | 562.17 | 151.61 | 1753.62 |
| 浙江 | 791.00 | 535.83 | 137.48 | 1772.27 |
| 安徽 | 399.81 | 262.65 | 62.20 | 790.01 |
| 福建 | 438.74 | 286.07 | 67.05 | 986.46 |
| 江西 | 268.04 | 187.39 | 29.46 | 543.41 |
| 山东 | 668.21 | 428.31 | 113.99 | 1402.48 |
| 河南 | 602.92 | 409.24 | 81.94 | 1251.47 |
| 湖北 | 431.15 | 284.11 | 70.55 | 840.32 |
| 湖南 | 443.91 | 281.89 | 63.63 | 958.92 |
| 广东 | 1600.28 | 1002.06 | 415.91 | 4223.11 |
| 广西 | 319.99 | 217.44 | 49.94 | 610.39 |
| 海南 | 99.36 | 70.74 | 9.76 | 215.97 |
| 重庆 | 244.19 | 171.96 | 28.11 | 474.58 |
| 四川 | 566.70 | 418.16 | 50.73 | 1149.68 |
| 贵州 | 253.90 | 182.89 | 28.68 | 503.83 |
| 云南 | 336.42 | 220.57 | 50.11 | 676.37 |
| 西藏 | 44.97 | 41.21 | -12.16 | 99.34 |
| 陕西 | 330.04 | 235.47 | 25.12 | 666.90 |
| 甘肃 | 187.84 | 139.32 | 17.83 | 404.65 |
| 青海 | 55.72 | 46.30 | -5.53 | 134.90 |
| 宁夏 | 65.38 | 46.34 | 1.99 | 134.21 |
| 新疆 | 214.69 | 174.85 | -4.13 | 491.30 |
| 不分地区 | -345.27 | 188.99 | -199.40 | 5029.20 |

# 7-7-3 软件和信息技术服务业主要经济指标

| 年 份<br>地 区 | 软件业务收入(万元) | #软件产品收入 | #信息技术服务收入 | #嵌入式系统软件收入 | #软件业务出口(万美元) |
|---|---|---|---|---|---|
| 2010 | 135885509.6 | 49305319.5 | 65296861.8 | 21283328.4 | 2673526.0 |
| 2011 | 188489906.0 | 61921545.6 | 95830650.1 | 30737710.2 | 3461947.0 |
| 2012 | 247937523.5 | 78572418.6 | 129448959.2 | 39916145.7 | 3942380.0 |
| 2013 | 305874743.1 | 98768380.6 | 160305341.0 | 46801021.5 | 4691377.0 |
| 2014 | 370264197.3 | 121984961.7 | 187110900.5 | 61168335.2 | 4867057.8 |
| 2015 | 428479158.8 | 136561431.9 | 222109513.9 | 69808213.0 | 4948702.5 |
| 2016 | 482322235.0 | 150278252.4 | 260904232.5 | 71139750.1 | 4994607.7 |
| 北 京 | 64160228.4 | 24448314.0 | 39571159.0 | 140755.4 | 256703.0 |
| 天 津 | 11858458.5 | 2824402.1 | 7568853.0 | 1465203.4 | 8347.4 |
| 河 北 | 2101821.9 | 365043.1 | 1721879.6 | 14899.2 | 3805.0 |
| 山 西 | 239171.7 | 104621.3 | 125910.8 | 8639.7 | |
| 内蒙古 | 279597.5 | 163399.2 | 115022.6 | 1175.7 | |
| 辽 宁 | 18903340.6 | 7906035.2 | 10340257.3 | 657048.1 | 292433.8 |
| 吉 林 | 5110866.6 | 1668621.5 | 2708275.0 | 733970.1 | 8261.2 |
| 黑龙江 | 1679760.8 | 608601.0 | 940402.0 | 130757.8 | 4200.0 |
| 上 海 | 38158599.7 | 11922807.2 | 24385984.2 | 1849808.3 | 361876.8 |
| 江 苏 | 81656015.1 | 18513795.1 | 37455567.8 | 25686652.2 | 669714.2 |
| 浙 江 | 36000229.8 | 10866988.0 | 21893586.2 | 3239655.7 | 351178.6 |
| 安 徽 | 2600306.0 | 909752.0 | 1488655.4 | 201898.6 | 15314.3 |
| 福 建 | 21578984.8 | 7776169.9 | 12307126.1 | 1495688.7 | 40938.8 |
| 江 西 | 870066.7 | 338926.9 | 520876.4 | 10263.5 | 9625.0 |
| 山 东 | 42610827.7 | 15610361.9 | 18912594.8 | 8087871.1 | 189790.0 |
| 河 南 | 2963542.7 | 1117252.2 | 1834942.5 | 11348.0 | 860.3 |
| 湖 北 | 13305110.7 | 6937090.7 | 5711965.7 | 656054.4 | 19555.0 |
| 湖 南 | 3960107.4 | 1140826.6 | 2283921.6 | 535359.3 | 368.6 |
| 广 东 | 82233914.9 | 19612172.4 | 38958597.3 | 23663145.2 | 2507067.3 |
| 广 西 | 729215.1 | 100953.5 | 622851.1 | 5410.5 | 0.6 |
| 海 南 | 767042.4 | 261981.2 | 505061.2 | | 1126.3 |
| 重 庆 | 10249597.2 | 2386353.7 | 6596127.3 | 1267116.2 | 14709.2 |
| 四 川 | 24230869.8 | 9586500.4 | 14487056.2 | 157313.2 | 147392.9 |
| 贵 州 | 1278329.0 | 502687.0 | 767758.0 | 7884.0 | 5.0 |
| 云 南 | 502951.2 | 123644.7 | 377760.4 | 1546.1 | 198.0 |
| 西 藏 | | | | | |
| 陕 西 | 13001963.6 | 4204165.9 | 7702833.4 | 1094964.3 | 91054.4 |
| 甘 肃 | 414210.4 | 105954.0 | 303775.8 | 4480.6 | |
| 青 海 | 11541.0 | 3983.1 | 6690.8 | 867.1 | 82.0 |
| 宁 夏 | 132037.0 | 61854.8 | 61418.5 | 8763.6 | |
| 新 疆 | 733526.8 | 104994.0 | 627322.8 | 1210.0 | |

注：本表统计口径为主营业务收入500万元以上的软件和信息技术服务业等企业。

# 7-7-4 信息传输、软件和信息技术服务业企业法人单位分地区主要指标

| 地 区 | 单位数(个) | 营业收入(亿元) | 资产总计(亿元) | 从业人员(万人) |
|---|---|---|---|---|
| **全 国** | **348613** | **46834.3** | **116938.3** | **660.2** |
| 北 京 | 71211 | 8505.7 | 36710.3 | 91.7 |
| 天 津 | 13150 | 1057.6 | 3222.0 | 17.1 |
| 河 北 | 8672 | 817.0 | 1699.9 | 12.0 |
| 山 西 | 3543 | 338.4 | 1130.8 | 10.6 |
| 内蒙古 | 3253 | 342.7 | 763.3 | 6.9 |
| 辽 宁 | 10218 | 878.8 | 2042.2 | 19.9 |
| 吉 林 | 3597 | 424.5 | 813.7 | 9.0 |
| 黑龙江 | 5718 | 353.8 | 718.3 | 9.6 |
| 上 海 | 15465 | 4080.5 | 8218.2 | 47.1 |
| 江 苏 | 31160 | 5248.2 | 6892.1 | 67.4 |
| 浙 江 | 34841 | 5157.4 | 9630.2 | 37.9 |
| 安 徽 | 11158 | 759.0 | 831.2 | 14.5 |
| 福 建 | 11013 | 1133.5 | 1684.1 | 21.2 |
| 江 西 | 3767 | 505.3 | 959.4 | 8.9 |
| 山 东 | 12030 | 2156.9 | 7093.9 | 31.3 |
| 河 南 | 6833 | 959.5 | 2095.4 | 18.4 |
| 湖 北 | 8575 | 961.5 | 2897.3 | 19.0 |
| 湖 南 | 11209 | 794.9 | 1358.7 | 18.3 |
| 广 东 | 37093 | 6052.0 | 16016.5 | 89.5 |
| 广 西 | 4104 | 418.7 | 847.9 | 8.8 |
| 海 南 | 1437 | 200.7 | 506.8 | 3.0 |
| 重 庆 | 7883 | 881.0 | 2016.8 | 14.7 |
| 四 川 | 14368 | 2058.8 | 3448.2 | 37.3 |
| 贵 州 | 2051 | 426.3 | 754.0 | 5.3 |
| 云 南 | 5125 | 535.8 | 1194.4 | 9.3 |
| 西 藏 | 108 | 99.1 | 111.6 | 0.9 |
| 陕 西 | 6702 | 961.8 | 1942.9 | 18.1 |
| 甘 肃 | 1517 | 244.0 | 445.4 | 3.8 |
| 青 海 | 429 | 80.4 | 155.0 | 1.4 |
| 宁 夏 | 456 | 95.8 | 272.1 | 1.6 |
| 新 疆 | 1928 | 304.7 | 465.9 | 5.8 |

# 7-7-5 电信主要业务量

| 指　　标 | 2007 | 2008 | 2009 | 2010 | 2011 | 2012 | 2013 | 2014 | 2015 | 2016 |
|---|---|---|---|---|---|---|---|---|---|---|
| 电信业务总量（亿元） | 18591.3 | 22247.7 | 25553.6 | 29993.2 | 11725.8 | 12982.4 | 15707.2 | 18138.3 | 23346.3 | 15617.0 |
| 固定电话用户合计（万户） | 36563.7 | 34035.9 | 31373.2 | 29434.2 | 28509.8 | 27815.3 | 26698.5 | 24943.0 | 23099.6 | 20662.4 |
| #公用电话用户 | 2991.9 | 2771.5 | 2708.8 | 2595.9 | 2468.3 | 2347.1 | 2233.4 | 2056.9 | 1698.1 | 1390.5 |
| 城市电话用户 | 24859.8 | 23155.9 | 21190.0 | 19658.1 | 19121.7 | 18893.4 | 18456.8 | 17627.9 | 17320.8 | 15619.2 |
| #住宅电话用户 | 16988.2 | 15588.3 | 12969.5 | 11973.4 | 11411.6 | 11013.2 | 10474.3 | 9896.1 | 9240.8 | 8012.3 |
| 农村电话用户 | 11704.0 | 10880.0 | 10183.2 | 9776.1 | 9388.1 | 8921.9 | 8241.7 | 7315.1 | 5778.9 | 5043.3 |
| #住宅电话用户 | 10533.1 | 9612.2 | 8813.3 | 8325.0 | 7861.2 | 7315.8 | 6643.4 | 5769.2 | 4659.0 | 3982.7 |
| 移动电话用户合计（万户） | 54730.6 | 64124.5 | 74721.4 | 85900.3 | 98625.3 | 111215.5 | 122911.3 | 128609.3 | 127139.7 | 132193.4 |
| #3G移动电话用户 | | | 1232.2 | 4705.1 | 12842.4 | 23280.3 | 40161.1 | 48525.5 | 27573.0 | 17080.5 |
| 4G移动电话用户 | | | | | | | | 9728.4 | 43038.1 | 76994.9 |
| 互联网拨号用户（万户） | 1941.0 | 1227.8 | 754.4 | 590.1 | 550.7 | 569.8 | 485.1 | 441.6 | 331.6 | 306.3 |
| 互联网宽带接入用户（万户） | 6641.4 | 8287.9 | 10397.8 | 12629.1 | 15000.1 | 17518.3 | 18890.9 | 20048.3 | 25946.6 | 29720.7 |
| 固定本地电话通话时长合计（亿分钟） | | | | | 4227.4 | 3577.7 | 3023.1 | 2613.9 | 2251.1 | 1876.4 |
| 固定长途电话通话时长合计（亿分钟） | 1756.7 | 1655.8 | 1314.6 | 1068.9 | 856.9 | 700.7 | 590.6 | 530.1 | 472.6 | 400.8 |
| 移动电话通话时长合计（亿分钟） | 23061.3 | 29355.6 | 35351.0 | 43261.2 | 50472.6 | 55444.9 | 58229.7 | 59012.7 | 57648.9 | 56599.0 |
| #去话通话时长 | 11224.6 | 14378.5 | 17070.3 | 21129.0 | 25056.0 | 27603.5 | 28987.7 | 29270.1 | 28499.9 | 28072.8 |
| 移动短信业务量（亿条） | 5945.8 | 6996.9 | 7726.5 | 8277.5 | 8790.0 | 8973.1 | 8921.0 | 7674.2 | 6991.8 | 6670.9 |

注：1. 电信业务总量2010年及以前按2000年不变价格计算；2011年起按2010年不变价格计算，按可比价格比上年增长15.2%；2016年起按2015年不变价格计算，按可比价格比上年增长30.3%。
2. 固定长途电话通话时长合计2005年及以前不含固定IP电话通话时长。

# 7-7-6 各地区电信主要业务量

单位：万户

| 地 区 | 固定本地电话通话时长（亿分钟） | 固定长途电话通话时长（亿分钟） | 移动电话通话时长（亿分钟） | 移动短信业务量（亿条） | 电信业务总量（亿元） | 固定电话用户 |
|---|---|---|---|---|---|---|
| **全 国** | **1876.4** | **400.8** | **56599.0** | **6670.9** | **15616.95** | **20662.4** |
| 北 京 | 98.2 | 57.7 | 1529.3 | 541.7 | 593.08 | 695.0 |
| 天 津 | 21.4 | 4.1 | 647.3 | 38.5 | 183.09 | 311.3 |
| 河 北 | 114.7 | 14.5 | 2630.7 | 173.4 | 623.20 | 850.6 |
| 山 西 | 23.1 | 3.3 | 1439.1 | 201.3 | 328.73 | 343.7 |
| 内蒙古 | 22.5 | 4.2 | 1221.3 | 83.3 | 249.64 | 268.1 |
| 辽 宁 | 69.0 | 13.1 | 1968.1 | 153.9 | 512.71 | 890.6 |
| 吉 林 | 17.8 | 4.7 | 1111.0 | 59.8 | 264.31 | 520.3 |
| 黑龙江 | 36.8 | 4.5 | 1438.3 | 62.1 | 320.28 | 497.4 |
| 上 海 | 133.8 | 38.4 | 1175.9 | 220.4 | 509.97 | 731.6 |
| 江 苏 | 147.1 | 32.6 | 3433.3 | 619.7 | 1206.60 | 1708.3 |
| 浙 江 | 115.5 | 22.5 | 3023.9 | 902.0 | 1116.48 | 1287.2 |
| 安 徽 | 52.8 | 11.2 | 1750.8 | 135.0 | 489.54 | 613.9 |
| 福 建 | 74.6 | 11.0 | 1829.5 | 643.8 | 588.52 | 815.7 |
| 江 西 | 36.2 | 6.9 | 1343.5 | 110.9 | 386.54 | 517.5 |
| 山 东 | 118.6 | 15.4 | 4006.3 | 306.4 | 863.38 | 970.4 |
| 河 南 | 68.4 | 9.0 | 3265.7 | 157.8 | 757.67 | 798.6 |
| 湖 北 | 57.7 | 11.4 | 1825.7 | 127.3 | 515.29 | 731.7 |
| 湖 南 | 63.9 | 8.4 | 2236.0 | 201.8 | 555.75 | 682.7 |
| 广 东 | 234.8 | 66.2 | 5974.2 | 639.3 | 1991.31 | 2609.7 |
| 广 西 | 48.8 | 4.0 | 1535.9 | 128.8 | 388.96 | 348.9 |
| 海 南 | 9.4 | 1.6 | 467.1 | 42.1 | 125.95 | 169.2 |
| 重 庆 | 43.0 | 7.0 | 1321.7 | 90.6 | 349.01 | 541.6 |
| 四 川 | 96.3 | 19.8 | 3167.8 | 241.9 | 714.93 | 1490.1 |
| 贵 州 | 20.4 | 3.2 | 1642.6 | 97.2 | 336.23 | 258.7 |
| 云 南 | 34.7 | 4.4 | 1838.8 | 145.9 | 500.98 | 335.0 |
| 西 藏 | 1.0 | 0.3 | 149.7 | 15.1 | 32.95 | 38.9 |
| 陕 西 | 51.8 | 10.8 | 1643.1 | 233.5 | 464.99 | 679.9 |
| 甘 肃 | 12.7 | 2.8 | 1050.4 | 164.9 | 232.05 | 312.3 |
| 青 海 | 5.2 | 1.1 | 263.2 | 20.1 | 67.21 | 102.1 |
| 宁 夏 | 4.4 | 1.1 | 316.5 | 32.7 | 94.73 | 70.5 |
| 新 疆 | 41.6 | 5.7 | 1352.0 | 79.6 | 252.85 | 471.0 |
| 不分地区 | | | | | | |

7-7-6 续表　　单位：万户

| 地区 | 城市电话用户 | #住宅电话 | 农村电话用户 | #住宅电话 | 移动电话用户 |
|---|---|---|---|---|---|
| **全国** | **15619.2** | **8012.3** | **5043.3** | **3982.7** | **132193.4** |
| 北京 | 561.3 | 271.9 | 133.7 | 86.3 | 3869.0 |
| 天津 | 309.1 | 120.9 | 2.3 | 0.6 | 1499.8 |
| 河北 | 694.2 | 411.4 | 156.5 | 113.2 | 7121.0 |
| 山西 | 287.7 | 108.3 | 55.9 | 37.0 | 3365.7 |
| 内蒙古 | 233.0 | 107.1 | 35.1 | 27.2 | 2470.8 |
| 辽宁 | 771.9 | 463.0 | 118.7 | 106.8 | 4427.1 |
| 吉林 | 404.9 | 234.1 | 115.4 | 77.7 | 2654.8 |
| 黑龙江 | 430.7 | 314.6 | 66.8 | 61.3 | 3445.6 |
| 上海 | 731.6 | 419.0 |  |  | 3156.1 |
| 江苏 | 1097.0 | 500.1 | 611.4 | 500.6 | 8198.8 |
| 浙江 | 1036.1 | 411.0 | 251.1 | 183.3 | 7225.9 |
| 安徽 | 432.0 | 229.4 | 181.9 | 149.8 | 4343.0 |
| 福建 | 512.2 | 240.4 | 303.5 | 218.8 | 4159.0 |
| 江西 | 337.4 | 167.6 | 180.1 | 161.8 | 3140.7 |
| 山东 | 678.2 | 237.0 | 292.2 | 187.7 | 9594.5 |
| 河南 | 543.2 | 242.4 | 255.4 | 184.8 | 7889.0 |
| 湖北 | 531.7 | 282.5 | 199.9 | 171.1 | 4683.8 |
| 湖南 | 470.3 | 243.6 | 212.4 | 181.5 | 4993.6 |
| 广东 | 1991.3 | 901.0 | 618.4 | 460.4 | 14349.0 |
| 广西 | 244.4 | 107.9 | 104.6 | 85.9 | 3774.2 |
| 海南 | 116.2 | 63.5 | 53.0 | 42.0 | 942.3 |
| 重庆 | 420.2 | 303.1 | 121.4 | 107.9 | 2880.1 |
| 四川 | 981.3 | 650.6 | 508.8 | 460.6 | 7294.5 |
| 贵州 | 210.4 | 122.7 | 48.3 | 42.4 | 3082.7 |
| 云南 | 267.1 | 119.7 | 67.9 | 46.6 | 3942.8 |
| 西藏 | 38.8 | 25.9 | 0.1 | 0.1 | 284.4 |
| 陕西 | 524.2 | 295.3 | 155.7 | 130.4 | 3813.3 |
| 甘肃 | 241.2 | 135.5 | 71.1 | 63.7 | 2203.8 |
| 青海 | 89.2 | 50.3 | 12.9 | 10.8 | 539.8 |
| 宁夏 | 61.8 | 29.5 | 8.8 | 6.3 | 716.4 |
| 新疆 | 370.8 | 203.0 | 100.1 | 76.2 | 2132.1 |
| 不分地区 |  |  |  |  |  |

# 7—7—7 各地区固定电话用户情况

单位：万户

| 地 区 | 2007 | 2008 | 2009 | 2010 | 2011 | 2012 | 2013 | 2014 | 2015 | 2016 |
|---|---|---|---|---|---|---|---|---|---|---|
| **全 国** | **36563.7** | **34035.9** | **31373.2** | **29434.2** | **28509.8** | **27815.3** | **26698.5** | **24943.0** | **23099.6** | **20662.4** |
| 北 京 | 914.6 | 884.9 | 893.1 | 885.6 | 883.9 | 883.2 | 867.6 | 831.3 | 784.6 | 695.0 |
| 天 津 | 398.0 | 396.6 | 385.3 | 366.8 | 333.9 | 353.7 | 352.8 | 360.6 | 343.8 | 311.3 |
| 河 北 | 1526.7 | 1457.5 | 1343.9 | 1251.4 | 1242.7 | 1207.7 | 1152.4 | 1085.1 | 978.2 | 850.6 |
| 山 西 | 823.1 | 803.0 | 758.8 | 720.7 | 682.2 | 685.2 | 584.4 | 554.2 | 444.6 | 343.7 |
| 内蒙古 | 503.2 | 462.5 | 441.6 | 414.1 | 379.5 | 368.3 | 377.2 | 359.1 | 324.5 | 268.1 |
| 辽 宁 | 1667.1 | 1604.3 | 1529.1 | 1428.0 | 1352.1 | 1285.1 | 1222.4 | 1151.2 | 1036.2 | 890.6 |
| 吉 林 | 729.8 | 621.7 | 581.3 | 595.2 | 579.3 | 578.8 | 579.0 | 574.8 | 572.3 | 520.3 |
| 黑龙江 | 1081.2 | 1028.0 | 870.2 | 813.5 | 793.5 | 776.1 | 747.8 | 640.5 | 596.0 | 497.4 |
| 上 海 | 1022.0 | 1015.4 | 935.5 | 931.8 | 926.4 | 902.9 | 869.2 | 840.2 | 797.3 | 731.6 |
| 江 苏 | 3224.1 | 2968.3 | 2662.4 | 2498.8 | 2370.9 | 2387.2 | 2289.8 | 2133.6 | 1973.0 | 1708.3 |
| 浙 江 | 2407.9 | 2297.6 | 2130.9 | 1985.5 | 1947.9 | 1882.5 | 1781.3 | 1641.9 | 1471.0 | 1287.2 |
| 安 徽 | 1496.2 | 1379.9 | 1267.3 | 1231.0 | 1243.9 | 1091.4 | 976.7 | 839.8 | 739.4 | 613.9 |
| 福 建 | 1482.5 | 1431.0 | 1244.8 | 1045.7 | 1015.0 | 1017.3 | 983.5 | 933.3 | 888.5 | 815.7 |
| 江 西 | 885.2 | 846.9 | 748.5 | 709.6 | 673.9 | 644.2 | 622.4 | 577.4 | 568.4 | 517.5 |
| 山 东 | 2493.9 | 2421.1 | 2217.3 | 1992.2 | 1896.6 | 1854.2 | 1707.6 | 1418.3 | 1118.0 | 970.4 |
| 河 南 | 1854.6 | 1562.4 | 1460.6 | 1426.8 | 1341.4 | 1288.7 | 1224.4 | 1143.0 | 1009.7 | 798.6 |
| 湖 北 | 1280.2 | 1171.8 | 1088.3 | 1026.4 | 1020.3 | 1003.6 | 984.0 | 907.4 | 872.5 | 731.7 |
| 湖 南 | 1321.7 | 1257.3 | 1166.9 | 1077.0 | 1011.6 | 953.9 | 914.4 | 844.1 | 787.0 | 682.7 |
| 广 东 | 3750.2 | 3573.3 | 3366.7 | 3169.1 | 3147.1 | 3135.8 | 3099.9 | 2950.6 | 2807.1 | 2609.7 |
| 广 西 | 891.0 | 848.4 | 787.6 | 708.9 | 650.9 | 599.3 | 546.3 | 499.9 | 439.7 | 348.9 |
| 海 南 | 240.1 | 224.7 | 182.8 | 179.8 | 175.0 | 173.0 | 173.6 | 170.0 | 171.0 | 169.2 |
| 重 庆 | 722.5 | 678.9 | 627.7 | 582.7 | 571.3 | 575.7 | 580.3 | 579.5 | 559.6 | 541.6 |
| 四 川 | 1755.1 | 1660.4 | 1551.2 | 1419.1 | 1382.9 | 1347.1 | 1313.7 | 1294.2 | 1353.4 | 1490.1 |
| 贵 州 | 521.2 | 499.6 | 451.1 | 431.2 | 404.0 | 380.4 | 363.0 | 339.1 | 312.5 | 258.7 |
| 云 南 | 628.7 | 616.3 | 583.1 | 562.5 | 540.1 | 524.3 | 485.4 | 429.8 | 377.5 | 335.0 |
| 西 藏 | 67.3 | 70.7 | 53.9 | 43.9 | 40.5 | 40.5 | 40.4 | 35.9 | 34.9 | 38.9 |
| 陕 西 | 925.7 | 881.2 | 815.0 | 781.9 | 775.5 | 772.1 | 769.3 | 750.8 | 723.3 | 679.9 |
| 甘 肃 | 585.3 | 519.0 | 453.9 | 411.9 | 396.4 | 377.8 | 364.3 | 341.3 | 326.0 | 312.3 |
| 青 海 | 123.1 | 119.4 | 109.3 | 103.2 | 104.2 | 102.5 | 101.8 | 100.2 | 104.2 | 102.1 |
| 宁 夏 | 140.3 | 121.5 | 114.5 | 111.9 | 108.5 | 105.0 | 104.7 | 102.7 | 84.4 | 70.5 |
| 新 疆 | 678.1 | 612.2 | 550.5 | 528.0 | 518.3 | 517.9 | 518.7 | 513.3 | 501.2 | 471.0 |
| 不分地区 | 423.2 | | | | | | | | | |

# 7-7-8 各地区移动电话用户情况

单位：万户

| 地 区 | 2007 | 2008 | 2009 | 2010 | 2011 | 2012 | 2013 | 2014 | 2015 | 2016 |
|---|---|---|---|---|---|---|---|---|---|---|
| **全 国** | **54730.6** | **64124.5** | **74721.4** | **85900.3** | **98625.3** | **111215.5** | **122911.3** | **128609.3** | **127139.7** | **132193.4** |
| 北 京 | 1598.3 | 1616.3 | 1825.5 | 2129.8 | 2576.0 | 3168.0 | 3373.8 | 4076.4 | 3944.4 | 3869.0 |
| 天 津 | 738.3 | 865.0 | 992.5 | 1089.8 | 1235.6 | 1325.2 | 1323.2 | 1351.8 | 1369.7 | 1499.8 |
| 河 北 | 2814.8 | 3214.1 | 3783.2 | 4353.6 | 5094.5 | 5513.1 | 6006.2 | 6229.1 | 6135.6 | 7121.0 |
| 山 西 | 1420.4 | 1698.5 | 1952.3 | 2205.2 | 2446.9 | 2764.6 | 3105.5 | 3332.3 | 3241.4 | 3365.7 |
| 内蒙古 | 1046.9 | 1344.4 | 1616.0 | 2034.0 | 2316.2 | 2550.1 | 2690.6 | 2634.6 | 2377.1 | 2470.8 |
| 辽 宁 | 1958.9 | 2421.5 | 2882.1 | 3341.8 | 3836.5 | 4291.3 | 4583.6 | 4535.6 | 4289.8 | 4427.1 |
| 吉 林 | 1311.1 | 1362.9 | 1574.2 | 1805.4 | 2004.1 | 2257.0 | 2372.1 | 2612.3 | 2511.5 | 2654.8 |
| 黑龙江 | 1449.2 | 1646.3 | 1865.9 | 2072.0 | 2376.6 | 2663.9 | 3020.4 | 3457.8 | 3329.8 | 3445.6 |
| 上 海 | 1776.5 | 1880.9 | 2113.2 | 2361.6 | 2620.6 | 3008.3 | 3200.7 | 3292.7 | 3132.4 | 3156.1 |
| 江 苏 | 3313.2 | 3957.0 | 4940.3 | 5923.1 | 6684.8 | 7471.4 | 7942.0 | 8070.4 | 7993.1 | 8198.8 |
| 浙 江 | 3529.2 | 3976.7 | 4456.3 | 5047.4 | 5756.0 | 6442.6 | 7071.8 | 7370.6 | 7283.7 | 7225.9 |
| 安 徽 | 1410.0 | 1715.1 | 2154.6 | 2798.7 | 3259.4 | 3609.8 | 3958.9 | 4215.9 | 4188.3 | 4343.0 |
| 福 建 | 1808.7 | 2368.1 | 2639.1 | 3021.8 | 3553.2 | 4049.2 | 4303.3 | 4276.7 | 4154.0 | 4159.0 |
| 江 西 | 1182.4 | 1277.3 | 1548.0 | 1811.3 | 2322.1 | 2573.4 | 2806.9 | 2938.5 | 3030.4 | 3140.7 |
| 山 东 | 3738.1 | 4627.9 | 5334.5 | 6190.4 | 7118.1 | 7588.9 | 8333.4 | 8664.1 | 9088.8 | 9594.5 |
| 河 南 | 2914.5 | 3501.0 | 3987.2 | 4402.0 | 5062.0 | 5787.6 | 7200.2 | 7712.9 | 7537.4 | 7889.0 |
| 湖 北 | 1940.6 | 2528.7 | 3136.9 | 3454.7 | 3953.7 | 4554.1 | 4416.8 | 4606.8 | 4530.5 | 4683.8 |
| 湖 南 | 1798.0 | 2240.3 | 2752.4 | 3257.0 | 3749.1 | 4262.0 | 4570.0 | 4726.1 | 4692.0 | 4993.6 |
| 广 东 | 7842.1 | 8395.7 | 8923.3 | 9624.6 | 10792.8 | 12468.0 | 14706.1 | 14943.4 | 14479.7 | 14349.0 |
| 广 西 | 1384.3 | 1623.9 | 1960.1 | 2214.5 | 2532.7 | 2884.1 | 3285.6 | 3553.8 | 3594.9 | 3774.2 |
| 海 南 | 324.8 | 397.8 | 496.4 | 594.3 | 671.6 | 775.6 | 858.3 | 907.4 | 894.1 | 942.3 |
| 重 庆 | 1176.9 | 1281.7 | 1440.9 | 1664.4 | 1801.2 | 2069.6 | 2380.8 | 2589.9 | 2737.7 | 2880.1 |
| 四 川 | 2400.4 | 2852.3 | 3466.9 | 4156.4 | 4817.9 | 5498.2 | 6283.3 | 6608.5 | 6798.3 | 7294.5 |
| 贵 州 | 834.0 | 1179.0 | 1453.4 | 1800.6 | 2044.3 | 2321.4 | 2662.6 | 2885.3 | 2941.5 | 3082.7 |
| 云 南 | 1346.4 | 1635.9 | 1936.4 | 2244.5 | 2589.5 | 2895.8 | 3395.8 | 3748.5 | 3740.1 | 3942.8 |
| 西 藏 | 73.7 | 87.0 | 124.0 | 157.6 | 196.4 | 235.5 | 265.6 | 291.8 | 268.7 | 284.4 |
| 陕 西 | 1612.7 | 1912.2 | 2337.4 | 2518.2 | 2907.2 | 3264.8 | 3512.5 | 3607.2 | 3567.1 | 3813.3 |
| 甘 肃 | 686.4 | 895.3 | 1194.7 | 1390.1 | 1614.7 | 1763.5 | 1976.2 | 2058.6 | 2105.3 | 2203.8 |
| 青 海 | 221.7 | 247.2 | 301.0 | 397.8 | 463.5 | 537.2 | 542.4 | 544.0 | 517.1 | 539.8 |
| 宁 夏 | 269.8 | 323.3 | 382.8 | 437.3 | 520.5 | 591.0 | 627.2 | 688.3 | 636.6 | 716.4 |
| 新 疆 | 808.3 | 1051.3 | 1113.0 | 1359.9 | 1670.9 | 2010.6 | 2133.9 | 2077.4 | 2028.4 | 2132.1 |
| 不分地区 | | | 37.0 | 40.5 | 36.7 | 19.8 | 1.6 | | 0.5 | |

# 7-7-9 电信主要通信能力

| 指 标 | | 2009 | 2010 | 2011 | 2012 | 2013 | 2014 | 2015 | 2016 |
|---|---|---|---|---|---|---|---|---|---|
| **光缆线路** | | | | | | | | | |
| 光缆线路长度 | (公里) | 8294565 | 9962467 | 12119303 | 14793300 | 17453709 | 20612529 | 24863348 | 30420755 |
| #长途光缆线路长度 | (公里) | 831011 | 818133 | 842341 | 868175 | 890018 | 928398 | 965283 | 994092 |
| **长途通信** | | | | | | | | | |
| 长途电话交换机容量 | (万路端) | 1684.9 | 1641.5 | 1602.3 | 1579.7 | 1280.5 | 982.9 | 811.1 | 681.1 |
| **本地网通信** | | | | | | | | | |
| 局用交换机容量 | (万门) | 49265.6 | 46537.3 | 43428.8 | 43749.3 | 41089.3 | 40517.1 | 26446.5 | 22441.6 |
| **互联网及其他数据通信** | | | | | | | | | |
| 互联网宽带接入端口 | (万个) | 13835.7 | 18781.1 | 23239.4 | 32108.4 | 35945.3 | 40546.1 | 57709.4 | 71276.9 |
| **移动通信** | | | | | | | | | |
| 移动电话交换机容量 | (万户) | 144084.7 | 150284.9 | 171636.0 | 184023.8 | 196557.3 | 205024.9 | 218150.0 | 218540.0 |

注：2005—2011年长途电话业务电路采用将固定及移动长途电话业务电路、数据通信网长途电路和长途传输出租电路加总统计。

# 7-7-10 各地区电信主要通信能力

| 地区 | 固定长途电话交换机容量（万路端） | 局用交换机容量（万门） | 移动电话交换机容量（万户） | 长途光缆线路长度（公里） |
|---|---|---|---|---|
| **全国** | **681.1** | **22441.6** | **218540.0** | **994092** |
| 北京 | 45.8 | 1233.3 | 5230.0 | 4465 |
| 天津 | 11.8 | 476.1 | 2585.0 | 3776 |
| 河北 | 25.4 | 1219.4 | 11930.7 | 36970 |
| 山西 | 21.5 | 470.8 | 5096.5 | 31629 |
| 内蒙古 | 10.1 | 327.4 | 6294.1 | 77483 |
| 辽宁 | 23.4 | 1311.0 | 6775.2 | 24114 |
| 吉林 | 8.6 | 485.2 | 3851.5 | 23397 |
| 黑龙江 | 27.8 | 4899.9 | 8546.9 | 50222 |
| 上海 | 46.4 | 991.0 | 4424.0 | 5565 |
| 江苏 | 37.6 | 698.1 | 10863.1 | 39083 |
| 浙江 | 85.2 | 504.3 | 11698.7 | 26273 |
| 安徽 | 5.4 | 203.1 | 8407.8 | 32222 |
| 福建 | 9.5 | 399.7 | 7963.6 | 24282 |
| 江西 | 20.7 | 467.5 | 4183.9 | 21496 |
| 山东 | 23.2 | 1138.3 | 12667.9 | 39093 |
| 河南 | 18.8 | 901.1 | 12357.0 | 32533 |
| 湖北 | 7.4 | 491.7 | 8748.7 | 32372 |
| 湖南 | 41.0 | 477.6 | 7257.5 | 41526 |
| 广东 | 58.1 | 1656.8 | 21982.3 | 58120 |
| 广西 | 28.0 | 1158.1 | 5191.1 | 38877 |
| 海南 | 4.1 | 62.8 | 1612.4 | 3376 |
| 重庆 | 6.5 | 241.5 | 4037.0 | 8309 |
| 四川 | 37.4 | 751.7 | 16408.3 | 61204 |
| 贵州 | 2.7 | 373.6 | 4908.0 | 36500 |
| 云南 | 19.9 | 653.6 | 5759.5 | 51175 |
| 西藏 | 1.3 | 10.5 | 2423.0 | 35713 |
| 陕西 | 19.8 | 402.4 | 5111.5 | 29949 |
| 甘肃 | 7.2 | 116.5 | 3128.0 | 33409 |
| 青海 | 13.1 | 22.2 | 1308.0 | 42470 |
| 宁夏 | 6.0 | 90.6 | 1414.0 | 10910 |
| 新疆 | 2.8 | 204.5 | 6375.0 | 37579 |
| 不分地区 | 4.6 | | | |

注：电话交换机容量中不包括用户交换机容量。

# 7-7-11 电信通信服务水平

| 指标 | | 2007 | 2008 | 2009 | 2010 | 2011 | 2012 | 2013 | 2014 | 2015 | 2016 |
|---|---|---|---|---|---|---|---|---|---|---|---|
| 电话普及率 | | 69.5 | 74.3 | 79.9 | 86.4 | 94.8 | 103.1 | 109.9 | 112.3 | 109.3 | 110.5 |
| 固定电话普及率 | (部/百人) | 27.8 | 25.8 | 23.6 | 22.1 | 21.3 | 20.6 | 19.6 | 18.2 | 16.8 | 14.9 |
| 城市固定电话普及率 | (部/百人) | 40.6 | 37.4 | 33.9 | 31.2 | 30.0 | 27.4 | 25.2 | 24.0 | 22.5 | 19.7 |
| 移动电话普及率 | (部/百人) | 41.6 | 48.5 | 56.3 | 64.4 | 73.6 | 82.5 | 90.3 | 94.0 | 92.5 | 95.6 |
| 平均每千人拥有公用电话数 | (部/千人) | 22.8 | 21.0 | 20.4 | 19.5 | 18.4 | 17.4 | 16.4 | 15.0 | 12.4 | 10.1 |
| 互联网普及率 | (%) | 16.0 | 22.6 | 28.9 | 34.3 | 38.3 | 42.1 | 45.8 | 47.9 | 50.3 | 53.2 |
| 移动电话漫游国家和地区 | (个) | 231 | 237 | 237 | 239 | 258 | 258 | 258 | 258 | 255 | 258 |
| 开通互联网宽带业务的行政村比重 | (%) | | | | 80.1 | 84.0 | 87.9 | 91.0 | 93.5 | 94.8 | 96.7 |

# 7-7-12 各地区电信通信服务水平

| 地区 | 电话普及率（部/百人） | 固定电话普及率（部/百人） | 城市固定电话普及率（部/百人） | 移动电话普及率（部/百人） | 每千人拥有公用电话（部/千人） | 互联网普及率（%） | 开通互联网宽带业务的行政村比重（%） |
|---|---|---|---|---|---|---|---|
| **全国** | **110.55** | **14.94** | **19.70** | **95.60** | **10.06** | **53.2** | **96.70** |
| 北京 | 210.04 | 31.98 | 29.86 | 178.06 | 17.11 | 77.8 | 100.00 |
| 天津 | 115.94 | 19.93 | 23.86 | 96.01 | 12.16 | 64.6 | 100.00 |
| 河北 | 106.72 | 11.39 | 17.43 | 95.33 | 8.18 | 53.3 | 97.16 |
| 山西 | 100.75 | 9.33 | 13.90 | 91.42 | 9.10 | 55.5 | 90.18 |
| 内蒙古 | 108.68 | 10.64 | 15.11 | 98.04 | 5.69 | 52.2 | 62.48 |
| 辽宁 | 121.47 | 20.34 | 26.17 | 101.13 | 12.96 | 62.6 | 100.00 |
| 吉林 | 116.18 | 19.04 | 26.47 | 97.14 | 12.88 | 50.9 | 100.00 |
| 黑龙江 | 103.79 | 13.09 | 19.15 | 90.69 | 8.38 | 48.1 | 100.00 |
| 上海 | 160.67 | 30.24 | 34.40 | 130.44 | 7.69 | 74.1 | 100.00 |
| 江苏 | 123.86 | 21.36 | 20.25 | 102.50 | 12.27 | 56.6 | 100.00 |
| 浙江 | 152.29 | 23.03 | 27.66 | 129.27 | 26.99 | 65.6 | 100.00 |
| 安徽 | 80.01 | 9.91 | 13.41 | 70.10 | 5.91 | 44.3 | 100.00 |
| 福建 | 128.41 | 21.05 | 20.79 | 107.36 | 11.32 | 69.7 | 100.00 |
| 江西 | 79.66 | 11.27 | 13.84 | 68.39 | 9.01 | 44.6 | 99.00 |
| 山东 | 106.22 | 9.76 | 11.55 | 96.46 | 9.06 | 52.9 | 100.00 |
| 河南 | 91.14 | 8.38 | 11.75 | 82.76 | 8.06 | 43.4 | 100.00 |
| 湖北 | 92.02 | 12.43 | 15.55 | 79.59 | 11.13 | 51.4 | 96.00 |
| 湖南 | 83.21 | 10.01 | 13.07 | 73.20 | 7.16 | 44.4 | 99.00 |
| 广东 | 154.18 | 23.73 | 26.16 | 130.46 | 19.59 | 74.0 | 100.00 |
| 广西 | 85.22 | 7.21 | 10.51 | 78.01 | 1.99 | 46.1 | 99.90 |
| 海南 | 121.19 | 18.44 | 22.31 | 102.75 | 9.54 | 51.6 | 100.00 |
| 重庆 | 112.25 | 17.77 | 22.02 | 94.48 | 1.33 | 51.6 | 100.00 |
| 四川 | 106.32 | 18.03 | 24.13 | 88.29 | 5.57 | 43.6 | 95.00 |
| 贵州 | 93.99 | 7.28 | 13.41 | 86.71 | 2.62 | 43.2 | 97.50 |
| 云南 | 89.67 | 7.02 | 12.44 | 82.65 | 8.23 | 39.9 | 100.00 |
| 西藏 | 97.65 | 11.75 | 39.66 | 85.90 | 2.50 | 46.1 | 83.00 |
| 陕西 | 117.85 | 17.83 | 24.84 | 100.02 | 11.71 | 52.4 | 96.00 |
| 甘肃 | 96.40 | 11.96 | 20.68 | 84.44 | 7.64 | 42.4 | 93.00 |
| 青海 | 108.15 | 17.20 | 29.10 | 90.95 | 5.36 | 54.5 | 94.40 |
| 宁夏 | 116.60 | 10.45 | 16.25 | 106.15 | 5.69 | 50.7 | 100.00 |
| 新疆 | 108.55 | 19.64 | 31.98 | 88.91 | 10.79 | 54.9 | 95.00 |

# 7-7-13 各地区互联网上网人数

单位：万人

| 地区 | 2007 | 2008 | 2009 | 2010 | 2011 | 2012 | 2013 | 2014 | 2015 | 2016 |
|---|---|---|---|---|---|---|---|---|---|---|
| **全国** | **21000** | **29800** | **38400** | **45730** | **51310** | **56400** | **61758** | **64875** | **68826** | **73125** |
| 北京 | 737 | 980 | 1103 | 1218 | 1379 | 1458 | 1556 | 1593 | 1647 | 1690 |
| 天津 | 287 | 485 | 564 | 648 | 719 | 793 | 866 | 904 | 956 | 999 |
| 河北 | 762 | 1334 | 1842 | 2197 | 2597 | 3008 | 3389 | 3603 | 3731 | 3956 |
| 山西 | 536 | 819 | 1064 | 1250 | 1405 | 1589 | 1755 | 1838 | 1975 | 2035 |
| 内蒙古 | 322 | 385 | 575 | 747 | 854 | 965 | 1093 | 1142 | 1259 | 1311 |
| 辽宁 | 783 | 1138 | 1595 | 1916 | 2092 | 2199 | 2453 | 2580 | 2731 | 2741 |
| 吉林 | 434 | 520 | 726 | 882 | 966 | 1062 | 1163 | 1243 | 1313 | 1402 |
| 黑龙江 | 476 | 620 | 912 | 1127 | 1206 | 1329 | 1514 | 1599 | 1707 | 1835 |
| 上海 | 830 | 1110 | 1171 | 1239 | 1525 | 1606 | 1683 | 1716 | 1773 | 1791 |
| 江苏 | 1757 | 2084 | 2765 | 3306 | 3685 | 3952 | 4095 | 4274 | 4416 | 4513 |
| 浙江 | 1509 | 2108 | 2452 | 2786 | 3052 | 3221 | 3330 | 3458 | 3596 | 3632 |
| 安徽 | 587 | 723 | 1069 | 1392 | 1585 | 1869 | 2150 | 2225 | 2395 | 2721 |
| 福建 | 866 | 1379 | 1629 | 1848 | 2102 | 2280 | 2402 | 2471 | 2648 | 2678 |
| 江西 | 511 | 610 | 790 | 950 | 1088 | 1267 | 1468 | 1543 | 1759 | 2035 |
| 山东 | 1256 | 1983 | 2769 | 3332 | 3625 | 3866 | 4329 | 4634 | 4789 | 5207 |
| 河南 | 956 | 1283 | 2007 | 2417 | 2582 | 2856 | 3283 | 3474 | 3703 | 4110 |
| 湖北 | 706 | 1050 | 1469 | 1902 | 2129 | 2309 | 2491 | 2625 | 2723 | 3009 |
| 湖南 | 690 | 999 | 1406 | 1747 | 1936 | 2200 | 2410 | 2579 | 2685 | 3013 |
| 广东 | 3344 | 4554 | 4860 | 5324 | 6300 | 6627 | 6992 | 7286 | 7768 | 8024 |
| 广西 | 560 | 734 | 1030 | 1226 | 1353 | 1586 | 1774 | 1848 | 2033 | 2213 |
| 海南 | 144 | 216 | 244 | 303 | 338 | 384 | 411 | 421 | 466 | 470 |
| 重庆 | 356 | 598 | 803 | 990 | 1068 | 1195 | 1293 | 1357 | 1445 | 1556 |
| 四川 | 809 | 1103 | 1635 | 1998 | 2229 | 2562 | 2835 | 3022 | 3260 | 3575 |
| 贵州 | 224 | 433 | 573 | 751 | 840 | 991 | 1146 | 1222 | 1346 | 1524 |
| 云南 | 303 | 548 | 844 | 1021 | 1140 | 1321 | 1528 | 1643 | 1761 | 1892 |
| 西藏 | 36 | 47 | 53 | 81 | 90 | 101 | 115 | 123 | 142 | 149 |
| 陕西 | 517 | 790 | 995 | 1295 | 1429 | 1551 | 1689 | 1745 | 1886 | 1989 |
| 甘肃 | 219 | 327 | 535 | 655 | 700 | 795 | 894 | 951 | 1005 | 1101 |
| 青海 | 60 | 130 | 154 | 188 | 208 | 238 | 274 | 289 | 318 | 320 |
| 宁夏 | 61 | 102 | 141 | 175 | 207 | 258 | 283 | 295 | 326 | 339 |
| 新疆 | 363 | 625 | 634 | 819 | 882 | 962 | 1094 | 1139 | 1262 | 1296 |
| 不分地区 | | | | | | | | 33 | | |

# 7-7-14 互联网主要指标

| 年份<br>地区 | 互联网上网人数<br>(万人) | 域名数<br>(万个) | 网站数<br>(万个) | 网页数<br>(万个) | 互联网宽带接入端口<br>(万个) | 互联网拨号用户<br>(万户) | 移动互联网用户<br>(万户) |
|---|---|---|---|---|---|---|---|
| 1995 | | | | | | 0.7 | |
| 1996 | | | | | | 3.6 | |
| 1997 | 62 | | | | | 16.0 | |
| 1998 | 210 | | | | | 67.7 | |
| 1999 | 890 | | | | | 299.4 | |
| 2000 | 2250 | | 26.5 | | | 900.5 | |
| 2001 | 3370 | | 27.7 | | | 3652.7 | |
| 2002 | 5910 | | 37.2 | | | 5246.5 | |
| 2003 | 7950 | | 59.6 | | 1802.3 | 5653.1 | |
| 2004 | 9400 | | 66.9 | | 3578.1 | 5122.3 | |
| 2005 | 11100 | 259.2 | 69.4 | | 4874.7 | 3559.5 | |
| 2006 | 13700 | 410.9 | 84.3 | 447257.8 | 6486.4 | 2644.6 | |
| 2007 | 21000 | 1193.1 | 150.4 | 847108.5 | 8539.3 | 1941.0 | |
| 2008 | 29800 | 1682.6 | 287.8 | 1608637.0 | 10890.4 | 1227.8 | |
| 2009 | 38400 | 1681.8 | 323.2 | 3360173.2 | 13835.7 | 754.4 | |
| 2010 | 45730 | 865.6 | 190.8 | 6000806.0 | 18781.1 | 590.1 | |
| 2011 | 51310 | 774.8 | 229.6 | 8658229.8 | 23239.4 | 550.7 | |
| 2012 | 56400 | 1341.2 | 268.1 | 12274681.7 | 32108.4 | 569.8 | |
| 2013 | 61758 | 1843.6 | 320.2 | 15004076.3 | 35945.3 | 485.1 | |
| 2014 | 64875 | 2059.6 | 334.9 | 18991864.9 | 40546.1 | 441.6 | 87522.1 |
| 2015 | 68826 | 3101.4 | 422.9 | 21229622.4 | 57709.4 | 331.6 | 96447.2 |
| 2016 | 73125 | 4227.6 | 482.4 | 23599758.4 | 71276.9 | 306.3 | 109395.0 |
| 北 京 | 1690 | 645.7 | 60.9 | 8400646.5 | 1784.0 | 46.2 | 3594.0 |
| 天 津 | 999 | 35.4 | 5.1 | 367090.4 | 724.3 | | 1125.4 |
| 河 北 | 3956 | 74.9 | 12.7 | 872714.7 | 3841.1 | | 5518.3 |
| 山 西 | 2035 | 23.9 | 5.3 | 427968.4 | 1582.9 | 3.4 | 2485.3 |
| 内蒙古 | 1311 | 10.8 | 1.6 | 14108.6 | 1200.7 | | 2045.2 |
| 辽 宁 | 2741 | 59.3 | 11.8 | 171139.0 | 3239.5 | 16.8 | 3529.8 |
| 吉 林 | 1402 | 20.5 | 2.7 | 140826.9 | 1560.7 | 4.8 | 2029.7 |
| 黑龙江 | 1835 | 23.7 | 4.0 | 208860.4 | 1964.9 | 7.9 | 2510.9 |
| 上 海 | 1791 | 263.2 | 40.0 | 1661722.8 | 1595.7 | | 2662.3 |
| 江 苏 | 4513 | 173.2 | 25.4 | 1341772.7 | 5676.8 | 4.0 | 7436.9 |
| 浙 江 | 3632 | 336.2 | 33.6 | 2827740.8 | 4720.6 | 29.8 | 6366.3 |
| 安 徽 | 2721 | 74.5 | 6.8 | 220360.1 | 2527.3 | 19.4 | 4179.9 |
| 福 建 | 2678 | 509.6 | 28.6 | 703105.4 | 2482.3 | 0.1 | 3267.5 |
| 江 西 | 2035 | 38.5 | 3.7 | 227629.1 | 2055.6 | 0.8 | 2602.8 |
| 山 东 | 5207 | 172.1 | 27.3 | 446928.7 | 4680.0 | 39.8 | 7391.2 |
| 河 南 | 4110 | 117.7 | 20.0 | 1090153.9 | 4345.8 | | 6378.3 |
| 湖 北 | 3009 | 102.0 | 10.1 | 229188.8 | 2594.7 | 13.1 | 3639.9 |
| 湖 南 | 3013 | 137.2 | 7.3 | 214524.1 | 2395.3 | 0.1 | 4350.7 |
| 广 东 | 8024 | 556.6 | 72.8 | 2960763.6 | 6515.6 | 69.3 | 11518.4 |
| 广 西 | 2213 | 52.2 | 4.3 | 89894.5 | 2094.9 | 7.5 | 3164.0 |
| 海 南 | 470 | 14.7 | 1.8 | 162293.3 | 522.9 | | 816.7 |
| 重 庆 | 1556 | 52.8 | 5.1 | 122479.5 | 1643.6 | | 2556.0 |
| 四 川 | 3575 | 138.1 | 19.6 | 287497.3 | 3709.6 | 7.7 | 6358.4 |
| 贵 州 | 1524 | 18.8 | 1.5 | 18057.6 | 1113.9 | | 2528.7 |
| 云 南 | 1892 | 27.5 | 2.2 | 156351.0 | 1674.4 | 5.7 | 3302.1 |
| 西 藏 | 149 | 1.0 | 0.1 | 491.5 | 107.2 | | 176.2 |
| 陕 西 | 1989 | 43.1 | 5.9 | 186033.7 | 2083.1 | 11.4 | 3384.8 |
| 甘 肃 | 1101 | 11.1 | 1.1 | 20360.7 | 946.0 | 10.2 | 1804.9 |
| 青 海 | 320 | 4.6 | 0.4 | 2473.3 | 262.2 | 0.9 | 434.6 |
| 宁 夏 | 339 | 4.3 | 0.6 | 11988.4 | 307.1 | 1.4 | 602.1 |
| 新 疆 | 1296 | 13.4 | 1.0 | 14592.4 | 1323.9 | 6.2 | 1633.6 |
| 不分地区 | | 471.0 | 58.7 | | | | |

7-7-14 续表

| 年份<br>地区 | 移动互联网接入流量(万G) | 互联网宽带接入用户(万户) | #城市宽带接入用户 | #农村宽带接入用户 | #家庭宽带接入用户 | #单位宽带接入用户 |
|---|---|---|---|---|---|---|
| 1995 | | | | | | |
| 1996 | | | | | | |
| 1997 | | | | | | |
| 1998 | | | | | | |
| 1999 | | | | | | |
| 2000 | | | | | | |
| 2001 | | | | | | |
| 2002 | | 325.3 | | | | |
| 2003 | | 1115.1 | | | | |
| 2004 | | 2487.5 | | | | |
| 2005 | | 3735.0 | | | | |
| 2006 | | 5085.3 | | | | |
| 2007 | | 6641.4 | | | | |
| 2008 | | 8287.9 | | | | |
| 2009 | | 10397.8 | | | | |
| 2010 | | 12629.1 | 9963.5 | 2475.7 | | |
| 2011 | | 15000.1 | 11691.4 | 3308.8 | | |
| 2012 | | 17518.3 | 13442.4 | 4075.9 | | |
| 2013 | | 18890.9 | 14153.6 | 4737.3 | | |
| 2014 | 206193.6 | 20048.3 | 15174.6 | 4873.7 | 16333.6 | 3714.8 |
| 2015 | 418753.3 | 25946.6 | 19547.2 | 6398.4 | 21716.4 | 4230.2 |
| 2016 | 937863.5 | 29720.7 | 22266.6 | 7454.0 | 24926.8 | 4793.9 |
| 北京 | 33436.1 | 475.8 | 398.0 | 77.7 | 440.4 | 35.3 |
| 天津 | 10100.3 | 283.9 | 276.1 | 7.8 | 211.3 | 72.7 |
| 河北 | 37107.8 | 1612.0 | 1040.0 | 572.1 | 1418.6 | 193.5 |
| 山西 | 16817.8 | 747.2 | 626.5 | 120.7 | 685.8 | 61.4 |
| 内蒙古 | 12852.6 | 417.2 | 319.9 | 97.3 | 356.7 | 60.5 |
| 辽宁 | 43747.6 | 971.7 | 751.1 | 220.6 | 881.0 | 90.7 |
| 吉林 | 35625.1 | 440.0 | 385.1 | 54.9 | 409.1 | 30.9 |
| 黑龙江 | 20813.3 | 575.1 | 485.5 | 89.6 | 540.4 | 34.7 |
| 上海 | 21073.5 | 635.7 | 635.7 | | 550.1 | 85.6 |
| 江苏 | 70636.0 | 2685.2 | 1682.3 | 1002.9 | 2236.4 | 448.9 |
| 浙江 | 63212.6 | 2159.7 | 1664.5 | 495.2 | 1777.3 | 382.4 |
| 安徽 | 36624.1 | 1075.0 | 774.4 | 300.7 | 919.6 | 155.4 |
| 福建 | 30358.9 | 1144.6 | 788.0 | 356.6 | 909.7 | 234.9 |
| 江西 | 22666.0 | 822.5 | 578.5 | 244.0 | 724.9 | 97.6 |
| 山东 | 39890.0 | 2366.5 | 1637.3 | 729.3 | 2031.9 | 334.7 |
| 河南 | 43678.6 | 1767.2 | 1274.5 | 492.8 | 1480.1 | 287.2 |
| 湖北 | 30269.7 | 1131.9 | 950.6 | 181.3 | 908.4 | 223.5 |
| 湖南 | 30151.1 | 1066.9 | 820.7 | 246.1 | 763.2 | 303.7 |
| 广东 | 126199.4 | 2779.4 | 2213.1 | 566.3 | 2206.6 | 572.8 |
| 广西 | 21703.0 | 790.0 | 600.8 | 189.2 | 659.2 | 130.8 |
| 海南 | 7543.9 | 186.5 | 126.3 | 60.2 | 151.4 | 35.0 |
| 重庆 | 21221.4 | 704.7 | 567.6 | 137.1 | 602.3 | 102.4 |
| 四川 | 36177.6 | 1851.2 | 1271.4 | 579.9 | 1638.7 | 212.5 |
| 贵州 | 20948.9 | 459.5 | 361.5 | 97.9 | 413.5 | 46.0 |
| 云南 | 36457.0 | 655.3 | 560.3 | 95.0 | 496.7 | 158.7 |
| 西藏 | 1149.2 | 40.2 | 35.8 | 4.3 | 32.3 | 7.9 |
| 陕西 | 30607.4 | 803.0 | 615.0 | 188.0 | 619.6 | 183.4 |
| 甘肃 | 12391.1 | 392.9 | 287.4 | 105.4 | 341.4 | 51.5 |
| 青海 | 5023.0 | 99.7 | 87.9 | 11.8 | 79.6 | 20.1 |
| 宁夏 | 7130.0 | 111.9 | 102.0 | 9.9 | 93.7 | 18.2 |
| 新疆 | 12148.5 | 468.4 | 349.0 | 119.4 | 347.0 | 121.4 |
| 不分地区 | 102.5 | | | | | |

# 【主要统计指标解释】

**主营业务收入** 指电信企业经营的基础电信业务和增值电信业务所取得的资费收入，以及电信企业之间网间互联电信业务的结算收入。

**主营业务成本** 指电信企业在通信生产过程中实际发生的与通信生产直接有关的各项费用支出。

**利润总额** 指电信企业在生产经营过程中，通过销售过程将商品卖给购买方，实现收入，收入扣除当初的投入成本以及其他一系列费用，再加减非经营性质的收支及投资收益。

**资产总额** 指过去的交易或事项形成并由电信企业拥有或控制的所有资源，该资源预期会给企业带来经济利益，按其流动性分为流动资产和非流动资产。

**软件业务收入** 指企业在报告期从事软件产品、信息技术服务、嵌入式系统软件三项业务收入的合计。

**电信业务总量** 指以货币形式表示的电信企业为社会提供各类电信服务的总数量，是用于观察电信业务发展变化总趋势的综合性总量指标。电信业务总量是以各类业务的实物量分别乘以相应的不变单价，求出各类业务的货币量加总求得。

**移动短信业务量** 指移动电话用户通过移动通信网络短信平台使用短信业务的通信量。

**移动电话用户** 指在电信企业营业网点办理开户登记手续，通过移动电话交换机进入移动电话网，占用移动电话号码的各类电话用户。包括各类签约用户、智能网预付费用户、无线上网卡用户。

**固定电话用户** 指在电信企业营业网点办理开户登记手续并已接入固定电话网上的全部电话用户。包括普通电话用户、无线市话用户、公共电话用户、窄带综合业务数字网（N-ISDN）用户、智能网专用接入终端用户等。

**城市电话用户** 指按行政区划属于中央直辖市、省辖市、地级市、县级市的市区、市郊区及县城区范围内的电话用户数。包括分布在农村地区但以县团级以上建制的独立工矿区、林区、驻军的电话用户。

**农村电话用户** 指按行政区划属于城市范围以外的乡（镇）、村电话用户。

**住宅电话用户** 指私人付费或安装在居民住宅并按照私人或住宅电话用户登记注册和收费的各类电话用户。

**局用交换机容量** 指安装在电信企业内用于接续本地固定电话的电话交换机容量。包括接入网设备容量（安装在电信运营企业用于连接话音用户的远端节点的设备容量）。

**移动电话交换机容量** 指移动电话交换机根据一定话务模型和交换机处理能力计算出来的最大同时服务用户的数量。按报告期末已割接入网正式投入使用的设备实际容量统计。

**互联网宽带接入端口** 指用于接入互联网用户的各类实际安装运行的接入端口的数量，包括xDSL用户接入端口、LAN接入端口、其他类型接入端口等，不包括窄带拨号接入端口。

**电话普及率** 指报告期行政区域总人口中，平均每百人拥有的话机数。计算公式：

$$\text{电话普及率}=\frac{\text{电话机总数(包括移动电话)（部）}}{\text{行政区域总人口数（人）}}\times 100$$

**互联网上网人数** 指过去半年内使用过互联网的6周岁及以上中国居民人数。

# 7 第三产业分行业主要指标

7–8 金融业

## 简要说明

**一、主要内容**

本篇反映我国金融、证券和保险业发展情况。有以下四个部分：一是金融机构金融活动情况；二是存贷款利率调整情况；三是直接融资情况；四是保险业务情况。

**二、资料来源**

1.反映金融机构活动情况的资料包括："金融机构人民币信贷收支表（年底余额）""货币供应量（年底余额）""货币供应量同比增长率""黄金和外汇储备""货币当局资产负债表（年底余额）""其他存款性公司资产负债表（年底余额）""外资银行资产负债表（年底余额）""社会融资规模增量及构成""社会融资规模存量及增长率"。金融机构信贷收支表统计范围包括中国人民银行、国家政策性银行、国有商业银行、其他商业银行、城市信用合作社、农村信用合作社、外资银行、财务公司、信托投资公司、金融租赁公司、邮政储蓄机构。中国人民银行总行根据金融机构的基层单位全面填报、并按各自系统汇总的资料，进行归并和汇总，最后得到金融机构的信贷收支表。

2.反映存贷款利率调整情况的"金融机构法定存款利率"，"金融机构法定贷款利率表"，数据来自中国人民银行总行规定的、并对外发布的存贷款利率。

3.反映直接融资情况的"证券市场基本情况""上市公司数量""上市公司地区分布""股票发行量和筹资额""股票交易情况""全国期货交易所市场概况""全国交易所上市基金成交概况"，资料由中国证券监督管理委员会提供。

4.反映保险业务情况的"保险公司业务经济技术指标""保险公司资产情况""保险公司资金运用情况""各地区原保险保费收入和赔付支出情况"等，数据由中国保险监督管理委员会提供。

# 7-8-1 金融机构人民币信贷收支表(年底余额)

单位：亿元

| 项　　目 | 2015 | 2016 | 项　　目 | 2015 | 2016 |
|---|---|---|---|---|---|
| **资金来源合计** | **1541203.70** | **1759952.28** | **资金运用合计** | **1541203.70** | **1759952.28** |
| **各项存款** | **1357021.61** | **1505863.83** | **各项贷款** | **939540.16** | **1066040.06** |
| 境内存款 | 1345782.79 | 1497168.59 | 境内贷款 | 936386.69 | 1061666.80 |
| 住户存款 | 546077.85 | 597751.05 | 住户贷款 | 270213.85 | 333614.74 |
| 非金融企业存款 | 430247.43 | 502178.44 | 非金融企业及机关团体贷款 | 657633.48 | 718520.56 |
| 政府存款 | 241832.21 | 270378.71 | 非银行业金融机构贷款 | 8539.35 | 9531.50 |
| 非银行业金融机构存款 | 127625.29 | 126860.39 | 境外贷款 | 3153.47 | |
| 其他存款 | | | 债券投资 | 197636.22 | 247604.49 |
| 境外存款 | 11238.82 | 8695.24 | 股权及其他投资 | 134325.80 | 220820.08 |
| 金融债券 | 10061.80 | 31578.87 | 黄金占款 | 2329.54 | 2541.50 |
| 流通中货币 | 63216.58 | 68303.87 | 外汇买卖 | 265858.52 | |
| 对国际金融机构负债 | 823.16 | 2406.79 | 中央银行外汇占款 | | 219425.26 |
| 其他 | 110080.54 | 151798.91 | 在国际金融机构资产 | 1513.46 | 3520.89 |

注：1.本表机构包括中国人民银行、银行业存款类金融机构、银行业非存款类金融机构(以下相关表同)。
2.银行业存款类金融机构包括银行、信用社和财务公司。银行业非存款类金融机构包括信托投资公司、金融租赁公司、汽车金融公司和贷款公司等银行业非存款类金融机构。银行业存款类金融机构包括银行、信用社和财务公司(以下相关表同)。
3.自2015年起，“各项存款”含非银行业金融机构存放款项，“各项贷款”含拆放给非银行业金融机构款项(以下相关表同)。

# 7-8-2 货币供应量(年底余额)

单位：亿元

| 年 份 | 货币和准货币($M_2$) | 货币($M_1$) | | | 准货币 | | | |
|---|---|---|---|---|---|---|---|---|
| | | | 流通中货币($M_0$) | 单位活期存款 | | 单位定期存款 | 个人存款 | 其他存款 |
| 1990 | 15293.4 | 6950.7 | 2644.4 | 4306.3 | 8342.7 | | | |
| 1991 | 19349.9 | 8633.3 | 3177.8 | 5455.5 | 10716.6 | | | |
| 1992 | 25402.2 | 11731.5 | 4336.0 | 7395.2 | 13670.7 | | | |
| 1993 | 34879.8 | 16280.4 | 5864.7 | 10415.7 | 18599.4 | 1247.9 | 15203.5 | 2148.0 |
| 1994 | 46923.5 | 20540.7 | 7288.6 | 13252.1 | 26382.8 | 1943.1 | 21518.8 | 2920.9 |
| 1995 | 60750.5 | 23987.1 | 7885.3 | 16101.8 | 36763.4 | 3324.2 | 29662.2 | 3777.0 |
| 1996 | 76094.9 | 28514.8 | 8802.0 | 19712.8 | 47580.1 | 5041.9 | 38520.8 | 4017.4 |
| 1997 | 90995.3 | 34826.3 | 10177.6 | 24648.7 | 56169.1 | 6738.5 | 46279.8 | 3150.7 |
| 1998 | 104498.5 | 38953.7 | 11204.2 | 27749.5 | 65544.9 | 8301.9 | 53407.5 | 3835.5 |
| 1999 | 119897.9 | 45837.3 | 13455.5 | 32381.8 | 74060.6 | 9476.8 | 59621.8 | 4962.0 |
| 2000 | 134610.3 | 53147.2 | 14652.7 | 38494.5 | 81463.1 | 11261.1 | 64332.4 | 5869.7 |
| 2001 | 158301.9 | 59871.6 | 15688.8 | 44182.8 | 98430.3 | 14180.1 | 73762.4 | 10487.8 |
| 2002 | 185007.0 | 70881.8 | 17278.0 | 53603.8 | 114125.2 | 16433.8 | 86910.7 | 10780.7 |
| 2003 | 221222.8 | 84118.6 | 19745.9 | 64372.6 | 137104.3 | 20940.4 | 103617.7 | 12546.2 |
| 2004 | 254107.0 | 95969.7 | 21468.3 | 74501.4 | 158137.2 | 25382.2 | 119555.4 | 13199.7 |
| 2005 | 298755.7 | 107278.8 | 24031.7 | 83247.1 | 191476.9 | 33100.0 | 141051.0 | 17325.9 |
| 2006 | 345577.9 | 126028.1 | 27072.6 | 98955.4 | 219549.9 | 38715.9 | 161587.3 | 19246.7 |
| 2007 | 403442.2 | 152560.1 | 30375.2 | 122184.9 | 250882.1 | 46932.5 | 172534.2 | 31415.4 |
| 2008 | 475166.6 | 166217.1 | 34219.0 | 131998.2 | 308949.5 | 60103.1 | 217885.4 | 30961.1 |
| 2009 | 610224.5 | 221445.8 | 38247.0 | 183198.8 | 388778.7 | 84819.5 | 260752.7 | 43206.5 |
| 2010 | 725851.8 | 266621.5 | 44628.2 | 221993.4 | 459230.3 | 105858.7 | 303302.5 | 50069.1 |
| 2011 | 851590.9 | 289847.7 | 50748.5 | 239099.2 | 561743.2 | 166616.0 | 352797.5 | 42329.7 |
| 2012 | 974148.8 | 308664.2 | 54659.8 | 254004.5 | 665484.6 | 195940.1 | 411362.6 | 58181.9 |
| 2013 | 1106525.0 | 337291.1 | 58574.4 | 278716.6 | 769233.9 | 232696.6 | 467031.1 | 69506.2 |
| 2014 | 1228374.8 | 348056.4 | 60259.5 | 287796.9 | 880318.4 | 264055.7 | 508878.1 | 107384.6 |
| 2015 | 1392278.1 | 400953.4 | 63216.6 | 337736.9 | 991324.7 | 288240.7 | 552073.5 | 151010.5 |
| 2016 | 1550066.7 | 486557.2 | 68303.9 | 418253.4 | 1063509.4 | 307989.6 | 603504.2 | 152015.6 |

注：1．2001年6月起，已将证券公司客户保证金计入货币供应量($M_2$)，含在其他存款项内。
2.自2011年10起，货币供应量已包含住房公积金中心存款和非存款类金融机构在存款类金融机构的存款。

# 7—8—3　金融机构法定存款利率

单位：年利率%

| 调整时间 | 活期 | 定期 | | | | | |
|---|---|---|---|---|---|---|---|
| | | 三个月 | 半年 | 一年 | 二年 | 三年 | 五年 |
| 1990.04.15 | 2.88 | 6.30 | 7.74 | 10.08 | 10.98 | 11.88 | 13.68 |
| 1990.08.21 | 2.16 | 4.32 | 6.48 | 8.64 | 9.36 | 10.08 | 11.52 |
| 1991.04.21 | 1.80 | 3.24 | 5.40 | 7.56 | 7.92 | 8.28 | 9.00 |
| 1993.05.15 | 2.16 | 4.86 | 7.20 | 9.18 | 9.90 | 10.80 | 12.06 |
| 1993.07.11 | 3.15 | 6.66 | 9.00 | 10.98 | 11.70 | 12.24 | 13.86 |
| 1996.05.01 | 2.97 | 4.86 | 7.20 | 9.18 | 9.90 | 10.80 | 12.06 |
| 1996.08.23 | 1.98 | 3.33 | 5.40 | 7.47 | 7.92 | 8.28 | 9.00 |
| 1997.10.23 | 1.71 | 2.88 | 4.14 | 5.67 | 5.94 | 6.21 | 6.66 |
| 1998.03.25 | 1.71 | 2.88 | 4.14 | 5.22 | 5.58 | 6.21 | 6.66 |
| 1998.07.01 | 1.44 | 2.79 | 3.96 | 4.77 | 4.86 | 4.95 | 5.22 |
| 1998.12.07 | 1.44 | 2.79 | 3.33 | 3.78 | 3.96 | 4.14 | 4.50 |
| 1999.06.10 | 0.99 | 1.98 | 2.16 | 2.25 | 2.43 | 2.70 | 2.88 |
| 2002.02.21 | 0.72 | 1.71 | 1.89 | 1.98 | 2.25 | 2.52 | 2.79 |
| 2004.10.29 | 0.72 | 1.71 | 2.07 | 2.25 | 2.70 | 3.24 | 3.60 |
| 2006.08.19 | 0.72 | 1.80 | 2.25 | 2.52 | 3.06 | 3.69 | 4.14 |
| 2007.03.18 | 0.72 | 1.98 | 2.43 | 2.79 | 3.33 | 3.96 | 4.41 |
| 2007.05.19 | 0.72 | 2.07 | 2.61 | 3.06 | 3.69 | 4.41 | 4.95 |
| 2007.07.21 | 0.81 | 2.34 | 2.88 | 3.33 | 3.96 | 4.68 | 5.22 |
| 2007.08.22 | 0.81 | 2.61 | 3.15 | 3.60 | 4.23 | 4.95 | 5.49 |
| 2007.09.15 | 0.81 | 2.88 | 3.42 | 3.87 | 4.50 | 5.22 | 5.76 |
| 2007.12.21 | 0.72 | 3.33 | 3.78 | 4.14 | 4.68 | 5.40 | 5.85 |
| 2008.10.09 | 0.72 | 3.15 | 3.51 | 3.87 | 4.41 | 5.13 | 5.58 |
| 2008.10.30 | 0.72 | 2.88 | 3.24 | 3.60 | 4.14 | 4.77 | 5.13 |
| 2008.11.27 | 0.36 | 1.98 | 2.25 | 2.52 | 3.06 | 3.60 | 3.87 |
| 2008.12.23 | 0.36 | 1.71 | 1.98 | 2.25 | 2.79 | 3.33 | 3.60 |
| 2010.10.20 | 0.36 | 1.91 | 2.20 | 2.50 | 3.25 | 3.85 | 4.20 |
| 2010.12.26 | 0.36 | 2.25 | 2.50 | 2.75 | 3.55 | 4.15 | 4.55 |
| 2011.02.09 | 0.40 | 2.60 | 2.80 | 3.00 | 3.90 | 4.50 | 5.00 |
| 2011.04.06 | 0.50 | 2.85 | 3.05 | 3.25 | 4.15 | 4.75 | 5.25 |
| 2011.07.07 | 0.50 | 3.10 | 3.30 | 3.50 | 4.40 | 5.00 | 5.50 |
| 2012.06.08 | 0.40 | 2.85 | 3.05 | 3.25 | 4.10 | 4.65 | 5.10 |
| 2012.07.06 | 0.35 | 2.60 | 2.80 | 3.00 | 3.75 | 4.25 | 4.75 |
| 2014.11.22 | 0.35 | 2.35 | 2.55 | 2.75 | 3.35 | 4.00 | - |
| 2015.03.01 | 0.35 | 2.10 | 2.30 | 2.50 | 3.10 | 3.75 | - |
| 2015.05.11 | 0.35 | 1.85 | 2.05 | 2.25 | 2.85 | 3.50 | - |
| 2015.06.28 | 0.35 | 1.60 | 1.80 | 2.00 | 2.60 | 3.25 | - |
| 2015.08.26 | 0.35 | 1.35 | 1.55 | 1.75 | 2.35 | 3.00 | - |
| 2015.10.24 | 0.35 | 1.10 | 1.30 | 1.50 | 2.10 | 2.75 | - |

注：1.2014年11月22日，金融机构存款利率浮动区间由存款基准利率的1.1倍调整为1.2倍。

2.自2014年11月22日起，人民银行不再公布金融机构人民币五年期定期存款基准利率。

# 7-8-4 金融机构法定贷款利率

单位：年利率%

| 调整时间 | 短期贷款 | | 中长期贷款 | | |
|---|---|---|---|---|---|
| | 六个月以内（含六个月） | 六个月至一年（含一年） | 一年至三年（含三年） | 三年至五年（含五年） | 五年以上 |
| 1991.04.21 | 8.10 | 8.64 | 9.00 | 9.54 | 9.72 |
| 1993.05.15 | 8.82 | 9.36 | 10.80 | 12.06 | 12.24 |
| 1993.07.11 | 9.00 | 10.98 | 12.24 | 13.86 | 14.04 |
| 1995.01.01 | 9.00 | 10.98 | 12.96 | 14.58 | 14.76 |
| 1995.07.01 | 10.08 | 12.06 | 13.50 | 15.12 | 15.30 |
| 1996.05.01 | 9.72 | 10.98 | 13.14 | 14.94 | 15.12 |
| 1996.08.23 | 9.18 | 10.08 | 10.98 | 11.70 | 12.42 |
| 1997.10.23 | 7.65 | 8.64 | 9.36 | 9.90 | 10.53 |
| 1998.03.25 | 7.02 | 7.92 | 9.00 | 9.72 | 10.35 |
| 1998.07.01 | 6.57 | 6.93 | 7.11 | 7.65 | 8.01 |
| 1998.12.07 | 6.12 | 6.39 | 6.66 | 7.20 | 7.56 |
| 1999.06.10 | 5.58 | 5.85 | 5.94 | 6.03 | 6.21 |
| 2002.02.21 | 5.04 | 5.31 | 5.49 | 5.58 | 5.76 |
| 2004.10.29 | 5.22 | 5.58 | 5.76 | 5.85 | 6.12 |
| 2006.04.28 | 5.40 | 5.85 | 6.03 | 6.12 | 6.39 |
| 2006.08.19 | 5.58 | 6.12 | 6.30 | 6.48 | 6.84 |
| 2007.03.18 | 5.67 | 6.39 | 6.57 | 6.75 | 7.11 |
| 2007.05.19 | 5.85 | 6.57 | 6.75 | 6.93 | 7.20 |
| 2007.07.21 | 6.03 | 6.84 | 7.02 | 7.20 | 7.38 |
| 2007.08.22 | 6.21 | 7.02 | 7.20 | 7.38 | 7.56 |
| 2007.09.15 | 6.48 | 7.29 | 7.47 | 7.65 | 7.83 |
| 2007.12.21 | 6.57 | 7.47 | 7.56 | 7.74 | 7.83 |
| 2008.09.16 | 6.21 | 7.20 | 7.29 | 7.56 | 7.74 |
| 2008.10.09 | 6.12 | 6.93 | 7.02 | 7.29 | 7.47 |
| 2008.10.30 | 6.03 | 6.66 | 6.75 | 7.02 | 7.20 |
| 2008.11.27 | 5.04 | 5.58 | 5.67 | 5.94 | 6.12 |
| 2008.12.23 | 4.86 | 5.31 | 5.40 | 5.76 | 5.94 |
| 2010.10.20 | 5.10 | 5.56 | 5.60 | 5.96 | 6.14 |
| 2010.12.26 | 5.35 | 5.81 | 5.85 | 6.22 | 6.40 |
| 2011.02.09 | 5.60 | 6.06 | 6.10 | 6.45 | 6.60 |
| 2011.04.06 | 5.85 | 6.31 | 6.40 | 6.65 | 6.80 |
| 2011.07.07 | 6.10 | 6.56 | 6.65 | 6.90 | 7.05 |
| 2012.06.08 | 5.85 | 6.31 | 6.40 | 6.65 | 6.80 |
| 2012.07.06 | 5.60 | 6.00 | 6.15 | 6.40 | 6.55 |
| 2014.11.22 | 5.60 | 5.60 | 6.00 | 6.00 | 6.15 |
| 2015.03.01 | 5.35 | 5.35 | 5.75 | 5.75 | 5.90 |
| 2015.05.11 | 5.10 | 5.10 | 5.50 | 5.50 | 5.65 |
| 2015.06.28 | 4.85 | 4.85 | 5.25 | 5.25 | 5.40 |
| 2015.08.26 | 4.60 | 4.60 | 5.00 | 5.00 | 5.15 |
| 2015.10.24 | 4.35 | 4.35 | 4.75 | 4.75 | 4.90 |

# 7-8-5 黄金和外汇储备

| 年 份 | 黄金储备（万盎司） | 外汇储备（亿美元） | 年 份 | 黄金储备（万盎司） | 外汇储备（亿美元） |
|---|---|---|---|---|---|
| 1978 | 1280 | 1.67 | 1997 | 1267 | 1398.90 |
| 1979 | 1280 | 8.40 | 1998 | 1267 | 1449.59 |
| 1980 | 1280 | -12.96 | 1999 | 1267 | 1546.75 |
| 1981 | 1267 | 27.08 | 2000 | 1267 | 1655.74 |
| 1982 | 1267 | 69.86 | 2001 | 1608 | 2121.65 |
| 1983 | 1267 | 89.01 | 2002 | 1929 | 2864.07 |
| 1984 | 1267 | 82.20 | 2003 | 1929 | 4032.51 |
| 1985 | 1267 | 26.44 | 2004 | 1929 | 6099.32 |
| 1986 | 1267 | 20.72 | 2005 | 1929 | 8188.72 |
| 1987 | 1267 | 29.23 | 2006 | 1929 | 10663.40 |
| 1988 | 1267 | 33.72 | 2007 | 1929 | 15282.49 |
| 1989 | 1267 | 55.50 | 2008 | 1929 | 19460.30 |
| 1990 | 1267 | 110.93 | 2009 | 3389 | 23991.52 |
| 1991 | 1267 | 217.12 | 2010 | 3389 | 28473.38 |
| 1992 | 1267 | 194.43 | 2011 | 3389 | 31811.48 |
| 1993 | 1267 | 211.99 | 2012 | 3389 | 33115.89 |
| 1994 | 1267 | 516.20 | 2013 | 3389 | 38213.15 |
| 1995 | 1267 | 735.97 | 2014 | 3389 | 38430.18 |
| 1996 | 1267 | 1050.29 | 2015 | 5666 | 33303.62 |
| | | | 2016 | 5924 | 30105.17 |

# 7-8-6 外资银行资产负债表(年底余额)

单位：亿元

| 项　　目 | 2014 | 2015 | 2016 |
|---|---|---|---|
| **总资产** | **28143** | **27684** | **31670** |
| 国外资产 | 1889 | 2391 | 2071 |
| 储备资产 | 3205 | 2899 | 4060 |
| 准备金 | 3194 | 2889 | 4051 |
| 库存现金 | 11 | 10 | 9 |
| 对政府债权 | 2185 | 1793 | 1958 |
| 对中央银行债权 | 40 | 105 | |
| 对其他存款性公司债权 | 5775 | 4689 | 5698 |
| 对其他金融性公司债权 | 2125 | 2590 | 2738 |
| 对非金融性公司债权 | 11077 | 10267 | 10254 |
| 对其他居民部门债权 | 970 | 980 | 1081 |
| 其他资产 | 877 | 1969 | 3809 |
| **总负债** | **28143** | **27684** | **31670** |
| 对非金融机构及住户负债 | 15731 | 14593 | 17153 |
| 纳入广义货币的存款 | 12685 | 11214 | 12731 |
| 单位活期存款 | 3315 | 3751 | 4425 |
| 单位定期存款 | 7440 | 5959 | 6996 |
| 个人存款 | 1930 | 1504 | 1310 |
| 不纳入广义货币的存款 | 2621 | 2774 | 3478 |
| 可转让存款 | 1249 | 1563 | 1845 |
| 其他存款 | 1372 | 1211 | 1633 |
| 其他负债 | 424 | 605 | 945 |
| 对中央银行负债 | 2 | 5 | 168 |
| 对其他存款性公司负债 | 1785 | 2019 | 2611 |
| 对其他金融性公司负债 | 709 | 1524 | 1241 |
| #计入广义货币的存款 | 512 | 1315 | 1027 |
| 国外负债 | 6057 | 4241 | 3247 |
| 债券发行 | 115 | 257 | 184 |
| 实收资本 | 1654 | 1744 | 1761 |
| 其他负债 | 2092 | 3301 | 5305 |

# 7-8-7　社会融资规模增量及构成

单位：亿元

| 年份 | 社会融资规模增量 | #人民币贷款 | #外币贷款(折合人民币) | #委托贷款 | #信托贷款 | #未贴现银行承兑汇票 | #企业债券 | #非金融企业境内股票融资 |
|---|---|---|---|---|---|---|---|---|
| 2002 | 20112 | 18475 | 731 | 175 | | -695 | 367 | 628 |
| 2003 | 34113 | 27652 | 2285 | 601 | | 2010 | 499 | 559 |
| 2004 | 28629 | 22673 | 1381 | 3118 | | -290 | 467 | 673 |
| 2005 | 30008 | 23544 | 1415 | 1961 | | 24 | 2010 | 339 |
| 2006 | 42696 | 31523 | 1459 | 2695 | 825 | 1500 | 2310 | 1536 |
| 2007 | 59663 | 36323 | 3864 | 3371 | 1702 | 6701 | 2284 | 4333 |
| 2008 | 69802 | 49041 | 1947 | 4262 | 3144 | 1064 | 5523 | 3324 |
| 2009 | 139104 | 95942 | 9265 | 6780 | 4364 | 4606 | 12367 | 3350 |
| 2010 | 140191 | 79451 | 4855 | 8748 | 3865 | 23346 | 11063 | 5786 |
| 2011 | 128286 | 74715 | 5712 | 12962 | 2034 | 10271 | 13658 | 4377 |
| 2012 | 157631 | 82038 | 9163 | 12838 | 12845 | 10499 | 22551 | 2508 |
| 2013 | 173169 | 88916 | 5848 | 25466 | 18404 | 7756 | 18111 | 2219 |
| 2014 | 158761 | 97452 | 1235 | 21740 | 5174 | -1198 | 24329 | 4350 |
| 2015 | 154063 | 112693 | -6427 | 15911 | 434 | -10567 | 29388 | 7590 |
| 2016 | 178159 | 124372 | -5640 | 21854 | 8593 | -19514 | 30025 | 12416 |

注：社会融资规模增量是指一定时期内实体经济(境内非金融企业和住户)从金融体系获得的资金总额。

# 7-8-8　社会融资规模存量及增长率

单位：亿元，%

| 年　份 | 社　会融资规模存量 | 社会融资规模存量同比增速 | #人民币贷款(%) | #外币贷款(折合人民币)(%) | #委托贷款(%) | #信托贷款(%) | #未贴现银行承兑汇票(%) | #企业债券(%) | #非金融企业境内股票融资(%) |
|---|---|---|---|---|---|---|---|---|---|
| 2002 | 148532 | | | | | | | | |
| 2003 | 181655 | 22.3 | 21.4 | 26.6 | 13.3 | | 126.0 | 132.9 | 8.0 |
| 2004 | 204143 | 14.9 | 14.3 | 16.8 | 61.6 | | -8.0 | 4.0 | 8.5 |
| 2005 | 224265 | 13.5 | 13.3 | 11.0 | 11.8 | | 0.7 | 129.1 | 4.2 |
| 2006 | 264500 | 18.1 | 16.3 | 9.0 | 20.0 | | 44.9 | 68.7 | 12.5 |
| 2007 | 321326 | 21.5 | 16.4 | 21.9 | 29.9 | 84.0 | 138.4 | 41.0 | 45.8 |
| 2008 | 379765 | 20.5 | 18.7 | 5.1 | 29.1 | 84.3 | 9.2 | 78.7 | 17.7 |
| 2009 | 511835 | 34.8 | 31.3 | 55.5 | 35.8 | 63.4 | 36.5 | 86.2 | 18.3 |
| 2010 | 649869 | 27.0 | 19.9 | 15.9 | 44.2 | 34.4 | 135.5 | 42.3 | 30.9 |
| 2011 | 767791 | 18.3 | 16.1 | 13.1 | 21.2 | 13.5 | 25.6 | 36.2 | 17.7 |
| 2012 | 914675 | 19.1 | 15.0 | 27.2 | 17.1 | 75.0 | 21.0 | 44.4 | 8.6 |
| 2013 | 1075217 | 17.6 | 14.2 | 7.2 | 39.7 | 61.1 | 12.7 | 24.2 | 6.7 |
| 2014 | 1229386 | 14.3 | 13.6 | 4.1 | 29.2 | 10.8 | -1.1 | 25.8 | 11.8 |
| 2015 | 1382824 | 12.5 | 13.9 | -13.0 | 18.0 | 2.0 | -14.8 | 25.1 | 20.2 |
| 2016 | 1560044 | 12.8 | 13.4 | -12.9 | 19.8 | 15.8 | -33.3 | 22.5 | 27.6 |

注：1.社会融资规模存量是指一定时期末(月末、季末或年末)实体经济(境内非金融企业和住户)从金融体系获得的资金余额。
　　2. 同比增速为可比口径数据。

# 7-8-9 证券市场基本情况

| 项　　目 | | 2014 | 2015 | 2016 |
|---|---|---|---|---|
| 境内上市公司数（A、B股） | （家） | 2613 | 2827 | 3052 |
| 境内上市外资股公司数(B股) | （家） | 104 | 101 | 100 |
| 境外上市公司数（H股） | （家） | 205 | 229 | 241 |
| 股票总发行股本 | （亿股） | 43610 | 43024 | 48820 |
| #流通股本 | （亿股） | 39104 | 37043 | 41139 |
| 股票市价总值 | （亿元） | 372547 | 531463 | 507685 |
| #股票流通市值 | （亿元） | 315624 | 417881 | 393402 |
| 股票成交量 | （亿股） | 73753.00 | 171039.47 | 94690.52 |
| 股票成交金额 | （亿元） | 743913 | 2550541 | 1273846 |
| 上证综合指数 | （收盘） | 3234.68 | 3539.18 | 3103.64 |
| 深证综合指数 | （收盘） | 1415.19 | 2308.91 | 1969.11 |
| 股票有效账户数 | （万户） | 14215 | 21477 | 11741 |
| 平均市盈率 | | | | |
| 上海 | | 15.99 | 18.94 | 18.03 |
| 深圳 | | 34.05 | 62.36 | 52.20 |
| 平均换手率 | (%) | | | |
| 上海 | | 173.76 | 489.63 | 220.89 |
| 深圳 | | 477.95 | 826.28 | 539.68 |
| 国债发行额 | （亿元） | 21120.60 | 54908.00 | 29457.69 |
| 公司信用类债券发行额 | （亿元） | 51172.91 | 67704.24 | 36668.36 |
| 债券成交额 | （亿元） | 935187.45 | 1309219.03 | 2387096.06 |
| 债券现货成交金额 | （亿元） | 28021.20 | 33920.00 | 51269.93 |
| 债券回购成交金额 | （亿元） | 907166.25 | 1275299.03 | 2335826.13 |
| 证券投资基金只数 | （只） | 1899 | 2723 | 3873 |
| 证券投资基金规模 | （亿份） | 42033.00 | 76674.13 | 88428.32 |
| 证券投资基金成交金额 | （亿元） | 19904.62 | 44251.69 | 26240.65 |
| 期货总成交量 | （万手） | 250585.57 | 357791.06 | 413781.27 |
| 期货总成交额 | （亿元） | 2919882.26 | 5542346.94 | 1956339.41 |

注：1.股票总发行股本中含(A+H)股公司发行的H股。
2.换手率=全年成交金额/[（本年末流通市值+上年末流通市值)/2]*100%
3.公司信用类债券包含非金融企业债务融资工具、企业债券以及公司债、可转债、可分离债、中小企业私募债。
4.债券成交数据为交易所债券市场数据。

# 7-8-10 上市公司数量

单位：个

| 年 份 | 全国合计 | 上交所 | 深交所 | 发A股公司 | 发B股公司 | 同时发A股、B股公司 |
|---|---|---|---|---|---|---|
| 1990 | 10 | 8 | 2 | | | |
| 1991 | 14 | 8 | 6 | | | |
| 1992 | 53 | 29 | 24 | | | |
| 1993 | 183 | 106 | 77 | 177 | 41 | 35 |
| 1994 | 291 | 171 | 120 | 287 | 58 | 54 |
| 1995 | 323 | 188 | 135 | 311 | 70 | 58 |
| 1996 | 530 | 293 | 237 | 514 | 85 | 69 |
| 1997 | 745 | 383 | 362 | 720 | 101 | 76 |
| 1998 | 851 | 438 | 413 | 825 | 106 | 80 |
| 1999 | 949 | 484 | 465 | 922 | 108 | 81 |
| 2000 | 1088 | 572 | 516 | 1060 | 114 | 86 |
| 2001 | 1160 | 646 | 514 | 1140 | 112 | 92 |
| 2002 | 1224 | 715 | 509 | 1213 | 111 | 100 |
| 2003 | 1287 | 780 | 507 | 1277 | 111 | 101 |
| 2004 | 1377 | 837 | 540 | 1363 | 110 | 96 |
| 2005 | 1381 | 834 | 547 | 1358 | 109 | 86 |
| 2006 | 1434 | 842 | 592 | 1411 | 109 | 86 |
| 2007 | 1550 | 860 | 690 | 1527 | 109 | 86 |
| 2008 | 1625 | 864 | 761 | 1602 | 109 | 86 |
| 2009 | 1718 | 870 | 848 | 1696 | 108 | 86 |
| 2010 | 2063 | 894 | 1169 | 2041 | 108 | 86 |
| 2011 | 2342 | 931 | 1411 | 2320 | 108 | 86 |
| 2012 | 2494 | 954 | 1540 | 2472 | 107 | 85 |
| 2013 | 2489 | 953 | 1536 | 2468 | 106 | 85 |
| 2014 | 2613 | 995 | 1618 | 2592 | 104 | 83 |
| 2015 | 2827 | 1081 | 1746 | 2808 | 101 | 82 |
| 2016 | 3052 | 1182 | 1870 | 3034 | 100 | 82 |

# 7-8-11 上市公司地区分布

单位：个

| 地 区 | 上市公司家数 | 上交所 | 深交所 |
|---|---|---|---|
| **全 国** | **3052** | **1182** | **1870** |
| 北 京 | 282 | 120 | 162 |
| 天 津 | 45 | 23 | 22 |
| 河 北 | 53 | 18 | 35 |
| 山 西 | 37 | 19 | 18 |
| 内蒙古 | 26 | 16 | 10 |
| 辽 宁 | 77 | 31 | 46 |
| 吉 林 | 42 | 19 | 23 |
| 黑龙江 | 35 | 25 | 10 |
| 上 海 | 239 | 168 | 71 |
| 江 苏 | 317 | 123 | 194 |
| 浙 江 | 327 | 123 | 204 |
| 安 徽 | 93 | 37 | 56 |
| 福 建 | 107 | 40 | 67 |
| 江 西 | 36 | 16 | 20 |
| 山 东 | 174 | 59 | 115 |
| 河 南 | 74 | 29 | 45 |
| 湖 北 | 96 | 39 | 57 |
| 湖 南 | 86 | 26 | 60 |
| 广 东 | 472 | 60 | 412 |
| 广 西 | 36 | 17 | 19 |
| 海 南 | 29 | 11 | 18 |
| 重 庆 | 44 | 22 | 22 |
| 四 川 | 112 | 37 | 75 |
| 贵 州 | 23 | 12 | 11 |
| 云 南 | 32 | 12 | 20 |
| 西 藏 | 14 | 8 | 6 |
| 陕 西 | 45 | 20 | 25 |
| 甘 肃 | 29 | 14 | 15 |
| 青 海 | 11 | 8 | 3 |
| 宁 夏 | 12 | 4 | 8 |
| 新 疆 | 47 | 26 | 21 |

# 7-8-12 股票发行量和筹资额

| 年 份 | 股票发行量（亿股） | | | | 股票筹资额（亿元） | | | | |
|---|---|---|---|---|---|---|---|---|---|
| | | A 股 | H股，N股 | B 股 | | A 股 | #配 股 | H股，N股 | B 股 |
| 1991 | 5.00 | 5.00 | | | 5.00 | 5.00 | | | |
| 1992 | 20.75 | 10.00 | | 10.75 | 94.09 | 50.00 | | | 44.09 |
| 1993 | 95.79 | 42.59 | 40.41 | 12.79 | 375.47 | 276.41 | 81.58 | 60.93 | 38.13 |
| 1994 | 91.26 | 10.97 | 69.89 | 10.40 | 326.78 | 99.78 | 50.16 | 188.73 | 38.27 |
| 1995 | 31.60 | 5.32 | 15.38 | 10.90 | 150.32 | 85.51 | 62.83 | 31.46 | 33.35 |
| 1996 | 86.11 | 38.29 | 31.77 | 16.05 | 425.08 | 294.34 | 69.89 | 83.56 | 47.18 |
| 1997 | 267.63 | 105.65 | 136.88 | 25.10 | 1293.82 | 825.92 | 170.86 | 360.00 | 107.90 |
| 1998 | 109.06 | 86.30 | 12.86 | 9.90 | 841.52 | 778.02 | 334.97 | 37.95 | 25.55 |
| 1999 | 122.93 | 98.11 | 23.05 | 1.77 | 944.56 | 893.60 | 320.97 | 47.17 | 3.79 |
| 2000 | 512.04 | 145.68 | 359.26 | 7.10 | 2103.24 | 1527.03 | 519.46 | 562.21 | 13.99 |
| 2001 | 141.48 | 93.00 | 48.48 | | 1252.34 | 1182.13 | 430.63 | 70.21 | |
| 2002 | 291.74 | 134.20 | 157.54 | | 961.75 | 779.75 | 56.61 | 181.99 | |
| 2003 | 281.43 | 83.64 | 196.79 | 1.00 | 1357.75 | 819.56 | 74.79 | 534.65 | 3.54 |
| 2004 | 227.92 | 54.88 | 171.51 | 1.53 | 1510.94 | 835.71 | 104.54 | 648.08 | 27.16 |
| 2005 | 567.05 | 13.80 | 553.25 | | 1882.51 | 338.13 | 2.62 | 1544.38 | |
| 2006 | 1287.77 | 351.11 | 936.66 | | 5594.29 | 2463.70 | 4.32 | 3130.59 | |
| 2007 | 637.24 | 413.27 | 223.97 | | 8680.17 | 7722.99 | 227.68 | 957.18 | |
| 2008 | 180.34 | 114.96 | 65.38 | | 3852.21 | 3457.75 | 151.57 | 317.26 | |
| 2009 | 400.05 | 244.47 | 155.58 | | 6124.69 | 5004.90 | 105.97 | 1073.18 | |
| 2010 | 920.99 | 553.95 | 367.04 | | 11971.93 | 9606.31 | 1438.25 | 2365.62 | |
| 2011 | 272.36 | 163.99 | 108.37 | | 5814.19 | 5073.07 | 421.96 | 741.12 | |
| 2012 | 299.81 | 78.86 | 220.95 | | 4134.38 | 3127.54 | 121.00 | 1006.84 | |
| 2013 | 259.92 | | 259.92 | | 3868.88 | 2802.76 | | 1066.12 | |
| 2014 | 354.50 | 70.10 | 284.40 | | 7087.44 | 4834.04 | 137.98 | 2253.40 | |
| 2015 | 595.67 | 175.86 | 444.15 | | 10974.85 | 8295.14 | 36.43 | 2679.71 | |
| 2016 | 390.14 | 137.47 | 252.67 | | 16257.42 | 15020.79 | 298.51 | 1236.63 | |

注：表中股票发行量仅指IPO数量，A股股票筹资额不含资产项。

# 7-8-13 股票交易情况

| 项目 | 2010 | 2011 | 2012 | 2013 | 2014 | 2015 | 2016 |
|---|---|---|---|---|---|---|---|
| **上市公司数 （家）** | **2063.00** | **2342.00** | **2494.00** | **2489.00** | **2613.00** | **2827.00** | **3052.00** |
| **上市股票数 （只）** | **2149.00** | **2428.00** | **2579.00** | **2574.00** | **2696.00** | **2909.00** | **3134.00** |
| A股 | 2041.00 | 2320.00 | 2472.00 | 2468.00 | 2592.00 | 2808.00 | 3034.00 |
| B股 | 108.00 | 108.00 | 107.00 | 106.00 | 104.00 | 101.00 | 100.00 |
| **股票总发行股本 （亿股）** | **26984.49** | **29745.11** | **31833.62** | **33822.04** | **36795.10** | **43024.14** | **48819.73** |
| A股 | 26701.51 | 29448.59 | 31551.24 | 33538.25 | 36517.75 | 42753.16 | 48779.27 |
| B股 | 282.98 | 296.52 | 282.38 | 283.79 | 277.35 | 270.98 | 40.46 |
| #流通股本 | 19442.15 | 22499.86 | 24778.22 | 29997.12 | 32289.25 | 37043.37 | 41138.56 |
| A股 | 19160.47 | 22204.54 | 24497.05 | 29714.53 | 32013.11 | 36773.67 | 41098.10 |
| B股 | 281.68 | 295.32 | 281.17 | 282.59 | 276.14 | 269.70 | 40.46 |
| **股票市价总值 （亿元）** | **265423.00** | **214758.00** | **230357.62** | **239077.00** | **372546.96** | **531462.70** | **507685.00** |
| A股 | 263221.00 | 213310.00 | 228775.33 | 237403.00 | 370823.17 | 529251.65 | 505773.00 |
| B股 | 2202.00 | 1448.00 | 1582.29 | 1674.00 | 1723.79 | 2211.05 | 1912.00 |
| #股票流通市值 | 193110.00 | 164921.00 | 181658.26 | 199579.54 | 315624.31 | 417880.75 | 393402.00 |
| A股 | 190917.00 | 163479.00 | 180082.94 | 197915.96 | 313910.42 | 415680.99 | 391499.00 |
| B股 | 2193.00 | 1442.00 | 1575.32 | 1663.58 | 1713.89 | 2199.76 | 1903.00 |
| **股票成交金额 （亿元）** | **545634.00** | **421645.00** | **314667.41** | **468729.00** | **742385.26** | **2550541.31** | **1273846.00** |
| A股 | 563466.00 | 420339.00 | 313715.14 | 466630.00 | 741378.07 | 2546837.74 | 1272358.00 |
| B股 | 2168.00 | 1305.00 | 868.13 | 1439.00 | 1007.19 | 3703.57 | 1488.00 |
| **总成交股数 （亿股）** | **42151.98** | **33956.57** | **32860.54** | **48372.68** | **73383.09** | **171039.48** | **94690.52** |
| A股 | 41806.42 | 33748.72 | 32681.93 | 47916.23 | 73188.22 | 170541.00 | 94480.51 |
| B股 | 345.56 | 207.85 | 178.61 | 263.89 | 194.87 | 498.48 | 210.01 |
| 上证综合指数 | | | | | | | |
| 最高 | 3306.75 | 3067.46 | 2478.38 | 2444.80 | 3239.36 | 5178.19 | 3538.69 |
| 最低 | 2319.74 | 2134.02 | 1949.46 | 1849.65 | 1974.38 | 2850.71 | 2638.30 |
| 收盘 | 2808.08 | 2199.42 | 2269.13 | 2115.98 | 3234.68 | 3539.18 | 3103.64 |
| 深证综合指数 | | | | | | | |
| 最高 | 1412.64 | 1316.19 | 1020.29 | 1106.27 | 1504.48 | 3156.96 | 2304.49 |
| 最低 | 890.24 | 828.83 | 724.97 | 815.89 | 1004.93 | 1408.99 | 1618.12 |
| 收盘 | 1290.86 | 866.65 | 881.17 | 1057.67 | 1415.19 | 2308.91 | 1969.11 |

注：1.本表股票总发行股本不含(A+H)股公司发行的H股。
2.2012、2013年股票总成交金额中包含约定购回式证券成交金额，故总成交金额大于A股B股成交金额之和。

# 7-8-14 全国期货交易所市场概况

| 年 份 | 全年总成交额<br>(亿元) | 全年总成交量<br>(万手) | 全年总实物交割额<br>(亿元) | 全年总实物交割量<br>(万手) |
|---|---|---|---|---|
| 1993 | 5521.99 | 890.69 | | |
| 1994 | 31601.41 | 12110.72 | | |
| 1995 | 100565.30 | 63612.07 | 181.52 | 83.09 |
| 1996 | 84119.16 | 34256.77 | 174.13 | 78.33 |
| 1997 | 61170.66 | 15876.32 | 93.75 | 38.18 |
| 1998 | 36967.24 | 10445.57 | 48.04 | 20.56 |
| 1999 | 22343.01 | 7363.91 | 109.41 | 16.12 |
| 2000 | 16082.29 | 5461.07 | 65.11 | 8.40 |
| 2001 | 30144.98 | 12046.35 | 57.54 | 64.85 |
| 2002 | 39490.28 | 13943.37 | 101.44 | 141.16 |
| 2003 | 108396.59 | 27992.43 | 127.34 | 129.54 |
| 2004 | 146935.32 | 30569.76 | 181.68 | 31.32 |
| 2005 | 134463.38 | 32287.41 | 141.87 | 29.23 |
| 2006 | 210063.37 | 44950.82 | 216.93 | 28.68 |
| 2007 | 409740.77 | 72846.08 | 275.49 | 230.88 |
| 2008 | 719173.33 | 136396.00 | 323.52 | 51.29 |
| 2009 | 1305142.92 | 215751.76 | 266.73 | 45.95 |
| 2010 | 2269852.25 | 304194.19 | 474.31 | 65.29 |
| 2011 | 937503.89 | 100372.56 | 461.94 | 60.05 |
| 2012 | 952824.54 | 134540.06 | 528.04 | 58.96 |
| 2013 | 1264673.31 | 186822.39 | 465.25 | 56.79 |
| 2014 | 1279712.53 | 228827.45 | 451.58 | 63.50 |
| 2015 | 1364707.05 | 323704.12 | 641.76 | 115.36 |
| 2016 | 1774148.23 | 411947.69 | 777.28 | 125.66 |

注：本表数据仅反映商品期货市场情况。

# 7-8-15 全国交易所上市基金成交概况

| 项 目 | 2015 | 2016 | 增减(%) |
|---|---|---|---|
| 交易日数 (天) | 244 | 244 | |
| 基金成交金额 (亿元) | 152685 | 111444 | -27.01 |
| #ETF | 40303 | 14471 | -64.09 |
| LOFE | 2967 | 1202 | -59.49 |
| 基金日均成交金额 (亿元) | 626 | 457 | -40.33 |
| 基金成交股数 (亿份) | 50424 | 24609 | -51.20 |
| #ETF | 11980 | 4200 | -64.94 |
| LOFE | 3369 | 1520 | -54.88 |
| 上证基金指数开市 | 5579 | 5902 | 5.79 |
| 上证基金指数最高 | 7671 | 5928 | -22.72 |
| 上证基金指数最低 | 5114 | 5444 | 6.45 |
| 上证基金指数收市 | 5905 | 5734 | -2.90 |
| 深证基金指数开市 | 6217 | 8306 | 33.61 |
| 深证基金指数最高 | 9696 | 8721 | -10.06 |
| 深证基金指数最低 | 5505 | 6652 | 20.83 |
| 深证基金指数收市 | 8279 | 8284 | 0.06 |

注：1.自2015年起，基金成交数据包括证券投资基金、交易型货币基金、ETF和LOF。ETF是交易所交易基金的简称，LOF是一种可以在交易所挂牌交易的开放式基金。
2.数据来源：上海、深圳证券交易所。

# 7-8-16 保险系统机构、人员数(年底数)

| 项目 | 2015 | | | 2016 | | |
| --- | --- | --- | --- | --- | --- | --- |
| | 机构数(个) | 职工人数(人) | #女职工 | 机构数(个) | 职工人数(人) | #女职工 |
| **总　计** | **194** | **1024572** | **542852** | **203** | **1123180** | **600107** |
| **保险集团公司** | **11** | **5660** | **2576** | **11** | **5290** | **2668** |
| **中资保险公司** | **126** | **970573** | **513181** | **135** | **1059516** | **565019** |
| #总公司 | 126 | 45187 | 22113 | 135 | 51102 | 25341 |
| 省级分公司 | 1558 | 263123 | 139566 | 1605 | 278761 | 149546 |
| 中心支分公司 | 8585 | 370179 | 202721 | 8880 | 404909 | 224328 |
| 支公司 | 23877 | 216972 | 111418 | 25788 | 241745 | 124529 |
| 营业部 | 2380 | 18946 | 9546 | 2370 | 20175 | 10349 |
| 营销服务部 | 40911 | 56073 | 27817 | 40760 | 62727 | 30926 |
| **中外合资公司** | **57** | **48339** | **27095** | **57** | **58374** | **32420** |
| 总公司 | 57 | 13275 | 6861 | 57 | 14574 | 7496 |
| 省级分公司 | 304 | 19854 | 11387 | 327 | 24426 | 13648 |

注：2015年，中资保险公司代表处期末职工人数93人

# 7-8-17 保险公司业务经济技术指标

单位：亿元

| 项　目 | 保　费 | 赔款及给付 |
| --- | --- | --- |
| **合　计** | **30904.2** | **10515.7** |
| **财产保险公司** | **9265.7** | **5045.6** |
| 企业财产保险 | 381.2 | 266.2 |
| 家庭财产保险 | 52.2 | 23.6 |
| 机动车辆保险 | 6834.2 | 3648.1 |
| 工程保险 | 93.2 | 45.4 |
| 责任保险 | 362.4 | 166.2 |
| 信用保险 | 200.9 | 91.5 |
| 保证保险 | 184.1 | 65.1 |
| 船舶保险 | 51.2 | 36.7 |
| 货物运输保险 | 85.5 | 55.3 |
| 特殊风险保险 | 40.3 | 17.5 |
| 农业保险 | 417.7 | 299.2 |
| 健康险 | 293.7 | 234.6 |
| 意外伤害保险 | 247.9 | 81.5 |
| 其他险 | 21.2 | 14.7 |
| **人寿保险公司** | **21638.3** | **5469.5** |
| 寿险 | 17395.9 | 4602.0 |
| 健康险 | 502.9 | 765.0 |
| 人身意外伤害险 | 3739.5 | 102.5 |

注：本表人寿保险公司中包括中华控股寿险业务。

# 7-8-18 保险公司资产情况

单位：亿元

| 年份 | 总资产 | #财产险公司 | #寿险公司 | #再保险公司 | #中资公司 | #外资公司 |
|---|---|---|---|---|---|---|
| 2002 | 6320.00 | 948.00 | 5161.00 | 211.00 | | |
| 2003 | 9088.00 | 1176.00 | 7657.00 | 255.00 | | |
| 2004 | 11953.68 | 1411.38 | 8352.9 | 262.37 | 11540.63 | 413.05 |
| 2005 | 15286.44 | 1718.81 | 13458.27 | 292.70 | 14630.97 | 665.64 |
| 2006 | 19704.19 | 2340.45 | 17446.26 | 311.31 | 18862.6 | 862.66 |
| 2007 | 28912.78 | 3880.51 | 23249.16 | 877.26 | 27656.26 | 1256.51 |
| 2008 | 33418.83 | 4687.03 | 27138.45 | 994.45 | 31893.93 | 1524.91 |
| 2009 | 40634.75 | 4892.62 | 33655.05 | 1162.01 | 38582.37 | 2052.39 |
| 2010 | 50481.61 | 5833.52 | 42642.66 | 1151.79 | 47860.49 | 2621.12 |
| 2011 | 59828.94 | 7919.95 | 49798.19 | 1579.11 | 56822.12 | 3006.83 |
| 2012 | 73545.73 | 9477.47 | 60991.22 | 1845.25 | 70080.33 | 3465.40 |
| 2013 | 82886.95 | 10941.45 | 68250.07 | 2103.93 | 78551.67 | 4335.28 |
| 2014 | 101591.47 | 14061.48 | 82487.20 | 3513.56 | 94950.98 | 6640.49 |
| 2015 | 123597.76 | 18481.13 | 99324.83 | 5187.38 | 115057.96 | 8539.80 |
| 2016 | 153764.66 | 23849.82 | 126557.51 | 2765.61 | 144646.59 | 9118.07 |

# 7-8-19 保险公司资金运用情况

单位：亿元

| 年份 | 资金运用余额 | #银行存款 | #国债 | #金融债券 | #企业债券 | #证券投资基金 |
|---|---|---|---|---|---|---|
| 2004 | 10778.62 | 5071.10 | 2618.44 | 1026.25 | 639.73 | 666.32 |
| 2005 | 14092.69 | 5165.55 | 3590.65 | 1804.71 | 1204.55 | 1107.00 |
| 2006 | 17785.40 | 5989.11 | 3647.01 | 2754.25 | 2121.56 | 912.08 |
| 2007 | 26647.81 | 6503.44 | 3956.56 | 4897.84 | 2799.76 | 2519.41 |
| 2008 | 30552.83 | 8087.49 | 4208.26 | 8754.06 | 4598.46 | 1646.46 |
| 2009 | 37417.12 | 10519.68 | 4053.82 | 8746.10 | 6074.56 | 2758.78 |
| 2010 | 46046.62 | 13909.97 | 4815.78 | 10038.75 | 7935.69 | 2620.73 |
| 2011 | 55192.98 | 17692.69 | 4741.90 | 12418.80 | 8755.86 | 2909.92 |
| 2012 | 68542.58 | 23446.00 | 4795.02 | 14832.57 | 10899.98 | 3625.58 |
| 2013 | 76873.41 | 22640.98 | 4776.73 | 14811.84 | 13727.75 | 3575.52 |
| 2014 | 93314.43 | 25310.73 | 5009.88 | 15067.12 | 15465.13 | 4714.28 |
| 2015 | 111795.49 | 24349.67 | 5831.12 | 15215.31 | 17307.38 | 8856.50 |
| 2016 | 133910.67 | 24844.21 | 7796.24 | 16260.35 | 18627.99 | 8554.46 |

# 7-8-20 各地区原保险保费收入和赔付支出情况

单位：亿元

| 地区 | 原保险保费收入 | | | 赔付支出 | | |
|---|---|---|---|---|---|---|
| | 小计 | 财产险业务 | 人身险业务 | 小计 | 财产险业务 | 人身险业务 |
| **全国** | **30904.15** | **8724.17** | **22179.99** | **10515.68** | **4729.48** | **5786.20** |
| 北京 | 1834.25 | 369.25 | 1465.00 | 596.66 | 229.31 | 367.36 |
| 天津 | 527.99 | 127.56 | 400.43 | 177.70 | 94.40 | 83.30 |
| 山西 | 698.20 | 174.15 | 524.05 | 239.04 | 92.48 | 146.56 |
| 河北 | 1491.49 | 442.13 | 1049.35 | 548.24 | 215.52 | 332.72 |
| 内蒙古 | 487.04 | 162.73 | 324.31 | 137.80 | 78.91 | 58.89 |
| 辽宁 | 837.76 | 221.76 | 616.00 | 288.50 | 124.99 | 163.51 |
| 吉林 | 557.12 | 133.23 | 423.89 | 161.22 | 72.87 | 88.35 |
| 黑龙江 | 685.53 | 148.91 | 536.62 | 237.75 | 95.02 | 142.73 |
| 上海 | 1528.79 | 371.59 | 1157.19 | 528.28 | 222.05 | 306.23 |
| 江苏 | 2679.68 | 733.44 | 1946.24 | 915.07 | 437.64 | 477.42 |
| 浙江 | 1527.65 | 569.35 | 958.30 | 517.92 | 335.25 | 182.67 |
| 安徽 | 873.70 | 312.79 | 560.91 | 357.47 | 175.06 | 182.42 |
| 福建 | 754.91 | 211.13 | 543.79 | 242.85 | 116.96 | 125.88 |
| 江西 | 608.72 | 183.65 | 425.08 | 207.10 | 94.99 | 112.11 |
| 山东 | 1963.32 | 520.32 | 1443.00 | 673.21 | 271.13 | 402.08 |
| 河南 | 1551.82 | 372.95 | 1178.87 | 548.00 | 184.31 | 363.69 |
| 湖北 | 1047.79 | 263.22 | 784.57 | 372.29 | 141.74 | 230.55 |
| 湖南 | 884.98 | 273.05 | 611.93 | 339.81 | 143.24 | 196.58 |
| 广东 | 2982.11 | 707.69 | 2274.42 | 816.94 | 349.41 | 467.53 |
| 广西 | 469.17 | 165.71 | 303.46 | 158.95 | 75.98 | 82.97 |
| 海南 | 133.21 | 47.60 | 85.61 | 49.24 | 26.53 | 22.71 |
| 重庆 | 600.33 | 165.23 | 435.10 | 250.16 | 90.36 | 159.79 |
| 四川 | 1703.52 | 457.21 | 1246.31 | 554.36 | 216.89 | 337.47 |
| 贵州 | 320.69 | 153.15 | 167.55 | 131.52 | 79.47 | 52.06 |
| 云南 | 529.23 | 224.43 | 304.80 | 206.19 | 110.76 | 95.43 |
| 西藏 | 22.25 | 13.90 | 8.35 | 9.84 | 6.97 | 2.87 |
| 陕西 | 713.97 | 191.38 | 522.58 | 238.45 | 93.43 | 145.02 |
| 甘肃 | 307.66 | 100.61 | 207.04 | 109.38 | 51.43 | 57.95 |
| 青海 | 68.75 | 29.64 | 39.11 | 27.38 | 14.89 | 12.49 |
| 宁夏 | 133.89 | 46.09 | 87.80 | 42.84 | 24.82 | 18.02 |
| 新疆 | 439.29 | 153.16 | 286.13 | 154.97 | 83.62 | 71.35 |
| 集团、总公司本级 | 72.92 | 70.47 | 2.45 | 55.52 | 32.82 | 22.70 |

注：1.本表数据为各公司上报中国保险统计信息系统年报数据。
2.全国本级是指集团、总公司直接开展的业务，不计入任何地区。

## 【主要统计指标解释】

**信贷资金** 指金融机构以信用方式积聚和分配的货币资金。金融机构信贷资金的来源有各项存款、金融债券、对国际金融机构负债、流通中现金等；信贷资金的运用有各项贷款、有价证券及投资、金银占款、外汇占款、财政借款及在国际金融机构中的资产等。

**存款** 指企业、机关、团体或居民根据资金必须收回的原则，把货币资金存入银行或其他信贷机构保管并取得一定利息的一种信用活动形式。根据存款对象或性质的不同可划分为企业存款、财政存款、机关团体存款、城乡储蓄存款、农业存款、其他存款等科目。它是银行信贷资金的主要来源。

**贷款** 指银行或其他信贷机构根据资金必须归还的原则，按一定利率，为企业、个人等提供资金的一种信用活动形式。我国银行贷款分为短期贷款、中长期贷款、委托及信托类贷款、其他类贷款等。

**保险公司** 指在中国境内的、经过保险监督管理部门批准设立，并依法登记注册的各类商业保险公司。

**保险金额** 指保险人承担赔偿或者给付保险金责任的最高限额。

**保费** 指投保人为取得保险人在约定范围内所承担赔偿责任而支付给保险人的费用。

**赔款** 指保险人根据保险合同的规定，向被保险人支付的赔偿保险责任损失的金额。

**给付** 包括死伤医疗给付和满期给付。死伤医疗给付是指保险人根据人寿保险及长期健康保险合同的规定，因被保险人在保险期内发生保险责任范围内的保险事故支付给被保险人（或受益人）的金额。满期给付是指被保险人生存期满，保险人按人寿保险合同规定支付给被保险人的满期保险金额。

**社会融资规模增量** 指一定时期内实体经济（境内非金融企业和住户）从金融体系获得的资金总额。主要包括人民币贷款、外币贷款（折合人民币）、委托贷款、信托贷款、未贴现的银行承兑汇票、企业债券、非金融企业境内股票融资、投资性房地产、保险公司赔偿等。

**社会融资规模存量** 指一定时期（月末、季末或年末）实体经济（境内非金融企业和住户）从金融体系获得的资金余额。

# 7 第三产业分行业主要指标

7—9　房地产业

# 简要说明

**一、主要内容**

本篇资料主要包括：房地产开发企业主要财务情况，房屋开竣工情况、商品房销售情况，土地购置情况等。还包括房地产业（不含房地产开发经营）企业法人单位分地区主要指标。

**二、统计范围**

本篇资料除了包含房地产业中的房地产开发行业资料外，还包括不含房地产开发经营的房地产企业法人单位主要情况。

**三、统计调查方法**

调查方法为全面调查和抽样调查。

**四、统计口径变化**

2004年，除财务指标、平均销售价格、住宅竣工与销售套数为经济普查数据外，其他指标均为快报数据。

商品房销售面积和销售额：2004年及以前为现房销售；2005年及以后包括期房和现房销售。

**五、数据来源**

本篇资料由国家统计局固定资产投资司根据联网直报房地产开发企业上报的基层数据整理。房地产企业法人单位分地区主要指标由国家统计局服务业司根据《规模以上服务业统计报表制度》和《规模以下服务业抽样调查统计报表制度》调查结果整理。

# 7-9-1 房地产开发企业经营情况

单位：亿元

| 年份<br>地区 | 主营业务<br>收入 | | | | | 主营业务<br>税金及附加 | 营业利润 |
|---|---|---|---|---|---|---|---|
| | | 土地转让<br>收入 | 商品房屋<br>销售收入 | 房屋出租<br>收入 | 其他收入 | | |
| 1995 | 1731.66 | 194.40 | 1258.28 | 25.79 | 253.19 | 90.30 | 143.41 |
| 1996 | 1968.79 | 120.34 | 1533.76 | 29.99 | 284.69 | 92.78 | 17.98 |
| 1997 | 2218.46 | 103.28 | 1755.21 | 38.79 | 321.18 | 104.21 | -10.35 |
| 1998 | 2951.21 | 132.25 | 2408.41 | 49.32 | 361.23 | 138.81 | -10.66 |
| 1999 | 3026.01 | 103.25 | 2555.02 | 62.74 | 305.00 | 145.36 | -35.09 |
| 2000 | 4515.71 | 129.61 | 3896.82 | 95.32 | 393.96 | 214.57 | 73.28 |
| 2001 | 5471.66 | 188.99 | 4729,42 | 117.35 | 435.90 | 273.45 | 125.47 |
| 2002 | 7077.85 | 225.13 | 6145.80 | 144.57 | 562.34 | 370.15 | 252.91 |
| 2003 | 9137.27 | 279.72 | 8153.69 | 164.33 | 539.53 | 493.72 | 430.37 |
| 2004 | 13314.46 | 410.09 | 11752.20 | 305.58 | 846.59 | 413.04 | 857.97 |
| 2005 | 14769.35 | 341.43 | 13316.77 | 290.29 | 820.86 | 845.25 | 1109.19 |
| 2006 | 18046.76 | 300.65 | 16621.36 | 316.79 | 807.96 | 1127.12 | 1669.89 |
| 2007 | 23397.13 | 427.92 | 21604.21 | 386.81 | 978.19 | 1660.30 | 2436.61 |
| 2008 | 26696.84 | 466.85 | 24394.12 | 521.47 | 1314.40 | 1829.20 | 3432.23 |
| 2009 | 34606.23 | 498.05 | 32507.83 | 544.27 | 1056.08 | 2585.49 | 4728.58 |
| 2010 | 42996.48 | 519.19 | 40585.33 | 742.92 | 1149.04 | 3464.66 | 6111.48 |
| 2011 | 44491.28 | 664.66 | 41697.91 | 904.28 | 1224.43 | 3832.98 | 5798.58 |
| 2012 | 51028.41 | 819.39 | 47463.49 | 1151.55 | 1593.98 | 4610.87 | 6001.33 |
| 2013 | 70706.67 | 671.42 | 66697.99 | 1364.01 | 1973.25 | 6204.18 | 9562.67 |
| 2014 | 66463.80 | 571.95 | 62535.06 | 1464.10 | 1892.69 | 5968.43 | 6143.13 |
| 2015 | 70174.34 | 600.54 | 65861.30 | 1600.42 | 2112.08 | 6202.38 | 6165.54 |
| 2016 | 90091.51 | 666.32 | 85163.32 | 1786.97 | 2474.89 | 6651.62 | 8673.23 |
| 北　京 | 4611.70 | 156.55 | 3672.43 | 366.40 | 416.31 | 421.91 | 794.31 |
| 天　津 | 1976.34 | 37.14 | 1811.24 | 36.89 | 91.07 | 125.53 | 145.39 |
| 河　北 | 2856.33 | 12.14 | 2799.20 | 14.40 | 30.59 | 204.63 | 353.46 |
| 山　西 | 866.08 | 9.57 | 800.37 | 6.45 | 49.70 | 54.36 | 30.48 |
| 内蒙古 | 815.47 | 0.76 | 793.43 | 4.84 | 16.44 | 53.91 | 10.07 |
| 辽　宁 | 2087.72 | 6.42 | 2002.59 | 33.48 | 45.23 | 125.60 | -61.86 |
| 吉　林 | 950.93 | 3.95 | 919.61 | 10.28 | 17.08 | 58.84 | 28.24 |
| 黑龙江 | 1217.42 | 2.74 | 1192.00 | 6.25 | 16.43 | 94.31 | 67.68 |
| 上　海 | 6505.93 | 46.75 | 5785.65 | 451.66 | 221.88 | 565.28 | 1461.04 |
| 江　苏 | 10837.62 | 59.99 | 10407.58 | 110.40 | 259.66 | 711.37 | 738.65 |
| 浙　江 | 7768.97 | 42.07 | 7513.86 | 60.85 | 152.18 | 495.81 | 289.22 |
| 安　徽 | 3330.94 | 6.99 | 3198.80 | 21.23 | 103.92 | 213.29 | 238.53 |
| 福　建 | 3254.62 | 17.88 | 3081.11 | 30.54 | 125.09 | 327.98 | 543.26 |
| 江　西 | 2007.25 | 14.60 | 1965.90 | 5.06 | 21.69 | 131.72 | 202.03 |
| 山　东 | 6149.37 | 11.27 | 5941.70 | 49.51 | 146.90 | 381.68 | 347.23 |
| 河　南 | 3678.44 | 32.18 | 3546.81 | 37.44 | 62.02 | 248.41 | 349.50 |
| 湖　北 | 3278.53 | 30.59 | 3119.44 | 44.02 | 84.49 | 245.84 | 400.20 |
| 湖　南 | 2269.11 | 16.31 | 2184.94 | 19.43 | 48.44 | 131.80 | 64.05 |
| 广　东 | 11204.32 | 13.89 | 10752.46 | 265.88 | 172.10 | 1119.06 | 2032.07 |
| 广　西 | 1371.30 | 22.12 | 1312.42 | 18.52 | 18.24 | 101.92 | 124.74 |
| 海　南 | 968.27 | 3.48 | 868.41 | 8.01 | 88.36 | 88.65 | 41.47 |
| 重　庆 | 2498.85 | 91.62 | 2277.50 | 51.52 | 78.21 | 155.19 | 150.59 |
| 四　川 | 3479.92 | 5.03 | 3384.05 | 39.89 | 50.95 | 228.26 | 154.98 |
| 贵　州 | 1182.03 | 3.64 | 1144.84 | 12.37 | 21.18 | 75.49 | 60.45 |
| 云　南 | 1014.35 | 6.56 | 932.07 | 31.70 | 44.01 | 62.29 | -41.29 |
| 西　藏 | 20.23 | 0.01 | 19.62 | 0.22 | 0.38 | 1.35 | 2.10 |
| 陕　西 | 1758.52 | 6.81 | 1692.08 | 15.57 | 44.06 | 99.15 | 67.96 |
| 甘　肃 | 649.97 | 3.09 | 620.50 | 7.20 | 19.18 | 36.83 | 34.36 |
| 青　海 | 258.85 | 0.19 | 245.89 | 3.94 | 8.82 | 15.61 | 15.03 |
| 宁　夏 | 368.59 | 0.06 | 354.82 | 5.31 | 8.40 | 20.24 | -5.71 |
| 新　疆 | 853.52 | 1.92 | 822.01 | 17.71 | 11.89 | 55.29 | 34.99 |

# 7-9-2 按登记注册类型分的房地产开发企业资产情况

单位：亿元

| 地 区 | 总 计 | 内 资 | | | | | | | | |
|---|---|---|---|---|---|---|---|---|---|---|
| | | | 国 有 | 集 体 | 股份合作 | 国有联营 | 集体联营 | 国 有 与 集体联营 | 其他联营 | 国有独资 公 司 |
| **全 国** | **625733.70** | **557223.40** | **12555.00** | **1098.40** | **167.50** | **239.68** | **1.04** | **3.10** | **16.12** | **58406.19** |
| 北 京 | 55693.66 | 48995.34 | 1437.65 | 232.93 | 0.97 | | | | | 2446.89 |
| 天 津 | 25984.12 | 24151.00 | 922.98 | 12.42 | | 4.84 | | | | 5536.65 |
| 河 北 | 15931.79 | 15450.59 | 19.41 | | | | | | | 211.28 |
| 山 西 | 8191.11 | 8011.92 | 164.59 | 3.95 | | | | | | 340.07 |
| 内蒙古 | 7359.26 | 7335.51 | 47.92 | | | | | | | 325.88 |
| 辽 宁 | 18650.69 | 15034.63 | 141.06 | 5.09 | 2.59 | | | | | 1357.34 |
| 吉 林 | 6361.18 | 6141.72 | 28.11 | 0.03 | | | | | | 371.94 |
| 黑龙江 | 9033.69 | 8873.98 | 102.05 | 0.60 | 0.21 | | | | | 881.93 |
| 上 海 | 48448.90 | 39484.75 | 3660.16 | 115.94 | 19.14 | 5.51 | 1.04 | | | 3953.26 |
| 江 苏 | 51534.57 | 44550.29 | 816.97 | 101.49 | 3.33 | | | | | 5981.48 |
| 浙 江 | 40732.65 | 36100.59 | 491.09 | 7.69 | 11.40 | 227.63 | | 2.11 | | 3662.74 |
| 安 徽 | 19548.04 | 18594.94 | 456.67 | 4.46 | | | | | | 2359.16 |
| 福 建 | 26120.24 | 22983.02 | 1298.23 | 35.45 | | | | 0.52 | | 4076.69 |
| 江 西 | 10033.41 | 9439.19 | 177.83 | 1.20 | 4.05 | | | | | 1515.87 |
| 山 东 | 35920.41 | 33660.88 | 475.85 | 239.71 | 22.76 | | | | | 4159.96 |
| 河 南 | 22536.68 | 21597.83 | 248.95 | 8.79 | 0.85 | | | | | 1425.87 |
| 湖 北 | 22124.94 | 20802.38 | 379.41 | 46.50 | | | | | | 2041.16 |
| 湖 南 | 13198.28 | 12530.87 | 94.28 | 0.98 | 1.75 | | | | | 1122.96 |
| 广 东 | 71826.39 | 56074.92 | 448.23 | 236.58 | 25.29 | | | | 0.37 | 1595.43 |
| 广 西 | 12122.65 | 11160.99 | 68.03 | 6.92 | 0.32 | | | | | 2428.33 |
| 海 南 | 9503.54 | 8118.65 | 108.09 | 3.18 | 3.71 | | | 0.47 | | 1478.00 |
| 重 庆 | 21990.08 | 18952.20 | 389.29 | 1.76 | 0.87 | | | | | 4201.78 |
| 四 川 | 23289.71 | 21425.33 | 92.37 | 0.91 | 62.90 | | | | | 2127.91 |
| 贵 州 | 9932.29 | 9568.46 | 39.11 | 0.30 | 4.06 | | | | | 897.33 |
| 云 南 | 14747.24 | 14105.08 | 81.19 | 2.69 | 0.46 | | | | | 1475.66 |
| 西 藏 | 344.48 | 344.48 | 5.58 | | | | | | 15.75 | 16.58 |
| 陕 西 | 10993.99 | 10499.76 | 207.72 | 25.80 | 0.78 | | | | | 1195.26 |
| 甘 肃 | 4348.87 | 4309.07 | 95.08 | 2.63 | | | | | | 356.38 |
| 青 海 | 1549.50 | 1548.11 | | | 2.07 | 1.70 | | | | 245.67 |
| 宁 夏 | 2898.92 | 2826.43 | 38.11 | | | | | | | 216.57 |
| 新 疆 | 4782.42 | 4550.53 | 19.03 | 0.41 | | | | | | 400.14 |

7-9-2 续表 1 单位：亿元

| 地 区 | 其他有限责任公司 | 股份有限公 司 | 私营独资 | 私营合伙 | 私营有限责任公司 | 私营股份有限公司 | 其他内资企 业 | 港澳台商投 资 | 合资经营 | 合作经营 |
|---|---|---|---|---|---|---|---|---|---|---|
| **全 国** | **307936.11** | **28371.89** | **165.92** | **43.93** | **140163.69** | **7785.55** | **269.29** | **47705.99** | **16024.20** | **3406.79** |
| 北 京 | 37857.70 | 4241.43 | | | 2734.51 | 43.26 | | 3861.08 | 1060.29 | 806.63 |
| 天 津 | 13583.25 | 937.75 | 25.50 | 20.06 | 2794.67 | 185.63 | 127.25 | 1247.58 | 383.73 | 57.17 |
| 河 北 | 8563.80 | 1082.57 | | | 5352.27 | 221.26 | | 344.42 | 154.91 | |
| 山 西 | 2619.10 | 120.83 | | | 4666.61 | 96.77 | | 95.79 | 60.22 | |
| 内蒙古 | 3604.57 | 402.53 | 6.42 | | 2881.95 | 64.41 | 1.83 | 2.04 | 2.04 | |
| 辽 宁 | 7799.25 | 707.04 | 4.88 | | 4779.52 | 237.87 | | 2057.74 | 889.01 | 56.47 |
| 吉 林 | 3337.46 | 406.77 | 55.58 | | 1855.14 | 86.69 | | 184.81 | 61.99 | |
| 黑龙江 | 5360.34 | 376.47 | 0.22 | | 2043.86 | 108.32 | | 94.84 | 54.16 | 7.51 |
| 上 海 | 19353.88 | 2666.30 | 13.15 | | 9007.98 | 688.40 | | 6105.78 | 2868.76 | 61.41 |
| 江 苏 | 21041.65 | 1283.97 | 2.88 | 2.23 | 14595.90 | 702.91 | 17.47 | 4722.35 | 1339.48 | 117.75 |
| 浙 江 | 18698.49 | 1024.31 | | | 11818.27 | 156.85 | | 3044.35 | 1026.69 | 105.83 |
| 安 徽 | 9666.42 | 640.53 | 0.67 | | 5092.47 | 367.39 | 7.16 | 666.14 | 257.09 | 5.57 |
| 福 建 | 11495.32 | 601.67 | | | 5293.19 | 181.95 | | 2595.83 | 1320.24 | 16.07 |
| 江 西 | 4655.86 | 312.21 | 0.56 | 4.39 | 2445.77 | 321.46 | | 513.12 | 203.46 | |
| 山 东 | 18453.03 | 1415.67 | 6.84 | 11.25 | 8271.97 | 598.48 | 5.36 | 1710.70 | 810.79 | 87.14 |
| 河 南 | 14345.76 | 798.38 | 9.02 | 1.91 | 4455.45 | 294.17 | 8.69 | 722.45 | 64.98 | 65.06 |
| 湖 北 | 11388.47 | 1783.61 | 6.44 | 0.34 | 4982.28 | 173.93 | 0.25 | 1047.15 | 303.14 | 73.24 |
| 湖 南 | 6995.65 | 533.30 | 0.39 | | 3482.24 | 294.51 | 4.81 | 512.95 | 132.15 | 10.48 |
| 广 东 | 32973.89 | 5146.93 | 19.75 | | 14395.98 | 1178.72 | 53.74 | 11493.24 | 2533.58 | 1812.69 |
| 广 西 | 4715.33 | 253.86 | | | 3527.25 | 160.96 | | 640.88 | 256.91 | 3.20 |
| 海 南 | 5007.57 | 387.62 | 9.91 | | 1034.77 | 66.50 | 18.84 | 1129.56 | 413.32 | |
| 重 庆 | 8169.34 | 677.20 | | | 5275.77 | 236.18 | | 2426.90 | 1029.75 | 41.07 |
| 四 川 | 12758.71 | 926.23 | | | 5217.36 | 238.94 | | 950.60 | 265.27 | 5.00 |
| 贵 州 | 5589.78 | 531.73 | | 3.76 | 2289.49 | 212.90 | | 322.68 | 123.79 | 5.23 |
| 云 南 | 8059.31 | 626.72 | 3.56 | | 3495.40 | 352.63 | 7.45 | 550.00 | 90.22 | |
| 西 藏 | 244.21 | 0.09 | | | 61.82 | 0.45 | | | | |
| 陕 西 | 6019.48 | 254.12 | | | 2615.98 | 164.18 | 16.43 | 352.88 | 20.90 | 69.27 |
| 甘 肃 | 2376.59 | 66.08 | 0.17 | | 1362.17 | 49.98 | | 33.98 | 31.27 | |
| 青 海 | 553.66 | 22.95 | | | 678.29 | 43.76 | | | | |
| 宁 夏 | 749.57 | 75.38 | | | 1552.29 | 194.52 | | 45.11 | 41.31 | |
| 新 疆 | 1898.69 | 67.66 | | | 2103.05 | 61.56 | | 231.05 | 224.75 | |

7-9-2 续表 2 单位：亿元

| 地　区 | | | | 外商投资 | | | | | |
|---|---|---|---|---|---|---|---|---|---|
| | 独　资 | 股份有限 | 其　他 | | 合资经营 | 合作经营 | 独　资 | 股份有限 | 其　他 |
| **全　国** | **26861.56** | **1182.59** | **230.84** | **20804.32** | **6327.66** | **2088.37** | **10791.89** | **1134.50** | **461.89** |
| 北　京 | 1994.15 | | | 2837.24 | 1447.58 | 574.87 | 749.89 | 64.90 | |
| 天　津 | 730.00 | 76.69 | | 585.54 | 129.91 | 31.79 | 348.36 | 40.24 | 35.24 |
| 河　北 | 188.83 | | 0.68 | 136.78 | 24.16 | 1.02 | 102.67 | 7.95 | 0.99 |
| 山　西 | 28.65 | 6.40 | 0.52 | 83.40 | 9.69 | | 54.10 | 19.62 | |
| 内蒙古 | | | | 21.71 | 13.73 | | 7.98 | | |
| 辽　宁 | 1090.42 | 21.84 | | 1558.32 | 562.76 | 194.11 | 758.74 | 42.71 | |
| 吉　林 | 112.05 | 9.26 | 1.51 | 34.65 | 34.65 | | | | |
| 黑龙江 | 33.17 | | | 64.87 | 26.28 | 1.15 | 37.44 | | |
| 上　海 | 3069.06 | 106.54 | | 2858.38 | 573.86 | 309.84 | 1350.31 | 624.37 | |
| 江　苏 | 3084.80 | 157.45 | 22.87 | 2261.94 | 812.34 | 106.58 | 1318.85 | 0.58 | 23.58 |
| 浙　江 | 1838.58 | 62.47 | 10.79 | 1587.71 | 308.20 | 28.13 | 1204.72 | 22.18 | 24.49 |
| 安　徽 | 367.19 | 36.29 | | 286.96 | 54.37 | 9.69 | 193.68 | 20.86 | 8.37 |
| 福　建 | 1230.20 | 26.86 | 2.45 | 541.39 | 36.61 | 0.48 | 408.52 | 59.49 | 36.29 |
| 江　西 | 306.88 | | 2.78 | 81.10 | 58.87 | | 22.23 | | |
| 山　东 | 723.99 | 2.11 | 86.67 | 548.83 | 258.25 | 116.49 | 172.00 | | 2.08 |
| 河　南 | 581.13 | 6.07 | 5.22 | 216.40 | 45.41 | 0.14 | 131.64 | 16.67 | 22.54 |
| 湖　北 | 606.94 | 62.86 | 0.97 | 275.42 | 117.21 | | 116.38 | 10.47 | 31.36 |
| 湖　南 | 349.09 | 1.91 | 19.31 | 154.46 | 80.19 | 0.64 | 63.61 | 1.07 | 8.96 |
| 广　东 | 6847.96 | 255.22 | 43.79 | 4258.23 | 1005.78 | 433.77 | 2576.95 | 90.45 | 151.29 |
| 广　西 | 380.77 | | | 320.78 | 171.25 | | 97.02 | 15.51 | 37.00 |
| 海　南 | 443.83 | 267.23 | 5.18 | 255.34 | 26.96 | 20.73 | 137.86 | | 69.79 |
| 重　庆 | 1312.89 | 19.89 | 23.30 | 610.99 | 189.26 | 142.87 | 253.99 | 22.59 | 2.28 |
| 四　川 | 613.34 | 63.50 | 3.49 | 913.78 | 236.03 | 81.72 | 587.48 | 8.57 | |
| 贵　州 | 193.63 | | 0.04 | 41.15 | 6.11 | 34.36 | 0.68 | | |
| 云　南 | 458.98 | | 0.80 | 92.16 | 32.28 | | 2.93 | 49.33 | 7.63 |
| 西　藏 | | | | | | | | | |
| 陕　西 | 262.59 | | 0.12 | 141.35 | 44.09 | | 80.29 | 16.96 | |
| 甘　肃 | 2.71 | | | 5.83 | 3.88 | | 1.95 | | |
| 青　海 | | | | 1.39 | 1.39 | | | | |
| 宁　夏 | 3.45 | | 0.36 | 27.38 | 16.59 | | 10.79 | | |
| 新　疆 | 6.30 | | | 0.84 | | | 0.84 | | |

# 7—9—3 按资质等级分的房地产开发企业资产情况

单位：亿元

| 地 区 | 总 计 | 一 级 | 二 级 | 三 级 | 四 级 | 暂 定 | 其 他 |
|---|---|---|---|---|---|---|---|
| **全 国** | **625733.70** | **66415.66** | **117111.75** | **100769.06** | **72799.96** | **225355.90** | **43281.36** |
| 北 京 | 55693.66 | 12026.79 | 6267.28 | 4093.90 | 18185.71 | 10524.79 | 4595.19 |
| 天 津 | 25984.12 | 3234.23 | 3296.30 | 1705.73 | 10276.86 | 5162.36 | 2308.64 |
| 河 北 | 15931.79 | 1870.59 | 2935.75 | 2627.70 | 4068.17 | 4215.08 | 214.49 |
| 山 西 | 8191.11 | 285.02 | 1509.74 | 1082.93 | 3199.15 | 2030.65 | 83.63 |
| 内蒙古 | 7359.26 | 723.69 | 1399.84 | 1087.99 | 3173.47 | 867.57 | 106.69 |
| 辽 宁 | 18650.69 | 1072.80 | 2114.39 | 4302.31 | 291.27 | 9301.09 | 1568.83 |
| 吉 林 | 6361.18 | 232.31 | 1501.04 | 1051.24 | 614.94 | 2852.30 | 109.34 |
| 黑龙江 | 9033.69 | 287.86 | 2775.38 | 3981.36 | 78.43 | 1181.02 | 729.63 |
| 上 海 | 48448.90 | 8398.60 | 8623.58 | 3360.72 | 10.73 | 24595.92 | 3459.35 |
| 江 苏 | 51534.57 | 3888.93 | 17424.62 | 2230.67 | 42.58 | 22702.57 | 5245.20 |
| 浙 江 | 40732.65 | 3850.38 | 4211.72 | 7711.39 | 1869.90 | 17316.36 | 5772.90 |
| 安 徽 | 19548.04 | 621.85 | 3634.96 | 4350.48 | 377.67 | 9457.99 | 1105.09 |
| 福 建 | 26120.24 | 3393.91 | 3612.33 | 5796.86 | 2872.66 | 8906.07 | 1538.40 |
| 江 西 | 10033.41 | 274.02 | 1635.00 | 2305.85 | 940.08 | 4534.82 | 343.65 |
| 山 东 | 35920.41 | 2824.76 | 5275.27 | 5381.21 | 3474.84 | 17071.38 | 1892.95 |
| 河 南 | 22536.68 | 1826.14 | 4470.15 | 3029.75 | 983.60 | 11225.99 | 1001.04 |
| 湖 北 | 22124.94 | 2592.46 | 5289.03 | 2509.52 | 1305.29 | 9855.64 | 573.00 |
| 湖 南 | 13198.28 | 640.50 | 2170.93 | 5651.25 | 1692.85 | 2767.29 | 275.47 |
| 广 东 | 71826.39 | 10161.73 | 7336.45 | 14563.31 | 9475.34 | 23453.74 | 6835.82 |
| 广 西 | 12122.65 | 494.56 | 2226.60 | 2493.57 | 477.28 | 5677.27 | 753.36 |
| 海 南 | 9503.54 | 32.09 | 1638.39 | 1044.95 | 832.47 | 5117.48 | 838.15 |
| 重 庆 | 21990.08 | 2777.65 | 9546.91 | 1654.39 | 39.57 | 7703.13 | 268.42 |
| 四 川 | 23289.71 | 1200.05 | 5216.79 | 11383.46 | 198.60 | 4053.70 | 1237.10 |
| 贵 州 | 9932.29 | 420.97 | 2900.35 | 1755.27 | 1115.72 | 3412.73 | 327.25 |
| 云 南 | 14747.24 | 1150.07 | 4143.86 | 813.20 | 2802.94 | 5206.09 | 631.09 |
| 西 藏 | 344.48 | | 18.62 | 86.21 | 17.45 | 217.16 | 5.05 |
| 陕 西 | 10993.99 | 946.33 | 2340.95 | 1957.94 | 2642.66 | 1897.42 | 1208.69 |
| 甘 肃 | 4348.87 | 236.04 | 1071.15 | 1106.22 | 560.97 | 1355.00 | 19.49 |
| 青 海 | 1549.50 | 74.85 | 695.88 | 300.02 | 228.13 | 147.00 | 103.62 |
| 宁 夏 | 2898.92 | 352.40 | 986.06 | 503.68 | 386.42 | 644.73 | 25.65 |
| 新 疆 | 4782.42 | 524.08 | 842.42 | 845.97 | 564.21 | 1901.55 | 104.19 |

# 7-9-4 按登记注册类型分的房地产开发企业负债情况

单位：亿元

| 地 区 | 总 计 | 内 资 | | | | | | | | |
|---|---|---|---|---|---|---|---|---|---|---|
| | | | 国 有 | 集 体 | 股份合作 | 国有联营 | 集体联营 | 国有与集体联营 | 其他联营 | 国有独资公司 |
| **全 国** | **489750.32** | **444271.39** | **7593.63** | **943.65** | **128.79** | **107.12** | **0.77** | **2.81** | **14.42** | **39681.88** |
| 北 京 | 43438.16 | 38445.27 | 819.36 | 223.95 | 1.92 | | | | | 1497.70 |
| 天 津 | 19694.03 | 18418.66 | 663.44 | 8.06 | | 3.66 | | | | 3817.78 |
| 河 北 | 13342.35 | 13022.50 | 19.50 | | | | | | | 147.53 |
| 山 西 | 7260.55 | 7116.28 | 144.34 | 3.64 | | | | | | 247.29 |
| 内蒙古 | 6327.96 | 6305.54 | 49.14 | | | | | | | 307.62 |
| 辽 宁 | 15142.82 | 13012.81 | 64.44 | 5.05 | 2.65 | | | | | 1035.87 |
| 吉 林 | 5358.86 | 5195.65 | 24.70 | 0.02 | | | | | | 244.35 |
| 黑龙江 | 6103.89 | 5990.32 | 65.76 | 0.44 | | | | | | 575.62 |
| 上 海 | 32646.44 | 27715.94 | 1575.59 | 72.33 | 15.18 | 1.30 | 0.77 | | | 2546.07 |
| 江 苏 | 39415.82 | 35174.81 | 673.55 | 89.74 | 1.47 | | | | | 4105.71 |
| 浙 江 | 31964.39 | 29183.78 | 321.31 | 5.23 | 8.12 | 100.72 | | 1.85 | | 2839.87 |
| 安 徽 | 15442.31 | 14833.38 | 283.46 | 3.96 | | | | | | 1547.54 |
| 福 建 | 19516.00 | 17282.40 | 699.97 | 34.56 | | | | 0.56 | | 2506.55 |
| 江 西 | 7592.53 | 7181.03 | 112.51 | 1.18 | 3.21 | | | | | 819.15 |
| 山 东 | 29251.36 | 27670.55 | 416.36 | 217.01 | 15.26 | | | | | 2997.42 |
| 河 南 | 18440.36 | 17743.41 | 211.44 | 4.72 | 0.50 | | | | | 797.71 |
| 湖 北 | 17119.04 | 16367.37 | 298.24 | 39.70 | | | | | | 1318.83 |
| 湖 南 | 10525.96 | 10113.15 | 85.25 | 0.69 | 1.63 | | | | | 849.10 |
| 广 东 | 58230.12 | 46384.06 | 286.37 | 193.58 | 24.33 | | | | 0.50 | 1213.75 |
| 广 西 | 9224.94 | 8512.54 | 53.80 | 5.75 | 0.06 | | | | | 1441.79 |
| 海 南 | 7718.71 | 6584.76 | 98.96 | 3.17 | 3.55 | | | 0.40 | | 1042.82 |
| 重 庆 | 16182.36 | 14429.19 | 148.10 | 1.03 | 0.22 | | | | | 2602.14 |
| 四 川 | 18495.83 | 17568.69 | 73.36 | 0.65 | 44.08 | | | | | 1618.66 |
| 贵 州 | 8092.20 | 7760.99 | 34.56 | 0.08 | 4.10 | | | | | 670.21 |
| 云 南 | 12502.94 | 12055.67 | 58.59 | 2.32 | 0.21 | | | | | 1020.11 |
| 西 藏 | 237.25 | 237.25 | 4.78 | | | | | | 13.92 | 5.50 |
| 陕 西 | 9180.97 | 8883.51 | 179.21 | 24.41 | 0.44 | | | | | 914.69 |
| 甘 肃 | 3631.03 | 3598.00 | 76.39 | 1.91 | | | | | | 302.78 |
| 青 海 | 1302.82 | 1301.71 | | | 1.85 | 1.45 | | | | 202.07 |
| 宁 夏 | 2415.33 | 2356.34 | 37.63 | | | | | | | 158.81 |
| 新 疆 | 3953.00 | 3825.82 | 13.51 | 0.44 | | | | | | 286.81 |

7-9-4 续表 1　　　　单位：亿元

| 地 区 | 其他有限责任公司 | 股份有限公司 | 私营独资 | 私营合伙 | 私营有限责任公司 | 私营股份有限公司 | 其他内资企业 | 港澳台商投资 | 合资经营 | 合作经营 |
|---|---|---|---|---|---|---|---|---|---|---|
| **全 国** | **249848.56** | **21052.56** | **119.79** | **38.21** | **117896.60** | **6637.73** | **204.87** | **31531.10** | **10539.35** | **2476.34** |
| 北 京 | 30579.70 | 2873.79 | | | 2420.42 | 28.43 | | 2855.80 | 718.09 | 587.43 |
| 天 津 | 10708.46 | 715.01 | 15.76 | 16.64 | 2231.20 | 146.87 | 91.77 | 907.00 | 257.48 | 54.70 |
| 河 北 | 7198.47 | 906.00 | | | 4599.04 | 151.95 | | 233.03 | 107.81 | |
| 山 西 | 2270.72 | 111.34 | | | 4250.15 | 88.80 | | 68.76 | 45.43 | |
| 内蒙古 | 2986.48 | 375.18 | 5.84 | | 2520.80 | 58.78 | 1.68 | 0.84 | 0.84 | |
| 辽 宁 | 6877.76 | 605.18 | 3.92 | | 4209.91 | 208.03 | | 1174.90 | 568.91 | 52.90 |
| 吉 林 | 2862.34 | 358.05 | 38.05 | | 1592.04 | 76.12 | | 134.34 | 41.48 | |
| 黑龙江 | 3311.97 | 288.50 | 0.01 | | 1657.48 | 90.54 | | 64.69 | 37.37 | 3.54 |
| 上 海 | 13957.06 | 1952.83 | 4.29 | | 6996.55 | 593.97 | | 3331.95 | 1399.13 | 35.92 |
| 江 苏 | 16862.03 | 996.03 | 2.99 | 1.20 | 11873.38 | 567.84 | 0.87 | 2790.28 | 842.14 | 76.71 |
| 浙 江 | 15178.56 | 564.15 | | | 10036.93 | 127.02 | | 1702.82 | 631.96 | 60.18 |
| 安 徽 | 7982.53 | 514.46 | 0.61 | | 4191.34 | 302.32 | 7.16 | 445.51 | 178.19 | 8.68 |
| 福 建 | 9151.78 | 407.72 | | | 4328.10 | 153.16 | | 1915.79 | 980.87 | 6.67 |
| 江 西 | 3738.66 | 233.74 | | 4.08 | 2000.65 | 267.83 | | 358.31 | 163.55 | |
| 山 东 | 15272.23 | 1114.64 | 6.61 | 11.41 | 7086.69 | 528.02 | 4.92 | 1242.66 | 652.27 | 75.60 |
| 河 南 | 12104.72 | 619.66 | 8.06 | 1.16 | 3749.86 | 243.25 | 2.33 | 512.16 | 48.18 | 30.57 |
| 湖 北 | 9269.02 | 1160.50 | 5.94 | 0.16 | 4146.15 | 128.63 | 0.19 | 545.36 | 191.03 | 62.15 |
| 湖 南 | 5650.98 | 428.22 | 0.28 | | 2864.60 | 228.05 | 4.35 | 296.40 | 100.49 | 12.18 |
| 广 东 | 27607.82 | 3705.42 | 17.26 | | 12207.08 | 1073.78 | 54.16 | 8493.74 | 1748.88 | 1312.21 |
| 广 西 | 3740.97 | 207.22 | | | 2921.88 | 141.07 | | 439.33 | 183.28 | 3.33 |
| 海 南 | 4168.48 | 307.57 | 6.70 | | 876.50 | 60.12 | 16.48 | 940.77 | 409.71 | |
| 重 庆 | 6470.81 | 537.46 | | | 4458.30 | 211.12 | | 1436.41 | 664.78 | 22.79 |
| 四 川 | 10633.28 | 747.04 | | | 4253.67 | 197.96 | | 555.21 | 184.72 | 4.20 |
| 贵 州 | 4504.53 | 393.08 | | 3.56 | 1965.38 | 185.48 | | 292.98 | 118.68 | 4.46 |
| 云 南 | 6893.52 | 496.66 | 3.26 | | 3235.53 | 340.58 | 4.88 | 385.73 | 72.53 | |
| 西 藏 | 160.88 | 0.04 | | | 52.13 | | | | | |
| 陕 西 | 5091.48 | 236.05 | | | 2281.65 | 139.51 | 16.07 | 216.93 | 10.36 | 62.13 |
| 甘 肃 | 1982.24 | 50.06 | 0.19 | | 1145.82 | 38.60 | | 26.98 | 27.40 | |
| 青 海 | 449.44 | 20.67 | | | 590.54 | 35.69 | | | | |
| 宁 夏 | 589.10 | 65.16 | | | 1338.44 | 167.20 | | 35.67 | 32.69 | |
| 新 疆 | 1592.54 | 61.12 | | | 1814.41 | 56.97 | | 126.74 | 121.11 | |

7-9-4 续表 2

单位：亿元

| 地 区 | | | | 外商投资 | | | | | |
|---|---|---|---|---|---|---|---|---|---|
| | 独 资 | 股份有限 | 其 他 | | 合资经营 | 合作经营 | 独 资 | 股份有限 | 其 他 |
| **全 国** | **17539.58** | **784.96** | **190.87** | **13947.83** | **4245.57** | **1340.35** | **7071.29** | **878.99** | **411.63** |
| 北 京 | 1550.28 | | | 2137.08 | 1132.98 | 403.28 | 573.95 | 26.87 | |
| 天 津 | 548.59 | 46.23 | | 368.37 | 49.78 | 22.07 | 232.30 | 35.85 | 28.36 |
| 河 北 | 124.62 | | 0.60 | 86.82 | 22.11 | 0.86 | 58.03 | 4.80 | 1.03 |
| 山 西 | 19.25 | 3.86 | 0.22 | 75.50 | 7.66 | | 48.50 | 19.34 | |
| 内蒙古 | | | | 21.58 | 13.30 | | 8.28 | | |
| 辽 宁 | 537.91 | 15.18 | | 955.11 | 366.63 | 97.84 | 465.06 | 25.58 | |
| 吉 林 | 84.64 | 7.56 | 0.67 | 28.86 | 28.86 | | | | |
| 黑龙江 | 23.78 | | | 48.88 | 24.36 | | 24.52 | | |
| 上 海 | 1834.36 | 62.55 | | 1598.55 | 252.76 | 189.01 | 656.79 | 499.99 | |
| 江 苏 | 1784.07 | 76.02 | 11.34 | 1450.73 | 510.30 | 74.04 | 855.33 | 0.12 | 10.94 |
| 浙 江 | 974.86 | 24.92 | 10.89 | 1077.80 | 162.66 | 14.00 | 859.51 | 17.56 | 24.07 |
| 安 徽 | 250.82 | 7.82 | | 163.42 | 38.40 | 1.97 | 94.26 | 20.89 | 7.90 |
| 福 建 | 903.53 | 22.97 | 1.75 | 317.82 | 25.18 | 0.34 | 215.49 | 42.59 | 34.21 |
| 江 西 | 192.36 | | 2.40 | 53.20 | 37.84 | | 15.35 | | |
| 山 东 | 427.06 | 1.39 | 86.34 | 338.14 | 167.56 | 71.40 | 97.37 | | 1.81 |
| 河 南 | 428.58 | 0.07 | 4.77 | 184.78 | 41.84 | 0.09 | 105.90 | 15.34 | 21.61 |
| 湖 北 | 257.51 | 33.79 | 0.89 | 206.31 | 92.71 | | 74.45 | 8.68 | 30.47 |
| 湖 南 | 165.67 | 2.02 | 16.04 | 116.41 | 60.26 | 0.21 | 46.91 | 0.87 | 8.16 |
| 广 东 | 5193.08 | 212.65 | 26.92 | 3352.31 | 717.56 | 326.95 | 2102.60 | 71.37 | 133.83 |
| 广 西 | 252.73 | | | 273.06 | 154.63 | | 73.97 | 14.62 | 29.85 |
| 海 南 | 313.35 | 214.89 | 2.81 | 193.18 | 20.42 | 9.00 | 92.00 | | 71.76 |
| 重 庆 | 711.43 | 15.93 | 21.48 | 316.76 | 93.12 | 62.88 | 141.37 | 17.40 | 1.99 |
| 四 川 | 326.19 | 37.11 | 2.99 | 371.93 | 146.31 | 30.79 | 187.53 | 7.31 | |
| 贵 州 | 169.84 | | 0.00 | 38.24 | 2.20 | 35.61 | 0.43 | | |
| 云 南 | 312.67 | | 0.54 | 61.54 | 20.99 | | 0.92 | 34.01 | 5.63 |
| 西 藏 | | | | | | | | | |
| 陕 西 | 144.42 | | 0.02 | 80.53 | 33.40 | | 31.33 | 15.81 | |
| 甘 肃 | -0.42 | | | 6.05 | 4.07 | | 1.98 | | |
| 青 海 | | | | 1.11 | 1.11 | | | | |
| 宁 夏 | 2.77 | | 0.21 | 23.31 | 16.59 | | 6.72 | | |
| 新 疆 | 5.63 | | | 0.44 | | | 0.44 | | |

# 7—9—5 按资质等级分的房地产开发企业负债情况

单位：亿元

| 地　区 | 总　计 | 一　级 | 二　级 | 三　级 | 四　级 | 暂　定 | 其　他 |
|---|---|---|---|---|---|---|---|
| **全　国** | **489750.32** | **49463.06** | **90193.61** | **78611.86** | **59282.65** | **179746.27** | **32452.87** |
| 北　京 | 43438.16 | 9103.96 | 4927.65 | 2961.17 | 14885.73 | 8650.74 | 2908.90 |
| 天　津 | 19694.03 | 2641.31 | 2545.68 | 1302.91 | 7793.06 | 3971.34 | 1439.74 |
| 河　北 | 13342.35 | 1453.14 | 2468.39 | 2195.30 | 3396.64 | 3633.66 | 195.22 |
| 山　西 | 7260.55 | 248.38 | 1364.02 | 961.93 | 2907.54 | 1704.05 | 74.62 |
| 内蒙古 | 6327.96 | 570.58 | 1255.09 | 973.58 | 2719.36 | 736.09 | 73.25 |
| 辽　宁 | 15142.82 | 894.90 | 1772.18 | 3367.55 | 263.12 | 7542.73 | 1302.33 |
| 吉　林 | 5358.86 | 191.16 | 1222.18 | 875.65 | 516.50 | 2448.74 | 104.64 |
| 黑龙江 | 6103.89 | 279.76 | 2066.27 | 2515.22 | 54.18 | 853.17 | 335.28 |
| 上　海 | 32646.44 | 5234.64 | 5668.96 | 2252.51 | 3.38 | 17255.51 | 2231.43 |
| 江　苏 | 39415.82 | 2713.49 | 13186.08 | 1738.14 | 34.38 | 17568.78 | 4174.96 |
| 浙　江 | 31964.39 | 2601.52 | 3279.90 | 5974.82 | 1526.62 | 14061.34 | 4520.19 |
| 安　徽 | 15442.31 | 397.74 | 2655.67 | 3409.46 | 298.34 | 7766.57 | 914.54 |
| 福　建 | 19516.00 | 2401.52 | 2645.40 | 4454.92 | 2084.97 | 6894.28 | 1034.91 |
| 江　西 | 7592.53 | 220.36 | 1217.44 | 1565.58 | 687.67 | 3607.92 | 293.57 |
| 山　东 | 29251.36 | 2193.54 | 4034.82 | 4484.44 | 2844.78 | 14062.21 | 1631.56 |
| 河　南 | 18440.36 | 1448.44 | 3683.27 | 2465.34 | 858.09 | 9217.01 | 768.21 |
| 湖　北 | 17119.04 | 1987.98 | 3853.25 | 1954.69 | 1056.25 | 7820.17 | 446.70 |
| 湖　南 | 10525.96 | 546.67 | 1765.78 | 4403.89 | 1341.20 | 2309.92 | 158.50 |
| 广　东 | 58230.12 | 8302.03 | 5910.36 | 11288.06 | 7647.54 | 19549.10 | 5533.02 |
| 广　西 | 9224.94 | 385.18 | 1577.88 | 1640.57 | 381.56 | 4683.11 | 556.62 |
| 海　南 | 7718.71 | 29.08 | 1268.12 | 807.81 | 716.75 | 4225.65 | 671.29 |
| 重　庆 | 16182.36 | 1800.45 | 7086.91 | 1379.03 | 38.50 | 5652.81 | 224.66 |
| 四　川 | 18495.83 | 907.01 | 4090.66 | 9336.54 | 150.97 | 3149.20 | 861.44 |
| 贵　州 | 8092.20 | 285.65 | 2184.81 | 1528.95 | 922.42 | 2889.08 | 281.30 |
| 云　南 | 12502.94 | 918.47 | 3535.45 | 729.74 | 2501.10 | 4322.56 | 495.62 |
| 西　藏 | 237.25 |  | 14.97 | 65.67 | 16.51 | 135.42 | 4.69 |
| 陕　西 | 9180.97 | 823.94 | 1986.50 | 1613.36 | 2187.29 | 1570.68 | 999.20 |
| 甘　肃 | 3631.03 | 179.09 | 884.88 | 953.17 | 437.90 | 1158.31 | 17.67 |
| 青　海 | 1302.82 | 69.69 | 579.08 | 256.50 | 193.75 | 125.91 | 77.88 |
| 宁　夏 | 2415.33 | 292.56 | 813.01 | 436.73 | 310.32 | 536.60 | 26.11 |
| 新　疆 | 3953.00 | 340.83 | 648.93 | 718.64 | 506.20 | 1643.57 | 94.82 |

# 7-9-6 按登记注册类型分的房地产开发企业所有者权益

单位：亿元

| 地区 | 总计 | 内资 | 国有 | 集体 | 股份合作 | 国有联营 | 集体联营 | 国有与集体联营 | 其他联营 | 国有独资公司 |
|---|---|---|---|---|---|---|---|---|---|---|
| **全国** | **135983.38** | **112952.01** | **4961.37** | **154.74** | **38.71** | **132.56** | **0.27** | **0.29** | **1.70** | **18724.31** |
| 北京 | 12255.50 | 10550.07 | 618.29 | 8.98 | -0.96 | | | | | 949.19 |
| 天津 | 6290.09 | 5732.34 | 259.54 | 4.36 | | 1.17 | | | | 1718.87 |
| 河北 | 2589.44 | 2428.09 | -0.09 | | | | | | | 63.75 |
| 山西 | 930.56 | 895.63 | 20.25 | 0.31 | | | | | | 92.78 |
| 内蒙古 | 1031.30 | 1029.97 | -1.22 | | | | | | | 18.26 |
| 辽宁 | 3507.87 | 2021.82 | 76.62 | 0.04 | -0.06 | | | | | 321.47 |
| 吉林 | 1002.31 | 946.07 | 3.41 | 0.02 | | | | | | 127.59 |
| 黑龙江 | 2929.80 | 2883.66 | 36.29 | 0.15 | 0.21 | | | | | 306.31 |
| 上海 | 15802.46 | 11768.81 | 2084.57 | 43.61 | 3.95 | 4.21 | 0.27 | | | 1407.19 |
| 江苏 | 12118.75 | 9375.48 | 143.41 | 11.75 | 1.86 | | | | | 1875.77 |
| 浙江 | 8768.26 | 6916.81 | 169.78 | 2.46 | 3.27 | 126.92 | | 0.26 | | 822.87 |
| 安徽 | 4105.74 | 3761.56 | 173.21 | 0.50 | | | | | | 811.63 |
| 福建 | 6604.24 | 5700.62 | 598.26 | 0.89 | | | | -0.04 | | 1570.14 |
| 江西 | 2440.88 | 2258.17 | 65.32 | 0.01 | 0.84 | | | | | 696.72 |
| 山东 | 6669.05 | 5990.33 | 59.50 | 22.70 | 7.50 | | | | | 1162.54 |
| 河南 | 4096.32 | 3854.41 | 37.51 | 4.06 | 0.35 | | | | | 628.15 |
| 湖北 | 5005.91 | 4435.01 | 81.17 | 6.80 | | | | | | 722.33 |
| 湖南 | 2672.32 | 2417.72 | 9.03 | 0.28 | 0.12 | | | | | 273.86 |
| 广东 | 13596.27 | 9690.85 | 161.86 | 43.00 | 0.96 | | | | -0.13 | 381.68 |
| 广西 | 2897.71 | 2648.45 | 14.22 | 1.17 | 0.26 | | | | | 986.55 |
| 海南 | 1784.83 | 1533.88 | 9.13 | | 0.15 | | | 0.07 | | 435.18 |
| 重庆 | 5807.72 | 4523.01 | 241.19 | 0.73 | 0.65 | | | | | 1599.64 |
| 四川 | 4793.88 | 3856.63 | 19.01 | 0.26 | 18.82 | | | | | 509.25 |
| 贵州 | 1840.09 | 1807.47 | 4.54 | 0.22 | -0.04 | | | | | 227.12 |
| 云南 | 2244.29 | 2049.41 | 22.60 | 0.37 | 0.25 | | | | | 455.55 |
| 西藏 | 107.23 | 107.23 | 0.80 | | | | | | 1.83 | 11.07 |
| 陕西 | 1813.02 | 1616.25 | 28.50 | 1.39 | 0.34 | | | | | 280.57 |
| 甘肃 | 717.84 | 711.07 | 18.69 | 0.71 | | | | | | 53.60 |
| 青海 | 246.69 | 246.40 | | | 0.22 | 0.26 | | | | 43.60 |
| 宁夏 | 483.60 | 470.08 | 0.47 | | | | | | | 57.75 |
| 新疆 | 829.42 | 724.71 | 5.51 | -0.03 | | | | | | 113.32 |

7-9-6 续表 1

单位：亿元

| 地 区 | 其他有限责任公司 | 股份有限公司 | 私营独资 | 私营合伙 | 私营有限责任公司 | 私营股份有限公司 | 其他内资企业 | 港澳台商投资 | 合资经营 | 合作经营 |
|---|---|---|---|---|---|---|---|---|---|---|
| **全 国** | **58087.55** | **7319.33** | **46.13** | **5.72** | **22267.09** | **1147.82** | **64.42** | **16174.89** | **5484.84** | **930.45** |
| 北 京 | 7278.00 | 1367.64 | | | 314.09 | 14.83 | | 1005.28 | 342.20 | 219.20 |
| 天 津 | 2874.79 | 222.74 | 9.74 | 3.42 | 563.47 | 38.76 | 35.48 | 340.59 | 126.25 | 2.47 |
| 河 北 | 1365.32 | 176.57 | | | 753.23 | 69.30 | | 111.39 | 47.10 | |
| 山 西 | 348.37 | 9.49 | | | 416.46 | 7.97 | | 27.03 | 14.80 | |
| 内蒙古 | 618.08 | 27.35 | 0.58 | | 361.15 | 5.63 | 0.15 | 1.20 | 1.20 | |
| 辽 宁 | 921.49 | 101.86 | 0.95 | | 569.61 | 29.84 | | 882.84 | 320.11 | 3.57 |
| 吉 林 | 475.12 | 48.72 | 17.53 | | 263.11 | 10.58 | | 50.47 | 20.51 | |
| 黑龙江 | 2048.37 | 87.97 | 0.20 | | 386.38 | 17.78 | | 30.14 | 16.79 | 3.96 |
| 上 海 | 5396.81 | 713.47 | 8.86 | | 2011.44 | 94.43 | | 2773.82 | 1469.63 | 25.50 |
| 江 苏 | 4179.63 | 287.94 | -0.11 | 1.03 | 2722.52 | 135.07 | 16.60 | 1932.06 | 497.33 | 41.04 |
| 浙 江 | 3519.92 | 460.16 | | | 1781.34 | 29.83 | | 1341.53 | 394.73 | 45.65 |
| 安 徽 | 1683.89 | 126.06 | 0.06 | | 901.13 | 65.07 | 0.01 | 220.63 | 78.90 | -3.11 |
| 福 建 | 2343.54 | 193.95 | | | 965.09 | 28.79 | | 680.04 | 339.38 | 9.40 |
| 江 西 | 917.20 | 78.46 | 0.56 | 0.31 | 445.11 | 53.63 | | 154.81 | 39.91 | |
| 山 东 | 3180.80 | 301.03 | 0.23 | -0.15 | 1185.28 | 70.46 | 0.44 | 468.04 | 158.52 | 11.54 |
| 河 南 | 2241.04 | 178.72 | 0.96 | 0.74 | 705.60 | 50.92 | 6.36 | 210.29 | 16.80 | 34.48 |
| 湖 北 | 2119.45 | 623.11 | 0.50 | 0.17 | 836.13 | 45.29 | 0.06 | 501.79 | 112.11 | 11.10 |
| 湖 南 | 1344.67 | 105.08 | 0.11 | | 617.64 | 66.46 | 0.47 | 216.54 | 31.66 | -1.70 |
| 广 东 | 5366.07 | 1441.51 | 2.48 | | 2188.90 | 104.94 | -0.42 | 2999.50 | 784.70 | 500.48 |
| 广 西 | 974.36 | 46.64 | | | 605.37 | 19.89 | | 201.54 | 73.64 | -0.13 |
| 海 南 | 839.09 | 80.05 | 3.20 | | 158.27 | 6.38 | 2.36 | 188.79 | 3.60 | |
| 重 庆 | 1698.53 | 139.74 | | | 817.47 | 25.06 | | 990.49 | 364.97 | 18.29 |
| 四 川 | 2125.43 | 179.18 | | | 963.70 | 40.98 | | 395.39 | 80.55 | 0.80 |
| 贵 州 | 1085.25 | 138.65 | | 0.20 | 324.11 | 27.42 | | 29.71 | 5.11 | 0.77 |
| 云 南 | 1165.79 | 130.05 | 0.30 | | 259.88 | 12.05 | 2.57 | 164.27 | 17.69 | |
| 西 藏 | 83.33 | 0.05 | | | 9.69 | 0.45 | | | | |
| 陕 西 | 928.01 | 18.08 | | | 334.33 | 24.67 | 0.36 | 135.95 | 10.54 | 7.14 |
| 甘 肃 | 394.34 | 16.02 | -0.02 | | 216.35 | 11.38 | | 6.99 | 3.87 | |
| 青 海 | 104.23 | 2.27 | | | 87.75 | 8.07 | | | | |
| 宁 夏 | 160.47 | 10.22 | | | 213.85 | 27.32 | | 9.45 | 8.62 | |
| 新 疆 | 306.15 | 6.54 | | | 288.64 | 4.58 | | 104.30 | 103.63 | |

7-9-6 续表 2 单位：亿元

| 地 区 | | | | 外商投资 | | | | | |
|---|---|---|---|---|---|---|---|---|---|
| | 独 资 | 股份有限 | 其 他 | | 合资经营 | 合作经营 | 独 资 | 股份有限 | 其 他 |
| **全 国** | **9321.99** | **397.64** | **39.97** | **6856.48** | **2082.09** | **748.02** | **3720.60** | **255.51** | **50.26** |
| 北 京 | 443.87 | | | 700.16 | 314.60 | 171.59 | 175.93 | 38.04 | |
| 天 津 | 181.41 | 30.46 | | 217.17 | 80.12 | 9.72 | 116.06 | 4.38 | 6.88 |
| 河 北 | 64.21 | | 0.08 | 49.96 | 2.05 | 0.16 | 44.64 | 3.15 | -0.04 |
| 山 西 | 9.40 | 2.53 | 0.30 | 7.90 | 2.03 | | 5.60 | 0.27 | |
| 内蒙古 | | | | 0.13 | 0.43 | | -0.30 | | |
| 辽 宁 | 552.51 | 6.66 | | 603.20 | 196.13 | 96.26 | 293.68 | 17.13 | |
| 吉 林 | 27.41 | 1.70 | 0.84 | 5.78 | 5.78 | | | | |
| 黑龙江 | 9.39 | | | 16.00 | 1.92 | 1.15 | 12.92 | | |
| 上 海 | 1234.71 | 43.99 | | 1259.83 | 321.10 | 120.83 | 693.52 | 124.38 | |
| 江 苏 | 1300.74 | 81.43 | 11.52 | 811.21 | 302.04 | 32.54 | 463.52 | 0.46 | 12.64 |
| 浙 江 | 863.71 | 37.54 | -0.10 | 509.91 | 145.54 | 14.13 | 345.21 | 4.62 | 0.42 |
| 安 徽 | 116.37 | 28.48 | | 123.55 | 15.97 | 7.72 | 99.42 | -0.03 | 0.47 |
| 福 建 | 326.67 | 3.90 | 0.70 | 223.58 | 11.43 | 0.14 | 193.03 | 16.90 | 2.08 |
| 江 西 | 114.52 | | 0.38 | 27.90 | 21.03 | | 6.88 | | |
| 山 东 | 296.93 | 0.72 | 0.34 | 210.68 | 90.69 | 45.08 | 74.63 | | 0.27 |
| 河 南 | 152.54 | 6.00 | 0.46 | 31.62 | 3.57 | 0.05 | 25.74 | 1.33 | 0.93 |
| 湖 北 | 349.43 | 29.07 | 0.08 | 69.11 | 24.50 | | 41.93 | 1.79 | 0.88 |
| 湖 南 | 183.42 | -0.10 | 3.27 | 38.06 | 19.93 | 0.43 | 16.70 | 0.20 | 0.80 |
| 广 东 | 1654.88 | 42.57 | 16.87 | 905.91 | 288.22 | 106.82 | 474.34 | 19.08 | 17.45 |
| 广 西 | 128.04 | | | 47.72 | 16.62 | | 23.05 | 0.90 | 7.16 |
| 海 南 | 130.48 | 52.34 | 2.37 | 62.15 | 6.54 | 11.72 | 45.86 | | -1.97 |
| 重 庆 | 601.46 | 3.96 | 1.82 | 294.23 | 96.14 | 79.99 | 112.62 | 5.19 | 0.29 |
| 四 川 | 287.15 | 26.39 | 0.50 | 541.85 | 89.72 | 50.92 | 399.95 | 1.26 | |
| 贵 州 | 23.79 | | 0.04 | 2.91 | 3.91 | -1.24 | 0.25 | | |
| 云 南 | 146.31 | | 0.26 | 30.62 | 11.29 | | 2.01 | 15.32 | 2.00 |
| 西 藏 | | | | | | | | | |
| 陕 西 | 118.17 | | 0.10 | 60.82 | 10.70 | | 48.97 | 1.15 | |
| 甘 肃 | 3.13 | | | -0.22 | -0.19 | | -0.03 | | |
| 青 海 | | | | 0.29 | 0.29 | | | | |
| 宁 夏 | 0.68 | | 0.15 | 4.07 | | | 4.07 | | |
| 新 疆 | 0.67 | | | 0.40 | | | 0.40 | | |

# 7—9—7 按资质等级分的房地产开发企业所有者权益

单位：亿元

| 地 区 | 总 计 | 一 级 | 二 级 | 三 级 | 四 级 | 暂 定 | 其 他 |
|---|---|---|---|---|---|---|---|
| **全 国** | **135983.38** | **16952.60** | **26918.15** | **22157.20** | **13517.31** | **45609.63** | **10828.49** |
| 北 京 | 12255.50 | 2922.83 | 1339.62 | 1132.73 | 3299.98 | 1874.05 | 1686.29 |
| 天 津 | 6290.09 | 592.92 | 750.63 | 402.82 | 2483.80 | 1191.03 | 868.90 |
| 河 北 | 2589.44 | 417.45 | 467.36 | 432.40 | 671.54 | 581.42 | 19.27 |
| 山 西 | 930.56 | 36.64 | 145.72 | 121.00 | 291.61 | 326.59 | 9.01 |
| 内蒙古 | 1031.30 | 153.12 | 144.75 | 114.41 | 454.11 | 131.48 | 33.44 |
| 辽 宁 | 3507.87 | 177.89 | 342.20 | 934.77 | 28.16 | 1758.36 | 266.49 |
| 吉 林 | 1002.31 | 41.16 | 278.85 | 175.59 | 98.44 | 403.56 | 4.70 |
| 黑龙江 | 2929.80 | 8.09 | 709.11 | 1466.14 | 24.25 | 327.85 | 394.35 |
| 上 海 | 15802.46 | 3163.96 | 2954.62 | 1108.21 | 7.35 | 7340.41 | 1227.93 |
| 江 苏 | 12118.75 | 1175.44 | 4238.54 | 492.53 | 8.20 | 5133.79 | 1070.24 |
| 浙 江 | 8768.26 | 1248.86 | 931.83 | 1736.57 | 343.27 | 3255.02 | 1252.71 |
| 安 徽 | 4105.74 | 224.12 | 979.30 | 941.02 | 79.33 | 1691.42 | 190.55 |
| 福 建 | 6604.24 | 992.39 | 966.93 | 1341.95 | 787.70 | 2011.79 | 503.49 |
| 江 西 | 2440.88 | 53.66 | 417.57 | 740.27 | 252.41 | 926.90 | 50.08 |
| 山 东 | 6669.05 | 631.22 | 1240.45 | 896.77 | 630.06 | 3009.17 | 261.39 |
| 河 南 | 4096.32 | 377.70 | 786.88 | 564.42 | 125.51 | 2008.98 | 232.82 |
| 湖 北 | 5005.91 | 604.48 | 1435.78 | 554.83 | 249.03 | 2035.47 | 126.31 |
| 湖 南 | 2672.32 | 93.83 | 405.15 | 1247.35 | 351.65 | 457.37 | 116.97 |
| 广 东 | 13596.27 | 1859.70 | 1426.08 | 3275.24 | 1827.80 | 3904.64 | 1302.80 |
| 广 西 | 2897.71 | 109.37 | 648.72 | 853.00 | 95.72 | 994.16 | 196.74 |
| 海 南 | 1784.83 | 3.01 | 370.27 | 237.14 | 115.72 | 891.83 | 166.86 |
| 重 庆 | 5807.72 | 977.20 | 2460.00 | 275.36 | 1.07 | 2050.33 | 43.76 |
| 四 川 | 4793.88 | 293.04 | 1126.12 | 2046.92 | 47.63 | 904.50 | 375.67 |
| 贵 州 | 1840.09 | 135.33 | 715.55 | 226.33 | 193.30 | 523.65 | 45.95 |
| 云 南 | 2244.29 | 231.60 | 608.41 | 83.46 | 301.84 | 883.52 | 135.47 |
| 西 藏 | 107.23 | | 3.65 | 20.54 | 0.94 | 81.74 | 0.36 |
| 陕 西 | 1813.02 | 122.39 | 354.44 | 344.58 | 455.37 | 326.74 | 209.49 |
| 甘 肃 | 717.84 | 56.95 | 186.27 | 153.05 | 123.07 | 196.69 | 1.82 |
| 青 海 | 246.69 | 5.16 | 116.80 | 43.52 | 34.37 | 21.09 | 25.73 |
| 宁 夏 | 483.60 | 59.84 | 173.05 | 66.95 | 76.09 | 108.13 | -0.47 |
| 新 疆 | 829.42 | 183.25 | 193.48 | 127.33 | 58.01 | 257.97 | 9.37 |

# 7–9–8 按登记注册类型分的房地产开发企业营业利润

单位：亿元

| 地区 | 总计 | 内资 | | | | | | | |
|---|---|---|---|---|---|---|---|---|---|
| | | | 国有 | 集体 | 股份合作 | 国有联营 | 集体联营 | 国有与集体联营 | 其他联营 | 国有独资公司 |
| **全国** | **8673.23** | **6959.97** | **34.16** | **31.78** | **9.47** | **0.81** | **0.00** | **-0.03** | **-0.02** | **328.83** |
| 北京 | 794.31 | 744.16 | 4.47 | 0.72 | -0.21 | | | | | 17.63 |
| 天津 | 145.39 | 120.48 | 1.26 | 2.61 | | 0.14 | | | | -2.34 |
| 河北 | 353.46 | 333.76 | -0.05 | | | | | | | -0.01 |
| 山西 | 30.48 | 32.79 | -0.31 | | | | | | | 2.28 |
| 内蒙古 | 10.07 | 10.03 | -0.23 | | | | | | | -1.22 |
| 辽宁 | -61.86 | -65.95 | -0.12 | -0.03 | -0.03 | | | | | -9.38 |
| 吉林 | 28.24 | 21.41 | | | | | | | | 0.03 |
| 黑龙江 | 67.68 | 61.22 | -0.26 | | | | | | | 8.11 |
| 上海 | 1461.04 | 1026.58 | 10.22 | 21.27 | -0.15 | 0.15 | | | | 91.67 |
| 江苏 | 738.65 | 505.46 | -6.02 | 0.14 | -0.12 | | | | | 4.13 |
| 浙江 | 289.22 | 211.48 | 1.50 | 0.30 | 0.19 | 0.49 | | -0.03 | | -7.38 |
| 安徽 | 238.53 | 209.80 | 0.36 | -0.01 | | | | | | 7.78 |
| 福建 | 543.26 | 452.88 | 4.73 | 0.04 | | | | | | 86.33 |
| 江西 | 202.03 | 179.05 | 0.07 | -0.01 | 1.62 | | | | | 2.46 |
| 山东 | 347.23 | 305.81 | 3.18 | 0.60 | 1.11 | | | | | 11.27 |
| 河南 | 349.50 | 341.34 | 2.18 | 0.66 | 0.22 | | | | | 4.69 |
| 湖北 | 400.20 | 318.43 | 9.20 | 0.11 | | | | | | 16.15 |
| 湖南 | 64.05 | 55.23 | 0.58 | -0.11 | 5.13 | | | | | -3.33 |
| 广东 | 2032.07 | 1619.16 | 4.68 | 5.58 | 0.23 | | | | -0.01 | 68.13 |
| 广西 | 124.74 | 90.47 | 1.05 | -0.02 | -0.03 | | | | | 2.68 |
| 海南 | 41.47 | 19.98 | -12.61 | -0.02 | | | | | | -3.30 |
| 重庆 | 150.59 | 100.52 | 1.72 | 0.02 | -0.03 | | | | | 13.01 |
| 四川 | 154.98 | 106.96 | 0.31 | 0.06 | 1.52 | | | | | 0.71 |
| 贵州 | 60.45 | 68.22 | -0.22 | | -0.01 | | | | | 2.50 |
| 云南 | -41.29 | -41.93 | 0.61 | -0.03 | -0.01 | | | | | -2.72 |
| 西藏 | 2.10 | 2.10 | 0.05 | | | | | | | 0.26 |
| 陕西 | 67.96 | 52.94 | 1.07 | -0.02 | 0.03 | | | | | 6.59 |
| 甘肃 | 34.36 | 34.17 | 6.08 | -0.05 | | | | | | -0.13 |
| 青海 | 15.03 | 15.02 | | | 0.01 | 0.02 | | | | 5.44 |
| 宁夏 | -5.71 | -5.30 | -0.03 | | | | | | | -0.90 |
| 新疆 | 34.99 | 33.68 | 0.68 | -0.03 | | | | | | 7.68 |

7-9-8 续表 1 单位：亿元

| 地 区 | 其他有限责任公司 | 股份有限公司 | 私营独资 | 私营合伙 | 私营有限责任公司 | 私营股份有限公司 | 其他内资企业 | 港澳台商投资 | 合资经营 | 合作经营 |
|---|---|---|---|---|---|---|---|---|---|---|
| **全 国** | **4419.22** | **594.51** | **2.98** | **-0.05** | **1426.45** | **110.94** | **0.91** | **1158.49** | **439.30** | **70.18** |
| 北 京 | 562.72 | 167.88 | | | -11.27 | 2.21 | | 29.01 | 33.00 | 14.20 |
| 天 津 | 99.35 | 3.99 | -0.03 | | 15.64 | -0.18 | 0.02 | 11.13 | 4.89 | 0.18 |
| 河 北 | 174.60 | 9.97 | | | 125.35 | 23.89 | | 12.78 | 9.44 | |
| 山 西 | 30.87 | -3.41 | | | 2.77 | 0.59 | | 0.05 | -0.26 | |
| 内蒙古 | 12.56 | -0.62 | 0.15 | | -1.42 | 0.83 | -0.03 | 0.20 | 0.20 | |
| 辽 宁 | -46.05 | -5.32 | | | -5.23 | 0.21 | | 5.83 | -1.97 | -0.05 |
| 吉 林 | 9.36 | 3.01 | -0.80 | | 9.14 | 0.68 | | 5.69 | 3.17 | |
| 黑龙江 | 28.07 | -2.09 | | | 27.26 | 0.12 | | 7.19 | 6.35 | 0.81 |
| 上 海 | 660.62 | 80.54 | 1.80 | | 141.33 | 19.13 | | 286.39 | 183.42 | 14.23 |
| 江 苏 | 314.86 | 5.82 | 0.03 | 0.06 | 169.72 | 15.63 | 1.21 | 135.03 | 16.65 | -0.22 |
| 浙 江 | 152.91 | 22.20 | | | 40.22 | 1.08 | | 49.67 | 20.19 | -0.08 |
| 安 徽 | 120.15 | 13.62 | -0.02 | | 65.46 | 2.46 | | 24.73 | 3.82 | -0.34 |
| 福 建 | 285.91 | 15.73 | | | 52.82 | 7.33 | | 62.60 | 45.58 | 0.35 |
| 江 西 | 88.04 | 11.18 | | -0.03 | 63.71 | 12.02 | | 22.72 | 3.47 | |
| 山 东 | 186.41 | 25.07 | -0.32 | -0.08 | 68.57 | 9.96 | 0.04 | 17.22 | 11.96 | -0.24 |
| 河 南 | 219.05 | 20.77 | 1.86 | | 81.30 | 10.59 | | 9.79 | 0.27 | 3.47 |
| 湖 北 | 173.01 | 69.73 | 0.02 | | 50.11 | 0.11 | | 76.30 | 12.03 | -0.36 |
| 湖 南 | 37.16 | 1.92 | -0.03 | | 16.55 | -2.54 | -0.11 | 5.06 | -1.11 | -0.89 |
| 广 东 | 1002.72 | 129.10 | 0.46 | | 396.98 | 11.34 | -0.04 | 292.96 | 65.72 | 41.26 |
| 广 西 | 54.89 | -0.20 | | | 31.87 | 0.23 | | 30.31 | 3.62 | |
| 海 南 | 18.15 | 5.22 | -0.04 | | 14.79 | -2.07 | -0.14 | 12.05 | -9.49 | |
| 重 庆 | 65.81 | -2.82 | | | 24.42 | -1.59 | | 46.17 | 25.20 | -1.64 |
| 四 川 | 54.68 | 2.10 | | | 47.93 | -0.35 | | 12.41 | 5.21 | -0.07 |
| 贵 州 | 47.32 | 20.51 | | | -0.98 | -0.90 | | -7.65 | -5.75 | -0.09 |
| 云 南 | -24.24 | -0.30 | -0.10 | | -13.18 | -1.90 | -0.05 | 1.36 | 2.52 | |
| 西 藏 | 3.14 | -0.01 | | | -1.34 | | | | | |
| 陕 西 | 53.24 | -0.09 | | | -5.83 | -2.04 | | 7.94 | -0.16 | -0.33 |
| 甘 肃 | 9.59 | 0.92 | -0.01 | | 17.50 | 0.26 | | 0.31 | 0.03 | |
| 青 海 | 2.26 | -0.02 | | | 3.38 | 3.92 | | | | |
| 宁 夏 | -1.07 | 1.77 | | | -7.25 | 2.18 | | -0.06 | -0.02 | |
| 新 疆 | 23.12 | -1.65 | | | 6.13 | -2.26 | | 1.32 | 1.33 | |

7-9-8 续表 2

单位：亿元

| 地 区 | | | | 外商投资 | | | | | |
|---|---|---|---|---|---|---|---|---|---|
| | 独 资 | 股份有限 | 其 他 | | 合资经营 | 合作经营 | 独 资 | 股份有限 | 其 他 |
| **全 国** | **595.57** | **47.23** | **6.21** | **554.77** | **126.66** | **80.28** | **331.08** | **6.20** | **10.55** |
| 北 京 | -18.19 | | | 21.13 | 4.37 | 5.97 | 5.25 | 5.55 | |
| 天 津 | 0.72 | 5.35 | | 13.78 | -3.50 | -0.62 | 14.73 | 2.35 | 0.83 |
| 河 北 | 3.34 | | -0.01 | 6.93 | -0.21 | -0.01 | 7.16 | 0.01 | -0.02 |
| 山 西 | -0.10 | 0.41 | | -2.35 | -0.04 | | -1.67 | -0.65 | |
| 内蒙古 | | | | -0.16 | -0.09 | | -0.07 | | |
| 辽 宁 | 9.79 | -1.95 | | -1.74 | 0.50 | 1.46 | -2.68 | -1.02 | |
| 吉 林 | 2.91 | -0.28 | -0.11 | 1.13 | 1.13 | | | | |
| 黑龙江 | 0.02 | | | -0.72 | -0.06 | 0.03 | -0.70 | | |
| 上 海 | 81.64 | 7.11 | | 148.07 | 18.77 | 24.12 | 105.26 | -0.09 | |
| 江 苏 | 116.32 | 2.87 | -0.58 | 98.16 | 34.81 | 1.04 | 62.60 | | -0.30 |
| 浙 江 | 29.62 | 0.85 | -0.90 | 28.06 | 2.15 | -0.49 | 26.94 | -0.49 | -0.04 |
| 安 徽 | 10.26 | 11.00 | | 4.01 | -0.18 | 2.16 | 1.82 | 0.24 | -0.03 |
| 福 建 | 16.70 | 0.10 | -0.13 | 27.78 | 0.24 | | 28.63 | -0.61 | -0.48 |
| 江 西 | 19.30 | | -0.05 | 0.26 | -2.10 | | 2.36 | | |
| 山 东 | 5.61 | -0.01 | -0.11 | 24.20 | 6.68 | 4.53 | 12.99 | | |
| 河 南 | 6.15 | | -0.10 | -1.63 | -0.13 | | -1.33 | | -0.16 |
| 湖 北 | 64.16 | 0.49 | -0.01 | 5.47 | 2.07 | | 3.37 | 0.10 | -0.07 |
| 湖 南 | 7.15 | -0.08 | -0.01 | 3.76 | 2.30 | | 1.74 | -0.01 | -0.26 |
| 广 东 | 169.76 | 11.71 | 4.53 | 119.95 | 40.72 | 29.87 | 38.39 | 1.53 | 9.43 |
| 广 西 | 26.69 | | | 3.96 | 0.79 | | 0.17 | 0.40 | 2.60 |
| 海 南 | 11.17 | 6.92 | 3.45 | 9.45 | 1.98 | 1.36 | 7.03 | | -0.92 |
| 重 庆 | 22.87 | 0.01 | -0.28 | 3.90 | 0.01 | 7.21 | -2.43 | -0.89 | -0.01 |
| 四 川 | 4.43 | 2.73 | 0.11 | 35.61 | 18.66 | 3.96 | 13.06 | -0.08 | |
| 贵 州 | -1.81 | | | -0.12 | 0.21 | -0.32 | -0.02 | | |
| 云 南 | -1.15 | | | -0.72 | -0.82 | | 0.10 | 0.02 | -0.03 |
| 西 藏 | | | | | | | | | |
| 陕 西 | 7.99 | | 0.44 | 7.07 | -1.36 | | 8.60 | -0.16 | |
| 甘 肃 | 0.28 | | | -0.12 | -0.10 | | -0.01 | | |
| 青 海 | | | | 0.01 | 0.01 | | | | |
| 宁 夏 | -0.04 | | -0.01 | -0.34 | -0.15 | | -0.20 | | |
| 新 疆 | -0.02 | | | -0.01 | | | -0.01 | | |

# 7–9–9 按资质等级分的房地产开发企业营业利润

单位：亿元

| 地区 | 总计 | 一级 | 二级 | 三级 | 四级 | 暂定 | 其他 |
|---|---|---|---|---|---|---|---|
| **全国** | **8673.23** | **1484.67** | **1590.15** | **1288.14** | **912.51** | **2830.18** | **567.58** |
| 北京 | 794.31 | 330.94 | 50.66 | 43.86 | 199.10 | 118.45 | 51.31 |
| 天津 | 145.39 | -3.98 | 21.68 | 20.63 | 65.23 | 37.23 | 4.59 |
| 河北 | 353.46 | 22.58 | 58.99 | 52.96 | 68.46 | 146.21 | 4.27 |
| 山西 | 30.48 | 4.30 | 7.38 | 3.89 | 5.01 | 8.26 | 1.65 |
| 内蒙古 | 10.07 | -2.60 | 3.55 | 10.69 | -4.31 | -0.14 | 2.87 |
| 辽宁 | -61.86 | -8.43 | -6.77 | -9.41 | -1.90 | -26.07 | -9.27 |
| 吉林 | 28.24 | 4.09 | 4.07 | 4.03 | -5.29 | 21.81 | -0.47 |
| 黑龙江 | 67.68 | 0.23 | 36.84 | 7.77 | 0.83 | 21.29 | 0.71 |
| 上海 | 1461.04 | 191.27 | 296.22 | 99.99 | 0.79 | 732.69 | 140.08 |
| 江苏 | 738.65 | 74.07 | 253.44 | 35.08 | 0.83 | 297.44 | 77.79 |
| 浙江 | 289.22 | 103.51 | 64.57 | 74.21 | 4.80 | 48.54 | -6.41 |
| 安徽 | 238.53 | 16.51 | 21.25 | 87.91 | 5.45 | 98.20 | 9.21 |
| 福建 | 543.26 | 95.23 | 52.05 | 108.30 | 122.36 | 134.90 | 30.42 |
| 江西 | 202.03 | 5.58 | 30.21 | 46.32 | 19.66 | 94.60 | 5.66 |
| 山东 | 347.23 | 64.16 | 40.07 | 38.75 | 49.14 | 138.17 | 16.94 |
| 河南 | 349.50 | 20.46 | 73.89 | 34.27 | 19.81 | 183.15 | 17.92 |
| 湖北 | 400.20 | 34.88 | 153.86 | 54.06 | 9.07 | 133.47 | 14.87 |
| 湖南 | 64.05 | 5.44 | 18.10 | 27.99 | -2.55 | 14.76 | 0.30 |
| 广东 | 2032.07 | 393.64 | 196.11 | 439.26 | 354.05 | 492.16 | 156.85 |
| 广西 | 124.74 | 8.25 | 39.20 | 11.98 | -2.00 | 60.95 | 6.36 |
| 海南 | 41.47 | 0.58 | 14.36 | 6.40 | -5.93 | 26.04 | 0.02 |
| 重庆 | 150.59 | 76.04 | 35.85 | 14.33 | -0.62 | 25.98 | -0.99 |
| 四川 | 154.98 | 13.38 | 54.14 | 60.98 | 0.26 | 5.18 | 21.05 |
| 贵州 | 60.45 | 19.84 | 27.21 | 2.50 | -1.52 | -3.88 | 16.30 |
| 云南 | -41.29 | -6.64 | -7.43 | -4.19 | -6.01 | -17.65 | 0.62 |
| 西藏 | 2.10 |  | -0.18 | -0.54 | -0.51 | 3.41 | -0.08 |
| 陕西 | 67.96 | 12.60 | 10.07 | 10.86 | 14.47 | 12.68 | 7.27 |
| 甘肃 | 34.36 | -0.02 | 20.76 | 5.08 | 2.64 | 6.02 | -0.12 |
| 青海 | 15.03 | 1.25 | 4.09 | -0.99 | 1.41 | 8.62 | 0.66 |
| 宁夏 | -5.71 | 1.08 | 3.99 | -1.74 | -1.93 | -6.03 | -1.09 |
| 新疆 | 34.99 | 6.43 | 11.93 | 2.89 | 1.68 | 13.75 | -1.70 |

# 7-9-10 按登记注册类型分的房地产开发企业利润总额

单位：亿元

| 地区 | 总计 | 内资 | | | | | | | |
|---|---|---|---|---|---|---|---|---|---|
| | | | 国有 | 集体 | 股份合作 | 国有联营 | 集体联营 | 国有与集体联营 | 其他联营 | 国有独资公司 |
| **全国** | **8971.41** | **7261.46** | **73.21** | **34.12** | **7.74** | **0.87** | | **-0.03** | **-0.02** | **474.13** |
| 北京 | 802.55 | 752.90 | 7.51 | 1.54 | -0.21 | | | | | 19.53 |
| 天津 | 171.53 | 145.59 | 1.85 | 2.61 | | 0.14 | | | | 4.58 |
| 河北 | 354.35 | 335.01 | -0.05 | | | | | | | -0.07 |
| 山西 | 29.04 | 31.32 | -0.12 | 0.03 | | | | | | 2.92 |
| 内蒙古 | 10.54 | 10.51 | -0.23 | | | | | | | -0.70 |
| 辽宁 | -54.46 | -57.48 | -0.09 | -0.03 | -0.01 | | | | | -3.05 |
| 吉林 | 31.34 | 24.54 | 0.09 | | | | | | | 0.49 |
| 黑龙江 | 85.71 | 78.94 | -0.12 | | | | | | | 12.74 |
| 上海 | 1495.17 | 1059.29 | 16.96 | 21.26 | -0.15 | 0.21 | | | | 94.05 |
| 江苏 | 791.05 | 560.72 | -2.28 | 1.46 | -0.13 | | | | | 17.96 |
| 浙江 | 310.31 | 234.38 | 5.30 | 0.27 | 0.18 | 0.50 | | -0.03 | | -2.08 |
| 安徽 | 291.90 | 262.64 | 1.50 | -0.01 | | | | | | 67.04 |
| 福建 | 537.67 | 450.27 | 11.18 | -0.01 | | | | | | 87.58 |
| 江西 | 204.70 | 181.74 | 0.54 | -0.01 | 1.62 | | | | | 7.31 |
| 山东 | 368.79 | 327.19 | 4.43 | 0.57 | 1.11 | | | | | 15.55 |
| 河南 | 348.06 | 339.60 | 2.29 | 0.66 | 0.22 | | | | | 4.68 |
| 湖北 | 413.68 | 332.81 | 9.31 | 0.11 | | | | | | 19.35 |
| 湖南 | 73.25 | 63.76 | 1.59 | -0.11 | 3.54 | | | | | 1.64 |
| 广东 | 2024.59 | 1609.76 | 9.89 | 5.88 | 0.22 | | | | -0.01 | 68.47 |
| 广西 | 121.58 | 87.13 | 1.11 | -0.01 | -0.03 | | | | | 4.31 |
| 海南 | 39.33 | 20.00 | -12.45 | -0.02 | | | | | | -1.72 |
| 重庆 | 180.94 | 129.02 | 6.12 | -0.02 | -0.04 | | | | | 23.50 |
| 四川 | 160.21 | 111.18 | 0.52 | 0.07 | 1.40 | | | | | 5.80 |
| 贵州 | 58.83 | 66.34 | -0.05 | | -0.01 | | | | | 3.01 |
| 云南 | -40.49 | -40.24 | 0.62 | -0.03 | -0.01 | | | | | -1.73 |
| 西藏 | 2.97 | 2.97 | 0.04 | | | | | | | 0.50 |
| 陕西 | 73.81 | 58.22 | 1.22 | -0.02 | 0.03 | | | | | 7.13 |
| 甘肃 | 36.72 | 36.54 | 5.94 | -0.05 | | | | | | 1.82 |
| 青海 | 14.56 | 14.55 | | | 0.02 | 0.02 | | | | 5.70 |
| 宁夏 | -5.26 | -4.78 | -0.08 | | | | | | | -0.90 |
| 新疆 | 38.41 | 37.04 | 0.68 | -0.03 | | | | | | 8.74 |

7-9-10 续表 1

单位：亿元

| 地 区 | 其他有限责任公司 | 股份有限公司 | 私营独资 | 私营合伙 | 私营有限责任公司 | 私营股份有限公司 | 其他内资企业 | 港澳台商投资 | 合资经营 | 合作经营 |
|---|---|---|---|---|---|---|---|---|---|---|
| **全 国** | **4508.82** | **605.31** | **2.93** | **-0.11** | **1444.50** | **109.02** | **0.96** | **1148.63** | **436.86** | **68.72** |
| 北 京 | 559.57 | 168.07 | | | -5.30 | 2.19 | | 27.48 | 32.95 | 13.36 |
| 天 津 | 117.01 | 3.88 | -0.03 | | 15.71 | -0.18 | 0.02 | 11.84 | 4.63 | 0.17 |
| 河 北 | 178.95 | 9.21 | | | 123.24 | 23.74 | | 12.63 | 9.37 | |
| 山 西 | 30.76 | -3.53 | | | 0.69 | 0.56 | | 0.09 | -0.19 | |
| 内蒙古 | 12.82 | -0.60 | 0.15 | | -1.74 | 0.83 | -0.03 | 0.20 | 0.20 | |
| 辽 宁 | -44.91 | -5.30 | | | -4.54 | 0.46 | | 5.21 | -1.91 | -0.11 |
| 吉 林 | 10.30 | 3.78 | -0.83 | | 9.94 | 0.76 | | 5.70 | 3.17 | |
| 黑龙江 | 40.73 | -2.41 | | | 27.94 | 0.06 | | 7.41 | 6.27 | 0.81 |
| 上 海 | 674.80 | 83.06 | 1.80 | | 148.25 | 19.05 | | 286.83 | 184.64 | 14.38 |
| 江 苏 | 339.57 | 6.13 | 0.03 | 0.01 | 181.32 | 15.44 | 1.21 | 131.27 | 15.27 | -0.22 |
| 浙 江 | 161.48 | 21.98 | | | 45.82 | 0.96 | | 48.41 | 19.67 | 0.01 |
| 安 徽 | 117.11 | 14.06 | -0.02 | | 60.75 | 2.21 | | 25.16 | 3.59 | -0.34 |
| 福 建 | 280.86 | 15.78 | | | 50.11 | 4.79 | | 60.98 | 45.53 | 0.38 |
| 江 西 | 86.38 | 10.91 | | -0.03 | 63.33 | 11.70 | | 22.75 | 3.52 | |
| 山 东 | 193.19 | 26.99 | -0.32 | -0.09 | 75.37 | 10.35 | 0.04 | 17.41 | 11.98 | -0.21 |
| 河 南 | 221.10 | 20.61 | 1.86 | | 77.43 | 10.69 | 0.05 | 9.58 | 0.27 | 3.47 |
| 湖 北 | 184.83 | 69.78 | 0.02 | | 49.37 | 0.04 | | 75.54 | 12.01 | -0.39 |
| 湖 南 | 36.76 | 3.36 | -0.03 | | 19.66 | -2.53 | -0.11 | 5.91 | -1.16 | -0.89 |
| 广 东 | 988.91 | 131.56 | 0.46 | | 393.15 | 11.27 | -0.03 | 290.46 | 64.73 | 40.42 |
| 广 西 | 55.36 | -0.07 | | | 26.25 | 0.21 | | 30.52 | 3.90 | |
| 海 南 | 16.86 | 5.25 | -0.05 | | 14.36 | -2.09 | -0.15 | 9.86 | -9.66 | |
| 重 庆 | 73.34 | -1.99 | | | 29.52 | -1.43 | | 48.01 | 26.28 | -1.63 |
| 四 川 | 56.70 | 1.06 | | | 46.04 | -0.40 | | 12.69 | 5.28 | -0.05 |
| 贵 州 | 45.41 | 20.97 | | | -1.98 | -1.01 | | -7.37 | -5.69 | -0.08 |
| 云 南 | -23.10 | | -0.10 | | -13.89 | -1.95 | -0.05 | -0.16 | 0.96 | |
| 西 藏 | 3.83 | | | | -1.40 | | | | | |
| 陕 西 | 55.66 | -0.08 | | | -3.91 | -1.81 | | 8.55 | -0.16 | -0.36 |
| 甘 肃 | 9.97 | 0.90 | -0.01 | | 17.77 | 0.21 | | 0.31 | 0.03 | |
| 青 海 | 2.17 | -0.02 | | | 2.75 | 3.91 | | | | |
| 宁 夏 | -0.87 | 1.78 | | | -6.87 | 2.16 | | -0.04 | | |
| 新 疆 | 23.26 | 0.19 | | | 5.38 | -1.19 | | 1.38 | 1.40 | |

7-9-10 续表 2

单位：亿元

| 地 区 | | | | 外商投资 | | | | | |
|---|---|---|---|---|---|---|---|---|---|
| | 独 资 | 股份有限 | 其 他 | | 合资经营 | 合作经营 | 独 资 | 股份有限 | 其 他 |
| **全 国** | **590.15** | **46.69** | **6.22** | **561.32** | **126.34** | **83.96** | **334.14** | **5.76** | **11.11** |
| 北 京 | -18.83 | | | 22.18 | 3.12 | 7.45 | 6.06 | 5.55 | |
| 天 津 | 1.70 | 5.34 | | 14.10 | -3.46 | -0.54 | 14.93 | 2.30 | 0.87 |
| 河 北 | 3.27 | | -0.01 | 6.71 | -0.23 | -0.01 | 6.96 | | -0.02 |
| 山 西 | -0.10 | 0.39 | | -2.37 | -0.04 | | -1.67 | -0.66 | |
| 内蒙古 | | | | -0.16 | -0.09 | | -0.07 | | |
| 辽 宁 | 9.16 | -1.93 | | -2.19 | 0.36 | 1.46 | -2.99 | -1.02 | |
| 吉 林 | 2.93 | -0.28 | -0.11 | 1.10 | 1.10 | | | | |
| 黑龙江 | 0.33 | | | -0.64 | -0.23 | 0.03 | -0.44 | | |
| 上 海 | 81.58 | 6.24 | | 149.05 | 18.31 | 24.11 | 106.72 | -0.10 | |
| 江 苏 | 113.95 | 2.87 | -0.58 | 99.06 | 35.98 | 0.96 | 62.22 | | -0.10 |
| 浙 江 | 28.77 | 0.86 | -0.91 | 27.52 | 1.47 | -0.50 | 27.13 | -0.54 | -0.05 |
| 安 徽 | 10.92 | 11.00 | | 4.10 | -0.18 | 2.16 | 1.91 | 0.24 | -0.03 |
| 福 建 | 15.11 | 0.10 | -0.13 | 26.41 | 0.25 | | 27.32 | -0.65 | -0.51 |
| 江 西 | 19.29 | | -0.05 | 0.21 | -2.13 | | 2.34 | | |
| 山 东 | 5.76 | -0.01 | -0.12 | 24.19 | 6.64 | 4.55 | 13.00 | | |
| 河 南 | 5.94 | | -0.10 | -1.12 | -0.11 | | -0.84 | | -0.16 |
| 湖 北 | 63.44 | 0.50 | -0.01 | 5.33 | 2.06 | | 3.28 | 0.10 | -0.11 |
| 湖 南 | 8.05 | -0.08 | -0.01 | 3.58 | 2.35 | | 1.51 | -0.01 | -0.26 |
| 广 东 | 169.04 | 11.74 | 4.53 | 124.37 | 40.69 | 32.04 | 40.47 | 1.39 | 9.78 |
| 广 西 | 26.62 | | | 3.92 | 0.78 | | 0.15 | 0.38 | 2.62 |
| 海 南 | 9.58 | 6.48 | 3.45 | 9.47 | 1.96 | 1.35 | 7.06 | | -0.89 |
| 重 庆 | 22.89 | 0.75 | -0.27 | 3.91 | 0.10 | 7.25 | -2.46 | -0.98 | |
| 四 川 | 4.62 | 2.74 | 0.11 | 36.34 | 19.24 | 3.98 | 13.20 | -0.08 | |
| 贵 州 | -1.60 | | | -0.14 | 0.22 | -0.34 | -0.02 | | |
| 云 南 | -1.11 | | | -0.10 | -0.20 | | 0.10 | 0.03 | -0.03 |
| 西 藏 | | | | | | | | | |
| 陕 西 | 8.63 | | 0.44 | 7.03 | -1.36 | | 8.58 | -0.19 | |
| 甘 肃 | 0.28 | | | -0.12 | -0.11 | | -0.01 | | |
| 青 海 | | | | 0.01 | 0.01 | | | | |
| 宁 夏 | -0.04 | | -0.01 | -0.43 | -0.15 | | -0.29 | | |
| 新 疆 | -0.03 | | | -0.01 | | | -0.01 | | |

# 7-9-11 按资质等级分的房地产开发企业利润总额

单位：亿元

| 地 区 | 总 计 | 一 级 | 二 级 | 三 级 | 四 级 | 暂 定 | 其 他 |
|---|---|---|---|---|---|---|---|
| **全 国** | **8971.41** | **1523.26** | **1687.83** | **1350.06** | **934.14** | **2899.57** | **576.56** |
| 北 京 | 802.55 | 331.25 | 51.03 | 45.33 | 201.70 | 121.36 | 51.88 |
| 天 津 | 171.53 | -0.96 | 29.02 | 22.35 | 78.72 | 36.90 | 5.50 |
| 河 北 | 354.35 | 25.49 | 59.06 | 54.28 | 66.54 | 144.74 | 4.24 |
| 山 西 | 29.04 | 4.16 | 6.44 | 4.28 | 4.54 | 7.98 | 1.64 |
| 内蒙古 | 10.54 | -3.84 | 3.01 | 11.03 | -3.89 | 0.97 | 3.27 |
| 辽 宁 | -54.46 | -6.05 | -6.55 | -2.36 | -1.97 | -28.06 | -9.47 |
| 吉 林 | 31.34 | 4.61 | 5.19 | 4.28 | -5.11 | 22.90 | -0.52 |
| 黑龙江 | 85.71 | -0.40 | 42.14 | 15.57 | 1.47 | 20.92 | 6.00 |
| 上 海 | 1495.17 | 192.48 | 310.41 | 108.39 | 0.80 | 739.62 | 143.48 |
| 江 苏 | 791.05 | 78.09 | 284.64 | 31.33 | 0.83 | 314.45 | 81.72 |
| 浙 江 | 310.31 | 109.52 | 65.76 | 87.11 | 8.38 | 43.74 | -4.20 |
| 安 徽 | 291.90 | 16.66 | 34.39 | 83.88 | 5.68 | 140.05 | 11.24 |
| 福 建 | 537.67 | 102.54 | 51.27 | 103.93 | 121.03 | 134.64 | 24.25 |
| 江 西 | 204.70 | 5.55 | 31.97 | 47.07 | 19.38 | 95.15 | 5.59 |
| 山 东 | 368.79 | 67.42 | 41.61 | 50.17 | 52.90 | 139.89 | 16.79 |
| 河 南 | 348.06 | 20.23 | 74.09 | 34.85 | 19.45 | 182.82 | 16.62 |
| 湖 北 | 413.68 | 35.14 | 153.67 | 55.25 | 8.94 | 144.38 | 16.31 |
| 湖 南 | 73.25 | 5.94 | 19.86 | 28.70 | 0.94 | 17.20 | 0.61 |
| 广 东 | 2024.59 | 400.14 | 196.27 | 447.41 | 348.55 | 480.13 | 152.08 |
| 广 西 | 121.58 | 4.25 | 40.17 | 13.04 | -1.81 | 59.65 | 6.28 |
| 海 南 | 39.33 | 0.58 | 14.30 | 6.78 | -5.87 | 23.61 | -0.08 |
| 重 庆 | 180.94 | 82.13 | 51.58 | 15.11 | -0.64 | 32.83 | -0.08 |
| 四 川 | 160.21 | 12.01 | 55.84 | 64.29 | 1.21 | 6.29 | 20.57 |
| 贵 州 | 58.83 | 19.85 | 26.18 | 2.03 | -1.63 | -3.86 | 16.25 |
| 云 南 | -40.49 | -5.90 | -8.20 | -3.46 | -5.29 | -18.39 | 0.74 |
| 西 藏 | 2.97 |  | -0.16 | -0.32 | -0.51 | 4.04 | -0.07 |
| 陕 西 | 73.81 | 12.82 | 14.59 | 11.80 | 15.41 | 12.72 | 6.47 |
| 甘 肃 | 36.72 | -0.15 | 20.30 | 6.53 | 3.38 | 6.82 | -0.15 |
| 青 海 | 14.56 | 1.25 | 4.09 | -0.95 | 1.46 | 8.05 | 0.65 |
| 宁 夏 | -5.26 | 1.78 | 3.57 | -1.51 | -2.01 | -6.00 | -1.09 |
| 新 疆 | 38.41 | 6.67 | 12.26 | 3.87 | 1.58 | 14.04 | -0.01 |

# 7-9-12 按登记注册类型分的房地产开发企业主营业务收入

单位：亿元

| 地区 | 总计 | 内资 | 国有 | 集体 | 股份合作 | 国有联营 | 集体联营 | 国有与集体联营 | 其他联营 | 国有独资公司 |
|---|---|---|---|---|---|---|---|---|---|---|
| **全国** | **90091.51** | **80219.93** | **569.41** | **234.98** | **39.59** | **12.00** | **0.22** | **0.08** | **0.01** | **3375.55** |
| 北京 | 4611.70 | 4291.15 | 44.47 | 31.96 | | | | | | 133.47 |
| 天津 | 1976.34 | 1716.56 | 35.32 | 12.07 | | 1.37 | | | | 138.58 |
| 河北 | 2856.33 | 2757.68 | 1.85 | | | | | | | 17.72 |
| 山西 | 866.08 | 856.60 | 7.31 | 0.27 | | | | | | 31.84 |
| 内蒙古 | 815.47 | 815.17 | 0.50 | | | | | | | 41.91 |
| 辽宁 | 2087.72 | 1610.43 | 4.88 | | | | | | | 26.57 |
| 吉林 | 950.93 | 892.83 | 0.27 | | | | | | | 14.21 |
| 黑龙江 | 1217.42 | 1173.79 | 10.75 | | | | | | | 50.66 |
| 上海 | 6505.93 | 5196.76 | 42.89 | 77.59 | | 0.45 | 0.22 | | | 369.18 |
| 江苏 | 10837.62 | 9194.71 | 54.17 | 11.96 | 0.56 | | | | | 461.11 |
| 浙江 | 7768.97 | 7014.18 | 21.37 | 1.06 | 9.85 | 10.07 | | 0.01 | | 161.25 |
| 安徽 | 3330.94 | 3146.23 | 28.97 | 0.12 | | | | | | 171.88 |
| 福建 | 3254.62 | 2889.44 | 37.31 | 0.77 | | | | | | 218.27 |
| 江西 | 2007.25 | 1879.67 | 4.87 | | 3.11 | | | | | 39.82 |
| 山东 | 6149.37 | 5750.87 | 65.98 | 21.14 | 11.12 | | | | | 361.33 |
| 河南 | 3678.44 | 3618.22 | 35.29 | 1.83 | 0.99 | | | | | 32.76 |
| 湖北 | 3278.53 | 2967.10 | 49.00 | 5.99 | | | | | | 106.00 |
| 湖南 | 2269.11 | 2158.12 | 12.82 | 0.36 | 5.19 | | | | | 59.54 |
| 广东 | 11204.32 | 9171.45 | 21.18 | 66.28 | 2.92 | | | | | 284.41 |
| 广西 | 1371.30 | 1202.11 | 7.85 | 0.39 | 0.09 | | | | | 46.49 |
| 海南 | 968.27 | 784.82 | 6.76 | | 0.25 | | | 0.08 | | 47.19 |
| 重庆 | 2498.85 | 2096.46 | 10.74 | 0.05 | 0.06 | | | | | 162.53 |
| 四川 | 3479.92 | 3152.56 | 4.86 | 1.36 | 3.74 | | | | | 73.37 |
| 贵州 | 1182.03 | 1172.51 | 2.06 | 0.03 | | | | | | 28.36 |
| 云南 | 1014.35 | 994.24 | 4.34 | 0.03 | 0.01 | | | | | 50.83 |
| 西藏 | 20.23 | 20.23 | | | | | | | | 2.51 |
| 陕西 | 1758.52 | 1597.28 | 18.92 | 1.35 | 0.76 | | | | | 140.27 |
| 甘肃 | 649.97 | 646.21 | 31.56 | 0.31 | | | | | | 23.41 |
| 青海 | 258.85 | 258.79 | | | 0.96 | 0.12 | | | | 24.08 |
| 宁夏 | 368.59 | 353.60 | 0.04 | | | | | | | 18.42 |
| 新疆 | 853.52 | 840.14 | 3.08 | 0.05 | | | | | | 37.56 |

7-9-12 续表 1 单位：亿元

| 地 区 | 其他有限责任公司 | 股份有限公 司 | 私营独资 | 私营合伙 | 私营有限责任公司 | 私营股份有限公司 | 其他内资企 业 | 港澳台商投 资 | 合资经营 | 合作经营 |
|---|---|---|---|---|---|---|---|---|---|---|
| **全 国** | **47112.06** | **3320.93** | **30.29** | **0.73** | **24284.43** | **1234.43** | **5.21** | **6845.28** | **2326.16** | **420.39** |
| 北 京 | 3789.62 | 129.73 | | | 156.03 | 5.87 | | 240.36 | 72.81 | 70.35 |
| 天 津 | 1141.62 | 76.77 | | | 303.73 | 6.90 | 0.20 | 170.30 | 64.76 | 2.43 |
| 河 北 | 1613.17 | 89.40 | | | 963.82 | 71.72 | | 66.30 | 44.02 | |
| 山 西 | 316.37 | 22.63 | | | 455.93 | 22.25 | | 7.08 | 0.65 | |
| 内蒙古 | 431.50 | 14.47 | 0.22 | | 307.06 | 19.52 | | 0.30 | 0.30 | |
| 辽 宁 | 957.13 | 73.72 | | | 514.38 | 33.74 | | 341.20 | 138.80 | 5.28 |
| 吉 林 | 523.03 | 43.42 | 0.29 | | 304.33 | 7.29 | | 54.60 | 14.73 | |
| 黑龙江 | 703.88 | 94.66 | 0.04 | | 302.07 | 11.74 | | 36.54 | 24.45 | 6.87 |
| 上 海 | 3166.31 | 127.23 | 22.13 | | 1364.29 | 26.47 | | 828.32 | 391.75 | 41.16 |
| 江 苏 | 4302.56 | 276.85 | 0.37 | 0.36 | 3864.50 | 222.24 | 0.03 | 1073.03 | 258.43 | 12.38 |
| 浙 江 | 4067.07 | 106.33 | | | 2591.20 | 45.97 | | 545.63 | 186.12 | 1.46 |
| 安 徽 | 1832.06 | 170.41 | | | 884.40 | 58.39 | | 153.24 | 54.51 | 0.60 |
| 福 建 | 1859.88 | 103.29 | | | 640.52 | 29.41 | | 254.34 | 162.87 | 0.99 |
| 江 西 | 1035.52 | 95.90 | | | 613.36 | 87.08 | | 114.01 | 40.73 | |
| 山 东 | 3218.95 | 355.70 | 0.19 | 0.21 | 1612.79 | 102.26 | 1.20 | 282.46 | 147.58 | 8.23 |
| 河 南 | 2517.11 | 170.40 | 4.74 | 0.01 | 764.84 | 90.08 | 0.17 | 48.52 | 6.28 | 10.13 |
| 湖 北 | 1598.22 | 330.56 | 0.44 | 0.13 | 848.10 | 28.65 | | 260.64 | 60.21 | 0.50 |
| 湖 南 | 1188.00 | 84.64 | 0.18 | | 757.68 | 49.15 | 0.56 | 77.04 | 19.95 | 1.88 |
| 广 东 | 5574.54 | 435.42 | 1.48 | | 2657.25 | 127.97 | | 1398.80 | 425.61 | 241.33 |
| 广 西 | 621.11 | 46.71 | | | 462.58 | 16.89 | | 139.70 | 28.88 | 0.02 |
| 海 南 | 500.08 | 49.58 | 0.02 | | 170.69 | 7.47 | 2.73 | 147.03 | 18.20 | |
| 重 庆 | 1024.28 | 95.80 | | | 784.11 | 18.90 | | 331.81 | 77.32 | 11.14 |
| 四 川 | 1874.50 | 139.66 | | | 1019.55 | 35.52 | | 139.77 | 43.11 | 0.20 |
| 贵 州 | 803.24 | 35.10 | | 0.01 | 283.92 | 19.78 | | 9.02 | 7.86 | |
| 云 南 | 592.44 | 43.32 | 0.19 | | 279.97 | 22.86 | 0.25 | 14.17 | 5.90 | |
| 西 藏 | 14.06 | 0.05 | | | 3.59 | 0.02 | | | | |
| 陕 西 | 920.35 | 39.82 | | | 459.79 | 15.95 | 0.07 | 79.51 | 0.53 | 5.44 |
| 甘 肃 | 335.64 | 11.25 | | | 236.64 | 7.40 | | 3.37 | 1.67 | |
| 青 海 | 73.20 | 3.16 | | | 150.10 | 7.17 | | | | |
| 宁 夏 | 114.15 | 9.42 | | | 191.34 | 20.24 | | 14.81 | 14.81 | |
| 新 疆 | 402.47 | 45.56 | | | 335.88 | 15.54 | | 13.38 | 13.32 | |

7-9-12 续表 2

单位：亿元

| 地 区 | | | | 外商投资 | | | | | |
|---|---|---|---|---|---|---|---|---|---|
| | 独 资 | 股份有限 | 其 他 | | 合资经营 | 合作经营 | 独 资 | 股份有限 | 其 他 |
| **全 国** | **3830.54** | **239.23** | **28.96** | **3026.30** | **932.10** | **291.57** | **1661.87** | **58.73** | **82.03** |
| 北 京 | 97.20 | | | 80.19 | 40.69 | 13.45 | 24.99 | 1.06 | |
| 天 津 | 67.22 | 35.90 | | 89.48 | 12.37 | 0.19 | 56.38 | 8.19 | 12.36 |
| 河 北 | 22.28 | | | 32.34 | 0.04 | 0.01 | 28.74 | 3.56 | |
| 山 西 | 2.92 | 3.50 | | 2.40 | | | 2.40 | | |
| 内蒙古 | | | | | | | | | |
| 辽 宁 | 191.06 | 6.07 | | 136.09 | 55.42 | 12.12 | 65.52 | 3.03 | |
| 吉 林 | 39.07 | 0.70 | 0.09 | 3.50 | 3.50 | | | | |
| 黑龙江 | 5.23 | | | 7.08 | 3.27 | 0.06 | 3.75 | | |
| 上 海 | 377.85 | 17.56 | | 480.85 | 98.60 | 64.23 | 303.64 | 14.38 | |
| 江 苏 | 765.29 | 35.49 | 1.44 | 569.88 | 195.02 | 23.73 | 347.22 | 0.01 | 3.90 |
| 浙 江 | 342.08 | 12.47 | 3.50 | 209.15 | 63.82 | 0.34 | 144.90 | | 0.09 |
| 安 徽 | 70.08 | 28.05 | | 31.47 | 1.88 | 8.45 | 14.44 | 6.69 | |
| 福 建 | 89.78 | 0.50 | 0.19 | 110.84 | 5.55 | | 99.86 | 1.37 | 4.06 |
| 江 西 | 73.26 | | 0.02 | 13.58 | 4.85 | | 8.72 | | |
| 山 东 | 126.09 | 0.56 | | 116.05 | 37.76 | 27.12 | 51.17 | | |
| 河 南 | 31.56 | | 0.54 | 11.70 | 3.39 | | 5.46 | 1.29 | 1.56 |
| 湖 北 | 198.35 | 1.58 | 0.00 | 50.80 | 12.90 | | 28.02 | 1.39 | 8.48 |
| 湖 南 | 54.94 | | 0.27 | 33.95 | 17.92 | | 16.00 | 0.03 | |
| 广 东 | 693.84 | 28.59 | 9.44 | 634.07 | 207.49 | 89.34 | 287.33 | 12.37 | 37.54 |
| 广 西 | 110.80 | | | 29.49 | 11.93 | | 6.92 | | 10.63 |
| 海 南 | 61.72 | 55.44 | 11.67 | 36.42 | 7.48 | 5.89 | 19.96 | | 3.09 |
| 重 庆 | 240.84 | 2.21 | 0.30 | 70.58 | 34.21 | 27.53 | 6.67 | 1.86 | 0.32 |
| 四 川 | 84.87 | 10.60 | 0.98 | 187.60 | 96.17 | 19.09 | 72.33 | | |
| 贵 州 | 1.14 | | 0.02 | 0.50 | 0.50 | | | | |
| 云 南 | 8.27 | | | 5.94 | 4.55 | | 0.50 | 0.89 | |
| 西 藏 | | | | | | | | | |
| 陕 西 | 73.05 | | 0.50 | 81.73 | 12.74 | | 66.41 | 2.58 | |
| 甘 肃 | 1.70 | | | 0.39 | 0.01 | | 0.38 | | |
| 青 海 | | | | 0.06 | 0.06 | | | | |
| 宁 夏 | | | | 0.18 | | | 0.18 | | |
| 新 疆 | 0.06 | | | | | | | | |

# 7-9-13 按资质等级分的房地产开发企业主营业务收入

单位：亿元

| 地 区 | 总 计 | 一 级 | 二 级 | 三 级 | 四 级 | 暂 定 | 其 他 |
|---|---|---|---|---|---|---|---|
| **全 国** | **90091.51** | **5706.62** | **16223.92** | **15859.67** | **10367.95** | **36924.95** | **5008.40** |
| 北 京 | 4611.70 | 735.49 | 607.08 | 389.15 | 1504.34 | 1165.66 | 209.98 |
| 天 津 | 1976.34 | 90.62 | 214.17 | 214.27 | 943.10 | 422.91 | 91.27 |
| 河 北 | 2856.33 | 226.10 | 494.08 | 602.04 | 736.10 | 753.91 | 44.10 |
| 山 西 | 866.08 | 32.32 | 191.07 | 120.59 | 353.07 | 160.83 | 8.20 |
| 内蒙古 | 815.47 | 40.04 | 113.74 | 161.69 | 399.02 | 90.90 | 10.08 |
| 辽 宁 | 2087.72 | 43.38 | 253.94 | 506.67 | 15.91 | 1164.35 | 103.47 |
| 吉 林 | 950.93 | 58.73 | 225.52 | 141.47 | 97.58 | 419.29 | 8.34 |
| 黑龙江 | 1217.42 | 27.55 | 478.42 | 467.25 | 21.43 | 198.39 | 24.38 |
| 上 海 | 6505.93 | 292.36 | 767.88 | 429.65 | 4.47 | 4351.86 | 659.71 |
| 江 苏 | 10837.62 | 639.63 | 3733.57 | 462.91 | 18.51 | 5064.18 | 918.82 |
| 浙 江 | 7768.97 | 415.79 | 796.15 | 1718.29 | 423.07 | 3859.03 | 556.65 |
| 安 徽 | 3330.94 | 85.73 | 445.83 | 862.48 | 96.67 | 1722.36 | 117.87 |
| 福 建 | 3254.62 | 253.73 | 293.02 | 860.99 | 540.80 | 1162.07 | 144.01 |
| 江 西 | 2007.25 | 41.77 | 227.12 | 461.29 | 215.03 | 1004.48 | 57.56 |
| 山 东 | 6149.37 | 517.79 | 754.77 | 894.88 | 764.23 | 2959.73 | 257.97 |
| 河 南 | 3678.44 | 188.28 | 661.67 | 456.60 | 204.12 | 2000.44 | 167.33 |
| 湖 北 | 3278.53 | 181.72 | 833.90 | 494.72 | 261.81 | 1389.85 | 116.53 |
| 湖 南 | 2269.11 | 123.34 | 437.44 | 923.64 | 309.97 | 449.02 | 25.70 |
| 广 东 | 11204.32 | 719.13 | 964.77 | 2330.13 | 2054.70 | 4278.76 | 856.84 |
| 广 西 | 1371.30 | 67.85 | 251.07 | 215.45 | 69.51 | 700.65 | 66.76 |
| 海 南 | 968.27 | 4.55 | 43.32 | 161.15 | 104.97 | 546.99 | 107.29 |
| 重 庆 | 2498.85 | 257.26 | 1116.44 | 224.80 | 15.77 | 865.88 | 18.69 |
| 四 川 | 3479.92 | 229.19 | 771.63 | 1729.07 | 24.54 | 573.08 | 152.41 |
| 贵 州 | 1182.03 | 11.06 | 333.98 | 236.86 | 141.22 | 381.86 | 77.05 |
| 云 南 | 1014.35 | 70.46 | 234.70 | 75.92 | 308.86 | 303.76 | 20.66 |
| 西 藏 | 20.23 | | 0.26 | 7.60 | 4.72 | 7.65 | |
| 陕 西 | 1758.52 | 175.14 | 377.69 | 310.19 | 447.14 | 328.52 | 119.84 |
| 甘 肃 | 649.97 | 38.39 | 189.96 | 170.26 | 99.05 | 150.12 | 2.19 |
| 青 海 | 258.85 | 6.15 | 145.33 | 35.95 | 36.27 | 33.95 | 1.21 |
| 宁 夏 | 368.59 | 46.83 | 160.20 | 55.98 | 52.16 | 47.71 | 5.72 |
| 新 疆 | 853.52 | 86.22 | 105.22 | 137.72 | 99.81 | 366.77 | 57.78 |

# 7-9-14 房地产开发企业土地开发及购置

| 年 份<br>地 区 | 土地购置费用<br>(亿元) | 待开发土地面积<br>(万平方米) | 本年土地购置面积<br>(万平方米) |
|---|---|---|---|
| 1997 | 247.60 | 17670.10 | 6641.70 |
| 1998 | 375.40 | 13530.70 | 10109.32 |
| 1999 | 500.03 | 13505.17 | 11958.90 |
| 2000 | 733.99 | 14754.77 | 16905.24 |
| 2001 | 1038.77 | 14582.13 | 23408.99 |
| 2002 | 1445.81 | 19178.65 | 31356.78 |
| 2003 | 2055.17 | 21782.58 | 35696.48 |
| 2004 | 2574.47 | 39635.30 | 39784.66 |
| 2005 | 2904.37 | 27522.00 | 38253.73 |
| 2006 | 3814.49 | 37523.65 | 36573.57 |
| 2007 | 4873.25 | 41483.97 | 40245.85 |
| 2008 | 5995.62 | 48161.07 | 39353.43 |
| 2009 | 6023.71 | 32816.54 | 31909.45 |
| 2010 | 9999.92 | 31457.95 | 39953.10 |
| 2011 | 11527.25 | 40220.76 | 44327.44 |
| 2012 | 12100.15 | 40195.99 | 35666.80 |
| 2013 | 13501.73 | 42280.47 | 38814.38 |
| 2014 | 17458.53 | 42136.28 | 33383.03 |
| 2015 | 17675.44 | 36638.48 | 22810.79 |
| 2016 | 18778.68 | 35121.01 | 22025.25 |
| 北 京 | 1921.89 | 444.23 | 268.50 |
| 天 津 | 579.75 | 634.78 | 476.91 |
| 河 北 | 337.84 | 1122.37 | 929.93 |
| 山 西 | 169.57 | 603.29 | 351.74 |
| 内蒙古 | 77.89 | 511.55 | 230.28 |
| 辽 宁 | 258.10 | 989.65 | 654.52 |
| 吉 林 | 139.52 | 293.70 | 699.59 |
| 黑龙江 | 83.27 | 101.12 | 161.20 |
| 上 海 | 1208.28 | 440.17 | 229.11 |
| 江 苏 | 1835.03 | 3445.47 | 1736.90 |
| 浙 江 | 2634.37 | 1125.34 | 1302.96 |
| 安 徽 | 622.08 | 2560.32 | 2142.70 |
| 福 建 | 1107.32 | 865.47 | 969.81 |
| 江 西 | 200.74 | 668.27 | 443.13 |
| 山 东 | 937.66 | 2637.90 | 2093.90 |
| 河 南 | 681.51 | 2475.98 | 1108.04 |
| 湖 北 | 570.12 | 1091.48 | 648.64 |
| 湖 南 | 312.97 | 1871.03 | 811.40 |
| 广 东 | 2243.98 | 4101.92 | 1750.32 |
| 广 西 | 398.75 | 704.81 | 639.10 |
| 海 南 | 271.50 | 893.07 | 178.72 |
| 重 庆 | 562.48 | 2335.03 | 959.00 |
| 四 川 | 832.27 | 1369.73 | 1304.72 |
| 贵 州 | 82.03 | 926.65 | 317.06 |
| 云 南 | 301.11 | 750.48 | 518.81 |
| 西 藏 | 1.98 | 5.00 | 2.94 |
| 陕 西 | 177.96 | 1122.93 | 357.28 |
| 甘 肃 | 56.49 | 175.37 | 131.94 |
| 青 海 | 49.83 | 29.04 | 18.52 |
| 宁 夏 | 62.61 | 202.60 | 158.97 |
| 新 疆 | 59.76 | 622.25 | 428.60 |

# 7–9–15 按资质等级分房地产开发企业土地购置面积

单位：平方米

| 地区 | 总计 | 一级 | 二级 | 三级 | 四级 | 暂定 | 其他 |
|---|---|---|---|---|---|---|---|
| **全国** | **220252473** | **4463251** | **20271938** | **24269856** | **20178031** | **126167511** | **24901886** |
| 北京 | 2684998 | 483342 | 13837 | 71373 | 519121 | 1448582 | 148743 |
| 天津 | 4769102 | 66946 | | 72976 | 2095818 | 2496864 | 36498 |
| 河北 | 9299254 | 392965 | 604185 | 1022560 | 3109506 | 3970022 | 200016 |
| 山西 | 3517434 | 11284 | 407265 | 163342 | 1256947 | 1678596 | |
| 内蒙古 | 2302788 | | 125817 | 123124 | 1529629 | 192476 | 331742 |
| 辽宁 | 6545211 | 53539 | 273676 | 1077271 | 21760 | 3379698 | 1739267 |
| 吉林 | 6995894 | 108552 | 950896 | 903709 | 1334696 | 3455635 | 242406 |
| 黑龙江 | 1612034 | | 223294 | 692708 | 53501 | 225176 | 417355 |
| 上海 | 2291134 | | 57344 | | | 1872313 | 361477 |
| 江苏 | 17369002 | 214876 | 3483472 | 449865 | | 10172787 | 3048002 |
| 浙江 | 13029621 | 319516 | 352805 | 1191385 | 601530 | 5984946 | 4579439 |
| 安徽 | 21427047 | 259197 | 862985 | 1296396 | 316761 | 16224786 | 2466922 |
| 福建 | 9698125 | | 271137 | 679876 | 316749 | 6795065 | 1635298 |
| 江西 | 4431292 | 30892 | 88200 | 460490 | 228975 | 3077554 | 545181 |
| 山东 | 20938974 | 1192904 | 1494418 | 2710647 | 1965075 | 12043219 | 1532711 |
| 河南 | 11080424 | 237478 | 822561 | 925227 | 260688 | 7658158 | 1176312 |
| 湖北 | 6486353 | 88925 | 432920 | 541945 | 848606 | 4186171 | 387786 |
| 湖南 | 8114009 | 44737 | 451638 | 2362465 | 1598532 | 3508288 | 148349 |
| 广东 | 17503245 | 53441 | 156499 | 910442 | 1411931 | 12255000 | 2715932 |
| 广西 | 6390951 | 132005 | 230087 | 294017 | 117261 | 5337229 | 280352 |
| 海南 | 1787239 | 6855 | | 124356 | 47253 | 1180928 | 427847 |
| 重庆 | 9590025 | 470157 | 2350788 | 972179 | 20001 | 5584093 | 192807 |
| 四川 | 13047161 | 155083 | 4280963 | 4858754 | 37171 | 3022685 | 692505 |
| 贵州 | 3170605 | | 371698 | 217838 | 172501 | 2401648 | 6920 |
| 云南 | 5188108 | 24580 | 521712 | 380358 | 871246 | 2991030 | 399182 |
| 西藏 | 29389 | | | 9330 | | 20059 | |
| 陕西 | 3572750 | 53605 | 483068 | 307323 | 678060 | 942096 | 1108598 |
| 甘肃 | 1319363 | | 85016 | 175546 | 208659 | 850142 | |
| 青海 | 185173 | | 13202 | 162106 | 9865 | | |
| 宁夏 | 1589743 | 2237 | 520526 | 145300 | 190088 | 675557 | 56035 |
| 新疆 | 4286025 | 60135 | 341929 | 966948 | 356101 | 2536708 | 24204 |

# 7-9-16 房地产开发企业房屋建筑面积和造价

| 年份<br>地区 | 房屋施工面积(万平方米) | 房屋竣工面积(万平方米) | 房屋建筑面积竣工率(%) | 房屋竣工价值(亿元) | 房屋竣工造价(元/平方米) |
|---|---|---|---|---|---|
| 1997 | 44985.46 | 15819.70 | 35.2 | 1859.25 | 1175 |
| 1998 | 50770.14 | 17566.60 | 34.6 | 2139.19 | 1218 |
| 1999 | 56857.63 | 21410.83 | 37.7 | 2467.58 | 1152 |
| 2000 | 65896.92 | 25104.86 | 38.1 | 2859.35 | 1139 |
| 2001 | 79411.68 | 29867.36 | 37.6 | 3369.45 | 1128 |
| 2002 | 94104.01 | 34975.75 | 37.2 | 4141.69 | 1184 |
| 2003 | 117525.99 | 41464.06 | 35.3 | 5279.95 | 1273 |
| 2004 | 140451.39 | 42464.87 | 30.2 | 5952.48 | 1402 |
| 2005 | 166053.26 | 53417.04 | 32.2 | 7752.24 | 1451 |
| 2006 | 194786.42 | 55830.92 | 28.7 | 8729.35 | 1564 |
| 2007 | 236318.24 | 60606.68 | 25.6 | 10039.89 | 1657 |
| 2008 | 283266.18 | 66544.77 | 23.5 | 11947.57 | 1795 |
| 2009 | 320368.16 | 72677.43 | 22.7 | 14689.37 | 2021 |
| 2010 | 405356.40 | 78743.88 | 19.4 | 17542.73 | 2228 |
| 2011 | 506775.48 | 92619.94 | 18.3 | 21975.91 | 2373 |
| 2012 | 573417.52 | 99424.96 | 17.3 | 24836.62 | 2498 |
| 2013 | 665571.89 | 101434.99 | 15.2 | 26805.38 | 2643 |
| 2014 | 726482.34 | 107459.05 | 14.8 | 30261.99 | 2816 |
| 2015 | 735693.37 | 100039.10 | 13.6 | 30552.38 | 3054 |
| 2016 | 758974.80 | 106127.71 | 14.0 | 32252.13 | 3039 |
| 北京 | 12976.00 | 2369.95 | 18.3 | 839.97 | 3544 |
| 天津 | 9349.76 | 2914.25 | 31.2 | 1081.20 | 3710 |
| 河北 | 30476.78 | 4287.78 | 14.1 | 1139.31 | 2657 |
| 山西 | 17069.25 | 2683.59 | 15.7 | 785.57 | 2927 |
| 内蒙古 | 16906.28 | 1664.02 | 9.8 | 415.38 | 2496 |
| 辽宁 | 26364.11 | 2709.29 | 10.3 | 788.20 | 2909 |
| 吉林 | 11797.33 | 1351.65 | 11.5 | 313.79 | 2322 |
| 黑龙江 | 10865.75 | 2375.61 | 21.9 | 599.75 | 2525 |
| 上海 | 15111.24 | 2550.64 | 16.9 | 1472.33 | 5772 |
| 江苏 | 58761.73 | 10073.96 | 17.1 | 3678.24 | 3651 |
| 浙江 | 41609.78 | 7925.40 | 19.0 | 3079.61 | 3886 |
| 安徽 | 35645.44 | 5382.95 | 15.1 | 1544.37 | 2869 |
| 福建 | 31064.14 | 3665.25 | 11.8 | 1009.60 | 2755 |
| 江西 | 16427.25 | 1635.61 | 10.0 | 413.92 | 2531 |
| 山东 | 59957.07 | 8253.50 | 13.8 | 1873.70 | 2270 |
| 河南 | 47359.55 | 6299.44 | 13.3 | 1260.41 | 2001 |
| 湖北 | 29879.88 | 3127.49 | 10.5 | 940.66 | 3008 |
| 湖南 | 30139.38 | 4533.74 | 15.0 | 1189.42 | 2623 |
| 广东 | 64233.80 | 6593.75 | 10.3 | 2493.40 | 3781 |
| 广西 | 21134.65 | 1735.05 | 8.2 | 433.73 | 2500 |
| 海南 | 8936.78 | 1674.61 | 18.7 | 669.52 | 3998 |
| 重庆 | 27363.39 | 4421.30 | 16.2 | 1411.77 | 3193 |
| 四川 | 41532.14 | 7050.24 | 17.0 | 2002.50 | 2840 |
| 贵州 | 20352.24 | 1901.45 | 9.3 | 469.47 | 2469 |
| 云南 | 20593.19 | 2115.08 | 10.3 | 586.95 | 2775 |
| 西藏 | 348.77 | 31.53 | 9.0 | 10.24 | 3247 |
| 陕西 | 22297.53 | 2431.70 | 10.9 | 648.61 | 2667 |
| 甘肃 | 8933.24 | 991.73 | 11.1 | 254.25 | 2564 |
| 青海 | 2847.71 | 386.67 | 13.6 | 111.39 | 2881 |
| 宁夏 | 7110.06 | 1294.55 | 18.2 | 344.94 | 2665 |
| 新疆 | 11530.59 | 1695.91 | 14.7 | 389.95 | 2299 |

# 7-9-17 房地产开发企业住宅建筑面积和造价

| 年份<br>地区 | 住宅施工面积（万平方米） | 住宅竣工面积（万平方米） | 住宅建筑面积竣工率（%） | 住宅竣工价值（亿元） | 住宅竣工造价（元/平方米） |
|---|---|---|---|---|---|
| 1997 | 30374.66 | 12464.70 | 41.0 | 1269.91 | 1019 |
| 1998 | 36223.04 | 14125.73 | 39.0 | 1484.13 | 1051 |
| 1999 | 42590.34 | 17640.67 | 41.4 | 1831.35 | 1038 |
| 2000 | 50498.25 | 20603.32 | 40.8 | 2173.60 | 1055 |
| 2001 | 61582.99 | 24625.40 | 40.0 | 2622.41 | 1065 |
| 2002 | 73208.65 | 28524.70 | 39.0 | 3190.99 | 1119 |
| 2003 | 91390.49 | 33374.61 | 37.0 | 4128.94 | 1222 |
| 2004 | 108196.54 | 34677.18 | 32.1 | 4688.36 | 1352 |
| 2005 | 129078.38 | 43682.85 | 33.8 | 6060.13 | 1387 |
| 2006 | 151742.72 | 45471.75 | 30.0 | 6717.23 | 1477 |
| 2007 | 186788.43 | 49831.35 | 26.7 | 7853.07 | 1576 |
| 2008 | 222891.80 | 54334.10 | 24.4 | 9295.26 | 1711 |
| 2009 | 251328.78 | 59628.71 | 23.7 | 11500.24 | 1929 |
| 2010 | 314760.12 | 63443.10 | 20.2 | 13527.53 | 2132 |
| 2011 | 387705.98 | 74319.05 | 19.2 | 16947.74 | 2280 |
| 2012 | 428964.05 | 79043.20 | 18.4 | 19147.45 | 2422 |
| 2013 | 486347.33 | 78740.62 | 16.2 | 20039.42 | 2545 |
| 2014 | 515096.45 | 80868.26 | 15.7 | 22079.17 | 2730 |
| 2015 | 511569.52 | 73777.36 | 14.4 | 21569.13 | 2924 |
| 2016 | 521310.22 | 77185.19 | 14.8 | 22827.22 | 2957 |
| 北 京 | 5857.61 | 1267.06 | 21.6 | 449.31 | 3546 |
| 天 津 | 6311.70 | 2189.14 | 34.7 | 743.92 | 3398 |
| 河 北 | 23407.19 | 3352.61 | 14.3 | 881.59 | 2630 |
| 山 西 | 12222.32 | 2042.22 | 16.7 | 605.77 | 2966 |
| 内蒙古 | 11141.41 | 1203.26 | 10.8 | 282.31 | 2346 |
| 辽 宁 | 19104.64 | 2210.06 | 11.6 | 635.91 | 2877 |
| 吉 林 | 8305.99 | 1008.37 | 12.1 | 227.70 | 2258 |
| 黑龙江 | 7746.05 | 1757.09 | 22.7 | 426.19 | 2426 |
| 上 海 | 8073.94 | 1532.88 | 19.0 | 839.28 | 5475 |
| 江 苏 | 43002.93 | 7602.69 | 17.7 | 2814.66 | 3702 |
| 浙 江 | 24709.37 | 5091.95 | 20.6 | 2040.24 | 4007 |
| 安 徽 | 24115.13 | 4047.73 | 16.8 | 1120.83 | 2769 |
| 福 建 | 19436.54 | 2420.45 | 12.5 | 645.67 | 2668 |
| 江 西 | 12000.47 | 1316.26 | 11.0 | 326.51 | 2481 |
| 山 东 | 44158.11 | 6358.16 | 14.4 | 1423.39 | 2239 |
| 河 南 | 35579.02 | 5015.23 | 14.1 | 983.38 | 1961 |
| 湖 北 | 21803.01 | 2348.38 | 10.8 | 707.22 | 3012 |
| 湖 南 | 21617.17 | 3358.54 | 15.5 | 848.14 | 2525 |
| 广 东 | 44171.00 | 4773.04 | 10.8 | 1776.33 | 3722 |
| 广 西 | 15339.29 | 1373.27 | 9.0 | 335.04 | 2440 |
| 海 南 | 6685.96 | 1444.53 | 21.6 | 573.71 | 3972 |
| 重 庆 | 17932.69 | 3084.00 | 17.2 | 976.03 | 3165 |
| 四 川 | 26425.45 | 4677.37 | 17.7 | 1290.19 | 2758 |
| 贵 州 | 12847.14 | 1283.25 | 10.0 | 276.69 | 2156 |
| 云 南 | 13324.64 | 1433.86 | 10.8 | 354.29 | 2471 |
| 西 藏 | 232.59 | 25.20 | 10.8 | 8.38 | 3324 |
| 陕 西 | 16164.28 | 1922.84 | 11.9 | 491.50 | 2556 |
| 甘 肃 | 6191.65 | 730.25 | 11.8 | 185.17 | 2536 |
| 青 海 | 1753.44 | 231.21 | 13.2 | 70.02 | 3028 |
| 宁 夏 | 4555.28 | 931.25 | 20.4 | 228.28 | 2451 |
| 新 疆 | 7094.22 | 1153.02 | 16.3 | 259.55 | 2251 |

# 7-9-18 按用途分房地产开发企业房屋施工面积

单位：万平方米

| 年 份<br>地 区 | 房 屋<br>施工面积 | 住 宅 | #别墅、高档公寓 | 办公楼 | 商业营业用房 | 其 他 |
|---|---|---|---|---|---|---|
| 1997 | 44985.46 | 30374.66 | 1759.19 | 5335.15 | 6507.95 | 2767.34 |
| 1998 | 50770.10 | 36223.00 | 2032.10 | 5072.70 | 6551.30 | 2923.10 |
| 1999 | 56857.63 | 42590.34 | 1982.21 | 4383.17 | 6812.69 | 3071.43 |
| 2000 | 65896.92 | 50498.25 | 2986.69 | 4058.51 | 7825.67 | 3514.48 |
| 2001 | 79411.68 | 61582.99 | 3734.88 | 4120.00 | 9573.81 | 4134.88 |
| 2002 | 94104.01 | 73208.65 | 5009.23 | 4392.30 | 11501.45 | 5001.61 |
| 2003 | 117525.99 | 91390.49 | 5796.55 | 5088.41 | 14708.90 | 6338.19 |
| 2004 | 140451.39 | 108196.54 | 6598.11 | 5982.43 | 18293.23 | 7979.20 |
| 2005 | 166053.26 | 129078.38 | 8556.24 | 6618.80 | 20926.59 | 9429.49 |
| 2006 | 194786.42 | 151742.72 | 11471.45 | 7395.39 | 23712.76 | 11935.55 |
| 2007 | 236318.24 | 186788.43 | 14150.10 | 8321.51 | 25941.12 | 15267.18 |
| 2008 | 283266.18 | 222891.80 | 14608.82 | 9582.06 | 30465.05 | 20329.71 |
| 2009 | 320368.16 | 251328.78 | 14313.93 | 9996.19 | 34543.72 | 24499.46 |
| 2010 | 405356.40 | 314760.12 | 16579.52 | 12144.40 | 44631.92 | 33819.96 |
| 2011 | 506775.48 | 387705.98 | 18679.25 | 15991.01 | 55949.59 | 47128.90 |
| 2012 | 573417.52 | 428964.05 | 18579.98 | 19434.17 | 65813.91 | 59205.39 |
| 2013 | 665571.89 | 486347.33 | 19426.87 | 24577.41 | 80626.76 | 74020.40 |
| 2014 | 726482.34 | 515096.45 | 21266.37 | 29927.54 | 94320.05 | 87138.30 |
| 2015 | 735693.37 | 511569.52 | 20987.64 | 33044.37 | 100111.38 | 90968.10 |
| 2016 | 758974.80 | 521310.22 | 20860.01 | 35029.37 | 104571.86 | 98063.36 |
| 北 京 | 12976.00 | 5857.61 | 473.05 | 2447.26 | 1354.82 | 3316.32 |
| 天 津 | 9349.76 | 6311.70 | 300.01 | 723.32 | 1162.28 | 1152.45 |
| 河 北 | 30476.78 | 23407.19 | 417.22 | 858.69 | 3238.84 | 2972.06 |
| 山 西 | 17069.25 | 12222.32 | 137.55 | 607.47 | 2150.13 | 2089.34 |
| 内蒙古 | 16906.28 | 11141.41 | 284.84 | 565.76 | 3295.88 | 1903.24 |
| 辽 宁 | 26364.11 | 19104.64 | 553.06 | 595.51 | 4445.32 | 2218.63 |
| 吉 林 | 11797.33 | 8305.99 | 348.35 | 473.76 | 1840.53 | 1177.05 |
| 黑龙江 | 10865.75 | 7746.05 | 164.81 | 236.71 | 1713.00 | 1170.00 |
| 上 海 | 15111.24 | 8073.94 | 1632.93 | 2180.50 | 1990.81 | 2865.98 |
| 江 苏 | 58761.73 | 43002.93 | 2677.53 | 2281.90 | 7392.75 | 6084.14 |
| 浙 江 | 41609.78 | 24709.37 | 1732.29 | 3016.91 | 5264.16 | 8619.34 |
| 安 徽 | 35645.44 | 24115.13 | 484.93 | 1205.03 | 6696.89 | 3628.39 |
| 福 建 | 31064.14 | 19436.54 | 733.75 | 2262.87 | 3764.97 | 5599.76 |
| 江 西 | 16427.25 | 12000.47 | 383.23 | 574.30 | 2368.53 | 1483.95 |
| 山 东 | 59957.07 | 44158.11 | 1068.21 | 2434.79 | 7239.74 | 6124.42 |
| 河 南 | 47359.55 | 35579.02 | 399.81 | 1698.99 | 5630.64 | 4450.91 |
| 湖 北 | 29879.88 | 21803.01 | 521.76 | 1048.39 | 3873.15 | 3155.33 |
| 湖 南 | 30139.38 | 21617.17 | 572.63 | 858.57 | 4104.19 | 3559.45 |
| 广 东 | 64233.80 | 44171.00 | 3041.52 | 3206.43 | 7006.00 | 9850.38 |
| 广 西 | 21134.65 | 15339.29 | 304.94 | 743.68 | 2454.80 | 2596.88 |
| 海 南 | 8936.78 | 6685.96 | 796.55 | 203.69 | 968.43 | 1078.70 |
| 重 庆 | 27363.39 | 17932.69 | 717.05 | 1020.20 | 4193.65 | 4216.86 |
| 四 川 | 41532.14 | 26425.45 | 913.57 | 1584.66 | 6223.91 | 7298.12 |
| 贵 州 | 20352.24 | 12847.14 | 312.26 | 812.79 | 3755.27 | 2937.04 |
| 云 南 | 20593.19 | 13324.64 | 977.08 | 763.01 | 3320.12 | 3185.42 |
| 西 藏 | 348.77 | 232.59 | 12.60 | 15.85 | 59.39 | 40.94 |
| 陕 西 | 22297.53 | 16164.28 | 291.98 | 1171.05 | 3010.38 | 1951.83 |
| 甘 肃 | 8933.24 | 6191.65 | 58.77 | 276.95 | 1476.47 | 988.16 |
| 青 海 | 2847.71 | 1753.44 | 15.56 | 164.12 | 565.63 | 364.52 |
| 宁 夏 | 7110.06 | 4555.28 | 152.28 | 368.59 | 1314.02 | 872.17 |
| 新 疆 | 11530.59 | 7094.22 | 379.89 | 627.61 | 2697.18 | 1111.59 |

# 7-9-19 按用途分房地产开发企业房屋新开工面积

单位：万平方米

| 年份<br>地区 | 本年房屋新开工面积 | 住宅 | #别墅、高档公寓 | 办公楼 | 商业营业用房 | 其他 |
|---|---|---|---|---|---|---|
| 1997 | 14026.98 | 10996.64 | 469.72 | 872.44 | 1462.45 | 695.44 |
| 1998 | 20387.90 | 16637.50 | 638.60 | 871.50 | 1938.65 | 940.25 |
| 1999 | 22579.41 | 18797.94 | 594.06 | 690.29 | 2198.56 | 892.62 |
| 2000 | 29582.64 | 24401.15 | 1169.09 | 898.81 | 3034.77 | 1247.91 |
| 2001 | 37394.18 | 30532.72 | 1456.69 | 1072.98 | 4105.40 | 1683.08 |
| 2002 | 42800.52 | 34719.35 | 2278.17 | 1254.24 | 4926.48 | 1900.45 |
| 2003 | 54707.53 | 43853.88 | 2349.29 | 1466.89 | 6706.80 | 2679.96 |
| 2004 | 60413.86 | 47949.01 | 2975.69 | 1704.19 | 7790.81 | 2969.85 |
| 2005 | 68064.44 | 55185.07 | 2834.97 | 1671.10 | 7675.47 | 3532.79 |
| 2006 | 79252.83 | 64403.80 | 4058.32 | 2134.94 | 8473.23 | 4240.86 |
| 2007 | 95401.53 | 78795.51 | 4914.41 | 2141.44 | 9093.89 | 5370.70 |
| 2008 | 102553.37 | 83642.12 | 4336.97 | 2471.95 | 10040.69 | 6398.62 |
| 2009 | 116422.05 | 93298.41 | 3649.80 | 2860.76 | 12415.03 | 7847.84 |
| 2010 | 163646.87 | 129359.31 | 5080.05 | 3668.07 | 17472.58 | 13146.91 |
| 2011 | 191236.87 | 147163.11 | 5653.01 | 5399.20 | 20730.78 | 17943.77 |
| 2012 | 177333.62 | 130695.42 | 4228.31 | 5986.46 | 22006.85 | 18644.89 |
| 2013 | 201207.84 | 145844.80 | 4454.59 | 6887.24 | 25902.00 | 22573.80 |
| 2014 | 179592.49 | 124877.00 | 4275.01 | 7349.10 | 25047.73 | 22318.66 |
| 2015 | 154453.68 | 106651.30 | 3318.41 | 6569.12 | 22530.29 | 18702.96 |
| 2016 | 166928.13 | 115910.60 | 3662.14 | 6415.29 | 22316.63 | 22285.61 |
| 北 京 | 2795.57 | 1199.43 | 67.51 | 464.41 | 278.50 | 853.23 |
| 天 津 | 2511.47 | 1943.39 | 106.83 | 41.48 | 228.70 | 297.90 |
| 河 北 | 8161.30 | 6190.29 | 74.82 | 342.23 | 849.33 | 779.45 |
| 山 西 | 3854.78 | 2654.28 | 18.36 | 157.73 | 494.28 | 548.49 |
| 内蒙古 | 2563.70 | 1742.40 | 32.11 | 20.14 | 525.00 | 276.17 |
| 辽 宁 | 3733.61 | 2800.75 | 42.89 | 57.01 | 554.09 | 321.76 |
| 吉 林 | 2115.99 | 1493.55 | 24.75 | 87.27 | 341.48 | 193.68 |
| 黑龙江 | 2006.31 | 1541.95 | 44.21 | 24.12 | 264.28 | 175.96 |
| 上 海 | 2840.95 | 1436.13 | 322.79 | 384.49 | 401.78 | 618.56 |
| 江 苏 | 13670.83 | 10534.34 | 505.60 | 385.10 | 1422.47 | 1328.93 |
| 浙 江 | 7282.02 | 4516.71 | 175.31 | 370.04 | 838.03 | 1557.24 |
| 安 徽 | 8586.37 | 6007.40 | 134.41 | 238.51 | 1459.81 | 880.64 |
| 福 建 | 4875.06 | 3168.77 | 67.49 | 272.90 | 433.30 | 1000.09 |
| 江 西 | 3875.01 | 2855.03 | 93.72 | 139.22 | 576.39 | 304.37 |
| 山 东 | 13293.69 | 9747.12 | 210.85 | 439.26 | 1437.37 | 1669.95 |
| 河 南 | 14669.72 | 10954.03 | 101.07 | 331.61 | 1791.85 | 1592.22 |
| 湖 北 | 6850.10 | 4946.70 | 117.41 | 230.77 | 872.28 | 800.35 |
| 湖 南 | 7472.56 | 5272.08 | 113.91 | 214.68 | 1171.02 | 814.77 |
| 广 东 | 14847.51 | 10165.64 | 422.72 | 795.96 | 1596.87 | 2289.05 |
| 广 西 | 4984.18 | 3577.13 | 90.36 | 239.56 | 556.47 | 611.02 |
| 海 南 | 1976.16 | 1382.36 | 175.03 | 53.08 | 238.61 | 302.11 |
| 重 庆 | 4875.16 | 2998.92 | 98.33 | 160.79 | 899.94 | 815.51 |
| 四 川 | 10825.16 | 6941.73 | 233.17 | 278.00 | 1649.58 | 1955.85 |
| 贵 州 | 3467.55 | 2172.14 | 111.04 | 81.06 | 732.19 | 482.17 |
| 云 南 | 3453.98 | 2201.34 | 140.07 | 144.40 | 529.77 | 578.47 |
| 西 藏 | 57.01 | 35.53 | 2.72 | 1.66 | 13.46 | 6.37 |
| 陕 西 | 4483.64 | 3106.22 | 41.45 | 225.09 | 683.84 | 468.50 |
| 甘 肃 | 2331.71 | 1587.23 | 18.32 | 40.42 | 454.64 | 249.41 |
| 青 海 | 870.10 | 524.82 | 1.67 | 47.97 | 191.01 | 106.30 |
| 宁 夏 | 1391.34 | 875.41 | 15.06 | 72.11 | 276.92 | 166.89 |
| 新 疆 | 2205.57 | 1337.76 | 58.17 | 74.20 | 553.37 | 240.23 |

# 7-9-20 按用途分房地产开发企业房屋竣工面积

单位：万平方米

| 年份<br>地区 | 本年房屋竣工面积 | 住宅 | #别墅、高档公寓 | 办公楼 | 商业营业用房 | 其他 |
|---|---|---|---|---|---|---|
| 1997 | 15819.70 | 12464.70 | 554.22 | 1057.66 | 1628.44 | 668.89 |
| 1998 | 17566.60 | 14125.70 | 609.00 | 996.40 | 1791.50 | 652.90 |
| 1999 | 21410.83 | 17640.67 | 646.03 | 979.19 | 2011.84 | 779.13 |
| 2000 | 25104.86 | 20603.32 | 959.34 | 952.01 | 2561.97 | 987.57 |
| 2001 | 29867.36 | 24625.40 | 1183.56 | 974.03 | 3111.66 | 1156.27 |
| 2002 | 34975.75 | 28524.70 | 1625.58 | 1013.65 | 3939.75 | 1497.65 |
| 2003 | 41464.06 | 33774.61 | 1735.87 | 1077.14 | 4825.06 | 1787.25 |
| 2004 | 42464.87 | 34677.18 | 2115.31 | 1034.60 | 4945.95 | 1807.14 |
| 2005 | 53417.04 | 43682.85 | 2538.79 | 1416.70 | 5888.03 | 2429.46 |
| 2006 | 55830.92 | 45471.75 | 2652.85 | 1393.71 | 6285.75 | 2679.72 |
| 2007 | 60606.68 | 49831.35 | 3033.34 | 1545.02 | 6096.49 | 3133.82 |
| 2008 | 66544.77 | 54334.10 | 2988.71 | 1824.64 | 6410.65 | 3975.38 |
| 2009 | 72677.43 | 59628.71 | 3020.47 | 1652.55 | 6823.72 | 4572.46 |
| 2010 | 78743.88 | 63443.10 | 3266.37 | 1815.85 | 8282.63 | 5202.30 |
| 2011 | 92619.94 | 74319.05 | 3335.27 | 2266.79 | 9472.65 | 6561.45 |
| 2012 | 99424.96 | 79043.20 | 3167.91 | 2315.36 | 10226.45 | 7839.94 |
| 2013 | 101434.99 | 78740.62 | 2856.04 | 2789.40 | 10852.42 | 9052.56 |
| 2014 | 107459.05 | 80868.26 | 2830.20 | 3144.18 | 12084.08 | 11362.54 |
| 2015 | 100039.10 | 73777.36 | 2634.04 | 3419.49 | 12026.67 | 10815.59 |
| 2016 | 106127.71 | 77185.19 | 2917.42 | 3629.27 | 12518.08 | 12795.18 |
| 北京 | 2369.95 | 1267.06 | 89.03 | 343.74 | 171.61 | 587.53 |
| 天津 | 2914.25 | 2189.14 | 95.27 | 143.22 | 293.59 | 288.31 |
| 河北 | 4287.78 | 3352.61 | 58.71 | 101.67 | 395.32 | 438.19 |
| 山西 | 2683.59 | 2042.22 | 34.82 | 42.04 | 298.42 | 300.91 |
| 内蒙古 | 1664.02 | 1203.26 | 65.60 | 23.80 | 259.68 | 177.28 |
| 辽宁 | 2709.29 | 2210.06 | 23.51 | 26.71 | 307.37 | 165.15 |
| 吉林 | 1351.65 | 1008.37 | 19.08 | 18.19 | 213.22 | 111.86 |
| 黑龙江 | 2375.61 | 1757.09 | 20.53 | 40.85 | 345.43 | 232.24 |
| 上海 | 2550.64 | 1532.88 | 195.82 | 279.31 | 266.06 | 472.40 |
| 江苏 | 10073.96 | 7602.69 | 507.66 | 280.30 | 1172.03 | 1018.94 |
| 浙江 | 7925.40 | 5091.95 | 208.92 | 473.59 | 780.45 | 1579.40 |
| 安徽 | 5382.95 | 4047.73 | 45.26 | 121.04 | 719.53 | 494.64 |
| 福建 | 3665.25 | 2420.45 | 127.02 | 182.15 | 457.34 | 605.31 |
| 江西 | 1635.61 | 1316.26 | 32.44 | 37.96 | 165.80 | 115.59 |
| 山东 | 8253.50 | 6358.16 | 142.74 | 293.08 | 816.36 | 785.90 |
| 河南 | 6299.44 | 5015.23 | 53.86 | 163.38 | 748.05 | 372.78 |
| 湖北 | 3127.49 | 2348.38 | 76.89 | 67.27 | 466.52 | 245.32 |
| 湖南 | 4533.74 | 3358.54 | 62.84 | 110.40 | 515.54 | 549.26 |
| 广东 | 6593.75 | 4773.04 | 339.42 | 252.67 | 641.07 | 926.96 |
| 广西 | 1735.05 | 1373.27 | 34.42 | 29.86 | 189.14 | 142.78 |
| 海南 | 1674.61 | 1444.53 | 155.20 | 3.57 | 106.11 | 120.40 |
| 重庆 | 4421.30 | 3084.00 | 177.22 | 100.97 | 634.46 | 601.88 |
| 四川 | 7050.24 | 4677.37 | 65.83 | 194.08 | 923.43 | 1255.37 |
| 贵州 | 1901.45 | 1283.25 | 24.25 | 113.75 | 250.17 | 254.28 |
| 云南 | 2115.08 | 1433.86 | 139.21 | 23.04 | 313.08 | 345.10 |
| 西藏 | 31.53 | 25.20 | 2.72 | 6.05 | 0.23 | 0.05 |
| 陕西 | 2431.70 | 1922.84 | 18.59 | 48.01 | 307.98 | 152.87 |
| 甘肃 | 991.73 | 730.25 | 0.52 | 10.21 | 162.11 | 89.16 |
| 青海 | 386.67 | 231.21 | 5.51 | 34.39 | 65.94 | 55.13 |
| 宁夏 | 1294.55 | 931.25 | 13.39 | 28.67 | 170.51 | 164.12 |
| 新疆 | 1695.91 | 1153.02 | 81.12 | 35.30 | 361.51 | 146.08 |

# 7-9-21 按用途分房地产开发企业房屋竣工价值

单位：万元

| 年 份<br>地 区 | 房 屋<br>竣工价值 | 住 宅 | #别墅、高档公寓 | 办公楼 | 商业营业用房 | 其 他 |
|---|---|---|---|---|---|---|
| 1998 | 21391927 | 14841274 | 1797188 | 2696191 | 2908120 | 946342 |
| 1999 | 24675822 | 18313466 | 3243105 | 2307508 | 2821830 | 1233018 |
| 2000 | 28593463 | 21736046 | 4167662 | 1887549 | 3435603 | 1534265 |
| 2001 | 33694469 | 26224110 | 4653653 | 1794697 | 3972859 | 1702803 |
| 2002 | 41416949 | 31909883 | 4603868 | 1821081 | 5421762 | 2264223 |
| 2003 | 52799528 | 41289403 | 3861036 | 2179823 | 6707887 | 2622415 |
| 2004 | 59524820 | 46883710 | 3355237 | 2334105 | 7443231 | 2863774 |
| 2005 | 77522369 | 60601314 | 6585999 | 3330709 | 9442203 | 4148143 |
| 2006 | 87293459 | 67172276 | 7067080 | 3812779 | 11523290 | 4785114 |
| 2007 | 100398923 | 78530678 | 7956405 | 4117505 | 11996464 | 5754276 |
| 2008 | 119475659 | 92952620 | 7845093 | 4996314 | 13651868 | 7874857 |
| 2009 | 146893651 | 115002390 | 8769854 | 5233193 | 16690159 | 9967909 |
| 2010 | 175427347 | 135275286 | 10971101 | 6039054 | 22433546 | 11679461 |
| 2011 | 219759131 | 169477370 | 12621063 | 8319008 | 26176483 | 15786270 |
| 2012 | 248366202 | 191474476 | 12282888 | 8554573 | 28992746 | 19344407 |
| 2013 | 268053771 | 200394205 | 11967830 | 10957180 | 32756607 | 23945779 |
| 2014 | 302619873 | 220791656 | 13197486 | 11874068 | 39277437 | 30676712 |
| 2015 | 305523769 | 215691268 | 13416486 | 15541035 | 44141635 | 30149831 |
| 2016 | 322521317 | 228272161 | 14110890 | 14637590 | 43366270 | 36245296 |
| 北 京 | 8399677 | 4493128 | 481613 | 1219891 | 624449 | 2062209 |
| 天 津 | 10811967 | 7439207 | 269517 | 633883 | 1513657 | 1225220 |
| 河 北 | 11393112 | 8815898 | 186078 | 253227 | 1235377 | 1088610 |
| 山 西 | 7855668 | 6057657 | 191471 | 134403 | 971565 | 692043 |
| 内蒙古 | 4153751 | 2823067 | 166921 | 54052 | 829348 | 447284 |
| 辽 宁 | 7881953 | 6359054 | 116467 | 125012 | 1033109 | 364778 |
| 吉 林 | 3137907 | 2277038 | 46169 | 46735 | 540254 | 273880 |
| 黑龙江 | 5997454 | 4261885 | 99936 | 224411 | 939908 | 571250 |
| 上 海 | 14723334 | 8392784 | 1760530 | 2312056 | 1807775 | 2210719 |
| 江 苏 | 36782414 | 28146565 | 3231244 | 902539 | 4837823 | 2895487 |
| 浙 江 | 30796117 | 20402447 | 1115294 | 2057835 | 3447302 | 4888533 |
| 安 徽 | 15443662 | 11208276 | 137673 | 432238 | 2544077 | 1259071 |
| 福 建 | 10095950 | 6456735 | 432953 | 626805 | 1513084 | 1499326 |
| 江 西 | 4139178 | 3265148 | 113209 | 128336 | 470631 | 275063 |
| 山 东 | 18737044 | 14233895 | 370681 | 799457 | 1924003 | 1779689 |
| 河 南 | 12604121 | 9833844 | 131881 | 400168 | 1571742 | 798367 |
| 湖 北 | 9406609 | 7072247 | 401488 | 329640 | 1365745 | 638977 |
| 湖 南 | 11894158 | 8481412 | 232232 | 546058 | 1606536 | 1260152 |
| 广 东 | 24934025 | 17763322 | 1548453 | 1259882 | 2853797 | 3057024 |
| 广 西 | 4337348 | 3350444 | 62322 | 97516 | 581646 | 307742 |
| 海 南 | 6695237 | 5737060 | 733158 | 28862 | 437613 | 491702 |
| 重 庆 | 14117655 | 9760273 | 1126560 | 402964 | 2427057 | 1527361 |
| 四 川 | 20024977 | 12901934 | 273004 | 692893 | 3278835 | 3151315 |
| 贵 州 | 4694664 | 2766925 | 70979 | 401819 | 826272 | 699648 |
| 云 南 | 5869511 | 3542936 | 393082 | 60669 | 1117412 | 1148494 |
| 西 藏 | 102372 | 83781 | 10490 | 18141 | 345 | 105 |
| 陕 西 | 6486099 | 4914987 | 83649 | 159805 | 1011865 | 399442 |
| 甘 肃 | 2542487 | 1851733 | 2115 | 28724 | 415490 | 246540 |
| 青 海 | 1113944 | 700152 | 44633 | 65879 | 208981 | 138932 |
| 宁 夏 | 3449417 | 2282834 | 43222 | 98044 | 561548 | 506991 |
| 新 疆 | 3899505 | 2595493 | 233866 | 95646 | 869024 | 339342 |

# 7-9-22 房地产开发企业商品房销售情况

| 年 份<br>地 区 | 商品房销售面积<br>(万平方米) | #住 宅 | 商品房销售额<br>(亿元) | #住 宅 |
|---|---|---|---|---|
| 1991 | 3025.46 | 2745.17 | 237.86 | 207.60 |
| 1992 | 4288.86 | 3812.21 | 426.59 | 379.85 |
| 1993 | 6687.91 | 6035.19 | 863.71 | 729.19 |
| 1994 | 7230.35 | 6118.03 | 1018.50 | 730.52 |
| 1995 | 7905.94 | 6787.03 | 1257.73 | 1024.07 |
| 1996 | 7900.41 | 6898.46 | 1427.13 | 1106.90 |
| 1997 | 9010.17 | 7864.30 | 1799.48 | 1407.56 |
| 1998 | 12185.30 | 10827.10 | 2513.30 | 2006.87 |
| 1999 | 14556.53 | 12997.87 | 2987.87 | 2413.73 |
| 2000 | 18637.13 | 16570.28 | 3935.44 | 3228.60 |
| 2001 | 22411.90 | 19938.75 | 4862.75 | 4021.15 |
| 2002 | 26808.29 | 23702.31 | 6032.34 | 4957.85 |
| 2003 | 33717.63 | 29778.85 | 7955.66 | 6543.45 |
| 2004 | 38231.64 | 33819.89 | 10375.71 | 8619.37 |
| 2005 | 55486.22 | 49587.83 | 17576.13 | 14563.76 |
| 2006 | 61857.07 | 55422.95 | 20825.96 | 17287.81 |
| 2007 | 77354.72 | 70135.88 | 29889.12 | 25565.81 |
| 2008 | 65969.83 | 59280.35 | 25068.18 | 21196.00 |
| 2009 | 94755.00 | 86184.89 | 44355.17 | 38432.90 |
| 2010 | 104764.65 | 93376.60 | 52721.24 | 44120.65 |
| 2011 | 109366.75 | 96528.41 | 58588.86 | 48198.32 |
| 2012 | 111303.65 | 98467.51 | 64455.79 | 53467.18 |
| 2013 | 130550.59 | 115722.69 | 81428.28 | 67694.94 |
| 2014 | 120648.54 | 105187.79 | 76292.41 | 62410.95 |
| 2015 | 128494.97 | 112412.29 | 87280.84 | 72769.82 |
| 2016 | 157348.53 | 137539.93 | 117627.05 | 99064.17 |
| 北 京 | 1658.93 | 981.37 | 4561.60 | 2795.81 |
| 天 津 | 2711.08 | 2521.87 | 3478.22 | 3245.60 |
| 河 北 | 6682.29 | 5899.72 | 4301.83 | 3710.88 |
| 山 西 | 2061.06 | 1881.51 | 1027.14 | 900.79 |
| 内蒙古 | 2527.85 | 2073.36 | 1149.08 | 838.08 |
| 辽 宁 | 3711.90 | 3383.08 | 2256.91 | 1988.03 |
| 吉 林 | 1919.30 | 1630.72 | 1029.58 | 806.49 |
| 黑龙江 | 2117.29 | 1797.02 | 1121.04 | 903.66 |
| 上 海 | 2705.69 | 2019.80 | 6695.85 | 5233.29 |
| 江 苏 | 13962.09 | 12657.66 | 12293.02 | 11055.36 |
| 浙 江 | 8636.79 | 7234.19 | 9605.10 | 8280.85 |
| 安 徽 | 8499.65 | 7506.87 | 5035.55 | 4231.59 |
| 福 建 | 4915.35 | 4134.46 | 4530.79 | 3793.41 |
| 江 西 | 4691.84 | 4140.55 | 2678.37 | 2207.17 |
| 山 东 | 11789.88 | 10598.58 | 6902.90 | 6070.54 |
| 河 南 | 11306.27 | 10137.13 | 5612.90 | 4839.03 |
| 湖 北 | 7427.16 | 6789.21 | 4994.05 | 4383.81 |
| 湖 南 | 8085.36 | 7190.66 | 3751.86 | 3113.62 |
| 广 东 | 14611.60 | 13021.97 | 16214.61 | 14240.33 |
| 广 西 | 4215.39 | 3864.01 | 2207.47 | 1948.23 |
| 海 南 | 1508.53 | 1417.09 | 1490.20 | 1385.26 |
| 重 庆 | 6257.15 | 5105.46 | 3432.00 | 2635.64 |
| 四 川 | 9300.47 | 7884.09 | 5358.91 | 4296.27 |
| 贵 州 | 4156.93 | 3426.96 | 1790.53 | 1269.43 |
| 云 南 | 3639.75 | 2933.10 | 1917.76 | 1411.38 |
| 西 藏 | 74.61 | 71.16 | 38.14 | 34.70 |
| 陕 西 | 3262.70 | 3012.61 | 1785.17 | 1585.71 |
| 甘 肃 | 1679.49 | 1478.81 | 873.46 | 712.35 |
| 青 海 | 437.85 | 373.03 | 236.44 | 172.06 |
| 宁 夏 | 966.07 | 830.22 | 409.71 | 325.89 |
| 新 疆 | 1828.22 | 1543.66 | 846.84 | 648.94 |

# 7-9-23 房地产开发企业成套住宅竣工与销售情况

单位：套

| 年 份<br>地 区 | 住宅竣工套数<br>合 计 | #别墅、高档公寓 | 住宅销售套数<br>合 计 | #别墅、高档公寓 |
|---|---|---|---|---|
| 1999 | 1946358 | 44025 | | |
| 2000 | 2139702 | 59880 | | |
| 2001 | 2414392 | 72207 | | |
| 2002 | 2629616 | 97751 | | |
| 2003 | 3021134 | 108525 | | |
| 2004 | 4042219 | 144949 | | |
| 2005 | 3682523 | 135276 | 4235372 | 152339 |
| 2006 | 4005305 | 139632 | 5049094 | 219982 |
| 2007 | 4401203 | 159423 | 6251263 | 257776 |
| 2008 | 4939189 | 144618 | 5565827 | 157455 |
| 2009 | 5548897 | 143621 | 8040470 | 240129 |
| 2010 | 6019767 | 163207 | 8817526 | 223596 |
| 2011 | 7219163 | 155923 | 9139672 | 191881 |
| 2012 | 7642379 | 161899 | 9446424 | 184001 |
| 2013 | 7493133 | 126444 | 11046279 | 202081 |
| 2014 | 7659418 | 145182 | 10104351 | 167469 |
| 2015 | 7050109 | 126972 | 10578898 | 191594 |
| 2016 | 7455409 | 218297 | 12822565 | 258582 |
| 北 京 | 135606 | 2530 | 92387 | 4859 |
| 天 津 | 219734 | 5416 | 242287 | 10005 |
| 河 北 | 319948 | 3192 | 565634 | 4012 |
| 山 西 | 178002 | 654 | 166423 | 1307 |
| 内蒙古 | 106592 | 3301 | 195175 | 2095 |
| 辽 宁 | 247146 | 1462 | 371332 | 2574 |
| 吉 林 | 113320 | 978 | 172275 | 1498 |
| 黑龙江 | 195343 | 1254 | 192389 | 2209 |
| 上 海 | 157370 | 13641 | 195044 | 28646 |
| 江 苏 | 649768 | 21610 | 1096211 | 37091 |
| 浙 江 | 434798 | 6322 | 614849 | 13479 |
| 安 徽 | 386790 | 3058 | 709401 | 7556 |
| 福 建 | 223190 | 4724 | 378563 | 4650 |
| 江 西 | 116627 | 1997 | 369982 | 6431 |
| 山 东 | 570374 | 6505 | 935027 | 11774 |
| 河 南 | 448902 | 2366 | 913280 | 6317 |
| 湖 北 | 254145 | 4606 | 631330 | 8039 |
| 湖 南 | 288795 | 3845 | 630886 | 10075 |
| 广 东 | 414143 | 18591 | 1196094 | 33430 |
| 广 西 | 121447 | 905 | 354015 | 3769 |
| 海 南 | 251915 | 82274 | 172347 | 16176 |
| 重 庆 | 343593 | 11387 | 565075 | 10278 |
| 四 川 | 566002 | 3238 | 822273 | 10304 |
| 贵 州 | 114983 | 888 | 319528 | 4249 |
| 云 南 | 121545 | 5590 | 247148 | 8664 |
| 西 藏 | 2505 | 131 | 6323 | 198 |
| 陕 西 | 176644 | 1139 | 276798 | 4177 |
| 甘 肃 | 71194 | 21 | 138886 | 343 |
| 青 海 | 27106 | 230 | 35710 | 20 |
| 宁 夏 | 88380 | 1304 | 72994 | 1752 |
| 新 疆 | 109502 | 5138 | 142899 | 2605 |

# 7–9–24 按用途分房地产开发企业商品房销售面积

单位：万平方米

| 年份<br>地区 | 商品房销售面积 | 住宅 | #别墅、高档公寓 | 办公楼 | 商业营业用房 | 其他 |
|---|---|---|---|---|---|---|
| 1997 | 9010.17 | 7864.30 | 254.25 | 341.43 | 634.06 | 170.38 |
| 1998 | 12185.30 | 10827.10 | 345.30 | 400.60 | 810.80 | 146.80 |
| 1999 | 14556.53 | 12997.87 | 435.74 | 403.43 | 1003.17 | 152.06 |
| 2000 | 18637.13 | 16570.28 | 640.72 | 436.98 | 1399.31 | 230.56 |
| 2001 | 22411.90 | 19938.75 | 878.19 | 502.57 | 1696.15 | 274.44 |
| 2002 | 26808.29 | 23702.31 | 1241.26 | 538.92 | 2218.58 | 348.47 |
| 2003 | 33717.63 | 29778.85 | 1449.87 | 630.49 | 2833.10 | 475.19 |
| 2004 | 38231.64 | 33819.89 | 2323.05 | 692.84 | 3100.29 | 618.62 |
| 2005 | 55486.22 | 49587.83 | 2818.44 | 1096.23 | 4081.38 | 720.78 |
| 2006 | 61857.07 | 55422.95 | 3672.44 | 1231.04 | 4337.79 | 865.29 |
| 2007 | 77354.72 | 70135.88 | 4581.31 | 1465.23 | 4644.61 | 1109.01 |
| 2008 | 65969.83 | 59280.35 | 2865.25 | 1157.05 | 4206.06 | 1326.37 |
| 2009 | 94755.00 | 86184.89 | 4626.05 | 1544.43 | 5328.03 | 1697.65 |
| 2010 | 104764.65 | 93376.60 | 4219.10 | 1889.97 | 6994.84 | 2503.24 |
| 2011 | 109366.75 | 96528.41 | 3729.93 | 2004.97 | 7868.65 | 2964.71 |
| 2012 | 111303.65 | 98467.51 | 3476.00 | 2253.65 | 7759.28 | 2823.21 |
| 2013 | 130550.59 | 115722.69 | 3632.03 | 2883.35 | 8469.22 | 3475.33 |
| 2014 | 120648.54 | 105187.79 | 3047.35 | 2505.45 | 9076.93 | 3878.37 |
| 2015 | 128494.97 | 112412.29 | 3487.40 | 2912.59 | 9254.79 | 3915.29 |
| 2016 | 157348.53 | 137539.93 | 4470.00 | 3826.22 | 10811.96 | 5170.43 |
| 北京 | 1658.93 | 981.37 | 153.44 | 413.86 | 125.85 | 137.87 |
| 天津 | 2711.08 | 2521.87 | 161.35 | 31.06 | 97.03 | 61.12 |
| 河北 | 6682.29 | 5899.72 | 71.60 | 126.59 | 448.71 | 207.27 |
| 山西 | 2061.06 | 1881.51 | 18.88 | 38.62 | 98.69 | 42.24 |
| 内蒙古 | 2527.85 | 2073.36 | 36.84 | 18.30 | 301.10 | 135.09 |
| 辽宁 | 3711.90 | 3383.08 | 43.26 | 34.64 | 216.69 | 77.48 |
| 吉林 | 1919.30 | 1630.72 | 31.46 | 37.87 | 175.73 | 74.98 |
| 黑龙江 | 2117.29 | 1797.02 | 31.99 | 26.35 | 221.97 | 71.96 |
| 上海 | 2705.69 | 2019.80 | 445.42 | 306.40 | 205.87 | 173.63 |
| 江苏 | 13962.09 | 12657.66 | 782.24 | 265.68 | 849.92 | 188.83 |
| 浙江 | 8636.79 | 7234.19 | 351.27 | 410.07 | 529.68 | 462.85 |
| 安徽 | 8499.65 | 7506.87 | 116.57 | 185.35 | 670.96 | 136.48 |
| 福建 | 4915.35 | 4134.46 | 104.45 | 181.16 | 305.47 | 294.26 |
| 江西 | 4691.84 | 4140.55 | 82.00 | 87.53 | 361.29 | 102.47 |
| 山东 | 11789.88 | 10598.58 | 200.43 | 196.41 | 635.69 | 359.20 |
| 河南 | 11306.27 | 10137.13 | 90.56 | 173.35 | 816.65 | 179.14 |
| 湖北 | 7427.16 | 6789.21 | 143.69 | 103.73 | 393.74 | 140.48 |
| 湖南 | 8085.36 | 7190.66 | 137.36 | 99.96 | 555.02 | 239.73 |
| 广东 | 14611.60 | 13021.97 | 534.57 | 399.15 | 677.93 | 512.55 |
| 广西 | 4215.39 | 3864.01 | 65.56 | 50.27 | 170.39 | 130.72 |
| 海南 | 1508.53 | 1417.09 | 154.04 | 9.47 | 55.99 | 25.98 |
| 重庆 | 6257.15 | 5105.46 | 157.38 | 106.99 | 622.18 | 422.51 |
| 四川 | 9300.47 | 7884.09 | 161.34 | 150.58 | 728.11 | 537.69 |
| 贵州 | 4156.93 | 3426.96 | 68.88 | 86.08 | 542.01 | 101.88 |
| 云南 | 3639.75 | 2933.10 | 200.36 | 108.92 | 382.39 | 215.34 |
| 西藏 | 74.61 | 71.16 | 2.76 | 1.07 | 2.33 | 0.05 |
| 陕西 | 3262.70 | 3012.61 | 50.46 | 70.72 | 132.40 | 46.97 |
| 甘肃 | 1679.49 | 1478.81 | 6.83 | 44.75 | 133.98 | 21.94 |
| 青海 | 437.85 | 373.03 | 0.49 | 19.13 | 34.97 | 10.72 |
| 宁夏 | 966.07 | 830.22 | 15.31 | 7.15 | 104.82 | 23.88 |
| 新疆 | 1828.22 | 1543.66 | 49.23 | 35.01 | 214.42 | 35.13 |

# 7-9-25 按用途分房地产开发企业商品房平均销售价格

单位：元/平方米

| 年份<br>地区 | 商品房平均销售价格 | 住宅 | #别墅、高档公寓 | 办公楼 | 商业营业用房 | 其他 |
|---|---|---|---|---|---|---|
| 1997 | 1997 | 1790 | 5382 | 4677 | 3090 | 2129 |
| 1998 | 2063 | 1854 | 4596 | 5552 | 3170 | 1837 |
| 1999 | 2053 | 1857 | 4503 | 5265 | 3333 | 1804 |
| 2000 | 2112 | 1948 | 4288 | 4751 | 3260 | 1864 |
| 2001 | 2170 | 2017 | 4348 | 4588 | 3274 | 2033 |
| 2002 | 2250 | 2092 | 4154 | 4336 | 3489 | 1919 |
| 2003 | 2359 | 2197 | 4145 | 4196 | 3675 | 2241 |
| 2004 | 2778 | 2608 | 5576 | 5744 | 3884 | 2235 |
| 2005 | 3168 | 2937 | 5834 | 6923 | 5022 | 2829 |
| 2006 | 3367 | 3119 | 6585 | 8053 | 5247 | 3131 |
| 2007 | 3864 | 3645 | 7471 | 8667 | 5774 | 3351 |
| 2008 | 3800 | 3576 | 7801 | 8378 | 5886 | 3219 |
| 2009 | 4681 | 4459 | 9662 | 10608 | 6871 | 3671 |
| 2010 | 5032 | 4725 | 10934 | 11406 | 7747 | 4099 |
| 2011 | 5357 | 4993 | 10994 | 12327 | 8488 | 4182 |
| 2012 | 5791 | 5430 | 11460 | 12306 | 9021 | 4306 |
| 2013 | 6237 | 5850 | 12591 | 12997 | 9777 | 4907 |
| 2014 | 6324 | 5933 | 12965 | 11826 | 9817 | 5177 |
| 2015 | 6793 | 6473 | 15157 | 12914 | 9566 | 4845 |
| 2016 | 7476 | 7203 | 15911 | 14332 | 9786 | 4832 |
| 北京 | 27497 | 28489 | 42874 | 30491 | 29929 | 9230 |
| 天津 | 12830 | 12870 | 13433 | 14396 | 14434 | 7829 |
| 河北 | 6438 | 6290 | 10347 | 9622 | 8789 | 3609 |
| 山西 | 4984 | 4788 | 9992 | 8669 | 8089 | 3087 |
| 内蒙古 | 4546 | 4042 | 4444 | 6467 | 7709 | 4963 |
| 辽宁 | 6080 | 5876 | 11479 | 17226 | 8073 | 4423 |
| 吉林 | 5364 | 4946 | 10997 | 6452 | 8550 | 6457 |
| 黑龙江 | 5295 | 5029 | 9468 | 8119 | 6986 | 5687 |
| 上海 | 24747 | 25910 | 42735 | 29477 | 22854 | 5120 |
| 江苏 | 8805 | 8734 | 13584 | 9612 | 10519 | 4676 |
| 浙江 | 11121 | 11447 | 14695 | 11330 | 12329 | 4463 |
| 安徽 | 5924 | 5637 | 7937 | 7860 | 9041 | 3786 |
| 福建 | 9218 | 9175 | 14003 | 12143 | 11569 | 5573 |
| 江西 | 5709 | 5331 | 7437 | 7634 | 9631 | 5508 |
| 山东 | 5855 | 5728 | 11481 | 9411 | 7807 | 4210 |
| 河南 | 4964 | 4774 | 8193 | 8143 | 6766 | 4477 |
| 湖北 | 6724 | 6457 | 9086 | 11889 | 9651 | 7610 |
| 湖南 | 4640 | 4330 | 6955 | 8968 | 8213 | 3869 |
| 广东 | 11097 | 10936 | 15907 | 18328 | 13217 | 6764 |
| 广西 | 5237 | 5042 | 7998 | 9450 | 9347 | 4014 |
| 海南 | 9878 | 9775 | 16468 | 13372 | 11842 | 9997 |
| 重庆 | 5485 | 5162 | 8572 | 9239 | 8884 | 3426 |
| 四川 | 5762 | 5449 | 9913 | 8005 | 10181 | 3735 |
| 贵州 | 4307 | 3704 | 6813 | 7012 | 7865 | 3381 |
| 云南 | 5269 | 4812 | 5491 | 8051 | 8513 | 4327 |
| 西藏 | 5112 | 4876 | 6333 | 6920 | 11546 | 2165 |
| 陕西 | 5471 | 5264 | 8905 | 8260 | 8744 | 5381 |
| 甘肃 | 5201 | 4817 | 9576 | 10156 | 7936 | 4256 |
| 青海 | 5400 | 4612 | 9534 | 6829 | 13207 | 4798 |
| 宁夏 | 4241 | 3925 | 5824 | 8036 | 6655 | 3482 |
| 新疆 | 4632 | 4204 | 6236 | 7829 | 7424 | 3218 |

# 7-9-26 房地产业(不含房地产开发经营)企业法人单位分地区主要指标

| 地区 | 单位数(个) | 营业收入(亿元) | 资产总计(亿元) | 从业人员(万人) |
|---|---|---|---|---|
| **全国** | **241806** | **8580.3** | **43365.1** | **631.7** |
| 北京 | 21395 | 1377.1 | 7425.0 | 51.1 |
| 天津 | 5040 | 163.9 | 1251.2 | 14.4 |
| 河北 | 11168 | 115.3 | 523.5 | 17.0 |
| 山西 | 4476 | 79.7 | 410.9 | 12.1 |
| 内蒙古 | 3534 | 79.4 | 203.6 | 9.4 |
| 辽宁 | 8534 | 215.7 | 1237.5 | 19.3 |
| 吉林 | 3137 | 56.6 | 151.5 | 6.5 |
| 黑龙江 | 4785 | 58.8 | 277.5 | 6.4 |
| 上海 | 9649 | 725.9 | 2485.0 | 37.6 |
| 江苏 | 18078 | 716.0 | 2010.8 | 54.4 |
| 浙江 | 14830 | 482.5 | 3512.2 | 36.9 |
| 安徽 | 7998 | 178.4 | 396.1 | 17.7 |
| 福建 | 6057 | 206.5 | 775.6 | 17.4 |
| 江西 | 4354 | 143.0 | 345.7 | 8.9 |
| 山东 | 17719 | 562.5 | 1093.1 | 45.5 |
| 河南 | 8234 | 202.1 | 1824.4 | 17.5 |
| 湖北 | 8984 | 251.7 | 944.8 | 20.5 |
| 湖南 | 6090 | 238.3 | 400.6 | 18.1 |
| 广东 | 32673 | 1610.5 | 9236.3 | 98.9 |
| 广西 | 6393 | 77.9 | 1527.8 | 11.9 |
| 海南 | 2632 | 59.1 | 633.9 | 5.3 |
| 重庆 | 6015 | 284.8 | 599.7 | 24.3 |
| 四川 | 7388 | 235.6 | 3693.0 | 26.1 |
| 贵州 | 2544 | 44.8 | 179.5 | 7.3 |
| 云南 | 4633 | 113.4 | 320.9 | 11.0 |
| 西藏 | 69 | 3.7 | 12.8 | 0.3 |
| 陕西 | 6991 | 150.3 | 515.6 | 15.2 |
| 甘肃 | 2788 | 42.2 | 248.2 | 6.5 |
| 青海 | 891 | 13.1 | 109.7 | 2.8 |
| 宁夏 | 930 | 18.0 | 51.4 | 3.3 |
| 新疆 | 3795 | 73.5 | 967.1 | 8.2 |

## 【主要统计指标解释】

**主营业务收入** 指企业确认的销售商品、提供劳务等主营业务的收入。根据会计“主营业务收入”科目的期末贷方余额填报。如未设置该科目，以“营业收入”代替填报。

**土地转让收入** 指房地产开发企业按国家规定在报告期转让已经开发的土地和未经开发的土地所得到的收入。根据会计“利润表”和相关核算资料计算填报。

**商品房屋销售收入** 指房地产开发企业在报告期售出商品房屋的收入，一次收款的，一次性全部计入销售收入，按合同规定分期收款的，可按合同规定的时间分次计入收入。根据会计“利润表”和相关核算资料计算填报。

**房屋出租收入** 指房地产开发企业在报告期内，在不改变现有财产所有权关系的条件下，将企业的全部或部分房屋出租给其他单位或个人使用所得到的租金收入。根据会计“利润表”和相关核算资料计算填报。

**其他（主营业务）收入** 指房地产开发企业在报告期内从事除以上收入外的其他业务活动所得到的收入，包括配套设施销售收入、代建工程结算收入等。根据会计“利润表”和相关核算资料计算填报。

**营业利润** 指企业从事生产经营活动所取得的利润。根据会计“利润表”中“营业利润”项目的本期金额数填报。

**房屋施工面积** 指报告期内施工的全部房屋建筑面积。包括本期新开工的房屋建筑面积、上期跨入本期继续施工的房屋建筑面积、上期停缓建在本期恢复施工的房屋建筑面积、本期竣工的房屋建筑面积以及本期施工后又停缓建的房屋建筑面积。多层建筑应填各层建筑面积之和。

**房屋新开工面积** 指报告期内新开工建设的房屋面积，以单位工程为核算对象，即整栋房屋的全部建筑面积，不能分割计算。不包括在上期开工跨入报告期继续施工的房屋建筑面积和上期停缓建而在本期复工的建筑面积。房屋的开工应以房屋正式开始破土刨槽（地基处理或打永久桩）的日期为准。

**房屋竣工面积** 指报告期内房屋建筑按照设计要求已全部完工，达到住人和使用条件，经验收鉴定合格或达到竣工验收标准，可正式移交使用的各栋房屋建筑面积的总和。竣工面积以房屋单位工程（栋）为核算对象，在整栋房屋符合竣工条件后按其全部建筑面积一次性计算，而不是按各栋施工房屋中已完成的部分或层次分割计算。

**商品房销售面积** 指报告期内出售商品房屋的合同总面积（即双方签署的正式买卖合同中所确定的建筑面积）。商品房销售面积由现房销售面积和期房销售面积两部分组成。

**商品房销售额** 指报告期内出售商品房屋的合同总价款（即双方签署的正式买卖合同中所确定的合同总价）。该指标与商品房销售面积同口径，由现房销售额和期房销售额两部分组成。

**住宅竣工套数** 指报告期内按照设计要求已全部完工，经验收合格，达到住人或使用条件的正式交给开发公司的成套住宅数量（以设计图纸为准）。

**商品住宅销售套数** 指报告期内出售商品房屋合同中总的成套住宅数量（即双方签署的

正式买卖合同中所确定的成套住宅数量）。由现房销售套数和期房销售套数两部分组成。

**房屋竣工价值** 指报告期内按规定已经上报竣工的房屋本身的建造价值。一般按房屋设计和预算规定的内容计算。包括竣工房屋本身的基础、结构、屋面、装修以及水、电、卫等附属工程的建筑价值；也包括作为房屋建筑组成部分而列入房屋建筑工程预算内的设备（如电梯、通风设备等）的购置和安装费用。不包括厂房内的工艺设备、工艺管线的购置和安装，工艺设备基础的建造；室外的水、暖、电、卫、道路工程、挡土墙等环境工程的费用；办公和生活用家具的购置等费用；购置土地的费用；迁移补偿费和场地平整的费用及城市建设配套投资。

房屋竣工价值不仅包括该竣工房屋在报告期内完成的价值，也包括跨年施工的房屋在本期以前完成的价值。未竣工而转让给其他单位的房屋建筑工程，出让单位不计算竣工价值，待接受单位继续施工并符合竣工条件后，由接受单位计算其竣工价值，包括出让单位在出让前所完成的价值。房屋竣工价值一般按结算价格（或中标价）计算。

**待开发土地面积** 指经有关部门批准，通过各种方式获得土地使用权，但尚未开工建设的土地面积。

**本年土地购置面积** 指在本年内通过各种方式获得土地使用权的土地面积。

# 7 第三产业分行业主要指标

7–10　租赁和商务服务业

## 简要说明

**一、主要内容**

本篇资料主要包括租赁和商务服务业企业法人单位分地区主要指标和律师、公证、调解等情况。

**二、资料来源**

租赁和商务服务业企业法人单位分地区主要指标由国家统计局服务业司根据《规模以上服务业统计报表制度》和《规模以下服务业抽样调查统计报表制度》调查结果整理。

其他资料由国家统计局社科文司依据司法部相关统计报表制度整理提供。

# 7-10-1 租赁和商务服务业企业法人单位分地区主要指标

| 地区 | 单位数(个) | 营业收入(亿元) | 资产总计(亿元) | 从业人员(万人) |
|---|---|---|---|---|
| **全国** | **1150268** | **74823.2** | **861760.9** | **1553.3** |
| 北京 | 159931 | 12103.0 | 146013.5 | 174.2 |
| 天津 | 28939 | 2760.3 | 28849.1 | 32.7 |
| 河北 | 38722 | 1714.5 | 26217.3 | 41.9 |
| 山西 | 21524 | 433.4 | 21433.8 | 21.6 |
| 内蒙古 | 12468 | 807.4 | 11065.5 | 20.2 |
| 辽宁 | 32921 | 646.7 | 7568.0 | 24.7 |
| 吉林 | 11913 | 193.5 | 5625.3 | 8.8 |
| 黑龙江 | 13257 | 478.1 | 4086.6 | 17.7 |
| 上海 | 52520 | 10777.7 | 58612.8 | 113.2 |
| 江苏 | 104926 | 8100.0 | 73106.8 | 112.3 |
| 浙江 | 101001 | 4424.2 | 124008.7 | 129.5 |
| 安徽 | 40272 | 2631.7 | 21616.7 | 45.7 |
| 福建 | 42700 | 1807.8 | 21988.6 | 49.6 |
| 江西 | 20751 | 1030.9 | 8849.8 | 33.9 |
| 山东 | 55939 | 4356.5 | 29153.4 | 98.5 |
| 河南 | 28686 | 1348.8 | 14537.4 | 45.3 |
| 湖北 | 37023 | 2112.7 | 24120.8 | 39.2 |
| 湖南 | 36840 | 1725.9 | 17383.3 | 45.3 |
| 广东 | 130303 | 7701.1 | 67542.6 | 228.8 |
| 广西 | 35734 | 729.4 | 15336.2 | 30.3 |
| 海南 | 6761 | 201.7 | 7644.3 | 8.3 |
| 重庆 | 24258 | 2135.4 | 20250.8 | 43.7 |
| 四川 | 32426 | 1916.2 | 30812.9 | 56.0 |
| 贵州 | 12173 | 554.6 | 17183.2 | 16.9 |
| 云南 | 19184 | 1938.4 | 21130.1 | 45.1 |
| 西藏 | 1006 | 94.6 | 1533.9 | 2.3 |
| 陕西 | 17886 | 654.1 | 12869.1 | 26.4 |
| 甘肃 | 7820 | 679.3 | 8005.6 | 11.1 |
| 青海 | 3311 | 128.8 | 2725.9 | 4.9 |
| 宁夏 | 3607 | 66.6 | 1765.3 | 6.7 |
| 新疆 | 15464 | 569.8 | 10723.7 | 18.4 |

# 7-10-2 律师、公证和调解工作基本情况

| 项　目 | | 2010 | 2011 | 2012 | 2013 | 2014 | 2015 | 2016 |
|---|---|---|---|---|---|---|---|---|
| **律师工作** | | | | | | | | |
| 律师事务所 | (个) | 17230 | 18235 | 19361 | 20609 | 22166 | 24425 | 26150 |
| 律师人数 | (人) | 195170 | 214968 | 232384 | 248623 | 271452 | 297175 | 325540 |
| #专职律师 | | 176000 | 192546 | 208356 | 225000 | 244000 | 267536 | 293586 |
| 兼职律师 | | 9294 | 9740 | 10108 | 10550 | 10545 | 11199 | 11567 |
| 担任法律顾问 | (家) | 369129 | 392456 | 447993 | 456847 | 507289 | 548260 | 579360 |
| 民事诉讼代理 | (件) | 1569043 | 1693635 | 1779118 | 1887156 | 2100102 | 2476112 | 2744896 |
| 刑事诉讼辩护及代理 | (件) | 530800 | 569330 | 576050 | 592486 | 667391 | 717283 | 704447 |
| 行政诉讼代理 | (件) | 51011 | 52136 | 43312 | 57659 | 64545 | 86455 | 98989 |
| 非诉讼法律事务 | (件) | 549453 | 625229 | 585358 | 817703 | 673080 | 784264 | 844414 |
| 解答法律询问 | (万人次) | 474.5 | 513.6 | 436.9 | 452.3 | 464.3 | 508.2 | 530.2 |
| **公证工作** | | | | | | | | |
| 公证处 | (个) | 3026 | 3006 | 3007 | 2987 | 3006 | 3001 | 3002 |
| 公证员 | (人) | 11000 | 12163 | 12333 | 12725 | 12960 | 13147 | 13175 |
| 办理公证文书 | (万件) | 1104.8 | 1076.6 | 1120.8 | 1258.9 | 1221.6 | 1246.8 | 1399.7 |
| **人民调解工作** | | | | | | | | |
| 人民调解委员会 | (万个) | 81.8 | 81.1 | 81.7 | 82.0 | 80.3 | 79.8 | 78.4 |
| 调解人员 | (万人) | 466.9 | 433.6 | 428.1 | 422.9 | 394.1 | 391.1 | 385.2 |
| 调解民间纠纷 | (万件) | 841.8 | 893.5 | 926.6 | 943.9 | 933.0 | 933.1 | 901.9 |

# 7-10-3 国内公证业务分类

| 分　类 | 办证件数(件) | 比　重(%) |
|---|---|---|
| **合　计** | **10257467** | **100.00** |
| 合同(协议) | 1924759 | 18.76 |
| 继承 | 1041073 | 10.15 |
| 单方法律行为 | 3829322 | 37.33 |
| 现场监督 | 235015 | 2.29 |
| 保全证据 | 289575 | 2.82 |
| 公司章程 | 1375 | 0.01 |
| 组织资格 | 2156 | 0.02 |
| 财产权 | 4411 | 0.04 |
| 身份 | 18686 | 0.18 |
| 收养关系 | 2018 | 0.02 |
| 婚姻状况 | 14067 | 0.14 |
| 亲属关系 | 80167 | 0.78 |
| 有无违法犯罪记录 | 28736 | 0.28 |
| 其他有法律意义事实 | 70612 | 0.69 |
| 证书(执照) | 49150 | 0.48 |
| 签名(印章) | 881701 | 8.60 |
| 文本相符 | 517252 | 5.04 |
| 赋予执行效力 | 845993 | 8.25 |
| 执行证书 | 42909 | 0.42 |
| 抵押登记 | 33106 | 0.32 |
| 提存 | 3092 | 0.03 |
| 保管 | 11230 | 0.11 |
| 其他 | 331062 | 3.23 |

# 7-10-4 涉外公证文书分类

| 分　类 | 办证件数(件) | 比　重(%) |
| --- | --- | --- |
| **合　计** | **3553571** | **100.00** |
| 合同(协议) | 4079 | 0.11 |
| 继承 | 1149 | 0.03 |
| 委托 | 68711 | 1.93 |
| 声明 | 66389 | 1.87 |
| 遗嘱 | 93 | |
| 其他单方法律行为 | 8774 | 0.25 |
| 公司章程 | 5198 | 0.15 |
| 组织资格 | 2128 | 0.06 |
| 收养关系 | 2955 | 0.08 |
| 婚姻关系 | 134310 | 3.78 |
| 亲属关系 | 405040 | 11.40 |
| 出生 | 454310 | 12.78 |
| 死亡 | 10708 | 0.30 |
| 生存、居住 | 10661 | 0.30 |
| 学历(学位) | 184137 | 5.18 |
| 经历 | 12313 | 0.35 |
| 职务(职称) | 9708 | 0.27 |
| 身份 | 14120 | 0.40 |
| 有无违法犯罪记录 | 416247 | 11.71 |
| 其他有法律意义事实 | 59778 | 1.68 |
| 证书(执照) | 486003 | 13.68 |
| 签名(印章) | 180427 | 5.08 |
| 文本相符 | 660828 | 18.60 |
| 其他 | 355505 | 10.00 |

# 7-10-5 调解民间纠纷分类

| 项　目 | 调解纠纷（万件） | | 各类纠纷所占比重（%） | |
| --- | --- | --- | --- | --- |
| | 2015 | 2016 | 2015 | 2016 |
| **合　计** | **933.1** | **901.9** | **100.0** | **100.0** |
| #婚姻家庭 | 183.4 | 175.1 | 19.7 | 19.4 |
| 房屋、宅基地 | 65.3 | 62.4 | 7.0 | 6.9 |
| 邻　里 | 237.5 | 229.1 | 25.5 | 25.4 |
| 损害赔偿 | 73.1 | 75.0 | 7.8 | 8.3 |

## 【主要统计指标解释】

**公证文书** 指公证处根据当事人申请，依照事实和法律，按照法定程序制作的，具有法律效力的司法证明文书。

**司法助理员** 指政法项目编制人员。

**调解人员** 指在人民调解委员会担负调解民间纠纷工作的人员，包括调解委员会的委员和调解小组的调解员。

**调解民间纠纷** 指调解委员会按照法律规定，根据自愿原则，用说服教育的方法调解民间发生的有关民事权利和义务争执的件数，包括调解成功数和调解未成功数。

# 7 第三产业分行业主要指标

## 7–11　科学研究和技术服务业

# 简要说明

**一、主要内容**

科技活动基本情况，包括 R&D 人员、R&D 经费、科技成果和专利情况；气象、地震、海洋、测绘、质量监督检验检疫等综合技术服务部门业务活动情况；全国技术市场成交合同额情况以及科学研究与技术服务业企业法人单位分地区主要指标等。

**二、统计范围**

科技活动统计资料范围为研究与试验发展（R&D）活动相对密集行业中的企事业单位和从事综合技术服务活动的单位。其中研究与试验发展（R&D）活动相对密集行业中的企事业单位具体包括规模以上工业法人单位、地级及以上独立核算的政府属科学研究与技术开发机构及科技信息与文献机构、全日制普通高等学校及附属医院以及其他行业（包括农、林、牧、渔业，建筑业，交通运输、仓储和邮政业，信息传输、软件和信息技术服务业，金融业，租赁和商务服务业，科学研究和技术服务业，水利、环境和公共设施管理业，卫生和社会工作，文化、体育和娱乐业等）企事业单位。

**三、资料来源**

科技活动基本情况资料由国家统计局、科技部、国防科工局、教育部、国家知识产权局等部门提供；研究与试验发展（R&D）课题学科分组情况由科技部、国防科工局、教育部提供；气象、地震、海洋、测绘、产品质量监督和检验检疫等资料，分别由中国气象局、中国地震局、国家海洋局、国家测绘地理信息局、国家质量监督检验检疫总局等部门提供；技术市场资料由科技部提供。

科学研究与技术服务业企业法人单位分地区主要指标来源于国家统计局服务业司《规模以上服务业统计报表制度》和《规模以下服务业抽样调查统计报表制度》调查结果。

**四、统计调查方法**

研究与试验发展（R&D）活动情况采用全面调查取得；科协、测绘、气象、地震、海洋、产品质量监督和检验检疫、专利资料采用抽样等多种调查方法取得。

**五、科技活动统计资料口径变动说明**

2000 年以前研究与试验发展（R&D）活动统计资料只包括大中型工业企业、政府属研究机构、普通高等学校，2000 年及以后年份扩大到了全社会范围。

# 7-11-1 科技活动基本情况

| 指　　标 | 2005 | 2006 | 2007 | 2008 | 2009 | 2010 |
|---|---|---|---|---|---|---|
| 研究与试验发展(R&D)投入情况 | | | | | | |
| R&D人员全时当量　(万人年) | 136.5 | 150.2 | 173.6 | 196.5 | 229.1 | 255.4 |
| #基础研究 | 11.5 | 13.1 | 13.8 | 15.4 | 16.5 | 17.4 |
| 应用研究 | 29.7 | 30.0 | 28.6 | 28.9 | 31.5 | 33.6 |
| 试验发展 | 95.2 | 107.1 | 131.2 | 152.2 | 181.1 | 204.5 |
| R&D经费内部支出　(亿元) | 2450.0 | 3003.1 | 3710.2 | 4616.0 | 5802.1 | 7062.6 |
| #基础研究 | 131.2 | 155.8 | 174.5 | 220.8 | 270.3 | 324.5 |
| 应用研究 | 433.5 | 489.0 | 492.9 | 575.2 | 730.8 | 893.8 |
| 试验发展 | 1885.2 | 2358.4 | 3042.8 | 3820.0 | 4801.0 | 5844.3 |
| #政府资金 | 645.4 | 742.1 | 913.5 | 1088.9 | 1358.3 | 1696.3 |
| 企业资金 | 1642.5 | 2073.7 | 2611.0 | 3311.5 | 4162.7 | 5063.1 |
| R&D经费内部支出与国内生产总值之比　(%) | 1.32 | 1.37 | 1.37 | 1.44 | 1.66 | 1.71 |
| 科技成果及获奖数　(项) | | | | | | |
| 科技成果登记数 | 32359 | 33644 | 34170 | 35971 | 38688 | 42108 |
| 国家技术发明奖 | 40 | 56 | 51 | 55 | 55 | 46 |
| 国家科学技术进步奖 | 236 | 241 | 255 | 254 | 282 | 273 |
| 技术市场成交额　(亿元) | 1551 | 1818 | 2227 | 2665 | 3039 | 3907 |
| 专利申请受理数　(件) | 476264 | 573178 | 693917 | 828328 | 976686 | 1222286 |
| #发明 | 173327 | 210490 | 245161 | 289838 | 314573 | 391177 |
| 实用新型 | 139566 | 161366 | 181324 | 225586 | 310771 | 409836 |
| 外观设计 | 163371 | 201322 | 267432 | 312904 | 351342 | 421273 |
| 专利申请授权数　(件) | 214003 | 268002 | 351782 | 411982 | 581992 | 814825 |
| #发明 | 53305 | 57786 | 67948 | 93706 | 128489 | 135110 |
| 实用新型 | 79349 | 107655 | 150036 | 176675 | 203802 | 344472 |
| 外观设计 | 81349 | 102561 | 133798 | 141601 | 249701 | 335243 |

注：2015年R&D经费支出与国内生产总值之比根据国内生产总值最终核实数据作了相应修正。下同。

7-11-1 续表

| 指　　标 | 2011 | 2012 | 2013 | 2014 | 2015 | 2016 |
|---|---|---|---|---|---|---|
| 研究与试验发展(R&D)投入情况 | | | | | | |
| R&D人员全时当量 (万人年) | 288.3 | 324.7 | 353.3 | 371.1 | 375.9 | 387.8 |
| #基础研究 | 19.3 | 21.2 | 22.3 | 23.5 | 25.3 | 27.5 |
| 应用研究 | 35.3 | 38.4 | 39.6 | 40.7 | 43.0 | 43.9 |
| 试验发展 | 233.7 | 265.1 | 291.4 | 306.8 | 307.5 | 316.4 |
| R&D经费内部支出 (亿元) | 8687.0 | 10298.4 | 11846.6 | 13015.6 | 14169.9 | 15676.7 |
| #基础研究 | 411.8 | 498.8 | 555.0 | 613.5 | 716.1 | 822.9 |
| 应用研究 | 1028.4 | 1162.0 | 1269.1 | 1398.5 | 1528.6 | 1610.5 |
| 试验发展 | 7246.8 | 8637.6 | 10022.5 | 11003.6 | 11925.1 | 13243.4 |
| #政府资金 | 1883.0 | 2221.4 | 2500.6 | 2636.1 | 3013.2 | 3140.8 |
| 企业资金 | 6420.6 | 7625.0 | 8837.7 | 9816.5 | 10588.6 | 11923.5 |
| R&D经费内部支出与国内生产总值之比 (%) | 1.78 | 1.91 | 1.99 | 2.02 | 2.06 | 2.11 |
| 科技成果及获奖数 (项) | | | | | | |
| 科技成果登记数 | 44208 | 51723 | 52477 | 53140 | 55284 | 58779 |
| 国家技术发明奖 | 55 | 77 | 71 | 70 | 66 | 66 |
| 国家科学技术进步奖 | 283 | 212 | 188 | 202 | 187 | 171 |
| 技术市场成交额 (亿元) | 4764 | 6437 | 7469 | 8577 | 9836 | 11407 |
| 专利申请受理数 (件) | 1633347 | 2050649 | 2377061 | 2361243 | 2798500 | 3464824 |
| #发明 | 526412 | 652777 | 825136 | 928177 | 1101864 | 1338503 |
| 实用新型 | 585467 | 740290 | 892362 | 868511 | 1127577 | 1475977 |
| 外观设计 | 521468 | 657582 | 659563 | 564555 | 569059 | 650344 |
| 专利申请授权数 (件) | 960513 | 1255138 | 1313000 | 1302687 | 1718192 | 1753763 |
| #发明 | 172113 | 217105 | 207688 | 233228 | 359316 | 404208 |
| 实用新型 | 408110 | 571175 | 692845 | 707883 | 876217 | 903420 |
| 外观设计 | 380290 | 466858 | 412467 | 361576 | 482659 | 446135 |

# 7-11-2 全国研究与试验发展(R&D)经费内部支出

单位：亿元，%

| 年 份 | R&D经费内部支出 | 基础研究 | 应用研究 | 试验发展 | 与国内生产总值之比 | R&D经费内部支出现价增长 |
|---|---|---|---|---|---|---|
| 1995 | 348.7 | 18.1 | 92.0 | 238.6 | 0.57 | |
| 1996 | 404.5 | 20.2 | 99.1 | 285.1 | 0.57 | 16.0 |
| 1997 | 509.2 | 27.4 | 132.5 | 349.3 | 0.64 | 25.9 |
| 1998 | 551.1 | 29.0 | 124.6 | 397.5 | 0.65 | 8.2 |
| 1999 | 678.9 | 33.9 | 151.6 | 493.5 | 0.76 | 23.2 |
| 2000 | 895.7 | 46.7 | 151.9 | 697.0 | 0.89 | 31.9 |
| 2001 | 1042.5 | 55.6 | 184.9 | 802.0 | 0.94 | 16.4 |
| 2002 | 1287.6 | 73.8 | 246.7 | 967.2 | 1.06 | 23.5 |
| 2003 | 1539.6 | 87.7 | 311.4 | 1140.5 | 1.12 | 19.6 |
| 2004 | 1966.3 | 117.2 | 400.5 | 1448.7 | 1.21 | 27.7 |
| 2005 | 2450.0 | 131.2 | 433.5 | 1885.2 | 1.31 | 24.6 |
| 2006 | 3003.1 | 155.8 | 489.0 | 2358.4 | 1.37 | 22.6 |
| 2007 | 3710.2 | 174.5 | 492.9 | 3042.8 | 1.37 | 23.5 |
| 2008 | 4616.0 | 220.8 | 575.2 | 3820.0 | 1.44 | 24.4 |
| 2009 | 5802.1 | 270.3 | 730.8 | 4801.0 | 1.66 | 25.7 |
| 2010 | 7062.6 | 324.5 | 893.8 | 5844.3 | 1.71 | 21.7 |
| 2011 | 8687.0 | 411.8 | 1028.4 | 7246.8 | 1.78 | 23.0 |
| 2012 | 10298.4 | 498.8 | 1162.0 | 8637.6 | 1.91 | 18.5 |
| 2013 | 11846.6 | 555.0 | 1269.1 | 10022.5 | 1.99 | 15.0 |
| 2014 | 13015.6 | 613.5 | 1398.5 | 11003.6 | 2.02 | 9.9 |
| 2015 | 14169.9 | 716.1 | 1528.6 | 11925.1 | 2.06 | 8.9 |
| 2016 | 15676.7 | 822.9 | 1610.5 | 13243.4 | 2.11 | 10.6 |

# 7-11-3 全国研究与试验发展(R&D)人员全时当量

单位：万人年，%

| 年 份 | R&D人员全时当量 | 基础研究 | 比重 | 应用研究 | 比重 | 试验发展 | 比重 |
|---|---|---|---|---|---|---|---|
| 1992 | 67.43 | 5.84 | 8.66 | 20.90 | 30.99 | 40.70 | 60.36 |
| 1993 | 69.78 | 6.33 | 9.07 | 21.49 | 30.80 | 41.96 | 60.13 |
| 1994 | 78.32 | 7.64 | 9.76 | 24.20 | 30.90 | 46.48 | 59.35 |
| 1995 | 75.17 | 6.66 | 8.87 | 22.79 | 30.32 | 45.71 | 60.81 |
| 1996 | 80.40 | 6.96 | 8.65 | 23.65 | 29.42 | 49.79 | 61.93 |
| 1997 | 83.12 | 7.17 | 8.63 | 25.27 | 30.40 | 50.68 | 60.97 |
| 1998 | 75.52 | 7.87 | 10.42 | 24.97 | 33.06 | 42.68 | 56.51 |
| 1999 | 82.17 | 7.60 | 9.25 | 24.15 | 29.39 | 50.42 | 61.36 |
| 2000 | 92.21 | 7.96 | 8.63 | 21.96 | 23.82 | 62.28 | 67.54 |
| 2001 | 95.65 | 7.88 | 8.24 | 22.60 | 23.63 | 65.17 | 68.13 |
| 2002 | 103.51 | 8.40 | 8.12 | 24.73 | 23.89 | 70.39 | 68.00 |
| 2003 | 109.48 | 8.97 | 8.19 | 26.03 | 23.77 | 74.49 | 68.03 |
| 2004 | 115.26 | 11.07 | 9.61 | 27.86 | 24.17 | 76.33 | 66.22 |
| 2005 | 136.48 | 11.54 | 8.46 | 29.71 | 21.77 | 95.23 | 69.78 |
| 2006 | 150.25 | 13.13 | 8.74 | 29.97 | 19.95 | 107.14 | 71.31 |
| 2007 | 173.62 | 13.81 | 7.95 | 28.60 | 16.47 | 131.21 | 75.57 |
| 2008 | 196.54 | 15.40 | 7.83 | 28.94 | 14.72 | 152.20 | 77.44 |
| 2009 | 229.13 | 16.46 | 7.18 | 31.53 | 13.76 | 181.14 | 79.06 |
| 2010 | 255.38 | 17.37 | 6.80 | 33.56 | 13.14 | 204.46 | 80.06 |
| 2011 | 288.29 | 19.32 | 6.70 | 35.28 | 12.24 | 233.73 | 81.07 |
| 2012 | 324.68 | 21.22 | 6.53 | 38.38 | 11.82 | 265.09 | 81.65 |
| 2013 | 353.28 | 22.32 | 6.32 | 39.56 | 11.20 | 291.40 | 82.49 |
| 2014 | 371.06 | 23.54 | 6.34 | 40.70 | 10.97 | 306.82 | 82.69 |
| 2015 | 375.88 | 25.32 | 6.73 | 43.04 | 11.45 | 307.53 | 81.81 |
| 2016 | 387.81 | 27.47 | 7.08 | 43.89 | 11.32 | 316.44 | 81.60 |

# 7-11-4 各地区研究与试验发展(R&D)经费内部支出

单位：万元，%

| 地 区 | R&D经费内部支出 | 基础研究 | 应用研究 | 试验发展 | R&D经费内部支出与国内(地区)生产总值之比 |
|---|---|---|---|---|---|
| **全 国** | **156767484** | **8228919** | **16104949** | **132433616** | **2.11** |
| 北 京 | 14845762 | 2111730 | 3480597 | 9253435 | 5.96 |
| 天 津 | 5373223 | 302658 | 594426 | 4476139 | 3.00 |
| 河 北 | 3834274 | 80788 | 333943 | 3419543 | 1.20 |
| 山 西 | 1326237 | 87775 | 169483 | 1068979 | 1.03 |
| 内蒙古 | 1475124 | 30113 | 104524 | 1340487 | 0.79 |
| 辽 宁 | 3727165 | 237566 | 647684 | 2841915 | 1.69 |
| 吉 林 | 1396668 | 129788 | 213458 | 1053422 | 0.94 |
| 黑龙江 | 1525048 | 157698 | 384187 | 983164 | 0.99 |
| 上 海 | 10493187 | 776276 | 1311273 | 8405639 | 3.82 |
| 江 苏 | 20268734 | 519597 | 1152840 | 18596297 | 2.66 |
| 浙 江 | 11306297 | 320637 | 417995 | 10567665 | 2.43 |
| 安 徽 | 4751329 | 271984 | 319167 | 4160178 | 1.97 |
| 福 建 | 4542920 | 118341 | 299646 | 4124933 | 1.59 |
| 江 西 | 2073091 | 46840 | 110471 | 1915780 | 1.13 |
| 山 东 | 15660904 | 364437 | 897809 | 14398658 | 2.34 |
| 河 南 | 4941880 | 107583 | 294916 | 4539381 | 1.23 |
| 湖 北 | 6000423 | 258642 | 738875 | 5002905 | 1.86 |
| 湖 南 | 4688418 | 131039 | 493659 | 4063720 | 1.50 |
| 广 东 | 20351440 | 860218 | 1644974 | 17846248 | 2.56 |
| 广 西 | 1177487 | 120475 | 148577 | 908435 | 0.65 |
| 海 南 | 217095 | 53151 | 52024 | 111920 | 0.54 |
| 重 庆 | 3021830 | 127703 | 293145 | 2600981 | 1.72 |
| 四 川 | 5614193 | 311653 | 710416 | 4592124 | 1.72 |
| 贵 州 | 734006 | 74255 | 69501 | 590251 | 0.63 |
| 云 南 | 1327616 | 155626 | 167202 | 1004788 | 0.89 |
| 西 藏 | 22184 | 7078 | 5654 | 9452 | 0.19 |
| 陕 西 | 4195554 | 223539 | 782303 | 3189712 | 2.19 |
| 甘 肃 | 869850 | 135258 | 120894 | 613698 | 1.22 |
| 青 海 | 139977 | 26291 | 18284 | 95402 | 0.54 |
| 宁 夏 | 299269 | 24399 | 25792 | 249078 | 0.95 |
| 新 疆 | 566301 | 55783 | 101229 | 409289 | 0.59 |

# 7-11-5 各地区研究与试验发展(R&D)人员全时当量

单位：人年

| 地 区 | R&D人员全时当量 | #研究人员 | 基础研究 | 应用研究 | 试验发展 |
|---|---|---|---|---|---|
| **全 国** | **3878057** | **1692176** | **274748** | **438877** | **3164434** |
| 北 京 | 253337 | 150574 | 46337 | 63694 | 143306 |
| 天 津 | 119384 | 51379 | 5524 | 14303 | 99557 |
| 河 北 | 111384 | 50343 | 6208 | 15828 | 89349 |
| 山 西 | 44147 | 21786 | 4096 | 7867 | 32184 |
| 内蒙古 | 39480 | 17972 | 2219 | 4847 | 32415 |
| 辽 宁 | 87839 | 49206 | 10589 | 15101 | 62149 |
| 吉 林 | 48252 | 28459 | 10459 | 10415 | 27378 |
| 黑龙江 | 54942 | 33232 | 10485 | 8479 | 35978 |
| 上 海 | 183932 | 92863 | 20680 | 23560 | 139692 |
| 江 苏 | 543438 | 201377 | 16818 | 28640 | 497980 |
| 浙 江 | 376553 | 120287 | 8897 | 15544 | 352112 |
| 安 徽 | 135829 | 56723 | 10393 | 14223 | 111214 |
| 福 建 | 132155 | 49496 | 5629 | 12561 | 113965 |
| 江 西 | 50620 | 22343 | 3264 | 5938 | 41418 |
| 山 东 | 301480 | 130136 | 16260 | 27592 | 257629 |
| 河 南 | 166279 | 63658 | 4593 | 10422 | 151264 |
| 湖 北 | 136608 | 62790 | 9476 | 16889 | 110243 |
| 湖 南 | 119345 | 55079 | 8491 | 16808 | 94046 |
| 广 东 | 515649 | 189223 | 20424 | 42189 | 453037 |
| 广 西 | 39903 | 20915 | 6920 | 9908 | 23075 |
| 海 南 | 7840 | 3648 | 1431 | 1132 | 5278 |
| 重 庆 | 68055 | 30935 | 4581 | 9071 | 54403 |
| 四 川 | 124614 | 70834 | 10862 | 22312 | 91441 |
| 贵 州 | 24124 | 11873 | 3606 | 2937 | 17581 |
| 云 南 | 41116 | 20932 | 6789 | 8441 | 25885 |
| 西 藏 | 1126 | 721 | 333 | 434 | 359 |
| 陕 西 | 94755 | 53481 | 9114 | 17762 | 67879 |
| 甘 肃 | 25759 | 15062 | 4420 | 5146 | 16192 |
| 青 海 | 4166 | 2323 | 814 | 897 | 2454 |
| 宁 夏 | 9004 | 4404 | 1511 | 1353 | 6140 |
| 新 疆 | 16945 | 10124 | 3527 | 4585 | 8834 |

# 7–11–6 国家财政科技支出

单位：亿元，%

| 年 份 | 国家财政总支出 | 国家财政科技拨款 | 中 央 | 地 方 | 科技拨款占财政总支出的比重 |
|---|---|---|---|---|---|
| 1980 | 1228.8 | 64.6 | | | 5.26 |
| 1981 | 1138.4 | 61.6 | | | 5.41 |
| 1982 | 1230.0 | 65.3 | | | 5.31 |
| 1983 | 1409.5 | 79.0 | | | 5.61 |
| 1984 | 1701.0 | 94.7 | | | 5.57 |
| 1985 | 2004.3 | 102.6 | | | 5.12 |
| 1986 | 2204.9 | 112.6 | | | 5.11 |
| 1987 | 2262.2 | 113.8 | | | 5.03 |
| 1988 | 2491.2 | 121.1 | | | 4.86 |
| 1989 | 2823.8 | 127.9 | | | 4.53 |
| 1990 | 3083.6 | 139.1 | 97.6 | 41.6 | 4.51 |
| 1991 | 3386.6 | 160.7 | 115.4 | 45.3 | 4.74 |
| 1992 | 3742.2 | 189.3 | 133.6 | 55.7 | 5.06 |
| 1993 | 4642.3 | 225.6 | 167.6 | 58.0 | 4.86 |
| 1994 | 5792.6 | 268.3 | 199.0 | 69.3 | 4.63 |
| 1995 | 6823.7 | 302.4 | 215.6 | 86.8 | 4.43 |
| 1996 | 7937.6 | 348.6 | 242.8 | 105.8 | 4.39 |
| 1997 | 9233.6 | 408.9 | 273.9 | 134.0 | 4.43 |
| 1998 | 10798.2 | 438.6 | 289.7 | 148.9 | 4.06 |
| 1999 | 13187.7 | 543.9 | 355.6 | 188.3 | 4.12 |
| 2000 | 15886.5 | 575.6 | 349.6 | 226.0 | 3.62 |
| 2001 | 18902.6 | 703.3 | 444.3 | 258.9 | 3.72 |
| 2002 | 22053.2 | 816.2 | 511.2 | 305.0 | 3.70 |
| 2003 | 24650.0 | 944.6 | 609.9 | 335.6 | 3.83 |
| 2004 | 28486.9 | 1095.3 | 692.4 | 402.9 | 3.84 |
| 2005 | 33930.3 | 1334.9 | 807.8 | 527.1 | 3.93 |
| 2006 | 40422.7 | 1688.5 | 1009.7 | 678.8 | 4.18 |
| 2007 | 49781.4 | 2135.7 | 1044.1 | 1091.6 | 4.29 |
| 2008 | 62592.7 | 2611.0 | 1287.2 | 1323.8 | 4.17 |
| 2009 | 76299.9 | 3276.8 | 1653.3 | 1623.5 | 4.29 |
| 2010 | 89874.2 | 4196.7 | 2052.5 | 2144.2 | 4.67 |
| 2011 | 109247.8 | 4797.0 | 2343.3 | 2453.7 | 4.39 |
| 2012 | 125953.0 | 5600.1 | 2613.6 | 2986.5 | 4.45 |
| 2013 | 140212.1 | 6184.9 | 2728.5 | 3456.4 | 4.41 |
| 2014 | 151785.6 | 6454.5 | 2899.2 | 3555.4 | 4.25 |
| 2015 | 175877.8 | 7005.8 | 3012.1 | 3993.7 | 3.98 |
| 2016 | 187755.2 | 7760.7 | 3269.3 | 4491.4 | 4.13 |

# 7-11-7 科学研究与技术服务业企业法人单位分地区主要指标

| 地 区 | 单位数（个） | 营业收入（亿元） | 资产总计（亿元） | 从业人员（万人） |
|---|---|---|---|---|
| **全 国** | **471293** | **28837.2** | **103053.1** | **762.0** |
| 北 京 | 89024 | 7120.3 | 29434.2 | 93.4 |
| 天 津 | 16550 | 1380.1 | 4733.7 | 29.5 |
| 河 北 | 15846 | 649.3 | 1634.6 | 26.4 |
| 山 西 | 7089 | 194.0 | 1433.7 | 8.9 |
| 内蒙古 | 5098 | 153.4 | 601.7 | 9.6 |
| 辽 宁 | 14003 | 342.2 | 2202.1 | 17.1 |
| 吉 林 | 5622 | 147.0 | 283.8 | 6.5 |
| 黑龙江 | 6076 | 137.2 | 683.0 | 7.1 |
| 上 海 | 16980 | 2310.8 | 5447.2 | 41.3 |
| 江 苏 | 48346 | 2905.3 | 7280.2 | 76.1 |
| 浙 江 | 33486 | 1442.8 | 4052.0 | 43.9 |
| 安 徽 | 15177 | 518.2 | 1682.1 | 19.0 |
| 福 建 | 13818 | 492.9 | 1791.0 | 21.8 |
| 江 西 | 5415 | 241.0 | 400.2 | 10.9 |
| 山 东 | 30115 | 1870.4 | 4055.5 | 60.6 |
| 河 南 | 22929 | 1217.7 | 5643.6 | 54.7 |
| 湖 北 | 14217 | 1183.0 | 2872.4 | 30.6 |
| 湖 南 | 14758 | 774.9 | 1486.8 | 30.1 |
| 广 东 | 40540 | 2503.2 | 5677.1 | 75.1 |
| 广 西 | 8398 | 180.0 | 579.4 | 8.6 |
| 海 南 | 1806 | 74.7 | 1501.8 | 2.8 |
| 重 庆 | 6500 | 515.3 | 2794.5 | 13.8 |
| 四 川 | 11059 | 793.2 | 3466.3 | 20.7 |
| 贵 州 | 3551 | 171.4 | 1128.3 | 5.8 |
| 云 南 | 5568 | 317.6 | 1425.0 | 9.9 |
| 西 藏 | 370 | 34.5 | 4283.7 | 1.2 |
| 陕 西 | 7590 | 657.4 | 1476.3 | 18.0 |
| 甘 肃 | 2899 | 217.5 | 3491.2 | 6.5 |
| 青 海 | 1250 | 47.9 | 295.8 | 2.4 |
| 宁 夏 | 1158 | 54.2 | 199.7 | 2.5 |
| 新 疆 | 6055 | 189.8 | 1016.4 | 6.9 |

# 7-11-8 研究与开发机构科技活动情况

| 指标 | 2005 | 2006 | 2007 | 2008 | 2009 | 2010 | 2011 | 2012 | 2013 | 2014 | 2015 | 2016 |
|---|---|---|---|---|---|---|---|---|---|---|---|---|
| **机构基本情况** | | | | | | | | | | | | |
| 机构数 | 3901 | 3803 | 3775 | 3727 | 3707 | 3696 | 3673 | 3674 | 3651 | 3677 | 3650 | 3611 |
| #中央属 | 679 | 673 | 674 | 678 | 691 | 686 | 686 | 710 | 711 | 720 | 715 | 734 |
| 地方属 | 3222 | 3130 | 3101 | 3049 | 3016 | 3010 | 2987 | 2964 | 2940 | 2957 | 2935 | 2877 |
| **研究与试验发展(R&D)投入情况** | | | | | | | | | | | | |
| R&D人员 (万人) | 24.1 | 25.7 | 29.0 | 30.4 | 32.3 | 34.2 | 36.2 | 38.8 | 40.9 | 42.3 | 43.6 | 45.0 |
| R&D人员全时当量 (万人年) | 21.5 | 23.1 | 25.5 | 26.0 | 27.7 | 29.3 | 31.6 | 34.4 | 36.4 | 37.4 | 38.4 | 39.0 |
| #基础研究 | 2.8 | 3.2 | 3.6 | 3.8 | 4.1 | 4.2 | 5.0 | 5.7 | 6.1 | 6.6 | 7.1 | 8.4 |
| 应用研究 | 8.3 | 8.9 | 9.3 | 9.7 | 10.3 | 10.9 | 11.3 | 12.1 | 13.0 | 12.8 | 13.1 | 12.7 |
| 试验发展 | 10.4 | 11.0 | 12.6 | 12.5 | 13.4 | 14.2 | 15.2 | 16.5 | 17.3 | 18.0 | 18.1 | 17.9 |
| R&D经费内部支出 (亿元) | 513.1 | 567.3 | 687.9 | 811.3 | 996.0 | 1186.4 | 1306.7 | 1548.9 | 1781.4 | 1926.2 | 2136.5 | 2260.2 |
| #基础研究 | 58.0 | 67.9 | 74.7 | 92.7 | 110.6 | 129.9 | 160.2 | 197.9 | 221.6 | 258.9 | 295.3 | 337.4 |
| 应用研究 | 176.3 | 196.2 | 227.1 | 271.3 | 350.9 | 387.6 | 417.2 | 469.3 | 525.8 | 552.9 | 618.4 | 642.1 |
| 试验发展 | 278.7 | 303.2 | 386.1 | 447.2 | 534.4 | 668.9 | 729.3 | 881.7 | 1034.0 | 1114.4 | 1222.8 | 1280.7 |
| #政府资金 | 424.7 | 481.2 | 592.9 | 699.7 | 849.5 | 1036.5 | 1106.1 | 1292.7 | 1481.2 | 1581.0 | 1802.7 | 1851.6 |
| 企业资金 | 17.6 | 17.3 | 26.2 | 28.2 | 29.8 | 34.2 | 39.9 | 47.4 | 60.9 | 62.9 | 65.4 | 90.4 |
| 国外资金 | 1.8 | 2.6 | 3.4 | 4.0 | 4.2 | 3.4 | 4.9 | 5.1 | 5.7 | 9.1 | 5.0 | 3.9 |
| 其他资金 | 68.1 | 66.1 | 65.3 | 79.3 | 112.4 | 112.2 | 155.8 | 203.8 | 233.5 | 273.8 | 263.4 | 314.2 |
| **研究与试验发展(R&D)项目(课题)情况** | | | | | | | | | | | | |
| R&D项目(课题)数 (项) | 39072 | 42262 | 49453 | 54900 | 61135 | 67050 | 70967 | 79343 | 85069 | 91465 | 99559 | 100925 |
| R&D项目(课题)人员全时当量 (万人年) | 17.6 | 20.2 | 22.2 | 22.9 | 23.7 | 25.4 | 27.3 | 31.1 | 32.7 | 34.0 | 34.9 | 34.4 |
| R&D项目(课题)经费内部支出 (亿元) | 353.5 | 365.4 | 451.7 | 537.7 | 579.8 | 681.5 | 807.1 | 1078.3 | 1221.7 | 1272.7 | 1513.8 | 1592.5 |
| **科技产出及成果情况** | | | | | | | | | | | | |
| 发表科技论文 (篇) | 109995 | 118211 | 126527 | 132072 | 138119 | 140818 | 148039 | 158647 | 164440 | 171928 | 169989 | 175169 |
| #国外发表 | 15638 | 17597 | 19596 | 21498 | 25882 | 26862 | 31598 | 35173 | 41072 | 47032 | 47301 | 50010 |
| 出版科技著作 (种) | 3578 | 3791 | 4134 | 4691 | 4788 | 3922 | 4292 | 4458 | 4619 | 5023 | 5662 | 5714 |
| 专利申请受理数 (件) | 6814 | 8026 | 9802 | 12536 | 15773 | 19192 | 24059 | 30418 | 37040 | 41966 | 46559 | 52331 |
| #发明专利 | 5064 | 6200 | 7782 | 9864 | 12361 | 14979 | 18227 | 23406 | 28628 | 32265 | 35092 | 39854 |
| 专利申请授权数 (件) | 3234 | 3499 | 4036 | 5048 | 6391 | 8698 | 12126 | 16551 | 20095 | 24870 | 30104 | 32442 |
| #发明专利 | 2088 | 2191 | 2467 | 3102 | 4077 | 5249 | 7862 | 10935 | 12542 | 15786 | 19720 | 21816 |

# 7-11-9 研究与开发机构研究与试验发展(R&D)课题学科分组情况

| 学　　科 | R&D课题数<br>(个) | R&D课题参加人员全时当量<br>(人年) | R&D项目(课题)经费内部支出<br>(万元) |
|---|---|---|---|
| **全　国** | **100925** | **343624** | **15925368** |
| 数　学 | 424 | 398 | 10760 |
| 信息科学与系统科学 | 985 | 3200 | 232302 |
| 力　学 | 419 | 632 | 23633 |
| 物理学 | 3912 | 7129 | 415654 |
| 化　学 | 3544 | 7084 | 204805 |
| 天文学 | 1578 | 1684 | 73626 |
| 地球科学 | 10846 | 16028 | 655172 |
| 生物学 | 9878 | 13547 | 425987 |
| 心理学 | 192 | 369 | 8720 |
| 农　学 | 16314 | 27508 | 555746 |
| 林　学 | 2597 | 4673 | 67763 |
| 畜牧、兽医科学 | 2858 | 4763 | 105231 |
| 水产学 | 1589 | 2796 | 66739 |
| 基础医学 | 1389 | 3058 | 86456 |
| 临床医学 | 2887 | 6595 | 192869 |
| 预防医学与卫生学 | 1012 | 3405 | 55696 |
| 军事医学与特种医学 | 27 | 60 | 4823 |
| 药　学 | 1329 | 2421 | 90096 |
| 中医学与中药学 | 2834 | 5467 | 87829 |
| 工程与技术科学基础学科 | 2053 | 20703 | 884708 |
| 信息与系统科学相关工程与技术 | 785 | 1966 | 108936 |
| 自然科学相关工程与技术 | 1629 | 3105 | 94547 |
| 测绘科学技术 | 1596 | 2142 | 91075 |
| 材料科学 | 3390 | 9622 | 258783 |
| 矿山工程技术 | 139 | 515 | 8911 |
| 冶金工程技术 | 64 | 99 | 2329 |
| 机械工程 | 409 | 2327 | 64948 |
| 动力与电气工程 | 707 | 4052 | 165982 |
| 能源科学技术 | 824 | 2963 | 124476 |
| 核科学技术 | 600 | 14008 | 1015231 |
| 电子、通信与自动控制技术 | 2927 | 53363 | 2812484 |
| 计算机科学技术 | 1661 | 6749 | 291838 |
| 化学工程 | 644 | 1708 | 34012 |
| 产品应用相关工程与技术 | 143 | 265 | 4648 |
| 纺织科学技术 | 23 | 84 | 976 |
| 食品科学技术 | 516 | 913 | 19325 |
| 土木建筑工程 | 279 | 903 | 21213 |
| 水利工程 | 1967 | 2509 | 92996 |
| 交通运输工程 | 1025 | 3406 | 182481 |
| 航空、航天科学技术 | 2624 | 78356 | 5769714 |
| 环境科学技术 | 4081 | 6469 | 202631 |
| 安全科学技术 | 582 | 1617 | 53783 |
| 管理学 | 860 | 2603 | 26709 |
| 马克思主义 | 101 | 191 | 4003 |
| 哲　学 | 145 | 213 | 3471 |
| 宗教学 | 76 | 136 | 1262 |
| 语言学 | 70 | 96 | 994 |
| 文　学 | 186 | 341 | 6611 |
| 艺术学 | 155 | 497 | 6751 |
| 历史学 | 470 | 758 | 16149 |
| 考古学 | 337 | 891 | 32305 |
| 经济学 | 2041 | 3240 | 50321 |
| 政治学 | 300 | 657 | 16171 |
| 法　学 | 568 | 506 | 14623 |
| 军事学 | 84 | 653 | 4596 |
| 社会学 | 633 | 1442 | 20699 |
| 民族学 | 384 | 658 | 15287 |
| 新闻学与传播学 | 103 | 177 | 7818 |
| 图书馆、情报与文献学 | 391 | 793 | 13707 |
| 教育学 | 569 | 719 | 9911 |
| 体育科学 | 139 | 291 | 2950 |
| 统计学 | 31 | 103 | 1099 |

# 7-11-10 高等学校科技活动情况

| 指　　标 | | 2005 | 2006 | 2007 | 2008 | 2009 | 2010 |
|---|---|---|---|---|---|---|---|
| **高等学校基本情况** | | | | | | | |
| 学校数 | (个) | 1792 | 1867 | 1908 | 2263 | 2305 | 2358 |
| #理工农医 | | 786 | 800 | 786 | 827 | 1003 | 970 |
| 人文社科 | | 815 | 843 | 840 | 869 | 954 | 963 |
| R&D机构 | (个) | 3936 | 4154 | 4502 | 5159 | 5784 | 7833 |
| **研究与试验发展(R&D)投入情况** | | | | | | | |
| R&D人员 | (万人) | 38.7 | 42.1 | 44.8 | 47.8 | 50.9 | 59.4 |
| R&D人员全时当量 | (万人年) | 22.7 | 24.2 | 25.4 | 26.6 | 27.5 | 29.0 |
| #基础研究 | | 7.8 | 9.0 | 9.4 | 10.9 | 11.3 | 12.0 |
| 应用研究 | | 11.1 | 11.3 | 12.0 | 13.7 | 14.1 | 14.8 |
| 试验发展 | | 3.9 | 3.9 | 4.0 | 2.0 | 2.1 | 2.1 |
| R&D经费内部支出 | (亿元) | 242.3 | 276.8 | 314.7 | 390.2 | 468.2 | 597.3 |
| #基础研究 | | 56.7 | 71.4 | 86.8 | 114.8 | 145.5 | 179.9 |
| 应用研究 | | 125.0 | 137.3 | 161.8 | 208.9 | 250.0 | 337.0 |
| 试验发展 | | 60.6 | 68.2 | 66.1 | 66.5 | 72.6 | 80.3 |
| #政府资金 | | 133.1 | 151.5 | 177.7 | 225.5 | 262.2 | 358.8 |
| 企业资金 | | 88.9 | 101.2 | 110.3 | 134.9 | 171.7 | 198.5 |
| **研究与试验发展(R&D)项目(课题)情况** | | | | | | | |
| R&D项目(课题)数 | (项) | 280327 | 365294 | 375425 | 429096 | 476708 | 547717 |
| R&D项目(课题)人员全时当量 | (万人年) | 22.5 | 26.8 | 25.2 | 26.6 | 27.4 | 28.9 |
| R&D项目(课题)经费内部支出 | (亿元) | 193.5 | 287.0 | 258.2 | 323.2 | 363.5 | 467.0 |
| **科技产出及成果情况** | | | | | | | |
| 发表科技论文 | (篇) | 728082 | 830948 | 905985 | 964877 | 1016354 | 1062512 |
| #国外发表 | | 69857 | 90722 | 108727 | 134058 | 156750 | 182247 |
| 出版科技著作 | (种) | 33064 | 34633 | 35733 | 37541 | 40919 | 38101 |
| 专利申请受理数 | (件) | 20094 | 24490 | 29860 | 40610 | 56641 | 72744 |
| #发明专利 | | 14673 | 18059 | 21864 | 29337 | 36241 | 44132 |
| 专利申请授权数 | (件) | 8843 | 12043 | 14111 | 19248 | 25570 | 37490 |
| #发明专利 | | 4715 | 6650 | 8251 | 10216 | 14408 | 18055 |

7-11-10 续表

| 指　　标 | | 2011 | 2012 | 2013 | 2014 | 2015 | 2016 |
|---|---|---|---|---|---|---|---|
| **高等学校基本情况** | | | | | | | |
| 学校数 | (个) | 2409 | 2442 | 2491 | 2529 | 2560 | 2596 |
| #理工农医 | | 975 | 1039 | 1070 | 1356 | 1713 | 2021 |
| 人文社科 | | 997 | 1090 | 1150 | 1540 | 1814 | 2199 |
| R&D机构 | (个) | 8630 | 9225 | 9842 | 10632 | 11732 | 13062 |
| **研究与试验发展(R&D) 投入情况** | | | | | | | |
| R&D人员 | (万人) | 63.2 | 67.8 | 71.5 | 76.3 | 83.9 | 85.2 |
| R&D人员全时当量 | (万人年) | 29.9 | 31.4 | 32.5 | 33.5 | 35.5 | 36.0 |
| #基础研究 | | 12.9 | 14.0 | 14.7 | 15.5 | 16.4 | 16.7 |
| 应用研究 | | 15.0 | 15.4 | 15.9 | 16.1 | 17.2 | 17.3 |
| 试验发展 | | 2.0 | 1.9 | 1.9 | 1.9 | 1.9 | 2.0 |
| R&D经费内部支出 | (亿元) | 688.8 | 780.6 | 856.7 | 898.1 | 998.6 | 1072.2 |
| #基础研究 | | 226.7 | 275.7 | 307.6 | 328.6 | 391.0 | 432.5 |
| 应用研究 | | 372.4 | 402.7 | 441.3 | 476.4 | 516.3 | 528.4 |
| 试验发展 | | 89.8 | 102.2 | 107.8 | 93.1 | 91.3 | 111.4 |
| #政府资金 | | 405.1 | 474.1 | 516.9 | 536.5 | 637.3 | 687.8 |
| 企业资金 | | 242.9 | 260.5 | 289.3 | 302.7 | 301.5 | 310.5 |
| **研究与试验发展(R&D)项目(课题)情况** | | | | | | | |
| R&D项目(课题)数 | (项) | 604107 | 657027 | 711010 | 766731 | 841520 | 894279 |
| R&D项目(课题)人员全时当量 | (万人年) | 29.9 | 31.3 | 32.4 | 33.5 | 35.4 | 36.0 |
| R&D项目(课题)经费内部支出 | (亿元) | 535.3 | 607.3 | 662.7 | 701.8 | 765.6 | 777.2 |
| **科技产出及成果情况** | | | | | | | |
| 发表科技论文 | (篇) | 1109965 | 1117742 | 1127210 | 1152147 | 1220467 | 1267881 |
| #国外发表 | | 218301 | 226097 | 249637 | 278599 | 313698 | 355483 |
| 出版科技著作 | (种) | 37472 | 38760 | 37866 | 39326 | 43136 | 44518 |
| 专利申请受理数 | (件) | 95592 | 113430 | 133865 | 149961 | 190351 | 236665 |
| #发明专利 | | 54362 | 66755 | 81251 | 93415 | 109911 | 137755 |
| 专利申请授权数 | (件) | 53055 | 74550 | 84930 | 85006 | 127329 | 149524 |
| #发明专利 | | 25064 | 34441 | 35873 | 39468 | 55021 | 66419 |

# 7-11-11 高等学校研究与试验发展(R&D)课题学科分组情况

| 学　　科 | R&D课题数（个） | R&D课题参加人员全时当量（人年） | R&D项目(课题)经费内部支出（万元） |
|---|---|---|---|
| **全　国** | **894279** | **359837** | **7772226** |
| 数　学 | 12760 | 6277 | 128670 |
| 信息科学与系统科学 | 9562 | 4442 | 183429 |
| 力　学 | 3174 | 1405 | 58206 |
| 物理学 | 14171 | 7300 | 239402 |
| 化　学 | 21046 | 10548 | 297959 |
| 天文学 | 461 | 202 | 6366 |
| 地球科学 | 15234 | 6637 | 247663 |
| 生物学 | 24782 | 12047 | 348584 |
| 心理学 | 730 | 302 | 6560 |
| 农　学 | 19732 | 9557 | 303205 |
| 林　学 | 4733 | 2447 | 52761 |
| 畜牧、兽医科学 | 7214 | 3383 | 94251 |
| 水产学 | 2747 | 1194 | 30179 |
| 基础医学 | 22103 | 15415 | 233564 |
| 临床医学 | 53718 | 43467 | 452849 |
| 预防医学与卫生学 | 3208 | 2001 | 32006 |
| 军事医学与特种医学 | 126 | 68 | 1213 |
| 药　学 | 7721 | 4586 | 116328 |
| 中医学与中药学 | 17287 | 12153 | 109299 |
| 工程与技术科学基础学科 | 4381 | 2092 | 86120 |
| 信息与系统科学相关工程与技术 | 5655 | 2908 | 110684 |
| 自然科学相关工程与技术 | 3512 | 1773 | 98483 |
| 测绘科学技术 | 2047 | 1042 | 34105 |
| 材料科学 | 25180 | 12806 | 450219 |
| 矿山工程技术 | 7219 | 3359 | 101741 |
| 冶金工程技术 | 2156 | 1114 | 59897 |
| 机械工程 | 24841 | 12948 | 443036 |
| 动力与电气工程 | 13785 | 6493 | 261200 |
| 能源科学技术 | 4466 | 2285 | 81859 |
| 核科学技术 | 1052 | 568 | 25664 |
| 电子、通信与自动控制技术 | 25782 | 12634 | 497856 |
| 计算机科学技术 | 25501 | 12814 | 298652 |
| 化学工程 | 12613 | 5963 | 193341 |
| 产品应用相关工程与技术 | 1190 | 727 | 19029 |
| 纺织科学技术 | 2126 | 1049 | 29692 |
| 食品科学技术 | 6475 | 3115 | 87304 |
| 土木建筑工程 | 19855 | 9487 | 423265 |
| 水利工程 | 4413 | 1975 | 72685 |
| 交通运输工程 | 10391 | 4948 | 158213 |
| 航空、航天科学技术 | 4576 | 2120 | 195095 |
| 环境科学技术 | 17279 | 7622 | 260678 |
| 安全科学技术 | 1600 | 824 | 18629 |
| 管理学 | 90269 | 22834 | 256927 |
| 马克思主义 | 16961 | 4336 | 17279 |
| 哲　学 | 6786 | 1598 | 10564 |
| 宗教学 | 1101 | 291 | 1852 |
| 语言学 | 25399 | 6821 | 22429 |
| 文　学 | 20367 | 4901 | 24183 |
| 艺术学 | 33443 | 8225 | 64084 |
| 历史学 | 10467 | 2360 | 23632 |
| 考古学 | 1613 | 307 | 9121 |
| 经济学 | 56572 | 13914 | 120339 |
| 政治学 | 9701 | 2309 | 14092 |
| 法　学 | 25505 | 5551 | 42477 |
| 军事学 | 27 | 21 | 874 |
| 社会学 | 23976 | 5537 | 39461 |
| 民族学 | 6506 | 1888 | 10667 |
| 新闻学与传播学 | 10347 | 2180 | 16483 |
| 图书馆、情报与文献学 | 6999 | 1737 | 8381 |
| 教育学 | 60335 | 15582 | 68741 |
| 体育科学 | 15555 | 4043 | 14772 |
| 统计学 | 3672 | 966 | 9414 |
| 其　他 | 2074 | 342 | 46560 |

# 7−11−12 全国气象部门基本情况

| 项　目 | 2000 | 2005 | 2007 | 2008 | 2009 | 2010 |
|---|---|---|---|---|---|---|
| **气象观测业务台站　（个）** | | | | | | |
| 地面观测 | 2819 | 2405 | 2431 | 2438 | 2416 | 2418 |
| 高空探测 | 156 | 120 | 123 | 121 | 118 | 120 |
| 自动气象站 | 550 | 7813 | 23130 | 28235 | 31553 | 30693 |
| 天气雷达观测 | 238 | 253 | 304 | 313 | 330 | 342 |
| 大气成分观测 | | 21 | 31 | 35 | 35 | 28 |
| 太阳辐射观测 | 99 | 105 | 103 | 142 | 157 | 100 |
| 农业气象观测 | 1125 | 769 | 739 | 635 | 653 | 653 |
| 生态与农业气象观测试验 | 68 | 67 | 69 | 67 | 68 | 68 |
| 卫星云图接收 | 319 | 435 | 496 | 621 | 311 | 361 |
| 大气本底站 | 4 | 6 | 7 | 7 | 7 | 7 |
| 闪电定位监测 | | 234 | 354 | 387 | 417 | 425 |
| 沙尘暴监测 | | 85 | 31 | 194 | 182 | 29 |
| 紫外线观测 | | 178 | 174 | 203 | 149 | 164 |
| 风廓线雷达观测 | | | | | | |
| 空间天气观测 | | | | | | |
| 酸雨观测 | 82 | 299 | 334 | 330 | 337 | 342 |
| 臭氧观测 | 3 | 14 | 4 | 20 | 17 | 22 |
| **气象科学数据共享服务数据量　（GB）** | | **2089** | **11250858** | **5198905** | **245739555** | **3583171** |
| **装备** | | | | | | |
| 拥有计算机数(台) | 27724 | 50683 | 63350.3 | 72133 | 79349 | 90040 |
| #高性能计算机 | | 62 | 65 | 61 | 72 | 106 |
| 服务器及工作站 | | 768 | 1046 | 1196 | 1751 | 2428 |
| 个人计算机（含个人服务器） | | 47950 | 59610.3 | 67853 | 73750 | 82744 |
| 云图接收机数　（台） | 354 | 506 | 438 | 453 | 407 | 421 |
| 电视会商系统设备　（套） | | 729 | 1041 | 1296 | 1805 | 1895 |
| 人工影响天气作业 | | | | | | |
| 设备高炮　（门） | | 6393 | 6969 | 6311 | 6973 | 6902 |
| 火箭发射系统　（部） | | 4129 | 5039 | 4862 | 6355 | 7034 |
| **人员　（人）** | | | | | | |
| 全国气象部门职工总数 | 59113 | 53214 | 53321 | 53265 | 53180 | 53606 |

注：2006年起气象科学数据共享服务数据量是全国气象部门利用网络向社会提供气象资料的数据量，2005年以前是国家气象信息中心气象科学数据共享服务网的数据量。

7-11-12 续表

| 项　目 | 2011 | 2012 | 2013 | 2014 | 2015 | 2016 |
|---|---|---|---|---|---|---|
| **气象观测业务台站　（个）** | | | | | | |
| 地面观测 | 2419 | 2423 | 2424 | 2423 | 2422 | 2423 |
| 高空探测 | 120 | 120 | 120 | 120 | 120 | 120 |
| 自动气象站 | 33259 | 45926 | 53184 | 55488 | 57405 | 57435 |
| 天气雷达观测 | 259 | 230 | 212 | 224 | 233 | 242 |
| 大气成分观测 | 28 | 28 | 28 | 28 | 28 | 28 |
| 太阳辐射观测 | 100 | 100 | 100 | 100 | 100 | 100 |
| 农业气象观测 | 653 | 653 | 653 | 653 | 653 | 653 |
| 生态与农业气象观测试验 | 68 | 68 | 68 | 68 | 70 | 70 |
| 卫星云图接收 | 363 | 363 | 364 | 364 | 364 | 380 |
| 大气本底站 | 7 | 7 | 7 | 7 | 7 | 7 |
| 闪电定位监测 | 319 | 334 | 334 | 391 | 490 | 490 |
| 沙尘暴监测 | 29 | 29 | 29 | 29 | 29 | 29 |
| 紫外线观测 | 160 | 153 | 157 | 168 | 158 | 164 |
| 风廓线雷达观测 | | | | 61 | 31 | 31 |
| 空间天气观测 | | | | 17 | 44 | 84 |
| 酸雨观测 | 342 | 365 | 365 | 365 | 376 | 376 |
| 臭氧观测 | 36 | 36 | 41 | 48 | 71 | 53 |
| **气象科学数据共享服务数据量　(GB)** | **398134** | **4409824** | **505077** | **348736** | **901068** | **274157** |
| **装备** | | | | | | |
| 拥有计算机数(台) | 98101 | 108370 | 113208 | 108521 | 126982 | 136952 |
| #高性能计算机 | 108 | 143 | 96 | 100 | 233 | 341 |
| 服务器及工作站 | 3124 | 4249 | 5005 | 6169 | 7584 | 15862 |
| 个人计算机(含个人服务器) | 89530 | 97250 | 100368 | 102252 | 119165 | 120749 |
| 云图接收机数　(台) | 453 | 453 | 542 | 698 | 812 | 747 |
| 电视会商系统设备　(套) | 2071 | 2208 | 2529 | | | |
| 人工影响天气作业 | | | | | | |
| 设备高炮　(门) | 6636 | 6654 | 6761 | 6593 | 6542 | 6320 |
| 火箭发射系统　(部) | 7109 | 7213 | 7632 | 7507 | 8209 | 7950 |
| **人员　(人)** | | | | | | |
| 全国气象部门职工总数 | 53665 | 53956 | 54426 | 54155 | 53587 | 53153 |

# 7-11-13 各地区气象业务站点及观测项目情况

单位：个

| 地区和单位 | 地面观测业务 | 高空探测业务 | 自动气象站 | 天气雷达观测业务 | 农业气象观测站 | 环境气象观测站 | 闪电定位监测业务 | 卫星云图接收业务 |
|---|---|---|---|---|---|---|---|---|
| **全 国** | **2423** | **120** | **57435** | **242** | **723** | **657** | **490** | **380** |
| 北 京 | 20 | 1 | 348 | 1 | 7 | 23 | 1 | 3 |
| 天 津 | 13 | | 261 | 1 | 5 | 4 | 4 | 2 |
| 河 北 | 142 | 3 | 2888 | 5 | 30 | 34 | 11 | 7 |
| 山 西 | 109 | 1 | 1727 | 9 | 31 | 34 | 7 | 14 |
| 内蒙古 | 119 | 12 | 1688 | 13 | 35 | 21 | 39 | 7 |
| 辽 宁 | 62 | 2 | 1550 | 5 | 28 | 52 | 14 | 17 |
| 吉 林 | 54 | 3 | 1393 | 7 | 25 | 22 | 23 | 7 |
| 黑龙江 | 84 | 4 | 1267 | 11 | 39 | 21 | 23 | 8 |
| 上 海 | 14 | 1 | 230 | 2 | 1 | 5 | 4 | 6 |
| 江 苏 | 70 | 3 | 1723 | 11 | 22 | 45 | 25 | 6 |
| 浙 江 | 72 | 3 | 2480 | 9 | 14 | 34 | 22 | 30 |
| 安 徽 | 81 | 2 | 2363 | 10 | 25 | 7 | 7 | 5 |
| 福 建 | 70 | 3 | 1953 | 7 | 27 | 6 | 9 | 19 |
| 江 西 | 91 | 2 | 2452 | 9 | 19 | 24 | 12 | 10 |
| 山 东 | 123 | 3 | 1714 | 13 | 20 | 38 | 13 | 15 |
| 河 南 | 119 | 3 | 2431 | 12 | 39 | 19 | 19 | 29 |
| 湖 北 | 82 | 3 | 2322 | 11 | 32 | 36 | 32 | 17 |
| 湖 南 | 97 | 3 | 3464 | 10 | 26 | 16 | 10 | 7 |
| 广 东 | 86 | 4 | 2324 | 11 | 28 | 18 | 9 | 9 |
| 广 西 | 91 | 6 | 2399 | 11 | 29 | 12 | 11 | 13 |
| 海 南 | 21 | 3 | 472 | 3 | 7 | 12 | 6 | 5 |
| 重 庆 | 35 | 1 | 1997 | 4 | 14 | 42 | 5 | 4 |
| 四 川 | 156 | 7 | 4753 | 10 | 47 | 11 | 24 | 15 |
| 贵 州 | 84 | 2 | 2948 | 9 | 19 | 11 | 12 | 14 |
| 云 南 | 125 | 5 | 3414 | 8 | 26 | 7 | 24 | 27 |
| 西 藏 | 39 | 5 | 127 | 6 | 5 | 10 | 24 | 9 |
| 陕 西 | 99 | 4 | 1537 | 8 | 22 | 21 | 11 | 21 |
| 甘 肃 | 81 | 9 | 2159 | 7 | 27 | 16 | 5 | 17 |
| 青 海 | 52 | 7 | 437 | 2 | 19 | 12 | 33 | 16 |
| 宁 夏 | 25 | 1 | 893 | 4 | 10 | 9 | 5 | 6 |
| 新 疆 | 105 | 14 | 1721 | 13 | 44 | 30 | 46 | 15 |
| 其 他 | 2 | | | | 1 | 5 | | |

注：农业气象观测站包括生态与农业气象观测试验站；环境气象站包括大气成分观测站、大气本底站、沙尘暴监测站、紫外线观测站、酸雨观测站和臭氧观测站。

# 7-11-14 地震台、网基本情况

| 地区 | 国家地震观测台、网 | | | 国家地震遥测台、网 | 市、县地震台 | | |
|---|---|---|---|---|---|---|---|
| | 国家级台 | 省级台 | 强震观测点 | | 市、县级台 | 企业台 | 宏观观测点 |
| **全国** | **199** | **239** | **2612** | **1289** | **1372** | **267** | **33841** |
| 北京 | 10 | 2 | 265 | 21 | 79 | 1 | 144 |
| 天津 | 5 | 5 | 129 | 34 | | | 79 |
| 河北 | 6 | 29 | 113 | 64 | 70 | 5 | 2633 |
| 山西 | 6 | 4 | 51 | 54 | 84 | 16 | 4124 |
| 内蒙古 | 8 | 24 | 47 | 49 | 35 | | 486 |
| 辽宁 | 7 | 11 | 90 | 44 | 27 | 5 | 841 |
| 吉林 | 5 | 6 | 15 | 39 | 29 | | 1305 |
| 黑龙江 | 9 | 2 | 122 | 40 | 45 | 1 | 5019 |
| 上海 | 2 | | 64 | 33 | 7 | | 9 |
| 江苏 | 9 | 7 | 126 | 29 | 83 | 2 | 1052 |
| 浙江 | 5 | 1 | 44 | 31 | 51 | 6 | 190 |
| 安徽 | 3 | 9 | 20 | 28 | 83 | 2 | 778 |
| 福建 | 4 | 10 | 39 | 39 | 28 | 8 | 324 |
| 江西 | 2 | 6 | 6 | 28 | | | 727 |
| 山东 | 6 | 20 | 146 | 138 | 118 | 6 | 3277 |
| 河南 | 3 | 8 | 25 | 17 | 73 | 5 | 2337 |
| 湖北 | 5 | 8 | 51 | 39 | 12 | | 577 |
| 湖南 | 4 | 3 | 4 | 30 | 28 | 7 | 369 |
| 广东 | 6 | 7 | 122 | 75 | 40 | 5 | 169 |
| 广西 | 6 | 3 | 130 | 31 | 42 | 30 | 1003 |
| 海南 | 2 | 3 | 14 | 24 | 16 | | 308 |
| 重庆 | 1 | 2 | 3 | 40 | | 7 | 9 |
| 四川 | 13 | 13 | 8 | 72 | 80 | 5 | 2354 |
| 贵州 | 4 | 14 | | 16 | 2 | | 51 |
| 云南 | 13 | 5 | 324 | 14 | 116 | 119 | 2519 |
| 西藏 | 15 | 10 | 4 | 25 | | | |
| 陕西 | 6 | 6 | 145 | 55 | 75 | 7 | 1356 |
| 甘肃 | 9 | 12 | 239 | 53 | 67 | 7 | 763 |
| 青海 | 5 | 2 | 55 | 40 | 12 | 20 | 107 |
| 宁夏 | 4 | 3 | 59 | 15 | 10 | | 311 |
| 新疆 | 16 | 4 | 152 | 72 | 60 | 3 | 620 |

# 7-11-15 各地区测绘生产完成情况

| 地区和单位 | 大地测量 | | 地理信息数据生产(幅) | 地图编制 | | |
|---|---|---|---|---|---|---|
| | GNSS大地控制点测量(点) | 水准测量(公里) | | 地形图(幅) | 专题地图(种) | 地图集(种) |
| **全国** | **879** | **13004** | **1608949** | **196928** | **5139** | **101** |
| 北京 | | | 17823 | | | |
| 天津 | | | 19199 | 1298 | 11 | 9 |
| 河北 | | | 84859 | 5624 | 5 | |
| 山西 | | | 15294 | 3129 | 3 | 1 |
| 内蒙古 | 100 | 4000 | 8778 | 2993 | 38 | 2 |
| 辽宁 | | | 6075 | 1085 | | |
| 吉林 | 196 | 2258 | 3607 | | 14 | 3 |
| 黑龙江 | 369 | | 79077 | 25649 | 195 | 6 |
| 上海 | | | 54186 | 34530 | | 2 |
| 江苏 | | 1300 | 29374 | 801 | | 4 |
| 浙江 | | | 60037 | 6671 | 47 | 10 |
| 安徽 | | | 26489 | 1323 | 106 | |
| 福建 | | 1730 | 6034 | 3846 | 100 | |
| 江西 | | | 495 | 1146 | 4 | |
| 山东 | | | 19296 | | 150 | 5 |
| 河南 | | 500 | 73040 | 7896 | 25 | 3 |
| 湖北 | | | 2843 | | | 3 |
| 湖南 | | | 128351 | 28089 | 33 | 20 |
| 广东 | | 2592 | 68848 | 420 | 37 | 3 |
| 广西 | | | 375951 | 4478 | 10 | 1 |
| 海南 | | | 4735 | 727 | 132 | |
| 重庆 | 120 | 224 | 2198 | | 15 | 10 |
| 四川 | | | 93916 | 9772 | 50 | |
| 贵州 | | | 53441 | 6845 | 5 | 4 |
| 云南 | | | 20470 | 4115 | 31 | 2 |
| 西藏 | | | 3360 | | | |
| 陕西 | | | 64619 | 19510 | 5 | 9 |
| 甘肃 | | | 6956 | 1921 | 2 | |
| 青海 | | | 22904 | 5686 | 21 | |
| 宁夏 | 92 | | 5701 | 1122 | | 1 |
| 新疆 | | | 12568 | 948 | 4044 | 2 |
| 青岛 | | | | | | |
| 大连 | | | 163 | | | |
| 宁波 | 2 | 401 | 4871 | 1857 | 11 | 1 |
| 深圳 | | | 9577 | | | |
| 厦门 | | | | | | |
| 重庆测绘院 | | | | | | |
| 中国地图出版集团 | | | | | 45 | |
| 中国测绘科学研究院 | | | 223814 | 14178 | | |
| 国家基础地理信息中心 | | | | | | |
| 卫星测绘应用中心 | | | | | | |

# 7-11-16 各地区测绘成果提供情况

| 地 区<br>和单位 | 地形图合计<br>(张) | 1:10000 | 1:50000 | 测绘基准成果<br>(点) | 航摄成果<br>(平方千米) | 专题地图<br>(张) |
|---|---|---|---|---|---|---|
| **全 国** | **247700** | **59849** | **35184** | **205487** | **904223** | **25841** |
| 北 京 | 6924 | 276 | | 11003 | | |
| 天 津 | | | | 5 | | |
| 河 北 | 1417 | 1169 | 201 | 609 | 123742 | |
| 山 西 | 3235 | 2744 | 480 | 1093 | | 1464 |
| 内蒙古 | 8265 | 3539 | 4378 | 10747 | 63444 | |
| 辽 宁 | 1804 | 1307 | 494 | 1183 | | 284 |
| 吉 林 | 3769 | 2389 | 1380 | 6201 | 42680 | 2146 |
| 黑龙江 | 6461 | 5110 | 1210 | 8133 | | |
| 上 海 | 131436 | | | 6070 | | 373 |
| 江 苏 | 2349 | 2133 | 214 | 2583 | | |
| 浙 江 | 865 | 519 | 341 | 1661 | 35142 | |
| 安 徽 | 3702 | 3005 | 695 | 2299 | 2350 | |
| 福 建 | 4117 | 1126 | 2904 | 1074 | 29816 | 5 |
| 江 西 | 3532 | 3078 | 410 | 2395 | 107643 | 40 |
| 山 东 | 860 | 358 | 255 | 669 | 1160 | |
| 河 南 | 1286 | 1081 | 201 | 211 | 2539 | 4703 |
| 湖 北 | 424 | | 424 | 1810 | 40691 | |
| 湖 南 | 4126 | 3611 | 459 | 1875 | | |
| 广 东 | 5271 | 4608 | 590 | 4306 | | |
| 广 西 | 2168 | 1916 | 252 | 74590 | | 122 |
| 海 南 | 93 | 41 | 20 | 1183 | | 531 |
| 重 庆 | 2250 | 1899 | 342 | 155 | 785 | 1444 |
| 四 川 | 663 | 379 | 248 | 777 | 8829 | 6 |
| 贵 州 | 2288 | 1848 | 350 | 13972 | 265951 | |
| 云 南 | 6414 | 5067 | 1339 | 9922 | | |
| 西 藏 | 1876 | 72 | 1634 | 1088 | | 10259 |
| 陕 西 | 5779 | 5018 | 654 | 9854 | 22086 | |
| 甘 肃 | 6875 | 4930 | 1931 | 3282 | | 470 |
| 青 海 | 1191 | 173 | 970 | 1219 | 34060 | 1458 |
| 宁 夏 | 1004 | 898 | 104 | 250 | 42430 | 1286 |
| 新 疆 | 6553 | 1546 | 4112 | 14781 | 67527 | 1237 |
| 青 岛 | 504 | 9 | | 15 | | |
| 大 连 | 32 | | | | | |
| 宁 波 | 4578 | | | 3760 | 533 | |
| 深 圳 | 990 | | | 422 | | 13 |
| 厦 门 | 857 | | | 115 | | |
| 国家基础地理信息中心 | 13742 | | 8592 | 6175 | 12815 | |

## 7-11-17 产品质量国家监督抽查情况

| 项 目 | 抽查企业(家) | 抽查产品(批) | 不合格产品(批) |
|---|---|---|---|
| **合 计** | **23152** | **23851** | **2017** |
| 日用及纺织品 | 3007 | 3058 | 284 |
| 轻工产品 | 2792 | 2854 | 365 |
| 机械及安防产品 | 2141 | 2141 | 107 |
| 电子电器 | 2150 | 2216 | 397 |
| 电工及材料 | 3727 | 3740 | 288 |
| 建筑装饰装修材料 | 4591 | 4592 | 344 |
| 农业生产资料 | 2331 | 2331 | 161 |
| 食品相关产品 | 2413 | 2919 | 71 |

## 7-11-18 各地区产品质量情况

单位：%

| 地 区 | 产品质量等级优等品率 | 质量损失率 | 产品质量合格率 |
|---|---|---|---|
| **全 国** | **64.80** | **1.90** | **93.42** |
| 北 京 | 62.30 | 2.09 | 96.03 |
| 天 津 | 60.40 | 1.30 | 97.07 |
| 河 北 | 68.10 | 2.52 | 91.90 |
| 山 西 | 66.20 | 1.69 | 95.09 |
| 内蒙古 | 64.60 | 1.88 | 94.72 |
| 辽 宁 | 61.40 | 3.09 | 95.66 |
| 吉 林 | 67.60 | 1.71 | 96.69 |
| 黑龙江 | 55.70 | 1.49 | 95.47 |
| 上 海 | 77.60 | 1.00 | 95.12 |
| 江 苏 | 66.60 | 2.07 | 94.62 |
| 浙 江 | 71.80 | 1.07 | 94.49 |
| 安 徽 | 65.90 | 1.52 | 95.17 |
| 福 建 | 52.10 | 3.05 | 93.96 |
| 江 西 | 57.10 | 1.83 | 90.55 |
| 山 东 | 64.30 | 1.91 | 92.80 |
| 河 南 | 64.20 | 1.61 | 95.72 |
| 湖 北 | 62.20 | 1.86 | 92.27 |
| 湖 南 | 63.40 | 1.07 | 90.84 |
| 广 东 | 72.40 | 2.35 | 92.49 |
| 广 西 | 65.40 | 2.35 | 94.26 |
| 海 南 | 60.30 | 1.72 | 93.99 |
| 重 庆 | 62.60 | 2.70 | 95.39 |
| 四 川 | 68.00 | 1.78 | 92.64 |
| 贵 州 | 70.90 | 1.80 | 94.93 |
| 云 南 | 72.30 | 1.44 | 95.50 |
| 西 藏 | 60.80 | 0.13 | 92.78 |
| 陕 西 | 67.40 | 2.04 | 91.34 |
| 甘 肃 | 52.80 | 1.77 | 96.49 |
| 青 海 | 56.60 | 1.50 | 96.48 |
| 宁 夏 | 68.80 | 2.58 | 95.85 |
| 新 疆 | 53.60 | 3.80 | 91.07 |

注：本资料由75个重点工业城市抽样数据汇总而成。

# 7-11-19 产品质量省级监督抽查情况

| 地 区 | 抽查企业(家) | 抽查产品(批) | 不合格产品(批) |
|---|---|---|---|
| **全 国** | **94984** | **140138** | **8805** |
| 北 京 | 1707 | 2185 | 165 |
| 天 津 | 1634 | 2016 | 28 |
| 河 北 | 4879 | 5466 | 260 |
| 山 西 | 3243 | 5703 | 168 |
| 内蒙古 | 3050 | 4761 | 333 |
| 辽 宁 | 2931 | 3631 | 204 |
| 吉 林 | 600 | 654 | 11 |
| 黑龙江 | | | |
| 上 海 | 4723 | 6408 | 582 |
| 江 苏 | 4839 | 4839 | 289 |
| 浙 江 | 5327 | 5327 | 290 |
| 安 徽 | 2527 | 2812 | 117 |
| 福 建 | 5749 | 8631 | 295 |
| 江 西 | 2089 | 2140 | 132 |
| 山 东 | 4491 | 4838 | 220 |
| 河 南 | 6015 | 9644 | 311 |
| 湖 北 | 2108 | 3935 | 185 |
| 湖 南 | 3646 | 7268 | 319 |
| 广 东 | 7134 | 10771 | 1374 |
| 广 西 | 479 | 1838 | 146 |
| 海 南 | 6568 | 16445 | 999 |
| 重 庆 | 8750 | 13513 | 641 |
| 四 川 | 1998 | 2451 | 175 |
| 贵 州 | 2435 | 3745 | 670 |
| 云 南 | 718 | 718 | 73 |
| 西 藏 | 2023 | 2889 | 249 |
| 陕 西 | 1301 | 1995 | 228 |
| 甘 肃 | 491 | 612 | 14 |
| 青 海 | 674 | 1106 | 57 |
| 宁 夏 | 1555 | 2130 | 120 |
| 新 疆 | 1300 | 1667 | 150 |

# 7-11-20 各地区出入境货物检验检疫情况

| 地 区 | 批 次 (批) | #不合格 | 货 值 (万美元) | #不合格 |
|---|---|---|---|---|
| **全 国** | **9064018** | **594831** | **84122847** | **11038455** |
| 北 京 | 185295 | 4406 | 1362518 | 12588 |
| 天 津 | 302871 | 28021 | 4342094 | 773396 |
| 河 北 | 120547 | 3088 | 2469184 | 363104 |
| 山 西 | 17749 | 154 | 128985 | 2553 |
| 内蒙古 | 265354 | 18793 | 804439 | 53426 |
| 辽 宁 | 313582 | 15717 | 5120114 | 627076 |
| 吉 林 | 65359 | 4130 | 412868 | 15181 |
| 黑龙江 | 172373 | 6493 | 944390 | 13972 |
| 上 海 | 1476660 | 157351 | 11302928 | 1086785 |
| 江 苏 | 666536 | 39639 | 8395799 | 1496324 |
| 浙 江 | 866420 | 36427 | 7715156 | 734079 |
| 安 徽 | 77432 | 1012 | 441737 | 7116 |
| 福 建 | 406132 | 35964 | 3801444 | 641604 |
| 江 西 | 58921 | 940 | 353439 | 5936 |
| 山 东 | 873229 | 55501 | 11289445 | 1930472 |
| 河 南 | 67569 | 2629 | 1830880 | 53511 |
| 湖 北 | 63929 | 1339 | 488899 | 14585 |
| 湖 南 | 74154 | 1103 | 410800 | 3504 |
| 广 东 | 2595867 | 162515 | 16693861 | 2415853 |
| 广 西 | 138303 | 4332 | 2060141 | 671091 |
| 海 南 | 15437 | 1464 | 745830 | 15306 |
| 重 庆 | 25962 | 1436 | 241731 | 13871 |
| 四 川 | 28845 | 1542 | 216158 | 12052 |
| 贵 州 | 5848 | 232 | 105536 | 2760 |
| 云 南 | 85282 | 4251 | 700940 | 28891 |
| 西 藏 | 753 | 3 | 3589 | 1 |
| 陕 西 | 28890 | 921 | 280876 | 19650 |
| 甘 肃 | 9129 | 115 | 122911 | 1403 |
| 青 海 | 1628 | 42 | 21645 | 725 |
| 宁 夏 | 9692 | 239 | 81927 | 2363 |
| 新 疆 | 44269 | 5032 | 1232586 | 19279 |

注：国家出入境货物检验检疫数据是由全国直属的35个检验检疫局直报国家质检总局汇总得到。

# 7-11-21 各地区技术市场成交额

单位：万元

| 地 区 | 2000 | 2005 | 2008 | 2009 | 2010 | 2011 |
|---|---|---|---|---|---|---|
| **全 国** | **6507519** | **15513694** | **26652288** | **30390024** | **39065753** | **47635589** |
| 北 京 | 1402871 | 4895922 | 10272173 | 12362450 | 15795367 | 18902752 |
| 天 津 | 262581 | 507093 | 866122 | 1054611 | 1193390 | 1693819 |
| 河 北 | 94143 | 103827 | 165906 | 172112 | 192931 | 262471 |
| 山 西 | 5258 | 47980 | 128425 | 162068 | 184911 | 224825 |
| 内蒙古 | 60287 | 109939 | 94423 | 147651 | 271464 | 226719 |
| 辽 宁 | 347817 | 865167 | 997290 | 1197095 | 1306811 | 1596633 |
| 吉 林 | 71390 | 122261 | 196066 | 197598 | 188090 | 262614 |
| 黑龙江 | 152382 | 142585 | 412565 | 488550 | 529123 | 620682 |
| 上 海 | 738952 | 2317328 | 3861695 | 4354108 | 4314374 | 4807491 |
| 江 苏 | 449568 | 1008296 | 940246 | 1082184 | 2493406 | 3334316 |
| 浙 江 | 276275 | 386954 | 589189 | 564581 | 603478 | 718968 |
| 安 徽 | 61012 | 142553 | 324865 | 356174 | 461470 | 650337 |
| 福 建 | 172601 | 171959 | 179690 | 232594 | 356569 | 345712 |
| 江 西 | 69299 | 111227 | 77641 | 97893 | 230479 | 341861 |
| 山 东 | 288135 | 983614 | 660126 | 719391 | 1006769 | 1263778 |
| 河 南 | 211621 | 263737 | 254425 | 263046 | 272002 | 387602 |
| 湖 北 | 276000 | 501823 | 628971 | 770329 | 907218 | 1256876 |
| 湖 南 | 286833 | 417394 | 477024 | 440432 | 400940 | 353901 |
| 广 东 | 482104 | 1124740 | 2016319 | 1709850 | 2358949 | 2750647 |
| 广 西 | 17741 | 94059 | 26996 | 17662 | 41362 | 56377 |
| 海 南 |  | 10007 | 35602 | 5556 | 32651 | 34584 |
| 重 庆 | 296594 | 357059 | 621884 | 383158 | 794410 | 681453 |
| 四 川 | 104150 | 190823 | 435313 | 545977 | 547393 | 678330 |
| 贵 州 | 620 | 10488 | 20356 | 17806 | 77191 | 136483 |
| 云 南 | 187742 | 159175 | 50547 | 102469 | 108827 | 117144 |
| 陕 西 | 92560 | 188977 | 438300 | 698074 | 1024140 | 2153664 |
| 甘 肃 | 26413 | 172736 | 297560 | 356287 | 430845 | 526386 |
| 青 海 |  | 11812 | 77033 | 84967 | 114051 | 168443 |
| 宁 夏 | 6402 | 14131 | 8898 | 8982 | 9972 | 39447 |
| 新 疆 | 66168 | 80029 | 73963 | 12078 | 45188 | 43783 |
| 港澳台 |  |  | 49309 | 124063 | 126750 | 249756 |
| 国 外 |  |  | 1373366 | 1660227 | 2645234 | 2747738 |

7-11-21 续表

单位：万元

| 地 区 | 2012 | 2013 | 2014 | 2015 | 2016 |
|---|---|---|---|---|---|
| **全 国** | **64370683** | **74691254** | **85771790** | **98357896** | **114069816** |
| 北 京 | 24585034 | 28517239 | 31371854 | 34538855 | 39409752 |
| 天 津 | 2323275 | 2761575 | 3885631 | 5034369 | 5526361 |
| 河 北 | 378178 | 315581 | 292228 | 395438 | 589959 |
| 山 西 | 306088 | 527681 | 484595 | 512007 | 425622 |
| 内蒙古 | 1060962 | 387390 | 139393 | 153872 | 120492 |
| 辽 宁 | 2306648 | 1733775 | 2174648 | 2674927 | 3232180 |
| 吉 林 | 251180 | 347167 | 285756 | 264697 | 1164198 |
| 黑龙江 | 1004473 | 1017747 | 1202776 | 1272637 | 1258091 |
| 上 海 | 5187473 | 5316804 | 5924481 | 6637838 | 7809858 |
| 江 苏 | 4009141 | 5275020 | 5431585 | 5729178 | 6356425 |
| 浙 江 | 813079 | 814958 | 872527 | 980966 | 1983716 |
| 安 徽 | 861592 | 1308253 | 1698313 | 1904669 | 2173748 |
| 福 建 | 500920 | 446885 | 391913 | 521448 | 432204 |
| 江 西 | 397796 | 430552 | 507593 | 648484 | 790077 |
| 山 东 | 1400153 | 1793981 | 2492942 | 3075545 | 3959453 |
| 河 南 | 399435 | 402406 | 407919 | 450442 | 587075 |
| 湖 北 | 1963922 | 3976158 | 5806801 | 7893407 | 9038371 |
| 湖 南 | 422420 | 772098 | 979342 | 1050578 | 1056287 |
| 广 东 | 3649384 | 5293936 | 4132478 | 6625775 | 7581650 |
| 广 西 | 25238 | 73449 | 115833 | 73132 | 339922 |
| 海 南 | 5666 | 38693 | 6525 | 21861 | 34431 |
| 重 庆 | 540188 | 902760 | 1562007 | 572366 | 1471870 |
| 四 川 | 1112438 | 1485752 | 1990506 | 2823202 | 2993006 |
| 贵 州 | 96743 | 183972 | 200392 | 259626 | 204437 |
| 云 南 | 454779 | 420003 | 479233 | 518364 | 582559 |
| 陕 西 | 3348153 | 5332787 | 6400198 | 7218211 | 8027887 |
| 甘 肃 | 730619 | 999936 | 1145162 | 1296958 | 1506615 |
| 青 海 | 192989 | 268863 | 291001 | 468849 | 569190 |
| 宁 夏 | 29135 | 14289 | 31823 | 35202 | 40526 |
| 新 疆 | 53853 | 29953 | 28223 | 30322 | 42755 |
| 港澳台 | 353197 | 67307 | 91608 | 158797 | 678396 |
| 国 外 | 5606534 | 3434284 | 4946503 | 4515877 | 4082703 |

# 7-11-22 海洋观测预报单位机构、人员情况

| 项　目 | 中心站 | 观测站 | 海洋预报机构 |
|---|---|---|---|
| **一、机构数（个）** | | | |
| 1994 | 7 | 56 | 4 |
| 1995 | 9 | 57 | 4 |
| 1996 | 10 | 56 | 4 |
| 1997 | 10 | 60 | 4 |
| 1998 | 10 | 56 | 4 |
| 1999 | 12 | 60 | 4 |
| 2000 | 12 | 60 | 4 |
| 2001 | 12 | 60 | 4 |
| 2002 | 12 | 63 | 4 |
| 2003 | 12 | 63 | 4 |
| 2004 | 12 | 63 | 4 |
| 2005 | 12 | 63 | 4 |
| 2006 | 12 | 63 | 4 |
| 2007 | 12 | 63 | 4 |
| 2008 | 12 | 67 | 4 |
| 2009 | 14 | 73 | 4 |
| 2010 | 14 | 73 | 4 |
| 2011 | 15 | 73 | 4 |
| 2012 | 16 | 74 | 4 |
| 2013 | 16 | 74 | 4 |
| 2014 | 17 | 73 | 5 |
| 2015 | 17 | 73 | 5 |
| 2016 | 17 | 73 | 5 |
| **二、人员数（人）** | | | |
| 1994 | 267 | 558 | 652 |
| 1995 | 348 | 580 | 658 |
| 1996 | 379 | 557 | 649 |
| 1997 | 531 | 592 | 932 |
| 1998 | 395 | 525 | 617 |
| 1999 | 362 | 468 | 621 |
| 2000 | 362 | 468 | 621 |
| 2001 | 362 | 468 | 621 |
| 2002 | 530 | 427 | 734 |
| 2003 | 530 | 427 | 734 |
| 2004 | 530 | 427 | 734 |
| 2005 | 530 | 427 | 734 |
| 2006 | 696 | 469 | 655 |
| 2007 | 696 | 469 | 657 |
| 2008 | 696 | 523 | 657 |
| 2009 | 948 | 444 | 601 |
| 2010 | 932 | 446 | 587 |
| 2011 | 968 | 431 | 588 |
| 2012 | 978 | 436 | 574 |
| 2013 | 989 | 435 | 617 |
| 2014 | 1343 | 427 | 1143 |
| 2015 | 1263 | 487 | 1143 |
| 2016 | 1263 | 487 | 1143 |

# 7-11-23 海洋观测调查情况

| 项　目 | 合计 | 志愿船观测 | 断面观测 | 台站观测 | 浮标观测 |
|---|---|---|---|---|---|
| 站点数　（个） | 340 | 57 | 119 | 127 | 37 |
| 观测数据　(MB) | 13785.3 | 1024.0 | 475.4 | 11857.9 | 428.0 |

## 【主要统计指标解释】

**研究与试验发展（R&D）** 指在科学技术领域，为增加知识总量，以及运用这些知识去创造新的应用进行的系统的、创造性的活动，包括基础研究、应用研究、试验发展三类活动。

**基础研究** 指为了获得关于现象和可观察事实的基本原理的新知识(揭示客观事物的本质、运动规律，获得新发现、新学说)而进行的实验性或理论性研究，它不以任何专门或特定的应用或使用为目的。

**应用研究** 指为获得新知识而进行的创造性研究，主要针对某一特定的目的或目标。应用研究是为了确定基础研究成果可能的用途，或是为达到预定的目标探索应采取的新方法（原理性）或新途径。

**试验发展** 指利用从基础研究、应用研究和实际经验所获得的现有知识，为产生新的产品、材料和装置，建立新的工艺、系统和服务，以及对已产生和建立的上述各项作实质性的改进而进行的系统性工作。

**研究与试验发展人员全时当量** 是国际上通用的、用于比较科技人力投入的指标，指R&D全时人员（全年从事R&D活动累积工作时间占全部工作时间的90%及以上人员）工作量与非全时人员按实际工作时间折算的工作量之和。例如：有2个R&D全时人员（工作时间分别为0.9年和1年）和3个R&D非全时人员(工作时间分别为0.2年、0.3年和0.7年)，则R&D人员全时当量为1+1+0.2+0.3+0.7=3.2人年。

**政府资金** 指调查单位R&D经费内部支出中来自各级政府部门的各类资金，包括财政科学技术拨款、科学基金、教育等部门事业费以及政府部门预算外资金的实际支出。

**企业资金** 指调查单位R&D经费内部支出中来自本企业的自有资金和接受其他企业委托而获得的经费，以及科研院所、高校等事业单位从企业获得的资金的实际支出。

**专利** 是专利权的简称，是发明创造经审查合格后，由国务院专利行政部门依据专利法授予申请人对该项发明创造享有的专有权。发明创造是指发明、实用新型和外观设计。

**发明专利** 指对产品、方法或者其改进所提出的新的技术方案。

**实用新型专利** 指对产品的形状、构造或者其结合所提出的适于实用的新的技术方案。

**外观设计专利** 指对产品的形状、图案或者其结合以及色彩与形状、图案的结合所作出的富有美感并适于工业应用的新设计。

# 7 第三产业分行业主要指标

## 7–12　水利、环境和公共设施管理业

# 简要说明

**一、主要内容**

本篇主要反映我国水环境、大气环境、工业固体废物、生态环境、自然灾害和突发环境事件、环境污染治理投资、城市环境、农村环境等情况。水利、环境和公共设施管理业企业法人单位分地区主要指标。

**二、资料来源**

水资源、供水和用水情况由水利部提供；“三废”排放及处理、工业污染治理投资、空气质量、噪声监测、自然保护区和突发环境事件等情况由环境保护部提供；海水水质和海洋灾害情况由国家海洋局提供；湿地、森林火灾和森林病虫鼠害情况由国家林业局提供；城市环境和城市基础设施建设投资情况由住房和城乡建设部提供；农村环境、地质灾害、地震灾害、公共交通等情况分别由国家卫生计生委、农业部、国土资源部、中国地震局、交通运输部提供。

水利、环境和公共设施管理业企业法人单位分地区主要指标来源于国家统计局服务业司《规模以上服务业统计报表制度》和《规模以下服务业抽样调查统计报表制度》调查结果。

# 7-12-1 水利、环境和公共设施管理业企业法人单位分地区主要指标

| 地 区 | 单位数（个） | 营业收入（亿元） | 资产总计（亿元） | 从业人员（万人） |
|---|---|---|---|---|
| **全 国** | **63883** | **5122.4** | **50849.2** | **177.7** |
| 北 京 | 4415 | 532.7 | 3915.7 | 9.1 |
| 天 津 | 1376 | 152.5 | 3533.8 | 3.0 |
| 河 北 | 3354 | 107.9 | 915.8 | 6.7 |
| 山 西 | 1517 | 57.8 | 585.5 | 3.9 |
| 内蒙古 | 1646 | 101.0 | 1233.0 | 4.9 |
| 辽 宁 | 2364 | 80.8 | 750.6 | 4.8 |
| 吉 林 | 751 | 19.3 | 172.8 | 2.1 |
| 黑龙江 | 870 | 24.8 | 811.4 | 2.9 |
| 上 海 | 1630 | 372.7 | 2947.6 | 10.0 |
| 江 苏 | 5685 | 577.8 | 6169.0 | 13.9 |
| 浙 江 | 5302 | 443.6 | 3804.7 | 13.8 |
| 安 徽 | 2816 | 151.9 | 1709.4 | 5.8 |
| 福 建 | 2440 | 127.7 | 1437.6 | 5.2 |
| 江 西 | 1296 | 113.9 | 725.7 | 4.4 |
| 山 东 | 4880 | 430.1 | 1695.8 | 16.1 |
| 河 南 | 2863 | 204.4 | 1969.9 | 10.7 |
| 湖 北 | 2167 | 288.4 | 2230.0 | 6.0 |
| 湖 南 | 2236 | 133.3 | 1593.6 | 5.9 |
| 广 东 | 4170 | 340.4 | 3433.7 | 13.4 |
| 广 西 | 1350 | 74.5 | 850.2 | 3.3 |
| 海 南 | 322 | 40.2 | 339.1 | 1.7 |
| 重 庆 | 1531 | 160.7 | 1630.8 | 5.5 |
| 四 川 | 2135 | 243.5 | 2093.4 | 7.0 |
| 贵 州 | 1102 | 46.8 | 1393.4 | 3.8 |
| 云 南 | 1369 | 63.0 | 1707.5 | 3.6 |
| 西 藏 | 20 | 1.1 | 15.8 | 0.1 |
| 陕 西 | 2324 | 138.5 | 1241.6 | 4.9 |
| 甘 肃 | 596 | 20.1 | 1267.9 | 1.5 |
| 青 海 | 218 | 2.5 | 145.9 | 1.0 |
| 宁 夏 | 253 | 21.5 | 181.6 | 0.5 |
| 新 疆 | 884 | 49.0 | 346.3 | 2.2 |

# 7-12-2 环境保护基本情况

| 指　　标 | | 2005 | 2006 | 2007 | 2008 | 2009 | 2010 |
|---|---|---|---|---|---|---|---|
| **水环境** | | | | | | | |
| 水资源总量 | (亿立方米) | 28053 | 25330 | 25255 | 27434 | 24180 | 30906 |
| 地表水 | | 26982 | 24358 | 24242 | 26377 | 23125 | 29798 |
| 地下水 | | 8091 | 7643 | 7617 | 8122 | 7267 | 8417 |
| 地表水与地下水资源重复量 | | 7020 | 6671 | 6604 | 7065 | 6212 | 7308 |
| 人均水资源量 | (立方米/人) | 2152 | 1932 | 1916 | 2071 | 1816 | 2310 |
| 供水总量 | (亿立方米) | 5633 | 5795 | 5819 | 5910 | 5965 | 6022 |
| #地表水 | | 4572 | 4707 | 4724 | 4796 | 4839 | 4882 |
| 地下水 | | 1039 | 1066 | 1069 | 1085 | 1095 | 1107 |
| 用水总量 | (亿立方米) | 5633 | 5795 | 5819 | 5910 | 5965 | 6022 |
| #农业 | | 3580 | 3664 | 3600 | 3663 | 3723 | 3689 |
| 工业 | | 1285 | 1344 | 1403 | 1397 | 1391 | 1447 |
| 生活 | | 675 | 694 | 710 | 729 | 748 | 766 |
| 废水排放总量 | (亿吨) | 525 | 537 | 557 | 572 | 589 | 617 |
| #工业废水排放量 | | 243 | 240 | 247 | 242 | 234 | 237 |
| 生活污水排放量 | | 281 | 297 | 310 | 330 | 355 | 380 |
| 化学需氧量排放量 | (万吨) | 1414 | 1428 | 1382 | 1321 | 1278 | 1238 |
| #工业 | | 555 | 542 | 511 | 458 | 440 | 435 |
| 生活 | | 859 | 887 | 871 | 863 | 838 | 803 |
| 农业 | | | | | | | |
| 氨氮排放量 | (万吨) | 150 | 141 | 132 | 127 | 123 | 120 |
| #工业 | | 53 | 42 | 34 | 30 | 27 | 27 |
| 生活 | | 97 | 99 | 98 | 97 | 95 | 93 |
| 农业 | | | | | | | |
| **大气环境** | | | | | | | |
| 工业废气排放量 | (亿立方米) | 268988 | 330990 | 388169 | 403866 | 436064 | 519168 |
| 二氧化硫排放量 | (万吨) | 2549 | 2589 | 2468 | 2321 | 2214 | 2185 |
| #工业 | | 2168 | 2235 | 2140 | 1991 | 1866 | 1864 |
| 生活 | | 381 | 354 | 328 | 330 | 348 | 321 |
| 氮氧化物排放量 | (万吨) | | | | | | |
| #工业 | | | | | | | |

7-12-2 续表 1

| 指 标 | 2005 | 2006 | 2007 | 2008 | 2009 | 2010 |
|---|---|---|---|---|---|---|
| 生活 | | | | | | |
| 机动车 | | | | | | |
| 烟(粉)尘排放总量 | | | | | | |
| #工业 | | | | | | |
| 生活 | | | | | | |
| 机动车 | | | | | | |
| **固体废物** | | | | | | |
| 一般工业固体废物产生量 (万吨) | | | | | | |
| 危险废物产生量 (万吨) | | | | | | |
| 一般工业固体废物综合利用量 (万吨) | | | | | | |
| 危险废物综合利用量 (万吨) | | | | | | |
| 一般工业固体废物综合利用率 (%) | | | | | | |
| 危险废物综合利用率 (%) | | | | | | |
| 一般工业固体废物处置量 (万吨) | | | | | | |
| 危险废物处置量 (万吨) | | | | | | |
| 一般工业固体废物贮存量 (万吨) | | | | | | |
| 危险废物贮存量 (万吨) | | | | | | |
| 一般工业固体废物倾倒丢弃量 (万吨) | | | | | | |
| **生态环境** | | | | | | |
| 森林面积 (万公顷) | 19545 | 19545 | 19545 | 19545 | 20769 | 20769 |
| 森林覆盖率 (%) | 20.36 | 20.36 | 20.36 | 20.36 | 21.63 | 21.63 |
| 当年造林面积 (万公顷) | 540 | 384 | 391 | 535 | 626 | 591 |
| 自然保护区数 (个) | 2349 | 2395 | 2531 | 2538 | 2541 | 2588 |
| #国家级 | 243 | 265 | 303 | 303 | 319 | 319 |
| 自然保护区面积 (万公顷) | 14995 | 15154 | 15188 | 14894 | 14775 | 14944 |
| 湿地面积 (万公顷) | 3848.6 | 3848.6 | 3848.6 | 3848.6 | 5360.3 | 5360.3 |
| 湿地面积占国土面积比重 (%) | 4.0 | 4.0 | 4.0 | 4.0 | 5.6 | 5.6 |
| **自然灾害** | | | | | | |
| 发生地质灾害次数 (处) | 17751 | 102804 | 25364 | 26580 | 10580 | 30670 |
| #滑坡 | 9367 | 88523 | 15478 | 13450 | 6310 | 22250 |
| 崩塌 | 7654 | 13160 | 7722 | 8080 | 2378 | 5688 |
| 泥石流 | 566 | 417 | 1215 | 843 | 1442 | 1981 |
| 发生地震灾害次数 (次) | 13 | 10 | 3 | 17 | 8 | 12 |
| #5.0级以上 | 11 | 9 | 2 | 12 | 7 | 5 |
| 海洋赤潮发生次数 (次) | 82 | 93 | 82 | 68 | 68 | 69 |
| 森林火灾次数 (次) | 11542 | 8170 | 9260 | 14144 | 8859 | 7723 |
| #重大 | 16 | 7 | 4 | 13 | 35 | 22 |
| 特大 | 3 | 5 | | | 1 | 4 |
| 森林火灾受害森林面积 (万公顷) | 7.4 | 40.8 | 2.9 | 5.3 | 4.6 | 4.6 |
| 林业有害生物发生面积 (万公顷) | 961.0 | 1100.7 | 1209.7 | 1141.8 | 1142.0 | 1164.2 |
| 林业有害生物防治面积 (万公顷) | 640.7 | 735.5 | 801.2 | 784.0 | 819.4 | 812.4 |
| 林业有害生物防治率 (%) | 66.7 | 66.8 | 66.2 | 68.7 | 71.8 | 69.8 |

7-12-2 续表 2

| 指　　标 | 2005 | 2006 | 2007 | 2008 | 2009 | 2010 |
|---|---|---|---|---|---|---|
| **环境污染** | | | | | | |
| 突发环境事件次数 (次) | 1406 | 842 | 462 | 474 | 418 | 420 |
| **环境污染治理投资** | | | | | | |
| 环境污染治理投资 (亿元) | 2565.2 | 2779.5 | 3668.8 | 4937.0 | 5258.4 | 7612.2 |
| 环境污染治理投资占国内生产总值比重 (%) | 1.38 | 1.28 | 1.37 | 1.56 | 1.52 | 1.86 |
| 城镇环境基础设施建设投资(亿元) | 1466.9 | 1528.4 | 1749.0 | 2247.7 | 3245.1 | 5182.2 |
| #燃气 | 164.3 | 179.2 | 187.0 | 199.2 | 219.2 | 357.9 |
| 集中供热 | 250.0 | 252.5 | 272.4 | 328.2 | 441.5 | 557.5 |
| 排水 | 431.5 | 403.6 | 517.1 | 637.2 | 1035.5 | 1172.7 |
| 园林绿化 | 456.3 | 475.2 | 601.6 | 823.9 | 1137.6 | 2670.6 |
| 市容环境卫生 | 164.8 | 217.9 | 171.0 | 259.2 | 411.2 | 423.5 |
| 工业污染治理投资 (亿元) | 458.2 | 483.9 | 552.4 | 542.6 | 442.6 | 397.0 |
| #治理废水 | 133.7 | 151.1 | 196.1 | 194.6 | 149.5 | 129.6 |
| 治理废气 | 213.0 | 233.3 | 275.3 | 265.7 | 232.5 | 188.2 |
| 治理固体废物 | 27.4 | 18.3 | 18.3 | 19.7 | 21.9 | 14.3 |
| 治理噪声 | 3.1 | 3.0 | 1.8 | 2.8 | 1.4 | 1.4 |
| 治理其他 | 81.0 | 78.3 | 60.7 | 59.8 | 37.4 | 62.0 |
| 当年完成环保验收项目环保投资 (亿元) | 640.1 | 767.2 | 1367.4 | 2146.7 | 1570.7 | 2033.0 |
| **城市环境情况** | | | | | | |
| 城区面积 (万平方公里) | 41.3 | 16.7 | 17.6 | 17.8 | 17.5 | 17.9 |
| 城市建设用地面积 (万平方公里) | | 3.2 | 3.6 | 3.9 | 3.9 | 4.0 |
| 城市污水处理率 (%) | 52.0 | 55.7 | 62.9 | 70.2 | 75.3 | 82.3 |
| 城市燃气普及率 (%) | 82.1 | 79.1 | 87.4 | 89.6 | 91.4 | 92.0 |
| 城市生活垃圾清运量 (万吨) | 15577 | 14841 | 15215 | 15438 | 15734 | 15805 |
| 城市生活垃圾无害化处理率 (%) | 51.7 | 52.2 | 62.0 | 66.8 | 71.4 | 77.9 |
| 城市人均公园绿地面积 (平方米) | 7.89 | 8.30 | 8.98 | 9.71 | 10.66 | 11.18 |
| 城市公园个数 (个) | 7077 | 6908 | 7913 | 8557 | 9050 | 9955 |
| **农村环境情况** | | | | | | |
| 农村改水累计受益人口 (万人) | 88893 | 86629 | 87859 | 89447 | 90251 | 90834 |
| 农村改水累计受益率 | 94.1 | 91.1 | 92.1 | 93.6 | 94.3 | 94.9 |
| 农村累计使用卫生厕所户数(万户) | 13740 | 13873 | 14442 | 15166 | 16056 | 17138 |
| 农村卫生厕所普及率 (%) | 55.3 | 55.0 | 57.0 | 59.7 | 63.2 | 67.4 |
| 农村累计使用卫生公厕户数(万户) | 1034.1 | 2126.3 | 2049.0 | 2739.5 | 2970.7 | 2827.7 |
| 农村沼气池产气量 (亿立方米) | 72.9 | 83.6 | 101.7 | 118.4 | 130.8 | 139.6 |
| 农村太阳能热水器 (万平方米) | 3205.6 | 3941.0 | 4286.4 | 4758.7 | 4997.1 | 5488.9 |
| 农村太阳灶数 (万台) | 68.6 | 86.5 | 111.9 | 135.7 | 148.4 | 161.7 |

7-12-2 续表 3

| 指　　标 | | 2011 | 2012 | 2013 | 2014 | 2015 | 2016 |
|---|---|---|---|---|---|---|---|
| **水环境** | | | | | | | |
| 水资源总量 | (亿立方米) | 23257 | 29527 | 27958 | 27267 | 27963 | 32466 |
| 地表水 | | 22214 | 28371 | 26839 | 26264 | 26901 | 31274 |
| 地下水 | | 7215 | 8416 | 8081 | 7745 | 7797 | 8855 |
| 地表水与地下水资源重复量 | | 6171 | 7261 | 6963 | 6742 | 6735 | 7662 |
| 人均水资源量 | (立方米/人) | 1730 | 2186 | 2060 | 1999 | 2039 | 2355 |
| 供水总量 | (亿立方米) | 6107 | 6142 | 6183 | 6095 | 6103 | 6040 |
| #地表水 | | 4953 | 4963 | 5007 | 4920 | 4972 | 4912 |
| 地下水 | | 1109 | 1134 | 1126 | 1117 | 1069 | 1057 |
| 用水总量 | (亿立方米) | 6107 | 6142 | 6183 | 6095 | 6103 | 6040 |
| #农业 | | 3744 | 3880 | 3922 | 3869 | 3852 | 3768 |
| 工业 | | 1462 | 1424 | 1406 | 1356 | 1335 | 1308 |
| 生活 | | 790 | 729 | 750 | 767 | 794 | 822 |
| 废水排放总量 | (亿吨) | 659 | 685 | 695 | 716 | 735 | 711 |
| #工业废水排放量 | | 231 | 222 | 210 | 205 | 199 | 153 |
| 生活污水排放量 | | 428 | 463 | 485 | 510 | 535 | 557 |
| 化学需氧量排放量 | (万吨) | 2500 | 2424 | 2353 | 2295 | 2224 | 1047 |
| #工业 | | 355 | 338 | 319 | 311 | 293 | 122 |
| 生活 | | 939 | 913 | 890 | 864 | 847 | 859 |
| 农业 | | 1186 | 1154 | 1126 | 1102 | 1069 | 57 |
| 氨氮排放量 | (万吨) | 260 | 254 | 246 | 239 | 230 | 142 |
| #工业 | | 28 | 26 | 25 | 23 | 22 | 10 |
| 生活 | | 148 | 145 | 141 | 138 | 134 | 130 |
| 农业 | | 83 | 81 | 78 | 76 | 73 | 1 |
| **大气环境** | | | | | | | |
| 工业废气排放量 | (亿立方米) | 674509 | 635519 | 669361 | 694190 | 685190 | 698527 |
| 二氧化硫排放量 | (万吨) | 2218 | 2118 | 2044 | 1974 | 1859 | 1103 |
| #工业 | | 2017 | 1912 | 1835 | 1740 | 1557 | 808 |
| 生活 | | 200 | 206 | 209 | 234 | 297 | 295 |
| 氮氧化物排放量 | (万吨) | 2404 | 2338 | 2227 | 2078 | 1851 | 1394 |
| #工业 | | 1730 | 1658 | 1546 | 1405 | 1181 | 764 |

7-12-2 续表 4

| 指　　标 | | 2011 | 2012 | 2013 | 2014 | 2015 | 2016 |
|---|---|---|---|---|---|---|---|
| 生活 | | 37 | 39 | 41 | 45 | 65 | 52 |
| 机动车 | | 638 | 640 | 641 | 628 | 585 | 579 |
| 烟(粉)尘排放总量 | | 1279 | 1236 | 1278 | 1741 | 1538 | 1011 |
| #工业 | | 1101 | 1029 | 1095 | 1456 | 1233 | 751 |
| 生活 | | 115 | 143 | 124 | 227 | 250 | 206 |
| 机动车 | | 63 | 64 | 59 | 57 | 56 | 53 |
| **固体废物** | | | | | | | |
| 一般工业固体废物产生量 | (万吨) | 322772 | 329044 | 327702 | 325620 | 327079 | 309210 |
| 危险废物产生量 | (万吨) | 3431 | 3465 | 3157 | 3634 | 3976 | 5347 |
| 一般工业固体废物综合利用量 | (万吨) | 195215 | 202462 | 205916 | 204330 | 198807 | 184096 |
| 危险废物综合利用量 | (万吨) | 1773 | 2005 | 1700 | 2062 | 2050 | 2824 |
| 一般工业固体废物综合利用率 | (%) | 60.5 | 61.5 | 62.8 | 62.1 | 60.3 | 59.1 |
| 危险废物综合利用率 | (%) | 51.7 | 57.8 | 53.9 | 56.4 | 51.2 | 51.8 |
| 一般工业固体废物处置量 | (万吨) | 70465 | 70745 | 82969 | 80388 | 73034 | 65522 |
| 危险废物处置量 | (万吨) | 916 | 698 | 701 | 929 | 1174 | 1606 |
| 一般工业固体废物贮存量 | (万吨) | 60424 | 59786 | 42634 | 45033 | 58365 | 62599 |
| 危险废物贮存量 | (万吨) | 824 | 847 | 811 | 691 | 810 | 1158 |
| 一般工业固体废物倾倒丢弃量 | (万吨) | 433 | 144 | 129 | 59 | 56 | 32 |
| **生态环境** | | | | | | | |
| 森林面积 | (万公顷) | 20769 | 20769 | 20769 | 20769 | 20769 | 20769 |
| 森林覆盖率 | (%) | 21.63 | 21.63 | 21.63 | 21.63 | 21.63 | 21.63 |
| 当年造林面积 | (万公顷) | 600 | 560 | 610 | 555 | 768 | 720 |
| 自然保护区数 | (个) | 2640 | 2669 | 2697 | 2729 | 2740 | 2750 |
| #国家级 | | 335 | 363 | 407 | 428 | 428 | |
| 自然保护区面积 | (万公顷) | 14971 | 14979 | 14631 | 14699 | 14703 | 14733 |
| 湿地面积 | (万公顷) | 5360.3 | 5360.3 | 5360.3 | 5360.3 | 5360.3 | 5360.3 |
| 湿地面积占国土面积比重 | (%) | 5.6 | 5.6 | 5.6 | 5.6 | 5.6 | 5.6 |
| **自然灾害** | | | | | | | |
| 发生地质灾害次数 | (处) | 15804 | 14675 | 15374 | 10937 | 8355 | 10997 |
| #滑坡 | | 11504 | 11112 | 9832 | 8149 | 5668 | 8194 |
| 崩塌 | | 2445 | 2152 | 3288 | 1860 | 1870 | 1905 |
| 泥石流 | | 1358 | 952 | 1547 | 554 | 483 | 652 |
| 发生地震灾害次数 | (次) | 18 | 12 | 14 | 20 | 14 | 16 |
| #5.0级以上 | | 14 | 11 | 14 | 19 | 14 | 12 |
| 海洋赤潮发生次数 | (次) | 55 | 73 | 46 | 56 | 35 | 68 |
| 森林火灾次数 | (次) | 5550 | 3966 | 3929 | 3703 | 2936 | 2034 |
| #重大 | | 9 | 1 | | 2 | 6 | 1 |
| 特大 | | | | | 1 | | |
| 森林火灾受害森林面积 | (万公顷) | 2.7 | 1.4 | 1.4 | 1.9 | 1.3 | 0.6 |
| 林业有害生物发生面积 | (万公顷) | 1168.1 | 1176.9 | 1223.0 | 1206.4 | 1218.4 | 1211.3 |
| 林业有害生物防治面积 | (万公顷) | 728.5 | 782.6 | 766.8 | 787.4 | 877.8 | 833.8 |
| 林业有害生物防治率 | (%) | 62.4 | 66.5 | 62.7 | 65.3 | 72.0 | 68.8 |

7-12-2 续表 5

| 指 标 | 2011 | 2012 | 2013 | 2014 | 2015 | 2016 |
|---|---|---|---|---|---|---|
| **环境污染** | | | | | | |
| 突发环境事件次数 (次) | 542 | 542 | 712 | 471 | 334 | 304 |
| **环境污染治理投资** | | | | | | |
| 环境污染治理投资 (亿元) | 7114.0 | 8253.5 | 9037.2 | 9575.5 | 8806.3 | 9219.8 |
| 环境污染治理投资占国内生产总值比重 (%) | 1.47 | 1.55 | 1.54 | 1.51 | 1.28 | 1.24 |
| 城镇环境基础设施建设投资(亿元) | 4557.2 | 5062.7 | 5223.0 | 5463.9 | 4946.8 | 5412.0 |
| #燃气 | 444.1 | 551.8 | 607.9 | 574.0 | 463.1 | 532.0 |
| 集中供热 | 593.3 | 798.1 | 819.5 | 763.0 | 687.8 | 662.5 |
| 排水 | 971.6 | 934.1 | 1055.0 | 1196.1 | 1248.5 | 1485.5 |
| 园林绿化 | 1991.9 | 2380.0 | 2234.9 | 2338.5 | 2075.4 | 2170.9 |
| 市容环境卫生 | 556.2 | 398.6 | 505.7 | 592.2 | 472.0 | 561.1 |
| 工业污染治理投资 (亿元) | 444.4 | 500.5 | 849.7 | 997.7 | 773.7 | 819.0 |
| #治理废水 | 157.7 | 140.3 | 124.9 | 115.2 | 118.4 | 108.2 |
| 治理废气 | 211.7 | 257.7 | 640.9 | 789.4 | 521.8 | 561.5 |
| 治理固体废物 | 31.4 | 24.7 | 14.0 | 15.1 | 16.1 | 46.7 |
| 治理噪声 | 2.2 | 1.2 | 1.8 | 1.1 | 2.8 | 0.6 |
| 治理其他 | 41.4 | 76.5 | 68.1 | 76.9 | 114.5 | 102.0 |
| 当年完成环保验收项目环保投资 (亿元) | 2112.4 | 2690.4 | 2964.5 | 3113.9 | 3085.8 | 2988.8 |
| **城市环境情况** | | | | | | |
| 城区面积 (万平方公里) | 18.4 | 18.3 | 18.3 | 18.4 | 19.2 | 19.8 |
| 城市建设用地面积 (万平方公里) | 4.2 | 4.6 | 4.7 | 5.0 | 5.2 | 5.3 |
| 城市污水处理率 (%) | 83.6 | 87.3 | 89.3 | 90.2 | 91.9 | 93.4 |
| 城市燃气普及率 (%) | 92.4 | 93.2 | 94.3 | 94.6 | 95.3 | 95.8 |
| 城市生活垃圾清运量 (万吨) | 16395 | 17081 | 17239 | 17860 | 19142 | 20362 |
| 城市生活垃圾无害化处理率 (%) | 79.7 | 84.8 | 89.3 | 91.8 | 94.1 | 96.6 |
| 城市人均公园绿地面积 (平方米) | 11.80 | 12.26 | 12.64 | 13.08 | 13.35 | 13.70 |
| 城市公园个数 (个) | 10780 | 11604 | 12401 | 13037 | 13834 | 15370 |
| **农村环境情况** | | | | | | |
| 农村改水累计受益人口 (万人) | 89971 | 91208 | 94040 | 91511 | | |
| 农村改水累计受益率 | 94.2 | 95.3 | 95.6 | 95.8 | | |
| 农村累计使用卫生厕所户数(万户) | 18019 | 18628 | 19401 | 19939 | 20684 | 21460 |
| 农村卫生厕所普及率 (%) | 69.2 | 71.7 | 74.1 | 76.1 | 78.4 | 80.3 |
| 农村累计使用卫生公厕户数(万户) | 2972.8 | 2896.6 | 3165.1 | 3990.9 | 3879.5 | 3502.6 |
| 农村沼气池产气量 (亿立方米) | 152.8 | 157.6 | 157.8 | 155.0 | 153.9 | 144.9 |
| 农村太阳能热水器 (万平方米) | 6231.9 | 6801.8 | 7294.6 | 7782.9 | 8232.6 | 8623.7 |
| 农村太阳灶数 (万台) | 213.9 | 220.7 | 226.4 | 230.0 | 232.6 | 227.9 |

注：1.2011年环境保护部对统计制度中的指标体系、调查方法及相关技术规定等进行了修订，统计范围扩展为工业源、农业源、城镇生活源、机动车、集中式污染治理设施5个部分。2016年环境保护部对统计制度进行了修订，2016年数据与以前年份不可比。

2.2012年起，生活用水量中的牲畜用水量调整至农业用水量中。

3.森林面积和森林覆盖率2009—2014年为第八次全国森林资源清查数(2009—2013年)，包括香港、澳门特别行政区和台湾省数据；2005—2008年为第七次清查数(2004—2008年)，包括香港、澳门特别行政区和台湾省数据。

4.2007年起，造林总面积中增加无林地和疏林地新封山育林面积；2015年起，造林面积包括人工造林、飞播造林、新封山育林、退化林修复和人工更新。

5.湿地面积和湿地面积占国土面积比重2009—2014年为第二次全国湿地资源调查(2009—2013)资料，包括台湾省和香港、澳门特别行政区数据；2005—2008年为全国首次湿地调查(1995—2003)资料，不包括台湾省和香港、澳门特别行政区数据。

# 7-12-3 水资源情况

| 地 区 | 水资源总量(亿立方米) | 地表水资源量 | 地下水资源量 | 地表水与地下水资源重复量 | 人均水资源量(立方米/人) |
|---|---|---|---|---|---|
| **全 国** | **32466.4** | **31273.9** | **8854.8** | **7662.3** | **2354.9** |
| 北 京 | 35.1 | 14.0 | 24.2 | 3.1 | 161.6 |
| 天 津 | 18.9 | 14.1 | 6.1 | 1.3 | 121.6 |
| 河 北 | 208.3 | 105.9 | 133.7 | 31.3 | 279.7 |
| 山 西 | 134.1 | 88.9 | 104.9 | 59.7 | 365.1 |
| 内蒙古 | 426.5 | 268.5 | 248.2 | 90.2 | 1695.5 |
| 辽 宁 | 331.6 | 286.2 | 120.9 | 75.5 | 757.1 |
| 吉 林 | 488.8 | 420.7 | 154.7 | 86.6 | 1782.0 |
| 黑龙江 | 843.7 | 720.0 | 285.9 | 162.2 | 2217.1 |
| 上 海 | 61.0 | 52.7 | 11.3 | 3.0 | 252.3 |
| 江 苏 | 741.7 | 605.8 | 164.0 | 28.1 | 928.6 |
| 浙 江 | 1323.3 | 1306.8 | 255.5 | 239.0 | 2378.1 |
| 安 徽 | 1245.2 | 1179.2 | 219.3 | 153.3 | 2018.2 |
| 福 建 | 2109.0 | 2107.1 | 450.7 | 448.8 | 5468.7 |
| 江 西 | 2221.1 | 2203.2 | 501.9 | 484.0 | 4850.6 |
| 山 东 | 220.3 | 121.2 | 164.8 | 65.7 | 222.6 |
| 河 南 | 337.3 | 220.1 | 190.2 | 73.0 | 354.8 |
| 湖 北 | 1498.0 | 1468.2 | 313.6 | 283.8 | 2552.6 |
| 湖 南 | 2196.6 | 2189.5 | 475.4 | 468.3 | 3229.1 |
| 广 东 | 2458.6 | 2448.5 | 570.0 | 559.9 | 2250.6 |
| 广 西 | 2178.6 | 2176.8 | 529.2 | 527.4 | 4522.7 |
| 海 南 | 489.9 | 486.3 | 118.3 | 114.7 | 5360.0 |
| 重 庆 | 604.9 | 604.9 | 112.3 | 112.3 | 1994.7 |
| 四 川 | 2340.9 | 2339.7 | 593.3 | 592.1 | 2843.3 |
| 贵 州 | 1066.1 | 1066.1 | 251.3 | 251.3 | 3009.5 |
| 云 南 | 2088.9 | 2088.9 | 699.7 | 699.7 | 4391.7 |
| 西 藏 | 4642.2 | 4642.2 | 1028.0 | 1028.0 | 141746.6 |
| 陕 西 | 271.5 | 249.2 | 107.4 | 85.1 | 713.9 |
| 甘 肃 | 168.4 | 160.9 | 108.7 | 101.2 | 646.4 |
| 青 海 | 612.7 | 591.5 | 282.5 | 261.3 | 10376.0 |
| 宁 夏 | 9.6 | 7.5 | 18.6 | 16.5 | 143.0 |
| 新 疆 | 1093.4 | 1039.3 | 610.4 | 556.3 | 4596.0 |

# 7-12-4 供水用水情况

| 地 区 | 供水总量(亿立方米) | 地表水 | 地下水 | 其 他 | 用水总量(亿立方米) | 农 业 | 工 业 | 生 活 | 生 态 | 人均用水量(立方米/人) |
|---|---|---|---|---|---|---|---|---|---|---|
| **全 国** | **6040.2** | **4912.4** | **1057.0** | **70.8** | **6040.2** | **3768.0** | **1308.0** | **821.6** | **142.6** | **438.1** |
| 北 京 | 38.8 | 11.3 | 17.5 | 10.0 | 38.8 | 6.0 | 3.8 | 17.8 | 11.1 | 178.6 |
| 天 津 | 27.2 | 19.1 | 4.7 | 3.4 | 27.2 | 12.0 | 5.5 | 5.6 | 4.1 | 175.0 |
| 河 北 | 182.6 | 51.5 | 125.0 | 6.0 | 182.6 | 128.0 | 21.9 | 25.9 | 6.7 | 245.2 |
| 山 西 | 75.5 | 39.5 | 31.7 | 4.4 | 75.5 | 46.7 | 12.9 | 12.6 | 3.3 | 205.6 |
| 内蒙古 | 190.3 | 98.3 | 88.8 | 3.2 | 190.3 | 139.2 | 17.4 | 10.6 | 23.1 | 756.5 |
| 辽 宁 | 135.4 | 74.2 | 57.0 | 4.2 | 135.4 | 84.9 | 19.6 | 25.3 | 5.6 | 309.1 |
| 吉 林 | 132.5 | 87.2 | 44.9 | 0.4 | 132.5 | 91.1 | 20.9 | 14.3 | 6.3 | 483.0 |
| 黑龙江 | 352.6 | 184.8 | 166.8 | 1.0 | 352.6 | 313.8 | 20.6 | 15.6 | 2.5 | 926.6 |
| 上 海 | 104.8 | 104.8 | | | 104.8 | 14.5 | 64.4 | 25.1 | 0.8 | 433.5 |
| 江 苏 | 577.4 | 561.0 | 8.9 | 7.5 | 577.4 | 270.8 | 248.5 | 56.1 | 2.0 | 722.9 |
| 浙 江 | 181.1 | 178.5 | 1.6 | 1.1 | 181.1 | 81.0 | 48.4 | 46.3 | 5.5 | 325.5 |
| 安 徽 | 290.7 | 256.1 | 32.0 | 2.5 | 290.7 | 158.6 | 93.1 | 33.4 | 5.6 | 471.2 |
| 福 建 | 189.1 | 182.8 | 5.6 | 0.7 | 189.1 | 84.2 | 68.6 | 33.1 | 3.1 | 490.3 |
| 江 西 | 245.4 | 235.1 | 8.2 | 2.1 | 245.4 | 154.2 | 60.5 | 28.5 | 2.2 | 535.9 |
| 山 东 | 214.0 | 123.3 | 82.3 | 8.4 | 214.0 | 141.5 | 30.6 | 34.2 | 7.6 | 216.2 |
| 河 南 | 227.6 | 105.0 | 119.8 | 2.8 | 227.6 | 125.6 | 50.3 | 38.7 | 13.0 | 239.4 |
| 湖 北 | 282.0 | 273.1 | 8.8 | | 282.0 | 137.0 | 91.4 | 52.4 | 1.1 | 480.5 |
| 湖 南 | 330.4 | 315.1 | 15.2 | 0.1 | 330.4 | 195.1 | 89.0 | 43.5 | 2.8 | 485.7 |
| 广 东 | 435.0 | 418.8 | 14.3 | 1.8 | 435.0 | 220.5 | 109.2 | 99.9 | 5.4 | 398.2 |
| 广 西 | 290.6 | 278.0 | 11.5 | 1.1 | 290.6 | 198.3 | 49.8 | 39.7 | 2.7 | 603.3 |
| 海 南 | 45.0 | 41.9 | 2.9 | 0.2 | 45.0 | 33.1 | 3.1 | 8.3 | 0.5 | 492.3 |
| 重 庆 | 77.5 | 76.0 | 1.4 | 0.2 | 77.5 | 25.5 | 30.7 | 20.2 | 1.1 | 255.6 |
| 四 川 | 267.3 | 253.9 | 12.0 | 1.4 | 267.3 | 155.9 | 55.8 | 49.8 | 5.8 | 324.7 |
| 贵 州 | 100.3 | 96.5 | 3.1 | 0.8 | 100.3 | 56.4 | 25.7 | 17.4 | 0.9 | 283.1 |
| 云 南 | 150.2 | 145.3 | 3.7 | 1.2 | 150.2 | 105.2 | 21.1 | 21.1 | 2.8 | 315.8 |
| 西 藏 | 31.1 | 28.6 | 2.5 | | 31.1 | 26.9 | 1.5 | 2.5 | 0.3 | 949.6 |
| 陕 西 | 90.8 | 55.5 | 33.3 | 2.0 | 90.8 | 57.6 | 13.7 | 16.4 | 3.1 | 238.8 |
| 甘 肃 | 118.4 | 90.5 | 24.8 | 3.0 | 118.4 | 94.7 | 11.1 | 8.3 | 4.1 | 454.5 |
| 青 海 | 26.4 | 21.5 | 4.8 | 0.1 | 26.4 | 19.9 | 2.6 | 2.8 | 1.1 | 447.1 |
| 宁 夏 | 64.9 | 59.4 | 5.3 | 0.2 | 64.9 | 56.3 | 4.4 | 2.2 | 2.0 | 966.5 |
| 新 疆 | 565.4 | 445.9 | 118.6 | 0.9 | 565.4 | 533.3 | 11.7 | 13.9 | 6.5 | 2376.6 |

注：1.生态用水仅包括部分河湖、湿地人工补水和城市环境用水。
2.2012年起，生活用水量中的牲畜用水量调整至农业用水量中。

# 7-12-5 各地区废水中主要污染物排放情况

| 地 区 | 废水排放总量（万吨） | 废水中主要污染物排放量 | | | | | | | | | | | |
|---|---|---|---|---|---|---|---|---|---|---|---|---|---|
| | | COD（万吨） | 氨氮（万吨） | 总氮（万吨） | 总磷（万吨） | 石油类（吨） | 挥发酚（吨） | 铅（千克） | 汞（千克） | 镉（千克） | 六价铬（千克） | 总铬（千克） | 砷（千克） |
| **全 国** | **7110954** | **1046.5** | **141.8** | **212.1** | **13.9** | **8838.7** | **381.2** | **52930** | **613** | **11219** | **15535** | **52878** | **41947** |
| 北 京 | 166419 | 8.7 | 0.6 | 1.9 | 0.1 | 20.8 | 0.1 | 20 | 1 | 2 | 55 | 69 | 8 |
| 天 津 | 91534 | 10.3 | 1.6 | 2.4 | 0.2 | 38.5 | 0.1 | 155 | 53 | 12 | 56 | 274 | 11 |
| 河 北 | 288795 | 41.1 | 6.1 | 8.3 | 0.6 | 554.5 | 11.7 | 334 | 33 | 5 | 2085 | 4707 | 16 |
| 山 西 | 139291 | 22.7 | 3.3 | 4.5 | 0.3 | 447.3 | 171.1 | 77 | 6 | 33 | 22 | 145 | 115 |
| 内蒙古 | 104696 | 17.0 | 2.1 | 2.8 | 0.2 | 237.9 | 6.2 | 2067 | 20 | 543 | 46 | 108 | 3877 |
| 辽 宁 | 228202 | 25.8 | 5.1 | 7.2 | 0.3 | 320.1 | 8.1 | 81 | 2 | 12 | 88 | 846 | 10 |
| 吉 林 | 97073 | 17.7 | 2.3 | 3.4 | 0.2 | 323.7 | 0.8 | 219 | 5 | 71 | 64 | 117 | 1594 |
| 黑龙江 | 138335 | 29.6 | 4.4 | 6.1 | 0.3 | 174.0 | 37.0 | 31 | 10 | 5 | 61 | 116 | 34 |
| 上 海 | 220759 | 14.8 | 3.8 | 6.5 | 0.3 | 512.9 | 1.2 | 214 | 14 | 22 | 596 | 1773 | 148 |
| 江 苏 | 616624 | 74.6 | 10.3 | 17.0 | 1.1 | 559.6 | 22.6 | 739 | 3 | 18 | 1922 | 6540 | 57 |
| 浙 江 | 430857 | 46.1 | 7.3 | 12.5 | 0.8 | 244.4 | 2.5 | 525 | 9 | 68 | 2395 | 7411 | 187 |
| 安 徽 | 240666 | 49.6 | 5.6 | 8.6 | 0.4 | 439.3 | 2.7 | 1124 | 84 | 104 | 189 | 645 | 1711 |
| 福 建 | 237016 | 39.2 | 5.3 | 7.4 | 0.6 | 153.0 | 0.3 | 398 | 2 | 44 | 675 | 4520 | 376 |
| 江 西 | 221092 | 55.5 | 6.0 | 8.2 | 0.6 | 407.9 | 20.6 | 8602 | 91 | 1818 | 732 | 1496 | 12940 |
| 山 东 | 507591 | 53.1 | 7.8 | 13.2 | 0.8 | 426.3 | 31.2 | 571 | 6 | 59 | 500 | 6466 | 437 |
| 河 南 | 402055 | 46.4 | 6.5 | 10.2 | 0.5 | 425.1 | 2.6 | 1389 | 15 | 177 | 641 | 2808 | 331 |
| 湖 北 | 274787 | 52.0 | 6.8 | 9.8 | 0.6 | 498.4 | 11.9 | 1752 | 8 | 301 | 1034 | 1810 | 1778 |
| 湖 南 | 298757 | 60.3 | 8.1 | 12.6 | 0.8 | 313.1 | 18.8 | 14565 | 90 | 4494 | 720 | 2300 | 4311 |
| 广 东 | 938261 | 96.4 | 14.4 | 20.8 | 1.4 | 367.2 | 3.2 | 4200 | 43 | 590 | 1488 | 4669 | 522 |
| 广 西 | 193186 | 41.6 | 4.6 | 6.4 | 0.5 | 146.8 | 2.7 | 1301 | 9 | 131 | 255 | 654 | 450 |
| 海 南 | 44097 | 7.6 | 1.1 | 1.5 | 0.1 | 9.8 | | 21 | | 12 | 31 | 64 | 11 |
| 重 庆 | 202061 | 25.6 | 3.6 | 5.2 | 0.3 | 199.5 | 2.0 | 113 | 1 | 5 | 265 | 494 | 5 |
| 四 川 | 352826 | 67.7 | 8.0 | 11.3 | 0.8 | 323.9 | 0.9 | 1137 | 19 | 94 | 264 | 1143 | 525 |
| 贵 州 | 100720 | 25.6 | 3.1 | 4.2 | 0.4 | 136.6 | 1.7 | 42 | 3 | 12 | 655 | 786 | 133 |
| 云 南 | 181089 | 37.4 | 4.4 | 6.3 | 0.5 | 161.1 | 0.6 | 4159 | 38 | 646 | 101 | 156 | 7399 |
| 西 藏 | 6143 | 2.7 | 0.3 | 0.4 | | | | 10 | | 3 | 1 | 4 | 29 |
| 陕 西 | 166565 | 18.7 | 2.5 | 3.8 | 0.4 | 694.3 | 10.4 | 1002 | 18 | 317 | 162 | 709 | 1391 |
| 甘 肃 | 66325 | 16.1 | 2.3 | 3.1 | 0.2 | 194.6 | 1.7 | 7229 | 15 | 1570 | 133 | 1068 | 1701 |
| 青 海 | 27275 | 7.0 | 0.9 | 1.4 | 0.1 | 129.4 | 1.1 | 559 | 5 | 33 | 3 | 6 | 937 |
| 宁 夏 | 33949 | 12.0 | 0.9 | 1.4 | 0.1 | 65.4 | 2.2 | 5 | 1 | 1 | 237 | 637 | 53 |
| 新 疆 | 93907 | 23.5 | 2.5 | 3.8 | 0.3 | 313.0 | 5.2 | 289 | 8 | 18 | 60 | 335 | 849 |

# 7-12-6 全海域未达到第一类海水水质标准的海域面积

单位：平方公里

| 海 区 | 第二类水质海域面积 | 第三类水质海域面积 | 第四类水质海域面积 | 劣于第四类水质海域面积 |
|---|---|---|---|---|
| **全 国** | **49310** | **31020** | **17770** | **37420** |
| 渤 海 | 9950 | 5690 | 3130 | 5000 |
| 黄 海 | 12160 | 7440 | 3260 | 2530 |
| 东 海 | 22740 | 8070 | 8060 | 21950 |
| 南 海 | 4460 | 9820 | 3320 | 7940 |

# 7-12-7 环保重点城市空气质量情况

单位：微克/立方米

| 城　市 | 二氧化硫年平均浓度 | 二氧化氮年平均浓度 | 可吸入颗粒物($PM_{10}$)年平均浓度 | 一氧化碳日均值第95百分位浓度(毫克/立方米) | 臭氧日最大8小时第90百分位浓度 | 细颗粒物($PM_{2.5}$)年平均浓度 | 空气质量达到及好于二级的天数(天) |
|---|---|---|---|---|---|---|---|
| 北　京 | 10 | 48 | 92 | 3.2 | 199 | 73 | 198 |
| 天　津 | 21 | 48 | 103 | 2.7 | 157 | 69 | 226 |
| 石家庄 | 41 | 58 | 164 | 3.9 | 164 | 99 | 172 |
| 唐　山 | 46 | 58 | 127 | 4.1 | 178 | 74 | 200 |
| 秦皇岛 | 28 | 48 | 87 | 2.9 | 149 | 46 | 280 |
| 邯　郸 | 42 | 55 | 151 | 3.9 | 160 | 82 | 189 |
| 保　定 | 39 | 58 | 147 | 4.4 | 174 | 93 | 155 |
| 太　原 | 68 | 46 | 125 | 3.3 | 140 | 66 | 232 |
| 大　同 | 48 | 29 | 78 | 2.7 | 134 | 37 | 320 |
| 阳　泉 | 62 | 48 | 131 | 2.7 | 168 | 63 | 202 |
| 长　治 | 61 | 40 | 114 | 3.7 | 155 | 69 | 219 |
| 临　汾 | 83 | 34 | 120 | 5.0 | 136 | 74 | 244 |
| 呼和浩特 | 28 | 42 | 95 | 2.8 | 148 | 41 | 283 |
| 包　头 | 31 | 39 | 105 | 2.7 | 146 | 47 | 269 |
| 赤　峰 | 32 | 19 | 77 | 2.0 | 127 | 37 | 310 |
| 沈　阳 | 47 | 40 | 94 | 1.7 | 162 | 54 | 249 |
| 大　连 | 26 | 30 | 67 | 1.5 | 155 | 39 | 299 |
| 鞍　山 | 39 | 34 | 93 | 2.2 | 138 | 56 | 290 |
| 抚　顺 | 27 | 33 | 78 | 2.1 | 162 | 44 | 284 |
| 本　溪 | 36 | 33 | 74 | 2.1 | 137 | 45 | 316 |
| 锦　州 | 52 | 37 | 81 | 2.0 | 180 | 55 | 246 |
| 长　春 | 28 | 40 | 78 | 1.6 | 141 | 46 | 291 |
| 吉　林 | 23 | 30 | 69 | 1.5 | 151 | 42 | 290 |
| 哈尔滨 | 29 | 44 | 74 | 1.8 | 103 | 52 | 282 |
| 齐齐哈尔 | 23 | 23 | 61 | 1.5 | 98 | 36 | 333 |
| 牡丹江 | 18 | 26 | 68 | 1.5 | 104 | 37 | 329 |
| 上　海 | 15 | 43 | 59 | 1.3 | 164 | 45 | 276 |
| 南　京 | 18 | 44 | 85 | 1.8 | 184 | 48 | 242 |
| 无　锡 | 18 | 47 | 83 | 1.8 | 186 | 53 | 245 |
| 徐　州 | 35 | 42 | 118 | 2.2 | 153 | 60 | 238 |
| 常　州 | 22 | 42 | 90 | 1.6 | 175 | 53 | 246 |
| 苏　州 | 17 | 51 | 72 | 1.5 | 167 | 46 | 252 |
| 南　通 | 25 | 36 | 70 | 1.3 | 174 | 46 | 263 |
| 连云港 | 25 | 30 | 87 | 1.6 | 158 | 46 | 280 |
| 扬　州 | 23 | 32 | 87 | 1.6 | 163 | 51 | 262 |
| 镇　江 | 24 | 38 | 80 | 1.4 | 162 | 50 | 268 |
| 杭　州 | 12 | 45 | 79 | 1.3 | 171 | 49 | 260 |
| 宁　波 | 13 | 39 | 62 | 1.2 | 149 | 38 | 310 |

7-12-7 续表 1　　　　单位：微克/立方米

| 城　　市 | 二氧化硫年平均浓度 | 二氧化氮年平均浓度 | 可吸入颗粒物($PM_{10}$)年平均浓度 | 一氧化碳日均值第95百分位浓度(毫克/立方米) | 臭氧日最大8小时第90百分位浓度 | 细颗粒物($PM_{2.5}$)年平均浓度 | 空气质量达到及好于二级的天数(天) |
|---|---|---|---|---|---|---|---|
| 温　州 | 13 | 41 | 69 | 1.3 | 140 | 38 | 334 |
| 湖　州 | 17 | 37 | 68 | 1.3 | 196 | 46 | 243 |
| 绍　兴 | 15 | 38 | 69 | 1.4 | 146 | 46 | 292 |
| 合　肥 | 15 | 46 | 83 | 1.6 | 150 | 57 | 253 |
| 芜　湖 | 21 | 45 | 75 | 1.8 | 116 | 53 | 294 |
| 马鞍山 | 20 | 34 | 75 | 2.0 | 158 | 49 | 272 |
| 福　州 | 6 | 30 | 51 | 1.1 | 116 | 27 | 361 |
| 厦　门 | 11 | 31 | 47 | 0.9 | 102 | 28 | 360 |
| 泉　州 | 11 | 27 | 48 | 1.0 | 109 | 28 | 360 |
| 南　昌 | 17 | 33 | 78 | 1.6 | 138 | 43 | 318 |
| 九　江 | 21 | 28 | 73 | 1.3 | 142 | 50 | 287 |
| 济　南 | 37 | 48 | 146 | 2.3 | 178 | 76 | 168 |
| 青　岛 | 21 | 36 | 89 | 1.4 | 146 | 46 | 293 |
| 淄　博 | 59 | 53 | 133 | 2.9 | 182 | 77 | 168 |
| 枣　庄 | 36 | 29 | 137 | 1.6 | 170 | 77 | 188 |
| 烟　台 | 22 | 35 | 76 | 1.5 | 137 | 40 | 317 |
| 潍　坊 | 37 | 35 | 124 | 1.8 | 180 | 64 | 202 |
| 济　宁 | 42 | 42 | 114 | 2.0 | 169 | 70 | 209 |
| 泰　安 | 36 | 39 | 113 | 2.4 | 200 | 65 | 169 |
| 日　照 | 21 | 38 | 101 | 1.9 | 158 | 59 | 236 |
| 郑　州 | 29 | 56 | 143 | 2.8 | 177 | 78 | 159 |
| 开　封 | 28 | 40 | 122 | 2.7 | 152 | 72 | 227 |
| 洛　阳 | 38 | 48 | 129 | 3.5 | 189 | 79 | 160 |
| 平顶山 | 30 | 43 | 125 | 2.1 | 165 | 75 | 192 |
| 安　阳 | 52 | 51 | 155 | 4.7 | 154 | 86 | 178 |
| 焦　作 | 40 | 48 | 141 | 3.9 | 166 | 85 | 175 |
| 三门峡 | 33 | 39 | 127 | 3.0 | 162 | 66 | 199 |
| 武　汉 | 11 | 46 | 92 | 1.7 | 160 | 57 | 237 |
| 宜　昌 | 14 | 35 | 97 | 1.7 | 126 | 62 | 247 |
| 荆　州 | 23 | 34 | 100 | 1.8 | 156 | 60 | 237 |
| 长　沙 | 16 | 38 | 73 | 1.4 | 150 | 53 | 266 |
| 株　洲 | 25 | 35 | 83 | 1.4 | 142 | 51 | 284 |
| 湘　潭 | 25 | 37 | 85 | 1.4 | 142 | 51 | 286 |
| 岳　阳 | 21 | 25 | 72 | 1.4 | 158 | 49 | 284 |
| 常　德 | 19 | 23 | 80 | 1.8 | 136 | 56 | 267 |
| 张家界 | 7 | 21 | 72 | 2.2 | 124 | 48 | 307 |
| 广　州 | 12 | 46 | 56 | 1.3 | 155 | 36 | 310 |
| 韶　关 | 16 | 26 | 51 | 1.6 | 134 | 33 | 341 |

7-12-7 续表 2 单位：微克/立方米

| 城 市 | 二氧化硫年平均浓度 | 二氧化氮年平均浓度 | 可吸入颗粒物($PM_{10}$)年平均浓度 | 一氧化碳日均值第95百分位浓度(毫克/立方米) | 臭氧日最大8小时第90百分位浓度 | 细颗粒物($PM_{2.5}$)年平均浓度 | 空气质量达到及好于二级的天数(天) |
|---|---|---|---|---|---|---|---|
| 深 圳 | 8 | 33 | 42 | 1.1 | 134 | 27 | 354 |
| 珠 海 | 9 | 32 | 42 | 1.1 | 144 | 26 | 346 |
| 汕 头 | 14 | 21 | 48 | 1.2 | 132 | 30 | 357 |
| 湛 江 | 10 | 14 | 39 | 1.2 | 138 | 26 | 356 |
| 南 宁 | 12 | 32 | 62 | 1.3 | 114 | 36 | 348 |
| 柳 州 | 21 | 24 | 66 | 1.6 | 123 | 44 | 316 |
| 桂 林 | 17 | 27 | 64 | 1.7 | 135 | 47 | 306 |
| 北 海 | 9 | 13 | 44 | 1.3 | 136 | 28 | 350 |
| 海 口 | 6 | 16 | 39 | 0.9 | 107 | 21 | 361 |
| 重 庆 | 13 | 46 | 77 | 1.4 | 141 | 54 | 289 |
| 成 都 | 14 | 54 | 105 | 1.8 | 168 | 63 | 214 |
| 自 贡 | 15 | 33 | 99 | 1.5 | 116 | 73 | 223 |
| 攀 枝 花 | 38 | 34 | 65 | 2.2 | 112 | 32 | 366 |
| 泸 州 | 18 | 29 | 87 | 0.9 | 154 | 64 | 233 |
| 德 阳 | 12 | 26 | 88 | 1.4 | 159 | 53 | 248 |
| 绵 阳 | 11 | 36 | 78 | 1.6 | 136 | 49 | 279 |
| 南 充 | 12 | 31 | 82 | 1.3 | 111 | 57 | 276 |
| 宜 宾 | 19 | 30 | 78 | 1.4 | 133 | 56 | 266 |
| 贵 阳 | 13 | 29 | 64 | 1.1 | 130 | 37 | 350 |
| 遵 义 | 11 | 32 | 69 | 1.2 | 112 | 44 | 339 |
| 昆 明 | 17 | 28 | 55 | 1.5 | 122 | 28 | 362 |
| 曲 靖 | 22 | 20 | 55 | 1.3 | 132 | 31 | 356 |
| 玉 溪 | 17 | 19 | 42 | 2.5 | 100 | 25 | 365 |
| 拉 萨 | 8 | 24 | 80 | 1.0 | 151 | 28 | 313 |
| 西 安 | 20 | 53 | 137 | 3.1 | 162 | 71 | 192 |
| 铜 川 | 22 | 35 | 104 | 2.2 | 170 | 59 | 210 |
| 宝 鸡 | 13 | 39 | 111 | 2.2 | 158 | 59 | 239 |
| 咸 阳 | 20 | 49 | 149 | 2.6 | 174 | 82 | 170 |
| 渭 南 | 22 | 47 | 139 | 2.7 | 173 | 76 | 173 |
| 延 安 | 28 | 48 | 92 | 3.0 | 148 | 44 | 290 |
| 兰 州 | 19 | 57 | 132 | 2.9 | 144 | 54 | 243 |
| 金 昌 | 37 | 17 | 104 | 1.9 | 128 | 32 | 304 |
| 西 宁 | 31 | 42 | 113 | 3.2 | 128 | 49 | 271 |
| 银 川 | 57 | 37 | 111 | 2.6 | 147 | 56 | 252 |
| 石 嘴 山 | 68 | 29 | 114 | 2.4 | 158 | 47 | 236 |
| 乌鲁木齐 | 14 | 53 | 115 | 3.8 | 112 | 74 | 246 |
| 克拉玛依 | 7 | 18 | 55 | 1.9 | 128 | 30 | 330 |

# 7-12-8 各地区废气中主要污染物排放情况

| 地区 | 废气中主要污染物排放量 | | |
|---|---|---|---|
| | 二氧化硫(万吨) | 氮氧化物(万吨) | 烟(粉)尘(万吨) |
| **全国** | **1102.86** | **1394.31** | **1010.66** |
| 北京 | 3.32 | 9.61 | 3.45 |
| 天津 | 7.06 | 14.47 | 7.81 |
| 河北 | 78.94 | 112.66 | 125.68 |
| 山西 | 68.64 | 67.28 | 68.15 |
| 内蒙古 | 62.57 | 64.53 | 59.90 |
| 辽宁 | 50.77 | 61.53 | 64.91 |
| 吉林 | 18.81 | 30.07 | 21.87 |
| 黑龙江 | 33.82 | 53.97 | 44.71 |
| 上海 | 7.42 | 16.63 | 7.95 |
| 江苏 | 57.01 | 93.03 | 47.17 |
| 浙江 | 26.84 | 38.04 | 18.23 |
| 安徽 | 28.16 | 50.76 | 32.13 |
| 福建 | 18.93 | 26.18 | 23.79 |
| 江西 | 27.69 | 41.93 | 33.31 |
| 山东 | 113.45 | 122.94 | 87.38 |
| 河南 | 41.36 | 80.83 | 42.89 |
| 湖北 | 28.56 | 39.14 | 27.58 |
| 湖南 | 34.68 | 42.06 | 26.21 |
| 广东 | 35.37 | 84.27 | 28.17 |
| 广西 | 20.11 | 30.29 | 26.19 |
| 海南 | 1.70 | 6.20 | 2.08 |
| 重庆 | 28.83 | 21.77 | 9.58 |
| 四川 | 48.83 | 45.10 | 27.27 |
| 贵州 | 64.71 | 37.79 | 20.43 |
| 云南 | 52.62 | 44.69 | 24.76 |
| 西藏 | 0.54 | 5.52 | 1.65 |
| 陕西 | 31.80 | 38.03 | 28.74 |
| 甘肃 | 27.20 | 25.80 | 18.03 |
| 青海 | 11.37 | 9.42 | 14.86 |
| 宁夏 | 23.69 | 19.78 | 20.12 |
| 新疆 | 48.07 | 59.98 | 45.67 |

# 7-12-9 各地区固体废物处理利用情况

单位：万吨

| 地 区 | 一般工业固体废物产生量 | 一般工业固体废物综合利用量 | 一般工业固体废物处置量 | 一般工业固体废物贮存量 | 一般工业固体废物倾倒丢弃量 | 危险废物产生量 | 危险废物综合利用量 | 危险废物处置量 | 危险废物贮存量 |
|---|---|---|---|---|---|---|---|---|---|
| **全 国** | **309210** | **184096** | **65522** | **62599** | **32.2** | **5347.30** | **2823.71** | **1605.80** | **1158.26** |
| 北 京 | 629 | 543 | 87 | | | 17.83 | 8.28 | 9.41 | 0.15 |
| 天 津 | 1490 | 1475 | 15 | | | 15.90 | 3.25 | 12.68 | 0.03 |
| 河 北 | 33236 | 18455 | 13818 | 1287 | | 93.73 | 73.16 | 21.70 | 5.46 |
| 山 西 | 28845 | 13950 | 11835 | 3104 | 0.4 | 36.94 | 22.35 | 15.24 | 2.00 |
| 内蒙古 | 24762 | 11359 | 6245 | 7329 | 1.8 | 235.53 | 68.21 | 136.72 | 91.43 |
| 辽 宁 | 22822 | 9363 | 3253 | 10286 | 6.0 | 75.37 | 33.57 | 37.17 | 6.97 |
| 吉 林 | 4006 | 2234 | 1069 | 734 | | 200.55 | 62.26 | 66.73 | 74.39 |
| 黑龙江 | 6940 | 3582 | 1675 | 1685 | 1.6 | 57.48 | 24.51 | 29.10 | 8.99 |
| 上 海 | 1680 | 1608 | 73 | 1 | | 64.89 | 28.88 | 35.78 | 1.19 |
| 江 苏 | 11649 | 10662 | 742 | 283 | 0.4 | 350.98 | 177.13 | 157.74 | 30.18 |
| 浙 江 | 4263 | 3951 | 312 | 27 | 0.3 | 233.08 | 89.48 | 147.20 | 13.46 |
| 安 徽 | 12653 | 10830 | 1182 | 1113 | 0.3 | 137.11 | 69.54 | 31.49 | 37.84 |
| 福 建 | 4449 | 3091 | 1166 | 247 | | 86.62 | 56.67 | 27.33 | 14.11 |
| 江 西 | 12665 | 4909 | 866 | 6907 | 11.4 | 63.93 | 42.51 | 20.44 | 3.69 |
| 山 东 | 22510 | 18976 | 1390 | 2352 | | 1188.28 | 975.27 | 203.91 | 82.59 |
| 河 南 | 14256 | 10486 | 3254 | 541 | | 74.23 | 32.13 | 42.16 | 1.83 |
| 湖 北 | 8193 | 4715 | 1588 | 2138 | 0.3 | 101.15 | 55.95 | 45.09 | 2.11 |
| 湖 南 | 5320 | 3994 | 543 | 907 | | 307.20 | 246.29 | 21.43 | 43.17 |
| 广 东 | 5610 | 4904 | 550 | 174 | 1.2 | 206.19 | 85.35 | 121.21 | 1.79 |
| 广 西 | 6938 | 4487 | 281 | 2268 | 0.4 | 190.77 | 129.02 | 31.72 | 32.80 |
| 海 南 | 330 | 211 | 61 | 65 | | 14.77 | 0.22 | 13.42 | 1.29 |
| 重 庆 | 2344 | 1848 | 395 | 157 | 1.1 | 54.09 | 28.72 | 24.06 | 1.91 |
| 四 川 | 11765 | 4612 | 3838 | 3584 | 0.1 | 247.48 | 148.11 | 81.09 | 22.59 |
| 贵 州 | 7753 | 4530 | 2044 | 1221 | 0.1 | 40.35 | 26.57 | 11.97 | 2.71 |
| 云 南 | 13122 | 6690 | 4083 | 2765 | 1.5 | 220.27 | 124.36 | 40.13 | 59.89 |
| 西 藏 | 426 | 13 | 42 | 391 | | | | | |
| 陕 西 | 8648 | 6639 | 1441 | 579 | | 65.26 | 18.36 | 35.90 | 15.21 |
| 甘 肃 | 5091 | 2628 | 1554 | 964 | | 120.16 | 74.47 | 15.39 | 39.29 |
| 青 海 | 14669 | 7325 | 3 | 7352 | 0.4 | 462.05 | 32.65 | 5.69 | 424.25 |
| 宁 夏 | 3618 | 1886 | 1135 | 610 | | 49.66 | 35.63 | 13.27 | 1.14 |
| 新 疆 | 8530 | 4140 | 983 | 3527 | 4.9 | 335.42 | 50.81 | 150.60 | 135.82 |

# 7-12-10 各地区城市生活垃圾清运和处理情况

| 地 区 | 生活垃圾清运量(万吨) | 无害化处理厂数(座) | 卫生填埋 | 焚烧 | 其他 | 无害化处理能力(吨/日) | 卫生填埋 | 焚烧 |
|---|---|---|---|---|---|---|---|---|
| **全 国** | **20362.0** | **940** | **657** | **249** | **34** | **621351** | **350103** | **255850** |
| 北 京 | 872.6 | 27 | 14 | 7 | 6 | 24341 | 9141 | 10400 |
| 天 津 | 269.0 | 9 | 4 | 5 | | 10800 | 5100 | 5700 |
| 河 北 | 725.2 | 51 | 39 | 10 | 2 | 23140 | 12480 | 10100 |
| 山 西 | 469.4 | 23 | 18 | 5 | | 13456 | 9644 | 3812 |
| 内蒙古 | 345.3 | 28 | 26 | 2 | | 11969 | 9619 | 2350 |
| 辽 宁 | 933.1 | 33 | 27 | 2 | 4 | 25603 | 22513 | 1780 |
| 吉 林 | 534.1 | 28 | 21 | 4 | 3 | 15095 | 9395 | 4700 |
| 黑龙江 | 541.9 | 34 | 27 | 4 | 3 | 16306 | 11763 | 3000 |
| 上 海 | 629.4 | 14 | 5 | 7 | 2 | 23530 | 11230 | 11300 |
| 江 苏 | 1562.3 | 61 | 31 | 30 | | 55403 | 22310 | 33093 |
| 浙 江 | 1433.5 | 61 | 25 | 35 | 1 | 48250 | 13558 | 34492 |
| 安 徽 | 540.0 | 28 | 17 | 11 | | 18087 | 9037 | 9050 |
| 福 建 | 657.0 | 26 | 11 | 14 | 1 | 19431 | 5865 | 13066 |
| 江 西 | 399.5 | 17 | 16 | 1 | | 10505 | 9865 | 640 |
| 山 东 | 1466.3 | 66 | 38 | 24 | 4 | 42484 | 20074 | 20550 |
| 河 南 | 915.4 | 45 | 40 | 5 | | 24757 | 19907 | 4850 |
| 湖 北 | 880.1 | 44 | 29 | 12 | 3 | 25136 | 11340 | 12521 |
| 湖 南 | 681.6 | 33 | 29 | 4 | | 23013 | 18833 | 4180 |
| 广 东 | 2391.0 | 76 | 48 | 24 | 4 | 71217 | 39972 | 30045 |
| 广 西 | 411.2 | 25 | 20 | 5 | | 12651 | 8851 | 3800 |
| 海 南 | 188.7 | 10 | 6 | 4 | | 6133 | 2233 | 3900 |
| 重 庆 | 494.1 | 24 | 21 | 3 | | 11753 | 7353 | 4400 |
| 四 川 | 886.7 | 44 | 30 | 14 | | 24500 | 12400 | 12100 |
| 贵 州 | 294.0 | 18 | 14 | 4 | | 9290 | 6890 | 2400 |
| 云 南 | 432.1 | 29 | 21 | 8 | | 11079 | 4179 | 6900 |
| 西 藏 | 46.1 | 6 | 6 | | | 1151 | 1151 | |
| 陕 西 | 532.8 | 22 | 20 | 1 | 1 | 18075 | 16425 | 1500 |
| 甘 肃 | 257.2 | 20 | 18 | 2 | | 7840 | 4919 | 2921 |
| 青 海 | 82.0 | 8 | 8 | | | 2253 | 2253 | |
| 宁 夏 | 112.2 | 9 | 8 | 1 | | 4460 | 2960 | 1500 |
| 新 疆 | 378.7 | 21 | 20 | 1 | | 9643 | 8843 | 800 |

7-12-10 续表

| 地区 | | 无害化处理量 | | | | 粪便清运量 | 粪便处理量 | 生活垃圾无害化处理率 |
|---|---|---|---|---|---|---|---|---|
| | 其他 | (万吨) | 卫生填埋 | 焚烧 | 其他 | (万吨) | (万吨) | (%) |
| **全 国** | **15398** | **19673.8** | **11866.4** | **7378.4** | **428.9** | **1299.2** | **647.1** | **96.6** |
| 北 京 | 4800 | 871.2 | 472.8 | 272.5 | 126.0 | 204.0 | 190.5 | 99.8 |
| 天 津 | | 253.3 | 113.4 | 140.0 | | 28.4 | 6.4 | 94.2 |
| 河 北 | 560 | 709.2 | 408.4 | 288.6 | 12.2 | 92.6 | 17.8 | 97.8 |
| 山 西 | | 444.1 | 320.3 | 123.8 | | 35.3 | 1.0 | 94.6 |
| 内蒙古 | | 341.4 | 302.2 | 39.2 | | 60.0 | 12.0 | 98.9 |
| 辽 宁 | 1310 | 870.2 | 756.0 | 66.4 | 47.8 | 85.9 | 18.4 | 93.3 |
| 吉 林 | 1000 | 460.9 | 298.5 | 130.6 | 31.9 | 62.5 | 39.2 | 86.3 |
| 黑龙江 | 1543 | 436.9 | 307.3 | 85.0 | 44.6 | 120.7 | 32.7 | 80.6 |
| 上 海 | 1000 | 629.4 | 329.6 | 272.9 | 26.9 | 159.7 | 53.2 | 100.0 |
| 江 苏 | | 1561.2 | 451.9 | 1109.3 | | 65.9 | 47.2 | 99.9 |
| 浙 江 | 200 | 1433.2 | 598.5 | 834.8 | | 75.4 | 62.5 | 100.0 |
| 安 徽 | | 539.6 | 258.1 | 281.5 | | 13.0 | 8.3 | 99.9 |
| 福 建 | 500 | 646.7 | 206.0 | 421.4 | 19.3 | 4.0 | 2.9 | 98.4 |
| 江 西 | | 379.4 | 348.7 | 30.7 | | 7.8 | 6.2 | 95.0 |
| 山 东 | 1860 | 1466.3 | 705.3 | 707.5 | 53.4 | 22.2 | 22.2 | 100.0 |
| 河 南 | | 903.9 | 746.6 | 157.4 | | 36.9 | 17.6 | 98.8 |
| 湖 北 | 1275 | 843.1 | 444.9 | 374.6 | 23.6 | 16.4 | 4.4 | 95.8 |
| 湖 南 | | 680.8 | 565.7 | 115.1 | | 2.8 | 2.3 | 99.9 |
| 广 东 | 1200 | 2300.6 | 1476.8 | 785.9 | 37.9 | 89.3 | 54.2 | 96.2 |
| 广 西 | | 406.9 | 329.3 | 77.6 | | 7.7 | 3.9 | 99.0 |
| 海 南 | | 188.6 | 58.5 | 130.1 | | 0.6 | 0.4 | 99.9 |
| 重 庆 | | 494.1 | 299.4 | 194.6 | | 45.7 | 10.8 | 100.0 |
| 四 川 | | 874.2 | 512.3 | 361.9 | | 15.9 | 5.6 | 98.6 |
| 贵 州 | | 278.3 | 237.8 | 40.4 | | 0.9 | | 94.7 |
| 云 南 | | 401.7 | 155.8 | 245.9 | | 15.1 | 7.5 | 93.0 |
| 西 藏 | | 42.0 | 42.0 | | | 0.1 | | 91.2 |
| 陕 西 | 150 | 525.0 | 506.5 | 13.0 | 5.5 | 7.3 | 5.9 | 98.5 |
| 甘 肃 | | 187.1 | 154.7 | 32.4 | | 16.2 | 9.7 | 72.8 |
| 青 海 | | 78.9 | 78.9 | | | 1.4 | | 96.3 |
| 宁 夏 | | 110.2 | 76.0 | 34.3 | | 5.7 | 4.7 | 98.3 |
| 新 疆 | | 315.4 | 304.4 | 11.0 | | 0.2 | | 83.3 |

# 7-12-11 环保重点城市道路交通噪声监测情况

| 城 市 | 等效声级 dB(A) | 城 市 | 等效声级 dB(A) | 城 市 | 等效声级 dB(A) |
|---|---|---|---|---|---|
| 北 京 | 69.3 | 温 州 | 67.5 | 深 圳 | 69.6 |
| 天 津 | 67.9 | 湖 州 | 67.1 | 珠 海 | 66.7 |
| 石家庄 | 66.1 | 绍 兴 | 68.4 | 汕 头 | 68.4 |
| 唐 山 | 65.2 | 合 肥 | 67.8 | 湛 江 | 65.7 |
| 秦皇岛 | 66.7 | 芜 湖 | 68.4 | 南 宁 | 68.0 |
| 邯 郸 | 68.6 | 马鞍山 | 67.5 | 柳 州 | 67.4 |
| 保 定 | 72.3 | 福 州 | 69.3 | 桂 林 | 69.7 |
| 太 原 | 63.3 | 厦 门 | 67.8 | 北 海 | 65.9 |
| 大 同 | 66.3 | 泉 州 | 68.8 | 海 口 | 68.9 |
| 阳 泉 | 63.6 | 南 昌 | 67.6 | 重 庆 | 67.2 |
| 长 治 | 63.5 | 九 江 | 66.3 | 成 都 | 70.9 |
| 临 汾 | 68.9 | 济 南 | 67.0 | 自 贡 | 68.1 |
| 呼和浩特 | 68.9 | 青 岛 | 68.2 | 攀枝花 | 68.0 |
| 包 头 | 61.5 | 淄 博 | 67.4 | 泸 州 | 68.5 |
| 赤 峰 | 65.8 | 枣 庄 | 67.4 | 德 阳 | 63.2 |
| 沈 阳 | 69.1 | 烟 台 | 67.7 | 绵 阳 | 69.8 |
| 大 连 | 67.4 | 潍 坊 | 67.8 | 南 充 | 67.9 |
| 鞍 山 | 66.4 | 济 宁 | 68.3 | 宜 宾 | 69.1 |
| 抚 顺 | 66.4 | 泰 安 | 68.6 | 贵 阳 | 69.6 |
| 本 溪 | 65.9 | 日 照 | 64.2 | 遵 义 | 67.0 |
| 锦 州 | 69.1 | 郑 州 | 69.6 | 昆 明 | 67.4 |
| 长 春 | 69.5 | 开 封 | 69.2 | 曲 靖 | 64.6 |
| 吉 林 | 69.8 | 洛 阳 | 67.1 | 玉 溪 | 65.1 |
| 哈尔滨 | 73.4 | 平顶山 |  | 拉 萨 | 69.3 |
| 齐齐哈尔 | 68.9 | 安 阳 | 69.0 | 西 安 | 71.2 |
| 牡丹江 | 65.1 | 焦 作 | 67.7 | 铜 川 | 67.9 |
| 上 海 | 69.7 | 三门峡 | 69.6 | 宝 鸡 | 66.2 |
| 南 京 | 67.9 | 武 汉 | 67.1 | 咸 阳 | 64.9 |
| 无 锡 | 66.4 | 宜 昌 | 68.4 | 渭 南 | 64.9 |
| 徐 州 | 69.9 | 荆 州 | 66.2 | 延 安 | 64.1 |
| 常 州 | 69.1 | 长 沙 | 69.6 | 兰 州 | 68.7 |
| 苏 州 | 67.1 | 株 洲 | 65.2 | 金 昌 | 60.5 |
| 南 通 | 67.9 | 湘 潭 | 67.5 | 西 宁 | 69.7 |
| 连云港 | 67.7 | 岳 阳 | 68.3 | 银 川 | 67.5 |
| 扬 州 | 67.8 | 常 德 | 69.1 | 石嘴山 | 61.9 |
| 镇 江 | 66.9 | 张家界 | 68.7 | 乌鲁木齐 | 66.5 |
| 杭 州 | 67.9 | 广 州 | 69.0 | 克拉玛依 | 64.1 |
| 宁 波 | 69.2 | 韶 关 | 66.7 |  |  |

# 7-12-12 环保重点城市区域环境噪声监测情况

| 城　市 | 等效声级 dB(A) | 城　市 | 等效声级 dB(A) | 城　市 | 等效声级 dB(A) |
|---|---|---|---|---|---|
| 北　京 | 54.3 | 温　州 | 54.9 | 深　圳 | 56.9 |
| 天　津 | 54.1 | 湖　州 | 53.7 | 珠　海 | 53.2 |
| 石家庄 | 54.4 | 绍　兴 | 54.7 | 汕　头 | 56.4 |
| 唐　山 | 52.1 | 合　肥 | 54.3 | 湛　江 | 54.6 |
| 秦皇岛 | 55.5 | 芜　湖 | 54.9 | 南　宁 | 54.2 |
| 邯　郸 | 53.3 | 马鞍山 | 55.9 | 柳　州 | 55.3 |
| 保　定 | 58.3 | 福　州 | 56.9 | 桂　林 | 53.2 |
| 太　原 | 52.9 | 厦　门 | 55.5 | 北　海 | 55.6 |
| 大　同 | 51.7 | 泉　州 | 54.7 | 海　口 | 55.7 |
| 阳　泉 | 55.0 | 南　昌 | 53.6 | 重　庆 | 53.3 |
| 长　治 | 52.0 | 九　江 | 54.8 | 成　都 | 54.1 |
| 临　汾 | 52.3 | 济　南 | 53.1 | 自　贡 | 56.2 |
| 呼和浩特 | 53.8 | 青　岛 | 56.9 | 攀枝花 | 51.6 |
| 包　头 | 50.9 | 淄　博 | 54.2 | 泸　州 | 54.0 |
| 赤　峰 | 53.3 | 枣　庄 | 57.0 | 德　阳 | 51.3 |
| 沈　阳 | 54.7 | 烟　台 | 53.9 | 绵　阳 | 54.6 |
| 大　连 | 54.7 | 潍　坊 | 55.5 | 南　充 | 55.4 |
| 鞍　山 | 53.9 | 济　宁 | 51.0 | 宜　宾 | 53.7 |
| 抚　顺 | 53.7 | 泰　安 | 55.0 | 贵　阳 | 59.0 |
| 本　溪 | 55.4 | 日　照 | 52.0 | 遵　义 | 54.5 |
| 锦　州 | 52.8 | 郑　州 | 55.6 | 昆　明 | 53.5 |
| 长　春 | 56.0 | 开　封 | 53.5 | 曲　靖 | 51.8 |
| 吉　林 | 53.2 | 洛　阳 | 53.2 | 玉　溪 | 54.1 |
| 哈尔滨 | 58.5 | 平顶山 | 56.6 | 拉　萨 | 48.3 |
| 齐齐哈尔 | 52.2 | 安　阳 | 54.1 | 西　安 | 55.7 |
| 牡丹江 | 54.1 | 焦　作 | 53.7 | 铜　川 | 55.0 |
| 上　海 | 56.2 | 三门峡 | 55.7 | 宝　鸡 | 51.0 |
| 南　京 | 54.0 | 武　汉 | 55.9 | 咸　阳 | 57.7 |
| 无　锡 | 57.0 | 宜　昌 | 56.1 | 渭　南 | 54.4 |
| 徐　州 | 55.3 | 荆　州 | 53.7 | 延　安 | 57.3 |
| 常　州 | 54.6 | 长　沙 | 54.5 | 兰　州 | 54.3 |
| 苏　州 | 54.1 | 株　洲 | 54.6 | 金　昌 | 50.1 |
| 南　通 | 57.1 | 湘　潭 | 52.8 | 西　宁 | 53.4 |
| 连云港 | 53.0 | 岳　阳 | 51.3 | 银　川 | 53.0 |
| 扬　州 | 54.3 | 常　德 | 54.2 | 石嘴山 | 50.2 |
| 镇　江 | 53.9 | 张家界 | 52.2 | 乌鲁木齐 | 53.3 |
| 杭　州 | 56.4 | 广　州 | 55.3 | 克拉玛依 | 51.8 |
| 宁　波 | 56.5 | 韶　关 | 56.2 | | |

# 7-12-13 各地区湿地面积

| 地 区 | 湿地面积(千公顷) | 自然湿地 | | | | | 人工湿地 | 湿地面积占辖区面积比重(%) |
|---|---|---|---|---|---|---|---|---|
| | | | 近海与海岸 | 河 流 | 湖 泊 | 沼 泽 | | |
| **全 国** | **53602.6** | **46674.7** | **5795.9** | **10552.1** | **8593.8** | **21732.9** | **6745.9** | **5.56** |
| 北 京 | 48.1 | 24.2 | | 22.7 | 0.2 | 1.3 | 23.9 | 2.86 |
| 天 津 | 295.6 | 151.1 | 104.3 | 32.3 | 3.6 | 10.9 | 144.5 | 23.94 |
| 河 北 | 941.9 | 694.6 | 231.9 | 212.5 | 26.6 | 223.6 | 247.3 | 5.04 |
| 山 西 | 151.9 | 108.1 | | 96.9 | 3.1 | 8.1 | 43.8 | 0.97 |
| 内蒙古 | 6010.6 | 5878.8 | | 463.7 | 566.2 | 4848.9 | 131.8 | 5.08 |
| 辽 宁 | 1394.8 | 1077.7 | 713.2 | 251.5 | 2.9 | 110.1 | 317.1 | 9.42 |
| 吉 林 | 997.6 | 862.9 | | 223.5 | 112.0 | 527.4 | 134.7 | 5.32 |
| 黑龙江 | 5143.3 | 4953.8 | | 733.5 | 356.0 | 3864.3 | 189.5 | 11.31 |
| 上 海 | 464.6 | 409.0 | 386.6 | 7.3 | 5.8 | 9.3 | 55.6 | 73.27 |
| 江 苏 | 2822.8 | 1948.8 | 1087.5 | 296.6 | 536.7 | 28.0 | 874.0 | 27.51 |
| 浙 江 | 1110.1 | 843.3 | 692.5 | 141.2 | 8.9 | 0.7 | 266.8 | 10.91 |
| 安 徽 | 1041.8 | 713.6 | | 309.6 | 361.1 | 42.9 | 328.2 | 7.46 |
| 福 建 | 871.0 | 711.2 | 575.6 | 135.1 | 0.3 | 0.2 | 159.8 | 7.18 |
| 江 西 | 910.1 | 710.7 | | 310.8 | 374.1 | 25.8 | 199.4 | 5.45 |
| 山 东 | 1737.5 | 1103.0 | 728.5 | 257.8 | 62.6 | 54.1 | 634.5 | 11.07 |
| 河 南 | 627.9 | 380.7 | | 368.9 | 6.9 | 4.9 | 247.2 | 3.76 |
| 湖 北 | 1445.0 | 764.2 | | 450.4 | 276.9 | 36.9 | 680.8 | 7.77 |
| 湖 南 | 1019.7 | 813.5 | | 398.4 | 385.8 | 29.3 | 206.2 | 4.81 |
| 广 东 | 1753.4 | 1158.1 | 815.1 | 337.9 | 1.5 | 3.6 | 595.3 | 9.76 |
| 广 西 | 754.3 | 536.6 | 259.0 | 268.9 | 6.3 | 2.4 | 217.7 | 3.20 |
| 海 南 | 320.0 | 242.0 | 201.7 | 39.7 | 0.6 | | 78.0 | 9.14 |
| 重 庆 | 207.2 | 87.7 | | 87.3 | 0.3 | 0.1 | 119.5 | 2.51 |
| 四 川 | 1747.8 | 1665.6 | | 452.3 | 37.4 | 1175.9 | 82.2 | 3.61 |
| 贵 州 | 209.7 | 151.6 | | 138.1 | 2.5 | 11.0 | 58.1 | 1.19 |
| 云 南 | 563.5 | 392.5 | | 241.8 | 118.5 | 32.2 | 171.0 | 1.43 |
| 西 藏 | 6529.0 | 6524.0 | | 1434.5 | 3035.2 | 2054.3 | 5.0 | 5.35 |
| 陕 西 | 308.5 | 276.2 | | 257.6 | 7.6 | 11.0 | 32.3 | 1.50 |
| 甘 肃 | 1693.9 | 1642.4 | | 381.7 | 15.9 | 1244.8 | 51.5 | 3.73 |
| 青 海 | 8143.6 | 8001.0 | | 885.3 | 1470.3 | 5645.4 | 142.6 | 11.27 |
| 宁 夏 | 207.2 | 169.5 | | 97.9 | 33.5 | 38.1 | 37.7 | 4.00 |
| 新 疆 | 3948.2 | 3678.3 | | 1216.4 | 774.5 | 1687.4 | 269.9 | 2.38 |

注：本表为中国第二次湿地调查（2009—2013)资料，按类型分面积数据不包括台湾省、香港特别行政区和澳门特别行政区；湿地面积不包括水稻田湿地。

# 7-12-14 各地区自然保护基本情况

| 地 区 | 自然保护区数<br>(个) | 自然保护区<br>面积<br>(万公顷) | 保护区面积占<br>辖区面积比重<br>(%) |
|---|---|---|---|
| **全 国** | **2750** | **14733.2** | **14.9** |
| 北 京 | 20 | 13.6 | 8.3 |
| 天 津 | 8 | 9.1 | 7.7 |
| 河 北 | 45 | 71.0 | 3.7 |
| 山 西 | 46 | 110.3 | 7.0 |
| 内蒙古 | 182 | 1270.3 | 10.7 |
| 辽 宁 | 105 | 267.3 | 13.4 |
| 吉 林 | 51 | 252.6 | 13.5 |
| 黑龙江 | 250 | 793.8 | 16.8 |
| 上 海 | 4 | 13.7 | 5.3 |
| 江 苏 | 31 | 53.6 | 3.8 |
| 浙 江 | 37 | 21.2 | 1.7 |
| 安 徽 | 106 | 51.3 | 3.7 |
| 福 建 | 92 | 44.5 | 3.2 |
| 江 西 | 200 | 122.6 | 7.3 |
| 山 东 | 88 | 111.9 | 4.9 |
| 河 南 | 33 | 77.7 | 4.7 |
| 湖 北 | 80 | 105.9 | 5.7 |
| 湖 南 | 128 | 131.5 | 6.2 |
| 广 东 | 384 | 185.0 | 7.1 |
| 广 西 | 78 | 135.0 | 5.5 |
| 海 南 | 49 | 270.7 | 6.9 |
| 重 庆 | 57 | 82.7 | 10.0 |
| 四 川 | 169 | 829.9 | 17.1 |
| 贵 州 | 124 | 89.5 | 5.1 |
| 云 南 | 160 | 288.3 | 7.3 |
| 西 藏 | 47 | 4136.7 | 33.7 |
| 陕 西 | 60 | 113.1 | 5.5 |
| 甘 肃 | 60 | 891.5 | 20.9 |
| 青 海 | 11 | 2177.3 | 30.1 |
| 宁 夏 | 14 | 53.3 | 8.0 |
| 新 疆 | 31 | 1958.5 | 11.8 |

# 7-12-15　地质灾害及防治情况

| 年份<br>地区 | 发生地质灾害数量(处) | #滑坡 | #崩塌 | #泥石流 | #地面塌陷 | 人员伤亡(人) | #死亡人数 | 直接经济损失(万元) | 地质灾害防治项目数(个) | 地质灾害防治投资(万元) |
|---|---|---|---|---|---|---|---|---|---|---|
| **全国** | **10997** | **8194** | **1905** | **652** | **225** | **593** | **362** | **354290** | **28190** | **1360234** |
| 北京 | 67 | 3 | 55 | 7 | 2 | | | 742 | 41 | 11850 |
| 天津 | 1 | 1 | | | | | | 12 | 4 | 470 |
| 河北 | 30 | 13 | 8 | 4 | 4 | | | 194 | 144 | 4442 |
| 山西 | 4 | | 4 | | | 5 | 3 | 154 | 27 | 51159 |
| 内蒙古 | 5 | 5 | | | | | | 2127 | 3 | 1622 |
| 辽宁 | 8 | 2 | 3 | | 3 | | | 1983 | 23 | 4655 |
| 吉林 | 15 | 7 | | 8 | | | | 155 | 16 | 8168 |
| 黑龙江 | 1 | | | | 1 | | | 100 | 9 | 4338 |
| 上海 | 1 | | | | | | | | 2 | 4591 |
| 江苏 | 32 | 25 | 2 | | 5 | | | 2334 | 88 | 26209 |
| 浙江 | 400 | 280 | 37 | 83 | | 45 | 38 | 10168 | 1845 | 78824 |
| 安徽 | 724 | 386 | 308 | 26 | 4 | | | 4616 | 982 | 25295 |
| 福建 | 1327 | 853 | 442 | 32 | | 74 | 54 | 25199 | 1091 | 55236 |
| 江西 | 386 | 272 | 91 | 7 | 16 | 13 | 10 | 2583 | 114 | 18479 |
| 山东 | 13 | | 1 | | 12 | | | 125 | 73 | 14174 |
| 河南 | 89 | 43 | 19 | 9 | 18 | | | 2437 | 1 | 2115 |
| 湖北 | 1790 | 1492 | 189 | 58 | 46 | 46 | 19 | 28090 | 1147 | 72630 |
| 湖南 | 4478 | 4010 | 321 | 87 | 55 | 39 | 25 | 87802 | 2123 | 120847 |
| 广东 | 213 | 89 | 115 | 2 | 5 | 33 | 22 | 4449 | 2237 | 70429 |
| 广西 | 183 | 52 | 83 | 5 | 43 | 55 | 24 | 1269 | 390 | 23725 |
| 海南 | 8 | 3 | 4 | 1 | | | | 537 | 21 | 1554 |
| 重庆 | 96 | 67 | 23 | 3 | 3 | 23 | 12 | 7033 | 340 | 23000 |
| 四川 | 227 | 119 | 36 | 70 | 2 | 23 | 12 | 27982 | 15081 | 242233 |
| 贵州 | 86 | 66 | 12 | 7 | 1 | 84 | 55 | 12257 | 968 | 99408 |
| 云南 | 460 | 285 | 83 | 88 | 1 | 63 | 26 | 68676 | 874 | 204281 |
| 西藏 | 185 | 40 | 27 | 118 | | 9 | 8 | 24385 | 172 | 34361 |
| 陕西 | 45 | 18 | 23 | 1 | 2 | 10 | 7 | 1075 | 159 | 37871 |
| 甘肃 | 34 | 14 | 10 | 8 | 1 | 8 | 6 | 6179 | 153 | 96538 |
| 青海 | 21 | 14 | 1 | 5 | 1 | 13 | 6 | 2512 | 12 | 8725 |
| 宁夏 | 3 | | 1 | | | | | 15 | 2 | 2000 |
| 新疆 | 65 | 35 | 7 | 23 | | 50 | 35 | 29099 | 48 | 11006 |

# 7-12-16 各地区森林火灾情况

| 地区 | 森林火灾次数(次) | | | | | 火场总面积(公顷) | 受害森林面积(公顷) | | | 伤亡人数(人) | | 其他损失折款(万元) |
|---|---|---|---|---|---|---|---|---|---|---|---|---|
| | | 一般火灾 | 较大火灾 | 重大火灾 | 特别重大火灾 | | | #天然林 | #人工林 | | #死亡人数 | |
| **全国** | **2034** | **1340** | **693** | **1** | | **18161** | **6224** | **898** | **3962** | **36** | **20** | **4136** |
| 北京 | 4 | 1 | 3 | | | 61 | 52 | | | | | |
| 天津 | 1 | | 1 | | | 13 | 6 | | 6 | | | |
| 河北 | 42 | 30 | 12 | | | 573 | 134 | 35 | 99 | | | 10 |
| 山西 | 10 | 5 | 5 | | | 272 | 39 | | 39 | 2 | 2 | 63 |
| 内蒙古 | 78 | 16 | 61 | 1 | | 1622 | 1478 | 393 | 323 | | | 1965 |
| 辽宁 | 97 | 44 | 53 | | | 1706 | 696 | 136 | 274 | 1 | 1 | 12 |
| 吉林 | 66 | 49 | 17 | | | 123 | 57 | 4 | 45 | | | 45 |
| 黑龙江 | 29 | 27 | 2 | | | 640 | 43 | 33 | 9 | | | |
| 上海 | | | | | | | | | | | | |
| 江苏 | 15 | 15 | | | | 17 | 1 | | 1 | | | |
| 浙江 | 83 | 23 | 60 | | | 532 | 261 | | 148 | 2 | 1 | |
| 安徽 | 42 | 27 | 15 | | | 172 | 76 | 7 | 69 | | | 10 |
| 福建 | 29 | 8 | 21 | | | 367 | 221 | 17 | 205 | 4 | 2 | 16 |
| 江西 | 43 | 16 | 27 | | | 674 | 190 | 63 | 127 | 4 | 2 | 234 |
| 山东 | 13 | 8 | 5 | | | 96 | 56 | | 56 | 3 | 2 | 6 |
| 河南 | 191 | 179 | 12 | | | 382 | 69 | | 69 | | | 16 |
| 湖北 | 213 | 192 | 21 | | | 876 | 117 | 32 | 85 | | | 15 |
| 湖南 | 65 | 30 | 35 | | | 524 | 316 | 1 | 315 | 1 | 1 | 96 |
| 广东 | 64 | 21 | 43 | | | 947 | 287 | 12 | 256 | 2 | 1 | 108 |
| 广西 | 401 | 245 | 156 | | | 4788 | 1090 | 29 | 1061 | 4 | 3 | 726 |
| 海南 | 57 | 20 | 37 | | | 201 | 117 | | 117 | 1 | | 18 |
| 重庆 | 14 | 11 | 3 | | | 47 | 9 | 7 | 2 | 1 | | 7 |
| 四川 | 263 | 230 | 33 | | | 1208 | 217 | 67 | 148 | 3 | 3 | 314 |
| 贵州 | 37 | 28 | 9 | | | 176 | 37 | | 36 | | | 9 |
| 云南 | 73 | 27 | 46 | | | 1171 | 394 | 10 | 374 | 7 | 1 | 11 |
| 西藏 | | | | | | | | | | | | |
| 陕西 | 52 | 40 | 12 | | | 306 | 87 | 31 | 56 | 1 | 1 | 44 |
| 甘肃 | 9 | 7 | 2 | | | 264 | 101 | | 5 | | | 395 |
| 青海 | 11 | 11 | | | | 100 | 52 | 14 | 34 | | | 9 |
| 宁夏 | 20 | 19 | 1 | | | 296 | 12 | | 3 | | | 6 |
| 新疆 | 12 | 11 | 1 | | | 9 | 7 | 7 | | | | 1 |

# 7-12-17 森林有害生物防治情况

| 地 区 | 合 计 | | | 森林病害 | | 森林虫害 | | 森林鼠害 | | 有害植物 | |
|---|---|---|---|---|---|---|---|---|---|---|---|
| | 发生面积(公顷) | 防治面积(公顷) | 防治率(%) | 发生面积(公顷) | 防治面积(公顷) | 发生面积(公顷) | 防治面积(公顷) | 发生面积(公顷) | 防治面积(公顷) | 发生面积(公顷) | 防治面积(公顷) |
| **全 国** | **12113429** | **8338173** | **68.8** | **1388871** | **958952** | **8570234** | **6150262** | **1955135** | **1121270** | **199189** | **107689** |
| 北 京 | 37534 | 37534 | 100.0 | 2077 | 2077 | 35457 | 35457 | | | | |
| 天 津 | 47045 | 47019 | 99.9 | 6906 | 6884 | 40139 | 40135 | | | | |
| 河 北 | 472581 | 428668 | 90.7 | 23999 | 21748 | 417291 | 378734 | 31291 | 28186 | | |
| 山 西 | 230552 | 153854 | 66.7 | 4128 | 2183 | 177316 | 126283 | 47865 | 24191 | 1243 | 1197 |
| 内蒙古 | 1082500 | 583598 | 53.9 | 161714 | 82034 | 697370 | 353033 | 223416 | 148530 | | |
| 辽 宁 | 610980 | 511423 | 83.7 | 64011 | 56709 | 535612 | 449196 | 11357 | 5518 | | |
| 吉 林 | 220921 | 181378 | 82.1 | 22657 | 21088 | 157220 | 127507 | 41044 | 32783 | | |
| 黑龙江 | 379409 | 295831 | 78.0 | 33196 | 21158 | 170026 | 113000 | 176187 | 161674 | | |
| 上 海 | 7603 | 7403 | 97.4 | 707 | 682 | 6896 | 6721 | | | | |
| 江 苏 | 106780 | 98255 | 92.0 | 7970 | 7936 | 98042 | 90026 | | | 768 | 293 |
| 浙 江 | 140025 | 127033 | 90.7 | 14294 | 8806 | 125732 | 118227 | | | | |
| 安 徽 | 498133 | 373945 | 75.1 | 39667 | 29809 | 458467 | 344136 | | | | |
| 福 建 | 206001 | 196457 | 95.4 | 17987 | 17166 | 188014 | 179291 | | | | |
| 江 西 | 224781 | 154527 | 68.7 | 52807 | 35027 | 171825 | 119500 | | | 148 | |
| 山 东 | 454478 | 441835 | 97.2 | 80367 | 75022 | 374111 | 366813 | | | | |
| 河 南 | 589396 | 488869 | 82.9 | 112287 | 99727 | 477109 | 389142 | | | | |
| 湖 北 | 496142 | 358555 | 72.3 | 45061 | 32690 | 335260 | 258851 | 3793 | 2922 | 112029 | 64092 |
| 湖 南 | 382458 | 268134 | 70.1 | 79191 | 33314 | 303267 | 234820 | | | | |
| 广 东 | 311782 | 172514 | 55.3 | 23251 | 19920 | 256020 | 125116 | | | 32511 | 27478 |
| 广 西 | 387752 | 66372 | 17.1 | 45423 | 7633 | 338235 | 57897 | 276 | 276 | 3818 | 566 |
| 海 南 | 25962 | 8054 | 31.0 | 1508 | 697 | 10204 | 6378 | | | 14250 | 979 |
| 重 庆 | 296231 | 112413 | 37.9 | 23369 | 17956 | 212083 | 80204 | 60779 | 14253 | | |
| 四 川 | 699260 | 499055 | 71.4 | 88042 | 38913 | 556611 | 421937 | 54607 | 38205 | | |
| 贵 州 | 209033 | 130151 | 62.3 | 14182 | 10005 | 185769 | 116835 | 3333 | 3124 | 5750 | 188 |
| 云 南 | 467522 | 423180 | 90.5 | 83693 | 75099 | 357825 | 331312 | 4629 | 4275 | 21376 | 12495 |
| 西 藏 | 291033 | 174787 | 60.1 | 76673 | 46511 | 154593 | 101201 | 59653 | 27039 | 113 | 35 |
| 陕 西 | 413992 | 284575 | 68.7 | 33376 | 21173 | 293258 | 193120 | 87358 | 70282 | | |
| 甘 肃 | 402595 | 219763 | 54.6 | 93427 | 70694 | 155941 | 77629 | 153227 | 71440 | | |
| 青 海 | 262590 | 196032 | 74.7 | 25703 | 19015 | 107249 | 82186 | 122455 | 94465 | 7183 | 367 |
| 宁 夏 | 255014 | 87245 | 34.2 | 2867 | 1 | 81146 | 15234 | 171001 | 72010 | | |
| 新 疆 | 1765022 | 1181583 | 66.9 | 89913 | 75732 | 1052006 | 805747 | 623104 | 300105 | | |
| 大兴安岭 | 138322 | 28129 | 20.3 | 18420 | 1543 | 40142 | 4593 | 79760 | 21992 | | |

# 7-12-18 地震灾害情况

| 年份<br>地区 | 地震灾害次数<br>(次) | 5.0-5.9级 | 6.0-6.9级 | 7.0级以上 | 人员伤亡<br>(人) | #死亡人数 | 直接经济损失<br>(万元) |
|---|---|---|---|---|---|---|---|
| 2000 | 10 | 7 | 2 | | 2987 | 10 | 146792 |
| 2001 | 12 | 8 | 2 | 1 | 750 | 9 | 148449 |
| 2002 | 5 | 4 | | | 362 | 2 | 14774 |
| 2003 | 21 | 10 | 6 | 1 | 7465 | 319 | 466040 |
| 2004 | 11 | 8 | 1 | | 696 | 8 | 94959 |
| 2005 | 13 | 9 | 2 | | 882 | 15 | 262811 |
| 2006 | 10 | 9 | | | 229 | 25 | 79962 |
| 2007 | 3 | 1 | 1 | | 422 | 3 | 201922 |
| 2008 | 17 | 6 | 4 | 2 | 446293 | 69283 | 85949594 |
| 2009 | 8 | 5 | 2 | | 407 | 3 | 273782 |
| 2010 | 12 | 4 | | 1 | 13795 | 2705 | 2361077 |
| 2011 | 18 | 11 | 2 | 1 | 540 | 32 | 6020873 |
| 2012 | 12 | 8 | 3 | | 1279 | 86 | 828757 |
| 2013 | 14 | 10 | 3 | 1 | 15965 | 294 | 9953631 |
| 2014 | 20 | 14 | 4 | 1 | 3666 | 623 | 3326078 |
| 2015 | 14 | 13 | 1 | | 1192 | 30 | 1791918 |
| 2016 | 16 | 8 | 4 | | 104 | 1 | 668693 |
| 山西 | 1 | | | | 11 | | 2069 |
| 辽宁 | 1 | | | | | | 200 |
| 广西 | 1 | 1 | | | | | 10204 |
| 重庆 | 2 | | | | 5 | | 3630 |
| 四川 | 1 | 1 | | | | | 3300 |
| 云南 | 1 | 1 | | | 4 | | 13560 |
| 西藏 | 1 | 1 | | | 70 | | 144600 |
| 青海 | 2 | | 2 | | 10 | | 150977 |
| 新疆 | 6 | 4 | 2 | | 4 | 1 | 340153 |

# 7-12-19 主要海洋灾害情况

| 灾种 | 发生次数<br>(次) | 人员死亡、失踪<br>(人) | 直接经济损失<br>(亿元) |
|---|---|---|---|
| **合计** | **123** | **60** | **46.51** |
| 风暴潮 | 18 | | 45.94 |
| 赤潮 | 68 | | |
| 海浪 | 36 | 60 | 0.37 |
| 海冰 | 1 | | 0.2 |

# 7-12-20 各地区突发环境事件情况

| 地 区 | 突发环境事件次数(次) | 特别重大环境事件 | 重大环境事件 | 较大环境事件 | 一般环境事件 |
|---|---|---|---|---|---|
| **全 国** | **304** | | **3** | **5** | **296** |
| 北 京 | 13 | | | | 13 |
| 天 津 | | | | | |
| 河 北 | 1 | | | | 1 |
| 山 西 | 13 | | | 1 | 12 |
| 内蒙古 | | | | | |
| 辽 宁 | 10 | | | | 10 |
| 吉 林 | 3 | | | | 3 |
| 黑龙江 | 3 | | | | 3 |
| 上 海 | 3 | | | | 3 |
| 江 苏 | 13 | | | | 13 |
| 浙 江 | 16 | | | | 16 |
| 安 徽 | 3 | | | | 3 |
| 福 建 | 11 | | | | 11 |
| 江 西 | 7 | | 2 | | 5 |
| 山 东 | 7 | | | | 7 |
| 河 南 | 4 | | | | 4 |
| 湖 北 | 37 | | | 1 | 36 |
| 湖 南 | 8 | | | | 8 |
| 广 东 | 24 | | | | 24 |
| 广 西 | 8 | | | | 8 |
| 海 南 | 4 | | | | 4 |
| 重 庆 | 11 | | | | 11 |
| 四 川 | 20 | | | 2 | 18 |
| 贵 州 | 12 | | | | 12 |
| 云 南 | 1 | | | | 1 |
| 西 藏 | | | | | |
| 陕 西 | 45 | | 1 | | 44 |
| 甘 肃 | 9 | | | | 9 |
| 青 海 | 3 | | | | 3 |
| 宁 夏 | 4 | | | | 4 |
| 新 疆 | 11 | | | 1 | 10 |

# 7-12-21 各地区城市市政设施情况

| 地 区 | 道路长度（公里） | 道路面积（万平方米） | 城市桥梁（座） | 城市道路照明灯（千盏） | 排水管道长度（公里） |
|---|---|---|---|---|---|
| **全 国** | **382454** | **753819** | **67737** | **25623** | **576617** |
| 北 京 | 8086 | 14316 | 2282 | 301 | 16901 |
| 天 津 | 7888 | 14466 | 987 | 353 | 20951 |
| 河 北 | 14418 | 33252 | 1470 | 753 | 17954 |
| 山 西 | 7671 | 16705 | 1124 | 543 | 8169 |
| 内蒙古 | 9728 | 20808 | 382 | 757 | 12971 |
| 辽 宁 | 16394 | 29277 | 1862 | 1283 | 18275 |
| 吉 林 | 10669 | 17084 | 861 | 528 | 8445 |
| 黑龙江 | 12750 | 19667 | 1121 | 646 | 10722 |
| 上 海 | 5129 | 10582 | 2596 | 559 | 19508 |
| 江 苏 | 44999 | 79733 | 15117 | 3510 | 72823 |
| 浙 江 | 21215 | 41286 | 10633 | 1526 | 40550 |
| 安 徽 | 14154 | 33100 | 1748 | 1015 | 26388 |
| 福 建 | 8656 | 17657 | 1841 | 723 | 14329 |
| 江 西 | 8977 | 18936 | 850 | 687 | 13326 |
| 山 东 | 40685 | 83011 | 5481 | 1870 | 56796 |
| 河 南 | 13140 | 31621 | 1421 | 897 | 21376 |
| 湖 北 | 18622 | 33293 | 1972 | 747 | 23922 |
| 湖 南 | 12292 | 22477 | 894 | 697 | 13846 |
| 广 东 | 38930 | 71204 | 6319 | 2597 | 56323 |
| 广 西 | 8585 | 18555 | 896 | 677 | 11480 |
| 海 南 | 2503 | 5195 | 200 | 174 | 4192 |
| 重 庆 | 8498 | 17776 | 1663 | 570 | 15553 |
| 四 川 | 14835 | 31352 | 2355 | 1189 | 26486 |
| 贵 州 | 4022 | 8208 | 714 | 474 | 6060 |
| 云 南 | 5995 | 14768 | 731 | 515 | 13133 |
| 西 藏 | 1134 | 1986 | 18 | 60 | 1422 |
| 陕 西 | 6783 | 15265 | 764 | 654 | 8678 |
| 甘 肃 | 4668 | 9933 | 587 | 307 | 5802 |
| 青 海 | 1019 | 2059 | 144 | 122 | 1744 |
| 宁 夏 | 2214 | 6578 | 193 | 258 | 1626 |
| 新 疆 | 7791 | 13673 | 511 | 632 | 6864 |

# 7-12-22 各地区城市污水处理情况

| 地区 | 污水处理厂(座) | 污水处理厂污水处理能力(万立方米/日) | 污水处理厂污水处理量(万立方米) | 其他污水处理设施处理能力(万立方米/日) | 其他污水处理设施处理量(万立方米) | 污水再生利用量(万立方米) | 城市污水处理率(%) | #污水处理厂集中处理率 |
|---|---|---|---|---|---|---|---|---|
| **全国** | **2039** | **14909.5** | **4313115** | **1869.7** | **174829** | **452698** | **93.4** | **89.8** |
| 北京 | 58 | 611.6 | 149153 | 19.3 | 4411 | 100398 | 90.6 | 88.0 |
| 天津 | 48 | 288.9 | 91053 | 2.6 | 745 | 2608 | 92.1 | 91.3 |
| 河北 | 83 | 585.9 | 161680 | 21.1 | 1584 | 39682 | 95.4 | 94.4 |
| 山西 | 40 | 255.9 | 66998 | 2.0 | 178 | 16087 | 90.1 | 89.9 |
| 内蒙古 | 44 | 245.5 | 59769 | | | 11387 | 94.5 | 94.5 |
| 辽宁 | 91 | 787.1 | 233600 | 44.3 | 6781 | 19444 | 93.6 | 91.0 |
| 吉林 | 42 | 316.2 | 79664 | 2.5 | 3 | 100 | 91.8 | 91.8 |
| 黑龙江 | 66 | 365.0 | 91503 | 393.2 | 19898 | 5660 | 91.4 | 75.1 |
| 上海 | 49 | 806.9 | 221501 | | 1250 | | 94.3 | 93.8 |
| 江苏 | 195 | 1226.8 | 347250 | 516.1 | 57178 | 72807 | 94.6 | 81.2 |
| 浙江 | 88 | 885.1 | 251689 | 116.7 | 8487 | 10029 | 93.9 | 90.8 |
| 安徽 | 66 | 448.9 | 146603 | 58.8 | 8490 | 3946 | 97.4 | 92.0 |
| 福建 | 50 | 367.6 | 110790 | 15.2 | 1436 | 124 | 91.3 | 90.1 |
| 江西 | 40 | 256.4 | 78988 | 3.5 | 624 | 796 | 89.7 | 89.0 |
| 山东 | 173 | 1058.6 | 307665 | 11.3 | 291 | 85803 | 96.2 | 96.1 |
| 河南 | 81 | 670.7 | 176702 | 9.0 | 1124 | 13814 | 95.9 | 95.3 |
| 湖北 | 82 | 627.2 | 193663 | 60.5 | 5568 | 15227 | 95.0 | 92.4 |
| 湖南 | 65 | 521.6 | 157268 | 91.5 | 7887 | 3642 | 94.3 | 89.8 |
| 广东 | 256 | 2030.3 | 646113 | 8.8 | 1660 | 11637 | 94.0 | 93.8 |
| 广西 | 47 | 325.6 | 96323 | 392.4 | 29384 | 3 | 92.1 | 70.6 |
| 海南 | 21 | 90.9 | 25136 | | | 1734 | 77.0 | 77.0 |
| 重庆 | 50 | 285.4 | 99369 | 4.3 | 1376 | 973 | 96.8 | 95.4 |
| 四川 | 102 | 564.0 | 171008 | 45.5 | 7954 | 11286 | 89.7 | 85.7 |
| 贵州 | 31 | 183.9 | 51133 | | | 870 | 94.6 | 94.6 |
| 云南 | 38 | 242.2 | 80455 | 8.7 | 1024 | 1342 | 92.3 | 91.1 |
| 西藏 | 5 | 25.9 | 7819 | | | | 86.4 | 86.4 |
| 陕西 | 39 | 348.0 | 84168 | | | 8499 | 91.4 | 91.4 |
| 甘肃 | 24 | 131.7 | 32544 | | | 2756 | 93.8 | 93.8 |
| 青海 | 11 | 41.9 | 11482 | 9.9 | 2897 | 778 | 77.8 | 62.1 |
| 宁夏 | 13 | 78.5 | 22598 | 12.5 | 3644 | 2230 | 93.7 | 80.7 |
| 新疆 | 41 | 235.3 | 59428 | 20.0 | 955 | 9036 | 85.7 | 84.3 |

# 7-12-23 各地区城市绿地和园林

| 地 区 | 城市绿地面积（公顷） | #公园绿地 | 公 园（个） | 公园面积（公顷） | 建成区绿化覆盖率（%） |
|---|---|---|---|---|---|
| **全 国** | **2786080** | **653555** | **15370** | **416881** | **40.30** |
| 北 京 | 82113 | 30069 | 297 | 30069 | 48.40 |
| 天 津 | 33398 | 9959 | 115 | 2211 | 37.22 |
| 河 北 | 85426 | 25160 | 615 | 19022 | 40.80 |
| 山 西 | 42986 | 13411 | 295 | 10395 | 40.52 |
| 内蒙古 | 65552 | 17541 | 265 | 13821 | 39.85 |
| 辽 宁 | 116601 | 25500 | 439 | 14595 | 36.35 |
| 吉 林 | 46595 | 15244 | 232 | 6957 | 34.97 |
| 黑龙江 | 77048 | 17083 | 359 | 9816 | 35.35 |
| 上 海 | 128847 | 18957 | 217 | 2655 | 38.60 |
| 江 苏 | 281855 | 46476 | 1074 | 29076 | 42.94 |
| 浙 江 | 154314 | 30675 | 1197 | 18213 | 41.02 |
| 安 徽 | 98555 | 21265 | 392 | 12670 | 41.71 |
| 福 建 | 67248 | 16017 | 590 | 12426 | 43.32 |
| 江 西 | 56768 | 15475 | 408 | 9467 | 43.63 |
| 山 东 | 225794 | 60336 | 920 | 36771 | 42.26 |
| 河 南 | 95410 | 25429 | 344 | 11877 | 39.33 |
| 湖 北 | 82242 | 22681 | 374 | 12890 | 37.60 |
| 湖 南 | 61453 | 16292 | 313 | 11975 | 40.60 |
| 广 东 | 452666 | 97514 | 3986 | 74092 | 42.39 |
| 广 西 | 84484 | 12799 | 239 | 8928 | 37.62 |
| 海 南 | 15265 | 3518 | 84 | 2103 | 40.30 |
| 重 庆 | 59758 | 24505 | 397 | 12620 | 40.76 |
| 四 川 | 100557 | 28479 | 561 | 15762 | 39.90 |
| 贵 州 | 40808 | 10150 | 133 | 7963 | 36.80 |
| 云 南 | 43101 | 10611 | 751 | 8179 | 37.84 |
| 西 藏 | 6224 | 926 | 81 | 978 | 32.59 |
| 陕 西 | 58679 | 12178 | 229 | 6116 | 40.14 |
| 甘 肃 | 26339 | 8976 | 131 | 5752 | 31.50 |
| 青 海 | 6151 | 2011 | 44 | 1365 | 31.12 |
| 宁 夏 | 25088 | 5209 | 77 | 2485 | 40.43 |
| 新 疆 | 64755 | 9110 | 211 | 5633 | 38.51 |

# 7-12-24 各地区城市设施水平

| 地　区 | 城市用水普及率(%) | 城市燃气普及率(%) | 每万人拥有公共交通车辆(标台) | 人均城市道路面积(平方米) | 人均公园绿地面积(平方米) | 每万人拥有公共厕所(座) |
|---|---|---|---|---|---|---|
| **全　国** | **98.42** | **95.75** | **13.84** | **15.80** | **13.70** | **2.72** |
| 北　京 | 100.00 | 100.00 | 24.31 | 7.62 | 16.01 | 2.87 |
| 天　津 | 100.00 | 100.00 | 18.09 | 15.39 | 10.59 | 1.44 |
| 河　北 | 99.52 | 98.88 | 13.68 | 18.91 | 14.31 | 3.15 |
| 山　西 | 99.29 | 97.92 | 9.42 | 14.77 | 11.86 | 3.14 |
| 内蒙古 | 98.98 | 94.90 | 10.26 | 23.45 | 19.77 | 4.69 |
| 辽　宁 | 98.96 | 96.07 | 12.91 | 13.01 | 11.33 | 2.40 |
| 吉　林 | 93.40 | 93.00 | 10.26 | 14.98 | 13.37 | 3.14 |
| 黑龙江 | 97.25 | 86.66 | 13.58 | 13.71 | 11.91 | 4.28 |
| 上　海 | 100.00 | 100.00 | 12.70 | 4.37 | 7.83 | 2.57 |
| 江　苏 | 99.86 | 99.54 | 16.57 | 25.37 | 14.79 | 3.86 |
| 浙　江 | 99.97 | 99.95 | 16.27 | 17.73 | 13.17 | 3.50 |
| 安　徽 | 99.20 | 98.05 | 11.95 | 21.82 | 14.02 | 2.25 |
| 福　建 | 99.52 | 97.21 | 15.26 | 14.41 | 13.08 | 2.15 |
| 江　西 | 97.69 | 95.31 | 8.86 | 17.33 | 14.16 | 1.90 |
| 山　东 | 99.78 | 99.51 | 15.88 | 24.65 | 17.91 | 2.04 |
| 河　南 | 93.42 | 88.93 | 10.88 | 12.97 | 10.43 | 3.25 |
| 湖　北 | 99.12 | 96.30 | 12.76 | 16.14 | 10.99 | 2.64 |
| 湖　南 | 96.81 | 93.28 | 15.13 | 14.59 | 10.57 | 2.32 |
| 广　东 | 98.06 | 97.43 | 14.20 | 13.05 | 17.87 | 1.95 |
| 广　西 | 97.70 | 95.85 | 9.77 | 17.06 | 11.77 | 1.38 |
| 海　南 | 97.41 | 97.34 | 11.35 | 17.75 | 12.02 | 2.44 |
| 重　庆 | 97.13 | 96.11 | 10.70 | 12.23 | 16.86 | 2.43 |
| 四　川 | 93.07 | 91.78 | 12.90 | 13.73 | 12.47 | 2.18 |
| 贵　州 | 96.03 | 85.66 | 11.36 | 12.11 | 14.98 | 2.01 |
| 云　南 | 96.66 | 78.78 | 13.17 | 15.76 | 11.33 | 3.46 |
| 西　藏 | 67.57 | 52.99 | 6.20 | 16.82 | 7.84 | 2.69 |
| 陕　西 | 95.61 | 94.66 | 16.01 | 15.42 | 12.30 | 4.47 |
| 甘　肃 | 97.93 | 88.15 | 9.16 | 15.42 | 13.94 | 2.58 |
| 青　海 | 99.21 | 87.55 | 14.49 | 11.04 | 10.78 | 3.74 |
| 宁　夏 | 94.75 | 90.69 | 13.47 | 23.11 | 18.30 | 2.62 |
| 新　疆 | 98.86 | 97.89 | 15.24 | 18.35 | 12.22 | 3.28 |

## 【主要统计指标解释】

**水资源总量** 指当地降水形成的地表和地下产水量，即地表径流量与降水入渗补给量之和，不包括过境水量。

**地表水资源量** 指河流、湖泊、冰川等地表水体中由当地降水形成的、可以逐年更新的动态水量，即天然河川径流量。

**地下水资源量** 指当地降水和地表水对饱水岩土层的补给量。

**地表水与地下水资源重复量** 指地表水和地下水相互转化的部分，即在河川径流量中包括一部分地下水排泄量，地下水补给量中包括一部分来源于地表水的入渗量。

**供水总量** 指各种水源工程为用户提供的包括输水损失在内的毛供水量。

地表水源供水量 指地表水体工程的取水量，按蓄、引、提、调四种形式统计。从水库、塘坝中引水或提水，均属蓄水工程供水量；从河道或湖泊中自流引水的，无论有闸或无闸，均属引水工程供水量；利用扬水站从河道或湖泊中直接取水的，属提水工程供水量；跨流域调水指水资源一级区或独立流域之间的跨流域调配水量，不包括在蓄、引、提水量中。

**地下水源供水量** 指水井工程的开采量，按浅层淡水、深层承压水和微咸水分别统计。城市地下水源供水量包括自来水厂的开采量和工矿企业自备井的开采量。

**其他水源供水量** 包括污水处理再利用、集雨工程、海水淡化等水源工程的供水量。

**用水总量** 指分配给用户的包括输水损失在内的毛用水量。按用户特性分为农业、工业、生活和生态用水四大类。

**农业用水** 包括农田灌溉用水、林果地灌溉用水、草地灌溉用水、鱼塘补水和畜禽用水。

**工业用水** 按新水取用量计，不包括企业内部的重复利用水量。

**生活用水** 包括城镇生活用水和农村生活用水。城镇生活用水由居民用水和公共用水（含第三产业及建筑业等用水）组成；农村生活用水指居民生活用水。

**生态环境补水** 仅包括人为措施供给的城镇环境用水和部分河湖、湿地补水。

**一般工业固体废物产生量** 系指未被列入《国家危险废物名录》或者根据国家规定的危险废物鉴别标准（GB5085）、固体废物浸出毒性浸出方法（GB5086）及固体废物浸出毒性测定方法（GB/T 15555）鉴别方法判定不具有危险特性的工业固体废物。计算公式为:

一般工业固体废物产生量=（一般工业固体废物综合利用量-其中: 综合利用往年贮存量）+一般工业固体废物贮存量+（一般工业固体废物处置量-其中: 处置往年贮存量）+一般工业固体废物倾倒丢弃量

**一般工业固体废物综合利用量** 指报告期内企业通过回收、加工、循环、交换等方式，从固体废物中提取或者使其转化为可以利用的资源、能源和其他原材料的固体废物量（包括当年利用的往年工业固体废物累计贮存量）。如用作农业肥料、生产建筑材料、筑路等。综合利用量由原产生固体废物的单位统计。

**一般工业固体废物处置量** 指报告期内企业将工业固体废物焚烧和用其他改变工业固体废物的物理、化学、生物特性的方法，达到减少或者消除其危险成分的活动，或者将工业固体废物最终置于符合环境保护规定要求的填埋场的活动中，所消纳固体废物的量。

**一般工业固体废物贮存量** 指报告期内企业以综合利用或处置为目的，将固体废物暂时贮存或堆存在专设的贮存设施或专设的集中堆存场所内的量。专设的固体废物贮存场所或贮存设施必须有防扩散、防流失、防渗漏、防止污染大气、水体的措施。

**一般工业固体废物倾倒丢弃量** 指报告期内企业将所产生的固体废物倾倒或者丢弃到固体废物污染防治设施、场所以外的量。

**危险废物产生量** 指当年全年调查对象实际产生的危险废物的量。危险废物指列入国家危险废物名录或者根据国家规定的危险废物鉴别标准和鉴别方法认定的，具有爆炸性、易燃性、易氧化性、毒性、腐蚀性、易传染性疾病等危险特性之一的废物。按《国家危险废物名录》（环境保护部、国家发展和改革委员会2008部令第1号）填报。

**危险废物综合利用量** 指当年全年调查对象从危险废物中提取物质作为原材料或者燃料的活动中消纳危险废物的量。包括本单位利用或委托、提供给外单位利用的量。

**危险废物处置量** 指报告期内企业将危险废物焚烧和用其他改变工业固体废物的物理、化学、生物特性的方法，达到减少或者消除其危险成分的活动，或者将危险废物最终置于符合环境保护规定要求的填埋场的活动中，所消纳危险废物的量。处置量包括处置本单位或委托给外单位处置的量。

**危险废物贮存量** 指将危险废物以一定包装方式暂时存放在专设的贮存设施内的量。专设的贮存设施指对危险废物的包装、选址、设计、安全防护、监测和关闭等符合《危险废物贮存污染控制标准》（GB18597-2001）等相关环保法律法规要求，具有防扩散、防流失、防渗漏、防止污染大气和水体措施的设施。

**自然保护区** 指对有代表性的自然生态系统、珍稀濒危野生动植物物种的天然分布区、水源涵养区、有特殊意义的自然历史遗迹等保护对象所在的陆地、陆地水体或海域，依法划出一定面积进行特殊保护和管理的区域。以县及县以上各级人民政府正式批准建立的自然保护区为准。风景名胜区、文物保护区不计在内。

**湿地** 指天然或人工、长久或暂时性的沼泽地、泥炭地或水域地带，包括静止或流动、淡水、半咸水、咸水体，低潮时水深不超过6米的水域以及海岸地带地区的珊瑚滩和海草床、滩涂、红树林、河口、河流、淡水沼泽、沼泽森林、湖泊、盐沼及盐湖。

**突发环境事件** 指突然发生，造成或者可能造成重大人员伤亡、重大财产损失和对全国或者某一地区的经济社会稳定、政治安定构成重大威胁和损害，有重大社会影响的涉及公共安全的环境事件。

**环境污染治理投资** 指在工业污染源治理和城市环境基础设施建设的资金投入中，用于形成固定资产的资金。包括工业污染源治理工程投资、建设项目“三同时”环保投资，以及城市环境基础设施建设所投入的资金。

**全年供水总量** 指报告期供水企业（单位）供出的全部水量。包括有效供水量和漏损水量。

**燃气普及率** 指报告期末使用燃气的城市人口数与城市人口总数的比率。计算公式为：

$$燃气普及率=\frac{城市用气人口数}{城市人口总数}\times 100\%$$

**生活垃圾清运量** 指报告期内收集和运送到垃圾处理厂(场)的生活垃圾数量。生活垃圾指城市日常生活或为城市日常生活提供服务的活动中产生的固体废物以及法律行政规定的视为城市生活垃圾的固体废物。包括：居民生活垃圾、商业垃圾、集市贸易市场垃圾、街道清扫垃圾、公共场所垃圾和机关、学校、厂矿等单位的生活垃圾。

**生活垃圾无害化处理率** 指报告期生活垃圾无害化处理量与生活垃圾产生量比率。在统计上，由于生活垃圾产生量不易取得，可用清运量代替。计算公式为：

$$生活垃圾无害化处理率=\frac{生活垃圾无害化处理量}{生活垃圾产生量}\times 100\%$$

**公园绿地** 指城市中向公众开放的，以游憩为主要功能，有一定的游憩设施和服务设施，同时兼有健全生态、美化景观、防灾减灾等综合作用的绿化用地。

**卫生厕所** 指有完整下水道系统的水冲式、三格化粪池式、净化沼气池式、多翁漏斗式公厕以及粪便及时清理并进行高温堆肥无害化处理的非水冲式公厕。

**累计使用卫生公厕户数** 指农民因某种原因没有兴建自己的卫生厕所，而使用村内卫生公厕户数。

# 7 第三产业分行业主要指标

## 7-13 居民服务、修理和其他服务业

# 简要说明

**一、主要内容**

本篇资料主要包括居民服务、修理和其他服务业企业法人单位分地区主要指标和婚姻服务状况等。

**二、资料来源**

婚姻服务状况资料由国家统计局社科文司依据民政部相关统计报表制度整理提供。

居民服务、修理和其他服务业企业法人单位分地区主要指标来源于国家统计局服务业司《规模以上服务业统计报表制度》和《规模以下服务业抽样调查统计报表制度》调查结果。

# 7-13-1 居民服务、修理和其他服务业企业法人单位分地区主要指标

| 地 区 | 单位数(个) | 营业收入(亿元) | 资产总计(亿元) | 从业人员(万人) |
|---|---|---|---|---|
| **全 国** | **253637** | **5663.6** | **11495.7** | **357.7** |
| 北 京 | 17902 | 390.3 | 1100.0 | 22.1 |
| 天 津 | 6405 | 303.6 | 1230.1 | 17.7 |
| 河 北 | 18933 | 175.5 | 286.9 | 13.9 |
| 山 西 | 6760 | 43.3 | 141.8 | 6.7 |
| 内蒙古 | 4129 | 73.2 | 150.5 | 5.5 |
| 辽 宁 | 8171 | 105.0 | 264.9 | 8.3 |
| 吉 林 | 4537 | 68.3 | 824.3 | 4.6 |
| 黑龙江 | 3680 | 46.4 | 163.8 | 7.1 |
| 上 海 | 12133 | 391.8 | 651.7 | 18.2 |
| 江 苏 | 17098 | 598.8 | 775.2 | 25.6 |
| 浙 江 | 14655 | 276.2 | 378.4 | 19.7 |
| 安 徽 | 7577 | 131.6 | 118.5 | 8.4 |
| 福 建 | 8676 | 184.0 | 230.5 | 12.2 |
| 江 西 | 6936 | 269.5 | 363.7 | 8.0 |
| 山 东 | 16435 | 562.3 | 637.2 | 25.8 |
| 河 南 | 11350 | 295.9 | 440.1 | 14.4 |
| 湖 北 | 10041 | 174.5 | 366.3 | 13.3 |
| 湖 南 | 10406 | 286.1 | 258.5 | 17.0 |
| 广 东 | 20189 | 467.8 | 614.5 | 42.9 |
| 广 西 | 6314 | 60.1 | 73.6 | 6.1 |
| 海 南 | 1240 | 23.3 | 230.5 | 1.4 |
| 重 庆 | 9659 | 294.5 | 352.9 | 14.8 |
| 四 川 | 6632 | 124.0 | 312.7 | 11.8 |
| 贵 州 | 5227 | 67.0 | 225.8 | 9.1 |
| 云 南 | 3745 | 69.2 | 295.4 | 5.2 |
| 西 藏 | 259 | 6.0 | 6.1 | 0.5 |
| 陕 西 | 6738 | 87.7 | 211.0 | 8.3 |
| 甘 肃 | 2037 | 29.1 | 192.8 | 2.3 |
| 青 海 | 1347 | 7.7 | 30.2 | 1.4 |
| 宁 夏 | 940 | 11.0 | 33.7 | 1.5 |
| 新 疆 | 3486 | 39.7 | 533.9 | 3.6 |

# 7-13-2 婚姻服务情况

| 年 份<br>地 区 | 结婚登记<br>(万对) | 内地居民<br>登记结婚<br>(万对) | 初婚<br>(万人) | 再婚<br>(万人) | 涉外及港澳台<br>居民登记结婚<br>(万对、对) | 离 婚<br>(万对) | 粗离婚率<br>(‰) |
|---|---|---|---|---|---|---|---|
| 1985 | 831.30 | 829.06 | 1607.63 | 50.48 | 2.22 | 45.79 | 0.44 |
| 1990 | 951.10 | 948.69 | 1819.13 | 78.24 | 2.38 | 80.00 | 0.69 |
| 1995 | 934.10 | 929.71 | 1776.07 | 83.35 | 4.40 | 105.60 | 0.88 |
| 2000 | 848.50 | 842.00 | 1581.39 | 102.62 | 6.49 | 121.29 | 0.96 |
| 2005 | 823.10 | 816.60 | 1483.00 | 163.10 | 6.43 | 178.50 | 1.37 |
| 2006 | 945.00 | 938.20 | 1705.60 | 184.40 | 6.82 | 191.30 | 1.46 |
| 2007 | 991.40 | 986.30 | 1779.70 | 203.10 | 5.11 | 209.80 | 1.59 |
| 2008 | 1098.30 | 1093.20 | 1972.50 | 224.10 | 5.10 | 226.90 | 1.71 |
| 2009 | 1212.40 | 1207.50 | 2168.80 | 256.00 | 4.92 | 246.80 | 1.85 |
| 2010 | 1241.00 | 1236.10 | 2200.90 | 281.10 | 4.90 | 267.80 | 2.00 |
| 2011 | 1302.36 | 1297.48 | 2309.88 | 294.85 | 4.88 | 287.40 | 2.13 |
| 2012 | 1323.59 | 1318.27 | 2361.17 | 286.02 | 5.33 | 310.38 | 2.29 |
| 2013 | 1346.93 | 1341.43 | 2385.96 | 307.89 | 5.50 | 350.01 | 2.57 |
| 2014 | 1306.74 | 1302.04 | 2286.81 | 326.68 | 4.70 | 295.73 | 2.67 |
| 2015 | 1224.71 | 1220.59 | 2108.97 | 340.44 | 4.12 | 384.14 | 2.79 |
| 2016 | 1142.82 | 1138.61 | 1913.26 | 372.39 | 4.22 | 415.82 | 3.02 |
| 北 京 | 16.62 | 16.52 | 20.08 | 13.17 | 1012 | 10.58 | 4.89 |
| 天 津 | 9.82 | 9.78 | 16.15 | 3.49 | 316 | 6.52 | 4.24 |
| 河 北 | 55.19 | 55.09 | 85.14 | 25.24 | 977 | 22.02 | 2.96 |
| 山 西 | 30.01 | 30.00 | 53.08 | 6.94 | 155 | 7.65 | 2.09 |
| 内蒙古 | 19.84 | 19.82 | 28.09 | 11.59 | 201 | 9.84 | 3.92 |
| 辽 宁 | 31.26 | 31.09 | 55.50 | 7.02 | 1662 | 16.01 | 3.65 |
| 吉 林 | 22.15 | 22.07 | 39.59 | 4.71 | 756 | 12.92 | 4.71 |
| 黑龙江 | 30.63 | 30.48 | 52.21 | 9.05 | 1529 | 18.72 | 4.91 |
| 上 海 | 12.52 | 12.35 | 15.92 | 9.13 | 1684 | 8.26 | 3.41 |
| 江 苏 | 71.61 | 71.47 | 116.28 | 26.94 | 1406 | 26.13 | 3.27 |
| 浙 江 | 36.68 | 36.39 | 60.58 | 12.79 | 2927 | 14.71 | 2.65 |
| 安 徽 | 71.34 | 71.20 | 114.17 | 28.50 | 1384 | 21.72 | 3.54 |
| 福 建 | 31.46 | 30.96 | 53.99 | 8.94 | 5079 | 9.63 | 2.51 |
| 江 西 | 30.20 | 30.09 | 50.83 | 9.58 | 1107 | 10.21 | 2.24 |
| 山 东 | 67.07 | 66.96 | 99.51 | 34.63 | 1091 | 25.45 | 2.58 |
| 河 南 | 96.90 | 96.81 | 185.10 | 8.70 | 892 | 27.75 | 2.93 |
| 湖 北 | 51.38 | 51.26 | 97.20 | 5.57 | 1194 | 18.31 | 3.13 |
| 湖 南 | 49.94 | 49.78 | 78.67 | 21.20 | 1603 | 19.35 | 2.85 |
| 广 东 | 78.61 | 77.80 | 136.53 | 20.69 | 8133 | 21.19 | 1.95 |
| 广 西 | 39.40 | 39.18 | 67.47 | 11.32 | 2189 | 11.28 | 2.35 |
| 海 南 | 7.83 | 7.77 | 14.09 | 1.56 | 525 | 1.66 | 1.83 |
| 重 庆 | 27.85 | 27.79 | 38.06 | 17.64 | 645 | 13.90 | 4.60 |
| 四 川 | 72.71 | 72.56 | 109.36 | 36.07 | 1490 | 29.62 | 3.61 |
| 贵 州 | 45.32 | 45.28 | 86.70 | 3.94 | 385 | 12.10 | 3.43 |
| 云 南 | 44.61 | 44.31 | 74.41 | 14.81 | 2946 | 11.93 | 2.52 |
| 西 藏 | 3.01 | 3.00 | 5.76 | 0.26 | 11 | 0.35 | 1.08 |
| 陕 西 | 33.24 | 33.19 | 54.49 | 11.99 | 546 | 10.14 | 2.67 |
| 甘 肃 | 21.91 | 21.90 | 42.55 | 1.27 | 144 | 5.03 | 1.94 |
| 青 海 | 6.12 | 6.12 | 10.83 | 1.41 | 20 | 1.52 | 2.58 |
| 宁 夏 | 6.20 | 6.20 | 10.30 | 2.11 | 45 | 1.95 | 2.92 |
| 新 疆 | 21.41 | 21.39 | 40.63 | 2.18 | 112 | 9.36 | 3.98 |

## 【主要统计指标解释】

**粗离婚率** 指当年离婚对数占年平均人口的比重，计算公式为：

$$粗离婚率=\frac{当年离婚对数}{年平均人口数}\times 1000‰$$

# 7 第三产业分行业主要指标

## 7–14 教 育

# 简要说明

**一、主要内容**

教育统计资料包括公办教育和民办教育、学历教育和非学历教育。具体有高等教育(研究生教育、普通高等教育和成人高等教育)、中等教育(高中阶段教育和初中阶段教育)、初等教育(小学)、学前教育、特殊教育(盲聋哑和弱智学校等)以及教育经费等资料。主要指标包括学校数、在校学生数、招生数、毕业生数、教职工数和专任教师数等。

教育经费资料主要反映国家教育总费用和教育支出情况。

教育企业法人单位分地区主要指标、15 岁及以上人口受教育程度分地区、分性别主要指标。

**二、资料来源**

教育经费资料由教育部提供，详细资料见《中国教育经费统计年鉴》(教育部财务司编)。

教育事业统计资料由教育部提供，详细资料见《中国教育统计年鉴》(教育部发展规划司编)；技工学校资料由人力资源和社会保障部提供。

教育企业法人单位分地区数据来源国家统计局服务业司《规模以上服务业统计报表制度》和《规模以下服务业抽样调查统计报表制度》调查结果。

15 岁及以上人口受教育程度数据由国家统计局人口和就业统计司提供。

# 7-14-1 教育经费情况

单位：万元

| 年份<br>地区 | 合计 | 国家财政性教育经费 | #公共财政教育经费 | 民办学校中举办者投入 | 社会捐赠经费 | 事业收入 | #学杂费 | 其他教育经费 |
|---|---|---|---|---|---|---|---|---|
| 1992 | 8670491 | 7287506 | 5649364 | | 696285 | | 439319 | |
| 1995 | 18779501 | 14115233 | 10929473 | 203672 | 1628414 | | 2012423 | |
| 2000 | 38490806 | 25626056 | 21917652 | 858537 | 1139557 | 9382717 | 5948304 | 1483939 |
| 2001 | 46376626 | 30570100 | 27056548 | 1280895 | 1128852 | 11575137 | 7456014 | 1821643 |
| 2002 | 54800278 | 34914048 | 32549425 | 1725549 | 1272791 | 14609169 | 9227792 | 2278722 |
| 2003 | 62082653 | 38506237 | 36190977 | 2590148 | 1045927 | 17218399 | 11214985 | 2721943 |
| 2004 | 72425989 | 44658575 | 42444209 | 3478529 | 934204 | 20114268 | 13465517 | 3240414 |
| 2005 | 84188391 | 51610759 | 49460379 | 4522185 | 931613 | 23399991 | 15530545 | 3723842 |
| 2006 | 98153087 | 63483648 | 61353481 | 5490583 | 899078 | 24073042 | 15523301 | 4206736 |
| 2007 | 121480663 | 82802142 | 80943369 | 809337 | 930584 | 31772357 | 21309082 | 5166242 |
| 2008 | 145007374 | 104496296 | 102129675 | 698479 | 1026663 | 33670711 | 23492983 | 5115225 |
| 2009 | 165027065 | 122310935 | 119749753 | 749829 | 1254991 | 35275939 | 25155983 | 5435371 |
| 2010 | 195618471 | 146700670 | 141639029 | 1054254 | 1078839 | 41060664 | 30155593 | 5724045 |
| 2011 | 238692936 | 185867009 | 178217380 | 1119320 | 1118675 | 44246927 | 33169742 | 6341005 |
| 2012 | 286553052 | 231475698 | 203141685 | 1281753 | 956919 | 46198404 | 35048301 | 6640278 |
| 2013 | 303647182 | 244882177 | 214056715 | 1474089 | 855445 | 49262087 | 37376869 | 7173384 |
| 2014 | 328064609 | 264205820 | 225760099 | 1313476 | 796700 | 54271581 | 40530393 | 7477031 |
| 2015 | 361291927 | 292214511 | 258618740 | 1876620 | 869960 | 58097239 | 43173611 | 8233597 |
| 中　央 | 34730160 | 24801092 | 13797682 | | 320814 | 7695050 | 2702198 | 1913204 |
| 地　方 | 326561767 | 267413419 | 244821058 | 1876620 | 549146 | 50402189 | 40471412 | 6320393 |
| 北　京 | 11171250 | 9810774 | 8474343 | 10685 | 9623 | 1177133 | 925848 | 163034 |
| 天　津 | 5605736 | 4775063 | 4642279 | 2613 | 3194 | 720132 | 586885 | 104735 |
| 河　北 | 12861641 | 10732988 | 10010728 | 29824 | 6080 | 1941007 | 1581934 | 151742 |
| 山　西 | 8442363 | 7233564 | 5988861 | 24571 | 3639 | 1110169 | 901481 | 70421 |
| 内蒙古 | 7072130 | 6324669 | 5185959 | 17170 | 4248 | 593250 | 467870 | 132793 |
| 辽　宁 | 8781171 | 7101812 | 6094512 | 20844 | 1018 | 1591480 | 1268665 | 66018 |
| 吉　林 | 5975239 | 5022614 | 4704630 | 19338 | 2613 | 854352 | 731733 | 76321 |
| 黑龙江 | 7040039 | 6078141 | 5730408 | 19563 | 400 | 867588 | 769818 | 74347 |
| 上　海 | 10131153 | 8264220 | 7395224 | 5741 | 12403 | 1369331 | 1086521 | 479458 |
| 江　苏 | 22463773 | 18190920 | 17435694 | 45116 | 64808 | 3556749 | 2761435 | 606180 |
| 浙　江 | 17568215 | 12922271 | 12208712 | 180411 | 37607 | 3349178 | 2691791 | 1078748 |
| 安　徽 | 11578495 | 9572661 | 8567260 | 71192 | 11457 | 1789174 | 1430594 | 134011 |
| 福　建 | 10028329 | 8100240 | 7472487 | 88059 | 32803 | 1605187 | 1299294 | 202040 |
| 江　西 | 9732898 | 8146382 | 7834180 | 28726 | 14324 | 1486283 | 1201411 | 57183 |
| 山　东 | 20632259 | 17346983 | 16868933 | 67579 | 13597 | 2963672 | 2486128 | 240429 |
| 河　南 | 17411099 | 13678565 | 11506182 | 209034 | 9806 | 3260710 | 2699051 | 252983 |
| 湖　北 | 11435059 | 9035539 | 8602015 | 100658 | 11208 | 2132046 | 1661853 | 155609 |
| 湖　南 | 12223238 | 9540802 | 9138888 | 89554 | 19525 | 2345275 | 1772843 | 228081 |
| 广　东 | 30474906 | 22611396 | 20428378 | 328514 | 131742 | 6959578 | 5789877 | 443676 |
| 广　西 | 10111559 | 8467679 | 7893432 | 28810 | 11744 | 1459681 | 1153126 | 143645 |
| 海　南 | 2809962 | 2337554 | 2064512 | 20501 | 3470 | 395760 | 317744 | 52678 |
| 重　庆 | 7971003 | 6400963 | 5199277 | 67058 | 13124 | 1345940 | 1028657 | 143918 |
| 四　川 | 16409562 | 13362232 | 12438740 | 198313 | 58796 | 2622959 | 1994341 | 167262 |
| 贵　州 | 9277347 | 8039152 | 7660500 | 90105 | 9102 | 923536 | 704880 | 215451 |
| 云　南 | 10455388 | 9039569 | 7580189 | 62448 | 17710 | 1093271 | 879567 | 242391 |
| 西　藏 | 1919434 | 1892997 | 1789312 | 200 | 806 | 19124 | 15125 | 6307 |
| 陕　西 | 9674438 | 7754202 | 7467927 | 20156 | 5539 | 1711768 | 1373721 | 182774 |
| 甘　肃 | 6134547 | 5518606 | 4998529 | 6066 | 5766 | 532544 | 431619 | 71565 |
| 青　海 | 2073501 | 1906170 | 1631968 | 4812 | 1581 | 106949 | 65473 | 53989 |
| 宁　夏 | 1963258 | 1696500 | 1391773 | 16023 | 5518 | 189754 | 154193 | 55463 |
| 新　疆 | 7132774 | 6508191 | 6415226 | 2937 | 25895 | 328608 | 237934 | 267143 |

注：1．“民办学校中举办者投入”数据1992—2006年为社会团体和公民个人办学总经费。
　　2．“公共财政教育经费”数据1992—2012年包括教育事业费、基建经费、教育费附加、科研经费和其他经费，2012年起包括教育事业费、基建经费和教育费附加。

# 7-14-2 教育企业法人单位分地区主要指标

| 地 区 | 单位数（个） | 营业收入（亿元） | 资产总计（亿元） | 从业人员（万人） |
|---|---|---|---|---|
| **全 国** | **70020** | **2082.6** | **4602.6** | **157.5** |
| 北 京 | 5436 | 232.3 | 431.8 | 9.2 |
| 天 津 | 901 | 21.1 | 59.3 | 1.9 |
| 河 北 | 1485 | 16.2 | 101.7 | 3.7 |
| 山 西 | 1609 | 13.7 | 149.8 | 4.4 |
| 内蒙古 | 1601 | 14.6 | 34.0 | 2.1 |
| 辽 宁 | 3647 | 34.6 | 115.1 | 4.0 |
| 吉 林 | 1011 | 11.5 | 57.9 | 2.1 |
| 黑龙江 | 1051 | 12.7 | 26.9 | 2.9 |
| 上 海 | 946 | 107.7 | 229.8 | 5.1 |
| 江 苏 | 4345 | 193.6 | 246.1 | 9.8 |
| 浙 江 | 3720 | 93.9 | 255.4 | 6.9 |
| 安 徽 | 1820 | 67.7 | 271.7 | 4.5 |
| 福 建 | 2825 | 66.1 | 78.6 | 6.3 |
| 江 西 | 1839 | 69.1 | 117.3 | 3.9 |
| 山 东 | 2019 | 134.2 | 229.1 | 7.7 |
| 河 南 | 4276 | 155.1 | 207.5 | 12.1 |
| 湖 北 | 3116 | 61.7 | 183.1 | 4.9 |
| 湖 南 | 4162 | 112.3 | 151.3 | 7.2 |
| 广 东 | 7878 | 321.3 | 732.2 | 25.3 |
| 广 西 | 1957 | 12.1 | 23.0 | 1.3 |
| 海 南 | 550 | 5.9 | 85.8 | 0.8 |
| 重 庆 | 2318 | 70.5 | 79.4 | 4.5 |
| 四 川 | 3497 | 89.0 | 248.8 | 8.9 |
| 贵 州 | 1450 | 30.8 | 80.2 | 3.6 |
| 云 南 | 1170 | 42.4 | 146.7 | 2.9 |
| 西 藏 | 69 | 0.1 | 0.2 |  |
| 陕 西 | 1263 | 27.3 | 47.5 | 2.5 |
| 甘 肃 | 1974 | 20.6 | 67.9 | 3.8 |
| 青 海 | 503 | 25.2 | 16.3 | 3.2 |
| 宁 夏 | 320 | 5.1 | 25.9 | 0.8 |
| 新 疆 | 1259 | 14.2 | 102.1 | 1.2 |

# 7-14-3 各级各类学校、教职工和专任教师情况

| 项　　目 | 学校数(所) | 教职工数(人) | 专任教师(人) |
|---|---|---|---|
| **高等教育** | | | |
| 研究生培养机构 | (793) | | |
| 普通高校 | (576) | | |
| 科研机构 | (217) | | |
| 普通高等学校 | 2596 | 2404784 | 1601968 |
| 本科院校 | 1237 | 1750614 | 1134030 |
| #独立学院 | 266 | 164913 | 123428 |
| 高职(专科)院校 | 1359 | 652580 | 466934 |
| 其他普通高教机构 | (25) | 1590 | 1004 |
| 成人高等学校 | 284 | 43119 | 25214 |
| 民办的其他高等教育机构 | (813) | 22469 | 10326 |
| **中等教育** | **77398** | **7681640** | **6065556** |
| 高中阶段教育 | 24711 | 3681359 | 2575569 |
| 高中 | 13818 | 2595259 | 1735980 |
| 普通高中 | 13383 | 2591946 | 1733459 |
| 完全中学 | 5479 | 1041601 | 526135 |
| 高级中学 | 6706 | 1306471 | 1147876 |
| 十二年一贯制学校 | 1198 | 243874 | 59448 |
| 成人高中 | 435 | 3313 | 2521 |
| 中等职业教育 | 10893 | 1086100 | 839589 |
| 普通中专 | 3398 | 401426 | 302697 |
| 成人中专 | 1243 | 63644 | 47210 |
| 职业高中 | 3726 | 344647 | 285074 |
| 技工学校 | 2526 | 265053 | 196446 |
| 其他中职机构 | (342) | 11330 | 8162 |
| 初中阶段教育 | 52687 | 4000281 | 3489987 |
| 初中 | 52118 | 3997502 | 3487789 |
| 初级中学 | 36471 | 2770381 | 2514419 |
| 九年一贯制学校 | 15631 | 1226629 | 515074 |
| 十二年一贯制学校 | | | 63816 |
| 完全中学 | | | 394019 |
| 职业初中 | 16 | 492 | 461 |
| 成人初中 | 569 | 2779 | 2198 |
| **初等教育** | **189435** | **5560547** | **5801544** |
| 普通小学 | 177633 | 5537298 | 5789145 |
| 小学 | 177633 | 5537298 | 5176454 |
| 九年一贯制学校 | | | 554609 |
| 十二年一贯制学校 | | | 58082 |
| 成人小学 | 11802 | 23249 | 12399 |
| #扫盲班 | 8289 | 15727 | 7405 |
| **工读学校** | **89** | **2889** | **2081** |
| **特殊教育** | **2080** | **62468** | **53213** |
| **学前教育** | **239812** | **3817830** | **2232067** |

注：1.完全中学的学校数和教职工数计入高中阶段教育，九年一贯制学校的校数和教职工数计入初中阶段教育，十二年一贯制学校的校数和教职工数计入高中阶段教育。专任教师是按照教育层次划分归类。
2．“()”内数据为不计校数。

# 7-14-4 各级各类学历教育学生情况

单位：人

| 项目 | 毕业生数 | 招生数 | 在校生数 |
|---|---|---|---|
| **高等教育** | | | |
| 研究生 | 563938 | 667064 | 1981051 |
| 博　士 | 55011 | 77252 | 342027 |
| 硕　士 | 508927 | 589812 | 1639024 |
| 普通本专科 | 7041800 | 7486110 | 26958433 |
| 本　科 | 3743680 | 4054007 | 16129535 |
| 专　科 | 3298120 | 3432103 | 10828898 |
| 成人本专科 | 2444650 | 2112290 | 5843883 |
| 本　科 | 1021846 | 969387 | 2686619 |
| 专　科 | 1422804 | 1142903 | 3157264 |
| 其他各类高等学历教育 | | | |
| 在职人员攻读硕士学位 | | 129438 | 581843 |
| 网络本专科生 | 1874787 | 2296088 | 6449329 |
| 本　科 | 700906 | 847568 | 2339270 |
| 专　科 | 1173881 | 1448520 | 4110059 |
| **中等教育** | **27856325** | **28834280** | **83274403** |
| 高中阶段教育 | 13306142 | 13962617 | 39700588 |
| 高中 | 7969902 | 8029206 | 23710461 |
| 普通高中 | 7923500 | 8029206 | 23666465 |
| 完全中学 | 2440700 | 2510805 | 7341339 |
| 高级中学 | 5247743 | 5198827 | 15469418 |
| 十二年一贯制学校 | 235057 | 319574 | 855708 |
| 成人高中 | 46402 | | 43996 |
| 中等职业教育 | 5336240 | 5933411 | 15990127 |
| 普通中专 | 2290235 | 2551840 | 7181209 |
| 成人中专 | 696629 | 595252 | 1411680 |
| 职业高中 | 1418708 | 1514336 | 4165715 |
| 技工学校 | 930668 | 1271983 | 3231523 |
| 初中阶段教育 | 14550183 | 14871663 | 43573815 |
| 初中 | 14238679 | 14871663 | 43293684 |
| 初级中学 | 10260439 | 10543289 | 30882372 |
| 九年一贯制学校 | 1839773 | 2128330 | 6011849 |
| 十二年一贯制学校 | 280519 | 335815 | 943819 |
| 完全中学 | 1856446 | 1862834 | 5451910 |
| 职业初中 | 1502 | 1395 | 3734 |
| 成人初中 | 311504 | | 280131 |
| **初等教育** | **15932974** | **17524659** | **99962809** |
| 普通小学 | 15074466 | 17524659 | 99130126 |
| 小学 | 13390494 | 15687123 | 88468544 |
| 九年一贯制学校 | 1527985 | 1676992 | 9703690 |
| 十二年一贯制学校 | 155987 | 160544 | 957892 |
| 成人小学 | 858508 | | 832683 |
| #扫盲班 | 331150 | | 334201 |
| **工读学校** | **3298** | **3295** | **7181** |
| **特殊教育** | **59164** | **91521** | **491740** |
| **学前教育** | **16231822** | **19220862** | **44138630** |

注：1.完全中学、九年一贯制学校和十二年一贯制学校的学生数按教育层次分别计入对应教育阶段的学生数中。
2.特殊教育学生数中包括义务教育阶段随班就读的学生、其他学校附设特教班。

# 7-14-5 各级各类民办教育学生情况

| 项目 | 毕业生数(人) | 招生数(人) | 在校生数(人) |
|---|---|---|---|
| **高等教育** | | | |
| 研究生 | 187 | 348 | 715 |
| 博士 | | | |
| 硕士 | 187 | 348 | 715 |
| 普通本专科 | 1540561 | 1738615 | 6162035 |
| 本科 | 932149 | 998791 | 3895921 |
| 专科 | 608412 | 739824 | 2266114 |
| 成人本专科 | 42447 | 79304 | 177806 |
| 本科 | 4564 | 10102 | 19273 |
| 专科 | 37883 | 69202 | 158533 |
| 另有其他学生数 | | | |
| 民办高校 | | | 354468 |
| 民办的其他高等教育机构 | | | 755553 |
| **中等教育** | | | |
| 高中阶段教育 | | | |
| 高中 | | | |
| 普通高中 | 796720 | 1028923 | 2790794 |
| 完全中学 | 327554 | 404888 | 1124335 |
| 高级中学 | 294769 | 369961 | 1001595 |
| 十二年一贯制学校 | 174397 | 254074 | 664864 |
| 成人高中 | | | |
| 中等职业教育 | | | |
| 普通中专 | 272280 | 375629 | 960297 |
| 成人中专 | 107042 | 103285 | 214625 |
| 职业高中 | 212197 | 257504 | 666472 |
| 技工学校 | | | |
| 另有其他学生数 | | | 220610 |
| 初中阶段教育 | | | |
| 初中 | 1605740 | 1887366 | 5328168 |
| 初级中学 | 520548 | 569520 | 1645633 |
| 九年一贯制学校 | 515762 | 671409 | 1837265 |
| 十二年一贯制学校 | 220417 | 270970 | 755280 |
| 完全中学 | 349007 | 375451 | 1089939 |
| 职业初中 | 6 | 16 | 51 |
| 成人初中 | | | |
| **初等教育** | | | |
| 普通小学 | 1192590 | 1277577 | 7563291 |
| 小学 | 595388 | 664066 | 3877766 |
| 九年一贯制学校 | 475833 | 498100 | 2970125 |
| 十二年一贯制学校 | 121369 | 115411 | 715400 |
| 成人小学 | | | |
| 其中：扫盲班 | | | |
| **工读学校** | **42** | **47** | **541** |
| **特殊教育** | **1304** | **2918** | **12361** |
| **学前教育** | **7823138** | **9650780** | **24376589** |
| **另有：民办培训机构** | | | **8467955** |

注：1.完全中学、九年一贯制学校和十二年一贯制学校的学生数按教育层次分别计入对应教育阶段的学生数中。
2.特殊教育学生数中包括义务教育阶段随班就读的学生、其他学校附设特教班。
3.“另有其他学生数”包括：自考助学班学生、预科生、进修及培训学生数。

# 7-14-6 各级各类学校情况

单位：所

| 年 份 | 普通高等学校 | #高职(专科) | 普通高中 | 中等职业教育 | 初中 | #职业初中 | 普通小学 | 特殊教育 | 学前教育 |
|---|---|---|---|---|---|---|---|---|---|
| 1978 | 598 | | 49215 | 2760 | 113130 | | 949323 | 292 | 163952 |
| 1980 | 675 | | 31300 | 3459 | 87077 | | 917316 | 292 | 170419 |
| 1985 | 1016 | | 17318 | 14190 | 77529 | 1626 | 832309 | 375 | 172262 |
| 1990 | 1075 | | 15678 | 20763 | 73462 | 1509 | 766072 | 746 | 172322 |
| 1995 | 1054 | | 13991 | 22072 | 68564 | 1535 | 668685 | 1379 | 180438 |
| 2000 | 1041 | 442 | 14564 | 19727 | 63898 | 1194 | 553622 | 1539 | 175836 |
| 2001 | 1225 | 628 | 14907 | 17580 | 66590 | 1065 | 491273 | 1531 | 111706 |
| 2002 | 1396 | 767 | 15406 | 15919 | 65645 | 984 | 456903 | 1540 | 111752 |
| 2003 | 1552 | 908 | 15779 | 14682 | 64730 | 1019 | 425846 | 1551 | 116390 |
| 2004 | 1731 | 1047 | 15998 | 14454 | 63757 | 697 | 394183 | 1560 | 117899 |
| 2005 | 1792 | 1091 | 16092 | 14466 | 62486 | 601 | 366213 | 1593 | 124402 |
| 2006 | 1867 | 1147 | 16153 | 14693 | 60885 | 335 | 341639 | 1605 | 130495 |
| 2007 | 1908 | 1168 | 15681 | 14832 | 59384 | 275 | 320061 | 1618 | 129086 |
| 2008 | 2263 | 1184 | 15206 | 14847 | 57914 | 213 | 300854 | 1640 | 133722 |
| 2009 | 2305 | 1215 | 14607 | 14388 | 56320 | 153 | 280184 | 1672 | 138209 |
| 2010 | 2358 | 1246 | 14058 | 13862 | 54890 | 67 | 257410 | 1706 | 150420 |
| 2011 | 2409 | 1280 | 13688 | 13083 | 54117 | 54 | 241249 | 1767 | 166750 |
| 2012 | 2442 | 1297 | 13509 | 12654 | 53216 | 49 | 228585 | 1853 | 181251 |
| 2013 | 2491 | 1321 | 13352 | 12262 | 52804 | 40 | 213529 | 1933 | 198553 |
| 2014 | 2529 | 1327 | 13253 | 11878 | 52623 | 26 | 201377 | 2000 | 209881 |
| 2015 | 2560 | 1341 | 13240 | 11202 | 52405 | 22 | 190525 | 2053 | 223683 |
| 2016 | 2596 | 1359 | 13383 | 10893 | 52118 | 16 | 177633 | 2080 | 239812 |

# 7-14-7 各级各类学校专任教师情况

单位：万人

| 年 份 | 普通高等学校 | #高职(专科)院校 | 普通高中 | 中等职业教育 | 初中 | #职业初中 | 普通小学 | 特殊教育 | 学前教育 |
|---|---|---|---|---|---|---|---|---|---|
| 1978 | 20.6 | | 74.1 | 9.9 | 244.1 | | 522.6 | 0.4 | 27.8 |
| 1980 | 24.7 | | 57.1 | 13.3 | 244.9 | | 549.9 | 0.5 | 41.1 |
| 1985 | 34.4 | | 49.2 | 35.5 | 216.0 | | 537.7 | 0.7 | 55.0 |
| 1990 | 39.5 | | 56.2 | 66.3 | 249.9 | 2.9 | 558.2 | 1.4 | 75.0 |
| 1995 | 40.1 | | 55.1 | 74.0 | 282.1 | 3.7 | 566.4 | 2.5 | 87.5 |
| 2000 | 46.3 | 8.7 | 75.7 | 79.7 | 328.7 | 3.8 | 586.0 | 3.2 | 85.6 |
| 2001 | 53.2 | 12.4 | 84.0 | 73.8 | 338.6 | 3.7 | 579.8 | 2.9 | 54.6 |
| 2002 | 61.8 | 15.6 | 94.6 | 69.1 | 346.8 | 3.7 | 577.9 | 3.0 | 57.1 |
| 2003 | 72.5 | 19.7 | 107.1 | 71.3 | 349.8 | 3.1 | 570.3 | 3.0 | 61.3 |
| 2004 | 85.8 | 23.8 | 119.1 | 73.6 | 350.1 | 2.4 | 562.9 | 3.1 | 65.6 |
| 2005 | 96.6 | 26.8 | 130.0 | 75.0 | 349.2 | 2.0 | 559.3 | 3.2 | 72.2 |
| 2006 | 107.6 | 31.6 | 138.7 | 79.9 | 347.5 | 1.2 | 558.8 | 3.3 | 77.6 |
| 2007 | 116.8 | 35.5 | 144.3 | 85.9 | 347.3 | 0.9 | 561.3 | 3.5 | 82.7 |
| 2008 | 123.8 | 37.7 | 147.6 | 89.5 | 347.6 | 0.7 | 562.2 | 3.6 | 89.9 |
| 2009 | 129.5 | 39.5 | 149.3 | 86.7 | 351.8 | 0.5 | 563.3 | 3.8 | 98.6 |
| 2010 | 134.3 | 40.4 | 151.8 | 87.1 | 352.5 | 0.2 | 561.7 | 4.0 | 114.4 |
| 2011 | 139.3 | 41.3 | 155.7 | 88.1 | 352.5 | 0.2 | 560.5 | 4.1 | 131.6 |
| 2012 | 144.0 | 41.3 | 159.5 | 88.0 | 350.4 | 0.2 | 558.6 | 4.4 | 147.9 |
| 2013 | 149.7 | 43.7 | 162.9 | 86.8 | 348.1 | 0.1 | 558.5 | 4.6 | 166.3 |
| 2014 | 153.5 | 43.8 | 166.3 | 85.8 | 348.8 | 0.1 | 563.4 | 4.8 | 184.4 |
| 2015 | 157.3 | 45.5 | 169.5 | 84.4 | 347.6 | 0.1 | 568.5 | 5.0 | 205.1 |
| 2016 | 160.2 | 46.7 | 173.3 | 84.0 | 348.8 | | 578.9 | 5.3 | 223.2 |

# 7-14-8 各级各类学校招生情况

单位：万人

| 年 份 | 普通本专科 | #专科 | 普通高中 | 中等职业教育 | 初中 | #职业初中 | 普通小学 | 特殊教育 | 学前教育 |
|---|---|---|---|---|---|---|---|---|---|
| 1978 | 40.2 | 12.4 | 692.9 | 44.7 | 2006.0 | | 3315.4 | 0.6 | |
| 1980 | 28.1 | 7.7 | 383.4 | 58.3 | 1557.6 | 6.7 | 2942.3 | 0.6 | |
| 1985 | 61.9 | 30.2 | 257.5 | 234.2 | 1367.0 | 17.6 | 2298.2 | 0.9 | |
| 1990 | 60.9 | 29.2 | 249.8 | 286.1 | 1389.3 | 19.4 | 2064.0 | 1.6 | |
| 1995 | 92.6 | 47.8 | 273.6 | 498.6 | 1781.1 | 28.8 | 2531.8 | 5.6 | 1972.4 |
| 2000 | 220.6 | 48.7 | 472.7 | 408.3 | 2295.6 | 32.3 | 1946.5 | 5.3 | 1531.1 |
| 2001 | 268.3 | 66.6 | 558.0 | 399.9 | 2287.9 | 30.0 | 1944.2 | 5.6 | 1398.2 |
| 2002 | 320.5 | 89.1 | 676.7 | 473.6 | 2281.8 | 29.5 | 1952.8 | 5.3 | 1373.6 |
| 2003 | 382.2 | 199.6 | 752.1 | 515.8 | 2220.1 | 24.8 | 1829.4 | 4.9 | 1316.8 |
| 2004 | 447.3 | 237.4 | 821.5 | 566.2 | 2094.6 | 16.4 | 1747.0 | 5.1 | 1350.3 |
| 2005 | 504.5 | 268.1 | 877.7 | 655.7 | 1987.6 | 11.1 | 1671.7 | 4.9 | 1356.2 |
| 2006 | 546.1 | 293.0 | 871.2 | 747.8 | 1929.5 | 5.9 | 1729.4 | 5.0 | 1391.3 |
| 2007 | 565.9 | 283.8 | 840.2 | 810.0 | 1868.5 | 4.8 | 1736.1 | 6.3 | 1433.6 |
| 2008 | 607.7 | 310.6 | 837.0 | 812.1 | 1859.6 | 3.4 | 1695.7 | 6.2 | 1482.7 |
| 2009 | 639.5 | 313.4 | 830.3 | 868.2 | 1788.5 | 2.1 | 1637.8 | 6.4 | 1546.9 |
| 2010 | 661.8 | 310.5 | 836.2 | 870.4 | 1716.6 | 1.1 | 1691.7 | 6.5 | 1700.4 |
| 2011 | 681.5 | 324.9 | 850.8 | 813.9 | 1634.7 | 0.7 | 1736.8 | 6.4 | 1827.3 |
| 2012 | 688.8 | 314.8 | 844.6 | 754.1 | 1570.8 | 0.5 | 1714.7 | 6.6 | 1911.9 |
| 2013 | 699.8 | 318.4 | 822.7 | 674.8 | 1496.1 | 0.4 | 1695.4 | 6.6 | 1970.0 |
| 2014 | 721.4 | 338.0 | 796.6 | 619.8 | 1447.8 | 0.2 | 1658.4 | 7.1 | 1987.8 |
| 2015 | 737.8 | 348.4 | 796.6 | 601.2 | 1411.0 | 0.2 | 1729.0 | 8.3 | 2008.8 |
| 2016 | 748.6 | 343.2 | 802.9 | 593.3 | 1487.2 | 0.1 | 1752.5 | 9.2 | 1922.1 |

# 7-14-9 各级各类学校在校学生情况

单位：万人

| 年 份 | 普通本专科 | #专科 | 普通高中 | 中等职业教育 | 初中 | #职业初中 | 普通小学 | 特殊教育 | 学前教育 |
|---|---|---|---|---|---|---|---|---|---|
| 1978 | 85.6 | 38.0 | 1553.1 | 212.8 | 4995.2 | | 14624.0 | 3.1 | 787.7 |
| 1980 | 114.4 | 28.2 | 969.8 | 586.3 | 4551.2 | 13.5 | 14627.0 | 3.3 | 1150.8 |
| 1985 | 170.3 | 58.0 | 741.1 | 476.1 | 4010.1 | 45.2 | 13370.2 | 4.2 | 1479.7 |
| 1990 | 206.3 | 74.3 | 717.3 | 763.5 | 3916.6 | 47.9 | 12241.4 | 7.2 | 1972.2 |
| 1995 | 290.6 | 126.8 | 713.2 | 1230.2 | 4727.5 | 69.7 | 13195.2 | 29.6 | 2711.2 |
| 2000 | 556.1 | 100.9 | 1201.3 | 1284.5 | 6256.3 | 88.6 | 13013.3 | 37.8 | 2244.2 |
| 2001 | 719.1 | 146.8 | 1405.0 | 1164.9 | 6514.4 | 83.3 | 12543.5 | 38.6 | 2021.8 |
| 2002 | 903.4 | 193.4 | 1683.8 | 1190.8 | 6687.4 | 83.4 | 12156.7 | 37.5 | 2036.0 |
| 2003 | 1108.6 | 479.4 | 1964.8 | 1256.7 | 6690.8 | 72.4 | 11689.7 | 36.5 | 2003.9 |
| 2004 | 1333.5 | 595.7 | 2220.4 | 1409.2 | 6527.5 | 52.5 | 11246.2 | 37.2 | 2089.4 |
| 2005 | 1561.8 | 713.0 | 2409.1 | 1600.0 | 6214.9 | 43.1 | 10864.1 | 36.4 | 2179.0 |
| 2006 | 1738.8 | 795.5 | 2514.5 | 1809.9 | 5958.0 | 20.6 | 10711.5 | 36.3 | 2263.9 |
| 2007 | 1884.9 | 860.6 | 2522.4 | 1987.0 | 5736.2 | 15.3 | 10564.0 | 41.9 | 2348.8 |
| 2008 | 2021.0 | 916.8 | 2476.3 | 2087.1 | 5585.0 | 10.8 | 10331.5 | 41.7 | 2475.0 |
| 2009 | 2144.7 | 964.8 | 2434.3 | 2195.2 | 5440.9 | 7.3 | 10071.5 | 42.8 | 2657.8 |
| 2010 | 2231.8 | 966.2 | 2427.3 | 2238.5 | 5279.3 | 3.4 | 9940.7 | 42.6 | 2976.7 |
| 2011 | 2308.5 | 958.9 | 2454.8 | 2205.3 | 5066.8 | 2.6 | 9926.4 | 39.9 | 3424.5 |
| 2012 | 2391.3 | 964.2 | 2467.2 | 2113.7 | 4763.1 | 1.9 | 9695.9 | 37.9 | 3685.8 |
| 2013 | 2468.1 | 973.6 | 2435.9 | 1923.0 | 4440.1 | 1.1 | 9360.5 | 36.8 | 3894.7 |
| 2014 | 2547.7 | 1006.6 | 2400.5 | 1755.3 | 4384.6 | 0.8 | 9451.1 | 39.5 | 4050.7 |
| 2015 | 2625.3 | 1048.6 | 2374.4 | 1656.7 | 4312.0 | 0.5 | 9692.2 | 44.2 | 4264.8 |
| 2016 | 2695.8 | 1082.9 | 2366.6 | 1599.0 | 4329.4 | 0.4 | 9913.0 | 49.2 | 4413.9 |

## 7-14-10 各级各类学校毕业生情况

单位：万人

| 年 份 | 普通本专科 | #专科 | 普通高中 | 中等职业教育 | 初中 | #职业初中 | 普通小学 | 特殊教育 | 学前教育 |
|---|---|---|---|---|---|---|---|---|---|
| 1978 | 16.5 | 0.8 | 682.7 | 40.3 | 1692.6 | | 2287.9 | 0.3 | |
| 1980 | 14.7 | | 616.2 | 73.3 | 964.8 | 7.9 | 2053.3 | 0.4 | |
| 1985 | 31.6 | 14.4 | 196.6 | 92.5 | 1007.2 | 8.9 | 1999.9 | 0.4 | |
| 1990 | 61.4 | 30.6 | 233.0 | 240.6 | 1123.0 | 13.9 | 1863.1 | 0.5 | |
| 1995 | 80.5 | 48.0 | 201.6 | 348.4 | 1244.4 | 17.0 | 1961.5 | 1.9 | |
| 2000 | 95.0 | 17.9 | 301.5 | 476.7 | 1633.5 | 26.4 | 2419.2 | 4.3 | |
| 2001 | 103.6 | 19.3 | 340.5 | 430.6 | 1731.5 | 24.5 | 2396.9 | 4.6 | 1160.2 |
| 2002 | 133.7 | 27.7 | 383.8 | 380.1 | 1903.7 | 23.8 | 2351.9 | 4.4 | 1152.7 |
| 2003 | 187.7 | 94.8 | 458.1 | 346.4 | 2018.5 | 22.9 | 2267.9 | 4.5 | 1072.0 |
| 2004 | 239.1 | 119.5 | 546.9 | 359.2 | 2087.3 | 16.9 | 2135.2 | 4.7 | 1059.7 |
| 2005 | 306.8 | 160.2 | 661.6 | 418.2 | 2123.4 | 16.9 | 2019.5 | 4.3 | 1025.4 |
| 2006 | 377.5 | 204.8 | 727.1 | 479.1 | 2071.6 | 9.2 | 1928.5 | 4.5 | 1045.1 |
| 2007 | 447.8 | 248.2 | 788.3 | 530.9 | 1963.7 | 6.9 | 1870.2 | 5.0 | 1049.1 |
| 2008 | 512.0 | 286.3 | 836.1 | 580.7 | 1868.0 | 5.1 | 1865.0 | 5.2 | 1040.5 |
| 2009 | 531.1 | 285.6 | 823.7 | 624.9 | 1797.7 | 3.0 | 1805.2 | 5.7 | 1040.6 |
| 2010 | 575.4 | 316.4 | 794.4 | 665.0 | 1750.4 | 1.8 | 1739.6 | 5.9 | 1057.6 |
| 2011 | 608.2 | 328.5 | 787.7 | 660.0 | 1736.7 | 1.2 | 1662.8 | 4.4 | 1184.7 |
| 2012 | 624.7 | 320.9 | 791.5 | 674.6 | 1660.8 | 0.9 | 1641.6 | 4.9 | 1433.6 |
| 2013 | 638.7 | 318.7 | 799.0 | 674.4 | 1561.5 | 0.7 | 1581.1 | 5.1 | 1491.7 |
| 2014 | 659.4 | 318.0 | 799.6 | 622.9 | 1413.5 | 0.3 | 1476.6 | 4.9 | 1527.2 |
| 2015 | 680.9 | 322.3 | 797.7 | 567.9 | 1417.6 | 0.2 | 1437.3 | 5.3 | 1590.3 |
| 2016 | 704.2 | 329.8 | 792.4 | 533.6 | 1423.9 | 0.2 | 1507.4 | 5.9 | 1623.2 |

## 7-14-11 研究生和留学人员情况

单位：人

| 年 份 | 研究生数 | | | 出 国 | 学成回国 |
|---|---|---|---|---|---|
| | 毕业生数 | 招生数 | 在校学生数 | 留学人员 | 留学人员 |
| 1978 | 9 | 10708 | 10934 | 860 | 248 |
| 1980 | 476 | 3616 | 21604 | 2124 | 162 |
| 1985 | 17004 | 46871 | 87331 | 4888 | 1424 |
| 1990 | 35440 | 29649 | 93018 | 2950 | 1593 |
| 1995 | 31877 | 51053 | 145443 | 20381 | 5750 |
| 2000 | 58767 | 128484 | 301239 | 38989 | 9121 |
| 2001 | 67809 | 165197 | 393256 | 83973 | 12243 |
| 2002 | 80841 | 202611 | 500980 | 125179 | 17945 |
| 2003 | 111091 | 268925 | 651260 | 117307 | 20152 |
| 2004 | 150777 | 326286 | 819896 | 114682 | 24726 |
| 2005 | 189728 | 364831 | 978610 | 118515 | 34987 |
| 2006 | 255902 | 397925 | 1104653 | 134000 | 42000 |
| 2007 | 311839 | 418612 | 1195047 | 144000 | 44000 |
| 2008 | 344825 | 446422 | 1283046 | 179800 | 69300 |
| 2009 | 371273 | 510953 | 1404942 | 229300 | 108300 |
| 2010 | 383600 | 538177 | 1538416 | 284700 | 134800 |
| 2011 | 429994 | 560168 | 1645845 | 339700 | 186200 |
| 2012 | 486455 | 589673 | 1719818 | 399600 | 272900 |
| 2013 | 513626 | 611381 | 1793953 | 413900 | 353500 |
| 2014 | 535863 | 621323 | 1847689 | 459800 | 364800 |
| 2015 | 551522 | 645055 | 1911406 | 523700 | 409100 |
| 2016 | 563938 | 667064 | 1981051 | 544500 | 432500 |

# 7-14-12 技工学校情况

| 年 份 | 学校数（所） | 教职工数（万人） | 毕业生数（万人） | 招生数（万人） | 在校学生数（万人） |
|---|---|---|---|---|---|
| 1985 | 3548 | 21.5 | 22.6 | 35.5 | 74.2 |
| 1986 | 3765 | 24.4 | 23.3 | 39.4 | 89.2 |
| 1987 | 3952 | 26.2 | 26.5 | 42.3 | 103.1 |
| 1988 | 3996 | 28.0 | 31.1 | 46.1 | 116.1 |
| 1989 | 4102 | 29.6 | 36.8 | 47.0 | 125.8 |
| 1990 | 4184 | 30.8 | 41.3 | 50.6 | 133.2 |
| 1991 | 4269 | 32.5 | 45.4 | 54.4 | 142.2 |
| 1992 | 4392 | 33.6 | 45.7 | 60.2 | 155.6 |
| 1993 | 4477 | 33.5 | 49.7 | 66.4 | 171.7 |
| 1994 | 4430 | 34.0 | 55.7 | 71.4 | 187.1 |
| 1995 | 4521 | 33.7 | 68.5 | 74.6 | 189.0 |
| 1996 | 4467 | 33.5 | 68.1 | 72.7 | 191.8 |
| 1997 | 4395 | 31.0 | 69.9 | 73.4 | 193.1 |
| 1998 | 4362 | 31.0 | 68.2 | 59.4 | 181.3 |
| 1999 | 4098 | 26.9 | 66.2 | 51.5 | 156.0 |
| 2000 | 3792 | 24.0 | 64.6 | 50.4 | 140.1 |
| 2001 | 3470 | 22.0 | 47.7 | 55.1 | 134.7 |
| 2002 | 3075 | 20.3 | 45.4 | 73.3 | 153.0 |
| 2003 | 2970 | 20.2 | 45.3 | 91.6 | 193.1 |
| 2004 | 2884 | 20.4 | 53.5 | 109.7 | 234.4 |
| 2005 | 2855 | 20.4 | 69.0 | 118.4 | 275.3 |
| 2006 | 2880 | 21.5 | 86.4 | 134.8 | 320.8 |
| 2007 | 2995 | 24.0 | 99.7 | 158.5 | 367.1 |
| 2008 | 3075 | 24.7 | 109.0 | 161.4 | 397.5 |
| 2009 | 3064 | 25.8 | 115.2 | 156.4 | 414.3 |
| 2010 | 2998 | 26.5 | 121.3 | 158.6 | 421.0 |
| 2011 | 2914 | 26.5 | 118.9 | 163.5 | 429.4 |
| 2012 | 2892 | 26.7 | 120.2 | 156.8 | 422.8 |
| 2013 | 2882 | 26.9 | 116.9 | 133.5 | 386.6 |
| 2014 | 2818 | 26.5 | 106.8 | 124.4 | 339.0 |
| 2015 | 2545 | 26.0 | 94.6 | 121.4 | 321.5 |
| 2016 | 2526 | 26.5 | 93.1 | 127.2 | 323.2 |

## 7-14-13 进城务工子女在校情况

单位：人

| 项 目 | 进城务工人员随迁子女 | #外省迁入 | #本省外县迁入 |
|---|---|---|---|
| 普通小学 | | | |
| 毕业生数 | 1300339 | 598536 | 701803 |
| 招生数 | 1836194 | 820450 | 1015744 |
| #受过学前教育 | 1826155 | 817391 | 1008764 |
| 在校学生数 | 10367103 | 4705763 | 5661340 |
| #女 | 4520120 | 2033618 | 2486502 |
| 初中 | | | |
| 毕业生数 | 918719 | 332178 | 586541 |
| 招生数 | 1264891 | 524193 | 740698 |
| 在校学生数 | 3580615 | 1427294 | 2153321 |
| #女 | 1548978 | 605943 | 943035 |

## 7-14-14 小学学龄儿童净入学率和各级普通学校毕业生升学率

单位：%

| 年 份 | 小学学龄儿童净入学率 | 小学升学率 | 初中升学率 | 高中升学率 |
|---|---|---|---|---|
| 1990 | 97.8 | 74.6 | 40.6 | 27.3 |
| 1991 | 97.9 | 77.7 | 42.6 | 28.7 |
| 1992 | 97.2 | 79.7 | 43.4 | 34.9 |
| 1993 | 97.7 | 81.8 | 44.1 | 43.3 |
| 1994 | 98.4 | 86.6 | 47.8 | 46.7 |
| 1995 | 98.5 | 90.8 | 48.3 | 49.9 |
| 1996 | 98.8 | 92.6 | 48.8 | 51.0 |
| 1997 | 98.9 | 93.7 | 57.5 | 48.6 |
| 1998 | 98.9 | 94.3 | 50.7 | 46.1 |
| 1999 | 99.1 | 94.4 | 50.0 | 63.8 |
| 2000 | 99.1 | 94.9 | 51.2 | 73.2 |
| 2001 | 99.1 | 95.5 | 52.9 | 78.8 |
| 2002 | 98.6 | 97.0 | 58.3 | 83.5 |
| 2003 | 98.7 | 97.9 | 59.6 | 83.4 |
| 2004 | 98.9 | 98.1 | 63.8 | 82.5 |
| 2005 | 99.2 | 98.4 | 69.7 | 76.3 |
| 2006 | 99.3 | 100.0 | 75.7 | 75.1 |
| 2007 | 99.5 | 99.9 | 80.5 | 70.3 |
| 2008 | 99.5 | 99.7 | 82.1 | 72.7 |
| 2009 | 99.4 | 99.1 | 85.6 | 77.6 |
| 2010 | 99.7 | 98.7 | 87.5 | 83.3 |
| 2011 | 99.8 | 98.3 | 88.9 | 86.5 |
| 2012 | 99.9 | 98.3 | 88.4 | 87.0 |
| 2013 | 99.7 | 98.3 | 91.2 | 87.6 |
| 2014 | 99.8 | 98.0 | 95.1 | 90.2 |
| 2015 | 99.9 | 98.2 | 94.1 | 92.5 |
| 2016 | 99.9 | 98.7 | 93.7 | 94.5 |

注：1.1991年以前的入学率是按7-11周岁统一计算的；从1991年起入学率是按各地不同入学年龄和学制分别计算的。
2.高中升学率为普通高校招生数与普通高中毕业生数之比。

# 7-14-15 各地区普通本专科学生情况

单位：人

| 地 区 | 招生数 | 本 科 | 专 科 | 在 校 学生数 | 本 科 | 专 科 |
|---|---|---|---|---|---|---|
| **全 国** | **7486110** | **4054007** | **3432103** | **26958433** | **16129535** | **10828898** |
| 北 京 | 151150 | 127715 | 23435 | 599188 | 511754 | 87434 |
| 天 津 | 139027 | 85066 | 53961 | 513842 | 337252 | 176590 |
| 河 北 | 357918 | 182061 | 175857 | 1216096 | 708713 | 507383 |
| 山 西 | 203651 | 119819 | 83832 | 756287 | 474271 | 282016 |
| 内蒙古 | 121850 | 62560 | 59290 | 436699 | 246455 | 190244 |
| 辽 宁 | 255721 | 166002 | 89719 | 998719 | 710581 | 288138 |
| 吉 林 | 173218 | 118753 | 54465 | 642263 | 475665 | 166598 |
| 黑龙江 | 197846 | 126134 | 71712 | 735857 | 513947 | 221910 |
| 上 海 | 137458 | 93146 | 44312 | 514683 | 371266 | 143417 |
| 江 苏 | 452701 | 268822 | 183879 | 1745847 | 1068951 | 676896 |
| 浙 江 | 257892 | 145368 | 112524 | 996143 | 610706 | 385437 |
| 安 徽 | 307395 | 160469 | 146926 | 1145007 | 638702 | 506305 |
| 福 建 | 197740 | 117999 | 79741 | 756392 | 499185 | 257207 |
| 江 西 | 295980 | 135137 | 160843 | 1038951 | 518949 | 520002 |
| 山 东 | 555211 | 262746 | 292465 | 1995880 | 1009390 | 986490 |
| 河 南 | 550127 | 256193 | 293934 | 1874752 | 1034237 | 840515 |
| 湖 北 | 390697 | 212750 | 177947 | 1401840 | 860578 | 541262 |
| 湖 南 | 349431 | 173177 | 176254 | 1225016 | 688126 | 536890 |
| 广 东 | 539813 | 275080 | 264733 | 1892878 | 1076753 | 816125 |
| 广 西 | 248411 | 114813 | 133598 | 810282 | 422949 | 387333 |
| 海 南 | 53176 | 28021 | 25155 | 184875 | 107657 | 77218 |
| 重 庆 | 204887 | 111571 | 93316 | 732475 | 445398 | 287077 |
| 四 川 | 414747 | 218165 | 196582 | 1446559 | 820977 | 625582 |
| 贵 州 | 186996 | 81540 | 105456 | 573932 | 301642 | 272290 |
| 云 南 | 179949 | 100628 | 79321 | 656594 | 401259 | 255335 |
| 西 藏 | 10143 | 5993 | 4150 | 35034 | 23912 | 11122 |
| 陕 西 | 283555 | 161016 | 122539 | 1076254 | 677259 | 398995 |
| 甘 肃 | 125813 | 72261 | 53552 | 457204 | 291662 | 165542 |
| 青 海 | 19063 | 9235 | 9828 | 61860 | 36146 | 25714 |
| 宁 夏 | 32353 | 19486 | 12867 | 117149 | 76218 | 40931 |
| 新 疆 | 92191 | 42281 | 49910 | 319875 | 168975 | 150900 |

7-14-15 续表

单位：人

| 地 区 | 毕业生数 | | | 授予学位数 | 预计毕业生数 | | |
|---|---|---|---|---|---|---|---|
| | | 本 科 | 专 科 | | | 本 科 | 专 科 |
| **全 国** | **7041800** | **3743680** | **3298120** | **3659686** | **7595176** | **3991586** | **3603590** |
| 北 京 | 155327 | 120007 | 35320 | 117728 | 162698 | 127542 | 35156 |
| 天 津 | 137906 | 79590 | 58316 | 76383 | 145275 | 83379 | 61896 |
| 河 北 | 335218 | 163600 | 171618 | 161485 | 333949 | 173349 | 160600 |
| 山 西 | 199259 | 101534 | 97725 | 99604 | 212584 | 114091 | 98493 |
| 内蒙古 | 111516 | 55088 | 56428 | 53343 | 122672 | 59754 | 62918 |
| 辽 宁 | 263530 | 165851 | 97679 | 164454 | 280452 | 183155 | 97297 |
| 吉 林 | 164912 | 113696 | 51216 | 110216 | 174472 | 118274 | 56198 |
| 黑龙江 | 199598 | 127314 | 72284 | 126058 | 201155 | 128515 | 72640 |
| 上 海 | 132596 | 87670 | 44926 | 85486 | 146284 | 96508 | 49776 |
| 江 苏 | 481554 | 244215 | 237339 | 237518 | 510184 | 264573 | 245611 |
| 浙 江 | 273342 | 146241 | 127101 | 144075 | 287237 | 153876 | 133361 |
| 安 徽 | 308025 | 147112 | 160913 | 144898 | 328540 | 155487 | 173053 |
| 福 建 | 199465 | 112010 | 87455 | 110819 | 215419 | 127992 | 87427 |
| 江 西 | 256369 | 121461 | 134908 | 118749 | 299797 | 125230 | 174567 |
| 山 东 | 509142 | 236551 | 272591 | 232497 | 584293 | 252214 | 332079 |
| 河 南 | 486850 | 242816 | 244034 | 238011 | 514968 | 259373 | 255595 |
| 湖 北 | 394158 | 216203 | 177955 | 211325 | 406081 | 219946 | 186135 |
| 湖 南 | 316504 | 162337 | 154167 | 156054 | 340196 | 168539 | 171657 |
| 广 东 | 489397 | 233592 | 255805 | 231471 | 533925 | 257466 | 276459 |
| 广 西 | 189441 | 82517 | 106924 | 80696 | 222713 | 95768 | 126945 |
| 海 南 | 48713 | 25305 | 23408 | 24316 | 51937 | 25521 | 26416 |
| 重 庆 | 189918 | 109317 | 80601 | 104719 | 203825 | 109876 | 93949 |
| 四 川 | 362127 | 182477 | 179650 | 179168 | 404090 | 194606 | 209484 |
| 贵 州 | 116794 | 64230 | 52564 | 60107 | 152668 | 76587 | 76081 |
| 云 南 | 152435 | 85795 | 66640 | 83399 | 179507 | 99316 | 80191 |
| 西 藏 | 9201 | 5203 | 3998 | 5027 | 9115 | 5569 | 3546 |
| 陕 西 | 321348 | 183804 | 137544 | 180486 | 311833 | 177571 | 134262 |
| 甘 肃 | 119911 | 70621 | 49290 | 68550 | 127991 | 72533 | 55458 |
| 青 海 | 14097 | 8031 | 6066 | 7665 | 15294 | 8479 | 6815 |
| 宁 夏 | 29436 | 16845 | 12591 | 16129 | 32508 | 18154 | 14354 |
| 新 疆 | 73711 | 32647 | 41064 | 29250 | 83514 | 38343 | 45171 |

# 7-14-16 各地区普通高等学校(机构)情况

单位：人

| 地区 | 学校数(所) | 教职工数 | #校本部教职工 | 专任教师 | 正高级 | 副高级 | 中级 | 初级 | 无职称 | 行政人员 | 教辅人员 | 工勤人员 |
|---|---|---|---|---|---|---|---|---|---|---|---|---|
| **全　国** | **2596** | **2404784** | **2296172** | **1601968** | **202154** | **473801** | **636438** | **188893** | **100682** | **331482** | **216513** | **146209** |
| 北　京 | 91 | 142953 | 124205 | 70013 | 19944 | 24245 | 21789 | 2420 | 1615 | 23257 | 18102 | 12833 |
| 天　津 | 55 | 46233 | 45365 | 30509 | 4748 | 9751 | 12198 | 2475 | 1337 | 7727 | 4624 | 2505 |
| 河　北 | 120 | 103789 | 100884 | 70447 | 9979 | 21327 | 28312 | 7314 | 3515 | 14110 | 9134 | 7193 |
| 山　西 | 80 | 59845 | 57737 | 41301 | 2864 | 10819 | 16094 | 8023 | 3501 | 7326 | 5230 | 3880 |
| 内蒙古 | 53 | 39263 | 38451 | 25935 | 2747 | 8269 | 10131 | 2936 | 1852 | 5766 | 4224 | 2526 |
| 辽　宁 | 116 | 98546 | 96282 | 64946 | 9048 | 20149 | 26968 | 6631 | 2150 | 16423 | 7797 | 7116 |
| 吉　林 | 60 | 63359 | 60982 | 39823 | 6352 | 12776 | 15168 | 4810 | 717 | 8797 | 6524 | 5838 |
| 黑龙江 | 82 | 74901 | 72594 | 46829 | 7538 | 15978 | 18663 | 3261 | 1389 | 11414 | 7353 | 6998 |
| 上　海 | 64 | 73357 | 68618 | 42308 | 7805 | 13759 | 16576 | 2857 | 1311 | 12434 | 9386 | 4490 |
| 江　苏 | 166 | 165722 | 156891 | 109846 | 14625 | 37182 | 46289 | 8235 | 3515 | 23912 | 14644 | 8489 |
| 浙　江 | 107 | 90214 | 86066 | 60477 | 8824 | 18636 | 25770 | 3862 | 3385 | 14339 | 8346 | 2904 |
| 安　徽 | 119 | 80416 | 78182 | 59479 | 5117 | 16144 | 23257 | 11483 | 3478 | 8744 | 5878 | 4081 |
| 福　建 | 88 | 67488 | 64873 | 44751 | 4972 | 13014 | 18543 | 6477 | 1745 | 11147 | 6378 | 2597 |
| 江　西 | 98 | 76969 | 74770 | 55550 | 5140 | 13986 | 22496 | 8601 | 5327 | 7346 | 8179 | 3695 |
| 山　东 | 144 | 150345 | 145698 | 107748 | 10678 | 30510 | 46366 | 14566 | 5628 | 18374 | 12189 | 7387 |
| 河　南 | 129 | 138777 | 133366 | 102725 | 8694 | 26779 | 41913 | 17969 | 7370 | 13337 | 8943 | 8361 |
| 湖　北 | 128 | 131014 | 125180 | 83517 | 10955 | 27072 | 31186 | 9379 | 4925 | 19463 | 12548 | 9652 |
| 湖　南 | 123 | 100543 | 96847 | 68726 | 7499 | 20010 | 28007 | 7364 | 5846 | 13268 | 9351 | 5502 |
| 广　东 | 147 | 149360 | 142864 | 101160 | 13004 | 26710 | 41872 | 8111 | 11463 | 21202 | 13948 | 6554 |
| 广　西 | 73 | 63690 | 56781 | 40421 | 4412 | 10733 | 16416 | 3421 | 5439 | 8120 | 4648 | 3592 |
| 海　南 | 18 | 14651 | 14462 | 9306 | 1085 | 2551 | 3764 | 1117 | 789 | 2241 | 1466 | 1449 |
| 重　庆 | 65 | 57453 | 55684 | 40583 | 4595 | 11684 | 16742 | 4685 | 2877 | 7909 | 4203 | 2989 |
| 四　川 | 109 | 123931 | 118289 | 85832 | 9128 | 22624 | 33418 | 15235 | 5427 | 15403 | 9514 | 7540 |
| 贵　州 | 64 | 45028 | 44493 | 33087 | 3002 | 10568 | 10494 | 5179 | 3844 | 6162 | 3378 | 1866 |
| 云　南 | 72 | 52559 | 51573 | 38924 | 4008 | 10455 | 14530 | 6546 | 3385 | 5968 | 3860 | 2821 |
| 西　藏 | 7 | 3663 | 3618 | 2467 | 194 | 773 | 989 | 342 | 169 | 577 | 367 | 207 |
| 陕　西 | 93 | 103453 | 98408 | 66133 | 8452 | 18917 | 27021 | 8172 | 3571 | 15227 | 9812 | 7236 |
| 甘　肃 | 49 | 39256 | 36051 | 26731 | 3228 | 8867 | 9865 | 3350 | 1421 | 4734 | 2401 | 2185 |
| 青　海 | 12 | 6625 | 6351 | 4340 | 793 | 1443 | 960 | 628 | 516 | 810 | 760 | 441 |
| 宁　夏 | 18 | 11584 | 11208 | 8044 | 1363 | 2281 | 2149 | 1352 | 899 | 1601 | 928 | 635 |
| 新　疆 | 46 | 29797 | 29399 | 20010 | 1361 | 5789 | 8492 | 2092 | 2276 | 4344 | 2398 | 2647 |

# 7-14-17 各地区普通高中情况

单位：人

| 地区 | 学校数（所） | 教职工数 | #专任教师 | 毕业生数 | 招生数 | 在校学生数 |
|---|---|---|---|---|---|---|
| **全国** | **13383** | **2591946** | **1733459** | **7923500** | **8029206** | **23666465** |
| 北京 | 305 | 56863 | 21056 | 52841 | 53544 | 163130 |
| 天津 | 182 | 29476 | 16401 | 56059 | 54143 | 163974 |
| 河北 | 598 | 131826 | 89131 | 368170 | 432658 | 1213315 |
| 山西 | 503 | 99202 | 63339 | 284423 | 244539 | 753777 |
| 内蒙古 | 289 | 53119 | 34823 | 160737 | 146962 | 448994 |
| 辽宁 | 412 | 64370 | 50630 | 216098 | 212049 | 625066 |
| 吉林 | 241 | 42348 | 29262 | 138986 | 139534 | 404209 |
| 黑龙江 | 372 | 58939 | 42312 | 190714 | 186283 | 549844 |
| 上海 | 256 | 31530 | 17669 | 51889 | 53066 | 157806 |
| 江苏 | 571 | 126315 | 95070 | 338683 | 318236 | 951525 |
| 浙江 | 574 | 90715 | 67976 | 259893 | 258898 | 765605 |
| 安徽 | 672 | 116799 | 77330 | 388305 | 358775 | 1106953 |
| 福建 | 533 | 98162 | 50424 | 196997 | 217129 | 634747 |
| 江西 | 469 | 84586 | 54829 | 302009 | 330240 | 942855 |
| 山东 | 580 | 162394 | 129631 | 579148 | 557806 | 1664949 |
| 河南 | 792 | 155545 | 117866 | 633076 | 695330 | 1995960 |
| 湖北 | 532 | 87574 | 66528 | 305669 | 277056 | 845040 |
| 湖南 | 579 | 106519 | 72229 | 341973 | 393932 | 1109093 |
| 广东 | 1031 | 252436 | 151612 | 703300 | 643293 | 1973727 |
| 广西 | 450 | 75459 | 53370 | 268465 | 338497 | 918939 |
| 海南 | 109 | 25658 | 12790 | 58826 | 57268 | 169899 |
| 重庆 | 260 | 68250 | 39887 | 219224 | 199687 | 606811 |
| 四川 | 739 | 163713 | 96213 | 496623 | 476045 | 1447174 |
| 贵州 | 437 | 80641 | 61030 | 307414 | 342626 | 993695 |
| 云南 | 480 | 84546 | 53875 | 248914 | 288237 | 805829 |
| 西藏 | 31 | 5741 | 4985 | 19964 | 19514 | 56897 |
| 陕西 | 485 | 85375 | 57471 | 277569 | 257192 | 783114 |
| 甘肃 | 379 | 61079 | 45107 | 219083 | 193389 | 603490 |
| 青海 | 106 | 13237 | 8923 | 38041 | 42622 | 120304 |
| 宁夏 | 62 | 13367 | 10639 | 56075 | 47703 | 151995 |
| 新疆 | 354 | 66162 | 41051 | 144332 | 192953 | 537749 |

# 7-14-18 各地区中等职业学校情况

单位：人

| 地区 | 学校数（所） | 教职工数 | #专任教师 | 毕业生数 | #获得职业资格证书 | 招生数 | 在校学生数 | 预计毕业生数 |
|---|---|---|---|---|---|---|---|---|
| **全国** | **8367** | **821047** | **643143** | **4405572** | **3547673** | **4661428** | **12758604** | **4192367** |
| 北京 | 92 | 10452 | 6681 | 29837 | 21150 | 23409 | 85780 | 25529 |
| 天津 | 76 | 8753 | 6458 | 31055 | 26558 | 37366 | 101055 | 31064 |
| 河北 | 609 | 57652 | 44873 | 196609 | 152040 | 274261 | 658083 | 225845 |
| 山西 | 447 | 32570 | 25475 | 129594 | 106991 | 111013 | 337947 | 119565 |
| 内蒙古 | 247 | 18394 | 13773 | 69116 | 50712 | 71807 | 202672 | 68444 |
| 辽宁 | 287 | 27925 | 20566 | 106649 | 69623 | 112032 | 318885 | 101351 |
| 吉林 | 277 | 19362 | 14540 | 48920 | 29499 | 46958 | 129856 | 39879 |
| 黑龙江 | 237 | 19617 | 14083 | 74927 | 56697 | 71021 | 215729 | 76893 |
| 上海 | 96 | 12605 | 8229 | 38418 | 33207 | 35443 | 112013 | 38217 |
| 江苏 | 235 | 49706 | 41658 | 229665 | 211914 | 220939 | 652499 | 217876 |
| 浙江 | 262 | 38393 | 33491 | 169894 | 164726 | 188355 | 520695 | 159624 |
| 安徽 | 374 | 34397 | 28630 | 329317 | 294052 | 305752 | 781809 | 288058 |
| 福建 | 207 | 20586 | 16732 | 131698 | 122039 | 137049 | 380533 | 120411 |
| 江西 | 394 | 17340 | 13496 | 118010 | 86184 | 135843 | 361692 | 105946 |
| 山东 | 428 | 60613 | 48244 | 286687 | 237108 | 288180 | 809826 | 258771 |
| 河南 | 651 | 64222 | 50282 | 339047 | 270741 | 374900 | 1015766 | 338099 |
| 湖北 | 289 | 27672 | 20657 | 111352 | 92976 | 132075 | 375637 | 116125 |
| 湖南 | 460 | 33290 | 25620 | 199567 | 168372 | 251324 | 660887 | 195218 |
| 广东 | 468 | 57472 | 44776 | 389163 | 254377 | 351909 | 1065745 | 332268 |
| 广西 | 276 | 27944 | 20733 | 224426 | 145645 | 256261 | 698572 | 222967 |
| 海南 | 79 | 6298 | 4448 | 36121 | 14979 | 44176 | 115088 | 33395 |
| 重庆 | 132 | 18074 | 14808 | 99687 | 81735 | 111203 | 311632 | 95183 |
| 四川 | 445 | 48896 | 38759 | 403808 | 373569 | 374774 | 914426 | 360223 |
| 贵州 | 195 | 21760 | 17717 | 173046 | 140369 | 196615 | 550922 | 179030 |
| 云南 | 374 | 26677 | 21453 | 147993 | 113780 | 183589 | 486248 | 149874 |
| 西藏 | 10 | 1403 | 1295 | 4162 | 833 | 7434 | 18157 | 5639 |
| 陕西 | 265 | 21218 | 15471 | 113590 | 91939 | 93314 | 277832 | 99430 |
| 甘肃 | 220 | 18608 | 15367 | 74645 | 63387 | 80547 | 210710 | 72483 |
| 青海 | 39 | 3058 | 2457 | 19256 | 12289 | 26852 | 74057 | 20216 |
| 宁夏 | 29 | 3475 | 2693 | 24379 | 17592 | 28088 | 78743 | 25008 |
| 新疆 | 167 | 12615 | 9678 | 54934 | 42590 | 88939 | 235108 | 69736 |

# 7-14-19 各地区初中情况

单位：人

| 地区 | 学校数(所) | 专任教师 | 城区 | 镇区 | 乡村 | 在校学生数 | 城区 | 镇区 | 乡村 |
|---|---|---|---|---|---|---|---|---|---|
| **全国** | **52118** | **3487789** | **1161214** | **1718815** | **607760** | **43293684** | **14894194** | **21729103** | **6670387** |
| 北京 | 341 | 33469 | 26593 | 4158 | 2718 | 268273 | 220595 | 31488 | 16190 |
| 天津 | 334 | 26632 | 17709 | 5958 | 2965 | 256383 | 166771 | 61291 | 28321 |
| 河北 | 2379 | 179189 | 50688 | 93704 | 34797 | 2435810 | 689249 | 1329598 | 416963 |
| 山西 | 1850 | 110164 | 34743 | 55018 | 20403 | 1092739 | 384502 | 561240 | 146997 |
| 内蒙古 | 693 | 57069 | 21725 | 31693 | 3651 | 612376 | 256997 | 325659 | 29720 |
| 辽宁 | 1521 | 98960 | 51178 | 36248 | 11534 | 978298 | 512714 | 362583 | 103001 |
| 吉林 | 1172 | 64694 | 25518 | 25465 | 13711 | 604277 | 279456 | 227725 | 97096 |
| 黑龙江 | 1451 | 90447 | 37489 | 37487 | 15471 | 903883 | 408117 | 379586 | 116180 |
| 上海 | 545 | 38088 | 31034 | 5877 | 1177 | 413298 | 344483 | 58342 | 10473 |
| 江苏 | 2121 | 176597 | 82668 | 84868 | 9061 | 1949456 | 958466 | 909135 | 81855 |
| 浙江 | 1717 | 121850 | 59194 | 52261 | 10395 | 1503118 | 741960 | 648367 | 112791 |
| 安徽 | 2800 | 151870 | 32815 | 81017 | 38038 | 1941986 | 456207 | 1078681 | 407098 |
| 福建 | 1245 | 98789 | 32755 | 46876 | 19158 | 1154758 | 465505 | 516352 | 172901 |
| 江西 | 2142 | 119533 | 28252 | 63236 | 28045 | 1802808 | 451097 | 993054 | 358657 |
| 山东 | 2924 | 267840 | 97852 | 142295 | 27693 | 3159129 | 1239000 | 1624534 | 295595 |
| 河南 | 4557 | 286446 | 66931 | 152055 | 67460 | 4158272 | 993651 | 2320310 | 844311 |
| 湖北 | 2026 | 129157 | 49710 | 61032 | 18415 | 1414864 | 589002 | 646844 | 179018 |
| 湖南 | 3322 | 169279 | 37089 | 88665 | 43525 | 2250503 | 553955 | 1236898 | 459650 |
| 广东 | 3479 | 275836 | 140102 | 107156 | 28578 | 3478440 | 1906110 | 1252652 | 319678 |
| 广西 | 1812 | 123427 | 27666 | 76881 | 18880 | 1987540 | 427185 | 1267044 | 293311 |
| 海南 | 394 | 25882 | 9554 | 14470 | 1858 | 323736 | 144977 | 161687 | 17072 |
| 重庆 | 860 | 75330 | 28075 | 40445 | 6810 | 966021 | 364236 | 519059 | 82726 |
| 四川 | 3816 | 198463 | 48155 | 113055 | 37253 | 2448234 | 645801 | 1412391 | 390042 |
| 贵州 | 2099 | 127097 | 22138 | 75446 | 29513 | 1891411 | 328571 | 1141765 | 421075 |
| 云南 | 1672 | 126516 | 21472 | 65163 | 39881 | 1873150 | 321663 | 992245 | 559242 |
| 西藏 | 98 | 10061 | 1834 | 6592 | 1635 | 120283 | 19754 | 78112 | 22417 |
| 陕西 | 1691 | 101924 | 28954 | 61773 | 11197 | 1051036 | 377118 | 592415 | 81503 |
| 甘肃 | 1482 | 82364 | 16490 | 39035 | 26839 | 876171 | 209578 | 426419 | 240174 |
| 青海 | 268 | 16171 | 4340 | 8381 | 3450 | 207937 | 59973 | 109443 | 38521 |
| 宁夏 | 245 | 19740 | 7131 | 9108 | 3501 | 274696 | 110113 | 126486 | 38097 |
| 新疆 | 1062 | 84905 | 21360 | 33397 | 30148 | 894798 | 267388 | 337698 | 289712 |

# 7-14-20 各地区普通小学情况

单位：人

| 地区 | 学校数(所) | 专任教师数 | 城区 | 镇区 | 乡村 | 在校学生数 | 城区 | 镇区 | 乡村 |
|---|---|---|---|---|---|---|---|---|---|
| **全国** | **177633** | **5789145** | **1734967** | **2078955** | **1975223** | **99130126** | **32671812** | **37540969** | **28917345** |
| 北京 | 984 | 61811 | 49576 | 6097 | 6138 | 868417 | 724099 | 79876 | 64442 |
| 天津 | 857 | 41547 | 28949 | 5460 | 7138 | 631195 | 429586 | 94975 | 106634 |
| 河北 | 11944 | 351408 | 72600 | 127807 | 151001 | 6205473 | 1386416 | 2405076 | 2413981 |
| 山西 | 6043 | 171535 | 46620 | 64793 | 60122 | 2270899 | 818883 | 958050 | 493966 |
| 内蒙古 | 1730 | 99358 | 30963 | 48102 | 20293 | 1338134 | 526166 | 638305 | 173663 |
| 辽宁 | 3954 | 140400 | 66049 | 41087 | 33264 | 1988681 | 1101052 | 536079 | 351550 |
| 吉林 | 4281 | 109650 | 35246 | 35766 | 38638 | 1264211 | 518910 | 452580 | 292721 |
| 黑龙江 | 1979 | 119412 | 40690 | 45834 | 32888 | 1439381 | 621304 | 588558 | 229519 |
| 上海 | 753 | 53389 | 42428 | 8410 | 2551 | 789721 | 635870 | 117135 | 36716 |
| 江苏 | 4036 | 289202 | 126141 | 125650 | 37411 | 5222018 | 2255083 | 2289999 | 676936 |
| 浙江 | 3269 | 200020 | 94914 | 73633 | 31473 | 3550236 | 1721989 | 1330888 | 497359 |
| 安徽 | 8284 | 240493 | 44410 | 94833 | 101250 | 4303637 | 891382 | 1860905 | 1551350 |
| 福建 | 5188 | 165910 | 56935 | 62882 | 46093 | 2986658 | 1196131 | 1154673 | 635854 |
| 江西 | 8329 | 219161 | 45114 | 89693 | 84354 | 4227605 | 968309 | 1938812 | 1320484 |
| 山东 | 10027 | 408856 | 130256 | 152974 | 125626 | 6913144 | 2377538 | 2605477 | 1930129 |
| 河南 | 22822 | 506131 | 96786 | 179212 | 230133 | 9655895 | 2059571 | 3732635 | 3863689 |
| 湖北 | 5383 | 202014 | 67632 | 74021 | 60361 | 3461337 | 1307462 | 1321295 | 832580 |
| 湖南 | 8272 | 253718 | 58037 | 106885 | 88796 | 5018111 | 1220932 | 2318263 | 1478916 |
| 广东 | 10178 | 486578 | 254793 | 122746 | 109039 | 9052214 | 5125882 | 2275024 | 1651308 |
| 广西 | 10173 | 232548 | 46176 | 76713 | 109659 | 4513712 | 966485 | 1577595 | 1969632 |
| 海南 | 1509 | 49060 | 13379 | 20252 | 15429 | 793553 | 300074 | 333732 | 159747 |
| 重庆 | 2979 | 123066 | 41105 | 51441 | 30520 | 2098191 | 768524 | 932074 | 397593 |
| 四川 | 5981 | 314406 | 66739 | 141229 | 106438 | 5495234 | 1293370 | 2609872 | 1591992 |
| 贵州 | 7818 | 197069 | 31349 | 73872 | 91848 | 3533745 | 637826 | 1450236 | 1445683 |
| 云南 | 11673 | 227046 | 32515 | 61684 | 132847 | 3766145 | 654426 | 1035042 | 2076677 |
| 西藏 | 805 | 21084 | 2767 | 6590 | 11727 | 302892 | 43020 | 91659 | 168213 |
| 陕西 | 5507 | 156241 | 43887 | 74647 | 37707 | 2417852 | 848481 | 1175814 | 393557 |
| 甘肃 | 6924 | 141113 | 23660 | 43602 | 73851 | 1821629 | 425803 | 648584 | 747242 |
| 青海 | 889 | 26408 | 5999 | 10236 | 10173 | 457893 | 114301 | 186968 | 156624 |
| 宁夏 | 1536 | 34116 | 9749 | 10871 | 13496 | 582883 | 197717 | 194608 | 190558 |
| 新疆 | 3526 | 146395 | 29503 | 41933 | 74959 | 2159430 | 535220 | 606180 | 1018030 |

# 7-14-21 各地区特殊教育情况

单位：人

| 地 区 | 学校数(所) | 专任教师数 | 毕业生数 | 招生数 | 在校学生数 | #女 |
|---|---|---|---|---|---|---|
| **全 国** | **2080** | **53213** | **59164** | **91521** | **491740** | **176744** |
| 北 京 | 22 | 1036 | 1588 | 916 | 6927 | 2463 |
| 天 津 | 20 | 620 | 370 | 470 | 3489 | 1206 |
| 河 北 | 160 | 3225 | 1308 | 2277 | 14589 | 5257 |
| 山 西 | 69 | 1516 | 1296 | 2050 | 10770 | 4260 |
| 内蒙古 | 46 | 1313 | 1033 | 1581 | 9423 | 3534 |
| 辽 宁 | 75 | 2109 | 1035 | 1358 | 9296 | 3268 |
| 吉 林 | 49 | 1552 | 684 | 1338 | 7484 | 2719 |
| 黑龙江 | 73 | 1926 | 1159 | 2058 | 10862 | 3850 |
| 上 海 | 29 | 1248 | 1557 | 994 | 7457 | 2634 |
| 江 苏 | 101 | 3346 | 3282 | 3964 | 24662 | 8589 |
| 浙 江 | 84 | 2379 | 2598 | 2567 | 16660 | 5900 |
| 安 徽 | 71 | 1541 | 1395 | 3660 | 20921 | 7514 |
| 福 建 | 71 | 1993 | 3666 | 4012 | 25521 | 8855 |
| 江 西 | 88 | 1322 | 2717 | 6253 | 28006 | 10343 |
| 山 东 | 146 | 4978 | 3233 | 4418 | 26324 | 9173 |
| 河 南 | 146 | 3604 | 1464 | 5076 | 23875 | 8445 |
| 湖 北 | 84 | 1741 | 1246 | 2413 | 11831 | 4125 |
| 湖 南 | 79 | 1731 | 3328 | 5446 | 25737 | 8763 |
| 广 东 | 127 | 4069 | 3786 | 6853 | 37756 | 11849 |
| 广 西 | 79 | 1482 | 1570 | 3257 | 15947 | 5377 |
| 海 南 | 7 | 250 | 264 | 397 | 2142 | 730 |
| 重 庆 | 36 | 926 | 1769 | 2863 | 16079 | 5682 |
| 四 川 | 125 | 2503 | 8192 | 9579 | 47780 | 17957 |
| 贵 州 | 76 | 1637 | 2049 | 4443 | 20235 | 7485 |
| 云 南 | 61 | 1512 | 4486 | 5793 | 27690 | 10932 |
| 西 藏 | 5 | 201 | 210 | 458 | 2672 | 1176 |
| 陕 西 | 56 | 1161 | 1099 | 1905 | 10560 | 4100 |
| 甘 肃 | 40 | 825 | 1046 | 2235 | 11373 | 4162 |
| 青 海 | 15 | 162 | 349 | 694 | 3747 | 1523 |
| 宁 夏 | 12 | 368 | 445 | 709 | 4388 | 1749 |
| 新 疆 | 28 | 937 | 940 | 1484 | 7537 | 3124 |

# 7-14-22 各地区各级学校生师比

(教师人数=1)

| 年份/地区 | 普通小学 | 初中 | 普通高中 | 中等职业学校 | 普通高校 |
|---|---|---|---|---|---|
| 2005 | 19.43 | 17.80 | 18.54 | 21.34 | 16.85 |
| 2006 | 19.17 | 17.15 | 18.13 | 22.65 | 17.93 |
| 2007 | 18.82 | 16.52 | 17.48 | 23.13 | 17.28 |
| 2008 | 18.38 | 16.07 | 16.78 | 23.32 | 17.23 |
| 2009 | 17.88 | 15.47 | 16.30 | 25.27 | 17.27 |
| 2010 | 17.70 | 14.98 | 15.99 | 25.69 | 17.33 |
| 2011 | 17.71 | 14.38 | 15.77 | 24.97 | 17.42 |
| 2012 | 17.36 | 13.59 | 15.47 | 24.19 | 17.52 |
| 2013 | 16.76 | 12.76 | 14.95 | 22.97 | 17.53 |
| 2014 | 16.78 | 12.57 | 14.44 | 21.34 | 17.68 |
| 2015 | 17.05 | 12.41 | 14.01 | 20.47 | 17.73 |
| 2016 | 17.12 | 12.41 | 13.65 | 19.84 | 17.07 |
| 北京 | 14.05 | 8.02 | 7.75 | 12.84 | 14.97 |
| 天津 | 15.19 | 9.63 | 10.00 | 15.65 | 17.69 |
| 河北 | 17.66 | 13.59 | 13.61 | 14.67 | 16.90 |
| 山西 | 13.24 | 9.92 | 11.90 | 13.27 | 18.13 |
| 内蒙古 | 13.47 | 10.73 | 12.89 | 14.72 | 17.37 |
| 辽宁 | 14.16 | 9.89 | 12.35 | 15.51 | 16.82 |
| 吉林 | 11.53 | 9.34 | 13.81 | 8.93 | 17.05 |
| 黑龙江 | 12.05 | 9.99 | 12.99 | 15.32 | 15.20 |
| 上海 | 14.79 | 10.85 | 8.93 | 13.61 | 16.11 |
| 江苏 | 18.06 | 11.04 | 10.01 | 15.66 | 15.34 |
| 浙江 | 17.75 | 12.34 | 11.26 | 15.55 | 15.26 |
| 安徽 | 17.90 | 12.79 | 14.31 | 27.31 | 18.44 |
| 福建 | 18.00 | 11.69 | 12.59 | 22.74 | 15.79 |
| 江西 | 19.29 | 15.08 | 17.20 | 26.80 | 17.29 |
| 山东 | 16.91 | 11.79 | 12.84 | 16.79 | 17.98 |
| 河南 | 19.08 | 14.52 | 16.93 | 20.20 | 18.02 |
| 湖北 | 17.13 | 10.95 | 12.70 | 18.18 | 16.84 |
| 湖南 | 19.78 | 13.29 | 15.36 | 25.80 | 17.75 |
| 广东 | 18.60 | 12.61 | 13.02 | 23.80 | 17.82 |
| 广西 | 19.41 | 16.10 | 17.22 | 33.69 | 17.78 |
| 海南 | 16.18 | 12.51 | 13.28 | 25.87 | 18.62 |
| 重庆 | 17.05 | 12.82 | 15.21 | 21.04 | 17.16 |
| 四川 | 17.48 | 12.34 | 15.04 | 23.59 | 17.84 |
| 贵州 | 17.93 | 14.88 | 16.28 | 31.10 | 18.02 |
| 云南 | 16.59 | 14.81 | 14.96 | 22.67 | 18.80 |
| 西藏 | 14.37 | 11.96 | 11.41 | 14.02 | 15.35 |
| 陕西 | 15.48 | 10.31 | 13.63 | 17.96 | 17.35 |
| 甘肃 | 12.91 | 10.64 | 13.38 | 13.71 | 17.28 |
| 青海 | 17.34 | 12.86 | 13.48 | 30.14 | 15.26 |
| 宁夏 | 17.09 | 13.92 | 14.29 | 29.24 | 17.07 |
| 新疆 | 14.75 | 10.54 | 13.10 | 24.29 | 17.40 |

# 7-14-23 每十万人口各级学校平均在校生数

单位：人

| 年份<br>地区 | 学前教育 | 小学 | 初中阶段 | 高中阶段 | 高等教育 |
|---|---|---|---|---|---|
| 1991 | 1907 | 10502 | 3465 | 1355 | 304 |
| 1992 | 2072 | 10413 | 3518 | 1365 | 313 |
| 1993 | 2190 | 10656 | 3599 | 1448 | 376 |
| 1994 | 2219 | 10819 | 3681 | 1293 | 433 |
| 1995 | 2262 | 11010 | 3945 | 1610 | 457 |
| 1996 | 2208 | 11273 | 4180 | 1780 | 470 |
| 1997 | 2058 | 11435 | 4289 | 1905 | 482 |
| 1998 | 1944 | 11287 | 4408 | 1978 | 519 |
| 1999 | 1864 | 10855 | 4656 | 2032 | 594 |
| 2000 | 1782 | 10335 | 4969 | 2000 | 723 |
| 2001 | 1602 | 9937 | 5161 | 2021 | 931 |
| 2002 | 1595 | 9525 | 5240 | 2283 | 1146 |
| 2003 | 1560 | 9100 | 5209 | 2523 | 1298 |
| 2004 | 1617 | 8725 | 5058 | 2824 | 1420 |
| 2005 | 1676 | 8358 | 4781 | 3070 | 1613 |
| 2006 | 1731 | 8192 | 4557 | 3321 | 1816 |
| 2007 | 1787 | 8037 | 4364 | 3409 | 1924 |
| 2008 | 1873 | 7819 | 4227 | 3463 | 2042 |
| 2009 | 2001 | 7584 | 4097 | 3495 | 2128 |
| 2010 | 2230 | 7448 | 3955 | 3504 | 2189 |
| 2011 | 2554 | 7403 | 3779 | 3495 | 2253 |
| 2012 | 2736 | 7196 | 3535 | 3411 | 2335 |
| 2013 | 2876 | 6913 | 3279 | 3227 | 2418 |
| 2014 | 2977 | 6946 | 3222 | 3100 | 2488 |
| 2015 | 3118 | 7086 | 3152 | 2965 | 2524 |
| 2016 | 3211 | 7211 | 3150 | 2887 | 2530 |
| 北京 | 1921 | 4000 | 1236 | 1321 | 5028 |
| 天津 | 1724 | 4080 | 1657 | 1851 | 4058 |
| 河北 | 3153 | 8358 | 3281 | 2657 | 2191 |
| 山西 | 2705 | 6198 | 2982 | 3270 | 2439 |
| 内蒙古 | 2419 | 5329 | 2439 | 2669 | 1937 |
| 辽宁 | 2083 | 4538 | 2233 | 2297 | 2845 |
| 吉林 | 1683 | 4592 | 2195 | 2040 | 3048 |
| 黑龙江 | 1385 | 3776 | 2371 | 2193 | 2427 |
| 上海 | 2304 | 3270 | 1711 | 1120 | 3327 |
| 江苏 | 3225 | 6547 | 2444 | 2318 | 2937 |
| 浙江 | 3463 | 6410 | 2714 | 2589 | 2355 |
| 安徽 | 3136 | 7005 | 3161 | 3145 | 2259 |
| 福建 | 4079 | 7780 | 3008 | 2787 | 2438 |
| 江西 | 3483 | 9259 | 3948 | 3125 | 2698 |
| 山东 | 2795 | 7021 | 3208 | 2837 | 2620 |
| 河南 | 4311 | 10186 | 4386 | 3458 | 2352 |
| 湖北 | 2904 | 5915 | 2418 | 2239 | 2950 |
| 湖南 | 3316 | 7398 | 3318 | 2787 | 2251 |
| 广东 | 3887 | 8344 | 3206 | 3344 | 2431 |
| 广西 | 4371 | 9411 | 4144 | 3602 | 2279 |
| 海南 | 3815 | 8711 | 3554 | 3371 | 2258 |
| 重庆 | 3091 | 6955 | 3202 | 3461 | 3059 |
| 四川 | 3161 | 6698 | 2984 | 3025 | 2314 |
| 贵州 | 4097 | 10011 | 5358 | 4583 | 2005 |
| 云南 | 2773 | 7942 | 3950 | 2965 | 1889 |
| 西藏 | 2987 | 9349 | 3712 | 2316 | 1765 |
| 陕西 | 3774 | 6375 | 2771 | 3101 | 3540 |
| 甘肃 | 3431 | 7006 | 3370 | 3295 | 2189 |
| 青海 | 3398 | 7787 | 3536 | 3637 | 1319 |
| 宁夏 | 3087 | 8726 | 4112 | 3489 | 2225 |
| 新疆 | 3896 | 9150 | 3792 | 3565 | 1780 |

# 7–14–24　15岁及以上人口受教育程度(2015年)

单位：人

| 地　区 | 15岁及以上人口 | | | 未上过学 | | | 小学 | | |
|---|---|---|---|---|---|---|---|---|---|
| | 合计 | 男 | 女 | 小计 | 男 | 女 | 小计 | 男 | 女 |
| **全　国** | **17790430** | **9011377** | **8779053** | **1071192** | **294416** | **776777** | **3733305** | **1698467** | **2034838** |
| 北　京 | 301781 | 157519 | 144262 | 5826 | 1300 | 4526 | 21531 | 9520 | 12012 |
| 天　津 | 215117 | 117901 | 97216 | 5310 | 1548 | 3762 | 26215 | 13692 | 12523 |
| 河　北 | 944890 | 470806 | 474084 | 41215 | 10517 | 30698 | 184456 | 80643 | 103813 |
| 山　西 | 483788 | 249962 | 233827 | 16315 | 4891 | 11424 | 74506 | 32353 | 42153 |
| 内蒙古 | 339221 | 172510 | 166711 | 20136 | 6278 | 13858 | 68333 | 32037 | 36296 |
| 辽　宁 | 608639 | 303430 | 305209 | 13616 | 3745 | 9870 | 100819 | 44884 | 55935 |
| 吉　林 | 377159 | 189456 | 187704 | 11613 | 3904 | 7709 | 77571 | 36521 | 41050 |
| 黑龙江 | 530031 | 265814 | 264217 | 16834 | 5353 | 11482 | 105920 | 48935 | 56985 |
| 上　海 | 339022 | 175949 | 163073 | 11198 | 2354 | 8844 | 35339 | 15679 | 19661 |
| 江　苏 | 1070294 | 537019 | 533275 | 62677 | 13825 | 48852 | 201844 | 84813 | 117031 |
| 浙　江 | 748742 | 385894 | 362848 | 50058 | 12993 | 37065 | 195993 | 93719 | 102274 |
| 安　徽 | 785976 | 395406 | 390570 | 58411 | 15488 | 42923 | 173034 | 74067 | 98967 |
| 福　建 | 491456 | 249598 | 241858 | 36226 | 7128 | 29098 | 121265 | 53355 | 67910 |
| 江　西 | 558012 | 279649 | 278362 | 29791 | 7113 | 22678 | 128727 | 52285 | 76443 |
| 山　东 | 1280426 | 645541 | 634885 | 93674 | 24813 | 68862 | 246618 | 107578 | 139040 |
| 河　南 | 1166364 | 579747 | 586617 | 73466 | 22580 | 50886 | 215923 | 96709 | 119215 |
| 湖　北 | 771249 | 388088 | 383161 | 50223 | 12853 | 37370 | 149180 | 66035 | 83144 |
| 湖　南 | 861699 | 429028 | 432671 | 34656 | 9769 | 24887 | 179715 | 80580 | 99135 |
| 广　东 | 1412318 | 746104 | 666213 | 47400 | 11344 | 36056 | 243521 | 106178 | 137343 |
| 广　西 | 578067 | 292388 | 285679 | 29419 | 6485 | 22934 | 140573 | 64273 | 76300 |
| 海　南 | 113538 | 58818 | 54720 | 6135 | 1290 | 4845 | 16089 | 6637 | 9452 |
| 重　庆 | 395462 | 196313 | 199149 | 23743 | 6906 | 16837 | 105837 | 50361 | 55475 |
| 四　川 | 1074458 | 534664 | 539794 | 94237 | 28190 | 66047 | 308931 | 149607 | 159324 |
| 贵　州 | 426708 | 217321 | 209387 | 57726 | 14884 | 42843 | 120002 | 61088 | 58914 |
| 云　南 | 597416 | 304040 | 293376 | 60811 | 18443 | 42368 | 195061 | 96682 | 98378 |
| 西　藏 | 38702 | 19575 | 19127 | 15468 | 6326 | 9142 | 11867 | 6818 | 5050 |
| 陕　西 | 500658 | 250736 | 249921 | 28546 | 8556 | 19989 | 92185 | 41443 | 50742 |
| 甘　肃 | 335638 | 171228 | 164410 | 40547 | 12498 | 28049 | 86141 | 40589 | 45551 |
| 青　海 | 73230 | 38321 | 34909 | 13214 | 4756 | 8458 | 21667 | 11065 | 10603 |
| 宁　夏 | 82957 | 42440 | 40517 | 8158 | 2443 | 5715 | 17283 | 7997 | 9286 |
| 新　疆 | 287414 | 146113 | 141301 | 14543 | 5843 | 8700 | 67158 | 32327 | 34831 |

注：本表根据2015年全国1%人口抽样调查数据计算，抽样比为1.55。

7-14-24 续表 1 单位：人

| 地区 | 初中 | | | 普通高中 | | | 中职 | | |
|---|---|---|---|---|---|---|---|---|---|
| | 小计 | 男 | 女 | 小计 | 男 | 女 | 小计 | 男 | 女 |
| **全国** | **7101305** | **3816413** | **3284892** | **2418273** | **1367577** | **1050696** | **822924** | **440159** | **382765** |
| 北京 | 76836 | 43404 | 33432 | 42794 | 22440 | 20353 | 20688 | 10764 | 9924 |
| 天津 | 82808 | 49023 | 33785 | 30744 | 16796 | 13947 | 16801 | 8925 | 7876 |
| 河北 | 442309 | 235448 | 206861 | 128386 | 69761 | 58625 | 39699 | 19137 | 20562 |
| 山西 | 216001 | 114559 | 101442 | 80852 | 46177 | 34676 | 22454 | 11583 | 10871 |
| 内蒙古 | 131580 | 72229 | 59351 | 46320 | 24881 | 21440 | 13325 | 7916 | 5408 |
| 辽宁 | 281856 | 145623 | 136234 | 74397 | 38318 | 36079 | 27427 | 14056 | 13371 |
| 吉林 | 166920 | 86473 | 80447 | 54442 | 28881 | 25561 | 12679 | 6338 | 6341 |
| 黑龙江 | 246166 | 129315 | 116851 | 70338 | 37141 | 33198 | 14759 | 7487 | 7273 |
| 上海 | 115314 | 63183 | 52132 | 52227 | 28438 | 23789 | 22785 | 12679 | 10105 |
| 江苏 | 404838 | 216346 | 188492 | 148167 | 86457 | 61710 | 61781 | 34601 | 27180 |
| 浙江 | 269348 | 150520 | 118828 | 88422 | 50069 | 38353 | 26077 | 14977 | 11100 |
| 安徽 | 329406 | 175416 | 153989 | 96050 | 55307 | 40744 | 25386 | 12564 | 12823 |
| 福建 | 177320 | 100971 | 76349 | 59681 | 36384 | 23297 | 25972 | 13242 | 12729 |
| 江西 | 229204 | 121613 | 107591 | 81418 | 49116 | 32302 | 20009 | 10284 | 9725 |
| 山东 | 529489 | 282650 | 246840 | 159574 | 90363 | 69211 | 71229 | 41516 | 29713 |
| 河南 | 533015 | 273768 | 259247 | 189527 | 108064 | 81463 | 36132 | 18561 | 17571 |
| 湖北 | 291411 | 154114 | 137297 | 111868 | 62266 | 49602 | 41630 | 22219 | 19411 |
| 湖南 | 337267 | 172287 | 164980 | 153735 | 86637 | 67097 | 40175 | 18815 | 21359 |
| 广东 | 599772 | 330703 | 269068 | 244819 | 145317 | 99501 | 89856 | 50766 | 39090 |
| 广西 | 254298 | 140042 | 114256 | 62521 | 35470 | 27051 | 29092 | 16338 | 12754 |
| 海南 | 54359 | 28862 | 25497 | 15899 | 10200 | 5699 | 7051 | 3925 | 3126 |
| 重庆 | 135359 | 70800 | 64560 | 54872 | 29528 | 25345 | 20188 | 10243 | 9945 |
| 四川 | 376804 | 202109 | 174695 | 122043 | 67050 | 54993 | 40488 | 21137 | 19351 |
| 贵州 | 155830 | 90285 | 65544 | 36198 | 20894 | 15304 | 14583 | 7701 | 6882 |
| 云南 | 199286 | 113735 | 85551 | 49369 | 28677 | 20692 | 28212 | 14014 | 14198 |
| 西藏 | 5508 | 3346 | 2162 | 2100 | 1163 | 937 | 493 | 297 | 196 |
| 陕西 | 195090 | 102782 | 92309 | 69792 | 38924 | 30868 | 17606 | 10145 | 7461 |
| 甘肃 | 102114 | 57729 | 44385 | 44087 | 26855 | 17232 | 15522 | 8531 | 6991 |
| 青海 | 20372 | 12316 | 8055 | 6732 | 3990 | 2742 | 2446 | 1436 | 1011 |
| 宁夏 | 29036 | 16492 | 12544 | 10269 | 5558 | 4711 | 3679 | 2158 | 1520 |
| 新疆 | 112386 | 60269 | 52117 | 30628 | 16455 | 14173 | 14702 | 7802 | 6899 |

7-14-24 续表 2

单位：人

| 地区 | 大学专科 | | | 大学本科 | | | 研究生 | | |
|---|---|---|---|---|---|---|---|---|---|
| | 小计 | 男 | 女 | 小计 | 男 | 女 | 小计 | 男 | 女 |
| **全 国** | **1351781** | **714932** | **636849** | **1175195** | **615775** | **559421** | **116455** | **63639** | **52816** |
| 北 京 | 42735 | 21861 | 20874 | 70180 | 36743 | 33436 | 21191 | 11486 | 9704 |
| 天 津 | 23754 | 12611 | 11144 | 26742 | 13885 | 12857 | 2743 | 1422 | 1321 |
| 河 北 | 66187 | 35252 | 30935 | 39560 | 18484 | 21077 | 3078 | 1565 | 1513 |
| 山 西 | 42619 | 23828 | 18790 | 29197 | 15686 | 13511 | 1844 | 885 | 960 |
| 内蒙古 | 31630 | 15975 | 15655 | 26673 | 12627 | 14046 | 1224 | 567 | 657 |
| 辽 宁 | 54269 | 27482 | 26787 | 51918 | 27040 | 24877 | 4337 | 2281 | 2056 |
| 吉 林 | 26892 | 13086 | 13806 | 25265 | 13347 | 11917 | 1777 | 905 | 872 |
| 黑龙江 | 38201 | 19512 | 18689 | 35910 | 17005 | 18905 | 1901 | 1066 | 835 |
| 上 海 | 41476 | 22096 | 19380 | 51011 | 26363 | 24648 | 9670 | 5157 | 4513 |
| 江 苏 | 94557 | 49976 | 44581 | 83583 | 43915 | 39668 | 12847 | 7086 | 5760 |
| 浙 江 | 62054 | 32771 | 29284 | 53159 | 28757 | 24402 | 3629 | 2087 | 1542 |
| 安 徽 | 57909 | 31445 | 26464 | 42716 | 29364 | 13352 | 3063 | 1755 | 1309 |
| 福 建 | 33047 | 16688 | 16359 | 35625 | 20521 | 15104 | 2319 | 1308 | 1012 |
| 江 西 | 36854 | 20211 | 16643 | 30600 | 18196 | 12404 | 1409 | 833 | 577 |
| 山 东 | 94501 | 47871 | 46631 | 79396 | 47573 | 31824 | 5943 | 3178 | 2764 |
| 河 南 | 69016 | 35425 | 33591 | 46221 | 22997 | 23223 | 3065 | 1644 | 1421 |
| 湖 北 | 60717 | 35332 | 25386 | 60194 | 32755 | 27439 | 6026 | 2514 | 3512 |
| 湖 南 | 62290 | 34719 | 27571 | 50701 | 24394 | 26307 | 3160 | 1826 | 1334 |
| 广 东 | 108570 | 58869 | 49701 | 72518 | 39386 | 33132 | 5862 | 3541 | 2321 |
| 广 西 | 32651 | 16648 | 16003 | 28291 | 12448 | 15843 | 1222 | 684 | 538 |
| 海 南 | 7693 | 4633 | 3060 | 6153 | 3176 | 2977 | 160 | 96 | 64 |
| 重 庆 | 30625 | 15181 | 15444 | 23113 | 12373 | 10740 | 1724 | 922 | 802 |
| 四 川 | 71443 | 37596 | 33847 | 57286 | 27155 | 30131 | 3226 | 1820 | 1407 |
| 贵 州 | 21644 | 11642 | 10001 | 20212 | 10526 | 9686 | 514 | 300 | 214 |
| 云 南 | 33018 | 16336 | 16683 | 28817 | 14690 | 14127 | 2842 | 1463 | 1378 |
| 西 藏 | 1587 | 791 | 796 | 1652 | 824 | 829 | 26 | 10 | 16 |
| 陕 西 | 43215 | 23261 | 19954 | 45804 | 20112 | 25692 | 8419 | 5514 | 2905 |
| 甘 肃 | 24794 | 14372 | 10422 | 21224 | 9943 | 11280 | 1209 | 710 | 499 |
| 青 海 | 4396 | 2437 | 1959 | 4055 | 2145 | 1910 | 348 | 177 | 171 |
| 宁 夏 | 7262 | 3646 | 3617 | 6978 | 3993 | 2985 | 293 | 153 | 140 |
| 新 疆 | 26171 | 13380 | 12792 | 20443 | 9352 | 11091 | 1382 | 684 | 699 |

## 【主要统计指标解释】

**国家财政性教育经费** 主要包括公共财政教育经费，各级政府征收用于教育的税费，企业办学中的企业拨款，校办产业和社会服务收入用于教育的经费等。

**公共财政教育经费** 指中央、地方各级财政或上级主管部门在本年度内安排，并划拨到各级各类学校、教育行政单位、教育事业单位，列入国家预算支出科目的教育经费。包括教育事业费、基建经费和教育费附加。

**普通高等学校** 指通过国家普通高等教育招生考试，招收高中毕业生为主要培养对象，实施高等学历教育的全日制大学、独立设置的学院、独立学院和高等专科学校、高等职业学校及其他普通高校机构。

大学、独立设置的学院主要实施本科及本科层次以上的教育。独立学院主要实施本科层次的教育。高等专科学校、高等职业学校实施专科层次的教育。

其他机构是指承担国家普通招生计划任务不计校数的机构，包括普通高等学校分校、大专班等。

**成人高等学校** 指通过国家成人高等教育招生考试，招收具有高中毕业或同等学力的人员为主要培养对象，利用函授、业余、脱产等多种形式，对其实施高等学历教育的学校。包括：职工高等学校、农民高等学校、管理干部学院、教育学院、独立函授学院、广播电视大学、其他机构。其他机构是指承担国家成人招生计划任务不计校数的机构。

**小学学龄儿童净入学率** 指调查范围内已入小学学习的学龄儿童占校内外学龄儿童总数的比重。计算公式为：

$$\text{小学学龄儿童净入学率}=\frac{\text{已入学的小学学龄儿童数}}{\text{校内外小学学龄儿童总数}}\times 100\%$$

# 7 第三产业分行业主要指标

## 7–15 卫生和社会工作

# 简要说明

**一、主要内容**

本篇资料主要包括卫生事业、民政事业、残疾人事业等内容。

卫生经费资料包括卫生总费用、政府卫生支出、社会服务事业费用等。

卫生统计资料主要包括卫生机构、卫生人员、卫生设施、卫生经费以及各级各类医疗卫生机构服务、妇幼保健、疾病控制、居民病伤死亡原因、医疗保障等情况。

社会服务统计资料主要包括社会服务机构、床位数、社会救助、医疗救助、社会捐赠、社会组织、自治组织、社区服务等情况。

残疾人统计资料主要包括残疾人康复、教育、就业、扶贫和残联组织建设等情况。

卫生和社会工作企业法人单位分地区主要指标。

**二、资料来源**

卫生资料由国家卫生和计划生育委员会信息中心提供。社会服务资料由民政部提供。

详细资料分别见《中国卫生统计年鉴》(卫生部信息中心编)、《中国民政统计年鉴》(民政部规划财务司编)。

卫生和社会工作企业法人单位分地区主要指标来源国家统计局服务业司《规模以上服务业统计报表制度》和《规模以下服务业抽样调查统计报表制度》调查结果。

# 7-15-1 卫生总费用

| 年 份 | 卫生总费用(亿元) | | | | 卫生总费用构成(%) | | | 人均卫生费用(元) | | | 卫生总费用与GDP之比(%) |
|---|---|---|---|---|---|---|---|---|---|---|---|
| | 合计 | 政府卫生支出 | 社会卫生支出 | 个人现金卫生支出 | 政府卫生支出 | 社会卫生支出 | 个人现金卫生支出 | 合计 | 城市 | 农村 | |
| 1978 | 110.21 | 35.44 | 52.25 | 22.52 | 32.16 | 47.41 | 20.43 | 11.45 | | | 3.00 |
| 1979 | 126.19 | 40.64 | 59.88 | 25.67 | 32.21 | 47.45 | 20.34 | 12.94 | | | 3.08 |
| 1980 | 143.23 | 51.91 | 60.97 | 30.35 | 36.24 | 42.57 | 21.19 | 14.51 | | | 3.12 |
| 1981 | 160.12 | 59.67 | 62.43 | 38.02 | 37.27 | 38.99 | 23.74 | 16.00 | | | 3.24 |
| 1982 | 177.53 | 68.99 | 70.11 | 38.43 | 38.86 | 39.49 | 21.65 | 17.46 | | | 3.30 |
| 1983 | 207.42 | 77.63 | 64.55 | 65.24 | 37.43 | 31.12 | 31.45 | 20.14 | | | 3.44 |
| 1984 | 242.07 | 89.46 | 73.61 | 79.00 | 36.96 | 30.41 | 32.64 | 23.20 | | | 3.33 |
| 1985 | 279.00 | 107.65 | 91.96 | 79.39 | 38.58 | 32.96 | 28.46 | 26.36 | | | 3.07 |
| 1986 | 315.90 | 122.23 | 110.35 | 83.32 | 38.69 | 34.93 | 26.38 | 29.38 | | | 3.04 |
| 1987 | 379.58 | 127.28 | 137.25 | 115.05 | 33.53 | 36.16 | 30.31 | 34.73 | | | 3.12 |
| 1988 | 488.04 | 145.39 | 189.99 | 152.66 | 29.79 | 38.93 | 31.28 | 43.96 | | | 3.21 |
| 1989 | 615.50 | 167.83 | 237.84 | 209.83 | 27.27 | 38.64 | 34.09 | 54.61 | | | 3.58 |
| 1990 | 747.39 | 187.28 | 293.10 | 267.01 | 25.06 | 39.22 | 35.73 | 65.37 | 158.82 | 39.31 | 3.96 |
| 1991 | 893.49 | 204.05 | 354.41 | 335.03 | 22.84 | 39.67 | 37.50 | 77.14 | 187.56 | 45.61 | 4.06 |
| 1992 | 1096.86 | 228.61 | 431.55 | 436.70 | 20.84 | 39.34 | 39.81 | 93.61 | 222.01 | 55.34 | 4.03 |
| 1993 | 1377.78 | 272.06 | 524.75 | 580.97 | 19.75 | 38.09 | 42.17 | 116.25 | 268.58 | 68.45 | 3.86 |
| 1994 | 1761.24 | 342.28 | 644.91 | 774.05 | 19.43 | 36.62 | 43.95 | 146.95 | 332.56 | 85.49 | 3.62 |
| 1995 | 2155.13 | 387.34 | 767.81 | 999.98 | 17.97 | 35.63 | 46.40 | 177.93 | 401.28 | 101.48 | 3.51 |
| 1996 | 2709.42 | 461.61 | 875.66 | 1372.15 | 17.04 | 32.32 | 50.64 | 221.38 | 467.43 | 134.34 | 3.77 |
| 1997 | 3196.71 | 523.56 | 984.06 | 1689.09 | 16.38 | 30.78 | 52.84 | 258.58 | 537.85 | 157.16 | 4.01 |
| 1998 | 3678.72 | 590.06 | 1071.03 | 2017.63 | 16.04 | 29.11 | 54.85 | 294.86 | 625.94 | 194.63 | 4.32 |
| 1999 | 4047.50 | 640.96 | 1145.99 | 2260.55 | 15.84 | 28.31 | 55.85 | 321.78 | 701.98 | 203.22 | 4.47 |
| 2000 | 4586.63 | 709.52 | 1171.94 | 2705.17 | 15.47 | 25.55 | 58.98 | 361.88 | 812.95 | 214.93 | 4.57 |
| 2001 | 5025.93 | 800.61 | 1211.43 | 3013.88 | 15.93 | 24.10 | 59.97 | 393.80 | 841.20 | 244.77 | 4.53 |
| 2002 | 5790.03 | 908.51 | 1539.38 | 3342.14 | 15.69 | 26.59 | 57.72 | 450.75 | 987.07 | 259.33 | 4.76 |
| 2003 | 6584.10 | 1116.94 | 1788.50 | 3678.67 | 16.96 | 27.16 | 55.87 | 509.50 | 1108.91 | 274.67 | 4.79 |
| 2004 | 7590.29 | 1293.58 | 2225.35 | 4071.35 | 17.04 | 29.32 | 53.64 | 583.92 | 1261.93 | 301.61 | 4.69 |
| 2005 | 8659.91 | 1552.53 | 2586.40 | 4520.98 | 17.93 | 29.87 | 52.21 | 662.30 | 1126.36 | 315.83 | 4.62 |
| 2006 | 9843.34 | 1778.86 | 3210.92 | 4853.56 | 18.07 | 32.62 | 49.31 | 748.84 | 1248.30 | 361.89 | 4.49 |
| 2007 | 11573.97 | 2581.58 | 3893.72 | 5098.66 | 22.31 | 33.64 | 44.05 | 875.96 | 1516.29 | 358.11 | 4.28 |
| 2008 | 14535.40 | 3593.94 | 5065.60 | 5875.86 | 24.73 | 34.85 | 40.42 | 1094.52 | 1861.76 | 455.19 | 4.55 |
| 2009 | 17541.92 | 4816.26 | 6154.49 | 6571.16 | 27.46 | 35.08 | 37.46 | 1314.26 | 2176.63 | 561.99 | 5.03 |
| 2010 | 19980.39 | 5732.49 | 7196.61 | 7051.29 | 28.69 | 36.02 | 35.29 | 1490.06 | 2315.48 | 666.30 | 4.84 |
| 2011 | 24345.91 | 7464.18 | 8416.45 | 8465.28 | 30.66 | 34.57 | 34.77 | 1806.95 | 2697.48 | 879.44 | 4.98 |
| 2012 | 28119.00 | 8431.98 | 10030.70 | 9656.32 | 29.99 | 35.67 | 34.34 | 2076.67 | 2999.28 | 1064.83 | 5.20 |
| 2013 | 31668.95 | 9545.81 | 11393.79 | 10729.34 | 30.14 | 35.98 | 33.88 | 2327.37 | 3234.12 | 1274.44 | 5.32 |
| 2014 | 35312.40 | 10579.23 | 13437.75 | 11295.41 | 29.96 | 38.05 | 31.99 | 2581.66 | 3558.31 | 1412.21 | 5.48 |
| 2015 | 40974.64 | 12475.28 | 16506.71 | 11992.65 | 30.45 | 40.29 | 29.27 | 2980.80 | | | 5.95 |
| 2016 | 46344.88 | 13910.31 | 19096.68 | 13337.90 | 30.01 | 41.21 | 28.78 | 3351.74 | | | 6.23 |

注：1.本表系核算数，2016年为初步测算数。
2.按当年价格计算。
3.2001年起卫生总费用不含高等医学教育经费，2006年起包括城乡医疗救助经费。

# 7-15-2 各地区卫生总费用(2015年)

| 地区 | 卫生总费用(亿元) | | | | 卫生总费用构成(%) | | | 卫生总费用与GDP之比(%) | 人均卫生总费用(元) |
|---|---|---|---|---|---|---|---|---|---|
| | 合计 | 政府卫生支出 | 社会卫生支出 | 个人卫生支出 | 政府卫生支出 | 社会卫生支出 | 个人卫生支出 | | |
| **全 国** | **40974.64** | **12475.28** | **16506.71** | **11992.65** | **30.45** | **40.29** | **29.27** | **5.95** | **2980.80** |
| 北 京 | 1834.75 | 445.81 | 1069.88 | 319.07 | 24.30 | 58.31 | 17.39 | 7.99 | 8453.14 |
| 天 津 | 752.79 | 202.24 | 317.37 | 233.19 | 26.86 | 42.16 | 30.98 | 4.55 | 4866.32 |
| 河 北 | 1861.50 | 552.58 | 622.13 | 686.78 | 29.68 | 33.42 | 36.89 | 6.25 | 2507.10 |
| 山 西 | 922.93 | 298.09 | 319.43 | 305.40 | 32.30 | 34.61 | 33.09 | 7.23 | 2518.82 |
| 内蒙古 | 829.33 | 271.46 | 255.60 | 302.27 | 32.73 | 30.82 | 36.45 | 4.65 | 3302.78 |
| 辽 宁 | 1411.95 | 292.79 | 610.70 | 508.46 | 20.74 | 43.25 | 36.01 | 4.92 | 3221.86 |
| 吉 林 | 833.05 | 252.11 | 274.95 | 305.99 | 30.26 | 33.01 | 36.73 | 5.92 | 3025.98 |
| 黑龙江 | 1043.18 | 284.34 | 383.51 | 375.32 | 27.26 | 36.76 | 35.98 | 6.92 | 2736.56 |
| 上 海 | 1536.60 | 319.94 | 882.39 | 334.27 | 20.82 | 57.43 | 21.75 | 6.12 | 6362.02 |
| 江 苏 | 2974.42 | 674.73 | 1496.00 | 803.69 | 22.68 | 50.30 | 27.02 | 4.24 | 3729.07 |
| 浙 江 | 2250.21 | 500.08 | 1086.54 | 663.60 | 22.22 | 48.29 | 29.49 | 5.25 | 4062.49 |
| 安 徽 | 1460.42 | 497.29 | 527.68 | 435.46 | 34.05 | 36.13 | 29.82 | 6.64 | 2376.98 |
| 福 建 | 1130.61 | 357.42 | 478.01 | 295.19 | 31.61 | 42.28 | 26.11 | 4.35 | 2945.07 |
| 江 西 | 978.66 | 421.78 | 287.37 | 269.51 | 43.10 | 29.36 | 27.54 | 5.85 | 2143.54 |
| 山 东 | 2843.96 | 722.22 | 1212.98 | 908.75 | 25.40 | 42.65 | 31.95 | 4.51 | 2888.09 |
| 河 南 | 2258.50 | 729.70 | 734.65 | 794.14 | 32.31 | 32.53 | 35.16 | 6.10 | 2382.38 |
| 湖 北 | 1649.24 | 530.67 | 565.72 | 552.85 | 32.18 | 34.30 | 33.52 | 5.58 | 2818.49 |
| 湖 南 | 1629.32 | 506.82 | 573.11 | 549.39 | 31.11 | 35.17 | 33.72 | 5.61 | 2402.06 |
| 广 东 | 3301.67 | 956.00 | 1485.88 | 859.78 | 28.96 | 45.00 | 26.04 | 4.53 | 3043.29 |
| 广 西 | 1008.94 | 386.97 | 353.17 | 268.80 | 38.35 | 35.00 | 26.64 | 6.00 | 2103.71 |
| 海 南 | 262.61 | 102.70 | 93.61 | 66.31 | 39.11 | 35.64 | 25.25 | 7.09 | 2883.25 |
| 重 庆 | 1000.23 | 323.69 | 393.80 | 282.74 | 32.36 | 39.37 | 28.27 | 6.36 | 3315.82 |
| 四 川 | 2164.33 | 696.24 | 825.99 | 642.10 | 32.17 | 38.16 | 29.67 | 7.20 | 2638.14 |
| 贵 州 | 754.18 | 371.70 | 206.10 | 176.37 | 49.29 | 27.33 | 23.39 | 7.18 | 2136.78 |
| 云 南 | 1095.19 | 425.76 | 338.20 | 331.22 | 38.88 | 30.88 | 30.24 | 8.04 | 2309.65 |
| 西 藏 | 103.95 | 72.39 | 25.62 | 5.94 | 69.64 | 24.65 | 5.71 | 10.13 | 3208.66 |
| 陕 西 | 1254.37 | 377.76 | 465.24 | 411.37 | 30.12 | 37.09 | 32.80 | 6.96 | 3307.08 |
| 甘 肃 | 654.07 | 259.10 | 199.60 | 195.37 | 39.61 | 30.52 | 29.87 | 9.63 | 2516.10 |
| 青 海 | 215.82 | 107.08 | 57.17 | 51.58 | 49.61 | 26.49 | 23.90 | 8.93 | 3667.80 |
| 宁 夏 | 227.86 | 77.14 | 75.90 | 74.82 | 33.85 | 33.31 | 32.83 | 7.83 | 3411.75 |
| 新 疆 | 870.98 | 262.92 | 390.81 | 217.25 | 30.19 | 44.87 | 24.94 | 9.34 | 3691.00 |

# 7-15-3 社会服务事业费支出情况

单位：亿元

| 年份<br>地区 | 社会服务事业费总支出 | 抚恤 | 退役安置 | 社会福利 | 社会救助 | 自然灾害生活救助 | 离退休行政事业单位 | 其他 |
|---|---|---|---|---|---|---|---|---|
| 2003 | 498.9 | 87.9 | 59.0 | 78.9 | 153.1 | 52.9 | 13.1 | 54.0 |
| 2004 | 577.4 | 104.1 | 74.1 | 52.1 | 223.6 | 51.1 | 13.9 | 58.5 |
| 2005 | 718.4 | 143.6 | 88.9 | 55.6 | 279.6 | 62.6 | 13.7 | 74.4 |
| 2006 | 915.4 | 178.8 | 115.7 | 65.3 | 372.0 | 79.0 | 14.0 | 90.6 |
| 2007 | 1215.5 | 210.8 | 165.0 | 87.6 | 509.7 | 79.8 | 24.8 | 137.8 |
| 2008 | 2146.5 | 253.6 | 180.6 | 103.1 | 806.7 | 609.8 | 26.5 | 166.2 |
| 2009 | 2181.9 | 310.3 | 225.7 | 124.1 | 1098.1 | 199.2 | 30.0 | 194.5 |
| 2010 | 2697.5 | 362.7 | 269.0 | 109.9 | 1302.0 | 237.2 | 30.4 | 386.3 |
| 2011 | 3229.1 | 428.3 | 302.3 | 232.2 | 1766.3 | 128.7 | 35.3 | 336.0 |
| 2012 | 3683.7 | 517.0 | 372.1 | 319.5 | 1866.1 | 163.4 | 39.0 | 406.7 |
| 2013 | 4276.5 | 618.4 | 435.3 | 397.6 | 2172.4 | 178.7 | 43.6 | 430.6 |
| 2014 | 4404.1 | 636.6 | 456.8 | 480.9 | 2197.5 | 124.4 | 44.2 | 463.6 |
| 2015 | 4926.4 | 686.8 | 582.7 | 562.8 | 2347.4 | 148.5 | 50.1 | 548.2 |
| 2016 | 5440.2 | 769.8 | 625.6 | 753.4 | 2492.8 | 156.1 | 48.4 | 594.0 |
| 中央级 | 16.6 | 0.1 |  | 1.8 |  | 1.2 | 0.6 | 13.0 |
| 北　京 | 255.9 | 14.6 | 131.6 | 33.2 | 21.8 | 0.2 | 6.1 | 48.4 |
| 天　津 | 89.5 | 9.7 | 12.3 | 13.0 | 29.2 | 0.1 | 0.3 | 24.9 |
| 河　北 | 211.5 | 43.1 | 33.9 | 24.9 | 85.6 | 9.5 | 3.1 | 11.5 |
| 山　西 | 129.2 | 24.1 | 10.5 | 12.3 | 68.9 | 4.7 | 0.8 | 7.9 |
| 内蒙古 | 140.1 | 10.4 | 8.7 | 19.3 | 81.4 | 5.8 | 1.8 | 12.7 |
| 辽　宁 | 184.5 | 20.4 | 46.1 | 15.7 | 72.7 | 2.0 | 2.2 | 25.5 |
| 吉　林 | 104.1 | 13.7 | 8.8 | 9.1 | 60.1 | 2.4 | 0.8 | 9.2 |
| 黑龙江 | 152.7 | 16.0 | 8.4 | 13.3 | 103.7 | 3.7 | 1.5 | 6.1 |
| 上　海 | 153.2 | 10.7 | 22.4 | 60.2 | 39.0 | 0.0 | 0.6 | 20.3 |
| 江　苏 | 287.2 | 48.5 | 42.4 | 54.4 | 93.7 | 6.0 | 2.8 | 39.4 |
| 浙　江 | 189.9 | 31.5 | 16.1 | 46.5 | 61.7 | 3.6 | 1.6 | 28.9 |
| 安　徽 | 197.1 | 31.4 | 15.7 | 25.0 | 106.2 | 7.2 | 1.8 | 9.9 |
| 福　建 | 104.2 | 15.1 | 10.6 | 22.3 | 34.8 | 6.1 | 1.8 | 13.4 |
| 江　西 | 171.7 | 25.3 | 6.1 | 11.2 | 112.4 | 5.8 | 1.1 | 9.9 |
| 山　东 | 304.9 | 78.1 | 45.0 | 40.7 | 107.3 | 1.6 | 1.5 | 30.7 |
| 河　南 | 247.0 | 51.2 | 20.4 | 24.1 | 125.7 | 4.7 | 2.3 | 18.7 |
| 湖　北 | 242.3 | 39.4 | 21.0 | 24.5 | 117.4 | 14.7 | 2.2 | 23.2 |
| 湖　南 | 271.6 | 52.8 | 14.3 | 31.2 | 139.8 | 10.6 | 0.8 | 22.2 |
| 广　东 | 305.7 | 42.1 | 30.5 | 55.3 | 112.1 | 3.7 | 5.5 | 56.4 |
| 广　西 | 157.8 | 22.3 | 6.6 | 23.9 | 81.0 | 4.9 | 1.7 | 17.4 |
| 海　南 | 30.1 | 3.0 | 2.7 | 6.1 | 12.2 | 0.6 | 0.2 | 5.4 |
| 重　庆 | 130.0 | 19.6 | 10.8 | 16.4 | 65.2 | 3.1 | 1.3 | 13.6 |
| 四　川 | 348.6 | 60.5 | 29.4 | 44.2 | 175.8 | 8.1 | 1.9 | 28.7 |
| 贵　州 | 160.3 | 16.8 | 4.4 | 16.8 | 99.6 | 9.1 | 0.2 | 13.4 |
| 云　南 | 234.9 | 23.9 | 13.9 | 14.8 | 144.2 | 8.0 | 1.7 | 28.5 |
| 西　藏 | 23.6 | 1.0 | 1.9 | 2.4 | 11.6 | 2.9 | 0.1 | 3.6 |
| 陕　西 | 202.1 | 28.5 | 26.1 | 35.1 | 88.0 | 4.3 | 0.8 | 19.2 |
| 甘　肃 | 163.1 | 6.9 | 10.6 | 16.2 | 112.6 | 8.2 | 0.6 | 8.0 |
| 青　海 | 49.2 | 1.8 | 3.3 | 11.2 | 24.0 | 2.8 | 0.1 | 6.0 |
| 宁　夏 | 42.1 | 1.6 | 1.1 | 3.0 | 24.1 | 1.6 | 0.2 | 10.4 |
| 新　疆 | 139.5 | 6.2 | 10.0 | 25.2 | 81.3 | 8,9 | 0.4 | 7.6 |

# 7-15-4 卫生和社会工作企业法人单位分地区主要指标

| 地 区 | 单位数（个） | 营业收入（亿元） | 资产总计（亿元） | 从业人员（万人） |
|---|---|---|---|---|
| **全 国** | **41333** | **3086.3** | **5655.7** | **159.4** |
| 北 京 | 2103 | 202.5 | 244.4 | 6.1 |
| 天 津 | 582 | 53.2 | 142.0 | 2.3 |
| 河 北 | 705 | 58.4 | 152.4 | 3.7 |
| 山 西 | 1292 | 47.7 | 103.0 | 4.4 |
| 内蒙古 | 802 | 37.5 | 118.5 | 2.2 |
| 辽 宁 | 2485 | 155.3 | 242.4 | 8.4 |
| 吉 林 | 760 | 64.4 | 154.5 | 5.2 |
| 黑龙江 | 729 | 56.6 | 111.4 | 3.4 |
| 上 海 | 1102 | 137.0 | 140.4 | 4.0 |
| 江 苏 | 1863 | 291.3 | 398.0 | 10.8 |
| 浙 江 | 1616 | 158.4 | 554.0 | 6.1 |
| 安 徽 | 848 | 85.2 | 148.4 | 3.7 |
| 福 建 | 1385 | 69.0 | 93.9 | 3.4 |
| 江 西 | 749 | 91.4 | 111.6 | 3.8 |
| 山 东 | 1516 | 195.7 | 238.7 | 8.3 |
| 河 南 | 4497 | 226.2 | 258.2 | 12.5 |
| 湖 北 | 1900 | 129.4 | 173.6 | 5.9 |
| 湖 南 | 1698 | 139.0 | 197.5 | 7.2 |
| 广 东 | 2756 | 280.7 | 342.6 | 10.8 |
| 广 西 | 798 | 27.1 | 27.5 | 2.4 |
| 海 南 | 176 | 6.2 | 12.1 | 0.7 |
| 重 庆 | 1041 | 95.2 | 108.7 | 4.7 |
| 四 川 | 5203 | 212.0 | 314.8 | 18.4 |
| 贵 州 | 1155 | 63.5 | 104.3 | 4.9 |
| 云 南 | 732 | 67.0 | 123.9 | 5.7 |
| 西 藏 | 49 | 4.0 | 6.0 | 0.1 |
| 陕 西 | 810 | 63.2 | 106.3 | 3.6 |
| 甘 肃 | 998 | 32.2 | 869.0 | 3.4 |
| 青 海 | 156 | 3.1 | 5.9 | 0.4 |
| 宁 夏 | 163 | 10.4 | 21.5 | 0.7 |
| 新 疆 | 665 | 23.5 | 30.2 | 2.2 |

# 7—15—5 医疗卫生机构情况

单位：个

| 年　份 | 合计 | #医院 | #综合医院 | #中医医院 | #专科医院 | #基层医疗卫生机构 | #社区卫生服务中心(站) | #乡　镇卫生院 |
|---|---|---|---|---|---|---|---|---|
| 1949 | 3670 | 2600 | | | | | | |
| 1950 | 8915 | 2803 | 2692 | 4 | 85 | | | |
| 1955 | 67725 | 3648 | 3351 | 67 | 188 | | | |
| 1960 | 261195 | 6020 | 5173 | 330 | 401 | | | 24849 |
| 1965 | 224266 | 5330 | 4747 | 131 | 339 | | | 36965 |
| 1970 | 149823 | 5964 | 5353 | 117 | 385 | | | 56568 |
| 1975 | 151733 | 7654 | 6817 | 160 | 543 | | | 54026 |
| 1978 | 169732 | 9293 | 7539 | 447 | 643 | | | 55018 |
| 1980 | 180553 | 9902 | 7859 | 678 | 694 | | | 55413 |
| 1981 | 800205 | 10252 | 8044 | 781 | 718 | | | 55500 |
| 1982 | 801869 | 10471 | 8146 | 878 | 731 | | | 55496 |
| 1983 | 870686 | 10901 | 8370 | 1009 | 772 | | | 55559 |
| 1984 | 905424 | 11381 | 8545 | 1218 | 810 | | | 55549 |
| 1985 | 978540 | 11955 | 9197 | 1485 | 938 | | | 47387 |
| 1986 | 999102 | 12442 | 9363 | 1646 | 1030 | | | 46967 |
| 1987 | 1012804 | 12962 | 9657 | 1790 | 1097 | | | 47177 |
| 1988 | 1012485 | 13544 | 9916 | 1932 | 1190 | | | 47529 |
| 1989 | 1027522 | 14090 | 10242 | 2046 | 1265 | | | 47523 |
| 1990 | 1012690 | 14377 | 10424 | 2115 | 1362 | | | 47749 |
| 1991 | 1003769 | 14628 | 10562 | 2195 | 1345 | | | 48140 |
| 1992 | 1001310 | 14889 | 10774 | 2269 | 1376 | | | 46117 |
| 1993 | 1000531 | 15436 | 11426 | 2298 | 1438 | | | 45024 |
| 1994 | 1005271 | 15595 | 11549 | 2336 | 1440 | | | 51929 |
| 1995 | 994409 | 15663 | 11586 | 2361 | 1445 | | | 51797 |
| 1996 | 1078131 | 15833 | 11696 | 2405 | 1473 | | | 51277 |
| 1997 | 1048657 | 15944 | 11771 | 2413 | 1488 | | | 50981 |
| 1998 | 1042885 | 16001 | 11779 | 2443 | 1495 | | | 50071 |
| 1999 | 1017673 | 16678 | 11868 | 2441 | 1533 | | | 49694 |
| 2000 | 1034229 | 16318 | 11872 | 2453 | 1543 | 1000169 | | 49229 |
| 2001 | 1029314 | 16197 | 11834 | 2478 | 1576 | 995670 | | 48090 |
| 2002 | 1005004 | 17844 | 12716 | 2492 | 2237 | 973098 | 8211 | 44992 |
| 2003 | 806243 | 17764 | 12599 | 2518 | 2271 | 774693 | 10101 | 44279 |
| 2004 | 849140 | 18393 | 12900 | 2611 | 2492 | 817018 | 14153 | 41626 |
| 2005 | 882206 | 18703 | 12982 | 2620 | 2682 | 849488 | 17128 | 40907 |
| 2006 | 918097 | 19246 | 13120 | 2665 | 3022 | 884818 | 22656 | 39975 |
| 2007 | 912263 | 19852 | 13372 | 2720 | 3282 | 878686 | 27069 | 39876 |
| 2008 | 891480 | 19712 | 13119 | 2688 | 3437 | 858015 | 24260 | 39080 |
| 2009 | 916571 | 20291 | 13364 | 2728 | 3716 | 882153 | 27308 | 38475 |
| 2010 | 936927 | 20918 | 13681 | 2778 | 3956 | 901709 | 32739 | 37836 |
| 2011 | 954389 | 21979 | 14328 | 2831 | 4283 | 918003 | 32860 | 37295 |
| 2012 | 950297 | 23170 | 15021 | 2889 | 4665 | 912620 | 33562 | 37097 |
| 2013 | 974398 | 24709 | 15887 | 3015 | 5127 | 915368 | 33965 | 37015 |
| 2014 | 981432 | 25860 | 16524 | 3115 | 5478 | 917335 | 34238 | 36902 |
| 2015 | 983528 | 27587 | 17430 | 3267 | 6023 | 920770 | 34321 | 36817 |
| 2016 | 983394 | 29140 | 18020 | 3462 | 6642 | 926518 | 34327 | 36795 |

注：1.村卫生室数计入医疗卫生机构数中；2.2008年社区卫生服务中心(站)减少的原因是江苏省约5000家农村社区卫生服务站划归村卫生室；3.2002年起，医疗卫生机构数不再包括高中等医学院校本部、药检机构、国境卫生检疫所和非卫生部门举办的计划生育指导站；4.2013年起，医疗卫生机构数包括原计生部门主管的计划生育技术服务机构；5.1996年以前门诊部(所)不包括私人诊所。

7-15-5 续表　　　　单位：个

| 年份 | #村卫生室 | #门　诊部(所) | #专业公共卫生机构数 | #疾病预防控制中心 | #专科疾病防治院(所/站) | #妇幼保健院(所/站) | #卫生监督所(中心) |
|---|---|---|---|---|---|---|---|
| 1949 | | 769 | | | 11 | 9 | |
| 1950 | | 3356 | | 61 | 30 | 426 | |
| 1955 | | 51600 | | 315 | 287 | 3944 | |
| 1960 | | 213823 | | 1866 | 683 | 4213 | |
| 1965 | | 170430 | | 2499 | 822 | 2910 | |
| 1970 | | 79600 | | 1714 | 607 | 1124 | |
| 1975 | | 80739 | | 2912 | 683 | 2128 | |
| 1978 | | 94395 | | 2989 | 887 | 2571 | |
| 1980 | | 102474 | | 3105 | 1138 | 2745 | |
| 1981 | 610079 | 111189 | | 3202 | 1197 | 2789 | |
| 1982 | 608431 | 113916 | | 3271 | 1272 | 2827 | |
| 1983 | 674669 | 115826 | | 3274 | 1326 | 2851 | |
| 1984 | 707168 | 117028 | | 3339 | 1458 | 2955 | |
| 1985 | 777674 | 126604 | | 3410 | 1566 | 2996 | |
| 1986 | 795963 | 127575 | | 3475 | 1635 | 3059 | |
| 1987 | 807844 | 128459 | | 3512 | 1697 | 3082 | |
| 1988 | 806497 | 128422 | | 3532 | 1727 | 3103 | |
| 1989 | 820798 | 128112 | | 3591 | 1747 | 3112 | |
| 1990 | 803956 | 129332 | | 3618 | 1781 | 3148 | |
| 1991 | 794733 | 128665 | | 3652 | 1818 | 3187 | |
| 1992 | 796523 | 125873 | | 3673 | 1845 | 3187 | |
| 1993 | 806945 | 115161 | | 3729 | 1872 | 3115 | |
| 1994 | 813529 | 105984 | | 3711 | 1905 | 3190 | |
| 1995 | 804352 | 104406 | | 3729 | 1895 | 3179 | |
| 1996 | 755565 | 237153 | | 3737 | 1887 | 3172 | |
| 1997 | 733624 | 229474 | | 3747 | 1893 | 3180 | |
| 1998 | 728788 | 229349 | | 3746 | 1889 | 3191 | |
| 1999 | 716677 | 226588 | | 3763 | 1877 | 3180 | |
| 2000 | 709458 | 240934 | 11386 | 3741 | 1839 | 3163 | |
| 2001 | 698966 | 248061 | 11471 | 3813 | 1783 | 3132 | |
| 2002 | 698966 | 219907 | 10787 | 3580 | 1839 | 3067 | 571 |
| 2003 | 514920 | 204468 | 10792 | 3584 | 1749 | 3033 | 838 |
| 2004 | 551600 | 208794 | 10878 | 3588 | 1583 | 2998 | 1284 |
| 2005 | 583209 | 207457 | 11177 | 3585 | 1502 | 3021 | 1702 |
| 2006 | 609128 | 212243 | 11269 | 3548 | 1402 | 3003 | 2097 |
| 2007 | 613855 | 197083 | 11528 | 3585 | 1365 | 3051 | 2553 |
| 2008 | 613143 | 180752 | 11485 | 3534 | 1310 | 3011 | 2675 |
| 2009 | 632770 | 182448 | 11665 | 3536 | 1291 | 3020 | 2809 |
| 2010 | 648424 | 181781 | 11835 | 3513 | 1274 | 3025 | 2992 |
| 2011 | 662894 | 184287 | 11926 | 3484 | 1294 | 3036 | 3022 |
| 2012 | 653419 | 187932 | 12083 | 3490 | 1289 | 3044 | 3088 |
| 2013 | 648619 | 195176 | 31155 | 3516 | 1271 | 3144 | 2967 |
| 2014 | 645470 | 200130 | 35029 | 3490 | 1242 | 3098 | 2975 |
| 2015 | 640536 | 208572 | 31927 | 3478 | 1234 | 3078 | 2986 |
| 2016 | 638763 | 216187 | 24866 | 3481 | 1213 | 3063 | 2986 |

# 7–15–6 各地区医疗卫生机构情况

单位：个

| 地 区 | 合计 | 医院 | | | | 基层医疗卫生机构 | | |
|---|---|---|---|---|---|---|---|---|
| | | 小计 | #综合医院 | #中医医院 | #专科医院 | 小计 | #社区卫生服务中心(站) | #乡 镇卫生院 |
| **全 国** | **983394** | **29140** | **18020** | **3462** | **6642** | **926518** | **34327** | **36795** |
| 北 京 | 9773 | 638 | 272 | 154 | 169 | 8908 | 1915 | |
| 天 津 | 5443 | 421 | 278 | 53 | 87 | 4844 | 585 | 145 |
| 河 北 | 78795 | 1618 | 1086 | 201 | 295 | 76003 | 1197 | 1970 |
| 山 西 | 42204 | 1393 | 693 | 210 | 463 | 40288 | 929 | 1353 |
| 内蒙古 | 24002 | 720 | 402 | 110 | 134 | 22606 | 1195 | 1321 |
| 辽 宁 | 36131 | 1190 | 694 | 139 | 339 | 33931 | 1165 | 1014 |
| 吉 林 | 20829 | 662 | 375 | 84 | 188 | 19589 | 395 | 774 |
| 黑龙江 | 20375 | 1031 | 684 | 138 | 195 | 18256 | 653 | 988 |
| 上 海 | 5016 | 349 | 181 | 19 | 113 | 4470 | 1039 | |
| 江 苏 | 32117 | 1678 | 1032 | 111 | 403 | 29099 | 2660 | 1039 |
| 浙 江 | 31546 | 1130 | 505 | 152 | 411 | 29811 | 5871 | 1194 |
| 安 徽 | 24385 | 1039 | 678 | 99 | 236 | 22271 | 1908 | 1371 |
| 福 建 | 27656 | 587 | 356 | 79 | 139 | 26190 | 555 | 880 |
| 江 西 | 38272 | 592 | 382 | 101 | 100 | 36784 | 591 | 1585 |
| 山 东 | 76997 | 2018 | 1250 | 196 | 532 | 72904 | 2310 | 1621 |
| 河 南 | 71271 | 1596 | 985 | 258 | 322 | 67174 | 1329 | 2059 |
| 湖 北 | 36354 | 927 | 551 | 115 | 237 | 34703 | 1231 | 1139 |
| 湖 南 | 61055 | 1260 | 745 | 141 | 340 | 58245 | 715 | 2269 |
| 广 东 | 49079 | 1381 | 813 | 155 | 385 | 46033 | 2566 | 1192 |
| 广 西 | 34253 | 543 | 330 | 93 | 97 | 32020 | 279 | 1267 |
| 海 南 | 5144 | 211 | 158 | 17 | 30 | 4805 | 170 | 297 |
| 重 庆 | 19933 | 699 | 452 | 76 | 142 | 19044 | 496 | 894 |
| 四 川 | 79513 | 2066 | 1362 | 204 | 437 | 76619 | 951 | 4490 |
| 贵 州 | 28017 | 1220 | 923 | 90 | 177 | 26172 | 635 | 1399 |
| 云 南 | 24234 | 1187 | 787 | 131 | 236 | 22395 | 566 | 1366 |
| 西 藏 | 6835 | 145 | 105 | | 9 | 6546 | 10 | 678 |
| 陕 西 | 36598 | 1085 | 740 | 157 | 176 | 34017 | 623 | 1561 |
| 甘 肃 | 28197 | 446 | 276 | 82 | 64 | 25791 | 581 | 1375 |
| 青 海 | 6291 | 199 | 113 | 13 | 37 | 5908 | 235 | 405 |
| 宁 夏 | 4254 | 190 | 123 | 22 | 39 | 3968 | 142 | 219 |
| 新 疆 | 18825 | 919 | 689 | 62 | 110 | 17124 | 830 | 930 |

7-15-6 续表 单位：个

| 地区 | #村卫生室 | #门诊部(所) | 专业公共卫生机构 | | | | | |
|---|---|---|---|---|---|---|---|---|
| | | | 小计 | #疾病预防控制中心 | #专科疾病防治院(所站) | #健康教育所(站) | #妇幼保健院(所站) | #卫生监督所(中心) |
| **全国** | **638763** | **216187** | **24866** | **3481** | **1213** | **163** | **3063** | **2986** |
| 北京 | 2729 | 4264 | 112 | 29 | 25 | | 20 | 18 |
| 天津 | 2528 | 1581 | 126 | 24 | 16 | 1 | 21 | 19 |
| 河北 | 60371 | 12465 | 1089 | 192 | 11 | 2 | 191 | 179 |
| 山西 | 29027 | 8713 | 455 | 136 | 7 | 11 | 134 | 131 |
| 内蒙古 | 13632 | 6458 | 600 | 117 | 54 | 23 | 113 | 114 |
| 辽宁 | 20120 | 11612 | 854 | 133 | 85 | 10 | 110 | 90 |
| 吉林 | 10172 | 8247 | 428 | 68 | 54 | 3 | 71 | 39 |
| 黑龙江 | 11384 | 5220 | 1037 | 168 | 109 | | 139 | 139 |
| 上海 | 1218 | 2213 | 117 | 20 | 21 | 1 | 21 | 18 |
| 江苏 | 15475 | 9923 | 1059 | 117 | 42 | 6 | 110 | 106 |
| 浙江 | 11677 | 11062 | 420 | 101 | 16 | 1 | 87 | 101 |
| 安徽 | 15276 | 3715 | 983 | 121 | 47 | 4 | 120 | 112 |
| 福建 | 18945 | 5810 | 809 | 96 | 24 | | 87 | 85 |
| 江西 | 30394 | 4208 | 794 | 147 | 109 | 5 | 112 | 110 |
| 山东 | 53226 | 15743 | 1891 | 184 | 125 | 3 | 156 | 106 |
| 河南 | 56774 | 7006 | 2223 | 180 | 21 | 4 | 164 | 177 |
| 湖北 | 24792 | 7510 | 557 | 115 | 74 | 1 | 105 | 105 |
| 湖南 | 44339 | 10918 | 1493 | 147 | 87 | 2 | 139 | 131 |
| 广东 | 26886 | 15380 | 1544 | 137 | 135 | 33 | 128 | 150 |
| 广西 | 21011 | 9463 | 1650 | 115 | 37 | 1 | 103 | 110 |
| 海南 | 2670 | 1668 | 119 | 26 | 18 | 2 | 24 | 24 |
| 重庆 | 11240 | 6401 | 156 | 42 | 16 | 4 | 42 | 39 |
| 四川 | 55958 | 15217 | 744 | 206 | 25 | 12 | 202 | 200 |
| 贵州 | 20652 | 3444 | 597 | 100 | 10 | | 101 | 95 |
| 云南 | 13432 | 7027 | 593 | 152 | 29 | 8 | 145 | 142 |
| 西藏 | 5360 | 498 | 142 | 82 | | | 55 | 1 |
| 陕西 | 25412 | 6412 | 1390 | 119 | 5 | 5 | 116 | 115 |
| 甘肃 | 16748 | 7086 | 1844 | 103 | 7 | 13 | 100 | 93 |
| 青海 | 4518 | 750 | 180 | 56 | 1 | 4 | 34 | 55 |
| 宁夏 | 2365 | 1242 | 85 | 25 | | 4 | 21 | 24 |
| 新疆 | 10432 | 4931 | 775 | 223 | 3 | | 92 | 158 |

# 7-15-7 村卫生室情况

单位：个

| 年份/地区 | 合计 | 村办 | 乡卫生院设点 | 联合办 | 私人办 | 其他 |
|---|---|---|---|---|---|---|
| 1985 | 777674 | 305537 | 29769 | 88803 | 323904 | 29661 |
| 1990 | 803956 | 266137 | 29963 | 87149 | 381844 | 38863 |
| 1995 | 804352 | 297462 | 36388 | 90681 | 354981 | |
| 2000 | 709458 | 300864 | 47101 | 89828 | 255179 | 16486 |
| 2005 | 583209 | 313633 | 32396 | 38561 | 180403 | 18216 |
| 2006 | 609128 | 333790 | 34803 | 36805 | 186524 | 17206 |
| 2007 | 613855 | 340082 | 33633 | 33649 | 186841 | 19650 |
| 2008 | 613143 | 342692 | 40248 | 31698 | 180157 | 18348 |
| 2009 | 632770 | 350515 | 45434 | 31035 | 183699 | 22087 |
| 2010 | 648424 | 365153 | 49678 | 32650 | 177080 | 23863 |
| 2011 | 662894 | 372661 | 56128 | 33639 | 175747 | 24719 |
| 2012 | 653419 | 370099 | 58317 | 32278 | 167025 | 25700 |
| 2013 | 648619 | 371579 | 59896 | 32690 | 158811 | 25643 |
| 2014 | 645470 | 349428 | 59396 | 29180 | 160549 | 46917 |
| 2015 | 640536 | 353196 | 60231 | 29208 | 153353 | 44548 |
| 2016 | 638763 | 351016 | 60419 | 29336 | 152164 | 45828 |
| 北京 | 2729 | 2419 | 7 | 3 | 278 | 22 |
| 天津 | 2528 | 850 | 724 | 122 | 264 | 568 |
| 河北 | 60371 | 28727 | 2111 | 1030 | 25138 | 3365 |
| 山西 | 29027 | 19734 | 1024 | 724 | 3652 | 3893 |
| 内蒙古 | 13632 | 5235 | 2132 | 481 | 4867 | 917 |
| 辽宁 | 20120 | 8692 | 379 | 158 | 10259 | 632 |
| 吉林 | 10172 | 4063 | 1382 | 1256 | 2982 | 489 |
| 黑龙江 | 11384 | 7551 | 1679 | 169 | 1474 | 511 |
| 上海 | 1218 | 913 | 190 | 31 | | 84 |
| 江苏 | 15475 | 8409 | 4062 | 1983 | 23 | 998 |
| 浙江 | 11677 | 7241 | 1319 | 157 | 2010 | 950 |
| 安徽 | 15276 | 7146 | 2784 | 1923 | 928 | 2495 |
| 福建 | 18945 | 11592 | 499 | 231 | 4704 | 1919 |
| 江西 | 30394 | 13929 | 265 | 1585 | 12935 | 1680 |
| 山东 | 53226 | 26732 | 14224 | 4693 | 4202 | 3375 |
| 河南 | 56774 | 33534 | 814 | 2844 | 16548 | 3034 |
| 湖北 | 24792 | 15499 | 3603 | 2984 | 1860 | 846 |
| 湖南 | 44339 | 29456 | 1645 | 1046 | 8540 | 3652 |
| 广东 | 26886 | 19582 | 1533 | 156 | 4917 | 698 |
| 广西 | 21011 | 13638 | 852 | 180 | 5467 | 874 |
| 海南 | 2670 | 857 | 145 | 30 | 1473 | 165 |
| 重庆 | 11240 | 6763 | 1257 | 357 | 1653 | 1210 |
| 四川 | 55958 | 27024 | 2931 | 2478 | 18950 | 4575 |
| 贵州 | 20652 | 9115 | 2170 | 530 | 6868 | 1969 |
| 云南 | 13432 | 10064 | 1319 | 607 | 465 | 977 |
| 西藏 | 5360 | 1692 | 2478 | 150 | | 1040 |
| 陕西 | 25412 | 19645 | 652 | 455 | 4020 | 640 |
| 甘肃 | 16748 | 6829 | 1637 | 995 | 5316 | 1971 |
| 青海 | 4518 | 1651 | 522 | 538 | 1057 | 750 |
| 宁夏 | 2365 | 721 | 345 | 207 | 757 | 335 |
| 新疆 | 10432 | 1713 | 5735 | 1233 | 557 | 1194 |

# 7-15-8 卫生人员情况

单位：人

| 年 份 | 卫生人员 | 卫生技术人员 | #执业(助理)医师 | #执业医师 | #注册护士 | #药师(士) | 乡村医生和卫生员 | 其他技术人员 | 管理人员 | 工勤技能人员 |
|---|---|---|---|---|---|---|---|---|---|---|
| 1949 | 541240 | 505040 | 363400 | 314000 | 32800 | 3357 | | | 11877 | 24323 |
| 1950 | 611240 | 555040 | 380800 | 327400 | 37800 | 8080 | | | 21877 | 34323 |
| 1955 | 1052787 | 874063 | 500398 | 402409 | 107344 | 60974 | | | 86465 | 92259 |
| 1960 | 1769205 | 1504894 | 596109 | 427498 | 170143 | 119293 | | | 132034 | 132277 |
| 1965 | 1872300 | 1531600 | 762804 | 510091 | 234546 | 117314 | | 10996 | 168845 | 160899 |
| 1970 | 6571795 | 1453247 | 702304 | 446251 | 295147 | | 4779280 | 10813 | 156862 | 171593 |
| 1975 | 7435212 | 2057068 | 877716 | 521617 | 379545 | 219904 | 4841695 | 14122 | 251420 | 270907 |
| 1978 | 7883041 | 2463931 | 978152 | 609608 | 405223 | 266570 | 4777469 | 22950 | 298104 | 320587 |
| 1980 | 7355483 | 2798241 | 1153234 | 709473 | 465798 | 308438 | 3820776 | 27834 | 310805 | 397827 |
| 1981 | 7199133 | 3011038 | 1243787 | 620291 | 525311 | 323786 | 3403012 | 29622 | 318721 | 436740 |
| 1982 | 6954413 | 3142943 | 1307205 | 668010 | 563912 | 342451 | 2996609 | 32207 | 326883 | 455771 |
| 1983 | 6757244 | 3252836 | 1352651 | 704060 | 595569 | 351002 | 2667214 | 37830 | 326927 | 472437 |
| 1984 | 6622973 | 3343998 | 1381456 | 716365 | 616080 | 358969 | 2409327 | 42539 | 341271 | 485838 |
| 1985 | 5606105 | 3410910 | 1413281 | 724238 | 636974 | 365145 | 1293094 | 46052 | 358812 | 497237 |
| 1986 | 5725854 | 3506517 | 1444150 | 745592 | 680583 | 372760 | 1279935 | 50957 | 370056 | 518389 |
| 1987 | 5842621 | 3608618 | 1481754 | 777333 | 717596 | 382121 | 1278499 | 57255 | 371167 | 527082 |
| 1988 | 5924557 | 3723756 | 1618174 | 1095926 | 829261 | 394287 | 1247045 | 65063 | 368227 | 520466 |
| 1989 | 6028234 | 3809097 | 1718018 | 1257668 | 921687 | 401098 | 1241275 | 73530 | 384890 | 519442 |
| 1990 | 6137711 | 3897921 | 1763086 | 1302997 | 974541 | 405978 | 1231510 | 85504 | 396694 | 526082 |
| 1991 | 6278458 | 3984974 | 1779545 | 1310933 | 1011943 | 409325 | 1253324 | 91265 | 408819 | 540076 |
| 1992 | 6409307 | 4073986 | 1808194 | 1327875 | 1039674 | 413598 | 1269061 | 99177 | 417670 | 549413 |
| 1993 | 6540522 | 4117067 | 1831665 | 1372471 | 1056096 | 413025 | 1325106 | 113138 | 432903 | 552311 |
| 1994 | 6630710 | 4199217 | 1882180 | 1425375 | 1093544 | 417166 | 1323701 | 116921 | 438084 | 552787 |
| 1995 | 6704395 | 4256923 | 1917772 | 1454926 | 1125661 | 418520 | 1331017 | 120782 | 450013 | 545660 |
| 1996 | 6735097 | 4311845 | 1941235 | 1475232 | 1162609 | 424952 | 1316095 | 125480 | 444571 | 537106 |
| 1997 | 6833962 | 4397805 | 1984867 | 1505342 | 1198228 | 428295 | 1317786 | 133369 | 448047 | 536955 |
| 1998 | 6863315 | 4423721 | 1999521 | 1513975 | 1218836 | 423644 | 1327633 | 145060 | 435507 | 531394 |
| 1999 | 6894985 | 4458669 | 2044672 | 1561584 | 1244844 | 418574 | 1324937 | 150041 | 434997 | 526341 |
| 2000 | 6910383 | 4490803 | 2075843 | 1603266 | 1266838 | 414408 | 1319357 | 157533 | 426789 | 515901 |
| 2001 | 6874527 | 4507700 | 2099658 | 1637337 | 1286938 | 404087 | 1290595 | 157961 | 412757 | 505514 |
| 2002 | 6528674 | 4269779 | 1843995 | 1463573 | 1246545 | 357659 | 1290595 | 179962 | 332628 | 455710 |
| 2003 | 6216971 | 4380878 | 1942364 | 1534046 | 1265959 | 357378 | 867778 | 199331 | 318692 | 450292 |
| 2004 | 6332739 | 4485983 | 1999457 | 1582442 | 1308433 | 355451 | 883075 | 209422 | 315595 | 438664 |
| 2005 | 6447246 | 4564050 | 2042135 | 1622683.8 | 1349589 | 349533 | 916532 | 225697 | 312826 | 428141 |
| 2006 | 6681184 | 4728350 | 2099064 | 1678030.7 | 1426339 | 353565 | 957459 | 235466 | 323705 | 436204 |
| 2007 | 6964389 | 4913186 | 2122925 | 1715460.3 | 1558822 | 325212 | 931761 | 243460 | 356569 | 519413 |
| 2008 | 7251803 | 5174478 | 2201904 | 1791881 | 1678091 | 330525 | 938313 | 255149 | 356854 | 527009 |
| 2009 | 7781448 | 5535124 | 2329206 | 1905436 | 1854818 | 341910 | 1050991 | 275006 | 362665 | 557662 |
| 2010 | 8207502 | 5876158 | 2413259 | 1972840 | 2048071 | 353916 | 1091863 | 290161 | 370548 | 578772 |
| 2011 | 8616040 | 6202858 | 2466094 | 2020154 | 2244020 | 363993 | 1126443 | 305981 | 374885 | 605873 |
| 2012 | 9115705 | 6675549 | 2616064 | 2138836 | 2496599 | 377398 | 1094419 | 319117 | 372997 | 653623 |
| 2013 | 9790483 | 7210578 | 2794754 | 2285794 | 2783121 | 395578 | 1081063 | 359819 | 420971 | 718052 |
| 2014 | 10234213 | 7589790 | 2892518 | 2374917 | 3004144 | 409595 | 1058182 | 379740 | 451250 | 755251 |
| 2015 | 10693881 | 8007537 | 3039135 | 2508408 | 3241469 | 423294 | 1031525 | 399712 | 472620 | 782487 |
| 2016 | 11172945 | 8454403 | 3191005 | 2651398 | 3507166 | 439246 | 1000324 | 426171 | 483198 | 808849 |

注：①卫生人员和卫生技术人员包括获得“卫生监督员”证书的公务员；②2013年起卫生人员数包括卫生计生部门主管的计划生育技术服务机构人员数；③执业(助理)医师数包括村卫生室执业(助理)医师数；④1985年以前乡村医生和卫生员系赤脚医生数。

# 7-15-9 各地区卫生人员情况

单位：人

| 地区 | 合计 | 卫生技术人员 | | | | | 乡村医生和卫生员 | 其他技术人员 | 管理人员 | 工勤技能人员 |
|---|---|---|---|---|---|---|---|---|---|---|
| | | 小计 | #执业(助理)医师 | #执业医师 | #注册护士 | #药师(士) | | | | |
| **全国** | **11172945** | **8454403** | **3191005** | **2651398** | **3507166** | **439246** | **1000324** | **426171** | **483198** | **808849** |
| 北京 | 299460 | 233953 | 89411 | 84276 | 98082 | 13682 | 3364 | 16179 | 17679 | 28285 |
| 天津 | 122558 | 94952 | 37804 | 35435 | 36088 | 5579 | 5140 | 4692 | 9544 | 8230 |
| 河北 | 555115 | 393059 | 177140 | 137687 | 143432 | 16418 | 82281 | 25601 | 19230 | 34944 |
| 山西 | 311250 | 225880 | 91699 | 79147 | 92112 | 10385 | 38593 | 11345 | 13670 | 21762 |
| 内蒙古 | 221090 | 170406 | 66391 | 56996 | 66445 | 10429 | 17944 | 9154 | 10230 | 13356 |
| 辽宁 | 365729 | 277494 | 109800 | 98985 | 119147 | 13463 | 25095 | 14697 | 19172 | 29271 |
| 吉林 | 223250 | 166605 | 69666 | 61269 | 65749 | 7933 | 17248 | 8820 | 13906 | 16671 |
| 黑龙江 | 292297 | 221362 | 84422 | 72084 | 85418 | 11550 | 23464 | 10226 | 16359 | 20886 |
| 上海 | 217061 | 178196 | 65386 | 61762 | 79373 | 9779 | 806 | 10702 | 12175 | 15182 |
| 江苏 | 654117 | 516986 | 204647 | 169889 | 221168 | 27757 | 32520 | 25219 | 26379 | 53013 |
| 浙江 | 523598 | 432641 | 168178 | 145017 | 174523 | 26872 | 8000 | 20383 | 18081 | 44493 |
| 安徽 | 388224 | 293732 | 112741 | 90089 | 126350 | 13875 | 43290 | 14690 | 14312 | 22200 |
| 福建 | 288205 | 219557 | 79685 | 69186 | 95641 | 14336 | 26502 | 10902 | 8386 | 22858 |
| 江西 | 301651 | 220972 | 79187 | 66016 | 95519 | 14246 | 45079 | 8562 | 8401 | 18637 |
| 山东 | 874110 | 641701 | 244900 | 210806 | 268379 | 33395 | 118280 | 40184 | 29007 | 44938 |
| 河南 | 796480 | 547001 | 206747 | 152056 | 222123 | 25904 | 113804 | 36512 | 34597 | 64566 |
| 湖北 | 494077 | 384532 | 141741 | 117036 | 174918 | 18508 | 40396 | 20516 | 19870 | 28763 |
| 湖南 | 515472 | 392547 | 160627 | 122423 | 161531 | 20684 | 47058 | 18466 | 23000 | 34401 |
| 广东 | 819106 | 665257 | 243224 | 199457 | 283793 | 39311 | 24996 | 26354 | 31176 | 71323 |
| 广西 | 390601 | 289872 | 96673 | 77826 | 122602 | 16693 | 34981 | 12326 | 17745 | 35677 |
| 海南 | 74585 | 57522 | 19874 | 16271 | 26495 | 2931 | 3312 | 2370 | 4036 | 7345 |
| 重庆 | 242826 | 179354 | 64709 | 51474 | 77463 | 8574 | 21644 | 8385 | 12463 | 20980 |
| 四川 | 670444 | 495750 | 185414 | 153601 | 207633 | 23998 | 65450 | 20252 | 31320 | 57672 |
| 贵州 | 277380 | 204621 | 69007 | 55371 | 85993 | 8128 | 34690 | 10629 | 13874 | 13566 |
| 云南 | 329760 | 249677 | 85876 | 71460 | 105966 | 10377 | 36038 | 12770 | 9937 | 21338 |
| 西藏 | 29187 | 14829 | 6542 | 4791 | 3833 | 654 | 10905 | 845 | 854 | 1754 |
| 陕西 | 372646 | 288607 | 85681 | 71585 | 116803 | 14815 | 32706 | 3388 | 24184 | 23761 |
| 甘肃 | 186756 | 134641 | 52791 | 42793 | 50530 | 6222 | 21121 | 7530 | 11809 | 11655 |
| 青海 | 49653 | 37010 | 13670 | 11757 | 14364 | 1915 | 6528 | 2119 | 1290 | 2706 |
| 宁夏 | 56218 | 44700 | 17070 | 15336 | 18069 | 2722 | 3559 | 2085 | 2363 | 3511 |
| 新疆 | 220039 | 170987 | 60302 | 49517 | 67624 | 8111 | 15530 | 10268 | 8149 | 15105 |

# 7-15-10 每千人口卫生技术人员数

单位：人

| 年 份 | 卫生技术人员 | | | 执业(助理)医师 | | | 其中：执业医师 | 注册护士 | | |
|---|---|---|---|---|---|---|---|---|---|---|
| | 合计 | 城市 | 农村 | 合计 | 城市 | 农村 | | 合计 | 城市 | 农村 |
| 1949 | 0.93 | 1.87 | 0.73 | 0.67 | 0.70 | 0.66 | 0.58 | 0.06 | 0.25 | 0.02 |
| 1955 | 1.42 | 3.49 | 1.01 | 0.81 | 1.24 | 0.74 | 0.70 | 0.14 | 0.64 | 0.04 |
| 1960 | 2.37 | 5.67 | 1.85 | 1.04 | 1.97 | 0.90 | 0.79 | 0.23 | 1.04 | 0.07 |
| 1965 | 2.11 | 5.37 | 1.46 | 1.05 | 2.22 | 0.82 | 0.70 | 0.32 | 1.45 | 0.10 |
| 1970 | 1.76 | 4.88 | 1.22 | 0.85 | 1.97 | 0.66 | 0.43 | 0.29 | 1.10 | 0.14 |
| 1975 | 2.24 | 6.92 | 1.41 | 0.95 | 2.66 | 0.65 | 0.57 | 0.41 | 1.74 | 0.18 |
| 1980 | 2.85 | 8.03 | 1.81 | 1.17 | 3.22 | 0.76 | 0.72 | 0.47 | 1.83 | 0.20 |
| 1985 | 3.28 | 7.92 | 2.09 | 1.36 | 3.35 | 0.85 | 0.70 | 0.61 | 1.85 | 0.30 |
| 1990 | 3.45 | 6.59 | 2.15 | 1.56 | 2.95 | 0.98 | 1.15 | 0.86 | 1.91 | 0.43 |
| 1995 | 3.59 | 5.36 | 2.32 | 1.62 | 2.39 | 1.07 | 1.23 | 0.95 | 1.59 | 0.49 |
| 1998 | 3.64 | 5.30 | 2.35 | 1.65 | 2.34 | 1.11 | 1.25 | 1.00 | 1.64 | 0.51 |
| 1999 | 3.64 | 5.24 | 2.38 | 1.67 | 2.33 | 1.14 | 1.27 | 1.02 | 1.64 | 0.52 |
| 2000 | 3.63 | 5.17 | 2.41 | 1.68 | 2.31 | 1.17 | 1.30 | 1.02 | 1.64 | 0.54 |
| 2001 | 3.62 | 5.15 | 2.38 | 1.69 | 2.32 | 1.17 | 1.32 | 1.03 | 1.65 | 0.54 |
| 2002 | 3.41 | | | 1.47 | | | 1.17 | 1.00 | | |
| 2003 | 3.48 | 4.88 | 2.26 | 1.54 | 2.13 | 1.04 | 1.22 | 1.00 | 1.59 | 0.50 |
| 2004 | 3.53 | 4.99 | 2.24 | 1.57 | 2.18 | 1.04 | 1.25 | 1.03 | 1.63 | 0.50 |
| 2005 | 3.50 | 5.82 | 2.69 | 1.56 | 2.46 | 1.26 | 1.24 | 1.03 | 2.10 | 0.65 |
| 2006 | 3.60 | 6.09 | 2.70 | 1.60 | 2.56 | 1.26 | 1.28 | 1.09 | 2.22 | 0.66 |
| 2007 | 3.72 | 6.44 | 2.69 | 1.61 | 2.61 | 1.23 | 1.30 | 1.18 | 2.42 | 0.70 |
| 2008 | 3.90 | 6.68 | 2.80 | 1.66 | 2.68 | 1.26 | 1.35 | 1.27 | 2.54 | 0.76 |
| 2009 | 4.15 | 7.15 | 2.94 | 1.75 | 2.83 | 1.31 | 1.43 | 1.39 | 2.82 | 0.81 |
| 2010 | 4.39 | 7.62 | 3.04 | 1.80 | 2.97 | 1.32 | 1.47 | 1.53 | 3.09 | 0.89 |
| 2011 | 4.58 | 7.90 | 3.19 | 1.82 | 3.00 | 1.33 | 1.49 | 1.66 | 3.29 | 0.98 |
| 2012 | 4.94 | 8.54 | 3.41 | 1.94 | 3.19 | 1.40 | 1.58 | 1.85 | 3.65 | 1.09 |
| 2013 | 5.27 | 9.18 | 3.64 | 2.04 | 3.39 | 1.48 | 1.67 | 2.04 | 4.00 | 1.22 |
| 2014 | 5.56 | 9.70 | 3.77 | 2.12 | 3.54 | 1.51 | 1.74 | 2.20 | 4.30 | 1.31 |
| 2015 | 5.84 | 10.21 | 3.90 | 2.22 | 3.72 | 1.55 | 1.84 | 2.37 | 4.58 | 1.39 |
| 2016 | 6.12 | 10.42 | 4.08 | 2.31 | 3.79 | 1.61 | 1.92 | 2.54 | 4.75 | 1.50 |

注：1.城市包括直辖市区和地级市辖区，农村包括县及县级市。
2.合计分母系常住人口数，分城乡分母为户籍人口数。

# 7-15-11 各地区每千人口卫生技术人员数

单位：人

| 地区 | 卫生技术人员 | | | 执业(助理)医师 | | | 注册护士 | | |
|---|---|---|---|---|---|---|---|---|---|
| | 合计 | 城市 | 农村 | 合计 | 城市 | 农村 | 合计 | 城市 | 农村 |
| **全国** | **6.12** | **10.40** | **4.10** | **2.30** | **3.80** | **1.60** | **2.50** | **4.70** | **1.50** |
| 北京 | 10.77 | 17.24 | | 4.11 | 6.58 | | 4.51 | 7.23 | |
| 天津 | 6.08 | 9.14 | 8.42 | 2.42 | 3.56 | 4.22 | 2.31 | 3.56 | 2.21 |
| 河北 | 5.26 | 9.80 | 3.61 | 2.37 | 3.95 | 1.77 | 1.92 | 4.32 | 1.08 |
| 山西 | 6.13 | 12.63 | 3.97 | 2.49 | 4.79 | 1.74 | 2.50 | 5.83 | 1.35 |
| 内蒙古 | 6.76 | 12.68 | 4.75 | 2.63 | 4.63 | 1.97 | 2.64 | 5.64 | 1.58 |
| 辽宁 | 6.34 | 10.29 | 3.49 | 2.51 | 3.94 | 1.49 | 2.72 | 4.71 | 1.26 |
| 吉林 | 6.10 | 9.79 | 4.70 | 2.55 | 4.07 | 1.98 | 2.41 | 4.26 | 1.67 |
| 黑龙江 | 5.83 | 9.58 | 4.11 | 2.22 | 3.50 | 1.66 | 2.25 | 4.27 | 1.26 |
| 上海 | 7.36 | 12.51 | 7.62 | 2.70 | 4.54 | 3.95 | 3.28 | 5.62 | 2.45 |
| 江苏 | 6.46 | 9.83 | 4.73 | 2.56 | 3.58 | 2.06 | 2.77 | 4.55 | 1.82 |
| 浙江 | 7.74 | 12.16 | 6.72 | 3.01 | 4.53 | 2.73 | 3.12 | 5.22 | 2.52 |
| 安徽 | 4.74 | 6.92 | 3.00 | 1.82 | 2.43 | 1.24 | 2.04 | 3.36 | 1.13 |
| 福建 | 5.67 | 9.90 | 3.99 | 2.06 | 3.62 | 1.44 | 2.47 | 4.54 | 1.64 |
| 江西 | 4.81 | 9.75 | 3.18 | 1.72 | 3.29 | 1.19 | 2.08 | 4.73 | 1.26 |
| 山东 | 6.45 | 10.21 | 4.73 | 2.46 | 3.83 | 1.84 | 2.70 | 4.65 | 1.81 |
| 河南 | 5.74 | 10.98 | 3.40 | 2.17 | 3.78 | 1.37 | 2.33 | 5.28 | 1.19 |
| 湖北 | 6.53 | 9.85 | 4.61 | 2.41 | 3.41 | 1.80 | 2.97 | 4.90 | 1.91 |
| 湖南 | 5.75 | 11.50 | 3.95 | 2.35 | 4.15 | 1.74 | 2.37 | 5.63 | 1.42 |
| 广东 | 6.05 | 11.53 | 3.62 | 2.21 | 4.10 | 1.42 | 2.58 | 5.13 | 1.37 |
| 广西 | 5.99 | 8.57 | 3.85 | 2.00 | 2.94 | 1.25 | 2.53 | 3.97 | 1.50 |
| 海南 | 6.27 | 13.05 | 3.97 | 2.17 | 4.47 | 1.38 | 2.89 | 6.37 | 1.70 |
| 重庆 | 5.88 | 7.08 | 3.65 | 2.12 | 2.46 | 1.40 | 2.54 | 3.30 | 1.36 |
| 四川 | 6.00 | 8.18 | 4.18 | 2.24 | 2.91 | 1.63 | 2.51 | 3.84 | 1.56 |
| 贵州 | 5.76 | 13.11 | 3.37 | 1.94 | 4.78 | 1.08 | 2.42 | 6.06 | 1.34 |
| 云南 | 5.23 | 13.29 | 3.99 | 1.80 | 4.75 | 1.34 | 2.22 | 6.17 | 1.61 |
| 西藏 | 4.49 | 11.82 | 2.88 | 1.98 | 5.32 | 1.25 | 1.16 | 4.07 | 0.51 |
| 陕西 | 7.57 | 10.72 | 5.35 | 2.25 | 3.38 | 1.48 | 3.06 | 4.85 | 1.88 |
| 甘肃 | 5.16 | 7.84 | 3.59 | 2.02 | 3.05 | 1.42 | 1.94 | 3.41 | 1.15 |
| 青海 | 6.24 | 19.85 | 3.67 | 2.30 | 6.82 | 1.46 | 2.42 | 9.15 | 1.14 |
| 宁夏 | 6.62 | 9.98 | 3.88 | 2.53 | 3.71 | 1.56 | 2.68 | 4.37 | 1.29 |
| 新疆 | 7.13 | 15.10 | 6.27 | 2.51 | 5.63 | 2.16 | 2.82 | 6.55 | 2.39 |

注：分母系常住人口数。

# 7-15-12 医疗卫生机构床位数

单位：万张

| 年 份 | 合计 | #医院 | #综合医院 | #中医医院 | #专科医院 | #基层医疗卫生机构 | #社区卫生服务中心(站) | #乡 镇卫生院 | #专业公共卫生机构 | #妇 幼保健院(所站) | #专科疾病防治院(所站) |
|---|---|---|---|---|---|---|---|---|---|---|---|
| 1949 | 8.46 | 8.00 | | | | | | | | | |
| 1950 | 11.91 | 9.71 | 8.46 | 0.01 | 0.74 | | | | | 0.27 | |
| 1955 | 36.28 | 21.53 | 17.08 | 0.14 | 2.80 | | | | | 0.57 | |
| 1960 | 97.68 | 59.14 | 44.74 | 1.42 | 7.95 | | | 4.63 | | 0.88 | 1.74 |
| 1965 | 103.33 | 61.20 | 48.04 | 1.04 | 7.49 | | | 13.25 | | 0.92 | |
| 1970 | 126.15 | 70.50 | 57.21 | 1.01 | 7.79 | | | 36.80 | | 0.70 | |
| 1975 | 176.43 | 94.02 | 76.33 | 1.37 | 11.11 | | | 62.03 | | 0.97 | 2.88 |
| 1978 | 204.20 | 110.00 | 87.33 | 3.40 | 12.10 | | | 74.73 | | 1.16 | 2.63 |
| 1980 | 218.44 | 119.58 | 94.11 | 5.00 | 12.87 | | | 77.54 | | 1.64 | 2.73 |
| 1981 | 223.38 | 124.09 | 96.80 | 5.79 | 13.49 | | | 76.31 | | 1.97 | 2.71 |
| 1982 | 228.03 | 128.52 | 99.83 | 6.40 | 13.90 | | | 75.32 | | 2.33 | 2.73 |
| 1983 | 234.16 | 134.53 | 103.99 | 7.24 | 14.58 | | | 74.62 | | 2.75 | 2.85 |
| 1984 | 241.24 | 141.24 | 108.00 | 8.65 | 15.29 | | | 73.14 | | 3.18 | 2.96 |
| 1985 | 248.71 | 150.86 | 112.77 | 11.23 | 16.56 | | | 72.06 | | 3.46 | 2.95 |
| 1986 | 256.25 | 155.98 | 117.52 | 12.52 | 17.71 | | | 71.12 | | 3.67 | 3.06 |
| 1987 | 268.50 | 165.34 | 123.71 | 14.21 | 19.03 | | | 72.30 | | 4.00 | 3.07 |
| 1988 | 279.49 | 174.70 | 129.06 | 15.55 | 20.23 | | | 72.61 | | 4.35 | 3.00 |
| 1989 | 286.70 | 181.46 | 133.60 | 16.60 | 20.93 | | | 72.30 | | 4.50 | 3.10 |
| 1990 | 292.54 | 186.89 | 136.90 | 17.57 | 21.95 | | | 72.29 | | 4.66 | 3.10 |
| 1991 | 299.19 | 192.61 | 140.55 | 18.82 | 22.26 | | | 72.92 | | 4.80 | 3.17 |
| 1992 | 304.94 | 197.66 | 144.10 | 20.04 | 22.71 | | | 73.28 | | 5.00 | 3.22 |
| 1993 | 309.90 | 203.64 | 156.63 | 21.35 | 24.37 | | | 73.08 | | 4.50 | 3.03 |
| 1994 | 313.40 | 207.04 | 158.70 | 22.18 | 24.85 | | | 73.24 | | 4.80 | 2.98 |
| 1995 | 314.06 | 206.33 | 158.72 | 22.72 | 24.51 | | | 73.31 | | 5.13 | 3.07 |
| 1996 | 309.96 | 209.65 | 159.73 | 23.75 | 24.86 | | | 73.47 | | 5.60 | 2.83 |
| 1997 | 313.45 | 211.92 | 161.21 | 24.46 | 24.97 | | | 74.24 | | 6.02 | 3.06 |
| 1998 | 314.30 | 213.41 | 162.00 | 24.95 | 25.01 | | | 73.77 | | 6.30 | 2.90 |
| 1999 | 315.90 | 215.07 | 163.25 | 25.33 | 25.03 | | | 73.40 | | 6.63 | 2.93 |
| 2000 | 317.70 | 216.67 | 164.09 | 25.93 | 25.08 | 76.65 | | 73.48 | 11.86 | 7.12 | 2.84 |
| 2001 | 320.12 | 215.56 | 150.50 | 24.60 | 25.65 | 77.14 | | 74.00 | 12.02 | 7.40 | 2.70 |
| 2002 | 313.61 | 222.18 | 168.38 | 24.67 | 26.21 | 71.05 | 1.20 | 67.13 | 12.37 | 7.98 | 3.18 |
| 2003 | 316.40 | 226.95 | 171.34 | 26.02 | 26.72 | 71.05 | 1.21 | 67.27 | 12.61 | 8.09 | 3.38 |
| 2004 | 326.84 | 236.35 | 177.68 | 27.55 | 28.26 | 71.44 | 1.81 | 66.89 | 12.73 | 8.70 | 3.12 |
| 2005 | 336.75 | 244.50 | 183.47 | 28.77 | 29.21 | 72.58 | 2.50 | 67.82 | 13.58 | 9.41 | 3.34 |
| 2006 | 351.18 | 256.04 | 190.29 | 30.32 | 32.05 | 76.19 | 4.12 | 69.62 | 13.50 | 9.93 | 2.80 |
| 2007 | 370.11 | 267.51 | 197.16 | 32.16 | 34.37 | 85.03 | 7.66 | 74.72 | 13.29 | 10.62 | 2.59 |
| 2008 | 403.87 | 288.29 | 211.28 | 35.03 | 37.77 | 97.10 | 9.80 | 84.69 | 14.66 | 11.73 | 2.64 |
| 2009 | 441.66 | 312.08 | 227.11 | 38.56 | 41.67 | 109.98 | 13.13 | 93.34 | 15.40 | 12.61 | 2.71 |
| 2010 | 478.68 | 338.74 | 244.95 | 42.42 | 45.95 | 119.22 | 16.88 | 99.43 | 16.45 | 13.44 | 2.93 |
| 2011 | 515.99 | 370.51 | 267.07 | 47.71 | 49.65 | 123.37 | 18.71 | 102.63 | 17.81 | 14.59 | 3.14 |
| 2012 | 572.48 | 416.15 | 297.99 | 54.80 | 55.74 | 132.43 | 20.32 | 109.93 | 19.82 | 16.16 | 3.57 |
| 2013 | 618.19 | 457.86 | 325.52 | 60.88 | 62.11 | 134.99 | 19.42 | 113.65 | 21.49 | 17.55 | 3.85 |
| 2014 | 660.12 | 496.12 | 349.99 | 66.50 | 68.58 | 138.12 | 19.59 | 116.72 | 22.30 | 18.48 | 3.76 |
| 2015 | 701.52 | 533.06 | 372.10 | 71.54 | 76.25 | 141.38 | 20.10 | 119.61 | 23.63 | 19.54 | 4.03 |
| 2016 | 741.05 | 568.89 | 392.79 | 76.18 | 84.46 | 144.19 | 20.27 | 122.39 | 24.72 | 20.65 | 4.00 |

# 7–15–13 各地区医疗卫生机构床位数

单位：张

| 地区 | 合计 | #医院 | #基层医疗卫生机构 | #社区卫生服务中心(站) | #乡镇卫生院 | #专业公共卫生机构 | #妇幼保健院(所/站) | #专科疾病防治院(所/站) |
|---|---|---|---|---|---|---|---|---|
| **全国** | **7410453** | **5688875** | **1441940** | **202689** | **1223891** | **247228** | **206538** | **40048** |
| 北京 | 117041 | 110073 | 4443 | 4417 | | 2525 | 1971 | 554 |
| 天津 | 65832 | 57561 | 7101 | 2869 | 4093 | 874 | 130 | 744 |
| 河北 | 360485 | 270831 | 76853 | 9762 | 66624 | 11796 | 10910 | 831 |
| 山西 | 189689 | 147011 | 37042 | 3977 | 30068 | 3786 | 3616 | 160 |
| 内蒙古 | 139236 | 109676 | 24802 | 4581 | 20002 | 4242 | 3848 | 394 |
| 辽宁 | 284384 | 239350 | 36720 | 5935 | 30424 | 3334 | 1210 | 1995 |
| 吉林 | 151195 | 124837 | 20896 | 3180 | 17429 | 3164 | 2109 | 1055 |
| 黑龙江 | 220054 | 181514 | 30039 | 6989 | 22469 | 7551 | 4044 | 3503 |
| 上海 | 129166 | 110148 | 16690 | 16690 | | 1465 | 1317 | 148 |
| 江苏 | 443060 | 356188 | 77546 | 18480 | 58768 | 6495 | 5411 | 1079 |
| 浙江 | 289870 | 254793 | 24605 | 7184 | 17096 | 8500 | 7985 | 448 |
| 安徽 | 281720 | 216281 | 58613 | 7137 | 51305 | 6156 | 3787 | 2339 |
| 福建 | 174767 | 131892 | 32833 | 3338 | 29449 | 7502 | 5917 | 1554 |
| 江西 | 209097 | 143049 | 52240 | 4284 | 47672 | 11998 | 8994 | 3004 |
| 山东 | 540994 | 399427 | 115017 | 16271 | 97894 | 23404 | 18611 | 4663 |
| 河南 | 521546 | 387054 | 111968 | 11267 | 99994 | 22379 | 20894 | 1455 |
| 湖北 | 360558 | 256909 | 87662 | 14561 | 71546 | 15987 | 13752 | 2231 |
| 湖南 | 425757 | 299251 | 107788 | 10967 | 96111 | 18618 | 13627 | 4991 |
| 广东 | 465142 | 371685 | 65634 | 8512 | 56075 | 26787 | 20965 | 5822 |
| 广西 | 224471 | 148480 | 62207 | 1569 | 60565 | 12883 | 12442 | 440 |
| 海南 | 40324 | 31667 | 6493 | 1021 | 5432 | 1477 | 1383 | 94 |
| 重庆 | 190850 | 136245 | 50288 | 8757 | 40045 | 3612 | 3222 | 390 |
| 四川 | 519205 | 375378 | 132023 | 11214 | 120279 | 11452 | 11122 | 274 |
| 贵州 | 210279 | 159098 | 43758 | 2894 | 39905 | 7323 | 7047 | 276 |
| 云南 | 253555 | 194727 | 51206 | 4682 | 46225 | 6734 | 6175 | 531 |
| 西藏 | 14456 | 10397 | 3345 | 60 | 3285 | 674 | 674 | |
| 陕西 | 225400 | 180316 | 36346 | 3308 | 32722 | 7970 | 7054 | 916 |
| 甘肃 | 134346 | 100638 | 28631 | 3877 | 24600 | 4427 | 4383 | 32 |
| 青海 | 34749 | 29156 | 5193 | 1127 | 4062 | 400 | 360 | 40 |
| 宁夏 | 36313 | 32027 | 3218 | 305 | 2913 | 968 | 968 | |
| 新疆 | 156912 | 123216 | 30740 | 3474 | 26839 | 2745 | 2610 | 85 |

# 7-15-14 各地区医疗卫生机构门诊服务情况

| 地区 | 诊疗人次数(亿人次) | #门急诊 | 观察室留观病例数(万人) | 健康检查人数(万人) | 急诊病死率(%) | 观察室病死率(%) | 居民平均就诊次数(次) |
|---|---|---|---|---|---|---|---|
| **全国** | **79.32** | **76.00** | **5077.00** | **45290.13** | **0.07** | **0.09** | **5.75** |
| 北京 | 2.32 | 2.30 | 223.10 | 828.54 | 0.09 | 0.14 | 10.68 |
| 天津 | 1.20 | 1.16 | 138.08 | 433.25 | 0.08 | 0.06 | 7.68 |
| 河北 | 4.35 | 3.99 | 177.91 | 1483.20 | 0.16 | 0.09 | 5.82 |
| 山西 | 1.29 | 1.19 | 49.04 | 803.20 | 0.14 | 0.14 | 3.52 |
| 内蒙古 | 1.03 | 0.96 | 45.14 | 531.46 | 0.13 | 0.22 | 4.10 |
| 辽宁 | 1.93 | 1.79 | 252.84 | 933.08 | 0.12 | 0.06 | 4.41 |
| 吉林 | 1.08 | 0.95 | 50.51 | 447.64 | 0.10 | 0.09 | 3.94 |
| 黑龙江 | 1.19 | 1.10 | 52.17 | 575.59 | 0.17 | 0.32 | 3.13 |
| 上海 | 2.59 | 2.55 | 18.56 | 880.50 | 0.12 | 2.54 | 10.72 |
| 江苏 | 5.52 | 5.37 | 169.56 | 2786.43 | 0.04 | 0.03 | 6.90 |
| 浙江 | 5.55 | 5.45 | 108.47 | 8490.95 | 0.04 | 0.15 | 9.93 |
| 安徽 | 2.63 | 2.52 | 159.84 | 1390.54 | 0.08 | 0.02 | 4.25 |
| 福建 | 2.19 | 2.13 | 66.40 | 921.51 | 0.02 | 0.04 | 5.66 |
| 江西 | 2.13 | 2.04 | 170.39 | 1283.60 | 0.03 | 0.02 | 4.65 |
| 山东 | 6.22 | 5.90 | 374.38 | 2854.59 | 0.16 | 0.12 | 6.25 |
| 河南 | 5.78 | 5.48 | 161.27 | 2635.83 | 0.18 | 0.10 | 6.06 |
| 湖北 | 3.55 | 3.40 | 349.21 | 1778.29 | 0.07 | 0.05 | 6.03 |
| 湖南 | 2.64 | 2.46 | 414.60 | 1652.24 | 0.07 | 0.10 | 3.87 |
| 广东 | 8.12 | 7.93 | 561.40 | 4239.74 | 0.03 | 0.04 | 7.38 |
| 广西 | 2.54 | 2.47 | 174.57 | 1402.81 | 0.03 | 0.04 | 5.25 |
| 海南 | 0.49 | 0.48 | 20.67 | 218.85 | 0.03 | 0.02 | 5.31 |
| 重庆 | 1.49 | 1.44 | 239.59 | 751.83 | 0.08 | 0.02 | 4.89 |
| 四川 | 4.64 | 4.47 | 280.30 | 2823.65 | 0.07 | 0.04 | 5.62 |
| 贵州 | 1.38 | 1.32 | 140.19 | 784.04 | 0.05 | 0.03 | 3.89 |
| 云南 | 2.45 | 2.39 | 365.20 | 980.81 | 0.03 | 0.06 | 5.13 |
| 西藏 | 0.14 | 0.13 | 9.14 | 142.20 | 0.04 | 0.02 | 4.22 |
| 陕西 | 1.85 | 1.80 | 20.42 | 888.84 | 0.09 | 0.18 | 4.85 |
| 甘肃 | 1.30 | 1.22 | 128.03 | 935.25 | 0.10 | 0.56 | 5.00 |
| 青海 | 0.24 | 0.22 | 41.64 | 147.61 | 0.24 | 0.01 | 3.97 |
| 宁夏 | 0.38 | 0.37 | 48.27 | 188.98 | 0.11 | 0.02 | 5.68 |
| 新疆 | 1.09 | 1.04 | 66.13 | 1075.10 | 0.14 | 0.18 | 4.55 |

# 7-15-15 各地区医疗卫生机构住院服务情况

| 地 区 | 入院人数（万人） | 出院人数（万人） | 住院病人手术人次（万人次） | 病死率（%） | 每床出院人数（人） | 每百门急诊入院人数（人） | 居民年住院率（%） |
|---|---|---|---|---|---|---|---|
| **全 国** | **22727.58** | **22603.64** | **5082.20** | **0.37** | **30.54** | **4.35** | **16.46** |
| 北 京 | 311.89 | 310.91 | 129.17 | 1.05 | 26.56 | 1.46 | 14.35 |
| 天 津 | 162.10 | 162.39 | 64.23 | 0.64 | 24.70 | 1.63 | 10.38 |
| 河 北 | 1117.72 | 1107.12 | 194.23 | 0.27 | 30.74 | 5.59 | 14.96 |
| 山 西 | 430.08 | 425.04 | 96.29 | 0.22 | 22.57 | 5.53 | 11.68 |
| 内蒙古 | 329.48 | 327.99 | 61.06 | 0.58 | 23.60 | 4.78 | 13.07 |
| 辽 宁 | 692.57 | 687.53 | 136.10 | 0.93 | 24.21 | 5.37 | 15.82 |
| 吉 林 | 368.83 | 365.87 | 69.90 | 0.97 | 24.21 | 5.61 | 13.50 |
| 黑龙江 | 564.14 | 561.23 | 120.21 | 0.96 | 25.54 | 6.82 | 14.85 |
| 上 海 | 366.61 | 366.16 | 199.06 | 1.37 | 28.35 | 1.55 | 15.15 |
| 江 苏 | 1308.96 | 1302.75 | 330.07 | 0.16 | 29.49 | 3.19 | 16.36 |
| 浙 江 | 871.29 | 869.42 | 268.03 | 0.27 | 30.04 | 1.93 | 15.59 |
| 安 徽 | 897.32 | 891.36 | 180.10 | 0.30 | 31.71 | 5.44 | 14.48 |
| 福 建 | 535.04 | 533.88 | 132.34 | 0.13 | 30.58 | 3.59 | 13.81 |
| 江 西 | 745.47 | 742.05 | 130.47 | 0.17 | 35.51 | 6.85 | 16.23 |
| 山 东 | 1691.78 | 1684.20 | 351.87 | 0.35 | 31.17 | 5.23 | 17.01 |
| 河 南 | 1601.82 | 1593.89 | 314.76 | 0.24 | 30.66 | 5.00 | 16.80 |
| 湖 北 | 1197.57 | 1190.84 | 271.70 | 0.37 | 33.03 | 5.51 | 20.35 |
| 湖 南 | 1400.93 | 1391.05 | 222.28 | 0.12 | 32.68 | 9.12 | 20.54 |
| 广 东 | 1546.88 | 1544.86 | 556.46 | 0.47 | 33.26 | 2.64 | 14.06 |
| 广 西 | 860.36 | 858.44 | 143.17 | 0.35 | 38.24 | 5.15 | 17.78 |
| 海 南 | 110.04 | 109.91 | 20.05 | 0.26 | 27.31 | 3.19 | 12.00 |
| 重 庆 | 631.37 | 628.03 | 113.17 | 0.35 | 32.91 | 6.56 | 20.71 |
| 四 川 | 1655.96 | 1647.27 | 323.46 | 0.42 | 31.74 | 5.60 | 20.04 |
| 贵 州 | 661.93 | 654.61 | 126.04 | 0.19 | 31.19 | 7.43 | 18.62 |
| 云 南 | 819.44 | 816.86 | 188.07 | 0.26 | 32.27 | 5.13 | 17.18 |
| 西 藏 | 34.38 | 28.71 | 4.98 | 0.17 | 19.86 | 3.45 | 10.40 |
| 陕 西 | 680.65 | 675.53 | 143.02 | 0.28 | 29.99 | 6.09 | 17.85 |
| 甘 肃 | 400.20 | 396.89 | 60.93 | 0.18 | 29.57 | 5.65 | 15.33 |
| 青 海 | 91.18 | 90.73 | 15.54 | 0.24 | 26.14 | 5.59 | 15.36 |
| 宁 夏 | 106.72 | 105.59 | 24.52 | 0.21 | 29.08 | 3.82 | 15.81 |
| 新 疆 | 535.11 | 532.54 | 90.91 | 0.35 | 33.96 | 6.39 | 22.31 |

# 7-15-16 社区卫生服务中心(站)医疗服务情况

| 年份<br>地区 | 社区卫生服务中心 | | | | | 社区卫生服务站 | |
|---|---|---|---|---|---|---|---|
| | 诊疗人次(万人次) | 入院人数(万人) | 病床使用率(%) | 平均住院日(日) | 医师日均担负诊疗人次(人次) | 诊疗人次(万人次) | 医师日均担负诊疗人次(人次) |
| 2004 | 4615.6 | 15.2 | 61.2 | 21.0 | 13.0 | 5095.5 | 11.1 |
| 2005 | 5938.5 | 26.6 | 60.7 | 17.2 | 13.7 | 6281.5 | 11.0 |
| 2006 | 8285.5 | 43.6 | 57.9 | 15.5 | 13.0 | 9378.9 | 13.1 |
| 2007 | 12712.4 | 74.3 | 59.6 | 13.1 | 13.1 | 9875.0 | 14.6 |
| 2008 | 17247.3 | 103.3 | 58.7 | 13.4 | 12.9 | 8425.1 | 12.5 |
| 2009 | 26080.2 | 164.2 | 59.8 | 10.6 | 14.0 | 11617.3 | 13.7 |
| 2010 | 34740.4 | 218.1 | 56.1 | 10.4 | 13.6 | 13711.1 | 13.6 |
| 2011 | 40950.0 | 247.3 | 54.4 | 10.2 | 14.0 | 13703.8 | 13.7 |
| 2012 | 45475.1 | 268.7 | 55.5 | 10.1 | 14.8 | 14393.6 | 14.0 |
| 2013 | 50788.6 | 292.1 | 57.0 | 9.8 | 15.7 | 14921.2 | 14.3 |
| 2014 | 53618.8 | 298.1 | 55.6 | 9.9 | 16.1 | 14912.0 | 14.4 |
| 2015 | 55902.6 | 305.5 | 54.7 | 9.8 | 16.3 | 14742.5 | 14.1 |
| 2016 | 56327.0 | 313.7 | 54.6 | 9.7 | 15.9 | 15561.9 | 14.5 |
| 北　京 | 4668.2 | 2.5 | 31.7 | 18.1 | 17.1 | 599.3 | 21.2 |
| 天　津 | 1544.1 | 1.3 | 21.7 | 12.1 | 22.9 | 268.5 | 31.1 |
| 河　北 | 689.5 | 6.1 | 44.2 | 9.2 | 8.7 | 997.6 | 10.9 |
| 山　西 | 379.3 | 4.0 | 41.9 | 10.9 | 6.7 | 405.3 | 6.9 |
| 内蒙古 | 415.5 | 5.5 | 50.5 | 9.1 | 6.6 | 368.5 | 7.7 |
| 辽　宁 | 996.6 | 6.5 | 37.1 | 9.9 | 9.9 | 556.8 | 12.6 |
| 吉　林 | 381.7 | 2.4 | 30.0 | 9.9 | 6.1 | 70.8 | 9.2 |
| 黑龙江 | 633.5 | 7.4 | 39.2 | 9.9 | 6.1 | 111.3 | 7.2 |
| 上　海 | 8580.2 | 7.5 | 88.6 | 62.9 | 27.8 | | |
| 江　苏 | 6373.5 | 34.5 | 51.7 | 9.0 | 19.1 | 1420.4 | 21.0 |
| 浙　江 | 8824.4 | 6.2 | 40.1 | 15.3 | 24.2 | 385.9 | 24.1 |
| 安　徽 | 1060.5 | 12.7 | 43.8 | 7.6 | 11.0 | 1077.3 | 13.4 |
| 福　建 | 1361.3 | 6.0 | 35.8 | 6.5 | 16.1 | 331.7 | 13.8 |
| 江　西 | 352.4 | 4.5 | 50.9 | 7.8 | 8.5 | 352.6 | 12.5 |
| 山　东 | 1819.5 | 24.0 | 51.8 | 8.5 | 9.8 | 1491.7 | 13.9 |
| 河　南 | 1181.9 | 15.5 | 48.0 | 9.3 | 9.3 | 939.2 | 14.6 |
| 湖　北 | 1497.8 | 33.1 | 62.0 | 8.0 | 9.3 | 934.4 | 21.9 |
| 湖　南 | 840.3 | 29.3 | 66.7 | 7.2 | 6.6 | 241.4 | 7.2 |
| 广　东 | 9263.1 | 16.2 | 50.8 | 8.7 | 22.7 | 2189.5 | 29.2 |
| 广　西 | 719.6 | 3.2 | 50.8 | 7.2 | 14.2 | 177.3 | 13.5 |
| 海　南 | 96.2 | 2.3 | 60.4 | 5.7 | 10.5 | 205.5 | 15.1 |
| 重　庆 | 685.1 | 28.2 | 73.5 | 7.7 | 8.5 | 116.2 | 12.5 |
| 四　川 | 1898.3 | 23.1 | 62.7 | 8.0 | 13.8 | 460.9 | 12.7 |
| 贵　州 | 245.9 | 8.0 | 50.1 | 5.3 | 7.3 | 286.9 | 9.1 |
| 云　南 | 452.7 | 9.2 | 55.7 | 7.0 | 11.8 | 263.2 | 11.3 |
| 西　藏 | 6.7 | | 14.3 | | 3.8 | 1.4 | 6.3 |
| 陕　西 | 448.1 | 5.0 | 41.6 | 8.7 | 8.3 | 294.0 | 11.5 |
| 甘　肃 | 327.2 | 4.1 | 57.1 | 5.8 | 8.1 | 325.2 | 10.9 |
| 青　海 | 68.9 | 0.9 | 47.8 | 7.8 | 7.4 | 176.8 | 18.8 |
| 宁　夏 | 37.8 | 0.1 | 60.0 | 10.3 | 14.0 | 166.1 | 19.9 |
| 新　疆 | 477.2 | 4.5 | 50.6 | 8.8 | 10.7 | 346.1 | 9.7 |

# 7-15-17 监测地区5岁以下儿童和孕产妇死亡率

| 年 份 | 新生儿死亡率(‰) | | | 婴儿死亡率(‰) | | | 5岁以下儿童死亡率(‰) | | | 孕产妇死亡率(1/10万) | | |
|---|---|---|---|---|---|---|---|---|---|---|---|---|
| | 合计 | 城市 | 农村 | 合计 | 城市 | 农村 | 合计 | 城市 | 农村 | 合计 | 城市 | 农村 |
| 1991 | 33.1 | 12.5 | 37.9 | 50.2 | 17.3 | 58.0 | 61.0 | 20.9 | 71.1 | 80.0 | 46.3 | 100.0 |
| 1992 | 32.5 | 13.9 | 36.8 | 46.7 | 18.4 | 53.2 | 57.4 | 20.7 | 65.6 | 76.5 | 42.7 | 97.9 |
| 1993 | 31.2 | 12.9 | 35.4 | 43.6 | 15.9 | 50.0 | 53.1 | 18.3 | 61.6 | 67.3 | 38.5 | 85.1 |
| 1994 | 28.5 | 12.2 | 32.3 | 39.9 | 15.5 | 45.6 | 49.6 | 18.0 | 56.9 | 64.8 | 44.1 | 77.5 |
| 1995 | 27.3 | 10.6 | 31.1 | 36.4 | 14.2 | 41.6 | 44.5 | 16.4 | 51.1 | 61.9 | 39.2 | 76.0 |
| 1996 | 24.0 | 12.2 | 26.7 | 36.0 | 14.8 | 40.9 | 45.0 | 16.9 | 51.4 | 63.9 | 29.2 | 86.4 |
| 1997 | 24.2 | 10.3 | 27.5 | 33.1 | 13.1 | 37.7 | 42.3 | 15.5 | 48.5 | 63.6 | 38.3 | 80.4 |
| 1998 | 22.3 | 10.0 | 25.1 | 33.2 | 13.5 | 37.7 | 42.0 | 16.2 | 47.9 | 56.2 | 28.6 | 74.1 |
| 1999 | 22.2 | 9.5 | 25.1 | 33.3 | 11.9 | 38.2 | 41.4 | 14.3 | 47.7 | 58.7 | 26.2 | 79.7 |
| 2000 | 22.8 | 9.5 | 25.8 | 32.2 | 11.8 | 37.0 | 39.7 | 13.8 | 45.7 | 53.0 | 29.3 | 69.6 |
| 2001 | 21.4 | 10.6 | 23.9 | 30.0 | 13.6 | 33.8 | 35.9 | 16.3 | 40.4 | 50.2 | 33.1 | 61.9 |
| 2002 | 20.7 | 9.7 | 23.2 | 29.2 | 12.2 | 33.1 | 34.9 | 14.6 | 39.6 | 43.2 | 22.3 | 58.2 |
| 2003 | 18.0 | 8.9 | 20.1 | 25.5 | 11.3 | 28.7 | 29.9 | 14.8 | 33.4 | 51.3 | 27.6 | 65.4 |
| 2004 | 15.4 | 8.4 | 17.3 | 21.5 | 10.1 | 24.5 | 25.0 | 12.0 | 28.5 | 48.3 | 26.1 | 63.0 |
| 2005 | 13.2 | 7.5 | 14.7 | 19.0 | 9.1 | 21.6 | 22.5 | 10.7 | 25.7 | 47.7 | 25.0 | 53.8 |
| 2006 | 12.0 | 6.8 | 13.4 | 17.2 | 8.0 | 19.7 | 20.6 | 9.6 | 23.6 | 41.1 | 24.8 | 45.5 |
| 2007 | 10.7 | 5.5 | 12.8 | 15.3 | 7.7 | 18.6 | 18.1 | 9.0 | 21.8 | 36.6 | 25.2 | 41.3 |
| 2008 | 10.2 | 5.0 | 12.3 | 14.9 | 6.5 | 18.4 | 18.5 | 7.9 | 22.7 | 34.2 | 29.2 | 36.1 |
| 2009 | 9.0 | 4.5 | 10.8 | 13.8 | 6.2 | 17.0 | 17.2 | 7.6 | 21.1 | 31.9 | 26.6 | 34.0 |
| 2010 | 8.3 | 4.1 | 10.0 | 13.1 | 5.8 | 16.1 | 16.4 | 7.3 | 20.1 | 30.0 | 29.7 | 30.1 |
| 2011 | 7.8 | 4.0 | 9.4 | 12.1 | 5.8 | 14.7 | 15.6 | 7.1 | 19.1 | 26.1 | 25.2 | 26.5 |
| 2012 | 6.9 | 3.9 | 8.1 | 10.3 | 5.2 | 12.4 | 13.2 | 5.9 | 16.2 | 24.5 | 22.2 | 25.6 |
| 2013 | 6.3 | 3.7 | 7.3 | 9.5 | 5.2 | 11.3 | 12.0 | 6.0 | 14.5 | 23.2 | 22.4 | 23.6 |
| 2014 | 5.9 | 3.5 | 6.9 | 8.9 | 4.8 | 10.7 | 11.7 | 5.9 | 14.2 | 21.7 | 20.5 | 22.2 |
| 2015 | 5.4 | 3.3 | 6.4 | 8.1 | 4.7 | 9.6 | 10.7 | 5.8 | 12.9 | 20.1 | 19.8 | 20.2 |
| 2016 | 4.9 | 2.9 | 5.7 | 7.5 | 4.2 | 9.0 | 10.2 | 5.2 | 12.4 | 19.9 | 19.5 | 20.0 |

# 7-15-18 城市居民主要疾病死亡率及死因构成

| 疾病名称 | 合计 | | | 男 | | | 女 | | |
|---|---|---|---|---|---|---|---|---|---|
| | 死亡率(1/10万) | 构成(%) | 位次 | 死亡率(1/10万) | 构成(%) | 位次 | 死亡率(1/10万) | 构成(%) | 位次 |
| 传染病(含呼吸道结核) | 6.46 | 1.05 | 10 | 9.01 | 1.29 | 8 | 3.85 | 0.73 | 10 |
| 寄生虫病 | 0.05 | 0.01 | 17 | 0.05 | 0.01 | 16 | 0.06 | 0.01 | 17 |
| 恶性肿瘤 | 160.07 | 26.06 | 1 | 200.97 | 28.73 | 1 | 118.05 | 22.42 | 2 |
| 血液,造血器官及免疫疾病 | 1.37 | 0.22 | 15 | 1.40 | 0.20 | 15 | 1.33 | 0.25 | 15 |
| 内分泌,营养和代谢疾病 | 20.43 | 3.33 | 6 | 19.42 | 2.78 | 6 | 21.47 | 4.08 | 6 |
| 精神障碍 | 2.72 | 0.44 | 11 | 2.60 | 0.37 | 11 | 2.83 | 0.54 | 11 |
| 神经系统疾病 | 7.50 | 1.22 | 8 | 7.63 | 1.09 | 9 | 7.37 | 1.40 | 8 |
| 心脏病 | 138.70 | 22.58 | 2 | 142.30 | 20.34 | 2 | 135.00 | 25.64 | 1 |
| 脑血管病 | 126.41 | 20.58 | 3 | 139.50 | 19.94 | 3 | 112.95 | 21.46 | 3 |
| 呼吸系统疾病 | 69.03 | 11.24 | 4 | 79.65 | 11.39 | 4 | 58.12 | 11.04 | 4 |
| 消化系统疾病 | 14.05 | 2.29 | 7 | 17.38 | 2.48 | 7 | 10.62 | 2.02 | 7 |
| 肌肉骨骼和结缔组织疾病 | 2.25 | 0.37 | 12 | 1.78 | 0.25 | 13 | 2.73 | 0.52 | 12 |
| 泌尿生殖系统疾病 | 6.58 | 1.07 | 9 | 7.44 | 1.06 | 10 | 5.69 | 1.08 | 9 |
| 妊娠,分娩产褥期并发症 | 0.09 | 0.02 | 16 | | | | 0.19 | 0.04 | 16 |
| 围生期疾病 | 1.87 | 0.30 | 13 | 2.24 | 0.32 | 12 | 1.49 | 0.28 | 13 |
| 先天畸形,变形和染色体异常 | 1.55 | 0.25 | 14 | 1.74 | 0.25 | 14 | 1.37 | 0.26 | 14 |
| 损伤和中毒外部原因 | 37.34 | 6.08 | 5 | 48.12 | 6.88 | 5 | 26.25 | 4.99 | 5 |
| 诊断不明 | 2.18 | 0.36 | | 2.92 | 0.42 | | 1.43 | 0.27 | |
| 其他疾病 | 6.06 | 0.99 | | 5.03 | 0.72 | | 7.11 | 1.35 | |

# 7-15-19 农村居民主要疾病死亡率及死因构成

| 疾病名称 | 合计 | | | 男 | | | 女 | | |
|---|---|---|---|---|---|---|---|---|---|
| | 死亡率(1/10万) | 构成(%) | 位次 | 死亡率(1/10万) | 构成(%) | 位次 | 死亡率(1/10万) | 构成(%) | 位次 |
| 传染病(含呼吸道结核) | 7.76 | 1.14 | 8 | 10.57 | 1.36 | 8 | 4.84 | 0.83 | 10 |
| 寄生虫病 | 0.07 | 0.01 | 17 | 0.09 | 0.01 | 16 | 0.05 | 0.01 | 17 |
| 恶性肿瘤 | 155.83 | 22.92 | 2 | 199.41 | 25.73 | 1 | 110.45 | 19.02 | 3 |
| 血液,造血器官及免疫疾病 | 1.15 | 0.17 | 15 | 1.21 | 0.16 | 15 | 1.10 | 0.19 | 15 |
| 内分泌营养和代谢疾病 | 15.72 | 2.31 | 6 | 13.90 | 1.79 | 7 | 17.61 | 3.03 | 6 |
| 精神障碍 | 2.85 | 0.42 | 11 | 2.78 | 0.36 | 11 | 2.92 | 0.50 | 11 |
| 神经系统疾病 | 7.54 | 1.11 | 9 | 7.43 | 0.96 | 10 | 7.65 | 1.32 | 8 |
| 心脏病 | 151.18 | 22.24 | 3 | 154.07 | 19.88 | 3 | 148.17 | 25.52 | 1 |
| 脑血管病 | 158.15 | 23.26 | 1 | 173.81 | 22.42 | 2 | 141.84 | 24.43 | 2 |
| 呼吸系统疾病 | 81.72 | 12.02 | 4 | 90.54 | 11.68 | 4 | 72.54 | 12.49 | 4 |
| 消化系统疾病 | 14.31 | 2.11 | 7 | 18.40 | 2.37 | 6 | 10.06 | 1.73 | 7 |
| 肌肉骨骼和结缔组织疾病 | 1.68 | 0.25 | 14 | 1.38 | 0.18 | 14 | 1.99 | 0.34 | 12 |
| 泌尿生殖系统疾病 | 7.38 | 1.09 | 10 | 8.61 | 1.11 | 9 | 6.10 | 1.05 | 9 |
| 妊娠分娩产褥期并发症 | 0.12 | 0.02 | 16 | | | | 0.24 | 0.04 | 16 |
| 围生期疾病 | 2.12 | 0.31 | 12 | 2.59 | 0.33 | 12 | 1.63 | 0.28 | 13 |
| 先天畸形,变形和染色体异常 | 1.74 | 0.26 | 13 | 1.91 | 0.25 | 13 | 1.56 | 0.27 | 14 |
| 损伤和中毒外部原因 | 54.48 | 8.01 | 5 | 72.54 | 9.36 | 5 | 35.68 | 6.15 | 5 |
| 诊断不明 | 2.11 | 0.31 | | 2.44 | 0.31 | | 1.76 | 0.30 | |
| 其他疾病 | 6.17 | 0.91 | | 4.99 | 0.64 | | 7.40 | 1.27 | |

# 7-15-20 提供住宿的社会服务床位数

单位：万张

| 地 区 | 床位数 | #养老 | #儿童 | #其他 | 每千老年人口养老床位数（张） |
|---|---|---|---|---|---|
| **全 国** | **414.0** | **378.8** | **10.0** | **16.7** | **31.6** |
| 北 京 | 14.4 | 13.6 | 0.2 | 0.6 | 38.2 |
| 天 津 | 5.5 | 5.1 | 0.1 | 0.1 | 23.1 |
| 河 北 | 16.9 | 16.2 | 0.1 | 0.5 | 35.0 |
| 山 西 | 5.8 | 5.1 | 0.1 | 0.4 | 22.2 |
| 内蒙古 | 9.3 | 8.6 | 0.2 | 0.3 | 58.3 |
| 辽 宁 | 18.1 | 16.9 | 0.4 | 0.8 | 22.9 |
| 吉 林 | 13.4 | 12.0 | 0.3 | 0.3 | 25.6 |
| 黑龙江 | 13.5 | 12.1 | 0.4 | 0.6 | 27.3 |
| 上 海 | 12.6 | 11.9 | 0.2 | 0.3 | 28.9 |
| 江 苏 | 42.8 | 41.0 | 0.4 | 0.7 | 40.3 |
| 浙 江 | 25.7 | 24.8 | 0.3 | 0.5 | 56.3 |
| 安 徽 | 16.4 | 15.0 | 0.6 | 0.7 | 35.2 |
| 福 建 | 5.7 | 4.8 | 0.2 | 0.3 | 23.2 |
| 江 西 | 16.3 | 15.4 | 0.2 | 0.6 | 30.2 |
| 山 东 | 33.5 | 32.1 | 0.5 | 0.5 | 38.5 |
| 河 南 | 13.4 | 11.8 | 0.4 | 1.0 | 23.5 |
| 湖 北 | 25.7 | 23.9 | 0.5 | 0.8 | 33.0 |
| 湖 南 | 15.8 | 14.1 | 0.4 | 0.7 | 21.8 |
| 广 东 | 21.2 | 19.0 | 0.6 | 1.2 | 28.2 |
| 广 西 | 5.2 | 4.2 | 0.3 | 0.4 | 25.6 |
| 海 南 | 1.1 | 1.0 |  | 0.1 | 18.0 |
| 重 庆 | 9.3 | 8.6 | 0.2 | 0.2 | 29.3 |
| 四 川 | 36.0 | 31.9 | 0.8 | 2.1 | 31.4 |
| 贵 州 | 8.7 | 7.4 | 0.4 | 0.5 | 36.8 |
| 云 南 | 6.3 | 5.2 | 0.3 | 0.6 | 21.6 |
| 西 藏 | 1.0 | 0.1 | 0.3 | 0.6 | 14.2 |
| 陕 西 | 9.3 | 8.4 | 0.3 | 0.5 | 25.5 |
| 甘 肃 | 3.3 | 2.6 | 0.4 | 0.2 | 34.4 |
| 青 海 | 0.8 | 0.5 | 0.2 | 0.1 | 38.4 |
| 宁 夏 | 1.6 | 1.4 | 0.1 | 0.1 | 40.7 |
| 新 疆 | 5.4 | 4.1 | 0.7 | 0.3 | 26.6 |

注：老年人口指60岁及以上人口。

# 7-15-21 社会救助情况

单位：万人

| 年 份<br>地 区 | 城市居民最低<br>生活保障人数 | 农村居民最低<br>生活保障人数 | 农村特困人员<br>集中供养人数 | 农村特困人员<br>分散供养人数 |
|---|---|---|---|---|
| 2007 | 2272.1 | 3566.3 | 138.0 | 393.3 |
| 2008 | 2334.8 | 4305.5 | 155.6 | 393.0 |
| 2009 | 2345.6 | 4760.0 | 171.8 | 381.6 |
| 2010 | 2310.5 | 5214.0 | 177.4 | 378.9 |
| 2011 | 2276.8 | 5305.7 | 184.5 | 366.5 |
| 2012 | 2143.5 | 5344.5 | 185.3 | 360.3 |
| 2013 | 2064.0 | 5388.0 | 183.5 | 353.8 |
| 2014 | 1877.0 | 5207.0 | 174.3 | 354.8 |
| 2015 | 1701.1 | 4903.6 | 162.3 | 354.4 |
| 2016 | 1480.2 | 4586.5 | 139.7 | 357.2 |
| 北 京 | 8.2 | 4.7 | 0.2 | 0.3 |
| 天 津 | 12.2 | 10.2 | 0.1 | 1.1 |
| 河 北 | 47.6 | 189.5 | 3.8 | 19.6 |
| 山 西 | 53.1 | 118.5 | 2.0 | 13.1 |
| 内蒙古 | 49.1 | 112.8 | 1.1 | 7.6 |
| 辽 宁 | 62.0 | 77.9 | 2.7 | 10.8 |
| 吉 林 | 67.8 | 78.7 | 2.1 | 9.0 |
| 黑龙江 | 111.1 | 120.9 | 2.9 | 9.3 |
| 上 海 | 16.8 | 3.4 | 0.1 | 0.1 |
| 江 苏 | 24.8 | 109.9 | 7.1 | 12.7 |
| 浙 江 | 10.9 | 71.4 | 3.1 | 0.1 |
| 安 徽 | 54.4 | 149.8 | 12.2 | 28.8 |
| 福 建 | 8.6 | 46.1 | 0.8 | 6.7 |
| 江 西 | 89.6 | 180.1 | 12.5 | 9.6 |
| 山 东 | 30.9 | 217.7 | 12.3 | 8.7 |
| 河 南 | 82.1 | 328.0 | 10.8 | 37.1 |
| 湖 北 | 55.3 | 138.2 | 5.1 | 19.7 |
| 湖 南 | 111.8 | 290.2 | 8.4 | 34.1 |
| 广 东 | 25.5 | 145.1 | 2.3 | 20.9 |
| 广 西 | 22.6 | 290.6 | 2.3 | 24.7 |
| 海 南 | 7.5 | 18.3 | 0.2 | 2.6 |
| 重 庆 | 34.8 | 59.0 | 5.9 | 11.0 |
| 四 川 | 134.5 | 356.7 | 25.6 | 23.0 |
| 贵 州 | 35.8 | 304.8 | 4.7 | 5.7 |
| 云 南 | 89.7 | 422.9 | 2.8 | 14.5 |
| 西 藏 | 3.6 | 25.7 | 1.0 | 0.5 |
| 陕 西 | 42.1 | 130.4 | 4.4 | 8.1 |
| 甘 肃 | 70.0 | 324.7 | 0.9 | 10.8 |
| 青 海 | 16.3 | 51.6 | 0.5 | 1.9 |
| 宁 夏 | 14.6 | 42.2 | 0.3 | 0.9 |
| 新 疆 | 87.0 | 166.5 | 1.2 | 4.2 |

# 7-15-22 医疗救助情况

| 地区 | 资助参加<br>医疗保险人数<br>(万人) | 直接医疗<br>救助人数<br>(万人次) | 资助参加<br>医疗保险支出<br>(万元) | 直接医疗<br>救助支出<br>(万元) |
|---|---|---|---|---|
| **全　国** | **5560.4** | **2696.1** | **633541.2** | **2327458.2** |
| 北　京 | 6.7 | 9.5 | 6846.6 | 16550.4 |
| 天　津 | 23.7 | 22.7 | 9444.9 | 28416.2 |
| 河　北 | 198.5 | 33.4 | 26832.4 | 60815.1 |
| 山　西 | 151.0 | 23.7 | 16060.4 | 56292.6 |
| 内蒙古 | 156.0 | 32.1 | 12869.4 | 66999.5 |
| 辽　宁 | 94.8 | 63.7 | 16886.3 | 40744.0 |
| 吉　林 | 63.1 | 48.6 | 10179.4 | 51296.4 |
| 黑龙江 | 239.4 | 65.1 | 31380.0 | 102207.5 |
| 上　海 | 9.8 | 18.3 | 5038.0 | 33334.0 |
| 江　苏 | 136.4 | 349.8 | 27670.6 | 107519.7 |
| 浙　江 | 16.1 | 280.0 | 7842.0 | 100833.9 |
| 安　徽 | 346.1 | 87.5 | 49681.8 | 103017.4 |
| 福　建 | 63.5 | 154.4 | 12229.4 | 50497.0 |
| 江　西 | 209.2 | 181.7 | 25553.6 | 132620.5 |
| 山　东 | 220.0 | 82.8 | 33457.4 | 96885.2 |
| 河　南 | 353.9 | 65.7 | 30252.3 | 83777.8 |
| 湖　北 | 242.7 | 98.2 | 27904.6 | 127925.1 |
| 湖　南 | 350.1 | 122.5 | 33232.7 | 109444.6 |
| 广　东 | 234.7 | 119.2 | 41746.3 | 162531.8 |
| 广　西 | 172.8 | 59.5 | 16451.4 | 66796.8 |
| 海　南 | 23.2 | 11.5 | 4845.3 | 15280.8 |
| 重　庆 | 155.6 | 361.5 | 19110.3 | 82688.9 |
| 四　川 | 536.6 | 156.2 | 56798.3 | 160024.9 |
| 贵　州 | 281.4 | 37.6 | 12797.3 | 76501.6 |
| 云　南 | 548.2 | 73.6 | 38777.9 | 66609.2 |
| 西　藏 | 4.9 | 5.7 | 1868.2 | 19399.9 |
| 陕　西 | 74.0 | 38.3 | 9156.4 | 111147.0 |
| 甘　肃 | 410.5 | 29.1 | 18350.3 | 72944.3 |
| 青　海 | 72.5 | 16.4 | 9058.2 | 28282.0 |
| 宁　夏 | 32.9 | 11.5 | 3623.8 | 26740.7 |
| 新　疆 | 132.3 | 36.4 | 17595.7 | 69333.4 |

注：从2016年起将资助参加合作医疗保险人数合并到资助参加医疗保险人数指标中。

# 7-15-23 社区服务机构、社会工作师情况

| 年份<br>地区 | 社区服务<br>机构和设施<br>(个) | 社会工作师<br>累计合格人数<br>(人) | 助理社会工作师<br>累计合格人数<br>(人) |
|---|---|---|---|
| 2000 | 187888 | | |
| 2005 | 203275 | | |
| 2006 | 160007 | | |
| 2007 | 172002 | | |
| 2008 | 162976 | 4192 | 20648 |
| 2009 | 174976 | 8419 | 27259 |
| 2010 | 152941 | 11083 | 32687 |
| 2011 | 160352 | 13421 | 40755 |
| 2012 | 200162 | 19525 | 64601 |
| 2013 | 251939 | 31183 | 91901 |
| 2014 | 251368 | 38501 | 120111 |
| 2015 | 360956 | 51722 | 154461 |
| 2016 | 386186 | 69391 | 218794 |
| 北京 | 11913 | 6188 | 18894 |
| 天津 | 2952 | 1431 | 5135 |
| 河北 | 37598 | 1674 | 2892 |
| 山西 | 5294 | 1164 | 1979 |
| 内蒙古 | 4159 | 656 | 1356 |
| 辽宁 | 7259 | 2665 | 8158 |
| 吉林 | 1735 | 1281 | 4601 |
| 黑龙江 | 3185 | 1198 | 3297 |
| 上海 | 6129 | 3789 | 10780 |
| 江苏 | 40137 | 8419 | 29171 |
| 浙江 | 30454 | 6886 | 15570 |
| 安徽 | 8086 | 1892 | 5625 |
| 福建 | 5818 | 2602 | 6507 |
| 江西 | 3564 | 758 | 2393 |
| 山东 | 25872 | 4502 | 8441 |
| 河南 | 4812 | 1685 | 4049 |
| 湖北 | 14152 | 1450 | 6504 |
| 湖南 | 13402 | 1540 | 4632 |
| 广东 | 66677 | 11330 | 47894 |
| 广西 | 13476 | 746 | 2799 |
| 海南 | 2584 | 91 | 319 |
| 重庆 | 7853 | 1456 | 4227 |
| 四川 | 20802 | 2058 | 8354 |
| 贵州 | 23285 | 203 | 944 |
| 云南 | 3071 | 648 | 2118 |
| 西藏 | 74 | 6 | 19 |
| 陕西 | 6975 | 1730 | 8284 |
| 甘肃 | 9413 | 338 | 1146 |
| 青海 | 1580 | 71 | 289 |
| 宁夏 | 1215 | 216 | 704 |
| 新疆 | 2660 | 718 | 1713 |

注：2015年起社区服务机构和设施指标包括社区养老机构、社区互助型养老设施数。

## 【主要统计指标解释】

**卫生总费用** 是以货币形式作为综合计量手段，全面反映一个国家或地区在一定时期内（通常指一年），全社会在医疗卫生服务上所消耗的资金总额。卫生费用核算结果及其基础数据，不仅为政府调整和制定卫生经济政策提供宏观经济信息，同时也是评价全社会对人类健康的重视程度，分析卫生保健体制公平与效率的重要依据。

**政府卫生支出** 指各级政府用于医疗卫生服务、医疗保障补助、卫生和医疗保险行政管理、人口与计划生育事务支出等各项事业的经费。

**社会卫生支出** 指政府支出外的社会各界对卫生事业的资金投入。包括社会医疗保障支出、商业健康保险费、社会办医支出、社会捐赠援助、行政事业性收费收入等。

**个人现金卫生支出** 指城乡居民在接受各类医疗卫生服务时的现金支付，包括享受各种医疗保险制度的居民就医时自付的费用。

**人均卫生费用** 即某年卫生总费用与同期平均人口数之比。

**卫生总费用占GDP比重** 指某年卫生总费用与同期国内生产总值（GDP）之比。是用来反映一定时期，一定经济条件下，国家对卫生工作的支持程度，全社会对卫生事业的资金投入力度以及全社会对居民卫生保健的重视程度。

**社会服务经费总支出** 包括抚恤费、军队离退休退职费、城镇居民最低生活保障、农村居民最低生活保障及其他社会救济、社会福利、自然灾害救助、离退休人员经费等。

**抚恤费** 指各级列入财政部2010年政府收支分类科目中20808款预算指标，用于各类优抚和优抚事业单位的支出。

**社会福利费** 指各级列入财政部2010年政府收支分类科目中20810款预算指标，用于社会福利支出。

**自然灾害生活救助** 指各级列入财政部2010年政府收支分类科目中20815款预算指标，用于自然灾害生活救助方面的支出。

**医疗卫生机构** 指从卫生行政部门取得《医疗机构执业许可证》，或从民政、工商行政、机构编制管理部门取得法人单位登记证书，为社会提供医疗保健、疾病控制、卫生监督服务或从事医学科研和医学在职培训等工作的单位。医疗卫生机构包括医院、基层医疗卫生机构、专业公共卫生机构、其他医疗卫生机构。

**基层医疗卫生机构** 包括社区卫生服务中心(站)、街道卫生院、乡镇卫生院、村卫生室、门诊部、诊所(医务室)。

**专业公共卫生机构** 包括疾病预防控制中心、专科疾病防治机构、妇幼保健机构、健康教育机构、急救中心(站)、采供血机构、卫生监督机构、卫生部门主管的计划生育技术服务中心。

**其他医疗卫生机构** 包括疗养院、临床检验中心、医学科研机构、医学在职教育机构、医学考试中心、农村改水中心、人才交流中心、统计信息中心等卫生事业单位。

**卫生人员** 指在医院、基层医疗卫生机构、专业公共卫生机构及其他医疗卫生机构工作的职工，包括卫生技术人员、乡村医生和卫生员、其他技术人员、管理人员和工勤人员等。

**卫生技术人员** 包括执业医师、执业助理医师、注册护士、药师（士）、检验技师、影像技师（士）、卫生监督员和见习医（药、护、技）师（士）等卫生专业人员。不包括从事管理工作的卫生技术人员。

**执业医师** 指《医师执业证》“级别”为“执业医师”且实际从事医疗、预防保健工作的人员，不包括实际从事管理工作的执业医师。执业医师类别分为临床、中医、口腔和公共卫生四类。

**每千人口执业(助理)医师** 每千人口执业(助理)医师=（执业医师数+执业助理医师数)/人口数×1000。

**每千人口医疗卫生机构床位** 每千人口医疗卫生机构床位=医疗卫生机构床位/人口数×1000。

**甲乙类法定报告传染病发病率** 是指某年某地区每10万人口中甲、乙类法定报告传染病发病情况。即甲乙类法定报告传染病发病率=甲、乙类法定报告传染病发病人数/人口数×100000。

**甲乙类法定报告传染病死亡率** 是指某年某地区每10万人口中甲、乙类法定报告传染病死亡情况。即甲乙类法定报告传染病死亡率=甲、乙类法定报告传染病死亡人数/人口数×100000。

**城市居民最低生活保障人数** 指在报告期末共同生活的家庭成员人均收入低于当地最低生活保障标准，且家庭财产状况符合相关规定的城镇居民，并已发放补助经费的人数。

**农村居民最低生活保障人数** 指报告期末共同生活的家庭成员人均收入低于当地最低生活保障标准，得到当地政府给予最低生活保障待遇的农业人口家庭人数。

**社区服务机构数** 指报告期末设立的社区服务指导中心、社区服务中心、社区服务站、社区养老机构、社区互助型养老机构及其他社区服务机构的总和数。具有面向老人、残疾人、儿童及其家庭的商品递送、医疗保健、家庭保洁、日间照料、陪伴服务等为社区居家养老服务的设施和突出综合服务的职能。

# 7 第三产业分行业主要指标

7-16　文化、体育和娱乐业

# 简要说明

**一、主要内容**

本篇主要反映新闻出版、广电、文化、文物、档案、体育事业发展情况。

内容包括广播电视业和文化事业财务情况；图书、期刊、报纸、音像制品的出版、印刷、发行以及引进和输出版权情况；广播影视宣传、覆盖、技术、财务收支等方面的情况；艺术表演团体、公共图书馆、群众艺术馆、博物馆以及国家档案馆等单位的机构、人员、经费和业务活动情况；体育系统运动员获世界冠军、创世界记录以及分技术等级运动员、教练员发展情况。

文化、体育和娱乐业企业法人单位分地区主要指标。

**二、资料来源**

新闻出版、广播、电影、电视资料由国家新闻出版广电总局提供；文化资料由文化部提供；文物资料由国家文物局提供；档案资料由国家档案局提供；体育资料由国家体育总局提供。

详细资料分别见《中国新闻出版统计资料汇编》（国家新闻出版广电总局编）、《全国广播电影电视业发展指标统计》（国家新闻出版广电总局编）、《中国文化文物统计年鉴》（文化部编）、《体育事业统计年鉴》（国家体育总局体育经济司编）。

文化、体育和娱乐业企业法人单位分地区主要指标来源国家统计局服务业司《规模以上服务业统计报表制度》和《规模以下服务业抽样调查统计报表制度》调查结果。

# 7-16-1　各地区广播电视行政事业单位财务收支情况

单位：万元

| 地　区 | 总收入 | #财政补助收入 | #事业收入 | #经营收入 | 总支出 |
|---|---|---|---|---|---|
| **全　国** | **14735185** | **6123160** | **6902367** | **802263** | **14195579** |
| 总局直属 | 3636093 | 777904 | 2608158 | | 3372917 |
| 北　京 | 633912 | 292303 | 291228 | 701 | 657375 |
| 天　津 | 134169 | 45397 | 81367 | 64 | 140796 |
| 河　北 | 331758 | 176036 | 135460 | 6649 | 339542 |
| 山　西 | 256824 | 139554 | 93908 | 7188 | 255735 |
| 内蒙古 | 331846 | 316236 | 8825 | 166 | 309437 |
| 辽　宁 | 402609 | 147563 | 240348 | 4315 | 404597 |
| 吉　林 | 271805 | 257560 | 10315 | 1361 | 261414 |
| 黑龙江 | 203283 | 144332 | 27108 | 21319 | 200835 |
| 上　海 | 164636 | 135478 | 12384 | | 169143 |
| 江　苏 | 514549 | 150404 | 228336 | 37869 | 504704 |
| 浙　江 | 544207 | 186912 | 252346 | 71447 | 547519 |
| 安　徽 | 428373 | 152922 | 262039 | 3120 | 449185 |
| 福　建 | 227188 | 160406 | 46415 | 4473 | 218303 |
| 江　西 | 276149 | 213337 | 43433 | 9504 | 253903 |
| 山　东 | 646994 | 168076 | 421995 | 25980 | 662462 |
| 河　南 | 376975 | 145871 | 209009 | 7268 | 377032 |
| 湖　北 | 352969 | 158741 | 58349 | 125426 | 375206 |
| 湖　南 | 1319647 | 211807 | 1030104 | 33839 | 1176464 |
| 广　东 | 871769 | 181126 | 360825 | 273880 | 863585 |
| 广　西 | 296580 | 202082 | 56614 | 26079 | 319385 |
| 海　南 | 120358 | 49378 | 23825 | 42758 | 125173 |
| 重　庆 | 82966 | 73614 | 2278 | 3730 | 85022 |
| 四　川 | 523853 | 366785 | 84286 | 60653 | 512074 |
| 贵　州 | 160976 | 140135 | 7348 | 1371 | 147327 |
| 云　南 | 397445 | 292374 | 78221 | 3051 | 372127 |
| 西　藏 | 130375 | 112865 | 13312 | 2285 | 107272 |
| 陕　西 | 300869 | 160301 | 112443 | 20692 | 283608 |
| 甘　肃 | 273803 | 168993 | 31317 | 887 | 214533 |
| 青　海 | 97704 | 93683 | 3695 | 10 | 77258 |
| 宁　夏 | 96257 | 69815 | 19982 | 1348 | 93503 |
| 新　疆 | 328244 | 231171 | 47095 | 4831 | 318142 |

# 7-16-2 各地区广播电视行政事业单位创收情况

单位：万元

| 地　区 | 合　计 | 广告收入 | 广播广告收　入 | 电视广告收　入 | 其它广告收　入 | 网络收入 |
|---|---|---|---|---|---|---|
| **全　国** | **8761914** | **7175992** | **918152** | **6125685** | **132155** | **600399** |
| 总局直属 | 2800747 | 2445467 | 70948 | 2373746 | 773 | 76605 |
| 北　京 | 303065 | 260554 | 56515 | 203528 | 511 | |
| 天　津 | 85542 | 62596 | 31074 | 31187 | 335 | |
| 河　北 | 174353 | 157668 | 45719 | 109557 | 2392 | |
| 山　西 | 123222 | 72013 | 20766 | 50308 | 939 | 39397 |
| 内蒙古 | 49081 | 38261 | 13205 | 25047 | 9 | 2670 |
| 辽　宁 | 260144 | 193317 | 64203 | 127931 | 1183 | 48672 |
| 吉　林 | 119897 | 112334 | 26925 | 84659 | 750 | 4352 |
| 黑龙江 | 103011 | 45171 | 17845 | 22251 | 5075 | 26461 |
| 上　海 | 17005 | 4696 | 799 | 2921 | 976 | |
| 江　苏 | 364145 | 254410 | 52203 | 181059 | 21148 | 42208 |
| 浙　江 | 369268 | 184130 | 42066 | 125456 | 16608 | 132796 |
| 安　徽 | 271728 | 252864 | 32167 | 218936 | 1761 | 10798 |
| 福　建 | 57818 | 45223 | 9334 | 33275 | 2615 | |
| 江　西 | 146841 | 133594 | 6756 | 125452 | 1386 | 5962 |
| 山　东 | 493561 | 443027 | 88804 | 345945 | 8278 | 12990 |
| 河　南 | 223972 | 194293 | 49331 | 143328 | 1634 | 21757 |
| 湖　北 | 192859 | 174660 | 36797 | 123944 | 13920 | 370 |
| 湖　南 | 1118692 | 1036559 | 51166 | 976631 | 8761 | 24434 |
| 广　东 | 679758 | 479285 | 90444 | 381929 | 6912 | 121501 |
| 广　西 | 105217 | 74016 | 14030 | 59258 | 729 | |
| 海　南 | 67371 | 36386 | 4423 | 31963 | | 252 |
| 重　庆 | 12874 | 7078 | 233 | 6536 | 309 | 339 |
| 四　川 | 165017 | 99646 | 16795 | 53114 | 29738 | 4619 |
| 贵　州 | 62698 | 57380 | 3696 | 53350 | 334 | |
| 云　南 | 89813 | 72166 | 6600 | 65471 | 95 | |
| 西　藏 | 14732 | 6561 | 247 | 6154 | 160 | 5380 |
| 陕　西 | 138022 | 115138 | 28663 | 86201 | 274 | 2116 |
| 甘　肃 | 33966 | 25245 | 9522 | 15454 | 270 | |
| 青　海 | 11920 | 10193 | 2617 | 7559 | 17 | 2 |
| 宁　夏 | 22791 | 19774 | 2704 | 13005 | 4066 | |
| 新　疆 | 82783 | 62285 | 21556 | 40533 | 196 | 16720 |

7-16-2 续表 单位：万元

| 地区 | 有线广播电视收视费收入 | 付费数字电视收入 | 三网融合业务收入 | 其它网络收入 | 广播电视节目销售收入 | 其它创收收入 |
|---|---|---|---|---|---|---|
| **全国** | **470296** | **20315** | **11431** | **98356** | **31712** | **953811** |
| 总局直属 | 71501 | 3793 | | 1310 | 9745 | 268931 |
| 北京 | | | | | 7216 | 35295 |
| 天津 | | | | | 141 | 22805 |
| 河北 | | | | | 1345 | 15341 |
| 山西 | 34827 | 407 | 3 | 4159 | 257 | 11555 |
| 内蒙古 | 2433 | 200 | | 37 | | 8151 |
| 辽宁 | 46680 | | 51 | 1941 | 564 | 17591 |
| 吉林 | 3943 | | | 409 | | 3211 |
| 黑龙江 | 26426 | | | 35 | | 31379 |
| 上海 | | | | | | 12309 |
| 江苏 | 32527 | 1203 | | 8478 | | 67527 |
| 浙江 | 76247 | 9591 | 7608 | 39351 | 20 | 52321 |
| 安徽 | 9263 | 1049 | 35 | 450 | | 8066 |
| 福建 | | | | | | 12595 |
| 江西 | 5661 | 83 | | 218 | | 7285 |
| 山东 | 10685 | 599 | 732 | 973 | 370 | 37174 |
| 河南 | 19767 | 1 | | 1989 | | 7922 |
| 湖北 | | | 29 | 341 | 247 | 17582 |
| 湖南 | 18973 | 553 | 58 | 4850 | 2484 | 55214 |
| 广东 | 84122 | 2360 | 2915 | 32104 | 8919 | 70053 |
| 广西 | | | | | | 31201 |
| 海南 | 240 | | | 12 | | 30732 |
| 重庆 | 339 | | | | | 5457 |
| 四川 | 3613 | 187 | | 820 | 404 | 60348 |
| 贵州 | | | | | | 5318 |
| 云南 | | | | | | 17647 |
| 西藏 | 4966 | 82 | | 332 | | 2791 |
| 陕西 | 2116 | | | | | 20769 |
| 甘肃 | | | | | | 8721 |
| 青海 | 2 | | | | | 1725 |
| 宁夏 | | | | | | 3017 |
| 新疆 | 15966 | 206 | | 547 | | 3778 |

# 7-16-3 各地区广播电视企业单位经营情况

单位：万元

| 地 区 | 总收入 | #营业收入 | 本年应缴税金 | 本年固定资产投资额 | 本年新增固定资产 |
|---|---|---|---|---|---|
| **全 国** | **35662513** | **34511535** | **2139451** | **3125177** | **2504989** |
| 总局直属 | 3498818 | 3366779 | 128365 | 113264 | 96485 |
| 北 京 | 6979565 | 6737667 | 434147 | 342732 | 241504 |
| 天 津 | 177966 | 172151 | 4014 | 30556 | 31475 |
| 河 北 | 461833 | 430283 | 9322 | 142152 | 70395 |
| 山 西 | 207919 | 204923 | 14575 | 9571 | 9837 |
| 内蒙古 | 159097 | 157357 | 1 | | |
| 辽 宁 | 303839 | 296809 | 7991 | 69857 | 75642 |
| 吉 林 | 219722 | 216647 | -1847 | 67626 | 39246 |
| 黑龙江 | 428858 | 419858 | 2421 | 138119 | 78695 |
| 上 海 | 5438430 | 5328958 | 288486 | 187223 | 190460 |
| 江 苏 | 2395738 | 2322521 | 68237 | 167240 | 175905 |
| 浙 江 | 4027300 | 3810898 | 229349 | 195271 | 131640 |
| 安 徽 | 479888 | 471450 | 17884 | 48515 | 39828 |
| 福 建 | 830850 | 786426 | 13298 | 73448 | 114275 |
| 江 西 | 432840 | 420498 | 12028 | 55372 | 30183 |
| 山 东 | 950868 | 926025 | 569312 | 157557 | 131707 |
| 河 南 | 312197 | 303243 | 5964 | 202985 | 82762 |
| 湖 北 | 747575 | 714669 | -5382 | 119348 | 95676 |
| 湖 南 | 1543260 | 1501270 | 32946 | 106772 | 98607 |
| 广 东 | 1814733 | 1784501 | 180013 | 76811 | 137748 |
| 广 西 | 344696 | 333976 | 4501 | 151050 | 68693 |
| 海 南 | 44650 | 40377 | -3620 | 2 | 2 |
| 重 庆 | 491339 | 479568 | 70407 | 79470 | 115613 |
| 四 川 | 1513551 | 1481134 | 14753 | 301194 | 208016 |
| 贵 州 | 768376 | 749105 | 21460 | 96633 | 51370 |
| 云 南 | 248726 | 242603 | 9251 | 54148 | 53919 |
| 西 藏 | | | | | |
| 陕 西 | 514271 | 510429 | 3247 | 85721 | 69366 |
| 甘 肃 | 132290 | 119117 | 3904 | 14834 | 21301 |
| 青 海 | 29813 | 28410 | -429 | 5515 | 20539 |
| 宁 夏 | 73450 | 66296 | 2752 | 7620 | 6430 |
| 新 疆 | 90057 | 87589 | 2102 | 24569 | 17672 |

# 7-16-4 各地区广播电视企业单位创收情况

单位：万元

| 地区 | 合计 | 广告收入 | 广播广告收入 | 电视广告收入 | 其它广告收入 | 网络收入 |
|---|---|---|---|---|---|---|
| **全国** | **34462091** | **8296252** | **540125** | **3923006** | **3833122** | **8502247** |
| 总局直属 | 3452324 | 481685 | 10697 | 388383 | 82605 | 304382 |
| 北京 | 6611349 | 2288703 | 26396 | 458869 | 1803439 | 346539 |
| 天津 | 174393 | 19715 | 124 | 17887 | 1704 | 126165 |
| 河北 | 452542 | 26728 | 6776 | 14585 | 5367 | 300545 |
| 山西 | 206783 | 3642 | 672 | 1635 | 1335 | 66551 |
| 内蒙古 | 159097 | | | | | 159063 |
| 辽宁 | 299427 | 17117 | 5685 | 10913 | 519 | 216652 |
| 吉林 | 222062 | 5286 | 29 | 5091 | 166 | 211306 |
| 黑龙江 | 426930 | 150701 | 42682 | 107729 | 291 | 211681 |
| 上海 | 5351732 | 1861710 | 70155 | 709205 | 1082350 | 399009 |
| 江苏 | 2369702 | 745549 | 71973 | 612361 | 61214 | 798864 |
| 浙江 | 3983045 | 1342909 | 78746 | 894056 | 370107 | 614190 |
| 安徽 | 478465 | 94133 | 656 | 72201 | 21276 | 152295 |
| 福建 | 685478 | 128748 | 28074 | 74420 | 26254 | 288659 |
| 江西 | 421054 | 63522 | 54009 | 6226 | 3286 | 186606 |
| 山东 | 935499 | 39555 | 5874 | 11959 | 21721 | 602913 |
| 河南 | 308382 | 45210 | 30194 | 9991 | 5025 | 164164 |
| 湖北 | 719736 | 74827 | 12806 | 37594 | 24427 | 391204 |
| 湖南 | 1539440 | 303211 | 1791 | 96823 | 204597 | 383783 |
| 广东 | 1785620 | 140793 | 29287 | 88204 | 23302 | 634137 |
| 广西 | 338979 | 6779 | 298 | 3069 | 3412 | 277735 |
| 海南 | 44650 | | | | | 39069 |
| 重庆 | 459940 | 94444 | 17482 | 73544 | 3417 | 269416 |
| 四川 | 1202887 | 162535 | 27561 | 105049 | 29924 | 516176 |
| 贵州 | 758263 | 160170 | 14494 | 98876 | 46799 | 199568 |
| 云南 | 247567 | 19418 | 3419 | 10292 | 5707 | 180668 |
| 西藏 | | | | | | |
| 陕西 | 510429 | 2884 | | 2662 | 222 | 224250 |
| 甘肃 | 130907 | 12618 | 102 | 10779 | 1737 | 95910 |
| 青海 | 28410 | 178 | | | 178 | 24797 |
| 宁夏 | 67739 | 3383 | 142 | 505 | 2736 | 33742 |
| 新疆 | 89258 | 100 | | 96 | 4 | 82211 |

7-16-4 续表

单位：万元

| 地 区 | 有线广播电视收视费收入 | 付费数字电视收入 | 三网融合业务收入 | 其它网络收入 | 广播电视节目销售收入 | 其它创收收入 |
|---|---|---|---|---|---|---|
| **全 国** | **4108918** | **744043** | **1212535** | **2436751** | **3618741** | **14044850** |
| 总局直属 | 31686 | 33230 | 186528 | 52939 | 187291 | 2478966 |
| 北 京 | 109497 | 24982 | 91305 | 120756 | 1013300 | 2962807 |
| 天 津 | 45407 | 10306 | 37221 | 33231 | 1130 | 27383 |
| 河 北 | 167659 | 10153 | 33600 | 89133 | 37563 | 87706 |
| 山 西 | 44581 | 8783 | 1736 | 11451 | 51760 | 84831 |
| 内蒙古 | 106407 | 5803 | | 46853 | | 34 |
| 辽 宁 | 165259 | 7078 | 11409 | 32907 | 2135 | 63524 |
| 吉 林 | 119269 | 30463 | 3876 | 57697 | 400 | 5070 |
| 黑龙江 | 162678 | 25495 | 10462 | 13046 | 2233 | 62315 |
| 上 海 | 153782 | 56047 | 65680 | 123500 | 320243 | 2770770 |
| 江 苏 | 360815 | 55165 | 89851 | 293034 | 175269 | 650021 |
| 浙 江 | 241837 | 41152 | 160243 | 170959 | 841494 | 1184452 |
| 安 徽 | 85815 | 13575 | 7904 | 45001 | 34216 | 197821 |
| 福 建 | 112651 | 51947 | 13792 | 110269 | 37297 | 230774 |
| 江 西 | 114488 | 8640 | 3598 | 59881 | 7937 | 162990 |
| 山 东 | 335533 | 50219 | 34439 | 182722 | 43597 | 249434 |
| 河 南 | 109178 | 11520 | 5936 | 37529 | 20 | 98989 |
| 湖 北 | 231765 | 31126 | 49720 | 78593 | 26488 | 227217 |
| 湖 南 | 171833 | 32640 | 83887 | 95422 | 260624 | 591822 |
| 广 东 | 342066 | 49575 | 37662 | 204834 | 306395 | 704295 |
| 广 西 | 100544 | 13080 | 27743 | 136368 | 1735 | 52729 |
| 海 南 | 26059 | 2312 | | 10697 | | 5582 |
| 重 庆 | 118627 | 23271 | 60642 | 66875 | 16310 | 79771 |
| 四 川 | 226243 | 45390 | 98457 | 146086 | 40016 | 484160 |
| 贵 州 | 88251 | 31544 | 19932 | 59841 | 2205 | 396320 |
| 云 南 | 98746 | 21810 | 17417 | 42695 | 4985 | 42496 |
| 西 藏 | | | | | | |
| 陕 西 | 111810 | 18593 | 44488 | 49359 | 199269 | 84027 |
| 甘 肃 | 52152 | 5859 | 11039 | 26860 | 4474 | 17906 |
| 青 海 | 15313 | 2839 | 248 | 6396 | | 3435 |
| 宁 夏 | 20791 | 7542 | 1715 | 3694 | 357 | 30257 |
| 新 疆 | 38176 | 13904 | 2005 | 28127 | | 6947 |

# 7–16–5 各地区广播电视企业资产负债情况

单位：万元

| 地 区 | 资产总额 | 负债总额 | 所有者权益 |
|---|---|---|---|
| **全 国** | **91393021** | **46097813** | **45295208** |
| 总局直属 | 6177022 | 2529361 | 3647661 |
| 北 京 | 19676567 | 11447666 | 8228900 |
| 天 津 | 429755 | 284010 | 145745 |
| 河 北 | 1324869 | 784877 | 539992 |
| 山 西 | 586516 | 246642 | 339874 |
| 内蒙古 | 397749 | 60792 | 336957 |
| 辽 宁 | 901249 | 598620 | 302629 |
| 吉 林 | 1918953 | 830351 | 1088602 |
| 黑龙江 | 1156682 | 622346 | 534336 |
| 上 海 | 9793250 | 4489602 | 5303648 |
| 江 苏 | 8739625 | 3783243 | 4956383 |
| 浙 江 | 12355156 | 5583446 | 6771709 |
| 安 徽 | 998711 | 614945 | 383766 |
| 福 建 | 1598959 | 1000358 | 598601 |
| 江 西 | 673866 | 502661 | 171206 |
| 山 东 | 2260553 | 1055579 | 1204974 |
| 河 南 | 1248813 | 792478 | 456334 |
| 湖 北 | 2228576 | 970635 | 1257941 |
| 湖 南 | 3379957 | 1262824 | 2117132 |
| 广 东 | 4703737 | 1709000 | 2994737 |
| 广 西 | 869916 | 429818 | 440098 |
| 海 南 | 174125 | 96328 | 77797 |
| 重 庆 | 1210342 | 775196 | 435146 |
| 四 川 | 3847314 | 2727268 | 1120046 |
| 贵 州 | 1349977 | 712773 | 637204 |
| 云 南 | 1164180 | 881800 | 282380 |
| 西 藏 | | | |
| 陕 西 | 709958 | 396709 | 313250 |
| 甘 肃 | 964236 | 662835 | 301402 |
| 青 海 | 78956 | 32547 | 46409 |
| 宁 夏 | 227100 | 96745 | 130355 |
| 新 疆 | 246351 | 116357 | 129993 |

# 7-16-6 文化、体育和娱乐业企业法人单位分地区主要指标

| 地 区 | 单位数(个) | 营业收入(亿元) | 资产总计(亿元) | 从业人员(万人) |
|---|---|---|---|---|
| **全 国** | **249462** | **6739.0** | **24115.3** | **251.9** |
| 北 京 | 28761 | 1218.3 | 4140.7 | 19.7 |
| 天 津 | 2439 | 142.0 | 1264.5 | 3.3 |
| 河 北 | 7096 | 78.2 | 552.4 | 7.1 |
| 山 西 | 4947 | 44.3 | 197.6 | 5.4 |
| 内蒙古 | 2592 | 29.1 | 324.4 | 2.6 |
| 辽 宁 | 6846 | 105.1 | 478.4 | 5.6 |
| 吉 林 | 4040 | 63.6 | 182.3 | 4.2 |
| 黑龙江 | 4503 | 48.2 | 213.2 | 3.7 |
| 上 海 | 5743 | 443.4 | 2558.8 | 9.1 |
| 江 苏 | 11764 | 628.1 | 2259.9 | 15.9 |
| 浙 江 | 17893 | 552.0 | 1869.2 | 15.8 |
| 安 徽 | 12218 | 206.3 | 432.4 | 9.8 |
| 福 建 | 7787 | 190.2 | 592.4 | 10.8 |
| 江 西 | 5118 | 135.3 | 251.1 | 5.6 |
| 山 东 | 12349 | 414.7 | 773.9 | 13.8 |
| 河 南 | 10989 | 231.5 | 501.8 | 13.6 |
| 湖 北 | 9074 | 321.5 | 748.2 | 10.2 |
| 湖 南 | 14977 | 400.7 | 1036.1 | 16.3 |
| 广 东 | 15361 | 511.7 | 1596.2 | 22.3 |
| 广 西 | 5659 | 61.3 | 192.2 | 4.8 |
| 海 南 | 1360 | 36.3 | 365.7 | 2.2 |
| 重 庆 | 6418 | 161.4 | 357.1 | 7.0 |
| 四 川 | 22998 | 216.1 | 636.6 | 16.7 |
| 贵 州 | 3827 | 64.1 | 655.9 | 4.1 |
| 云 南 | 5612 | 70.5 | 290.2 | 5.9 |
| 西 藏 | 542 | 3.7 | 234.4 | 0.4 |
| 陕 西 | 5384 | 249.0 | 976.8 | 5.9 |
| 甘 肃 | 3592 | 46.1 | 155.8 | 4.9 |
| 青 海 | 843 | 8.3 | 32.5 | 1.1 |
| 宁 夏 | 1077 | 14.1 | 101.2 | 1.0 |
| 新 疆 | 7653 | 44.0 | 143.2 | 3.4 |

# 7-16-7 电影综合情况

| 年 份 | 电影故事片厂(个) | 生产故事影片(部) | 生产动画影片(部) | 生产科教影片(部) | 生产纪录影片(部) | 生产特种影片(部) |
|---|---|---|---|---|---|---|
| 1978 | 12 | 46 | 26 | 289 | 202 | |
| 1979 | 17 | 65 | 25 | 349 | 317 | |
| 1980 | 17 | 82 | 32 | 337 | 242 | |
| 1981 | 19 | 105 | 33 | 277 | 276 | |
| 1982 | 19 | 112 | 33 | 284 | 259 | |
| 1983 | 19 | 127 | 37 | 343 | 299 | |
| 1984 | 20 | 144 | 37 | 387 | 337 | |
| 1985 | 20 | 127 | 45 | 357 | 419 | |
| 1986 | 20 | 134 | 46 | 383 | 417 | |
| 1987 | 22 | 146 | 45 | 353 | 347 | |
| 1988 | 22 | 158 | 38 | 344 | 350 | |
| 1989 | 22 | 136 | 53 | 334 | 259 | |
| 1990 | 22 | 134 | 51 | 326 | 296 | |
| 1991 | 22 | 130 | 46 | 351 | 283 | |
| 1992 | 22 | 170 | 56 | 354 | 307 | |
| 1993 | 22 | 154 | 47 | 252 | 300 | |
| 1994 | 22 | 148 | 32 | 182 | 22 | |
| 1995 | 30 | 146 | 37 | 40 | 111 | |
| 1996 | 30 | 110 | 58 | 33 | 39 | |
| 1997 | 31 | 88 | 28 | 34 | 95 | |
| 1998 | 31 | 82 | 9 | 30 | 54 | |
| 1999 | 31 | 99 | 3 | 20 | 14 | |
| 2000 | 31 | 91 | 1 | 49 | 10 | |
| 2001 | 27 | 88 | 1 | 56 | 9 | |
| 2002 | 31 | 100 | 2 | 60 | 7 | |
| 2003 | 31 | 140 | 2 | 53 | 6 | |
| 2004 | 31 | 212 | 4 | 30 | 10 | |
| 2005 | 32 | 260 | 7 | 33 | 2 | |
| 2006 | 32 | 330 | 13 | 36 | 13 | |
| 2007 | 32 | 402 | 6 | 34 | 9 | |
| 2008 | 33 | 406 | 16 | 39 | 16 | 2 |
| 2009 | 31 | 456 | 27 | 52 | 19 | 4 |
| 2010 | 31 | 526 | 16 | 54 | 16 | 9 |
| 2011 | 31 | 558 | 24 | 76 | 26 | 5 |
| 2012 | 31 | 745 | 33 | 74 | 15 | 26 |
| 2013 | 31 | 638 | 29 | 121 | 18 | 18 |
| 2014 | 31 | 618 | 40 | 52 | 25 | 23 |
| 2015 | 31 | 686 | 51 | 96 | 38 | 17 |
| 2016 | 31 | 772 | 49 | 67 | 32 | 24 |

注：1.本表电影故事片厂指国有电影故事片厂。
2.2005年及以前动画片数为美术片数。

# 7-16-8 主要文化机构情况

单位：个

| 年 份 | 公共图书馆 | 文化馆(站) | 省级、地市级文化馆 | 县市级文化馆 | 乡镇(街道)文化站 | 博物馆 | 艺术表演团 体 | 艺术表演场 馆 |
|---|---|---|---|---|---|---|---|---|
| 1978 | 1218 | 6893 | 92 | 2748 | 4053 | 349 | 3150 | 1095 |
| 1980 | 1732 | 8739 | 218 | 2912 | 5609 | 365 | 3533 | 1444 |
| 1985 | 2344 | 8576 | 335 | 2960 | 5281 | 711 | 3317 | 1377 |
| 1986 | 2406 | 8913 | 337 | 2993 | 5583 | 777 | 3195 | 2058 |
| 1987 | 2440 | 8974 | 348 | 2973 | 5653 | 827 | 3094 | 2148 |
| 1988 | 2485 | 9045 | 358 | 2975 | 5712 | 903 | 2985 | 2081 |
| 1989 | 2512 | 9037 | 366 | 2955 | 5716 | 967 | 2850 | 2050 |
| 1990 | 2527 | 9216 | 366 | 2955 | 5895 | 1013 | 2805 | 1955 |
| 1991 | 2535 | 10507 | 371 | 2894 | 7242 | 1075 | 2772 | 2068 |
| 1992 | 2558 | 9564 | 372 | 2900 | 6292 | 1106 | 2753 | 2037 |
| 1993 | 2572 | 10155 | 370 | 2886 | 6899 | 1130 | 2707 | 2024 |
| 1994 | 2589 | 11276 | 374 | 2887 | 8015 | 1161 | 2698 | 1998 |
| 1995 | 2615 | 13487 | 373 | 2886 | 10228 | 1194 | 2682 | 1958 |
| 1996 | 2620 | 45253 | 392 | 2892 | 41969 | 1219 | 2664 | 1934 |
| 1997 | 2628 | 45449 | 385 | 2901 | 42163 | 1282 | 2663 | 1947 |
| 1998 | 2662 | 45834 | 386 | 2901 | 42547 | 1339 | 2652 | 1929 |
| 1999 | 2669 | 45837 | 389 | 2905 | 42543 | 1363 | 2632 | 1911 |
| 2000 | 2675 | 45321 | 390 | 2907 | 42024 | 1392 | 2619 | 1900 |
| 2001 | 2696 | 43379 | 399 | 2842 | 40138 | 1461 | 2605 | 1854 |
| 2002 | 2697 | 42516 | 389 | 2854 | 39273 | 1511 | 2587 | 1829 |
| 2003 | 2709 | 41816 | 382 | 2846 | 38588 | 1515 | 2601 | 1900 |
| 2004 | 2720 | 41402 | 380 | 2841 | 38181 | 1548 | 2759 | 1928 |
| 2005 | 2762 | 41588 | 375 | 2851 | 38362 | 1581 | 2805 | 1866 |
| 2006 | 2778 | 40088 | 395 | 2819 | 36874 | 1617 | 2866 | 1839 |
| 2007 | 2799 | 40601 | 411 | 2806 | 37384 | 1722 | 4512 | 1732 |
| 2008 | 2820 | 41156 | 389 | 2829 | 37938 | 1893 | 5114 | 1662 |
| 2009 | 2850 | 41959 | 361 | 2862 | 38736 | 2252 | 6139 | 1499 |
| 2010 | 2884 | 43382 | 374 | 2890 | 40118 | 2435 | 6864 | 1461 |
| 2011 | 2952 | 43675 | 379 | 2906 | 40390 | 2650 | 7055 | 1429 |
| 2012 | 3076 | 43876 | 382 | 2919 | 40575 | 3069 | 7321 | 1279 |
| 2013 | 3112 | 44260 | 385 | 2930 | 40945 | 3473 | 8180 | 1344 |
| 2014 | 3117 | 44423 | 385 | 2928 | 41110 | 3658 | 8769 | 1338 |
| 2015 | 3139 | 44291 | 386 | 2929 | 40976 | 3852 | 10787 | 2143 |
| 2016 | 3153 | 44497 | 389 | 2933 | 41175 | 4109 | 12301 | 2285 |

注：1.2007年以前艺术表演团体为文化系统内数据，2007年起含非文化部门单位。艺术表演场馆不含民营艺术表演场馆。
2.1996年以前文化站数据未包括其他部门所属乡镇文化站。1996—1998年包括其他部门所属文化站，1999年以后，其他部门所属文化站划归文化部门管理。

# 7–16–9 文化文物机构人员情况

| 机构类别 | 机构(个) | 文化部门 | 其他部门 | 从业人员(人) | 文化部门 | 其他部门 |
|---|---|---|---|---|---|---|
| **总　　计** | **310641** | **66029** | **244612** | **2348021** | **660842** | **1687179** |
| 一、文化合计 | 301687 | 58292 | 243395 | 2196591 | 530886 | 1665705 |
| 艺术表演团体 | 12301 | 2031 | 10270 | 332920 | 115235 | 217685 |
| 艺术表演场馆 | 2285 | 1265 | 1020 | 51296 | 21628 | 29668 |
| 公共图书馆 | 3153 | 3150 | 3 | 57208 | 57103 | 105 |
| 文化馆 | 3322 | 3322 | | 55491 | 55491 | |
| 文化站 | 41175 | 41175 | | 126539 | 126539 | |
| 艺术展览创作机构 | 651 | 643 | 8 | 5891 | 5765 | 126 |
| 艺术教育业 | 125 | 125 | | 12907 | 12907 | |
| 文化科研机构 | 232 | 232 | | 5482 | 5482 | |
| 文化市场经营机构(不包括非公有制院团和场馆) | 231573 | | 231573 | 1370412 | | 1370412 |
| 文化行政主管部门 | 3248 | 3248 | | 80315 | 80315 | |
| 其他文化机构 | 3622 | 3101 | 521 | 98130 | 50421 | 47709 |
| 二、文物合计 | 8954 | 7737 | 1217 | 151430 | 129956 | 21474 |
| 博物馆 | 4109 | 3024 | 1085 | 93431 | 76125 | 17306 |
| 文物保护管理机构 | 3318 | 3246 | 72 | 33407 | 30218 | 3189 |
| 文物科研机构 | 122 | 122 | | 4763 | 4763 | |
| 文物商店 | 68 | 62 | 6 | 1364 | 1118 | 246 |
| 其他文物机构 | 1337 | 1283 | 54 | 18465 | 17732 | 733 |

# 7-16-10 各地区出版物发行网点数和从业人员

| 地 区 | 发行网点合计(处) | 国有书店及其发行点 | 供销社 | 出版社 | 邮政系统 | 其他批发网点 | 其他零售网点 | 新华书店系统出版社自办发行单位从业人数(人) | #新华书店及其发行网点 |
|---|---|---|---|---|---|---|---|---|---|
| **全 国** | **163102** | **8996** | **75** | **420** | **39358** | **8381** | **105872** | **139423** | **128623** |
| 中 央 | 78 | 3 | | 75 | | | | 1850 | 1025 |
| 北 京 | 8953 | 124 | | 18 | 2347 | 1960 | 4504 | 5146 | 4634 |
| 天 津 | 2383 | 68 | | 13 | | 189 | 2113 | 1343 | 1237 |
| 河 北 | 7426 | 469 | | 9 | 1965 | 203 | 4780 | 7289 | 6415 |
| 山 西 | 2975 | 397 | | 7 | 302 | 143 | 2126 | 5993 | 5320 |
| 内蒙古 | 1171 | 96 | | 7 | | 56 | 1012 | 2138 | 2006 |
| 辽 宁 | 4999 | 136 | | 33 | 1003 | 323 | 3504 | 4508 | 3725 |
| 吉 林 | 1472 | 100 | | 14 | 275 | 167 | 916 | 4391 | 2510 |
| 黑龙江 | 2541 | 172 | 75 | 5 | 469 | 129 | 1691 | 2953 | 2903 |
| 上 海 | 3512 | 99 | | 73 | 1367 | 335 | 1638 | 2530 | 1925 |
| 江 苏 | 15101 | 885 | | 18 | 2070 | 327 | 11801 | 8514 | 8373 |
| 浙 江 | 11244 | 784 | | 10 | 2201 | 269 | 7980 | 8527 | 8414 |
| 安 徽 | 7701 | 650 | | 11 | 3457 | 317 | 3266 | 5268 | 5203 |
| 福 建 | 4029 | 110 | | 18 | 1183 | 152 | 2566 | 3150 | 3078 |
| 江 西 | 3926 | 566 | | 6 | 21 | 232 | 3101 | 3590 | 3495 |
| 山 东 | 8891 | 485 | | 3 | 690 | 252 | 7461 | 7641 | 7625 |
| 河 南 | 11992 | 1092 | | 12 | 6102 | 333 | 4453 | 14039 | 12614 |
| 湖 北 | 4413 | 95 | | 14 | 480 | 515 | 3309 | 4506 | 4185 |
| 湖 南 | 9334 | 376 | | 13 | 4687 | 210 | 4048 | 7996 | 6681 |
| 广 东 | 8154 | 265 | | 2 | | 644 | 7243 | 5082 | 5007 |
| 广 西 | 5726 | 250 | | 6 | 1670 | 144 | 3656 | 3505 | 3445 |
| 海 南 | 751 | 27 | | 5 | 426 | 45 | 248 | 1242 | 1203 |
| 重 庆 | 4436 | 267 | | 3 | 607 | 109 | 3450 | 2978 | 2978 |
| 四 川 | 9693 | 230 | | | 3200 | 263 | 6000 | 8830 | 8830 |
| 贵 州 | 3552 | 195 | | 3 | 835 | 142 | 2377 | 1513 | 1483 |
| 云 南 | 7414 | 238 | | 8 | 1831 | 132 | 5205 | 3751 | 3735 |
| 西 藏 | 178 | 93 | | 2 | 12 | | 71 | 433 | 420 |
| 陕 西 | 4353 | 204 | | 24 | 1577 | 268 | 2280 | 4811 | 4500 |
| 甘 肃 | 2214 | 270 | | 1 | 82 | 181 | 1680 | 2375 | 2317 |
| 青 海 | 555 | 58 | | | 189 | 30 | 278 | 593 | 593 |
| 宁 夏 | 952 | 31 | | 3 | 200 | 53 | 665 | 388 | 365 |
| 新 疆 | 2983 | 161 | | 4 | 110 | 258 | 2450 | 2550 | 2379 |

# 7–16–11　各地区出版印刷生产情况

| 地　区 | 企业数（个） | 从业人员（人） | 印刷产量 |  | 装订产量（万令） | 用纸量（万令） |
|---|---|---|---|---|---|---|
|  |  |  | 黑白（万令） | 彩色（万对开色令） |  |  |
| **全　国** | **8936** | **478315** | **31517.6** | **150688.4** | **33668.5** | **64299.1** |
| 北　京 | 780 | 34778 | 2085.1 | 16292.8 | 3309.6 | 4232.1 |
| 天　津 | 118 | 6145 | 2683.7 | 3574.1 | 199.7 | 3727.2 |
| 河　北 | 781 | 33948 | 1797.8 | 3234.9 | 3369.1 | 2825.4 |
| 山　西 | 175 | 9748 | 274.9 | 2065.2 | 325.2 | 635.0 |
| 内蒙古 | 99 | 3423 | 123.6 | 510.5 | 114.4 | 287.0 |
| 辽　宁 | 166 | 7797 | 1866.1 | 2574.9 | 1097.7 | 2506.1 |
| 吉　林 | 213 | 7924 | 914.9 | 2751.1 | 475.1 | 1603.2 |
| 黑龙江 | 169 | 5274 | 249.1 | 2108.9 | 309.3 | 778.6 |
| 上　海 | 216 | 18579 | 522.9 | 12578.4 | 430.0 | 1674.9 |
| 江　苏 | 415 | 25508 | 1317.9 | 6082.4 | 1529.2 | 3257.7 |
| 浙　江 | 749 | 34377 | 1866.8 | 14111.8 | 2124.3 | 5528.5 |
| 安　徽 | 308 | 14555 | 923.2 | 4402.9 | 1187.6 | 2124.1 |
| 福　建 | 311 | 18721 | 595.2 | 1558.2 | 458.4 | 909.0 |
| 江　西 | 148 | 9575 | 1017.5 | 1447.8 | 929.6 | 1093.3 |
| 山　东 | 522 | 42474 | 3720.2 | 29706.2 | 4950.4 | 9384.9 |
| 河　南 | 434 | 23938 | 961.7 | 3796.6 | 1207.5 | 2398.6 |
| 湖　北 | 361 | 18301 | 1168.2 | 2667.9 | 1439.4 | 2042.0 |
| 湖　南 | 424 | 19388 | 940.4 | 5049.1 | 1400.3 | 2819.3 |
| 广　东 | 900 | 66730 | 3412.0 | 18492.6 | 4242.1 | 7242.2 |
| 广　西 | 183 | 8960 | 1455.5 | 4973.4 | 1006.2 | 3104.1 |
| 海　南 | 26 | 1233 | 68.3 | 506.4 | 53.4 | 139.2 |
| 重　庆 | 190 | 14184 | 470.4 | 1276.8 | 441.4 | 748.7 |
| 四　川 | 236 | 9290 | 1485.2 | 3754.2 | 1240.4 | 1788.3 |
| 贵　州 | 167 | 4124 | 152.2 | 1348.9 | 145.3 | 333.5 |
| 云　南 | 168 | 7772 | 335.7 | 1277.7 | 331.2 | 750.3 |
| 西　藏 | 27 | 1082 | 42.5 | 84.7 | 36.5 | 88.2 |
| 陕　西 | 271 | 18013 | 638.6 | 2832.0 | 702.8 | 1318.9 |
| 甘　肃 | 104 | 4924 | 212.5 | 460.7 | 224.3 | 348.9 |
| 青　海 | 54 | 1649 | 42.8 | 223.3 | 34.5 | 91.8 |
| 宁　夏 | 87 | 1686 | 61.1 | 154.6 | 61.7 | 112.6 |
| 新　疆 | 134 | 4215 | 111.9 | 789.4 | 292.2 | 405.5 |

# 7-16-12 图书出版情况

| 类别 | 种数（种） | 印数（万册） |
|---|---|---|
| **图书总计** | **499884** | **903682** |
| **使用“中国标准书号”部分合计** | **499439** | **901818** |
| 马列主义、毛泽东思想 | 743 | 1555 |
| 哲学 | 9796 | 6575 |
| 社会科学总论 | 5729 | 2650 |
| 政治、法律 | 19015 | 29297 |
| 军事 | 1548 | 858 |
| 经济 | 34225 | 15907 |
| 文化、科学、教育、体育 | 202536 | 682823 |
| 语言、文字 | 22021 | 21444 |
| 文学 | 54502 | 64420 |
| 艺术 | 27497 | 19240 |
| 历史、地理 | 18680 | 13082 |
| 自然科学总论 | 797 | 518 |
| 数理科学、化学 | 8847 | 4116 |
| 天文学、地球科学 | 2756 | 1223 |
| 生物科学 | 3410 | 2043 |
| 医学、卫生 | 21530 | 11042 |
| 农业科学 | 5141 | 1777 |
| 工业技术 | 48093 | 16503 |
| 交通运输 | 5648 | 2696 |
| 航空、航天 | 539 | 154 |
| 环境科学 | 2247 | 846 |
| 综合性图书 | 4139 | 3049 |
| **不使用“中国标准书号”部分合计** | **445** | **1864** |
| 图片 | 445 | 413 |
| 国标(GB)、部标(BB)等标准类文件印品 | | 1019 |
| 活页文选、活页歌篇、小件印品等 | | 432 |

# 7-16-13 图书、期刊和报纸出版情况

| 年份<br>地区 | 图书 | | | 期刊 | | 报纸 | |
|---|---|---|---|---|---|---|---|
| | 种数(种) | #新出版 | 总印数(亿册、亿张) | 种数(种) | 总印数(亿册) | 种数(种) | 总印数(亿份) |
| 1978 | 14987 | 11888 | 37.7 | 930 | 7.6 | 186 | 127.8 |
| 1980 | 21621 | 17660 | 45.9 | 2191 | 11.3 | 188 | 140.4 |
| 1985 | 45603 | 33743 | 66.7 | 4705 | 25.6 | 1445 | 246.8 |
| 1990 | 80224 | 55245 | 56.4 | 5751 | 17.9 | 1444 | 211.3 |
| 1995 | 101381 | 59159 | 63.2 | 7583 | 23.4 | 2089 | 263.3 |
| 1996 | 112813 | 63647 | 71.6 | 7916 | 23.1 | 2163 | 274.3 |
| 1997 | 120106 | 66585 | 73.1 | 7918 | 24.4 | 2149 | 287.6 |
| 1998 | 130613 | 74719 | 72.4 | 7999 | 25.4 | 2053 | 300.4 |
| 1999 | 141831 | 83095 | 73.2 | 8187 | 28.5 | 2038 | 318.4 |
| 2000 | 143376 | 84235 | 62.7 | 8725 | 29.4 | 2007 | 329.3 |
| 2001 | 154526 | 91416 | 63.1 | 8889 | 28.9 | 2111 | 351.1 |
| 2002 | 170962 | 100693 | 68.7 | 9029 | 29.5 | 2137 | 367.8 |
| 2003 | 190391 | 110812 | 66.7 | 9074 | 29.5 | 2119 | 383.1 |
| 2004 | 208294 | 121597 | 64.1 | 9490 | 28.3 | 1922 | 402.4 |
| 2005 | 222473 | 128578 | 64.7 | 9468 | 27.6 | 1931 | 412.6 |
| 2006 | 233971 | 160757 | 64.1 | 9468 | 28.5 | 1938 | 424.5 |
| 2007 | 248283 | 136226 | 62.9 | 9468 | 30.4 | 1938 | 438.0 |
| 2008 | 274123 | 148978 | 70.6 | 9549 | 31.0 | 1943 | 442.9 |
| 2009 | 301719 | 168296 | 70.4 | 9851 | 31.5 | 1937 | 439.1 |
| 2010 | 328387 | 189295 | 71.7 | 9884 | 32.2 | 1939 | 452.1 |
| 2011 | 369523 | 207506 | 77.1 | 9849 | 32.9 | 1928 | 467.4 |
| 2012 | 414005 | 241986 | 79.2 | 9867 | 33.5 | 1918 | 482.3 |
| 2013 | 444427 | 255981 | 83.1 | 9877 | 32.7 | 1915 | 482.4 |
| 2014 | 448431 | 255890 | 81.8 | 9966 | 30.9 | 1912 | 463.9 |
| 2015 | 475768 | 260426 | 86.6 | 10014 | 28.8 | 1906 | 430.1 |
| 2016 | 499884 | 262415 | 90.4 | 10084 | 27.0 | 1894 | 390.1 |
| 中　央 | 199701 | 106901 | 24.1 | 3047 | 8.8 | 217 | 78.8 |
| 北　京 | 13712 | 7310 | 2.8 | 174 | 0.3 | 35 | 7.2 |
| 天　津 | 6789 | 4507 | 0.6 | 254 | 0.3 | 24 | 4.9 |
| 河　北 | 9263 | 3254 | 2.7 | 227 | 0.5 | 64 | 12.8 |
| 山　西 | 3513 | 2264 | 1.0 | 202 | 0.2 | 60 | 20.2 |
| 内蒙古 | 3249 | 1791 | 0.6 | 147 | 0.2 | 58 | 3.0 |
| 辽　宁 | 10385 | 4993 | 1.5 | 321 | 0.9 | 68 | 10.4 |
| 吉　林 | 26919 | 16516 | 2.4 | 240 | 0.8 | 51 | 7.9 |
| 黑龙江 | 7336 | 5541 | 0.8 | 314 | 0.4 | 68 | 6.2 |
| 上　海 | 27481 | 13907 | 4.2 | 637 | 1.1 | 70 | 10.0 |
| 江　苏 | 27569 | 13647 | 6.3 | 470 | 1.2 | 81 | 23.2 |
| 浙　江 | 14165 | 6853 | 4.0 | 226 | 0.8 | 67 | 26.1 |
| 安　徽 | 9441 | 5212 | 2.5 | 186 | 0.5 | 51 | 7.9 |
| 福　建 | 3954 | 2620 | 1.0 | 176 | 0.4 | 42 | 9.1 |
| 江　西 | 7491 | 4345 | 2.1 | 165 | 0.7 | 41 | 10.7 |
| 山　东 | 15925 | 5618 | 5.3 | 270 | 1.0 | 87 | 26.2 |
| 河　南 | 8588 | 4598 | 2.5 | 248 | 0.8 | 77 | 19.2 |
| 湖　北 | 15105 | 7911 | 2.7 | 429 | 1.9 | 73 | 12.2 |
| 湖　南 | 12618 | 5137 | 5.2 | 256 | 1.4 | 48 | 9.8 |
| 广　东 | 10841 | 6367 | 3.1 | 388 | 1.2 | 99 | 29.9 |
| 广　西 | 7406 | 3067 | 2.9 | 184 | 0.4 | 53 | 6.4 |
| 海　南 | 3797 | 1483 | 0.6 | 44 | 0.1 | 14 | 2.2 |
| 重　庆 | 5685 | 2195 | 1.3 | 138 | 0.5 | 27 | 4.4 |
| 四　川 | 10878 | 6332 | 2.4 | 359 | 0.5 | 85 | 15.3 |
| 贵　州 | 1013 | 742 | 0.9 | 90 | 0.2 | 30 | 3.0 |
| 云　南 | 8563 | 4436 | 1.5 | 127 | 0.3 | 42 | 4.0 |
| 西　藏 | 588 | 260 | 0.1 | 37 | 0.0 | 25 | 0.8 |
| 陕　西 | 10284 | 5271 | 1.9 | 287 | 0.3 | 43 | 5.7 |
| 甘　肃 | 3484 | 2149 | 0.8 | 134 | 1.0 | 50 | 5.0 |
| 青　海 | 613 | 306 | 0.1 | 54 | 0.0 | 26 | 1.0 |
| 宁　夏 | 3098 | 1645 | 0.5 | 37 | 0.1 | 14 | 1.0 |
| 新　疆 | 10430 | 5237 | 2.1 | 216 | 0.2 | 104 | 5.3 |

# 7-16-14 各地区少年儿童读物和课本出版情况

| 地　区 | 种数(种) | | 总印数（万册） | | 总印张(千印张) | |
|---|---|---|---|---|---|---|
| | 儿童读物 | 课　本 | 儿童读物 | 课　本 | 儿童读物 | 课　本 |
| **全　国** | **43639** | **89001** | **77789** | **327691** | **4528085** | **26250786** |
| 中　央 | 9238 | 51684 | 14198 | 92549 | 814790 | 9430944 |
| 北　京 | 2947 | 885 | 7310 | 2059 | 585405 | 205094 |
| 天　津 | 958 | 591 | 1688 | 1422 | 79565 | 117983 |
| 河　北 | 851 | 367 | 988 | 11741 | 53120 | 791602 |
| 山　西 | 198 | 127 | 125 | 4604 | 9004 | 326111 |
| 内蒙古 | 266 | 831 | 79 | 4140 | 3595 | 299444 |
| 辽　宁 | 1103 | 3176 | 1750 | 6294 | 130589 | 465976 |
| 吉　林 | 4427 | 1225 | 4279 | 4158 | 203463 | 295491 |
| 黑龙江 | 1347 | 776 | 273 | 3569 | 15972 | 245927 |
| 上　海 | 1278 | 6304 | 7566 | 13890 | 238157 | 1195268 |
| 江　苏 | 2121 | 3264 | 3455 | 20061 | 178547 | 1355909 |
| 浙　江 | 3020 | 1597 | 7638 | 12314 | 559422 | 812692 |
| 安　徽 | 1111 | 950 | 3931 | 8544 | 237680 | 608753 |
| 福　建 | 447 | 447 | 503 | 4485 | 32928 | 318990 |
| 江　西 | 2347 | 289 | 5560 | 6944 | 296036 | 547372 |
| 山　东 | 2475 | 1496 | 4871 | 18411 | 283431 | 1168485 |
| 河　南 | 918 | 978 | 1177 | 13099 | 37807 | 949553 |
| 湖　北 | 1059 | 2500 | 1125 | 8321 | 104881 | 643832 |
| 湖　南 | 922 | 858 | 1391 | 14125 | 82042 | 885430 |
| 广　东 | 988 | 1577 | 1798 | 16053 | 87671 | 1154850 |
| 广　西 | 1315 | 389 | 2909 | 9561 | 193552 | 635325 |
| 海　南 | 80 | 74 | 50 | 1414 | 4707 | 85499 |
| 重　庆 | 65 | 1994 | 57 | 6520 | 1895 | 432937 |
| 四　川 | 1675 | 2018 | 2298 | 9547 | 141367 | 751910 |
| 贵　州 | 101 | 92 | 147 | 5966 | 11741 | 440176 |
| 云　南 | 658 | 175 | 767 | 6900 | 55497 | 483911 |
| 西　藏 | 18 | 148 | 6 | 1097 | 200 | 76632 |
| 陕　西 | 716 | 2205 | 1342 | 7978 | 46992 | 616990 |
| 甘　肃 | 210 | 45 | 171 | 2944 | 12964 | 231996 |
| 青　海 | 6 | 148 | 2 | 837 | 37 | 66408 |
| 宁　夏 | 221 | 10 | 140 | 810 | 11932 | 61029 |
| 新　疆 | 553 | 1781 | 195 | 7334 | 13096 | 548267 |

# 7-16-15 课本出版情况

| 项　目 | 种数(种) | #新出版 | 总印数(万册) | 总印张(千印张) | 定价总金额(万元) |
|---|---|---|---|---|---|
| **总　计** | **89001** | **27337** | **327691** | **26250786** | **3550367** |
| 大专及以上课本 | 63258 | 21846 | 31208 | 5487193 | 1113687 |
| 中专、技校课本 | 6580 | 1836 | 6698 | 852523 | 159364 |
| 中学课本 | 6442 | 806 | 153076 | 11921868 | 1243245 |
| 小学课本 | 5712 | 958 | 131365 | 7240824 | 857361 |
| 业余教育课本 | 3043 | 1283 | 2576 | 409669 | 100070 |
| 扫盲课本 | 3 | | | 17 | 3 |
| 教学用书 | 3963 | 608 | 2768 | 338692 | 76637 |

# 7-16-16 分地区音像制品及电子出版物情况

| 地 区 | 录像制品出版品种(种) | 录像制品出版数量(万盒、万张) | 录像制品发行数量(万盒、万张) | 录音制品出版品种(种) | 录音制品出版数量(万盒、万张) | 录音制品发行数量(万盒、万张) | 电子出版物出版品种(种) | 电子出版物出版数量(万张) |
|---|---|---|---|---|---|---|---|---|
| **全 国** | **5671** | **6226.2** | **5339.3** | **8713** | **21358.4** | **18831.6** | **9836** | **29064.7** |
| 中 央 | 2625 | 3123.6 | 2283.8 | 3151 | 13601.7 | 12304.7 | 5569 | 20893.3 |
| 北 京 | 65 | 21.2 | 2.4 | 168 | 40.6 | 15.2 | 51 | 46.8 |
| 天 津 | 3 | 1.1 | 0.5 | 69 | 48.8 | 46.8 | 51 | 15.7 |
| 河 北 | 17 | 8.7 | 6.0 | 131 | 587.6 | 572.7 | 129 | 138.5 |
| 山 西 | 36 | 6.6 | 26.9 | 168 | 331.3 | 331.3 | 49 | 18.2 |
| 内蒙古 | 27 | 2.2 | 6.2 | 37 | 9.7 | 15.6 | 22 | 8.0 |
| 辽 宁 | 127 | 48.4 | 43.9 | 193 | 89.7 | 153.3 | 202 | 292.7 |
| 吉 林 | 110 | 58.3 | 72.7 | 125 | 172.8 | 489.6 | 93 | 31.7 |
| 黑龙江 | 3 | 0.1 | 0.1 | 5 | 0.1 | 1.3 | | |
| 上 海 | 751 | 1931.7 | 1887.6 | 2538 | 2989.8 | 2200.4 | 808 | 1545.7 |
| 江 苏 | 92 | 151.7 | 147.9 | 189 | 1047.7 | 1047.5 | 498 | 3066.2 |
| 浙 江 | 95 | 40.1 | 38.8 | 141 | 299.0 | 284.5 | 308 | 711.7 |
| 安 徽 | 43 | 19.2 | 22.2 | 47 | 22.7 | 29.5 | 15 | 3.1 |
| 福 建 | 43 | 7.5 | 8.1 | 32 | 9.6 | 26.5 | 52 | 22.5 |
| 江 西 | 80 | 43.9 | 45.2 | 168 | 69.9 | 57.5 | 69 | 37.6 |
| 山 东 | 206 | 98.5 | 174.8 | 134 | 21.2 | 17.7 | 543 | 242.0 |
| 河 南 | 51 | 21.5 | 10.1 | 2 | 0.9 | 0.9 | 149 | 203.7 |
| 湖 北 | 83 | 23.9 | 21.8 | 60 | 15.4 | 16.4 | 262 | 52.0 |
| 湖 南 | 223 | 111.2 | 168.9 | 162 | 464.3 | 280.5 | 117 | 203.7 |
| 广 东 | 342 | 127.4 | 46.2 | 709 | 1342.2 | 733.2 | 304 | 1178.5 |
| 广 西 | 26 | 13.7 | 3.6 | 132 | 56.0 | 51.1 | 25 | 1.2 |
| 海 南 | 4 | 0.6 | 0.6 | 27 | 4.3 | 4.3 | 6 | 5.6 |
| 重 庆 | 38 | 10.7 | 32.0 | 56 | 19.8 | 21.8 | 145 | 96.4 |
| 四 川 | 73 | 54.5 | 55.6 | 14 | 1.8 | 0.9 | 218 | 85.3 |
| 贵 州 | 1 | 0.5 | 0.5 | | | | | |
| 云 南 | 149 | 81.2 | 67.1 | 77 | 37.5 | 16.8 | 45 | 115.2 |
| 西 藏 | 62 | 69.3 | 39.3 | 41 | 11.7 | 8.4 | 13 | 5.3 |
| 陕 西 | 111 | 16.6 | 87.9 | 90 | 39.5 | 40.3 | 92 | 44.0 |
| 甘 肃 | 37 | 7.8 | 8.2 | 1 | 0.5 | 0.5 | 1 | 0.1 |
| 青 海 | 21 | 32.9 | | 1 | 0.5 | | | |
| 宁 夏 | 6 | 0.6 | 0.9 | 12 | 2.7 | 23.7 | | |
| 新 疆 | 121 | 91.1 | 29.6 | 33 | 19.1 | 39.1 | | |

# 7-16-17 全国图书、期刊、报纸进出口情况

| 指标 | 出口 | | 进口 | |
|---|---|---|---|---|
| | 数量（万册、份） | 金额（万美元） | 数量（万册、份） | 金额（万美元） |
| **总计** | **1765.5** | **5886.7** | **3108.2** | **30051.7** |
| 图书 | 1450.3 | 5407.4 | 1551.6 | 14421.6 |
| 哲学、社会科学 | 146.0 | 1826.4 | 61.7 | 1828.1 |
| 文化、教育 | 158.0 | 763.4 | 296.8 | 3035.8 |
| 文学、艺术 | 189.2 | 960.4 | 171.0 | 1745.9 |
| 自然、科学技术 | 49.4 | 296.6 | 56.3 | 2336.7 |
| 少儿读物 | 729.9 | 653.3 | 510.4 | 1671.8 |
| 综合性图书 | 177.8 | 907.4 | 455.5 | 3803.4 |
| 期刊 | 265.7 | 443.8 | 338.4 | 14137.2 |
| 报纸 | 49.6 | 35.5 | 1218.2 | 1492.9 |

# 7-16-18 全国音像、电子出版物进出口情况

| 指标 | 出口 | | 进口 | |
|---|---|---|---|---|
| | 数量（盒、张） | 金额（万美元） | 数量（盒、张） | 金额（万美元） |
| **总计** | **13270** | **156.4** | **108096** | **25859.4** |
| 录音合计 | 11975 | 34.7 | 98261 | 95.9 |
| AT | | | | |
| CD | | | 98261 | 95.9 |
| DVD-A及其他 | 11975 | 34.7 | | |
| 录像合计 | 1295 | 1.1 | 9835 | 17.3 |
| VT | | | | |
| DVD—V | 1295 | 1.1 | 9835 | 17.3 |
| VCD及其他 | | | | |
| 电子出版物 | | | | |
| 数字出版物 | | 120.7 | | 25746.1 |

# 7-16-19 版权引进和输出情况

单位：项

| 项　目 | 合　计 | 图　书 | 录音制品 | 录像制品 | 电子出版物 | 软　件 | 电　影 | 电视节目 | 其　他 |
|---|---|---|---|---|---|---|---|---|---|
| **本年引进版权** | | | | | | | | | |
| 总数 | 17252 | 16587 | 119 | 251 | 217 | 8 | 4 | 66 | |
| 美　国 | 5461 | 5201 | 41 | 174 | 17 | 2 | 1 | 25 | |
| 英　国 | 2966 | 2873 | 10 | 15 | 38 | 1 | 1 | 28 | |
| 德　国 | 895 | 888 | 2 | 1 | 3 | 1 | | | |
| 法　国 | 1100 | 1069 | 7 | 12 | 11 | | | 1 | |
| 俄罗斯 | 104 | 101 | | 3 | | | | | |
| 加拿大 | 152 | 142 | 1 | 6 | 3 | | | | |
| 新加坡 | 262 | 260 | | 1 | | | | 1 | |
| 日　本 | 1952 | 1911 | 8 | 6 | 25 | | | 2 | |
| 韩　国 | 1067 | 1024 | | 12 | 27 | 3 | | 1 | |
| 中国香港 | 248 | 208 | 26 | 1 | 12 | 1 | | | |
| 中国澳门 | 1 | 1 | | | | | | | |
| 中国台湾 | 979 | 949 | 15 | | 15 | | | | |
| 其　他 | 2065 | 1960 | 9 | 20 | 66 | | 2 | 8 | |
| **本年输出版权** | | | | | | | | | |
| 总数 | 11133 | 8328 | 201 | 18 | 1264 | | 16 | 1249 | 57 |
| 美　国 | 1483 | 932 | | | 446 | | 2 | 103 | |
| 英　国 | 353 | 290 | | | 5 | | | 54 | 4 |
| 德　国 | 346 | 262 | | | 30 | | | 54 | |
| 法　国 | 164 | 110 | | | | | | 54 | |
| 俄罗斯 | 360 | 356 | 4 | | | | | | |
| 加拿大 | 143 | 87 | | | | | | 56 | |
| 新加坡 | 403 | 184 | | | 118 | | 2 | 96 | 3 |
| 日　本 | 356 | 353 | | | | | 2 | 1 | |
| 韩　国 | 719 | 576 | 46 | | 93 | | 2 | 2 | |
| 中国香港 | 710 | 486 | 99 | | 5 | | 2 | 110 | 8 |
| 中国澳门 | 179 | 56 | | 12 | | | 2 | 108 | 1 |
| 中国台湾 | 2110 | 1848 | 19 | | 148 | | 2 | 61 | 32 |
| 其　他 | 3807 | 2788 | 33 | 6 | 419 | | 2 | 550 | 9 |

# 7-16-20 国家综合档案馆基本情况

| 年　份 | 馆藏档案（万卷、万件） | 照片档案（万张） | 开放档案（万卷、万件） | 利用档案（万卷、万件次） | 档案馆建筑面积（万平方米） |
|---|---|---|---|---|---|
| 1991 | 9637.4 | 371.0 | 2094.3 | 937.0 | 348.1 |
| 1992 | 10003.5 | 402.4 | 2018.7 | 773.8 | 255.7 |
| 1993 | 10726.8 | 435.5 | 2140.7 | 891.9 | 275.9 |
| 1994 | 10783.0 | 449.6 | 2454.6 | 674.4 | 268.3 |
| 1995 | 11318.3 | 485.5 | 2790.3 | 529.3 | 282.5 |
| 1996 | 11341.4 | 494.6 | 2939.2 | 485.4 | 297.5 |
| 1997 | 12222.9 | 553.0 | 3304.6 | 501.0 | 347.6 |
| 1998 | 12276.5 | 579.7 | 3556.5 | 446.5 | 310.7 |
| 1999 | 12866.8 | 584.5 | 3808.2 | 508.5 | 328.4 |
| 2000 | 13314.0 | 631.7 | 4072.0 | 494.4 | 336.2 |
| 2001 | 13756.6 | 642.8 | 4129.7 | 575.4 | 342.0 |
| 2002 | 14790.7 | 720.5 | 4301.1 | 548.9 | 351.0 |
| 2003 | 15945.9 | 797.4 | 4618.4 | 602.6 | 361.4 |
| 2004 | 17601.5 | 827.9 | 4868.3 | 813.9 | 376.8 |
| 2005 | 18688.7 | 908.8 | 5132.3 | 868.0 | 393.1 |
| 2006 | 21656.5 | 1277.2 | 5746.3 | 1166.4 | 406.1 |
| 2007 | 23675.3 | 1393.3 | 5875.5 | 1244.9 | 421.9 |
| 2008 | 25051.0 | 1505.3 | 6072.2 | 1257.4 | 465.4 |
| 2009 | 28089.2 | 1646.3 | 6687.4 | 1308.0 | 473.3 |
| 2010 | 32198.6 | 1809.2 | 7428.6 | 1417.3 | 504.4 |
| 2011 | 35445.5 | 1965.8 | 7828.4 | 1564.5 | 551.1 |
| 2012 | 40547.7 | 1827.4 | 8254.6 | 1521.1 | 627.1 |
| 2013 | 42454.5 | 1927.6 | 8900.5 | 1477.8 | 709.3 |
| 2014 | 53470.3 | 2041.8 | 9179.7 | 1688.8 | 736.0 |
| 2015 | 58641.7 | 2102.4 | 9266.3 | 1978.3 | 785.5 |
| 2016 | 65062.5 | 2228.2 | 9707.9 | 2033.7 | 859.8 |

# 7-16-21 档案馆机构和人员情况

单位：个、人

| 年份 | 国家综合档案馆 | | 国家专门档案馆 | | 部门档案馆 | | 企业档案馆数 | 文化事业档案馆数 | 科技事业单位档案馆数 |
|---|---|---|---|---|---|---|---|---|---|
| | 馆数 | 专职人员 | 馆数 | 专职人员 | 馆数 | 专职人员 | | | |
| 1991 | 2957 | 21657 | 211 | 2038 | 128 | 2171 | 229 | 19 | 28 |
| 1992 | 2962 | 22226 | 206 | 2082 | 122 | 2258 | 231 | 19 | 28 |
| 1993 | 2980 | 23624 | 200 | 2245 | 122 | 1448 | 221 | 20 | 31 |
| 1994 | 2983 | 23568 | 205 | 2294 | 136 | 2160 | 209 | 20 | 36 |
| 1995 | 3024 | 24777 | 216 | 2484 | 144 | 2168 | 213 | 27 | 38 |
| 1996 | 3011 | 24542 | 226 | 2658 | 134 | 2072 | 232 | 23 | 44 |
| 1997 | 3021 | 24904 | 223 | 2578 | 162 | 2521 | 228 | 26 | 46 |
| 1998 | 3034 | 24197 | 232 | 3200 | 149 | 2411 | 245 | 27 | 46 |
| 1999 | 3046 | 23530 | 225 | 3436 | 142 | 2123 | 304 | 40 | 59 |
| 2000 | 3070 | 23701 | 234 | 3319 | 141 | 1865 | 307 | 53 | 80 |
| 2001 | 3100 | 23652 | 243 | 3448 | 142 | 2086 | 286 | 47 | 84 |
| 2002 | 3110 | 22825 | 253 | 3435 | 148 | 2109 | 299 | 75 | 93 |
| 2003 | 3121 | 23086 | 260 | 3514 | 141 | 1770 | 300 | 75 | 85 |
| 2004 | 3127 | 23401 | 258 | 3591 | 149 | 1932 | 300 | 79 | 99 |
| 2005 | 3142 | 23413 | 238 | 3452 | 145 | 2020 | 301 | 105 | 63 |
| 2006 | 3154 | 22689 | 239 | 3537 | 137 | 1699 | 216 | 110 | 95 |
| 2007 | 3161 | 21399 | 245 | 3737 | 146 | 1985 | 215 | 126 | 94 |
| 2008 | 3170 | 21414 | 240 | 3663 | 154 | 1886 | 241 | 141 | 87 |
| 2009 | 3191 | 20949 | 241 | 3626 | 149 | 1814 | 233 | 167 | 96 |
| 2010 | 3194 | 19750 | 252 | 3833 | 167 | 1747 | 223 | 160 | 111 |
| 2011 | 3196 | 19985 | 255 | 3843 | 170 | 2121 | 183 | 179 | 124 |
| 2012 | 3237 | 18009 | 238 | 3577 | 183 | 2161 | 204 | 260 | |
| 2013 | 3325 | 18105 | 240 | 3579 | 218 | 2182 | 189 | 274 | |
| 2014 | 3319 | 17863 | 247 | 3538 | 209 | 2129 | 169 | 252 | |
| 2015 | 3322 | 18386 | 234 | 3457 | 237 | 2263 | 176 | 224 | |
| 2016 | 3336 | 17511 | 236 | 3521 | 213 | 2021 | 180 | 272 | |

注：2012年新修订的《全国档案事业统计年报制度》不再细分事业单位的属性，统称“省部属事业单位档案馆”。省部属事业省部属事单位包括文化事业档案馆数，科技事业单位档案馆数。

# 7-16-22 各地区广播电视节目综合人口覆盖情况

| 地　区 | 公共广播节目套数(套) | 广播节目综合人口覆盖率(%) | #农村 | 公共电视节目套数(套) | 电视节目综合人口覆盖率(%) | #农村 |
|---|---|---|---|---|---|---|
| **全　国** | **2741** | **98.4** | **97.8** | **3360** | **98.9** | **98.5** |
| 总局直属 | 23 | | | 31 | | |
| 北　京 | 26 | 100.0 | 100.0 | 26 | 100.0 | 100.0 |
| 天　津 | 22 | 100.0 | 100.0 | 24 | 100.0 | 100.0 |
| 河　北 | 134 | 99.4 | 99.1 | 178 | 99.3 | 99.0 |
| 山　西 | 111 | 98.6 | 97.9 | 117 | 99.4 | 99.1 |
| 内蒙古 | 126 | 99.1 | 98.3 | 119 | 99.2 | 98.5 |
| 辽　宁 | 110 | 99.1 | 98.3 | 118 | 99.1 | 98.4 |
| 吉　林 | 73 | 98.7 | 98.1 | 76 | 98.8 | 98.2 |
| 黑龙江 | 111 | 99.2 | 99.2 | 121 | 99.0 | 99.2 |
| 上　海 | 22 | 100.0 | 100.0 | 25 | 100.0 | 100.0 |
| 江　苏 | 123 | 100.0 | 100.0 | 122 | 100.0 | 100.0 |
| 浙　江 | 113 | 99.7 | 99.6 | 115 | 99.7 | 99.7 |
| 安　徽 | 104 | 98.9 | 98.6 | 107 | 99.0 | 98.8 |
| 福　建 | 91 | 99.0 | 98.7 | 103 | 99.1 | 98.9 |
| 江　西 | 108 | 98.0 | 97.6 | 117 | 98.8 | 98.5 |
| 山　东 | 161 | 99.0 | 98.6 | 224 | 98.6 | 98.3 |
| 河　南 | 154 | 98.4 | 98.1 | 167 | 98.6 | 98.4 |
| 湖　北 | 88 | 99.3 | 99.1 | 112 | 99.2 | 98.9 |
| 湖　南 | 106 | 94.7 | 91.8 | 137 | 98.3 | 97.5 |
| 广　东 | 132 | 99.9 | 100.0 | 142 | 99.9 | 100.0 |
| 广　西 | 74 | 96.9 | 96.3 | 116 | 98.4 | 98.0 |
| 海　南 | 25 | 96.8 | 95.9 | 16 | 95.8 | 94.6 |
| 重　庆 | 34 | 98.9 | 98.5 | 46 | 99.2 | 98.9 |
| 四　川 | 141 | 97.2 | 96.4 | 211 | 98.3 | 97.9 |
| 贵　州 | 46 | 93.0 | 92.4 | 103 | 96.1 | 95.7 |
| 云　南 | 54 | 97.4 | 96.7 | 173 | 98.2 | 97.8 |
| 西　藏 | 11 | 95.2 | 94.2 | 14 | 96.3 | 95.4 |
| 陕　西 | 109 | 98.3 | 97.8 | 123 | 98.9 | 98.5 |
| 甘　肃 | 96 | 98.1 | 97.8 | 111 | 98.6 | 98.2 |
| 青　海 | 15 | 98.2 | 97.4 | 17 | 98.2 | 97.5 |
| 宁　夏 | 25 | 96.7 | 94.7 | 28 | 99.3 | 99.0 |
| 新　疆 | 173 | 96.8 | 96.6 | 221 | 97.3 | 96.9 |

# 7−16−23 各地区广播电视从业人员情况

单位：人

| 地区 | 从业人员 | 按岗位分 | | | | | | | |
|---|---|---|---|---|---|---|---|---|---|
| | | 管理人员 | 专业技术人员 | | | | | | 其他人员 |
| | | | | 编辑、记者 | 播音员、主持人 | 工程技术人员 | 艺术人员 | 经营人员 | |
| **全国** | **919283** | **149576** | **490399** | **160253** | **30563** | **151234** | **20653** | **56520** | **279308** |
| 总局直属 | 53646 | 7847 | 29288 | 7509 | 787 | 11488 | 1460 | 2792 | 16511 |
| 北京 | 67953 | 12263 | 34569 | 7151 | 891 | 8392 | 2909 | 7557 | 21121 |
| 天津 | 8026 | 978 | 5570 | 2212 | 279 | 1332 | 233 | 132 | 1478 |
| 河北 | 42959 | 6120 | 21080 | 7255 | 1674 | 5797 | 1502 | 1578 | 15759 |
| 山西 | 20992 | 2828 | 10869 | 5412 | 767 | 3449 | 82 | 433 | 7295 |
| 内蒙古 | 18982 | 2085 | 13692 | 4819 | 1082 | 3518 | 201 | 115 | 3205 |
| 辽宁 | 27725 | 4610 | 16693 | 5204 | 989 | 6646 | 1408 | 722 | 6422 |
| 吉林 | 19490 | 2534 | 14131 | 4484 | 898 | 4822 | 163 | 3319 | 2825 |
| 黑龙江 | 20935 | 3419 | 12506 | 5494 | 1048 | 3221 | 607 | 786 | 5010 |
| 上海 | 29657 | 4449 | 14540 | 2903 | 657 | 3916 | 1941 | 2250 | 10668 |
| 江苏 | 53531 | 7383 | 29331 | 8946 | 1834 | 8018 | 691 | 4724 | 16817 |
| 浙江 | 52014 | 7238 | 27283 | 8772 | 1794 | 8992 | 967 | 4035 | 17493 |
| 安徽 | 22998 | 4471 | 14233 | 4630 | 1187 | 4003 | 365 | 2684 | 4294 |
| 福建 | 26966 | 4540 | 12707 | 4311 | 713 | 3186 | 353 | 1880 | 9719 |
| 江西 | 19647 | 4072 | 7541 | 2750 | 763 | 2229 | 160 | 438 | 8034 |
| 山东 | 59390 | 7857 | 34978 | 12309 | 2428 | 11984 | 969 | 3041 | 16555 |
| 河南 | 50544 | 8193 | 22206 | 9693 | 1674 | 6439 | 318 | 1554 | 20145 |
| 湖北 | 39999 | 6852 | 21433 | 6959 | 1223 | 6988 | 610 | 3399 | 11714 |
| 湖南 | 45219 | 7877 | 23279 | 7292 | 1040 | 6884 | 611 | 3099 | 14063 |
| 广东 | 52320 | 9607 | 24141 | 7136 | 1656 | 8980 | 1685 | 2236 | 18572 |
| 广西 | 17690 | 3984 | 10710 | 3784 | 684 | 3908 | 383 | 646 | 2996 |
| 海南 | 5049 | 699 | 3663 | 1463 | 249 | 679 | 19 | 56 | 687 |
| 重庆 | 12408 | 2210 | 6786 | 1765 | 391 | 1812 | 444 | 1513 | 3412 |
| 四川 | 48584 | 9687 | 23786 | 6690 | 1432 | 6273 | 916 | 4049 | 15111 |
| 贵州 | 17524 | 3976 | 8265 | 3104 | 542 | 2474 | 80 | 478 | 5283 |
| 云南 | 19165 | 3022 | 10995 | 4305 | 785 | 4409 | 194 | 544 | 5148 |
| 西藏 | 4604 | 722 | 2728 | 595 | 148 | 869 | 63 | 4 | 1154 |
| 陕西 | 20049 | 3318 | 10292 | 3853 | 894 | 2941 | 308 | 1555 | 6439 |
| 甘肃 | 16049 | 3470 | 7168 | 3178 | 685 | 1902 | 276 | 527 | 5411 |
| 青海 | 4148 | 439 | 2994 | 1092 | 293 | 1223 | 98 | 58 | 715 |
| 宁夏 | 5241 | 1036 | 2660 | 1036 | 196 | 930 | 119 | 155 | 1545 |
| 新疆 | 15779 | 1790 | 10282 | 4147 | 880 | 3530 | 518 | 161 | 3707 |

# 7-16-24 广播电视节目制作时间

单位：小时

| 项 目 | 1995 | 2005 | 2011 | 2012 | 2013 | 2014 | 2015 | 2016 |
|---|---|---|---|---|---|---|---|---|
| **广播节目制作** | **2332164** | **6139227** | **6936960** | **7188245** | **7391245** | **7647267** | **7718163** | **7820296** |
| 新闻 | 353368 | 1066880 | 1295019 | 1333084 | 1397353 | 1443464 | 1436129 | 1457302 |
| 专题 | 1054140 | 1822621 | 2016386 | 2044073 | 2091787 | 2120517 | 2072348 | 2096407 |
| 综艺 | 924656 | 1937290 | 1905916 | 1973796 | 1976162 | 2020456 | 2078791 | 2103561 |
| 广播剧 | | 75456 | 119477 | 140493 | 178163 | 185405 | 183124 | 172558 |
| 广告 | | 671071 | 766463 | 796009 | 785278 | 808148 | 752705 | 761747 |
| 其他 | | 565909 | 833699 | 900790 | 962502 | 1069277 | 1195065 | 1228720 |
| **电视节目制作** | **383513** | **2553861** | **2950490** | **3436301** | **3397834** | **3277394** | **3520190** | **3507217** |
| 新闻 | 80800 | 637956 | 802376 | 886905 | 866756 | 918296 | 978801 | 989934 |
| 专题 | 193391 | 525528 | 775565 | 892521 | 854124 | 848276 | 930283 | 899782 |
| 综艺 | 109322 | 382350 | 416289 | 483174 | 464977 | 468355 | 511398 | 484081 |
| 影视剧 | | 193771 | 75452 | 163348 | 201117 | 116750 | 120604 | 119102 |
| 广告 | | 524892 | 508294 | 555192 | 542823 | 510275 | 481973 | 483620 |
| 其他 | | 289364 | 372515 | 455161 | 468035 | 415441 | 497131 | 530698 |

# 7-16-25 公共广播电视节目播出时间

单位：小时

| 指 标 | 总 计 | 新闻资讯类节目 | 专题服务类节目 | 综艺益智类节目 | 广播(影视)剧类节目 | 广告类节 目 | 其他类节 目 |
|---|---|---|---|---|---|---|---|
| **广播** | **14565058** | **2934010** | **3258408** | **3882453** | **831977** | **1218478** | **2439732** |
| #中央级 | 270579 | 71479 | 103436 | 66363 | 1463 | 10250 | 17589 |
| **电视** | **17924388** | **2601767** | **2286042** | **1445203** | **7651965** | **1923282** | **2016128** |
| #中央级 | 399992 | 127847 | 89655 | 40824 | 69265 | 8651 | 63750 |

# 7-16-26 各地区有线广播电视实际用户情况

| 地区 | 有线广播电视用户数(万户) | #数字电视 | 有线广播电视用户数占家庭总户数的比重(%) | #农村 |
|---|---|---|---|---|
| **全国** | **22829.5** | **20157.2** | **52.8** | **33.2** |
| 北京 | 580.4 | 529.2 | 109.7 | 81.8 |
| 天津 | 358.5 | 335.1 | 96.7 | 27.1 |
| 河北 | 857.2 | 755.6 | 36.2 | 17.4 |
| 山西 | 456.0 | 358.8 | 35.1 | 25.7 |
| 内蒙古 | 339.2 | 301.4 | 40.6 | 10.5 |
| 辽宁 | 842.1 | 747.5 | 55.7 | 32.9 |
| 吉林 | 526.4 | 493.2 | 52.1 | 41.8 |
| 黑龙江 | 651.4 | 642.6 | 48.4 | 24.6 |
| 上海 | 523.0 | 492.4 | 97.4 | 49.0 |
| 江苏 | 2068.6 | 1754.1 | 84.8 | 63.8 |
| 浙江 | 1526.1 | 1507.2 | 92.9 | 76.1 |
| 安徽 | 878.1 | 585.2 | 41.2 | 27.9 |
| 福建 | 738.9 | 715.4 | 69.3 | 57.5 |
| 江西 | 662.7 | 585.9 | 52.3 | 73.3 |
| 山东 | 1848.1 | 1762.7 | 61.5 | 41.6 |
| 河南 | 1056.5 | 777.2 | 32.6 | 19.6 |
| 湖北 | 1060.8 | 1003.3 | 51.5 | 47.3 |
| 湖南 | 1267.3 | 1090.3 | 61.6 | 40.9 |
| 广东 | 2017.1 | 1755.9 | 89.4 | 25.2 |
| 广西 | 690.4 | 510.5 | 43.8 | 29.0 |
| 海南 | 115.2 | 106.2 | 43.7 | 22.9 |
| 重庆 | 415.3 | 357.3 | 33.1 | 12.0 |
| 四川 | 1132.5 | 1004.5 | 35.5 | 19.6 |
| 贵州 | 457.0 | 452.8 | 35.0 | 14.7 |
| 云南 | 405.4 | 393.2 | 27.2 | 13.3 |
| 西藏 | 24.7 | 18.4 | 32.6 | 4.7 |
| 陕西 | 720.4 | 598.3 | 56.8 | 32.8 |
| 甘肃 | 206.1 | 171.4 | 24.7 | 7.6 |
| 青海 | 54.7 | 54.1 | 30.7 | 1.5 |
| 宁夏 | 104.7 | 104.7 | 49.8 | |
| 新疆 | 291.4 | 193.2 | 30.0 | 15.5 |

# 7-16-27 各地区广播电视技术情况

| 地 区 | 中、短波转播发射台(座) | 中波发射机(部) | 短波发射机(部) | 调频、电视转播发射台(座) | 调 频发射机(部) | 电视发射机(部) | 微波实有站(座) |
|---|---|---|---|---|---|---|---|
| **全 国** | **862** | **2567** | **696** | **14531** | **18461** | **25266** | **1988** |
| 总局直属 | 33 | 73 | 271 | 4 | 26 | 2399 | 39 |
| 北 京 | 1 | 5 | | 19 | 31 | 38 | 8 |
| 天 津 | 3 | 21 | | 26 | 38 | 36 | 18 |
| 河 北 | 31 | 49 | | 411 | 291 | 460 | 32 |
| 山 西 | 13 | 38 | | 201 | 215 | 326 | 84 |
| 内蒙古 | 58 | 242 | 14 | 800 | 1011 | 1390 | 306 |
| 辽 宁 | 37 | 90 | 1 | 208 | 273 | 403 | 83 |
| 吉 林 | 34 | 114 | | 140 | 331 | 438 | 142 |
| 黑龙江 | 41 | 110 | 6 | 203 | 599 | 635 | 84 |
| 上 海 | 3 | 14 | | 22 | 27 | 20 | |
| 江 苏 | 21 | 105 | 1 | 104 | 267 | 341 | 63 |
| 浙 江 | 36 | 153 | | 164 | 265 | 360 | 75 |
| 安 徽 | 24 | 113 | | 220 | 514 | 528 | 108 |
| 福 建 | 37 | 96 | 2 | 88 | 256 | 331 | 147 |
| 江 西 | 19 | 49 | | 437 | 474 | 371 | 15 |
| 山 东 | 33 | 122 | 2 | 206 | 253 | 442 | 28 |
| 河 南 | 30 | 117 | | 162 | 190 | 399 | 52 |
| 湖 北 | 28 | 89 | | 478 | 486 | 751 | 122 |
| 湖 南 | 25 | 44 | 1 | 250 | 186 | 373 | 148 |
| 广 东 | 27 | 97 | 2 | 125 | 288 | 228 | 91 |
| 广 西 | 20 | 37 | 2 | 712 | 1528 | 778 | 31 |
| 海 南 | 3 | 7 | | 22 | 82 | 95 | 11 |
| 重 庆 | 5 | 13 | | 63 | 262 | 185 | 28 |
| 四 川 | 36 | 102 | 2 | 338 | 739 | 934 | 43 |
| 贵 州 | 11 | 30 | 2 | 283 | 398 | 282 | 3 |
| 云 南 | 60 | 105 | 4 | 440 | 972 | 942 | 29 |
| 西 藏 | 42 | 151 | | 4696 | 5153 | 6476 | |
| 陕 西 | 14 | 36 | 1 | 214 | 394 | 242 | 53 |
| 甘 肃 | 31 | 69 | 2 | 1949 | 702 | 2396 | 89 |
| 青 海 | 26 | 81 | 255 | 436 | 616 | 1122 | 3 |
| 宁 夏 | 12 | 39 | | 42 | 61 | 94 | 24 |
| 新 疆 | 68 | 156 | 128 | 1379 | 1896 | 1667 | 29 |

# 7-16-28 电视节目进出口情况

| 指 标 | 合 计 | 欧 洲 | 非 洲 | 美 洲 | #美 国 | 亚 洲 |
|---|---|---|---|---|---|---|
| **全年电视节目进口总额(万元)** | **209872** | **10246** | **3** | **47531** | **47014** | **151048** |
| #电视剧 | 81500 | 3301 | | 37958 | 37926 | 40216 |
| 动画电视 | 105645 | 1168 | | 2281 | 2232 | 102195 |
| 纪录片 | 3202 | 1473 | | 746 | 681 | 595 |
| **全年电视节目进口量 (时)** | **20102** | **3915** | | **6898** | **6861** | **9184** |
| #电视剧 (部/集) | 277/5070 | 38/339 | | 74/1114 | 73/1101 | 164/3613 |
| 动画电视 (时) | 7752 | 153 | | 2900 | 2900 | 4695 |
| 纪录片 (时) | 3863 | 1524 | | 1740 | 1740 | 579 |
| **全年电视节目出口总额(万元)** | **36909** | **1831** | **227** | **2088** | **1278** | **32458** |
| #电视剧 | 29732 | 503 | 156 | 590 | 265 | 28194 |
| 动画电视 | 3662 | 84 | 18 | 931 | 752 | 2623 |
| 纪录片 | 1800 | 823 | 31 | 336 | 31 | 610 |
| **全年电视节目出口量 (时)** | **29619** | **3300** | **347** | **4098** | **3318** | **21613** |
| #电视剧 (部/集) | 419/25455 | 18/769 | 6/287 | 46/1752 | 21/806 | 341/22349 |
| 动画电视 (时) | 1407 | 531 | 72 | 154 | 153 | 648 |
| 纪录片 (时) | 1057 | 51 | 42 | 261 | 251 | 704 |

7-16-28 续表

| 指 标 | #日 本 | #韩 国 | #东南亚 | #中国香港 | #中国台湾 | 大洋洲 |
|---|---|---|---|---|---|---|
| **全年电视节目进口总额(万元)** | **84431** | **29451** | **4284** | **24207** | **5491** | **1045** |
| #电视剧 | 671 | 28983 | 2200 | 5256 | 535 | 25 |
| 动画电视 | 82237 | 156 | 11 | 15182 | 4608 | 1 |
| 纪录片 | 25 | 63 | 135 | 359 | | 388 |
| **全年电视节目进口量 (时)** | **3528** | **1343** | **924** | **1612** | **1114** | **104** |
| #电视剧 (部/集) | 14/152 | 55/1319 | 28/826 | 27/652 | 37/541 | 1/4 |
| 动画电视 (时) | 3259 | 210 | 61 | 479 | 687 | 4 |
| 纪录片 (时) | 8 | 62 | 165 | 324 | | 21 |
| **全年电视节目出口总额(万元)** | **5115** | **2081** | **7288** | **5045** | **8490** | **304** |
| #电视剧 | 5108 | 1696 | 6698 | 2795 | 8233 | 289 |
| 动画电视 | | 343 | 173 | 1905 | 12 | 6 |
| 纪录片 | 1 | 29 | 182 | 121 | 69 | |
| **全年电视节目出口量 (时)** | **450** | **1207** | **6160** | **1209** | **2776** | **262** |
| #电视剧 (部/集) | 13/544 | 33/1443 | 107/6809 | 29/1153 | 75/3155 | 8/298 |
| 动画电视 (时) | | 6 | 263 | 112 | 130 | 2 |
| 纪录片 (时) | 0 | 34 | 229 | 74 | 141 | |

# 7−16−29　艺术表演场馆基本情况

| 项　　目 | 机构数（个） | 从业人员（人） | 座席数（个） | 演(映)出场次（万场次） | #艺术演出 | 观众人次（万人次） |
|---|---|---|---|---|---|---|
| **总　计** | **2285** | **51296** | **1689268** | **119.41** | **19.09** | **12884** |
| 按登记注册类型分 | | | | | | |
| 国 有 | 1244 | 21029 | 908016 | 57.87 | 6.59 | 6487 |
| 集 体 | 21 | 263 | 11285 | 0.42 | 0.29 | 50 |
| 其 他 | 1020 | 30004 | 769967 | 61.12 | 12.22 | 6347 |
| 按性质分 | | | | | | |
| 执行事业会计制度 | 964 | 15028 | 691454 | 32.23 | 5.22 | 3533 |
| 执行企业会计制度 | 1321 | 36268 | 997814 | 87.18 | 13.88 | 9351 |
| 按机构类型分 | | | | | | |
| 剧场 | 966 | 24578 | 851217 | 27.29 | 8.30 | 6190 |
| 影剧院 | 627 | 9577 | 426697 | 74.73 | 3.24 | 3220 |
| 书场、曲艺场 | 20 | 117 | 2715 | 0.42 | 0.42 | 42 |
| 杂技、马戏场 | 4 | 502 | 14313 | 0.03 | 0.03 | 51 |
| 音乐厅 | 40 | 1090 | 20877 | 0.73 | 0.60 | 297 |
| 综合性 | 303 | 10022 | 265817 | 10.98 | 4.59 | 2299 |
| 其他艺术表演场馆 | 325 | 5410 | 107632 | 5.24 | 1.93 | 784 |
| 按隶属关系分 | | | | | | |
| 中央 | 7 | 275 | 6592 | 0.12 | 0.12 | 59 |
| 省、区、市 | 117 | 4696 | 92746 | 12.00 | 1.38 | 1238 |
| 地、市 | 375 | 9420 | 262356 | 42.78 | 4.63 | 3464 |
| 县、市及以下 | 1786 | 36905 | 1327574 | 64.51 | 12.97 | 8123 |

7−16−29　续表

| 项　　目 | #艺术演出 | 收入合计（万元） | #财政拨款 | #演出收入 | 支出合计（万元） |
|---|---|---|---|---|---|
| **总　计** | **3098** | **964563** | **187710** | **273060** | **776521** |
| 按登记注册类型分 | | | | | |
| 国 有 | 2622 | 342718 | 135718 | 70807 | 335872 |
| 集 体 | 31 | 3715 | 1828 | 88 | 3054 |
| 其 他 | 445 | 618131 | 50163 | 202166 | 437596 |
| 按性质分 | | | | | |
| 执行事业会计制度 | 1820 | 253898 | 120039.3 | 43267 | 250617 |
| 执行企业会计制度 | 1278 | 710665 | 67670.3 | 229793 | 525904 |
| 按机构类型分 | | | | | |
| 剧场 | 1593 | 507767 | 112859 | 174244 | 391768 |
| 影剧院 | 657 | 111162 | 24168 | 9344 | 111007 |
| 书场、曲艺场 | 13 | 1213 | 117 | 519 | 1106 |
| 杂技、马戏场 | 10 | 9304 | 1240 | 3509 | 4431 |
| 音乐厅 | 201 | 26979 | 4752 | 7992 | 21915 |
| 综合性 | 530 | 238242 | 41663 | 59279 | 188159 |
| 其他艺术表演场馆 | 95 | 69896 | 2911 | 18172 | 58135 |
| 按隶属关系分 | | | | | |
| 中央 | 41 | 9345 | 51 | 4821 | 8058 |
| 省、区、市 | 854 | 158034 | 61660 | 45887 | 159636 |
| 地、市 | 1034 | 144596 | 53035.3 | 25434 | 140670 |
| 县、市及以下 | 1168 | 652588 | 72963 | 196918 | 468158 |

# 7-16-30 各地区艺术表演场馆基本情况

| 地 区 | 机构数（个） | 从业人员（人） | 坐席数（个） | 演(映)出场次合计（万场次） | #艺术演出 | 观众人次合计（万人次） | #艺术演出观众人次 |
|---|---|---|---|---|---|---|---|
| **全 国** | **2285** | **51296** | **1689268** | **119.4** | **19.1** | **12883.6** | **3098.1** |
| 中央本级 | 7 | 275 | 6592 | 0.1 | 0.1 | 58.8 | 41.4 |
| 北 京 | 69 | 4152 | 213291 | 6.7 | 1.7 | 1173.4 | 188.9 |
| 天 津 | 51 | 760 | 23475 | 2.6 | 0.6 | 264.8 | 110.1 |
| 河 北 | 112 | 1586 | 66132 | 6.2 | 0.9 | 223.8 | 53.3 |
| 山 西 | 127 | 1929 | 84068 | 8.2 | 0.7 | 381.8 | 143.8 |
| 内蒙古 | 31 | 395 | 21127 | 2.4 | 0.4 | 143.8 | 63.9 |
| 辽 宁 | 123 | 3316 | 49923 | 3.1 | 1.5 | 537.7 | 92.2 |
| 吉 林 | 50 | 853 | 26639 | 3.0 | 1.1 | 260.2 | 86.3 |
| 黑龙江 | 48 | 773 | 23853 | 0.3 | 0.3 | 108.4 | 46.7 |
| 上 海 | 47 | 2086 | 57006 | 2.3 | 0.8 | 819.4 | 255.4 |
| 江 苏 | 223 | 5796 | 195619 | 41.2 | 2.5 | 1974.2 | 363.8 |
| 浙 江 | 326 | 5811 | 170138 | 9.8 | 2.8 | 2237.1 | 290.2 |
| 安 徽 | 88 | 1780 | 50102 | 2.6 | 0.6 | 550.4 | 87.4 |
| 福 建 | 58 | 1160 | 43235 | 5.0 | 0.2 | 314.7 | 49.7 |
| 江 西 | 57 | 846 | 33772 | 0.6 | 0.3 | 125.4 | 62.4 |
| 山 东 | 100 | 1674 | 73013 | 1.2 | 0.4 | 393.0 | 183.2 |
| 河 南 | 150 | 3443 | 86657 | 0.9 | 0.3 | 304.4 | 111.5 |
| 湖 北 | 58 | 1270 | 80844 | 5.4 | 0.2 | 328.9 | 142.2 |
| 湖 南 | 86 | 2510 | 60055 | 2.2 | 0.6 | 572.2 | 130.9 |
| 广 东 | 75 | 2756 | 88004 | 2.8 | 0.7 | 563.2 | 248.3 |
| 广 西 | 34 | 1136 | 16834 | 2.3 | 0.2 | 123.2 | 9.4 |
| 海 南 | 16 | 905 | 15679 | 0.4 | 0.1 | 384.7 | 18.4 |
| 重 庆 | 22 | 451 | 12228 | 0.1 | 0.1 | 73.3 | 16.6 |
| 四 川 | 88 | 1584 | 68139 | 0.9 | 0.8 | 228.4 | 62.7 |
| 贵 州 | 12 | 170 | 1075 | 0.6 |  | 5.5 |  |
| 云 南 | 30 | 994 | 21725 | 1.1 | 0.3 | 218.3 | 20.2 |
| 西 藏 | 14 | 28 | 3614 |  |  | 7.2 | 5.1 |
| 陕 西 | 92 | 1564 | 52002 | 0.9 | 0.5 | 251.7 | 147.8 |
| 甘 肃 | 48 | 763 | 20602 | 2.6 | 0.2 | 103.9 | 37.4 |
| 青 海 | 20 | 147 | 8724 | 0.3 | 0.1 | 68.6 | 10.4 |
| 宁 夏 | 6 | 93 | 1854 | 0.1 |  | 11.8 |  |
| 新 疆 | 17 | 290 | 13247 | 3.7 | 0.1 | 71.4 | 18.5 |

7-16-30 续表

| 地　区 | 收入合计(万元) | #财政拨款 | #演出收入 | 支出合计(万元) | #人员支出 | 资产总计(万元) | #固定资产原价 |
|---|---|---|---|---|---|---|---|
| **全　国** | **964563** | **187710** | **273060** | **776521** | **235822** | **4284946** | **1437024** |
| 中央本级 | 9345 | 51 | 4821 | 8058 | 1900 | 5526 | 1641 |
| 北　京 | 181519 | 41513 | 62838 | 134966 | 28010 | 374834 | 61973 |
| 天　津 | 13065 | 1341 | 1492 | 11398 | 4695 | 44184 | 9234 |
| 河　北 | 17041 | 7500 | 1483 | 16740 | 5684 | 124626 | 54531 |
| 山　西 | 20423 | 8895 | 3064 | 18990 | 5388 | 82826 | 65073 |
| 内蒙古 | 7271 | 3541 | 1055 | 6139 | 2407 | 110988 | 93412 |
| 辽　宁 | 56528 | 4111 | 7258 | 41864 | 9320 | 146166 | 10848 |
| 吉　林 | 9405 | 3495 | 3340 | 8745 | 5553 | 32256 | 18861 |
| 黑龙江 | 4723 | 1506 | 1768 | 3678 | 2255 | 12126 | 7843 |
| 上　海 | 75900 | 6677 | 29206 | 50586 | 13286 | 481411 | 218623 |
| 江　苏 | 101280 | 17520 | 23110 | 91597 | 25533 | 843818 | 208654 |
| 浙　江 | 101344 | 22045 | 19506 | 78667 | 29264 | 266565 | 132312 |
| 安　徽 | 14978 | 4851 | 5491 | 14494 | 5836 | 114116 | 20375 |
| 福　建 | 20677 | 7355 | 3857 | 15449 | 6238 | 226295 | 73522 |
| 江　西 | 8424 | 4788 | 971 | 8718 | 3576 | 89545 | 27695 |
| 山　东 | 16445 | 7775 | 3216 | 17234 | 6391 | 40431 | 30636 |
| 河　南 | 14020 | 5283 | 3343 | 15577 | 7122 | 76696 | 48580 |
| 湖　北 | 17734 | 4516 | 5371 | 16870 | 5057 | 253427 | 64179 |
| 湖　南 | 39254 | 3842 | 11239 | 27703 | 10290 | 122139 | 36509 |
| 广　东 | 84099 | 16229 | 18807 | 77293 | 17578 | 374807 | 119039 |
| 广　西 | 26469 | 144 | 1106 | 14810 | 4382 | 48746 | 3862 |
| 海　南 | 35800 | 516 | 31515 | 21114 | 6469 | 117320 | 10290 |
| 重　庆 | 6359 | 449 | 5510 | 5563 | 859 | 28208 | 1412 |
| 四　川 | 17633 | 2626 | 6892 | 12229 | 5838 | 117005 | 24163 |
| 贵　州 | 1175 | 65 | 117 | 1326 | 547 | 11289 | 1640 |
| 云　南 | 33651 | 293 | 9886 | 30685 | 12004 | 18403 | 3239 |
| 西　藏 | 312 | 123 | 23 | 317 | 218 | 6255 | 6134 |
| 陕　西 | 15403 | 7402 | 4762 | 13685 | 5956 | 48293 | 36742 |
| 甘　肃 | 5428 | 176 | 953 | 4107 | 1710 | 24719 | 17912 |
| 青　海 | 3278 | 145 | 550 | 1427 | 488 | 17568 | 9635 |
| 宁　夏 | 1623 | 1410 | 100 | 2369 | 249 | 2132 | 1926 |
| 新　疆 | 3959 | 1530 | 411 | 4127 | 1720 | 22228 | 16531 |

# 7—16—31 艺术表演团体基本情况

| 项目 | 机构(个) | 从业人员(人) | 演出场次(万场次) | #国内演出 | 国内演出观众人次(万人次) | 收入合计(万元) |
|---|---|---|---|---|---|---|
| **总计** | **12301** | **332920** | **230.60** | **229.03** | **118138** | **3112276** |
| 按登记注册类型分 | | | | | | |
| 国有 | 1662 | 97648 | 29.97 | 28.76 | 27169 | 1540507 |
| 集体 | 176 | 6076 | 4.53 | 4.47 | 2989 | 58564 |
| 其他 | 10463 | 229196 | 196.10 | 195.80 | 87979 | 1513205 |
| 按隶属关系分 | | | | | | |
| 中央 | 16 | 4967 | 0.32 | 0.29 | 305 | 184259 |
| 省、区、市 | 191 | 29831 | 5.86 | 5.37 | 3789 | 710061 |
| 地、市 | 496 | 37769 | 9.56 | 9.08 | 8487 | 585254 |
| 县、市及以下 | 11598 | 260353 | 214.86 | 214.29 | 105558 | 1632701 |
| 按性质分 | | | | | | |
| 执行事业会计制度 | 1534 | 82075 | 27.60 | 26.65 | 24125 | 1345640 |
| 执行企业会计制度 | 10767 | 250845 | 203.00 | 202.39 | 94012 | 1766636 |
| 按管理部门分 | | | | | | |
| 文化部门 | 2031 | 115235 | 38.93 | 37.43 | 33524 | 1757624 |
| 其他部门 | 10270 | 217685 | 191.67 | 191.61 | 84614 | 1354652 |
| 按剧种分 | | | | | | |
| 话剧、儿童剧、滑稽剧类 | 1590 | 31474 | 30.69 | 30.66 | 5483 | 247404 |
| 歌舞、音乐类 | 2329 | 73419 | 28.44 | 28.07 | 39056 | 949292 |
| 京剧、昆曲类 | 133 | 7815 | 2.50 | 2.46 | 1925 | 152551 |
| 地方戏曲类 | 3282 | 107274 | 67.54 | 67.16 | 44379 | 727285 |
| 杂技、魔术、马戏类 | 803 | 18225 | 30.14 | 29.63 | 5711 | 112323 |
| 曲艺类 | 519 | 9910 | 11.28 | 11.22 | 2542 | 61980 |
| 乌兰牧骑 | 109 | 3474 | 1.10 | 1.10 | 823 | 29906 |
| 综合性艺术表演团体 | 3536 | 81329 | 58.90 | 58.70 | 18220 | 831535 |

7—16—31 续表

| 项目 | #财政拨款 | #演出收入 | 支出合计(万元) | 政府采购的公益演出活动 | |
|---|---|---|---|---|---|
| | | | | 演出场次(万场次) | 观众人次(万人次) |
| **总计** | **1375305** | **1308591** | **2621743** | **14.23** | **12007.65** |
| 按登记注册类型分 | | | | | |
| 国有 | 1163627 | 188772 | 1475186 | 11.36 | 9850.45 |
| 集体 | 38339 | 14762 | 57216 | 1.05 | 847.19 |
| 其他 | 173340 | 1105056 | 1089341 | 1.83 | 1310.01 |
| 按隶属关系分 | | | | | |
| 中央 | 121659 | 27317 | 159201 | 0.05 | 57.87 |
| 省、区、市 | 502632 | 109755 | 681544 | 1.73 | 1283.98 |
| 地、市 | 456314 | 68933 | 573853 | 3.48 | 3079.34 |
| 县、市及以下 | 294702 | 1102586 | 1207146 | 8.97 | 7586.46 |
| 按性质分 | | | | | |
| 执行事业会计制度 | 1055627 | 139021 | 1278285 | 9.93 | 8654.35 |
| 执行企业会计制度 | 319679 | 1169570 | 1343459 | 4.30 | 3353.30 |
| 按管理部门分 | | | | | |
| 文化部门 | 1287538 | 256877 | 1684868 | 13.90 | 11725.42 |
| 其他部门 | 87768 | 1051714 | 936876 | 0.33 | 282.23 |
| 按剧种分 | | | | | |
| 话剧、儿童剧、滑稽剧类 | 88403 | 107374 | 205565 | 0.35 | 238.88 |
| 歌舞、音乐类 | 508334 | 309930 | 802034 | 3.42 | 2710.57 |
| 京剧、昆曲类 | 116190 | 18409 | 149833 | 0.43 | 330.79 |
| 地方戏曲类 | 390137 | 268122 | 664411 | 7.24 | 6752.71 |
| 杂技、魔术、马戏类 | 43288 | 60199 | 97978 | 0.38 | 235.82 |
| 曲艺类 | 31929 | 22567 | 54693 | 0.40 | 259.37 |
| 乌兰牧骑 | 29068 | 259 | 29592 | 0.40 | 223.20 |
| 综合性艺术表演团体 | 167956 | 521730 | 617639 | 1.60 | 1256.30 |

# 7-16-32 各地区艺术表演团体基本情况

| 地 区 | 机构(个) | 从业人员(人) | 演出场次(万场次) | #国内演出 | 国内演出观众人次(万人次) | 收入合计(万元) |
|---|---|---|---|---|---|---|
| **全 国** | **12301** | **332920** | **230.6** | **229.0** | **118137.7** | **3112276** |
| 中央本级 | 16 | 4967 | 0.3 | 0.3 | 304.7 | 184259 |
| 北 京 | 485 | 10523 | 2.7 | 2.6 | 877.0 | 107758 |
| 天 津 | 84 | 3019 | 0.8 | 0.8 | 397.5 | 50939 |
| 河 北 | 712 | 16581 | 9.2 | 9.0 | 5418.6 | 73026 |
| 山 西 | 546 | 17619 | 9.3 | 9.2 | 4642.2 | 78995 |
| 内蒙古 | 186 | 7226 | 2.4 | 2.4 | 1241.1 | 90351 |
| 辽 宁 | 246 | 4937 | 1.8 | 1.7 | 565.2 | 76612 |
| 吉 林 | 54 | 2601 | 0.6 | 0.6 | 358.3 | 33354 |
| 黑龙江 | 57 | 3520 | 0.6 | 0.6 | 331.9 | 46665 |
| 上 海 | 205 | 7102 | 2.5 | 2.3 | 1034.4 | 158004 |
| 江 苏 | 444 | 11163 | 8.8 | 8.7 | 4051.1 | 122978 |
| 浙 江 | 1245 | 39071 | 28.9 | 28.8 | 18040.5 | 547992 |
| 安 徽 | 1879 | 34932 | 45.9 | 45.8 | 32968.5 | 140280 |
| 福 建 | 429 | 13004 | 8.6 | 8.6 | 2285.9 | 96909 |
| 江 西 | 304 | 8164 | 4.8 | 4.7 | 1625.0 | 46562 |
| 山 东 | 567 | 13637 | 8.4 | 8.3 | 4093.5 | 101919 |
| 河 南 | 1006 | 29462 | 46.3 | 46.2 | 11994.3 | 115970 |
| 湖 北 | 308 | 8699 | 3.9 | 3.8 | 3051.8 | 87906 |
| 湖 南 | 452 | 11763 | 5.5 | 5.5 | 2443.1 | 112902 |
| 广 东 | 357 | 11532 | 3.9 | 3.8 | 2427.3 | 115249 |
| 广 西 | 100 | 4716 | 1.2 | 1.1 | 848.4 | 66539 |
| 海 南 | 74 | 3232 | 0.9 | 0.9 | 811.2 | 61412 |
| 重 庆 | 770 | 10015 | 9.0 | 9.0 | 3080.6 | 55696 |
| 四 川 | 621 | 12406 | 8.4 | 8.4 | 2303.7 | 111198 |
| 贵 州 | 113 | 3687 | 1.1 | 1.1 | 817.4 | 34862 |
| 云 南 | 221 | 8725 | 4.4 | 4.4 | 3883.2 | 141111 |
| 西 藏 | 87 | 2376 | 0.6 | 0.6 | 390.7 | 21280 |
| 陕 西 | 281 | 12516 | 3.9 | 3.8 | 3241.3 | 91347 |
| 甘 肃 | 227 | 7224 | 3.1 | 3.1 | 2774.9 | 46945 |
| 青 海 | 60 | 1676 | 0.7 | 0.7 | 284.4 | 9676 |
| 宁 夏 | 34 | 1278 | 0.5 | 0.5 | 359.9 | 12621 |
| 新 疆 | 131 | 5547 | 1.7 | 1.6 | 1190.2 | 70960 |

7-16-32 续表

| 地 区 | #财政补贴收入 | #演出收入 | 支出合计（万元） | #人员支出 | 资产总计（万元） | #固定资产原价 |
|---|---|---|---|---|---|---|
| **全 国** | **1375305** | **1308591** | **2621743** | **1396766** | **5632084** | **1665231** |
| 中央本级 | 121659 | 27317 | 159201 | 81957 | 388217 | 249674 |
| 北 京 | 48469 | 32204 | 99922 | 49960 | 423292 | 53438 |
| 天 津 | 41764 | 5913 | 49360 | 28086 | 62124 | 23645 |
| 河 北 | 31486 | 35498 | 71943 | 42886 | 148330 | 32464 |
| 山 西 | 40128 | 31355 | 77945 | 40875 | 144158 | 44285 |
| 内蒙古 | 81909 | 5025 | 85470 | 54661 | 139136 | 108276 |
| 辽 宁 | 38859 | 9506 | 62280 | 28124 | 103409 | 35954 |
| 吉 林 | 24453 | 4334 | 34456 | 19779 | 34199 | 22108 |
| 黑龙江 | 40561 | 3113 | 46040 | 32225 | 69472 | 41610 |
| 上 海 | 76772 | 41314 | 133045 | 63874 | 268514 | 132391 |
| 江 苏 | 57742 | 57925 | 117902 | 51404 | 135814 | 44662 |
| 浙 江 | 72004 | 454278 | 384201 | 160531 | 1066580 | 63447 |
| 安 徽 | 23725 | 99902 | 113097 | 69394 | 180462 | 24350 |
| 福 建 | 45721 | 39620 | 89071 | 64638 | 164042 | 93630 |
| 江 西 | 24184 | 18798 | 37339 | 24401 | 94781 | 36614 |
| 山 东 | 66521 | 21905 | 95724 | 63507 | 132593 | 54128 |
| 河 南 | 53227 | 48606 | 91677 | 55437 | 122048 | 38260 |
| 湖 北 | 62645 | 16405 | 80797 | 42784 | 105230 | 67687 |
| 湖 南 | 43827 | 42244 | 88166 | 44946 | 176776 | 35374 |
| 广 东 | 54976 | 38915 | 99990 | 53915 | 193076 | 105824 |
| 广 西 | 20474 | 30885 | 46702 | 20694 | 125803 | 29803 |
| 海 南 | 8994 | 37845 | 37506 | 14136 | 136714 | 12279 |
| 重 庆 | 19659 | 29352 | 50232 | 27213 | 193634 | 31804 |
| 四 川 | 42520 | 61109 | 91621 | 44514 | 190185 | 35169 |
| 贵 州 | 13725 | 10621 | 30135 | 13071 | 110054 | 31484 |
| 云 南 | 43527 | 58456 | 108569 | 58572 | 217175 | 28572 |
| 西 藏 | 19847 | 211 | 21038 | 15539 | 29861 | 25371 |
| 陕 西 | 48517 | 29059 | 77752 | 40353 | 145902 | 57736 |
| 甘 肃 | 28620 | 11714 | 44097 | 27703 | 100177 | 52892 |
| 青 海 | 6449 | 2048 | 9088 | 6672 | 32192 | 15753 |
| 宁 夏 | 8538 | 1009 | 19298 | 3646 | 150436 | 7576 |
| 新 疆 | 63805 | 2105 | 68083 | 51269 | 47699 | 28973 |

# 7-16-33 群众文化机构基本情况

| 指标 | 总计 | 省、区、直辖市(级) | 地市级 | 县市级 | #县文化馆 | 乡镇(街道)文化站 | #乡镇文化站 |
|---|---|---|---|---|---|---|---|
| 机构数 (个) | 44497 | 31 | 358 | 2933 | 1630 | 41175 | 34240 |
| 从业人员 (人) | 182030 | 1859 | 10568 | 43064 | 22766 | 126539 | 101970 |
| 组织文艺活动 (万次) | 106.5 | 0.2 | 2.8 | 20.7 | 8.9 | 82.8 | 55.4 |
| 参加文艺活动人次 (万人次) | 42337.3 | 421.4 | 3226.3 | 15706.0 | 7972.0 | 22983.6 | 17172.6 |
| 举办训练班 (次) | 590516.0 | 3332.0 | 54243.0 | 139870.0 | 42992.0 | 393071.0 | 242191.0 |
| 参加培训人次 (万人次) | 4250.1 | 24.5 | 318.8 | 918.9 | 305.3 | 2987.9 | 1955.6 |
| 举办展览个数 (万个) | 15.0 | 0.0 | 0.4 | 2.3 | 1.2 | 12.3 | 9.6 |
| 参观展览人次 (万人次) | 10786.4 | 196.6 | 1069.8 | 3256.9 | 1781.7 | 6263.1 | 4841.1 |
| 组织各类理论研讨和讲座次数 (次) | 33769 | 969 | 5086 | 27714 | 9225 | | |
| 参加研讨和讲座人次 (万人次) | 521.7 | 14.2 | 103.2 | 404.4 | 165.9 | | |
| 藏书 (万册) | 27380.0 | 17.2 | 67.0 | 645.1 | 257.0 | 26650.9 | 20205.0 |
| 拥有计算机台数 (万台) | 37.7 | 0.2 | 0.9 | 4.4 | 2.3 | 32.2 | 25.8 |
| 本年收入合计 (亿元) | 227.2 | 7.9 | 28.3 | 77.7 | 31.2 | 113.4 | 85.6 |
| 本年支出合计 (亿元) | 218.4 | 7.2 | 27.5 | 72.4 | 30.1 | 111.3 | 84.0 |
| 馆办文艺团体 (个) | 7779 | 100 | 1195 | 6484 | 2949 | | |
| 馆办文艺团体演出场次 (万场次) | 14.8 | 0.2 | 1.4 | 13.2 | 7.4 | | |
| 馆办老年大学 (个) | 857 | 11 | 99 | 747 | 409 | | |
| 群众业余文艺团体 (个) | 398398 | 212 | 6407 | 78294 | 34463 | 313485 | 238661 |

# 7−16−34 各地区群众文化机构基本情况

| 地 区 | 机构数（个） | 从业人员（人） | 收入合计（万元） | #财政补贴收入 | 支出合计（万元） | 资产总计（万元） | #固定资产原价 |
|---|---|---|---|---|---|---|---|
| **全 国** | **44497** | **182030** | **2272289** | **2086646** | **2183721** | **5669462** | **4824528** |
| 北 京 | 352 | 2748 | 73557 | 63131 | 68604 | 113621 | 95686 |
| 天 津 | 254 | 1408 | 26693 | 26113 | 25385 | 72122 | 55684 |
| 河 北 | 2416 | 7517 | 52847 | 50583 | 50520 | 134812 | 123204 |
| 山 西 | 1540 | 4482 | 35681 | 35266 | 34880 | 98910 | 87044 |
| 内蒙古 | 1226 | 5016 | 52053 | 51388 | 52037 | 118783 | 104371 |
| 辽 宁 | 1556 | 5767 | 70388 | 61362 | 49240 | 117124 | 102704 |
| 吉 林 | 979 | 6739 | 50494 | 49473 | 48257 | 84548 | 56245 |
| 黑龙江 | 1665 | 5468 | 45071 | 43699 | 44243 | 138017 | 131533 |
| 上 海 | 237 | 4975 | 169502 | 150927 | 151168 | 344502 | 252338 |
| 江 苏 | 1395 | 7215 | 140670 | 134067 | 139878 | 402855 | 349312 |
| 浙 江 | 1466 | 7418 | 215599 | 189601 | 211327 | 455662 | 359690 |
| 安 徽 | 1559 | 5964 | 53624 | 48345 | 52789 | 148404 | 108972 |
| 福 建 | 1222 | 3989 | 49080 | 42862 | 47400 | 146557 | 106046 |
| 江 西 | 1869 | 6004 | 46954 | 41784 | 39517 | 123509 | 98437 |
| 山 东 | 1973 | 8268 | 90874 | 85880 | 89223 | 221638 | 191533 |
| 河 南 | 2546 | 10996 | 63598 | 61125 | 62903 | 127823 | 116695 |
| 湖 北 | 1402 | 4945 | 69480 | 64996 | 67950 | 114576 | 98890 |
| 湖 南 | 2679 | 8146 | 72315 | 64558 | 70519 | 184503 | 163498 |
| 广 东 | 1748 | 11723 | 243539 | 221674 | 230000 | 786217 | 691380 |
| 广 西 | 1292 | 5538 | 57032 | 47799 | 53080 | 88414 | 79962 |
| 海 南 | 243 | 801 | 12457 | 11310 | 10812 | 23315 | 18493 |
| 重 庆 | 1062 | 5367 | 69740 | 66450 | 69687 | 173962 | 151817 |
| 四 川 | 4781 | 11023 | 134846 | 127437 | 137406 | 371119 | 330019 |
| 贵 州 | 1666 | 6370 | 57742 | 52445 | 57938 | 131063 | 116359 |
| 云 南 | 1583 | 7423 | 89974 | 83728 | 87685 | 154029 | 132825 |
| 西 藏 | 774 | 4466 | 35762 | 32464 | 33275 | 348833 | 339434 |
| 陕 西 | 1581 | 7254 | 58300 | 54909 | 62187 | 132412 | 110100 |
| 甘 肃 | 1458 | 6342 | 45223 | 42530 | 44531 | 104124 | 88813 |
| 青 海 | 414 | 1157 | 20867 | 18544 | 19667 | 26046 | 20687 |
| 宁 夏 | 270 | 1293 | 17403 | 15956 | 17912 | 45968 | 31952 |
| 新 疆 | 1289 | 6208 | 50927 | 46243 | 53704 | 135998 | 110807 |

# 7-16-35 公共图书馆基本情况

| 指　　标 | 总　　计 | #少　儿<br>图书馆 | 按隶属关系分<br>中　央 | 省、区、<br>直辖市(级) | 地市级 | 县市级 | #县图书馆 |
|---|---|---|---|---|---|---|---|
| 机构数　(个) | 3153 | 122 | 1 | 39 | 369 | 2744 | 1596 |
| 从业人员　(人) | 57208 | 2510 | 1533 | 7760 | 15070 | 32845 | 15176 |
| 总藏量　(万册件) | 90163 | 4231 | 3635 | 20184 | 24106 | 42238 | 16200 |
| 当年购买的报刊种类(万种) | 112 | 4 | 2 | 15 | 33 | 62 | 27 |
| 有效借书证数　(万个) | 5593 | 340 | 319 | 746 | 2123 | 2404 | 740 |
| #书刊文献外借人次 | 24892 | 1117 | 38 | 2868 | 7395 | 14591 | 5499 |
| 书刊文献外借册次(万册次) | 54725 | 3347 | 56 | 10944 | 16031 | 27693 | 9332 |
| 组织各类讲座次数　(次) | 69308 | 5933 | 542 | 5610 | 19174 | 43982 | 16611 |
| 举办展览　(个) | 26588 | 980 | 18 | 5294 | 5288 | 15988 | 7731 |
| 举办培训班　(个) | 44137 | 3242 | 2006 | 5978 | 10707 | 25446 | 9677 |
| 计算机　(台) | 211574 | 7839 | 3603 | 20033 | 48332 | 139606 | 69108 |
| #电子阅览室终端数 | 134888 | 4259 | 700 | 8635 | 28870 | 96683 | 49723 |
| 阅览室坐席数　(万个) | 99 | 4 | 1 | 7 | 26 | 64 | 29 |

# 7-16-36 各地区公共图书馆基本情况

| 地区 | 机构数(个) | 从业人员(人) | 总藏量(万册) | 人均拥有公共图书馆藏量(册) | 有效借书证数(个) | 总流通人次(万人次) | #书刊文献外借人次 | 书刊文献外借册次(万册次) | 阅览室座席数(个) |
|---|---|---|---|---|---|---|---|---|---|
| **全国** | **3153** | **57208** | **90162.7** | **0.7** | **55928124** | **66037.04** | **24891.5** | **54724.6** | **985968** |
| 北京 | 24 | 1249 | 2594.4 | 1.2 | 1052788 | 1401.90 | 510.5 | 1025.7 | 17316 |
| 天津 | 31 | 969 | 1806.1 | 1.2 | 806567 | 851.48 | 311.5 | 875.8 | 14805 |
| 河北 | 172 | 1875 | 2339.9 | 0.3 | 1047337 | 1622.17 | 585.2 | 1054.1 | 38424 |
| 山西 | 127 | 1676 | 1727.1 | 0.5 | 1092227 | 981.36 | 361.5 | 650.3 | 31719 |
| 内蒙古 | 117 | 1944 | 1703.9 | 0.7 | 430368 | 742.75 | 295.8 | 705.2 | 28315 |
| 辽宁 | 130 | 2761 | 3928.7 | 0.9 | 1377291 | 2313.13 | 718.2 | 1795.0 | 37772 |
| 吉林 | 66 | 1620 | 1861.7 | 0.7 | 1029329 | 806.09 | 356.8 | 736.9 | 20836 |
| 黑龙江 | 108 | 1664 | 1926.0 | 0.5 | 696089 | 985.98 | 309.7 | 646.8 | 23447 |
| 上海 | 24 | 2091 | 7676.4 | 3.2 | 2044999 | 4170.42 | 1981.7 | 8624.2 | 22217 |
| 江苏 | 114 | 3439 | 7601.5 | 1.0 | 11001088 | 6488.59 | 2887.5 | 5088.1 | 54037 |
| 浙江 | 102 | 3616 | 6969.1 | 1.3 | 8447385 | 9788.47 | 2705.9 | 6520.2 | 64909 |
| 安徽 | 123 | 1559 | 2162.5 | 0.4 | 1195867 | 1994.37 | 938.2 | 1681.9 | 35580 |
| 福建 | 90 | 1409 | 3051.0 | 0.8 | 2050471 | 2603.50 | 1219.5 | 2658.8 | 32602 |
| 江西 | 113 | 1379 | 2177.8 | 0.5 | 1050805 | 1374.51 | 739.5 | 1302.2 | 34806 |
| 山东 | 154 | 2828 | 5065.1 | 0.5 | 3592381 | 3643.59 | 1713.1 | 2809.9 | 61482 |
| 河南 | 158 | 2955 | 2645.8 | 0.3 | 1175758 | 2538.70 | 1228.4 | 1862.4 | 49112 |
| 湖北 | 112 | 2198 | 3317.9 | 0.6 | 1666947 | 2081.98 | 1027.9 | 1882.1 | 43357 |
| 湖南 | 137 | 2094 | 2833.2 | 0.4 | 1459104 | 1955.37 | 832.5 | 1701.1 | 35727 |
| 广东 | 142 | 4360 | 7899.8 | 0.7 | 6202406 | 8334.84 | 1954.1 | 5218.7 | 93915 |
| 广西 | 114 | 1589 | 2719.5 | 0.6 | 764540 | 2066.99 | 526.8 | 1141.8 | 29414 |
| 海南 | 23 | 323 | 458.4 | 0.5 | 166512 | 377.00 | 77.8 | 247.2 | 5570 |
| 重庆 | 43 | 920 | 1441.8 | 0.5 | 728960 | 1308.50 | 471.3 | 1026.2 | 24575 |
| 四川 | 203 | 2371 | 3517.6 | 0.4 | 1335552 | 2358.03 | 995.3 | 1751.3 | 49983 |
| 贵州 | 98 | 1078 | 1258.0 | 0.4 | 441857 | 604.41 | 314.3 | 492.6 | 21266 |
| 云南 | 151 | 1874 | 2091.2 | 0.4 | 503989 | 1380.78 | 534.0 | 972.7 | 27489 |
| 西藏 | 81 | 189 | 177.3 | 0.5 | 30798 | 25.38 | 5.2 | 7.7 | 3011 |
| 陕西 | 110 | 2123 | 1626.0 | 0.4 | 394360 | 1155.63 | 411.1 | 707.5 | 21703 |
| 甘肃 | 103 | 1450 | 1394.0 | 0.5 | 359783 | 724.30 | 352.6 | 618.8 | 20158 |
| 青海 | 49 | 425 | 450.6 | 0.8 | 140020 | 111.23 | 67.6 | 81.5 | 4171 |
| 宁夏 | 26 | 555 | 687.5 | 1.0 | 183574 | 318.61 | 160.1 | 295.1 | 8707 |
| 新疆 | 107 | 1092 | 1417.6 | 0.6 | 265888 | 529.45 | 259.9 | 486.5 | 24240 |

注：全国公共图书馆数据含中央本级图书馆。

7-16-36 续表

| 地区 | 每万人拥有公共图书馆建筑面积（平方米） | 计算机（台） | #电子阅览室终端数 | 收入合计（万元） | #财政补贴收入 | 支出合计（万元） | 资产总计（万元） | #固定资产原价 |
|---|---|---|---|---|---|---|---|---|
| **全　国** | **103.0** | **211574** | **134888** | **1494998.4** | **1415667.7** | **1451468.7** | **5351762.6** | **4272285.0** |
| 北　京 | 126.4 | 4394 | 1967 | 61089.9 | 59954.7 | 61590.3 | 266432.3 | 189871.0 |
| 天　津 | 168.8 | 3639 | 2010 | 40271.6 | 39119.6 | 37285.0 | 101266.6 | 78556.3 |
| 河　北 | 63.2 | 7696 | 5087 | 30665.7 | 30381.0 | 30457.7 | 77940.2 | 66730.0 |
| 山　西 | 129.9 | 6503 | 4653 | 35285.8 | 35281.1 | 33898.7 | 89099.5 | 74426.9 |
| 内蒙古 | 154.3 | 6474 | 4468 | 36002.9 | 35753.0 | 36627.3 | 136646.2 | 107855.8 |
| 辽　宁 | 128.3 | 9282 | 5154 | 52825.8 | 50897.0 | 51012.6 | 154361.3 | 135504.1 |
| 吉　林 | 101.6 | 4779 | 2744 | 30810.0 | 30516.7 | 30474.4 | 72845.8 | 60710.7 |
| 黑龙江 | 78.0 | 5946 | 3837 | 34756.6 | 33679.1 | 34794.2 | 84395.2 | 78758.3 |
| 上　海 | 173.2 | 6170 | 2758 | 109977.9 | 100739.9 | 104748.8 | 522422.8 | 470272.0 |
| 江　苏 | 145.2 | 10586 | 6009 | 102747.6 | 99158.6 | 103891.1 | 365379.8 | 311734.6 |
| 浙　江 | 189.0 | 11590 | 7063 | 112767.8 | 106823.2 | 108932.0 | 342771.8 | 273536.7 |
| 安　徽 | 71.7 | 7549 | 5514 | 30088.4 | 28175.7 | 30155.2 | 100448.2 | 88633.5 |
| 福　建 | 102.6 | 6725 | 4390 | 41101.1 | 37536.4 | 41040.2 | 125700.8 | 98196.7 |
| 江　西 | 80.5 | 6959 | 4780 | 27244.4 | 26094.9 | 24550.9 | 65661.9 | 51189.6 |
| 山　东 | 106.6 | 11622 | 7664 | 60015.5 | 58850.1 | 60982.5 | 176942.0 | 157286.3 |
| 河　南 | 64.1 | 9444 | 6327 | 35899.4 | 34813.2 | 35681.1 | 102031.9 | 85960.7 |
| 湖　北 | 118.9 | 7315 | 4935 | 53070.4 | 50864.9 | 49833.0 | 223056.2 | 116222.5 |
| 湖　南 | 63.1 | 6969 | 4736 | 41544.1 | 39259.9 | 36363.6 | 170721.6 | 152904.3 |
| 广　东 | 117.2 | 16163 | 9723 | 160569.7 | 156204.4 | 156093.8 | 686127.2 | 645978.6 |
| 广　西 | 80.8 | 6439 | 4344 | 33214.6 | 29938.6 | 32946.5 | 100118.1 | 74868.5 |
| 海　南 | 90.6 | 1496 | 949 | 12807.2 | 12639.3 | 10830.1 | 21904.7 | 19171.4 |
| 重　庆 | 101.6 | 4455 | 3306 | 28794.0 | 27376.6 | 27796.3 | 69189.3 | 57703.3 |
| 四　川 | 72.3 | 10733 | 7438 | 54875.5 | 53607.4 | 51872.0 | 159941.5 | 110381.0 |
| 贵　州 | 64.6 | 5112 | 3406 | 20096.4 | 18763.0 | 18009.6 | 77047.2 | 59175.8 |
| 云　南 | 77.1 | 7542 | 5336 | 36063.6 | 33463.7 | 35624.8 | 113106.6 | 100780.5 |
| 西　藏 | 163.1 | 1416 | 1047 | 6498.0 | 6095.2 | 6261.8 | 34626.3 | 31513.1 |
| 陕　西 | 71.7 | 5836 | 4129 | 34143.4 | 32442.3 | 34019.9 | 93202.6 | 70703.3 |
| 甘　肃 | 102.6 | 5175 | 3320 | 28413.9 | 27323.5 | 26657.1 | 103203.3 | 76170.6 |
| 青　海 | 107.8 | 2190 | 1417 | 13055.2 | 12580.0 | 10824.8 | 18276.8 | 12550.7 |
| 宁　夏 | 183.0 | 2251 | 1553 | 12314.9 | 10483.3 | 13422.1 | 38089.8 | 31955.5 |
| 新　疆 | 105.2 | 5521 | 4124 | 31260.1 | 30234.3 | 29828.3 | 75809.0 | 44048.2 |

# 7−16−37　文物业基本情况

| 项　　目 | 机　构<br>(个) | 从业人员<br>(人) | 本年收入合　计<br>(万元) | 本年支出合　计<br>(万元) | 资产总计<br>(万元) | 实际使用房屋建筑面积<br>(万平方米) |
|---|---|---|---|---|---|---|
| **总　计** | **8954** | **151430** | **4714830** | **4369026** | **13684977** | **3722** |
| 按单位性质分 | | | | | | |
| 文物科研机构 | 122 | 4763 | 292464 | 245058 | 557325 | 84 |
| 文物保护管理机构 | 3318 | 33407 | 995357 | 835664 | 1943186 | 1334 |
| 博物馆 | 4109 | 93431 | 2348521 | 2286951 | 9956370 | 2185 |
| 文物商店 | 68 | 1364 | 54383 | 51173 | 232075 | 16 |
| 其他文物机构 | 1337 | 18465 | 1024105 | 950180 | 996020 | 103 |
| 按隶属关系分 | | | | | | |
| 中　央 | 12 | 3285 | 215557 | 232458 | 700461 | 60 |
| 省、区、市 | 300 | 18616 | 982773 | 885717 | 3235669 | 292 |
| 地、市 | 1622 | 47140 | 1555957 | 1378734 | 3881891 | 930 |
| 县、市 | 7020 | 82389 | 1960543 | 1872117 | 5866955 | 2439 |
| 按管理部门分 | | | | | | |
| 文物部门 | 7737 | 129956 | 4277407 | 3895890 | 10395896 | 3177 |
| 其他部门 | 1217 | 21474 | 437423 | 473136 | 3289081 | 545 |

7−16−37　续表

| 项　　目 | 文物藏品<br>(件/套) | #一级品 | 本年从有关部门接收文物数<br>(件/套) | 本年藏品征集数<br>(件/套) | 举办陈列展　览<br>(个) | 参观人次<br>(万人次) |
|---|---|---|---|---|---|---|
| **总　计** | **44558807** | **109768** | **99675** | **417577** | **24621** | **101267** |
| 按单位性质分 | | | | | | |
| 文物科研机构 | 1187938 | 1703 | | 2883 | 49 | 408 |
| 文物保护管理机构 | 2521238 | 7721 | 5029 | 30388 | 1463 | 15798 |
| 博物馆 | 33293561 | 98832 | 87483 | 379944 | 23109 | 85061 |
| 文物商店 | 6997098 | 52 | | | | |
| 其他文物机构 | 558972 | 1460 | 7163 | 4362 | | |
| 按隶属关系分 | | | | | | |
| 中　央 | 3324574 | 22630 | 398 | 2991 | 141 | 2683 |
| 省、区、市 | 14815094 | 32357 | 5886 | 40043 | 1439 | 10131 |
| 地、市 | 9219349 | 23683 | 44977 | 92282 | 7229 | 34680 |
| 县、市 | 17199790 | 31098 | 48414 | 282261 | 15812 | 53773 |
| 按管理部门分 | | | | | | |
| 文物部门 | 33036257 | 97917 | 88830 | 225932 | 19329 | 82007 |
| 其他部门 | 11522550 | 11851 | 10845 | 191645 | 5292 | 19260 |

# 7-16-38 各地区博物馆基本情况

| 地区 | 机构数(个) | 从业人员(人) | 文物藏品(件/套) | 基本陈列展览(个) | 参观人次(万人次) | 门票销售总额(万元) | 收入合计(万元) | #财政补助收入 | 支出合计(万元) | 资产总计(万元) | #固定资产原价 |
|---|---|---|---|---|---|---|---|---|---|---|---|
| **总计** | **4109** | **93431** | **33293561** | **23109** | **85061** | **390031** | **2348521** | **1902042** | **2286951** | **9956370** | **6124005** |
| 中央 | 3 | 2588 | 3299804 | 109 | 2375 | 105444 | 143229 | 120211 | 165683 | 508484 | 197348 |
| 北京 | 41 | 1196 | 1235102 | 249 | 649 | 1241 | 78498 | 73804 | 77912 | 192323 | 170627 |
| 天津 | 22 | 760 | 635938 | 180 | 1013 | 1389 | 22508 | 21055 | 23699 | 75653 | 57563 |
| 河北 | 111 | 3764 | 427332 | 664 | 2724 | 10042 | 57732 | 46471 | 54128 | 254517 | 215100 |
| 山西 | 105 | 3303 | 984459 | 337 | 1460 | 20417 | 55552 | 45953 | 47940 | 185213 | 114985 |
| 内蒙古 | 87 | 1625 | 645516 | 446 | 1124 | 229 | 57426 | 56136 | 60798 | 292742 | 192432 |
| 辽宁 | 65 | 2159 | 534003 | 426 | 1389 | 12076 | 48000 | 47922 | 49331 | 167050 | 124767 |
| 吉林 | 77 | 1218 | 437300 | 352 | 943 | 4335 | 32806 | 31647 | 26058 | 51710 | 30118 |
| 黑龙江 | 176 | 2867 | 991479 | 889 | 2201 | 5038 | 55046 | 39534 | 47157 | 351037 | 228224 |
| 上海 | 99 | 3096 | 2253481 | 1094 | 2218 | 23975 | 188970 | 113357 | 165452 | 962108 | 615094 |
| 江苏 | 317 | 6524 | 1767257 | 1986 | 8512 | 17760 | 143770 | 121824 | 144755 | 790272 | 607998 |
| 浙江 | 275 | 4960 | 1315047 | 1968 | 5957 | 2756 | 141286 | 122449 | 138345 | 688054 | 314431 |
| 安徽 | 171 | 2641 | 743837 | 867 | 2798 | 610 | 45920 | 36200 | 52136 | 214470 | 147807 |
| 福建 | 98 | 2259 | 496026 | 909 | 2545 |  | 54890 | 48708 | 44330 | 129524 | 57356 |
| 江西 | 138 | 3007 | 402972 | 517 | 3391 | 38 | 63284 | 50328 | 51359 | 234077 | 122089 |
| 山东 | 393 | 7152 | 3301398 | 2474 | 5836 | 16738 | 128396 | 77427 | 135274 | 912057 | 543625 |
| 河南 | 270 | 6209 | 935827 | 1133 | 4964 | 7002 | 69312 | 56874 | 72283 | 279306 | 172039 |
| 湖北 | 183 | 3556 | 1570685 | 988 | 2671 | 1302 | 96202 | 80878 | 105772 | 264867 | 172887 |
| 湖南 | 115 | 3035 | 576151 | 424 | 4784 | 108 | 99901 | 94391 | 84949 | 259369 | 132711 |
| 广东 | 177 | 3615 | 953330 | 1733 | 4727 | 20250 | 134981 | 127329 | 127015 | 360758 | 238606 |
| 广西 | 125 | 2013 | 265803 | 517 | 1773 | 167 | 44058 | 40251 | 36106 | 156272 | 101670 |
| 海南 | 18 | 285 | 73945 | 112 | 104 |  | 7290 | 6871 | 7462 | 19840 | 13676 |
| 重庆 | 82 | 2232 | 508431 | 437 | 2528 | 11119 | 68064 | 50541 | 60364 | 166280 | 98028 |
| 四川 | 239 | 6452 | 4199935 | 1161 | 5976 | 38659 | 147156 | 108654 | 149812 | 1072836 | 682386 |
| 贵州 | 73 | 1465 | 105956 | 254 | 1654 | 30 | 25520 | 20762 | 25067 | 110430 | 37886 |
| 云南 | 90 | 1139 | 1227996 | 507 | 1912 | 76 | 24987 | 23059 | 25822 | 126831 | 64667 |
| 西藏 | 7 | 226 | 67961 | 29 | 55 |  | 3667 | 3547 | 2517 | 2038 | 1787 |
| 陕西 | 274 | 8947 | 2409927 | 1183 | 5338 | 88133 | 203488 | 139936 | 198802 | 760873 | 424466 |
| 甘肃 | 152 | 3371 | 522853 | 702 | 2317 | 1074 | 65285 | 58353 | 66031 | 242222 | 164123 |
| 青海 | 23 | 281 | 163393 | 65 | 247 |  | 9660 | 9295 | 9570 | 18416 | 17204 |
| 宁夏 | 13 | 324 | 47855 | 97 | 188 |  | 9425 | 8541 | 10543 | 21220 | 14626 |
| 新疆 | 90 | 1162 | 192562 | 300 | 686 | 24 | 22217 | 19736 | 20483 | 85523 | 47681 |

# 7-16-39 各地区文物保护管理机构基本情况

| 地区 | 机构数（个） | 从业人员（人） | 藏品数（件/套） | 收入合计（万元） | #财政补助收入 | 支出合计（万元） | 资产总计（万元） | #固定资产原价 |
|---|---|---|---|---|---|---|---|---|
| **全国** | **3318** | **33407** | **2521238** | **995357** | **593829** | **835664** | **1943186** | **751751** |
| 北京 | 26 | 2546 | 26210 | 104612 | 59535 | 113198 | 183073 | 33482 |
| 天津 | 8 | 132 | 2813 | 5748 | 3479 | 4079 | 9177 | 1051 |
| 河北 | 166 | 3962 | 79889 | 65357 | 34511 | 68653 | 94806 | 30678 |
| 山西 | 140 | 1968 | 188985 | 31942 | 24162 | 31651 | 45527 | 19501 |
| 内蒙古 | 90 | 684 | 69765 | 17614 | 15776 | 15273 | 23365 | 11013 |
| 辽宁 | 60 | 1221 | 39776 | 24471 | 16518 | 22929 | 17322 | 10945 |
| 吉林 | 52 | 164 | 5377 | 5605 | 5463 | 4263 | 4988 | 610 |
| 黑龙江 | 87 | 301 | 16694 | 5483 | 4241 | 5194 | 3554 | 2083 |
| 上海 | 5 | 61 | 2970 | 2828 | 2787 | 2865 | 3729 | 3098 |
| 江苏 | 50 | 456 | 28749 | 13294 | 11556 | 12306 | 16108 | 8755 |
| 浙江 | 94 | 2816 | 90845 | 206398 | 66130 | 121385 | 416350 | 187397 |
| 安徽 | 95 | 467 | 43410 | 11456 | 9430 | 11095 | 15604 | 10555 |
| 福建 | 38 | 236 | 4165 | 8029 | 6608 | 9335 | 14601 | 7805 |
| 江西 | 67 | 499 | 67882 | 15106 | 9315 | 7083 | 15198 | 3983 |
| 山东 | 112 | 3159 | 820522 | 86131 | 59140 | 81306 | 179255 | 70638 |
| 河南 | 123 | 2851 | 215798 | 43930 | 30994 | 39349 | 191730 | 35078 |
| 湖北 | 48 | 733 | 19831 | 15222 | 6012 | 12002 | 11559 | 8663 |
| 湖南 | 85 | 875 | 86590 | 30923 | 23442 | 29205 | 65466 | 25433 |
| 广东 | 33 | 321 | 12565 | 10163 | 6499 | 9441 | 13893 | 8557 |
| 广西 | 68 | 338 | 25748 | 13290 | 11569 | 9739 | 12696 | 2761 |
| 海南 | 10 | 200 | 608 | 1665 | 1223 | 2382 | 9096 | 6989 |
| 重庆 | 29 | 235 | 36723 | 10961 | 9296 | 7391 | 11994 | 5389 |
| 四川 | 178 | 1897 | 177573 | 61159 | 58463 | 55605 | 148271 | 59899 |
| 贵州 | 74 | 341 | 8984 | 9966 | 6852 | 7113 | 10679 | 6690 |
| 云南 | 127 | 740 | 114971 | 19869 | 17432 | 29838 | 29434 | 18877 |
| 西藏 | 1044 | 1430 | 195831 | 16912 | 5633 | 19680 | 132174 | 31482 |
| 陕西 | 213 | 3163 | 94519 | 83567 | 43495 | 58518 | 77415 | 45392 |
| 甘肃 | 60 | 748 | 2529 | 20278 | 7131 | 14751 | 92766 | 49977 |
| 青海 | 29 | 65 | 2273 | 5740 | 5728 | 2261 | 545 | 471 |
| 宁夏 | 22 | 312 | 24559 | 25603 | 24044 | 9503 | 31184 | 3331 |
| 新疆 | 84 | 354 | 1595 | 10144 | 5988 | 7994 | 16189 | 8775 |

# 7-16-40 各地区文物保护科研机构基本情况

| 地区 | 机构数(个) | 从业人员(人) | 藏品数(件/套) | 收入合计(万元) | #财政补助收入 | 支出合计(万元) | 资产总计(万元) | #固定资产原价 |
|---|---|---|---|---|---|---|---|---|
| **全国** | **122** | **4763** | **1187938** | **292464** | **175425** | **245058** | **557325** | **171088** |
| 中央本级 | 1 | 122 | | 10043 | 3884 | 9868 | 53697 | 20939 |
| 北京 | 2 | 94 | 12341 | 36225 | 3094 | 17123 | 51208 | 1066 |
| 天津 | | | | | | | | |
| 河北 | 5 | 206 | 45498 | 11250 | 3126 | 10788 | 17888 | 5198 |
| 山西 | 11 | 301 | 63921 | 14848 | 11500 | 16052 | 14792 | 7262 |
| 内蒙古 | 2 | 59 | 14779 | 3398 | 2872 | 3007 | 3086 | 3066 |
| 辽宁 | 4 | 108 | 5842 | 5710 | 5667 | 6634 | 9784 | 4041 |
| 吉林 | 3 | 71 | 8559 | 4484 | 3473 | 4631 | 5122 | 3612 |
| 黑龙江 | 2 | 52 | 5186 | 1346 | 1339 | 1346 | 3678 | 1053 |
| 上海 | | | | | | | | |
| 江苏 | 4 | 61 | 7570 | 3551 | 2839 | 3103 | 2346 | 695 |
| 浙江 | 5 | 162 | | 10379 | 5462 | 10233 | 9370 | 4031 |
| 安徽 | 1 | 45 | 12044 | 4587 | 1331 | 4459 | 11576 | 4189 |
| 福建 | 2 | 27 | | 499 | 285 | 444 | 152 | 152 |
| 江西 | 2 | 55 | 1438 | 2909 | 2625 | 3569 | 5732 | 709 |
| 山东 | 13 | 150 | 26888 | 16807 | 6701 | 10650 | 14174 | 1881 |
| 河南 | 15 | 690 | 735163 | 32125 | 19369 | 25092 | 40449 | 15008 |
| 湖北 | 3 | 133 | 7425 | 12868 | 7652 | 10888 | 14524 | 4275 |
| 湖南 | 3 | 134 | 51001 | 10188 | 8111 | 6426 | 9376 | 7437 |
| 广东 | 4 | 163 | 51114 | 10397 | 8307 | 9773 | 9617 | 2934 |
| 广西 | 4 | 100 | 12168 | 8899 | 5100 | 4178 | 22117 | 2199 |
| 海南 | | | | | | | | |
| 重庆 | 1 | 157 | 21217 | 7056 | 4520 | 4513 | 12789 | 2720 |
| 四川 | 4 | 101 | | 6841 | 2985 | 6922 | 11338 | 2320 |
| 贵州 | 2 | 30 | 2359 | 1698 | 522 | 1906 | 4058 | 661 |
| 云南 | 2 | 36 | 2453 | 5260 | 1313 | 5091 | 12852 | 1032 |
| 西藏 | 1 | 24 | | 1328 | 311 | 399 | 2392 | 486 |
| 陕西 | 15 | 400 | 51925 | 31755 | 30241 | 23444 | 46274 | 17961 |
| 甘肃 | 5 | 1056 | 27042 | 30572 | 27018 | 34633 | 154197 | 48425 |
| 青海 | 1 | 44 | 6853 | 1122 | 753 | 1400 | 1547 | 891 |
| 宁夏 | 3 | 64 | 2948 | 2382 | 1888 | 3032 | 4385 | 1501 |
| 新疆 | 2 | 118 | 12204 | 3936 | 3138 | 5455 | 8809 | 5345 |

# 7-16-41　各地区娱乐场所基本情况

单位：万元

| 地　区 | 机构数（个） | 从业人员（人） | 资产总计 | 营业收入 | 营业成本 | 营业利润 |
|---|---|---|---|---|---|---|
| **全　国** | **77071** | **632527** | **10510102** | **5387254** | **4129375** | **1257926** |
| 北　京 | 1023 | 15120 | 411973 | 119886 | 105725 | 14161 |
| 天　津 | 395 | 3768 | 146761 | 43134 | 36877 | 6257 |
| 河　北 | 2211 | 15497 | 181503 | 84133 | 62792 | 21341 |
| 山　西 | 1408 | 12609 | 150320 | 65415 | 50294 | 15121 |
| 内蒙古 | 2495 | 8161 | 154518 | 79317 | 48151 | 31166 |
| 辽　宁 | 3869 | 18626 | 269404 | 123779 | 84664 | 39171 |
| 吉　林 | 1673 | 7252 | 96618 | 48067 | 27748 | 20318 |
| 黑龙江 | 2304 | 9445 | 102273 | 52781 | 31125 | 21659 |
| 上　海 | 2152 | 25138 | 765497 | 292113 | 247589 | 44525 |
| 江　苏 | 7345 | 48464 | 864026 | 581919 | 439734 | 142186 |
| 浙　江 | 4746 | 58115 | 993099 | 638785 | 537570 | 101217 |
| 安　徽 | 3667 | 24693 | 460571 | 163951 | 124207 | 39744 |
| 福　建 | 2073 | 34092 | 630732 | 362872 | 304865 | 58009 |
| 江　西 | 2776 | 17338 | 260126 | 146335 | 94641 | 51694 |
| 山　东 | 2130 | 17352 | 252022 | 113609 | 80854 | 32756 |
| 河　南 | 1857 | 16651 | 254419 | 107244 | 75956 | 31288 |
| 湖　北 | 1864 | 17328 | 282364 | 142652 | 101599 | 41044 |
| 湖　南 | 3041 | 27770 | 397577 | 249209 | 167113 | 82096 |
| 广　东 | 6427 | 92106 | 1400076 | 677746 | 574471 | 103279 |
| 广　西 | 2461 | 21516 | 248972 | 149756 | 111149 | 38607 |
| 海　南 | 470 | 5580 | 55408 | 38064 | 30177 | 7887 |
| 重　庆 | 2175 | 17799 | 255412 | 160280 | 132014 | 28266 |
| 四　川 | 5225 | 35321 | 543819 | 317207 | 219410 | 97800 |
| 贵　州 | 2422 | 18434 | 285534 | 162736 | 114677 | 48059 |
| 云　南 | 5897 | 29215 | 387167 | 183708 | 135739 | 47972 |
| 西　藏 | 125 | 873 | 12290 | 12212 | 3830 | 8382 |
| 陕　西 | 1004 | 10898 | 215129 | 83713 | 58201 | 25514 |
| 甘　肃 | 1327 | 8829 | 174870 | 70554 | 48767 | 21788 |
| 青　海 | 317 | 2309 | 40281 | 18865 | 13831 | 5015 |
| 宁　夏 | 908 | 5363 | 85711 | 40943 | 23696 | 17247 |
| 新　疆 | 1284 | 6865 | 131632 | 56269 | 41910 | 14359 |

# 7-16-42 各地区网吧基本情况

单位：万元

| 地区 | 机构数（个） | 从业人员（人） | 资产总计 | 营业收入 | 营业成本 | 营业利润 |
|---|---|---|---|---|---|---|
| **全国** | **141587** | **488209** | **7484979** | **4323160** | **3010616** | **1312916** |
| 北京 | 910 | 4230 | 62572 | 23817 | 19168 | 4649 |
| 天津 | 816 | 2768 | 40437 | 24844 | 20547 | 4297 |
| 河北 | 5201 | 15115 | 177073 | 84610 | 56645 | 27965 |
| 山西 | 3466 | 11491 | 158891 | 72349 | 53079 | 19270 |
| 内蒙古 | 3634 | 9595 | 165958 | 81833 | 48138 | 33694 |
| 辽宁 | 5010 | 14769 | 183643 | 117690 | 80789 | 36905 |
| 吉林 | 2580 | 6475 | 107899 | 55720 | 32365 | 23354 |
| 黑龙江 | 3420 | 9494 | 120908 | 65495 | 38592 | 26878 |
| 上海 | 1413 | 6812 | 97635 | 60127 | 51686 | 8441 |
| 江苏 | 9941 | 29037 | 592514 | 361110 | 245873 | 115237 |
| 浙江 | 8884 | 30305 | 530591 | 323430 | 260421 | 63021 |
| 安徽 | 7243 | 23533 | 415115 | 205734 | 145155 | 60569 |
| 福建 | 2360 | 9150 | 141737 | 70393 | 60192 | 10200 |
| 江西 | 4893 | 17235 | 313800 | 170440 | 104757 | 65688 |
| 山东 | 8422 | 21521 | 269717 | 153231 | 92453 | 60778 |
| 河南 | 8532 | 28247 | 419216 | 187212 | 119874 | 67665 |
| 湖北 | 6699 | 25292 | 394383 | 247426 | 160616 | 86823 |
| 湖南 | 12548 | 39771 | 693162 | 444528 | 262993 | 181534 |
| 广东 | 9408 | 42870 | 579495 | 327955 | 272807 | 55183 |
| 广西 | 3927 | 14896 | 147722 | 100343 | 75983 | 24384 |
| 海南 | 839 | 3409 | 39701 | 21904 | 14205 | 7699 |
| 重庆 | 3513 | 16211 | 232357 | 173663 | 134657 | 39006 |
| 四川 | 10058 | 37669 | 532407 | 378932 | 262507 | 116426 |
| 贵州 | 4110 | 17088 | 274401 | 162090 | 103649 | 58441 |
| 云南 | 5102 | 16842 | 240505 | 137078 | 107876 | 29203 |
| 西藏 | 151 | 615 | 10840 | 6125 | 3114 | 3011 |
| 陕西 | 3528 | 15336 | 222884 | 106326 | 75917 | 30410 |
| 甘肃 | 1556 | 5565 | 102749 | 51287 | 32571 | 18716 |
| 青海 | 452 | 2043 | 33482 | 15387 | 11757 | 3630 |
| 宁夏 | 1068 | 3664 | 73757 | 42170 | 24768 | 17402 |
| 新疆 | 1903 | 7161 | 109431 | 49914 | 37464 | 12440 |

# 7–16–43 各地区动漫企业基本情况

单位：万元

| 地 区 | 企业数(个) | 从业人员(人) | 资产总计 | 营业收入 | 营业成本 | 营业利润 | 利润总额 | 本年发放工资总额 | 本年应交税金总额 |
|---|---|---|---|---|---|---|---|---|---|
| **全 国** | **600** | **28528** | **2387980** | **997652** | **902881** | **94771** | **209674** | **204750** | **454039** |
| 北 京 | 66 | 2373 | 210420 | 68045 | 66211 | 1835 | 4987 | 15492 | 4562 |
| 天 津 | 15 | 472 | 60539 | 11696 | 12007 | -311 | 147 | 3970 | 218 |
| 河 北 | 11 | 484 | 16903 | 3829 | 5129 | -1300 | -684 | 2019 | 169 |
| 山 西 | 18 | 112 | 13241 | 843 | 1013 | -171 | -67 | 497 | 82 |
| 内蒙古 | 6 | 127 | 21961 | 4116 | 3977 | 139 | 718 | 352 | 282 |
| 辽 宁 | 17 | 676 | 40226 | 43480 | 19982 | 23499 | 23823 | 4723 | 401058 |
| 吉 林 | 8 | 382 | 64216 | 8399 | 8700 | -300 | -87 | 1854 | 149 |
| 黑龙江 | 14 | 654 | 29948 | 11383 | 13518 | -2136 | -1223 | 2377 | 228 |
| 上 海 | 26 | 1699 | 299050 | 86303 | 80493 | 5809 | 84237 | 21668 | 3479 |
| 江 苏 | 77 | 2077 | 124985 | 35687 | 40680 | -4993 | -1286 | 14006 | 2132 |
| 浙 江 | 24 | 1080 | 151002 | 47226 | 37551 | 9675 | 12403 | 7645 | 3668 |
| 安 徽 | 21 | 1203 | 40263 | 25079 | 25009 | 70 | 1478 | 5937 | 1138 |
| 福 建 | 40 | 1820 | 285757 | 150184 | 153102 | -2918 | 933 | 14257 | 5173 |
| 江 西 | 20 | 1414 | 76475 | 67456 | 57679 | 9777 | 10079 | 9258 | 1448 |
| 山 东 | 13 | 584 | 17424 | 11408 | 10880 | 528 | 975 | 2793 | 771 |
| 河 南 | 23 | 705 | 34789 | 12597 | 9862 | 2735 | 3654 | 2978 | 326 |
| 湖 北 | 34 | 2126 | 120285 | 71350 | 50073 | 21277 | 22989 | 10991 | 4341 |
| 湖 南 | 31 | 1628 | 128142 | 74894 | 69045 | 5848 | 8202 | 12226 | 2572 |
| 广 东 | 66 | 6503 | 510031 | 219821 | 194876 | 24945 | 33823 | 62062 | 20337 |
| 广 西 | 10 | 302 | 7694 | 3581 | 3196 | 385 | 1657 | 1253 | 92 |
| 海 南 | 1 | 62 | 3419 | 1452 | 2231 | -779 | 472 | 347 | 29 |
| 重 庆 | 5 | 235 | 16955 | 7457 | 6556 | 901 | 1191 | 1309 | 171 |
| 四 川 | 5 | 319 | 4040 | 3404 | 3374 | 30 | 151 | 663 | 114 |
| 贵 州 | 4 | 113 | 4040 | 1422 | 773 | 649 | 647 | 248 | 121 |
| 云 南 | 9 | 160 | 12842 | 5131 | 5162 | -31 | 48 | 1253 | 172 |
| 西 藏 | 2 | | | | | | | | |
| 陕 西 | 8 | 269 | 14684 | 8020 | 7187 | 833 | 918 | 1034 | 68 |
| 甘 肃 | 9 | 284 | 26605 | 4546 | 3834 | 712 | 779 | 557 | 101 |
| 青 海 | 1 | 10 | 76 | 331 | 311 | 21 | 21 | 101 | |
| 宁 夏 | 5 | 323 | 10217 | 3602 | 3667 | -65 | 29 | 1251 | 110 |
| 新 疆 | 10 | 258 | 11477 | 3649 | 4258 | -609 | -125 | 799 | 270 |

注：全国动漫企业数据含中央本级动漫企业。

# 7-16-44 体育系统机构人员情况

单位：个、人

| 指　标 | 合　计 | | 国家级 | |
| --- | --- | --- | --- | --- |
| | 机构 | 人员 | 机构 | 人员 |
| **总　计** | **7067** | **147657** | **43** | **4614** |
| 体育行政机关 | 3027 | 25973 | 1 | 224 |
| 运动项目管理部门 | 295 | 34451 | 22 | 1239 |
| 本科院校 | 7 | 5336 | 1 | 1026 |
| 职业、运动技术学院 | 19 | 5800 | | |
| 体育运动学校 | 227 | 15002 | | |
| 竞技体校 | 8 | 392 | | |
| 少儿体育运动学校(业余体校) | 1428 | 20444 | | |
| 单项运动学校 | 21 | 423 | | |
| 体育中学 | 37 | 1740 | | |
| 训练基地 | 72 | 2516 | 5 | 622 |
| 体育场馆 | 694 | 14195 | 1 | 297 |
| 体育科研机构 | 60 | 1335 | 1 | 109 |
| 其他事业单位 | 1104 | 17108 | 11 | 674 |
| 其他 | 68 | 2942 | 1 | 423 |

7-16-44 续表

单位：个、人

| 指　标 | 省级 | | 地级 | | 县级 | |
| --- | --- | --- | --- | --- | --- | --- |
| | 机构 | 人员 | 机构 | 人员 | 机构 | 人员 |
| **总　计** | **715** | **56252** | **1868** | **46535** | **4441** | **40256** |
| 体育行政机关 | 49 | 1721 | 427 | 6814 | 2550 | 17214 |
| 运动项目管理部门 | 228 | 30069 | 43 | 3087 | 2 | 56 |
| 本科院校 | 6 | 4310 | | | | |
| 职业、运动技术学院 | 15 | 5323 | 3 | 473 | 1 | 4 |
| 体育运动学校 | 31 | 2858 | 168 | 11260 | 28 | 884 |
| 竞技体校 | 1 | 129 | 5 | 169 | 2 | 94 |
| 少儿体育运动学校(业余体校) | 15 | 364 | 309 | 8262 | 1104 | 11818 |
| 单项运动学校 | 3 | 94 | 14 | 285 | 4 | 44 |
| 体育中学 | | | 21 | 1069 | 16 | 671 |
| 训练基地 | 25 | 1310 | 38 | 499 | 4 | 85 |
| 体育场馆 | 61 | 2853 | 382 | 8060 | 250 | 2985 |
| 体育科研机构 | 28 | 955 | 30 | 265 | 1 | 6 |
| 其他事业单位 | 231 | 5358 | 395 | 4818 | 467 | 6258 |
| 其他 | 22 | 908 | 33 | 1474 | 12 | 137 |

# 7-16-45 运动员获世界冠军情况

| 年 份 | 项 数<br>(项) | 人 数<br>(人) | 个 数<br>(个) |
|---|---|---|---|
| 1978 | 4 | 4 | 4 |
| 1979 | 12 | 20 | 12 |
| 1980 | 3 | 3 | 3 |
| 1981 | 25 | 53 | 25 |
| 1982 | 12 | 31 | 13 |
| 1983 | 37 | 50 | 39 |
| 1984 | 33 | 46 | 37 |
| 1985 | 42 | 70 | 46 |
| 1986 | 26 | 56 | 26 |
| 1987 | 64 | 72 | 69 |
| 1988 | 54 | 59 | 54 |
| 1989 | 80 | 83 | 82 |
| 1990 | 54 | 61 | 54 |
| 1991 | 88 | 86 | 93 |
| 1992 | 86 | 68 | 89 |
| 1993 | 101 | 106 | 103 |
| 1994 | 79 | 86 | 79 |
| 1995 | 98 | 187 | 102 |
| 1996 | 72 | 58 | 75 |
| 1997 | 87 | 96 | 92 |
| 1998 | 75 | 89 | 83 |
| 1999 | 91 | 129 | 92 |
| 2000 | 92 | 109 | 110 |
| 2001 | 79 | 138 | 90 |
| 2002 | 99 | 123 | 110 |
| 2003 | 17 | 94 | 84 |
| 2004 | 27 | 175 | 101 |
| 2005 | 22 | 159 | 106 |
| 2006 | 24 | 169 | 141 |
| 2007 | 22 | 217 | 123 |
| 2008 | 24 | 151 | 120 |
| 2009 | 30 | 223 | 142 |
| 2010 | 22 | 180 | 108 |
| 2011 | 24 | 198 | 138 |
| 2012 | 24 | 140 | 107 |
| 2013 | 22 | 164 | 124 |
| 2014 | 22 | 206 | 98 |
| 2015 | 25 | 214 | 127 |
| 2016 | 23 | 154 | 107 |

# 7-16-46 运动员分项创世界纪录情况

| 项 目 | 项 数(项) | 人 数(人) | 队 数(队) | 次 数(次) |
|---|---|---|---|---|
| **总 计** | **9** | **7** | **1** | **9** |
| 射 击 | 2 | 2 | | 2 |
| 举 重 | 4 | 3 | | 4 |
| 自行车 | 1 | | 1 | 1 |
| 潜 水 | 2 | 2 | | 2 |

# 7-16-47 各地区分等级教练员发展人数

单位：人

| 地 区 | 合 计 | #女 | 国家级 | #女 | 高 级 | #女 | 一 级 | #女 | 二 级 | #女 | 三 级 | #女 |
|---|---|---|---|---|---|---|---|---|---|---|---|---|
| **全 国** | **1610** | **460** | **46** | **9** | **297** | **80** | **493** | **131** | **570** | **177** | **204** | **63** |
| 北 京 | 27 | 7 | | | 12 | 4 | 6 | 2 | 9 | 1 | | |
| 天 津 | 43 | 12 | 2 | | 12 | 4 | 13 | 2 | 14 | 6 | 2 | |
| 河 北 | 37 | 13 | 1 | 1 | 2 | | 15 | 5 | 13 | 4 | 6 | 3 |
| 山 西 | 60 | 20 | | | 11 | 2 | 26 | 8 | 14 | 8 | 9 | 2 |
| 内蒙古 | 29 | 10 | | | 3 | 1 | 8 | 3 | 6 | | 12 | 6 |
| 辽 宁 | 115 | 35 | 4 | | 16 | 3 | 25 | 8 | 54 | 19 | 16 | 5 |
| 吉 林 | 53 | 8 | 1 | | 21 | 3 | 16 | 5 | 14 | | 1 | |
| 黑龙江 | 59 | 15 | 2 | 1 | 16 | 4 | 15 | 3 | 19 | 6 | 7 | 1 |
| 上 海 | 40 | 16 | 1 | 1 | 9 | 2 | 10 | 4 | 10 | 4 | 10 | 5 |
| 江 苏 | 104 | 27 | 3 | 2 | 14 | 2 | 40 | 7 | 41 | 13 | 6 | 3 |
| 浙 江 | 71 | 20 | 3 | | 19 | 5 | 22 | 5 | 20 | 8 | 7 | 2 |
| 安 徽 | 17 | 6 | | | 6 | 2 | 3 | | 4 | 2 | 4 | 2 |
| 福 建 | 121 | 49 | 1 | | 22 | 12 | 40 | 17 | 43 | 14 | 15 | 6 |
| 江 西 | 41 | 14 | 1 | | 11 | 4 | 7 | 2 | 17 | 5 | 5 | 3 |
| 山 东 | 157 | 42 | 2 | | 25 | 6 | 42 | 9 | 72 | 24 | 16 | 3 |
| 河 南 | 55 | 15 | 2 | | 14 | 5 | 20 | 4 | 17 | 5 | 2 | 1 |
| 湖 北 | 42 | 6 | 2 | | 4 | 2 | 20 | 2 | 7 | 2 | 9 | |
| 湖 南 | 45 | 17 | 2 | 1 | 5 | 1 | 8 | 3 | 22 | 8 | 8 | 4 |
| 广 东 | 111 | 26 | 7 | 1 | 16 | 2 | 48 | 12 | 30 | 8 | 10 | 3 |
| 广 西 | 47 | 18 | 3 | 1 | 3 | 2 | 11 | 3 | 24 | 11 | 6 | 1 |
| 海 南 | 8 | 3 | | | | | 3 | 1 | 4 | 1 | 1 | 1 |
| 重 庆 | 21 | 6 | | | 2 | 1 | 4 | 1 | 11 | 3 | 4 | 1 |
| 四 川 | 61 | 16 | 1 | | 11 | 4 | 13 | 3 | 18 | 5 | 18 | 4 |
| 贵 州 | 9 | 4 | 1 | 1 | 2 | | 6 | 3 | | | | |
| 云 南 | 74 | 17 | 2 | | 9 | 3 | 19 | 5 | 31 | 7 | 13 | 2 |
| 西 藏 | 5 | 1 | | | | | 3 | | 2 | 1 | | |
| 陕 西 | 52 | 14 | 2 | | 8 | | 19 | 6 | 15 | 4 | 8 | 4 |
| 甘 肃 | 43 | 13 | | | 12 | 3 | 13 | 4 | 18 | 6 | | |
| 青 海 | 8 | 2 | 1 | | 2 | | 3 | 2 | 1 | | 1 | |
| 宁 夏 | 9 | 1 | | | 3 | 1 | 3 | | 3 | | | |
| 新 疆 | 35 | 5 | | | 4 | 1 | 11 | 1 | 12 | 2 | 8 | 1 |

## 【主要统计指标解释】

**资产合计** 指是指文化事业单位占有或者使用的能以货币计量的经济资源，包括各种财产、债权和其他权利。包括流动资产、固定资产、在建工程、无形资产和对外投资等。

**固定资产原价** 反映填表机构使用年限在一年以上、单位价值在规定标准以上，并在使用过程中基本保持原来物质形态的资产，包括房屋及构筑物；专用设备；通用设备；文物和陈列品；图书、档案；家具、用具、装具及动植物等，按原值（计提折旧的，按净值）进行反映。该指标根据“资产负债表”中的“固定资产原价”年（期）末数填列。

**本年收入合计** 反映行政事业单位在本年取得的全部收入，包括行政事业类资金收入和基本建设类收入，具体有财政拨款、上级补助收入、事业收入、经营收入、附属单位上缴收入和其他收入。根据“收入决算表”中的“本年收入合计”项填报。

**财政补贴收入** 反映填表单位本年度实际收到的本级财政拨款。包括一般预算财政拨款和政府性基金预算财政拨款。一级预算单位收到的应拨给下级单位使用的款项，年终时尚未拨出的，在编制财务决算表和填报统计报表时，应列为本单位的财政拨款。

**上级补助收入** 反映填表单位从行政主管部门和上级单位取得的非财政补贴收入。

**事业收入** 反映事业单位开展专业业务活动及辅助活动取得的收入。根据“收入决算表”中的“事业收入”项填报。

**经营收入** 反映事业单位在专业业务活动及辅助活动之外开展非独立核算经营活动取得的收入。根据“收入决算表”中的“经营收入”项填报。在确认经营收入时，应注意两个问题：一是经营收入是经营活动取得的收入，而不是专业业务活动及辅助活动取得的收入；二是经营收入是非独立核算的经营活动取得的收入，而不是独立核算的经营活动取得的收入。

**附属单位上缴收入** 反映填表事业单位拥有附属的独立核算机构，按有关规定上缴的收入。

**其他收入** 反映取得的除上述规定以外的各项收入，包括投资收益、利息收入、捐赠收入等。各单位从其他部门取得的财政拨款和非本级财政拨款均填列在本项内。

**本年支出合计** 反映填表机构在业务活动中发生的各项资产耗费和损失等支出情况，包括基本支出、项目支出、经营支出等内容。按经济功能分类，还可分为工资福利支出、商品和服务支出、对个人和家庭补助支出、其他资本性支出等内容。

**基本支出** 反映填表机构为保障其机构正常运转、完成日常工作任务而发生的人员支出和公用支出。

**项目支出** 反映填表机构为完成本机构特定的工作任务或事业发展目标，在基本支出之外发生的各项支出。项目支出明细在“项目支出决算明细表”中按支出经济分类科目进行反映。

**经营支出** 反映填表机构开展专业业务活动及辅助活动之外开展非独立核算经营活动发生的支出。在经营活动中应正确归集实际发生的各项费用数，无法归集的，应按规定的比例合理分摊。

**使用“中国标准书号”合计** 使用统一书号的主要有两类：1.各级技术标准文献；2.年画、年历画、台历、无书名页的单张美术印刷品或折页美术印刷品，不另加封面的出版物（如活页文选、活页歌篇、小件印品）等。

**不使用“中国标准书号”部分合计** 指图片、图标（GB）、部标（BB）等标准类文件印品、活页文选、活页歌篇、小件印品等。

**少年儿童读物类图书和课本出版种数** 少年儿童读物是指供初中及初中以下少年儿童阅读的书籍，课本是指供大、中、小学生及业余教育使用的书籍。

**国家综合档案馆** 指归口中央或地方各级档案行政管理部门直接管理的，按行政区划或历史时期设置的，收集和管理所辖范围内多种门类档案的档案馆。

**公共广播节目套数** 指经国家广电总局批准的、广播电视播出机构开办的不向听众收取收听费用，以为大众提供公共广播服务为主要目的，用固定频率播出，并编有整套自办节目时间表的广播节目套数。

**全年制作广播节目时间** 指广播电视节目制作机构全年自采、自编、自录的及合作制作、加工制作的各类广播节目，包括直播广播节目。

**公共电视节目套数** 指经国家广电总局批准的、广播电视播出机构开办的不向观众收取收看费用，以为大众提供公共电视服务为主要目的，用固定频率播出的自办电视节目套数。

**全年制作电视节目时间** 指广播电视节目制作机构全年自采、自编、自录的及合作制作、加工制作的各类电视节目，包括直播电视节目。

**全年公共电视节目播出时间** 指广播电视播出机构自办节目频道内全年播出公共电视节目的时间（含重复播出时间）。

**中、短波转播发射台** 经省以上广电行政部门批准的有固定人员编制，固定频率和播出时间的中、短波发射台和转播台。

**调频电视转播发射台** 经省以上广电部门批准的有固定人员编制，固定频率和播出时间的调频、电视发射台和转播台。

**有线广播电视实际用户数** 指通过广播电视有线传输网收看电视节目的家庭用户数，包括接收模拟信号和接收数字信号的有线电视用户数。

**数字电视用户数** 指通过广播电视有线传输网收看数字信号电视节目的家庭用户数。

**广播综合人口覆盖率** 根据国家广电总局制定的《广播电视人口覆盖率统计技术标准和方法》进行统计调查的，在对象区内能接收到中央、省、地市或县通过无线、有线或卫星等各种技术方式转播的各级广播节目的人口数占全部总人口的比重。

**电视节目综合人口覆盖率** 根据国家广电总局制定的《广播电视人口覆盖率统计技术标准和方法》进行统计调查的，在对象区内能接收到中央、省、地市、或县通过无线、有线或卫星等各种技术方式转播的中央电视节目的人口数占全部总人口的比重。

**艺术表演团体** 指由文化部门主办或实行行业管理（经文化市场行政部门审批或已申报登记并领取相关许可证），专门从事表演艺术等活动的各类专业艺术表演团体，含民间职业剧团。不包括群众业余文艺表演团体。

**艺术表演场馆** 指由文化部门主办或实行行业管理（经文化市场行政部门审批或已申报登记并领取相关许可证），有观众席、舞台、灯光设备，公开售票、专供文艺团体演出的文化活动场所。

**文物及文化保护** 指对具有历史、文化、艺术、科学价值，并经有关部门鉴定，列入文物保护范围的不可移动文物的保护和管理活动；对我国语言、文字、民间文化艺术、民俗等非物质遗产的文化保护和管理活动。包括近现代重要史迹及具有代表性、纪念性的建筑物的保护（含革命遗址、纪念碑、名人故居）；寺庙、清真寺、教学及各种祠、堂、碑遗址的保护；古文化遗址、古墓地、古建筑、石窟寺、石记得等的保护；民族语言、文字遗产保护；民间艺术（民间传说、神话、歌谣、故事、音乐、舞蹈、戏曲、曲艺皮影、绘画、剪纸等）遗产保护；民间、民俗传统活动（传统节日、庆典、民族艺术活动、民族体育活动等）遗产保护；民族制作（建筑风格、服饰、家具、木器、陶器、铜器等）遗产保护；其他未列明的文物与文化保护。

**博物馆** 指为了研究、教育、欣赏的目的，收藏、保护、展示人类活动和自然环境的见证物，向公众开放，非营利性、永久性社会服务机构，包括以博物馆（院）、纪念馆（舍）、美术（艺术）馆、科技馆、陈列馆等专有名称开展活动的单位。

**总藏量** 指图书馆已编目的古籍、图书、期刊和报纸的合订本、小册子、手稿，以及缩微制品、录像带、录音带、光盘等视听文献资料数量之和。

**藏品** 是文博机构根据收藏品的文化属性、自然属性等情况，所划分的文物藏品、标本藏品、模型藏品（含具有收藏、展示价值的雕塑、绘画等艺术作品）和复制品藏品的总和。本指标所统计的藏品是指报告期末，该机构已经整理并登记入账的藏品数。

# 7 第三产业分行业主要指标

## 7-17　公共管理、社会保障和社会组织

## 简要说明

本篇资料主要包括社会活动参与、公检法、劳动保障等内容。

一、社会活动参与的内容主要包括历届全国人大代表情况、历届全国政协委员情况、全国工会组织情况。全国人大代表数由全国人大办公厅联络局提供，依全国人大换届情况每五年更新一次；全国政协委员数由全国政协办公厅人事局提供，依全国政协换届情况每五年更新一次；全国工会组织情况由中华全国总工会依据统计报表制度整理提供。

二、公检法统计资料主要包括公安机关的刑事案件立案情况和治安案件查处情况，交通事故情况，检察机关的办案情况，人民法院审理案件和收结案情况。资料分别由公安部、最高人民检察院、最高人民法院依据统计报表制度整理提供。

三、劳动保障统计资料主要包括参加社会保险人员情况、社会保险基金情况。劳动保障资料是人力资源和社会保障部根据《人力资源和社会保障统计报表制度》整理提供。

# 7-17-1 公安机关受理和查处治安案件数

| 案件类别 | 受 理<br>(起) | 查 处<br>(起) | 每万人口受理案件数<br>(起) |
|---|---|---|---|
| **总 计** | **11517195** | **10652132** | **83.4** |
| 扰乱单位秩序 | 78316 | 75893 | 0.6 |
| 扰乱公共场所秩序 | 481862 | 479700 | 3.5 |
| 寻衅滋事 | 77451 | 72435 | 0.6 |
| 阻碍执行职务 | 34405 | 33331 | 0.2 |
| 非法携带枪支、弹药、管制工具 | 97941 | 95952 | 0.7 |
| 违反危险物质管理规定 | 33283 | 32647 | 0.2 |
| 殴打他人 | 2803995 | 2654306 | 20.3 |
| 故意伤害 | 220193 | 204852 | 1.6 |
| 盗窃 | 2285424 | 1872106 | 16.5 |
| 敲诈勒索 | 11707 | 9799 | 0.1 |
| 抢夺 | 23508 | 15343 | 0.2 |
| 盗窃、损毁公共设施 | 11856 | 9847 | 0.1 |
| 伪造、变造、倒卖有价票证、凭证 | 4124 | 3977 | |
| 违反旅馆业管理 | 106225 | 105243 | 0.8 |
| 违反房屋出租管理 | 158860 | 158326 | 1.2 |
| 诈骗 | 470129 | 368080 | 3.4 |
| 卖淫、嫖娼 | 82877 | 80971 | 0.6 |
| 赌博 | 306094 | 301208 | 2.2 |
| 毒品违法活动 | 773313 | 762285 | 5.6 |
| 其他 | 3455632 | 3315831 | 25.0 |

## 7-17-2 公安机关立案的刑事案件及构成

| 案件类别 | 立案（起） | | 构成（%） | |
|---|---|---|---|---|
| | 2015 | 2016 | 2015 | 2016 |
| **总计** | **7174037** | **6427533** | **100.00** | **100.00** |
| 杀人 | 9200 | 8634 | 0.13 | 0.13 |
| 伤害 | 132242 | 123818 | 1.84 | 1.93 |
| 抢劫 | 86747 | 61428 | 1.21 | 0.96 |
| 强奸 | 29948 | 27767 | 0.42 | 0.43 |
| 拐卖妇女儿童 | 9150 | 7121 | 0.13 | 0.11 |
| 盗窃 | 4875561 | 4304321 | 67.96 | 66.97 |
| 诈骗 | 1049841 | 979956 | 14.63 | 15.25 |
| 走私 | 2199 | 2407 | 0.03 | 0.04 |
| 伪造、变造货币，出售、购买运输、持有、使用假币 | 992 | 1163 | 0.01 | 0.02 |
| 其他 | 978157 | 910918 | 13.63 | 14.16 |

## 7-17-3 交通事故情况

| 类别 | 发生数（起） | 死亡人数（人） | 受伤人数（人） | 直接财产损失（万元） |
|---|---|---|---|---|
| **总计** | **212846** | **63093** | **226430** | **120759.9** |
| 机动车 | 192585 | 58803 | 205355 | 114586.4 |
| #汽车 | 145820 | 45990 | 149433 | 102970.6 |
| 摩托车 | 43196 | 11235 | 52528 | 9927.2 |
| 拖拉机 | 2247 | 967 | 2203 | 877.6 |
| 非机动车 | 17747 | 2968 | 19678 | 4248.2 |
| #自行车 | 1460 | 341 | 1337 | 494.5 |
| 行人乘车人 | 2443 | 1304 | 1322 | 1875.9 |
| 其他 | 71 | 18 | 75 | 49.4 |

# 7-17-4 各地区交通事故情况

| 地 区 | 发生数（起） | 死亡人数（人） | 受伤人数（人） | 直接财产损失（万元） |
|---|---|---|---|---|
| **全 国** | **212846** | **63093** | **226430** | **120759.9** |
| 北 京 | 3163 | 1359 | 2784 | 2819.4 |
| 天 津 | 5912 | 821 | 6398 | 4488.8 |
| 河 北 | 4919 | 2500 | 4433 | 5008.3 |
| 山 西 | 5088 | 2131 | 5278 | 3975.6 |
| 内蒙古 | 3172 | 972 | 3297 | 1402.6 |
| 辽 宁 | 4878 | 1954 | 4491 | 1849.6 |
| 吉 林 | 5564 | 1843 | 6068 | 5326.4 |
| 黑龙江 | 3614 | 1140 | 3906 | 4217 |
| 上 海 | 795 | 760 | 235 | 370.8 |
| 江 苏 | 13299 | 4601 | 12009 | 6390.0 |
| 浙 江 | 14791 | 4187 | 14369 | 5983.0 |
| 安 徽 | 12933 | 2651 | 14852 | 6323.0 |
| 福 建 | 8867 | 1888 | 9665 | 2410.0 |
| 江 西 | 4932 | 2102 | 5207 | 5425.6 |
| 山 东 | 13163 | 3614 | 12573 | 6276.9 |
| 河 南 | 5825 | 1950 | 5383 | 4376.1 |
| 湖 北 | 16908 | 4511 | 16775 | 8832.1 |
| 湖 南 | 7359 | 1572 | 9094 | 6383 |
| 广 东 | 24773 | 5501 | 26825 | 7380.5 |
| 广 西 | 3842 | 2246 | 3592 | 1854 |
| 海 南 | 2045 | 636 | 2748 | 1515 |
| 重 庆 | 4724 | 953 | 6233 | 2147.9 |
| 四 川 | 7527 | 2352 | 8395 | 5760.5 |
| 贵 州 | 12579 | 2274 | 18108 | 9475.1 |
| 云 南 | 5375 | 3002 | 5519 | 2905.9 |
| 西 藏 | 308 | 146 | 349 | 290.5 |
| 陕 西 | 5914 | 1575 | 5777 | 3810.7 |
| 甘 肃 | 2899 | 1357 | 3177 | 1065.4 |
| 青 海 | 1023 | 529 | 1124 | 750.7 |
| 宁 夏 | 1606 | 372 | 1778 | 754.9 |
| 新 疆 | 5049 | 1594 | 5988 | 1190.5 |

# 7-17-5 人民检察院直接立案侦查案件情况

| 案件分类 | 受案（件） | 立案件数（件） | 立案人数（人） | #要案 | 结案件数（件） | 结案人数（人） |
|---|---|---|---|---|---|---|
| **合　计** | **65039** | **35397** | **47650** | **3349** | **32574** | **43738** |
| 贪污 | 18222 | 8374 | 13729 | 418 | 7848 | 12685 |
| 贿赂 | 26832 | 15967 | 17847 | 2178 | 14509 | 16157 |
| 挪用公款 | 3589 | 2793 | 3494 | 84 | 2557 | 3192 |
| 集体私分 | 363 | 197 | 475 | 70 | 181 | 410 |
| 巨额财产来源不明 | 260 | 6 | 6 | 2 | 7 | 7 |
| 滥用职权 | 6496 | 3210 | 4656 | 364 | 2857 | 4212 |
| 玩忽职守 | 5621 | 3337 | 4782 | 149 | 3101 | 4437 |
| 徇私舞弊 | 1718 | 602 | 805 | 33 | 593 | 782 |
| 其他 | 1938 | 911 | 1856 | 51 | 921 | 1856 |

注：结案中含上年旧存（以下各表同）。

# 7-17-6 人民检察院审查逮捕、审查起诉情况

| 案件分类 | 批捕、决定逮捕合计 | | 决定起诉合计 | |
|---|---|---|---|---|
| | （件） | （人） | （件） | （人） |
| **合　计** | **631211** | **842372** | **1069547** | **1440535** |
| 危害公共安全案 | 49793 | 56990 | 269422 | 280559 |
| 破坏社会主义市场经济秩序案 | 36226 | 54160 | 57734 | 96707 |
| 侵犯公民人身、民主权利案 | 104366 | 130127 | 156618 | 205537 |
| 侵犯财产案 | 247267 | 326972 | 316074 | 429627 |
| 妨害社会管理秩序案 | 180578 | 259927 | 241710 | 389554 |
| 危害国防利益案 | 169 | 200 | 225 | 289 |
| 军人违反职责案 | 2 | 2 | | |
| 贪污贿赂案 | 11039 | 11904 | 22202 | 29640 |
| 渎职侵权案 | 1314 | 1514 | 5163 | 7709 |
| 其他 | 457 | 576 | 399 | 913 |

# 7-17-7　人民检察院办理刑事抗诉案件情况

| 案件类别 | 提出抗诉(件) | 审判结果合计(件) | 改判(件) | 改判(人) | 维持原判(件) | 发回重审(件) |
|---|---|---|---|---|---|---|
| **合　计** | **7185** | **5341** | **2623** | **3799** | **1268** | **1450** |
| 二审小计 | 6158 | 4650 | 2304 | 3431 | 1198 | 1148 |
| 贪污贿赂案件 | 848 | 668 | 347 | 504 | 122 | 199 |
| 渎职侵权案件 | 201 | 174 | 62 | 100 | 50 | 62 |
| 刑事案件 | 5109 | 3808 | 1895 | 2827 | 1026 | 887 |
| 再审小计 | 1027 | 691 | 319 | 368 | 70 | 302 |
| 贪污贿赂案件 | 75 | 46 | 25 | 31 | 10 | 11 |
| 渎职侵权案件 | 30 | 20 | 9 | 10 | 5 | 6 |
| 刑事案件 | 922 | 625 | 285 | 327 | 55 | 285 |

# 7-17-8　人民检察院办理民事、行政抗诉案件情况

单位：件

| 案件类别 | 合　计 | 民事案件 | 行政案件 |
|---|---|---|---|
| 提请抗诉 | 5239 | 4933 | 306 |
| 抗　诉 | 3282 | 3136 | 146 |
| 提出再审检察建议 | 2851 | 2803 | 48 |
| 抗诉案件再审 | 1714 | 1656 | 58 |
| 改　判 | 765 | 739 | 26 |
| 发回重审 | 309 | 305 | 4 |
| 调　解 | 146 | 142 | 4 |
| 维持原判 | 369 | 346 | 23 |
| 其　他 | 125 | 124 | 1 |

# 7-17-9　人民检察院受理举报、控告和申诉案件情况

单位：件

| 案件类别 | 受　理 | 处　理 | #检察机关办理 | #转其他机关 |
|---|---|---|---|---|
| **合　计** | **497204** | **488905** | **242248** | **105125** |
| 首次举报 | 188320 | 185555 | 106839 | 23089 |
| 首次控告 | 126894 | 124068 | 35161 | 36886 |
| 首次申诉 | 181990 | 179282 | 100248 | 45150 |

# 7-17-10 人民检察院处理申诉案件情况

单位：件

| 案件分类 | 受　案 | 立案复查 | 结　案 | |
|---|---|---|---|---|
| | | | | #改变原决定 |
| **合　　计** | **13343** | **5744** | **4722** | **101** |
| 不服检察机关处理决定 | 3360 | 2332 | 1827 | 101 |
| 　不服不批捕 | 227 | 125 | 112 | 4 |
| 　不服不起诉 | 2875 | 2105 | 1633 | 83 |
| 　不服撤案 | 36 | 14 | 11 | 1 |
| 　不服原免予起诉 | 9 | 5 | 4 | 1 |
| 　其他 | 213 | 83 | 67 | 12 |
| 不服法院刑事判决裁定 | 9983 | 3412 | 2895 | |
| 　刑罚执行中被害人申诉 | 2199 | 901 | 771 | |
| 　刑罚执行中被告人申诉 | 2802 | 908 | 783 | |
| 　刑罚执行完毕后被害人申诉 | 963 | 360 | 321 | |
| 　刑罚执行完毕后被告人申诉 | 3517 | 1058 | 875 | |
| 　其他 | 502 | 185 | 145 | |

# 7-17-11 人民检察院纠正违法情况

| 项　　目 | 2015 | 2016 |
|---|---|---|
| 书面提出纠正件次合计　（件次） | 72534 | 77885 |
| 　立案监督小计 | 28010 | 30093 |
| 　　监督立案 | 17546 | 18668 |
| 　　监督撤案 | 10464 | 11425 |
| 　侦查监督小计 | 37292 | 39621 |
| 　刑事审判监督 | 7232 | 8171 |
| 刑罚执行监督人次小计　（人次） | 55063 | 58770 |
| 　监管活动 | 31607 | 30261 |
| 　超期羁押 | 439 | 583 |
| 　减刑、假释、保外就医 | 23017 | 27926 |
| 已纠正件次合计　（件次） | 63311 | 67030 |
| 　立案监督小计 | 24893 | 25311 |
| 　　监督立案 | 14509 | 14650 |
| 　　监督撤案 | 10384 | 10661 |
| 　侦查监督小计 | 31874 | 34230 |
| 　刑事审判监督 | 6544 | 7489 |
| 刑罚执行监督人次小计　（人次） | 54487 | 57995 |
| 　监管活动 | 31275 | 29872 |
| 　超期羁押 | 423 | 589 |
| 　减刑、假释、保外就医 | 22789 | 27534 |

# 7-17-12 人民法院审理一审案件情况

单位：件

| 年份 | 收案 | 刑事 | 民商事 | #知识产权 | #海事海商 | 行政 |
|---|---|---|---|---|---|---|
| 1978 | 447755 | 146968 | 300787 | | | |
| 1979 | 513789 | 123846 | 389943 | | | |
| 1980 | 763535 | 197856 | 565679 | | | |
| 1981 | 906051 | 232125 | 673926 | | | |
| 1982 | 1024160 | 245219 | 778941 | | | |
| 1983 | 1343164 | 542648 | 756436 | | | 527 |
| 1984 | 1355460 | 431357 | 838307 | | | 983 |
| 1985 | 1319741 | 246655 | 846391 | | 238 | 916 |
| 1986 | 1611282 | 299720 | 989409 | | 301 | 632 |
| 1987 | 1875229 | 289614 | 1213219 | | 346 | 5940 |
| 1988 | 2290624 | 313306 | 1455130 | | 569 | 8573 |
| 1989 | 2913515 | 392564 | 1815385 | | 725 | 9934 |
| 1990 | 2916774 | 459656 | 1851897 | | 753 | 13006 |
| 1991 | 2901685 | 427840 | 1880635 | | 951 | 25667 |
| 1992 | 3051157 | 422991 | 1948786 | | 1654 | 27125 |
| 1993 | 3414845 | 403267 | 2089257 | | 1830 | 27911 |
| 1994 | 3955475 | 482927 | 2383764 | | 1959 | 35083 |
| 1995 | 4545676 | 495741 | 2718533 | | 2847 | 52596 |
| 1996 | 5312580 | 618826 | 3093995 | | 3945 | 79966 |
| 1997 | 5288379 | 436894 | 3277572 | | 4534 | 90557 |
| 1998 | 5410798 | 482164 | 3375069 | | 5166 | 98350 |
| 1999 | 5692434 | 540008 | 3519244 | | 5736 | 97569 |
| 2000 | 5356294 | 560432 | 3412259 | | 6976 | 85760 |
| 2001 | 5344934 | 628996 | 3459025 | | 6891 | 100921 |
| 2002 | 5132199 | 631348 | 4420123 | | | 80728 |
| 2003 | 5130760 | 632605 | 4410236 | | | 87919 |
| 2004 | 5072881 | 647541 | 4332727 | | | 92613 |
| 2005 | 5161170 | 684897 | 4380095 | | | 96178 |
| 2006 | 5183794 | 702445 | 4385732 | | | 95617 |
| 2007 | 5550062 | 724112 | 4724440 | | | 101510 |
| 2008 | 6288831 | 767842 | 5412591 | | | 108398 |
| 2009 | 6688963 | 768507 | 5800144 | | | 120312 |
| 2010 | 6999350 | 779595 | 6090622 | | | 129133 |
| 2011 | 7596116 | 845714 | 6614049 | | | 136353 |
| 2012 | 8442657 | 996611 | 7316463 | | | 129583 |
| 2013 | 8876733 | 971567 | 7781972 | 88583 | 11224 | 123194 |
| 2014 | 9489787 | 1040457 | 8307450 | 95522 | 12174 | 141880 |
| 2015 | 11444950 | 1126748 | 10097804 | 109386 | 17546 | 220398 |
| 2016 | 12088800 | 1101191 | 10762124 | 134248 | 16336 | 225485 |

注：1.一审案件指人民法院按照诉讼级别管辖按第一审程序审理的案件。
2.2002年起，经济纠纷和海事海商并入民事案件中。

## 7-17-13 人民法院审理刑事一审案件收结案情况

单位：件

| 项目 | 收案 | 结案 |
|---|---|---|
| **合计** | **1101191** | **1115873** |
| 危害公共安全罪 | 271877 | 272974 |
| 破坏社会主义市场经济秩序罪 | 58946 | 58320 |
| 侵犯公民人身权利民主权利罪 | 167304 | 169191 |
| 侵犯财产罪 | 319007 | 321810 |
| 妨害社会管理秩序罪 | 254357 | 255607 |
| 危害国防利益罪 | 293 | 281 |
| 贪污贿赂罪 | 24011 | 32063 |
| 渎职罪 | 5131 | 5342 |
| 其他 | 265 | 285 |
| 合计中含自诉案件 | 17360 | 17171 |

注：结案中含上年旧存(以下各表同)。

## 7-17-14 人民法院审理刑事案件罪犯情况

单位：人

| 年份 | 刑事罪犯总数 | #青少年罪犯 | 不满18岁 | 18岁至25岁 | 青少年罪犯占刑事罪犯比重(%) |
|---|---|---|---|---|---|
| 1997 | 526312 | 199212 | 30446 | 168766 | 37.9 |
| 1998 | 528301 | 208076 | 33612 | 174464 | 39.4 |
| 1999 | 602380 | 221153 | 40014 | 181139 | 36.7 |
| 2000 | 639814 | 220981 | 41709 | 179272 | 34.5 |
| 2001 | 746328 | 253465 | 49883 | 203582 | 34.0 |
| 2002 | 701858 | 217909 | 50030 | 167879 | 31.0 |
| 2003 | 742261 | 231715 | 58870 | 172845 | 31.2 |
| 2004 | 764441 | 248834 | 70086 | 178748 | 32.6 |
| 2005 | 842545 | 285801 | 82692 | 203109 | 33.9 |
| 2006 | 889042 | 303631 | 83697 | 219934 | 34.2 |
| 2007 | 931745 | 316298 | 87506 | 228792 | 33.9 |
| 2008 | 1007304 | 322061 | 88891 | 233170 | 32.0 |
| 2009 | 996666 | 302023 | 77604 | 224419 | 30.3 |
| 2010 | 1006420 | 287978 | 68193 | 219785 | 28.6 |
| 2011 | 1050747 | 282429 | 67280 | 215149 | 26.9 |
| 2012 | 1173406 | 282990 | 63782 | 219208 | 24.1 |
| 2013 | 1157784 | 265439 | 55817 | 209622 | 22.9 |
| 2014 | 1183784 | 249576 | 50415 | 199161 | 21.1 |
| 2015 | 1231656 | 236341 | 43839 | 192502 | 19.2 |
| 2016 | 1219569 | 204657 | 35743 | 168914 | 16.8 |

# 7-17-15 人民法院审理婚姻家庭、继承一审案件收结案情况

单位：件

| 项 目 | 收 案 | 结 案 | | | | | |
|---|---|---|---|---|---|---|---|
| | | | 调 解 | 判 决 | 驳 回 | 撤 诉 | 其 他 |
| **合 计** | **1735516** | **1752052** | **674866** | **623132** | **15424** | **420332** | **18298** |
| 婚姻家庭 | 1633376 | 1650444 | 611516 | 600889 | 13962 | 406621 | 17456 |
| 离 婚 | 1381673 | 1396834 | 506812 | 516408 | 11046 | 348752 | 13816 |
| 赡养纠纷 | 25144 | 25426 | 7137 | 9626 | 272 | 7896 | 495 |
| 抚养、扶养关系纠纷 | 58944 | 59356 | 32715 | 14434 | 503 | 11225 | 479 |
| 抚育费纠纷 | 34514 | 34803 | 12223 | 13365 | 458 | 8289 | 468 |
| 其 他 | 133101 | 134025 | 52629 | 47056 | 1683 | 30459 | 2198 |
| 继承 | 102140 | 101608 | 63350 | 22243 | 1462 | 13711 | 842 |
| 法定继承 | 56450 | 56118 | 40249 | 8615 | 550 | 6388 | 316 |
| 遗嘱继承 | 5915 | 6005 | 2432 | 2423 | 97 | 1001 | 52 |
| 其 他 | 39775 | 39485 | 20669 | 11205 | 815 | 6322 | 474 |

# 7-17-16 人民法院审理合同纠纷一审案件收结案情况

单位：件

| 项 目 | 收 案 | 结 案 | | | | | |
|---|---|---|---|---|---|---|---|
| | | | 调 解 | 判 决 | 驳 回 | 撤 诉 | 其 他 |
| **合 计** | **6717811** | **6686934** | **1524761** | **3144012** | **264268** | **1637565** | **116328** |
| 借款合同 | 2652918 | 2639302 | 604722 | 1448956 | 68782 | 478509 | 38333 |
| 买卖合同 | 1055430 | 1044953 | 288943 | 455972 | 24375 | 259004 | 16659 |
| 电信合同 | 31697 | 31639 | 3644 | 1645 | 252 | 25865 | 233 |
| 租赁合同 | 249324 | 248373 | 54444 | 118212 | 6314 | 65958 | 3445 |
| 劳动争议 | 467396 | 474770 | 136027 | 228971 | 19188 | 76886 | 13698 |
| 房地产合同 | 252620 | 254795 | 63423 | 130715 | 5912 | 50391 | 4354 |
| 供用动力合同 | 58888 | 59862 | 12899 | 7510 | 1130 | 38121 | 202 |
| 建设工程合同 | 174875 | 169889 | 38425 | 82660 | 5611 | 38609 | 4584 |
| 农村承包合同 | 21351 | 21907 | 5541 | 8972 | 925 | 5670 | 799 |
| 承揽合同 | 95983 | 96431 | 26222 | 41540 | 1733 | 25017 | 1919 |
| 其 他 | 1657329 | 1645013 | 290471 | 618859 | 130046 | 573535 | 32102 |

# 7-17-17 人民法院审理权属、侵权纠纷一审案件收结案情况

单位：件

| 项目 | 收案 | 结案 | 调解 | 判决 | 驳回 | 撤诉 | 其他 |
|---|---|---|---|---|---|---|---|
| **合计** | **2308797** | **2324903** | **587848** | **942862** | **62371** | **413649** | **318173** |
| 所有权及其相关权利 | 352864 | 353455 | 71938 | 151908 | 22879 | 99843 | 6887 |
| 特别程序 | 386736 | 387749 | 3977 | 61294 | 18348 | 18858 | 285272 |
| 人身权纠纷 | 1151970 | 1159543 | 438740 | 549860 | 9101 | 151063 | 10779 |
| #人身损害赔偿 | 1112696 | 1120488 | 429543 | 532083 | 8381 | 140317 | 10164 |
| 特殊侵权纠纷 | 147735 | 158576 | 39170 | 75078 | 3465 | 37559 | 3304 |
| 不当得利 | 47670 | 48033 | 7931 | 21397 | 2737 | 14232 | 1736 |
| 票据、证券、股票纠纷 | 40917 | 40143 | 5294 | 19901 | 1580 | 10588 | 2780 |
| 其他 | 180905 | 177404 | 20798 | 63424 | 4261 | 81506 | 7415 |

# 7-17-18 人民法院审理行政一审案件收结案情况

单位：件

| 项目 | 收案 | 结案 | 维持 | 撤销 | 驳回 | 撤诉 | 单独赔偿 | 其他 |
|---|---|---|---|---|---|---|---|---|
| **合计** | **225485** | **225020** | **7099** | **15505** | **50387** | **44303** | **1093** | **106633** |
| 土地等资源 | 27989 | 27551 | 723 | 2607 | 7582 | 5199 | 123 | 11317 |
| 公安 | 23785 | 24179 | 994 | 922 | 3331 | 6184 | 85 | 12663 |
| 城建 | 35890 | 35845 | 607 | 2089 | 10509 | 6682 | 276 | 15682 |
| 交通运输 | 3233 | 3226 | 60 | 152 | 440 | 1110 | 16 | 1448 |
| 工商 | 4463 | 4437 | 209 | 476 | 861 | 1421 | 2 | 1468 |
| 环保 | 1218 | 1255 | 25 | 38 | 345 | 245 | | 602 |
| 计划生育 | 1500 | 1504 | 57 | 38 | 139 | 412 | | 858 |
| 税务 | 683 | 647 | 6 | 27 | 119 | 216 | 1 | 278 |
| 卫生 | 794 | 792 | 16 | 39 | 162 | 149 | 2 | 424 |
| 乡政府 | 6343 | 6006 | 99 | 366 | 1383 | 1060 | 61 | 3037 |
| 劳动和社会保障 | 15360 | 15443 | 683 | 1395 | 1549 | 3702 | 13 | 8101 |
| 其他 | 104227 | 104135 | 3620 | 7356 | 23967 | 17923 | 514 | 50755 |

# 7-17-19 工会组织情况

单位：万人

| 年份 | 工会基层组织数(万个) | 全国已建工会组织的基层单位的职工与会员人数 | | | | 工会专职工作人员人数 |
|---|---|---|---|---|---|---|
| | | 职工人数 | #女职工 | 会员人数 | #女会员 | |
| 1979 | 32.9 | 6897.2 | 2171.7 | 5147.3 | | 17.9 |
| 1980 | 37.6 | 7448.2 | 2518.6 | 6116.5 | | 24.3 |
| 1985 | 46.5 | 9643.0 | 3596.7 | 8525.8 | 3149.2 | 38.1 |
| 1990 | 60.6 | 11156.9 | 4291.0 | 10135.6 | 3897.7 | 55.6 |
| 1991 | 61.4 | 11351.4 | 4394.8 | 10389.1 | 3991.6 | 58.0 |
| 1992 | 61.7 | 11223.9 | 4377.1 | 10322.5 | 3974.0 | 58.0 |
| 1993 | 62.7 | 11103.8 | 4359.9 | 10176.1 | 3949.6 | 55.4 |
| 1994 | 58.3 | 11269.6 | 4483.2 | 10202.5 | 4018.1 | 56.0 |
| 1995 | 59.3 | 11321.4 | 4515.3 | 10399.6 | 4116.5 | 46.8 |
| 1996 | 58.6 | 11181.4 | 4500.0 | 10211.9 | 4093.1 | 60.5 |
| 1997 | 51.0 | 10111.5 | 4004.8 | 9131.0 | 3579.4 | 57.7 |
| 1998 | 50.4 | 9716.5 | 3882.0 | 8913.4 | 3546.7 | 48.4 |
| 1999 | 50.9 | 9683.0 | 3797.9 | 8689.9 | 3406.2 | 49.7 |
| 2000 | 85.9 | 11472.1 | 4534.5 | 10361.5 | 3917.3 | 48.2 |
| 2001 | 153.8 | 12997.0 | 5087.9 | 12152.3 | 4696.6 | |
| 2002 | 171.3 | 14461.5 | 5157.6 | 13397.8 | 4665.2 | 47.2 |
| 2003 | 90.6 | 13301.6 | 5079.3 | 12340.5 | 4601.2 | 46.5 |
| 2004 | 102.0 | 14436.7 | 5502.6 | 13694.9 | 5135.3 | 45.6 |
| 2005 | 117.4 | 15985.3 | 6016.3 | 15029.4 | 5574.8 | 47.7 |
| 2006 | 132.4 | 18143.6 | 6719.3 | 16994.2 | 6177.8 | 54.3 |
| 2007 | 150.8 | 20452.4 | 7494.5 | 19329.0 | 7042.2 | 60.2 |
| 2008 | 172.5 | 22487.5 | 8168.8 | 21217.1 | 7773.8 | 70.5 |
| 2009 | 184.5 | 24535.3 | 8652.6 | 22634.4 | 8248.4 | 74.6 |
| 2010 | 197.6 | 25345.4 | 9288.1 | 23996.5 | 8871.5 | 86.4 |
| 2011 | 232.0 | 27304.7 | 10211.2 | 25885.1 | 9763.6 | 99.8 |
| 2012 | 266.3 | 29371.5 | 11014.5 | 28021.3 | 10611.0 | 107.9 |
| 2013 | 276.7 | 29946.2 | 11227.6 | 28786.9 | 10886.0 | 115.6 |
| 2014 | 278.1 | 29930.9 | 11299.4 | 28811.8 | 10977.7 | 115.5 |
| 2015 | 280.6 | 30707.6 | 11589.2 | 29546.0 | 11287.7 | 111.4 |
| 2016 | 282.5 | 31428.6 | 11806.7 | 30288.1 | 11520.0 | 113.0 |

注：2001年、2002年工会基层组织数包含部分覆盖单位数。

# 7-17-20 社会保险基金收支及累计结余

单位：亿元

| 年 份 | 合 计 | 基本养老保险 | 失业保险 | 城镇基本医疗保险 | 工伤保险 | 生育保险 |
|---|---|---|---|---|---|---|
| **基金收入** | | | | | | |
| 1990 | 186.8 | 178.8 | 7.2 | | | |
| 1995 | 1006.0 | 950.1 | 35.3 | 9.7 | 8.1 | 2.9 |
| 2000 | 2644.9 | 2278.5 | 160.4 | 170.0 | 24.8 | 11.2 |
| 2001 | 3101.9 | 2489.0 | 187.3 | 383.6 | 28.3 | 13.7 |
| 2002 | 4048.7 | 3171.5 | 213.4 | 607.8 | 32.0 | 21.8 |
| 2003 | 4882.9 | 3680.0 | 249.5 | 890.0 | 37.6 | 25.8 |
| 2004 | 5780.3 | 4258.4 | 290.8 | 1140.5 | 58.3 | 32.1 |
| 2005 | 6975.2 | 5093.3 | 340.3 | 1405.3 | 92.5 | 43.8 |
| 2006 | 8643.2 | 6309.8 | 402.4 | 1747.1 | 121.8 | 62.1 |
| 2007 | 10812.3 | 7834.2 | 471.7 | 2257.2 | 165.6 | 83.6 |
| 2008 | 13696.1 | 9740.2 | 585.1 | 3040.4 | 216.7 | 113.7 |
| 2009 | 16115.6 | 11490.8 | 580.4 | 3671.9 | 240.1 | 132.4 |
| 2010 | 19276.1 | 13872.9 | 649.8 | 4308.9 | 284.9 | 159.6 |
| 2011 | 25153.3 | 18004.8 | 923.1 | 5539.2 | 466.4 | 219.8 |
| 2012 | 30738.8 | 21830.2 | 1138.9 | 6938.7 | 526.7 | 304.2 |
| 2013 | 35252.9 | 24732.6 | 1288.9 | 8248.3 | 614.8 | 368.4 |
| 2014 | 39827.7 | 27619.9 | 1379.8 | 9687.2 | 694.8 | 446.1 |
| 2015 | 46012.1 | 32195.5 | 1367.8 | 11192.9 | 754.2 | 501.7 |
| 2016 | 53562.7 | 37990.8 | 1228.9 | 13084.3 | 736.9 | 521.9 |
| **基金支出** | | | | | | |
| 1990 | 151.9 | 149.3 | 2.5 | | | |
| 1995 | 877.1 | 847.6 | 18.9 | 7.3 | 1.8 | 1.6 |
| 2000 | 2385.6 | 2115.5 | 123.4 | 124.5 | 13.8 | 8.3 |
| 2001 | 2748.0 | 2321.3 | 156.6 | 244.1 | 16.5 | 9.6 |
| 2002 | 3471.5 | 2842.9 | 182.6 | 409.4 | 19.9 | 12.8 |
| 2003 | 4016.4 | 3122.1 | 199.8 | 653.9 | 27.1 | 13.5 |
| 2004 | 4627.4 | 3502.1 | 211.3 | 862.2 | 33.3 | 18.8 |
| 2005 | 5400.8 | 4040.3 | 206.9 | 1078.7 | 47.5 | 27.4 |
| 2006 | 6477.4 | 4896.7 | 198.0 | 1276.7 | 68.5 | 37.5 |
| 2007 | 7887.8 | 5964.9 | 217.7 | 1561.8 | 87.9 | 55.6 |
| 2008 | 9925.1 | 7389.6 | 253.5 | 2083.6 | 126.9 | 71.5 |
| 2009 | 12302.6 | 8894.4 | 366.8 | 2797.4 | 155.7 | 88.3 |
| 2010 | 15018.9 | 10755.3 | 423.3 | 3538.1 | 192.4 | 109.9 |
| 2011 | 18652.9 | 13363.2 | 432.8 | 4431.4 | 286.4 | 139.2 |
| 2012 | 23331.3 | 16711.5 | 450.6 | 5543.6 | 406.3 | 219.3 |
| 2013 | 27916.3 | 19818.7 | 531.6 | 6801.0 | 482.1 | 282.8 |
| 2014 | 33002.7 | 23325.8 | 614.7 | 8133.6 | 560.5 | 368.1 |
| 2015 | 38988.1 | 27929.4 | 736.4 | 9312.1 | 598.7 | 411.5 |
| 2016 | 46888.4 | 34004.3 | 976.1 | 10767.1 | 610.3 | 530.6 |
| **累计结余** | | | | | | |
| 1990 | 117.3 | 97.9 | 19.5 | | | |
| 1995 | 516.8 | 429.8 | 68.4 | 3.1 | 12.7 | 2.7 |
| 2000 | 1327.5 | 947.1 | 195.9 | 109.8 | 57.9 | 16.8 |
| 2001 | 1622.8 | 1054.1 | 226.2 | 253.0 | 68.9 | 20.6 |
| 2002 | 2423.4 | 1608.0 | 253.8 | 450.7 | 81.1 | 29.7 |
| 2003 | 3313.8 | 2206.5 | 303.5 | 670.6 | 91.2 | 42.0 |
| 2004 | 4493.4 | 2975.0 | 385.8 | 957.9 | 118.6 | 55.9 |
| 2005 | 6073.7 | 4041.0 | 519.0 | 1278.1 | 163.5 | 72.1 |
| 2006 | 8255.9 | 5488.9 | 724.8 | 1752.4 | 192.9 | 96.9 |
| 2007 | 11236.6 | 7391.4 | 979.1 | 2476.9 | 262.6 | 126.6 |
| 2008 | 15225.6 | 9931.0 | 1310.1 | 3431.7 | 384.6 | 168.2 |
| 2009 | 19006.5 | 12526.1 | 1523.6 | 4275.9 | 468.8 | 212.1 |
| 2010 | 23407.5 | 15787.8 | 1749.8 | 5047.1 | 561.4 | 261.4 |
| 2011 | 30233.1 | 20727.8 | 2240.2 | 6180.0 | 742.6 | 342.5 |
| 2012 | 38106.6 | 26243.5 | 2929.0 | 7644.5 | 861.9 | 427.6 |
| 2013 | 45588.1 | 31274.8 | 3685.9 | 9116.5 | 996.2 | 514.7 |
| 2014 | 52462.3 | 35644.5 | 4451.5 | 10644.8 | 1128.8 | 592.7 |
| 2015 | 59532.5 | 39937.1 | 5083.0 | 12542.8 | 1285.3 | 684.4 |
| 2016 | 66349.7 | 43965.2 | 5333.3 | 14964.3 | 1410.9 | 675.9 |

注：1.2007年及以后城镇基本医疗保险基金中包括城镇职工基本医疗保险和城镇居民基本医疗保险。
2.2010年及以后基本养老保险基金中包括城镇职工基本养老保险和城乡居民基本养老保险。
3.工伤保险累计结余中含储备金。

# 7-17-21 参加基本养老保险人数

单位：万人

| 年 份 | 年末参加基本养老保险人数 | 城镇职工基本养老保险 | | | | | 城乡居民基本养老保险 |
|---|---|---|---|---|---|---|---|
| | | 合 计 | 职 工 | | 离退休人 员 | | |
| | | | | #执行企业制度 | | #执行企业制度 | |
| 1989 | 5710.3 | 5710.3 | 4816.9 | 4816.9 | 893.4 | 893.4 | |
| 1990 | 6166.0 | 6166.0 | 5200.7 | 5200.7 | 965.3 | 965.3 | |
| 1991 | 6740.3 | 6740.3 | 5653.7 | 5653.7 | 1086.6 | 1086.6 | |
| 1992 | 9456.2 | 9456.2 | 7774.7 | 7774.7 | 1681.5 | 1681.5 | |
| 1993 | 9847.6 | 9847.6 | 8008.2 | 8008.2 | 1839.4 | 1839.4 | |
| 1994 | 10573.5 | 10573.5 | 8494.1 | 8494.1 | 2079.4 | 2079.4 | |
| 1995 | 10979.0 | 10979.0 | 8737.8 | 8737.8 | 2241.2 | 2241.2 | |
| 1996 | 11116.7 | 11116.7 | 8758.4 | 8758.4 | 2358.3 | 2358.3 | |
| 1997 | 11203.9 | 11203.9 | 8670.9 | 8670.9 | 2533.0 | 2533.0 | |
| 1998 | 11203.1 | 11203.1 | 8475.8 | 8475.8 | 2727.3 | 2727.3 | |
| 1999 | 12485.4 | 12485.4 | 9501.8 | 8859.2 | 2983.6 | 2863.8 | |
| 2000 | 13617.4 | 13617.4 | 10447.5 | 9469.9 | 3169.9 | 3016.5 | |
| 2001 | 14182.5 | 14182.5 | 10801.9 | 9733.0 | 3380.6 | 3171.3 | |
| 2002 | 14736.6 | 14736.6 | 11128.8 | 9929.4 | 3607.8 | 3349.2 | |
| 2003 | 15506.7 | 15506.7 | 11646.5 | 10324.5 | 3860.2 | 3556.9 | |
| 2004 | 16352.9 | 16352.9 | 12250.3 | 10903.9 | 4102.6 | 3775.0 | |
| 2005 | 17487.9 | 17487.9 | 13120.4 | 11710.6 | 4367.5 | 4005.2 | |
| 2006 | 18766.3 | 18766.3 | 14130.9 | 12618.0 | 4635.4 | 4238.6 | |
| 2007 | 20136.9 | 20136.9 | 15183.2 | 13690.6 | 4953.7 | 4544.0 | |
| 2008 | 21891.1 | 21891.1 | 16587.5 | 15083.4 | 5303.6 | 4868.0 | |
| 2009 | 23549.9 | 23549.9 | 17743.0 | 16219.0 | 5806.9 | 5348.0 | |
| 2010 | 35984.1 | 25707.3 | 19402.3 | 17822.7 | 6305.0 | 5811.6 | 10276.8 |
| 2011 | 61573.3 | 28391.3 | 21565.0 | 19970.0 | 6826.2 | 6314.0 | 33182.0 |
| 2012 | 78796.3 | 30426.8 | 22981.1 | 21360.9 | 7445.7 | 6910.9 | 48369.5 |
| 2013 | 81968.4 | 32218.4 | 24177.3 | 22564.7 | 8041.0 | 7484.8 | 49750.1 |
| 2014 | 84231.9 | 34124.4 | 25531.0 | 23932.3 | 8593.4 | 8013.6 | 50107.5 |
| 2015 | 85833.4 | 35361.2 | 26219.2 | 24586.8 | 9141.9 | 8536.5 | 50472.2 |
| 2016 | 88776.8 | 37929.7 | 27826.3 | 25239.6 | 10103.4 | 9023.9 | 50847.1 |

# 7-17-22 社会保险基本情况

| 年份 | 失业保险 | | | 城镇基本医疗保险 | | | 工伤保险 | | 年末参加生育保险人数(万人) |
|---|---|---|---|---|---|---|---|---|---|
| | 年末参保人数(万人) | 全年发放失业保险金人数(万人) | 全年发放失业保险金(亿元) | 年末参保人数(万人) | 年末参保城镇职工 | 年末参保城镇居民 | 年末参保人数(万人) | 年末享受工伤待遇的人数(万人) | |
| 1994 | 7967.8 | 196.5 | 5.1 | 400.3 | 400.3 | | 1822.1 | 5.8 | 915.9 |
| 1995 | 8237.7 | 261.3 | 8.2 | 745.9 | 745.9 | | 2614.8 | 7.1 | 1500.2 |
| 1996 | 8333.1 | 330.8 | 13.9 | 855.7 | 855.7 | | 3102.6 | 10.1 | 2015.6 |
| 1997 | 7961.4 | 319.0 | 18.7 | 1762.0 | 1762.0 | | 3507.8 | 12.5 | 2485.9 |
| 1998 | 7927.9 | 158.1 | 20.4 | 1877.6 | 1877.6 | | 3781.3 | 15.3 | 2776.7 |
| 1999 | 9852.0 | 271.4 | 31.9 | 2065.3 | 2065.3 | | 3912.3 | 15.1 | 2929.8 |
| 2000 | 10408.4 | 329.7 | 56.2 | 3786.9 | 3786.9 | | 4350.3 | 18.8 | 3001.6 |
| 2001 | 10354.6 | 468.5 | 83.3 | 7285.9 | 7285.9 | | 4345.3 | 18.7 | 3455.1 |
| 2002 | 10181.6 | 657.0 | 116.8 | 9401.2 | 9401.2 | | 4405.6 | 26.5 | 3488.2 |
| 2003 | 10372.9 | 741.6 | 133.4 | 10901.7 | 10901.7 | | 4574.8 | 32.9 | 3655.4 |
| 2004 | 10583.9 | 753.5 | 137.5 | 12403.6 | 12403.6 | | 6845.2 | 51.9 | 4383.8 |
| 2005 | 10647.7 | 677.8 | 132.4 | 13782.9 | 13782.9 | | 8478.0 | 65.1 | 5408.5 |
| 2006 | 11186.6 | 598.1 | 125.8 | 15731.8 | 15731.8 | | 10268.5 | 77.8 | 6458.9 |
| 2007 | 11644.6 | 538.5 | 129.4 | 22311.1 | 18020.0 | 4291.1 | 12173.3 | 96.0 | 7775.3 |
| 2008 | 12399.8 | 516.7 | 139.5 | 31821.6 | 19995.6 | 11826.0 | 13787.2 | 117.8 | 9254.1 |
| 2009 | 12715.5 | 483.9 | 145.8 | 40147.0 | 21937.4 | 18209.6 | 14895.5 | 129.6 | 10875.7 |
| 2010 | 13375.6 | 431.6 | 140.4 | 43262.9 | 23734.7 | 19528.3 | 16160.7 | 147.5 | 12335.9 |
| 2011 | 14317.1 | 394.4 | 159.9 | 47343.2 | 25227.1 | 22116.1 | 17695.9 | 163.0 | 13892.0 |
| 2012 | 15224.7 | 390.1 | 181.3 | 53641.3 | 26485.6 | 27155.7 | 19010.1 | 190.5 | 15428.7 |
| 2013 | 16416.8 | 416.7 | 203.2 | 57072.6 | 27443.1 | 29629.4 | 19917.2 | 195.2 | 16392.0 |
| 2014 | 17042.6 | 422.0 | 233.3 | 59746.9 | 28296.0 | 31450.9 | 20639.2 | 198.2 | 17038.7 |
| 2015 | 17326.0 | 456.8 | 269.8 | 66581.6 | 28893.1 | 37688.5 | 21432.5 | 201.9 | 17771.0 |
| 2016 | 18088.8 | 483.9 | 309.4 | 74391.6 | 29531.5 | 44860.0 | 21889.3 | 196.0 | 18451.0 |

# 7-17-23　各地区城镇职工基本养老保险情况

| 地　区 | 年末参加城镇职工基本养老保险人数(万人) | | | 基金收支情况(亿元) | | |
|---|---|---|---|---|---|---|
| | | 职　工 | 离退休人员 | 基金收入 | 基金支出 | 累计结余 |
| **全　国** | **37929.7** | **27826.3** | **10103.4** | **35057.5** | **31853.8** | **38580.0** |
| 北　京 | 1546.6 | 1271.2 | 275.4 | 2249.0 | 1479.4 | 3566.2 |
| 天　津 | 639.0 | 430.4 | 208.6 | 751.4 | 750.1 | 397.7 |
| 河　北 | 1403.1 | 1011.8 | 391.3 | 1221.3 | 1269.4 | 707.6 |
| 山　西 | 760.2 | 543.6 | 216.6 | 788.0 | 746.9 | 1305.6 |
| 内蒙古 | 655.0 | 418.6 | 236.5 | 612.5 | 627.8 | 458.9 |
| 辽　宁 | 1800.3 | 1120.5 | 679.7 | 1676.1 | 1930.3 | 916.6 |
| 吉　林 | 706.8 | 420.1 | 286.7 | 636.0 | 676.3 | 342.8 |
| 黑龙江 | 1144.1 | 655.6 | 488.5 | 1005.7 | 1332.7 | -196.1 |
| 上　海 | 1527.1 | 1050.9 | 476.3 | 2579.7 | 2158.2 | 1872.5 |
| 江　苏 | 2861.5 | 2137.3 | 724.2 | 2324.5 | 2085.6 | 3402.7 |
| 浙　江 | 2506.9 | 1843.0 | 663.9 | 2358.4 | 2157.4 | 3293.5 |
| 安　徽 | 892.2 | 634.3 | 257.9 | 815.9 | 673.1 | 1185.2 |
| 福　建 | 979.8 | 805.7 | 174.0 | 689.7 | 586.0 | 701.1 |
| 江　西 | 957.3 | 672.7 | 284.6 | 695.9 | 668.2 | 526.7 |
| 山　东 | 2576.4 | 1969.0 | 607.4 | 2242.5 | 2090.3 | 2385.7 |
| 河　南 | 1848.4 | 1398.1 | 450.3 | 1145.2 | 1092.2 | 1050.5 |
| 湖　北 | 1355.0 | 897.1 | 458.0 | 1196.9 | 1225.1 | 822.3 |
| 湖　南 | 1186.7 | 823.8 | 362.9 | 1086.7 | 1019.0 | 1007.0 |
| 广　东 | 5392.4 | 4867.9 | 524.6 | 2818.7 | 1678.7 | 7652.6 |
| 广　西 | 751.9 | 511.2 | 240.7 | 852.8 | 849.0 | 460.4 |
| 海　南 | 224.9 | 158.5 | 66.5 | 198.0 | 177.8 | 134.3 |
| 重　庆 | 952.2 | 605.9 | 346.3 | 819.9 | 740.5 | 834.8 |
| 四　川 | 2157.6 | 1379.8 | 777.8 | 2739.9 | 2679.9 | 2226.3 |
| 贵　州 | 423.6 | 323.9 | 99.6 | 331.3 | 283.9 | 527.8 |
| 云　南 | 581.8 | 413.8 | 168.0 | 664.3 | 501.1 | 813.7 |
| 西　藏 | 21.1 | 15.1 | 6.0 | 79.5 | 51.8 | 77.5 |
| 陕　西 | 790.8 | 577.3 | 213.6 | 691.1 | 678.3 | 474.5 |
| 甘　肃 | 315.0 | 200.9 | 114.1 | 341.8 | 331.7 | 376.0 |
| 青　海 | 132.3 | 90.9 | 41.4 | 174.5 | 187.8 | 63.0 |
| 宁　夏 | 189.3 | 131.5 | 57.8 | 205.8 | 181.9 | 196.1 |
| 新　疆 | 625.0 | 428.5 | 196.5 | 1052.4 | 934.4 | 979.5 |
| 不分地区 | 25.1 | 17.4 | 7.7 | 11.9 | 9.2 | 17.0 |

注：不分地区合计中，包括中国人民银行、中国农业发展银行数。

# 7-17-24 各地区城乡居民基本养老保险情况

| 地 区 | 参保人数(万人) | | 基金收支情况(亿元) | | |
|---|---|---|---|---|---|
| | | #实际领取待遇人数 | 基金收入 | 基金支出 | 累计结余 |
| **全 国** | **50847.1** | **15270.3** | **2933.3** | **2150.5** | **5385.2** |
| 北 京 | 215.7 | 85.4 | 41.7 | 30.2 | 139.0 |
| 天 津 | 134.5 | 77.5 | 72.5 | 30.7 | 202.0 |
| 河 北 | 3446.0 | 969.4 | 141.6 | 103.6 | 249.2 |
| 山 西 | 1549.6 | 387.8 | 66.9 | 43.2 | 146.3 |
| 内蒙古 | 736.1 | 211.7 | 45.6 | 37.7 | 75.3 |
| 辽 宁 | 1039.6 | 385.2 | 59.0 | 53.5 | 62.8 |
| 吉 林 | 667.2 | 244.7 | 29.7 | 26.4 | 43.4 |
| 黑龙江 | 837.6 | 270.3 | 24.4 | 26.2 | 52.5 |
| 上 海 | 79.5 | 49.3 | 57.5 | 54.2 | 77.3 |
| 江 苏 | 2335.3 | 1045.8 | 288.1 | 224.8 | 504.4 |
| 浙 江 | 1233.1 | 536.4 | 149.9 | 143.4 | 150.9 |
| 安 徽 | 3431.9 | 912.8 | 140.6 | 93.2 | 268.0 |
| 福 建 | 1489.1 | 426.9 | 79.0 | 57.9 | 123.9 |
| 江 西 | 1844.1 | 457.2 | 73.8 | 46.2 | 137.3 |
| 山 东 | 4538.6 | 1430.9 | 324.4 | 204.8 | 683.6 |
| 河 南 | 4893.7 | 1343.8 | 200.1 | 144.6 | 350.7 |
| 湖 北 | 2219.7 | 674.3 | 112.5 | 76.2 | 202.0 |
| 湖 南 | 3320.5 | 915.5 | 134.9 | 97.2 | 221.8 |
| 广 东 | 2543.2 | 816.7 | 184.8 | 157.1 | 385.2 |
| 广 西 | 1770.9 | 555.3 | 85.1 | 63.4 | 110.5 |
| 海 南 | 284.0 | 70.9 | 29.0 | 13.0 | 51.0 |
| 重 庆 | 1115.8 | 369.3 | 57.0 | 50.0 | 101.1 |
| 四 川 | 3052.4 | 1114.4 | 190.4 | 141.6 | 351.8 |
| 贵 州 | 1702.2 | 442.3 | 58.6 | 43.0 | 91.4 |
| 云 南 | 2257.5 | 500.3 | 83.6 | 49.2 | 191.6 |
| 西 藏 | 158.5 | 23.2 | 7.7 | 4.7 | 14.5 |
| 陕 西 | 1720.5 | 460.1 | 87.7 | 65.1 | 171.1 |
| 甘 肃 | 1253.7 | 304.5 | 54.8 | 36.6 | 114.2 |
| 青 海 | 235.2 | 44.7 | 13.7 | 8.5 | 26.8 |
| 宁 夏 | 186.2 | 38.4 | 11.3 | 7.2 | 23.4 |
| 新 疆 | 554.9 | 105.6 | 27.3 | 17.1 | 62.4 |

注：2012年8月起，新型农村社会养老保险和城镇居民社会养老保险制度全覆盖工作全面启动，合并为城乡居民社会养老保险。

# 7-17-25 各地区失业保险情况

| 地 区 | 年末参加失业保险人数（万人） | 年末领取失业保险金人数（万人） | 基金收支情况(亿元) | | |
|---|---|---|---|---|---|
| | | | 基金收入 | 基金支出 | 累计结余 |
| **全 国** | **18088.8** | **230.4** | **1228.9** | **976.1** | **5333.3** |
| 北 京 | 1115.0 | 3.7 | 80.7 | 61.7 | 221.5 |
| 天 津 | 302.5 | 7.4 | 28.8 | 27.8 | 104.2 |
| 河 北 | 515.9 | 7.9 | 38.4 | 49.6 | 157.9 |
| 山 西 | 415.2 | 3.0 | 27.5 | 11.9 | 165.6 |
| 内蒙古 | 241.1 | 3.0 | 24.1 | 13.8 | 118.8 |
| 辽 宁 | 665.4 | 10.7 | 46.8 | 35.0 | 270.3 |
| 吉 林 | 262.0 | 2.7 | 22.5 | 11.7 | 116.4 |
| 黑龙江 | 313.2 | 3.9 | 24.7 | 18.3 | 165.2 |
| 上 海 | 947.3 | 10.5 | 104.5 | 93.4 | 181.2 |
| 江 苏 | 1538.1 | 34.0 | 112.4 | 109.8 | 440.0 |
| 浙 江 | 1317.0 | 9.0 | 89.8 | 68.7 | 401.0 |
| 安 徽 | 448.5 | 8.8 | 36.0 | 26.7 | 115.6 |
| 福 建 | 575.5 | 5.2 | 29.2 | 16.8 | 163.9 |
| 江 西 | 282.6 | 1.6 | 10.7 | 3.7 | 71.4 |
| 山 东 | 1222.9 | 22.0 | 92.4 | 70.0 | 297.8 |
| 河 南 | 788.1 | 7.6 | 38.6 | 22.6 | 175.0 |
| 湖 北 | 541.9 | 6.9 | 31.0 | 23.9 | 173.3 |
| 湖 南 | 537.5 | 7.0 | 27.6 | 16.8 | 126.1 |
| 广 东 | 3020.1 | 15.4 | 102.0 | 95.3 | 641.2 |
| 广 西 | 283.7 | 5.9 | 22.4 | 19.2 | 129.6 |
| 海 南 | 170.2 | 2.2 | 6.5 | 4.5 | 34.5 |
| 重 庆 | 447.1 | 4.2 | 20.0 | 15.8 | 112.2 |
| 四 川 | 702.0 | 29.8 | 95.3 | 75.6 | 341.6 |
| 贵 州 | 218.1 | 2.4 | 17.0 | 13.9 | 77.7 |
| 云 南 | 251.2 | 5.6 | 22.2 | 13.1 | 127.7 |
| 西 藏 | 15.2 | 0.003 | 2.7 | 0.1 | 16.4 |
| 陕 西 | 352.2 | 2.8 | 23.2 | 11.8 | 154.4 |
| 甘 肃 | 164.3 | 1.1 | 14.6 | 8.2 | 78.5 |
| 青 海 | 40.8 | 0.4 | 3.6 | 3.3 | 27.5 |
| 宁 夏 | 95.6 | 1.3 | 6.8 | 3.6 | 34.8 |
| 新 疆 | 298.7 | 4.5 | 26.9 | 29.7 | 92.1 |

# 7-17-26 各地区城镇基本医疗保险参保人数

单位：万人

| 地区 | 年末参保人数合计 | 城镇职工 | 职工 | 退休人员 | 城镇居民 |
|---|---|---|---|---|---|
| **全国** | **74391.6** | **29531.5** | **21720.0** | **7811.6** | **44860.0** |
| 北京 | 1708.8 | 1517.6 | 1239.9 | 277.8 | 191.2 |
| 天津 | 1066.8 | 535.7 | 340.3 | 195.4 | 531.1 |
| 河北 | 6672.1 | 973.7 | 667.5 | 306.2 | 5698.4 |
| 山西 | 1121.2 | 660.2 | 474.8 | 185.4 | 461.0 |
| 内蒙古 | 1019.8 | 488.8 | 342.7 | 146.1 | 531.0 |
| 辽宁 | 2376.0 | 1635.6 | 1022.7 | 612.9 | 740.4 |
| 吉林 | 1380.9 | 576.0 | 371.1 | 204.8 | 804.9 |
| 黑龙江 | 1599.9 | 879.5 | 525.5 | 354.0 | 720.3 |
| 上海 | 1806.7 | 1468.6 | 991.6 | 477.0 | 338.0 |
| 江苏 | 3984.4 | 2490.5 | 1849.4 | 641.2 | 1493.9 |
| 浙江 | 4993.3 | 2017.5 | 1634.3 | 383.2 | 2975.8 |
| 安徽 | 1621.5 | 782.0 | 550.9 | 231.1 | 839.6 |
| 福建 | 1297.9 | 792.1 | 641.9 | 150.2 | 505.8 |
| 江西 | 1807.0 | 591.6 | 388.8 | 202.8 | 1215.4 |
| 山东 | 9188.8 | 1960.0 | 1494.4 | 465.6 | 7228.8 |
| 河南 | 2360.7 | 1227.3 | 882.7 | 344.6 | 1133.4 |
| 湖北 | 1981.8 | 961.0 | 660.5 | 300.5 | 1020.8 |
| 湖南 | 2646.1 | 829.6 | 557.1 | 272.5 | 1816.6 |
| 广东 | 10150.2 | 3814.1 | 3353.5 | 460.6 | 6336.1 |
| 广西 | 1096.4 | 530.7 | 375.7 | 155.0 | 565.7 |
| 海南 | 387.2 | 201.0 | 143.9 | 57.1 | 186.2 |
| 重庆 | 3259.3 | 604.8 | 425.3 | 179.5 | 2654.5 |
| 四川 | 5056.8 | 1440.6 | 1001.3 | 439.4 | 3616.2 |
| 贵州 | 973.6 | 389.8 | 281.5 | 108.3 | 583.8 |
| 云南 | 1163.6 | 479.1 | 334.7 | 144.5 | 684.5 |
| 西藏 | 65.4 | 36.8 | 28.3 | 8.6 | 28.5 |
| 陕西 | 1248.0 | 599.6 | 411.1 | 188.5 | 648.4 |
| 甘肃 | 643.3 | 314.4 | 208.5 | 106.0 | 328.9 |
| 青海 | 196.7 | 97.9 | 66.0 | 31.8 | 98.8 |
| 宁夏 | 594.0 | 117.5 | 84.5 | 33.0 | 476.6 |
| 新疆 | 923.2 | 517.7 | 369.7 | 148.0 | 405.5 |

# 7-17-27 分地区城镇基本医疗保险基金收支情况

单位：亿元

| 地 区 | 基金收入 | | | 基金支出 | | | 累计结余 | | |
|---|---|---|---|---|---|---|---|---|---|
| | 合 计 | 职 工 | 居 民 | 合 计 | 职 工 | 居 民 | 合 计 | 职 工 | 居 民 |
| **全 国** | **13084.3** | **10273.7** | **2810.5** | **10767.1** | **8286.7** | **2480.4** | **14964.3** | **12971.7** | **1992.6** |
| 北 京 | 937.9 | 912.1 | 25.8 | 793.6 | 776.6 | 17.0 | 463.8 | 429.5 | 34.3 |
| 天 津 | 310.8 | 263.5 | 47.4 | 255.2 | 225.8 | 29.4 | 199.2 | 149.3 | 49.9 |
| 河 北 | 678.1 | 351.6 | 326.6 | 587.6 | 272.4 | 315.2 | 645.8 | 512.7 | 133.1 |
| 山 西 | 211.2 | 187.0 | 24.2 | 190.4 | 170.1 | 20.3 | 289.0 | 260.4 | 28.5 |
| 内蒙古 | 205.5 | 179.9 | 25.6 | 170.0 | 148.0 | 22.0 | 231.1 | 201.2 | 29.9 |
| 辽 宁 | 440.5 | 405.0 | 35.5 | 410.8 | 383.4 | 27.4 | 425.6 | 379.8 | 45.8 |
| 吉 林 | 194.1 | 163.7 | 30.4 | 150.8 | 123.1 | 27.7 | 261.7 | 219.7 | 41.9 |
| 黑龙江 | 312.9 | 258.2 | 54.6 | 287.1 | 237.7 | 49.4 | 354.6 | 294.8 | 59.8 |
| 上 海 | 903.5 | 849.7 | 53.8 | 609.5 | 554.0 | 55.5 | 1410.8 | 1403.0 | 7.8 |
| 江 苏 | 990.5 | 868.0 | 122.4 | 843.6 | 733.9 | 109.7 | 1187.2 | 1111.8 | 75.4 |
| 浙 江 | 1031.8 | 755.0 | 276.8 | 832.6 | 565.3 | 267.3 | 1319.9 | 1249.3 | 70.6 |
| 安 徽 | 265.8 | 218.4 | 47.3 | 214.4 | 177.3 | 37.1 | 326.5 | 267.3 | 59.2 |
| 福 建 | 330.6 | 258.8 | 71.8 | 273.5 | 206.6 | 66.9 | 498.0 | 464.1 | 33.8 |
| 江 西 | 210.2 | 149.2 | 61.0 | 161.9 | 120.4 | 41.5 | 276.1 | 184.0 | 92.1 |
| 山 东 | 1081.3 | 658.5 | 422.8 | 956.5 | 569.1 | 387.3 | 877.6 | 671.4 | 206.2 |
| 河 南 | 353.7 | 296.1 | 57.6 | 285.0 | 239.6 | 45.4 | 472.8 | 397.9 | 75.0 |
| 湖 北 | 355.1 | 299.1 | 56.0 | 301.9 | 259.6 | 42.3 | 351.0 | 262.2 | 88.8 |
| 湖 南 | 368.0 | 275.8 | 92.3 | 296.3 | 213.8 | 82.5 | 390.0 | 317.5 | 72.5 |
| 广 东 | 1375.8 | 975.8 | 400.0 | 1060.0 | 717.4 | 342.6 | 2145.3 | 1801.3 | 344.0 |
| 广 西 | 202.4 | 174.0 | 28.5 | 153.9 | 137.6 | 16.2 | 287.1 | 231.5 | 55.6 |
| 海 南 | 67.9 | 57.4 | 10.5 | 51.9 | 42.9 | 9.0 | 91.0 | 77.8 | 13.2 |
| 重 庆 | 367.9 | 222.0 | 145.9 | 338.4 | 203.1 | 135.4 | 291.1 | 206.3 | 84.8 |
| 四 川 | 707.3 | 493.1 | 214.3 | 567.2 | 386.6 | 180.6 | 824.2 | 689.8 | 134.4 |
| 贵 州 | 157.8 | 131.3 | 26.5 | 129.7 | 111.0 | 18.7 | 145.4 | 108.2 | 37.1 |
| 云 南 | 243.6 | 204.3 | 39.3 | 201.1 | 167.6 | 33.4 | 263.1 | 240.9 | 22.1 |
| 西 藏 | 28.0 | 26.7 | 1.3 | 18.7 | 15.9 | 2.8 | 43.7 | 46.8 | -3.1 |
| 陕 西 | 226.3 | 190.7 | 35.6 | 190.6 | 159.9 | 30.8 | 300.0 | 262.1 | 37.9 |
| 甘 肃 | 119.1 | 103.3 | 15.8 | 100.6 | 88.0 | 12.6 | 115.3 | 97.4 | 17.9 |
| 青 海 | 57.3 | 50.9 | 6.3 | 49.5 | 42.4 | 7.1 | 69.9 | 70.1 | -0.2 |
| 宁 夏 | 83.4 | 53.6 | 29.7 | 76.2 | 48.1 | 28.2 | 74.1 | 56.1 | 18.0 |
| 新 疆 | 266.0 | 241.1 | 24.9 | 208.7 | 189.4 | 19.3 | 333.7 | 307.5 | 26.2 |

# 7-17-28 各地区工伤保险情况

| 地　区 | 年末参加工伤保险人数（万人） | 享受工伤待遇人数（万人） | 基金收支情况（亿元） | | |
|---|---|---|---|---|---|
| | | | 基金收入 | 基金支出 | 累计结余 |
| **全　国** | **21889.3** | **196.0** | **736.9** | **610.3** | **1410.9** |
| 北　京 | 1060.2 | 4.6 | 30.5 | 29.3 | 43.4 |
| 天　津 | 388.1 | 3.4 | 9.9 | 11.3 | 15.0 |
| 河　北 | 840.0 | 9.8 | 40.6 | 36.0 | 28.5 |
| 山　西 | 576.0 | 11.4 | 30.8 | 28.4 | 58.3 |
| 内蒙古 | 303.2 | 2.7 | 12.9 | 10.2 | 39.0 |
| 辽　宁 | 886.6 | 13.8 | 33.0 | 30.7 | 34.4 |
| 吉　林 | 440.7 | 4.9 | 18.2 | 11.9 | 33.4 |
| 黑龙江 | 522.2 | 6.5 | 23.2 | 23.4 | 32.3 |
| 上　海 | 943.5 | 6.5 | 32.8 | 29.8 | 60.2 |
| 江　苏 | 1633.9 | 15.1 | 78.1 | 55.2 | 110.5 |
| 浙　江 | 1880.7 | 18.7 | 52.8 | 45.1 | 86.4 |
| 安　徽 | 544.6 | 8.7 | 20.7 | 16.4 | 41.8 |
| 福　建 | 733.8 | 4.2 | 17.6 | 13.5 | 58.1 |
| 江　西 | 502.1 | 4.5 | 16.3 | 12.2 | 37.1 |
| 山　东 | 1510.9 | 11.1 | 50.2 | 39.4 | 83.9 |
| 河　南 | 877.0 | 4.8 | 26.6 | 19.6 | 56.9 |
| 湖　北 | 651.1 | 7.9 | 16.8 | 12.5 | 36.0 |
| 湖　南 | 773.3 | 11.1 | 36.5 | 27.7 | 58.6 |
| 广　东 | 3246.2 | 14.5 | 58.9 | 47.7 | 252.6 |
| 广　西 | 374.1 | 1.8 | 10.2 | 5.2 | 34.4 |
| 海　南 | 137.4 | 0.3 | 3.8 | 1.4 | 12.9 |
| 重　庆 | 454.9 | 7.0 | 17.9 | 19.2 | 2.8 |
| 四　川 | 799.1 | 7.6 | 29.3 | 23.8 | 60.9 |
| 贵　州 | 305.0 | 2.5 | 12.5 | 11.9 | 20.0 |
| 云　南 | 372.8 | 3.7 | 12.7 | 11.8 | 23.9 |
| 西　藏 | 26.9 | 0.1 | 1.3 | 0.5 | 3.8 |
| 陕　西 | 441.6 | 3.0 | 13.3 | 11.9 | 31.1 |
| 甘　肃 | 188.4 | 2.5 | 8.2 | 6.8 | 13.5 |
| 青　海 | 59.8 | 0.5 | 3.3 | 2.6 | 7.1 |
| 宁　夏 | 83.5 | 0.5 | 4.1 | 3.9 | 9.6 |
| 新　疆 | 331.9 | 2.4 | 13.6 | 10.9 | 24.5 |

注：工伤保险累计结余中含储备金。

# 7-17-29　各地区生育保险情况

| 地　区 | 年末参加生育保险人数（万人） | 享　受待遇人次（万人次） | 基金收支情况（亿元） | | |
|---|---|---|---|---|---|
| | | | 基金收入 | 基金支出 | 累计结余 |
| **全　国** | **18451.0** | **913.7** | **521.9** | **530.6** | **675.9** |
| 北　京 | 981.0 | 51.9 | 56.7 | 52.7 | 36.8 |
| 天　津 | 285.0 | 28.1 | 9.1 | 11.4 | 17.7 |
| 河　北 | 710.3 | 33.8 | 12.8 | 14.2 | 22.0 |
| 山　西 | 458.5 | 8.9 | 7.6 | 5.6 | 21.6 |
| 内蒙古 | 305.3 | 8.5 | 8.4 | 5.4 | 17.1 |
| 辽　宁 | 790.1 | 31.7 | 20.3 | 20.0 | 14.6 |
| 吉　林 | 367.8 | 17.1 | 7.4 | 5.8 | 13.9 |
| 黑龙江 | 358.0 | 9.4 | 6.3 | 6.9 | 15.0 |
| 上　海 | 956.1 | 28.2 | 65.1 | 50.6 | 31.6 |
| 江　苏 | 1510.3 | 170.3 | 38.9 | 60.1 | 45.6 |
| 浙　江 | 1294.4 | 62.1 | 37.8 | 36.7 | 41.4 |
| 安　徽 | 517.6 | 21.8 | 12.0 | 12.9 | 14.0 |
| 福　建 | 625.8 | 20.9 | 13.1 | 15.4 | 23.1 |
| 江　西 | 258.9 | 7.8 | 4.7 | 4.4 | 10.5 |
| 山　东 | 1139.1 | 73.4 | 35.8 | 45.9 | 33.8 |
| 河　南 | 646.8 | 24.5 | 14.8 | 14.6 | 30.5 |
| 湖　北 | 511.9 | 30.2 | 11.6 | 10.6 | 24.8 |
| 湖　南 | 542.9 | 27.4 | 12.6 | 9.5 | 26.9 |
| 广　东 | 3161.9 | 117.8 | 73.3 | 60.8 | 117.8 |
| 广　西 | 319.6 | 13.0 | 8.6 | 8.1 | 18.0 |
| 海　南 | 136.5 | 6.0 | 2.6 | 2.4 | 5.4 |
| 重　庆 | 365.7 | 24.3 | 8.3 | 13.6 | 2.1 |
| 四　川 | 713.1 | 31.8 | 16.2 | 22.7 | 19.0 |
| 贵　州 | 286.3 | 10.8 | 5.5 | 4.9 | 9.1 |
| 云　南 | 295.9 | 16.2 | 8.6 | 12.3 | 9.3 |
| 西　藏 | 24.9 | 0.9 | 1.7 | 1.0 | 2.0 |
| 陕　西 | 283.4 | 9.1 | 4.4 | 4.6 | 15.0 |
| 甘　肃 | 162.7 | 6.8 | 4.0 | 3.6 | 8.7 |
| 青　海 | 49.7 | 3.7 | 1.6 | 2.0 | 4.0 |
| 宁　夏 | 76.5 | 4.4 | 2.4 | 2.8 | 2.4 |
| 新　疆 | 315.0 | 13.0 | 9.7 | 9.0 | 22.3 |

# 【主要统计指标解释】

**城镇职工基本养老保险**

**1. 参保职工人数** 指报告期末按照国家法律、法规和有关政策规定参加城镇职工基本养老保险并在社保经办机构已建立缴费记录档案的职工人数，包括中断缴费但未终止养老保险关系的职工人数，不包括只登记未建立缴费记录档案的人数。

**2. 离退休人员人数** 指报告期末参加城镇职工基本养老保险的离休、退休和退职人员的人数。

**3. 基金收入** 指根据国家有关规定，由纳入基本养老保险范围的缴费单位和个人按国家规定的缴费基数和缴费比例缴纳的养老保险基金，以及通过其他方式取得的形成基金来源的收入。包括单位和职工个人缴纳的基本养老保险费、基本养老保险基金利息收入、上级补助收入、下级上解收入、转移收入、财政补贴和其他收入。

**4. 基金支出** 指按照国家政策规定的开支范围和开支标准从养老保险基金中支付给参加基本养老保险的个人的养老金、丧葬抚恤补助，以及由于保险关系转移、上下级之间调剂资金等原因而发生的支出。包括离休金、退休金、退职金、各种补贴、医疗费、死亡丧葬补助费、抚恤救济费、社会保险经办机构管理费、补助下级支出、上解上级支出、转移支出、其他支出等。

**5. 基金累计结余** 指截止报告期末基本养老保险基金收支相抵后的累计余额。

**城乡居民基本养老保险**

**1. 参保人数** 指报告期末，参加城乡居民养老保险（在经办机构参保登记并已建立缴费记录以及制度实施当年已经年满60周岁并在经办机构参保登记）的总人数（不包括已经办理注销登记手续的人数）。

**2. 实际领取待遇人数** 指报告期末，实际领取城乡居民养老保险待遇的人数，不包括未足额发放的人数。

**3. 基金收入** 指根据国家有关规定，由参加城乡居民基本养老保险的个人按规定缴费的城乡居民基本养老保险基金，以及通过集体补助、财政补助等其他方式取得的形成基金来源的收入。包括个人缴费收入、集体补助收入、政府补贴收入、利息收入、转移收入、上级补助收入、下级上解收入和其他收入。

**4. 基金支出** 指按照国家政策规定的开支范围和开支标准从城乡居民基本养老保险基金中支付给参加城乡居民基本养老保险的个人养老金待遇支出，以及由于参保人员跨统筹地区流动而发生的支出等。包括养老金待遇支出、转移支出、补助下级支出、上解上级支出、其他支出。

**5. 基金累计结余** 指截止报告期末城乡居民基本养老保险基金收支相抵后的累计余额。

**基本医疗保险**

**1. 参保人数** 指报告期末按国家有关规定参加职工基本医疗保险和城乡居民基本医疗保险人员的合计。

**2. 基金收入** 指由用人单位和个人按照国家规定的缴费基数、缴费比例或缴费标准缴纳的基本医疗保险基金，财政补助资金以及通过其他方式取得的形成基金来源的款项，包括：单位缴纳收入、个人缴纳收入、财政补助收入（含医疗救助补助个人收入）、财政补贴收入、利息收入和其他收入。

**3. 基金支出** 指按照国家政策规定的开支范围和开支标准，从基本医疗保险基金中支付给参保人员的医疗保险待遇支出，以及其他支出。包括住院医疗费用支出、门急诊医疗费用支出、个人账户基金支出、其他支出。

**4. 基金累计结余** 指截止报告期末基本医疗保险基金累计结余金额。

**失业保险**

**1. 参保人数** 指报告期末按照国家法律、法规和有关政策规定参加了失业保险的城镇企业、事业单位的职工及地方政府规定参加失业保险的其他人员的人数。

**2. 基金收入** 指报告期内筹集的失业保险基金的总额，包括失业保险费收入、利息收入、财政补贴收入、其他收入、转移收入、上级补助收入、下级上解收入。

**3. 基金支出** 指报告期内为保障失业人员基本生活、促进其再就业等支出的基金总额，包括失业保险金支出、医疗补助金支出、丧葬补助金和抚恤金支出、职业培训和职业介绍补贴支出、农民合同制工人一次性生活补助支出、其他支出、转移支出、上级补助支出、下级上解支出。

**4. 基金累计结余** 指截止报告期末失业保险基金收支相抵后的累计余额。

**工伤保险**

**1. 参加保险人数** 指报告期末依据国家有关规定参加工伤保险的职工人数和有雇工的个体工商户的雇工数。

**2. 享受保险待遇人数** 指年初至报告期末因工伤或职业病而享受工伤保险待遇的职工人数。为享受工伤医疗待遇中未评定等级的人数、享受伤残待遇人数以及享受因工死亡待遇人数之和。

**3. 基金收入** 指根据国家有关规定，由参加工伤保险的单位按国家规定的缴费基数和缴费比例缴纳的工伤保险基金，以及通过其他形式取得的形成基金来源的款项。包括：单位缴纳的社会统筹基金收入、财政补贴收入、利息收入、其他收入。

**4. 基金支出** 指按照国家政策规定的开支范围和开支标准从工伤保险基金中支付给参加工伤保险的人员及供养直系亲属工伤保险待遇支出及其他支出。包括工伤医疗费、伤残补助金、工亡补助金、护理费、丧葬补助费、工伤预防费用、职业康复费用和其他支出。

**5. 基金累计结余** 指截止报告期末工伤保险基金累计结余金额。

**生育保险**

**1. 参保人数** 指报告期末依据有关规定参加生育保险的人数。

**2. 基金收入** 指根据国家有关规定，由参加生育保险的单位按照国家规定的缴费基数和缴费比例缴纳的生育保险基金，以及通过其他方式取得的形成基金来源的款项，包括：单位缴纳的基金收入、利息收入和其他收入。

**3. 基金支出** 指按照国家政策规定的开支范围和开支标准，从生育保险基金中支付给参加生育保险的职工，因妊娠、分娩和计划生育手术而享受的待遇及其他支出。包括：生育津贴、医疗费用支出及其他支出。

**4. 基金累计结余** 指截止报告期末生育保险基金累计结余金额。

# 8 派生产业情况

## 8–1 旅游及相关产业

# 简要说明

**一、主要内容**

国家旅游及相关产业增加值，国内游客，入境游客（外国人、港澳同胞和台湾同胞），以及国际、国内旅游收入等。

**二、统计范围**

国内旅游和国际旅游。

国家旅游及相关产业增加值的核算范围包括《国家旅游及相关产业统计分类（2015）》中规定的全部旅游及相关活动。

**三、统计调查方法**

国内游客、国际旅游（外汇）收入和国内旅游收入等指标采取抽样调查方法，其余指标均为全面调查统计取得。

按照国家统计局制定的《旅游及相关产业增加值核算方法》，国家旅游及相关产业增加值采用生产法和收入法进行核算。核算所需的数据来源于国民经济核算资料和旅游及相关产业消费结构一次性调查结果。

**四、资料来源**

本篇资料由国家统计局贸易外经统计司根据公安部和国家旅游局的资料编制。

入境游客人数和国内居民出境人数来自公安部；各地区接待入境过夜游客人数、国内游客人数和国内旅游收入资料来自国家旅游局；国际旅游（外汇）收入，1994 年以前由国家统计局贸易外经统计司根据国际旅游者在华花费外汇券统计资料整理提供，1994 年及以后由国家旅游局整理提供。

国家旅游及相关产业增加值由国家统计局核算司提供。

# 8-1-1　国家旅游及相关产业增加值

| 年份 | 增加值(亿元) | 占GDP比重(%) |
| --- | --- | --- |
| 2014 | 27433 | 4.26 |
| 2015 | 30017 | 4.36 |

注：根据GDP核算方法改革和数据修订情况，对2014年国家旅游及相关产业增加值数据作了修订。

# 8-1-2　国内旅游情况

| 年　份 | 国内游客(百万人次) | | | 旅游总花费(亿元) | | |
| --- | --- | --- | --- | --- | --- | --- |
| | | 城镇居民 | 农村居民 | | 城镇居民 | 农村居民 |
| 1994 | 524 | 205 | 319 | 1023.51 | 848.21 | 175.30 |
| 1995 | 629 | 246 | 383 | 1375.70 | 1140.10 | 235.60 |
| 1996 | 640 | 256 | 383 | 1638.38 | 1368.36 | 270.02 |
| 1997 | 644 | 259 | 385 | 2112.70 | 1551.83 | 560.87 |
| 1998 | 695 | 250 | 445 | 2391.18 | 1551.13 | 876.05 |
| 1999 | 719 | 284 | 435 | 2831.92 | 1748.23 | 1083.69 |
| 2000 | 744 | 329 | 415 | 3175.54 | 2235.26 | 940.28 |
| 2001 | 784 | 375 | 409 | 3522.37 | 2651.68 | 870.69 |
| 2002 | 878 | 385 | 493 | 3878.36 | 2848.09 | 1030.27 |
| 2003 | 870 | 351 | 519 | 3442.27 | 2404.08 | 1038.19 |
| 2004 | 1102 | 459 | 643 | 4710.71 | 3359.04 | 1351.67 |
| 2005 | 1212 | 496 | 716 | 5285.86 | 3656.13 | 1629.73 |
| 2006 | 1394 | 576 | 818 | 6229.70 | 4414.70 | 1815.00 |
| 2007 | 1610 | 612 | 998 | 7770.60 | 5550.40 | 2220.20 |
| 2008 | 1712 | 703 | 1009 | 8749.30 | 5971.75 | 2777.55 |
| 2009 | 1902 | 903 | 999 | 10183.69 | 7233.79 | 2949.90 |
| 2010 | 2103 | 1065 | 1038 | 12579.77 | 9403.81 | 3175.96 |
| 2011 | 2641 | 1687 | 954 | 19305.39 | 14808.61 | 4496.78 |
| 2012 | 2957 | 1933 | 1024 | 22706.22 | 17678.03 | 5028.19 |
| 2013 | 3262 | 2186 | 1076 | 26276.12 | 20692.59 | 5583.53 |
| 2014 | 3611 | 2483 | 1128 | 30311.86 | 24219.76 | 6092.11 |
| 2015 | 4000 | 2802 | 1188 | 34195.05 | 27610.90 | 6584.15 |
| 2016 | 4440 | 3195 | 1240 | 39390.00 | 32241.30 | 7147.80 |

# 8-1-3 历年入境游客

单位：万人次

| 年 份 | 合 计 | #入境过夜游客 | 外国人 | 港澳台同胞 | #台湾同胞 |
|---|---|---|---|---|---|
| 1978 | 180.92 | 71.60 | 22.96 | 156.15 | |
| 1979 | 420.39 | 152.90 | 36.24 | 382.06 | |
| 1980 | 570.25 | 350.00 | 52.91 | 513.90 | |
| 1981 | 776.71 | 376.70 | 67.52 | 705.31 | |
| 1982 | 792.43 | 392.40 | 76.45 | 711.70 | |
| 1983 | 947.70 | 379.10 | 87.25 | 856.41 | |
| 1984 | 1285.22 | 514.10 | 113.43 | 1167.04 | |
| 1985 | 1783.31 | 713.30 | 137.05 | 1637.78 | |
| 1986 | 2281.95 | 900.10 | 148.23 | 2126.90 | |
| 1987 | 2690.23 | 1076.00 | 172.78 | 2508.74 | |
| 1988 | 3169.48 | 1236.10 | 184.22 | 2977.33 | 43.77 |
| 1989 | 2450.14 | 936.10 | 146.10 | 2297.19 | 54.10 |
| 1990 | 2746.18 | 1048.40 | 174.73 | 2562.34 | 94.80 |
| 1991 | 3334.98 | 1246.40 | 271.01 | 3050.62 | 94.66 |
| 1992 | 3811.49 | 1651.20 | 400.64 | 3394.34 | 131.78 |
| 1993 | 4152.69 | 1898.20 | 465.59 | 3670.49 | 152.70 |
| 1994 | 4368.45 | 2107.00 | 518.21 | 3838.72 | 139.02 |
| 1995 | 4638.65 | 2003.40 | 588.67 | 4038.40 | 153.23 |
| 1996 | 5112.75 | 2276.50 | 674.43 | 4422.86 | 173.39 |
| 1997 | 5758.79 | 2377.00 | 742.80 | 5006.09 | 211.76 |
| 1998 | 6347.84 | 2507.29 | 710.77 | 5625.00 | 217.46 |
| 1999 | 7279.56 | 2704.66 | 843.23 | 6425.52 | 258.46 |
| 2000 | 8344.39 | 3122.88 | 1016.04 | 7320.80 | 310.86 |
| 2001 | 8901.29 | 3316.67 | 1122.64 | 7778.65 | 344.20 |
| 2002 | 9790.83 | 3680.26 | 1343.95 | 8446.88 | 366.06 |
| 2003 | 9166.21 | 3297.05 | 1140.29 | 8025.92 | 273.19 |
| 2004 | 10903.82 | 4176.14 | 1693.25 | 9210.57 | 368.53 |
| 2005 | 12029.23 | 4680.90 | 2025.51 | 10003.71 | 410.92 |
| 2006 | 12494.21 | 4991.34 | 2221.03 | 10273.19 | 441.35 |
| 2007 | 13187.33 | 5471.98 | 2610.97 | 10576.36 | 462.79 |
| 2008 | 13002.74 | 5304.92 | 2432.53 | 10570.21 | 438.56 |
| 2009 | 12647.59 | 5087.52 | 2193.75 | 10453.84 | 448.40 |
| 2010 | 13376.22 | 5566.45 | 2612.69 | 10763.53 | 514.06 |
| 2011 | 13542.35 | 5758.07 | 2711.20 | 10831.15 | 526.30 |
| 2012 | 13240.53 | 5772.49 | 2719.16 | 10521.37 | 534.02 |
| 2013 | 12907.78 | 5568.59 | 2629.03 | 10278.75 | 516.25 |
| 2014 | 12849.83 | 5562.20 | 2636.08 | 10213.75 | 536.59 |
| 2015 | 13382.04 | 5688.57 | 2598.54 | 10783.50 | 549.86 |
| 2016 | 13844.00 | 5926.00 | 2815.00 | 11029.00 | 573.00 |

# 8-1-4 历年入境游客增长速度

单位：%

| 年份 | 合计 | #入境过夜游客 | 外国人 | 港澳台同胞 | #台湾同胞 |
|---|---|---|---|---|---|
| 1979 | 132.4 | 113.5 | 57.8 | 144.7 | |
| 1980 | 35.6 | 128.9 | 46.0 | 34.5 | |
| 1981 | 36.2 | 7.6 | 27.6 | 37.2 | |
| 1982 | 2.0 | 4.2 | 13.2 | 0.9 | |
| 1983 | 19.6 | -3.4 | 14.1 | 20.3 | |
| 1984 | 35.6 | 35.6 | 30.0 | 36.3 | |
| 1985 | 38.8 | 38.7 | 20.8 | 40.3 | |
| 1986 | 28.0 | 26.2 | 8.2 | 29.9 | |
| 1987 | 17.9 | 19.5 | 16.6 | 18.0 | |
| 1988 | 17.8 | 14.9 | 6.6 | 18.7 | |
| 1989 | -22.7 | -24.3 | -20.7 | -22.8 | 23.6 |
| 1990 | 12.1 | 12.0 | 19.6 | 11.5 | 75.2 |
| 1991 | 21.4 | 18.9 | 55.1 | 19.1 | -0.1 |
| 1992 | 14.3 | 32.5 | 47.8 | 11.3 | 39.2 |
| 1993 | 9.0 | 15.0 | 16.2 | 8.1 | 15.9 |
| 1994 | 5.2 | 11.0 | 11.3 | 4.6 | -9.0 |
| 1995 | 6.2 | -4.9 | 13.6 | 5.2 | 10.2 |
| 1996 | 10.2 | 13.6 | 14.6 | 9.5 | 13.2 |
| 1997 | 12.6 | 4.4 | 10.1 | 13.2 | 22.1 |
| 1998 | 10.2 | 5.5 | -4.3 | 12.4 | 2.7 |
| 1999 | 14.7 | 7.9 | 18.6 | 14.2 | 18.9 |
| 2000 | 14.6 | 15.5 | 20.5 | 13.9 | 20.3 |
| 2001 | 6.7 | 6.2 | 10.5 | 6.3 | 10.7 |
| 2002 | 10.0 | 11.0 | 19.7 | 8.6 | 6.4 |
| 2003 | -6.4 | -10.4 | -15.2 | -5.0 | -25.4 |
| 2004 | 19.0 | 26.7 | 48.5 | 14.8 | 34.9 |
| 2005 | 10.3 | 12.1 | 19.6 | 8.6 | 11.5 |
| 2006 | 3.9 | 6.6 | 9.7 | 2.7 | 7.4 |
| 2007 | 5.5 | 9.6 | 17.6 | 3.0 | 4.9 |
| 2008 | -1.4 | -3.1 | -6.8 | -0.1 | -5.2 |
| 2009 | -2.7 | -4.1 | -9.8 | -1.1 | 2.2 |
| 2010 | 5.8 | 9.4 | 19.1 | 3.0 | 14.6 |
| 2011 | 1.2 | 3.4 | 3.8 | 0.6 | 2.4 |
| 2012 | -2.3 | 0.3 | 0.3 | -2.9 | 1.5 |
| 2013 | -2.5 | -3.5 | -3.3 | -2.3 | -3.3 |
| 2014 | -0.5 | -0.1 | 0.3 | -0.6 | 3.9 |
| 2015 | 4.1 | 2.3 | -1.4 | 5.6 | 2.5 |
| 2016 | 3.5 | 4.2 | 8.3 | 2.3 | 4.2 |

# 8-1-5 按国籍分入境外国游客

单位：万人次

| 地　区 | 2008 | 2009 | 2010 | 2011 | 2012 | 2013 | 2014 | 2015 | 2016 |
|---|---|---|---|---|---|---|---|---|---|
| **总　计** | **2432.53** | **2193.75** | **2612.69** | **2711.20** | **2719.15** | **2629.03** | **2636.08** | **2598.54** | **2813.00** |
| **亚洲** | **1455.10** | **1377.93** | **1619.72** | **1662.32** | **1662.22** | **1606.01** | **1633.13** | **1659.47** | **1803.70** |
| #朝鲜 | 10.18 | 10.56 | 11.64 | 15.23 | 18.06 | 20.66 | 18.44 | 18.83 | 21.00 |
| 印度 | 43.66 | 44.89 | 54.93 | 60.65 | 61.02 | 67.67 | 70.99 | 73.05 | 80.00 |
| 印度尼西亚 | 42.63 | 46.90 | 57.34 | 60.87 | 62.20 | 60.53 | 56.69 | 54.48 | 63.40 |
| 日本 | 344.61 | 331.75 | 373.12 | 365.82 | 351.82 | 287.75 | 271.76 | 249.77 | 259.00 |
| 马来西亚 | 104.05 | 105.90 | 124.52 | 124.51 | 123.55 | 120.65 | 112.96 | 107.55 | 116.50 |
| 蒙古 | 70.53 | 57.67 | 79.44 | 99.42 | 101.05 | 105.00 | 108.27 | 101.41 | 158.10 |
| 菲律宾 | 79.53 | 74.89 | 82.83 | 89.43 | 96.20 | 99.67 | 96.79 | 100.40 | 113.50 |
| 新加坡 | 87.58 | 88.95 | 100.37 | 106.30 | 102.77 | 96.66 | 97.14 | 90.53 | 92.50 |
| 韩国 | 396.04 | 319.75 | 407.64 | 418.54 | 406.99 | 396.90 | 418.17 | 444.44 | 477.50 |
| 泰国 | 55.43 | 54.18 | 63.55 | 60.80 | 64.76 | 65.17 | 61.31 | 64.15 | 75.30 |
| **非洲** | **37.84** | **40.12** | **46.36** | **48.88** | **52.49** | **55.27** | **59.69** | **58.02** | **58.90** |
| **欧洲** | **612.33** | **459.11** | **567.93** | **593.78** | **594.82** | **568.81** | **551.43** | **491.67** | **547.20** |
| #英国 | 55.15 | 52.88 | 57.50 | 59.57 | 61.84 | 62.50 | 60.47 | 57.96 | 59.50 |
| 德国 | 52.89 | 51.85 | 60.86 | 63.70 | 65.96 | 64.93 | 66.26 | 62.34 | 62.50 |
| 法国 | 43.00 | 42.48 | 51.27 | 49.31 | 52.48 | 53.35 | 51.70 | 48.69 | 50.40 |
| 意大利 | 19.44 | 19.14 | 22.92 | 23.50 | 25.20 | 25.12 | 25.31 | 24.61 | 26.70 |
| 荷兰 | 18.09 | 16.69 | 18.91 | 19.75 | 19.55 | 18.86 | 18.04 | 18.18 | 20.00 |
| 葡萄牙 | 4.39 | 4.36 | 4.77 | 4.70 | 4.86 | 4.94 | 5.23 | 5.33 | 5.50 |
| 瑞典 | 13.77 | 12.58 | 15.45 | 17.01 | 17.16 | 15.90 | 14.20 | 11.84 | 11.50 |
| 瑞士 | 6.34 | 6.26 | 7.43 | 7.53 | 8.28 | 8.06 | 7.95 | 7.27 | 7.30 |
| 俄罗斯 | 312.34 | 174.30 | 237.03 | 253.63 | 242.61 | 218.63 | 204.58 | 158.23 | 197.70 |
| **拉丁美洲** | **26.03** | **23.10** | **30.05** | **33.69** | **35.31** | **35.43** | **34.62** | **34.98** | **39.00** |
| **北美洲** | **232.12** | **226.01** | **269.49** | **286.42** | **282.64** | **276.95** | **276.03** | **276.56** | **299.10** |
| #加拿大 | 53.47 | 55.03 | 68.53 | 74.80 | 70.83 | 68.42 | 66.71 | 67.98 | 74.10 |
| 美国 | 178.64 | 170.98 | 200.96 | 211.61 | 211.81 | 208.53 | 209.32 | 208.58 | 225.00 |
| **大洋洲及太平洋岛屿** | **68.88** | **67.24** | **78.93** | **85.93** | **91.49** | **86.34** | **81.01** | **77.64** | **82.60** |
| #澳大利亚 | 57.15 | 56.15 | 66.13 | 72.62 | 77.43 | 72.31 | 67.21 | 63.73 | 67.50 |
| 新西兰 | 10.52 | 10.04 | 11.61 | 12.09 | 12.83 | 12.86 | 12.66 | 12.54 | 13.60 |
| **其他** | **0.23** | **0.22** | **0.21** | **0.19** | **0.19** | **0.22** | **0.18** | **0.21** | **0.20** |

# 8-1-6　历年国际旅游(外汇)收入及增长速度

单位：亿美元

| 年　份 | 收入合计 | | | 增长速度(%) | | |
|---|---|---|---|---|---|---|
| | | 商品收入 | 劳务收入 | | 商品收入 | 劳务收入 |
| 1978 | 2.63 | 1.22 | 1.41 | | | |
| 1979 | 4.49 | 2.03 | 2.46 | 70.7 | 66.4 | 74.5 |
| 1980 | 6.17 | 3.15 | 3.02 | 37.4 | 55.2 | 22.8 |
| 1981 | 7.85 | 4.06 | 3.79 | 27.2 | 28.9 | 25.5 |
| 1982 | 8.43 | 4.31 | 4.12 | 7.4 | 6.2 | 8.7 |
| 1983 | 9.41 | 4.66 | 4.75 | 11.6 | 8.1 | 15.3 |
| 1984 | 11.31 | 5.65 | 5.66 | 20.2 | 21.2 | 19.2 |
| 1985 | 12.50 | 5.30 | 7.20 | 10.5 | -6.2 | 27.2 |
| 1986 | 15.31 | 6.66 | 8.65 | 22.5 | 25.7 | 20.1 |
| 1987 | 18.62 | 7.78 | 10.84 | 21.6 | 16.8 | 25.3 |
| 1988 | 22.47 | 8.95 | 13.52 | 20.7 | 15.0 | 24.7 |
| 1989 | 18.60 | 6.30 | 12.30 | -17.2 | -29.6 | -9.0 |
| 1990 | 22.18 | 7.75 | 14.43 | 19.2 | 23.0 | 17.3 |
| 1991 | 28.45 | 9.89 | 18.56 | 28.3 | 27.6 | 28.6 |
| 1992 | 39.47 | 12.90 | 26.57 | 38.7 | 30.4 | 43.2 |
| 1993 | 46.83 | 13.09 | 33.74 | 18.6 | 1.5 | 27.0 |
| 1994 | 73.23 | 26.45 | 46.78 | 56.4 | 102.1 | 38.6 |
| 1995 | 87.33 | 32.99 | 54.34 | 19.3 | 24.7 | 16.2 |
| 1996 | 102.00 | 34.50 | 67.50 | 16.8 | 4.6 | 24.2 |
| 1997 | 120.74 | 40.24 | 80.50 | 18.4 | 16.6 | 19.3 |
| 1998 | 126.02 | 41.39 | 84.63 | 4.4 | 2.9 | 5.1 |
| 1999 | 140.99 | 42.99 | 98.00 | 11.9 | 3.9 | 15.8 |
| 2000 | 162.24 | 47.54 | 114.70 | 15.1 | 10.6 | 17.0 |
| 2001 | 177.92 | 52.93 | 124.99 | 9.7 | 11.3 | 9.0 |
| 2002 | 203.85 | 58.71 | 145.14 | 14.6 | 10.9 | 16.1 |
| 2003 | 174.06 | 50.51 | 123.55 | -14.6 | -14.0 | -14.9 |
| 2004 | 257.39 | 77.40 | 179.99 | 47.9 | 53.2 | 45.7 |
| 2005 | 292.96 | 91.26 | 201.70 | 13.8 | 17.9 | 12.1 |
| 2006 | 339.49 | 147.19 | 192.30 | 15.9 | 61.3 | -4.7 |
| 2007 | 419.19 | 142.42 | 276.77 | 23.5 | -3.2 | 43.9 |
| 2008 | 408.43 | 124.07 | 284.35 | -2.6 | -12.9 | 2.7 |
| 2009 | 396.75 | 127.63 | 269.12 | -2.9 | 2.9 | -5.4 |
| 2010 | 458.14 | 157.05 | 301.09 | 15.5 | 23.1 | 11.9 |
| 2011 | 484.64 | 154.54 | 330.09 | 5.8 | -1.6 | 9.6 |
| 2012 | 500.28 | 149.01 | 351.26 | 3.2 | -3.6 | 6.4 |
| 2013 | 516.64 | 153.10 | 363.54 | 3.3 | 2.7 | 3.5 |
| 2014 | 569.13 | 161.56 | 407.58 | 10.2 | 5.5 | 12.1 |
| 2015 | 1136.50 | 291.60 | 844.90 | — | — | — |
| 2016 | 1200.00 | 305.70 | 894.30 | 5.6 | 4.8 | 5.8 |

注：2015年以后“国际旅游(外汇)收入”国家旅游局补充完善了停留时间为3—12个月的入境旅游花费和游客在华短期旅居花费，与以前年度不可比(以下表同)。

# 8-1-7 入境外国游客分组构成

单位：万人次

| 指标 | 2016 | | 2015 | |
|---|---|---|---|---|
| | 人数 | 比重(%) | 人数 | 比重(%) |
| **总　计** | **3148.38** | **100.0** | **2598.54** | **100.0** |
| **按性别分** | | | | |
| 男 | 1982.04 | 63.0 | 1681.19 | 64.7 |
| 女 | 1166.33 | 37.0 | 917.35 | 35.3 |
| **按年龄分** | | | | |
| 14岁及以下 | 114.73 | 3.6 | 101.43 | 3.9 |
| 15-24岁 | 303.32 | 9.6 | 205.03 | 7.9 |
| 25-44岁 | 1473.56 | 46.8 | 1184.25 | 45.6 |
| 45-64岁 | 1078.39 | 34.3 | 949.76 | 36.5 |
| 65岁以上 | 178.37 | 5.7 | 158.07 | 6.1 |
| **按事由分** | | | | |
| 会议/商务 | 579.74 | 18.4 | 537.66 | 20.7 |
| 观光/休闲 | 1051.15 | 33.4 | 824.88 | 31.7 |
| 探亲/访友 | 96.19 | 3.1 | 79.75 | 3.1 |
| 服务员工 | 471.75 | 15.0 | 349.69 | 13.5 |
| 其他 | 949.55 | 30.1 | 806.56 | 31.0 |
| **按入境方式分** | | | | |
| 船舶 | 284.49 | 9.0 | 250.55 | 9.6 |
| 飞机 | 1691.12 | 53.7 | 1557.14 | 59.9 |
| 火车 | 41.98 | 1.3 | 45.54 | 1.8 |
| 汽车 | 442.74 | 14.1 | 324.87 | 12.5 |
| 徒步 | 688.05 | 21.9 | 420.44 | 16.2 |

注：2016年含边民来华旅游人数。

# 8-1-8 国际旅游(外汇)收入

单位：亿美元

| 指标 | 2008 | 2009 | 2010 | 2011 | 2012 | 2013 | 2014 | 2015 | 2016 |
|---|---|---|---|---|---|---|---|---|---|
| **总　计** | **408.43** | **396.75** | **458.14** | **484.64** | **500.28** | **516.64** | **569.13** | **1136.50** | **1200.00** |
| **商品收入** | **124.07** | **127.63** | **157.05** | **154.54** | **149.01** | **153.10** | **161.56** | **291.60** | **305.70** |
| 商品销售 | 85.34 | 91.49 | 115.90 | 118.56 | 111.54 | 111.82 | 113.28 | 209.00 | 209.50 |
| 餐饮 | 38.73 | 36.14 | 41.15 | 35.98 | 37.47 | 41.28 | 48.28 | 82.60 | 96.20 |
| **劳务收入** | **284.36** | **269.12** | **301.09** | **330.09** | **351.26** | **363.54** | **407.58** | **844.90** | **894.30** |
| 长途交通 | 124.87 | 117.41 | 130.91 | 151.17 | 172.78 | 174.57 | 195.95 | 448.50 | 446.50 |
| 民航 | 90.47 | 85.84 | 98.08 | 114.70 | 131.64 | 134.10 | 145.79 | 294.80 | 290.60 |
| 铁路 | 13.46 | 12.77 | 12.47 | 14.06 | 16.46 | 16.00 | 20.90 | 43.20 | 53.20 |
| 汽车 | 10.47 | 9.58 | 10.81 | 14.06 | 15.54 | 13.65 | 15.68 | 32.50 | 31.60 |
| 轮船 | 10.47 | 9.22 | 9.56 | 8.35 | 9.14 | 10.82 | 13.59 | 78.00 | 71.00 |
| 游览 | 22.02 | 20.80 | 21.07 | 25.32 | 25.55 | 30.92 | 32.54 | 44.80 | 67.10 |
| 住宿 | 48.60 | 44.34 | 51.95 | 50.98 | 52.11 | 59.76 | 69.50 | 132.90 | 116.30 |
| 娱乐 | 29.70 | 28.82 | 31.72 | 34.66 | 36.13 | 35.91 | 36.74 | 53.90 | 77.10 |
| 邮电通讯 | 10.02 | 9.55 | 14.60 | 10.36 | 7.91 | 7.92 | 11.04 | 23.90 | 28.90 |
| 市内交通 | 13.55 | 13.29 | 10.68 | 16.19 | 16.10 | 14.44 | 16.04 | 22.40 | 40.40 |
| 其他服务 | 35.60 | 34.91 | 40.15 | 41.41 | 40.68 | 40.01 | 45.77 | 118.60 | 118.00 |

# 8-1-9 各地区接待入境过夜游客情况

| 地区 | 2016 | | | | 2015 | | | |
|---|---|---|---|---|---|---|---|---|
| | 人数（万人次） | #外国人 | 人天数（万人天） | #外国人 | 人数（万人次） | #外国人 | 人天数（万人天） | #外国人 |
| 北京 | 416.53 | 354.76 | 1791.09 | 1525.48 | 419.96 | 357.56 | 1789.23 | 1545.04 |
| 天津 | 82.43 | 71.89 | 1348.91 | 1110.57 | 78.48 | 69.03 | 1324.25 | 1089.60 |
| 河北 | 83.79 | 65.99 | 274.75 | 233.41 | 76.64 | 59.89 | 281.12 | 235.87 |
| 山西 | 62.98 | 40.42 | 162.35 | 103.49 | 59.38 | 38.04 | 152.94 | 97.97 |
| 内蒙古 | 177.91 | 168.19 | 527.96 | 484.36 | 160.78 | 153.35 | 494.19 | 469.06 |
| 辽宁 | 273.67 | 212.21 | 768.91 | 605.21 | 264.01 | 204.64 | 675.76 | 518.88 |
| 吉林 | 161.95 | 142.17 | 394.35 | 344.53 | 148.10 | 129.21 | 355.59 | 308.64 |
| 黑龙江 | 95.70 | 90.87 | 209.54 | 199.83 | 83.47 | 78.68 | 181.04 | 172.52 |
| 上海 | 690.43 | 572.57 | 2216.62 | 1794.58 | 653.59 | 540.69 | 1969.53 | 1622.08 |
| 江苏 | 329.77 | 218.00 | 1233.85 | 752.66 | 305.01 | 200.84 | 1141.53 | 695.24 |
| 浙江 | 525.59 | 387.30 | 1332.13 | 1016.01 | 459.02 | 333.96 | 1164.85 | 858.21 |
| 安徽 | 313.43 | 184.46 | 753.26 | 430.87 | 291.12 | 171.17 | 674.49 | 388.80 |
| 福建 | 611.48 | 254.12 | 2949.80 | 1377.61 | 332.71 | 133.73 | 821.69 | 376.52 |
| 江西 | 164.83 | 49.80 | 312.38 | 94.60 | 155.88 | 44.88 | 307.93 | 90.95 |
| 山东 | 328.82 | 237.66 | 1107.87 | 836.97 | 312.22 | 226.44 | 1056.57 | 809.62 |
| 河南 | 149.93 | 95.81 | 313.97 | 209.64 | 135.30 | 84.36 | 307.96 | 202.56 |
| 湖北 | 337.56 | 254.65 | 802.65 | 611.96 | 311.76 | 239.79 | 724.88 | 563.44 |
| 湖南 | 240.81 | 127.41 | 471.11 | 265.52 | 226.05 | 118.19 | 410.10 | 224.39 |
| 广东 | 3507.21 | 909.49 | 9070.51 | 2853.74 | 3450.35 | 783.58 | 8635.40 | 2395.29 |
| 广西 | 482.52 | 251.98 | 995.70 | 518.12 | 450.06 | 239.23 | 932.98 | 503.05 |
| 海南 | 74.89 | 46.98 | 164.59 | 115.85 | 60.84 | 35.60 | 122.02 | 78.25 |
| 重庆 | 180.89 | 119.00 | 958.70 | 630.70 | 148.10 | 98.98 | 607.23 | 449.31 |
| 四川 | 308.79 | 219.23 | 566.49 | 412.65 | 273.20 | 193.44 | 510.55 | 367.94 |
| 贵州 | 72.29 | 31.86 | 133.50 | 61.49 | 68.59 | 29.89 | 103.80 | 45.01 |
| 云南 | 600.38 | 450.69 | 1171.59 | 831.65 | 570.08 | 420.00 | 1114.90 | 812.06 |
| 西藏 | 32.19 | 21.12 | 99.37 | 63.56 | 29.26 | 14.26 | 85.86 | 41.85 |
| 陕西 | 338.20 | 228.52 | 1265.03 | 976.93 | 293.03 | 194.15 | 867.16 | 615.61 |
| 甘肃 | 7.15 | 3.96 | 10.63 | 6.20 | 5.45 | 3.16 | 7.81 | 4.92 |
| 青海 | 7.01 | 5.03 | 24.77 | 17.62 | 6.53 | 4.52 | 21.65 | 14.93 |
| 宁夏 | 5.12 | 2.35 | 19.96 | 9.17 | 3.73 | 1.84 | 11.19 | 5.52 |
| 新疆 | 58.21 | 51.56 | 228.98 | 201.39 | 53.14 | 45.94 | 271.15 | 236.04 |

# 8-1-10 各地区入境过夜游客人均天花费额

单位：美元/人天

| 地区 | 人均天花费 | | 外国人 | | 香港同胞 | | 澳门同胞 | | 台湾同胞 | |
|---|---|---|---|---|---|---|---|---|---|---|
| | 2016 | 2015 | 2016 | 2015 | 2016 | 2015 | 2016 | 2015 | 2016 | 2015 |
| 北京 | 264.42 | 283.46 | 265.52 | 284.51 | 250.03 | 266.04 | 272.62 | 298.22 | 253.22 | 273.23 |
| 天津 | 219.35 | 234.77 | 220.89 | 235.57 | 211.76 | 227.03 | 210.54 | 227.28 | 217.46 | 235.57 |
| 河北 | 176.43 | 189.21 | 176.55 | 191.15 | 181.30 | 174.41 | 178.75 | 182.29 | 167.34 | 186.77 |
| 山西 | 185.94 | 202.09 | 187.34 | 204.39 | 186.67 | 195.54 | 169.79 | 179.15 | 186.20 | 201.95 |
| 内蒙古 | 200.76 | 219.00 | 202.41 | 220.13 | 178.72 | 193.70 | 205.05 | 225.50 | 195.27 | 221.65 |
| 辽宁 | 212.63 | 231.26 | 214.95 | 234.55 | 197.96 | 207.75 | 202.37 | 205.05 | 193.06 | 225.83 |
| 吉林 | 183.53 | 199.77 | 183.45 | 199.78 | 182.32 | 212.02 | 170.63 | 178.29 | 191.62 | 208.30 |
| 黑龙江 | 200.30 | 218.25 | 205.86 | 218.56 | 193.89 | 267.57 | 176.69 | 194.16 | 176.90 | 198.41 |
| 上海 | 274.35 | 297.76 | 271.92 | 291.34 | 296.24 | 341.05 | 291.96 | 340.33 | 286.33 | 317.10 |
| 江苏 | 239.96 | 254.95 | 241.34 | 254.93 | 236.08 | 253.52 | 231.04 | 254.87 | 238.24 | 256.71 |
| 浙江 | 222.87 | 239.02 | 224.24 | 238.94 | 225.78 | 245.68 | 224.50 | 248.62 | 209.61 | 228.53 |
| 安徽 | 195.99 | 212.74 | 195.67 | 213.50 | 193.33 | 207.84 | 196.73 | 206.47 | 203.03 | 205.19 |
| 福建 | 201.78 | 217.67 | 214.51 | 232.81 | 179.04 | 200.54 | 202.01 | 203.93 | 191.10 | 204.66 |
| 江西 | 170.95 | 186.09 | 176.68 | 192.71 | 158.94 | 173.43 | 157.92 | 170.08 | 168.39 | 184.44 |
| 山东 | 211.51 | 225.38 | 214.80 | 230.28 | 214.85 | 226.96 | 177.51 | 180.45 | 200.08 | 211.37 |
| 河南 | 166.23 | 177.14 | 166.67 | 174.11 | 162.81 | 181.78 | 148.28 | 181.07 | 175.83 | 187.90 |
| 湖北 | 198.95 | 214.30 | 210.11 | 229.49 | 172.16 | 188.78 | 183.73 | 195.42 | 195.79 | 204.67 |
| 湖南 | 198.48 | 215.51 | 198.62 | 217.93 | 197.10 | 207.98 | 193.71 | 183.81 | 201.43 | 205.83 |
| 广东 | 180.16 | 194.73 | 195.63 | 208.68 | 162.23 | 174.11 | 170.69 | 160.26 | 176.71 | 198.64 |
| 广西 | 193.94 | 211.55 | 190.85 | 211.06 | 197.66 | 212.42 | 193.75 | 212.92 | 207.38 | 213.16 |
| 海南 | 189.59 | 201.93 | 189.82 | 202.07 | 184.50 | 197.34 | 194.38 | 197.44 | 192.83 | 211.07 |
| 重庆 | 196.16 | 212.16 | 198.61 | 213.82 | 172.43 | 197.24 | 174.16 | 188.42 | 197.55 | 218.19 |
| 四川 | 193.32 | 210.69 | 192.96 | 210.36 | 192.35 | 211.22 | 194.31 | 216.59 | 196.34 | 208.21 |
| 贵州 | 189.29 | 201.01 | 192.27 | 213.68 | 177.12 | 184.25 | 177.63 | 191.48 | 185.91 | 213.41 |
| 云南 | 206.76 | 224.97 | 210.21 | 228.10 | 189.34 | 210.97 | 187.11 | 207.22 | 198.83 | 223.08 |
| 西藏 | 201.58 | 216.92 | 205.49 | 222.70 | 152.93 | 159.33 | 153.99 | 163.01 | 181.84 | 203.66 |
| 陕西 | 195.17 | 207.81 | 195.01 | 206.04 | 199.21 | 204.36 | 200.72 | 246.35 | 217.09 | 234.49 |
| 甘肃 | 165.74 | 177.87 | 175.18 | 190.63 | 144.61 | 150.20 | 154.91 | 162.24 | 158.87 | 172.69 |
| 青海 | 166.28 | 179.05 | 168.11 | 183.24 | 157.83 | 168.37 | 150.98 | 147.39 | 165.77 | 182.79 |
| 宁夏 | 173.21 | 186.15 | 176.14 | 188.78 | 127.71 | 102.36 | 141.09 | 69.63 | 133.89 | - |
| 新疆 | 180.51 | 196.43 | 180.60 | 197.89 | 179.90 | 180.53 | 175.00 | 200.97 | 183.26 | 186.87 |

## 【主要统计指标解释】

**旅游人数**

1.入境游客：指报告期内来我国观光、度假、探亲访友、就医疗养、购物、参加会议或从事经济、文化、体育、宗教活动的外国人、港澳台同胞等入境游客。统计时，外国人、港澳台同胞每入境一次统计1人次。

2.国内游客：指报告期内在中国（大陆）观光游览、度假、探亲访友、就医疗养、购物、参加会议或从事经济、文化、体育、宗教活动的中国（大陆）居民人数，其出游的目的不是通过所从事的活动谋取报酬。统计时，国内游客按每出游一次统计1人次。

**国际旅游(外汇)收入**　指入境游客在中国（大陆）境内旅行、游览过程中用于交通、参观游览、住宿、餐饮、购物、娱乐等全部花费。

**国内旅游总花费**　指国内游客在国内旅行、游览过程中用于交通、参观游览、住宿、餐馆、购物、娱乐等全部花费。

**旅游及相关产业**　指在国民经济活动中为游客直接提供行、住、吃、游、购、娱等旅游服务，以及为旅游提供相关服务的产业。《国家旅游及相关产业统计分类（2015）》中规定，旅游是指游客的活动，即游客的出行、住宿、餐饮、游览、购物、娱乐等活动；游客是指以游览观光、休闲娱乐、探亲访友、文化体育、健康医疗、短期教育（培训）、宗教朝拜，或因公务、商务等为目的，前往惯常环境以外，出行持续时间不足一年的出行者。

**旅游及相关产业增加值**　指一个国家（或地区）所有常住单位一定时期内进行旅游及相关产业生产活动的最终成果。常住单位指在我国的经济领土上具有经济利益中心的经济单位。生产是指在机构单位的控制和组织下，利用劳动、资本、货物和服务投入，创造新的货物和服务产出的活动。

# 8 派生产业情况

## 8-2 文化及相关产业

# 简要说明

**一、主要内容**

本篇资料反映2016年全国及分地区文化服务业的发展情况，主要内容包括文化服务业企业、事业和其他单位的资产、收入、税金、利润、增加值等指标。

**二、统计范围**

包括新闻出版、广播电影电视、文化艺术、文化信息传输、文化创意和设计、文化休闲娱乐以及文化产品生产的辅助生产等文化服务业。其中：

新闻出版服务业包括新闻服务、出版服务；

广播电影电视服务业包括广播电视服务、电影和影视录音服务；

文化艺术服务业包括文艺创作与表演服务、图书馆与档案馆服务、文化遗产保护服务、群众文化服务、文化研究和社团服务、文化艺术培训服务和其他文化艺术服务；

文化信息传输服务业包括互联网信息服务、增值电信服务（文化部分）和广播电视传输服务；

文化创意和设计服务业包括广告服务、文化软件服务、建筑设计服务和专业设计服务；

文化休闲娱乐服务业包括景区游览服务、娱乐休闲服务和摄影扩印服务；

文化产品生产的辅助生产包括版权服务、文化经纪代理服务、文化出租服务、会展服务和其他文化辅助生产等。

文化及相关产业增加值的核算范围包括《文化及相关产业分类（2012）》中规定的全部文化及相关活动。

按行业类别分，文化及相关产业分为文化制造业、文化批零业和文化服务业。按活动性质分，文化及相关产业分为两部分：一是“文化产品的生产”，指以文化为核心内容，为直接满足人们的精神需要而进行的创作、制造、传播、展示等文化产品（包括货物和服务）的生产活动；二是“文化相关产品的生产”，指为实现文化产品生产所必需的辅助生产活动、作为文化产品实物载体或制作（使用、传播、展示）工具的文化用品的生产活动（包括制造和销售）、为实现文化产品生产所需专用设备的生产活动（包括制造和销售）。

文化及相关产业增加值按照国家统计局制定的《文化及相关产业增加值核算方法》，利用相关统计资料和国民经济核算资料，采用收入法核算。

**三、资料来源**

本篇资料由国家统计局社会科技和文化产业统计司根据2016年文化产业年报资料整理提供，其中，文化及相关产业增加值数据由国家统计局核算司提供。

# 8-2-1 文化及相关产业增加值

| 年份 | 增加值(亿元) | 占GDP比重(%) |
| --- | --- | --- |
| 2004 | 3440 | 2.15 |
| 2005 | 4253 | 2.30 |
| 2006 | 5123 | 2.37 |
| 2007 | 6455 | 2.43 |
| 2008 | 7630 | 2.43 |
| 2009 | 8786 | 2.52 |
| 2010 | 11052 | 2.75 |
| 2011 | 13479 | 2.85 |
| 2012 | 18071 | 3.48 |
| 2013 | 21870 | 3.67 |
| 2014 | 24538 | 3.81 |
| 2015 | 27235 | 3.95 |
| 2016 | 30785 | 4.14 |

注：1.2004—2011年按2004年颁布的《文化及相关产业分类》测算。
2.2004年、2008年、2013年根据经济普查数据测算，其他年份根据年报数据测算。
3.2004—2008年及2013—2015年数据为全口径，2009—2012年仅包括法人单位数据。2013年法人单位增加值为20081亿元。
4.2012—2015年按《文化及相关产业分类(2012)》新标准测算。按新标准调整2011年增加值为15516亿元，占GDP比重为3.28%。
5.2016年7月国家统计局实施了研发支出核算方法改革，2015年起文化及相关产业增加值数据包含了研发支出因素，2013—2014年的数据进行了相应修订。
6.2004—2012年，“占GDP的比重”使用的GDP是初步核实数，2013—2015使用的是最终核实数，2016年使用的是初步核算数。

# 8-2-2　各地区文化及相关产业增加值

| 地　区 | 增加值(亿元) | 占地区生产总值比重(%) |
|---|---|---|
| 北　京 | 2105.8 | 8.2 |
| 天　津 | 802.3 | 4.5 |
| 河　北 | 1090.2 | 3.4 |
| 山　西 | 291.8 | 2.2 |
| 内蒙古 | 350.1 | 1.9 |
| 辽　宁 | 550.6 | 2.5 |
| 吉　林 | 184.1 | 1.2 |
| 黑龙江 | 385.9 | 2.5 |
| 上　海 | 1861.7 | 6.6 |
| 江　苏 | 3863.9 | 5.0 |
| 浙　江 | 2745.6 | 5.8 |
| 安　徽 | 976.3 | 4.0 |
| 福　建 | 1190.3 | 4.1 |
| 江　西 | 703.0 | 3.8 |
| 山　东 | 2836.8 | 4.2 |
| 河　南 | 1212.8 | 3.0 |
| 湖　北 | 954.5 | 2.9 |
| 湖　南 | 1459.3 | 4.6 |
| 广　东 | 4256.6 | 5.3 |
| 广　西 | 449.1 | 2.5 |
| 海　南 | 114.7 | 2.8 |
| 重　庆 | 592.7 | 3.3 |
| 四　川 | 1323.8 | 4.0 |
| 贵　州 | 285.3 | 2.4 |
| 云　南 | 453.6 | 3.1 |
| 西　藏 | 36.3 | 3.2 |
| 陕　西 | 802.5 | 4.1 |
| 甘　肃 | 146.0 | 2.0 |
| 青　海 | 63.8 | 2.5 |
| 宁　夏 | 74.4 | 2.3 |
| 新　疆 | 127.9 | 1.3 |

注：2017年各地区实施了研发支出核算方法改革。2016各地区文化及相关产业增加值数据包含了研发支出因素。

# 8-2-3 规模以上文化服务业企业基本情况

单位：万元

| 指　标 | 企业单位数(个) | 年末从业人员(人) | 资产总计 | 营业收入 | 营业利润 | 营业税金及附加 | 应交增值税 |
|---|---|---|---|---|---|---|---|
| **总　计** | **24763** | **2947035** | **542972809** | **252796176** | **32488268** | **2221170** | **5425803** |
| **按行业分** | | | | | | | |
| 新闻出版服务业 | 1238 | 208156 | 43224558 | 12913673 | 876593 | 130588 | 457875 |
| 广播电影电视服务业 | 2489 | 181777 | 49585567 | 16834967 | 1944711 | 183767 | 373508 |
| 文化艺术服务业 | 1524 | 124355 | 12868196 | 3802061 | 315152 | 56532 | 77892 |
| 文化信息传输服务业 | 1934 | 543807 | 153779434 | 60528674 | 14770799 | 496463 | 982416 |
| 文化创意和设计服务业 | 11304 | 1300712 | 159114827 | 134191390 | 12274295 | 916698 | 3031459 |
| 文化休闲娱乐服务业 | 4333 | 450066 | 86973869 | 13576496 | 1351317 | 338122 | 254399 |
| 文化产品生产的辅助生产 | 1941 | 138162 | 37426358 | 10948917 | 955402 | 99000 | 248254 |
| **按地区分** | | | | | | | |
| 北　京 | 3032 | 401006 | 89088781 | 59678639 | 3473183 | 413638 | 1043284 |
| 天　津 | 601 | 68573 | 15433610 | 8822921 | 1318213 | 64307 | 230942 |
| 河　北 | 547 | 56539 | 6459124 | 1821960 | 19650 | 13261 | 34354 |
| 山　西 | 160 | 21707 | 2594320 | 460156 | -25585 | 6102 | 11288 |
| 内蒙古 | 165 | 11658 | 3032131 | 469969 | 47394 | 6006 | 9415 |
| 辽　宁 | 409 | 74707 | 5533940 | 2598433 | 113461 | 17613 | 52144 |
| 吉　林 | 256 | 24333 | 3411790 | 804372 | 56316 | 7763 | 14103 |
| 黑龙江 | 103 | 12315 | 1580568 | 413128 | 38862 | 4532 | 17205 |
| 上　海 | 1685 | 295467 | 73454804 | 35351593 | 4675794 | 247465 | 1076064 |
| 江　苏 | 3560 | 379671 | 53187086 | 23593336 | 2048666 | 242778 | 430770 |
| 浙　江 | 1545 | 167518 | 57627459 | 31661317 | 8820006 | 199405 | 769447 |
| 安　徽 | 739 | 61140 | 8328679 | 3599663 | 272952 | 32299 | 67625 |
| 福　建 | 955 | 83299 | 8680962 | 3907207 | 271490 | 38783 | 73007 |
| 江　西 | 482 | 44173 | 3954151 | 1898633 | 239852 | 35507 | 30091 |
| 山　东 | 1494 | 122590 | 17642832 | 6046435 | 992148 | 107042 | 163660 |
| 河　南 | 1447 | 140058 | 13351309 | 4444699 | 432807 | 80485 | 109326 |
| 湖　北 | 793 | 131493 | 15925929 | 7485657 | 604725 | 113885 | 241298 |
| 湖　南 | 1071 | 102073 | 15443762 | 5836606 | 496091 | 57401 | 122338 |
| 广　东 | 2511 | 362567 | 90788555 | 34658638 | 6343600 | 332748 | 485627 |
| 广　西 | 225 | 31103 | 2874476 | 1062531 | 99736 | 12875 | 27374 |
| 海　南 | 93 | 17596 | 2086294 | 917280 | 166907 | 17099 | 23314 |
| 重　庆 | 582 | 77864 | 10660594 | 4473318 | 328775 | 41834 | 90556 |
| 四　川 | 776 | 92491 | 14259269 | 5177219 | 893473 | 59340 | 118090 |
| 贵　州 | 321 | 33866 | 4075369 | 1370028 | 107048 | 12012 | 31407 |
| 云　南 | 333 | 44937 | 10113855 | 2207001 | 240435 | 18335 | 41633 |
| 西　藏 | 11 | 1560 | 169093 | 28523 | 2607 | 256 | 1271 |
| 陕　西 | 501 | 50048 | 8084551 | 2099474 | 198490 | 22625 | 53066 |
| 甘　肃 | 165 | 13206 | 2078085 | 371466 | 42923 | 5331 | 21244 |
| 青　海 | 19 | 3029 | 449593 | 412352 | 25767 | 1227 | 3742 |
| 宁　夏 | 58 | 6796 | 1079715 | 243592 | 16320 | 3665 | 5927 |
| 新　疆 | 124 | 13652 | 1522122 | 880033 | 126165 | 5553 | 26193 |

# 8-2-4 规模以下文化服务业企业基本情况

单位：万元

| 指 标 | 年末从业人员(人) | 资产总计 | 营业收入 | 营业税金及附加 |
|---|---|---|---|---|
| **总 计** | **5679673** | **465457936** | **159410102** | **3076908** |
| **按行业分** | | | | |
| 新闻出版服务业 | 101155 | 16961337 | 3757804 | 55476 |
| 广播电影电视服务业 | 227761 | 26177389 | 7697512 | 135106 |
| 文化艺术服务业 | 451179 | 39728920 | 8479497 | 162071 |
| 文化信息传输服务业 | 370242 | 38395206 | 11398946 | 177626 |
| 文化创意和设计服务业 | 2657297 | 195325138 | 88389307 | 1656769 |
| 文化休闲娱乐服务业 | 1321179 | 96837501 | 24452325 | 628925 |
| 文化产品生产的辅助生产 | 550860 | 52032446 | 15234711 | 260936 |
| **按地区分** | | | | |
| 北 京 | 341565 | 46122317 | 12887760 | 106292 |
| 天 津 | 103811 | 21905088 | 4498085 | 60214 |
| 河 北 | 188082 | 21051484 | 3423692 | 39266 |
| 山 西 | 76222 | 3839325 | 784456 | 12138 |
| 内蒙古 | 132201 | 10976324 | 3798352 | 45937 |
| 辽 宁 | 78776 | 5542571 | 1465059 | 33566 |
| 吉 林 | 58116 | 3559309 | 1180273 | 26757 |
| 黑龙江 | 46736 | 4402484 | 870050 | 17388 |
| 上 海 | 265219 | 25915666 | 10395392 | 309237 |
| 江 苏 | 459635 | 40268868 | 19152437 | 318306 |
| 浙 江 | 345756 | 30272566 | 12345119 | 171453 |
| 安 徽 | 255066 | 10557630 | 6454871 | 103526 |
| 福 建 | 229368 | 8580246 | 5147738 | 72632 |
| 江 西 | 110283 | 5658328 | 2698363 | 92169 |
| 山 东 | 396354 | 63568022 | 13302482 | 325514 |
| 河 南 | 265701 | 14676097 | 4990837 | 146360 |
| 湖 北 | 252650 | 23336083 | 5467554 | 100610 |
| 湖 南 | 350795 | 11549363 | 6921748 | 107352 |
| 广 东 | 635656 | 44664288 | 16581064 | 341009 |
| 广 西 | 63062 | 2866929 | 739627 | 20524 |
| 海 南 | 32837 | 3782550 | 342075 | 11785 |
| 重 庆 | 189134 | 7309247 | 5197103 | 133669 |
| 四 川 | 260419 | 15431312 | 5879750 | 107399 |
| 贵 州 | 142279 | 12453980 | 3477166 | 61385 |
| 云 南 | 100004 | 10631037 | 2606804 | 49830 |
| 西 藏 | 6304 | 133946 | 128691 | 867 |
| 陕 西 | 147340 | 7407509 | 6206886 | 132146 |
| 甘 肃 | 96560 | 5665005 | 1253984 | 89687 |
| 青 海 | 10205 | 846762 | 640180 | 6302 |
| 宁 夏 | 21567 | 1656416 | 296609 | 9568 |
| 新 疆 | 17970 | 827184 | 275897 | 24024 |

# 8-2-5　文化服务业事业和社团法人单位基本情况

单位：万元

| 指　　标 | 年末从业人员（人） | 年末资产 | 非企业单位支出（费用） |
|---|---|---|---|
| **总　　计** | **2805148** | **125633615** | **49212421** |
| **按行业分** | | | |
| 新闻出版服务业 | 135873 | 11203556 | 3357953 |
| 广播电影电视服务业 | 403837 | 32841149 | 13000207 |
| 文化艺术服务业 | 1640353 | 48832228 | 21344353 |
| 文化信息传输服务业 | 117775 | 8422093 | 2319278 |
| 文化创意和设计服务业 | 101456 | 2754797 | 1472299 |
| 文化休闲娱乐服务业 | 370813 | 19655959 | 6494170 |
| 文化产品生产的辅助生产 | 35041 | 1923834 | 1224161 |
| **按地区分** | | | |
| 北　京 | 105963 | 18686326 | 7101384 |
| 天　津 | 34887 | 1732799 | 942127 |
| 河　北 | 119065 | 3766283 | 1405587 |
| 山　西 | 83654 | 1206058 | 565106 |
| 内蒙古 | 69368 | 3267708 | 1702463 |
| 辽　宁 | 52598 | 2171919 | 814755 |
| 吉　林 | 58271 | 1642735 | 592262 |
| 黑龙江 | 60084 | 1436466 | 775166 |
| 上　海 | 36656 | 4134733 | 968533 |
| 江　苏 | 140402 | 16060423 | 3630611 |
| 浙　江 | 128719 | 8558950 | 3866013 |
| 安　徽 | 90150 | 2772398 | 1732339 |
| 福　建 | 97755 | 2124869 | 1113687 |
| 江　西 | 63740 | 1452080 | 734432 |
| 山　东 | 160978 | 7124542 | 3372298 |
| 河　南 | 275950 | 6124196 | 2779393 |
| 湖　北 | 124127 | 3416366 | 1527779 |
| 湖　南 | 215116 | 3016511 | 1850904 |
| 广　东 | 159294 | 12443288 | 3341686 |
| 广　西 | 48669 | 1386469 | 532456 |
| 海　南 | 12912 | 429507 | 178030 |
| 重　庆 | 60515 | 997466 | 793653 |
| 四　川 | 196946 | 7262858 | 2954957 |
| 贵　州 | 72033 | 2084132 | 598744 |
| 云　南 | 83109 | 3527259 | 1354231 |
| 西　藏 | 16488 | 429108 | 175757 |
| 陕　西 | 88458 | 3154624 | 1893251 |
| 甘　肃 | 70747 | 2647298 | 437161 |
| 青　海 | 18399 | 552171 | 616866 |
| 宁　夏 | 21757 | 828201 | 222173 |
| 新　疆 | 38338 | 1195874 | 638620 |

## 【主要统计指标解释】

**营业利润** 指企业从事生产经营活动所取得的利润。

**营业税金及附加** 指企业因从事生产经营活动按税法规定缴纳的应从经营收入中抵扣的税金和附加，包括营业税、消费税、城市维护建设税、教育费附加等。

**应交增值税** 指企业按税法规定，从事货物销售或提供加工、修理修配劳务等增加货物价值的活动本期应交纳的税金，不含期初未抵扣税额。

**非企业单位支出（费用）** 指行政事业单位在业务活动中发生的各项资产耗费和损失等费用或社团、民办非企业单位、基金会及其他单位为完成各种目标所发生的费用，包括业务活动成本、管理费用、筹资费用和其他费用。

**年末资产** 指非企业单位占有或者使用的，能以货币计量的经济资源。包括流动资产、固定资产、债权和其他权利。

**文化及相关产业** 指为社会公众提供文化产品和文化相关产品的生产活动的集合。《文化及相关产业分类（2012）》规定文化及相关产业包括文化产品的生产、文化产品生产的辅助生产、文化用品的生产和专用设备的生产等。

**文化及相关产业增加值** 指一个国家（或地区）所有常住单位一定时期内进行文化及相关产业生产活动的最终成果。常住单位指在我国的经济领土上具有经济利益中心的经济单位。生产是指在机构单位的控制和组织下，利用劳动、资本、货物和服务投入，创造新的货物和服务产出的活动。

# 8 派生产业情况

## 8-3 体育产业

# 简要说明

**一、主要内容**

2015 年国家体育产业增加值。

**二、统计范围**

国家体育产业增加值的核算范围包括《国家体育产业统计分类（2015）》中规定的全部体育及相关活动。本分类将体育产业范围确定为体育管理活动，体育竞赛表演活动，体育健身休闲活动，体育场馆服务，体育中介服务，体育培训与教育，体育传媒与信息服务，其他与体育相关服务，体育用品及相关产品制造，体育用品及相关产品销售、贸易代理与出租，体育场地设施建设等十一大类。

**三、资料来源**

本篇资料由国家统计局核算司提供。国家体育产业增加值是利用相关统计调查资料、国民经济核算资料和国家体育总局第二次体育产业专项调查资料等，按照《体育产业增加值核算方法》核算。

# 8-3-1 国家体育产业增加值（2015年）

| 体育产业类别名称 | 总量(亿元) | | 结构(%) | |
|---|---|---|---|---|
| | 总产出 | 增加值 | 总产出 | 增加值 |
| **国家体育产业** | **17107.0** | **5494.4** | **100** | **100** |
| 体育管理活动 | 229.1 | 115.0 | 1.3 | 2.1 |
| 体育竞赛表演活动 | 149.5 | 52.6 | 0.9 | 1.0 |
| 体育健身休闲活动 | 276.9 | 129.4 | 1.6 | 2.4 |
| 体育场馆服务 | 856.2 | 458.1 | 5.0 | 8.3 |
| 体育中介服务 | 47.0 | 14.0 | 0.3 | 0.3 |
| 体育培训与教育 | 247.6 | 191.8 | 1.4 | 3.5 |
| 体育传媒与信息服务 | 100.0 | 40.8 | 0.6 | 0.7 |
| 其他与体育相关服务 | 299.0 | 139.6 | 1.7 | 2.5 |
| 体育用品及相关产品制造 | 11238.2 | 2755.5 | 65.7 | 50.2 |
| 体育用品及相关产品销售、贸易代理与出租 | 3508.3 | 1562.4 | 20.5 | 28.4 |
| 体育场地设施建设 | 155.2 | 35.3 | 0.9 | 0.6 |

# 【主要统计指标解释】

**体育产业** 《国家体育产业统计分类（2015）》将体育产业范围确定为体育管理活动，体育竞赛表演活动，体育健身休闲活动，体育场馆服务，体育中介服务，体育培训与教育，体育传媒与信息服务，其他与体育相关服务，体育用品及相关产品制造，体育用品及相关产品销售、贸易代理与出租，体育场地设施建设等十一大类。

**体育产业增加值** 指一个国家（或地区）所有常住单位一定时期内进行体育产业生产活动的最终成果。常住单位指在我国的经济领土上具有经济利益中心的经济单位。生产是指在机构单位的控制和组织下，利用劳动、资本、货物和服务投入，创造新的货物和服务产出的活动。

# 8 派生产业情况

## 8-4 企业信息化和电子商务

# 简要说明

**一、主要内容**

企业生产经营中应用信息技术的基本情况和电子商务交易活动情况。

**二、统计范围**

规模以上工业、有资质的建筑业、限额以上批发和零售业、限额以上住宿和餐饮业、房地产开发经营业和规模以上服务业的法人单位。

**三、调查方法**

以联网直报的方式对统计范围内的企业进行全面调查。

**四、企业标准**

规模以上工业：年主营业务收入2000万元及以上的工业法人单位。

有资质的建筑业：有总承包、专业承包和劳务分包资质的建筑业法人单位。

限额以上批发和零售业：年主营业务收入2000万元及以上批发业、年主营业务收入500万元及以上的零售业法人单位。

限额以上住宿和餐饮业：年主营业务收入200万元及以上的住宿和餐饮业法人单位。

房地产开发经营业：全部房地产开发经营法人单位。

规模以上服务业：年末从业人员50人及以上，年营业收入1000万元及以上的服务业法人单位。

**五、资料来源**

本部分资料是国家统计局服务业司根据《企业一套表统计调查制度》调查的资料进行加工整理而得。

# 8-4-1 分地区企业信息化基本情况

单位：个

| 地 区 | 企业数 | 使用计算机的企业 | 比重(%) | 使用互联网的企业 | 比重(%) | 有网站的企业 | 比重(%) |
|---|---|---|---|---|---|---|---|
| **全 国** | **943843** | **941282** | **99.7** | **940015** | **99.6** | **466048** | **49.4** |
| 北 京 | 31523 | 31363 | 99.5 | 31325 | 99.4 | 16813 | 53.3 |
| 天 津 | 18640 | 18422 | 98.8 | 18361 | 98.5 | 8891 | 47.7 |
| 河 北 | 29468 | 29404 | 99.8 | 29340 | 99.6 | 14362 | 48.7 |
| 山 西 | 13761 | 13700 | 99.6 | 13677 | 99.4 | 5444 | 39.6 |
| 内蒙古 | 11383 | 11352 | 99.7 | 11305 | 99.3 | 4955 | 43.5 |
| 辽 宁 | 24964 | 24722 | 99.0 | 24600 | 98.5 | 12364 | 49.5 |
| 吉 林 | 15694 | 15639 | 99.6 | 15597 | 99.4 | 6238 | 39.7 |
| 黑龙江 | 11121 | 11068 | 99.5 | 11012 | 99.0 | 4643 | 41.7 |
| 上 海 | 31740 | 31608 | 99.6 | 31571 | 99.5 | 20143 | 63.5 |
| 江 苏 | 103749 | 103512 | 99.8 | 103390 | 99.7 | 59658 | 57.5 |
| 浙 江 | 82030 | 82023 | 100.0 | 82026 | 100.0 | 43103 | 52.5 |
| 安 徽 | 39318 | 39229 | 99.8 | 39190 | 99.7 | 22345 | 56.8 |
| 福 建 | 42403 | 42317 | 99.8 | 42283 | 99.7 | 18700 | 44.1 |
| 江 西 | 22437 | 22418 | 99.9 | 22398 | 99.8 | 10793 | 48.1 |
| 山 东 | 84057 | 83964 | 99.9 | 83912 | 99.8 | 40304 | 47.9 |
| 河 南 | 59267 | 59201 | 99.9 | 59138 | 99.8 | 23577 | 39.8 |
| 湖 北 | 38531 | 38450 | 99.8 | 38429 | 99.7 | 19485 | 50.6 |
| 湖 南 | 33145 | 33068 | 99.8 | 33020 | 99.6 | 16215 | 48.9 |
| 广 东 | 99568 | 99113 | 99.5 | 98919 | 99.3 | 55474 | 55.7 |
| 广 西 | 15077 | 15042 | 99.8 | 15020 | 99.6 | 2125 | 14.1 |
| 海 南 | 2838 | 2810 | 99.0 | 2810 | 99.0 | 1622 | 57.2 |
| 重 庆 | 23388 | 23366 | 99.9 | 23350 | 99.8 | 9808 | 41.9 |
| 四 川 | 36883 | 36833 | 99.9 | 36807 | 99.8 | 18320 | 49.7 |
| 贵 州 | 14216 | 14133 | 99.4 | 14080 | 99.0 | 5238 | 36.8 |
| 云 南 | 15145 | 15124 | 99.9 | 15106 | 99.7 | 6120 | 40.4 |
| 西 藏 | 623 | 620 | 99.5 | 612 | 98.2 | 315 | 50.6 |
| 陕 西 | 18859 | 18815 | 99.8 | 18798 | 99.7 | 9187 | 48.7 |
| 甘 肃 | 8448 | 8431 | 99.8 | 8422 | 99.7 | 3911 | 46.3 |
| 青 海 | 2150 | 2144 | 99.7 | 2139 | 99.5 | 1040 | 48.4 |
| 宁 夏 | 3314 | 3311 | 99.9 | 3305 | 99.7 | 1601 | 48.3 |
| 新 疆 | 10103 | 10080 | 99.8 | 10073 | 99.7 | 3254 | 32.2 |

# 8-4-2 分地区企业信息化应用情况

单位：个

| 地区 | 企业数 | 采用信息化管理的企业 | 比重(%) | 通过互联网开展有关生产经营活动的企业 | 比重(%) | 通过互联网进行宣传和推广的企业 | 比重(%) |
|---|---|---|---|---|---|---|---|
| **全国** | **943843** | **916358** | **97.1** | **940015** | **99.6** | **804007** | **85.2** |
| 北京 | 31523 | 30420 | 96.5 | 31325 | 99.4 | 24786 | 78.6 |
| 天津 | 18640 | 17685 | 94.9 | 18361 | 98.5 | 14505 | 77.8 |
| 河北 | 29468 | 28167 | 95.6 | 29340 | 99.6 | 24825 | 84.2 |
| 山西 | 13761 | 13190 | 95.9 | 13677 | 99.4 | 10483 | 76.2 |
| 内蒙古 | 11383 | 11023 | 96.8 | 11305 | 99.3 | 9234 | 81.1 |
| 辽宁 | 24964 | 23945 | 95.9 | 24600 | 98.5 | 19537 | 78.3 |
| 吉林 | 15694 | 15013 | 95.7 | 15597 | 99.4 | 12582 | 80.2 |
| 黑龙江 | 11121 | 10793 | 97.1 | 11012 | 99.0 | 8874 | 79.8 |
| 上海 | 31740 | 30939 | 97.5 | 31571 | 99.5 | 26537 | 83.6 |
| 江苏 | 103749 | 101612 | 97.9 | 103390 | 99.7 | 90782 | 87.5 |
| 浙江 | 82030 | 80473 | 98.1 | 82026 | 100.0 | 69853 | 85.2 |
| 安徽 | 39318 | 38335 | 97.5 | 39190 | 99.7 | 34642 | 88.1 |
| 福建 | 42403 | 41055 | 96.8 | 42283 | 99.7 | 35701 | 84.2 |
| 江西 | 22437 | 21617 | 96.3 | 22398 | 99.8 | 19314 | 86.1 |
| 山东 | 84057 | 82866 | 98.6 | 83912 | 99.8 | 77933 | 92.7 |
| 河南 | 59267 | 57582 | 97.2 | 59138 | 99.8 | 52215 | 88.1 |
| 湖北 | 38531 | 37829 | 98.2 | 38429 | 99.7 | 34634 | 89.9 |
| 湖南 | 33145 | 32433 | 97.9 | 33020 | 99.6 | 29626 | 89.4 |
| 广东 | 99568 | 94702 | 95.1 | 98919 | 99.3 | 81562 | 81.9 |
| 广西 | 15077 | 14633 | 97.1 | 15020 | 99.6 | 12133 | 80.5 |
| 海南 | 2838 | 2748 | 96.8 | 2810 | 99.0 | 2421 | 85.3 |
| 重庆 | 23388 | 22823 | 97.6 | 23350 | 99.8 | 19960 | 85.3 |
| 四川 | 36883 | 36088 | 97.8 | 36807 | 99.8 | 31891 | 86.5 |
| 贵州 | 14216 | 13633 | 95.9 | 14080 | 99.0 | 11537 | 81.2 |
| 云南 | 15145 | 14729 | 97.3 | 15106 | 99.7 | 12426 | 82.0 |
| 西藏 | 623 | 595 | 95.5 | 612 | 98.2 | 510 | 81.9 |
| 陕西 | 18859 | 18123 | 96.1 | 18798 | 99.7 | 16056 | 85.1 |
| 甘肃 | 8448 | 8153 | 96.5 | 8422 | 99.7 | 7212 | 85.4 |
| 青海 | 2150 | 2081 | 96.8 | 2139 | 99.5 | 1776 | 82.6 |
| 宁夏 | 3314 | 3229 | 97.4 | 3305 | 99.7 | 2763 | 83.4 |
| 新疆 | 10103 | 9844 | 97.4 | 10073 | 99.7 | 7697 | 76.2 |

# 8-4-3 分地区电子商务应用情况

| 地 区 | 企业数(个) | 有电子商务交易的企业(个) | 比重(%) | 有电子商务销售的企业(个) | 比重(%) | 有电子商务采购的企业(个) | 比重(%) | 电子商务销售额(亿元) | 电子商务采购额(亿元) |
|---|---|---|---|---|---|---|---|---|---|
| **全 国** | **943843** | **102761** | **10.9** | **68884** | **7.3** | **62794** | **6.7** | **107321.78** | **63347.24** |
| 北 京 | 31523 | 5661 | 18.0 | 3429 | 10.9 | 3148 | 10.0 | 12026.69 | 9340.64 |
| 天 津 | 18640 | 1575 | 8.4 | 925 | 5.0 | 1008 | 5.4 | 3034.98 | 1434.81 |
| 河 北 | 29468 | 2473 | 8.4 | 1730 | 5.9 | 1435 | 4.9 | 2416.07 | 1045.53 |
| 山 西 | 13761 | 1110 | 8.1 | 770 | 5.6 | 568 | 4.1 | 680.31 | 621.37 |
| 内蒙古 | 11383 | 861 | 7.6 | 563 | 4.9 | 486 | 4.3 | 1587.57 | 1026.94 |
| 辽 宁 | 24964 | 1453 | 5.8 | 916 | 3.7 | 873 | 3.5 | 2125.12 | 1058.28 |
| 吉 林 | 15694 | 807 | 5.1 | 501 | 3.2 | 495 | 3.2 | 504.66 | 236.09 |
| 黑龙江 | 11121 | 618 | 5.6 | 406 | 3.7 | 368 | 3.3 | 299.31 | 238.90 |
| 上 海 | 31740 | 3979 | 12.5 | 2009 | 6.3 | 2586 | 8.1 | 16037.73 | 8175.78 |
| 江 苏 | 103749 | 10008 | 9.6 | 6663 | 6.4 | 6900 | 6.7 | 5351.93 | 4406.27 |
| 浙 江 | 82030 | 12240 | 14.9 | 8903 | 10.9 | 6855 | 8.4 | 6846.78 | 2261.63 |
| 安 徽 | 39318 | 5001 | 12.7 | 3420 | 8.7 | 3370 | 8.6 | 2894.69 | 1967.69 |
| 福 建 | 42403 | 5158 | 12.2 | 3933 | 9.3 | 2534 | 6.0 | 2399.31 | 877.94 |
| 江 西 | 22437 | 1637 | 7.3 | 1375 | 6.1 | 911 | 4.1 | 2288.08 | 657.61 |
| 山 东 | 84057 | 8358 | 9.9 | 5869 | 7.0 | 5225 | 6.2 | 9890.22 | 6349.15 |
| 河 南 | 59267 | 4011 | 6.8 | 2827 | 4.8 | 2502 | 4.2 | 4135.32 | 1596.41 |
| 湖 北 | 38531 | 4359 | 11.3 | 2757 | 7.2 | 3050 | 7.9 | 2741.03 | 1455.18 |
| 湖 南 | 33145 | 3603 | 10.9 | 2413 | 7.3 | 2362 | 7.1 | 2227.46 | 966.69 |
| 广 东 | 99568 | 11542 | 11.6 | 7690 | 7.7 | 6783 | 6.8 | 17595.10 | 12854.75 |
| 广 西 | 15077 | 1660 | 11.0 | 1052 | 7.0 | 1031 | 6.8 | 970.88 | 637.80 |
| 海 南 | 2838 | 521 | 18.4 | 371 | 13.1 | 278 | 9.8 | 525.97 | 263.32 |
| 重 庆 | 23388 | 2716 | 11.6 | 1703 | 7.3 | 1703 | 7.3 | 3210.17 | 1228.91 |
| 四 川 | 36883 | 5120 | 13.9 | 3057 | 8.3 | 3365 | 9.1 | 2381.21 | 1228.81 |
| 贵 州 | 14216 | 1767 | 12.4 | 1184 | 8.3 | 1085 | 7.6 | 1518.68 | 845.01 |
| 云 南 | 15145 | 1996 | 13.2 | 1334 | 8.8 | 1224 | 8.1 | 1249.72 | 617.05 |
| 西 藏 | 623 | 109 | 17.5 | 80 | 12.8 | 61 | 9.8 | 73.13 | 40.27 |
| 陕 西 | 18859 | 2300 | 12.2 | 1573 | 8.3 | 1392 | 7.4 | 1047.54 | 698.38 |
| 甘 肃 | 8448 | 886 | 10.5 | 582 | 6.9 | 555 | 6.6 | 324.98 | 376.30 |
| 青 海 | 2150 | 233 | 10.8 | 169 | 7.9 | 127 | 5.9 | 441.73 | 449.44 |
| 宁 夏 | 3314 | 371 | 11.2 | 260 | 7.8 | 188 | 5.7 | 169.23 | 117.69 |
| 新 疆 | 10103 | 628 | 6.2 | 420 | 4.2 | 326 | 3.2 | 326.19 | 272.62 |

# 8-4-4 按行业分企业信息化基本情况

单位：个

| 行业 | 企业数 | 使用计算机的企业 | 比重(%) | 使用互联网的企业 | 比重(%) | 有网站的企业 | 比重(%) |
|---|---|---|---|---|---|---|---|
| **总　计** | **943843** | **941282** | **99.7** | **940015** | **99.6** | **466048** | **49.4** |
| 采矿业 | 11939 | 11890 | 99.6 | 11840 | 99.2 | 4258 | 35.7 |
| 制造业 | 348812 | 348392 | 99.9 | 348008 | 99.8 | 210765 | 60.4 |
| 电力、热力、燃气及水的生产和供应业 | 10448 | 10432 | 99.8 | 10402 | 99.6 | 5109 | 48.9 |
| 建筑业 | 94422 | 94017 | 99.6 | 93847 | 99.4 | 37758 | 40.0 |
| 批发和零售业 | 191624 | 191241 | 99.8 | 190935 | 99.6 | 76195 | 39.8 |
| 交通运输、仓储和邮政业 | 38746 | 38638 | 99.7 | 38606 | 99.6 | 15413 | 39.8 |
| 住宿和餐饮业 | 45160 | 45093 | 99.9 | 44981 | 99.6 | 19932 | 44.1 |
| 信息传输、软件和信息技术服务业 | 16342 | 16276 | 99.6 | 16282 | 99.6 | 12746 | 78.0 |
| 房地产业 | 103190 | 102396 | 99.2 | 102281 | 99.1 | 38431 | 37.2 |
| 租赁和商务服务业 | 33003 | 32847 | 99.5 | 32837 | 99.5 | 17438 | 52.8 |
| 科学研究和技术服务业 | 20538 | 20496 | 99.8 | 20466 | 99.6 | 12323 | 60.0 |
| 水利、环境和公共设施管理业 | 5336 | 5320 | 99.7 | 5311 | 99.5 | 2653 | 49.7 |
| 居民服务、修理和其他服务业 | 6515 | 6501 | 99.8 | 6484 | 99.5 | 2569 | 39.4 |
| 教育 | 4986 | 4983 | 99.9 | 4981 | 99.9 | 2784 | 55.8 |
| 卫生和社会工作 | 5057 | 5053 | 99.9 | 5052 | 99.9 | 3364 | 66.5 |
| 文化、体育和娱乐业 | 7725 | 7707 | 99.8 | 7702 | 99.7 | 4310 | 55.8 |

# 8-4-5 按行业分企业信息化应用情况

单位：个

| 行业 | 企业数 | 采用信息化管理的企业 | 比重(%) | 通过互联网开展有关生产经营活动的企业 | 比重(%) | 通过互联网进行宣传和推广的企业 | 比重(%) |
|---|---|---|---|---|---|---|---|
| **总　计** | **943843** | **916358** | **97.1** | **940015** | **99.6** | **804007** | **85.2** |
| 采矿业 | 11939 | 11636 | 97.5 | 11840 | 99.2 | 9343 | 78.3 |
| 制造业 | 348812 | 341448 | 97.9 | 348008 | 99.8 | 313945 | 90.0 |
| 电力、热力、燃气及水的生产和供应业 | 10448 | 10289 | 98.5 | 10402 | 99.6 | 7993 | 76.5 |
| 建筑业 | 94422 | 91317 | 96.7 | 93847 | 99.4 | 75650 | 80.1 |
| 批发和零售业 | 191624 | 185224 | 96.7 | 190935 | 99.6 | 156995 | 81.9 |
| 交通运输、仓储和邮政业 | 38746 | 37504 | 96.8 | 38606 | 99.6 | 30703 | 79.2 |
| 住宿和餐饮业 | 45160 | 43603 | 96.6 | 44981 | 99.6 | 39559 | 87.6 |
| 信息传输、软件和信息技术服务业 | 16342 | 15985 | 97.8 | 16282 | 99.6 | 15285 | 93.5 |
| 房地产业 | 103190 | 99152 | 96.1 | 102281 | 99.1 | 83428 | 80.8 |
| 租赁和商务服务业 | 33003 | 31759 | 96.2 | 32837 | 99.5 | 27531 | 83.4 |
| 科学研究和技术服务业 | 20538 | 19884 | 96.8 | 20466 | 99.6 | 17981 | 87.5 |
| 水利、环境和公共设施管理业 | 5336 | 5147 | 96.5 | 5311 | 99.5 | 4417 | 82.8 |
| 居民服务、修理和其他服务业 | 6515 | 6189 | 95.0 | 6484 | 99.5 | 5141 | 78.9 |
| 教育 | 4986 | 4827 | 96.8 | 4981 | 99.9 | 4507 | 90.4 |
| 卫生和社会工作 | 5057 | 4981 | 98.5 | 5052 | 99.9 | 4515 | 89.3 |
| 文化、体育和娱乐业 | 7725 | 7413 | 96.0 | 7702 | 99.7 | 7014 | 90.8 |

# 8-4-6 按行业分企业电子商务应用情况

| 行业 | 企业数（个） | 有电子商务交易的企业（个） | 比重（%） | 有电子商务销售的企业（个） | 比重（%） | 有电子商务采购的企业（个） | 比重（%） | 电子商务销售额（亿元） | 电子商务采购额（亿元） |
|---|---|---|---|---|---|---|---|---|---|
| **总计** | **943843** | **102761** | **10.9** | **68884** | **7.3** | **62794** | **6.7** | **107321.78** | **63347.24** |
| 采矿业 | 11939 | 388 | 3.2 | 145 | 1.2 | 338 | 2.8 | 687.78 | 647.01 |
| 制造业 | 348812 | 39529 | 11.3 | 27181 | 7.8 | 26348 | 7.6 | 41682.04 | 27691.06 |
| 电力、热力、燃气及水的生产和供应业 | 10448 | 831 | 8.0 | 149 | 1.4 | 742 | 7.1 | 277.27 | 5529.51 |
| 建筑业 | 94422 | 4530 | 4.8 | 626 | 0.7 | 4329 | 4.6 | 61.60 | 3467.02 |
| 批发和零售业 | 191624 | 20740 | 10.8 | 16945 | 8.8 | 9865 | 5.1 | 44035.65 | 22293.34 |
| 交通运输、仓储和邮政业 | 38746 | 2623 | 6.8 | 1333 | 3.4 | 1851 | 4.8 | 3843.95 | 220.58 |
| 住宿和餐饮业 | 45160 | 14571 | 32.3 | 13854 | 30.7 | 4571 | 10.1 | 482.29 | 27.61 |
| 信息传输、软件和信息技术服务业 | 16342 | 4485 | 27.4 | 2538 | 15.5 | 3201 | 19.6 | 11274.57 | 1487.41 |
| 房地产业 | 103190 | 5174 | 5.0 | 797 | 0.8 | 4786 | 4.6 | 96.05 | 27.44 |
| 租赁和商务服务业 | 33003 | 3568 | 10.8 | 1784 | 5.4 | 2562 | 7.8 | 3862.85 | 1663.48 |
| 科学研究和技术服务业 | 20538 | 1951 | 9.5 | 611 | 3.0 | 1678 | 8.2 | 650.06 | 246.82 |
| 水利、环境和公共设施管理业 | 5336 | 862 | 16.2 | 647 | 12.1 | 465 | 8.7 | 43.15 | 12.34 |
| 居民服务、修理和其他服务业 | 6515 | 582 | 8.9 | 289 | 4.4 | 435 | 6.7 | 14.47 | 11.13 |
| 教育 | 4986 | 364 | 7.3 | 131 | 2.6 | 304 | 6.1 | 29.72 | 1.21 |
| 卫生和社会工作 | 5057 | 496 | 9.8 | 162 | 3.2 | 407 | 8.0 | 2.87 | 14.27 |
| 文化、体育和娱乐业 | 7725 | 2067 | 26.8 | 1692 | 21.9 | 912 | 11.8 | 277.47 | 7.01 |

# 【主要统计指标解释】

**计算机（数）** 指企业（单位）在生产经营中使用的计算机，包括台式机、笔记本电脑和平板电脑。

**互联网** 指在世界范围内的公共计算机网络。它提供一系列通信服务（包括万维网）的接入，并传送电子邮件、新闻、娱乐和数据文件等。

**网站** 指在公共互联网上，面向公众使用的，基于TCP/IP协议的计算机系统，以域名本身或者“WWW.+域名”为网址的web站点，由地址、软件、硬件和内容组成。

**全年电子商务销售金额** 指报告期内企业（单位）借助网络订单而销售的商品和服务总额。借助网络订单指通过网络接受订单。付款和配送可以不借助于互联网。

**全年电子商务采购金额** 指报告期内企业（单位）借助网络订单而采购的商品和服务总额。借助网络订单指通过网络发送订单。付款和配送可以不借助于互联网。

# 8 派生产业情况

## 8–5 派生服务业

## 简要说明

**一、主要内容**

本篇资料主要内容是 2016 年派生服务业企业法人单位主要指标。

**二、统计范围**

规模以上服务业：年营业收入 1000 万元及以上，或年末从业人员 50 人及以上服务业法人单位，包括：交通运输、仓储和邮政业，信息传输、软件和信息技术服务业，租赁和商务服务业，科学研究和技术服务业，水利、环境和公共设施管理业，教育，卫生和社会工作；以及物业管理、房地产中介服务、自有房地产经营活动和其他房地产业等行业；年营业收入 500 万元及以上，或年末从业人员 50 人及以上服务业法人单位，包括：居民服务业、修理和其他服务业，文化、体育和娱乐业。

**三、统计调查方法**

规模以上服务业企业法人单位为全面调查。

**四、资料来源**

规模以上服务业数据来自《规模以上服务业统计报表制度》调查结果，按照相关国家统计分类标准，对企业进行认定，汇总各类派生服务业企业法人单位主要指标。

**五、其他**

由于数据四舍五入影响，合计数与各分项之和可能存在细微偏差。

# 8-5-1 规模以上服务业企业中派生服务业主要指标

| | 单位数<br>(个) | 营业收入<br>(亿元) | 资产总计<br>(亿元) | 从业人员平均人数<br>(万人) |
|---|---|---|---|---|
| 高技术服务业 | 35110 | 50081.3 | 119520.0 | 613.3 |
| 科技服务业 | 33792 | 37959.9 | 80165.1 | 485.9 |
| 生产性服务业 | 102474 | 116098.4 | 589229.9 | 1636.1 |
| 生活性服务业 | 50204 | 40602.5 | 136285.5 | 1123.9 |
| 健康服务业 | 6810 | 2940.4 | 6290.9 | 100.8 |
| 体育服务业 | 1489 | 606.0 | 4185.5 | 14.8 |
| 旅游服务业 | 10947 | 15700.2 | 63727.3 | 272.5 |
| 养老服务业 | 102 | 12.3 | 37.8 | 0.8 |
| 文化及相关产业服务业 | 24763 | 25279.6 | 54297.3 | 294.7 |

# 【主要统计指标解释】

**资产总计** 指企业过去的交易或者事项形成的、由企业拥有或者控制的、预期会给企业带来经济利益的资源。资产一般按流动性（资产的变现或耗用时间长短）分为流动资产和非流动资产。其中流动资产可分为货币资金、交易性金融资产、应收票据、应收账款、预付款项、其他应收款、存货等；非流动资产可分为长期股权投资、固定资产、无形资产及其他非流动资产等。根据会计“资产负债表”中“资产总计”项目的期末余额数填报。

执行《企业会计准则》或《小企业会计准则》的企业：资产总计=流动资产合计+非流动资产合计；执行其他企业会计制度的企业资产包括流动资产、长期投资、固定资产、无形资产和其他资产等。

**营业收入** 指企业经营主要业务和其他业务所确认的收入总额。营业收入合计包括“主营业务收入”和“其他业务收入”。根据会计“利润表”中“营业收入”项目的本期金额数填报。

# 9 港澳台第三产业情况

9-1　香港第三产业情况

## 简要说明

一、本章资料反映香港特别行政区主要社会、经济发展情况。内容包括:土地、人口、就业、国民收入、国际收支平衡、工业、能源、建筑、运输、对外贸易、政府收支及金融、教育、房屋、卫生、社会保障等方面。

二、本章由香港特别行政区政府统计处向有关政府决策局/部门及公营机构搜集数据,国家统计局国际统计信息中心负责整理、编辑。

三、在统计工作方面,按中华人民共和国“香港特别行政区基本法”的有关原则,香港特别行政区保留其单独运作的统计系统,并负责编制和发布反映香港特别行政区情况的统计数据。由于香港和内地在使用统计名词及概念方面会有所不同,读者在比较两地数据时,请参考本章末的“主要统计指标解释”。

四、香港特别行政区是单独的关税地区,香港与内地之间的贸易,亦需办理进出口报关。在贸易统计方面,香港特别行政区对外贸易统计数据亦包括香港特别行政区与内地的贸易。

五、在外汇统计及与之有关的各方面,港币是香港特别行政区的法定货币,因此,除港币以外的货币(包括人民币)均视作外币。

六、更详细的统计资料及有关的技术细节,可参阅香港特别行政区政府统计处出版的《香港统计月刊》、《香港统计年刊》及各专题统计出版物。

七、本章节表中的符号使用说明:

本章节表中使用的符号含义如下: “-”表示不适用;“空格”表示没有数字;“#”表示临时数字;“§”表示数字少于单位的一半。

# 9-1-1 主要统计指标概况

| 项目 | | 2012 | 2013 | 2014 | 2015 | 2016 |
|---|---|---|---|---|---|---|
| 香港陆地面积① | (平方公里) | 1104 | 1104 | 1106 | 1106 | 1106 |
| 香港岛 | | 81 | 81 | 81 | 81 | 81 |
| 九龙 | | 47 | 47 | 47 | 47 | 47 |
| 新界 | | 976 | 976 | 978 | 978 | 978 |
| 人口 | | | | | | |
| 年中人口 | (万人) | 715 | 717.9 | 723 | 729.1 | 733.7 |
| 粗出生率 | (‰) | 12.8 | 8.0 | 8.6 | 8.2 | 8.3# |
| 粗死亡率 | (‰) | 6.1 | 6.0 | 6.2 | 6.3 | 6.4# |
| 婴儿死亡率 | (‰) | 1.5 | 1.8 | 1.7 | 1.4 | 1.5# |
| (按每千名登记活产婴儿计算) | | | | | | |
| 劳工 | | | | | | |
| 劳动人口 | (万人) | 378.2 | 385.5 | 387.1 | 390.3 | 392.0 |
| 劳动人口参与率 | (%) | 60.5 | 61.2 | 61.1 | 61.1 | 61.1 |
| 失业率 | (%) | 3.3 | 3.4 | 3.3 | 3.3 | 3.4 |
| 就业人数 | (万人) | 365.8 | 372.4 | 374.3 | 377.4 | 378.7 |
| 选定行业的就业人数 | (万人) | | | | | |
| 制造 | | 13.3 | 12.6 | 13.0 | 11.3 | 11.8 |
| 建筑 | | 29.0 | 30.9 | 31.0 | 31.7 | 32.8 |
| 进出口贸易及批发 | | 56.2 | 52.2 | 50.2 | 48.0 | 46.5 |
| 零售、住宿②及膳食服务③ | | 58.7 | 60.9 | 63.3 | 62.5 | 62.0 |
| 运输、仓库、邮政及速递服务、资讯及通讯 | | 43.4 | 44.4 | 44.6 | 45.5 | 45.0 |
| 金融、保险、地产、专业及商用服务 | | 69.1 | 71.4 | 73.3 | 75.0 | 76.2 |
| 公共行政、社会及个人服务 | | 93.7 | 98 | 96.7 | 100.8 | 101.8 |
| 实际工资指数④ | (1992年9月=100) | 119 | 119 | 116 | 118 | 121 |
| 对外贸易 | | | | | | |
| 商品贸易 | | | | | | |
| 进口 | (亿港元) | 39122 | 40607 | 42190 | 40464 | 40084 |
| 港产品出口 | (亿港元) | 588 | 544 | 553 | 469 | 429 |
| 转口 | (亿港元) | 33755 | 35053 | 36175 | 35584 | 35454 |
| 服务贸易 | | | | | | |
| 服务出口⑤ | (亿港元) | 7640 | 8126 | 8291 | 8089 | 7670# |
| 服务进口⑤ | (亿港元) | 5943 | 5832 | 5735 | 5743 | 5775# |
| 国民收入及国际收支平衡 | | | | | | |
| 本地生产总值 | | | | | | |
| 按2015年环比物量计算⑥ | | | | | | |
| 年增长率 | (%) | 1.7 | 3.1 | 2.8 | 2.4 | 2.0 |
| 本地生产总值 | (亿港元) | 22108.0 | 22794 | 23424.0 | 23984 | 24475 |
| 人均本地生产总值 | (港元) | 309201 | 317512 | 323999 | 328945 | 333601 |
| 按当年价格计算 | | | | | | |
| 年增长率 | (%) | 5.3 | 5.0 | 5.7 | 6.1 | 3.9 |
| 本地生产总值 | (亿港元) | 20371 | 21383 | 22600 | 23984 | 24910 |
| 人均本地生产总值 | (港元) | 284899 | 297860 | 312609 | 328945 | 339531 |
| 本地居民总收入 | | | | | | |
| 按当年价格计算 | | | | | | |
| 本地居民总收入 | (亿港元) | 20665 | 21788 | 23066 | 24428# | 25751 |
| 人均本地居民总收入 | (港元) | 289019 | 303504 | 319056 | 335031# | 350996 |
| 对外初次收入流量净值 | (亿港元) | 295 | 405 | 466 | 444 | 841 |

9-1-1 续表 1

| 项　　目 | 2012 | 2013 | 2014 | 2015 | 2016 |
|---|---|---|---|---|---|
| 国际收支平衡 | | | | | |
| 经常帐户 (亿港元) | 322 | 325 | 315 | 796 | 1155 |
| 资本及金融帐户 (亿港元) | -677 | -863 | -738 | -1286 | -1228 |
| 净误差及遗漏 (亿港元) | 355 | 538 | 423 | 491 | 73 |
| 整体的国际收支 (亿港元) | 1889<br>(盈余)<br>(in surplus) | 579<br>(盈余)<br>(in surplus) | 1391<br>(盈余)<br>(in surplus) | 2820<br>(盈余)<br>(in surplus) | 89<br>(盈余)<br>(in surplus) |
| 国际投资头寸⑦ | | | | | |
| 国际投资头寸净值⑧ (亿港元) | 55918 | 58770 | 67488 | 77747 | 91550 |
| 对外金融资产 (亿港元) | 268580 | 291248 | 323915 | 338245 | 354972 |
| 对外金融负债 (亿港元) | 212662 | 232478 | 256427 | 260497 | 263422 |
| 消费价格指数 (2014年10月至2015年9月=100) | | | | | |
| 综合消费价格指数 | 89.6 | 93.5 | 97.7 | 100.6 | 103.0 |
| 甲类消费价格指数 | 87.2 | 91.7 | 96.8 | 100.6 | 103.5 |
| 乙类消费价格指数 | 90.2 | 93.9 | 97.8 | 100.6 | 102.9 |
| 丙类消费价格指数 | 91.6 | 95.1 | 98.4 | 100.5 | 102.6 |
| 工业生产 | | | | | |
| 工业生产指数(2008年=100) | 94.9 | 95 | 94.6 | 93.2 | 92.7 |
| 工业电力消费量 (万亿焦耳) | 11281.76 | 11190 | 11281 | 11436 | 11252 |
| 工业煤气消费量 (万亿焦耳) | 1330.94 | 1612 | 1673 | 1649 | 1477 |
| 房屋及物业 | | | | | |
| 永久性居住屋宇单位⑨ (万个) | | | | | |
| 公营租住房屋⑩ | 76.81 | 77.21 | 78.15 | 78.32 | 78.67 |
| 资助出售单位⑪ | 39.09 | 39.16 | 39.39 | 39.60 | 39.89 |
| 私人永久性房屋⑪ | 147.06 | 148.40 | 149.65 | 151.64 | 154.79 |
| 总计 | 262.96 | 264.77 | 267.19 | 269.56 | 273.35 |
| 新落成私人楼宇 | | | | | |
| 楼宇数目 (栋) | 601 | 678 | 466 | 612 | 556 |
| 实用楼面面积 (万平方米) | | | | | |
| 住宅⑫ | 55.8 | 34.8 | 64.5 | 58.5 | 63.7 |
| 非住宅 | 83.7 | 48.3 | 45.4 | 44.8 | 59.2 |
| 获批准可动工兴建私人楼宇 (栋) | | | | | |
| 初次呈交 | 266 | 448 | 362 | 486 | 383 |
| 重大修改 | 114 | 522 | 219 | 159 | 163 |
| 政府收支、金融、保险 (亿港元) | | | | | |
| 政府储备结余⑬⑭ | 7339 | 7557 | 8285 | 8429 | 9537 |
| 政府收入总额⑭⑮ | 4422 | 4553 | 4787 | 4500 | 5731 |
| 政府开支总额⑭⑮ | 3773 | 4335 | 3962 | 4356 | 4623 |
| 货币供应量M3 | | | | | |
| 港元⑯ | 45456 | 48060 | 52362 | 57788 | 62926 |
| 外币⑰ | 44248 | 52792 | 58128 | 58762 | 62586 |
| 总计 | 89704 | 100852 | 110489 | 116550 | 125512 |
| 港汇指数(贸易总值(进口及整体出口)加权) (2010年1月=100)⑱ | 94.9 | 94.9 | 96.0 | 101.3 | 104.1 |
| 运输、通讯、旅游 | | | | | |
| 进出香港货物 | | | | | |
| 总卸下 (万吨) | 17214 | 17942 | 20079 | 16887 | 16669 |
| 总装上 (万吨) | 12738 | 12632 | 12553 | 11491 | 11647 |

9-1-1 续表 2

| 项 目 | | 2012 | 2013 | 2014 | 2015 | 2016 |
|---|---|---|---|---|---|---|
| 集装箱吞吐量 | (万标准集装箱) | 2312 | 2235 | 2223 | 2007 | 1981 |
| 电话服务 | (万条操作线路) | 425 | 432 | 432 | 421 | 421 |
| 访港旅客⑲ | (万人次) | 4862 | 5430 | 6084 | 5931 | 5666 |
| 教育 | (人) | | | | | |
| 小学学生人数 | | 317442 | 320918 | 329300 | 337558 | 349008 |
| 中学学生人数⑳ | | 422134 | 398372 | 375603 | 354698 | 339849 |
| 教资会资助大学学生人数㉑ | | 196800 | 195147 | 190544 | 189484 | 188079 |
| 卫生 | | | | | | |
| 医生 | (人) | 13006 | 13203 | 13417 | 13726 | 14013 |
| 注册中医 | (人) | 6565 | 6743 | 6898 | 7071 | 7262 |
| 病床 | (张) | 36579 | 36720 | 37322 | 38287 | 39090 |
| 社会保障 | | | | | | |
| 综合社会保障援助⑬ | | | | | | |
| 个案数目 | (个) | 267623 | 259422 | 251099 | 242903 | 236522 |
| 发放款项 | (亿港元) | 198 | 195 | 207 | 223 | 223# |
| 公共福利金⑬ | | | | | | |
| 个案数目 | (个) | 693389 | 748797 | 778941 | 808909 | 846028 |
| 发放款项 | (亿港元) | 106 | 189 | 186 | 217 | 221# |
| 交通意外伤亡援助⑬ | | | | | | |
| 获批个案数目 | (个) | 7430 | 7675 | 7413 | 7148 | 7340 |

注：①2014年前的数字是该年6月底的数据，而2014年及之后的数字是该年10月底的数据。面积包括不在区议会分区内的落马州河套。

②住宿服务包括酒店、宾馆、旅舍及其他提供短期住宿服务的机构单位。

③零售、住宿及膳食服务业合计通常被称为「与消费及旅游相关行业」。

④实际工资指数是按其名义指数扣除以2014/15年为基期的甲类消费价格指数而计算出来。

⑤数字已采纳《2010年国际服务贸易统计手册》内最新的国际建议，包括服务分类及编制方法，以及采用所有权转移原则来记录货品加工及转手商贸活动。

⑥以环比物量计算的本地生产总值及其组成部分的参照年，已由2014年重订为2015年。重订参照年会影响以环比物量计算的数值，但不会影响其变动率。

⑦期末头寸。

⑧国际投资头寸净值是对外金融资产总值与对外金融负债总值之间的差额。

⑨数字包括所有住宅屋宇单位及非住宅楼宇内已知作居所用途的屋宇单位，但不包括非住宅用途、酒店及院舍内供住院或在囚人士居住的屋宇单位。

⑩数字不包括房屋委员会售出的公营租住房屋单位。

⑪数字包括房屋委员会及香港房屋协会售出而不可在公开市场买卖的屋宇单位。可在公开市场买卖的资助出售单位则归类为私人永久性房屋。

⑫数字包括住宅楼宇内用作非住宅用途的实用楼面面积，例如：会所/娱乐设施、管理员办事处/宿舍、电机房等。

⑬数字是以相应的财政年度为根据。例如2016年的数字代表2016至2017财政年度数字。

⑭2016/17年度的数字有待审计署署长核实。

⑮数字不包括“政府一般收入帐目及各基金之间的转拨”。

⑯所列数字已包括外币掉期存款。

⑰所列数字已扣除外币掉期存款。《中华人民共和国香港特别行政区基本法》说明，港元是香港特别行政区的法定货币。外币指港元以外的其他货币，因而人民币亦视作外币。

⑱由2012年1月3日起公布的新系列。

⑲访港旅客数字包括经澳门访港的非澳门居民。

⑳数字涵盖日、夜校。

㉑是指香港城市大学、香港浸会大学、岭南大学、香港中文大学、香港教育大学、香港理工大学、香港科技大学和香港大学就读学生。数字包括大学教育资助委员会(教资会)资助课程及教资会资助院校本部和辖下持续进修部门开办的本地经评审自资课程的学生人数。

# 9—1—2　按当年价格计算的生产法本地生产总值

单位：亿港元

| 经济活动 | 2011 | 2012 | 2013 | 2014 | 2015 |
|---|---|---|---|---|---|
| **本地生产总值** | **19344.30** | **20370.59** | **21383.05** | **22600.05** | **23984.37** |
| **农业、渔业、采矿及采石①** | **9.44** | **11.14** | **12.25** | **14.96** | **16.30** |
| **工业** | **1299.40** | **1394.26** | **1485.64** | **1597.25** | **1692.72** |
| 制造 | 305.78 | 306.00 | 301.56 | 278.85 | 267.16 |
| 电力、燃气和自来水供应及废弃物管理 | 338.77 | 353.82 | 351.19 | 356.36 | 346.53 |
| 建筑 | 654.84 | 734.45 | 832.88 | 962.05 | 1079.02 |
| **服务业** | **17701.66** | **18724.98** | **19482.92** | **20447.50** | **21546.03** |
| 进出口贸易、批发及零售 | 4929.00 | 5115.37 | 5237.41 | 5315.41 | 5278.22 |
| 住宿及膳食服务② | 664.21 | 720.44 | 754.13 | 787.25 | 781.34 |
| 运输、仓库、邮政及速递服务 | 1200.34 | 1206.09 | 1254.65 | 1376.58 | 1500.73 |
| 资讯及通讯 | 629.52 | 708.66 | 761.45 | 777.61 | 808.13 |
| 金融及保险 | 3052.82 | 3193.12 | 3462.48 | 3679.89 | 4099.33 |
| 地产、专业及商用服务 | 2139.87 | 2324.16 | 2257.89 | 2394.34 | 2527.14 |
| 公共行政、社会及个人服务 | 3135.85 | 3376.78 | 3563.26 | 3795.88 | 4074.67 |
| 楼宇业权 | 1950.05 | 2080.36 | 2191.66 | 2320.53 | 2476.48 |
| **产品税** | **694.01** | **635.75** | **753.14** | **832.36** | **954.33** |
| **统计差额③** | **-1.9%** | **-1.9%** | **-1.6%** | **-1.3%** | **-0.9%** |

注：以上统计数字是按“香港标准行业分类2.0版”编制。
①由于要为采矿及采石业个别机构单位的数据保密，因此采矿及采石业的数字会包括在「农业、渔业、采矿及采石」内。
②住宿服务包括酒店、宾馆、旅舍及其他提供短期住宿服务的机构单位。
③统计差额是以当年价格计算，以支出法编制的本地生产总值与以生产法编制的本地生产总值之间的差额。这差额是由于在编制过程中数据来源及估算方法有所不同而引致的。统计差额是以占本地生产总值的百分比形式作表达。

# 9—1—3　按行业划分的就业人数

单位：万人

| 行　　业 | 2012 | 2013 | 2014 | 2015 | 2016 |
|---|---|---|---|---|---|
| 制造 | 13.3 | 12.6 | 13.0 | 11.3 | 11.8 |
| 建筑 | 29.0 | 30.9 | 31.0 | 31.7 | 32.8 |
| 进出口贸易及批发 | 56.2 | 52.2 | 50.2 | 48.0 | 46.5 |
| 零售、住宿及膳食服务① | 58.7 | 60.9 | 63.3 | 62.5 | 62.0 |
| 运输、仓库、邮政及速递服务、资讯及通讯 | 43.4 | 44.4 | 44.6 | 45.5 | 45.0 |
| 金融、保险、地产、专业及商用服务 | 69.1 | 71.4 | 73.3 | 75.0 | 76.2 |
| 公共行政、社会及个人服务 | 93.7 | 97.5 | 96.7 | 100.8 | 101.8 |
| 其它 | 2.4 | 2.3 | 2.3 | 2.5 | 2.6 |
| **总计** | **365.8** | **372.4** | **374.3** | **377.4** | **378.7** |

注：以上数字是根据每年1月至12月进行的“综合住户统计调查”结果，以及由政府统计处与跨部门人口分布推算小组共同按区议会分区划分年中人口估计数字而编制。
①住宿服务包括酒店、宾馆、旅舍及其他提供短期住宿服务的机构单位。

# 9–1–4 按行业划分的名义和实际工资指数

(1992年9月=100)

| 行业主类 | 2011 | 2012 | 2013 | 2014 | 2015 | 2016 |
|---|---|---|---|---|---|---|
| 名义工资指数 | | | | | | |
| 制造 | 170.0 | 172.8 | 180.9 | 191.1 | 199.1 | 206.8 |
| 进出口贸易、批发及零售 | 188.1 | 195.1 | 198.8 | 204.7 | 210.5 | 216.3 |
| 运输 | 161.8 | 166.4 | 173.2 | 181.7 | 189.1 | 195.3 |
| 住宿及餐饮服务活动① | 150.6 | 163.2 | 169.4 | 176.8 | 186.2 | 195.1 |
| 金融及保险活动 | 190.3 | 201.8 | 207.5 | 215.4 | 222.8 | 230.0 |
| 地产租赁及保养管理 | 186.6 | 199.8 | 219.2 | 223.6 | 231.7 | 239.9 |
| 专业及商业服务 | 185.8 | 192.7 | 208.3 | 221.3 | 236.8 | 247.5 |
| 个人服务 | 222.0 | 240.7 | 253.8 | 271.9 | 287.8 | 301.9 |
| 所有选定行业② | 178.3 | 187.5 | 195.2 | 203.3 | 211.9 | 219.6 |
| 实际工资指数③ | | | | | | |
| 制造 | 112.4 | 109.6 | 110.0 | 108.8 | 110.5 | 113.6 |
| 进出口贸易、批发及零售 | 124.3 | 123.7 | 120.9 | 116.6 | 116.9 | 118.8 |
| 运输 | 106.9 | 105.5 | 105.3 | 103.5 | 105.0 | 107.3 |
| 住宿及餐饮服务活动① | 99.6 | 103.5 | 103.0 | 100.7 | 103.4 | 107.2 |
| 金融及保险活动 | 125.8 | 128.0 | 126.2 | 122.7 | 123.7 | 126.3 |
| 地产租赁及保养管理 | 123.3 | 126.7 | 133.3 | 127.3 | 128.7 | 131.8 |
| 专业及商业服务 | 122.8 | 122.2 | 126.7 | 126.0 | 131.5 | 135.9 |
| 个人服务 | 146.7 | 152.6 | 154.4 | 154.8 | 159.8 | 165.8 |
| 所有选定行业② | 117.9 | 118.9 | 118.7 | 115.8 | 117.7 | 120.7 |

注：指有关年度12月份的数字。
①住宿服务包括酒店、宾馆、旅舍及其他提供短期住宿服务的机构单位。
②指“劳工收入统计调查”内工资统计调查所涵盖的所有行业，包括并没有列出其统计数字的电力及燃气供应业、污水处理及废弃物管理业与出版活动业。
③实际工资指数是按其名义指数扣除以2014/15年为基期的甲类消费价格指数而计算出来。

# 9–1–5 商品进出口贸易总额

单位：亿港元

| 贸易种类 | 2012 | 2013 | 2014 | 2015 | 2016 |
|---|---|---|---|---|---|
| 进口 | 39122 | 40607 | 42190 | 40464 | 40084 |
| 港产品出口 | 588 | 544 | 553 | 469 | 429 |
| 转口 | 33755 | 35053 | 36175 | 35584 | 35454 |
| 整体出口 | 34343 | 35597 | 36728 | 36053 | 35882 |
| 贸易总额 | 73465 | 76204 | 78918 | 76517 | 75966 |
| 商品贸易差额 | -4778 | -5010 | -5463 | -4411 | -4201 |

# 9-1-6 商品进口及港产品出口的主要供应地和目的地

单位：亿港元

| 贸易种类／主要国家／地区 | 2012 | 2013 | 2014 | 2015 | 2016 |
|---|---|---|---|---|---|
| **进口(供应地)** | **39122** | **40607** | **42190** | **40464** | **40084** |
| 中国内地 | 18409 | 19421 | 19870 | 19840 | 19168 |
| 中国台湾 | 2449 | 2619 | 3003 | 2744 | 2921 |
| 新加坡 | 2463 | 2464 | 2608 | 2459 | 2617 |
| 日本 | 3116 | 2863 | 2889 | 2603 | 2467 |
| 美国 | 2045 | 2197 | 2196 | 2109 | 2066 |
| **港产品出口(目的地)** | **588** | **544** | **553** | **469** | **429** |
| 中国内地 | 260 | 248 | 232 | 204 | 186 |
| 美国 | 68 | 54 | 45 | 39 | 36 |
| 新加坡 | 27 | 25 | 25 | 23 | 26 |
| 越南 | 14 | 18 | 21 | 19 | 20 |
| 中国台湾 | 27 | 24 | 30 | 21 | 18 |

# 9-1-7 商品转口的主要来源地和目的地

单位：亿港元

| 贸易种类／主要国家／地区 | 2012 | 2013 | 2014 | 2015 | 2016 |
|---|---|---|---|---|---|
| **转口(目的地)** | **33755** | **35053** | **36175** | **35584** | **35454** |
| 中国内地 | 18317 | 19245 | 19558 | 19161 | 19249 |
| 美国 | 3317 | 3259 | 3370 | 3383 | 3204 |
| 印度 | 763 | 830 | 925 | 1013 | 1162 |
| 日本 | 1428 | 1340 | 1302 | 1217 | 1155 |
| 中国台湾 | 781 | 749 | 763 | 629 | 727 |
| **转口(来源地)** | **33755** | **35053** | **36175** | **35584** | **35454** |
| 中国内地 | 21044 | 21599 | 21683 | 21630 | 20855 |
| 中国台湾 | 2186 | 2592 | 2880 | 2757 | 3067 |
| 韩国 | 1258 | 1399 | 1571 | 1671 | 1868 |
| 日本 | 2281 | 2083 | 2058 | 1862 | 1812 |
| 美国 | 1095 | 1199 | 1251 | 1096 | 1143 |

# 9-1-8 按标准国际贸易分类划分商品进口和出口

单位：亿港元

| 标准国际贸易分类 | 2011 | 2012 | 2013 | 2014 | 2015 | 2016 |
|---|---|---|---|---|---|---|
| **进口** | **37646** | **39122** | **40607** | **42190** | **40464** | **40084** |
| 0 粮食及活动物 | 1389 | 1441 | 1615 | 1791 | 1637 | 1770 |
| 1 饮料及烟叶 | 248 | 250 | 254 | 266 | 301 | 318 |
| 2 除燃料外的非食用未加工材料 | 321 | 302 | 335 | 261 | 232 | 143 |
| 3 矿物燃料、润滑油及有关物质 | 1462 | 1422 | 1375 | 1223 | 938 | 753 |
| 4 动物及植物油、脂肪及蜡 | 17 | 19 | 17 | 15 | 14 | 14 |
| 5 未列明的化学及有关产品 | 1902 | 1820 | 1727 | 1697 | 1579 | 1493 |
| 6 主要按材料分类的制成品 | 4331 | 4169 | 4340 | 4339 | 3843 | 3574 |
| 7 机械和运输设备 | 21128 | 22651 | 23919 | 25672 | 25671 | 26141 |
| 8 杂项制成品 | 6832 | 7031 | 7008 | 6911 | 6234 | 5860 |
| 9 未列入其他分类的货物及交易 | 15 | 16 | 17 | 17 | 16 | 16 |
| **港产品出口** | **657** | **588** | **544** | **553** | **469** | **429** |
| 0 粮食及活动物 | 24 | 25 | 27 | 29 | 32 | 34 |
| 1 饮料及烟叶 | 30 | 34 | 36 | 39 | 41 | 39 |
| 2 除燃料外的非食用未加工材料 | 74 | 63 | 57 | 57 | 46 | 43 |
| 3 矿物燃料、润滑油及有关物质 | 27 | 19 | 17 | 17 | 18 | 17 |
| 4 动物及植物油、脂肪及蜡 | 1 | 2 | 2 | 2 | 2 | 2 |
| 5 未列明的化学及有关产品 | 127 | 117 | 113 | 113 | 93 | 88 |
| 6 主要按材料分类的制成品 | 66 | 61 | 45 | 59 | 35 | 32 |
| 7 机械和运输设备 | 136 | 101 | 81 | 78 | 72 | 66 |
| 8 杂项制成品 | 166 | 159 | 161 | 155 | 126 | 105 |
| 9 未列入其他分类的货物及交易 | 6 | 7 | 5 | 4 | 3 | 4 |
| **转口** | **32716** | **33755** | **35053** | **36175** | **35584** | **35454** |
| 0 粮食及活动物 | 384 | 388 | 421 | 467 | 478 | 580 |
| 1 饮料及烟叶 | 109 | 109 | 117 | 128 | 153 | 158 |
| 2 除燃料外的非食用未加工材料 | 192 | 190 | 209 | 181 | 140 | 82 |
| 3 矿物燃料、润滑油及有关物质 | 46 | 67 | 58 | 49 | 38 | 23 |
| 4 动物及植物油、脂肪及蜡 | 3 | 3 | 3 | 2 | 1 | 1 |
| 5 未列明的化学及有关产品 | 1428 | 1397 | 1344 | 1267 | 1180 | 1085 |
| 6 主要按材料分类的制成品 | 3740 | 3446 | 3568 | 3682 | 3336 | 3261 |
| 7 机械和运输设备 | 19782 | 21100 | 22487 | 23852 | 24192 | 24735 |
| 8 杂项制成品 | 7004 | 7020 | 6812 | 6504 | 6022 | 5481 |
| 9 未列入其他分类的货物及交易 | 26 | 34 | 35 | 44 | 44 | 47 |

# 9－1－9 按服务组成部分划分的服务出口及进口

单位：亿港元

| 服务组成部分 | 2012 | 2013 | 2014 | 2015 | 2016 |
|---|---|---|---|---|---|
| 服务出口① | | | | | |
| 制造服务 | § | § | § | § | |
| 保养及维修服务 | 25 | 24 | 25 | 27 | |
| 运输 | 2485 | 2424 | 2477 | 2309 | |
| 旅游 | 2565 | 3020 | 2976 | 2802 | |
| 建造筑 | 26 | 30 | 28 | 13 | |
| 保险及退休金服务 | 72 | 79 | 94 | 101 | |
| 金融服务 | 1207 | 1281 | 1370 | 1487 | |
| 知识产权使用费 | 40 | 45 | 48 | 50 | |
| 电子通讯、电脑及资讯服务 | 186 | 205 | 219 | 220 | |
| 其他商业服务 | 991 | 995 | 1028 | 1053 | |
| 个人、文化及康乐服务 | 37 | 18 | 20 | 20 | |
| 政府货品及服务 | 6 | 6 | 7 | 7 | |
| **总计** | **7640** | **8126** | **8291** | **8089** | **7670** |
| 服务进口① | | | | | |
| 制造服务 | 1389 | 1160 | 925 | 900 | |
| 保养及维修服务 | 6 | 8 | 9 | 9 | |
| 运输 | 1426 | 1406 | 1426 | 1342 | |
| 旅游 | 1557 | 1645 | 1707 | 1788 | |
| 建造筑 | 25 | 27 | 27 | 13 | |
| 保险及退休金服务 | 95 | 104 | 112 | 113 | |
| 金融服务 | 305 | 327 | 344 | 373 | |
| 知识产权使用费 | 157 | 157 | 150 | **144** | |
| 电子通讯、电脑及资讯服务 | 113 | 128 | 148 | 148 | |
| 其他商业服务 | 849 | 850 | 868 | 892 | |
| 个人、文化及康乐服务 | 9 | 8 | 8 | 8 | |
| 政府货品及服务 | 12 | 12 | 12 | 13 | |
| **总计** | **5943** | **5832** | **5735** | **5743** | **5775** |
| **服务出口净额** | **1698** | **2294** | **2556** | **2346** | **1895** |

注：①数字已采纳《2010年国际服务贸易统计手册》内最新的国际建议，包括服务分类及编制方法，以及采用所有权转移原则来记录货品加工及转手商贸活动。因此服务出口及服务进口的数字与表 26—13 内相应的数字并不相同。

## 9-1-10 按主要目的地和来源地划分的服务出口及进口

单位：亿港元

| 目的地／来源地 | 2012 | 2013 | 2014 | 2015 | 2016 |
|---|---|---|---|---|---|
| 服务出口① | | | | | |
| 中国内地 | 2694 | 3172 | 3216 | 3108 | |
| 美国 | 1147 | 1158 | 1202 | 1168 | |
| 英国 | 482 | 486 | 534 | 594 | |
| 日本 | 394 | 362 | 364 | 329 | |
| 新加坡 | 217 | 239 | 274 | 295 | |
| 其他 | 2416 | 2405 | 2411 | 2315 | |
| **所有目的地** | **7351** | **7821** | **8001** | **7808** | **7403** |
| 服务进口① | | | | | |
| 中国内地 | 2529 | 2359 | 2165 | 2217 | |
| 美国 | 628 | 628 | 631 | 638 | |
| 日本 | 387 | 393 | 427 | 446 | |
| 英国 | 325 | 325 | 336 | 334 | |
| 新加坡 | 268 | 266 | 282 | 255 | |
| 其他 | 1771 | 1827 | 1856 | **1815** | |
| **所有来源地** | **5909** | **5797** | **5697** | **5704** | **5746** |

注：①由于非直接计算金融中介服务没有按地区细分数字，本统计表内的数字不包括非直接计算的金融中介服务数字。因此于本统计表内内所有目的地／来源地的数字与表26—30内所有服务的相应数字并不相同。然而，本统计表内的数字亦已采纳《2010年国际服务贸易贸易统计手册》内最新的国际建议，包括服务分类及编制方法，以及采用所有权转移原则来记录货品加工及转手商贸活动。

## 9-1-11 按当年价格计算货物及服务进出口占本地生产总值比重

单位：%

| 指　　标 | 2005 | 2010 | 2014 | 2015 | 2016 |
|---|---|---|---|---|---|
| **本地生产总值（亿港元）** | **14121** | **17763** | **22600** | **23984** | **24910** |
| 对外商品贸易 | | | | | |
| 进口（离岸价） | 134.26 | 168.66 | 187.51 | 169.55 | 162.06 |
| 出口（离岸价） | 151.36 | 170.10 | 176.41 | 162.16 | 156.58 |
| 对外服务贸易 | | | | | |
| 服务出口 | 26.09 | 35.23 | 36.69 | 33.73 | 30.79 |
| 服务进口 | 30.98 | 30.79 | 25.38 | 23.95 | 23.19 |

注：对外商品进口及出口与服务出口及进口数字是根据《2008年国民经济核算体系》的标准，采用所有权转移原则记录外地加工货品及转手商贸活动编制而成的。

# 9－1－12　按居住国家和地区划分的访港旅客人数

单位：万人次

| 居住国家和地区 | 2012 | 2013 | 2014 | 2015 | 2016 |
|---|---|---|---|---|---|
| 中国内地 | 3491.1 | 4074.5 | 4724.8 | 4584.2 | 4277.8 |
| 南亚及东南亚 | 365.2 | 371.8 | 361.5 | 355.9 | 370.2 |
| 中国台湾 | 208.9 | 210.0 | 203.2 | 201.6 | 201.1 |
| 北亚 | 233.3 | 214.1 | 233.0 | 229.3 | 248.5 |
| 欧洲、非洲及中东 | 222.8 | 225.4 | 221.8 | 216.7 | 222.6 |
| 美洲 | 177.8 | 166.6 | 167.9 | 172.8 | 177.3 |
| 澳大利亚、新西兰及南太平洋 | 74.1 | 71.7 | 71.5 | 68.1 | 68.4 |
| 中国澳门① | 88.3 | 95.8 | 100.2 | 102.1 | 99.5 |
| **总计** | **4861.5** | **5429.9** | **6083.9** | **5930.8** | **5665.5** |
| **与上年比较的变动百分比(%)** | **16.0** | **11.7** | **12.0** | **-2.5** | **-4.5** |

注：①访港旅客数字包括经澳门访港的非澳门居民。

# 9－1－13　按居住国家和地区划分的访港旅客人均消费和逗留时间

| 国家和地区 | 2005 | 2010 | 2012 | 2013 | 2014 | 2015 | 2016 |
|---|---|---|---|---|---|---|---|
| **过夜旅客人均消费　（港元）** | **4663** | **6728** | **7818** | **8123** | **7960** | **7234** | **6599** |
| 中国内地 | 4554 | 7453 | 8565 | 8937 | 8703 | 7924 | 7275 |
| 南亚及东南亚 | 4377 | 5251 | 6501 | 6678 | 6735 | 6255 | 5638 |
| 中国台湾 | 4916 | 5197 | 5759 | 5730 | 5598 | 5092 | 4585 |
| 北亚 | 4300 | 4976 | 5234 | 4821 | 4502 | 4156 | 3839 |
| 欧洲、非洲及中东 | 5331 | 6674 | 7414 | 7400 | 7250 | 6412 | 5999 |
| 美洲 | 5477 | 6476 | 7266 | 7300 | 7151 | 6737 | 6196 |
| 澳大利亚、新西兰及南太平洋 | 5068 | 7050 | 7943 | 7959 | 7558 | 6530 | 6636 |
| 中国澳门 | 2765 | 3824 | 4304 | 3918 | 3875 | 4383 | 3886 |
| **入境不过夜旅客人均消费(港元)** | **810** | **1846** | **2121** | **2378** | **2414** | **2409** | **2122** |
| 中国内地 | 1247 | 2356 | 2489 | 2721 | 2701 | 2696 | 2377 |
| 南亚及东南亚 | 244 | 543 | 604 | 676 | 709 | 630 | 685 |
| 中国台湾 | 195 | 610 | 521 | 565 | 596 | 587 | 611 |
| 北亚 | 204 | 377 | 503 | 518 | 442 | 441 | 425 |
| 欧洲、非洲及中东 | 301 | 560 | 411 | 465 | 438 | 510 | 515 |
| 美洲 | 320 | 329 | 451 | 379 | 455 | 458 | 413 |
| 澳大利亚、新西兰及南太平洋 | 547 | 573 | 623 | 532 | 474 | 491 | 534 |
| 中国澳门 | 1284 | 2299 | 1783 | 2065 | 2058 | 1818 | 1799 |
| **过夜旅客逗留时间　（晚数）** | **3.7** | **3.6** | **3.5** | **3.4** | **3.3** | **3.3** | **3.3** |
| 中国内地 | 4.2 | 3.9 | 3.7 | 3.4 | 3.3 | 3.2 | 3.2 |
| 南亚及东南亚 | 3.2 | 3.2 | 3.2 | 3.3 | 3.4 | 3.4 | 3.5 |
| 中国台湾 | 2.5 | 2.5 | 2.6 | 2.6 | 2.6 | 2.6 | 2.6 |
| 北亚 | 2.2 | 2.2 | 2.3 | 2.3 | 2.3 | 2.3 | 2.3 |
| 欧洲、非洲及中东 | 3.3 | 3.9 | 4.0 | 4.1 | 4.1 | 4.1 | 4.1 |
| 美洲 | 3.4 | 3.9 | 4.0 | 4.0 | 4.0 | 3.9 | 3.9 |
| 澳大利亚、新西兰及南太平洋 | 3.4 | 3.8 | 3.9 | 3.9 | 3.9 | 3.9 | 3.8 |
| 中国澳门 | 2.3 | 2.2 | 2.2 | 2.2 | 2.2 | 2.2 | 2.2 |

# 9—1—14 按主要货物装卸地点划分的集装箱吞吐量

单位：万标准集装箱

| 项目 | 2012 | 2013 | 2014 | 2015 | 2016 |
|---|---|---|---|---|---|
| **集装箱吞吐量** | **2311.7** | **2235.2** | **2222.6** | **2007.3** | **1981.3** |
| 集装箱码头 | | | | | |
| 抵港 | | | | | |
| 载货集装箱 | 745.2 | 749.5 | 790.9 | 700.5 | 701.6 |
| 空集装箱 | 136.2 | 121.0 | 111.3 | 101.4 | 89.1 |
| 离港 | | | | | |
| 载货集装箱 | 791.5 | 776.7 | 783.1 | 683.1 | 662.0 |
| 空集装箱 | 74.6 | 64.7 | 73.4 | 72.2 | 67.6 |
| 集装箱码头以外 | | | | | |
| 抵港 | | | | | |
| 载货集装箱 | 237.2 | 225.9 | 163.3 | 166.3 | 179.8 |
| 空集装箱 | 52.1 | 51.1 | 61.6 | 59.8 | 60.1 |
| 离港 | | | | | |
| 载货集装箱 | 191.3 | 173.3 | 166.7 | 160.8 | 154.6 |
| 空集装箱 | 83.6 | 73.2 | 72.3 | 63.2 | 66.5 |

注：一个标准集装箱单位等同一个20英尺集装箱的容量。

# 9—1—15 按运输方式划分的进出香港货物

单位：万吨

| 项目 | 2012 | 2013 | 2014 | 2015 | 2016 |
|---|---|---|---|---|---|
| 卸下 | | | | | |
| 空运 | 146.4 | 148.8 | 158.5 | 159.6 | 164.8 |
| 水运 | 15469.9 | 16227.5 | 18418.5 | 15280.8 | 15077.4 |
| 海运 | 11744.8 | 11607.1 | 13052.7 | 11218.0 | 11029.1 |
| 河运 | 3725.1 | 4620.5 | 5365.7 | 4062.8 | 4048.3 |
| 道路运输 | 1597.8 | 1565.5 | 1501.9 | 1446.9 | 1426.7 |
| 铁路运输① | - | - | - | - | - |
| **总计** | **17214.0** | **17941.9** | **20078.9** | **16887.3** | **16668.9** |
| 装上 | | | | | |
| 空运 | 256.2 | 263.9 | 279.1 | 278.4 | 287.3 |
| 水运 | 11458.3 | 11378.0 | 11355.2 | 10375.1 | 10595.6 |
| 海运 | 7141.2 | 6816.8 | 6679.3 | 5640.6 | 5379.4 |
| 河运 | 4317.2 | 4561.2 | 4675.8 | 4734.5 | 5216.3 |
| 道路运输 | 1023.7 | 990.2 | 919.1 | 837.5 | 763.7 |
| 铁路运输① | - | - | - | - | - |
| **总计** | **12738.3** | **12632.1** | **12553.4** | **11491.0** | **11646.6** |

注：①数字不包括家畜。香港铁路有限公司已于2010年6月16日起，停办铁路货运业务。

# 9-1-16 通讯及互联网服务

| 项　目 | 2012 | 2013 | 2014 | 2015 | 2016 |
|---|---|---|---|---|---|
| **邮递服务** | | | | | |
| 信件邮件 (亿件物品) | 13.6 | 12.6 | 12.2 | 12.0 | 12.2 |
| 包裹 (万件) | 146.8 | 136.1 | 120.1 | 110.5 | 101.5 |
| **电话服务①② (万条操作线路)** | | | | | |
| 住宅 | 240.4 | 247.8 | 248.3 | 235.6 | 236.2 |
| 商用 | 184.4 | 183.9 | 183.8 | 185.5 | 184.5 |
| 总计 | 424.7 | 431.7 | 432.1 | 421.1 | 420.7 |
| **图文传真② (万条操作线路)** | **21.4** | **20.2** | **18.8** | **17.7** | **16.7** |
| **对外电话通讯量 (万分钟)** | | | | | |
| 拨出③ | 788811 | 804303 | 821810 | 835118 | 749384 |
| 拨入④ | 263687 | 231873 | 220834 | 200167 | 165899 |
| **对外专用电报通讯量 (万分钟)** | | | | | |
| 发出 | 1.1 | 0.5 | 0.1 | | |
| 收到 | 5.4 | 2.7 | 1.4 | | |
| **本地电报机电讯 (万分钟)** | **9.0** | **6.3** | **2.7** | | |
| **公共无线电传呼接收器② (个)** | **62884** | **49789** | **41442** | **34924** | **28499** |
| **移动电话用户** | **7633930** | **7847299** | **7851393** | **7971884** | **8161032** |
| **系统②⑤⑥ (个)** | **(16392841)** | **(17194291)** | **(17371999)** | **(16774732)** | **(17233286)** |
| **互联网服务** | | | | | |
| **互联网服务商数目②⑦(个)** | **186** | **197** | **201** | **215** | **225** |
| **互联网服务商客户数目②⑧ (个)** | | | | | |
| 拨号上网登记用户户口 (不包括互联网储值卡)⑨ | 793811 | 462376 | 239427 | 200283 | 190859 |
| 拨号上网储值卡 | | | | | |
| 以私人租用线路接驳的已登记客户户口⑨ | 1565 | 1641 | 2268 | 2263 | 2551 |
| 宽带互联网用户户口⑨ | 2264545 | 2232031 | 2268576 | 2335662 | 2611682 |
| **互联网使用量⑧** | | | | | |
| 客户通过公共电话网络接驳⑩ (万分钟) | 18506 | 22201 | 24804 | 24022 | 21458 |
| 客户通过宽带网络接驳 (太字节)⑪ | 2232256 | 2581113 | 2946653 | 3510437 | 4824088 |

注：①数字包括直通内线式电话线、图文传真线及电文线路的直拨服务。由2007年12月起，也包括网际规约(IP)电话或网络电话(VoIP)服务的客户数目。②年底数字。③数字也包括图文传真及数据。④估计数字。
⑤数字不包括储值智能卡。包括储值智能卡的数字于括号内展示。 ⑥数字包括3G服务。而由2011年开始，数字包括4G服务。
⑦营办商数目包括所有持牌获准提供互联网接驳服务的营办商。
⑧数字为根据互联网服务供应商申报的估计数字，并不包括不属于持牌互联网服务供应商客户的使用者。
⑨已登记客户户口指互联网服务供应商的客户户口(包括免费的客户户口)。拥有超过一个客户登入识别码的登记客户户口只算作一个已登记的客户户口。数字不包括只获提供电邮地址的客户户口。
⑩不包括通过私人租用线路接驳及使用宽带服务的客户。
⑪1个太字节 ＝ 8万亿比特

# 9-1-17 15岁及以上人口受教育程度

| 教育程度/性别 | 2012 | | 2013 | | 2014 | | 2015 | | 2016 | |
|---|---|---|---|---|---|---|---|---|---|---|
| | 人数（万人） | 百分比 | 人数（万人） | 百分比 | 人数（万人） | 百分比 | 人数（万人） | 百分比 | 人数（万人） | 百分比 |
| **总计** | | | | | | | | | | |
| 男 | 286.84 | 45.88 | 288.06 | 45.74 | 289.08 | 45.60 | 290.16 | 45.45 | 290.93 | 45.31 |
| 女 | 338.30 | 54.12 | 341.69 | 54.26 | 344.93 | 54.40 | 348.20 | 54.55 | 351.17 | 54.69 |
| 未受教育/学前教育① | | | | | | | | | | |
| 男 | 6.43 | 1.03 | 6.17 | 0.98 | 6.27 | 0.99 | 5.54 | 0.87 | 5.87 | 0.91 |
| 女 | 21.79 | 3.48 | 21.38 | 3.40 | 21.39 | 3.37 | 20.30 | 3.18 | 19.99 | 3.11 |
| 小学 | | | | | | | | | | |
| 男 | 42.57 | 6.81 | 41.78 | 6.63 | 41.03 | 6.47 | 39.70 | 6.22 | 39.20 | 6.10 |
| 女 | 58.06 | 9.29 | 57.41 | 9.12 | 56.09 | 8.85 | 55.37 | 8.67 | 55.32 | 8.62 |
| 初中 | | | | | | | | | | |
| 男 | 47.27 | 7.56 | 47.48 | 7.54 | 47.41 | 7.48 | 47.27 | 7.40 | 47.12 | 7.34 |
| 女 | 46.75 | 7.48 | 46.97 | 7.46 | 48.34 | 7.63 | 49.35 | 7.73 | 48.42 | 7.54 |
| 高中 | | | | | | | | | | |
| 男 | 102.26 | 16.36 | 100.74 | 16.00 | 99.83 | 15.75 | 98.38 | 15.41 | 97.51 | 15.19 |
| 女 | 126.06 | 20.16 | 125.67 | 19.96 | 124.68 | 19.66 | 125.70 | 19.69 | 125.81 | 19.59 |
| 高等教育 | | | | | | | | | | |
| 非学位课程② | | | | | | | | | | |
| 男 | 24.28 | 3.88 | 24.84 | 3.94 | 24.88 | 3.92 | 24.79 | 3.88 | 25.22 | 3.93 |
| 女 | 23.24 | 3.72 | 24.35 | 3.87 | 24.79 | 3.91 | 23.44 | 3.67 | 23.47 | 3.66 |
| 学位课程③ | | | | | | | | | | |
| 男 | 64.03 | 10.24 | 67.05 | 10.65 | 69.66 | 10.99 | 74.49 | 11.67 | 76.01 | 11.84 |
| 女 | 62.42 | 9.98 | 65.90 | 10.46 | 69.63 | 10.98 | 74.04 | 11.60 | 78.16 | 12.17 |

注：数字是根据每年1月至12月进行的“综合住户统计调查”结果，以及由政府统计处与跨部门人口分布推算小组共同编制按区议会分区划分年中人口估计数字而编制。“综合住户统计调查”涵盖全港陆上非住院人口，因而并不包括公共机构/社团院舍的住院人士及水上居民。

① 包括所有幼儿园及幼儿中心班级。

② 包括所有在香港或以外地区学院的证书、文凭、高级证书、高级文凭、专业文凭及其它同等程度的高等教育课程。

③ 包括所有在香港或以外地区学院的学士学位、研究生修课及专题研究课程。

# 9-1-18 研究及发展经费支出及人员情况

| 年份 | 研究及发展经费支出(百万港元) | | | 研究及发展人员数目①（人） | | | |
|---|---|---|---|---|---|---|---|
| | 总计 | 资本支出 | 经常支出 | 总计 | 研究人员 | 技术人员 | 其他辅助人员 |
| 2000 | 6218 | 496 | 5722 | 9802 | 7728 | 1374 | 699 |
| 2005 | 10922 | 2228 | 8694 | 22054 | 18024 | 2346 | 1683 |
| 2008 | 12293 | 914 | 11379 | 22005 | 18450 | 2286 | 1269 |
| 2009 | 12833 | 813 | 12020 | 23281 | 19283 | 2463 | 1535 |
| 2010 | 13313 | 899 | 12414 | 24060 | 20582 | 2159 | 1319 |
| 2011 | 13945 | 1009 | 12935 | 24460 | 20381 | 2462 | 1617 |
| 2012 | 14816 | 1152 | 13664 | 25264 | 21236 | 2779 | 1249 |
| 2013 | 15613 | 1054 | 14559 | 26045 | 22466 | 2080 | 1499 |
| 2014 | 16727 | 1141 | 15587 | 27378 | 23831 | 1985 | 1563 |
| 2015 | 18271 | | | 28165 | | | |

注：① 研究及发展人员的数目是以“相当于全日制的人数”计算。

# 9－1－19 香港国际收支平衡表

单位：亿港元

| 标准组成部分① | 2012 | 2013 | 2014 | 2015 | 2016 |
|---|---|---|---|---|---|
| **经常账户②** | **322** | **325** | **315** | **796** | **1155** |
| 货物 | -1467 | -2166 | -2509 | -1773 | -1364 |
| 服务 | 1698 | 2294 | 2556 | 2346 | 1895 |
| 初次收入 | 295 | 405 | 466 | 444 | 841 |
| 二次收入 | -203 | -209 | -198 | -221 | -216 |
| **资本及金融账户②** | **-677** | **-863** | **-738** | **-1286** | **-1228** |
| 资本账户 | -14 | -16 | -7 | -2 | -4 |
| 直接投资 | -1026 | -503 | -857 | 7948 | 3545 |
| 证券投资 | -316 | -3861 | -644 | -9709 | -3256 |
| 金融衍生工具 | 152 | 547 | 1184 | 992 | 286 |
| 其他投资 | 2417 | 3549 | 978 | 2305 | -1711 |
| 储备资产③ | -1889 | -579 | -1391 | -2820 | -89 |
| **净误差及遗漏④** | **355** | **538** | **423** | **491** | **73** |
| **整体的国际收支** | **1889** | **579** | **1391** | **2820** | **89** |
| | **(盈余)** | **(盈余)** | **(盈余)** | **(盈余)** | **(盈余)** |

注：由于在2013年年中进行了一项技术性修订工作，货物出口、服务输入及输出数字已作出修订。

①根据国际收支平衡表的会计常规，某标准组成部分的净贷方数字以正数显示，而净借方则以负数显示。

②经常账户差额的正数值显示盈余而负数值则显示赤字。在资本及金融账户方面，正数值显示资金净流入而负数值则显示资金净流出。由于对外资产的增加是属于借方记账而减少则属贷方记账，因此负数值的储备资产显示储备资产的增加，而正数值则显示减少。

③在国际收支平衡架构下储备及非储备资产的估计数字是指交易数字。因估值方式改变(包括价格变动及汇率变动)及重新分类所导致的影响并没计算在内。

④原则上，贷方和借方各项记账的净总和等于零。实际上，由于有关数据是从多个来源搜集得来，贷方和借方记账之间可能由于各种原因而出现差异。为令贷方记账的总和与借方记账的总和相等，须加进一个反映净误差及遗漏的平衡项目。

# 9－1－20 香港国际投资头寸（期末头寸）

单位：亿港元

| 概括组成部分 | 2012 | 2013 | 2014 | 2015 | 2016 |
|---|---|---|---|---|---|
| **资产** | **268580** | **291248** | **323915** | **338245** | **354972** |
| 直接投资 | 98726 | 104835 | 123585 | 132308 | 133568 |
| 证券投资 | 76515 | 86936 | 90777 | 97555 | 106149 |
| 金融衍生工具 | 6615 | 5680 | 6235 | 6411 | 8301 |
| 其他投资 | 63420 | 69669 | 77842 | 74161 | 77008 |
| 储备资产 | 23305 | 24128 | 25475 | 27809 | 29946 |
| **负债** | **212662** | **232478** | **256427** | **260497** | **263422** |
| 直接投资 | 105090 | 113467 | 127145 | 136973 | 138448 |
| 证券投资 | 37435 | 40458 | 40858 | 35922 | 33835 |
| 金融衍生工具 | 6387 | 5121 | 5503 | 5757 | 7874 |
| 其他投资 | 63750 | 73432 | 82921 | 81845 | 83265 |
| **国际投资头寸净值①** | **55918** | **58770** | **67488** | **77747** | **91550** |

注：①国际投资头寸净值是对外金融资产总值与对外金融负债总值之间的差额。

# 9-1-21 外币兑换率及港汇指数

单位：每单位外币兑换港元

| 项　　目 | 2012 | 2013 | 2014 | 2015 | 2016 |
|---|---|---|---|---|---|
| 年内平均数字① | | | | | |
| 澳元 | 8.03 | 7.50 | 7.00 | 5.83 | 5.78 |
| 加拿大元 | 7.76 | 7.53 | 7.03 | 6.07 | 5.86 |
| 人民币 | 1.2304 | 1.2635 | 1.2590 | 1.2299 | 1.1664 |
| 欧元 | 9.97 | 10.30 | 10.30 | 8.60 | 8.59 |
| 印度卢比 | 0.146 | 0.134 | 0.127 | 0.121 | 0.116 |
| 日元 | 0.0973 | 0.0796 | 0.0734 | 0.0640 | 0.0716 |
| 马来西亚林吉特 | 2.51 | 2.46 | 2.37 | 2.00 | 1.87 |
| 新台币 | 0.268 | 0.269 | 0.263 | 0.251 | 0.247 |
| 菲律宾比索 | 0.186 | 0.185 | 0.179 | 0.174 | 0.166 |
| 英镑 | 12.29 | 12.13 | 12.78 | 11.85 | 10.51 |
| 韩圆 | 0.0069 | 0.0071 | 0.0074 | 0.0069 | 0.0067 |
| 新加坡元 | 6.21 | 6.20 | 6.12 | 5.64 | 5.62 |
| 瑞士法郎 | 8.27 | 8.37 | 8.48 | 8.06 | 7.88 |
| 泰铢 | 0.250 | 0.253 | 0.239 | 0.227 | 0.220 |
| 美元 | 7.756 | 7.756 | 7.754 | 7.752 | 7.762 |
| 特别提款权 | 11.87800 | 11.78501 | 11.78779 | 10.84389 | 10.79275 |
| 港汇指数(2010年1月=100)② | | | | | |
| 贸易总值(进口及整体出口)加权 | 94.9 | 94.9 | 96.0 | 101.3 | 104.1 |
| 进口货值加权 | 94.2 | 94.7 | 96.0 | 101.7 | 104.2 |
| 整体出口货值加权③ | 95.6 | 95.1 | 95.9 | 100.9 | 104.10 |
| 年底数字④ | | | | | |
| 澳元 | 8.05 | 6.92 | 6.35 | 5.66 | 5.59 |
| 加拿大元 | 7.80 | 7.29 | 6.68 | 5.58 | 5.77 |
| 人民币 | 1.2460 | 1.2800 | 1.2479 | 1.1761 | 1.1113 |
| 欧元 | 10.22 | 10.70 | 9.43 | 8.47 | 8.16 |
| 印度卢比 | 0.142 | 0.126 | 0.125 | 0.117 | 0.114 |
| 日元 | 0.0901 | 0.0739 | 0.0648 | 0.0644 | 0.0663 |
| 马来西亚林吉特 | 2.53 | 2.36 | 2.22 | 1.81 | 1.73 |
| 新台币 | 0.272 | 0.267 | 0.252 | 0.243 | 0.248 |
| 菲律宾比索 | 0.191 | 0.178 | 0.178 | 0.167 | 0.157 |
| 英镑 | 12.51 | 12.78 | 12.06 | 11.49 | 9.57 |
| 韩圆 | 0.0073 | 0.0073 | 0.0071 | 0.0066 | 0.0064 |
| 新加坡元 | 6.34 | 6.13 | 5.86 | 5.48 | 5.36 |
| 瑞士法郎 | 8.47 | 8.73 | 7.84 | 7.83 | 7.61 |
| 泰铢 | 0.254 | 0.236 | 0.236 | 0.215 | 0.217 |
| 美元 | 7.751 | 7.754 | 7.756 | 7.751 | 7.754 |
| 特别提款权 | 11.91420 | 11.94116 | 11.23697 | 10.74079 | 10.42662 |
| 港汇指数(2010年1月=100)② | | | | | |
| 贸易总值(进口及整体出口)加权 | 94.2 | 94.8 | 99.0 | 104.9 | 108.8 |
| 进口货值加权 | 93.7 | 94.9 | 99.4 | 105.3 | 108.9 |
| 整体出口货值加权③ | 94.9 | 94.7 | 98.5 | 104.3 | 108.6 |

注：《中华人民共和国香港特别行政区基本法》说明，港元是香港特别行政区的法定货币。外币指港元以外的其他货币，因而人民币亦视作外币。

①数字是指年内每日电汇或现钞收市中间兑换价的平均值。

②由2012年1月3日起公布的新系列。

③包括转口和港产品出口。

④数字是该年最后一个交易日的电汇或现钞收市中间兑换价。

# 9-1-22 货币供应量(年底数字)

单位：亿港元

| 项 目 | 2012 | 2013 | 2014 | 2015 | 2016 |
|---|---|---|---|---|---|
| 法定纸币及硬币的流通量 | | | | | |
| 由商业银行发行 | 2916.75 | 3293.25 | 3421.65 | 3601.65 | 4077.95 |
| 由政府发行 | 102.50 | 108.91 | 113.45 | 116.61 | 122.53 |
| 总计 | 3019.25 | 3402.16 | 3535.10 | 3718.26 | 4200.48 |
| 由认可机构持有的法定纸币及硬币 | 200.60 | 263.37 | 234.24 | 224.86 | 295.78 |
| 由公众持有的法定纸币及硬币 | 2818.65 | 3138.79 | 3300.86 | 3493.40 | 3904.70 |
| 货币供应量：就外币掉期存款作出调整 | | | | | |
| 货币供应量 $M_1$ | | | | | |
| 港元 | 9209.20 | 10003.44 | 11166.75 | 12533.80 | 14287.75 |
| 外币 | 4564.39 | 5105.52 | 5920.49 | 7177.66 | 7851.95 |
| 总计 | 13773.59 | 15108.95 | 17087.24 | 19711.46 | 22139.70 |
| 货币供应量 $M_2$ | | | | | |
| 港元① | 45373.84 | 47951.30 | 52257.73 | 57655.49 | 62801.56 |
| 外币② | 44126.21 | 52613.07 | 57855.99 | 58528.92 | 62278.24 |
| 总计 | 89500.05 | 100564.37 | 110113.72 | 116184.41 | 125079.80 |
| 货币供应量 $M_3$ | | | | | |
| 港元① | 45455.90 | 48060.12 | 52361.88 | 57787.72 | 62925.91 |
| 外币② | 44248.07 | 52792.31 | 58127.57 | 58762.47 | 62585.92 |
| 总计 | 89703.96 | 100852.43 | 110489.44 | 116550.19 | 125511.84 |
| 货币供应量：未就外币掉期存款作出调整 | | | | | |
| 货币供应量 $M_2$ | | | | | |
| 港元 | 45371.30 | 47949.40 | 52256.55 | 57655.01 | 62801.12 |
| 外币 | 44128.75 | 52614.97 | 57857.17 | 58529.40 | 62278.68 |
| 总计 | 89500.05 | 100564.37 | 110113.72 | 116184.41 | 125079.80 |
| 货币供应量 $M_3$ | | | | | |
| 港元 | 45453.36 | 48058.22 | 52360.69 | 57787.25 | 62925.48 |
| 外币 | 44250.61 | 52794.21 | 58128.75 | 58762.95 | 62586.36 |
| 总计 | 89703.96 | 100852.43 | 110489.44 | 116550.19 | 125511.84 |

注：《中华人民共和国香港特别行政区基本法》说明，港元是香港特别行政区的法定货币。外币指港元以外的其他货币，因而人民币亦视作外币。

①所列数字已包括外币掉期存款。

②所列数字已扣除外币掉期存款。

# 9-1-23 股票价格指数、证券交易成交额及市场总值

| 项目 | 2012 | 2013 | 2014 | 2015 | 2016 |
| --- | --- | --- | --- | --- | --- |
| **香港上市①** | | | | | |
| **主板** | | | | | |
| 股票价格指数 | | | | | |
| 恒生指数②（1964年7月31日=100） | | | | | |
| 最高 | 22718.8 | 24111.6 | 25363.0 | 28588.5 | 24364.0 |
| 最低 | 18056.4 | 19426.4 | 21137.6 | 20368.1 | 18278.8 |
| 收市 | 22656.9 | 23306.4 | 23605.0 | 21914.4 | 22000.6 |
| 分类指数 | | | | | |
| (1984年1月13日=975.47) | | | | | |
| 金融 | | | | | |
| 最高 | 31400.5 | 33930.2 | 34398.4 | 41536.9 | 32402.1 |
| 最低 | 24529.0 | 27524.7 | 28180.4 | 27976.1 | 24003.0 |
| 收市 | 31231.6 | 32225.4 | 33903.5 | 30576.0 | 30308.3 |
| 公用事业 | | | | | |
| 最高 | 52920.1 | 58399.8 | 56506.1 | 57904.3 | 56018.9 |
| 最低 | 43428.5 | 47185.8 | 44758.8 | 48525.5 | 46669.1 |
| 收市 | 51797.8 | 48375.9 | 54559.0 | 51113.6 | 50037.5 |
| 地产 | | | | | |
| 最高 | 31905.9 | 34485.1 | 32723.0 | 37738.0 | 35897.0 |
| 最低 | 22215.3 | 26407.3 | 25381.3 | 27787.3 | 24379.3 |
| 收市 | 31383.1 | 28504.9 | 30545.5 | 29907.2 | 28991.7 |
| 工商业 | | | | | |
| 最高 | 13163.7 | 14340.0 | 15801.4 | 16791.7 | 14440.2 |
| 最低 | 10816.5 | 10761.6 | 12665.7 | 11659.7 | 10795.9 |
| 收市 | 13136.2 | 14026.7 | 13221.3 | 12522.2 | 12884.6 |
| 恒生综合指数 | | | | | |
| (2000年1月3日=2 000) | | | | | |
| 最高 | 3116.6 | 3359.8 | 3460.9 | 4029.6 | 3284.3 |
| 最低 | 2491.0 | 2659.9 | 2958.3 | 2805.4 | 2477.8 |
| 收市 | 3113.1 | 3260.7 | 3267.3 | 3021.5 | 2994.6 |
| 恒生中国企业指数③ | | | | | |
| (2000年1月3日=2 000) | | | | | |
| 最高 | 11916.1 | 12354.2 | 12115.0 | 14962.7 | 10209.7 |
| 最低 | 8987.8 | 8640.9 | 9159.8 | 9058.5 | 7498.8 |
| 收市 | 11436.2 | 10816.1 | 11984.7 | 9661.0 | 9394.9 |
| 恒生香港中资企业指数 | | | | | |
| (2000年1月3日=2 000) | | | | | |
| 最高 | 4553.0 | 4773.7 | 4956.4 | 5642.5 | 4128.3 |
| 最低 | 3545.4 | 3661.7 | 3927.0 | 3736.6 | 3236.7 |
| 收市 | 4531.1 | 4553.6 | 4350.0 | 4052.1 | 3588.0 |
| **主板** | | | | | |
| 成交金额（亿港元） | 132675.1 | 151857.9 | 169902.7 | 258359.6 | 162799.8 |
| 市场总值④（亿港元） | 218717.3 | 239088.0 | 248924.2 | 244255.5 | 244504.3 |
| **创业板** | | | | | |
| 成交金额（亿港元） | 335.4 | 788.4 | 1654.6 | 2546.6 | 1164.5 |
| 市场总值④（亿港元） | 784.0 | 1340.0 | 1794.1 | 2581.8 | 3108.7 |

注：对于最高和最低指数，恒生指数有限公司是根据期内每日即市指数编制。

①恒生指数系列已于2010年3月8日重整，并按指数成份股的上市地域分类为香港上市、跨市场及内地上市。

②恒生指数采用流通市值加权法计算。每只成分股的比重上限设定为10%。

③H股指数采用流通市值加权法计算，并为每只成份股的比重上限设定为10%。

④年底数字。

# 9-1-24 按种类划分的日均产生的固体废物量

单位：吨(每日计)

| 种 类 | 2011 | 2012 | 2013 | 2014 | 2015 |
|---|---|---|---|---|---|
| 于堆填区弃置的固体废物 | | | | | |
| 都市固体废物① | | | | | |
| 家居废物② | 5973 | 6286 | 6359 | 6418 | 6460 |
| 商业废物③ | 2360 | 2260 | 2408 | 2565 | 2800 |
| 工业废物④ | 663 | 732 | 780 | 799 | 890 |
| 小计 | 8996 | 9278 | 9547 | 9782 | 10160 |
| 整体建筑废物①⑤ | 3331 | 3440 | 3591 | 3942 | 4200 |
| 特殊废物⑥ | 1131 | 1127 | 1173 | 1135 | 740 |
| **总计** | **13458** | **13844** | **14311** | **14859** | **15100** |
| 已回收的都市固体废物⑦ | 8272 | 5909 | 5503 | 5625 | 5560 |

注：①都市固体废物包括家居废物、商业废物及工业废物。
②家居废物是指住宅废物、公共事务机构(例如：学校及政府办公室)日常活动所产生的废物及公众洁净服务所收集的废物。
③商业废物是指在商店、食肆、酒店、办公室及私人屋苑的街市等从事商业活动的地点所产生的废物。
④工业废物包括由工业活动产生的固体废物，但不包括化学废物及建筑废料。自2007年开始，运往堆填区处置并包括在工业废物类别的废弃混凝土已被重新归类于整体建筑废物，有关的数量已从工业废物类别中扣除。
⑤整体建筑废物包括由地盘清理、挖掘、翻新、修复、拆卸和道路工程等所产生的废物或剩余物料，亦包括在建筑地盘以外设立的混凝土配料厂和水泥/砂浆生产厂所产生的废弃混凝土。这些建筑废物会被拣选分类为惰性物料和其他物料。惰性物料可作公众填料，在建筑地盘重用，或作填海工程用途。至于其他物料则会被运往堆填区弃置。以上数字是于堆填区弃置的整体建筑废物量。
⑥特殊废物包括动物尸体、屠房废物、报废货物、滤水厂及污水处理后的污泥、污水处理厂的隔滤物、禽畜废物、医疗废物、化学废物及其他需要特别处置的废物。
⑦都市固体废物产生量是都市固体废物于堆填区弃置量和都市固体废物回收供循环再造量的总和。

## 【主要统计指标解释】

**年中人口** 是以“居住人口”方法编制，利用“居住人口”方法所编制的人口估计称为“居港人口”。“居港人口”包括“常住居民”和“流动居民”。“常住居民”指两类人士:(a)在统计时点之前的6个月内，在港逗留最少3个月，又或在统计时点之后的6个月内，在港逗留最少3个月的香港永久性居民，不论在统计时点他们是否身在香港；及(b)在统计时点身在香港的香港非永久性居民。至于“流动居民”，是指在统计时点之前的6个月内，在港逗留最少一个月但少于3个月，又或在统计时点之后的6个月内，在港逗留最少1个月但少于3个月的香港永久性居民，不论在统计时点他们是否身在香港。根据新的编制方法，旅客并不包括在香港人口内。

**粗出生率** 是指某一年内的活产婴儿数目相对该年年中每千名人口的比率。

**粗死亡率** 是指某一年内的死亡人数相对该年年中每千名人口的比率。

**婴儿死亡率** 是指某一年内一岁以下婴儿死亡人数相对该年每千名活产婴儿的比率。

**劳动人口** 是指15岁及以上陆上非住院人口，并符合就业人口或失业人口定义的人士。

**劳动人口参与率** 是指劳动人口占所有15岁及以上陆上非住院人口的比例。

**就业人口** 包括在统计前7天内有做工赚取薪酬或利润或有一份正式工作的15岁及以上人士。无酬家庭从业人员及在统计前7天内正休假的就业人士亦包括在内。

**失业率** 是指失业人士在劳动人口中所占的比例。

**本地生产总值** 是指一个经济体的所有居民生产单位，在一个指定的期间内(一般是1年或1季)，未扣除固定资本消耗的生产总值。

**人均本地生产总值** 是指把该经济体在某统计年的本地生产总值除以该经济体在同年的人口总数所得的数字。

**本地居民总收入** 指一个经济体的居民透过从事各项经济活动而赚取的总收入，不论该等经济活动是否在该经济体的经济领域内或外进行。换言之，编制本地居民总收入应包括本地居民在该经济领域内或外从事各类经济活动的收入，并扣除非本地居民在该经济领域内从事经济活动的收入。本地居民总收入的计算方法如下：

本地居民总收入

= 本地生产总值 + 对外初次收入流量净值

= 本地生产总值 + 本地居民从经济领域外所赚取的初次收入 - 非本地居民从经济领域内所赚取的初次收入

**初次收入** 包括投资收益及雇员报酬。投资收益包括:直接投资收益、证券投资收益、其它投资收益及储备资产收益。

**人均本地居民总收入** 指把该经济体在某统计年的本地居民总收入除以该经济体在同年的人口总数所得的数字。

**国际收支平衡** 是一项统计报表，有系统地撮录在一个指定期间内（一般是1年或1季）某经济体与世界各地之间（即居民与非居民之间）进行的经济交易。完整的国际收支平衡表包括两大账户：(a)经常账户；及(b)资本及金融账户。

**经常账户** 量度居民与非居民之间关于货物、服务、初次收入和二次收入的流量。

**货物** 在国际收支平衡表内经常账户的货物主要包括一般商品、转手商贸活动下的货物净出口及非货币黄金。

**服务** 在国际收支平衡表内经常账户的服务主要包括运输服务、旅游服务、保险和退休金服务、金融服务、制造服务及其他服务。

**初次收入账户** 显示应收及应付的外地款额，作为向非居民提供／从非居民获得可予使用的劳动力、金融资源或自然资源的回报。在国际收支平衡经常账户内初次收入的概念及定义，与本地居民总收入的对外初次收入流量是相同的。

**二次收入账户** 记录居民与非居民之间的经常转移。经常转移指提供可能即时或短时间内被耗用的实质或金融资源而无同等经济价值作回报的交易。经常转移属单向性质，在国际收支平衡表内是一项用以抵销单边交易的记账。例子包括职工汇款、捐款、官方援助及退休金。

**资本账户** 量度有关资本转移及非生产、非金融资产（如商标和品牌）的获得和处置的对外交易。资本转移的例子包括债权人减免债务，和涉及获得或处置固定资产的现金转移。

**金融账户** 记录居民与非居民之间关于金融资产及负债的交易，显示某经济体的对外交易是如何融资的。金融账户内的交易按功能(即投资目的)归类为直接投资、证券投资、金融衍生工具、其它投资及储备资产。

**直接投资** 指某经济体的投资者对另一经济体内的企业所作的对外投资，并对该企业拥有持久利益及在其管理上具有相当程度的影响力或话语权。就统计计算而言，若投资者持有某企业10%或以上的表决权，便视作对该企业的管理具话语权。

**证券投资** 指对非本地股权证券及债务证券（如中长期债券、货币市场工具）所作的投资，直接投资或储备资产所包括的投资除外。与直接投资者相比，投资在非本地企业所发行的股权证券及债务证券的证券投资者，在该等企业并无持久利益或在管理方面没有影响力。凡持有一间企业不足10%的表决权均视为证券投资。

**金融衍生工具** 是一种与某个特定的金融工具、指标或商品挂钩的金融工具，使特定的金融风险本身能透过这种工具在金融市场进行交易。金融衍生工具包括期权类合约（如认股权证和期权）及远期类合约（如期货、利率掉期、货币掉期、远期利率协议、远期外汇合约）。

**其他投资** 指对非居民的其他金融申索和负债，但不属直接投资、证券投资、金融衍生工具或储备资产。其他投资包括不可转让的贷款、货币和存款、贸易信贷和预付款，以及其他资产／负债。

**储备资产** 是由一个经济体的金融当局（就香港而言，即香港金融管理局）控制的对外资产，并随时可供金融当局用来应付国际收支平衡的财务需要、干预外汇市场以调节该经济体的货币汇率，以及用作其他相关目的（如维持大众对货币及经济的信心，及作为向外地借贷的基础）。

**国际投资头寸** 是显示一个经济体在某特定时点的对外金融资产及负债存量的资产负债表。对外金融资产及负债的差额即为该经济体的国际投资头寸净值，代表其对世界各地的净申索或净负债。国际投资头寸与国际收支平衡的金融账户完全协调，同样也按投资类别分类。资产和负债分类为直接投资、证券投资、金融衍生工具及其他投资。国际投资头寸的资产方还包括储备资产。有关投资组成部分的详细解释，请参阅国际收支平衡表内金融账户组成部分的解释。

**国际投资头寸净值** 是对外金融资产总值与对外金融负债总值之间的差额。

**工业生产指数** 量度本地工业生产量的实际变动，即撇除价格变动因素后的本地生产量的变动情况。

**实用楼面面积** 指各层楼面面积总和，但不包括楼梯、公共通道空间、升降机等候处、盥洗室、厕所、厨房、及为楼宇提供升降机、空调系统、或类似设施而安装的机械所占用的空间。

**获批准可动工兴建楼宇** 是指获屋宇署签发“同意书”动工兴建的楼宇。这种“同意书”是发给私人发展计划（包括香港房屋协会的计划）及香港房屋委员会的私人机构参建居屋计划。

**初次呈交** 就一项建筑工程初次呈交建筑事务监督要求批准的图则。

**重大修改** 指经过大规模修改的建筑图则，而这些图则必须从根本上接受重新评估。

**自置住房住户** 是指住户拥有其居住屋宇单位的业权。

**进口货物** 是指在香港以外出产或制成的货物，输入香港供本地使用或转口，以及再进口的香港产品。其货值是以到岸价值计算。

**港产品出口货物** 是指香港的天然产品或在香港经过制造工序，以致其基本原料的形状、性质、式样或用途受到永久改变的产品。如果产品在香港只进行简单的稀释、包装、入樽、烘干、简单装配、分类、装饰等过程，则该产品并不能以香港作为来源地。其货值是以离岸价值计算。

**转口货物** 是指输出曾经自外地输入香港的货物，而这些货物并没有在香港经过任何制造工序，以致永久改变其形状、性质、式样或用途。其货值是以离岸价值计算。

**直接投资** 指某经济体的投资者对另一经济体内的企业所作的对外投资，并对该企业拥有持久利益及在其管理上具有相当程度的影响力或话语权。就统计计算而言，若投资者持有某企业10%或以上的表决权，便视作对该企业的管理具话语权。直接投资包括股权及投资基金份额，以及债务工具。股权及投资基金份额包括所持有的分行股本、附属公司及联营公司的股票、投资基金份额，以及收益再投资（即投资者应得但有关企业的分行、附属公司、联营公司或投资基金没有分发的利润）。债务工具主要涉及公司之间的债务交易，包括母公司与其分行、附属公司及联营公司之间的短期及长期借贷。

**外商直接投资** 指境外居民持有香港居民企业的直接投资。跨国企业在香港营运的分行或附属公司，是外商直接投资的典型例子。

**对外直接投资** 指香港居民投资者持有境外企业的直接投资。

**直接投资头寸** 指某一特定日子香港居民在境外投资的价值或接受外来投资的价值。

**直接投资流动** 指某一时段内香港居民于境外投资或接受外来投资的投入或撤走。

**贷款基金** 提供资金予如房屋贷款和教育贷款等贷款计划。基金收入主要来自政府一般收入帐目转拨的款项、偿还的贷款及贷款利息。

**港汇指数** 是量度港元相对其他主要贸易伙伴的货币汇率变动加权平均值的指数，作为反映港元相对各种选定货币强弱的整体指标。由2012年1月3日起公布的新系列港汇指数已取代旧港汇指数系列。新系列指数是以2010年1月为基期及包括15种货币(印度卢比亦被纳入新系列指数中)。

**外币兑换率** 指外币兑港元的电汇或现钞收市中间兑换价。

**认可机构** 包括持牌银行、有限制牌照银行及接受存款公司。持牌银行可接受任何金额及期限的存款。随着撤销利率限制的最后阶段在2001年7月3日生效，各类存款利率再无任何限制。至于有限制牌照银行，它们可接受金额不少于港币50万元的任何期限的定期存款。接受存款公司则可接受金额不少于港币10万元而期限不少于3个月的定期存款。有限制牌照银行及接受存款公司均无任何存款利率限制。

**外币掉期存款** 是指顾客在现货市场购买外币，然后存入认可机构，但同时订下远期合约，将该笔外币（本金加利息）在存款到期时售予认可机构。从分析角度来看，这类掉期存款应当作港元定期存款。

**货币供应量（$M_1$）** 是指市民持有的法定纸币和硬币加上持牌银行的客户活期存款。

**货币供应量（$M_2$）** 是指货币供应量$M_1$所包括的项目，加上持牌银行的客户储蓄及定期存款，再加上持牌银行发行而由非认可机构持有的可转让存款证。

**货币供应量（$M_3$）** 是指货币供应量$M_2$所包括的各项，加上有限制牌照银行及接受存款公司客户的存款，再加上以上两类认可机构发行而由非认可机构持有的可转让存款证。

**恒生指数** 是以流通市值加权法计算，每只成分股的比重上限设定由15%逐步降低至10%。此改变由2014年9月5日收市后，会在12个月内通过五轮指数调整。该指数内的五十只成份股划分为四个行业类别指数，包括工商、金融、地产及公用事业，其涵盖市值占香港联合交易所主板所有上市股份总市值大约百分之六十。

**消费物价指数** 量度住户一般所购买的消费商品和服务的价格水平随时间而变动的情况。消费物价指数的按年变动率被广泛地用作反映消费者所面对的通货膨胀的指标。不同的消费物价指数数列反映消费物价转变对不同开支组别的住户的影响。甲类、乙类及丙类消费物价指数分别根据较低、中等及较高开支范围的住户的开支模式编制而成。综合消费物价指数是根据以上所有住户的整体开支模式而编制，反映消费物价转变对整体住户的影响。每个项目的开支权数，是其在住户总开支中所占的比重。开支权数是根据住户开支统计调查的结果而制订的。并会每隔五年更新一次，以确保相应的消费物价指数能准确地反映不同开支范围住户的最新开支模式。

**教育程度** 是指某人在学校或其它教育机构修读达到的最高教育水平，不论他／她有否完成该课程。计算教育程度时，只包括正式课程，即须最少为期一个学年，入学须具备指定的学历资格（香港公开大学的非学位、副学位、学位及研究生课程除外），以及设有考试或指定评核成绩的程序。

**社会保障计划** 旨在帮助社会上需要经济或物质援助的人士，应付基本及特别需要。这个无须供款的社会保障制度，包括综合社会保障援助计划、公共福利金计划、暴力及执法伤亡赔偿计划、交通意外伤亡援助计划和紧急救济。

**综合社会保障援助计划** 是以入息补助方法，为那些在经济上无法自给的人士提供安全网，使他们的入息达到一定水平，以应付生活上的基本需要。申请人必须符合居港规定及通过入息及资产审查。

**公共福利金计划** 包括普通伤残津贴、高额伤残津贴、高龄津贴、长者生活津贴及广东计划。高龄津贴及伤残津贴其目的分别是为年龄在70岁或以上或严重残疾的香港居民，每月提供现金津贴，以应付因年老或严重残疾而引致的特别需要。至于在 2013年4月起实施的长者生活津贴，旨在为年龄在65岁或以上有经济需要的香港居民，每月提供特别津贴，以补助他们的生活开支。广东计划由2013年10月起实施。

**交通意外伤亡援助计划** 的目的是向道路交通意外受害人，或这些人士的受养人（如受害人因伤死亡）迅速提供经济援助，而无须考虑计划受惠人的经济状况，或有关交通意外是因谁人的过失而造成。援助金按意外受害人的伤亡情况支付；至于财物损失，则不在援助范围内。

# 9 港澳台第三产业情况

## 9–2 澳门第三产业情况

## 简要说明

一、本章资料反映澳门特别行政区主要社会、经济发展情况。内容包括：土地、人口、就业、国民经济核算、工业、能源、建筑、交通通讯、对外贸易、财政金融、物价、教育、卫生、房屋、社会保障等方面。

二、本章由澳门特别行政区政府统计暨普查局提供所有数据，国家统计局国际统计信息中心负责整理、编辑。

三、在统计工作方面，按中华人民共和国“澳门特别行政区基本法”的有关原则，澳门特别行政区保留其单独运作的统计系统，并负责编制和发布反映澳门特别行政区情况的统计数据。由于澳门和内地在使用统计名词及概念方面会有所不同，读者在比较两地数据时，请参考本章末的“主要统计指标解释”。

四、澳门特别行政区是单独的关税地区，澳门与内地之间的贸易，亦需办理进出口报关。在贸易统计方面，澳门特别行政区对外商品贸易统计数据亦包括澳门特别行政区与内地的贸易。

五、在外汇统计及与之有关的各方面，澳门元是澳门特别行政区的法定货币，因此，除澳门元以外的货币（包括人民币）均视作外币。

六、更详细的统计资料及有关的技术细节，可参阅澳门特别行政区政府统计暨普查局出版的《统计月刊》、《统计年鉴》及各专题统计出版物。

七、本章节表中的符号使用说明：“o”表示数据小于本表最小单位半数；“#”表示保密资料；“-”表示绝对数值为零。

# 9-2-1 主要统计指标概况

| 项目 | | 2012 | 2013 | 2014 | 2015 | 2016 |
|---|---|---|---|---|---|---|
| **人口及生命统计** | | | | | | |
| 年中人口 | (万人) | 56.8 | 59.2 | 62.2 | 64.3 | 65.3 |
| 出生率 | (‰) | 12.9 | 11.1 | 11.8 | 11.0 | 11.0 |
| 死亡率 | (‰) | 3.2 | 3.2 | 3.1 | 3.1 | 3.4 |
| 婴儿死亡率 | (‰) | 2.5 | 2.0 | 2.0 | 1.6 | 1.7 |
| (按每千名出生登记活产婴儿计算) | | | | | | |
| **劳动、就业** | | | | | | |
| 劳动人口 | (万人) | 35.0 | 36.8 | 39.5 | 40.4 | 39.7 |
| 劳动力参与率 | (%) | 72.4 | 72.7 | 73.8 | 73.7 | 72.3 |
| 失业率 | (%) | 2.0 | 1.8 | 1.7 | 1.8 | 1.9 |
| 就业不足率 | (%) | 0.8 | 0.6 | 0.4 | 0.4 | 0.5 |
| 就业人口 | (万人) | 34.3 | 36.1 | 38.8 | 39.7 | 39.0 |
| 建筑业 | | 3.2 | 3.5 | 5.3 | 5.5 | 4.4 |
| 批发及零售业 | | 4.2 | 4.5 | 4.5 | 4.5 | 4.4 |
| 酒店及饮食业 | | 5.3 | 5.4 | 5.5 | 5.5 | 5.7 |
| 文娱博彩及其他服务业 | | 9.0 | 9.3 | 9.4 | 9.4 | 9.3 |
| **对外商品贸易** | **(亿澳门元)** | | | | | |
| 出口 | | 82 | 91 | 99 | 107 | 100 |
| 本地产品出口 | | 23 | 20 | 20 | 18 | 20 |
| 再出口 | | 59 | 71 | 79 | 89 | 81 |
| 进口 | | 709 | 810 | 900 | 847 | 714 |
| 贸易价格比率(2011=100) | | 99.3 | 99.2 | 98.7 | 99.5 | 100.0 |
| **工业生产** | | | | | | |
| 工业电力消耗量 | (亿千瓦小时) | 1.50 | 1.50 | 1.60 | 1.70 | 1.80 |
| **私人建筑** | | | | | | |
| 新建楼宇 | | | | | | |
| 单位数目 | (个) | 2558 | 1316 | 3001 | 4364 | 498 |
| 总建筑面积 | (万平方米) | 157 | 56 | 44 | 258 | 19 |
| 新动工楼宇 | | | | | | |
| 单位数目 | (个) | 1592 | 2241 | 1900 | 5405 | 5122 |
| 总建筑面积 | (万平方米) | 30 | 240 | 224 | 198 | 87 |
| 楼宇单位买卖数目 | (个) | 25419 | 19237 | 13230 | 9771 | 14108 |
| 不动产买卖契约数目 | (宗) | 12339 | 10527 | 10279 | 8771 | 13262 |
| 不动产按揭贷款数目 | (宗) | 16427 | 17093 | 32193 | 16570 | 18529 |
| **运输、通讯、旅游** | **(万次)** | | | | | |
| 进出澳门重型货运车 | | 32.5 | 31.1 | 35.7 | 38.5 | 36.3 |
| 进出澳门的客船班 | | 14.0 | 13.8 | 14.1 | 14.5 | 13.8 |
| 澳门国际机场的商业航班 | | 3.9 | 4.5 | 4.8 | 5.2 | 5.4 |
| 登记车辆 | (万辆) | 21.7 | 22.8 | 24.0 | 24.9 | 25.0 |
| 电话线 | (万条) | 177.6 | 188.1 | 201.0 | 204.3 | 210.9 |
| 入境旅客 | (万人次) | 2808 | 2932 | 3153 | 3071 | 3095 |
| 酒店入住率 | (%) | 84 | 83 | 86 | 82 | 83 |

9-2-1 续表

| 项目 | | 2012 | 2013 | 2014 | 2015 | 2016 |
|---|---|---|---|---|---|---|
| **财政收支、货币、金融** | **（亿澳门元）** | | | | | |
| 财政总收入 | | | | | | |
| 财政总支出 | | 1450 | 1759 | 1619 | 1161 | 1105 |
| 货币供应(广义货币供应量M2) | | 540 | 514 | 671 | 808 | 826 |
| 总计 | | 3749 | 4414 | 4875 | 4728 | 5325 |
| 澳门元 | | 909 | 1064 | 1245 | 1413 | 1630 |
| 港元 | | 2094 | 2354 | 2472 | 2435 | 2892 |
| 其他货币 | | 746 | 995 | 1157 | 880 | 802 |
| 本地/私人部门贷款及垫款 | | 1897 | 2517 | 3346 | 3844 | 4181 |
| **消费物价指数** | | | | | | |
| (2013年10月至2014年9月=100) | | | | | | |
| 综合消费价格指数 | | 90.37 | 95.35 | 101.11 | 105.72 | 108.23 |
| 甲类消费价格指数 | | 89.32 | 94.76 | 100.99 | 105.92 | 108.35 |
| 乙类消费价格指数 | | 89.99 | 94.83 | 100.42 | 104.10 | 107.20 |
| **房屋（期末）** | | | | | | |
| 公共房屋 | (套) | 8267 | 12221 | 11344 | 11507 | 12219 |
| **教育** | **（人）** | | | | | |
| 幼儿教育学生 | | 12669 | 13395 | 14552 | 16789 | 17757 |
| 小学生 | | 22231 | 22862 | 24252 | 26436 | 28438 |
| 中学生 | | 33921 | 32054 | 30088 | 28745 | 27473 |
| 高等教育学生 | | 27776 | 29521 | 30771 | 31970 | 32750 |
| **医疗** | | | | | | |
| 医生 | (人) | 1482 | 1514 | 1592 | 1674 | 1726 |
| 护士 | (人) | 1751 | 1854 | 1990 | 2279 | 2342 |
| 病床 | (张) | 1354 | 1366 | 1421 | 1494 | 1591 |
| **社会保障** | | | | | | |
| 受益人数目 | (人) | 343634 | 348478 | 355679 | 358113 | 358541 |
| 供款单位数目 | (人) | 19885 | 20842 | 22339 | 23388 | 23885 |
| 总发放援助次数 | (万次) | 88 | 125 | 162 | 122 | 135 |
| 总发放金额 | (万澳门元) | 130563 | 219689 | 261171 | 297885 | 343617 |
| **治安** | | | | | | |
| 罪案数目 | (宗) | 12685 | 13685 | 14016 | 13653 | 14387 |
| 囚犯数目 | (期末) | 1112 | 1154 | 1205 | 1280 | 1271 |
| **本地生产总值** | | | | | | |
| 按以环比物量(2013年)计算 | | | | | | |
| 实际增长率 | (%) | 9.2 | 11.2 | -1.2 | -21.5 | -2.1 |
| 本地生产总值 | (亿澳门元) | 4206.8 | 4678.0 | 4621.8 | 3626.4 | 3548.9 |
| 人均本地生产总值 | (万澳门元) | 73.8 | 78.7 | 74.3 | 56.5 | 54.9 |
| 当年价格 | | | | | | |
| 名义增长率 | (%) | 16.8 | 19.8 | 7.3 | -18.0 | -1.2 |
| 本地生产总值 | (亿澳门元) | 3438.2 | 4118.7 | 4420.7 | 3626.4 | 3582.0 |
| 人均本地生产总值 | (万澳门元) | 60.4 | 69.3 | 71.1 | 56.5 | 55.5 |

# 9-2-2 本地生产总值(当年价格)

| 年份 | 本地生产总值 | | 实际增长率(%) | 人均本地生产总值 | |
|---|---|---|---|---|---|
| | (亿澳门元) | (亿美元) | | (澳门元) | (美元) |
| 1993 | 448.2 | 56.3 | 5.2 | 116729 | 14650 |
| 1994 | 498.8 | 62.7 | 4.3 | 125708 | 15792 |
| 1995 | 557.4 | 70.0 | 3.3 | 136192 | 17093 |
| 1996 | 567.4 | 71.2 | -0.4 | 136693 | 17159 |
| 1997 | 575.1 | 72.1 | -0.3 | 137821 | 17282 |
| 1998 | 538.0 | 67.4 | -4.6 | 127386 | 15966 |
| 1999 | 518.7 | 64.9 | -2.4 | 121363 | 15186 |
| 2000 | 539.4 | 67.2 | 5.7 | 125271 | 15608 |
| 2001 | 547.2 | 68.1 | 2.9 | 126107 | 15698 |
| 2002 | 588.3 | 73.2 | 8.9 | 134181 | 16703 |
| 2003 | 657.3 | 81.9 | 11.7 | 148182 | 18473 |
| 2004 | 849.2 | 105.9 | 26.8 | 186776 | 23281 |
| 2005 | 968.7 | 120.9 | 8.1 | 204607 | 25541 |
| 2006 | 1183.4 | 147.9 | 13.3 | 238057 | 29755 |
| 2007 | 1473.8 | 183.4 | 14.4 | 282962 | 35212 |
| 2008 | 1677.6 | 209.2 | 3.4 | 312149 | 38918 |
| 2009 | 1714.7 | 214.8 | 1.3 | 318611 | 39905 |
| 2010 | 2250.5 | 281.2 | 25.3 | 419153 | 52380 |
| 2011 | 2943.5 | 367.1 | 21.7 | 536178 | 66867 |
| 2012 | 3438.2 | 430.3 | 9.2 | 603525 | 75536 |
| 2013 | 4118.7 | 515.5 | 11.2 | 692501 | 86680 |
| 2014 | 4420.7 | 553.5 | -1.2 | 710895 | 89005 |
| 2015 | 3626.4 | 454.2 | -21.5 | 565301 | 70795 |
| 2016 | 3582.0 | 448.0 | -2.1 | 554619 | 69372 |

# 9-2-3 支出法本地生产总值

单位：亿澳门元

| 本地生产总值组成部分 | 2012 | 2013 | 2014 | 2015 | 2016 |
|---|---|---|---|---|---|
| 按当年价格计算 | | | | | |
| 私人消费支出 | 700.2 | 791.2 | 885.6 | 945.5 | 953.6 |
| 政府最终消费支出 | 236.9 | 267.7 | 311.3 | 348.0 | 367.4 |
| 固定资本形成总额 | 466.5 | 549.3 | 831.0 | 892.5 | 774.5 |
| 存货增加 | 39.0 | 29.7 | 36.1 | 17.3 | 14.7 |
| 货物出口 | 111.8 | 119.3 | 142.7 | 156.4 | 121.3 |
| 减:货物进口 | 832.3 | 961.8 | 1087.7 | 1079.8 | 914.9 |
| 服务出口 | 3020.5 | 3613.8 | 3612.1 | 2662.3 | 2591.7 |
| 减:服务进口 | 304.4 | 290.4 | 310.4 | 315.8 | 326.3 |
| **本地生产总值** | **3438.2** | **4118.7** | **4420.7** | **3626.4** | **3582.0** |
| **人均本地生产总值 (澳门元)** | **603525** | **692501** | **710895** | **565301** | **554619** |
| 以环比物量(2013年)计算 | | | | | |
| 私人消费支出 | 819.1 | 874.1 | 925.6 | 945.5 | 933.3 |
| 政府最终消费支出 | 297.5 | 314.0 | 334.1 | 348.0 | 353.9 |
| 固定资本形成总额 | 565.3 | 617.6 | 846.6 | 892.5 | 773.6 |
| 存货增加 | 38.0 | 29.3 | 35.8 | 17.3 | 14.9 |
| 货物出口 | 109.8 | 117.7 | 142.0 | 156.4 | 122.3 |
| 减:货物进口 | 808.2 | 939.3 | 1073.3 | 1079.8 | 929.4 |
| 服务出口 | 3451.4 | 3912.9 | 3705.7 | 2662.3 | 2596.3 |
| 减:服务进口 | 308.6 | 294.6 | 314.3 | 315.8 | 316.0 |
| **本地生产总值** | **4206.8** | **4678.0** | **4621.8** | **3626.4** | **3548.9** |
| **人均本地生产总值 (澳门元)** | **738454** | **786552** | **743239** | **565301** | **549495** |

# 9-2-4 生产法本地生产总值

单位：亿澳门元

| 经济活动 | 2010 | 2011 | 2012 | 2013 | 2014 | 2015 |
|---|---|---|---|---|---|---|
| **第二产业** | **108.7** | **122.9** | **139.2** | **153.2** | **221.2** | **276.8** |
| 采矿业 | o | 0.1 | 0.2 | o | - | - |
| 制造业 | 12.4 | 13.5 | 15.9 | 16.4 | 18.4 | 20.5 |
| 电力、煤气及水供应 | 15.5 | 16.1 | 18.0 | 19.5 | 22.3 | 23.6 |
| 建筑业 | 80.7 | 93.3 | 105.1 | 117.3 | 180.5 | 232.7 |
| **第三产业** | **2123.9** | **2839.4** | **3298.0** | **3950.9** | **4124.0** | **3285.4** |
| 批发零售、维修、酒店、餐厅及酒楼业 | 221.9 | 293.7 | 347.5 | 410.0 | 445.7 | 398.4 |
| 运输、仓储及通信业 | 54.3 | 62.4 | 66.8 | 73.1 | 88.7 | 97.8 |
| 金融保险、不动产、租赁及商业服务 | 329.2 | 383.2 | 459.7 | 590.7 | 727.4 | 724.2 |
| 公共行政、社会服务及个人服务（包括博彩业） | 1518.5 | 2100.1 | 2424.2 | 2877.0 | 2862.1 | 2065.0 |
| **生产法本地生产总值（基本价格）** | **2232.6** | **2962.4** | **3437.3** | **4104.1** | **4345.2** | **3562.1** |
| **加产品税** | **2.6** | **4.1** | **5.3** | **4.7** | **4.6** | **5.1** |
| **生产法本地生产总值（市场价格）** | **2235.1** | **2966.5** | **3442.6** | **4108.7** | **4349.7** | **3567.2** |
| **支出法本地生产总值（市场价格）** | **2250.5** | **2943.5** | **3438.2** | **4118.7** | **4420.7** | **3626.4** |
| **统计差异(%)** | **-0.7** | **0.8** | **0.1** | **-0.2** | **-1.6** | **-1.6** |

# 9-2-5 生产法本地生产总值结构

单位：%

| 经济活动 | 2010 | 2011 | 2012 | 2013 | 2014 | 2015 |
|---|---|---|---|---|---|---|
| **第二产业** | **4.9** | **4.1** | **4.1** | **3.7** | **5.1** | **7.8** |
| 采矿业 | o | o | o | o | - | - |
| 制造业 | 0.6 | 0.5 | 0.5 | 0.4 | 0.4 | 0.6 |
| 电力、煤气及水供应业 | 0.7 | 0.5 | 0.5 | 0.5 | 0.5 | 0.7 |
| 建筑业 | 3.6 | 3.1 | 3.1 | 2.9 | 4.2 | 6.5 |
| **第三产业** | **95.1** | **95.9** | **95.9** | **96.3** | **94.9** | **92.2** |
| 批发零售、维修、酒店、餐厅及酒楼业 | 9.9 | 9.9 | 10.1 | 10.0 | 10.3 | 11.2 |
| 运输、仓库及通信业 | 2.4 | 2.1 | 1.9 | 1.8 | 2.0 | 2.7 |
| 金融、保险、不动产、租赁及商业服务 | 14.7 | 12.9 | 13.4 | 14.4 | 16.7 | 20.3 |
| 公共行政、社会服务及个人服务（包括博彩业） | 68.0 | 70.9 | 70.5 | 70.1 | 65.9 | 58.0 |
| **以基本价格计算的本地生产总值** | **100.0** | **100.0** | **100.0** | **100.0** | **100.0** | **100.0** |

# 9-2-6　按行业划分的就业人口

单位：万人

| 行　　业 | 2012 | 2013 | 2014 | 2015 | 2016 |
|---|---|---|---|---|---|
| **总数** | **34.32** | **36.10** | **38.81** | **39.65** | **38.97** |
| 制造业 | 1.03 | 0.90 | 0.74 | 0.69 | 0.79 |
| 水电及气体生产供应业 | 0.15 | 0.15 | 0.11 | 0.12 | 0.12 |
| 建筑业 | 3.23 | 3.53 | 5.25 | 5.48 | 4.44 |
| 批发及零售业 | 4.23 | 4.47 | 4.52 | 4.50 | 4.41 |
| 酒店及饮食业 | 5.30 | 5.43 | 5.48 | 5.50 | 5.72 |
| 运输、仓储及通信业 | 1.60 | 1.59 | 1.92 | 1.75 | 1.93 |
| 金融业 | 0.82 | 0.93 | 1.07 | 1.08 | 1.04 |
| 不动产及工商服务业 | 2.43 | 2.76 | 3.04 | 2.98 | 3.04 |
| 公共行政及社保事务 | 2.51 | 2.57 | 2.55 | 2.94 | 2.83 |
| 教育 | 1.31 | 1.43 | 1.48 | 1.66 | 1.59 |
| 医疗卫生及社会福利 | 0.86 | 0.91 | 1.01 | 1.13 | 1.21 |
| 文娱博彩及其他服务业 | 8.95 | 9.34 | 9.40 | 9.42 | 9.27 |
| 家务工作 | 1.80 | 2.03 | 2.19 | 2.36 | 2.53 |
| 其他及不详 | 0.09 | 0.06 | 0.07 | 0.05 | 0.05 |

# 9-2-7　按行业划分的月工作收入中位数

单位：澳门元

| 行　　业 | 2012 | 2013 | 2014 | 2015 | 2016 |
|---|---|---|---|---|---|
| **总数** | **11300** | **12000** | **13300** | **15000** | **15000** |
| 制造业 | 7500 | 8500 | 9000 | 10300 | 11300 |
| 水电及气体生产供应业 | 16000 | 18000 | 21000 | 26000 | 23000 |
| 建筑业 | 11700 | 12000 | 13000 | 13000 | 15000 |
| 批发及零售业 | 9000 | 10000 | 10000 | 12000 | 12000 |
| 酒店及饮食业 | 8300 | 8800 | 10000 | 10000 | 10000 |
| 运输、仓储及通信业 | 11000 | 12300 | 13000 | 14000 | 14000 |
| 金融业 | 14000 | 16000 | 17000 | 18000 | 20000 |
| 不动产及工商服务业 | 8000 | 9000 | 9500 | 9500 | 10000 |
| 公共行政及社保事务 | 25000 | 27200 | 30000 | 34800 | 35000 |
| 教育 | 16000 | 19000 | 20000 | 22000 | 22000 |
| 医疗卫生及社会福利 | 15000 | 18200 | 16000 | 20000 | 20500 |
| 文娱博彩及其他服务业 | 14500 | 15300 | 17000 | 18000 | 19000 |
| 家务工作 | 3100 | 3400 | 3500 | 3800 | 4000 |

## 9-2-8 主要商品进出口总额及占本地生产总值比重

单位：亿澳门元

| 贸易种类 | | 2012 | 2013 | 2014 | 2015 | 2016 |
|---|---|---|---|---|---|---|
| **商品进出口总额** | | **790.9** | **901.1** | **998.7** | **953.6** | **814.0** |
| 出口 | | 81.6 | 90.9 | 99.1 | 106.9 | 100.5 |
| 本地产品出口 | | 22.8 | 20.1 | 20.2 | 18.2 | 19.6 |
| 再出口 | | 58.7 | 70.8 | 78.9 | 88.7 | 80.8 |
| 进口 | | 709.3 | 810.1 | 899.5 | 846.6 | 713.5 |
| 进出口差额 | | -627.7 | -719.2 | -800.4 | -739.7 | -613.1 |
| 出口/进口比率 | (%) | 11.5 | 11.2 | 11.0 | 12.6 | 14.1 |
| **占本地生产总值比重** | **(%)** | | | | | |
| 出口 | | 2.4 | 2.2 | 2.2 | 2.9 | 2.8 |
| 本地产品出口 | | 0.7 | 0.5 | 0.5 | 0.5 | 0.5 |
| 再出口 | | 1.7 | 1.7 | 1.8 | 2.4 | 2.3 |
| 进口 | | 20.6 | 19.7 | 20.3 | 23.3r | 19.9 |

## 9-2-9 按主要原产地和目的地划分的商品进出口

单位：亿澳门元

| 主要国家/地区 | 2012 | 2013 | 2014 | 2015 | 2016 |
|---|---|---|---|---|---|
| **进口(原产地)** | | | | | |
| 中国内地 | 232.0 | 264.1 | 298.4 | 318.5 | 258.4 |
| 中国香港 | 82.1 | 105.0 | 92.3 | 75.3 | 62.1 |
| 欧盟 | 166.5 | 187.9 | 218.5 | 188.4 | 170.3 |
| 日本 | 42.4 | 48.0 | 50.2 | 51.7 | 45.2 |
| 中国台湾 | 14.0 | 13.2 | 13.5 | 13.7 | 12.5 |
| 美国 | 36.8 | 40.8 | 58.6 | 48.0 | 34.3 |
| **出口(目的地)** | | | | | |
| 美国 | 5.1 | 3.6 | 2.9 | 2.0 | 1.6 |
| 欧盟 | 3.2 | 2.8 | 3.1 | 2.3 | 1.7 |
| 中国内地 | 13.7 | 16.1 | 15.5 | 18.4 | 17.5 |
| 中国香港 | 41.0 | 48.6 | 58.1 | 63.3 | 55.6 |

# 9－2－10 按标准国际贸易分类划分的商品进口和出口

单位：百万澳门元

| 标准国际贸易分类 | 2005 | | | 2010 | | | 2016 | | |
|---|---|---|---|---|---|---|---|---|---|
| | 进口 | 出口 | 出进口比率(%) | 进口 | 出口 | 出进口比率(%) | 进口 | 出口 | 出进口比率(%) |
| **总数** | **31340** | **19823** | **63.3** | **44118** | **6960** | **15.8** | **71352** | **10047** | **14.1** |
| 0 粮食及活动物 | 2012 | 67 | 3.3 | 4142 | 108 | 2.6 | 9346 | 301 | 3.2 |
| 1 饮料及烟叶 | 1863 | 256 | 13.7 | 3409 | 473 | 13.9 | 3480 | 874 | 25.1 |
| 2 除燃料外的非食用未加工材料 | 196 | 54 | 27.6 | 196 | 73 | 37.2 | 430 | 146 | 34.0 |
| 3 矿物燃料、润滑油及有关物质 | 3041 | # | # | 5285 | # | # | 6106 | # | # |
| 4 动物及植物油、脂肪及蜡 | 57 | | | 124 | 1 | 0.8 | 153 | # | # |
| 5 未列明的化学及有关产品 | 1514 | 183 | 12.1 | 3026 | 269 | 8.9 | 7014 | 553 | 7.9 |
| 6 主要按材料分类的制成品 | 8129 | 2716 | 33.4 | 3107 | 1011 | 32.5 | 4666 | 791 | 17.0 |
| 7 机械和运输设备 | 7834 | 1616 | 20.6 | 10473 | 1025 | 9.8 | 14380 | 2192 | 15.2 |
| 8 杂项制成品 | 6677 | 14124 | 211.5 | 14281 | 3182 | 22.3 | 25673 | 3765 | 14.7 |

注：部分货物的资料因统计保密的规定而未在此表列出。

# 9－2－11 按居住国家和地区划分的入境旅客人数

单位：万人次

| 居住国家和地区 | 2012 | 2013 | 2014 | 2015 | 2016 |
|---|---|---|---|---|---|
| **总数** | **2808.2** | **2932.5** | **3152.6** | **3071.5** | **3095.0** |
| 亚洲 | 2735.7 | 2860.9 | 3081.3 | 3003.2 | 3024.3 |
| 中国内地 | 1690.2 | 1863.2 | 2125.2 | 2041.1 | 2045.4 |
| 中国香港 | 708.1 | 676.6 | 642.7 | 653.5 | 642.0 |
| 中国台湾 | 107.2 | 100.1 | 95.4 | 98.8 | 107.5 |
| 日本 | 39.6 | 29.1 | 30.0 | 28.2 | 30.1 |
| 马来西亚 | 30.2 | 29.1 | 25.0 | 22.9 | 22.3 |
| 菲律宾 | 28.4 | 27.4 | 26.3 | 27.7 | 28.7 |
| 韩国 | 44.5 | 47.4 | 55.5 | 55.4 | 66.2 |
| 新加坡 | 20.6 | 19.0 | 19.6 | 15.9 | 15.6 |
| 其他 | 66.9 | 68.9 | 61.7 | 59.8 | 66.6 |
| 美洲 | 30.7 | 28.9 | 28.6 | 28.6 | 30.0 |
| 欧洲 | 26.3 | 27.3 | 27.0 | 25.8 | 27.2 |
| 大洋洲 | 12.9 | 12.5 | 12.2 | 10.7 | 10.8 |
| 非洲及其他 | 2.7 | 2.9 | 3.5 | 3.1 | 2.7 |

注：2013年及之前的入境旅客数目是按原居地进行统计。

# 9-2-12 按居住国家和地区划分的旅客人均消费

单位：澳门元

| 国家和地区 | 2005 | 2010 | 2013 | 2014 | 2015 | 2016 |
|---|---|---|---|---|---|---|
| **人均消费①** | **1523** | **1518** | **2030** | **1959** | **1665** | **1701** |
| 中国内地 | 3078 | 2039 | 2563 | 2354 | 1965 | 1975 |
| 中国香港 | 898 | 811 | 911 | 899 | 887 | 999 |
| 中国台湾 | 1336 | 677 | 1517 | 1616 | 1466 | 1620 |
| 日本 | 952 | 1394 | 1637 | 1846 | 1524 | 1708 |
| 东南亚 | 1458 | 1319 | 1525 | 1627 | 1448 | 1388 |
| 欧洲 | 824 | 1148 | 1120 | 1210 | 1154 | 1170 |
| 美洲 | 1317 | 1064 | 1098 | 1253 | 1240 | 1212 |
| 大洋洲 | 1042 | 1254 | 1233 | 1418 | 1334 | 1386 |
| 其他 | 996 | 1581 | 1355 | 1473 | 1302 | 1355 |
| **非购物消费①** | **851** | **745** | **1033** | **1006** | **902** | **958** |
| 中国内地 | 1221 | 749 | 1113 | 1037 | 913 | 952 |
| 中国香港 | 689 | 656 | 749 | 756 | 744r | 838 |
| 中国台湾 | 895 | 495 | 1102 | 1216 | 1101 | 1228 |
| 日本 | 670 | 1240 | 1496 | 1636 | 1355 | 1526 |
| 东南亚 | 948 | 951 | 1145 | 1251 | 1105 | 1075 |
| 欧洲 | 691 | 1011 | 994 | 1064 | 1023 | 1066 |
| 美洲 | 1038 | 878 | 926 | 1058 | 1035 | 1034 |
| 大洋洲 | 800 | 1022 | 1063 | 1210 | 1134 | 1225 |
| 其他 | 754 | 1311 | 1179 | 1283 | 1130 | 1181 |
| **购物消费** | **672** | **773** | **998** | **953** | **762** | **744** |
| 中国内地 | 1856 | 1290 | 1450 | 1317 | 1051 | 1022 |
| 中国香港 | 209 | 155 | 162 | 144 | 143 | 161 |
| 中国台湾 | 441 | 182 | 415 | 400 | 365 | 391 |
| 日本 | 282 | 154 | 140 | 210 | 169 | 182 |
| 东南亚 | 509 | 369 | 380 | 377 | 342 | 313 |
| 欧洲 | 132 | 136 | 126 | 147 | 131 | 104 |
| 美洲 | 279 | 185 | 172 | 195 | 205 | 178 |
| 大洋洲 | 242 | 232 | 170 | 208 | 200 | 161 |
| 其他 | 242 | 270 | 176 | 190 | 172 | 175 |

注：①不包括博彩消费。自2010年开始，旅客消费是经统计推算的结果，而前期的为样本值。

# 9–2–13 零售业销售额

单位：亿澳门元

| 项　　目 | 2012 | 2013 | 2014 | 2015 | 2016 |
|---|---|---|---|---|---|
| **销售总额** | **535.17** | **667.99** | **679.96** | **615.41** | **575.29** |
| 百货公司 | 82.77 | 94.82 | 103.42 | 90.70 | 85.99 |
| 超级市场 | 33.46 | 37.78 | 42.08 | 43.75 | 42.48 |
| 汽车 | 35.67 | 41.43 | 40.51 | 37.09 | 20.15 |
| 钟表金饰 | 157.78 | 204.70 | 180.35 | 136.86 | 117.67 |
| 成人服装 | 51.68 | 65.34 | 66.78 | 69.69 | 72.72 |
| 车用燃料 | 11.90 | 12.03 | 12.51 | 12.28 | 12.14 |
| 家用燃料 | 7.09 | 7.32 | 7.56 | 5.54 | 5.46 |
| 家庭电器 | 8.41 | 9.04 | 13.74 | 14.35 | 12.86 |
| 药房 | 14.01 | 17.36 | 18.84 | 18.78 | 18.16 |
| 其他 | 132.40 | 178.17 | 194.17 | 186.37 | 187.66 |

# 9–2–14 按出入境方式统计的对外商品贸易

单位：万吨

| 项　　目 | 2012 | 2013 | 2014 | 2015 | 2016 |
|---|---|---|---|---|---|
| 入境① | | | | | |
| 海路 | 362.8 | 466.8 | 480.0 | 429.4 | 420.7 |
| 空路 | 0.6 | 0.6 | 0.6 | 0.7 | 0.6 |
| 陆路 | 112.1 | 123.5 | 126.8 | 154.1 | 149.9 |
| 其他② | 8566.4 | 8661.7 | 9287.2 | 9542.3 | 9703.0 |
| **总数** | **9041.9** | **9252.6** | **9894.5** | **10126.5** | **10274.2** |
| 出境① | | | | | |
| 海路 | 21.9 | 21.1 | 20.0 | 20.5 | 21.2 |
| 空路 | 1.1 | 0.9 | 1.0 | 0.9 | 1.3 |
| 陆路 | 19.5 | 5.6 | 7.7 | 5.7 | 4.1 |
| 其他② | 14.1 | 15.8 | 17.1 | 17.6 | 17.6 |
| **总数** | **56.5** | **43.6** | **45.8** | **44.7** | **44.2** |

注：①包括转运货物。
②包括邮递及以管道运输方式进出澳门的货物。

# 9–2–15 海路集装箱总吞吐量

单位：标准集装箱

| 项　　目 | 2012 | 2013 | 2014 | 2015 | 2016 |
|---|---|---|---|---|---|
| 入境 | 73056 | 78991 | 87545 | 91932 | 80922 |
| 出境 | 46705 | 45724 | 51925 | 57508 | 48413 |
| 转口 | 165 | 259 | 69 | 287 | 82 |

## 9–2–16 通信服务

| 项　目 | | 2012 | 2013 | 2014 | 2015 | 2016 |
|---|---|---|---|---|---|---|
| 邮递服务 | (万件) | | | | | |
| 信件邮件 | | 3224 | 3311 | 3379 | 3343 | 3316 |
| 包裹 | | 0.8 | 0.8 | 0.7 | 0.7 | 0.7 |
| 电话服务 | (万户) | | | | | |
| 固网电话用户 | | 16.3 | 15.8 | 15.4 | 14.7 | 13.9 |
| 移动电话用户 | | 56.5 | 59.7 | 63.9 | 67.7 | 70.1 |
| 储值卡 | | 104.9 | 112.5 | 121.8 | 121.9 | 126.9 |
| 对外电话通讯量 | (万分钟) | | | | | |
| 拨出 | | 38817 | 39703 | 38863 | 31587 | 26010 |
| 拨入 | | 26459 | 28154 | 26915 | 22141 | 18942 |
| 互联网 | | | | | | |
| 登记用户 | (万户) | 23.2 | 26.3 | 30.5 | 33.9 | 36.3 |
| 总使用时数 | (万小时) | 67840 | 81403 | 95255 | 106369 | 116694 |

## 9–2–17 按受教育程度统计14岁及以上人口

| 项　目 | 2006中期人口统计 | | 2011人口普查 | | 2016中期人口统计 | |
|---|---|---|---|---|---|---|
| | 人数(万人) | 构成(%) | 人数(万人) | 构成(%) | 人数(万人) | 构成(%) |
| **总　计** | **43.36** | **100.0** | **49.20** | **100.0** | **57.70** | **100.0** |
| 男 | 20.97 | 48.4 | 23.35 | 47.5 | 27.55 | 47.8 |
| 女 | 22.39 | 51.6 | 25.85 | 52.5 | 30.15 | 52.2 |
| 从未入学/学前教育 | 2.06 | 4.7 | 1.63 | 3.3 | 1.59 | 2.7 |
| 男 | 0.50 | 1.1 | 0.37 | 0.7 | 0.39 | 0.7 |
| 女 | 1.56 | 3.6 | 1.26 | 2.6 | 1.20 | 2.1 |
| 小学 | 13.28 | 30.6 | 12.14 | 24.7 | 12.14 | 21.0 |
| 男 | 6.59 | 15.2 | 5.78 | 11.8 | 5.71 | 9.9 |
| 女 | 6.69 | 15.4 | 6.35 | 12.9 | 6.43 | 11.1 |
| 初中 | 12.07 | 27.8 | 12.30 | 25.0 | 12.69 | 22.0 |
| 男 | 6.00 | 13.8 | 6.10 | 12.4 | 6.39 | 11.1 |
| 女 | 6.07 | 14.0 | 6.19 | 12.6 | 6.30 | 10.9 |
| 高中 | 10.43 | 24.0 | 14.09 | 28.6 | 16.61 | 28.8 |
| 男 | 5.16 | 11.9 | 6.73 | 13.7 | 8.09 | 14.0 |
| 女 | 5.27 | 12.1 | 7.36 | 15.0 | 8.52 | 14.8 |
| 高等教育 | | | | | | |
| 高等专科 | 0.64 | 1.5 | 0.99 | 2.0 | 1.28 | 2.2 |
| 男 | 0.26 | 0.6 | 0.46 | 0.9 | 0.61 | 1.1 |
| 女 | 0.38 | 0.9 | 0.53 | 1.1 | 0.67 | 1.2 |
| 大学 | 4.86 | 11.2 | 8.02 | 16.3 | 13.34 | 23.1 |
| 男 | 2.44 | 5.6 | 3.88 | 7.9 | 6.33 | 11.0 |
| 女 | 2.42 | 5.6 | 4.13 | 8.4 | 7.01 | 12.2 |
| 特殊教育 | 0.03 | 0.1 | 0.04 | 0.1 | 0.06 | 0.1 |
| 男 | 0.02 | | 0.03 | | 0.04 | |
| 女 | 0.01 | | 0.02 | | 0.02 | |

# 9-2-18 外币兑换率

单位：一单位外币兑换的澳门元

| 项　目 | 2012 | 2013 | 2014 | 2015 | 2016 |
|---|---|---|---|---|---|
| 年内平均数字 | | | | | |
| 澳元 | 8.2701 | 7.7322 | 7.2164 | 6.0120 | 5.9497 |
| 欧元 | 10.2612 | 10.6081 | 10.6224 | 8.8624 | 8.8507 |
| 韩圆 | 0.0071 | 0.0073 | 0.0076 | 0.0071 | 0.0069 |
| 美元 | 7.9899 | 7.9892 | 7.9871 | 7.9850 | 7.9948 |
| 新台币 | 0.2701 | 0.2691 | 0.2636 | 0.2516 | 0.2480 |
| 英镑 | 12.6559 | 12.4911 | 13.1709 | 12.2122 | 10.8456 |
| 港元 | 1.0300 | 1.0300 | 1.0300 | 1.0300 | 1.0300 |
| 日元 | 0.1002 | 0.0820 | 0.0757 | 0.0660 | 0.0738 |
| 马来西亚林吉特 | 2.5868 | 2.5389 | 2.4446 | 2.0587 | 1.9334 |
| 新西兰元 | 6.4663 | 6.5499 | 6.6394 | 5.5879 | 5.5748 |
| 人民币 | 1.2662 | 1.3008 | 1.2968 | 1.2676 | 1.2021 |
| 新加坡元 | 6.3931 | 6.3864 | 6.3090 | 5.8135 | 5.7957 |
| 瑞士法郎 | 8.5141 | 8.6178 | 8.7428 | 8.3060 | 8.1184 |
| 年底数字 | | | | | |
| 澳元 | 8.3038 | 7.1194 | 6.5373 | 5.8203 | 5.7855 |
| 欧元 | 10.5628 | 11.0314 | 9.7141 | 8.7294 | 8.4322 |
| 韩圆 | 0.0075 | 0.0076 | 0.0073 | 0.0068 | 0.0066 |
| 美元 | 7.9840 | 7.9868 | 7.9899 | 7.9834 | 7.9877 |
| 新台币 | 0.2749 | 0.2668 | 0.2519 | 0.2420 | 0.2474 |
| 英镑 | 12.9053 | 13.1758 | 12.4363 | 11.8298 | 9.8209 |
| 港元 | 1.0300 | 1.0300 | 1.0300 | 1.0300 | 1.0300 |
| 日元 | 0.0930 | 0.0761 | 0.0668 | 0.0663 | 0.0687 |
| 马来西亚林吉特 | 2.6070 | 2.4294 | 2.2867 | 1.8592 | 1.7812 |
| 新西兰元 | 6.5772 | 6.5600 | 6.2545 | 5.4670 | 5.5674 |
| 人民币 | 1.2828 | 1.3174 | 1.2852 | 1.2151 | 1.1473 |
| 新加坡元 | 6.5314 | 6.3062 | 6.0452 | 5.6464 | 5.5290 |
| 瑞士法郎 | 8.7496 | 9.0068 | 8.0784 | 8.0820 | 7.8480 |

# 9-2-19 货币供应

单位：亿澳门元(年底数字)

| 项　目 | 2012 | 2013 | 2014 | 2015 | 2016 |
|---|---|---|---|---|---|
| **狭义货币供应量$M_1$** | **476.2** | **589.4** | **618.6** | **616.6** | **636.7** |
| 分类一：澳门元 | 207.3 | 260.9 | 300.4 | 335.9 | 367.6 |
| 港元 | 260.9 | 318.6 | 303.3 | 267.0 | 255.0 |
| 其他货币 | 8.0 | 9.9 | 14.9 | 13.6 | 14.1 |
| 分类二：流通货币(澳门元) | 74.6 | 89.8 | 108.6 | 120.4 | 135.6 |
| 活期存款 | 401.6 | 499.6 | 510.0 | 496.2 | 501.2 |
| **广义货币供应量$M_2$①** | **3749.3** | **4414.1** | **4874.7** | **4728.3** | **5324.8** |
| 分类一：澳门元 | 909.2 | 1064.3 | 1245.5 | 1413.4 | 1630.2 |
| 港元 | 2094.2 | 2354.5 | 2472.1 | 2435.1 | 2892.3 |
| 其他货币 | 745.9 | 995.4 | 1157.2 | 879.9 | 802.2 |
| 分类二：狭义货币供应量$M_1$② | 476.2 | 589.4 | 618.6 | 616.6 | 636.7 |
| 准货币负债③ | 3273.1 | 3824.7 | 4256.1 | 4111.7 | 4688.0 |
| 储蓄存款 | 1063.8 | 1167.4 | 1330.7 | 1455.5 | 1694.3 |
| 通知存款 | 4.1 | 4.1 | 4.5 | 2.8 | 2.0 |
| 定期存款 | 2202.6 | 2652.7 | 2920.4 | 2653.0 | 2991.0 |

注：① $M_2=M_1+$准货币负债。

② 货币供应量$M_1$只包括流通货币及活期存款。储蓄存款则变为准货币负债的组成部分。

③ 准货币负债：包括储蓄存款、通知存款、定期存款、其他存款及存款证明书。

# 【主要统计指标解释】

**本地生产总值** 反映每年在澳门特区生产的货物和提供各种服务的总量。本年鉴中的本地生产总值用支出法及生产法估算，支出法等于私人消费支出、政府最终消费支出、固定资本形成总额、库存变化和货物及服务出口净值（出口减进口）的总和。而生产法等于各经济行业的增加值总额的总和，这种方法可以评估澳门特区的产业结构。

**婴儿死亡率** 参考期内年龄在1岁或以下的死亡人数与出生活婴数目的千分比。

**出生率** 参考期内出生活婴数目与平均人口之千分比。

**死亡率** 参考期内死亡人数与平均人口之千分比。

**幼儿、小学、中学教育** 指有系统的，且主要专为儿童及青少年开办的，由幼儿教育至中学教育的课程；中学教育包括职业技术教育。

**幼儿教育** 为期3年，对象是年龄3-5岁的儿童。在报名当年的12月31日年满3岁的幼儿可报读幼儿教育第一年。

**小学教育** 为期6年，完成幼儿教育或在报名当年的12月31日年满6岁的儿童可报读小学教育第一年。就读小学的最高年龄为15岁。

**中学教育** 由两个阶段组成：初中教育及高中教育。大学预科不纳入中学教育。

1. **初中教育** 为期3年，合格完成小学教育者可以入读。就读初中最大年龄为18岁，但在特别情况下，经教育机构决定，可以逾越此年限。

2. **高中教育** 为期3年，合格完成初中教育者可以入读。就读高中最大年龄为21岁，但在特别情况下，经教育机构决定，可以逾越此年限。

**高等教育** 指透过理论、实践等在科学、文化及技术领域提供的培训教育；高等教育包括大学教育及高等专科教育。

**劳动人口** 在参考期内可参与生产商品或提供服务的年龄在16岁及以上人士。包括就业人士及失业人士。

**就业人口** 在参考期内为赚取报酬、利润或家庭收入而工作最少一小时的年龄在16岁及以上人士。包括没有上班但与雇主保持正式工作联系的雇员，以及因某些原因而暂时没有上班的公司东主或股东。

**就业不足人口** 在参考期内不论其职业身份，非自愿地工作少于35小时，并可随时接受更多的工作或正在寻找更多工作的就业人士。

**劳动力参与率** 劳动人口占年龄在16岁及以上人士的百分比。

**失业率** 失业人口占劳动人口的百分比。

**就业不足率** 就业不足人口占劳动人口的百分比。

**旅客** 指任何非以澳门特区为常居地的人士，连续在澳门的逗留时间少于一年，其旅游目的并非受雇于澳门特别行政区的居民实体。

**酒店入住率** 入住客房数量与可供应客房数量之百分比。

**进口** 将来自外地的货物输入澳门特区，但再进口和转运制度下输入者除外。

**出口** 将货物输出澳门特区，但暂时出口和转运制度下输出者除外。

**本地产品出口** 将原产地为澳门特区的任何货物输出澳门特区。

**再出口** 指原进口的货物未经加工输出澳门特区；或虽加工，但不能取得澳门特区产地资格。

**转运** 货物经过澳门特区而运到下一目的地。

**原产地** 农业产品种植之国家／地区、矿产开采之国家／地区、工业产品生产之国家／地区，被视为原产地国家／地区。若工业产品的制造工序于两个或以上的国家／地区进行，应以进行最后转变成型工序的国家／地区为原产地，再包装、分类及混合等工序不能构成最后转变成型工序；当产品入口国对相关货物产地来源有特定规定时，应遵从有关规定。

**目的地** 目的地是指货物实际最后到达的国家或地区(不论在运输途中有或没有中断)。如有中间国家或地区，只要不在中间国家或地区内进行商业交易，最后到达的国家或地区都可被视为目的地。

**贸易价格比率指数** 即货物出口单位价格指数与货物进口单位价格指数之比率。

**单位** 包括住宅、商业、办公室、工业、停车位、酒店及其他单位。

**建筑面积** 相等于所有楼层楼面面积之总和。楼面面积从外墙起量度，包括大堂、楼梯、升降机所占面积以及所有公用地方面积。

**居民消费价格指数** 反映澳门特区住户于购买一篮子之指定商品或服务时，在不同时间该等商品或服务之价格变动。

**狭义货币供应量$M_1$** 为流通货币及活期存款之和。

**广义货币供应量$M_2$** 指狭义货币供应量$M_1$加上准货币负债。准货币负债指储蓄存款、通知存款、定期存款、其他存款和存款证明书。

**财务活动** 由财务资产及财务负债组成。

# 9 港澳台第三产业情况

## 9–3 台湾第三产业情况

## 简要说明

一、本章资料反映台湾省主要社会、经济发展情况，重点反映第三产业情况。内容包括：人口、就业、国民经济核算、工业、交通通讯、对外贸易、财政金融、物价、教育、社会保障等方面。

二、本章数据主要来自台湾“行政院”主计处及相关部门统计出版物，国家统计局国际统计信息中心负责整理、编辑。

三、贸易数据从2016年1月起按照一般贸易制度口径予以统计，并按此方法对2001年至2015年的贸易数据进行了重新修订。

# 9-3-1 主要统计指标概况

| 指　　标 | | 2012 | 2013 | 2014 | 2015 | 2016 |
|---|---|---|---|---|---|---|
| **人口** | | | | | | |
| 户籍登记人口数① | (万人) | 2323 | 2332 | 2343 | 2349 | 2354 |
| 人口自然增长率 | (‰) | 1.88 | 3.23 | 1.98 | 2.12 | 1.53 |
| 人口密度① | (人/平方公里) | 642 | 644 | 647 | 649 | 650 |
| 性别比①(女=100) | | 100.6 | 100.3 | 99.7 | 99.4 | 99.1 |
| **劳动、就业** | | | | | | |
| 劳动力人口 | (万人) | 1120 | 1134 | 1154 | 1164 | 1173 |
| 劳动力参与率 | (%) | 58.2 | 58.4 | 58.5 | 58.7 | 58.8 |
| 男 | | 66.7 | 66.8 | 66.8 | 66.9 | 67.1 |
| 女 | | 50.0 | 50.2 | 50.6 | 50.7 | 50.8 |
| 工业就业人口比率 | (%) | 36.3 | 36.2 | 36.1 | 36.0 | 35.9 |
| 服务业就业人口比率 | (%) | 58.6 | 58.8 | 58.9 | 59.0 | 59.2 |
| 失业率 | (%) | 4.4 | 4.2 | 4.0 | 3.8 | 3.9 |
| 工业及服务业月人均薪资 | (新台币元) | 45508 | 45589 | 47300 | 48490 | 48790 |
| 工业 | | 43746 | 44011 | 45378 | 46735 | 47035 |
| 服务业 | | 46933 | 46850 | 48815 | 49861 | 50146 |
| **公共安全** | | | | | | |
| 刑案发生率 | (件/10万人) | 1499 | 1364 | 1309 | 1269 | 1254 |
| 犯罪人口率 | (人/10万人) | 1123 | 1126 | 1118 | 1148 | 1160 |
| 刑案破获率 | (%) | 79.5 | 84.0 | 86.0 | 91.9 | 93.0 |
| 少年疑犯人数(12–17岁) | (人) | 13103 | 15078 | 10969 | 11002 | 9775 |
| 火灾发生次数 | (次) | 1772 | 1574 | 1417 | 1704 | 1856 |
| 死伤人数 | (人) | 385 | 428 | 368 | 850 | 430 |
| 机动车肇事率 | (件/万辆) | 107 | 112 | 144 | 143 | 142 |
| 道路交通事故伤亡人数 | | | | | | |
| 死亡 | (人) | 2117 | 2040 | 1819 | 1696 | 1604 |
| 受伤 | (人) | 315201 | 334082 | 413229 | 410073 | 403906 |
| **保险** | | | | | | |
| 全民健保参保人数 | (万人) | 2320 | 2328 | 2362 | 2374 | 2381 |
| 社保参保人数 | (万人) | | | | | |
| 公务员和教师 | | 59 | 59 | 59 | 58 | 58 |
| 劳工 | | 973 | 971 | 992 | 1007 | 1017 |
| 农民 | | 148 | 145 | 135 | 128 | 124 |
| **工业** | | | | | | |
| 受雇者劳动生产力指数(2011年=100) | | 100.0 | 99.3 | 103.1 | 101.8 | 107.3 |
| 工业生产指数(2011年=100) | | 100.0 | 99.8 | 106.8 | 104.9 | 106.5 |
| 制造业 | | 100.0 | 99.7 | 106.9 | 105.3 | 107.4 |
| 建筑业 | | 100.0 | 107.1 | 122.8 | 127.2 | 115.6 |
| 工业生产价值 | (新台币亿元) | 155638 | 150615 | 155480 | 139297 | 133082 |
| **商业及对外贸易** | | | | | | |
| 营利事业家数① | (万家) | 124.4 | 126.9 | 132.1 | 134.9 | 137.5 |
| 营利事业销售额 | (新台币亿元) | 380032 | 377480 | 403681 | 389801 | 384053 |
| 货物进出口额 | (亿美元) | 6010 | 5837 | 6019 | 5226 | 5109 |
| 出口 | | 3129 | 3064 | 3201 | 2853 | 2803 |
| 进口 | | 2881 | 2773 | 2818 | 2372 | 2306 |
| 出(入)超 | | 249 | 291 | 382 | 481 | 498 |
| 对日出(入)超 | | -339 | -287 | -218 | -193 | -211 |
| 对美出(入)超 | | 88 | 75 | 51 | 53 | 49 |
| 对内地及港出(入)超 | | 803 | 771 | 775 | 658 | 670 |
| 外销订单 | (亿美元) | 4361 | 4410 | 4728 | 4518 | 4445 |
| **运输通信** | | | | | | |
| 交通运输客运人数 | (亿人) | | | | | |

9-3-1 续表

| 指标 | 2012 | 2013 | 2014 | 2015 | 2016 |
|---|---|---|---|---|---|
| 铁路 | 8.6 | 9.3 | 10.2 | 10.6 | 10.9 |
| 公路 | 11.6 | 11.9 | 12.4 | 12.2 | 12.2 |
| 航空 (万人) | | | | | |
| 省内 | 1048 | 1068 | 1056 | 980 | 1084 |
| 省外 | 3213 | 3590 | 4440 | 4798 | 5198 |
| 高速公路收费站通行车辆数④ (万辆次) | 57123 | 57351 | 518435 | 548998 | 579103 |
| 每百人机动车辆数① (辆) | 30.4 | 30.9 | 32.2 | 32.9 | 33.3 |
| 港埠货物装卸量 (万计费吨) | 67900 | 69080 | 74861 | 72139 | 73356 |
| **旅游 (万人次)** | | | | | |
| 出省旅游人数 | 958 | 1024 | 1184 | 1318 | 1459 |
| 来台湾旅客人数 | 609 | 731 | 991 | 1044 | 1069 |
| **财政、金融** | | | | | |
| 赋税实征净额② (新台币亿元) | 17646 | 17967 | 19761 | 21349 | 22241 |
| 直接税 (%) | 59.4 | 60.3 | 59.8 | 62.0 | 62.5 |
| 间接税 (%) | 40.6 | 39.7 | 40.2 | 38.0 | 37.5 |
| 外汇存底① (亿美元) | 3855.5 | 4031.7 | 4189.8 | 4260.3 | 4342.0 |
| 汇率③ | | | | | |
| 1美元 (新台币) | 30.32 | 29.08 | 31.68 | 32.88 | 32.30 |
| 货币总计数M2① (新台币亿元) | 324519 | 335744 | 376968 | 398840 | 413018 |
| 年增率 (%) | 4.8 | 3.5 | 6.1 | 5.8 | 3.6 |
| 存款① (新台币亿元) | 323022 | 333004 | 371339 | 393558 | 407174 |
| 放款与投资① (新台币亿元) | 241729 | 255488 | 281106 | 294064 | 305475 |
| 再贴现率① (年息百分比率) | 1.875 | 1.875 | 1.875 | 1.625 | 1.375 |
| 股价指数(1966年＝100) | 8155.8 | 7481.3 | 8992.0 | 8959.4 | 8763.3 |
| 国际收支余额 (亿美元) | 62.4 | 154.8 | 113.2 | 130.2 | 150.1 |
| 经常帐户 | 379.0 | 443.5 | 618.5 | 751.8 | 709.4 |
| 资本帐户 | -0.4 | -0.2 | -0.1 | -0.1 | -0.1 |
| 金融帐户 | 320.3 | 326.7 | 520.8 | 661.2 | 650.4 |
| **价格指数年增长率(2006年=100) (%)** | | | | | |
| 批发 | 4.3 | -1.2 | -0.6 | -8.8 | -3.0 |
| 消费者 | 1.4 | 1.9 | 1.2 | -0.3 | 1.4 |
| 进口 | 7.7 | -1.3 | -2.1 | -12.9 | -3.1 |
| 出口 | 0.1 | -1.6 | 0.1 | -4.7 | -2.7 |
| **国民经济核算 (新台币亿元)** | | | | | |
| 本地居民生产总值 | 107006 | 151411 | 165824 | 173179 | 177166 |
| 本地生产总值 | 143122 | 146869 | 161119 | 167590 | 171113 |
| 居民消费 | 77990 | 80351 | 85887 | 87607 | 90210 |
| 固定资本形成总额 | 33469 | 32821 | 34938 | 34928 | 35939 |
| 商品及服务出口 | 104197 | 103454 | 112541 | 107764 | 107512 |
| 减：商品及服务进口 | 94569 | 92520 | 95949 | 86280 | 86865 |
| GDP增长率 (%) | 3.8 | 2.1 | 4.0 | 0.7 | 1.5 |
| 农业 | 4.5 | -3.2 | 1.6 | -8.3 | -6.9 |
| 工业 | 6.0 | 3.3 | 7.2 | -1.1 | 2.0 |
| 服务业 | 3.1 | 1.3 | 3.3 | 1.1 | 1.4 |
| 产业结构 (%) | | | | | |
| 农业 | 1.7 | 1.6 | 1.5 | 1.3 | 1.2 |
| 工业 | 33.0 | 33.2 | 33.0 | 31.4 | 31.4 |
| 服务业 | 65.3 | 64.4 | 62.0 | 60.3 | 59.9 |
| 人均本地居民生产总值 (新台币元) | 633822 | 650660 | 708540 | 738097 | 753565 |
| 人均本地居民生产总值 (美元) | 21507 | 21967 | 23330 | 23131 | 23325 |
| 居民储蓄总值 (新台币亿元) | 46249 | 46110 | 55691 | 60094 | 60306 |
| 储蓄率 (%) | 31.5 | 30.5 | 33.6 | 34.7 | 34.0 |

注：①为年底数。②为年度资料。③卖出汇率，且为年底数。④从2013年12月30日起，国道高速公路由计次收费改为计程电子收费。

# 9-3-2 本地生产总值部门构成

单位：%

| 年份 | 本地生产总值(新台币亿元) | 农业 | 工业 | 制造业 | 水、电、燃气业及污染治理业 | 建筑业 | 服务业 | 批发、零售业 | 金融及保险业 | 不动产业 | 咨讯及通讯传播业 |
|---|---|---|---|---|---|---|---|---|---|---|---|
| 2007 | 134071 | 1.45 | 32.96 | 28.44 | 1.67 | 2.67 | 65.59 | 17.45 | 7.13 | 8.24 | 3.38 |
| 2008 | 131510 | 1.55 | 31.30 | 27.41 | 0.98 | 2.73 | 67.15 | 17.82 | 7.01 | 8.52 | 3.49 |
| 2009 | 129617 | 1.68 | 31.50 | 26.73 | 2.14 | 2.50 | 66.82 | 17.36 | 6.23 | 8.96 | 3.54 |
| 2010 | 141192 | 1.60 | 33.78 | 29.06 | 1.97 | 2.61 | 64.63 | 16.82 | 6.19 | 8.45 | 3.31 |
| 2011 | 143122 | 1.72 | 33.02 | 28.66 | 1.56 | 2.68 | 65.27 | 17.07 | 6.39 | 8.47 | 3.23 |
| 2012 | 146869 | 1.67 | 32.75 | 28.37 | 1.62 | 2.65 | 65.58 | 16.88 | 6.42 | 8.55 | 3.18 |
| 2013 | 152307 | 1.69 | 33.46 | 28.75 | 2.00 | 2.61 | 64.85 | 16.97 | 6.41 | 8.49 | 3.08 |
| 2014 | 161119 | 1.80 | 34.79 | 29.99 | 2.14 | 2.56 | 63.41 | 16.41 | 6.53 | 8.20 | 2.96 |
| 2015 | 167590 | 1.70 | 35.13 | 30.05 | 2.46 | 2.52 | 63.17 | 16.37 | 6.56 | 8.16 | 2.92 |
| 2016 | 171113 | 1.82 | 35.06 | 30.18 | 2.41 | 2.38 | 63.13 | 16.17 | 6.59 | 8.19 | 2.84 |

# 9-3-3 本地居民生产总值

| 年份 | 本地居民生产总值 | | | 人均本地居民生产总值 | |
|---|---|---|---|---|---|
| | 新台币亿元 | 实际年增长率 % | 亿美元① | 新台币元 | 美元① |
| 2005 | 123831 | 3.0 | 3848 | 544798 | 16930 |
| 2006 | 129525 | 4.6 | 3982 | 567508 | 17446 |
| 2007 | 137398 | 6.1 | 4184 | 599536 | 18256 |
| 2008 | 134656 | -2.0 | 4270 | 585519 | 18564 |
| 2009 | 133757 | -0.7 | 4046 | 579574 | 17531 |
| 2010 | 145489 | 8.8 | 4597 | 628706 | 19864 |
| 2011 | 147006 | 1.0 | 4988 | 633822 | 21507 |
| 2012 | 151411 | 3.0 | 5112 | 650660 | 21967 |
| 2013 | 156546 | 3.4 | 5259 | 670585 | 22526 |
| 2014 | 165824 | 5.9 | 5460 | 708540 | 23330 |
| 2015 | 173179 | 4.4 | 5427 | 738097 | 23131 |
| 2016 | 177166 | 2.3 | 5484 | 753565 | 23325 |

注：①按当年汇率折算。

# 9–3–4 劳动力和就业状况

| 项目 | | 2011 | 2012 | 2014 | 2015 | 2016 |
|---|---|---|---|---|---|---|
| 劳动力总计 | (万人) | 1120.0 | 1134.1 | 1153.5 | 1163.8 | 1172.7 |
| 男 | | 630.4 | 636.9 | 644.1 | 649.7 | 654.1 |
| 女 | | 489.6 | 497.2 | 509.4 | 514.1 | 518.6 |
| 就业人数 | (万人) | 1070.9 | 1086.0 | 1107.9 | 1119.8 | 1126.7 |
| 男 | | 600.6 | 608.3 | 616.6 | 623.4 | 626.7 |
| 女 | | 470.2 | 477.7 | 491.3 | 496.4 | 500.0 |
| 就业者行业构成 | (%) | 100.0 | 100.0 | 100.0 | 100.0 | 100.0 |
| 农、林、渔、牧业 | | 5.1 | 5.0 | 4.9 | 5.0 | 4.9 |
| 工业 | | 36.3 | 36.2 | 36.1 | 36.0 | 35.9 |
| 矿业及土石采取业 | | 0.04 | 0.04 | 0.04 | 0.04 | 0.04 |
| 制造业 | | 27.5 | 27.4 | 27.1 | 27.0 | 26.9 |
| 电力及燃气供应业 | | 0.3 | 0.3 | 0.3 | 0.3 | 0.3 |
| 用水供应及污染整治业 | | 0.7 | 0.8 | 0.7 | 0.7 | 0.7 |
| 建筑业 | | 7.8 | 7.8 | 8.0 | 8.0 | 8.0 |
| 服务业 | | 58.6 | 58.8 | 58.9 | 59.0 | 59.2 |
| 批发及零售业 | | 16.5 | 16.6 | 16.5 | 16.5 | 16.5 |
| 运输及仓储业 | | 3.8 | 3.8 | 3.9 | 3.9 | 3.9 |
| 金融及保险业 | | 4.0 | 3.9 | 3.8 | 3.8 | 3.8 |
| 咨讯及通讯传播 | | 2.0 | 2.1 | 2.2 | 2.2 | 2.2 |
| 住宿及餐饮业 | | 6.8 | 6.9 | 7.1 | 7.3 | 7.3 |
| 教育服务业 | | 5.9 | 5.8 | 5.8 | 5.8 | 5.8 |
| 公共行政 | | 3.6 | 3.5 | 3.4 | 3.3 | 3.3 |
| 失业人数 | (万人) | 49.1 | 48.1 | 45.7 | 44.0 | 46.0 |
| 失业率 | (%) | 4.4 | 4.2 | 4.0 | 3.8 | 3.9 |

# 9–3–5 服务业就业人员月平均工资

单位：新台币元

| 年份 | 服务业月平均工资 | 批发、零售业 | 运输、仓储业 | 金融、保险业 | 不动产业 | 专业、科学及技术服务 |
|---|---|---|---|---|---|---|
| 2007 | 45329 | 39463 | 49080 | 75828 | 37858 | 53264 |
| 2008 | 45326 | 39956 | 49540 | 71528 | 40324 | 54542 |
| 2009 | 43923 | 40081 | 47835 | 67724 | 38680 | 49983 |
| 2010 | 45656 | 41766 | 48902 | 74242 | 41018 | 52995 |
| 2011 | 46933 | 42562 | 50186 | 76951 | 41958 | 55322 |
| 2012 | 46850 | 41822 | 50196 | 77989 | 39588 | 56479 |
| 2013 | 46921 | 42274 | 49808 | 77871 | 40298 | 55507 |
| 2014 | 48815 | 44422 | 50028 | 83092 | 42914 | 57414 |
| 2015 | 49861 | 45488 | 51219 | 84696 | 42351 | 58252 |
| 2016 | 50146 | 45429 | 52132 | 85417 | 41339 | 58708 |

# 9–3–6 货物进出口额

| 年 份 | 按新台币计算（亿元） | | | 按美元计算（亿美元） | | |
|---|---|---|---|---|---|---|
| | 进出口总额 | 出口 | 进口 | 进出口总额 | 出口 | 进口 |
| 2007 | 154974 | 81697 | 73277 | 4719 | 2488 | 2231 |
| 2008 | 157643 | 80992 | 76651 | 5025 | 2581 | 2445 |
| 2009 | 126400 | 67848 | 58552 | 3833 | 2057 | 1776 |
| 2010 | 168681 | 87779 | 80902 | 5343 | 2780 | 2563 |
| 2011 | 176549 | 91942 | 84607 | 6010 | 3129 | 2881 |
| 2012 | 172809 | 90698 | 82110 | 5837 | 3064 | 2773 |
| 2013 | 174786 | 92357 | 82428 | 5894 | 3114 | 2780 |
| 2014 | 182084 | 96834 | 85250 | 6019 | 3201 | 2818 |
| 2015 | 165567 | 90421 | 75146 | 5226 | 2853 | 2372 |
| 2016 | 164625 | 90335 | 74290 | 5109 | 2803 | 2306 |

# 9–3–7 出口与进口货物分类

单位：亿美元

| 年 份 | 出 口 | | | | 进 口 | | | |
|---|---|---|---|---|---|---|---|---|
| | 出口额 | 农产品 | 农产加工品 | 工业产品 | 进口额 | 资本设备 | 原材料 | 消费品 |
| 2007 | 2487.9 | 4.1 | 18.2 | 2465.6 | 2231.2 | 342.5 | 1695.7 | 178.6 |
| 2008 | 2580.5 | 5.0 | 21.6 | 2553.9 | 2444.7 | 310.6 | 1929.5 | 189.1 |
| 2009 | 2056.6 | 5.0 | 17.8 | 2033.9 | 1776.0 | 237.5 | 1349.0 | 172.9 |
| 2010 | 2780.1 | 7.5 | 21.0 | 2751.6 | 2562.7 | 391.9 | 1932.9 | 216.8 |
| 2011 | 3129.2 | 9.1 | 26.1 | 3094.1 | 2880.6 | 375.0 | 2224.0 | 257.5 |
| 2012 | 3064.1 | 8.8 | 30.5 | 3024.8 | 2773.2 | 349.8 | 2131.7 | 270.2 |
| 2013 | 3114.3 | 8.8 | 31.5 | 3074.0 | 2780.1 | 368.5 | 2096.1 | 283.9 |
| 2014 | 3200.9 | 9.1 | 32.9 | 3159.0 | 2818.5 | 385.5 | 2084.0 | 307.9 |
| 2015 | 2853.4 | 8.6 | 30.4 | 2814.5 | 2372.2 | 381.2 | 1629.0 | 316.5 |
| 2016 | 2803.2 | | | | 2305.7 | | | |

# 9-3-8 货物出口去向和进口来源

单位：亿美元

| 项　目 | 2012 | 2013 | 2014 | 2015 | 2016 |
|---|---|---|---|---|---|
| **出口去向** | | | | | |
| 中国内地 | 826.7 | 841.2 | 847.4 | 734.1 | 738.8 |
| 中国香港 | 384.9 | 411.8 | 438.0 | 391.3 | 384.0 |
| 日　本 | 196.2 | 193.9 | 201.4 | 195.9 | 195.5 |
| 韩　国 | 121.4 | 122.2 | 129.9 | 128.8 | 127.9 |
| 美　国 | 332.2 | 326.3 | 351.1 | 345.4 | 335.2 |
| 泰　国 | 66.7 | 64.3 | 61.9 | 57.7 | 54.9 |
| 马来西亚 | 66.0 | 82.4 | 86.7 | 72.0 | 78.1 |
| 印度尼西亚 | 52.5 | 52.0 | 38.8 | 31.1 | 27.5 |
| 菲律宾 | 202.1 | 196.1 | 207.0 | 174.1 | 161.5 |
| 新加坡 | 85.6 | 90.2 | 101.3 | 97.1 | 95.5 |
| 越　南 | 57.0 | 56.7 | 62.2 | 60.1 | 59.3 |
| 印　度 | 15.7 | 15.0 | 15.5 | 13.9 | 15.4 |
| 德　国 | 18.3 | 17.1 | 18.9 | 17.0 | 18.6 |
| 荷　兰 | 50.8 | 43.3 | 42.5 | 39.1 | 36.4 |
| 英　国 | 19.9 | 18.4 | 16.8 | 11.7 | 9.5 |
| 澳大利亚 | 37.6 | 38.3 | 37.0 | 34.4 | 30.9 |
| 沙特阿拉伯 | 18.5 | 18.1 | 20.3 | 17.0 | 12.2 |
| 阿联酋 | 1.8 | 2.3 | 2.1 | 2.2 | 1.7 |
| **进口来源** | | | | | |
| 中国内地 | 414.3 | 433.5 | 492.5 | 452.7 | 439.9 |
| 日　本 | 25.8 | 15.9 | 17.3 | 14.7 | 13.3 |
| 韩　国 | 483.4 | 436.9 | 419.8 | 388.7 | 406.2 |
| 美　国 | 153.0 | 161.6 | 152.9 | 134.5 | 146.5 |
| 泰　国 | 257.0 | 284.1 | 300.4 | 292.0 | 286.0 |
| 马来西亚 | 37.1 | 37.9 | 44.1 | 40.4 | 38.2 |
| 印度尼西亚 | 79.8 | 82.5 | 89.6 | 67.3 | 62.8 |
| 菲律宾 | 73.5 | 71.7 | 74.0 | 59.7 | 43.0 |
| 新加坡 | 81.7 | 86.1 | 84.4 | 71.7 | 75.2 |
| 越　南 | 23.0 | 27.0 | 25.9 | 25.4 | 27.5 |
| 德　国 | 81.2 | 85.0 | 96.3 | 87.6 | 85.7 |
| 法　国 | 32.9 | 29.6 | 31.0 | 29.5 | 30.5 |
| 荷　兰 | 21.4 | 22.3 | 23.9 | 21.5 | 22.0 |
| 俄罗斯 | 20.7 | 19.2 | 19.8 | 19.9 | 18.4 |
| 巴　西 | 31.3 | 28.2 | 23.5 | 22.7 | 19.5 |
| 澳大利亚 | 94.6 | 81.1 | 75.9 | 68.6 | 60.9 |
| 沙特阿拉伯 | 148.0 | 156.4 | 137.2 | 73.3 | 58.0 |
| 阿联酋 | 86.3 | 84.2 | 66.7 | 39.6 | 29.2 |

# 9-3-9 旅游人数及外汇收入

| 指　　标 | | 2012 | 2013 | 2014 | 2015 | 2016 |
|---|---|---|---|---|---|---|
| **离境旅游人数** | **（万人次）** | **1024.0** | **1105.3** | **1184.5** | **1318.3** | **1458.9** |
| **来台旅游人数** | **（万人次）** | **731.1** | **801.6** | **991.0** | **1044.0** | **1069.0** |
| 香港澳门 | | 101.6 | 118.3 | 137.6 | 151.4 | 161.5 |
| 中国大陆 | | 258.6 | 287.5 | 398.7 | 418.4 | 351.2 |
| 外国 | | 367.1 | 389.3 | 454.1 | 473.5 | 555.6 |
| 未列明 | | 3.8 | 6.5 | 0.7 | 0.7 | 0.7 |
| **旅游收入总额** | **（亿美元）** | **208.8** | **214.6** | **248.1** | **257.3** | **256.7** |
| **来台旅客** | | | | | | |
| 旅游外汇收入 | （亿美元） | 117.7 | 123.2 | 146.2 | 143.9 | 133.7 |
| 平均每人停留时间 | （夜） | 6.9 | 6.9 | 6.7 | 6.6 | 6.5 |
| 旅客人均每日消费 | （美元） | 234 | 224 | 222 | 208 | 193 |

# 9-3-10 铁路和公路客货运量

| 年　份 | 铁路 | | | | 公路 | | | |
|---|---|---|---|---|---|---|---|---|
| | 客运量（亿人） | 客运周转量（亿人公里） | 货运量（亿吨） | 货物周转量（亿吨公里） | 客运量（亿人） | 客运周转量（亿人公里） | 货运量（亿吨） | 货物周转量（亿吨公里） |
| 2007 | 6.03 | 157.69 | 0.17 | 8.90 | 10.21 | 159.79 | 6.18 | 305.47 |
| 2008 | 6.90 | 190.66 | 0.17 | 9.33 | 10.54 | 157.83 | 6.04 | 301.60 |
| 2009 | 7.19 | 192.77 | 0.14 | 7.76 | 10.39 | 158.82 | 5.97 | 290.71 |
| 2010 | 7.79 | 209.31 | 0.15 | 8.73 | 11.10 | 163.07 | 6.28 | 296.32 |
| 2011 | 8.64 | 228.26 | 0.15 | 8.53 | 11.64 | 170.40 | 6.38 | 295.51 |
| 2012 | 9.25 | 242.08 | 0.14 | 8.33 | 11.92 | 175.86 | 6.53 | 298.51 |
| 2013 | 9.72 | 253.23 | 0.11 | 7.29 | 12.20 | 179.28 | 5.51 | 384.74 |
| 2014 | 10.24 | 263.40 | 0.11 | 6.83 | 12.39 | 183.84 | 5.42 | 378.52 |
| 2015 | 10.63 | 271.11 | 0.11 | 6.36 | 12.17 | 175.65 | 5.32 | 378.05 |
| 2016 | 10.92 | 279.50 | 0.09 | 5.64 | 12.23 | 173.53 | 5.30 | 385.33 |

# 9-3-11 港口客运量及货运量

| 年 份 | 客运量(万人) | | | 货运量(万吨) | | |
|---|---|---|---|---|---|---|
| | 总计 | 进港 | 出港 | 总计 | 进港 | 出港 |
| 2007 | 42.58 | 20.61 | 21.98 | 27415 | 19585 | 7830 |
| 2008 | 50.66 | 24.21 | 26.45 | 26618 | 19330 | 7288 |
| 2009 | 57.58 | 27.77 | 29.80 | 23574 | 17057 | 6517 |
| 2010 | 66.96 | 32.53 | 34.44 | 24649 | 18212 | 6437 |
| 2011 | 66.48 | 32.43 | 34.04 | 24442 | 18139 | 6303 |
| 2012 | 69.91 | 34.59 | 35.32 | 23892 | 17876 | 6016 |
| 2013 | 99.12 | 49.17 | 49.94 | 24347 | 18189 | 6158 |
| 2014 | 137.86 | 68.30 | 69.56 | 25548 | 19240 | 6308 |
| 2015 | 135.12 | 66.87 | 68.25 | 24068 | 18208 | 5861 |
| 2016 | 122.96 | 60.79 | 62.17 | 24602 | 18593 | 6009 |

# 9-3-12 港口集装箱及货物装卸量

| 年 份 | 折合20英尺标准集装箱(万TEU) | | | 装卸量(万收费吨) | | |
|---|---|---|---|---|---|---|
| | 总计 | 进港 | 出港 | 总计 | 装货量 | 卸货量 |
| 2007 | 1373 | 689 | 684 | 71026 | 28818 | 42208 |
| 2008 | 1298 | 649 | 649 | 66828 | 27153 | 39675 |
| 2009 | 1171 | 588 | 583 | 60575 | 24435 | 36140 |
| 2010 | 1274 | 635 | 639 | 65540 | 26584 | 38956 |
| 2011 | 1342 | 674 | 669 | 67900 | 27547 | 40353 |
| 2012 | 1388 | 694 | 694 | 69080 | 28455 | 40625 |
| 2013 | 1405 | 706 | 698 | 70576 | 28970 | 41606 |
| 2014 | 1505 | 754 | 751 | 74861 | 30844 | 44017 |
| 2015 | 1449 | 726 | 723 | 72139 | 29576 | 42562 |
| 2016 | 1487 | 744 | 742 | 73356 | 30395 | 42961 |

# 9-3-13 民航客运量及货运量

| 年 份 | 客运量（万人次） | 国际线 | 省内线 | 过境 | 货运量（万吨） | 国际线 | 省内线 |
|---|---|---|---|---|---|---|---|
| 2005 | 4427 | 2249 | 1929 | 249 | 181.9 | 121.6 | 3.7 |
| 2006 | 4373 | 2377 | 1737 | 259 | 181.0 | 120.8 | 4.0 |
| 2007 | 3977 | 2443 | 1271 | 263 | 170.9 | 191.1 | 4.0 |
| 2008 | 3524 | 2278 | 985 | 218 | 158.7 | 103.4 | 3.7 |
| 2009 | 3606 | 2343 | 923 | 28 | 174.4 | 86.7 | 3.7 |
| 2010 | 4109 | 2526 | 973 | 25 | 233.6 | 101.8 | 3.7 |
| 2011 | 4286 | 2496 | 1048 | 24 | 217.9 | 95.2 | 3.6 |
| 2012 | 4686 | 2694 | 1068 | 28 | 209.1 | 93.1 | 3.6 |
| 2013 | 5034 | 3017 | 1055 | 40 | 208.5 | 90.6 | 3.6 |
| 2014 | 5536 | 3310 | 1056 | 40 | 222.2 | 94.4 | 3.5 |
| 2015 | 5816 | 3616 | 980 | 37 | 215.1 | 93.5 | 3.3 |
| 2016 | 6325 | 4072 | 1084 | 43 | 223.3 | 99.6 | 3.2 |

资料来源：台湾“交通部民航局”。

# 9-3-14 邮政及电信营运量

| 项 目 | | 2011 | 2012 | 2014 | 2015 | 2016 |
|---|---|---|---|---|---|---|
| **邮政** | | | | | | |
| 函件 | （亿件） | | | | | |
| 收寄 | | 27.8 | 27.1 | 27.6 | 26.1 | 25.0 |
| 包裹 | （万件） | | | | | |
| 收寄 | | 2721.4 | 2794.6 | 2356.2 | 2417.2 | 2383.3 |
| **电信** | | | | | | |
| 市内电话用户数 | （万户） | 1268 | 1241 | 1205 | 1189 | 1170 |
| 移动电话用户数 | （万户） | 2886.2 | 2944.9 | 2653.5 | 2936.9 | 2892.9 |
| 综合业务数字网用户数 | （万户） | 12.3 | 11.8 | 10.4 | 1.4 | 1.4 |
| 数据通信出租电路数 | （万路） | 17.2 | 16.2 | 13.8 | 14.6 | 16.9 |
| 国际互联网用户数 | （万户） | 609.2 | 698.8 | 794.5 | 811.2 | 620.5 |
| 宽带用户 | （万户） | 551.6 | 644.9 | 743.7 | 761.7 | 579.2 |
| 国际电话去话分钟数 | （万分钟） | 466671 | 494147 | 296081 | 223069 | 182973 |

# 9-3-15 入学率和教育经费

单位：%

| 年 份 | 粗入学率(6-21岁) 初等教育(6-11岁) | 中等教育(12-17岁) | 高等教育①(18-21岁) | 每千人口高等教育学生数② | 15岁以上人口识字率③ | 教育经费占GNP比重 | 政府教育经费占政府支出比重 |
|---|---|---|---|---|---|---|---|
| 2005 | 100.3 | 97.9 | 82.0 | 58.7 | 97.3 | 5.7 | 20.0 |
| 2006 | 99.5 | 99.1 | 83.6 | 59.1 | 97.5 | 5.4 | 21.2 |
| 2007 | 100.8 | 98.7 | 85.3 | 59.2 | 97.6 | 5.2 | 20.8 |
| 2008 | 100.7 | 99.2 | 83.2 | 59.4 | 97.8 | 5.4 | 20.5 |
| 2009 | 101.4 | 99.0 | 82.2 | 58.7 | 97.9 | 5.8 | 19.9 |
| 2010 | 99.7 | 100.3 | 83.8 | 58.6 | 98.0 | 5.3 | 20.1 |
| 2011 | 100.4 | 100.0 | 83.4 | 58.5 | 98.2 | 5.3 | 20.6 |
| 2012 | 101.4 | 99.0 | 84.4 | 58.2 | 98.3 | 5.4 | 20.5 |
| 2013 | 99.5 | 100.3 | 83.9 | 57.4 | 98.4 | 5.3 | 20.8 |
| 2014 | 99.7 | 100.4 | 83.8 | 56.9 | 98.5 | 5.1 | 21.3 |
| 2015 | 99.1 | 101.2 | 83.7 | | 98.6 | 4.9 | 20.3 |

注：① 不含五专前三年、研究所及进修教育。②不含五专前三年。③年底资料。

# 9-3-16 科技人员数和科研开发经费

| 年 份 | 科技人员数(人) 总计 | 研究人员 | 技术人员 | 支援人员 | 科研开发经费 金额(新台币亿元) | 占GDP比重(%) | 政府投入经费所占比重(%) | 每万人口研究人员数(人) | 研究人员平均一年使用经费(新台币万元) |
|---|---|---|---|---|---|---|---|---|---|
| 2007 | 228987 | 136249 | 72799 | 19939 | 3317.77 | 2.47 | 29.8 | 59.2 | 244 |
| 2008 | 241366 | 144234 | 77218 | 19914 | 3519.11 | 2.68 | 28.2 | 62.4 | 244 |
| 2009 | 256543 | 155216 | 80271 | 21056 | 3678.08 | 2.84 | 28.9 | 67.0 | 237 |
| 2010 | 273447 | 165585 | 86809 | 21053 | 3958.35 | 2.80 | 27.4 | 71.2 | 239 |
| 2011 | 288726 | 174600 | 91757 | 22369 | 4144.12 | 2.90 | 26.2 | 74.8 | 237 |
| 2012 | 296724 | 179830 | 94966 | 21928 | 4335.02 | 2.95 | 24.6 | 76.6 | 241 |
| 2013 | 301001 | 180353 | 98497 | 22151 | 4576.41 | 3.00 | 23.3 | 76.5 | 254 |
| 2014 | 307933 | 182119 | 103431 | 22383 | 4834.92 | 3.00 | 21.7 | 78.0 | 265 |

# 9-3-17 金融概况

| 年 份 | 货币供应量(新台币亿元) | 流动性负债(新台币亿元) | 储备货币(新台币亿元) | 主要金融机构存款(新台币亿元) | 主要金融机构放款与投资(新台币亿元) | 再贴现率(年息%) | 汇率(卖出价)(新台币/美元) |
|---|---|---|---|---|---|---|---|
| 2007 | 82200 | 368449 | 19475 | 260525 | 206269 | 3.38 | 32.49 |
| 2008 | 81537 | 388270 | 21254 | 278702 | 213315 | 2.00 | 32.91 |
| 2009 | 105116 | 416730 | 23040 | 294486 | 214823 | 1.25 | 32.08 |
| 2010 | 114571 | 445203 | 25018 | 310063 | 228037 | 1.63 | 30.42 |
| 2011 | 118302 | 469541 | 27209 | 323022 | 241729 | 1.88 | 30.32 |
| 2012 | 124184 | 496032 | 29021 | 333004 | 255488 | 1.88 | 29.08 |
| 2013 | 134708 | 530162 | 31208 | 350624 | 267206 | 1.88 | 29.82 |
| 2014 | 143101 | 568299 | 32633 | 371339 | 281106 | 1.88 | 31.68 |
| 2015 | 152926 | 607126 | 34524 | 393558 | 294064 | 1.63 | 32.88 |
| 2016 | 161777 | 638980 | 36303 | 407174 | 305475 | 1.38 | 32.30 |

# 9-3-18 国际收支

单位：亿美元

| 年 份 | A.经常帐户 | | | | | B.资本帐户 | | | 合计(A+B) | C.金融帐户 | |
|---|---|---|---|---|---|---|---|---|---|---|---|
| | 合计 | 商品贸易净额 | 服务净额 | 收入净额 | 经常转移净额 | 合计 | 收入 | 支出 | | 合计 | 对外直接投资 |
| 2007 | 320.4 | 384.8 | -127.9 | 101.3 | -37.8 | -0.25 | 0.03 | 0.28 | 320.2 | -389.3 | -111.1 |
| 2008 | 248.2 | 291.7 | -115.3 | 99.8 | -28.0 | -2.70 | 0.03 | 2.73 | 245.5 | -16.4 | -102.9 |
| 2009 | 406.5 | 393.7 | -91.0 | 125.2 | -21.5 | -0.50 | 0.02 | 0.52 | 406.0 | 134.9 | -58.8 |
| 2010 | 368.3 | 370.2 | -110.5 | 135.8 | -27.1 | -0.49 | 0.05 | 0.54 | 367.8 | -3.4 | -115.7 |
| 2011 | 378.9 | 396.5 | -112.5 | 131.8 | -36.9 | -0.36 | 0.03 | 0.39 | 378.5 | -320.3 | -127.7 |
| 2012 | 443.5 | 495.8 | -172.1 | 145.9 | -26.2 | -0.24 | 0.04 | 0.28 | 443.2 | -326.7 | -131.4 |
| 2013 | 512.8 | 545.7 | -138.0 | 135.2 | -30.0 | 0.67 | 1.03 | 0.36 | 513.5 | -424.9 | -142.9 |
| 2014 | 618.5 | 602.1 | -100.2 | 144.6 | -27.9 | -0.08 | 0.29 | 0.37 | 618.4 | -520.8 | -127.1 |
| 2015 | 751.8 | 728.4 | -101.3 | 158.5 | -33.8 | -0.05 | 0.15 | 0.20 | 751.8 | -661.2 | -147.1 |
| 2016 | 722.5 | 706.3 | -110.0 | 157.5 | -31.4 | -0.09 | 0.17 | 0.26 | 722.4 | -546.4 | -178.8 |

9-3-18 续表

单位：亿美元

| 年 份 | 外商直接投资 | 证券投资 | | 衍生性金融产品 | | 其他投资 | | 合计(A至C) | D.误差与遗漏 | 国际收支余额(A至D) | E.准备与相关项目 |
|---|---|---|---|---|---|---|---|---|---|---|---|
| | | 资产 | 负债 | 资产 | 负债 | 资产 | 负债 | | | | |
| 2007 | 77.7 | -449.7 | 49.0 | 36.9 | -39.8 | -68.5 | 116.0 | -69.1 | 28.9 | -40.2 | 40.2 |
| 2008 | 54.3 | 35.3 | -157.8 | 79.4 | -63.5 | 106.2 | 32.5 | 229.1 | 33.6 | 262.7 | -262.7 |
| 2009 | 28.1 | -317.0 | 213.7 | 53.4 | -44.9 | 256.6 | 3.7 | 540.9 | 0.4 | 541.3 | -541.3 |
| 2010 | 24.9 | -334.9 | 128.2 | 45.0 | -39.2 | 123.2 | 165.1 | 364.5 | 37.3 | 401.7 | -401.7 |
| 2011 | -19.6 | -195.0 | -161.9 | 57.8 | -47.4 | -79.9 | 253.4 | 58.3 | 4.1 | 62.4 | -62.4 |
| 2012 | 32.1 | -457.1 | 32.1 | 47.7 | -43.8 | 41.4 | 152.2 | 116.6 | 38.3 | 154.8 | -154.8 |
| 2013 | 36.0 | -370.8 | 79.5 | 60.6 | -52.2 | -489.1 | 453.9 | 88.6 | 24.6 | 113.2 | -113.2 |
| 2014 | 28.4 | -571.0 | 130.6 | 59.8 | -54.3 | -134.9 | 147.8 | 97.6 | 32.6 | 130.2 | -130.2 |
| 2015 | 24.1 | -563.4 | -8.6 | 112.3 | -124.1 | 165.0 | -119.4 | 90.6 | 59.5 | 150.1 | -150.1 |
| 2016 | 83.3 | -815.0 | 26.4 | 111.5 | -89.3 | 31.3 | 284.2 | 176.1 | -69.4 | 106.6 | -106.6 |

# 【主要统计指标解释】

**就业人口** 于资料标准周内，年满15岁从事有酬工作者或工作在15小时以上的无酬家属工作者。

**失业人口** 于资料标准周内，年满15岁同时具有无工作、随时可以工作及正在寻找工作者。此外尚包括等待恢复工作者及已找到职业而未开始工作也无报酬者。

**就业人员工资** 包括经常性工资、加班费及其他非经常性工资。

**劳动生产力指数** 劳动生产力是指在单位时间内，每一劳工所能生产的产量。此项指数可衡量劳动生产力的变动趋势。

**初等教育** 小学教育。

**中等教育** 初中、高中、高职及五专前三年。

**高等教育** 大专院校（扣除五专前三年）及研究所硕士、博士班教育。

**各级教育粗入学率** 为（各该级教育学生人数/各该级教育学龄人口数）×100；其中高等教育学龄学生人数仅含大专院校扣除五专前三年及研究所（含硕士、博士班）的学生人数。

**本地居民生产总值(GNP)** 为某一期间本地常住居民提供生产要素从事生产所创造的附加值或报酬（不论在地区内或国外），即等于地区内生产总值加国外要素所得收入净额。

**本地生产总值(GDP)** 为某一期间本地及非本国常住居民提供生产要素在地区内从事生产所创造的附加值。

**经济增长率** 指某一期间的实际本地生产总值的增长率。

**储蓄率** 据居民储蓄总值与本地居民生产总值之比。

**商业与对外贸易** 包括进口与出口。出口货物以通关放行装船（机） 离岸日为统计时间，以离岸价格（F.O.B.）计价；进口货物经办妥通关手续，或存入保税关栈的货物，以其提出关栈报运进口放行日为统计时间，以到岸价格（C.I.F.）计价。出口国别是以出口货物的出口商所申报的运销地分列，其运销地有数处得随时变更者，以最终的运销地为准；进口国别是按原产国别分列。

**客运周转量** 指于某特定时间内，铁路、公路客运运输所运送旅客运程的总和，或每架次飞机所载运的旅客人数与其航行里程乘积之和。可用以推算该时间内的客运收入。

**货运周转量** 指于某特定时间内，铁路、公路、航空货运运输所运送货物的重量与其运程乘积之和。可用以推算该时间内的货运收入。

**批发价格** 指企业间相互交易的地区内生产物品出厂价格及进出口物品的价格，以反映生产厂商出售原材料、半成品及制成品等价格变动情况。

**消费价格** 以台湾地区（包括城市和农村）为范围所编制的零售价格指数，以此衡量台湾地区一般家庭为消费需要所购买的商品与服务价格水平的变动情况。

**进口及出口价格** 以台湾地区进出口商品为调查价格范围，以此衡量进出口商品价格水平的变动情况。

**道路交通事故** 指造成人员死亡或受伤的案件，死亡人数包括立即死亡及事故发生后24小时内死亡。

**社会保险** 社会保险是包括全民健康保险（1995年3月开办）、劳工保险、就业保险(2003年1月开办)、公务人员保险、退休人员保险、私立学校教职员保险、农民健康保险及军人保险。

**储备货币** 包括存款货币机构与中华邮政公司储汇处的准备金及社会大众持有的通货二项。

**流动性负债** 指金融机构及债券型基金的流动性负债，包括金融机构以外部门持有通货，金融机构收受企业及个人的各种存款、货币市场共同基金与信托资金，保险业提列的人寿保险准备，以及企业及个人持有金融债券、央行发行的国库券与储蓄券；自1994年1月资料起，尚加计企业及个人持有上列机构的附买回交易余额与外国人持有的新台币存款；自1999年1月资料起，尚包括企业及个人持有债券型基金。

**存款货币** 指企业及个人在货币机构的支票存款、活期存款及活期储蓄存款。

**货币总计数** $M_{1a}$指通货净额加企业及个人(含非营利团体)在货币机构的支票存款及活期存款；$M_{1b}$是通货净额加存款货币，或$M_{1a}$加个人（含非营利团体）在货币机构的活期储蓄存款（目前仅个人及非营利团体可以开设储蓄存款帐户）。$M_2$指$M_{1b}$加准货币。

# 附录一 世界及主要国家第三产业统计资料摘要

## 简要说明

一、本章选取了四十余个国家和地区主要宏观经济指标和第三产业方面统计指标，力求反映国家或地区经济概貌同时重点介绍第三产业情况。如需了解这些国家和地区其他指标，请参阅国家统计局国际统计信息中心编辑的《国际统计年鉴》。

二、中国数据未包括中国香港特别行政区、中国澳门特别行政区和中国台湾省的相关数据。

三、所有国家和地区的数据均来自于有关国际组织，每张表均附有资料来源。

四、经过有关国际组织调整，数据口径基本一致。

五、一些数据的合计数或相对数，因受进位的影响，不一定等于分项的累加。

六、本章中使用的符号含义如下："空格"表示无该项数据或该项统计数据不详；"…"表示数据不够本表最小单位数的一半；"|"表示因统计口径的调整，与之前数据不严格可比。

# 附录1-1 国内生产总值

单位：亿美元

| 国家和地区 | 2000 | 2005 | 2010 | 2011 | 2012 | 2013 | 2014 | 2015 | 2016 |
|---|---|---|---|---|---|---|---|---|---|
| **世 界** | **335432** | **473856** | **659062** | **732417** | **748023** | **769247** | **789725** | **746064** | **756416** |
| 中 国 | 12113 | 22860 | 61006 | 75726 | 85605 | 96072 | 104824 | 110647 | 111991 |
| 中国香港 | 1717 | 1816 | 2286 | 2485 | 2626 | 2757 | 2915 | 3094 | 3209 |
| 中国澳门 | 67 | 121 | 281 | 367 | 430 | 516 | 553 | 454 | 448 |
| 孟加拉国 | 534 | 694 | 1153 | 1286 | 1334 | 1500 | 1729 | 1951 | 2214 |
| 文 莱 | 60 | 95 | 137 | 185 | 190 | 181 | 171 | 129 | 114 |
| 柬 埔 寨 | 37 | 63 | 112 | 128 | 140 | 155 | 168 | 181 | 200 |
| 印 度 | 4621 | 8089 | 16566 | 18231 | 18276 | 18567 | 20354 | 21118 | 22635 |
| 印度尼西亚 | 1650 | 2859 | 7551 | 8930 | 9179 | 9125 | 8908 | 8613 | 9323 |
| 伊 朗 | 1096 | 2198 | 4678 | 5920 | 5872 | 5116 | 4253 | 3934 | |
| 以 色 列 | 1324 | 1428 | 2338 | 2614 | 2576 | 2933 | 3088 | 2994 | 3187 |
| 日 本 | 48875 | 47554 | 57001 | 61575 | 62032 | 51557 | 48487 | 43831 | 49394 |
| 哈萨克斯坦 | 183 | 571 | 1480 | 1926 | 2080 | 2366 | 2214 | 1844 | 1337 |
| 韩 国 | 5616 | 8981 | 10945 | 12025 | 12228 | 13056 | 14113 | 13828 | 14112 |
| 老 挝 | 17 | 27 | 71 | 83 | 102 | 119 | 133 | 144 | 159 |
| 马来西亚 | 938 | 1435 | 2550 | 2980 | 3144 | 3233 | 3381 | 2963 | 2964 |
| 蒙 古 | 11 | 25 | 72 | 104 | 123 | 126 | 122 | 117 | 112 |
| 缅 甸 | 89 | 120 | 495 | 600 | 597 | 601 | 656 | 626 | 674 |
| 巴基斯坦 | 740 | 1095 | 1774 | 2136 | 2244 | 2312 | 2444 | 2711 | 2837 |
| 菲 律 宾 | 810 | 1031 | 1996 | 2241 | 2501 | 2718 | 2846 | 2928 | 3049 |
| 新 加 坡 | 958 | 1274 | 2364 | 2756 | 2892 | 3025 | 3081 | 2968 | 2970 |
| 斯里兰卡 | 163 | 244 | 567 | 653 | 684 | 743 | 794 | 806 | 813 |
| 泰 国 | 1264 | 1893 | 3411 | 3708 | 3976 | 4205 | 4065 | 3992 | 4068 |
| 越 南 | 336 | 576 | 1159 | 1355 | 1558 | 1712 | 1862 | 1932 | 2026 |
| 埃 及 | 998 | 897 | 2189 | 2360 | 2794 | 2886 | 3055 | 3327 | 3363 |
| 尼日利亚 | 464 | 1122 | 3691 | 4117 | 4610 | 5150 | 5685 | 4811 | 4051 |
| 南 非 | 1364 | 2578 | 3753 | 4164 | 3963 | 3666 | 3509 | 3174 | 2948 |
| 加 拿 大 | 7423 | 11694 | 16135 | 17886 | 18243 | 18426 | 17929 | 15528 | 15298 |
| 墨 西 哥 | 6836 | 8663 | 10511 | 11712 | 11866 | 12620 | 12984 | 11510 | 10460 |
| 美 国 | 102848 | 130937 | 149644 | 155179 | 161553 | 166915 | 173931 | 180366 | 185691 |
| 阿 根 廷 | 2842 | 1987 | 4236 | 5302 | 5460 | 5520 | 5263 | 5847 | 5459 |
| 巴 西 | 6554 | 8916 | 22089 | 26162 | 24652 | 24728 | 24560 | 18037 | 17962 |
| 委内瑞拉 | 1171 | 1455 | 3932 | 3165 | 3813 | 3710 | 5100 | | |
| 捷 克 | 615 | 1360 | 2070 | 2279 | 2074 | 2094 | 2078 | 1852 | 1929 |
| 法 国 | 13684 | 22037 | 26468 | 28627 | 26814 | 28085 | 28493 | 24336 | 24655 |
| 德 国 | 19500 | 28614 | 34171 | 37577 | 35440 | 37525 | 38793 | 33636 | 34668 |
| 意 大 利 | 11418 | 18527 | 21251 | 22763 | 20728 | 21305 | 21517 | 18249 | 18500 |
| 荷 兰 | 4128 | 6785 | 8364 | 8938 | 8289 | 8667 | 8796 | 7503 | 7708 |
| 波 兰 | 1719 | 3061 | 4793 | 5288 | 5003 | 5242 | 5452 | 4773 | 4695 |
| 俄 罗 斯 | 2597 | 7640 | 15249 | 20318 | 21701 | 22306 | 20637 | 13659 | 12832 |
| 西 班 牙 | 5954 | 11573 | 14316 | 14880 | 13359 | 13618 | 13759 | 11930 | 12321 |
| 土 耳 其 | 2730 | 5014 | 7719 | 8325 | 8740 | 9506 | 9342 | 8594 | 8577 |
| 乌 克 兰 | 313 | 861 | 1360 | 1632 | 1758 | 1833 | 1335 | 910 | 933 |
| 英 国 | 16354 | 25081 | 24297 | 26088 | 26460 | 27195 | 29988 | 28611 | 26189 |
| 澳大利亚 | 4154 | 6938 | 11429 | 13906 | 15382 | 15672 | 14596 | 13454 | 12046 |
| 新 西 兰 | 526 | 1147 | 1466 | 1685 | 1762 | 1905 | 2007 | 1756 | 1850 |

资料来源：世界银行WDI数据库。

# 附录1-2　国内生产总值增长率

单位：%

| 国家和地区 | 2000 | 2005 | 2010 | 2011 | 2012 | 2013 | 2014 | 2015 | 2016 |
|---|---|---|---|---|---|---|---|---|---|
| 中　　国 | 8.5 | 11.4 | 10.6 | 9.5 | 7.9 | 7.8 | 7.3 | 6.9 | 6.7 |
| 中国香港 | 7.7 | 7.4 | 6.8 | 4.8 | 1.7 | 3.1 | 2.8 | 2.4 | 2.1 |
| 中国澳门 | 5.8 | 8.1 | 25.3 | 21.7 | 9.2 | 11.2 | -1.2 | -21.5 | -2.1 |
| 孟加拉国 | 5.3 | 6.5 | 5.6 | 6.5 | 6.5 | 6.0 | 6.1 | 6.6 | 7.1 |
| 文　　莱 | 2.9 | 0.4 | 2.6 | 3.8 | 0.9 | -2.1 | -2.4 | -0.6 | -2.5 |
| 柬 埔 寨 | 8.8 | 13.3 | 6.0 | 7.1 | 7.3 | 7.4 | 7.1 | 7.0 | 6.9 |
| 印　　度 | 3.8 | 9.3 | 10.3 | 6.6 | 5.5 | 6.4 | 7.5 | 8.0 | 7.1 |
| 印度尼西亚 | 4.9 | 5.7 | 6.2 | 6.2 | 6.0 | 5.6 | 5.0 | 4.9 | 5.0 |
| 伊　　朗 | 5.9 | 4.2 | 6.6 | 3.8 | -6.6 | -1.9 | 4.3 | -1.5 |  |
| 以 色 列 | 8.9 | 4.4 | 5.5 | 5.1 | 2.4 | 4.4 | 3.2 | 2.5 | 4.0 |
| 日　　本 | 2.8 | 1.7 | 4.2 | -0.1 | 1.5 | 2.0 | 0.3 | 1.2 | 1.0 |
| 哈萨克斯坦 | 9.8 | 9.7 | 7.3 | 7.4 | 4.8 | 6.0 | 4.2 | 1.2 | 1.0 |
| 韩　　国 | 8.9 | 3.9 | 6.5 | 3.7 | 2.3 | 2.9 | 3.3 | 2.8 | 2.8 |
| 老　　挝 | 5.8 | 7.1 | 8.5 | 8.0 | 8.0 | 8.0 | 7.6 | 7.3 | 7.0 |
| 马来西亚 | 8.9 | 5.3 | 7.0 | 5.3 | 5.5 | 4.7 | 6.0 | 5.0 | 4.2 |
| 蒙　　古 | 1.2 | 7.3 | 6.4 | 17.3 | 12.3 | 11.7 | 7.9 | 2.4 | 1.0 |
| 巴基斯坦 | 4.3 | 7.7 | 1.6 | 2.8 | 3.5 | 4.4 | 4.7 | 4.7 | 5.7 |
| 菲 律 宾 | 4.4 | 4.8 | 7.6 | 3.7 | 6.7 | 7.1 | 6.2 | 6.1 | 6.9 |
| 新 加 坡 | 8.9 | 7.5 | 15.2 | 6.2 | 3.9 | 5.0 | 3.6 | 1.9 | 2.0 |
| 斯里兰卡 | 6.0 | 6.2 | 8.0 | 8.4 | 9.2 | 3.4 | 5.0 | 4.8 | 4.4 |
| 泰　　国 | 4.5 | 4.2 | 7.5 | 0.8 | 7.2 | 2.7 | 0.9 | 2.9 | 3.2 |
| 越　　南 | 6.8 | 7.6 | 6.4 | 6.2 | 5.3 | 5.4 | 6.0 | 6.7 | 6.2 |
| 埃　　及 | 5.4 | 4.5 | 5.2 | 1.8 | 2.2 | 2.2 | 2.9 | 4.4 | 4.3 |
| 尼日利亚 | 5.3 | 3.5 | 7.8 | 4.9 | 4.3 | 5.4 | 6.3 | 2.7 | -1.5 |
| 南　　非 | 4.2 | 5.3 | 3.0 | 3.3 | 2.2 | 2.5 | 1.7 | 1.3 | 0.3 |
| 加 拿 大 | 5.2 | 3.2 | 3.1 | 3.1 | 1.8 | 2.5 | 2.6 | 0.9 | 1.5 |
| 墨 西 哥 | 5.3 | 3.0 | 5.1 | 4.1 | 4.0 | 1.4 | 2.3 | 2.6 | 2.3 |
| 美　　国 | 4.1 | 3.4 | 2.5 | 1.6 | 2.2 | 1.7 | 2.4 | 2.6 | 1.6 |
| 阿 根 廷 | -0.8 | 8.9 | 10.1 | 6.0 | -1.0 | 2.4 | -2.5 | 2.7 | -2.3 |
| 巴　　西 | 4.1 | 3.2 | 7.5 | 4.0 | 1.9 | 3.0 | 0.5 | -3.8 | -3.6 |
| 委内瑞拉 | 3.7 | 10.3 | -1.5 | 4.2 | 5.6 | 1.3 | -3.9 | -5.7 |  |
| 捷　　克 | 4.3 | 6.4 | 2.3 | 2.0 | -0.8 | -0.5 | 2.7 | 4.5 | 2.4 |
| 法　　国 | 3.9 | 1.6 | 2.0 | 2.1 | 0.2 | 0.6 | 1.0 | 1.1 | 1.2 |
| 德　　国 | 3.0 | 0.7 | 4.1 | 3.7 | 0.5 | 0.5 | 1.6 | 1.7 | 1.9 |
| 意 大 利 | 3.7 | 1.0 | 1.7 | 0.6 | -2.8 | -1.7 | 0.1 | 0.8 | 0.9 |
| 荷　　兰 | 4.2 | 2.2 | 1.4 | 1.7 | -1.1 | -0.2 | 1.4 | 2.0 | 2.1 |
| 波　　兰 | 4.6 | 3.5 | 3.6 | 5.0 | 1.6 | 1.4 | 3.3 | 3.8 | 2.7 |
| 俄 罗 斯 | 10.0 | 6.4 | 4.5 | 4.3 | 3.5 | 1.3 | 0.7 | -2.8 | -0.2 |
| 西 班 牙 | 5.3 | 3.7 |  | -1.0 | -2.9 | -1.7 | 1.4 | 3.2 | 3.2 |
| 土 耳 其 | 6.6 | 9.0 | 8.5 | 11.1 | 4.8 | 8.5 | 5.2 | 6.1 | 2.9 |
| 乌 克 兰 | 5.9 | 2.7 | 4.2 | 5.5 | 0.2 |  | -6.6 | -9.8 | 2.3 |
| 英　　国 | 3.8 | 3.0 | 1.9 | 1.5 | 1.3 | 1.9 | 3.1 | 2.2 | 1.8 |
| 澳大利亚 | 3.9 | 3.2 | 2.0 | 2.4 | 3.6 | 2.6 | 2.6 | 2.4 | 2.8 |
| 新 西 兰 | 2.9 | 3.3 | 1.5 | 2.3 | 2.3 | 2.5 | 3.4 | 2.4 | 4.0 |

资料来源：世界银行WDI数据库。

# 附录1-3　国内生产总值产业构成

单位：%

| 国家和地区 | 第一产业 | | | 第二产业 | | | 第三产业 | | |
|---|---|---|---|---|---|---|---|---|---|
| | 2000 | 2015 | 2016 | 2000 | 2015 | 2016 | 2000 | 2015 | 2016 |
| 中　国 | 14.7 | 8.8 | 8.6 | 45.5 | 40.9 | 39.8 | 39.8 | 50.2 | 51.6 |
| 中国香港 | 0.1 | 0.1 | | 12.6 | 7.3 | | 87.3 | 92.4 | |
| 中国澳门 | | 0.0① | | 14.7 | 10.5 | | 85.3 | 89.5 | |
| 孟加拉国 | 23.8 | 15.5 | 14.8 | 23.3 | 28.1 | 28.8 | 52.9 | 56.3 | 56.5 |
| 文　莱 | 1.0 | 1.1 | 1.2 | 63.7 | 61.4 | 57.3 | 35.3 | 37.5 | 41.5 |
| 柬埔寨 | 37.8 | 28.6 | 26.7 | 23.0 | 29.8 | 31.7 | 39.1 | 42.3 | 41.6 |
| 印　度 | 23.0 | 17.5 | 17.4 | 26.0 | 29.6 | 28.8 | 51.0 | 53.0 | 53.8 |
| 印度尼西亚 | 15.6 | 13.5 | 13.5 | 45.9 | 40.0 | 39.3 | 38.5 | 46.5 | 43.7 |
| 伊　朗 | 9.1 | 10.8 | | 40.6 | 24.5 | | 50.3 | 55.4 | |
| 日　本 | 1.5 | 1.1 | | 30.0 | 28.9 | | 68.5 | 70.0 | |
| 哈萨克斯坦 | 8.7 | 5.0 | 4.8 | 40.5 | 32.5 | 33.5 | 50.8 | 62.5 | 61.7 |
| 韩　国 | 4.4 | 2.3 | 2.2 | 38.1 | 38.3 | 38.6 | 57.5 | 59.7 | 59.2 |
| 老　挝 | 45.2 | 19.7 | 19.5 | 16.6 | 31.0 | 32.5 | 38.2 | 41.7 | 48.0 |
| 马来西亚 | 8.6 | 8.5 | 8.6 | 48.3 | 36.4 | 35.7 | 43.1 | 55.1 | 55.7 |
| 蒙　古 | 30.9 | 14.6 | 13.3 | 25.0 | 33.8 | 35.3 | 44.1 | 51.6 | 51.4 |
| 缅　甸 | 57.2 | 26.7 | 28.2 | 9.7 | 34.5 | 29.5 | 33.1 | 38.7 | 42.3 |
| 巴基斯坦 | 25.9 | 25.1 | 25.2 | 23.3 | 20.0 | 19.2 | 50.7 | 54.9 | 55.6 |
| 菲律宾 | 14.0 | 10.3 | 9.7 | 34.5 | 30.9 | 30.8 | 51.6 | 59.0 | 59.5 |
| 新加坡 | 0.1 | | | 34.8 | 26.2 | 26.2 | 65.1 | 73.6 | 73.8 |
| 斯里兰卡 | 19.9 | 8.8 | 8.2 | 27.3 | 29.5 | 29.6 | 52.8 | 60.6 | 62.2 |
| 泰　国 | 8.5 | 8.7 | 8.3 | 36.8 | 36.4 | 35.8 | 54.7 | 55.1 | 55.8 |
| 越　南 | 22.7 | 18.9 | 18.1 | 34.2 | 37.0 | 36.4 | 43.1 | 44.2 | 45.5 |
| 埃　及 | 16.7 | 11.2 | 11.9 | 33.1 | 36.2 | 32.9 | 50.1 | 52.5 | 55.2 |
| 尼日利亚 | 26.0 | 20.9 | 21.2 | 52.2 | 20.4 | 18.5 | 21.8 | 58.8 | 60.4 |
| 南　非 | 3.3 | 2.3 | 2.4 | 31.9 | 29.2 | 28.9 | 64.8 | 68.7 | 68.6 |
| 加拿大 | 2.3 | 1.8② | | 32.5 | 28.8② | | 64.5 | 69.3② | |
| 墨西哥 | 3.5 | 3.6 | 3.8 | 34.9 | 32.7 | 32.7 | 61.6 | 63.6 | 63.5 |
| 美　国 | 1.2 | 1.1 | | 23.2 | 20.0 | | 75.7 | 78.9 | |
| 阿根廷 | 5.1 | 6.0 | 7.6 | 28.1 | 28.1 | 26.7 | 66.9 | 65.9 | 65.8 |
| 巴　西 | 5.5 | 5.0 | 5.5 | 26.7 | 22.3 | 21.2 | 67.7 | 72.7 | 73.3 |
| 委内瑞拉 | 4.2 | 5.6③ | | 49.7 | 41.8③ | | 46.1 | 52.6③ | |
| 捷　克 | 3.4 | 2.5 | 2.5 | 37.2 | 37.8 | 37.7 | 59.4 | 59.7 | 59.8 |
| 法　国 | 2.3 | 1.7 | 1.5 | 23.3 | 19.5 | 19.4 | 74.3 | 78.8 | 79.2 |
| 德　国 | 1.1 | 0.6 | 0.6 | 30.9 | 30.5 | 30.5 | 68.0 | 68.9 | 68.9 |
| 意大利 | 2.8 | 2.3 | 2.1 | 27.1 | 23.7 | 24.1 | 70.0 | 74.2 | 73.8 |
| 荷　兰 | 2.5 | 1.8 | 1.8 | 24.7 | 20.0 | 19.7 | 72.8 | 78.2 | 78.5 |
| 波　兰 | 3.5 | 2.5 | 2.4 | 32.6 | 34.1 | 33.3 | 64.0 | 63.3 | 64.2 |
| 俄罗斯 | 6.4 | 4.6 | 4.7 | 37.9 | 32.8 | 32.4 | 55.6 | 62.7 | 62.8 |
| 西班牙 | 4.1 | 2.6 | 2.6 | 30.7 | 23.6 | 23.4 | 65.1 | 73.8 | 74.1 |
| 土耳其 | 11.3 | 7.8 | 6.9 | 31.3 | 31.7 | 32.4 | 57.4 | 65.0 | 60.7 |
| 乌克兰 | 17.1 | 14.2 | 13.7 | 36.3 | 25.6 | 27.1 | 46.6 | 59.7 | 59.2 |
| 英　国 | 0.9 | 0.7 | 0.6 | 25.3 | 19.4 | 19.2 | 73.8 | 79.9 | 80.2 |
| 澳大利亚 | 3.4 | 2.6 | 2.6 | 26.8 | 25.4 | 24.3 | 69.8 | 71.9 | 73.1 |
| 新西兰 | 8.3 | 6.8③ | | 25.3 | 21.8③ | | 66.4 | 71.4③ | |

注：①2012年数据。②2013年数据。③2014年数据。

资料来源：世界银行WDI数据库。

# 附录1-4　按生产法计算的第三产业行业增加值

单位：亿本币

| 国家和地区 | 2000 | 2005 | 2010 | 2011 | 2012 | 2013 | 2014 |
|---|---|---|---|---|---|---|---|
| **中　国** | | | | | | | |
| **按第三版ISIC分类** | | | | | | | |
| 按当年价格计算 | | | | | | | |
| **国内生产总值** | **89468** | **184937** | **408903** | **484124** | **534123** | **588019** | **636463** |
| **增加值总额(按基本价格计算)** | **100280** | **187319** | **413030** | **489301** | **540367** | **595244** | **643974** |
| 第三产业 | | | | | | | |
| 批发、零售贸易；机动车及个人、家庭用品修理业 | 8159 | 13966 | 35904 | 43731 | 49831 | 56284 | 62216 |
| 旅馆和饭店业 | 2146 | 4196 | 7712 | 8565 | 9537 | 10228 | 11199 |
| 运输、仓储和通讯 | 5409 | 10666 | 18777 | 21834 | 23755 | 26036 | 28750 |
| 金融中介 | 4087 | 6087 | 25680 | 30678 | 35188 | 41191 | 46954 |
| 房地产、租赁及商务活动 | | 11646 | 23570 | 28168 | 31248 | 35988 | 38167 |
| 公共管理和国防；社会基本保障 | | | | | | | |
| 教育；卫生和社会工作；其他团体、社会和个人服务活动 | 13744 | | | | | | |
| 按2005年价格计算 | | | | | | | |
| **国内生产总值** | | **184937** | **314603** | | | | |
| **增加值总额(按基本价格计算)** | | **184937** | **320000** | | | | |
| 第三产业 | | | | | | | |
| 批发、零售贸易；机动车及个人、家庭用品修理业 | | 13966 | 29772 | | | | |
| 旅馆和饭店业 | | 4196 | 6584 | | | | |
| 运输、仓储和通讯 | | 10666 | 16098 | | | | |
| 金融中介 | | 6087 | 14415 | | | | |
| 房地产、租赁及商务活动 | | 11646 | 19186 | | | | |
| **印　度** | | | | | | | |
| 按第四版ISIC分类 | | | | | | | |
| 按当年价格计算 | | | | | | | |
| **国内生产总值** | **208950** | **356718** | **778411** | **900972** | **1011328** | | |
| **增加值总额(按基本价格计算)** | **195428** | **344809** | **737290** | **810666** | **921002** | **1038081** | **1147241** |
| 第三产业 | | | | | | | |
| 批发和零售贸易；机动车辆和摩托车的修理 | | | 115043 | 79368 | 95475 | 108925 | 123107 |
| 运输和储存 | | | 10896 | 8990 | 9985 | 10842 | 12117 |
| 住宿和餐饮业 | | | 53739 | 52953 | 60949 | 69117 | 78813 |
| 信息和通讯业 | | | 41134 | 48023 | 53682 | 60221 | 65036 |
| 金融和保险业 | | | 77822 | 105047 | 124335 | 148055 | 170892 |
| 房地产业 | | | 45819 | 49116 | 54464 | 60966 | 70854 |
| 专业和科技活动 | | | 29238 | 26790 | 30910 | 34938 | 41974 |
| 企业管理和商务服务业 | | | 16188 | 10952 | 12787 | 14132 | 16305 |
| 公共行政和国防；强制性社会保障 | | | 12530 | 14084 | 16230 | 18772 | 22163 |
| 教育 | | | | 1658 | 1855 | 2049 | 2189 |
| 卫生和社会福利业 | | | | 10869 | 13371 | 15564 | |
| 艺术、娱乐和文娱活动 | | | | 1969 | 2340 | 2756 | |
| 其他服务活动 | | | | 12308 | 13767 | 17260 | |
| 按2004年价格计算 | | | | | | | |
| **国内生产总值** | | **354324** | **529611** | **563138** | | | |
| **增加值总额(按基本价格计算)** | | **330824** | **500000** | **534000** | **558000** | | |
| 第三产业 | | | | | | | |
| 批发和零售贸易；机动车辆和摩托车的修理 | | | 76900 | 77800 | 81600 | | |

附录1-4　续表 1　　　　　　　　　　　　　　　　　　　　　　　　　　　　单位：亿本币

| 国家和地区 | 2000 | 2005 | 2010 | 2011 | 2012 | 2013 | 2014 |
|---|---|---|---|---|---|---|---|
| 运输和储存 | | | 7340 | 7630 | 7690 | | |
| 住宿和餐饮业 | | | 51300 | 56200 | 59600 | | |
| 信息和通讯业 | | | 40700 | 46000 | 51400 | | |
| 金融和保险业 | | | 45800 | 50300 | 55400 | | |
| 房地产业 | | | 29100 | 30400 | 31500 | | |
| 专业和科技活动 | | | 18300 | 19300 | 20500 | | |
| 企业管理和商务服务业 | | | 10100 | 10400 | 11300 | | |
| 公共行政和国防；强制性社会保障 | | | 7460 | 8010 | 8590 | | |
| 教育 | | | 18203 | 19369 | | | |
| **印度尼西亚①** | | | | | | | |
| 按第四版ISIC分类 | | | | | | | |
| 按当年价格计算 | | | | | | | |
| **国内生产总值** | **1265** | **2774** | **6447** | **7419** | **8229** | **9084** | |
| **增加值总额(按基本价格计算)** | **1390** | **2774** | **6684** | **7676** | **8430** | **9308** | **10302** |
| 第三产业 | | | | | | | |
| 批发和零售贸易；机动车辆和摩托车的修理 | | | 924 | 1066 | 1138 | 1261 | 1420 |
| 运输和储存 | | | 200 | 224 | 253 | 289 | 321 |
| 住宿和餐饮业 | | | 501 | 558 | 625 | 716 | 836 |
| 信息和通讯业 | | | 240 | 271 | 321 | 370 | 408 |
| 金融和保险业 | | | 297 | 333 | 366 | 409 | 461 |
| 房地产业 | | | 260 | 305 | 341 | 372 | 405 |
| 专业和科技活动 | | | 202 | 233 | 270 | 308 | 342 |
| 企业管理和商务服务业 | | | 66 | 76 | 86 | 97 | 109 |
| 公共行政和国防；强制性社会保障 | | | 101 | 113 | 123 | 140 | 164 |
| 教育 | | | 202 | 196 | 221 | 248 | 347 |
| 卫生和社会福利业 | | | 66 | 76 | 86 | 97 | 109 |
| 按2000年价格计算 | | | | | | | |
| **国内生产总值** | **1390** | **1751** | **2314** | **2465** | **2619** | **2770** | |
| **增加值总额(按基本价格计算)** | **1390** | **1758** | **2310** | **2460** | **2620** | **2770** | |
| 第三产业 | | | | | | | |
| 批发和零售贸易；机动车辆和摩托车的修理 | | | 331 | 364 | 396 | 419 | |
| 运输和储存 | | | 69 | 73 | 77 | 82 | |
| 住宿和餐饮业 | | | 217 | 241 | 265 | 292 | |
| 信息和通讯业 | | | 111 | 119 | 128 | 140 | |
| 金融和保险业 | | | 111 | 117 | 125 | 133 | |
| 房地产业 | | | 93 | 98 | 100 | 101 | |
| 教育 | | | | 91 | 98 | 106 | |
| **日　　本①** | | | | | | | |
| 按第四版ISIC分类 | | | | | | | |
| 按当年价格计算 | | | | | | | |
| **国内生产总值** | **511** | **502** | **482** | **471** | | | |
| **增加值总额(按基本价格计算)** | **523** | **522** | **479** | **469** | **473** | **476** | |
| 第三产业 | | | | | | | |
| 信息和通讯业 | | | 26 | 26 | 26 | 27 | |
| 金融和保险业 | | | 24 | 22 | 22 | 22 | |
| 房地产业 | | | 57 | 57 | 57 | 56 | |
| 按2005年价格计算 | | | | | | | |
| **国内生产总值** | | **504** | **512** | **509** | | | |
| **增加值总额(按基本价格计算)** | **475** | **501** | **504** | **502** | **510** | **516** | |
| 第三产业 | | | | | | | |
| 批发和零售贸易；机动车辆和摩托车的修理 | | | 65 | 66 | | | |

附录1-4 续表 2 单位：亿本币

| 国家和地区 | 2000 | 2005 | 2010 | 2011 | 2012 | 2013 | 2014 |
|---|---|---|---|---|---|---|---|
| 住宿和餐饮业 | | | 51 | 51 | | | |
| 信息和通讯业 | | | 28 | 27 | 29 | 30 | |
| 金融和保险业 | | | 58 | 59 | 28 | 29 | |
| 房地产业 | | | 31 | 31 | 59 | 59 | |
| 公共行政和国防；强制性社会保障 | | | 117 | 118 | | | |
| **韩　国①** | | | | | | | |
| 按第四版ISIC分类 | | | | | | | |
| 按当年价格计算 | | | | | | | |
| **国内生产总值** | **522** | **811** | **1173** | **1235** | **1272** | | |
| **增加值总额(按基本价格计算)** | **539** | **776** | **1054** | **1210** | **1251** | **1303** | **1354** |
| 第三产业 | | | | | | | |
| 信息和通讯业 | | | 45 | 47 | 49 | 51 | 52 |
| 金融和保险业 | | | 72 | 78 | 76 | 72 | 76 |
| 房地产业 | | | 91 | 95 | 99 | 104 | 108 |
| 按2005年价格计算 | | | | | | | |
| **国内生产总值** | **695** | **865** | **1044** | **1082** | **1104** | | |
| **增加值总额(按基本价格计算)** | **621** | **776** | **941** | **974** | **994** | | |
| 第三产业 | | | | | | | |
| 信息和通讯业 | | | 44 | | 48 | | |
| 金融和保险业 | | | 69 | | 73 | | |
| 房地产业 | | | 67 | | 68 | | |
| **马来西亚** | | | | | | | |
| 按第四版ISIC分类 | | | | | | | |
| 按当年价格计算 | | | | | | | |
| **国内生产总值** | **3432** | **5224** | **7973** | **8853** | **9419** | **9867** | **10700** |
| **增加值总额(按基本价格计算)** | **3679** | **5372** | **7897** | **8766** | **9318** | **9760** | **10581** |
| 第三产业 | | | | | | | |
| 批发和零售贸易；机动车辆和摩托车的修理 | | | 1066 | | | 1388 | 1575 |
| 运输和储存 | | | 214 | | | 277 | 307 |
| 住宿和餐饮业 | | | 514 | | | 647 | 702 |
| 信息和通讯业 | | | 617 | | | 727 | 755 |
| 金融和保险业 | | | 402 | | | 511 | 557 |
| 房地产业 | | | 601 | | | 849 | 906 |
| 专业和科技活动 | | | 57 | | | 73 | |
| 企业管理和商务服务业 | | | 59 | | | 75 | |
| 公共行政和国防；强制性社会保障 | | | 244 | | | 283 | |
| 教育 | | | 45 | 62 | 68 | 73 | |
| 按2005年价格计算 | | | | | | | |
| **国内生产总值** | | **5436** | **6767** | **7114** | **7515** | **7867** | |
| **增加值总额(按基本价格计算)** | | **5372** | **6690** | **7031** | **7419** | **7770** | **8234** |
| 第三产业 | | | | | | | |
| 批发和零售贸易；机动车辆和摩托车的修理 | | | 953 | 1020 | 1066 | 1135 | 1235 |
| 运输和储存 | | | 165 | 175 | 185 | 195 | 207 |
| 住宿和餐饮业 | | | 493 | 527 | 565 | 606 | 652 |
| 信息和通讯业 | | | 614 | 656 | 707 | 720 | 734 |
| 金融和保险业 | | | 366 | 387 | 414 | 445 | 480 |
| 房地产业 | | | 489 | 549 | 601 | 651 | 693 |
| 专业和科技活动 | | | 52 | 56 | 60 | 64 | |
| 企业管理和商务服务业 | | | 50 | 52 | 55 | 58 | |
| 公共行政和国防；强制性社会保障 | | | 232 | 243 | 250 | 262 | |
| 教育 | | | 10 | 11 | 11 | 11 | |

附录1-4　续表 3　　　　单位：亿本币

| 国家和地区 | 2000 | 2005 | 2010 | 2011 | 2012 | 2013 | 2014 |
|---|---|---|---|---|---|---|---|
| **菲 律 宾** | | | | | | | |
| 按第四版ISIC分类 | | | | | | | |
| 按当年价格计算 | | | | | | | |
| **国内生产总值** | **33547** | **54440** | **90035** | **97063** | **105649** | | |
| **增加值总额（按基本价格计算）** | **35807** | **56777** | **90035** | **97083** | **105673** | **115482** | **126341** |
| 第三产业 | | | | | | | |
| 批发和零售贸易；机动车辆和摩托车的修理 | | | 15638 | 16959 | 18706 | 20524 | 22386 |
| 运输和储存 | | | 5862 | 6273 | 6853 | 7300 | 7882 |
| 住宿和餐饮业 | | | 1452 | 1613 | 1788 | 1942 | 2129 |
| 金融和保险业 | | | 6224 | 6841 | 7637 | 8851 | 9836 |
| 房地产业 | | | 9791 | 11051 | 12207 | 13744 | 15534 |
| 公共行政和国防；强制性社会保障 | | | 3723 | 4043 | 4576 | 4913 | 5079 |
| 教育 | | | 3552 | 3856 | 4141 | 4706 | 4878 |
| 卫生和社会福利业 | | | 1255 | 1397 | 1546 | 1680 | 1957 |
| 艺术、娱乐和文娱活动 | | | 1596 | 1709 | 2044 | 2224 | 2286 |
| 其他服务活动 | | | 495 | 508 | 624 | 658 | 691 |
| 按2000年价格计算 | | | | | | | |
| **国内生产总值** | **35807** | **44813** | **57015** | **59090** | **63117** | | |
| **增加值总额（按基本价格计算）** | **35807** | **44813** | **57015** | **59090** | **63117** | **67655** | **71779** |
| 第三产业 | | | | | | | |
| 批发和零售贸易；机动车辆和摩托车的修理 | | | 9487 | 9805 | 10544 | | 11820 |
| 运输和储存 | | | 989 | 1072 | 1149 | | 5427 |
| 住宿和餐饮业 | | | 4278 | 4460 | 4821 | | 1531 |
| 信息和通讯业 | | | 3747 | 3944 | 4268 | | |
| 金融和保险业 | | | 5889 | 6382 | 6864 | | 5127 |
| 房地产业 | | | 2551 | 2600 | 2758 | | 8032 |
| 专业和科技活动 | | | 2618 | 2727 | 2773 | | |
| 企业管理和商务服务业 | | | 756 | 818 | 911 | | |
| 公共行政和国防；强制性社会保障 | | | 1479 | 1551 | 1813 | | 2953 |
| 教育 | | | 2618 | | 2794 | | 3146 |
| 卫生和社会福利业 | | | 756 | | 879 | 919 | 1071 |
| 艺术、娱乐和文娱活动 | | | 1153 | | 1425 | 1516 | 1531 |
| 其他服务活动 | | | 302 | | 359 | 368 | 377 |
| **新 加 坡** | | | | | | | |
| 按第四版ISIC分类 | | | | | | | |
| **按当年价格计算** | | | | | | | |
| **国内生产总值** | **1598** | **1944** | **3037** | | | | |
| 增加值总额(按基本价格计算) | **1513** | **1993** | **2859** | **3265** | **3413** | **3561** | **3685** |
| 第三产业 | | | | | | | |
| 批发和零售贸易；机动车辆和摩托车的修理 | | | 584 | 666 | 647 | 663 | 644 |
| 运输和储存 | | | 254 | 223 | 237 | 244 | 254 |
| 住宿和餐饮业 | | | 59 | 70 | 76 | 79 | 82 |
| 信息和通讯业 | | | 111 | 124 | 134 | 144 | 149 |
| 金融和保险业 | | | 332 | 351 | 377 | 422 | 460 |
| 房地产业 | | | 421 | 473 | 516 | 558 | 582 |
| 其他服务活动 | | | 325 | 359 | 376 | 404 | 424 |
| 按2005年价格计算 | | | | | | | |

附录1-4 续表 4 单位：亿本币

| 国家和地区 | 2000 | 2005 | 2010 | 2011 | 2012 | 2013 | 2014 |
|---|---|---|---|---|---|---|---|
| **国内生产总值** | **1652** | **2088** | **2846** | | | | |
| **增加值总额(按基本价格计算)** | **1571** | **1993** | **2730** | **2944** | **2997** | **3123** | |
| 第三产业 | | | | | | | |
| 批发和零售贸易；机动车辆和摩托车的修理 | | | 584 | 496 | 489 | 514 | |
| 运输和储存 | | | 254 | 251 | 259 | 267 | |
| 住宿和餐饮业 | | | 59 | 57 | 59 | 60 | |
| 信息和通讯业 | | | 111 | 112 | 119 | 125 | |
| 金融和保险业 | | | 332 | 362 | 367 | 406 | |
| 房地产业 | | | 421 | 347 | 367 | 386 | |
| 其他服务活动 | | | 325 | 285 | 289 | 294 | |
| **泰　国** | | | | | | | |
| 按第四版ISIC分类 | | | | | | | |
| 按当年价格计算 | | | | | | | |
| **国内生产总值** | **49227** | **70929** | **108024** | **113005** | **123547** | **129100** | |
| **增加值总额(按基本价格计算)** | **50600** | **76144** | **108024** | **113005** | **123547** | **129015** | **131322** |
| 第三产业 | | | | | | | |
| 批发和零售贸易；机动车辆和摩托车的修理 | | | 15686 | | | 17961 | 18671 |
| 运输和储存 | | | 3119 | | | 4750 | 4993 |
| 住宿和餐饮业 | | | 7666 | | | 8982 | 9211 |
| 信息和通讯业 | | | 5807 | | | 8675 | 9563 |
| 金融和保险业 | | | 6881 | | | 8727 | 8824 |
| 房地产业 | | | 6408 | | | 7613 | 8005 |
| 专业和科技活动 | | | 4213 | | | 5345 | 5624 |
| 企业管理和商务服务业 | | | 1743 | | | 2062 | 2171 |
| 公共行政和国防；强制性社会保障 | | | 1700 | | | 2260 | 2285 |
| 教育 | | | 179 | | | 233 | 247 |
| 按2002年价格计算 | | | | | | | |
| **国内生产总值** | **52459** | **68474** | **82004** | **82509** | **88331** | | |
| **增加值总额(按基本价格计算)** | **52459** | **68486** | **82280** | **82965** | **89041** | **91542** | |
| **第三产业** | | | | | | | |
| 批发和零售贸易；机动车辆和摩托车的修理 | | | 12493 | 12535 | 13261 | 13441 | |
| 运输和储存 | | | 2995 | 3363 | 3842 | 4245 | |
| 住宿和餐饮业 | | | 7308 | 7529 | 8235 | 8706 | |
| 信息和通讯业 | | | 4076 | 4325 | 4904 | 5545 | |
| 金融和保险业 | | | 6291 | 6637 | 7363 | 7659 | |
| 房地产业 | | | 4565 | 4731 | 4939 | 5009 | |
| 专业和科技活动 | | | 2910 | 2991 | 3134 | 3182 | |
| 企业管理和商务服务业 | | | 1412 | 1484 | 1570 | 1582 | |
| 公共行政和国防；强制性社会保障 | | | 1423 | 1519 | 1670 | 1784 | |
| 教育 | | | 176 | 187 | 191 | 177 | |
| **越　南①** | | | | | | | |
| 按第四版ISIC分类 | | | | | | | |
| 按当年价格计算 | | | | | | | |
| **国内生产总值** | **442** | **838** | **2158** | **2780** | **3245** | **3584** | **3938** |
| **增加值总额(按基本价格计算)** | **442** | **839** | **1887** | **3461** | **3922** | **3222** | **3542** |
| 第三产业 | | | | | | | |
| 批发和零售贸易；机动车辆和摩托车的修理 | | | 173 | 363 | 424 | 481 | 534 |
| 运输和储存 | | | 62 | 83 | 97 | 107 | 117 |

附录1-4 续表 5

单位：亿本币

| 国家和地区 | 2000 | 2005 | 2010 | 2011 | 2012 | 2013 | 2014 |
|---|---|---|---|---|---|---|---|
| 住宿和餐饮业 | | | 78 | 106 | 122 | 139 | 153 |
| 信息和通讯业 | | | 20 | 24 | 25 | 28 | 30 |
| 金融和保险业 | | | 117 | 151 | 174 | 198 | 210 |
| 房地产业 | | | 132 | 167 | 182 | 193 | 206 |
| 专业和科技活动 | | | 28 | 36 | 42 | 48 | 52 |
| 企业管理和商务服务业 | | | 8 | 11 | 12 | 14 | 16 |
| 公共行政和国防；强制性社会保障 | | | 55 | 70 | 82 | 94 | 106 |
| 教育 | | | 50 | 67 | 84 | 106 | 121 |
| 卫生和社会福利业 | | | 23 | 27 | 34 | 59 | 67 |
| 艺术、娱乐和文娱活动 | | | 15 | 17 | 19 | 22 | 24 |
| 其他服务活动 | | | 34 | 43 | 50 | 58 | 66 |
| 按1994年价格计算 | | | | | | | |
| **国内生产总值** | **274** | **393** | **552** | **584** | **614** | | |
| **增加值总额(按基本价格计算)** | **274** | **393** | **552** | **584** | **614** | | |
| 第三产业 | | | | | | | |
| 批发和零售贸易；机动车辆和摩托车的修理 | | | 94 | 99 | 108 | | |
| 运输和储存 | | | 21 | 22 | 24 | | |
| 住宿和餐饮业 | | | 25 | 27 | 28 | | |
| 信息和通讯业 | | | 13 | 13 | 14 | | |
| 金融和保险业 | | | 17 | 17 | 17 | | |
| 房地产业 | | | 15 | 16 | 17 | | |
| 专业和科技活动 | | | 19 | 20 | 22 | | |
| 企业管理和商务服务业 | | | 8 | 9 | 9 | | |
| 公共行政和国防；强制性社会保障 | | | 18 | 19 | 20 | | |
| 教育 | | | 1 | 1 | 1 | | |
| 卫生和社会福利业 | | | | 9 | | | |
| 艺术、娱乐和文娱活动 | | | | 6 | | | |
| 其他服务活动 | | | | 10 | | | |
| **埃　　及** | | | | | | | |
| 按第四版ISIC分类 | | | | | | | |
| 按当年价格计算 | | | | | | | |
| **国内生产总值** | **3587** | **5682** | **12066** | **13711** | **15755** | | |
| **增加值总额(按基本价格计算)** | **3546** | **5843** | **11506** | **13099** | **16951** | **19083** | |
| 第三产业 | | | | | | | |
| 批发和零售贸易；机动车辆和摩托车的修理 | | | 1338 | 1410 | 2133 | 2374 | |
| 运输和储存 | | | 400 | 407 | 457 | 538 | |
| 住宿和餐饮业 | | | 1104 | 1166 | 1300 | 1429 | |
| 信息和通讯业 | | | 827 | 820 | 766 | 856 | |
| 金融和保险业 | | | 303 | 885 | 1530 | 1742 | |
| 房地产业 | | | 1149 | 1337 | 1509 | 1742 | |
| 专业和科技活动 | | | 128 | 179 | 294 | 325 | |
| 企业管理和商务服务业 | | | 148 | 161 | 368 | 409 | |
| 公共行政和国防；强制性社会保障 | | | 181 | 155 | 132 | 151 | |
| 教育 | | | 128 | 179 | | | |
| **南　　非** | | | | | | | |
| 按第四版ISIC分类 | | | | | | | |
| 按当年价格计算 | | | | | | | |
| **国内生产总值** | **9221** | **15711** | **27480** | **30250** | **32625** | **35343** | **37965** |

附录1-4 续表 6　　单位：亿本币

| 国家和地区 | 2000 | 2005 | 2010 | 2011 | 2012 | 2013 | 2014 |
|---|---|---|---|---|---|---|---|
| **增加值总额(按基本价格计算)** | **8382** | **14692** | **24949** | **27250** | **29396** | **31910** | **34203** |
| 第三产业 | | | | | | | |
| 批发和零售贸易；机动车辆和摩托车的修理 | | | 3459 | | | 4463 | 4758 |
| 运输和储存 | | | 247 | | | 288 | 315 |
| 住宿和餐饮业 | | | 2295 | | | 3215 | 3503 |
| 信息和通讯业 | | | 2321 | | | 3034 | 3217 |
| 金融和保险业 | | | 2915 | | | 3443 | 3697 |
| 房地产业 | | | 4046 | | | 5320 | 5717 |
| 教育 | | | 349 | | | 426 | 452 |
| 按2005年价格计算 | | | | | | | |
| **国内生产总值** | **13018** | **15711** | **18430** | **19093** | **19564** | **19934** | |
| **增加值总额(按基本价格计算)** | **11582** | **14011** | **16473** | **17038** | **17454** | **17780** | |
| 第三产业 | | | | | | | |
| 住宿和餐饮业 | | | 1673 | 1725 | 1767 | 1801 | |
| 房地产业 | | | 2500 | 2605 | 2677 | 2718 | |
| 教育 | | | 390 | 400 | 406 | 407 | |
| **巴　西** | | | | | | | |
| 按第四版ISIC分类 | | | | | | | |
| 按当年价格计算 | | | | | | | |
| **国内生产总值** | **11013** | **19376** | **38858** | **41430** | **43921** | **48380** | |
| **增加值总额(按基本价格计算)** | **10216** | **18440** | **33028** | **37188** | **37251** | **41035** | |
| 第三产业 | | | | | | | |
| 批发和零售贸易；机动车辆和摩托车的修理 | | | 4162 | 4782 | | | |
| 运输和储存 | | | 1417 | 1656 | | | |
| 住宿和餐饮业 | | | 702 | 824 | | | |
| 信息和通讯业 | | | 1265 | 1370 | | | |
| 金融和保险业 | | | 2246 | 2341 | | | |
| 房地产业 | | | 2744 | 3142 | | | |
| 专业和科技活动 | | | 1270 | 1452 | | | |
| 企业管理和商务服务业 | | | 1187 | 1384 | | | |
| 公共行政和国防；强制性社会保障 | | | 3433 | 3697 | | | |
| 教育 | | | 1640 | 1967 | | | |
| 卫生和社会福利业 | | | 1296 | 1442 | | | |
| 艺术、娱乐和文娱活动 | | | 143 | 143 | | | |
| 其他服务活动 | | | 479 | 524 | | | |
| 按上年价格计算 | | | | | | | |
| **国内生产总值** | **11109** | **20028** | | | | | |
| **增加值总额(按基本价格计算)** | **9636** | **17120** | **30400** | **34252** | | | |
| 第三产业 | | | | | | | |
| 批发和零售贸易；机动车辆和摩托车的修理 | | | 4023 | 4259 | | | |
| 运输和储存 | | | 1216 | 1477 | | | |
| 住宿和餐饮业 | | | 593 | 753 | | | |
| 信息和通讯业 | | | 1287 | 1348 | | | |
| 金融和保险业 | | | 2051 | 2365 | | | |
| 房地产业 | | | 2593 | 2795 | | | |
| 专业和科技活动 | | | 1473 | 1319 | | | |
| 企业管理和商务服务业 | | | 1227 | 1277 | | | |
| 公共行政和国防；强制性社会保障 | | | 3198 | 3516 | | | |
| 教育④ | | | 1477 | 1655 | | | |
| 卫生和社会福利业 | | | 1229 | 1348 | | | |
| 其他服务活动 | | | 1278 | 1028 | | | |

附录1-4 续表 7　　　　单位：亿本币

| 国家和地区 | 2000 | 2005 | 2010 | 2011 | 2012 | 2013 | 2014 |
|---|---|---|---|---|---|---|---|
| **加 拿 大** | | | | | | | |
| 按第四版ISIC分类 | | | | | | | |
| 按当年价格计算 | | | | | | | |
| **国内生产总值** | **10610** | **13738** | **16246** | **17600** | **18200** | **18812** | |
| **增加值总额(按基本价格计算)** | **9999** | **12805** | **15641** | | | | |
| 第三产业 | | | | | | | |
| 信息和通讯业 | | | 518 | | | | |
| 金融和保险业 | | | 1017 | | | | |
| 房地产业 | | | 1925 | | | | |
| 按2002年价格计算 | | | | | | | |
| **国内生产总值** | **11005** | **12478** | **13250** | | | | |
| **增加值总额(按基本价格计算)** | **10256** | **11620** | **12349** | | | | |
| **墨 西 哥** | | | | | | | |
| 按第四版ISIC分类 | | | | | | | |
| 按当年价格计算 | | | | | | | |
| **国内生产总值** | **54917** | **92206** | **132669** | **145088** | **155615** | | |
| **增加值总额(按基本价格计算)** | **58129** | **89718** | **127301** | **140213** | **151178** | **154476** | |
| 第三产业 | | | | | | | |
| 批发和零售贸易；机动车辆和摩托车的修理 | | | 21253 | | | | |
| 运输和储存 | | | 2834 | | | | |
| 住宿和餐饮业 | | | 11915 | | | | |
| 信息和通讯业 | | | 3651 | 3591 | 3616 | 3692 | |
| 金融和保险业 | | | 4737 | 4891 | 5125 | 5748 | |
| 房地产业 | | | 15406 | 16305 | 17066 | 17672 | |
| 专业和科技活动 | | | 6297 | | | | |
| 企业管理和商务服务业 | | | 3813 | | | | |
| 公共行政和国防；强制性社会保障 | | | 1498 | | | | |
| 教育 | | | 600 | | | | |
| **按2008年价格计算** | | | | | | | |
| **国内生产总值** | **101694** | **111571** | **122825** | **127541** | **132562** | | |
| 增加值总额(按基本价格计算) | **98533** | **108701** | **119660** | **124249** | **129129** | **131216** | |
| 第三产业 | | | | | | | |
| 信息和通讯业 | | | 3659 | 3814 | 4421 | 4635 | |
| 金融和保险业 | | | 5208 | 5572 | 5993 | 6536 | |
| 房地产业 | | | 14576 | 14996 | 15359 | 15492 | |
| **美　　国** | | | | | | | |
| 按第四版ISIC分类 | | | | | | | |
| 按当年价格计算 | | | | | | | |
| **国内生产总值** | **98988** | **125643** | **144194** | **149913** | **162446** | **168000** | |
| **增加值总额(按基本价格计算)** | **92361** | **116950** | **134214** | **144754** | **150892** | **156658** | |
| 第三产业 | | | | | | | |
| 批发和零售贸易；机动车辆和摩托车的修理 | | | 16750 | | | | |
| 运输和储存 | | | 4186 | | | | |
| 住宿和餐饮业 | | | 8174 | | | | |
| 信息和通讯业 | | | 8858 | 8867 | 9205 | 9631 | |
| 金融和保险业 | | | 9866 | 9880 | 10749 | 11547 | |
| 房地产业 | | | 18017 | 16413 | 17054 | 17791 | |
| 专业和科技活动 | | | 8032 | | | | |
| 企业管理和商务服务业 | | | 11027 | | | | |
| 公共行政和国防；强制性社会保障 | | | 5853 | | | | |
| 教育 | | | 154 | | | | |

附录1-4 续表 8

单位：亿本币

| 国家和地区 | 2000 | 2005 | 2010 | 2011 | 2012 | 2013 | 2014 |
|---|---|---|---|---|---|---|---|
| 按2005年价格计算 | | | | | | | |
| **国内生产总值** | **111581** | **125643** | **129920** | **132259** | | | |
| **增加值总额(按基本价格计算)** | **105095** | **116950** | **120284** | **122324** | | | |
| 第三产业 | | | | | | | |
| 批发和零售贸易；机动车辆和摩托车的修理 | | | 15460 | 15693 | | | |
| 运输和储存 | | | 3612 | 3804 | | | |
| 住宿和餐饮业 | | | 7769 | 8159 | | | |
| 信息和通讯业 | | | 10158 | 10094 | | | |
| 金融和保险业 | | | 33041 | 33989 | | | |
| 房地产业 | | | 10135 | 10099 | | | |
| 专业和科技活动 | | | 6596 | 6556 | | | |
| 企业管理和商务服务业 | | | 9557 | 9727 | | | |
| 公共行政和国防；强制性社会保障 | | | 4998 | 5108 | | | |
| 教育 | | | 136 | 144 | | | |
| **法　国** | | | | | | | |
| 按第四版ISIC分类 | | | | | | | |
| 按当年价格计算 | | | | | | | |
| **国内生产总值** | **14201** | **17180** | **19985** | **20593** | **20911** | **21137** | |
| **增加值总额(按基本价格计算)** | **13331** | **15922** | **18010** | **18495** | **18784** | **18969** | **19102** |
| 第三产业 | | | | | | | |
| 信息和通讯业 | | | 930 | 942 | 942 | 930 | 929 |
| 金融和保险业 | | | 818 | 790 | 793 | 855 | 858 |
| 房地产业 | | | 2305 | 2358 | 2407 | 2432 | 2456 |
| 按2005年价格计算 | | | | | | | |
| **国内生产总值** | **15866** | **17180** | **17726** | **18086** | **18088** | | |
| **增加值总额(按基本价格计算)** | **14268** | **15399** | **15900** | **16300** | **16300** | | |
| 第三产业 | | | | | | | |
| 信息和通讯业 | | | 913 | 934 | 945 | | |
| 金融和保险业 | | | 712 | 764 | 753 | | |
| 房地产业 | | | 2083 | 2093 | 2108 | | |
| **德　国** | | | | | | | |
| 按第四版ISIC分类 | | | | | | | |
| 按当年价格计算 | | | | | | | |
| **国内生产总值** | **39820** | **22244** | **24950** | **26099** | **26664** | **27376** | |
| **增加值总额(按基本价格计算)** | **18415** | **20064** | **22352** | **23349** | **23868** | **24539** | **26113** |
| 第三产业 | | | | | | | |
| 信息和通讯业 | | | 1028 | 1119 | 1172 | 1180 | 1222 |
| 金融和保险业 | | | 1056 | 1005 | 1024 | 1032 | 1048 |
| 房地产业 | | | 2690 | 2817 | 2775 | 2813 | 2901 |
| 按2005年价格计算 | | | | | | | |
| **国内生产总值** | **21592** | **22244** | **23757** | **24548** | **24718** | **24824** | |
| **增加值总额(按基本价格计算)** | **19217** | **20064** | **21600** | **22300** | **22500** | **22600** | |
| 第三产业 | | | | | | | |
| 信息和通讯业 | | | 1081 | 1171 | 1195 | 1205 | |
| 金融和保险业 | | | 1135 | 1160 | 1181 | 1138 | |
| 房地产业 | | | 2461 | 2547 | 2587 | 2616 | |

附录1–4 续表 9 单位：亿本币

| 国家和地区 | 2000 | 2005 | 2010 | 2011 | 2012 | 2013 | 2014 |
|---|---|---|---|---|---|---|---|
| **意 大 利** | | | | | | | |
| 按第四版ISIC分类 | | | | | | | |
| 按当年价格计算 | | | | | | | |
| **国内生产总值** | **11665** | **14364** | **15519** | **15799** | **15669** | **15600** | |
| **增加值总额（按基本价格计算）** | **10640** | **12917** | **13904** | **14135** | **14021** | **13993** | **14508** |
| 第三产业 | | | | | | | |
| 信息和通讯业 | | | 623 | 616 | 581 | 562 | 545 |
| 金融和保险业 | | | 759 | 788 | 780 | 801 | 856 |
| 房地产业 | | | 1899 | 1972 | 2013 | 2044 | 2064 |
| 按2005年价格计算 | | | | | | | |
| **国内生产总值** | | **14364** | **14184** | **14248** | **13910** | **13652** | |
| **增加值总额（按基本价格计算）** | **12290** | **12917** | **12800** | **12800** | **12600** | **12400** | |
| 第三产业 | | | | | | | |
| 信息和通讯业 | | | 671 | 677 | 664 | 635 | |
| 金融和保险业 | | | 790 | 816 | 822 | 835 | |
| 房地产业 | | | 1576 | 1594 | 1582 | 1588 | |
| **荷 兰** | | | | | | | |
| 按第四版ISIC分类 | | | | | | | |
| 按当年价格计算 | | | | | | | |
| **国内生产总值** | **4023** | **5134** | **5868** | **5990** | **5993** | **6027** | |
| **增加值总额（按基本价格计算）** | **3734** | **4562** | **5241** | **5796** | **5838** | **5397** | **5967** |
| 第三产业 | | | | | | | |
| 信息和通讯业 | | | 278 | 279 | 278 | 272 | 280 |
| 金融和保险业 | | | 477 | 459 | 499 | 485 | 467 |
| 房地产业 | | | 316 | 334 | 291 | 306 | 341 |
| 按2005年价格计算 | | | | | | | |
| **国内生产总值** | **4808** | **5134** | **5493** | **5545** | **5475** | **5430** | |
| **增加值总额（按基本价格计算）** | **4258** | **4562** | **4920** | **4979** | **4922** | **4897** | |
| 第三产业 | | | | | | | |
| 信息和通讯业 | | | 256 | 257 | 253 | 248 | |
| 金融和保险业 | | | 417 | 410 | 398 | 391 | |
| 房地产业 | | | 338 | 345 | 350 | 360 | |
| **俄 罗 斯** | | | | | | | |
| 按第四版ISIC分类 | | | | | | | |
| 按当年价格计算 | | | | | | | |
| **国内生产总值** | **73022** | **216254** | **463085** | **559672** | **621765** | **661901** | |
| **增加值总额（按基本价格计算）** | **65304** | **185177** | **400401** | **477189** | **529829** | **617523** | |
| 第三产业 | | | | | | | |
| 批发和零售贸易；机动车辆和摩托车的修理 | | | 80210 | | | 100971 | |
| 运输和储存 | | | 4033 | | | 5741 | |
| 住宿和餐饮业 | | | 36625 | | | 49492 | |
| 信息和通讯业 | | | 17735 | | | 28432 | |
| 金融和保险业 | | | 49015 | | | 105523 | |
| 房地产业 | | | 24235 | | | 46038 | |
| 专业和科技活动 | | | 12260 | | | 17340 | |
| 企业管理和商务服务业 | | | 14873 | | | 23021 | |
| 公共行政和国防；强制性社会保障 | | | 7006 | | | 10330 | |
| 教育 | | | 12260 | 13878 | 15503 | 4061 | |

附录1-4　续表 10　　　　单位：亿本币

| 国家和地区 | 2000 | 2005 | 2010 | 2011 | 2012 | 2013 | 2014 |
|---|---|---|---|---|---|---|---|
| 按2008年价格计算 | | | | | | | |
| 国内生产总值 | | 334105 | 397622 | 414578 | 428821 | 434476 | |
| 增加值总额(按基本价格计算) | | 285678 | 341503 | 354595 | 366848 | 372041 | |
| 第三产业 | | | | | | | |
| 批发和零售贸易；机动车辆和摩托车的修理 | | | 71102 | 73369 | 75831 | 76173 | |
| 运输和储存 | | | 3242 | 3455 | 3607 | 3724 | |
| 住宿和餐饮业 | | | 31421 | 33453 | 34822 | 35872 | |
| 信息和通讯业 | | | 15661 | 16211 | 19275 | 21639 | |
| 金融和保险业 | | | 40088 | 40977 | 43850 | 45105 | |
| 房地产业 | | | 18785 | 18178 | 18326 | 18261 | |
| 专业和科技活动 | | | 9402 | 9328 | 9226 | 9232 | |
| 企业管理和商务服务业 | | | 11994 | 12128 | 12371 | 12462 | |
| 公共行政和国防；强制性社会保障 | | | 5079 | 5057 | 5184 | 5150 | |
| 教育 | | | 9402 | | | | |
| 西　班　牙 | | | | | | | |
| 按第四版ISIC分类 | | | | | | | |
| 按当年价格计算 | | | | | | | |
| 国内生产总值 | 6105 | 9093 | 10456 | 10463 | 10293 | 10230 | |
| 增加值总额(按基本价格计算) | 5696 | 8125 | 9548 | 9883 | 9693 | 9332 | 9651 |
| 第三产业 | | | | | | | |
| 信息和通讯业 | | | 434 | 428 | 429 | 397 | 385 |
| 金融和保险业 | | | 439 | 409 | 408 | 356 | 375 |
| 房地产业 | | | 1005 | 1072 | 1120 | 1145 | 1173 |
| 按2000年价格计算 | | | | | | | |
| 国内生产总值 | 6299 | 7396 | 7712 | 7716 | 7590 | 7497 | |
| 增加值总额(按基本价格计算) | 5696 | 6631 | 6963 | 7008 | 6913 | 6829 | |
| 第三产业 | | | | | | | |
| 信息和通讯业 | | | | 381 | | 383 | |
| 金融和保险业 | | | | 462 | | 434 | |
| 房地产业 | | | | 441 | | 445 | |
| 英　　国 | | | | | | | |
| 按第四版ISIC分类 | | | | | | | |
| 按当年价格计算 | | | | | | | |
| 国内生产总值 | 9589 | 12340 | 14856 | 15369 | 15584 | 16134 | |
| 增加值总额(按基本价格计算) | 9151 | 11928 | 13977 | 14416 | 14759 | 15469 | 16192 |
| 第三产业 | | | | | | | |
| 信息和通讯业 | | | 864 | 894 | 922 | 951 | 976 |
| 金融和保险业 | | | 1200 | 1187 | 1198 | 1245 | 1332 |
| 房地产业 | | | 1461 | 1554 | 1673 | 1762 | 1832 |
| 按2006年价格计算 | | | | | | | |
| 国内生产总值 | 11424 | 12923 | 13142 | | | | |
| 增加值总额(按基本价格计算) | 10190 | 11476 | 11748 | | | | |
| 澳大利亚 | | | | | | | |
| 按第四版ISIC分类 | | | | | | | |
| 按当年价格计算 | | | | | | | |
| 国内生产总值 | 6893 | 9675 | 14067 | 14861 | 15212 | | |
| 增加值总额(按基本价格计算) | 6479 | 9225 | 13137 | 13940 | 14235 | 14815 | |
| 第三产业 | | | | | | | |
| 信息和通讯业 | | | 415 | 422 | 425 | 437 | |
| 金融和保险业 | | | 1145 | 1182 | 1250 | 1330 | |
| 房地产业 | | | 1449 | 1571 | 1684 | 1795 | |

注：①万亿本币。

# 附录1-5　按行业分类的第三产业就业人员

单位：万人

| 国家和地区 | 2010 | 2011 | 2012 | 2013 | 2014 | 2015 |
|---|---|---|---|---|---|---|
| **中　国①** | | | | | | |
| 按第三版ISIC分类 | | | | | | |
| **就业人员** | **13051.5** | **14413.3** | **15236.4** | **18108.4** | **18277.8** | **18062.5** |
| 第三产业 | | | | | | |
| 批发、零售贸易；机动车及个人、家庭用品修理业 | 595.3 | 707.4 | 773.9 | 963.1 | 964.0 | 958.5 |
| 旅馆和饭店业 | 209.2 | 242.7 | 265.1 | 304.4 | 289.3 | 276.1 |
| 运输、仓储和通讯 | 631.1 | 662.8 | 667.5 | 846.2 | 861.4 | 854.4 |
| 金融中介 | 470.1 | 505.3 | 527.8 | 537.9 | 566.3 | 606.8 |
| 房地产、租赁及商业活动 | 521.7 | 535.2 | 566.0 | 795.6 | 851.6 | 891.3 |
| 公共管理和国防；社会基本保障 | 1428.5 | 1467.6 | 1541.5 | 1567.0 | 1599.3 | 1637.8 |
| 教育 | 1581.8 | 1617.8 | 1653.4 | 1687.2 | 1727.3 | 1736.5 |
| 卫生和社会工作 | 632.5 | 679.1 | 719.3 | 770.0 | 810.4 | 841.6 |
| **印度尼西亚** | | | | | | |
| 按第四版ISIC分类 | | | | | | |
| **就业人员** | **10959.0** | **10816.6** | **11301.2** | **11276.1** | **11462.8** | **11481.9** |
| 第三产业 | | | | | | |
| 批发和零售贸易；机动车辆和摩托车的修理 | | | | | | 2134.7 |
| 运输和储存 | | | | | | 462.1 |
| 住宿和餐饮业 | | | | 423.9 | | 524.0 |
| 信息和通讯业 | | | | | | 54.1 |
| 金融和保险业 | | | | | | 167.0 |
| 房地产业 | | | | | | 29.0 |
| 专业和科技活动 | | | | | | 38.0 |
| 企业管理和商务服务业 | 1629.4 | 1621.4 | 1738.4 | 1845.2 | 1842.1 | 1646.4 |
| 公共行政和国防；强制性社会保障 | | | | | | 403.0 |
| 教育 | 473.3 | | | 499.3 | | 560.6 |
| 卫生和社会福利业 | 108.9 | | | 128.7 | | 146.0 |
| 艺术、娱乐和文娱活动 | | | | | | 41.6 |
| 其他服务活动 | | | | | | 243.0 |
| 域外组织和机构的活动 | 0.1 | | | | | |
| 未分类经济活动 | 4.9 | | | | | |
| **日　本** | | | | | | |
| 按第四版ISIC分类 | | | | | | |
| **就业人员** | **6298.0** | **6289.0** | **6270.0** | **6311.0** | **6351.0** | **6376.0** |
| 第三产业 | | | | | | |
| 批发和零售贸易；机动车辆和摩托车的修理 | | | 1075.0 | 1089.0 | | 1083.0 |
| 运输和储存 | | | 361.0 | 370.0 | | 366.0 |
| 住宿和餐饮业 | | | 376.0 | 384.0 | | 383.0 |
| 信息和通讯业 | | | 188.0 | 192.0 | | 209.0 |
| 金融和保险业 | | | 189.0 | 191.0 | | 180.0 |
| 房地产业 | | | 85.0 | 83.0 | | 92.0 |
| 专业和科技活动 | | | 205.0 | 207.0 | | 214.0 |
| 企业管理和商务服务业 | | | 345.0 | 282.0 | | 294.0 |
| 公共行政和国防；强制性社会保障 | | | 228.0 | 232.0 | | 234.0 |
| 教育 | | | 295.0 | 299.0 | | 303.0 |
| 卫生和社会福利业 | | | 706.0 | 735.0 | | 784.0 |
| 艺术、娱乐和文娱活动 | | | 77.0 | 77.0 | | 71.0 |

附录1-5 续表1

单位：万人

| 国家和地区 | 2010 | 2011 | 2012 | 2013 | 2014 | 2015 |
|---|---|---|---|---|---|---|
| 其他服务活动 | | | 208 | 214 | | 206 |
| 域外组织和机构的活动 | | | 3 | 3 | | 3 |
| 未分类经济活动 | | | 64 | 92 | | 101 |
| **韩　　国②** | | | | | | |
| 按第四版ISIC分类 | | | | | | |
| **就业人员** | **2382.9** | **2424.4** | **2468.1** | **2506.6** | **2559.9** | **2593.6** |
| 第三产业 | | | | | | |
| 批发和零售贸易；机动车辆和摩托车的修理 | 358 | 363.8 | 368.9 | 366 | 379.2 | 378.3 |
| 运输和储存 | 128 | 133.2 | 138 | 141.3 | 140.7 | 140.9 |
| 住宿和餐饮业 | 188.9 | 185.4 | 190.6 | 197.1 | 209.8 | 217.9 |
| 信息和通讯业 | 66.8 | 70.3 | 70 | 69.2 | 71.4 | 77.2 |
| 金融和保险业 | 80.8 | 84.6 | 84.2 | 86.4 | 83.7 | 78.9 |
| 房地产业 | 51.7 | 48.6 | 48.6 | 48.5 | 50.8 | 53.5 |
| 专业和科技活动 | 88.3 | 96.1 | 102.8 | 102.2 | 102.5 | 104.8 |
| 企业管理和商务服务业 | 102.3 | 108.6 | 111.6 | 117.3 | 118 | 124.9 |
| 公共行政和国防；强制性社会保障 | 96 | 95.1 | 95.1 | 96.6 | 95.7 | 93.6 |
| 教育 | 179.9 | 168.6 | 174.4 | 174.8 | 180.7 | 181.8 |
| 卫生和社会福利业 | 115.3 | 131.1 | 139.9 | 155.4 | 169.3 | 177 |
| 艺术、娱乐和文娱活动 | 38 | 41.7 | 40.9 | 39.2 | 39.4 | 42.4 |
| 其他服务活动 | 121.6 | 126.1 | 128.6 | 131.2 | 129.9 | 127.7 |
| 域外组织和机构的活动 | 1.3 | 1.3 | 0.9 | 0.7 | 1.4 | 1.8 |
| 未分类经济活动 | | | | | | |
| **马来西亚②** | | | | | | |
| 按第四版ISIC分类 | | | | | | |
| **就业人员** | **1177.7** | **1228.4** | **1272.3** | **1321** | **1353.2** | **1406.8** |
| 第三产业 | | | | | | |
| 批发和零售贸易；机动车辆和摩托车的修理 | 180.7 | 200 | 211.6 | 222 | 227.5 | 236.1 |
| 运输和储存 | 53.1 | 60.5 | 62.4 | 62.2 | 59.3 | 61.5 |
| 住宿和餐饮业 | 81.1 | 94.2 | 95.7 | 101.6 | 111.9 | 115.1 |
| 信息和通讯业 | 16.2 | 20.8 | 20.9 | 19.1 | 21 | 21.4 |
| 金融和保险业 | 30.5 | 31.8 | 32.3 | 31.9 | 32.9 | 35.4 |
| 房地产业 | 5.6 | 6.1 | 6.9 | 7.2 | 7.9 | 7.1 |
| 专业和科技活动 | 26.5 | 32.9 | 30.8 | 30.7 | 33 | 35.9 |
| 企业管理和商务服务业 | 32.9 | 44.9 | 53.1 | 55.9 | 64.2 | 63.5 |
| 公共行政和国防；强制性社会保障 | 77.2 | 74.9 | 69.8 | 76.4 | 75.2 | 75.1 |
| 教育 | 77.2 | 78.5 | 78.6 | 81.7 | 87.4 | 89.9 |
| 卫生和社会福利业 | 27.6 | 38.3 | 41.5 | 49 | 53.4 | 57.3 |
| 艺术、娱乐和文娱活动 | 8.8 | 8.6 | 8.4 | 7.9 | 9.4 | 8.2 |
| 其他服务活动 | 17.5 | 18.2 | 19 | 19.1 | 19.9 | 23.3 |
| 域外组织和机构的活动 | 0.2 | | 0.2 | 0.2 | 0.2 | |
| 未分类经济活动 | | | | | | |
| **菲 律 宾②** | | | | | | |
| 按第四版ISIC分类 | | | | | | |
| **就业人员** | **3603.5** | **3719.2** | **3760** | **3791.7** | **3865.1** | **3874.1** |
| 第三产业 | | | | | | |
| 批发和零售贸易；机动车辆和摩托车的修理 | | | 686.3 | 706.9 | 724.8 | 731.3 |
| 运输和储存 | | | 261.6 | 271.9 | 268.6 | 278.1 |
| 住宿和餐饮业 | 106.2 | 111.9 | 157.1 | 159.8 | 169.4 | 171.6 |

附录1-5 续表2

单位：万人

| 国家和地区 | 2010 | 2011 | 2012 | 2013 | 2014 | 2015 |
|---|---|---|---|---|---|---|
| 信息和通讯业 | | | 33.8 | 34.3 | 35.2 | 38.1 |
| 金融和保险业 | | | 43.7 | 44.7 | 49.1 | 49.8 |
| 房地产业 | | | 17 | 17.2 | 16.8 | 18.4 |
| 专业和科技活动 | | | 18.9 | 19.4 | 20.9 | 20.8 |
| 企业管理和商务服务业 | | | 93.7 | 101.3 | 108.5 | 113.9 |
| 公共行政和国防；强制性社会保障 | | | 195.8 | 195.1 | 196.4 | 209.6 |
| 教育 | 118 | 120 | 120 | 122 | 125.4 | 128.2 |
| 卫生和社会福利业 | 45 | 45 | 43.8 | 46.6 | 48 | 49.4 |
| 艺术、娱乐和文娱活动 | | | 32.8 | 34.6 | 34.9 | 34.3 |
| 其他服务活动 | | | 214.9 | 217.8 | 218.7 | 248.9 |
| 域外组织和机构的活动 | | | 0.2 | 0.4 | 0.7 | 0.3 |
| 未分类经济活动 | | | | | | |
| **新 加 坡** | | | | | | |
| 按第四版ISIC分类 | | | | | | |
| **就业人员** | | **199.9** | **204.1** | **205.6** | **210.4** | **214.8** |
| 第三产业 | | | | | | |
| 批发和零售贸易；机动车辆和摩托车的修理 | 40.7 | 30.1 | 30.6 | 30.2 | 34.6 | 36.4 |
| 运输和储存 | 19.7 | 19.2 | 19 | 19.3 | 18.9 | 18.8 |
| 住宿和餐饮业 | 18.5 | 13.5 | 12.9 | 13.5 | 13.7 | 13.9 |
| 信息和通讯业 | 9.3 | 8.5 | 8.6 | 9.2 | 8.8 | 8.4 |
| 金融和保险业 | 17.3 | 14.6 | 15.1 | 14.8 | 16.6 | 16.7 |
| 房地产业 | 7.9 | 4.9 | 5.2 | 4.9 | 5.6 | 5.5 |
| 专业和科技活动 | 18 | 12.5 | 13.5 | 14.3 | 15.3 | 16.7 |
| 企业管理和商务服务业 | 15.7 | 9.8 | 10.3 | 10 | 10.3 | 11.2 |
| 公共行政和国防；强制性社会保障 | 20.4 | 26.6 | 27.5 | 28.5 | 28.5 | 29.1 |
| 教育 | | | | | | |
| 卫生和社会福利业 | 9.2 | 8.7 | 9.1 | 9.5 | 10.8 | 10.6 |
| 艺术、娱乐和文娱活动 | | 3.4 | 3.9 | 3.7 | 3.5 | 3.7 |
| 其他服务活动 | | 6.6 | 6.5 | 6.9 | 6.6 | 6.7 |
| 域外组织和机构的活动 | | | | | | |
| 未分类经济活动 | | 2.4 | 2.7 | 2.7 | 2.5 | 2.3 |
| **泰 国②** | | | | | | |
| 按第四版ISIC分类 | | | | | | |
| **就业人员** | **3803.7** | **3931.7** | **3957.8** | **3911.2** | **3842.1** | **3801.6** |
| 第三产业 | | | | | | |
| 批发和零售贸易；机动车辆和摩托车的修理 | | 590.4 | 599.5 | 573.6 | 612.4 | |
| 运输和储存 | | 88.7 | 92.6 | 90.1 | 115.8 | |
| 住宿和餐饮业 | 265.4 | 261.8 | 230.7 | 218 | | |
| 信息和通讯业 | | 17.1 | 21.4 | 19.3 | 26.1 | |
| 金融和保险业 | | 39.6 | 41.8 | 43.2 | 49.4 | |
| 房地产业 | | 10.5 | 13.1 | 13.9 | 14.8 | |
| 专业和科技活动 | | 27.6 | 23.9 | 25.2 | | |
| 企业管理和商务服务业 | | 40.9 | 38.9 | 40.8 | | |
| 公共行政和国防；强制性社会保障 | | 155.6 | 171.3 | 161.0 | | |
| 教育 | 124.6 | 128.4 | 120.1 | 113 | 112.1 | |
| 卫生和社会福利业 | 70.1 | 71.7 | 66 | 66.1 | | |
| 艺术、娱乐和文娱活动 | | 20.9 | 22.8 | 24 | 23.5 | |
| 其他服务活动 | | 77.6 | 67.7 | 61.7 | | |

附录1-5 续表 3

单位：万人

| 国家和地区 | 2010 | 2011 | 2012 | 2013 | 2014 | 2015 |
|---|---|---|---|---|---|---|
| 域外组织和机构的活动 | 0.3 | 0.4 | 0.4 | 0.4 | | |
| 未分类经济活动 | | 2.3 | 3.8 | 8.8 | 8.3 | |
| **越　南** | | | | | | |
| 按第四版ISIC分类 | | | | | | |
| **就业人员** | | **5088.1** | **5166.9** | **5220.8** | **5274.5** | **5290.6** |
| 第三产业 | | | | | | |
| 批发和零售贸易；机动车辆和摩托车的修理 | | | 635.0 | 654.7 | 655.4 | |
| 运输和储存 | | | 150.1 | 149.6 | 153.6 | |
| 住宿和餐饮业 | | | 215.8 | 221.1 | 230.2 | |
| 信息和通讯业 | | | 28.6 | 26.7 | 31.8 | |
| 金融和保险业 | | | 31.6 | 33.4 | 35.2 | |
| 房地产业 | | | 15 | 15 | 15.8 | |
| 专业和科技活动 | | | 25.1 | 24.3 | 22.7 | |
| 企业管理和商务服务业 | | | 23.1 | 22.5 | 26.2 | |
| 公共行政和国防；强制性社会保障 | | | 159.6 | 168.7 | 169.8 | |
| 教育 | | | 178.4 | 180.8 | 186.1 | |
| 卫生和社会福利业 | | | 48.2 | 50.1 | 49.3 | |
| 艺术、娱乐和文娱活动 | | | 25.8 | 28.1 | 26.6 | |
| 其他服务活动 | | | 73.2 | 77.8 | 76.5 | |
| 域外组织和机构的活动 | | | 0.3 | 0.4 | 0.2 | |
| 未分类经济活动 | | | 1.9 | 1.0 | 2.6 | |
| **埃　及②** | | | | | | |
| 按第四版ISIC分类 | | | | | | |
| **就业人员** | **2382.9** | **2334.6** | **2359.6** | **2397.4** | **2429.9** | **2477.9** |
| 第三产业 | | | | | | |
| 批发和零售贸易；机动车辆和摩托车的修理 | 269.4 | 257.2 | 258.5 | 268.8 | 271.3 | 293.6 |
| 运输和储存 | 147.1 | 160.2 | 164.8 | 169.9 | 175.6 | 190.3 |
| 住宿和餐饮业 | 52.9 | 46.5 | 52 | 52.5 | 54.9 | 64.8 |
| 信息和通讯业 | 21.1 | 19.8 | 20.2 | 18.9 | 19 | 20.6 |
| 金融和保险业 | 19.3 | 20.1 | 19.5 | 16.7 | 15.8 | 16 |
| 房地产业 | 1.6 | 1.1 | 1.7 | 2.6 | 3.2 | 3.8 |
| 专业和科技活动 | 39.7 | 41.5 | 37.8 | 37.1 | 41.4 | 40.9 |
| 企业管理和商务服务业 | 16.9 | 16.4 | 14.8 | 14.7 | 14.5 | 18.6 |
| 公共行政和国防；强制性社会保障 | 185.7 | 186.2 | 188.9 | 188.6 | 191.3 | 179.1 |
| 教育 | 209.2 | 212.3 | 223.7 | 229.9 | 229.3 | 221.6 |
| 卫生和社会福利业 | 61.2 | 62.5 | 66.7 | 64.6 | 66.7 | 74.7 |
| 艺术、娱乐和文娱活动 | 10.4 | 11.5 | 12 | 11.3 | 12.1 | 11.5 |
| 其他服务活动 | 53.9 | 51.6 | 55 | 59.7 | 11.9 | 21.1 |
| 域外组织和机构的活动 | 0.3 | 0.2 | 0.3 | 0.2 | 0.4 | 0.3 |
| 未分类经济活动 | 3.7 | 5.4 | 0.2 | | 0.1 | |
| **南　非** | | | | | | |
| 按第四版ISIC分类 | | | | | | |
| **就业人员** | **1378.8** | **1326.5** | **1352.3** | **1486.6** | **1531.7** | **1574.1** |
| 第三产业 | | | | | | |
| 批发和零售贸易；机动车辆和摩托车的修理 | | 240.7 | 240.6 | | 215.1 | |
| 运输和储存 | | 61.6 | 64.1 | | 76.3 | |
| 住宿和餐饮业 | | 47.4 | 46.4 | | 57.1 | |
| 信息和通讯业 | | 14.6 | 16.5 | | 17.8 | |
| 金融和保险业 | | 35.9 | 33.6 | | 40.7 | |

附录1-5 续表 4

单位：万人

| 国家和地区 | 2010 | 2011 | 2012 | 2013 | 2014 | 2015 |
|---|---|---|---|---|---|---|
| 房地产业 | | 7.6 | 8.6 | | 8.8 | |
| 专业和科技活动 | | 112.7 | 118.2 | | | |
| 企业管理和商务服务业 | | 14.8 | 17.0 | | | |
| 公共行政和国防；强制性社会保障 | | 77.4 | 83.4 | | 87.4 | |
| 教育 | | 81.9 | 87.3 | | 97.0 | |
| 卫生和社会福利业 | | 79 | 80.1 | | 96.0 | |
| 艺术、娱乐和文娱活动 | | 12.1 | 13.2 | | 15.2 | |
| 其他服务活动 | | 32.6 | 33.1 | | 23.7 | |
| 域外组织和机构的活动 | | 0.1 | | | | |
| 未分类经济活动 | | 6.2 | 4.7 | | | |
| **巴　西** | | | | | | |
| 按第四版ISIC分类 | | | | | | |
| **就业人员** | | | **8917** | **9050** | **9185** | **9173** |
| 第三产业 | | | | | | |
| 批发和零售贸易；机动车辆和摩托车的修理 | | | 1652.4 | 1706.4 | 1735.1 | 1750.1 |
| 运输和储存 | | | 411.4 | 423 | 419.2 | 432.3 |
| 住宿和餐饮业 | 388.2 | 398.2 | 381.9 | 399.5 | 421.6 | 437.1 |
| 信息和通讯业 | | | 121 | 123.3 | 125.9 | 123.7 |
| 金融和保险业 | | | 125.1 | 128.9 | 132.3 | 123.9 |
| 房地产业 | | | 53.7 | 56.9 | 56.2 | 58.8 |
| 专业和科技活动 | | | 281.5 | 281.2 | 316.1 | 320.3 |
| 企业管理和商务服务业 | | | 368.3 | 382.9 | 400.9 | 401.6 |
| 公共行政和国防；强制性社会保障 | | | 588.4 | 586 | 579.3 | 527.4 |
| 教育 | | 507.4 | 515.8 | 514 | 550.1 | 607.3 |
| 卫生和社会福利业 | | 355.3 | 345.6 | 359.9 | 380.3 | 394 |
| 艺术、娱乐和文娱活动 | | | 82.9 | 87.2 | 88.4 | 88.7 |
| 其他服务活动 | | | 298.3 | 313.8 | 328.3 | 325.7 |
| 域外组织和机构的活动 | | 0.4 | 0.5 | 0.4 | 0.5 | 0.6 |
| 未分类经济活动 | | | 3.1 | 1.2 | 1.8 | 1.5 |
| **加 拿 大②** | | | | | | |
| 按第四版ISIC分类 | | | | | | |
| **就业人员** | **1696.4** | **1722.1** | **1743.8** | **1769.1** | **1780.2** | **1794.7** |
| 第三产业 | | | | | | |
| 批发和零售贸易；机动车辆和摩托车的修理 | | | | 296.9 | | |
| 运输和储存 | | | | 113.2 | | |
| 住宿和餐饮业 | 105.8 | 109.3 | 110.2 | 109.4 | | |
| 信息和通讯业 | | | | 80.6 | | |
| 金融和保险业 | | | | 236.1 | | |
| 房地产业 | | | | 94.2 | | |
| 专业和科技活动 | | | | 128.9 | | |
| 企业管理和商务服务业 | 599.7 | 608.5 | 625 | | 637 | 644.6 |
| 公共行政和国防；强制性社会保障 | | | | 93.8 | | |
| 教育 | 121.8 | 121.9 | 128.8 | | | |
| 卫生和社会福利业 | 203.1 | 209.2 | 212.8 | | | |
| 艺术、娱乐和文娱活动 | | | | | | |
| 其他服务活动 | | | | | | |
| 域外组织和机构的活动 | 0.3 | 0.3 | 0.4 | | | |
| 未分类经济活动 | | | | | | |

附录1-5　续表 5

单位：万人

| 国家和地区 | 2010 | 2011 | 2012 | 2013 | 2014 | 2015 |
|---|---|---|---|---|---|---|
| **墨 西 哥** | | | | | | |
| 按第四版ISIC分类 | | | | | | |
| **就业人员** | **4612.2** | **4689.2** | **4900.3** | **4927.5** | **4737.3** | **5030.6** |
| 第三产业 | | | | | | |
| 批发和零售贸易；机动车辆和摩托车的修理 | 931.3 | | 971.5 | | 1045.6 | 1052 |
| 运输和储存 | 190.3 | | 196.5 | | 204.5 | 207.7 |
| 住宿和餐饮业 | 309.5 | | 338.8 | | | |
| 信息和通讯业 | 37.4 | | 38.2 | | 36.5 | 35.4 |
| 金融和保险业 | 43.2 | | 53.1 | | 52.1 | 49.5 |
| 房地产业 | 24.3 | | 30.0 | | 16.0 | 17.9 |
| 专业和科技活动 | 106.0 | | 110.4 | | | |
| 企业管理和商务服务业 | 110.4 | | 122.3 | | | |
| 公共行政和国防；强制性社会保障 | 233.1 | | 244.4 | | | |
| 教育 | 251.1 | | 261.2 | | 260.1 | 269.3 |
| 卫生和社会福利业 | 138.7 | | 149.5 | | | |
| 艺术、娱乐和文娱活动 | 45.2 | | 44.9 | | 42.7 | 46.3 |
| 其他服务活动 | 240.6 | | 272 | | | |
| 域外组织和机构的活动 | 0.5 | | 0.6 | | | |
| 未分类经济活动 | | | 35.1 | | | |
| **美　国②** | | | | | | |
| 按第四版ISIC分类 | | | | | | |
| **就业人员** | **13906.4** | **13986.9** | **14246.9** | **14392.9** | **14630.5** | **14883.4** |
| 第三产业 | | | | | | |
| 批发和零售贸易；机动车辆和摩托车的修理 | 1973.9 | | | | | |
| 运输和储存 | 713.4 | | | | | |
| 住宿和餐饮业 | 956.4 | | | | | |
| 信息和通讯业 | 314.9 | | | | | |
| 金融和保险业 | 660.5 | | | | | |
| 房地产业 | 274.5 | | | | | |
| 专业和科技活动 | 1525.3 | | | | | |
| 企业管理和商务服务业 | | 5521.9 | 5640.6 | 5672 | 5716.3 | 5850.7 |
| 公共行政和国防；强制性社会保障 | 698.3 | | | | | |
| 教育 | 1315.5 | | | | | |
| 卫生和社会福利业 | 1890.7 | | | | | |
| 艺术、娱乐和文娱活动 | 296.6 | | | | | |
| 其他服务活动 | 676.9 | | | | | |
| 域外组织和机构的活动 | | | | | | |
| 未分类经济活动 | | | | | | |
| **法　国** | | | | | | |
| 按第四版ISIC分类 | | | | | | |
| **就业人员** | **2573.1** | **2575.9** | **2580.4** | **2577.9** | **2639.6** | **2642.4** |
| 第三产业 | | | | | | |
| 批发和零售贸易；机动车辆和摩托车的修理 | 334.0 | 321.8 | 323.8 | 322.3 | 335.6 | 337.1 |
| 运输和储存 | 134.3 | 133.3 | 133.5 | 139.0 | 142.1 | 147.5 |
| 住宿和餐饮业 | 96.4 | 97.2 | 97.3 | 95.1 | 92.5 | 99.5 |
| 信息和通讯业 | 73.3 | 75.0 | 74.0 | 69.5 | 71.6 | 74.5 |
| 金融和保险业 | 86.0 | 86.1 | 83.9 | 84.7 | 85.9 | 87.9 |
| 房地产业 | 29.7 | 30.9 | 30.6 | 36.9 | 41.9 | 39.9 |
| 专业和科技活动 | 125.6 | 136.6 | 137.1 | 138.2 | 144.2 | 149.7 |

附录1-5 续表 6 单位：万人

| 国家和地区 | 2010 | 2011 | 2012 | 2013 | 2014 | 2015 |
|---|---|---|---|---|---|---|
| 企业管理和商务服务业 | 92.4 | 93.9 | 99 | 96.6 | 101.7 | 99.9 |
| 公共行政和国防；强制性社会保障 | 257.3 | 251 | 244.8 | 235 | 244.6 | 243 |
| 教育 | 175.1 | 173 | 184.8 | 184.3 | 196.7 | 199.6 |
| 卫生和社会福利业 | 336.9 | 340.3 | 347.4 | 363.2 | 383.5 | 388 |
| 艺术、娱乐和文娱活动 | 34.4 | 37.6 | 36.6 | 41.1 | 42.4 | 44.1 |
| 其他服务活动 | 72.5 | 72.9 | 70.5 | 69.6 | 68.7 | 64.2 |
| 域外组织和机构的活动 | 2.1 | 2.9 | 2.3 | 2.2 | 2.2 | 1.7 |
| 未分类经济活动 | 12.5 | 10.7 | 11.4 | 20.8 | 26.9 | 32.7 |
| **德　国** | | | | | | |
| 按第四版ISIC分类 | | | | | | |
| **就业人员** | **3799.3** | **3878.7** | **3912.6** | **3953.1** | **3987.1** | **4021.1** |
| 第三产业 | | | | | | |
| 批发和零售贸易；机动车辆和摩托车的修理 | 515.2 | 511.5 | 509.6 | 554 | 546.3 | 567.1 |
| 运输和储存 | 179 | 179.9 | 183 | 186.7 | 187.5 | 195.8 |
| 住宿和餐饮业 | 142.4 | 147.3 | 150.5 | 150.9 | 152.7 | 154.9 |
| 信息和通讯业 | 121.2 | 123.8 | 128 | 115.3 | 116.4 | 119.9 |
| 金融和保险业 | 130.6 | 128.9 | 129.1 | 127.9 | 127.4 | 124.8 |
| 房地产业 | 26.2 | 26.9 | 27.1 | 22.2 | 19.5 | 21.3 |
| 专业和科技活动 | 189.4 | 200.8 | 198.7 | 214.1 | 216.7 | 222.3 |
| 企业管理和商务服务业 | 197.6 | 203.8 | 206.7 | 192.8 | 195.4 | 202.2 |
| 公共行政和国防；强制性社会保障 | 277.9 | 274.5 | 275.9 | 278.7 | 279.7 | 275.8 |
| 教育 | 233.5 | 241.9 | 247.3 | 254.7 | 259.5 | 263.8 |
| 卫生和社会福利业 | 461.3 | 476.6 | 487.3 | 485.7 | 497.0 | 510.6 |
| 艺术、娱乐和文娱活动 | 53.7 | 52.9 | 55.1 | 53.3 | 53.7 | 56.1 |
| 其他服务活动 | 109.6 | 110.8 | 110.1 | 117.5 | 114.8 | 113.5 |
| 域外组织和机构的活动 | 3 | 2.7 | 2.6 | 2.0 | 2.1 | 1.8 |
| 未分类经济活动 | | | | | | |
| **意大利** | | | | | | |
| 按第四版ISIC分类 | | | | | | |
| **就业人员** | **2252.7** | **2259.8** | **2256.6** | **2219.1** | **2227.9** | **2246.5** |
| 第三产业 | | | | | | |
| 批发和零售贸易；机动车辆和摩托车的修理 | 330.5 | 325.2 | 333.1 | 328.8 | 322.7 | 319.4 |
| 运输和储存 | 105.7 | 107.4 | 104.5 | 103.4 | 103.9 | 103.3 |
| 住宿和餐饮业 | 116.6 | 118.9 | 124.7 | 122.8 | 126.9 | 133.4 |
| 信息和通讯业 | 52.3 | 54.4 | 55.5 | 54.9 | 55.1 | 56.1 |
| 金融和保险业 | 65.6 | 64.9 | 64 | 62.7 | 61.2 | 64.4 |
| 房地产业 | 13.8 | 14.4 | 14.1 | 14.6 | 12.6 | 13.2 |
| 专业和科技活动 | 141.6 | 138.7 | 134.5 | 136.2 | 140.3 | 141.6 |
| 企业管理和商务服务业 | 83.2 | 85.1 | 86.7 | 89.5 | 90.7 | 96.8 |
| 公共行政和国防；强制性社会保障 | 140.5 | 143.5 | 137 | 130.6 | 128.0 | 129.3 |
| 教育 | 153.7 | 153.8 | 149.5 | 149 | 151.3 | 150.9 |
| 卫生和社会福利业 | 163.8 | 168.4 | 177.4 | 176.5 | 180.4 | 179.6 |
| 艺术、娱乐和文娱活动 | 26.2 | 26.4 | 28.3 | 29.3 | 29.8 | 30.3 |
| 其他服务活动 | 76.2 | 72.3 | 71.3 | 68.7 | 65.2 | 65.9 |
| 域外组织和机构的活动 | 1.3 | 1.6 | 1.3 | 1.4 | 1.6 | 1.7 |
| 未分类经济活动 | | | | | | |
| **荷　兰** | | | | | | |
| 按第四版ISIC分类 | | | | | | |

附录1-5 续表 7 单位：万人

| 国家和地区 | 2010 | 2011 | 2012 | 2013 | 2014 | 2015 |
|---|---|---|---|---|---|---|
| **就业人员** | **837.0** | **829.1** | **834.5** | **828.5** | **823.6** | **831.9** |
| 第三产业 | | | | | | |
| 批发和零售贸易；机动车辆和摩托车的修理 | 109.5 | 108.5 | 112.6 | 121.6 | 123.5 | 123.3 |
| 运输和储存 | 39.2 | 39 | 39 | 36.7 | 35.8 | 35.6 |
| 住宿和餐饮业 | 33.8 | 33.6 | 34 | 31.3 | 32.5 | 35.2 |
| 信息和通讯业 | 29.4 | 28.5 | 28.3 | 25.4 | 24.5 | 25.6 |
| 金融和保险业 | 21.7 | 21.8 | 22 | 27.4 | 28 | 26.8 |
| 房地产业 | 6.3 | 6 | 6.4 | 6.3 | 6.4 | 6.7 |
| 专业和科技活动 | 47.7 | 47.1 | 49.1 | 57.6 | 58.1 | 58.5 |
| 企业管理和商务服务业 | 30 | 29.6 | 30.9 | 38.6 | 41 | 42.9 |
| 公共行政和国防；强制性社会保障 | 54.2 | 53.8 | 51.8 | 50.1 | 49 | 48.5 |
| 教育 | 57.1 | 55.7 | 55.8 | 54.8 | 54.4 | 55.7 |
| 卫生和社会福利业 | 136 | 135.6 | 136.2 | 133 | 129.9 | 129.1 |
| 艺术、娱乐和文娱活动 | 17.2 | 16.5 | 16.9 | 15.9 | 15.9 | 16.9 |
| 其他服务活动 | 17.6 | 16 | 17.6 | 18.6 | 18.6 | 18.1 |
| 域外组织和机构的活动 | 0.3 | 0.1 | 0.2 | 0.1 | 0.1 | 0.2 |
| 未分类经济活动 | 80.0 | 89.3 | 83.8 | 69.1 | 64.3 | 64.6 |
| **俄 罗 斯** | | | | | | |
| 按第四版ISIC分类 | | | | | | |
| **就业人员** | **6980.4** | **7085.7** | **7154.5** | **7139.1** | **7153.9** | **7232.4** |
| 第三产业 | | | | | | |
| 批发和零售贸易；机动车辆和摩托车的修理 | | | | | | |
| 运输和储存 | | | | | | |
| 住宿和餐饮业 | 136.7 | 149.5 | 153.2 | 127.2 | 172.8 | 180.2 |
| 信息和通讯业 | | | | | | |
| 金融和保险业 | | | | | | |
| 房地产业 | | | | | | |
| 专业和科技活动 | | | | | | |
| 企业管理和商务服务业 | 2044.8 | 2034.5 | 2050.2 | 2032 | 2044.8 | 2082.1 |
| 公共行政和国防；强制性社会保障 | | | | | | |
| 教育 | 656.5 | 650.8 | 661.7 | 653.4 | 657.7 | 666.7 |
| 卫生和社会福利业 | 548.5 | 557 | 572.1 | 562.3 | 562.6 | 571.7 |
| 艺术、娱乐和文娱活动 | | | | | | |
| 其他服务活动 | | | | | | |
| 域外组织和机构的活动 | 0.1 | 0.2 | 0.7 | | 0.2 | 0.5 |
| 未分类经济活动 | | | | | | |
| **西 班 牙②** | | | | | | |
| 按第四版ISIC分类 | | | | | | |
| **就业人员** | **1872.4** | **1842.1** | **1763.3** | **1713.9** | **1734.4** | **1786.6** |
| 第三产业 | | | | | | |
| 批发和零售贸易；机动车辆和摩托车的修理 | 291.4 | 293.5 | 283.4 | 282.2 | 284.0 | 292.1 |
| 运输和储存 | 92.0 | 89.3 | 84.4 | 82.6 | 84.9 | 87.1 |
| 住宿和餐饮业 | 137.5 | 139.1 | 133.0 | 132.4 | 139.5 | 150.5 |
| 信息和通讯业 | 52.7 | 53.2 | 53.2 | 52.1 | 51.4 | 53 |
| 金融和保险业 | 47.6 | 46.2 | 43.4 | 45.3 | 45.2 | 45.4 |
| 房地产业 | 8.2 | 9.4 | 9.6 | 9.0 | 9.7 | 10.4 |
| 专业和科技活动 | 86.4 | 84.1 | 84.6 | 82.8 | 84.2 | 89.1 |
| 企业管理和商务服务业 | 90.7 | 91.1 | 89.0 | 87.7 | 89.3 | 92.8 |
| 公共行政和国防；强制性社会保障 | 142.4 | 144.1 | 134.2 | 127.1 | 129.9 | 132.5 |

附录1-5 续表 8

单位：万人

| 国家和地区 | 2010 | 2011 | 2012 | 2013 | 2014 | 2015 |
|---|---|---|---|---|---|---|
| 教育 | 120.1 | 119.5 | 119.7 | 115.5 | 114.2 | 118.2 |
| 卫生和社会福利业 | 138.3 | 144.7 | 139.6 | 135 | 140.7 | 144.2 |
| 艺术、娱乐和文娱活动 | 33.6 | 32.2 | 31.2 | 31.2 | 34.7 | 36.5 |
| 其他服务活动 | 38.3 | 38.9 | 42.1 | 41.5 | 40 | 42.4 |
| 域外组织和机构的活动 | 0.3 | 0.4 | 0.5 | 0.7 | 0.3 | 0.2 |
| 未分类经济活动 | | | | | | |
| **英　国** | | | | | | |
| 按第四版ISIC分类 | | | | | | |
| **就业人员** | **2912.5** | **2928.2** | **2959.6** | **2995.4** | **3067.2** | **3120.5** |
| 第三产业 | | | | | | |
| 批发和零售贸易；机动车辆和摩托车的修理 | 389.1 | 389.7 | 392.8 | 387.6 | 386.9 | 406.5 |
| 运输和储存 | 141 | 139 | 139.3 | 144.2 | 142.2 | 155.7 |
| 住宿和餐饮业 | 139.8 | 142.2 | 144.8 | 148 | 155.3 | 163.7 |
| 信息和通讯业 | 99.9 | 104.7 | 110 | 114.3 | 117.4 | 126.3 |
| 金融和保险业 | 116.7 | 117.5 | 118.4 | 113.9 | 115.8 | 123.4 |
| 房地产业 | 26.5 | 28 | 31 | 31.3 | 32.2 | 34.1 |
| 专业和科技活动 | 179.8 | 178.3 | 185.9 | 194.8 | 203.8 | 217.7 |
| 企业管理和商务服务业 | 129 | 127.8 | 130.8 | 135.8 | 137.4 | 150 |
| 公共行政和国防；强制性社会保障 | 188.1 | 182 | 178.1 | 180.7 | 178.2 | 184.6 |
| 教育 | 301.6 | 297.5 | 298.3 | 298.2 | 307.2 | 327.9 |
| 卫生和社会福利业 | 372.9 | 383.2 | 381.3 | 390.8 | 394.6 | 414.7 |
| 艺术、娱乐和文娱活动 | 72.3 | 71.5 | 73.3 | 68.9 | 75.2 | 84.4 |
| 其他服务活动 | 69.5 | 72.5 | 69.2 | 75.4 | 78.4 | 86.5 |
| 域外组织和机构的活动 | 4.1 | 5 | 3.9 | 4.1 | 4.1 | 3.9 |
| 未分类经济活动 | 20.7 | 20.2 | 28.8 | 27.5 | 25.9 | 21.3 |
| **澳大利亚②** | | | | | | |
| 按第四版ISIC分类 | | | | | | |
| **就业人员** | **1099.1** | **1117.8** | **1131.5** | **1142.5** | **1153.5** | **1177.1** |
| 第三产业 | | | | | | |
| 批发和零售贸易；机动车辆和摩托车的修理 | 159.7 | 158.5 | 156.2 | 162.7 | | |
| 运输和储存 | 45.5 | 56.8 | 54.6 | 46.5 | | |
| 住宿和餐饮业 | 73.7 | 78.1 | 77 | 77.8 | | |
| 信息和通讯业 | 34.7 | 20.9 | 22.9 | 36.3 | | |
| 金融和保险业 | 38.2 | 41.8 | 42.1 | 40.2 | | |
| 房地产业 | 3.6 | 19.8 | 21.1 | 3.9 | | |
| 专业和科技活动 | 63 | 86.7 | 91 | 67.4 | | |
| 企业管理和商务服务业 | 37.3 | 40.2 | 39.9 | 37.5 | | |
| 公共行政和国防；强制性社会保障 | 68.7 | 72.1 | 70.8 | 74.2 | | |
| 教育 | 60.1 | 84.4 | 87.5 | 63.3 | | |
| 卫生和社会福利业 | 123.2 | 131.2 | 136 | 137.7 | | |
| 艺术、娱乐和文娱活动 | 20.6 | 20.9 | 21 | 22.2 | | |
| 其他服务活动 | 23.1 | 44.7 | 45.4 | 24.5 | | |
| 域外组织和机构的活动 | | | | | | |
| 未分类经济活动 | 76.7 | 23.8 | 27.1 | 81 | | |

注：①中国数据来自《中国统计年鉴》。②不包括军人。
资料来源：国际劳工组织数据库。

# 附录1-6　按行业分类的第三产业雇员每月平均工资

单位：本币

| 国家和地区 | 2000 | 2005 | 2010 | 2012 | 2013 | 2014 | 2015 |
|---|---|---|---|---|---|---|---|
| **中　国** | | | | | | | |
| 按第三版ISIC分类 | | | | | | | |
| **雇员每月收入①** | | **1516.7** | **3044.9** | **3897.4** | **4290.3** | **4696.7** | **5169.1** |
| 第三产业 | | | | | | | |
| 批发、零售业 | | 1271.3 | 2802.9 | 3861.7 | 4192.3 | 4653.2 | 5027.3 |
| 居民服务、修理和其他服务业 | | 1312.3 | 2350.5 | 2927.9 | 3202.4 | 3490.2 | 3733.5 |
| 运输、仓储和通讯 | | 1742.6 | 3372.2 | 4449.3 | 4832.8 | 5284.7 | 5735.2 |
| 金融中介 | | 2435.8 | 5845.5 | 7478.6 | 8304.4 | 9022.8 | 9564.8 |
| 房地产业 | | 1687.8 | 2989.2 | 3897.0 | 4254.0 | 4630.7 | 5020.3 |
| 租赁和商务服务业 | | 1769.4 | 3297.2 | 4430.2 | 5211.5 | 5594.3 | 6040.8 |
| 公共管理、社会保障和社会组织 | | 1686.2 | 3186.8 | 3839.5 | 4104.9 | 4425.8 | 5193.6 |
| 教育 | | 1521.6 | 3247.3 | 3977.8 | 4329.2 | 4715.0 | 5549.3 |
| 卫生和社会工作 | | 1734.0 | 3352.7 | 4380.3 | 4831.6 | 5272.3 | 5968.7 |
| **中国香港** | | | | | | | |
| 按第四版ISIC分类 | | | | | | | |
| **雇员每月收入** | | **10532.0** | **11000.0** | **12000.0** | **12500.0** | **13000.0** | **14200.0** |
| 第三产业 | | | | | | | |
| 批发和零售贸易；机动车辆和托车的修理 | | | 11000.0 | 12000.0 | 13000.0 | 13500.0 | 14000.0 |
| 运输和储存 | | | 11000.0 | 12000.0 | 13000.0 | 13700.0 | 15000.0 |
| 住宿和餐饮业 | | | 8000.0 | 9000.0 | 10000.0 | 10800.0 | 11000.0 |
| 信息和通讯业 | | | 17000.0 | 18000.0 | 20000.0 | 20000.0 | 20000.0 |
| 金融和保险业 | | | 20000.0 | 21000.0 | 22500.0 | 24000.0 | 25600.0 |
| 房地产业 | | | 9000.0 | 10500.0 | 11000.0 | 12000.0 | 13000.0 |
| 专业和科技活动 | | | 10500.0 | 11500.0 | 12000.0 | 13000.0 | 21000.0 |
| 企业管理和商务服务业 | | | | | | | 9000.0 |
| 公共行政和国防；强制性社会保障 | | | 22500.0 | 25000.0 | 26300.0 | 27000.0 | 28800.0 |
| 教育 | | | 20000.0 | 21000.0 | 20000.0 | 22000.0 | 23000.0 |
| 卫生和社会福利业 | | | 13000.0 | 15000.0 | 15000.0 | 15000.0 | 16500.0 |
| **中国澳门** | | | | | | | |
| 按第四版ISIC分类 | | | | | | | |
| **雇员每月收入** | **5115.5** | **5634.5** | **8900.0** | **11000.0** | **12000.0** | **13000.0** | |
| 第三产业 | | | | | | | |
| 教育 | 9095.0 | 9503.0 | 13600.0 | 16000.0 | 19000.0 | 20000.0 | |
| **以 色 列** | | | | | | | |
| 按第四版ISIC分类 | | | | | | | |
| **雇员每月收入** | **6662.0** | **7054.0** | **8100.0** | **9149.0** | **9030.0** | **9317.0** | **9503.0** |
| 第三产业 | | | | | | | |
| 批发和零售贸易；机动车辆和摩托车的修理 | | | | 7283.0 | 7319.0 | 7704.0 | 8111.0 |
| 运输和储存 | | | | 5026.0 | 8850.0 | 10300.0 | 9948.0 |
| 住宿和餐饮业 | | | | 8870.0 | 5224.0 | 5306.0 | 5595.0 |
| 信息和通讯业 | | | | 13545.0 | 15705.0 | 16043.0 | 17020.0 |
| 金融和保险业 | | | | 10945.0 | 13944.0 | 14048.0 | 14718.0 |
| 房地产业 | | | | 12071.0 | 12215.0 | 8799.0 | 10117.0 |
| 专业和科技活动 | | | | 7592.0 | 12105.0 | 11992.0 | 13317.0 |
| 企业管理和商务服务业 | | | | 8240.0 | 5920.0 | 6038.0 | 5997.0 |
| 公共行政和国防；强制性社会保障 | | | | 6707.0 | 8037.0 | 7643.0 | 7480.0 |
| 教育 | 5478.0 | 5745.0 | 6708.0 | 7042.0 | 8198.0 | 7977.0 | 8196.0 |
| 卫生和社会福利业 | | | | | 7852.0 | 8967.0 | 8708.0 |

附录1-6 续表1　　单位：本币

| 国家和地区 | 2000 | 2005 | 2010 | 2012 | 2013 | 2014 | 2015 |
|---|---|---|---|---|---|---|---|
| **印度尼西亚** | | | | | | | |
| 按第四版ISIC分类 | | | | | | | |
| **雇员每月收入②** | | | **1411.0** | **1580.9** | **1917.2** | | **2069.3** |
| 第三产业 | | | | | | | |
| 批发和零售贸易；机动车辆和摩托车的修理 | | | | | | | 1646.1 |
| 运输和储存 | | | | | | | 2197.5 |
| 住宿和餐饮业 | | | | | | | 1677.1 |
| 信息和通讯业 | | | | | | | 3292.4 |
| 金融和保险业 | | | | | | | 3231.1 |
| 房地产业 | | | | | | | 3148.8 |
| 专业和科技活动 | | | | | | | 3772.7 |
| 企业管理和商务服务业 | | | | | | | 2131.5 |
| 公共行政和国防；强制性社会保障 | | | | | | | 3087.7 |
| 教育 | | | 1637.3 | | 2261.1 | | 2296.2 |
| 卫生和社会福利业 | | | | | | | 2960.3 |
| **日　本** | | | | | | | |
| 按第四版ISIC分类 | | | | | | | |
| **雇员每月收入②** | **330.0** | **330.8** | **323.0** | **325.6** | **324.0** | **299.6** | **304.0** |
| 第三产业 | | | | | | | |
| 批发和零售贸易；机动车辆和摩托车的修理 | | 306.1 | 297.7 | 296.4 | 293.3 | 305.2 | 305.1 |
| 运输和储存 | | | 261.5 | 262.4 | 258.5 | 267.8 | 267.5 |
| 住宿和餐饮业 | | 239.4 | 236.8 | 235.2 | 232.6 | 242.1 | 240.9 |
| 信息和通讯业 | | 358.1 | 363.3 | 392.8 | 376.2 | 363.4 | 390.3 |
| 金融和保险业 | 355.0 | 373.3 | 364.0 | 366.8 | 363.4 | 368.5 | 380.1 |
| 房地产业 | 335.6 | 334.0 | 314.6 | 310.8 | 316.7 | 321.0 | 321.7 |
| 专业和科技活动 | | | 380.5 | 368.5 | 372.4 | 369.8 | 367.9 |
| 教育 | | 393.1 | 386.2 | 386.5 | 385.5 | 383.7 | 380.6 |
| 卫生和社会福利业 | | 276.5 | 272.1 | 274.4 | 272.8 | 273.6 | 280.7 |
| **韩　国** | | | | | | | |
| 按第四版ISIC分类 | | | | | | | |
| **雇员每月收入②** | **1667.5** | **2404.4** | **2816.2** | **2995.5** | **3111.0** | **3235.2** | |
| 第三产业 | | | | | | | |
| 批发和零售贸易；机动车辆和摩托车的修理 | | | 2696.8 | 2832.0 | 2902.8 | 2962.1 | |
| 运输和储存 | | | 2380.9 | 2805.3 | 2858.0 | 2918.1 | |
| 住宿和餐饮业 | | | 1714.7 | 1833.8 | 1904.2 | 1897.5 | |
| 信息和通讯业 | | | 3577.0 | 3622.9 | 3849.2 | 3746.6 | |
| 金融和保险业 | | | 4243.6 | 4664.4 | 4776.8 | 4985.4 | |
| 房地产业 | | | 1890.0 | 2000.2 | 2091.9 | 2097.2 | |
| 专业和科技活动 | | | 3378.7 | 3766.5 | 3918.4 | 4031.9 | |
| 企业管理和商务服务业 | | | 2366.6 | 2328.2 | 2378.9 | 2540.1 | |
| 教育 | 1932.4 | 2724.3 | 3052.1 | 3237.5 | 3339.1 | 3444.6 | |
| 卫生和社会福利业 | | | 2420.3 | 2490.2 | 2569.9 | 2463.1 | |

附录1-6 续表2 单位：本币

| 国家和地区 | 2000 | 2005 | 2010 | 2012 | 2013 | 2014 | 2015 |
|---|---|---|---|---|---|---|---|
| **蒙　古②** | | | | | | | |
| 按第四版ISIC分类 | | | | | | | |
| **雇员每月收入** | **62.3** | **101.2** | **341.5** | **557.6** | **813.5** | **796.6** | **808.0** |
| 第三产业 | | | | | | | |
| 批发和零售贸易；机动车辆和摩托车的修理 | | | | 356.8 | 761.2 | 723.7 | 695.3 |
| 运输和储存 | | | | 521.3 | 843.5 | 924.5 | 885.0 |
| 住宿和餐饮业 | | | | 377.6 | 634.5 | 532.7 | 527.8 |
| 信息和通讯业 | | | | | 882.6 | 774.9 | 798.5 |
| 金融和保险业 | | | | 1066.7 | 1239.8 | 1067.6 | 1049.7 |
| 房地产业 | | | | 490.7 | 462.7 | 769.9 | 810.9 |
| 专业和科技活动 | | | | | 749.9 | 1080.6 | 1144.7 |
| 企业管理和商务服务业 | | | | | 611.0 | 625.5 | 662.3 |
| 公共行政和国防；强制性社会保障 | | | | 613.9 | 724.5 | 776.4 | 788.9 |
| 教育 | 59.2 | 92.8 | 311.6 | 529.4 | 682.5 | 705.3 | 735.5 |
| 卫生和社会福利业 | | | | 553.7 | 716.4 | 725.0 | 776.4 |
| **菲 律 宾** | | | | | | | |
| 按第四版ISIC分类 | | | | | | | |
| **雇员每日收入** | | | **306.5** | **333.8** | | **367.4** | **377.7** |
| 第三产业 | | | | | | | |
| 批发、零售贸易；机动车及个人、家庭用品修理业 | 219.4 | 217.5 | 274.6 | | | | |
| 运输和储存 | | | | 351.8 | | 391.0 | 395.2 |
| 住宿和餐饮业 | | | | 280.9 | | 314.6 | 325.1 |
| 信息和通讯业 | | | | 548.0 | | 618.2 | 597.0 |
| 金融和保险业 | | | | 579.3 | | 621.4 | 598.8 |
| 房地产业 | | | | 495.2 | | 449.2 | 524.7 |
| 专业和科技活动 | | | | 591.4 | | 677.9 | 705.6 |
| 企业管理和商务服务业 | | | | 480.9 | | 524.9 | 546.1 |
| 公共行政和国防；强制性社会保障 | | | | 533.7 | | 588.9 | 581.3 |
| 教育 | | | 567.0 | 677.6 | | 740.4 | 761.0 |
| 卫生和社会福利业 | | | | 484.7 | | 557.1 | 557.5 |
| **新 加 坡** | | | | | | | |
| 按第四版ISIC分类 | | | | | | | |
| **雇员每月收入** | **3063.0** | **3444.0** | **4089.0** | **3480.0** | **3705.0** | **3770.0** | **3949.0** |
| 第三产业 | | | | | | | |
| 批发和零售贸易；机动车辆和摩托车的修理 | | | 3546.0 | 3000.0 | 3141.0 | 3420.0 | 3549.0 |
| 运输和储存 | | | 3953.0 | 2500.0 | 2675.0 | 2797.0 | 2916.0 |
| 住宿和餐饮业 | | | 1506.0 | 1740.0 | 1800.0 | 1915.0 | 2000.0 |
| 信息和通讯业 | | | 5338.0 | 4838.0 | 5414.0 | 5026.0 | 5500.0 |
| 金融和保险业 | | | 7656.0 | 5751.0 | 6090.0 | 6300.0 | 6338.0 |
| 房地产业 | | | 3051.0 | 3915.0 | 3857.0 | 3500.0 | 3611.0 |
| 专业和科技活动 | | | 5003.0 | 4640.0 | 5000.0 | 5026.0 | 5075.0 |
| 企业管理和商务服务业 | | | 2529.0 | 1810.0 | 1972.0 | 2069.0 | 2282.0 |
| 公共行政和国防；强制性社会保障 | | | | 4500.0 | 5000.0 | 5220.0 | 5538.0 |
| 卫生和社会福利业 | | | | 3141.0 | 3480.0 | 3518.0 | 3649.0 |
| **泰　国** | | | | | | | |
| 按第四版ISIC分类 | | | | | | | |
| **雇员每月收入** | | **7389.4** | **9262.2** | **11184.0** | **12255.0** | **13386.0** | |
| 第三产业 | | | | | | | |

附录1-6 续表3

单位：本币

| 国家和地区 | 2000 | 2005 | 2010 | 2012 | 2013 | 2014 | 2015 |
|---|---|---|---|---|---|---|---|
| 批发和零售贸易；机动车辆和摩托车的修理 | | | | 10143.0 | 11099.0 | 11794.0 | |
| 运输和储存 | | | | 15276.0 | 16530.0 | 17814.0 | |
| 住宿和餐饮业 | | | | 8429.0 | 9247.0 | 10451.0 | |
| 信息和通讯业 | | | | 23967.0 | 26407.0 | 26240.0 | |
| 金融和保险业 | | | | 22295.0 | 24747.0 | 26119.0 | |
| 房地产业 | | | | 14587.0 | 15295.0 | 13790.0 | |
| 专业和科技活动 | | | | 18017.0 | 21803.0 | 20984.0 | |
| 企业管理和商务服务业 | | | | 11128.0 | 11537.0 | 12074.0 | |
| 公共行政和国防；强制性社会保障 | | | | 13966.0 | 15071.0 | 16108.0 | |
| 教育 | | | | 19747.0 | 20556.0 | 23157.0 | |
| 卫生和社会福利业 | | | | 14179.0 | 16199.0 | 16690.0 | |
| **埃　及** | | | | | | | |
| 按第四版ISIC分类 | | | | | | | |
| **雇员每月收入** | **702.0** | **897.0** | **1902.3** | **1711.7** | **3044.0** | | |
| 第三产业 | | | | | | | |
| 批发和零售贸易；机动车辆和摩托车的修理 | | | | 1636.0 | 2024.0 | | |
| 运输和储存 | | | | 3680.0 | 3748.0 | | |
| 住宿和餐饮业 | | | | 1344.0 | 1648.0 | | |
| 信息和通讯业 | | | | 2216.0 | 2576.0 | | |
| 金融和保险业 | | | | 8100.0 | 9148.0 | | |
| 房地产业 | | | | 1112.0 | 1516.0 | | |
| 专业和科技活动 | | | | 2364.0 | 2176.0 | | |
| 企业管理和商务服务业 | | | | 2168.0 | 2648.0 | | |
| 教育 | | | | 848.0 | 948.0 | | |
| 卫生和社会福利业 | | | | 1676.0 | 5360.0 | | |
| **加 拿 大** | | | | | | | |
| 按第三版ISIC分类 | | | | | | | |
| **雇员每周收入** | **655.6** | **737.3** | **820.7** | **866.6** | | | |
| 第三产业 | | | | | | | |
| 批发、零售贸易；机动车及个人、家庭用品修理业 | 538.5 | 573.3 | 608.6 | 637.5 | | | |
| 旅馆和饭店业 | 273.3 | 288.5 | 386.2 | 417.7 | | | |
| 运输、仓储和通讯 | 747.6 | 859.5 | 924.4 | 937.7 | | | |
| 金融中介 | 844.3 | 933.9 | 949.2 | 1041.3 | | | |
| 房地产、租赁及商业活动 | 697.6 | 777.2 | 871.7 | 941.8 | | | |
| 公共管理和国防；社会基本保障 | 781.2 | 925.5 | 1118.7 | 1170.3 | | | |
| 教育 | 673.9 | 779.6 | 960.8 | 1013.6 | | | |
| 卫生和社会工作 | 562.4 | 667.4 | 790.1 | 829.3 | | | |
| **墨 西 哥** | | | | | | | |
| 按第三版ISIC分类 | | | | | | | |
| **雇员每月收入** | **2938.5** | **4997.2** | **5954.0** | **6193.2** | **6390.8** | | |
| 第三产业 | | | | | | | |
| 批发、零售贸易；机动车及个人、家庭用品修理业 | 2538.4 | 3726.7 | | | | | |
| 旅馆和饭店业 | 2166.9 | 3330.9 | | | | | |
| 运输、仓储和通讯 | 3694.6 | 4795.9 | | | | | |
| 金融中介 | 6597.4 | 7773.7 | | | | | |
| 房地产、租赁及商业活动 | 3874.9 | 4658.1 | | | | | |
| 公共管理和国防；社会基本保障 | 4236.7 | 5812.4 | | | | | |
| 教育 | 4418.7 | 5938.1 | | | | | |
| 卫生和社会工作 | 4086.1 | 5929.8 | | | | | |

附录1-6 续表4

单位：本币

| 国家和地区 | 2000 | 2005 | 2010 | 2012 | 2013 | 2014 | 2015 |
|---|---|---|---|---|---|---|---|
| **美　国** | | | | | | | |
| 按第三版ISIC分类 | | | | | | | |
| **雇员每月收入** | | | **1020.0** | | | | |
| 第三产业 | | | | | | | |
| 运输、仓储和通讯 | 622.5 | | | | | | |
| 金融中介 | 551.1 | 479.7 | | | | | |
| **法　国** | | | | | | | |
| 按第四版ISIC分类 | | | | | | | |
| **雇员每月收入** | **1396.3** | **2385.0** | **2553.0** | **2738.0** | **2905.0** | | |
| 第三产业 | | | | | | | |
| 批发、零售贸易；机动车及个人、家庭用品修理业 | | | | 2698.0 | 2732.0 | | |
| 运输和储存 | | | | 2768.0 | 2800.0 | | |
| 住宿和餐饮业 | | | | 2141.0 | 2161.0 | | |
| 信息和通讯业 | | | | 4151.0 | 4202.0 | | |
| 金融和保险业 | | | | 4554.0 | 4611.0 | | |
| 房地产业 | | | | 2990.0 | 3027.0 | | |
| 专业和科技活动 | | | | 3942.0 | 3982.0 | | |
| 企业管理和商务服务业 | | | | 2207.0 | 2248.0 | | |
| 公共行政和国防；强制性社会保障 | | | | 2638.0 | 2718.0 | | |
| 教育 | 1508.5 | 2117.0 | | 2942.0 | 2949.0 | | |
| 卫生和社会福利业 | | | | 2384.0 | 2377.0 | | |
| **德　国** | | | | | | | |
| 按第四版ISIC分类 | | | | | | | |
| **雇员每月收入** | **2114.0** | **2230.0** | **3543.0** | **3749.0** | **3794.0** | **3881.0** | **3979.0** |
| 第三产业 | | | | | | | |
| 批发和零售贸易；机动车辆和摩托车的修理 | | | 3326.0 | 3578.0 | 3542.0 | 3587.0 | 3668.0 |
| 运输和储存 | | | 2960.0 | 3113.0 | 3114.0 | 3130.0 | 3209.0 |
| 住宿和餐饮业 | | | 1997.0 | 2105.0 | 2107.0 | 2205.0 | 2282.0 |
| 信息和通讯业 | | | 4865.0 | 5039.0 | 5104.0 | 5299.0 | 5453.0 |
| 金融和保险业 | | | 5078.0 | 5381.0 | 5473.0 | 5675.0 | 5775.0 |
| 房地产业 | | | 3850.0 | 4024.0 | 4233.0 | 4277.0 | 4368.0 |
| 专业和科技活动 | | | 4638.0 | 4608.0 | 4637.0 | 4799.0 | 4936.0 |
| 企业管理和商务服务业 | | | 2207.0 | 2290.0 | 2358.0 | 2410.0 | 2485.0 |
| 公共行政和国防；强制性社会保障 | | | 3258.0 | 3427.0 | 3499.0 | 3622.0 | 3722.0 |
| 教育 | | | 4010.0 | 4072.0 | 4157.0 | 4250.0 | 4340.0 |
| 卫生和社会福利业 | | | 3370.0 | 3550.0 | 3623.0 | 3685.0 | 3756.0 |
| **波　兰** | | | | | | | |
| 按第四版ISIC分类 | | | | | | | |
| **雇员每月收入** | **1894.0** | **2361.0** | **3224.0** | **3530.0** | | **3783.5** | **3899.8** |
| 第三产业 | | | | | | | |
| 批发和零售贸易；机动车辆和摩托车的修理 | | | 3102.6 | | | 3632.3 | 3268.0 |
| 运输和储存 | | | 3274.4 | | | 3680.9 | 3467.6 |
| 住宿和餐饮业 | | | 2582.0 | | | 2650.1 | 2444.4 |
| 信息和通讯业 | | | 6447.8 | | | 6884.6 | 6718.3 |
| 金融和保险业 | | | 5832.8 | | | 6290.7 | 6569.6 |
| 房地产业 | | | 3580.6 | | | 4281.0 | 4073.9 |
| 专业和科技活动 | | | 4989.5 | | | 5953.5 | 4825.3 |
| 企业管理和商务服务业 | | | 2277.1 | | | 2964.8 | 2841.3 |
| 公共行政和国防；强制性社会保障 | | | 4336.5 | | | 4749.5 | 4781.5 |
| 教育 | 1835.0 | 2471.0 | 3488.2 | | | 4027.8 | 4141.8 |
| 卫生和社会福利业 | | | 3315.6 | | | 3653.1 | 3571.4 |

附录1-6 续表5 单位：本币

| 国家和地区 | 2000 | 2005 | 2010 | 2012 | 2013 | 2014 | 2015 |
|---|---|---|---|---|---|---|---|
| **俄 罗 斯** | | | | | | | |
| 按第三版ISIC分类 | | | | | | | |
| **雇员每月收入** | **2223.0** | **8555.0** | **20952.0** | **26629.0** | **29960.0** | **32495.0** | **32911.0** |
| 第三产业 | | | | | | | |
| 批发、零售贸易；机动车及个人、家庭用品修理业 | | 6552.0 | 18406.0 | | 30747.0 | 25601.0 | 35083.0 |
| 旅馆和饭店业 | | 6033.0 | 13466.0 | | 25066.0 | 19759.0 | 29333.0 |
| 运输、仓储和通讯 | | 11351.0 | 25590.0 | | 34405.0 | 37011.0 | 37766.0 |
| 金融中介 | | 22728.0 | 50120.0 | | | 68565.0 | |
| 房地产、租赁及商业活动 | | 10237.0 | 25623.0 | | 38365.0 | 37559.0 | 44240.0 |
| 公共管理和国防；社会基本保障 | | 10999.0 | 25121.0 | | | 42659.0 | |
| 教育 | | 5430.0 | 14075.0 | | 22084.0 | 25862.0 | 24635.0 |
| 卫生和社会工作 | | 5906.0 | 15724.0 | | 23700.0 | 27068.0 | 26500.0 |
| **英 国** | | | | | | | |
| 按第四版ISIC分类 | | | | | | | |
| **雇员每月收入** | | | **2112.9** | **2129.0** | **2176.2** | | |
| 第三产业 | | | | | | | |
| 批发和零售贸易；机动车辆和摩托车的修理 | | | 1602.0 | 1618.0 | 1687.0 | | |
| 运输和储存 | | | 2306.0 | 2385.0 | 2460.0 | | |
| 住宿和餐饮业 | | | 1045.0 | 1044.0 | 1065.0 | | |
| 信息和通讯业 | | | 3116.0 | 3190.0 | 3142.0 | | |
| 金融和保险业 | | | 3423.0 | 3484.0 | 3685.0 | | |
| 房地产业 | | | 2195.0 | 2145.0 | 2162.0 | | |
| 专业和科技活动 | | | 2921.0 | 2940.0 | 2934.0 | | |
| 企业管理和商务服务业 | | | 1629.0 | 1610.0 | 1652.0 | | |
| 公共行政和国防；强制性社会保障 | | | 2504.0 | 2461.0 | 2486.0 | | |
| 教育 | | | 1930.0 | 1952.0 | 1990.0 | | |
| 卫生和社会福利业 | | | 2001.0 | 1999.0 | 2010.0 | | |
| **新 西 兰** | | | | | | | |
| 按第四版ISIC分类 | | | | | | | |
| **雇员每月收入** | **2526.0** | **3103.0** | **3796.0** | **3995.0** | **4169.0** | **4420.0** | **4522.0** |
| 第三产业 | | | | | | | |
| 批发和零售贸易；机动车辆和摩托车的修理 | | | 3320.0 | | | 3750.0 | 3850.0 |
| 运输和储存 | | | 4360.0 | | | 4910.0 | 5070.0 |
| 住宿和餐饮业 | | | 1930.0 | | | 2170.0 | 2240.0 |
| 信息和通讯业 | | | 5920.0 | | | 6790.0 | 7010.0 |
| 金融和保险业 | | | 6500.0 | | | 7280.0 | 7460.0 |
| 房地产业 | | | 3890.0 | | | 4400.0 | 4560.0 |
| 专业和科技活动 | | | 5120.0 | | | 5830.0 | 5970.0 |
| 企业管理和商务服务业 | | | 3040.0 | | | 3370.0 | 3430.0 |
| 公共行政和国防；强制性社会保障 | | | 5470.0 | | | 5970.0 | 6120.0 |
| 教育 | | | 3960.0 | | | 4260.0 | 4320.0 |
| 卫生和社会福利业 | | | 3770.0 | | | 4180.0 | 4280.0 |

注：①指城镇单位就业人员平均工资。②千本币。
资料来源：中国数据来自《中国统计年鉴》。国际劳工组织数据库。

# 附录1-7 货物进口总额

单位：亿美元

| 国家和地区 | 2000 | 2005 | 2010 | 2011 | 2012 | 2013 | 2014 | 2015 | 2016 |
|---|---|---|---|---|---|---|---|---|---|
| **世　　界** | **67250** | **108700** | **155110** | **185030** | **187050** | **190180** | **191010** | **167430** | **162250** |
| 中　　国 | 2251 | 6600 | 13963 | 17435 | 18184 | 19500 | 19592 | 16796 | 15874 |
| 中国香港 | 2140 | 3002 | 4414 | 5109 | 5535 | 6214 | 6006 | 5593 | 5473 |
| 中国澳门 | 26 | 45 | 56 | 79 | 90 | 101 | 113 | 106 | 89 |
| 孟加拉国 | 89 | 139 | 278 | 362 | 342 | 371 | 423 | 395 | 415 |
| 文　　莱 | 11 | 15 | 25 | 36 | 36 | 36 | 36 | 32 | 31 |
| 柬 埔 寨 | 19 | 39 | 68 | 93 | 114 | 107 | 119 | 126 | 126 |
| 印　　度 | 515 | 1429 | 3502 | 4645 | 4897 | 4654 | 4629 | 3929 | 3591 |
| 印度尼西亚 | 436 | 757 | 1357 | 1774 | 1917 | 1866 | 1782 | 1427 | 1357 |
| 伊　　朗 | 139 | 400 | 654 | 618 | 571 | 492 | 510 | 418 | 400 |
| 以 色 列 | 377 | 471 | 612 | 758 | 754 | 749 | 755 | 650 | 688 |
| 日　　本 | 3795 | 5159 | 6941 | 8554 | 8858 | 8332 | 8122 | 6480 | 6069 |
| 哈萨克斯坦 | 50 | 174 | 311 | 369 | 464 | 488 | 413 | 306 | 252 |
| 韩　　国 | 1605 | 2612 | 4252 | 5244 | 5196 | 5156 | 5255 | 4365 | 4062 |
| 老　　挝 | 5 | 9 | 21 | 24 | 31 | 31 | 43 | 52 | 47 |
| 马来西亚 | 820 | 1143 | 1646 | 1875 | 1964 | 2059 | 2089 | 1760 | 1684 |
| 蒙　　古 | 6 | 12 | 33 | 66 | 67 | 64 | 52 | 38 | 34 |
| 缅　　甸 | 24 | 19 | 48 | 90 | 92 | 120 | 162 | 169 | 166 |
| 巴基斯坦 | 109 | 254 | 378 | 440 | 441 | 447 | 474 | 438 | 472 |
| 菲 律 宾 | 370 | 495 | 585 | 637 | 654 | 657 | 677 | 702 | 863 |
| 新 加 坡 | 1346 | 2001 | 3108 | 3658 | 3797 | 3730 | 3663 | 2968 | 2829 |
| 斯里兰卡 | 63 | 88 | 135 | 203 | 192 | 180 | 194 | 189 | 192 |
| 泰　　国 | 619 | 1182 | 1829 | 2288 | 2491 | 2504 | 2278 | 2027 | 1947 |
| 越　　南 | 156 | 368 | 848 | 1068 | 1138 | 1320 | 1479 | 1661 | 1742 |
| 埃　　及 | 146 | 225 | 529 | 589 | 692 | 662 | 668 | 636 | 558 |
| 尼日利亚 | 87 | 208 | 442 | 560 | 510 | 560 | 600 | 480 | 390 |
| 南　　非 | 297 | 623 | 968 | 1244 | 1272 | 1263 | 1220 | 1047 | 916 |
| 加 拿 大 | 2448 | 3224 | 4027 | 4636 | 4763 | 4758 | 4800 | 4363 | 4166 |
| 墨 西 哥 | 1795 | 2282 | 3102 | 3611 | 3805 | 3910 | 4116 | 4053 | 3975 |
| 美　　国 | 12593 | 17327 | 19692 | 22660 | 23365 | 23291 | 24126 | 23153 | 22514 |
| 阿 根 廷 | 252 | 287 | 568 | 743 | 680 | 744 | 652 | 598 | 556 |
| 巴　　西 | 586 | 776 | 1915 | 2370 | 2334 | 2506 | 2392 | 1788 | 1435 |
| 捷　　克 | 320 | 765 | 1267 | 1521 | 1414 | 1443 | 1544 | 1414 | 1422 |
| 法　　国 | 3389 | 5041 | 6111 | 7200 | 6744 | 6815 | 6766 | 5734 | 5730 |
| 德　　国 | 4972 | 7771 | 10548 | 12549 | 11549 | 11812 | 12070 | 10514 | 10549 |
| 意 大 利 | 2388 | 3848 | 4871 | 5588 | 4886 | 4795 | 4742 | 4111 | 4045 |
| 荷　　兰 | 2183 | 3638 | 5164 | 5944 | 5869 | 5897 | 5894 | 5132 | 5034 |
| 波　　兰 | 490 | 1016 | 1781 | 2106 | 1991 | 2076 | 2237 | 1966 | 1973 |
| 俄 罗 斯 | 449 | 1254 | 2486 | 3238 | 3355 | 3413 | 3079 | 1930 | 1914 |
| 西 班 牙 | 1561 | 2888 | 3270 | 3766 | 3373 | 3406 | 3589 | 3120 | 3093 |
| 土 耳 其 | 545 | 1168 | 1855 | 2408 | 2366 | 2517 | 2422 | 2072 | 1986 |
| 乌 克 兰 | 140 | 361 | 609 | 826 | 846 | 768 | 543 | 363 | 392 |
| 英　　国 | 3481 | 5193 | 5911 | 6769 | 6952 | 6600 | 6905 | 6264 | 6358 |
| 澳大利亚 | 715 | 1253 | 2016 | 2437 | 2609 | 2421 | 2369 | 2087 | 1962 |
| 新 西 兰 | 139 | 262 | 306 | 371 | 383 | 396 | 425 | 366 | 361 |

资料来源：世界贸易组织数据库。

# 附录1-8 货物出口总额

单位：亿美元

| 国家和地区 | 2000 | 2005 | 2010 | 2011 | 2012 | 2013 | 2014 | 2015 | 2016 |
|---|---|---|---|---|---|---|---|---|---|
| **世 界** | **64580** | **105090** | **153010** | **183380** | **184960** | **189520** | **190050** | **164890** | **159550** |
| 中 国 | 2492 | 7620 | 15778 | 18984 | 20487 | 22090 | 23423 | 22735 | 20982 |
| 中国香港 | 2027 | 2921 | 4007 | 4556 | 4929 | 5352 | 5241 | 5105 | 5167 |
| 中国澳门 | 25 | 25 | 9 | 9 | 10 | 11 | 12 | 13 | 13 |
| 孟加拉国 | 64 | 93 | 192 | 244 | 251 | 291 | 304 | 324 | 350 |
| 文 莱 | 39 | 63 | 89 | 125 | 130 | 115 | 105 | 64 | 50 |
| 柬埔寨 | 14 | 31 | 51 | 67 | 78 | 67 | 69 | 85 | 100 |
| 印 度 | 424 | 996 | 2264 | 3029 | 2968 | 3149 | 3227 | 2674 | 2640 |
| 印度尼西亚 | 654 | 870 | 1578 | 2035 | 1900 | 1826 | 1763 | 1504 | 1445 |
| 伊 朗 | 287 | 563 | 1013 | 1320 | 1040 | 825 | 888 | 631 | 660 |
| 以色列 | 314 | 428 | 584 | 678 | 631 | 666 | 685 | 637 | 602 |
| 日 本 | 4793 | 5949 | 7698 | 8232 | 7986 | 7151 | 6902 | 6248 | 6449 |
| 哈萨克斯坦 | 88 | 279 | 600 | 843 | 865 | 847 | 795 | 460 | 368 |
| 韩 国 | 1723 | 2844 | 4664 | 5552 | 5479 | 5596 | 5727 | 5268 | 4954 |
| 老 挝 | 3 | 6 | 18 | 22 | 23 | 23 | 27 | 28 | 30 |
| 马来西亚 | 982 | 1416 | 1986 | 2281 | 2275 | 2283 | 2339 | 1992 | 1894 |
| 蒙 古 | 5 | 11 | 29 | 48 | 44 | 43 | 58 | 47 | 49 |
| 缅 甸 | 16 | 38 | 87 | 92 | 89 | 112 | 115 | 114 | 110 |
| 巴基斯坦 | 90 | 161 | 214 | 254 | 246 | 251 | 247 | 221 | 204 |
| 菲律宾 | 381 | 413 | 515 | 483 | 521 | 567 | 621 | 588 | 563 |
| 新加坡 | 1378 | 2297 | 3519 | 4095 | 4084 | 4103 | 4093 | 3466 | 3298 |
| 斯里兰卡 | 54 | 64 | 86 | 102 | 94 | 102 | 113 | 105 | 103 |
| 泰 国 | 690 | 1109 | 1933 | 2226 | 2291 | 2285 | 2275 | 2144 | 2153 |
| 越 南 | 145 | 324 | 722 | 969 | 1145 | 1320 | 1502 | 1621 | 1768 |
| 埃 及 | 53 | 129 | 264 | 305 | 294 | 290 | 269 | 214 | 255 |
| 尼日利亚 | 210 | 505 | 840 | 1160 | 1147 | 1024 | 942 | 514 | 328 |
| 南 非 | 300 | 516 | 914 | 1088 | 996 | 962 | 922 | 814 | 751 |
| 加拿大 | 2766 | 3605 | 3875 | 4513 | 4556 | 4583 | 4763 | 4100 | 3901 |
| 墨西哥 | 1664 | 2142 | 2983 | 3496 | 3708 | 3800 | 3969 | 3806 | 3739 |
| 美 国 | 7819 | 9011 | 12785 | 14825 | 15457 | 15796 | 16205 | 15026 | 14546 |
| 阿根廷 | 263 | 404 | 682 | 841 | 800 | 760 | 684 | 568 | 577 |
| 巴 西 | 551 | 1185 | 2019 | 2560 | 2426 | 2420 | 2251 | 1911 | 1853 |
| 捷 克 | 291 | 781 | 1330 | 1629 | 1570 | 1623 | 1751 | 1580 | 1628 |
| 法 国 | 3276 | 4634 | 5238 | 5965 | 5687 | 5810 | 5805 | 5058 | 5013 |
| 德 国 | 5518 | 9709 | 12589 | 14740 | 14011 | 14451 | 14946 | 13268 | 13397 |
| 意大利 | 2405 | 3731 | 4473 | 5233 | 5013 | 5183 | 5299 | 4574 | 4615 |
| 荷 兰 | 2331 | 4064 | 5743 | 6671 | 6554 | 6716 | 6727 | 5697 | 5697 |
| 波 兰 | 318 | 894 | 1597 | 1887 | 1854 | 2050 | 2202 | 1992 | 2025 |
| 俄罗斯 | 1050 | 2438 | 4006 | 5220 | 5293 | 5218 | 4968 | 3415 | 2818 |
| 西班牙 | 1153 | 1926 | 2544 | 3066 | 2953 | 3178 | 3245 | 2825 | 2874 |
| 土耳其 | 278 | 735 | 1139 | 1349 | 1525 | 1518 | 1576 | 1438 | 1426 |
| 乌克兰 | 146 | 342 | 515 | 685 | 685 | 643 | 542 | 379 | 364 |
| 英 国 | 2854 | 3909 | 4160 | 5066 | 4728 | 5406 | 5052 | 4602 | 4094 |
| 澳大利亚 | 639 | 1061 | 2126 | 2717 | 2567 | 2530 | 2412 | 1877 | 1903 |
| 新西兰 | 133 | 217 | 314 | 377 | 373 | 394 | 416 | 344 | 337 |

资料来源：世界贸易组织数据库。

# 附录1-9 服务贸易进口总额

单位：亿美元

| 国家和地区 | 2000 | 2005 | 2010 | 2011 | 2012 | 2013 | 2014 | 2015 | 2016 |
|---|---|---|---|---|---|---|---|---|---|
| **世 界** | **14638** | **25284** | **36993** | **41577** | **43219** | **45866** | **49392** | **46424** | **46941** |
| 中 国 | 359 | 833 | 1923 | 2468 | 2803 | 3294 | 4308 | 4333 | 4498 |
| 中国香港 | 246 | 561 | 702 | 741 | 765 | 750 | 738 | 739 | 743 |
| 中国澳门 | 8 | 15 | 24 | 30 | 37 | 35 | 37 | 35 | 38 |
| 孟加拉国 | 15 | 21 | 41 | 50 | 52 | 62 | 74 | 74 | 82 |
| 文 莱 | 8 | 9 | 11 | 15 | 22 | 24 | 17 | 12 | 16 |
| 柬 埔 寨 | 3 | 6 | 9 | 13 | 15 | 17 | 19 | 19 | 19 |
| 印 度 | 189 | 602 | 1142 | 1244 | 1292 | 1258 | 1274 | 1227 | 1330 |
| 印度尼西亚 | 154 | 220 | 260 | 312 | 336 | 344 | 331 | 308 | 306 |
| 伊 朗 | 22 | 104 | 182 | 173 | 149 | 153 | 157 | 137 | 139 |
| 以 色 列 | 118 | 136 | 185 | 200 | 205 | 206 | 222 | 221 | 235 |
| 日 本 | 1139 | 1374 | 1629 | 1738 | 1828 | 1690 | 1905 | 1767 | 1827 |
| 哈萨克斯坦 | 18 | 74 | 112 | 108 | 126 | 123 | 128 | 113 | 108 |
| 韩 国 | 332 | 591 | 965 | 1020 | 1078 | 1092 | 1147 | 1113 | 1090 |
| 老 挝 |  |  | 3 | 3 | 3 | 5 | 5 | 6 |  |
| 马来西亚 | 166 | 218 | 324 | 381 | 431 | 450 | 451 | 398 | 391 |
| 蒙 古 | 2 | 4 | 8 | 14 | 21 | 20 | 19 | 14 | 19 |
| 缅 甸 | 3 | 5 | 8 | 11 | 14 | 22 | 23 | 24 |  |
| 巴基斯坦 | 21 | 73 | 66 | 74 | 76 | 72 | 80 | 77 | 74 |
| 菲 律 宾 | 52 | 64 | 117 | 120 | 140 | 161 | 206 | 234 | 239 |
| 新 加 坡 | 300 | 560 | 1010 | 1181 | 1307 | 1468 | 1592 | 1543 | 1554 |
| 斯里兰卡 | 16 | 28 | 43 | 58 | 44 | 52 | 56 | 59 | 61 |
| 泰 国 | 153 | 267 | 411 | 459 | 455 | 471 | 449 | 422 | 419 |
| 越 南 | 33 | 44 | 98 | 117 | 109 | 136 | 148 | 163 | 183 |
| 埃 及 | 72 | 95 | 130 | 131 | 156 | 148 | 168 | 167 | 161 |
| 尼日利亚 | 31 | 64 | 199 | 225 | 224 | 201 | 231 | 187 | 119 |
| 南 非 | 57 | 119 | 192 | 204 | 184 | 176 | 166 | 151 | 145 |
| 加 拿 大 | 436 | 645 | 972 | 1060 | 1106 | 1118 | 1093 | 982 | 965 |
| 墨 西 哥 | 162 | 223 | 225 | 261 | 262 | 284 | 303 | 295 | 295 |
| 美 国 | 2050 | 2770 | 3774 | 4045 | 4242 | 4357 | 4570 | 4671 | 4820 |
| 阿 根 廷 | 90 | 72 | 143 | 171 | 176 | 179 | 164 | 175 | 194 |
| 巴 西 | 156 | 215 | 578 | 710 | 758 | 811 | 859 | 689 | 615 |
| 捷 克 | 53 | 107 | 177 | 202 | 202 | 203 | 223 | 196 | 197 |
| 法 国 | 597 | 1334 | 1809 | 2020 | 2022 | 2276 | 2519 | 2317 | 2357 |
| 德 国 | 1367 | 2081 | 2621 | 2945 | 2935 | 3276 | 3370 | 2976 | 3106 |
| 意 大 利 | 544 | 932 | 1110 | 1165 | 1064 | 1090 | 1132 | 984 | 1020 |
| 荷 兰 | 518 | 836 | 1357 | 1500 | 1426 | 1512 | 1727 | 1679 | 1692 |
| 波 兰 | 89 | 155 | 309 | 337 | 332 | 343 | 366 | 329 | 337 |
| 俄 罗 斯 | 162 | 395 | 732 | 894 | 1067 | 1257 | 1189 | 871 | 729 |
| 西 班 牙 | 329 | 610 | 678 | 709 | 640 | 626 | 693 | 648 | 706 |
| 土 耳 其 | 85 | 108 | 185 | 196 | 194 | 230 | 231 | 208 | 204 |
| 乌 克 兰 | 26 | 70 | 122 | 128 | 140 | 155 | 117 | 97 | 101 |
| 英 国 | 965 | 1690 | 1776 | 1882 | 1901 | 2019 | 2080 | 2064 | 1946 |
| 澳大利亚 | 186 | 305 | 508 | 617 | 657 | 670 | 624 | 564 | 555 |
| 新 西 兰 | 44 | 83 | 101 | 120 | 123 | 125 | 130 | 116 | 118 |

资料来源：世界贸易组织数据库。

# 附录1-10　服务贸易出口总额

单位：亿美元

| 国家和地区 | 2000 | 2005 | 2010 | 2011 | 2012 | 2013 | 2014 | 2015 | 2016 |
|---|---|---|---|---|---|---|---|---|---|
| **世　　界** | **14910** | **25972** | **38471** | **43280** | **44513** | **47431** | **50781** | **47897** | **48077** |
| 中　　国 | 301 | 780 | 1774 | 2003 | 2006 | 2058 | 2181 | 2165 | 2073 |
| 中国香港 | 404 | 473 | 805 | 912 | 984 | 1047 | 1068 | 1043 | 983 |
| 中国澳门 | 33 | 78 | 237 | 322 | 378 | 452 | 452 | 333 | 324 |
| 孟加拉国 | 3 | 7 | 12 | 14 | 14 | 15 | 16 | 17 | 19 |
| 文　　莱 | 2 | 6 | 5 | 5 | 5 | 5 | 6 | 6 | 5 |
| 柬 埔 寨 | 4 | 11 | 19 | 26 | 31 | 34 | 37 | 38 | 39 |
| 印　　度 | 160 | 519 | 1166 | 1379 | 1450 | 1487 | 1566 | 1557 | 1613 |
| 印度尼西亚 | 51 | 126 | 163 | 213 | 231 | 223 | 229 | 216 | 235 |
| 伊　　朗 | 14 | 49 | 87 | 82 | 83 | 88 | 93 | 97 | 99 |
| 以 色 列 | 156 | 168 | 254 | 294 | 329 | 345 | 354 | 353 | 389 |
| 日　　本 | 683 | 997 | 1318 | 1379 | 1338 | 1327 | 1593 | 1583 | 1687 |
| 哈萨克斯坦 | 9 | 20 | 39 | 41 | 46 | 51 | 64 | 61 | 60 |
| 韩　　国 | 308 | 493 | 822 | 897 | 1023 | 1025 | 1110 | 967 | 918 |
| 老　　挝 | 1 | 2 | 5 | 5 | 6 | 8 | 7 | 8 | |
| 马来西亚 | 138 | 196 | 346 | 388 | 405 | 420 | 420 | 346 | 338 |
| 蒙　　古 | 1 | 4 | 5 | 5 | 6 | 7 | 6 | 7 | 8 |
| 缅　　甸 | 5 | 3 | 3 | 7 | 12 | 27 | 31 | 38 | |
| 巴基斯坦 | 13 | 20 | 29 | 35 | 32 | 33 | 36 | 33 | 36 |
| 菲 律 宾 | 34 | 86 | 178 | 189 | 204 | 233 | 255 | 290 | 313 |
| 新 加 坡 | 284 | 462 | 1006 | 1190 | 1271 | 1394 | 1531 | 1483 | 1494 |
| 斯里兰卡 | 9 | 15 | 25 | 31 | 38 | 47 | 56 | 64 | 71 |
| 泰　　国 | 138 | 198 | 341 | 413 | 494 | 584 | 552 | 614 | 661 |
| 越　　南 | 27 | 42 | 74 | 86 | 95 | 106 | 109 | 111 | 122 |
| 埃　　及 | 97 | 144 | 236 | 190 | 213 | 179 | 203 | 181 | 140 |
| 尼日利亚 | 18 | 14 | 26 | 23 | 21 | 19 | 15 | 27 | 32 |
| 南　　非 | 49 | 116 | 157 | 170 | 172 | 164 | 165 | 147 | 140 |
| 加 拿 大 | 393 | 589 | 753 | 837 | 878 | 890 | 871 | 788 | 797 |
| 墨 西 哥 | 133 | 157 | 152 | 156 | 161 | 202 | 211 | 229 | 241 |
| 美　　国 | 2824 | 3574 | 5435 | 6056 | 6336 | 6786 | 7229 | 7306 | 7326 |
| 阿 根 廷 | 48 | 63 | 132 | 151 | 148 | 144 | 135 | 137 | 125 |
| 巴　　西 | 90 | 143 | 293 | 353 | 374 | 364 | 390 | 330 | 326 |
| 捷　　克 | 67 | 131 | 219 | 249 | 242 | 240 | 251 | 227 | 237 |
| 法　　国 | 800 | 1524 | 2011 | 2350 | 2337 | 2530 | 2735 | 2408 | 2356 |
| 德　　国 | 796 | 1530 | 2200 | 2452 | 2474 | 2661 | 2861 | 2596 | 2678 |
| 意 大 利 | 559 | 908 | 998 | 1091 | 1071 | 1110 | 1131 | 974 | 1006 |
| 荷　　兰 | 514 | 901 | 1598 | 1735 | 1664 | 1771 | 1948 | 1760 | 1774 |
| 波　　兰 | 104 | 181 | 354 | 409 | 410 | 446 | 487 | 451 | 490 |
| 俄 罗 斯 | 96 | 286 | 486 | 573 | 615 | 691 | 648 | 509 | 497 |
| 西 班 牙 | 522 | 916 | 1124 | 1297 | 1217 | 1260 | 1324 | 1178 | 1266 |
| 土 耳 其 | 202 | 275 | 360 | 408 | 428 | 474 | 510 | 461 | 370 |
| 乌 克 兰 | 38 | 100 | 177 | 206 | 214 | 219 | 146 | 122 | 121 |
| 英　　国 | 1184 | 2313 | 2657 | 2990 | 3082 | 3318 | 3575 | 3405 | 3237 |
| 澳大利亚 | 194 | 300 | 458 | 517 | 530 | 526 | 533 | 489 | 532 |
| 新 西 兰 | 43 | 100 | 114 | 131 | 130 | 133 | 142 | 142 | 147 |

资料来源：世界贸易组织数据库。

# 附录1-11 外汇储备和黄金储备

| 国家和地区 | 外汇储备（亿美元） | | | | 黄金储备（万盎司） | | | |
|---|---|---|---|---|---|---|---|---|
| | 2000 | 2010 | 2015 | 2016 | 2000 | 2010 | 2014 | 2015 |
| 中　　国 | 1655.7 | 28473.4 | 33303.6 | 30105.2 | 1270.0 | 3389.0 | 3389.0 | 5666.0 |
| 中国香港 | 1075.4 | 2686.5 | 3586.6 | 3861:5 | 6.7 | 6.7 | 7.0 | 7.0 |
| 中国澳门 | 33.2 | 237.3 | 188.9 | 194.9 | | | | |
| 孟加拉国 | 14.9 | 99.0 | 258.0 | 303.0 | 10.9 | 43.4 | 44.0 | 44.0 |
| 文　　莱 | 3.6 | 12.1 | 28.9 | 29.8 | | | 15.0 | 15.0 |
| 柬 埔 寨 | 5.0 | 31.5 | 67.6 | 82.5 | 40.0 | 40.0 | 40.0 | 40.0 |
| 印　　度 | 372.6 | 2678.1 | 3278.4 | 3365.8 | 1150.2 | 1793.2 | 1793.0 | 1793.0 |
| 印度尼西亚 | 282.8 | 899.7 | 1006.3 | 1109.3 | 310.1 | 235.0 | 251.0 | 251.0 |
| 以 色 列 | 231.6 | 692.7 | 889.4 | 942.8 | | | | |
| 日　　本 | 3472.1 | 10362.6 | 11795.0 | 11582.8 | 2454.7 | 2460.2 | 2460.0 | 2460.0 |
| 哈萨克斯坦 | 15.9 | 246.9 | 197.9 | 191.8 | 184.0 | 216.4 | 617.0 | 713.0 |
| 韩　　国 | 958.6 | 2869.3 | 3585.1 | 3617.0 | 43.9 | 46.4 | 336.0 | 336.0 |
| 老　　挝 | 1.4 | 6.3 | 9.7 | | 1.7 | 28.5 | 28.0 | |
| 马来西亚 | 274.3 | 1023.3 | 914.3 | 911.9 | 117.0 | 117.0 | 115.0 | 123.0 |
| 蒙　　古 | 1.8 | 21.2 | 11.9 | 11.8 | 8.5 | 6.5 | 9.0 | 7.0 |
| 缅　　甸 | 2.2 | 57.1 | 38.0 | | 23.1 | 23.4 | | |
| 巴基斯坦 | 15.0 | 131.2 | 171.6 | 190.2 | 209.1 | 207.0 | 207.0 | 207.0 |
| 菲 律 宾 | 129.8 | 539.9 | 723.5 | 718.5 | 722.9 | 495.4 | 628.0 | 630.0 |
| 新 加 坡 | 795.1 | 2236.8 | 2457.2 | 2443.7 | 409.6 | 409.6 | 410.0 | 410.0 |
| 斯里兰卡 | 9.8 | 66.3 | 64.7 | 51.2 | 33.7 | 34.6 | 74.0 | 72.0 |
| 泰　　国 | 319.3 | 1656.6 | 1492.9 | 1641.5 | 236.7 | 320.0 | 490.0 | 490.0 |
| 越　　南 | 34.2 | 120.5 | 278.8 | 361.7 | | | | |
| 埃　　及 | 129.1 | 323.5 | 121.2 | 197.4 | 243.2 | 243.1 | 243.0 | 243.0 |
| 尼日利亚 | 99.1 | 323.4 | 282.9 | 269.9 | 68.7 | 68.7 | 69.0 | 69.0 |
| 南　　非 | 57.9 | 354.2 | 389.2 | 399.2 | 590.0 | 401.6 | 403.0 | 403.0 |
| 加 拿 大 | 290.2 | 448.9 | 690.8 | 729.5 | 118.4 | 10.9 | 10.0 | 5.0 |
| 墨 西 哥 | 351.4 | 1148.8 | 1683.7 | 1687.5 | 24.9 | 22.7 | 395.0 | 390.0 |
| 美　　国 | 312.4 | 520.8 | 392.4 | 390.2 | 26161.1 | 26149.9 | 26150.0 | 26150.0 |
| 阿 根 廷 | 244.1 | 466.2 | 205.7 | 335.6 | 1.9 | 176.0 | 198.0 | 198.0 |
| 巴　　西 | 324.3 | 2805.7 | 3488.6 | 3568.0 | 211.8 | 108.1 | 216.0 | 216.0 |
| 委内瑞拉 | 126.3 | 91.9 | 50.8 | | 1024.0 | 1176.0 | 1161.0 | 877.0 |
| 捷　　克 | 130.2 | 403.4 | 626.3 | 842.9 | 44.6 | 40.8 | 34.0 | 32.0 |
| 法　　国 | 321.1 | 362.1 | 363.7 | 391.9 | 9724.5 | 7830.1 | 7830.0 | 7831.0 |
| 德　　国 | 496.7 | 373.6 | 363.9 | 368.9 | 11151.9 | 10934.4 | 10881.0 | 10870.0 |
| 意 大 利 | 224.2 | 356.8 | 344.4 | 340.8 | 7882.9 | 7882.9 | 7883.0 | 7883.0 |
| 荷　　兰 | 70.0 | 89.0 | 88.4 | 58.8 | 2931.5 | 1969.1 | 1969.0 | 1969.0 |
| 波　　兰 | 263.2 | 863.2 | 894.2 | 1095.0 | 330.6 | 330.9 | 331.0 | 331.0 |
| 俄 罗 斯 | 242.6 | 4329.5 | 3093.9 | 3080.3 | 1235.9 | 2535.5 | 3884.0 | 4548.0 |
| 西 班 牙 | 295.2 | 133.1 | 387.1 | 469.5 | 1682.9 | 905.4 | 905.0 | 905.0 |
| 土 耳 其 | 223.1 | 790.5 | 914.3 | 906.0 | 373.9 | 373.3 | 1701.0 | 1657.0 |
| 乌 克 兰 | 11.0 | 333.2 | 123.6 | 118.9 | 45.4 | 88.5 | 76.0 | 88.0 |
| 英　　国 | 341.6 | 493.4 | 1015.9 | 1065.4 | 1567.4 | 997.5 | 997.0 | 998.0 |
| 澳大利亚 | 167.8 | 327.9 | 409.7 | 476.4 | 256.3 | 256.7 | 257.0 | 257.0 |
| 新 西 兰 | 36.2 | 151.3 | 131.0 | 165.2 | | | | |

资料来源：国际货币基金组织IFS数据库。

# 附录1-12 外商直接投资

单位：亿美元

| 国家和地区 | 外商直接投资 | | | | 对外直接投资 | | | |
|---|---|---|---|---|---|---|---|---|
| | 2000 | 2010 | 2014 | 2015 | 2000 | 2010 | 2014 | 2015 |
| **世 界** | **13588.2** | **13888.2** | **12770.0** | **17621.6** | **11661.5** | **13661.5** | **13543.4** | **15943.2** |
| 中 国 | 407.2 | 1147.3 | 1285.0 | 1356.1 | 9.2 | 688.1 | 1231.2 | 1275.6 |
| 中国香港 | 545.8 | 723.2 | 1140.6 | 1748.9 | 540.8 | 880.3 | 1251.1 | 551.4 |
| 中国澳门 | | 28.3 | 32.9 | 39.1 | | -4.4 | 6.8 | 9.4 |
| 孟加拉国 | 5.8 | 9.1 | 15.5 | 22.4 | | 0.2 | 0.4 | 0.5 |
| 文 莱 | 5.5 | 4.8 | 5.7 | 1.7 | 0.2 | | 3.8 | 5.1 |
| 柬 埔 寨 | 1.5 | 13.4 | 17.2 | 17.0 | 0.1 | 0.2 | 0.4 | 0.5 |
| 印 度 | 35.9 | 274.2 | 345.8 | 442.1 | 5.1 | 159.5 | 117.8 | 75.0 |
| 印度尼西亚 | | 137.7 | 218.7 | 155.1 | | 26.6 | 70.8 | 62.5 |
| 伊 朗 | 1.9 | 36.5 | 21.1 | 20.5 | 0.1 | 1.7 | 0.9 | 1.4 |
| 以 色 列 | 69.6 | 63.4 | 67.4 | 115.7 | 33.4 | 86.6 | 36.7 | 97.4 |
| 日 本 | 83.2 | -12.5 | 20.9 | -22.5 | 315.6 | 562.6 | 1136.0 | 1286.5 |
| 哈萨克斯坦 | 12.8 | 115.5 | 84.1 | 40.2 | | 78.9 | 36.4 | 6.2 |
| 韩 国 | 115.1 | 95.0 | 92.7 | 50.4 | 48.4 | 282.8 | 280.4 | 276.4 |
| 老 挝 | 0.3 | 2.8 | 7.2 | 12.2 | | | | |
| 马来西亚 | 37.9 | 90.6 | 108.8 | 111.2 | 20.3 | 134.0 | 163.7 | 99.0 |
| 蒙 古 | 0.5 | 16.9 | 3.8 | 2.0 | | 0.6 | 1.1 | 0.1 |
| 缅 甸 | 0.9 | 66.7 | 9.5 | 28.2 | | | | |
| 巴基斯坦 | 3.1 | 20.2 | 18.7 | 8.7 | 0.1 | 0.5 | 1.2 | 0.2 |
| 菲 律 宾 | 22.4 | 13.0 | 68.1 | 52.3 | 1.3 | 6.2 | 67.5 | 56.0 |
| 新 加 坡 | 155.2 | 550.8 | 685.0 | 652.6 | 68.5 | 354.1 | 391.3 | 354.9 |
| 斯里兰卡 | 1.8 | 4.8 | 8.9 | 6.8 | | 0.4 | 0.7 | 0.5 |
| 泰 国 | 34.1 | 145.7 | 35.4 | 108.5 | -0.2 | 81.6 | 44.1 | 77.8 |
| 越 南 | 12.9 | 80.0 | 92.0 | 118.0 | | 9.0 | 11.5 | 11.0 |
| 埃 及 | 12.4 | 63.9 | 46.1 | 68.9 | 0.5 | 11.8 | 2.5 | 1.8 |
| 尼日利亚 | 13.1 | 61.0 | 46.9 | 30.6 | 1.7 | 9.2 | 16.1 | 14.4 |
| 南 非 | 8.9 | 36.4 | 57.7 | 17.7 | 2.7 | -0.8 | 76.7 | 53.5 |
| 加 拿 大 | 668.0 | 284.0 | 585.1 | 486.4 | 446.8 | 347.2 | 556.9 | 671.8 |
| 墨 西 哥 | 183.2 | 264.3 | 256.8 | 302.9 | 3.6 | 150.5 | 83.0 | 80.7 |
| 美 国 | 3140.1 | 1980.5 | 1066.1 | 3798.9 | 1426.3 | 2777.8 | 3165.5 | 2999.7 |
| 阿 根 廷 | 104.2 | 113.3 | 50.7 | 116.6 | 9.0 | 9.7 | 19.2 | 11.4 |
| 巴 西 | 327.8 | 837.5 | 730.9 | 646.5 | 22.8 | 220.6 | 22.3 | 30.7 |
| 委内瑞拉 | 47.0 | 18.5 | | | 5.2 | 17.8 | | |
| 捷 克 | 49.9 | 61.4 | 54.9 | 12.2 | 0.4 | 11.7 | 16.2 | 23.1 |
| 法 国 | 275.0 | 138.9 | 151.9 | 428.8 | 1619.5 | 481.6 | 428.7 | 350.7 |
| 德 国 | 1982.8 | 656.4 | 8.8 | 317.2 | 565.6 | 1254.5 | 1062.5 | 943.1 |
| 意 大 利 | 133.8 | 91.8 | 232.2 | 202.8 | 66.9 | 326.9 | 265.4 | 276.1 |
| 荷 兰 | 638.6 | -71.8 | 522.0 | 726.5 | 756.3 | 683.6 | 559.7 | 1134.3 |
| 波 兰 | 94.5 | 128.0 | 125.3 | 74.9 | 0.2 | 61.5 | 19.7 | 29.0 |
| 俄 罗 斯 | 26.5 | 316.7 | 291.5 | 98.3 | 31.5 | 411.2 | 642.0 | 265.6 |
| 西 班 牙 | 395.8 | 398.7 | 228.9 | 92.4 | 582.1 | 378.4 | 353.0 | 345.9 |
| 土 耳 其 | 9.8 | 90.9 | 121.3 | 165.1 | 8.7 | 14.7 | 66.6 | 47.8 |
| 乌 克 兰 | 6.0 | 65.0 | 4.1 | 29.6 | | 7.4 | 1.1 | -0.5 |
| 英 国 | 1153.0 | 582.0 | 524.5 | 395.3 | 2327.4 | 480.9 | -818.1 | -614.4 |
| 澳大利亚 | 141.9 | 364.4 | 396.2 | 222.6 | 28.6 | 198.0 | | -167.4 |
| 新 西 兰 | 13.5 | -0.6 | 25.0 | -9.9 | 6.1 | 7.2 | 0.7 | 2.1 |

资料来源：联合国贸发会议FDI数据库。

# 附录1-13 货币汇率(年平均价)

单位：1美元合本币数

| 国家和地区 | 2000 | 2005 | 2011 | 2012 | 2013 | 2014 | 2015 | 2016 |
|---|---|---|---|---|---|---|---|---|
| 中　　国 | 8.28 | 8.19 | 6.46 | 6.31 | 6.20 | 6.14 | 6.23 | 6.64 |
| 中国香港 | 7.79 | 7.78 | 7.78 | 7.76 | 7.76 | 7.75 | 7.75 | 7.76 |
| 中国澳门 | 8.03 | 8.01 | 8.02 | 7.99 | 7.99 | 7.99 | 7.99 | 8.00 |
| 孟加拉国 | 52.14 | 64.33 | 74.15 | 81.86 | 78.10 | 77.64 | 77.95 | 78.47 |
| 文　　莱 | 1.72 | 1.66 | 1.26 | 1.25 | 1.25 | 1.27 | 1.38 | 1.38 |
| 柬 埔 寨 | 3840.75 | 4092.50 | 4058.50 | 4033.00 | 4027.25 | 4037.50 | 4067.75 | 4058.70 |
| 印　　度 | 44.94 | 44.10 | 46.67 | 53.44 | 58.60 | 61.03 | 64.15 | 67.19 |
| 印度尼西亚 | 8421.78 | 9704.74 | 8770.43 | 9386.63 | 10461.24 | 11865.21 | 13389.41 | 13308.33 |
| 伊　　朗 | 1764.87 | 8963.96 | 10616.31 | 12175.55 | 18414.45 | 25941.66 | 29011.49 | 30914.85 |
| 以 色 列 | 4.08 | 4.49 | 3.58 | 3.86 | 3.61 | 3.58 | 3.89 | 3.84 |
| 日　　本 | 107.77 | 110.22 | 79.81 | 79.79 | 97.60 | 105.95 | 121.04 | 108.79 |
| 哈萨克斯坦 | 142.13 | 132.88 | 146.62 | 149.11 | 152.13 | 179.19 | 221.73 | 342.16 |
| 韩　　国 | 1130.96 | 1024.12 | 1108.29 | 1126.47 | 1094.85 | 1052.96 | 1131.16 | 1160.27 |
| 老　　挝 | 7887.64 | 10655.17 | 8030.06 | 8007.76 | 7860.14 | 8048.96 | 8147.91 | 8129.06 |
| 马来西亚 | 3.80 | 3.79 | 3.06 | 3.09 | 3.15 | 3.27 | 3.91 | 4.15 |
| 蒙　　古 | 1076.67 | 1205.25 | 1265.52 | 1357.58 | 1523.93 | 1817.94 | 1970.31 | 2140.29 |
| 缅　　甸 | 6.52 | 5.82 | 5.44 | 640.65 | 933.57 | 984.35 | 1162.62 | 1234.87 |
| 巴基斯坦 | 53.65 | 59.51 | 86.34 | 93.40 | 101.63 | 101.10 | 102.77 | 104.77 |
| 菲 律 宾 | 44.19 | 55.09 | 43.31 | 42.23 | 42.45 | 44.40 | 45.50 | 47.49 |
| 新 加 坡 | 1.72 | 1.66 | 1.26 | 1.25 | 1.25 | 1.27 | 1.38 | 1.38 |
| 斯里兰卡 | 77.01 | 100.50 | 110.57 | 127.60 | 129.07 | 130.57 | 135.86 | 145.58 |
| 泰　　国 | 40.11 | 40.22 | 30.49 | 31.08 | 30.73 | 32.48 | 34.25 | 35.30 |
| 越　　南 | 14167.75 | 15858.92 | 20509.75 | 20828.00 | 20933.42 | 21148.00 | 21697.57 | 21935.00 |
| 埃　　及 | 3.47 | 5.78 | 5.93 | 6.06 | 6.87 | 7.08 | 7.69 | 10.03 |
| 尼日利亚 | 101.70 | 131.27 | 153.86 | 157.50 | 157.31 | 158.55 | 192.44 | 253.49 |
| 南　　非 | 6.94 | 6.36 | 7.26 | 8.21 | 9.65 | 10.85 | 12.76 | 14.71 |
| 加 拿 大 | 1.49 | 1.21 | 0.99 | 1.00 | 1.03 | 1.11 | 1.28 | 1.33 |
| 墨 西 哥 | 9.46 | 10.90 | 12.42 | 13.17 | 12.77 | 13.29 | 15.85 | 18.66 |
| 美　　国 | 1.00 | 1.00 | 1.00 | 1.00 | 1.00 | 1.00 | 1.00 | 1.00 |
| 阿 根 廷 | 1.00 | 2.90 | 4.11 | 4.54 | 5.46 | 8.07 | 9.23 | 14.76 |
| 巴　　西 | 1.83 | 2.43 | 1.67 | 1.95 | 2.16 | 2.35 | 3.33 | 3.49 |
| 委内瑞拉 | 0.68 | 2.09 | 4.29 | 4.29 | 6.05 | 6.28 | 6.28 | 9.26 |
| 捷　　克 | 38.60 | 23.96 | 17.70 | 19.58 | 19.57 | 20.76 | 24.60 | 24.44 |
| 法　　国 | 1.09 | 0.80 | 0.72 | 0.78 | 0.75 | 0.75 | 0.90 | 0.90 |
| 德　　国 | 1.09 | 0.80 | 0.72 | 0.78 | 0.75 | 0.75 | 0.90 | 0.90 |
| 意 大 利 | 1.09 | 0.80 | 0.72 | 0.78 | 0.75 | 0.75 | 0.90 | 0.90 |
| 荷　　兰 | 1.09 | 0.80 | 0.72 | 0.78 | 0.75 | 0.75 | 0.90 | 0.90 |
| 波　　兰 | 4.35 | 3.24 | 2.96 | 3.26 | 3.16 | 3.16 | 3.77 | 3.94 |
| 俄 罗 斯 | 28.13 | 28.28 | 29.38 | 30.84 | 31.84 | 38.38 | 60.94 | 67.06 |
| 西 班 牙 | 1.09 | 0.80 | 0.72 | 0.78 | 0.75 | 0.75 | 0.90 | 0.90 |
| 土 耳 其 | 0.63 | 1.34 | 1.68 | 1.80 | 1.90 | 2.19 | 2.72 | 3.02 |
| 乌 克 兰 | 5.44 | 5.13 | 7.97 | 7.99 | 7.99 | 11.89 | 21.85 | 25.55 |
| 英　　国 | 0.66 | 0.55 | 0.62 | 0.63 | 0.64 | 0.61 | 0.66 | 0.74 |
| 澳大利亚 | 1.73 | 1.31 | 0.97 | 0.97 | 1.04 | 1.11 | 1.33 | 1.35 |
| 新 西 兰 | 2.20 | 1.42 | 1.27 | 1.23 | 1.22 | 1.21 | 1.43 | 1.44 |

资料来源：世界银行WDI数据库。

# 附录1-14　铁路货运和客运周转量

| 国家和地区 | 铁路货运周转量(亿吨公里) | | | 铁路客运周转量(亿人公里) | | |
|---|---|---|---|---|---|---|
| | 2000 | 2013 | 2014 | 2000 | 2013 | 2014 |
| 中　　国 | 13336.06 | 24734.77 | 23086.69 | 4414.68 | 7940.62 | 8070.65 |
| 孟加拉国 | 7.77 | 7.10 | 7.10 | 39.41 | 73.05 | 73.05 |
| 柬 埔 寨 | 0.92 | | | 0.45 | | |
| 印　　度 | 3052.01 | 6496.45 | 6658.10 | 4306.66 | 10465.22 | 11404.12 |
| 印度尼西亚 | | 71.66 | 71.66 | | 202.83 | 202.83 |
| 伊　　朗 | 141.79 | 224.00 | 244.61 | 71.19 | 174.09 | 162.72 |
| 以 色 列 | 11.73 | 10.99 | 10.99 | 7.81 | 19.27 | 24.86 |
| 日　　本 | 223.13 | 202.55 | 202.55 | 2407.93 | 2600.14 | 2558.81 |
| 哈萨克斯坦 | 1249.83 | 2312.48 | 2165.24 | 102.15 | 191.25 | 183.17 |
| 韩　　国 | 108.03 | 104.59 | 95.64 | 280.97 | 226.26 | 230.71 |
| 马来西亚 | 9.07 | 30.71 | 30.71 | 13.12 | 32.93 | 32.93 |
| 蒙　　古 | 42.93 | 120.77 | 124.74 | 10.70 | 13.94 | 11.95 |
| 巴基斯坦 | 37.54 | 17.57 | 10.90 | 184.95 | 206.19 | 197.79 |
| 泰　　国 | 33.84 | 24.55 | 24.55 | 99.35 | 75.04 | 75.04 |
| 越　　南 | 19.02 | 37.33 | 42.52 | 32.00 | 45.48 | 42.53 |
| 埃　　及 | 39.80 | 15.92 | 15.92 | 349.60 | 408.37 | 408.37 |
| 尼日利亚 | 1.05 | | | 3.63 | | |
| 南　　非 | 1066.05 | 1133.42 | 1346.00 | 118.90 | | 146.89 |
| 加 拿 大 | | 3525.35 | 3525.35 | | 13.39 | 13.00 |
| 墨 西 哥 | | 691.85 | 787.70 | 0.82 | 4.49 | 4.79 |
| 美　　国 | 21421.45 | 25413.54 | 27027.36 | | 109.60 | 107.41 |
| 阿 根 廷 | | 121.11 | 121.11 | | 85.88 | 85.88 |
| 巴　　西 | 1538.63 | 2677.00 | 2677.00 | | 151.91 | 159.01 |
| 捷　　克 | 172.20 | 105.88 | 98.71 | 72.66 | 69.24 | 69.52 |
| 法　　国 | 554.48 | 240.32 | 245.98 | 698.60 | 847.85 | 839.14 |
| 德　　国 | 806.34 | 752.47 | 748.18 | 743.88 | 799.06 | 793.39 |
| 意 大 利 | 228.34 | 105.58 | 103.43 | 448.49 | 377.52 | 386.12 |
| 荷　　兰 | 38.19 | | | 147.60 | 170.18 | 172.26 |
| 波　　兰 | 555.62 | 332.56 | 320.17 | 242.26 | 129.41 | 118.65 |
| 俄 罗 斯 | 13732.00 | 21726.85 | 22985.64 | 1671.00 | 1385.17 | 2234.20 |
| 西 班 牙 | 120.42 | 73.93 | 76.03 | 197.84 | 233.53 | 245.58 |
| 土 耳 其 | 97.61 | 102.44 | 111.45 | 58.32 | 37.75 | 43.93 |
| 乌 克 兰 | 1728.40 | 2244.34 | 2112.33 | 517.67 | 488.76 | 370.65 |
| 英　　国 | 180.90 | | | 382.00 | 595.36 | 622.97 |
| 澳大利亚 | 340.50 | 596.49 | 596.49 | 12.65 | | |

资料来源：世界银行WDI数据库。

# 附录1-15 空运货物周转量和客运量

| 国家和地区 | 空运货物周转量（万吨公里） | | | 航空客运量（万人） | | |
|---|---|---|---|---|---|---|
| | 2000 | 2014 | 2015 | 2000 | 2014 | 2015 |
| **世　界** | **11825721** | **18483111** | **18761558** | **167406** | **322729** | **346385** |
| **高收入国家** | **10104836** | **14189961** | **14279545** | **136035** | **197306** | **209098** |
| **中等收入国家** | **1679902** | **4183321** | **4350843** | **30932** | **124002** | **135854** |
| **低收入国家** | **40984** | **109829** | **131170** | **439** | **1421** | **1433** |
| 中　国 | 390008 | 1782258 | 1980563 | 6189 | 39088 | 43618 |
| 中国香港 | 511151 | 1082612 | 1129427 | 1438 | 3793 | 4187 |
| 中国澳门 | 2190 | 2387 | 2544 | 153 | 208 | 228 |
| 孟加拉国 | 19387 | 20774 | 5701 | 133 | 305 | 400 |
| 文　莱 | 14023 | 11539 | 11515 | 86 | 106 | 115 |
| 柬埔寨 | | 175 | 230 | | 107 | 110 |
| 印　度 | 54765 | 185133 | 183385 | 1730 | 8272 | 9893 |
| 印度尼西亚 | 40854 | 90212 | 75871 | 992 | 8522 | 9010 |
| 伊　朗 | 7372 | 9644 | 9672 | 872 | 1683 | 1511 |
| 以色列 | 88570 | 65124 | 75863 | 444 | 589 | 606 |
| 日　本 | 867205 | 866176 | 866176 | 10912 | 11055 | 11413 |
| 哈萨克斯坦 | 1175 | 4461 | 3767 | 46 | 492 | 508 |
| 韩　国 | 765134 | 1112473 | 1129380 | 3433 | 5829 | 6548 |
| 老　挝 | 167 | 137 | 136 | 21 | 131 | 118 |
| 马来西亚 | 186384 | 219330 | 200598 | 1656 | 4967 | 5035 |
| 蒙　古 | 844 | 1321 | 785 | 25 | 68 | 54 |
| 缅　甸 | 77 | 390 | 339 | 44 | 193 | 210 |
| 巴基斯坦 | 34031 | 20462 | 18318 | 529 | 767 | 847 |
| 菲律宾 | 28995 | 57748 | 60451 | 576 | 3490 | 3702 |
| 新加坡 | 600489 | 605174 | 615437 | 1670 | 3364 | 3359 |
| 斯里兰卡 | 25571 | 38471 | 38163 | 176 | 476 | 491 |
| 泰　国 | 171288 | 252465 | 213673 | 1739 | 4655 | 5544 |
| 越　南 | 11733 | 45022 | 38447 | 288 | 2383 | 2994 |
| 埃　及 | 27806 | 41869 | 37766 | 452 | 1028 | 1113 |
| 尼日利亚 | 882 | 1220 | 2480 | 51 | 446 | 461 |
| 南　非 | 68757 | 104274 | 89273 | 800 | 1703 | 1851 |
| 加拿大 | 189611 | 208432 | 207483 | 4177 | 7553 | 8023 |
| 墨西哥 | 30986 | 61753 | 71400 | 2089 | 3957 | 4697 |
| 美　国 | 3017198 | 3822520 | 3721924 | 66533 | 76271 | 79822 |
| 阿根廷 | 29665 | 26161 | 24377 | 892 | 1212 | 1425 |
| 巴　西 | 172790 | 159677 | 149394 | 3129 | 10040 | 10204 |
| 委内瑞拉 | 3310 | 407 | 413 | 430 | 789 | 709 |
| 捷　克 | 3222 | 3082 | 2662 | 223 | 501 | 497 |
| 法　国 | 522434 | 415129 | 409831 | 5258 | 6343 | 6504 |
| 德　国 | 712771 | 718415 | 698641 | 5796 | 11235 | 11811 |
| 意大利 | 174841 | 98918 | 95979 | 3042 | 2719 | 2808 |
| 荷　兰 | 436734 | 572618 | 529280 | 2090 | 3396 | 3487 |
| 波　兰 | 7783 | 12085 | 11479 | 234 | 504 | 445 |
| 俄罗斯 | 104141 | 441356 | 476105 | 1769 | 7219 | 7685 |
| 西班牙 | 87950 | 96264 | 103549 | 3971 | 5307 | 6056 |
| 土耳其 | 38504 | 263033 | 288216 | 1219 | 8457 | 9660 |
| 乌克兰 | 1220 | 2209 | 3774 | 95 | 450 | 464 |
| 英　国 | 516087 | 597483 | 546674 | 7044 | 12490 | 13151 |
| 澳大利亚 | 173074 | 192577 | 190705 | 3258 | 6812 | 6978 |
| 新西兰 | 81714 | 99931 | 115667 | 1078 | 1362 | 1433 |

资料来源：世界银行WDI数据库。

# 附录1-16　电话主线和移动电话普及率

| 国家和地区 | 电话主线(条/千人) | | | 移动电话(部/千人) | | |
|---|---|---|---|---|---|---|
| | 2000 | 2014 | 2015 | 2000 | 2014 | 2015 |
| **世　　界** | **159.5** | **151.2** | **144.4** | **120.8** | **968.5** | **983.3** |
| **高收入国家** | **548.3** | **427.5** | **418.4** | **493.3** | **1219.2** | **1239.1** |
| **中等收入国家** | **83.5** | **107.5** | **101.1** | **45.3** | **961.8** | **972.0** |
| **低收入国家** | **5.8** | **8.9** | **8.5** | **3.3** | **546.8** | **600.4** |
| 中　　国 | 113.1 | 179.0 | 164.8 | 66.6 | 922.7 | 921.8 |
| 中国香港 | 574.4 | 608.6 | 592.3 | 796.9 | 2336.2 | 2286.8 |
| 中国澳门 | 409.4 | 266.9 | 250.1 | 326.6 | 3225.9 | 3244.4 |
| 孟加拉国 | 3.7 | 6.2 | 5.4 | 2.1 | 800.4 | 819.0 |
| 文　　莱 | 242.6 | 114.0 | 89.6 | 286.3 | 1068.2 | 1081.3 |
| 柬 埔 寨 | 2.5 | 23.4 | 16.4 | 10.7 | 1327.3 | 1330.0 |
| 印　　度 | 31.1 | 21.3 | 19.9 | 3.4 | 744.8 | 780.6 |
| 印度尼西亚 | 31.9 | 103.7 | 87.5 | 17.6 | 1287.8 | 1323.5 |
| 伊　　朗 | 143.9 | 374.4 | 382.7 | 14.6 | 877.9 | 933.9 |
| 以 色 列 | 494.5 | 438.1 | 430.8 | 731.7 | 1214.5 | 1334.7 |
| 日　　本 | 492.8 | 500.5 | 502.3 | 531.2 | 1221.6 | 1265.4 |
| 哈萨克斯坦 | 125.8 | 262.1 | 247.3 | 13.5 | 1721.9 | 1568.8 |
| 韩　　国 | 562.5 | 595.4 | 580.6 | 583.3 | 1157.1 | 1184.6 |
| 老　　挝 | 7.6 | 133.6 | 137.1 | 2.4 | 669.9 | 531.0 |
| 马来西亚 | 197.6 | 146.1 | 146.5 | 218.7 | 1488.3 | 1438.9 |
| 蒙　　古 | 49.0 | 79.2 | 87.5 | 64.5 | 1050.6 | 1049.6 |
| 缅　　甸 | 5.6 | 9.8 | 9.5 | 0.3 | 540.4 | 756.8 |
| 巴基斯坦 | 21.2 | 26.5 | 18.8 | 2.1 | 733.3 | 669.2 |
| 菲 律 宾 | 39.4 | 30.9 | 31.7 | 83.1 | 1112.2 | 1157.5 |
| 新 加 坡 | 496.7 | 361.9 | 358.8 | 701.2 | 1468.9 | 1465.3 |
| 斯里兰卡 | 40.7 | 126.4 | 152.1 | 22.8 | 1031.6 | 1105.9 |
| 泰　　国 | 89.7 | 84.6 | 78.8 | 49.0 | 1444.4 | 1527.3 |
| 越　　南 | 31.4 | 60.1 | 63.2 | 9.8 | 1471.1 | 1306.4 |
| 埃　　及 | 82.9 | 75.7 | 73.6 | 20.6 | 1143.1 | 1109.9 |
| 尼日利亚 | 4.5 | 1.0 | 1.0 | 0.2 | 778.4 | 821.9 |
| 南　　非 | 110.6 | 68.7 | 77.2 | 186.0 | 1491.9 | 1645.1 |
| 加 拿 大 | 678.9 | 461.8 | 435.2 | 284.3 | 810.4 | 829.8 |
| 墨 西 哥 | 118.7 | 154.7 | 158.8 | 135.5 | 846.5 | 859.9 |
| 美　　国 | 676.5 | 398.3 | 384.0 | 384.7 | 1102.0 | 1175.9 |
| 阿 根 廷 | 213.9 | 235.0 | 239.0 | 175.8 | 1464.8 | 1467.0 |
| 巴　　西 | 177.2 | 218.4 | 214.5 | 132.9 | 1389.5 | 1265.9 |
| 委内瑞拉 | 103.9 | 253.1 | 248.6 | 223.2 | 989.5 | 929.7 |
| 捷　　克 | 377.7 | 186.4 | 175.6 | 424.0 | 1295.4 | 1231.6 |
| 法　　国 | 574.0 | 600.3 | 599.1 | 490.6 | 1012.1 | 1026.1 |
| 德　　国 | 601.4 | 568.9 | 549.3 | 577.2 | 1204.2 | 1167.1 |
| 意 大 利 | 476.5 | 337.0 | 330.5 | 741.3 | 1542.9 | 1421.2 |
| 荷　　兰 | 623.5 | 413.4 | 412.7 | 678.1 | 1164.2 | 1235.4 |
| 波　　兰 | 285.4 | 254.6 | 236.9 | 175.9 | 1488.9 | 1426.9 |
| 俄 罗 斯 | 218.5 | 268.2 | 250.2 | 22.2 | 1551.4 | 1599.5 |
| 西 班 牙 | 424.6 | 411.7 | 415.3 | 602.4 | 1079.5 | 1082.0 |
| 土 耳 其 | 291.2 | 165.2 | 149.9 | 255.4 | 947.9 | 960.2 |
| 乌 克 兰 | 212.3 | 246.4 | 216.2 | 16.7 | 1440.8 | 1440.2 |
| 英　　国 | 597.6 | 523.5 | 520.2 | 737.1 | 1235.8 | 1241.3 |
| 澳大利亚 | 521.8 | 388.9 | 379.6 | 444.6 | 1312.3 | 1328.0 |
| 新 西 兰 | 474.6 | 406.5 | 402.5 | 399.7 | 1120.6 | 1218.4 |

资料来源：世界银行WDI数据库。

# 附录1-17 互联网服务商

单位：个/百万人

| 国家和地区 | 2005 | 2010 | 2011 | 2012 | 2013 | 2014 | 2015 | 2016 |
|---|---|---|---|---|---|---|---|---|
| **世　　界** | **64.6** | **154.2** | **183.0** | **180.5** | **159.3** | **188.7** | **208.4** | **215.1** |
| **高收入国家** | **352.5** | **885.6** | **1050.7** | **1040.1** | **919.5** | **1090.6** | **1198.0** | **1212.3** |
| **中等收入国家** | **2.2** | **8.0** | **10.7** | **11.7** | **11.5** | **16.0** | **20.4** | **26.4** |
| **低收入国家** | **0.1** | **0.5** | **0.7** | **0.9** | **0.9** | **1.2** | **1.5** | **1.7** |
| 中　　国 | 0.3 | 1.9 | 2.4 | 3.1 | 3.9 | 7.0 | 10.1 | 20.5 |
| 中国香港 | 162.3 | 456.3 | 570.5 | 636.7 | 623.6 | 790.6 | 904.5 | 961.4 |
| 中国澳门 | 53.9 | 212.3 | 242.1 |  | 305.6 | 332.9 | 456.0 | 473.7 |
| 孟加拉国 |  | 0.3 | 0.6 | 0.7 | 0.8 | 0.9 | 1.3 | 1.7 |
| 文　　莱 | 13.7 | 66.9 | 116.7 | 115.1 | 120.8 | 153.0 | 206.0 | 233.9 |
| 柬 埔 寨 | 0.1 | 1.7 | 2.5 | 3.0 | 2.1 | 3.0 | 5.2 | 6.9 |
| 印　　度 | 0.6 | 2.1 | 2.8 | 3.5 | 3.8 | 5.5 | 6.8 | 7.8 |
| 印度尼西亚 | 0.5 | 2.0 | 3.3 | 3.9 | 4.1 | 6.2 | 7.9 | 10.1 |
| 伊　　朗 | 0.3 | 0.7 | 1.0 | 1.3 | 1.3 | 2.1 | 5.5 | 14.2 |
| 以 色 列 | 162.8 | 396.7 | 470.1 | 396.3 | 270.4 | 254.3 | 288.8 | 293.2 |
| 日　　本 | 257.7 | 646.7 | 743.8 | 749.6 | 736.1 | 910.7 | 969.6 | 1070.7 |
| 哈萨克斯坦 | 0.9 | 5.2 | 6.3 | 7.4 | 9.4 | 14.5 | 17.6 | 31.0 |
| 韩　　国 | 20.0 | 1124.8 | 2488.3 | 2740.8 | 1986.6 | 2164.5 | 2301.5 | 2200.8 |
| 老　　挝 | 0.3 | 0.8 | 1.3 | 0.9 | 1.1 | 2.1 | 2.6 | 3.4 |
| 马来西亚 | 14.7 | 41.9 | 54.9 | 65.8 | 66.9 | 87.6 | 102.5 | 106.5 |
| 蒙　　古 | 3.2 | 10.7 | 13.8 | 19.2 | 22.0 | 28.4 | 29.9 | 31.1 |
| 缅　　甸 |  | 0.1 | 0.1 | 0.1 | 0.1 | 0.5 | 0.7 | 1.7 |
| 巴基斯坦 | 0.3 | 1.0 | 1.1 | 1.3 | 1.3 | 1.8 | 2.4 | 2.8 |
| 菲 律 宾 | 2.4 | 6.6 | 7.5 | 8.6 | 8.1 | 10.8 | 13.5 | 14.8 |
| 新 加 坡 | 275.4 | 529.7 | 607.3 | 635.3 | 609.4 | 822.3 | 932.1 | 890.3 |
| 斯里兰卡 | 1.8 | 4.6 | 6.2 | 7.6 | 8.9 | 11.4 | 13.8 | 16.9 |
| 泰　　国 | 4.8 | 13.6 | 17.0 | 19.3 | 17.8 | 23.1 | 30.1 | 33.4 |
| 越　　南 | 0.1 | 3.1 | 4.7 | 6.7 | 8.2 | 11.9 | 14.8 | 18.9 |
| 埃　　及 | 0.5 | 2.2 | 2.9 | 3.4 | 3.2 | 4.7 | 5.3 | 5.2 |
| 尼日利亚 | 0.2 | 1.2 | 1.7 | 1.8 | 1.7 | 2.3 | 2.6 | 2.8 |
| 南　　非 | 20.2 | 61.4 | 72.2 | 81.6 | 85.8 | 115.2 | 129.8 | 124.5 |
| 加 拿 大 | 569.1 | 1242.7 | 1374.2 | 1238.1 | 1035.3 | 1209.9 | 1308.9 | 1253.5 |
| 墨 西 哥 | 8.0 | 19.9 | 25.9 | 28.1 | 26.4 | 34.4 | 39.5 | 40.9 |
| 美　　国 | 785.2 | 1444.9 | 1562.8 | 1473.7 | 1305.7 | 1549.6 | 1652.6 | 1623.4 |
| 阿 根 廷 | 10.7 | 25.6 | 32.9 | 40.8 | 41.8 | 52.7 | 63.3 | 61.6 |
| 巴　　西 | 14.1 | 40.4 | 53.6 | 53.8 | 56.9 | 69.3 | 77.8 | 79.2 |
| 委内瑞拉 | 4.6 | 7.4 | 8.0 | 10.7 | 11.1 | 12.2 | 12.7 | 12.7 |
| 捷　　克 | 41.6 | 319.7 | 389.0 | 518.8 | 563.9 | 690.6 | 867.2 | 1346.3 |
| 法　　国 | 76.1 | 296.4 | 354.6 | 409.2 | 486.3 | 682.2 | 811.6 | 849.4 |
| 德　　国 | 274.2 | 872.0 | 1041.9 | 1110.8 | 1070.6 | 1418.4 | 1756.8 | 1644.0 |
| 意 大 利 | 44.7 | 157.6 | 195.3 | 212.9 | 201.9 | 251.4 | 288.9 | 333.4 |
| 荷　　兰 | 327.1 | 2276.7 | 2750.3 | 2805.9 | 2382.1 | 2633.4 | 2827.6 | 2905.7 |
| 波　　兰 | 22.0 | 211.6 | 270.8 | 303.4 | 313.0 | 429.5 | 547.3 | 763.7 |
| 俄 罗 斯 | 2.4 | 20.2 | 26.9 | 39.0 | 51.1 | 84.4 | 126.4 | 214.5 |
| 西 班 牙 | 81.2 | 230.9 | 281.6 | 290.9 | 269.2 | 316.2 | 362.2 | 419.6 |
| 土 耳 其 | 18.1 | 99.6 | 143.0 | 115.9 | 49.9 | 56.5 | 67.4 | 80.1 |
| 乌 克 兰 | 1.3 | 13.2 | 17.7 | 23.5 | 26.5 | 45.6 | 65.5 | 90.6 |
| 英　　国 | 464.7 | 1384.1 | 1577.0 | 1467.3 | 1192.9 | 1289.2 | 1382.8 | 1407.6 |
| 澳大利亚 | 498.1 | 1784.6 | 2027.8 | 1721.1 | 1253.0 | 1350.3 | 1460.4 | 1435.8 |
| 新 西 兰 | 489.9 | 1495.4 | 1605.2 | 1474.3 | 1108.0 | 1211.2 | 1298.6 | 1187.0 |

资料来源：世界银行WDI数据库。

# 附录1-18　互联网网民占总人口比重

单位：%

| 国家和地区 | 2000 | 2005 | 2010 | 2011 | 2012 | 2013 | 2014 | 2015 |
|---|---|---|---|---|---|---|---|---|
| **世　　界** | **6.8** | **15.8** | **29.2** | **31.7** | **35.0** | **37.4** | **40.6** | **43.9** |
| **高收入国家** | **30.7** | **58.8** | **72.3** | **72.8** | **75.5** | **76.8** | **78.9** | **80.5** |
| **中等收入国家** | **1.6** | **7.5** | **22.3** | **25.7** | **29.3** | **32.1** | **35.9** | **39.8** |
| **低收入国家** | **0.1** | **0.9** | **3.3** | **3.7** | **4.7** | **6.1** | **7.5** | **9.5** |
| 中　　国 | 1.8 | 8.5 | 34.3 | 38.3 | 42.3 | 45.8 | 47.9 | 50.3 |
| 中国香港 | 27.8 | 56.9 | 72.0 | 72.2 | 72.9 | 74.2 | 79.9 | 85.0 |
| 中国澳门 | 13.6 | 34.9 | 55.2 | 60.2 | 61.3 | 65.8 | 69.8 | 77.6 |
| 孟加拉国 | 0.1 | 0.2 | 3.7 | 4.5 | 5.0 | 6.6 | 13.9 | 14.4 |
| 文　　莱 | 9.0 | 36.5 | 53.0 | 56.0 | 60.3 | 64.5 | 68.8 | 71.2 |
| 柬 埔 寨 | 0.1 | 0.3 | 1.3 | 3.1 | 4.9 | 6.8 | 14.0 | 19.0 |
| 印　　度 | 0.5 | 2.4 | 7.5 | 10.1 | 12.6 | 15.1 | 21.0 | 26.0 |
| 印度尼西亚 | 0.9 | 3.6 | 10.9 | 12.3 | 14.5 | 14.9 | 17.1 | 22.0 |
| 伊　　朗 | 0.9 | 8.1 | 15.9 | 19.0 | 22.7 | 30.0 | 39.4 | 45.3 |
| 以 色 列 | 20.9 | 25.2 | 67.5 | 68.9 | 70.8 | 70.3 | 75.0 | 77.4 |
| 日　　本 | 30.0 | 66.9 | 78.2 | 79.1 | 79.5 | 88.2 | 89.1 | 91.1 |
| 哈萨克斯坦 | 0.7 | 3.0 | 31.6 | 50.6 | 53.3 | 63.0 | 66.0 | 70.8 |
| 韩　　国 | 44.7 | 73.5 | 83.7 | 83.8 | 84.1 | 84.8 | 87.6 | 89.7 |
| 老　　挝 | 0.1 | 0.9 | 7.0 | 9.0 | 10.8 | 12.5 | 14.3 | 18.2 |
| 马来西亚 | 21.4 | 48.6 | 56.3 | 61.0 | 65.8 | 57.1 | 63.7 | 71.1 |
| 蒙　　古 | 1.3 |  | 10.2 | 12.5 | 16.4 | 17.7 | 19.9 | 21.4 |
| 缅　　甸 |  | 0.1 | 0.3 | 1.0 | 1.4 | 1.8 | 11.5 | 21.8 |
| 巴基斯坦 |  | 6.3 | 8.0 | 9.0 | 10.0 | 10.9 | 13.8 | 18.0 |
| 菲 律 宾 | 2.0 | 5.4 | 25.0 | 29.0 | 36.2 | 37.0 | 39.7 | 40.7 |
| 新 加 坡 | 36.0 | 61.0 | 71.0 | 71.0 | 72.0 | 80.9 | 79.0 | 82.1 |
| 斯里兰卡 | 0.7 | 1.8 | 12.0 | 15.0 | 18.3 | 21.9 | 25.8 | 30.0 |
| 泰　　国 | 3.7 | 15.0 | 22.4 | 23.7 | 26.5 | 28.9 | 34.9 | 39.3 |
| 越　　南 | 0.3 | 12.7 | 30.7 | 35.1 | 39.5 | 43.9 | 48.3 | 52.7 |
| 埃　　及 | 0.6 | 12.8 | 21.6 | 25.6 | 26.4 | 29.4 | 33.9 | 37.8 |
| 尼日利亚 | 0.1 | 3.6 | 24.0 | 28.4 | 32.8 | 38.0 | 42.7 | 47.4 |
| 南　　非 | 5.4 | 7.5 | 24.0 | 34.0 | 41.0 | 46.5 | 49.0 | 51.9 |
| 加 拿 大 | 51.3 | 71.7 | 80.3 | 83.0 | 83.0 | 85.8 | 87.1 | 88.5 |
| 墨 西 哥 | 5.1 | 17.2 | 31.1 | 37.2 | 39.8 | 43.5 | 44.4 | 57.4 |
| 美　　国 | 43.1 | 68.0 | 71.7 | 69.7 | 74.7 | 71.4 | 73.0 | 74.5 |
| 阿 根 廷 | 7.0 | 17.7 | 45.0 | 51.0 | 55.8 | 59.9 | 64.7 | 69.4 |
| 巴　　西 | 2.9 | 21.0 | 40.7 | 45.7 | 48.6 | 51.0 | 54.6 | 59.1 |
| 委内瑞拉 | 3.4 | 12.6 | 37.4 | 40.2 | 49.1 | 54.9 | 57.0 | 61.9 |
| 捷　　克 | 9.8 | 35.3 | 68.8 | 70.5 | 73.4 | 74.1 | 79.7 | 81.3 |
| 法　　国 | 14.3 | 42.9 | 77.3 | 77.8 | 81.4 | 81.9 | 83.8 | 84.7 |
| 德　　国 | 30.2 | 68.7 | 82.0 | 81.3 | 82.4 | 84.2 | 86.2 | 87.6 |
| 意 大 利 | 23.1 | 35.0 | 53.7 | 54.4 | 55.8 | 58.5 | 62.0 | 65.6 |
| 荷　　兰 | 44.0 | 81.0 | 90.7 | 91.4 | 92.9 | 94.0 | 93.2 | 93.1 |
| 波　　兰 | 7.3 | 38.8 | 62.3 | 62.0 | 62.3 | 62.9 | 66.6 | 68.0 |
| 俄 罗 斯 | 2.0 | 15.2 | 43.0 | 49.0 | 63.8 | 68.0 | 70.5 | 70.1 |
| 西 班 牙 | 13.6 | 47.9 | 65.8 | 67.1 | 69.8 | 71.6 | 76.2 | 78.7 |
| 土 耳 其 | 3.8 | 15.5 | 39.8 | 43.1 | 45.1 | 46.3 | 51.0 | 53.8 |
| 乌 克 兰 | 0.7 | 3.8 | 23.3 | 28.7 | 35.3 | 41.0 | 46.2 | 48.9 |
| 英　　国 | 26.8 | 70.0 | 85.0 | 85.4 | 87.5 | 89.8 | 91.6 | 92.0 |
| 澳大利亚 | 46.8 | 63.0 | 76.0 | 79.5 | 79.0 | 83.5 | 84.0 | 84.6 |
| 新 西 兰 | 47.4 | 62.7 | 80.5 | 81.2 | 81.6 | 82.8 | 85.5 | 88.2 |

资料来源：世界银行WDI数据库。

# 附录1-19 国际旅游收支

单位：亿美元

| 国家和地区 | 国际旅游支出 | | | 国际旅游收入 | | |
|---|---|---|---|---|---|---|
| | 2000 | 2014 | 2015 | 2000 | 2014 | 2015 |
| **世　界** | **5364.93** | **14114.95** | **13712.14** | **5727.78** | **15000.30** | **14369.84** |
| **高收入国家** | **4531.28** | **8912.36** | **8204.69** | **4592.39** | **10427.66** | **9807.22** |
| **中等收入国家** | **805.16** | **5153.18** | **5464.47** | **1108.77** | **4461.75** | **4448.85** |
| **低收入国家** | **20.22** | **69.35** | **71.01** | **28.83** | **133.69** | |
| 中　国 | 141.69 | 2346.62 | 2922.00 | 173.18 | 1053.80 | 1141.09 |
| 中国香港 | 125.02 | 220.11 | 230.59 | 81.98 | 460.79 | 426.01 |
| 孟加拉国 | 4.71 | 7.82 | 8.25 | 0.50 | 1.54 | 1.48 |
| 柬埔寨 | 0.52 | 5.27 | 6.21 | 3.45 | 32.20 | 34.11 |
| 印　度 | 36.86 | 174.92 | 176.86 | 35.98 | 207.56 | 214.72 |
| 印度尼西亚 | 31.97 | 102.63 | 98.00 | 49.75 | 115.67 | 120.54 |
| 伊　朗 | 6.71 | 89.89 | | 6.77 | 36.76 | |
| 以色列 | 37.33 | 55.83 | 62.44 | 46.11 | 63.48 | 60.61 |
| 日　本 | 426.43 | 286.09 | 231.65 | 59.70 | 207.90 | 272.85 |
| 哈萨克斯坦 | 4.83 | 21.63 | 21.55 | 4.03 | 17.01 | 17.34 |
| 韩　国 | 79.45 | 261.36 | 275.59 | 85.27 | 227.04 | 191.26 |
| 老　挝 | 0.08 | 4.16 | 5.28 | 1.14 | 6.42 | 6.80 |
| 马来西亚 | 25.43 | 124.42 | 105.89 | 58.73 | 226.00 | 176.14 |
| 蒙　古 | 0.54 | 5.29 | 4.73 | 0.43 | 2.57 | 2.79 |
| 缅　甸 | 0.30 | 1.19 | 1.44 | 1.95 | 16.87 | 22.66 |
| 巴基斯坦 | 5.74 | 22.09 | 23.33 | 5.51 | 9.71 | 9.06 |
| 菲律宾 | 18.41 | 111.30 | 121.91 | 23.34 | 60.59 | 64.18 |
| 新加坡 | 45.35 | 243.60 | 220.56 | 51.42 | 191.34 | 167.43 |
| 斯里兰卡 | 3.83 | 19.22 | 21.52 | 3.88 | 32.78 | 39.78 |
| 泰　国 | 32.18 | 88.24 | 95.39 | 99.35 | 420.47 | 485.27 |
| 越　南 | | 26.50 | 35.00 | | 74.10 | 73.50 |
| 埃　及 | 12.06 | 34.86 | 36.36 | 46.57 | 79.79 | 68.97 |
| 尼日利亚 | 6.10 | 90.68 | 92.00 | 1.86 | 6.01 | 4.70 |
| 南　非 | 26.84 | 63.14 | 57.35 | 33.38 | 104.84 | 91.40 |
| 加拿大 | 151.25 | 410.84 | 295.14 | 130.35 | 205.09 | 162.03 |
| 墨西哥 | 63.65 | 125.56 | 126.68 | 91.33 | 166.06 | 187.29 |
| 美　国 | 914.73 | 1404.19 | 1483.66 | 1209.12 | 2353.96 | 2462.29 |
| 阿根廷 | 54.60 | 72.16 | 82.86 | 31.95 | 52.35 | 50.11 |
| 巴　西 | 45.48 | 299.98 | 203.56 | 19.69 | 74.05 | 62.54 |
| 委内瑞拉 | 16.47 | 40.14 | 32.72 | 4.69 | 7.07 | 6.54 |
| 捷　克 | 12.76 | 51.73 | 49.13 | 29.73 | 76.14 | 67.58 |
| 法　国 | 267.03 | 593.77 | 468.35 | 385.34 | 668.03 | 540.03 |
| 德　国 | 576.01 | 1066.63 | 888.43 | 249.43 | 559.39 | 473.93 |
| 意大利 | 181.69 | 288.57 | 244.17 | 287.06 | 455.47 | 394.20 |
| 荷　兰 | 136.49 | 224.17 | 211.10 | 112.85 | 186.32 | 193.20 |
| 波　兰 | 34.17 | 95.40 | 85.23 | 61.28 | 129.24 | 113.54 |
| 俄罗斯 | 88.48 | 553.83 | 384.36 | 34.29 | 194.51 | 132.49 |
| 西班牙 | 77.10 | 179.69 | 173.47 | 326.56 | 651.00 | 564.26 |
| 土耳其 | 17.13 | 54.75 | 56.86 | 76.36 | 387.66 | 354.13 |
| 乌克兰 | 5.61 | 54.70 | 47.50 | 5.63 | 22.64 | 16.56 |
| 英　国 | 470.09 | 774.29 | 796.02 | 299.78 | 589.35 | 607.44 |
| 澳大利亚 | 87.80 | 319.59 | 283.00 | 130.16 | 341.15 | 312.83 |
| 新西兰 | 12.35 | 41.08 | 37.21 | 22.72 | 84.02 | 91.40 |

资料来源：世界银行WDI数据库。

# 附录1-20　国际旅游人数

单位：万人

| 国家和地区 | 国外游客到达人数 | | | 出国旅游人数 | | |
|---|---|---|---|---|---|---|
| | 2000 | 2014 | 2015 | 2000 | 2014 | 2015 |
| **世　　界** | **67731.1** | **115050.5** | **120005.8** | **82219.4** | **130223.4** | **136045.3** |
| **高收入国家** | **47175.1** | **69599.5** | **73074.2** | **55080.2** | **69112.8** | **72899.5** |
| **中等收入国家** | **19346.7** | **43103.4** | **44528.1** | **14762.5** | **42894.4** | **43932.4** |
| **低收入国家** | **644.8** | **1498.6** | **1493.6** | | | |
| 中　　国 | 3122.9 | 5562.2 | 5688.6 | 1047.3 | 10727.6 | 11688.6 |
| 中国香港 | 881.4 | 2777.0 | 2668.6 | 5890.1 | 8451.9 | 8908.2 |
| 中国澳门 | 519.7 | 1456.6 | 1430.8 | 14.4 | 153.7 | 146.6 |
| 孟加拉国 | 19.9 | 12.5 | | 112.8 | | |
| 文　　莱 | 98.4 | 20.1 | 21.8 | | | |
| 柬 埔 寨 | 46.6 | 450.3 | 477.5 | 4.1 | 95.6 | 119.4 |
| 印　　度 | 264.9 | 1310.7 | 1328.4 | 441.6 | 1833.0 | 2037.6 |
| 印度尼西亚 | 506.4 | 943.5 | 1040.7 | 220.5 | 807.4 | 817.6 |
| 伊　　朗 | 134.2 | 496.7 | 523.7 | 228.6 | 769.8 | 662.0 |
| 以 色 列 | 241.7 | 292.7 | 279.9 | 353.0 | 518.1 | 589.1 |
| 日　　本 | 475.7 | 1341.3 | 1973.7 | 1781.9 | 1690.3 | 1621.4 |
| 哈萨克斯坦 | 147.1 | 456.0 | | 124.7 | 1023.0 | |
| 韩　　国 | 532.2 | 1420.2 | 1323.2 | 550.8 | 1608.1 | 1931.0 |
| 老　　挝 | 19.1 | 316.4 | 354.3 | | 332.0 | 306.7 |
| 马来西亚 | 1022.2 | 2743.7 | 2572.1 | 3053.2 | | |
| 蒙　　古 | 13.7 | 39.3 | 38.6 | | | |
| 缅　　甸 | 41.6 | 308.1 | 468.1 | | | |
| 菲 律 宾 | 199.2 | 483.3 | 536.1 | 167.0 | | |
| 新 加 坡 | 606.2 | 1186.4 | 1205.1 | 444.4 | 890.3 | 912.5 |
| 斯里兰卡 | 40.0 | 152.7 | 179.8 | 52.4 | 131.1 | 135.6 |
| 泰　　国 | 957.9 | 2481.0 | 2992.3 | 190.9 | 644.4 | 679.4 |
| 越　　南 | 214.0 | 787.4 | 794.4 | | | |
| 埃　　及 | 511.6 | 962.8 | 913.9 | 296.4 | 618.0 | |
| 尼日利亚 | 81.3 | | 125.5 | | | |
| 南　　非 | 587.2 | 954.9 | 890.4 | 383.4 | | |
| 加 拿 大 | 1962.7 | 1653.7 | 1797.1 | 1918.2 | 3351.8 | 3226.7 |
| 墨 西 哥 | 2064.1 | 2934.6 | 3209.3 | 1107.9 | 1826.1 | 1960.3 |
| 美　　国 | 5123.8 | 7502.2 | 7751.0 | 6132.7 | 6817.6 | 7345.3 |
| 阿 根 廷 | 290.9 | 593.1 | 573.6 | 495.3 | 651.7 | 780.7 |
| 巴　　西 | 531.3 | 643.0 | 630.6 | 322.8 | 962.2 | 946.9 |
| 委内瑞拉 | 46.9 | 85.7 | 78.9 | 95.4 | 158.9 | 153.9 |
| 捷　　克 | 477.3 | 809.6 | 870.7 | | 565.1 | 585.6 |
| 法　　国 | 7719.0 | 8370.1 | 8445.2 | 1988.6 | 2791.9 | 2664.8 |
| 德　　国 | 1898.3 | 3299.9 | 3497.0 | 8050.7 | 8300.8 | 8373.7 |
| 意 大 利 | 4118.1 | 4857.6 | 5073.2 | 2199.3 | 2846.0 | 2904.0 |
| 荷　　兰 | 1000.3 | 1392.5 | 1500.7 | 1389.6 | 1792.8 | 1807.0 |
| 波　　兰 | 1740.0 | 1600.0 | 1672.2 | 5667.7 | 3540.0 | 4430.0 |
| 俄 罗 斯 | 2116.9 | 3242.1 | 3372.9 | 1837.1 | 4588.9 | 3455.0 |
| 西 班 牙 | 4640.3 | 6493.9 | 6821.5 | 410.0 | 1178.3 | 1440.7 |
| 土 耳 其 | 958.6 | 3981.1 | 3947.8 | 528.4 | 798.2 | 875.1 |
| 乌 克 兰 | 643.1 | 1271.2 | 1242.8 | 1342.2 | 2243.8 | 2314.2 |
| 英　　国 | 2321.2 | 3261.3 | 3443.6 | 5683.7 | 6008.2 | 6572.0 |
| 澳大利亚 | 493.1 | 686.8 | 744.4 | 349.8 | 911.4 | 945.9 |
| 新 西 兰 | 178.0 | 277.2 | 303.9 | 128.3 | 227.6 | 241.2 |

资料来源：世界银行WDI数据库。

# 附录1-21 公共卫生支出占政府财政支出比重

单位：%

| 国家和地区 | 2000 | 2005 | 2010 | 2012 | 2013 | 2014 |
|---|---|---|---|---|---|---|
| 中　国 | 10.8 | 9.8 | 10.2 | 10.5 | 10.3 | 10.4 |
| 孟加拉国 | 8.1 | 7.9 | 8.3 | 6.9 | 5.6 | 5.7 |
| 文　莱 | 6.3 | 6.9 | 6.3 | 6.1 | 6.4 | 6.5 |
| 柬埔寨 | 8.9 | 13.1 | 7.2 | 7.3 | 6.8 | 6.1 |
| 印　度 | 4.4 | 4.5 | 4.3 | 4.5 | 4.7 | 5.1 |
| 印度尼西亚 | 4.4 | 4.2 | 6.1 | 6.1 | 6.0 | 5.7 |
| 伊　朗 | 10.6 | 9.6 | 12.7 | 17.5 | 17.5 | 17.5 |
| 以色列 | 9.3 | 9.6 | 11.2 | 11.8 | 11.8 | 11.6 |
| 日　本 | 15.4 | 18.3 | 19.4 | 20.1 | 20.1 | 20.3 |
| 哈萨克斯坦 | 9.2 | 9.3 | 11.4 | 10.9 | 10.9 | 10.9 |
| 韩　国 | 8.4 | 9.6 | 12.4 | 11.8 | 12.3 | 12.3 |
| 老　挝 | 5.2 | 4.2 | 5.2 | 3.4 | 3.4 | 3.4 |
| 马来西亚 | 5.3 | 5.3 | 6.8 | 5.7 | 5.9 | 6.5 |
| 蒙　古 | 11.1 | 9.9 | 8.4 | 5.8 | 5.5 | 6.7 |
| 缅　甸 | 1.3 | 1.1 | 1.8 | 3.3 | 3.3 | 3.6 |
| 巴基斯坦 | 3.5 | 4.3 | 4.7 | 4.7 | 4.7 | 4.7 |
| 菲律宾 | 8.4 | 8.9 | 9.3 | 8.2 | 8.9 | 10.0 |
| 新加坡 | 7.1 | 7.9 | 9.8 | 11.1 | 12.7 | 14.2 |
| 斯里兰卡 | 6.9 | 7.8 | 6.8 | 6.2 | 11.5 | 11.2 |
| 泰　国 | 10.0 | 11.1 | 12.5 | 13.7 | 12.8 | 13.3 |
| 越　南 | 7.2 | 5.4 | 9.9 | 12.7 | 13.2 | 14.2 |
| 埃　及 | 7.3 | 6.1 | 5.6 | 5.9 | 5.6 | 5.6 |
| 尼日利亚 | 5.9 | 7.3 | 5.7 | 7.4 | 6.5 | 8.2 |
| 南　非 | 13.6 | 13.0 | 14.1 | 14.4 | 14.2 | 14.2 |
| 加拿大 | 15.1 | 17.5 | 18.2 | 18.6 | 18.6 | 18.8 |
| 墨西哥 | 10.5 | 12.1 | 11.5 | 11.5 | 11.6 | 11.6 |
| 美　国 | 16.8 | 18.5 | 19.0 | 20.1 | 20.8 | 21.3 |
| 阿根廷 | 17.6 | 16.7 | 14.1 | 8.7 | 7.7 | 6.9 |
| 巴　西 | 4.1 | 5.0 | 9.9 | 6.9 | 7.1 | 6.8 |
| 委内瑞拉 | 7.3 | 8.3 | 9.1 | 5.9 | 6.4 | 5.8 |
| 捷　克 | 13.7 | 14.1 | 14.2 | 14.3 | 14.9 | 14.9 |
| 法　国 | 15.2 | 15.6 | 15.4 | 15.5 | 15.6 | 15.7 |
| 德　国 | 17.9 | 17.3 | 18.2 | 18.8 | 19.3 | 19.7 |
| 意大利 | 12.5 | 14.1 | 14.6 | 13.8 | 13.7 | 13.7 |
| 荷　兰 | 11.4 | 15.8 | 19.0 | 20.4 | 20.9 | 20.9 |
| 波　兰 | 9.2 | 9.7 | 10.8 | 10.8 | 10.7 | 10.7 |
| 俄罗斯 | 12.7 | 11.8 | 9.7 | 10.2 | 9.8 | 9.5 |
| 西班牙 | 13.2 | 15.3 | 15.5 | 14.1 | 14.5 | 14.5 |
| 土耳其 | 9.8 | 11.3 | 11.0 | 10.8 | 10.5 | 10.5 |
| 乌克兰 | 10.2 | 11.9 | 12.7 | 11.8 | 12.0 | 10.8 |
| 英　国 | 15.2 | 15.4 | 15.9 | 16.2 | 16.5 | 16.5 |
| 澳大利亚 | 16.0 | 17.0 | 17.1 | 17.3 | 17.3 | 17.3 |
| 新西兰 | 15.7 | 17.7 | 19.8 | 23.1 | 23.4 | 23.4 |

资料来源：世界银行WDI数据库。

# 附录1–22 教育支出占政府财政支出比重

单位：%

| 国家和地区 | 2000 | 2005 | 2010 | 2013 | 2014 | 2015 |
|---|---|---|---|---|---|---|
| 中国澳门 | | 10.5 | 15.4 | 16.4 | 13.4 | |
| 孟加拉国 | 20.5 | | | 13.8 | | |
| 文　　莱 | 8.9 | | 5.3 | | 10.0 | |
| 柬 埔 寨 | 11.1 | | 7.7 | 9.9 | 9.1 | |
| 印　　度 | 17.5 | 11.5 | 11.7 | 14.1 | | |
| 印度尼西亚 | | 15.2 | 16.7 | 17.6 | 17.7 | 20.5 |
| 伊　　朗 | 20.6 | 22.3 | 18.8 | 21.7 | 19.7 | 18.6 |
| 以 色 列 | 12.9 | 12.7 | 13.5 | 14.4 | 14.3 | |
| 日　　本 | 9.9 | 10.3 | 9.5 | 9.6 | 9.3 | |
| 哈萨克斯坦 | | 10.2 | | | | 11.9 |
| 韩　　国 | | | | | | |
| 老　　挝 | 7.3 | 13.7 | 7.3 | 12.8 | 12.2 | |
| 马来西亚 | 21.4 | | 18.4 | 19.5 | 19.7 | 19.7 |
| 蒙　　古 | 16.1 | | 14.7 | | | |
| 巴基斯坦 | 8.5 | 13.8 | 11.9 | 11.5 | 11.3 | 13.2 |
| 菲 律 宾 | 15.2 | 12.4 | | | | |
| 中国香港 | | 22.5 | 20.2 | 20.3 | 17.6 | 18.6 |
| 新 加 坡 | 18.3 | 19.8 | 17.2 | 20.0 | | |
| 斯里兰卡 | | | 8.6 | 9.3 | 10.8 | 11.0 |
| 泰　　国 | 28.4 | 20.6 | 16.2 | 18.9 | | |
| 越　　南 | | | 17.1 | 18.5 | | |
| 埃　　及 | | 14.4 | | | | |
| 南　　非 | | 19.9 | 18.0 | 19.2 | 19.1 | |
| 加 拿 大 | 13.0 | 12.2 | 12.3 | | | |
| 墨 西 哥 | 19.8 | 22.2 | 19.4 | 16.9 | 19.1 | |
| 美　　国 | | 15.1 | 13.1 | 13.3 | 14.6 | |
| 阿 根 廷 | 16.2 | 15.8 | 15.8 | 15.3 | 14.7 | |
| 巴　　西 | 11.5 | 11.3 | 14.6 | 16.0 | | |
| 捷　　克 | 9.1 | 9.3 | 9.5 | 9.6 | | |
| 法　　国 | 10.8 | 10.4 | 10.1 | 9.7 | | |
| 德　　国 | | | 10.4 | 11.0 | 11.1 | |
| 意 大 利 | 9.5 | 9.0 | 8.7 | 8.2 | 8.0 | |
| 荷　　兰 | 11.1 | 12.2 | 11.5 | 12.1 | 12.0 | |
| 波　　兰 | 11.9 | 12.3 | 11.1 | 11.7 | 11.7 | |
| 俄 罗 斯 | 9.0 | 12.0 | | | | |
| 西 班 牙 | 10.7 | 10.8 | 10.6 | 9.5 | 9.6 | |
| 土 耳 其 | 7.1 | | | 12.4 | | |
| 乌 克 兰 | 11.4 | 13.7 | | 13.9 | 13.1 | |
| 英　　国 | 12.1 | 13.2 | 13.0 | 12.9 | 13.7 | 13.9 |
| 澳大利亚 | 13.4 | 13.6 | 14.3 | 14.1 | 13.9 | |
| 新 西 兰 | | 18.0 | 16.9 | 18.4 | 18.1 | 18.0 |

资料来源：世界银行WDI数据库。

## 【主要统计指标解释】

**国内生产总值** 指生产活动总成果，等于所有常住单位创造的增加值的总和（包括产出价值中未包括的产品税，不包括各项产品补贴），等于按购买者价格计算的货物和服务最终使用价值（不包括中间消费）减去进口的货物和服务价值，或等于常住生产单位初次收入分配的总和。

**按当年价格计算的国内生产总值** 是按报告期价格计算的国内生产总值，即名义国内生产总值。

**不变价格国内生产总值** 指国内生产总值的物量绝对量。不变价格国内生产总值等于按基期价格衡量的价值。理论上，价值量中的价格和数量应该是对应的，但是不变价格国内生产总值采用基期价格替代当期价格。实践中两种主要方法都在计算。

**第三产业** 第三产业即服务业。

在《国际标准产业分类》第三版中指第 50 类至第 99 类，包括批发零售贸易业（包括旅馆和饭店业）、交通运输业、政府、金融、专业服务和个人服务，例如教育、卫生、房地产服务，还包括虚拟的银行服务费、进口税和加工或调整数据时的统计误差。

在《国际标准产业分类》第四版中指第 45 类至第 99 类，包括批发和零售业；汽车和摩托车的修理、运输和储存、食宿服务活动、信息和通信、金融和保险活动、房地产活动、专业、科学和技术活动、行政和辅助活动、公共管理和国防；强制性社会保障、教育、人体健康和社会工作活动、艺术、娱乐和文娱活动、其他服务活动、家庭作为雇主的活动；家庭自用、未加区分的物品生产和服务活动、国际组织和机构的活动。

**增加值总额** 等于总产出减去中间消耗。用于衡量单个生产者、行业或部门生产活动对国内生产总值的贡献。增加值总额是国民核算账户（SNA）中初次收入形成的来源，因此被（从生产账户）结转到初次收入分配账户中进行反映。

**按基本价格计算的增加值总额** 等于按基本价格计算的总产出减去按购买者价格计算的中间消耗。基本价格等于生产者出售一个单位的货物和服务得到的收入，减去由此应付的税金，加上收到的补贴。基本价格作为生产或销售的价格单位，不包括生产者的运输费用。

**按要素成本计算的增加值总额** 等于按市场价格计算的增加值总额减间接税与产品补贴。

**按生产者价格计算的增加值总额** 等于按生产者价格计算的总产出减去按购买者价格计算的中间消耗。

**就业人员** 为一定年龄以上，在特定短期（一周或一天）内，属于下列类型的所有人：

（1）有酬从业人员，包括两类：①正在工作的人，指在参考期内做某些工作以得到现金或实物形式工资或薪金的人员；②有工作岗位但目前不工作的人，指现在有工作，却在短期内暂时不上班，但同时与工作单位有正式联系的人。这种正式联系，可以按照如下的一项或多项标准，根据各国的不同情况予以判断：1）持续领到工资或薪金；2）保证在暂时的不上班状态终止后返回该岗位，或对返回的时间有协议；3）在不工作的这段时间里，该从业者能得到补偿而无须接受其他工作。军人应被包括在有酬从业人员中。

(2) 自营就业者，包括两类：①正在工作，指在短期时间内以利润或家庭收入为目的，从事某些工作得到现金或实物的人；②拥有企业而不工作的人，指自己拥有企业（如商业企业，农场，服务性企业），在一定时期内因特殊原因暂不工作的人。

**工资** 定期以现金或以实物形式支付给雇员的报酬，包括对雇员工作时间、完成的工作量和未工作的有酬时间（如年休假，法定假日）支付的劳动报酬。工资不包括雇主为其雇员支付的社会保险和养老金缴款、雇员因此而得到的收益、解雇和辞职时加发的工资。

**贸易体系** 是指贸易国家进行对外货物贸易统计所采用的统计制度。它有总贸易体系（又称一般贸易体系）和专门贸易体系（又称特殊贸易体系）两种类型。总贸易体系数值大于相应的专门贸易体系数值。

总贸易体系以货物通过国境作为统计进出口的标准。专门贸易体系则以货物通过关境或结关作为统计进出口的标准。

总贸易体系和专门贸易体系说明的是不同的问题。前者说明一国在国际商品流通中所处的地位和所起的作用；后者说明一国作为生产者和消费者在国际贸易中的地位。

**出口** 即货物离开一国的统计疆界。在总贸易体系中，一国的统计疆界与它的经济领土是一致的。在专门贸易体系中，一国的统计疆界只包括一部分经济领土，一般这部分与货物自由贸易区是一致的。自由贸易地区是一国经济疆界的一部分，在此间货物可以无进口税限制地流通。一般采用离岸价。

**进口** 指货物进入一国统计疆界。在总贸易体系中，进口包括直接为国内使用的进口，流入入境加工仓库的进口，注入海关仓库和自由区的进口；在专门贸易体系中，进口包括直接进入国内市场为国内使用的商品的进口，由海关仓库和自由区进入国内市场的进口，以及流向入境加工仓库的进口。一般采用到岸价。

**服务贸易** 服务（原为非要素服务）指无形商品的经济产出。它可以在同一时间产生、转让和消费。商品服务的出口（贷方和收入）和进口（借方和支付）来自于国际收支统计中的国际服务交易统计，其概念、定义和分类与国际货币基金组织 1993 年《国际收支手册》第五版一致。

**外汇储备** 一国当局可以使用和控制的外汇资产，它可直接用来弥补国际收支不平衡或间接用来平衡国际收支。

**黄金储备（货币黄金）** 一国当局拥有的、作为储备资产的黄金。

**国际旅游支出** 是指出境游客在他国的旅游消费，包括在国际旅行时，搭乘他国运输工具所支付的交通费（有些国家不包括这项交通费）。除非特别声明外，国际旅游支出包括境外一日游客（不过夜游客）在访问地的消费。

**国际旅游收入** 是指入境游客（过夜旅客）在本国的旅游消费，包括国际旅行时，入境游客搭乘本国运输工具所付给本国的交通费（有些国家不包括这项交通费）。国际旅游收入包括目的地国接受的所有商品和服务的支付。除特别声明外，国际旅游收入可以包括入境一日游游客（不过夜游客）在本国的消费。

# 附录二

# 中国服务业采购经理指数及世界主要经济体的相关情况

## 简要说明

**一、调查内容**

服务业企业主管企业运营的负责人对企业经营活动、采购及相关业务活动情况的判断，主要包括对业务总量、新订单（客户需求）、存货、投入品价格、销售价格、企业员工、供应商配送、业务活动预期等情况的判断。

**二、调查范围**

涉及《国民经济行业分类》（GB/T4754-2011）中第三产业的27个行业大类。

**三、调查方法**

服务业采购经理调查采用PPS抽样调查方法。

**四、季节调整说明**

该调查是一项月度调查，受季节因素影响，数据波动较大。现发布的服务业采购经理调查各分类指数均为经季节调整后的数据。

**五、资料来源**

中国服务业采购经理指数资料是国家统计局服务业统计司根据《采购经理调查制度》收集的调查资料加工整理而得；世界主要经济体服务业采购经理指数资料主要来自于美国供应管理协会、摩根大通、Markit经济研究机构等官方网站和各有关国际组织。

# 附录2-1　中国服务业采购经理指数(经季节调整)

单位：%

| 月份 | 商务活动指数 | 新订单指数 | 投入品价格指数 | 销售价格指数 | 业务活动预期指数 |
|---|---|---|---|---|---|
| 2016.1 | 52.7 | 49.0 | 49.8 | 47.4 | 58.4 |
| 2 | 52.2 | 48.8 | 50.4 | 48.1 | 58.3 |
| 3 | 53.1 | 50.8 | 50.6 | 49.2 | 58.2 |
| 4 | 52.5 | 48.4 | 50.9 | 48.6 | 57.8 |
| 5 | 52.0 | 48.6 | 51.7 | 49.5 | 57.2 |
| 6 | 52.2 | 49.4 | 52.0 | 50.4 | 57.7 |
| 7 | 52.6 | 48.7 | 51.2 | 49.5 | 58.3 |
| 8 | 52.7 | 49.6 | 52.3 | 50.5 | 58.8 |
| 9 | 52.3 | 50.6 | 51.2 | 50.0 | 60.2 |
| 10 | 52.6 | 50.4 | 53.2 | 51.3 | 59.8 |
| 11 | 53.7 | 51.2 | 52.5 | 51.1 | 60.0 |
| 12 | 53.2 | 50.9 | 54.9 | 51.4 | 58.6 |

# 附录2-2　世界主要经济体服务业采购经理指数

单位：%

| 月份 | 中国 | 美国 | 欧元区 | 日本 | 德国 | 英国 | 法国 | 俄罗斯 | 巴西 |
|---|---|---|---|---|---|---|---|---|---|
| 2016.1 | 52.7 | 53.5 | 53.6 | 52.4 | 55.0 | 55.6 | 50.3 | 47.1 | 44.4 |
| 2 | 52.2 | 53.4 | 53.3 | 51.2 | 55.3 | 52.7 | 49.2 | 50.9 | 36.9 |
| 3 | 53.1 | 54.5 | 53.1 | 50.0 | 55.1 | 50.9 | 49.9 | 52.0 | 38.6 |
| 4 | 52.5 | 55.7 | 53.1 | 49.3 | 54.5 | 52.3 | 50.6 | 54.2 | 37.4 |
| 5 | 52.0 | 52.9 | 53.3 | 50.4 | 55.2 | 53.5 | 51.6 | 51.8 | 37.3 |
| 6 | 52.2 | 56.5 | 52.8 | 49.4 | 53.7 | 52.3 | 49.9 | 53.8 | 41.4 |
| 7 | 52.6 | 55.5 | 52.9 | 50.4 | 54.4 | 47.4 | 50.5 | 55.0 | 45.6 |
| 8 | 52.7 | 51.4 | 52.8 | 49.6 | 51.7 | 52.9 | 52.3 | 53.5 | 42.7 |
| 9 | 52.3 | 57.1 | 52.2 | 48.2 | 50.9 | 52.6 | 53.3 | 53.0 | 45.3 |
| 10 | 52.6 | 54.8 | 52.8 | 50.5 | 54.2 | 54.5 | 51.4 | 52.7 | 43.9 |
| 11 | 53.7 | 57.2 | 53.8 | 51.8 | 55.1 | 55.2 | 51.6 | 54.7 | 44.4 |
| 12 | 53.2 | 56.6 | 53.7 | 52.3 | 54.3 | 56.2 | 52.9 | 56.5 | 45.1 |

注：美国为非制造业采购经理指数，其他国家均为服务业商务活动指数。

## 【主要统计指标解释】

**商务活动指数** 指根据企业报告期内完成的业务活动总量的变化情况汇总而成的扩散指数。国际上通常用商务活动指数来反映服务业经济发展的总体情况，一般来说该指数高于50%，反映服务业经济总体上升或扩张；低于50%，反映服务业经济下降或收缩。

**新订单指数** 指根据企业报告期内签定的订单量、合同量或其它需求总量的变化情况汇总而成的扩散指数。

**投入品价格指数（原投入价格指数）** 指根据企业报告期内主要投入价格水平的变化情况汇总而成的扩散指数。

**销售价格指数（原收费价格指数）** 指根据企业报告期内销售（或收费）价格水平的变化情况汇总而成的扩散指数。

**业务活动预期指数** 指根据企业对未来业务活动整体水平预测的变化情况汇总而成的扩散指数。